사기열전

하

일러두기

1. 역자는 2013년 중화서국中華書局에서 간행된 '점교본이십사사수정본點校本二十四史修訂本 『사기史記』'를 저본으로 삼았으며, 『사기』 연구의 대가인 한자오치韓兆琦의 『사기전증史記箋證』을 중점적으로 참조했다.

2. '교감기校勘記'는 본문 내용에서 필요하다고 판단되는 부분만 주석을 통해 설명했다.

3. 『전국책戰國策』『한서漢書』의 내용과 상이한 부분은 주석을 통해 소개했으며 필요하다고 판단되는 부분은 최대한 많은 기존의 고증 자료 내용까지 비교 설명했다.

4. 『사기』 내용 가운데 타당하지 않거나 오류라 판단되는 부분은 합당한 근거 자료를 인용하여 주석에 소개하고 오류를 바로잡았다.

5. 이해하기 어려운 개념의 정리나 역사적 사실 등은 필요하다고 판단될 때 주석에서 상세히 소개했다.

6. 본문에는 '상相' '상국相國' '승상丞相'이 혼재되어 있는데, 역자는 원문 그대로 표기했으며 설명이 필요한 부분은 주석에 상세히 보충 설명했다.

7. 涼州와 揚州는 우리말 발음상 혼동을 피하고 구별하기 위해 '량주涼州'와 '양주揚州'로 표기했다.

8. 맞춤법과 띄어쓰기는 한글 맞춤법과 외래어 표기법을 따랐다. 독자들이 이해하기 어려운 한자어나 고사성어, 고유명사 등은 한자를 병기했으며 주석을 통해 최대한 설명하려고 노력했다.

9. 본문의 지명은 처음 등장할 때 주석에서 현재의 지명을 병기했다.

10. 본문의 도량형은 해당 시대를 기준으로 삼았으며 주석에서 현재의 도량형으로 환산하여 설명했다.

11. 본문의 연도 표기는 독자의 이해를 돕기 위해 역자가 추가한 것이다.

12. 최대한 원전에 충실하게 번역했으나 읽기 매끄럽게 하기 위해 부득이하게 단어를 보충하기도 했다.

역대 주석본 비교 고증 완역판

사기 열전

하

사마천 지음 | 송도진 옮김

글항아리

차 례

36

장승상열전

張 丞 相 列 傳

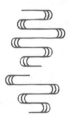

이 편은 한 고조에서부터 문제, 경제, 무제에 이르기까지 승상 혹은 어사대부를 지낸 인물들의 합전으로 구성되어 있다. 한나라 초기의 개국공신으로 승상을 지낸 소하, 조참, 진평 등은 「세가」에 별도로 구성되었고 이 편은 이들을 제외한 나머지 승상을 지낸 인물들을 개괄한 것으로, 장창을 맨 앞에 서술했기에 「장승상」을 편명으로 삼은 것이다.

장창은 음률과 역법에 정통하여 전장제도가 가지런하지 못한 시기에 도량형을 통일시켰으나 가의와 공손신이 건의한 정삭正朔과 복색服色 등을 받아들이지 않고 진나라의 제도를 그대로 받아들였으므로 역사적으로 한나라를 합리적으로 변화시키지는 못했다. 신도가는 사람됨이 청렴하고 정직하여 군주에게 간언했지만 도량이 작은데다가 자신의 지위를 이용해 사적인 원한을 갚으려고 했다. 경제 때의 승상으로는 도청·유사가 있었고, 무제 때에는 허창·설택·장청적·조주 등이 있었지만 사마천은 이들에 대한 사적을 기술하지 않았다. "모두 지나치게 소심하고 청렴하며 신중했고 머릿수만 채웠을 뿐 어떠한 정치적 공적도 없고 세상에 이름을 드러내지도 못하고 평범한 승상을 담당했을 뿐이다"라는 게 사마천의 평가다.

또한 당시 승상은 모두 어사대부에서 순차적으로 승진했기 때문에 이 편에서는 몇 명의 어사대부를 다뤘는데 예를 들면 주창·조요·임오 등과 같은 인물이다. 주창은 강직하고 솔직했고 임오는 옛 은혜로 중용되었는데 국가를 다스릴 만한 지략과 학문을 갖추지 못했다. 마지막으로 위현·위현성·광형 등의 인물에 대해서는 간략하게 기술하고 있다. 이들은 정국이 안정되어 태평한 시기를 만나 어떠한 개혁이나 진취적인 업적도 이루려 하지 않은 평범한 인물들이었다.

승상 장창張蒼은 양무陽武 사람으로, 독서를 좋아하고 음률과 역법을 잘했다. 진나라 때 어사御史로 임명되어 궁중에 있으면서 각 지방에서 올라오는 문서 관리를 주관했는데,[1] 죄를 짓고 도망쳐 고향으로 돌아왔다. 패공이 군사를 일으켜 각지를 점령하면서 양무를 지나갈 때 장창은 빈객 신분으로 패공을 수행하며 남양을 공격했다. 나중에 장창은 죄를 지어 참수를 당하게 되었는데, 옷을 벗기고 형구 위에 엎드리게 하니 몸집이 장대하고 살집이 있으며 피부는 박속처럼 희었다. 왕릉王陵[2]이 그 모습을 보고는 특별한 재능을 지닌 미남자로 여겨 패공에게 청해 참수를 면하게 해줬다.[3] 이후 장창은 패공을 수행하여 서쪽 무관으로 진입하여 함양에 이르렀다. 패공이 한나라 왕에 오르자 한중으로 진입했다가 얼마 뒤 군사를 돌려 삼진을 평정했다. 진여가 상산왕 장이를 공격하자 장이는 한나라에 귀순했고, 한나라 왕은 장창을 상산군의 군수로 삼았다.[4] 장창은 회음후 한신을 수행하여 조나라를 공격하고[5] 진여를 사로잡았다. 조나라 땅이

1 원문은 '주주하방서主柱下方書'다. "안사고는 말하기를 '주창은 진나라 때 주하어사柱下御史(주하사)가 되었는데 천하의 문서와 계리計吏(주군州郡의 명부를 관장하는 관원)가 등기한 호구, 부세, 인사 관련 장부에 숙련되었다. 즉 사방의 문서를 주관했다는 말이 맞다. 주하柱下란 전각의 아래에 있는 것으로, 지금의 시립어사侍立御史(시어사侍御史)와 같다'고 했다." "여순如淳이 말하기를 (방서方書의) '방方은 판版이다. 판 위에다 기록하는 것을 말한다. 진나라 이전에는 주하사를 설치했는데, 장창이 어사가 되어 그 일을 주관했다. 혹은 사방의 문서라고 말한다'고 했다."(『집해』)
2 왕릉王陵: 패현 사람으로 유방의 개국공신이다. 안국후安國侯에 봉해졌고 혜제 때 승상을 역임했다. 왕릉은 당시 군대를 이끌고 남양 서쪽에서 활동하고 있었다.
3 진2세 3년 7월과 8월 사이의 일이다.
4 한나라 2년(기원전 205) 10월의 일이다.
5 한나라 3년(기원전 204) 10월의 일이다.

평정되자 한나라 왕은 장창을 대代나라 상으로 임명하고[6] 흉노의 침입을 방비하게 했다. 얼마 뒤에는 조나라 상으로 전임되어 조나라 왕 장이를 보좌했다.[7] 장이가 사망한 뒤에는 조나라 왕 장오張敖를 보좌했다가, 다시 대나라 왕 상으로 전임되었다.[8] 연나라 왕 장도가 반란을 일으키자 고조가 가서 정벌했다. 장창은 대나라 상 신분으로 고조를 수행하여 장도를 토벌하는 데 공을 세워 한나라 6년(기원전 201)에 북평후北平侯에 봉해지고[9] 식읍 1200호를 받았다.

장창은 계상計相[10]으로 전임된 지 한 달 만에 열후의 신분으로 다시 4년 동안 주계主計[11]를 담당했다. 당시 소하가 상국이었는데, 장창이 진나라 때부터 주하사를 맡아 천하의 도서·호구·부세·인사 관련 장부에 능하고 산수·음률·역법에도 정통했으므로 그를 상국부相國府에 거하는 열후로 삼아 각 군郡과 제후국에서 보고하는 상계上計를 주관하게 했다. 경포가 반란을 일으켰다가 죽자 고조는 황자皇子 유장劉長을 회남왕淮南王[12]으로 세우고, 장창으로 하여금 그를 보좌하게 했다. 장창은 14년 뒤(기원전 180)에 어사대부로 승진했다.

6 "명의상 대나라의 일을 관리하는 것으로, 마땅히 한나라 3년 겨울의 일이다."(『사기전증』)
7 한나라 4년(기원전 203) 10월의 일이다. 한신과 장이 등은 조나라와 연나라를 평정한 뒤, 한신은 명령을 받고 군사를 이끌고 동쪽으로 제나라를 정벌했고 장이는 조나라 왕에 봉해졌다.
8 한왕 신이 한나라 6년(기원전 201)에 대나라 왕으로 다시 봉해질 때 장창이 한왕 신의 상이 된 것을 말한다. 한왕 신이 대왕이 되었을 때 도읍은 마읍이었다. 그러나 "한나라 6년(기원전 201), 유방은 자신의 형인 유희를 대왕으로 봉했고 도성은 지금의 허베이성 위현 동북쪽의 대왕성代王城이며, 장창을 상으로 임명했다. 「한흥이래제후왕자연표」에서는 '대代'에 한왕 신의 사건을 서술하는 것은 큰 잘못이라고 했다."(『사기전증』)
9 고조 6년의 8월의 일이다. 봉지는 북평현이고 치소는 지금의 허베이성 만청滿城 북쪽이다.
10 계상計相: 계리計吏, 즉 고대에 주군州郡의 명부를 관장하고 상계上計를 책임지는 관원의 존칭이다.
11 주계主計: "계상이라는 명칭을 변경하여 주계主計라는 이름으로 고쳤음을 말하는 것이다. 이것은 임시로 만든 호칭일 것이다."(『색은』) "장창을 주계라 하는 것이 정확한 것이다. 계상이라 칭하는 것은 직위와 봉록이 명확하지 않은 것이다."(『사기전증』)
12 회남국淮南國의 도성은 수춘이다.

주창周昌은 패현 사람이다. 그는 종형인 주가周苛와 함께 진나라 때 사수군의 졸사卒史[13]였다. 고조가 패현에서 일어나 사수군 군수와 군감을 공격해 격파할 때 주창과 주가는 졸사로서 패공에게 귀순하여 수행했다. 패공은 주창을 직지職志[14]로 임명하고 주가는 빈객으로 삼았다.[15] 그들은 패공을 수행하여 관중으로 진입한 뒤 진나라를 멸망시켰다. 패공은 한나라 왕으로 세워진 뒤 주가를 어사대부로 삼고 주창을 중위로 삼았다.

한나라 왕 4년[16]에 초나라 군대가 한나라 왕을 형양에서 포위하자 형세가 위급했다. 한나라 왕은 포위망을 뚫고 달아나면서 주가에게 형양성을 지키도록 했다. 초나라 군대가 형양성을 격파하고 항우가 주가를 장수로 삼으려 하자, 주가가 꾸짖으며 말했다.

"너는 빨리 한나라 왕에게 항복해라. 그러지 않으면 곧 사로잡힐 것이다!"

항우는 크게 노하여 주가를 삶아 죽였다.

그리하여 한나라 왕은 주창을 어사대부로 임명했고, 주창은 한나라 왕을 수행하여 항우를 격파했다. 한나라 6년(기원전 201)에 소하, 조참 등과 함께 봉해질 때 주창은 분음후汾陰侯에 봉해졌고,[17] 주가의 아들 주성周成은 부친이 나라를 위해 죽었기 때문에 고경후高景侯에 봉해졌다.[18]

---

13 졸사卒史: 관서官署의 속리로, 전한 때 군마다 10명의 졸사를 두었는데 나중에는 200명까지 늘어났으며 기타 관서에도 설치되었다. 봉록은 일반적으로 100석이었다.

14 직지職志: "관직명이다. 직職은 주관하는 것이다. 지志는 기치旗幟다. 기치를 관장하는 관직을 말한다."(『색은』) 안사고는 '지志'와 '치幟'는 같다고 했다.

15 "장안이 말하기를 '막사의 빈객으로 관직은 맡지 않았다'고 했다."(『집해』) "심흠한이 말하기를 '전국시대의 객경, 객장客將과 같다."(『한서보주』) 아직 구체적인 직무가 없음을 뜻한다.

16 "마땅히 3년으로 해야 한다."(『사기지의』) "양옥승의 견해가 맞다. 아래 서술한 여러 사건은 마땅히 한나라 3년(기원전 204) 가을의 일이다. 「진초지제월표」에 '4년 3월'이라 기재했는데, 잘못이다."(『사기전증』) 『한서』에도 3년으로 되어 있다.

17 고조 6년(기원전 201) 10월 조참은 평양후平陽侯에, 6년 정월 소하는 찬후酇侯에 봉해졌다. 분음汾陰은 한나라 현으로 치소는 지금의 산시山西성 완롱萬榮 서남쪽 지역이다.

18 "주성은 9년에 봉해졌으므로 여기서 6년이라고 한 것은 잘못이다."(『사기지의』) 고경高景의 위치는 상세하지 않으나, 첸무는 마땅히 패현 근방이라고 했다.

주창은 사람됨이 강직해서 담대하게 직언했기 때문에 소하와 조참 등이 모두 그에게 맞서지 못하고 경외했다. 어느 날 고조가 한가하게 쉬고 있을 때 주창이 궁에 들어가 일을 아뢰려 하는데, 고조는 척희戚姬[19]를 껴안고 있었다. 주창이 몸을 돌려 나오자 고조가 뒤쫓아 와서 붙잡고는 주창의 목에 걸터앉아 물었다.

"나는 어떤 군주냐?"

주창이 고개를 쳐들고 말했다.

"폐하께서는 걸임금이나 주임금과 같은 폭군이십니다!"

고조는 웃었지만 이 일로 인해 주창을 더욱 경외하게 되었다. 고조가 태자[20]를 폐위시키고 척희 소생의 여의如意를 태자로 세우려 하자, 대신들이 강력히 간언했지만 소용이 없었다. 유후留侯(장량)의 계책으로 비로소 고조는 태자 폐위를 단념했다.[21] 당시 주창은 조정에서 가장 강경하게 태자 폐위를 반대한 대신이었기에 고조는 그에게 그 이유를 물었다. 주창은 본래 말을 더듬는 데다 몹시 성이 나 있었기 때문에 이렇게 말했다.

"신이 비, 비록 입으로 말씀드릴 수는 없지만, 겨, 결코 그렇게 해서는 안 된다고 알고 있습니다. 폐하께서 태자를 폐위시키려 하시지만 신은 폐하의 명령을 기, 기필코 받들지 않겠습니다."

고조는 흔쾌히 웃었다. 조회가 끝난 뒤 동상東箱[22]에서 대신들의 이야기에 귀를 기울이던 여후가 주창이 나오는 것을 보고는 무릎을 꿇고 감사하며 말했다.

---

19 척희戚姬: 유방이 총애하던 첩으로 조왕 유여의劉如意의 모친이다. 유방 사후에 여후로부터 잔인한 박해를 받았다.
20 여후呂后 소생의 태자 유영劉盈이다.
21 「유후세가」에 따르면 장량은 여후를 위해 유방이 오래도록 앙모했으나 여러 차례 불러도 오지 않았던 상산사호를 청해 태자를 보좌하게 함으로써 유방이 태자를 폐위시키려는 생각을 단념하게 만들었다. '상산사호'는 진나라 말 산시山西성 상산에 은거하며 황로학을 신봉한 동원공東園公, 기리계綺里季, 하황공夏黃公, 녹리선생甪里先生을 말한다. 눈썹과 수염이 흰 노인이라 하여 '상산사호'라 불렸는데 나중에는 명망 있는 은사를 가리키는 말이 되었다.
22 동상東箱: 정전正殿의 동쪽 곁채. 안사고는 "정침正寢(고대에 제왕이나 제후가 사무를 보는 궁실)의 동서 방을 모두 상箱이라 한다"고 했다. 형상이 상자 같아 상箱이라 했고, 상廂(곁채)과 같다.

"그대가 아니었다면 태자는 하마터면 폐위되었을 것이오."

그 뒤 척희의 아들 여의가 조나라 왕으로 봉해졌는데[23] 당시 나이가 10세였다. 고조는 자신이 죽고 나면 여의가 목숨을 보전하지 못할까 걱정했다. 당시 조요趙堯라는 사람이 젊은 나이에 부새어사符璽御史[24]를 담당했다. 방여현의 현령은 조나라 사람이었는데, 그가 어사대부 주창에게 말했다.

"그대의 부하 관리인 어사 조요는 비록 젊지만 재능이 뛰어나니 그대는 특별히 눈여겨보십시오. 장차 이 사람이 그대의 직위를 대신할 것입니다."

주창은 웃으면서 말했다.

"조요는 젊은데다 한낱 도필리에 불과한데 그가 어떻게 이 자리에 이를 수 있겠소!"

얼마 지나지 않아 조요는 고조를 섬기게 되었다. 어느 날 고조가 울적하여 홀로 슬픈 노래를 불렀는데 신하들은 그 까닭을 알지 못했다. 조요가 가까이 가서 물었다.[25]

"폐하께서 즐겁지 않은 까닭은 조나라 왕이 어리고 척부인과 여후의 사이가 좋지 않은 것 때문이 아니겠습니까? 폐하께서 돌아가신 뒤에 조나라 왕이 목숨을 보전할 수 없을까 하는 것이 아니겠습니까?"

고조가 말했다.

"그렇다네. 나는 속으로 이 일이 걱정스러운데 어찌해야 할지 모르겠네."

조요가 말했다.

"폐하께서는 오직 조나라 왕을 위해 지위가 높고 강직한 상이면서 여후와 태자와 군신들이 공경하며 두려워하는 사람을 선발하시면 될 것입니다."

---

23 고조 9년(기원전 198)의 일이다.
24 부새어사符璽御史: 어사대부의 속관으로 제왕의 인새印璽를 관장했다. 당시 주창의 소속이었다.
25 원문은 '조요진청문趙堯進請問'이다. "송기宋祁가 말하기를 '문間은 간間으로 의심된다'고 했다." (『사기지의』) '청간請間'은 사람들을 물러나도록 요청하고 말하는 것이다.

고조가 말했다.

"옳은 말이네. 나 또한 그렇게 생각하고 있는데 신하들 중에서 누가 적합하겠는가?"

조요가 말했다.

"어사대부 주창은 의연하고 소박하며 정직하고, 여후와 태자와 대신들이 모두 평소에 그를 존경하며 두려워합니다. 주창만이 이 일을 맡을 만합니다."26

고조가 말했다.

"좋은 생각이네."

이에 주창을 불러 말했다.

"내가 공을 번거롭게 하고자 하오. 공은 내키지 않더라도 나를 위해 조나라 왕을 보좌해주시오."

주창이 눈물을 흘리며 말했다.

"신은 폐하께서 처음 군사를 일으켰을 때부터 지금까지 모셔왔는데 폐하께서는 어찌 중도에 저를 제후국에 버리려 하십니까?"

고조가 말했다.

"나도 이것이 좌천인 줄은 알고 있지만 조나라 왕이 걱정되어 아무리 생각해봐도 공이 아니면 안 될 것 같소. 나를 위해 내키지 않더라도 공이 가주기를 바라오!"

그리하여 어사대부 주창은 조나라 왕을 모시는 상으로 전임되었다.

주창이 조정을 떠난 지 한참 뒤 고조는 어사대부 관인을 만지작거리면서 말했다.

"누가 어사대부로 삼을 만할까?"

고조는 조요를 한참 동안 눈여겨보다가 말했다.

---

26 "종성鍾惺은 말하기를 '분명 주창을 내보내고 어사대부를 대신하려는 것일 뿐이다. 대단히 재빠르고 교활하다'고 했다."(『사기전증』)

"조요만큼 적합한 사람은 없구나."

결국 조요를 어사대부로 임명했다. 조요 또한 이전에 군공을 세워서 식읍을 하사받았고, 이후에 어사대부 신분으로 고조를 수행하여 진희를 토벌하는 데 공적을 세워 강읍후江邑侯27에 봉해졌다.

고조가 사망한 뒤 여태후가 사자를 보내 조나라 왕을 불러들였으나 상인 주창은 조나라 왕에게 병을 핑계로 가지 못하게 했다. 사자가 여러 차례 다녀갔지만28 주창은 끝까지 조나라 왕을 보내지 않았다. 고후高后(여태후)는 이를 염려하여 사자를 보내 주창을 불러들였다. 주창이 장안에 당도하여 고후를 알현하자 고후가 벌컥 화를 내며 주창에게 욕을 했다.

"그대는 내가 척씨를 미워하는 것을 모른단 말이오? 조나라 왕을 보내지 않는 것은 무엇 때문이오?"

주창이 불려온 뒤 고후는 다시 사자를 보내 조나라 왕을 불러들였고, 마침내 그가 장안으로 왔다. 조나라 왕은 장안에 도착한 지 약 한 달이 지나 독약을 마시고 죽었다.29 주창은 이 일로 인해 병을 핑계로 조정에 나오지 않다가 3년 뒤에 사망했다.30

5년 후 고후는 어사대부 강읍후 조요가 고조 생전에 조나라 왕 여의를 보호하기 위해 계책을 세웠다는 사실을 듣고 조요에게 죄를 물어 파면했으며, 광아후廣阿侯31 임오任敖를 어사대부로 임명했다.

---

27 강읍江邑: "첸무는 마땅히 지금의 허난성 시현息縣 서남쪽이라고 보았다."(『사기전증』)
28 원문은 '사자삼반使者三反'이다. 직역하면 '사자가 세 차례 오갔다'이지만 고대에서 '삼三'은 세 번이 아니라 여러 번을 뜻한다. 『사기전증』과 일부 자료의 주석에는 '세 차례'라고 되어 있으나 역자는 '여러 차례'로 번역했음을 밝혀둔다.
29 혜제 원년(기원전 194) 12월의 일이다.
30 주창의 시호는 '도후悼侯'로 지어졌다. '도悼'자는 주창의 비극적 인생에 대한 동정을 암시한다.
31 광아廣阿: 한나라 현으로 치소는 지금의 허베이성 룽야오隆堯 동쪽 지역이다.

임오는 본래 패현의 옥리獄吏였다. 일찍이 고조가 죄를 짓고 관리의 체포를 피해 다닐 때 옥리는 여후를 감옥에 잡아 가두고 무례하게 대했다. 임오는 평소 고조와의 관계가 친밀했기에 이를 보고 화가 나서 여후를 담당하는 옥리를 때려 상처를 입혔다. 고조가 처음 군사를 일으켰을 때 임오는 빈객 신분으로 고조를 수행하여 어사를 담당했고,[32] 2년 동안 풍읍을 지켰다. 고조가 한나라 왕으로 세워진 뒤 동쪽으로 항우를 정벌할 때 임오는 상당군의 군수로 승진했다.[33] 진희가 반란을 일으켰을 때 임오는 상당을 견고하게 지킨 공으로[34] 광아후에 봉해지고 식읍 1800호를 하사받았다. 그는 고후가 집정했을 때 어사대부가 되었다가[35] 3년 뒤에 면직되었다. 평양후 조줄曹窋이 이어서 어사대부에 임명되었다.[36] 고후가 사망했을 때 조줄은 대신들과 함께 여록 등을 주살한 일에 동참하지 않아 면직되었다.[37] 회남의 상 장창이 이어서 어사대부에 임명되었다.[38]

32 "이때 유방은 패공이었고, 왕의 관제官制 사용은 불가능하므로 '어사'는 단지 '서기관書記官'으로 번역할 수 있다."(『사기전증』)
33 "상당군은 원래 위왕 표의 관할이었다. 이때 위왕 표가 유방에게 귀순했으므로 유방이 임오를 상당군 군수로 임명한 것이다."(『사기전증』)
34 임오는 고조 2년에 상당군 군수로 임명되었으므로 이때까지 계산해보면 상당군 군수로 8년 동안 재직한 것이다.
35 "고후의 재위 기간은 기원전 187~기원전 180년이다. 『한서』「백관공경표百官公卿表」에서는 임오가 고후 원년(기원전 187)에 어사대부에 임명되었다고 하여 본문의 내용과 부합된다. 그러나 『사기』「장상명신연표將相名臣年表」에서는 혜제 6년(기원전 189)이라고 하여 오류로 의심된다."(『사기전증』)
36 조줄曹窋은 조참의 아들로, 부친의 작위를 계승하여 평양후가 되었다. 조줄이 어사대부가 된 때는 고후 4년(기원전 184)이다.
37 원문은 '高后崩, 不與大臣共誅呂禄等, 免'이다. "'붕崩'자 다음의 '불不'자는 당연히 불필요한 글자다. '등等'자 다음에 '후좌사後坐事' 세 글자가 빠져 있다."(『사기지의』) 이에 따라 해석하면 "고후가 사망했을 때 조줄은 대신들과 함께 여록 등을 주살한 일에 참여했고, 나중에 다른 일에 연루되어 면직되었다"가 되어 본문과 다른 내용이 된다. "고후가 사망한 뒤 조줄은 대신들과 함께 여록 등을 주살했다. 나중에 죄를 지어 면직되었다."(『한서』) 두 기록의 견해가 일치한다. 또한 「여후기」에 따르면 여씨들을 주살하는 데 전적으로 조줄이 왕래하며 나는 듯이 (진평과 주발에게) 보고한 덕분에 일을 이룰 수 있었는데, 어찌하여 참여하지 않았다고 말하는가? 그가 면직된 것은 다른 일에 연루되었기 때문이다."(『사기지의』) '수정본' 또한 『사기지의』의 내용을 인용하며 그 견해에 동의하고 있다. 역자 또한 이 견해에 동의하지만, 『사기』 원문 그대로 번역했다.
38 『한서』「백관공경표」에 따르면 고후 8년(기원전 180)의 일이다.

장창은 강후 등과 함께 대왕代王을 옹립했는데 효문황제孝文皇帝다. 한 문제 4년에 승상 관영이 사망하자 장창이 승상에 임명되었다.

한나라가 건립된 이래 효문제 즉위까지 20여 년39에 이르는 동안 천하가 비로소 안정되기 시작했지만 장상과 공경 자리는 모두 무관 출신이 맡고 있었다. 장창은 계상으로 있을 때 음률과 역법을 제정하고 바로잡았다. 고조가 패상으로 진군한 때가 10월이므로 진나라 때 10월을 한 해의 시작으로 삼은 것을 그대로 이어받아 바꾸지 않았다.40 오덕五德의 운행을 추산할 때 한나라 건립은 수덕水德의 때에 해당한다41고 여겼으므로 진나라 때와 같이 검은색을 숭상했다.42 율관律管으로 음계를 바로잡고43 음률과 성조에 사용하도록 하고, 아울러 이를 기초로 하여 관련 법령과 제도를 제정했다. 또한 모든 상인이 사용하는 도량형 단위를 확정하고 천하가 모두 이것을 표준으로 삼도록 했다. 이러한 것들

---

39 유방이 황제로 칭한 때부터(기원전 202) 문제 원년(기원전 179)까지는 총 24년이다.

40 "유방이 패상(당시의 함양성 동남쪽)에 당도했을 때가 10월인데, 마침 10월은 진나라의 역법으로 새해의 시작이므로 장창 등은 이를 하늘의 뜻이라 여겼고, 한나라 왕조도 마땅히 진나라가 사용한 같은 역법을 사용해야 함을 표명했다."(『사기전증』)

41 오덕五德은 오행五行이라고도 하며 금金, 목木, 수水, 화火, 토土를 말한다. 오덕의 상생相生 혹은 오덕의 상극相剋으로 왕조의 흥망과 교체를 해석하고 예측했다. "주나라가 화火 성질(화덕火德)인데, 진나라가 취하여 대신했기 때문에 진나라는 수水 성질(수덕水德)이고, 한나라 왕조가 다시 진나라를 취해 대신했기 때문에 마땅히 토土 성질이 되어야 한다. 그러나 한나라 초기에 이것에 대한 논쟁이 있었는데, 어떤 사람들은 이토록 잔인하고 포악하며 단명한 진나라를 독립된 왕조로 승인하는 것을 원치 않았고, 그들은 한나라가 직접적으로 주나라를 승계했기 때문에 한나라는 여전히 수덕水德이라고 말했다. 여기서 출발하여 그들은 진나라의 각종 제도에 대해서 계승하며 바꾸지 않는 것을 주장했는데, 장창이 바로 이런 부류에 속한 사람이었다."(『사기전증』)

42 "오행가五行家들은 '금·목·수·화·토'를 왕조 교체와 관련짓고 다시 '동·서·남·북·중앙' 5개 방위와 '홍·황·남·백·흑' 5색에 관련짓는다. 예를 들면 그들은 남방은 화의 성질에 홍색이며, 서방은 금의 성질에 백색, 북방은 수의 성질에 흑색, 중앙은 토의 성질에 황색 등이라고 말한다. 진나라가 흑색을 숭상한 것은 이와 같은 방법으로 확정한 것이다. 여기서 흑색을 숭상하는 것은 특별히 황제의 예복, 수레와 제사에 사용하는 희생물의 털 색깔을 표현한다."(『사기전증』)

43 율관律管: 대나무 관이나 금속관을 사용하여 제작한 음계를 확정하는 기구를 말한다. "육율六律(십이율十二律 중에서 양성陽聲에 속하는 6가지 소리)과 육여六呂(12율 중 음성陰聲에 속하는 6가지 소리) 12개 음계를 확정하는 관으로 각종 기악과 성악의 음가를 교정하는 것을 말한다."(『사기전증』)

은 모두 장창이 승상이 되었을 때 완성한 것이다. 이 때문에 한나라 시대에 음률과 역법을 논의하는 사람은 장창의 학설을 근원으로 삼았다. 장창은 본래 독서를 좋아하여 읽지 않은 것이 없고 깨닫지 못하는 것이 없었는데, 특히 음률과 역법에 정통했다.

장창은 왕릉에게 은덕을 입었는데, 왕릉은 곧 안국후安國侯다. 장창은 귀한 신분이 된 뒤에도 항상 왕릉을 아버지처럼 섬겼다. 왕릉이 죽은 뒤 장창은 승상이 되었는데, 쉬는 날이면44 항상 먼저 왕릉의 부인을 방문하여 직접 음식을 올리고 나서45 집으로 돌아왔다.

장창이 승상이 된 지 10여 년 뒤 노나라 사람 공손신公孫臣이 글을 올리기를, 오행에 근거할 때 한나라는 토덕土德의 시대에 속하니 그 징조로 황룡黃龍이 출현하게 될 것이라고 했다.46 황제는 조서를 내려 이 일을 장창에게 넘겨 심의하도록 했는데, 장창은 공손신의 말이 옳지 않다고 여겨 그 의견을 무시했다. 그 뒤에 성기현成紀縣에서 과연 황룡이 출현했으므로47 효문제는 공손신을 불러 박사博士로 임명하고 토덕에 상응하는 역법과 제도를 기초하게 하고, 아울러 그 해를 원년으로 변경했다.48 장 승상(장창)은 이 일로 스스로 면직하고 병들고 늙었다는 핑계로 조정에 나오지 않았다. 일찍이 장창이 한 사람을 추천해 중후中

---

44 원문은 '세목洗沐'이다. 머리감고 목욕하는 것을 말하는데 여기서는 쉬는 날을 뜻한다. 한나라 때 관원들은 5일 일하고 하루를 목욕하고 쉬었다. 당·송 때는 10일마다 하루를 쉬었다.
45 원문은 '상식上食'으로, 왕릉의 신주神主에 제품祭品을 올리고 제사를 지내 추모하는 의미로 여기는 사람도 있다.
46 오행가의 설법에 따르면 토덕土德은 황색을 숭상하므로 황룡이 출현할 것이라 예언한 것이다.
47 문제 15년(기원전 165)의 일로 기재하고 있다. "나카이 리켄은 말하기를 '공손신은 특히 터무니없는데, 성기현에서 용이 나타났다는 것은 아마도 공손신이 꾸며낸 말일 것이다'라고 했다."(『사기회주고증』) 성기현은 한나라 현으로 치소는 지금의 간쑤성 징닝靜寧 서남쪽 지역이다.
48 "17년, 문제가 옥으로 된 잔을 얻자 문제는 이해를 후원後元 원년으로 변경했다."(「효문본기」) "「효문본기」에 따르면 개원은 17년에 옥으로 된 잔을 얻고서이니 실제적으로 문제의 개원은 17년으로, 본문에서 말한 것은 잘못이다. 『한서』 「문제기」에서는 16년에 '옥으로 된 잔'을 얻고서 그 이듬해에 개원했다고 하여 『사기』 「효문본기」와 조금 다르다."(『사기전증』)

侯[49]에 임명했는데, 그가 법을 어기고 폭리를 취하자 황제는 장창을 질책했고, 장창은 마침내 병을 구실로 면직을 요청했다.[50] 그가 승상이 된 지 15년 만에 물러난 것이다. 효경제 전원前元 5년(기원전 152)에 장창이 사망했는데, 시호를 문후文侯라 했다. 아들 강후康侯[51]가 후 작위를 계승했으나 8년 뒤에 죽었다. 그의 아들 장류張類[52]가 후 작위를 계승했으나 8년째[53] 되는 해에 어느 제후의 장례식에 늦게 참석한데다 자리에서 예의가 바르지 못한 불경죄를 저질러 봉국이 취소되었다.[54]

당초에 장창의 부친은 키가 5척(116센티미터)도 되지 않는데, 장창은 키가 8척(185센티미터)이 넘었으며 후에 봉해지고 승상에 임명되었다. 장창의 아들도 키가 컸지만, 손자 장류는 도리어 키가 6척(139센티미터) 정도였고, 게다가 법을 어겨 후 작위를 잃었다. 장창은 승상에서 면직된 뒤 연로해져 이가 빠지자 모유를 먹고 살았는데, 나이 어린 부녀자를 유모로 삼았다. 장창은 처와 첩이 100명이 넘었고 임신한 적이 있는 여자와는 동침하지 않았다. 장창은 100세가 넘어 죽었다.

승상 신도가申屠嘉[55]는 양梁나라 사람이다. 그는 힘이 세어 발로 강한 쇠뇌를 밟아 당길 수 있는 보졸 신분으로[56] 고조를 수행하여 항우를 토벌했고 대수大

---

49 중후中侯: 장작소부將作少府(한 경제 6년, 기원전 144년에 명칭이 장작대장將作大匠으로 변경) 소속으로 궁궐, 종묘, 능침 등의 토목 공정을 관장했다.
50 문제 후원 2년(기원전 162)의 일이다.
51 "장창의 아들 이름은 봉奉이고 시호가 강康이다."(『사기지의』)
52 「고조공신후자연표」에서는 '류類'를 '예預'로 기재하고 있다.
53 "『사기』와 『한서』「표」에서는 '7년'을 '8년'이라 했다."(『사기지의』) 즉 무제 건원 5년(기원전 136)이다.
54 "이것은 모두 무제가 고의로 죄명을 뒤집어씌워 열후의 작위와 봉지를 제거한 것이다."(『사기전증』)
55 신도가申屠嘉: 성이 '신도'이고 이름이 '가'다. 신도는 '신도申徒'라고도 하는데, 즉 사도司徒다.
56 원문은 '재관궐장材官蹶張'이다. 재관材官은 진·한 때 시작된 일종의 지방 예비병 병과兵科다. "재관은 힘이 세기로 이름난 특수한 종류의 병졸이다."(『사기전증』) 궐장蹶張은 "여순이 말하기를 '재관材官이 힘이 세어 발로 강궁을 밟고 당길 수 있으므로 궐장이라 했다'고 했다."(『집해』)

尉57로 승진되었다. 다시 고조를 수행하여 경포의 군대를 토벌하고 도위에 임명되었다. 효혜제 때는 회양군淮陽郡58 군수가 되었다. 효문제 원년(기원전 179)에 고조를 수행했던 현재 2000석 이상의 관직에 있는 옛 부하들을 일률적으로 관내후에 봉하고, 그중 봉지를 수여받은 자가 24명인데59 신도가는 식읍 500호를 하사받았다. 장창이 승상이 되었을 때 신도가는 어사대부로 승진했다. 장창이 승상의 지위에서 물러났을 때 효문제가 황후의 동생인 두광국竇廣國을 승상으로 삼고자 하면서 말했다.

"천하 사람들이 내가 광국을 편애한다고 여길까 걱정이다."

두광국이 현명하며 능력이 있고 품행도 좋기 때문에 그를 승상으로 삼으려한 것인데, 오래 생각하고 나서는 옳지 않다고 여겼다.60 이 당시 고조 때의 대신들은 대부분 사망했고 살아 있는 사람들 중에는 적합한 사람이 없었다. 이에 어사대부 신도가를 승상으로 임명하고 원래의 봉읍을 그대로 봉하여 고안후故安侯라 했다.61

---

57   대수大率: 『색은』에서는 '率'의 음을 '수'라고 했다. 50명을 넘지 않는 병졸을 관리하는 대장隊長이다. 왕선겸은 심흠한의 말을 인용해 『통전通典』에서 사마양저司馬穰苴가 말하기를 '십오什伍를 대隊라 했다'고 했다."

58   회양군淮陽郡: 전한 초기에 회양국을 설치했고, 장화章和 2년(88)에 진국陳國으로 변경했다. 치소는 진현陳縣이다.

59   "전대소가 말하기를 「본기」에 따르면 30명인데 「열전」에서는 24명에 그치니, 누가 맞는지 모르겠다'고 했다.(『한서보주』)『한서』「신도가전」에서도 '24명'으로 기재하고 있다. "고조를 수행한 옛 부하 중에 이미 관직이 2000석 이상이지만 아직 후에 봉해지지 않은 자, 영천군 군수 이름이 존尊 등 10명에게 각기 식읍 600호를 늘려주고, 회양군 군수 신도가 등 10명에게 각기 식읍 500호를 늘려주었으며, 위위衛尉 정定 등 10명은 각기 식읍 400호를 늘려준다."(「효문본기」) 이에 따르면 총 30명이다.

60   "곽숭도가 말하기를 '광국은 처음부터 스스로 탈출한 남의 노비였고, 관영이 승상으로 있던 1년 동안 훌륭한 스승을 선택해 그를 지도하게 했는데, 무슨 근거로 현능하고 품행이 좋아서 승상으로 삼을 만하다고 하는가? 태사공이 일부러 격앙된 말로 문제를 드러내기 위한 것이지 사실이 아니다'라고 했다."(『사기전증』)

61   원문은 '고읍故邑'으로, 관내후 때 수여받은 식읍이다. 고안현故安縣의 치소는 지금의 허베이성 이현縣 동남쪽 지역이다. "제소남이 말하기를 '한나라 초에 승상은 일괄적으로 공신이면서 이미 열후에 봉해진 자로 삼았는데, 신도가는 본래 공신이지만 관내후 신분으로 승상이 되었으니 파격적인 인사다. 이후에 승상으로 후에 봉해지는 것이 이때부터 시작되었다'고 했다."(『한서보주』)

신도가는 사람됨이 청렴하고 정직하여 사사로운 일로 찾아오는 사람을 만나지 않았다. 이 당시 태중대부太中大夫 등통鄧通이 문제의 총애를 받아 상으로 하사받아 쌓은 재물이 수억 전62이나 되었다. 심지어 문제는 등통의 집으로 가서 연회를 열어 마시며 즐겼으니, 그가 받는 총애가 어느 정도였는지 알 수 있었다. 하루는 승상 신도가가 입조했을 때 등통이 황제 곁에 앉아 있었는데 그 태도가 방자하고 오만했다. 신도가는 일을 아뢰고 난 뒤에 말했다.

"폐하께서 신하를 총애하여 그를 부귀하게 할 수는 있으나, 조정의 예절이 엄격하지 않으면 안 됩니다!"

문제가 말했다.

"그대는 아무 말 마시오. 내가 알아서 그를 훈계하겠소."

신도가는 조회를 마치고 승상부에 앉아 등통을 소환하는 격檄63을 쓰고, 오지 않으면 참수하겠다고 했다. 등통은 두려운 나머지 입궁하여 문제에게 이 일을 보고했다. 문제가 말했다.

"네가 먼저 가 있으면 내가 즉시 사람을 보내 너를 부르겠다."

등통은 승상부로 가서 관을 벗고 맨발로64 머리를 조아리며 사죄했다. 신도가는 옆에 아무도 없는 듯이 앉아서 일부러 예의를 갖추지 않은 채 꾸짖었다.

"이 조정은 고황제께서 건립하신 조정이다. 등통 너는 한낱 소신小臣에 불과한데, 감히 대전에서 제멋대로 굴었으니 불경죄를 크게 범한 것으로 참수해야 마땅하다. 너희65는 저자를 당장 끌어내 참수하라!"

등통이 머리를 바닥에 찧어 이마에서 피가 흘렀지만 신도가는 그를 용서하지

않았다. 문제는 승상이 충분히 등통을 괴롭혔으리라 짐작하고 사자에게 부절을 지니고 가서 등통을 불러오게 했다. 아울러 승상에게 사과하며 말했다.

"등통은 나의 농신佞臣[66]이니, 그대는 그를 풀어주시오."

등통이 궁중으로 돌아와 문제에게 울면서 말했다.

"승상이 신을 거의 죽일 뻔했습니다."

신도가가 승상이 된 지 5년째 되던 해에 효문제가 사망하고 효경제가 즉위했다. 경제 2년(기원전 155)에 조조鼂錯가 내사內事[67]가 되어 경제의 총애를 받으며 권력을 잡았다. 그는 많은 법령을 바꿀 것을 청했고, 제후들의 권력과 봉지를 거두어들이는 방식으로 그들의 과실을 처벌할 것을 건의했다. 승상 신도가는 자신의 의견을 황제가 받아들이지 않는 것에 소원함을 느껴 조조를 질시했다. 조조는 내사로 일하면서 내사부의 대문이 동쪽으로 나 있어 출입이 불편하자 담장을 뚫고 남쪽으로 출입하는 문을 따로 냈다. 남쪽 문을 나서면 태상황太上皇[68] 종묘의 바깥쪽 작은 담장이었다.[69] 신도가는 이 말을 듣고 종묘를 둘러싼 담장을 제멋대로 뚫어서 문을 만든 죄로 법에 따라 조조를 참수하도록 주청하려 했다.[70] 조조의 빈객 가운데 누군가 이 소식을 듣고 조조에게 전했다. 조조는 두려워서 한밤중에 궁궐로 들어가서 황제를 뵙고 자백한 뒤 죄를 청했다. 이튿날 조정에 나갔을 때 승상 신도가는 경제에게 내사 조조를 참수하도록 주청했다. 그러자 경제가 말했다.

"조조가 뚫은 남쪽 문은 진짜 종묘의 담장이 아니고 담장 바깥의 공터에 있

---

66   농신佞臣: 군주의 총애를 받는 놀이 상대가 되는 신하를 뜻한다.
67   내사內史: 서주西周 때 시작된 관직으로, 진나라 시기에는 도성을 다스리고 관리했고 전한 초기에는 제후 왕국에서 민정民政을 관장하는 일을 했다. 이후의 경조윤京兆尹과 같다. 도성과 교외 지역을 다스리는 행정장관이다. 경제 2년(기원전 155)에 좌내사左內史, 우내사右內史로 분리되어 설치되었다.
68   태상황太上皇: 유방의 부친인 유태공劉太公의 종묘다.
69   원문은 '연원堧垣'으로, 제왕의 능묘를 둘러친 담장 밖 공터를 둘러싼 작은 담장을 뜻한다. 작은 담장 안쪽의 빈터를 '연堧'이라 한다.
70   "신도가의 이 같은 행위를 살펴보면 그의 청렴하고 정직함은 보이지 않는다."(『사기전증』)

는 작은 담장으로, 그 안에 약간의 관부官府를 설치하도록 허락했기에 다른 관원들이[71] 그 안에서 거주하고 있고, 내가 그렇게 하라고 허락했으니 조조에게는 죄가 없소."

조회를 마치고 신도가는 장사長史에게 말했다.

"내가 먼저 조조를 참살하지 않아서 그가 황제에게 요청하여 농락을 당했으니 후회스럽네."

관저로 돌아와 피를 토하고 죽었다.[72] 그의 시호를 절후節侯라고 했다. 그의 아들 공후共侯 신도멸申屠蔑이 작위를 계승했지만 3년 뒤에 죽었다. 신도멸의 아들 신도거병申屠去病이 작위를 계승했고 31년 뒤에 죽었다. 신도거병의 아들 신도유申屠臾가 후의 작위를 계승했는데,[73] 6년 뒤 구강군 태수 재임 중에 전임 태수의 예물을 받은 죄로 봉국이 취소되었다.[74]

신도가가 죽은 뒤 경제 때 개봉후開封侯 도청陶靑과 도후桃侯[75] 유사劉舍가 승상이 되었고, 무제 때에 이르러서는 백지후柏至侯[76] 허창許昌, 평극후平棘侯[77] 설

---

71 원문은 '타관他官'이다. "『한서』에서는 용관冗官이라 했는데, 산관散官을 말한다."(『색은』) 실제적인 직무가 있는 자를 직사관職事官이라 하고, 산관散官은 관직 명칭은 있지만 실제적인 직무가 없는 관직 칭호다. "여러 종묘에 설치된 관원으로 종묘 담장 밖에 부서를 설치했고 종묘에 종사하는 자들이 모두 그 안에서 기거했다. 종묘를 관장하는 관원을 말하는 것은 아니다"라고 했다.(『사기찰기』)

72 "종성이 말하기를 '신도가가 등통을 참수하려 한 것은 올바르고 조조를 참살하려 한 것은 사적인 것이라 두 가지 사건을 함께 논할 수 없다. 하물며 등통을 참수하려 한 일은 문제 때로, 경제 때는 무슨 까닭으로 군주처럼 먼저 조조를 참살하려 했는가? 심하다, 그가 변한 것을 알지 못하겠다'고 했다."(『사기전증』)

73 "서광은 말하기를 '어떤 판본에는 '신도거병이 작위를 계승하다'라는 말이 없고, '공후 신도멸 33년에 아들 신도유가 정안후靖安侯로 변경 봉해졌다'고 했다'고 했다."(『집해』) "『사기』 표, 『한서』 표, 열전에는 신도가가 고안후故安侯에 봉해지고 아들 신도멸과 손자 신도유에게 전해졌다고 하고 신도거병 1대는 없다."(『사기지의』)

74 무제 원정元鼎 원년(기원전 116)의 일이다.

75 "첸무가 말하기를 '도현桃縣은 지금의 허난성 옌진 북쪽'이라고 했다."(『사기전증』)

76 "첸무가 말하기를 '백지현柏至縣은 지금의 허베이성 바이샹柏鄕 서남쪽'이라고 했다."(『사기전증』)

77 평극현平棘縣: 전한 시기에 현이 설치되었는데 후한 시기에는 남평극南平棘이라 불렀다. 치소는 지금의 허베이성 자오현趙縣 남쪽 지역이다.

택薛澤, 무강후武彊侯[78] 장청적莊青翟, 고릉후高陵侯[79] 조주趙周 등이 승상이 되었다. 이들은 모두 열후의 신분으로 승상의 직위를 계승했지만 지나치게 소심하고 청렴하며 신중하여, 자리를 채우기만 했을 뿐 정치적 공적이나 명성을 세상에 드러냄이 없었다.

태사공은 말한다.

"장창은 문학을 좋아하고 음률과 역법에 정통한 한나라의 저명한 승상이었지만, 가생賈生과 공손신 등이 올린 정삭正朔과 복색服色 등의 건의를 받아들이지 않고 진나라의 전욱력顓頊曆을 사용하도록 고집한 것은 무엇 때문인가?[80] 주창은 나무처럼 강직하고 솔직한 사람이었고,[81] 임오는 옛날에 베푼 은혜로 중용되었으며, 신도가는 의지가 군고 절개를 지켰다고 말할 수 있으나[82] 그들은 국가를 다스리는 모략과 학문이 없어 소하, 조참, 진평 같은 사람과 함께 논할 수는 없다."

효무제孝武帝 때는 승상이 매우 많았지만 기록하지 않았고, 그들의 생평과 대략적인 사적을 수록한 자료도 없어 여기서는 단지 정화征和 이후의 몇몇 승상

78 무강현武彊縣은 지금의 허난성 정저우 동북쪽이다.
79 "고릉高陵의 위치는 상세하지 않다. 어떤 사람은 낭야군에 속했다고 한다."(『사기전증』)『한서』에서는 상릉후商陵侯라고 했는데, 상릉商陵의 구체적인 위치는 상세하지 않다.
80 원문은 '明用秦之顓頊曆, 何哉?'다. "구절을 이해할 수 없다. 『한서』 찬贊에서는 '傳遵用秦之顓頊曆 (진나라의 전욱력 사용을 답습했다)'라고 했다."(『사기지의』) 전욱력은 춘추전국시대에 제정된 역법으로, 진나라 이후 전국에서 시행되었다가 한 무제 때 '태초력太初曆'이 대신하게 되었다. 전욱력은 10월을 세수로 하고 윤월閏月을 연말에 뒀으며 1년을 365.25일로 정했다.
81 원문은 '목강木彊'으로, "그 소박하고 정직하며 완고하고 고집스럽기가 목석과 같다는 말이다."(『정의』) "두드려도 소리가 나지 않는다는 의미다."(『사기전증』)
82 "신도가에 대한 정견政見은 일치하지 않는다. 조조를 축출하려 한 것을 '의지가 군고 절개를 지켰다'고 말하기는 어렵다. 사마천 본인이 조조에 대한 편견을 갖고 있었기 때문에 신도가를 이와 같이 평가한 것이다."(『사기전증』)

의 열전을 선택해 기술할 수밖에 없다.[83]

승상 차천추車千秋[84]는 장릉長陵[85] 사람으로 그가 죽자 위韋 승상이 그 직무를 이어받았다.[86] 위 승상은 이름이 현賢이고 노나라 사람이다. 경서를 읽고 유가 학술을 학습하여 관리가 되었는데 대홍려大鴻臚[87]에까지 이르렀다. 어떤 관상가가 그의 관상을 보고 틀림없이 승상에 오를 것이라 했다. 위현은 아들 넷을 뒀는데, 관상가에게 그들의 관상도 보게 했다. 관상가가 둘째아들 현성玄成을 보더니 말했다.[88]

"이 아들은 귀한 상으로 틀림없이 후에 봉해질 것입니다."

위 승상이 말했다.

"내가 승상이 된다면 큰아들이 작위를 계승하게 될 텐데 어떻게 이 아이에게

83 정화征和는 한 무제의 연호로 기원전 92~기원전 89년이다. "이하 사람들은 모두 후대 사람이 제멋대로 더한 것이다. 효무제가 54년간 재위하는 동안 승상이 12명이었다. 두영竇嬰, 허창許昌, 전분田蚡, 설택薛澤, 공손홍公孫弘, 이채李蔡, 장청적莊青翟, 조주趙周, 석경石慶, 공손하公孫賀, 유굴리劉屈氂, 차천추다. 공손하 이상 10명은 태사공의 이 책에 보이고, 언급되지 않은 자는 유굴리와 전분뿐인데 어찌하여 '매우 많은데 기록이 없다'고 하는가? 게다가 정화가 효무제 때가 아니란 말인가? 정화 이후를 기술한다고 했는데, 어찌하여 차천추에서 잇기 시작하면서 유승상劉丞相은 기술하지 않는가? 기술된 차천추, 위현, 위상魏相, 병길邴吉, 황패黃霸, 우정국于定國, 위현성, 광형匡衡 8명 가운데 왕흔王訢, 양창楊敞, 채의蔡義 3명이 빠진 이유는 무엇인가?"(『사기지의』)

84 차천추車千秋: 원래 성은 전田이고 이름이 천추千秋다. 소제昭帝는 그가 연로하자 수레를 타고 궁중을 출입하도록 했으므로 그를 '차 승상'이라 불렀다.

85 장릉長陵: 한나라 현으로, 전한 5개 능현陵縣 중 하나다. 치소는 지금의 산시陝西성 시안 북쪽, 셴양 동북쪽 지역이다. 고조 유방이 사후에 이곳에 매장됐다. 한나라 때는 새로운 황제가 즉위하면 이듬해부터 미리 자신의 능묘를 건설했으며 능묘 주변 지역에 성읍을 설치하고 관리를 파견해 관리하게 했다. 또한 천하 각지의 부호들을 그곳에 옮겨 거주시켰다. 이곳의 장관은 현령과 동급인데 지위는 현령보다 위였다.

86 차천추는 소제 원봉元鳳 4년(기원전 77)에 사망했다. 위현韋賢이 곧바로 승상 직무를 계승한 것이 아니라 왕흔, 양창, 채의 다음에 위현이 승상이 되었다. 위현은 선제宣帝 본시本始 3년(기원전 71)에 승상이 되었고 부양후扶陽侯에 봉해졌다.

87 대홍려大鴻臚: 구경 중 하나로 소수민족 접대, 왕래 및 제후왕의 입조를 맞아들이고 전송하며, 조회와 작위 수여 등의 예절과 의식 사무를 관장하던 관원이다.

88 『한서』 「위현전」에 따르면 위현의 장남은 방산方山, 차남은 홍弘, 셋째는 순舜, 막내가 현성이었다. 여기서 현성을 둘째라고 한 것은 잘못이다.

작위가 돌아가겠소?"

그 뒤 위현은 과연 승상이 되었다가 병들어 죽었는데, 큰아들이 죄를 짓고 처벌을 받아 작위를 계승할 수 없게 되자 둘째아들 위현성韋玄成이 작위를 계승하게 되었다.[89] 현성은 미친 척하며 작위를 받지 않으려 했지만[90] 결국에는 작위를 계승하게 되었고, 이 때문에 봉국을 양보하려 했다는 명성을 얻게 되었다. 나중에 위현성은 말을 타고 태묘太廟로 들어가는 불경죄를 범했고,[91] 황제의 명령으로 한 등급이 강등된 관내후가 되어 열후 작위는 잃었지만 여전히 후국의 봉지 식읍을 유지했다. 위韋 승상이 죽자 위魏 승상이 직무를 대신했다.[92]

위魏 승상의 이름은 상相이고 제음濟陰 사람으로, 사무를 보는 하급 관원에서 시작해 승상까지 이르렀다. 그는 무술을 좋아하여 모든 부속 관원에게 검을 차고 다니게 했고, 검을 찬 채로 업무를 보고하도록 했다. 혹 검을 차지 않은 자가 들어가 보고해야 할 때는 다른 사람의 검을 빌려 차고 들어가서 보고해야 했다. 당시 경조윤京兆尹 조군趙君[93]이 죄를 짓자 위 승상은 그를 면직시킬 것을

---

89 위현은 선제 원강 4년(기원전 62)에 사망했다. "위현의 장자 방산方山은 고침령高寢令(고조 능원을 지키는 장관)이었는데, 일찍 죽었으므로 작위를 계승하지 못했다. 여기서 장자가 죄를 지어 계승하지 못했다고 하는데, 아마도 차남인 굉宏(『한서』에서는 홍弘으로 기재)을 방산으로 잘못 여긴 것 같다."(『사기지의』) "위홍은 끝내 종묘의 일로 죄를 짓고 하옥되었다."(『한서』)

90 "위현은 큰아들이 죽은 뒤 차남인 위홍을 세우려고 했지만 결정하지 못하고 죽었다. 집안사람들은 결국 위현의 계획을 바꾸어 위현성을 세웠다. 위현성은 처음에 미친 척하며 받지 않으려 했는데, 선제가 조서를 내려서야 비로소 결정되었다."(『사기전증』)

91 『한서』에 따르면 위현성은 열후의 신분으로 효혜孝惠의 사당에 제사지내려고 갔다가 비가 내려 진흙탕이 되자 수레에서 내려 말을 타고 들어갔다. 유관부서에서 이 일을 탄핵하여 그와 함께했던 동료 여러 명이 모두 관내후로 강등되었다.

92 『한서』와 「백관공경표」에 따르면 선제 지절地節 3년(기원전 67)에 위현은 '사금면賜金免(황제가 황금을 하사하는 것에서 제외됨)'으로 퇴직되었고 위상魏相이 승상의 직무를 대신했다. 여기서 위상이 사망했다는 말은 오류다. 한나라 때 승상의 퇴직은 위현에서 시작되었다."(『사기전증』)

93 경조윤京兆尹: 전한 태초太初 원년(기원전 104)에 우내사右內史를 변경한 관직으로, 도성 부근을 관할했으며 직분은 군 태수에 상당했다. 조군趙君의 이름은 광한廣漢이고 자가 자도子都다.

황제에게 상주했다. 조군이 사람을 보내 위 승상을 붙잡고 죄를 면할 수 있게 해달라고 요구했지만 위 승상은 들어주지 않았다. 그는 다시 사람을 보내 위 승상을 협박하면서 위 승상의 부인이 하녀를 잔인하게 살해했다고 무고하고는[94] 사사로이 상주하여 사람을 보내 조사해달라고 요청했다. 아울러 자신이 관병을 이끌고 승상부 관저로 들어가 노비들을 체포해 고문했지만 실제로는 승상 부인이 칼로 하녀를 살해하지 않았음이 밝혀졌다. 승상사직丞相司直 파군繁君[95]이 상주하기를 경조윤 조군이 위 승상을 협박하고 위 승상의 부인이 하녀를 잔인하게 살해했다고 모함했으며, 동시에 관병을 이끌고 승상부 관저를 포위한 뒤 사람들을 잡아다가 고문한 것은 부도不道한 짓이라 했다. 또 상주하기를 기사騎士 소현蘇賢을 모함하여 죽음에 이르게 했다고 하여 결국 경조윤 조군은 허리를 두 토막 내는 요참腰斬에 처해졌다. 또 위 승상은 연掾[96] 진평 등을 시켜서 중상서中尙書[97]를 탄핵했는데, 조군이 제멋대로 위 승상을 협박한 사건의 배후 주모자가 중상서 사람이라 생각했다. 황제는 승상이 큰 불경죄를 저지른 것으로 여겨 장사長史 이하 관원들을 사형에 처하거나 잠실蠶室에서 궁형宮刑[98]을 받게 했

94 위 승상 부인의 하녀는 매질을 당하고 자살했는데, 조군(조광한)이 의도적으로 위 승상 부인이 잔인하게 살해했다고 말한 것이다.
95 승상사직丞相司直: '사직司直'은 승상의 속관으로, 한 무제 원수 5년(기원전 118)에 승상을 보좌하며 불법을 감찰했다. 파군繁君은 파연수繁延壽다. 그러나 『한서』에 따르면 여기서의 승상사직은 소망지蕭望之이며 파연수가 아니다.
96 연掾: 한나라 때 공부公俯의 속리로 연掾, 속屬이 있었고 군현에는 연掾과 사史를 설치했다. 정正을 연이라 하고 부副를 속이라 한다.
97 중상서中尙書: 상서尙書를 담당하는 환관宦官이다. 상서는 전국시대 때 시작된 관직으로, 진나라 때는 소부少府의 속관이었다. 한 무제 때 황권이 높아졌기 때문에 상서는 황제 주변에서 사무를 처리했고 상주문을 관장하면서 중요한 지위가 되었다. 성제成帝 때 상서 5인이 설치되어 부서를 나누어 일을 처리하기 시작했는데, 수장은 상서령尙書令이고 상서령의 보좌는 상서복야尙書僕射였다. 후한 시기에 상서 6인이 부서를 나누었고 정식으로 황제의 정무 처리를 돕는 관원이 되었다.
98 잠실蠶室: 궁형宮刑을 받은 자가 기거하는 곳이다. 『후한서』(이현) 주석에 따르면 거세당하는 궁형을 받은 뒤에는 양잠養蠶하는 방처럼 바람이 통하지 않고 따뜻한 곳에 기거해야 해서 잠실이라 했다.

다. 위 승상은 끝내 승상으로 재직 중에 병으로 죽었다. 그의 아들[99]이 작위를 계승했는데 훗날 말을 타고 태묘에 들어가는 불경죄를 지어 황제의 명령으로 한 등급 강등된 관내후가 되면서 열후 작위는 잃었지만 본래 후국의 봉지 식읍을 유지했다. 위 승상이 사망한 뒤 어사대부 병길邴吉이 승상의 직무를 이어받았다.[100]

  승상 병길은 노나라 사람으로 독서를 좋아하고 법령을 연구하여 어사대부에까지 이르렀다. 효선제孝宣帝 때 그는 선제를 구명한 옛날의 은혜로 인해 열후에 봉해지고 승상이 되었다.[101] 후세 사람들은 병길이 사리를 잘 살피고 지모가 뛰어나다고 칭찬했다.[102] 병길이 승상으로 재임 중에 병들어 죽자 그의 아들 현顯이 후의 작위를 계승했으나, 훗날 말을 타고 태묘에 들어가는 불경죄를 지어 황제의 명령으로 작위가 한 등급이 강등되었다. 열후 작위는 잃었지만 후국의 봉지 식읍은 누릴 수 있었다. 병현邴顯은 관직이 태복太僕에까지 이르렀으나 일 처리를 혼란스럽게 하는 죄를 지었고 자신과 아들이 남몰래 뇌물을 받은 죄로[103] 작위를 잃고 평민이 되었다.
  승상 병길이 죽자 황패黃霸가 승상의 직위를 대신했다.[104] 장안에 관상을 잘

99 『한서』에 따르면 그 아들의 이름은 홍弘이다.
100 선제 신작神爵 3년(기원전 59)의 일이다.
101 효선제孝宣帝(재위 기원전 73~기원전 49)는 이름이 순詢이다. 유순劉詢은 무제(여태자戾太子)의 손자로, 여태자가 무고를 당해 자살한 뒤에 온 가족이 참수를 당한다. 당시 태어난 지 몇 개월밖에 되지 않았던 유순은 감옥에 수감되었는데 감옥의 일을 주관하던 병길이 유순을 두루 보살펴줬다. 이 일로 선제는 병길을 박양후博陽侯에 봉했다.
102 "병길이 봄에 외출을 했는데 길에서 싸우다 죽은 사람이 있을 때는 묻지 않더니 소가 헐떡거리는 것을 보고서는 관심을 가졌다. 어떤 사람이 그것을 비난하자 그는 "백성이 서로 싸우다 다치는 일은 주관하는 관리가 신경 쓸 일이다. 지금 날씨가 덥지 않으니 소가 헐떡거려서는 안 되는데, 날씨가 바르지 못하여 수확에 영향을 줄까 염려될 따름이다. 이것은 승상의 직무이니 내가 마땅히 주의해야 한다."(『한서』)
103 "부속관리와 함께 불법적인 이익을 취하고 뇌물로 1000여 만 전을 받아먹었다."(『한서』)
104 선제 오봉五鳳 3년(기원전 55)의 일이다.

보는 전문田文이라는 자가 있었는데, 위韋 승상, 위魏 승상, 병 승상이 아직 미천한 신분일 때 어떤 집에 손님으로 갔다가 세 사람을 만났다. 그때 전문이 예언하며 말했다.

"지금 제 앞에 계신 세 분은 모두 승상이 될 것입니다."

그 후 세 사람은 과연 번갈아 승상을 담당했으니, 전문의 관상 보는 것이 진실로 고명하도다.

승상 황패는 회양淮陽 사람으로 독서를 좋아하여 관리가 되었고, 관직이 영천潁川 태수에까지 이르렀다. 그는 영천을 다스릴 때 예의 법령으로 백성을 깨닫게 하고 교화시켰으며, 죽을죄를 지은 사람에 대해서는 넌지시 암시하여 스스로 죽도록 권고했다. 교화가 크게 이루어지자 그의 명성이 세상에 널리 떨쳐졌다. 효선제가 제制[105]를 내려 말했다.

영천 태수 황패는 조령詔令[106]을 선포하여 백성을 다스렸기 때문에 길에는 남이 떨어뜨린 물건을 줍는 사람이 없고, 남녀가 같은 길을 걷지 않으며, 옥중에는 중죄를 저지른 죄수가 없다.[107] 관내후 작위와 황금 100근을 하사하노라.

그를 불러 경조윤으로 삼았고 나중에 승상으로 임명했는데, 황패는 여전히 예로써 다스렸다. 황패가 재임 중 병으로 죽자 그의 아들이 관내후를 계승했고

105　제制: 황제의 서면 명령을 가리킨다.
106　조령詔令: 황제 명의로 발포한 공문의 통칭이다. 민간에서는 일반적으로 '성지聖旨'라고 하는데, 대체적으로 두 가지로 크게 분류할 수 있다. 하나는 중대 제도, 전례典禮, 봉상封賞을 발포하는 문서이고 다른 하나는 일상 정무 활동의 문서다.
107　앞에서 '죽을죄를 저지른 사람에 대해서는 넌지시 암시하여 스스로 죽도록 권고했다'고 했기 때문에 옥중에 중죄인이 없는 것이다.

이후 열후에 봉해졌다.[108] 황 승상이 죽은 뒤 어사대부 우정국于定國이 승상 직무를 이어받았다.[109] 우于 승상에 대한 기술은 이미 「정위전廷尉傳」에 나오고, 장정위張廷尉의 전기에도 있다.[110] 우 승상이 죽자 어사대부 위현성이 승상의 직무를 대신했다.[111]

승상 위현성은 이전 승상인 위현의 아들이다. 위현성은 부친의 작위를 계승한 뒤에 잘못을 저질러 열후 작위를 잃고 관내후로 강등되었다. 그는 젊었을 때 독서를 좋아하여 『시경』과 『논어』에 정통했다. 처음에는 하급 관원이었다가 점차 승진해 위위衛尉가 되었고 다시 태자태부太子太傅로 전임되었다. 어사대부 설군薛君(설광덕薛廣德)이 면직되자 위현성이 어사대부로 임명되었다. 우 승상이 사직을 요청하자 위현성이 승상의 직무를 계승했고 원래 소유하고 있던 봉지로 부양후扶陽侯에 봉해졌다. 몇 년 뒤 그가 병으로 죽자[112] 효원제孝元帝[113]가 친히 문상하고 매우 두텁게 상을 하사했다. 그의 아들[114]이 후 작위를 계승했다. 위현성은 승상 관직에 있을 때 평범하게 세속에 따랐으므로 세상 사람들은 그가 영합하며 위선적이라고 풍자했다.[115] 일찍이 관상가는 그가 후에 봉해지고 부친의

---

108 『한서』「순리전循吏傳」에 따르면 황패 아들의 이름은 상賞이다. "황패는 입조한 뒤 승상이 되었을 때 건성후建成侯에 봉해졌는데, 지금 '이후에 열후에 봉해졌다'고 말하는 것은 이치에 맞지 않는다. 마땅히 아래 문장의 위현성이 '나중에 열후 작위를 잃었다'는 사건과 같이 해야 할 것이다."(『사기전증』)
109 선제 감로甘露 3년(기원전 51)의 일이다.
110 "「장정위열전」에 어찌 우정국이 언급되어 있으며, '우于 승상에 대한 기술은 이미 「정위전」에 나오고, 장정위의 전기에도 있다'고 말하는가. 또한 날조하는 것이 아니겠는가?"(『사기지의』) 장정위張廷尉는 즉 장석지張釋之다. 「장석지풍당열전」에 우정국에 관한 내용은 없다.
111 우정국이 승상에서 면직된 때는 원제 영광永光 원년(기원전 43)이고, 위현성이 대신 승상이 된 때는 원제 영광 2년(기원전 42)의 일이다.
112 위현성은 원제 건소建昭 3년(기원전 36)에 사망했다.
113 효원제孝元帝(재위 기원전 48~기원전 33)는 선제의 아들로, 이름이 석奭이다.
114 『한서』에 따르면 위현성의 아들은 이름이 관寬이다.
115 "위현, 위현성 부자가 유학 서적을 읽어 서로 이어서 재상이 되었으니 한나라 때 유학 서적을 읽는 것이 입신양명의 수단이 되는 풍조에 중요한 작용을 했다. 당시 추鄒, 노魯 땅 일대 민간에서 노래

승상 직무를 계승할 것이라 예언했지만 그는 불경죄를 저질러 후 작위를 잃었다. 그는 다시 두루 돌아다니며 관직을 하다가 재기하여 승상에까지 이르렀다. 아버지와 아들이 함께 승상이 되어 세상에서 미담으로 전하니, 어찌 운명으로 정해져 있는 것이 아니겠는가! 이 때문에 관상가가 먼저 이와 같이 될 것을 알았던 것이다. 위현성이 죽자 어사대부 광형匡衡이 승상의 직무를 대신했다.

승상 광형은 동해東海[116] 사람이다. 책 읽기를 좋아했으며 박사를 스승으로 모시고 『시경』을 학습했다. 그는 집이 가난하여 인부로 고용되어 생계를 유지했다. 자질이 부족해 여러 차례 시험에[117] 낙방하다가 아홉 번째에 비로소 병과丙科에 합격했다. 그는 경시로써 합격하지 못했기에 경학을 확실히 이해할 때까지 학습했고, 평원군平原郡의 문학졸사文學卒史[118]를 보결로 얻게 되었다.[119] 여러 해 동안 재직했지만 군에서 존경을 받지 못했다.[120] 어사御史가 그를 도성으로 불러들여 100석 봉록의 관원에 임명되었다가 낭관으로 천거되었고, 다시 박사로 승진했다가 태자소부太子少傅로 임명되어 효원제를 섬겼다. 효원제는 『시경』을 좋

부르기를, '遺子黃金滿籯, 不如一經(자식에게 황금을 상자 가득 남겨주는 것보다 경서經書를 전수하여 읽도록 하는 것이 낫다)'이라고 했다.(『사기전증』) 출전은 『한서』 「위현전」이다.
116 동해東海: 한나라 군으로 치소는 담현郯縣(지금의 산둥성 탄청郯城 서북쪽)이었다.
117 원문은 '사책射策'이다. 사책은 경학經學에 관한 시험관의 질문에 답변하는 시험이다. 책策은 문제를 적은 대나무 판이다. 시험을 주관하는 자가 문제를 제출하여 책에 적고 책상에 엎어놓으면 응시자가 그중 하나를 집는 것을 사射라고 한다. 시험 응시자가 시험관을 만족케 할 만큼 대답하는 것을 화살을 쏘아 과녁을 명중시키는 것과 같다 하여 사책射策이라고 부른다. 갑과甲科에 합격한 자는 낭중郎中, 을과乙科에 합격한 자는 태자사인太子舍人, 병과丙科에 합격한 자는 문학장고文學掌故(군국郡國의 문학관 중의 하나)가 되었다.
118 문학졸사文學卒史는 한나라 때의 주군州郡 혹은 왕국에 설치된 문학연文學掾이다.
119 "광형은 시험에 응시하여 취득한 것은 갑과甲科의 시험문제였는데, 답안이 갑과의 규칙에 부합되지 않아 태상장고太常掌故(태상의 소속으로 예악 제도를 관장했다)에 임명되었다가 나중에 전근되어 보결로 평원군 문학文學(일종의 교관으로 군과 왕국에 모두 설치되었다. 군국문학郡國文學이라고도 한다)이 되었다."(『한서』 「광형전匡衡傳」)
120 "심가본에 이르기를 『한서』에서는 학자들이 여러 차례 글을 올려 광형이 경전에 밝고 당대에 견줄 만한 이가 없다고 천거했다고 했는데, 여기서의 내용과 다르다'고 했다."(『사기회주고증』)

아했고 광형이 효원제의 학습을 지도했으므로 광록훈光祿勳[121]에 임명되었다. 광형은 궁중에 거하는 스승이 되어 황제 주변 사람들을 가르쳤고, 황제 또한 항상 옆에 앉아 강의를 들으면서 칭찬했기 때문에 그는 갈수록 존귀해졌다. 어사대부 정홍鄭弘이 죄를 지어 파면되자 광형이 어사대부에 임명되었다.[122] 1년 뒤 위韋 승상이 죽자 광형이 승상의 직무를 대신했고,[123] 낙안후樂安侯[124]에 봉해졌다. 그는 10년 동안 장안 성문을 나가지 않고 승상의 지위까지 이르렀으니, 이 어찌 좋은 때를 만나는 운명이 아니겠는가!

태사공은 말한다.[125]

"자세히 생각해보니 선비들 가운데 고향으로부터 먼 곳에서 관리를 시작해 점차 승진하여 후에 봉해진 자는 극히 드물다. 대다수 관원은 어사대부에서 더 이상 진급하지 못하고 관직에서 떠난다. 어사대부는 승상의 후보자가 되기 때문에 어사대부가 된 자들은 승상이 일찍 죽기만을 바라고, 심지어 어떤 사람은 은밀하게 승상을 헐뜯고 모함하여 그 자리를 빼앗아 대신하려 한다. 그러나 이런 어사대부 중 어떤 사람은 오래도록 어사대부를 하고도 승상과는 인연이 없는데, 어떤 어사대부는 얼마 안 되어 후에 봉해지고 승상에 임명되니, 이것은 진정 운명인가! 정군鄭君(정홍鄭弘)은 몇 년 동안 어사대부를 했어도 승진하지 못했고, 광형은 어사대부로 임명된 지 1년도 안 되어 위韋 승상이 죽는 바람에 그

121　광록훈光祿勳: 본래 명칭은 낭중령으로. 한나라 때 구경에 속했다. 무제 태초 원년(기원전 104)에 광록훈으로 개명되었다. 진·한 때에는 궁전 문을 방비하는 직무였으나 후대에는 궁전의 잡무를 관장하는 관리로 변천했다. 속관으로 대부大夫, 낭郎, 알자謁者, 기문期門, 우림羽林 등이 있다. 이후 광록사경光祿寺卿으로 개칭되었는데 청나라 말기까지 사용되었다.

122　원제 건소建昭 2년(기원전 37)의 일이다.

123　원제 건소 3년(기원전 36)의 일이다.

124　낙안樂安: 한나라 현으로 치소는 지금의 산둥성 보싱博興 동북쪽 지역이다.

125　"이것은 광형 이래의 사건을 논한 것으로 후세 사람이 서술한 것인데도 '태사공'이라 했다. 그 서술이 천박하고 비루하니 참으로 날조한 것이도다!"(『색은』) "육조사본六朝寫本·경우본·소흥본·경본·황본·팽본·가본·전본에는 '태사공왈太史公曰' 넉 자가 없다."('수정본')

직무를 이어 승상이 되었으니,126 이것이 어찌 지모와 교묘한 계책으로 얻을 수 있는 것이겠는가! 성현의 재능을 가지고도 낮은 관직에서 곤궁하게 살면서 뜻을 얻지 못한 자가 세상에는 수없이 많도다."

126　정홍은 원제 영광 2년(기원전 42)에 어사대부가 되어 건소 2년(기원전 37)에 면직되었으니 경력이 5년으로 진급하지 못했다. 광형은 어사대부가 되고 2년째 되던 해에 위현성이 죽는 바람에 이어서 승상이 되었다.

史　記　列　傳

역생육가열전

酈生陸賈列傳

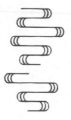

이 편은 유방의 책사이면서 변론에 뛰어나 사신으로서 외교적 성과를 거둔 역이기의 사적에 덧붙여 육가의 사적을 중점적으로 기술하면서 언변이 뛰어난 주건의 사적도 덧붙이고 있다.

역이기는 마을 문을 관리하는 하급관리 출신으로, 스스로 '고양주도高陽酒徒(고양 땅의 술 좋아하는 방탕한 자)'라 일컬었지만 사람들은 그를 '광생狂生(미친 유생)'이라 불렀다. 유방이 고양 땅에 이르렀을 때 그는 유방에게 진류현을 격파할 계책을 바쳤고, 초한 전쟁 중에는 항상 사신으로 나가 제후들에게 유세했다. 그는 제나라 왕 전광을 설득해 유방에게 귀순하도록 하는 데 성공했으나 뜻하지 않게 한신이 제나라를 기습하여 결국 제나라 왕에게 죽임을 당하고 말았다. 육가는 빈객 신분으로 유방을 수행하여 천하를 평정했다. 다른 제후국에 사신으로 가서 변론을 펼쳐 유방을 도왔으며 남월을 한나라에 귀순하게 만들었다. 육가는 진평과 주발을 도와 여씨 세력을 약화시켰으며 이후 여씨 일족을 주살하고 효문제를 옹립하는 데 크게 기여했다. 또한 육가는 역대 국가 존망의 원인에 대해 개괄적으로 논술한 『신어新語』를 저작하기도 했다. 경포의 상이었던 주건은 경포가 반란을 일으키려 할 때 간언하고 반란에 가담하지 않은 덕에 유방에게 죽임을 당하지 않았다. 그는 언변이 뛰어나면서도 엄정하고 청렴 강직한 인물로, 심이기를 도운 일로 나중에 한 문제의 추궁을 받게 되자 자결했다.

역이기와 육가의 공통된 특징은 성을 공격하거나 땅을 점령한 공적으로 명성을 얻은 것이 아니라 지혜와 계책으로 한나라 대업의 완수를 촉진했다는 점이다. 특히 역이기는 한나라 초기 통치사상의 변화에 중요한 역할을 한 인물로, 유방이 "이 몸은 말을 타고 천하를 얻었는데 『시경』과 『상서』를 어디에 쓴단 말이냐!"라고 했을 때 육가는 "말을 타고 천하를 얻었다고 하여 어찌 말 위에서 천하를 다스릴 수 있겠습니까? 문文과 무武를 함께 사용하는 것이 국가를 오래도록 편안히 하는 좋은 책략입니다"라는 말로 응수했다.

역酈 선생1은 이름이 이기食其로, 진류현陳留縣 고양高陽 사람이다. 그는 독서를 좋아했으나 집안이 가난하고 (의욕을 잃어) 실의에 빠져 있는 데다2 먹을 것과 입을 것을 해결할 일자리가 없었기에 마을 문을 관리하는 하급관리가 되는 수밖에 없었다. 그러나 현 안의 현사나 호걸들은 그를 감히 함부로 부리지 못했고,3 현 사람들은 모두 그를 광생狂生(미친 유생)이라고 불렀다.

  진승과 항량 등이 진나라에 반기를 들고 군사를 일으키자, 각지를 공격해 점령하면서4 고양 땅을 지나간 장수가 수십 명이나 되었다. 역생酈生(역이기)은 그들이 모두 도량이 좁고 행동거지가 비천하며 자질구레한 예절만 좋아하고 자기만 옳다고 여길 뿐 원대한 의견을 받아들이지 못한다는 말을 듣고 그들을 피해 깊이 숨어서 만나지 않았다. 이후 역생은 패공이 군사를 이끌고 진류성 교외에서 땅을 점령(혹은 '공략')하고 있다는 말을 들었다.5 마침 패공 수하의 한 기사騎

1 '선생'의 원문은 '생生'으로, 고상하고 우아한 선비에 대한 존경의 칭호다.
2 원문은 '낙백落魄'이다. "응소가 말하기를 '낙백落魄은 포부와 품행이 쇠락하고 곤궁해진 모양'이라고 했다."(『색은』) "『정의일문』에서 이르기를 '낙落은 쇠퇴함을 말하고 백魄은 떠돌아다니는 것을 말한다. 역이기는 집이 가난하고 쇠락하여 떠돌아다니기에 먹을 것과 입을 것을 삼을 만한 업이 없음을 말한 것이다'라고 했다."(『사기전증』)
3 원문은 '爲里監門吏. 然縣中賢豪不敢役'이다. 『한서』에는 '爲里監門, 然吏縣中賢豪不敢役'으로 기재되어 있다. 『한서』의 내용을 번역하면 "마을 문을 관리하는 사람이 되었지만, 현 관리나 현사와 호걸들이 모두 그를 감히 함부로 부리지 못했다"이다.
4 원문은 '순지徇地'다. "군사를 이끌고 순행하면서 호령號令(군 명령)을 발포하고 땅을 점령하는 것을 말한다."(『사기전증』)
5 진 2세 3년(기원전 207) 2월의 일이다. "유방이 진 2세 원년 9월에 패현을 점령하고 패공으로 옹립되어 여기까지 이미 1년 5개월 동안 돌아다니며 싸웠다. 이때 초 회왕의 명령을 받들어 군사를 통솔하며 서쪽으로 진나라를 격파하러 가는 길에 진류현 교외를 지나는 중이었다."(『사기전증』)

士가 역생이 관할하는 마을 청년이었는데, 유방은 때때로 진류현에 현명하고 능력 있는 선비와 재지가 걸출한 사람이 있는지 물어보았다.[6] 그 기사가 집으로 돌아왔을 때 역생은 그를 찾아가 말했다.

"나는 패공이 오만하여 남을 경시하지만 원대한 지략이 있다고 들었네. 진정 내가 따르고자 하는 사람인데 애석하게도 나를 그에게 소개시켜줄 사람이 없네. 자네가 패공을 만났을 때 그에게 '신의 마을에 역생이라는 사람이 있는데, 나이가 60여 세에 키가 8척입니다. 사람들은 모두 그를 미친 유생이라고 말하지만 역생 자신은 미친 유생이 아니라고 합니다'라고 말해주겠는가?"

그 기사가 말했다.

"패공은 유생을 좋아하지 않습니다. 그는 손님 가운데 유생의 관을 쓴 사람이 찾아오면 언제나 관을 벗기고 그 안에 오줌을 누곤 합니다. 뿐만 아니라 사람들과 말할 때마다 항상 욕설을 퍼부어댑니다. 유생의 신분으로 유세하는 것은 불가능합니다."

역생은 말했다.

"자네는 내 말만 전해주게."

기사는 돌아가 기회를 틈타 역생이 부탁한 말을 유방에게 전했다.

패공이 고양의 전사傳舍에 이르자 사람을 시켜 역생을 불러오게 했다. 역생이 당도하여 명첩名帖을 전달했는데 패공은 침상에 걸터앉아 두 다리를 뻗은 채 두 여자에게 발을 씻도록 시키고 있었고,[7] 그 자세로 역생을 만났다.[8] 역생은 들어

---

6 "능치륭은 여조겸呂祖謙의 말을 인용하여 '기사騎士는 지위가 낮은데 고조가 친히 현사와 호걸을 물었으니, 이 때문에 천하를 얻은 것이다'라고 했다."(『사기전증』)
7 원문은 '사랑여자세족使兩女子洗足'으로, 『한서』에는 '족足'자가 없다.
8 "심흠한이 말하기를 '『어람御覽』 342 『초한춘추楚漢春秋』에 이르기를 "유방이 진류현을 지나갔는데 역생이 만나기를 청했다. 심부름꾼이 들어와 통보했는데, 마침 유방은 맨발이었다. 유방이 '어떤 사람이냐?'라고 물었다. '상태가 대유大儒(학문이 깊은 저명한 학자) 같습니다'라고 하자, 유방이 말하기를 '내가 천하를 위해 일하고 있어 대유를 만날 겨를이 없다'고 했다. 심부름꾼이 나가서 알리자 역생이 눈을 부라리고 검을 어루만지며 '들어가서 고양주도高陽酒徒(고양 땅의 술 좋아하는 방탕한 자)이지 유

가서 무릎을 꿇어 절하지 않고 장읍長揖9만 하고는 말했다.

"족하께서는 진나라를 도와 제후들을 공격하려 하십니까? 아니면 제후들을 이끌고 진나라를 격파하려 하십니까?"

그러자 패공이 욕하며 말했다.

"이 쓸모없는 유생 놈아!10 천하 사람들이 모두 진나라 때문에 오래도록 고통을 겪었기에 제후들이 연이어 군대를 일으켜 진나라를 공격하려 하는데, 네놈은 어찌 진나라를 도와 제후들을 친다고 말하느냐?"

역생이 말했다.

"사람들을 불러 모으고 의병을 규합하여 포학하고 무도한 진나라를 멸하고자 한다면 이처럼 오만하게 걸터앉은 채 나이든 사람11을 만나서는 안 됩니다."

그러자 패공은 서둘러 발 씻기를 중단하고 일어나 옷섶을 정리하고 역생을 윗자리에 청해 앉히고 그에게 사과했다. 역생은 이에 (잔국시대에) 여섯 나라가 합종하고 연횡을 했던 형세를 이야기했다. 패공은 기뻐하며 역생에게 음식을 하사하고 물었다.

"그럼 그대에게 어떤 묘한 계책이 있소?"

역생이 대답했다.

"족하께서는 오합지졸12을 이끌고 일어나 흐트러진 병사를 모아들였지만 1만 명도 되지 못합니다. 이런 군대로 강대한 진나라에 쳐들어가는 건 스스로 손이

생이 아니라고 말하시오'라고 말했다"고 했다."(『한서보주』)

9 장읍長揖: 두 손을 마주 잡고 높이 들어 올려서 허리를 굽히는 인사 예절.

10 원문은 '수유豎儒'다. "수豎는 하인을 부르는 말이다. 패공이 그를 경시하여 하인에 비유했으므로 수유라고 말한 것이다."(『색은』)

11 당시 유방은 51세였고 역생은 60여 세였다.

12 원문은 '규합糾合'이다. "오합烏合이라고도 하고 와합瓦合이라고도 한다."(『집해』) 『한서』에는 '와합瓦合'으로 되어 있다. 안사고는 말하기를 "와합은 깨진 기와를 합친 것과 같은 것을 말하는데, 비록 한데 모으긴 했지만 서로 가지런하고 일치하지 않은 것을 말한다"고 했다. "왕문빈王文彬이 말하기를 '와합은 서로 의지하며 따르지 않는 것을 말한다'라고 했다."(『한서보주』)

나 머리를 호랑이 아가리에 들이미는 것과 같습니다. 진류현은 천하의 요충지이자 교통이 사방으로 통하는 땅이며 지금 성안에는 적지 않은 양식을 쌓아놓고 있습니다. 저와 진류현의 현령은 관계가 좋으니 저를 그곳에 사자로 파견하신다면 그를 설득해 족하게 귀순하도록 하겠습니다. 그가 말을 듣지 않으면 족하께서는 군대를 일으켜 성을 공격하십시오. 제가 성안에서 호응하겠습니다."

그리하여 패공은 역생을 먼저 보내고, 자신은 군대를 이끌고 뒤를 따라갔다. 마침내 진류현을 점령하고 역생을 광야군廣野君에 봉했다.13

역생은 또 자신의 동생인 역상酈商을 패공에게 소개하고, 그로 하여금 군사 수천을 이끌고 패공을 수행하여 서남쪽 땅으로 진공하게 했다. 역생은 패공의 유세객이 되어 사신으로 제후들을 방문했다.

한나라 3년(기원전 204) 가을, 항우가 한나라 군대를 공격해 형양을 함락시키자 한나라 군대는 공현鞏縣과 낙양14 일대로 물러나 주둔했다. 초나라 군대는 이때 회음후 한신이 이미 조나라를 격파했고 팽월이 양梁 땅에서 여러 차례 반란을 일으켰다는 소식을 듣고 군대를 나누어 보내 구원하게 했다.

회음후 한신이 동쪽 제나라로 진공하려 할 때15 한나라 왕은 형양과 성고에서 작전을 벌였으나 곤경에 처하자 성고 동쪽 땅을 버리고16 공현과 낙양에 군

---

13 "역이기가 진류현 현령을 설득했지만 따르지 않자 밤에 현령을 참살하고 성벽을 넘어가 패공에게 보고했고, 마침내 패공은 진류현을 함락시켰다."(『한서보주』) 광야군廣野君은 명호만 있을 뿐 봉지는 없다.
14 공현과 낙양은 형양 서쪽으로 100여 리 떨어져 있다.
15 동쪽 제나라 왕 전광을 공격하는 것을 말한다. 전광은 전영의 아들로, 한나라 2년(기원전 205) 전영이 항우에게 죽임을 당한 후 왕위를 계승했다.
16 "어떤 사람은 이 구절이 성고 동쪽의 광대한 땅을 다른 사람에게 봉하여 자신이 항우를 격파할 때 불러서 도울 사람으로 삼는 것을 의미한다고 여긴다. 즉 「유후세가」에 따르면 '유방이 팽성을 점령하고 나중에 다시 항우에게 패해 회군했다. 도망쳐 하읍下邑에 이르렀을 때 말안장을 풀어 앉아 쉬면서 사람들에게 묻기를, "내가 만약 함곡관 동쪽 땅을 모두 다른 사람에게 나누어주면 누가 나를 도와 초나라를 격파하는 공을 세울 수 있겠는가?"라고 했다'는데, 이 기록을 참고할 만하다."(『사기전증』)

사를 주둔시켜 초나라 군대에 대항하게 했다. 그러자 역생이 말했다.

"제가 듣기로 하늘이 하늘이 된 원인을 아는 사람[17]은 제왕의 대업을 이룰 수 있고, 하늘이 하늘이 된 원인을 모르는 사람은 제왕의 대업을 이룰 수 없다고 합니다. 제왕은 백성을 하늘로 삼고, 백성은 양식을 하늘로 삼는다고 합니다.[18] 무릇 오창敖倉에 천하 각지의 양식을 운송해놓은 지 오래되었는데, 그곳 지하에 저장해놓은 양식이 매우 많다고 합니다. 초나라 군대가 형양을 공격해 함락하고도 오창을 견고하게 지키지 않고 군사를 동쪽으로 진군시키면서 죄를 지어 복역하는 사졸들[19]에게 성고를 나누어 지키게 하고 있으니, 이는 하늘이 한나라 군대를 돕는 것입니다.[20] 지금 초나라 군대를 매우 쉽게 격파할 수 있는데 우리가 퇴각한다면 유리한 기회를 스스로 버리는 것이니, 신이 생각하기에는 잘못입니다. 게다가 두 명의 영웅이 함께 세워질 수 없으니, 지금 초나라와 한나라가 오래 대치한 채 승부를 내지 못하면 백성은 술렁거리고 천하가 불안해질 것입니다. 지금 농부들은 쟁기를 버리고 부녀자들은 베틀에서 내려와 있으니 이것은 민심이 안정되지 못함을 나타내는 것입니다. 바라건대 족하께서는 서둘러

---

17 원문은 '신문지천지자臣聞知天之天者'다. "육조사본六朝寫本에는 '문聞'자 다음에 '지之'자가 있다. 『한서』「역이기전」도 이와 같다."(〈수정본〉) 『한서』「역이기전」에는 '臣聞之, 知天之天者'로 기재되어 있다.
18 원문은 '王者以民人爲天, 而民人以食爲天'이다. "육조사본에는 두 '인人'자가 없다. 양옥승의 『사기지의』에서 이르기를 『색은』본에는 '민民'자가 없는데, 당나라 때 피휘하기 위해 민民을 인人으로 했다가 후대에 잘못하여 '인'을 병기한 것이다'라고 했다. 『한서』에는 '인'자가 없다."(〈수정본〉) 『한서』「역이기전」에 '王者以民爲天, 而民以食爲天'으로 기재되어 있다.
19 원문은 '적졸適卒'이다. 죄를 지은 벌로 변방에서 방어 임무에 복무하는 병졸을 가리킨다. "이때 팽월이 양 땅에서 반기를 들자 항우는 동쪽으로 팽월을 공격하러 가면서 해춘후海春侯 대사마 조구曹咎와 장사長史 사마흔에게 성고를 지키게 했다. 항우가 수양에 이르렀을 때 해춘후 조구가 격파되었다는 소식을 듣고는 군사를 이끌고 돌아갔다. 해춘후 조구가 패배당한 것은 항우가 오창을 견고하게 지키지 않아서가 아니다."(『사기찰기』) "팽월이 여러 차례 양 땅에서 반기를 들어 항우의 심복을 괴롭혔기 때문에 항우가 군사를 돌려 팽월을 공격한 것은 어쩔 수 없는 일이었다. 팽월이 한나라를 도운 특별한 공훈도 또한 여기에 있는 것이다."(『사기전증』)
20 "여유정이 말하기를 '진류에 많은 곡식이 쌓여 있고 오창에는 더욱 많은 곡물이 저장되어 있는데, 역생이 그것을 취하라는 한마디 말은 진실로 천하를 얻는 대계다'라고 했다."(『사기평림』)

출병하여 형양을 수복하고 오창의 양식을 탈취한 뒤, 성고의 험준한 지세를 점거하여 태항太行의 길목을 차단하고[21] 비호蜚狐의 입구를 막고[22] 백마白馬의 나루터를 지킴으로써 제후들에게 실제로 요충지를 통제하는 유리한 지형을 점거했음을 보인다면 천하 사람들은 어느 쪽에 귀의해야 할지 알게 될 것입니다.[23] 지금 연나라[24]와 조나라는 평정되었지만 제나라는 여전히 투항하지 않고 있습니다. 현재 전광은 1000리의 광활한 제나라를 점거하고 있고, 전간田間[25]은 20만 명의 대군을 이끌고 역성歷城에 주둔하고 있습니다. 각 전씨 종족의 세력은 강성한데 그들은 바다를 등지고 있고 아울러 황하와 제수를 병풍으로 삼고 있으며 남쪽으로는 초나라와 이웃하고 있는데, 제나라 사람들은 또한 교활하고

---

21 지금의 허난성 친양沁陽, 보아이博愛와 산시山西성 진청晉城 등 일대를 점령하는 것을 말한다.
22 비호蜚狐의 입구(비호구飛狐口)는 지금의 허베이성 위현蔚縣 동남쪽의 관문으로, 북쪽 변경에 치우쳐 있고 형양의 주된 전장과는 거리가 멀다.
23 "하작何焯의 『의문독서기義門讀書記』에서 이르기를 '이것은 후세 사람이 차용한 말인 듯하다. 당시 한나라는 이미 위표를 포로로 잡고 조헐을 사로잡아 하동·하내·하북이 모두 한나라에 귀순했는데 무엇 때문에 다시 태항의 길을 막아 제후들에게 형세를 보여주겠는가? 조나라와 연나라가 이미 평정되었으니 대군과 비호 또한 초나라가 북쪽으로 엿볼 필요가 없으므로 막고 지킬 일도 없다. 호관壺關은 태항의 길에 가까운데 어찌 이곳을 끊어 저들을 막을 필요가 있는가? 당시의 사실과는 아득히 멀다'고 했다. 이것은 바로 진秦나라가 대책을 강구하여 한韓나라와 조나라를 탈취한 옛이야기로, 역생은 여전히 전국시대 유세가의 남은 습성으로 말한 것이며, 고제와 제나라 왕에게 유세하면서 모두 이 말을 사용했다. 호삼성은 말하기를 '이것은 역생이 형세의 제약을 말한 것이다. 오창을 점거하고 성고를 막으면 항우는 서쪽으로 갈 수 없게 될 것이고, 백마를 지키고 태행을 막고 비호를 지키며 통제하면 하북의 연과 조나라 땅이 모두 한나라의 소유가 되는데 제나라와 초나라가 장차 어떻게 귀순할 수 있겠는가'라고 했다."(『사기지의』)
24 「회음후열전」에 따르면 당시 연나라는 장도臧荼의 봉국으로, 도성은 계薊(지금의 베이징)였다. 한나라 3년 10월에 한신이 조나라를 격파한 뒤 광무군 이좌거의 계책을 사용하여 연나라를 위협하자 연나라는 바람에 풀이 쓰러지듯이 한나라에 귀순했다. 한나라 3년 겨울과 봄 사이의 일이다.
25 "유반이 말하기를 '이때 왜 전간이 등장하는가? 「전횡전」에 따르면 전해田解다. 「전횡전」에서 화무상華無傷과 전해를 시켜 역하에 군대를 주둔시키고 한신을 방어하도록 했다'고 했다."(『한서보주』) "유반의 말이 맞다. 전간은 전가의 장수로, 전영이 전가를 점령한 뒤 전간은 역사에 보이지 않는다."(『사기전증』) "전간은 이미 한나라 2년 8월에 조나라로 달아났고 이때 제나라가 그를 죽이고자 했는데 어째서 전광을 위해 군사를 이끌고 역하에 주둔할 수 있는가? 「전담전」「부관전」에 따르면 바로 전해다. 유반은 이것을 말한 것이다."(『사기지의』)

간사한 술수가 많아 족하께서 수십만 명을 보낸다 하더라도 1년 반[26] 안에 격파할 수 없을 것입니다. 청컨대 제가 조서를 받들고 가서 제나라 왕을 설득하여 제나라가 한나라에 귀순하여 동쪽의 속국이 되도록 하겠습니다."

한나라 왕이 말했다.

"좋소."

이에 한나라 왕은 역생의 계책에 따라 재차 출병하여 오창을 지키고, 아울러 역생을 보내 제나라 왕을 설득하도록 했다. 역생은 제나라 왕에게 말했다.

"대왕께서는 천하 민심이 누구에게 돌아갈지 아십니까?"

제나라 왕이 대답했다.

"모르겠소."

역생이 말했다.

"대왕께서 천하 민심이 누구에게로 돌아갈지 아신다면 제나라를 보전할 수 있지만, 천하 민심이 누구에게 돌아갈지 모르신다면 제나라를 보전할 수 없게 될 것입니다."

제나라 왕이 물었다.

"천하 민심이 누구에게 돌아가겠소?"

역생이 대답했다.

"한나라 왕에게 돌아갈 것입니다."

제나라 왕이 말했다.

"선생은 무슨 근거로 그렇게 말하시오?"

역생이 말했다.

"한나라 왕과 항왕은 힘을 합쳐 서쪽으로 진공하여 진나라를 공격하면서 먼저 함양에 진입하는 사람이 관중의 왕이 되기로 약속했습니다. 한나라 왕이 먼

---

26 원문은 '세월歲月'이다. 일부 번역본에서 '짧은 시간'이라 했는데 틀린 번역이다. 1년 그리고 몇 개월, 즉 1년 반을 말한다.

저 함양에 당도했지만 항왕은 약속대로 한나라 왕에게 관중을 주지 않고 한중의 왕이 되게 했습니다. 항왕이 의제義帝를 내쫓고 죽였는데,[27] 한나라 왕은 이 소식을 듣자 바로 촉蜀과 한漢의 군대를 일으켜 삼진을 공격하고 이어서 함곡관을 나와 항왕에게 의제의 행방을 따져 물었습니다.[28] 그리고 천하의 병사들을 소집하고 육국 제후들의 후대를 세웠습니다.[29] 한나라 왕은 매번 성을 함락시키면 자신의 장수를 후로 봉하고,[30] 재물을 얻으면 사졸들과 나누어 함께 누리며 천하 사람들과 이익을 함께했기 때문에 영웅호걸과 재능 있는 자들은 모두 한나라 왕에게 쓰이기를 바라고 있습니다. 현재 제후들의 군대가 사방에서 한나라 왕 주위로 몰려들었고, 촉과 한의 양식을 실은 배[31]가 나란히 서서 끊임없이 장강을 따라 내려오고 있습니다.[32] 그러나 항왕에게는 약속을 어겼다는 오명과 의제를 살해했다는 잘못이 있습니다. 뿐만 아니라 남의 공로는 기억하지 못하면서 남의 죄는 절대로 잊지 않습니다. 수하 장수들은 싸움에 승리를 거두

---

27 한나라 원년(기원전 206) 8월(「연표」에는 한나라 2년 10월)의 일이다. 의제義帝는 전국시대 때 초 회왕의 손자로, 이름이 웅심熊心이다. 진나라에게 초나라가 멸망하자 의제는 민간을 떠돌다가 진나라 말기에 육국이 복위되었을 때 초 회왕으로 세워졌다. 진나라가 멸망한 후 항우는 18제후를 분봉하면서 자신은 서초패왕西楚霸王이라 하고 초 회왕을 높여 '의제'라 했다. "항우는 초 회왕을 높여 세워 '의제'라 하고 장사로 천도하게 하고는 은밀하게 구강왕 영포 등을 시켜 도중에 의제를 습격하게 했다. 영포는 수하 장수를 보내 의제를 습격하여 침현까지 쫓아가서 죽였다."(「경포열전」) "항우는 은밀하게 형산왕 오예와 임강왕 공오에게 밀령을 내려 그들로 하여금 장강 가에서 기회를 엿보아 의제를 죽이게 했다."(「항우본기」)
28 유방이 군사를 돌려 삼진을 취한 것은 한나라 원년 8월이고, 의제가 죽은 소식을 들은 때는 한나라 2년(기원전 205) 3월이다.
29 유방으로부터 세워진 육국의 후대는 위표와 한왕 신 외에 알려지지 않았다.
30 "한신이 말하기를 '천하의 성읍에 대왕의 공적 있는 신하들을 봉한다면 대왕에게 정복되지 않을 적이 어디 있겠습니까!'라고 했다."(「회음후열전」)
31 원문은 '방선方船'이다. "스즈멘이 말하기를 『예문유취』에서는 방선을 만선萬船이라 했다'고 했다."(『사기각증』)
32 "양신楊愼이 말하기를 '당시 초나라가 강하고 한나라가 약하다는 것을 전횡이 몰랐다고 할 수는 없다. 제후들의 군대가 이미 사방으로부터 한나라 왕 주위로 몰려들고 촉과 한의 양식을 실은 배가 나란히 서서 끊임없이 장강을 따라 내려오고 있다는 두 마디 말은 기백으로 사람을 감동시키는 것으로, 하늘의 복을 의미한다.'"(『사기평림』)

어도 상을 받지 못하고 성을 함락시켜도 봉지를 받지 못합니다.[33] 또 항씨 일족이 아니면 중용되어 권력을 쥐지 못하고, 남에게 인장을 새겨 후에 봉할 때도 아까워서 인장을 만지작거릴 뿐 모서리가 닳아 없어지도록 내주지 못합니다. 성을 공격하여 얻은 재물도 쌓아두기만 할 뿐 부하에게 상으로 주지 않습니다. 이 때문에 천하가 모두 그를 배반했고, 재지가 출중한 자들이 원망하며 그를 위해 힘쓰려 하지 않습니다. 그러므로 천하의 선비들이 한나라 왕에게 귀의하리라는 것은 앉아서도 예측할 수 있습니다. 한나라 왕은 촉과 한에서 출병하여 삼진 땅을 평정하고, 또 동쪽으로 서하를 건너 상당군의 군사를 징집하여 인솔하고, 정형으로 진격하여 성안군 진여를 죽였으며, 북위北魏를 격파하여[34] 32개 성을 함락시켰습니다. 이것은 치우蚩尤의 군대와 같은 것으로[35] 사람의 힘으로 할 수 있는 것이 아니라 상천이 보우한 결과입니다. 지금 한나라 왕은 이미 오창의 양식을 점유했으며, 성고의 험준한 지세를 막고 백마 나루터를 지키고 있으며, 태항산의 산길을 끊고 비호의 입구를 통제하고 있습니다. 천하의 제후들 가운데 서둘러 한나라 왕에게 귀순하지 않는 자는 누구든 먼저 멸망할 것입니다. 대왕께서 서둘러 한나라 왕에게 투항한다면 제나라의 사직은 보전할 수 있지만, 한나라 왕에게 투항하지 않는다면 곧 멸망할 날을 기다리게 될 것입니다."

전광은 옳다고 여겨 이에 역생의 말을 듣고 역하를 지키던 군대의 수비를 해제시킨 뒤 역생과 온종일 마음껏 술을 마셨다.[36]

33 "고기高起와 왕릉王陵이 말하기를 '항우는 싸움에서 승리를 거둔 자에게 공훈을 포상하지 않고, 공격해 지반을 취한 자에게 이익을 얻지 못하게 했다'고 했다."(「고조본기」)
34 위표를 격파하여 포로로 잡은 것을 가리킨다. 위표는 항우로부터 서위왕西魏王에 봉해졌는데, 분봉받은 땅이 지금의 산시山西성 남부로 황하 북쪽이어서 북위北魏라고도 불렀다. 안사고가 말하기를 "양梁 땅은 이미 위魏라 불리고 있었으므로 이곳을 북北이라 한 것이다"라고 했다. "'북北'은 위표가 황하 북쪽에 있었기 때문이다. 또한 서위西魏라고 한 것은 대량이 안읍 동쪽에 있는 것을 말한다."(『한서보주』) "위표를 격파한 것은 조나라를 멸망시키기 전인데, 지금 역생의 서술은 순서를 잃었다."(『사기전증』)
35 치우는 고대 전설에 등장하는 전쟁의 신으로, 『한서』에서는 '치우蚩尤'가 아니라 '황제黃帝'라고 기재하고 있다. 『사기지의』에서는 옹효렴翁孝廉의 말을 인용하여 '황제'가 옳다고 했다.
36 "진인석이 말하기를 '제나라는 종일 술을 마셔 나라를 망하게 했고, 역생은 종일 술을 마셔 그

회음후 한신은 역생이 수레에 앉아 제나라의 성 70여 개를 항복시켰다는 소식을 듣자, 이에 밤새 군사를 이끌고 평원 나루터를 건너 제나라를 습격했다. 제나라 왕 전광은 한나라 군대가 쳐들어왔다는 소식을 듣자 역생이 자신을 속였다고 생각하고 말했다.

"네가 한신 군대의 진군을 멈추게 할 수 있다면 살려주겠지만, 그렇지 않으면 내 너를 산 채로 삶아죽이겠다!"

그러자 역생이 말했다.

"큰일을 이루는 사람은 사소한 일에 구애되지 않으며, 덕이 높은 사람은 남의 질책을 두려워하지 않는다. 이 몸은 너를 위해 절대로 말을 바꾸지 않겠다!"[37]

제나라 왕은 결국 역생을 삶아죽이고 군대를 이끌고 동쪽으로 달아났다.

한 고조 12년 곡주후曲周侯 역상酈商[38]은 승상 신분으로 군대를 이끌고 경포를 공격해 공을 세웠다. 고조는 공신들을 선발해 분봉하여 열후를 삼을 때 역이기를 그리워했다.[39] 역이기의 아들 역개酈疥는 여러 차례 군사를 이끌고 작전을 벌였지만 그 공로가 후에 봉해질 정도는 아니었다. 그러나 고조는 부친의 연고 때문에 역개를 고량후高梁侯에 봉했다.[40] 이후 다시 식읍을 무수武遂[41]로 변경했는데 작위가 3대까지 전해졌다.[42] 원수元狩[43] 원년(기원전 122)에 무수후 역

몸을 망쳤다'고 했다."(『사기전증』)

37   "모곤이 말하기를 '역생은 이때 한신의 진군을 저지시키는 것이 의리에 부합된다'고 했다. 진자룡은 말하기를 '역생은 회음후 한신을 어찌할 수 없음을 스스로 헤아렸으므로 큰소리친 것이다'라고 했다."(『사기전증』)

38   역상酈商은 고조 6년(기원전 201) 정월, 곡주후에 봉해졌다. 봉지인 곡주曲周현은 지금의 허베이성 취저우曲周 동북쪽 지역이다.

39   유방은 진나라와 항우를 멸망시키고 한나라를 건국할 때 공적이 있는 신하들에게 재차 분봉했는데, 「고조공신후자연표」에 따르면 고조 12년에 보충하여 후에 봉한 자는 모두 20명이었다.

40   고량高梁: 지금의 산시山西성 린펀 동북쪽 지역의 옛 읍이다.

41   무수武遂: 지금의 산시山西성 위안취垣曲 동남쪽 지역의 옛 읍이다.

42   역개의 아들 역발酈勃이 후를 이어받고, 또 역발의 아들 역평酈平이 이어받았다.

43   원수元狩: 한 무제의 네 번째 연호(기원전 122~기원전 117년)다.

평郵平이 거짓으로 조서를 전달해 형산왕衡山王[44]으로부터 황금 100근을 편취한 죄로 기시棄市[45] 형벌을 받았는데, 마침 병으로 죽어 봉국도 취소되었다.

육가陸賈[46]는 초楚나라 사람이다.[47] 그는 빈객 신분으로 고조를 수행하여 천하를 평정했다. 변론을 잘해 명성을 얻었고 고조를 섬기면서 항상 다른 제후국에 사신으로 갔다.

고조 때[48] 이르러 중국이 비로소 안정되기 시작했다. 위타尉他가 당시에 남월을 평정하고는 그곳에서 왕이라 칭하자,[49] 고조는 육가를 위타에게 파견해 인장을 하사하고 그를 남월왕에 봉했다.[50] 육가가 남월에 도착하자 위타는 원뿔 모양의 상두로 걷어 올리고[51] 두 다리를 벌리고 앉아서[52] 육가를 접견했다. 육生陸

44 당시 형산왕은 회남여왕淮南厲王 유장劉長(고조 아들)의 아들 유사劉賜다. 경제 4년(기원전 153)에 여강왕廬江王에서 형산왕으로 다시 봉해졌으며, 도성은 주邾(지금의 후베이성 황강黃岡 서북쪽)였다.
45 기시棄市: 진 시황 때 시작된 처형 방식으로, 번화한 시가지에서 사형을 집행하고 시체를 거리에 내버리는 것이다. 진·한 때는 참형이 아니라 교수형으로 시행되었다.
46 육가陸賈의 '賈' 음은 대체적으로 'jia(가)'로 표기되므로, '육고'가 아닌 '육가'로 표기했음을 밝힌다.
47 초楚: 한나라의 제후국을 말한다. 한신이 초왕이었을 당시 도성은 하비였으나 유방의 아들 유교가 초왕이 되자 도성을 팽성으로 변경했다. "『진류풍속전陳留風俗傳』에서 이르기를 '육씨는 춘추시대 때 육혼국陸渾國의 후손이다. 진후晉侯가 정벌했으므로 육혼자陸渾子는 초나라로 달아났다. 육가는 그 후손이다'라고 했다. 또한 「육씨보陸氏譜」에서 이르기를 '제 선공齊宣公의 지자支子(처 소생의 둘째아들 이하와 첩의 소생 아들) 달達이 육을 채읍采邑으로 삼았다. 달은 발發을 낳았고, 발은 고皋를 낳았는데 초나라로 갔다. 육가는 그의 손자다'라고 했다."(색은)
48 유방이 항우를 멸망시킨 뒤 황제를 칭한 기간으로, 기원전 202~기원전 195년까지다.
49 위타尉他: 본래 성은 조趙이고 위尉는 군위郡尉(군수의 보좌관)를 말한다. "조타趙他는 남월군南越郡 위尉였으므로 위타라 한 것이다."(색은) 「남월열전」에 따르면 위타는 진나라 때 남해군南海郡(지금의 광둥성 광저우) 용천龍川의 현령이었는데, 진2세 때 남해군 위尉 임효任囂가 병들자 위타에게 위임장을 내려 직권을 대리하게 했다. 이후에 다시 군대를 일으켜 계림桂林(치소는 지금의 광시성 구이핑桂平 서남쪽), 상군象郡(치소는 임진臨塵, 지금의 광시성 충쭤崇左)을 공격해 3개 군의 땅을 차지하고 스스로 남월무왕南越武王이라 했다.
50 고조 11년(기원전 196)의 일이다. "고제는 중원을 평정한 뒤 전란의 고통을 증가시키지 않으려는 생각으로 위타를 토벌하지 않았다. 한나라 고조 11년에 육가를 남월로 파견해 위타를 남월왕으로 봉하고 그에게 부절을 나누어 주고 서로 사신이 왕래하도록 했다."(「남월열전」)
51 원문은 '추결魋結'이다. 머리카락을 정수리에 둘둘 감는 것을 말하는데, 위쪽이 송곳같이 뾰족하다. '추魋'는 '추雜(송곳)'와 같고, '결結'은 '발髮(두발)'과 통한다. 이 말은 고대에 소수민족 남자의 두발

生(육가)이 앞으로 나아가 말했다.

"족하께서는 본래 중국 사람으로 친척과 형제, 조상의 무덤이 모두 진정眞定53에 있습니다. 그런데 지금 족하께서는 자신의 본성에 어긋나게 중원의 복식인 관대冠帶를 버리고 작은 월 땅으로 천자에 대항하여54 적국이 되려 하니, 재앙이 족하의 몸에 닥칠 것입니다. 게다가 진나라 정치가 부패하여 많은 제후 호걸이 잇달아 일어나 반기를 들었는데, 한나라 왕이 먼저 관중으로 진입하여 함양을 점령했습니다. 뒤에 항우는 약속을 저버리고 스스로 서초패왕西楚霸王이 되어 제후들을 모두 자신에게 귀속시켰으니 매우 강대하다고 말할 수 있습니다. 그러나 한나라 왕은 파군과 촉군에서 군대를 일으켜 천하를 채찍질하며 정복하고 제후들을 항복시켜 평정했으며 마침내 항우를 주살하여 제거했습니다. 5년 만에55 해내를 평정했으니 이는 사람의 역량이 아니라 하늘이 이루게 한 것입니다. 천자께서는 군왕이 남월의 왕이 되어 천하의 흉포한 반역 무리를 주살하는 데 협조하지 않은 사실을 들었습니다. 조정의 장상들은 모두 출병하여 왕을 주멸하려 했으나 천자께서는 백성이 새로이 겪게 될 전쟁의 노고와 고통을 가엾게 여기시어 휴식을 취하게 하고자 저를 파견해 왕께 남월왕의 인장을 수여하고 부절을 증빙으로 삼아 서로 사자가 왕래하도록 하셨습니다. 군왕께서는 마땅히 교외로 나와 한나라의 사신을 영접하고 북쪽을 향해 신하로 청해야 하거늘, 이제 막 건립되어 안정되지도 않은 작은 남월에 의지하여 순종하지 않으며

형식을 가리키는 말로 통용되었다. 관을 쓰지 않은 것은 손님에게 오만하고 무례한 태도를 뜻한다.
52 원문은 '기거箕倨'다. 안사고가 말하기를 "두 다리를 펴고 앉는 것으로 그 형상이 마치 키(箕, 쓰레받기)와 같다. 옛사람들은 의자가 없어 자리에 무릎을 꿇고 앉았으므로 다리를 펴는 것은 공경하지 않는 것이다"라고 했다.
53 진정眞定: 진나라 때의 동원東垣으로, 한 고조가 명칭을 '진정'으로 변경한 현이다. 지금의 허베이성 스자좡 동북쪽 지역이다.
54 원문은 '항형抗衡'이다. "최호가 말하기를 '항抗은 맞서는 것이다. 형衡은 수레 멍에 위의 횡목이다. 항형은 두 개의 횡목이 서로 마주하며 맞서는 것으로 서로 피하지 않는 것을 말한다'고 했다."(『색은』)
55 유방이 한중에서 출병한 것이 한나라 원년 8월이고, 해하 전투에서 항우가 멸망한 때가 한나라 5년 12월이므로 5년이 넘는다.

이곳에서 위세를 부리고 있습니다. 한나라 조정에서 이 소식을 듣게 된다면 대왕 조상의 무덤은 파헤쳐져 시신은 불태워지고 종족은 모두 주멸당할 것이며, 한 명의 편장偏將(부장)에게 10만 군대를 이끌어 남월을 토벌하게 할 것입니다. 그렇게 되면 대왕의 부하 중 누군가가 대왕을 죽이고 한나라에 투항하는 것은 손바닥을 뒤집는 것만큼 쉬울 것입니다."

이 말을 들은 위타는 깜짝 놀라 뻗은 다리를 재빨리 고쳐 꿇어앉고는[56] 육생에게 사과하며 말했다.

"내가 만이 땅에서 오래 살다보니 크게 실례를 했소."

그러고는 육생에게 물었다.

"나를 소하, 조참, 한신과 비교할 때 누가 더 능력 있소?"

육생이 대답했다.

"왕께서 더 능력이 있는 듯합니다."

위타가 다시 물었다.

"나를 황제와 비교할 때 누가 더 능력 있소?"

육생이 대답했다.

"황제께서는 패현 풍읍에서 군대를 일으켜 포학한 진나라를 토벌하고 또 강대한 항우를 주살했으며 천하 백성을 위해 이로움을 일으키고 해로움을 제거했으며, 오제五帝와 삼왕三王의 대업을 계승하여 중국을 다스리고[57] 계십니다. 중국의 인구는 억으로 계산될 정도이고 영토는 사방 만 리에 이르며 천하의 토지는 비옥하고 인구와 수레도 많으며 물산이 풍부하고 정령은 한 집안에서 나와 통

---

56 원문은 '궐연蹶然'으로, 두 가지 해석이 있다. 안사고는 '깜짝 놀라 일어나는 모양이다'라고 했고, 고염무는 '앉아서 무릎을 꿇다'라고 했다. 『사기통해』에 따르면 "무릎을 꿇고 앉는 것이 옛사람들이 자리에 앉는 정상적인 자세"라 했으므로, 역자는 고염무의 견해에 따랐다.
57 원문은 '통리統理'로, '통치統治'를 뜻한다. "당나라 사람이 고종高宗의 휘를 피하기 위해 '치'를 '리'로 바꿨다."(『사기전증』)

일되었으니, 이것은 천지가 개벽한[58] 이래로 있었던 적이 없는 일입니다. 지금 왕께서 보유한 사람은 수십만 명에 불과하며 모두 오랑캐입니다. 영토는 험한 산과 바다 사이에 끼어 있어 한나라의 한낱 군郡에 불과한데 어찌 대왕을 한나라 황제와 비교하겠습니까!"

그러자 위타가 껄껄 웃으며 말했다.

"나는 중국에서 군대를 일으키지 않았기 때문에 이곳의 왕이 된 것이오. 내가 중국에서 일어났다면 어찌 그대의 황제만 못하겠소?"

위타는 육생을 매우 좋아하여 그를 몇 달 동안 머무르게 하고 함께 술을 마셨다. 위타가 말했다.

"남월에는 이야기를 나눌 만한 사람이 없소. 선생이 이곳에 와서 날마다 내게 들어보지 못한 일을 들려주었소."

그러고는 육생에게 천금의 가치를 지닌 진귀한 보물을 큰 자루[59]에 담아 하사했고, 역시 천금 가치의 다른 예물을 보내줬다. 육생은 마침내 위타를 남월왕으로 봉하고, 그로 하여금 한나라의 신하를 칭하게 했으며 한나라의 법규를 준수하도록 했다. 육생이 조정으로 돌아와 보고하자 고조는 매우 기뻐하며 육가를 태중대부에 임명했다.

육생은 고조에게 진언할 때마다 『시경』과 『상서』에 나오는 말을 인용했다. 그러자 고조는 욕하면서 말했다.

"이 몸은 말을 타고 천하를 얻었는데 『시경』과 『상서』를 어디에 쓴단 말이냐!"

그러자 육생이 말했다.

"말을 타고 천하를 얻었다고 하여 어찌 말을 타고 천하를 다스릴 수 있겠습

---

58 원문은 '천지부반天地剖泮'이다. "풍본·삼본·가본·능본에서는 '반泮'을 '판判'이라 했는데, 『한서』와도 부합된다."(『사기회주고증』) "부剖와 판判은 모두 나뉘었다는 뜻이다. 옛사람들은 최초에 하늘과 땅은 합쳐져 하나였는데, 나중에 둘로 나뉘어 위는 하늘이 되고 아래는 땅이 되었다고 여겼다."(『사기전증』)

59 원문은 '탁囊'이다. "『시전詩傳』에서 이르기를 '큰 것을 탁囊이라 하고 작은 것을 낭囊이라 한다'고 했다."(『색은』)

니까? 옛날 은나라 탕왕과 주나라 무왕은 비록 무력으로 천하를 취했지만 민심에 순응하는 인의 정책으로 천하를 다스렸습니다. 이 때문에 문文과 무武를 함께 사용하는 것이 국가를 오래도록 편안히 하는 좋은 책략입니다. 옛날 오나라 왕 부차와 지백은 과도하게 무력을 사용하다가 도리어 멸망당했고, 진나라 또한 엄중하고 가혹한 형법만을 사용하고[60] 변혁할 줄 모르다 결국 조씨趙氏[61]가 멸망한 것입니다. 진나라가 천하를 통일한 후 인의의 정치를 시행하고 옛 성인의 도를 본받았다면 폐하께서 어떻게 천하를 얻을 수 있었겠습니까?"

고조는 난처해하면서 부끄러운 기색을 띠고는, 육생에게 말했다.

"나를 위해 시험 삼아 진나라가 무엇 때문에 천하를 잃었으며 내가 어떻게 천하를 얻었는지, 또 역대 국가들 성패의 교훈에 대한 책을 써주시오."

그리하여 육생은 역대 국가 존망의 원인에 대해 개괄적으로 논술하여 모두 12편을 지었다. 그가 매번 한 편씩 지어 올릴 때마다 고조는 좋지 않다고 한 적이 없었고, 좌우의 군신들도 모두 만세萬歲를 불렀다.[62] 육가의 이 책은 『신어新語』라 불렀다.[63]

---

60 "진나라는 효공이 상앙을 임명하여 변법을 시행한 이래 혜문왕, 무왕, 소왕, 효문왕, 장양왕, 시황에 이르러 2세 때 멸망할 때까지 151년 동안 법치만을 사용했다."(『사기전증』)

61 "조씨趙氏는 진秦나라의 성이다."(『집해』) "위소가 이르기를 '진나라 백익伯益의 후손은 조씨와 함께 비렴非廉에서 나와 조보趙父에 이르렀는데 목왕 때 공을 세워 조성趙城에 봉해졌으며, 이 때문에 성을 조씨趙氏라 했다'고 했다."(색은』) "태사공이 말하기를 '진나라 조상은 성이 영嬴씨다. 그중에서 조상 조보가 조성에 봉해졌으므로 진나라 왕조의 성은 조씨가 되었다'고 했다."(「진본기」) "태사공의 말은 이치에 맞지 않는다. 「진본기」에 따르면 조보는 진나라의 선조로 그 후대가 조씨 성을 받았다. 대락大駱에 이르러 그의 적장자는 이름이 성成인데 여전히 조씨를 이었다. 막내아들 이름은 비자非子인데 주나라 효왕孝王으로부터 진秦에 봉해지고 '다시 영嬴씨의 제사를 잇게 하고 진영秦嬴라 불렀다'고 했다. 이후에 진중秦仲에 이르렀는데 서수대부西垂大夫가 되었고 시황에게까지 전했다. 이와 같다면, 진중 아래의 영嬴씨 자손들이 어찌 다시 조씨라 칭하겠는가? 안사고는 장연張宴의 말을 인용하여, '장양왕이 조나라에 인질이 되었다가 돌아와 태자가 되고는 마침내 조씨라 칭했다'고 했다. 이 또한 이치에 맞지 않는다."(『사기전증』) 진시황이 진실로 자신의 성을 조씨라고 했는지에 대해서는 태사공도 근거가 없다.

62 "구방매瞿方梅가 말하기를 '여기서는 육가에게 만세를 부른 것으로, 대개 만세는 고대에 환호와 축하의 말로 후대의 천자에게만 불렀던 것은 아니다'라고 했다."(『사기전증』)

효혜제孝惠帝[64] 때 여태후가 집정하자 여씨 인물을 왕으로 세우고 싶었으나 대신들 중에 반대하는 자가 있을 것을 두려워했다.[65] 육생은 스스로 여태후와 다툴 수 없다고 판단하고 병을 핑계로 자리를 내놓고 집에서 지냈다. 그는 호치현好時縣 땅이 비옥하다고 여겨 그곳에 정착하러 갔다.[66] 그는 다섯 아들을 두었는데, 남월에 사신으로 갔을 때 받은 큰 자루의 보물을 팔아 1000금을 마련하여 다섯 아들에게 200금씩 나눠주고 생계를 영위할 자금으로 삼게 했다. 육생은 항상 4필의 말이 끄는 안거安車[67]를 타고 다녔는데, 뒤에는 노래하고 춤추고 거문고와 비파를 뜯는 시종 10명이 따랐으며 100금의 가치가 있는 보검을 차고 다녔다. 그는 아들들에게 말했다.

"내 너희와 약속을 해야겠다. 내가 너희 중에 누구의 집이든 가면 내 사람들과 말에게 술과 음식을 주도록 해라. 실컷 놀다가 열흘마다 가는 집을 바꾸겠다. 내가 죽는 집에서 나의 보검과 수레와 말, 시종들을 갖도록 해라.[68] 1년 중에 다른 집에 손님으로 가기도 하니, 너희 집에 가는 횟수는 많아야 두세 차례에 지나지 않을 것이다. 내가 자주 가면 새롭게 느껴지지 않을 테니 최대한 적

63 "『칠록七錄』에서 이르기를 '『신어新語』는 2권으로 육가가 편찬했다'고 했다."(『정의』)
64 효혜제孝惠帝(재위 기원전 194~기원전 188)는 고조의 아들로 이름이 영盈이다.
65 원문은 '외대신유구자畏大臣有口者'다. 『한서』에서는 '외대신급유구자畏大臣及有口者(대신들과 유구자를 두려워했다)'라고 기재하고 있다. '유구자有口者'란 '말솜씨가 뛰어난 선비'를 말하며, 안사고는 "유구有口는 변사辯士를 말한다'고 했다.
66 원문은 '가이가언可以家焉'으로, 어순이 매끄럽지 못하다. 『한서』에서는 '왕가언往家焉'으로 기재되어 있다. 역자는 『한서』의 번역에 따랐다.
67 안거安車: 앉아서 탈 수 있는 작은 수레를 말한다. 통상적으로 한 마리 말을 사용했으나 존귀한 자를 예우할 때는 네 마리의 말을 사용했다. 연로한 고급 관원과 귀부인이 탈 때도 제공했다. 명망 높은 사람을 예우하여 영접할 때는 안거의 바퀴에 부들을 싸매어 흔들림을 방지한 '안거포륜安車蒲輪' 혹은 '안거연륜安車軟輪'을 사용했다.
68 "서부원이 말하기를 '죽는 집에서 장례비가 발생하므로 물건을 남기는 것이다'라고 했다."(사기회주고증』) "시종侍從은 노비를 말한다. 한나라 시대에 사람들이 계산하는 한 종류다. 『거연한간석문居延漢簡釋文』에 '대비大婢 1명의 가치는 2만 전이고, 소노小奴 2명의 가치는 3만 전이었다'고 했는데, 그 증거다."(『사기신증』)

게 갈 것이며 장시간 공公[69]들을 귀찮게 하지는 않을 것이다."

여태후가 정권을 장악하고 나서[70] 여씨 사람들이 왕으로 봉해지자, 여씨 일족은 권력을 마음대로 휘두르며 나이 어린 황제[71]를 위협하고 통제했으며 유씨 정권에 해를 끼쳤다. 우승상 진평陳平은 이런 상황을 근심했으나 여후를 그만두게 할 힘이 없는 데다 자신에게 화가 미칠까 두려워하여 늘 집안에서 때를 기다리며 깊이 생각하고 지냈다. 한번은 육생이 진평을 방문했는데 아랫사람을 통해 먼저 알리지 않고 곧장 안으로 들어가 앉았는데 진 승상은 깊은 생각에 빠져 육생이 들어오는 것을 알아채지 못했다. 육생이 말했다.

"무슨 생각을 그렇게 골똘하게 하십니까?"

진평이 말했다.

"선생은 내가 무엇을 생각하는지 맞춰보시오."

육생이 말했다.

"족하께서는 지금 승상의 지위에 있고[72] 3만 호의 식읍을 보유한[73] 열후이니 부귀는 이미 정점에 도달하여 어떠한 욕심낼 것이 없다 할 수 있습니다. 그런데

---

69 자식들에게 공公이라 부른 것은 장난하며 웃는 의미다. 『한서』에서는 '여女'로 기재되어 있다. '여女'는 '여汝(너희)'와 통한다.

70 혜제가 재위 7년 만에 죽자 여후가 정권을 잡았고 8년 뒤(기원전 180) 여후가 죽었다.

71 혜제의 아들 소제少帝를 말한다. 혜제에게는 두 아들이 있었는데, 첫째아들은 이름이 알려지지 않았으며 혜제 사후에 즉위하여 여후의 꼭두각시 노릇을 하다가 여후 4년(기원전 184)에 여후에 의해 살해당했다. 둘째아들은 이름이 의義이고 여후 4년에 즉위했다가 여후 8년 여씨들과 함께 주발에 의해 죽임을 당한다.

72 원문은 '상상上相'이다. 당시에는 좌승상과 우승상을 두었는데, 좌승상은 심이기, 우승상은 진평이었다. 우승상은 좌승상보다 높기 때문에 상상上相이라 한 것이다.

73 "「진평전」(『한서』)에서는 식읍이 곡역曲逆(지금의 허베이성 순핑順平 동남쪽) 5000호라 했는데, 진나라 때 3만 호를 보유했고, 아마도 다시 공업이 이에 이르렀으므로 이렇게 말했을 것이다."(『색은』) "「진평세가」에서 식읍이 곡역 5000호라 했는데, 그 뒤에 진희와 경포를 공격하면서 여섯 가지 묘책을 내어 식읍이 더해져 아마도 3만 호일 것이다."(『정의』) "전궁첨錢宮詹이 말하기를 '여기서 진나라 때의 서적을 열거하며 말하는데, 그의 부유함은 과장된 것이다'라고 했다."(『사기지의』) "『한서』 「진평전」에 따르면 곡역후는 진나라 때 3만여 호, 한나라 때 5000여 호라 했는데, 여기서 3만 호라고 말하고 있으니 진나라 때의 호구 수를 과장한 것이다."(『한서규관』)

근심거리가 있다면 여씨 일족과 어린 황제에 관한 일일 뿐입니다."

진평이 말했다.

"그렇습니다. 어떻게 하면 좋겠습니까?"

육생이 말했다.

"천하가 안정되었을 때는 승상에게 주목하지만, 천하가 위태로울 때는 장군을 주시하게 됩니다. 장군과 승상이 뜻을 같이하여 협조하면 선비들이 기뻐하며 따를 것이고, 선비들이 기뻐하며 따르면 천하에 변란이 발생할지라도 정권은 분산되지 않고 견고해질 것입니다. 사직을 위한 대계는 바로 승상과 장군의 수중에 달려 있습니다. 저는 항상 이 말을 태위 강후強侯(주발)에게 하고 싶었지만, 강후는 저와 농담을 하는 사이여서 제 말을 중시하지 않습니다. 승상께서는 어찌하여 태위와 교분을 맺어 서로 연계하지 않습니까?"

육생은 진평을 위해 여씨 세력을 약화시킬 수 있는 몇 가지 방법을 계획했다. 진평은 육생의 계책을 써서 500금으로 강후의 장수를 축원하는 성대한 연회를 열어 대접했다. 태위 또한 두터운 예로 보답했다. 이 둘의 관계가 긴밀하게 연계되자 여씨들의 음모는 점차 효력을 잃어갔다. 진평은 이에 답례로 노비 100명과 거마 50승, 500만 전을 육생에게 보내 음식 비용으로 사용하도록 했다. 육생은 이 돈으로 한나라 조정의 공경들과 광범위하게 교류하여 명성을 쌓았다.

그 뒤에 여씨 일족들을 주살하고 효문제를 옹립하기까지 육생의 공력이 적지 않았다. 효문제는 즉위(기원전 179)한 뒤 남월에 사신을 보내려 했다.[74] 우승상 진평 등이 육생을 추천하자 육생을 태중대부로 삼아 사신으로 위타에게 보냈다.[75] 육생은 위타에게 황옥黃屋을 타고 제制라 칭하는 등[76] 황제 행세를 중단케 하고

---

74 "『통감』에 따르면 육가가 두 번째로 남월에 사신으로 간 것은 문제 원년 8월이다."(『사기전증』)

75 "육가는 고조 때 남월에 사신으로 가서 태중대부에 임명되었는데, 여기서 다시 진평이 상주하여 태중대부가 되었다. 여씨를 주살하는 데 그의 힘이 적지 않았다고 했는데, 결국 승진되었다가 강등되었단 말인가? 이 부분은 이해할 수 없다."(『사기전증』)

76 황옥黃屋은 황색 비단으로 덮개를 친 황제의 수레 의장이다. 제制는 황제의 서면 명령을 가리키

그의 지위를 한나라의 제후들과 같게 하여 황제의 뜻에 부합되게 했다. 이 사건은 「남월열전」에 상세하게 기재되어 있다. 육생은 결국 천수를 다하고 죽었다.

평원군平原君 주건朱建은 초나라 사람이다. 원래 회남왕 경포의 상이었으나 죄를 지어 떠났다가 나중에 복귀하여 경포를 섬겼다. 경포가 반란을 일으키려 할 때 평원군에게 의견을 묻자 평원군은 반대하며 말렸다. 그러나 경포는 그의 말을 듣지 않고 양보후梁父侯의 의견에 따라 결국 반란을 일으켰다.[77] 고조는 경포를 죽인 뒤, 평원군이 경포에게 간언하고 반란에 가담하지 않았다는 말을 듣고 그를 죽이지 않았다.[78] 이 일은 「경포열전」에 상세하게 기재되어 있다.[79]

평원군은 언변이 뛰어나고 말재주가 있으며 엄정하고 청렴하며 강직한 사람으로, 장안에 거주했다. 그는 일을 하는 데 원칙 없이 비위를 맞추지 않았고, 의리를 지켜 아부로써 환심을 얻으려 하지 않았다. 벽양후 심이기는 품행이 바르지 않았지만 여태후의 총애를 받고 있었다. 당시 벽양후는 평원군과 교제하기를 원했으나 평원군은 그를 만나려 하지 않았다. 평원군의 어머니가 죽자 육생은 평소 평원군과 사이가 좋았으므로 조문하러 갔다. 그런데 평원군은 집이 가난하여 아직 장사를 치르지 못하고 마침 남에게 돈을 빌려 장례에 쓸 상복과 용

는데, 진 시황 때부터 천자의 명령을 제制라고 했다. 「남월열전」에 따르면 여태후가 정권을 장악했을 때 유관부서에서 남월에 철기鐵器 판매를 금지할 것을 청하자 위타는 화를 내며 독립을 선언한 후 스스로 남월 무제武帝라 하고 좌독左纛(왼쪽 말 머리를 장식하는 야크 꼬리로 만든 장식물)을 꽂은 황옥을 탔다.
77 　원문은 '聽梁父侯, 遂反'이다. "양보후를 어떤 사람은 봉호 명칭으로 여기는데, 그의 성과 자는 상세하지 않다. 왕선겸은 '양보후수梁父侯遂'라고 붙여 읽고 양보현 사람 성은 후侯이고 이름은 수遂라고 했지만 또한 증거가 없다. 「경포열전」에 이 사람은 등장하지 않는다."(『사기전증』) "양보후는 역사에 이름이 전해지지 않는다. 여순은 『한서』에 주석을 붙여 이르기를 '수遂는 경포의 신하다'라 했는데, 틀렸다. 신찬臣瓚은 이르기를 '경포는 양보후의 계책을 듣고 결국 반란을 일으켰을 따름이다'라고 했는데, 이 말이 맞다."(색은』)
78 　"고조는 주건이 경포에게 배반해서는 안 된다고 간언했다는 말을 듣고 주건에게 평원군의 봉호를 하사하고 그의 집을 장안으로 옮기도록 했다."(『한서』)
79 　"「경포전」에 주건이라는 사람이 보이지 않는데, 아마도 후세 사람이 삭제했을 것이다."(『사기지의』)

품을 구하려 했다. 육생은 평원군이 장사를 지낼 수 있도록 해주고는 벽양후를 찾아가서 축하하며 말했다.

"평원군의 어머니께서 돌아가셨습니다."

벽양후가 말했다.

"평원군의 어머니가 죽었는데, 어찌 내게 축하를 합니까?"

육생이 말했다.

"얼마 전 군후君侯께서 평원군과 교제하려 했지만 평원군이 의리를 지켜 거절한 것은 그의 어머니가 살아 계셨기 때문이었습니다.[80] 지금 그 어머니께서 돌아가셨으니 군후께서 진심으로 두텁게 조문을 한다면 그는 군후를 위해 목숨을 바칠 것입니다."

벽양후는 이에 100금을 보내 망자의 의복과 침구를 마련하게 했다.[81] 다른 열후와 귀인들도 벽양후가 하는 것을 보고는 찾아가 조의금을 냈는데 모두 500금이나 되었다.

벽양후가 여태후의 총애를 받자 어떤 사람이 효혜제에게 벽양후를 헐뜯었다.[82] 효혜제가 크게 화를 내며 법을 집행하는 관리에게 벽양후를 넘겨 죽이려 했다. 여태후는 부끄러워 그를 위해 아무런 말도 할 수 없었다. 대신들은 대부분 벽양후의 행동을 혐오하여 마침내 그를 죽이고자 했다. 벽양후는 다급해지

80　"장안이 말하기를 '서로 알고 지내어 마땅히 재앙과 위험을 함께 근심하고 슬퍼해야 하나 어머니가 살아계셔서 의리상 벽양후와 거리를 두려 한 것이다'라고 했다."(『집해』) "최호가 이르기를 '주건은 어머니가 살아계시기에 의리상 몸을 다른 사람에게 허락하지 않은 것이다'라고 했다."(『색은』) "나카이 리켄이 말하기를 '어머니가 살아계시기 때문이라는 말은 육생이 핑계를 댄 것으로, 주건이 실제 그런 것은 아니다'라고 했다."(『사기회주고증』) "장안과 최호의 해석은 「자객열전」에서 섭정聶政이 한 말과 같은데, 실제로는 육생이 말을 빌려 표현한 것으로 나카이 리켄의 말이 맞다."(『사기전증』) 「자객열전」에서 섭정은 엄중자嚴仲子가 주는 황금을 사양하면서 "제게는 다행히 늙은 어머니가 살아계십니다. 지금 모친을 충분히 봉양할 수 있기 때문에 당신이 주는 것을 받을 수 없습니다"라고 했다.

81　원문은 '세稅'다. 죽은 자의 의복과 침구를 증정하는 것을 말한다. 안사고가 말하기를 "죽은 자에게 증정하는 의복과 침구를 말한다. 백금으로 의복과 침구를 마련하게 하는 것이다"라고 했다.

82　"심이기에 대한 험담이란 심이기와 여태후의 애정 관계를 고발한 것을 말한다."(『사기전증』)

자 사람을 보내 평원군을 만나려 했다. 그러나 평원군은 거절하면서 말했다.

"안건이 긴급하므로 감히 군후를 만날 수 없습니다."

그러나 평원군은 효혜제가 총애하는 신하 굉적유閎籍孺[83]를 찾아가 설득하며 말했다.

"그대가 황제의 총애를 받는 것은 천하에 모르는 이가 없습니다. 지금 벽양후는 태후에게 총애를 받아서 하옥되었는데, 사람들은 그대가 벽양후를 죽이려고 황제에게 참소했다고 말합니다. 오늘 벽양후가 죽임을 당한다면 태후는 분노를 품고 내일 반드시 그대를 죽일 것입니다. 어찌하여 벽양후를 위해 윗옷을 벗어 상체를 드러내고 황제께 요청하지 않습니까? 황제께서 그대의 말을 듣고 벽양후를 풀어준다면 태후는 매우 기뻐할 것입니다. 그러면 황제와 태후가 모두 총애할 것이고 그대는 지금보다 두 배의 부귀를 얻게 될 것입니다."

이 말을 들은 굉적유가 몹시 두려워하며 평원군의 계책대로 황제에게 진언하자 황제는 과연 벽양후를 풀어줬다. 벽양후는 감옥에 갇혀 있을 때 평원군을 만나려 했지만 평원군이 자신을 만나려 하지 않은 것 때문에 그가 자신을 배반했다고 여겨 크게 노했다. 그러나 평원군이 계획에 성공하여 자신을 구하자 크게 놀랐다.

여태후가 죽은 후 대신들은 여씨 일족을 모두 주살했으나 벽양후는 여씨 집안과 관계가 지극히 친밀했는데도 끝내 죽임을 당하지 않았다. 벽양후가 요행히 살아남을 수 있었던 계책은 모두 육생과 평원군의 힘이었다.[84] 효문제 때 회남

---

83 마땅히 굉유閎孺라고 해야 한다. "「영행전佞幸傳」에서 고조 때는 적유籍孺가 있었고, 효혜제 때는 굉유閎孺가 있다고 했다. 지금 합쳐서 굉적유閎籍孺라고 했는데, 틀렸다."(『색은』) "적籍은 후세 사람이 제멋대로 첨가한 것이다."(『정의』) 『한서』에서도 굉적유라고 표기했는데, "반고가 『사기』의 잘못을 답습했다."(『한서보주』) "왕유정이 말하기를 '평원군은 벽양후를 구원하지 않는 척하면서 은밀하게 효혜제가 총애하는 신하를 만나 이로움을 구했는데 어찌 역사에서 그를 강직하다고 하는가? 어머니 장례 때 의복과 침구 비용을 받은 덕이 아니겠는가!'라고 했다."(『사기평림』)

84 "나카이 리켄이 말하기를 '주건(평원군)의 일은 원래 충분한 열전이 없다. 사마천은 죄를 짓고 거의 죽을 뻔했는데도 구원해주는 사람이 없었으므로 감동하고 분개하며 특별히 주건을 설명했을 따름

여왕淮南厲王이 벽양후를 죽였는데,85 이것은 그가 여씨 일족과 밀접한 관련이 있기 때문이다.86 효문제는 벽양후의 빈객으로부터 평원군이 벽양후를 구하는 계책을 세웠다는 말을 듣고 옥리를 보내 평원군을 잡아 가두고 죄를 다스리고 자 했다. 평원군은 옥리가 문어귀에 당도했다는 말을 듣고는 스스로 목숨을 끊으려 했다. 그러자 그의 아들들과 막 당도한 옥리가 설득하며 말했다.

"일이 어떻게 될지 아직 모르는데, 어찌하여 먼저 목숨을 끊으려 하십니까?"

평원군이 말했다.

"내가 죽어서 재앙을 끊으면 너희에게까지 연루되지는 않을 것이다."87

결국 스스로 목을 베어 죽었다. 효문제는 이 소식을 듣고 애석해하면서 말했다.

"나는 그를 죽일 생각이 없었다."

이에 그의 아들을 불러 중대부中大夫로 임명했다.88 나중에 그는 흉노에 사신

이다. 사실 공론할 만한 것은 아니다."(『사기회주고증』)

85 「회남형산열전」에 따르면, 문제 3년(기원전 177)의 일이다. 당시 회남여왕은 유방의 아들 유장劉長 이다. '회남여왕'의 '여厲'자는 유장 사후의 시호다. 시법諡法에 무고한 사람을 살육하는 것을 '여厲'라 고 했다. 그의 모친은 원래 조왕 장오의 미인美人(후궁 칭호 가운데 하나)인 조씨趙氏였는데, 장오가 그 녀를 유방에게 바쳤다. 조씨가 임신했을 때 관고貫高 등이 유방을 죽이려 한 사건으로 인해 장오와 조 씨가 체포되었다. 조씨의 동생인 조겸趙兼은 벽양후를 통해 여후에게 간청하여 그녀가 임신한 사실을 유방에게 알려달라고 청했지만 여후와 벽양후는 애쓰지 않았다. 조씨는 유장을 낳은 후 분개하여 자 살했다. 경포가 모반했을 때 유방은 유장을 회남왕으로 세웠다. 문제 3년, 유장이 입조하여 벽양후를 찾아가 직접 철추를 내리쳐서 벽양후를 죽였다.

86 원문은 '이제여고以諸呂故'로, 의미가 분명하지 않다. '수정본'의 표기도 똑같다. 반면 『한서』에서 는 '이당제여고以黨諸呂故'로 기재하고 있는데, '당黨'은 친근한 사적인 정에 치우침을 뜻한다. 즉 '벽양 후는 여씨 일족과 친근한 관계 때문에 회남여왕에게 죽임을 당했다'는 의미다. 『사기전증』에서도 "당 黨자가 없으면 안 되기 때문에 보충한다"고 했다.

87 "「예문지」에 따르면 유가에 『평원군』 7편이 있는데, 반고는 스스로 주석을 달아 '주건이다'라고 했다."(『한서규관』)

88 "아래 문장(태사공 논평)에서 언급한 태사공과 친한 자다."(『색은』) "평원군의 아들 이름은 알 수가 없다. 「흉노열전」에 따르면 효문제 6년(기원전 174)에 '견흉노서遣匈奴書'가 있는데, 파견된 사자 중에 '중대부의中大夫意'가 있다. 어떤 사람은 여기서 이름 '의意'를 주의朱意로 읽어 평원군의 아들로 보았 다. 그러나 그렇지 않을 것이다. 이 말이 맞다면 이렇게 큰일을 태사공이 어찌하여 '주건전'에 서술하 지 않았겠는가?"(『사기전증』) "왕승조汪繩祖가 말하기를 '평원군의 아들이 선우에게 욕을 하고 죽었으 니 군주의 명령을 욕되게 하지 않았다고 할 수 있다. 태사공과 친하다면서 그 이름을 기재하지 않았

으로 갔는데 선우單于가 무례하게 굴자 크게 욕설을 퍼부었다가 결국 흉노 땅에서 죽임을 당했다.

처음 패공이 군사를 이끌고 진류현을 지날 때 역생은 군영 문 앞으로 가서 명첩을 건네며 말했다.

"고양의 천민 역이기가 패공께서 햇볕과 비바람을 맞으면서 군사를 이끌고 초나라 군대를 도와 의롭지 못한 진나라를 토벌한다는 소식을 듣고 삼가 휘하의 따르는 자들을 위로하고 천하의 가장 필요하고 유리한 사정을 패공을 마주하고 알려드리고자 합니다."

진령병[89]이 들어가 통보하자 마침 발을 씻고 있던 패공은 전령병에게 물었다.

"어떤 사람이냐?"

전령병이 대답했다.

"생김새가 대유大儒[90] 같습니다. 유생 의복을 입고 유생이 쓰는 측주관側注冠[91]을 썼습니다."

패공이 말했다.

"나 대신 사양하고 '내가 지금 천하를 치느라 바쁘기 때문에 유생을 만날 겨를이 없다'고 전해라."

전령병이 나가서 거절하며 말했다.

"패공께서 선생께 유감의 뜻을 전하시면서 지금 천하를 치는 일로 바쁘기 때

<hr/>

니 애석하도다!'라고 했다."(『사기지의』)
89 원문은 '사자使者'다. 명령을 받들어 사신으로 가는 사람을 말하는데, 심부름하는 자, 종, 고용된 자 등의 의미도 있다. 여기서는 명령을 전달하는 전령병 혹은 유방의 심부름을 담당하는 몸종 정도의 의미다. 역자는 전쟁 중인 상황을 고려하여 '전령병'으로 번역했다.
90 대유大儒: 학문이 깊고 넓은 저명한 학자를 가리킨다.
91 측주관側注冠은 유생들이 쓰는 관이다. "서광이 말하기를 '측주관은 일명 고산관高山冠이라고도 한다'고 했다."(『집해』)

문에 유생을 만날 틈이 없다고 하십니다.”

그러자 역생이 눈을 부라리고 검을 어루만지며 전령병을 큰소리로 꾸짖었다.

“꺼져라! 너는 다시 들어가서 패공께 나는 고양 땅의 술꾼이지 유생이 아니라고 말하거라.”

전령병은 놀라고 겁먹어 손에 쥔 명첩을 떨어뜨렸다. 그는 급히 무릎 꿇어 명첩을 줍고는 다시 들어가 패공에게 보고했다.

“이 손님은 천하의 장사입니다. 저를 큰소리로 꾸짖는 바람에 놀라고 두려워서 명첩을 떨어뜨렸습니다. 그가 말하기를 ’꺼져라! 다시 들어가서 이 몸은 고양 땅의 술꾼이라고 말하거라’라고 했습니다.”

패공은 서둘러 발을 닦고 모矛 자루를 잡고 일어서면서 말했다.

“빨리 손님을 안으로 모셔라!”

역생이 들어와 패공에게 읍하고 말했다.

“족하께서는 고생이 많으십니다. 옷을 햇볕에 쪼이고 관을 비바람에 적시며 군대를 이끌고 초나라를 도와 의롭지 못한 진나라를 토벌하고 계시는데, 어찌하여 자신을 존중할 줄 모르십니까? 저는 큰일이 있어 만나 뵙고자 한 것인데 ’지금 천하를 치는 일로 바쁘기 때문에 유생을 만날 겨를이 없다’고 하셨습니다. 족하께서는 천하의 큰일을 일으켜 큰 공을 세우려고 하면서 사람을 겉모습으로 보시니, 진실로 천하의 재능 있는 인사를 잃을까 걱정됩니다. 게다가 제가 헤아려보건대 족하의 지혜는 저만 못하고 용맹도 저보다 못한데 천하통일의 대업을 성취하고자 하면서 저를 만나려 하지 않는 것은 잘못이라고 생각합니다.”

패공이 사과하며 말했다.

“좀 전에는 선생의 용모에 대해 들었으나, 지금은 뜻을 분명하게 알았소.”

이에 서둘러 역생을 청해 자리에 앉히고는 천하를 얻을 수 있는 책략을 물었다. 역생이 말했다.

“족하께서 진정 큰 공을 성취하고자 하신다면 군대를 멈추고 먼저 진류를 공격해 취하는 것이 좋습니다. 진류는 천하의 요충지로 병마가 반드시 다투는 곳입니다. 성 안에 양식은 수천만 석이나 쌓여 있고, 성의 방비는 매우 견고합니다. 저는 줄곧 진류현 현령과 관계가 좋은데 족하를 위해 투항하도록 그를 설득해보겠습니다. 그가 제 말을 듣지 않는다면 족하를 위해 그를 죽이고 진류를 빼앗겠습니다. 족하께서 진류의 군대를 이끌고 진류성을 점거한 뒤 성 안에 쌓여 있는 양식을 먹이면서 천하 각지에 연합할 수 있는 병마들을 부르십시오. 군사들이 많아지기를 기다렸다가 족하께서 천하를 횡행한다면 누구도 감히 족하께 해를 끼칠 수 없을 것입니다."

패공이 말했다.

"신생의 말씀대로 하겠소."

그리하여 역생은 그날 밤 진류현 현령을 만나 설득했다.

"진나라가 포학하고 무도하여 천하 사람이 모두 반기를 들었소. 지금 족하께서 천하의 군대와 연합한다면 큰 공을 이룰 수 있을 것이오. 그런데 홀로 멸망해가는 진나라를 위해 성을 두루 에워싸고 굳게 지킨다면 족하는 위험해질 것이라고 생각하오."

진류현 현령이 말했다.

"진나라의 법령이 매우 엄중하니 함부로 말하지 마시오. 허튼소리 하는 자는 멸족을 당하니, 내 선생의 말을 들을 수 없소. 선생이 내게 가르쳐준 말은 나의 뜻이 아니니 다시는 말하지 마시오."

역생은 진류현 성 안에 머물러 있다가 한밤중에 진류 현령의 머리를 베고는 성벽을 넘어 패공에게 보고했다. 패공은 즉시 군사를 이끌고 성을 공격하면서 진류 현령의 머리를 긴 장대에 매달아 성 위에 있는 군사들에게 보이며 말했다.

"빨리 투항하라. 너희 현령의 머리는 이미 잘렸다! 지금 이후로 늦게 투항하는 자는 반드시 먼저 참수하겠다!"

진류현 사람들은 현령이 죽은 것을 본 후 잇달아 패공에게 투항했다. 패공은 진류현 남문의 성루에 기거하면서 창고 안의 병기와 쌓아놓은 양식으로 3개월 동안 주둔하며 활동하자 따르는 군사가 수만 명에 달했고[92] 마침내 군대를 일으켜 관중으로 진입하여 진나라를 멸망시켰다.[93]

태사공은 말한다.

"세상에 전해지는 역생에 관한 글에는[94] 대부분 한나라 왕이 삼진三秦을 점령한 후 동쪽으로 진격하여 항우를 공격하고 군사를 이끌고 공현과 낙양으로 물러난 사이에 유생 복장으로 한나라 왕에게 유세하러 간 것으로 말하고 있는데, 이는 잘못된 것이다. 실제는 패공이 관중으로 들어가기 전 항우와 길을 나누어 서쪽으로 진격하여 고양에 이르렀을 때 역생 형제를 얻었다. 내가 역생의 『신어新語』 열두 편을 읽어보니 역생은 확실히 당대의 변사辯士였다.[95] 평원군 주건은 내가 그의 아들과 관계가 좋았기 때문에 그의 사적을 상세하게 기재할 수 있었다."

---

92 "「고조본기」와 관련된 여러 편에서 유방이 진류현에 3개월 동안 군사를 멈췄다는 내용은 없다. 여기서의 말은 역생의 사건을 과장되게 드러낸 것이다."(『사기전증』)

93 "역생의 일은 마땅히 「주건전」 말미에 다시 나와서는 안 된다. 게다가 『사기』에는 두 번 나오는 사례가 없으니 의심할 여지없이 섞어 넣은 것이다. 마치 「시황기」 뒤에 「진기秦記」를 첨부하는 것과 같다. 『어람』 366에서 인용한 『초한춘추』를 따르면 이것과 같으니 후세 사람이 약간의 일치하지 않음이 있어 첨부한 것인데, 또한 「주건전」 말미에 배치한 것은 잘못이다."(『사기지의』)

94 이러한 책들은 모두 지금 존재하지 않는다.

95 "태사공이 봤다는 『신어』는 지금 이미 존재하지 않는다. 지금의 『신어』는 '한나라 중대부 육가 편찬'이라 제목하고 있고 상·하 2권이며 12편이다. 『사고전서총목제요四庫全書總目題要』에서 후세 사람이 차용한 것으로 판정했다."(『사기전증』)

부근괴성열전

傅靳蒯成列傳

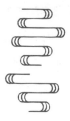

이 편은 유방의 개국 공신이며 심복 장수인 번쾌, 역상, 하후영, 관영에 이어 부관, 근흡, 주설 세 사람의 사적을 기술하고 있다. 『사기』에서는 이들 7인을 2편으로 분리해 서술하고 있지만 『한서』에서는 이들을 한데 묶어 한 편의 열전으로 구성했다. 산동에서 세력을 일으킨 이들은 유방의 측근 명장으로 항우를 정벌하는 과정에서 명장을 주살하고 적군을 격파해 성을 항복시킨 것이 수십 회에 달한다.

부관은 원래 위魏나라 기병장수였는데 유방을 수행하여 한중으로 진입하고 삼진을 평정했으며, 초한 전쟁 때는 한신에게 예속되어 제나라 군대를 격퇴시키고 공적을 세웠다. 근흡 또한 유방을 수행하여 수많은 전쟁에서 전공을 세워 거기장군이 되었으며 양·조·제·연·초의 거기 부대를 통솔하여 항우를 격파하는 데 중요한 역할을 했다. 주설은 전쟁터의 공적은 많지 않았으나 항상 유방의 참승을 담당했고 사인 신분으로 유방을 수행한 신하였다. 그는 전쟁에 이겼을 때나 패했을 때 시종일관 유방의 곁을 지키고자 했다. 사마천은 "주설은 심지가 굳고 정직하며 의심을 받지 않았다. 고제가 출정할 때마다 주설은 눈물을 흘리지 않은 적이 없었다. 속마음이 선량하고 남에게 관심을 기울이는 마음이 이와 같았으니 주설은 충실하고 관대한 군자라 할 수 있다"고 평가했다. 특히 사마천은 "고조는 주설이 '나를 아낀다'고 여기고, 그에게 궁궐 문을 들어서서 허리를 굽히고 빠른 걸음으로 걷지 않아도 되고, 사람을 죽여도 목숨으로 대가를 치르지 않아도 된다는 은혜를 하사했다"고 기재하고 있다. 사실 주설의 공적은 제후에 봉해질 만큼 탁월하다고는 할 수 없으며, 이로 인해 유방의 남총男寵(노리개 역할을 하는 남자)이었다고 보는 시각도 있다.

양릉후陽陵侯 부관傅寬[1]은 위魏나라 오대부五大夫로 기병장수로 임명되었고 사인舍人의 신분으로 패공을 수행하여 횡양橫陽[2]에서 군사를 일으켰다.[3] 그는 패공을 수행하여 안양安陽과 강리杠里[4]로 진공하고 개봉開封에서 조분趙賁의 군대를 공격했으며, 곡우와 양무에서 양웅楊熊을 공격해 적군 12명을 참수하고 경卿 작위를 하사받았다. 그는 또 패공을 수행하여 패상으로 진군했다. 패공은 한나라 왕으로 세워진 후 부관에게 공덕군共德君[5]이라는 봉호를 하사했다. 한나라 왕을 수행하여 한중으로 들어간 뒤 우기장右騎將[6]이 되었다. 한나라 왕을 수행하여 삼진을 평정하고 조음현雕陰縣을 식읍으로 하사받았다. 한나라 왕을 수행하여 항적을 공격하고 회현懷縣에서 한나라 왕을 맞이하여 통덕후通德侯를 하사받았다.[7] 또 한나라 왕을 수행하여 항관項冠, 주란周蘭, 용저龍且를 공격했는데, 그가 이끄는 사졸이 오창 부근에서 적의 기병장수 한 명을 참수하여 식읍이 더 늘었다.

1   유방은 고조 6년(기원전 201)에 부관을 양릉후에 봉했다. 양릉陽陵은 지금의 시안 동북쪽이다. "부관과 근흡靳歙이 거주했던 군현郡縣은 역사에 전해지지 않고 있다."(『고이』)
2   횡양橫陽: 향읍으로 지금의 허난성 상추 서남쪽 지역이다.
3   "부관은 원래 위구, 위표의 부하였으나 나중에 기병장수의 신분으로 유방에게 귀순했다. 당시 정세를 추정해보면 부관이 유방에게 귀순한 시점은 마땅히 진2세 3년(기원전 207) 초다."(『사기전증』)
4   안양安陽은 향읍으로 지금의 산둥성 차오현 동쪽 지역이고, 강리杠里는 옛 읍으로 지금의 산둥성 청우成武 서쪽 지역이다.
5   공덕군共德君: 봉호만 있을 뿐 봉지는 없다. 공共은 공恭과 같다.
6   "좌기장左騎將이 누구인지 알 수 없으나 관영灌嬰일 가능성이 있다."(『사기전증』)
7   유방이 동쪽으로 팽성을 공격하고 부관은 회현懷縣에 남아서 주둔한 것을 가리킨다. 통덕후通德侯는 명호만 있을 뿐 봉지는 없다.

부관은 회음후 한신에게 예속되어[8] 역하에 주둔해 있던 제나라 군대를 격퇴시키고 또 전해田解를 공격했다.[9] 그가 상국 조참에게 예속되었을 때는[10] 박博 땅을 공격해 도륙하여 식읍이 더 늘었다. 제나라를 평정하는 데 공적을 거두었으므로 한나라 왕은 제후들과 마찬가지로 그에게 부절을 나누어주고 대대로 계승하게 하고 양릉후에 봉하면서 식읍 2600호를 하사했다. 이전에 내린 식읍은 취소했다. 그는 제나라의 우승상에 임명되어[11] 제나라에 군대를 주둔시키고 방비했다.[12] 5년 뒤에 제나라 상국이 되었다.

4개월 뒤,[13] 그는 태위 주발에 예속되어 진희를 공격했다. 이후 다시 상국의 신분으로 승상 번쾌를 대신해 진희를 토벌했다.[14] 한 달 뒤 그는 대왕代王 상국

---

8 "이때 한신은 상국이었다. 아래 문장 '상국 조참에 예속되다' '태위 주발에 예속되다'의 예에 근거하여 마땅히 '상국 한신에게 예속되다'로 해야 하며 '회음후'라고 서술해서는 안 된다."(『사기지의』)

9 전해田解는 제나라 왕 전광의 부하 장수로 당시 화무상과 함께 역하에 주둔하고 있었다. 「전담열전」에 '제나라 왕이 화무상과 전해에게 역하에 주둔하게 했다'고 했으니, '역하에 주둔해 있던 군대를 공격하다'와 '전해를 공격하다'는 서로 다른 사건이 아니다. 또한 아래에 '격전해擊田解(전해를 공격하다)'에서 '격擊'자는 잘못이다. 마땅히 '참斬(참수하다)'이 되어야 한다. 혹은 '득得(사로잡다)'이나 '노虜(포로로 잡다)'의 잘못이다."(『한서보주』)

10 "조참은 당시 우승상으로 한신에게 예속되었으므로, 상국은 아니었다."(『사기지의』) "처음에 제나라를 평정했을 때 양릉후(부관)와 평양후(조참)가 모두 한신에 귀속되었고, 그 뒤에 한신이 진陳에서 고조와 회합하고 조참은 제나라 상국이 되어 제나라에 머물렀기에 양릉후는 다시 조참에 귀속된 것이다."(『사기찰기』)

11 제나라 왕 유비劉肥의 우승상을 말한다.

12 "장안이 말하기를 '이때 전횡이 아직 항복하지 않았으므로 군대를 주둔시키고 방비한 것이다'라고 했다."(『집해』)

13 제나라 상국이 된 지 4개월 뒤를 말한다. 고조 10년(기원전 197) 8월에 진희가 반란을 일으키자 다음달인 9월에 유방이 진압에 나섰다.

14 「주발전」에 따르면 주발은 태위로 승진되어 진희를 공격했다. 노관은 돌아왔고 주발은 상국의 신분으로 번쾌 대신 노관을 공격했다. 여기서의 문장 '상국의 신분으로' 앞에는 당연히 '발勃(주발)'자가 있어야 하고 '진희를 토벌하다'는 마땅히 '노관盧綰을 토벌하다'로 해야 한다."(『한서보주』) 이에 따르면 '주발은 상국의 신분으로 승상 번쾌를 대신해 노관을 토벌했다'로 바꿔야 한다는 말이다. 「진승상세가」와 「강후주발세가」에 따르면 주발이 번쾌 대신 장수가 되어 노관을 토벌한 사건은 고조 12년(기원전 195) 12월의 일이다.

으로 전임되어[15] 대 땅에 군사를 주둔시켰다.[16] 2년 뒤에는 대왕의 승상으로 임명되었고 계속해서 대 땅에 군사를 주둔시키고 통솔했다.

효혜제 5년(기원전 190)에 부관이 죽자 시호를 경후景侯라고 했다. 그의 아들 부정傅精[17]이 작위를 계승하여 경후頃侯가 되었는데, 24년 뒤에 죽었다.[18] 부정의 아들 부칙傅則이 작위를 계승하여 공후共侯가 되었는데, 12년 뒤에 죽었다.[19] 부칙의 아들 부언傅偃이 작위를 계승했는데, 31년 뒤에 회남왕 유안의 모반 사건에 참여했다가 처형되고[20] 봉국이 취소되었다.

신무후信武侯[21] 근흡靳歙은 중연中涓[22]의 신분으로 패공을 수행하여 원구宛朐에서 일어났다. 제양濟陽을 공격해 이유李由의 군대를 격퇴시켰다. 그는 박亳 남쪽과 개봉 동북쪽에서 진나라 군대를 공격해[23] 기병 장수인 천인장千人將 한 명과[24] 사졸 57명을 참수했으며, 73명을 포로로 잡아 임평군臨平君이라는 봉호를 하사받았다. 또 남전藍田 북쪽에서 진나라 군대와 교전을 벌여 거사마車司馬 2명

15 "부관이 대왕 상국이 되어 대리한 것으로 실제로 당시에 대왕은 없었다."(『사기전증』)
16 "공문상孔文祥은 말하기를 '변방 군郡에는 둔병屯兵이 있었는데 부관은 대나라의 상국이 되어 둔병의 통솔을 겸했다'고 했다."(『색은』)
17 「고조공신후자연표」에서는 '부정傅靖'으로 기록하고 있다.
18 부정傅精은 문제 14년(기원전 166)에 사망했다.
19 부칙傅則은 경제 전前 3년(기원전 154)에 사망했다.
20 무제 원수 원년(기원전 122)의 일이다.
21 오늘날 봉지인 신무信武의 위치는 상세하지 않다.
22 중연中涓: 제왕의 내실에서 시중드는 인원으로 청결과 수발, 전달하는 사무를 담당했다.
23 진 2세 3년(기원전 207) 3월, 진나라 장수 조분趙賁의 군대를 공격한 일이다.
24 원문은 '참기천인장일인斬騎千人將一人'으로, 많은 번역본에서 "기병 1000명과 장수 한 명을 죽이다"로 번역하고 있는데, 틀린 번역이다. 「위기무안후열전」에 "夫以千人與父俱(관부 또한 한낱 천인장의 신분으로 그의 부친과 함께 출정했다)"라는 구절이 있다. 천인千人이란 한나라 때 군관 명칭으로 1000명의 사병을 관할했으므로 천인이라 했다. 기천인장騎千人將은 기병장수로 기병의 '천부장千夫長'이라 할 수 있다. "1000명을 주관했으며, 후候 또는 사마司馬와 같다."(『한서음의漢書音義』) 또한 "여순이 말하기를 '기병장수로 1000명을 통솔하는 것이다. 『한의주漢儀注』에서 변방의 군郡에는 도위, 천인, 사마, 후를 설치했다'고 했다."(『사기지의』)

과 기장騎長 한 명을 참살했으며, 사졸 28명을 참수하고 57명을 포로로 사로잡았다.[25] 그는 패상으로 진군했다.[26] 패공은 한나라 왕으로 세워지자 근흡에게 건무후建武侯 작위를 하사하고, 기도위騎都尉[27]로 승진시켰다.

그는 한나라 왕을 수행하여 삼진을 평정했다. 또한 단독으로 군대를 이끌고 서쪽으로 진격하여 농서군에서 장평章平(장함의 동생)의 군대를 격파하고 농서군의 6개 현을 평정했는데, 거느리는 사졸이 거사마와 군후軍候[28] 각 4명, 기장 12명을 참수했다. 그는 한나라 왕을 수행하여 동쪽으로 초나라 군대를 공격하고 팽성에 이르렀으나, 한나라 군대는 패배하여 옹구로 물러나 지켰다. 옹구를 떠나 왕무王武 등 반란군을 격퇴시켰다.[29] 근흡은 양梁나라 땅[30]을 공격해 점령하고, 단독으로 군대를 이끌고 치현菑縣[31] 성 남쪽에서 형열邢說의 군대를 공격해 격파하고 직접 형열의 도위 2명과 사마와 군후 12명을 포로로 잡았으며, 관리와 사졸 4180명의 항복을 받았다. 그는 또 형양 동쪽에서 초나라 군대를 격파했다.[32] 한나라 3년(기원전 204)에 식읍 4200호를 하사받았다.

근흡은 단독으로 군사를 이끌고 하내군으로 진군하여 조가에서 조나라 장

---

25 진 2세 3년 9월의 일이다. 거사마車司馬는 전차를 주관하는 사마로 군중에서 지위는 도위보다 낮았다. 기장騎長은 기병의 하급 무관을 말한다.
26 한나라 원년(기원전 206) 10월의 일이다.
27 기도위騎都尉: 기병을 통솔하는 무관이다.
28 후候: 군관 명칭이다. 당시 한 명의 장군은 약간의 부部를 통솔했고, 부의 장관을 교위校尉라 했다. 한 명의 교위는 약간의 곡曲을 통솔했는데, 곡의 장관을 후候라고 했다. 군대 안의 후候이기 때문에 이하 '군후軍候'라고 표기했다.
29 "옹구를 떠나 왕무와 정처程處 등을 외황에서 공격한 일을 말한다. 외황은 옹구의 동북쪽에 위치해 있는데 두 현이 이웃하고 있다. 왕무는 원래 유방의 부장이었는데 유방이 팽성에서 참패하자 부하들을 이끌고 배반했다. 이번에 함께 왕무를 공격한 자 중에는 관영이 있다."(『사기전증』)
30 지금의 카이펑 주변의 허난성 동부와 산둥성 서부의 딩타오定陶 일대를 말한다. 전국시대 때 양나라에 속했으므로 후대에도 '양'이라 했다.
31 치현菑縣: 진나라 현으로 치소는 지금의 허난성 민취안民權 동쪽 지역이다.
32 "유방이 팽성에서 궤멸된 뒤 궁지에 빠져 서쪽으로 달아났다. 형양에서의 한 번 승리는 형양에서 초와 한나라가 대치하는 국면을 형성시킬 수 있었다. 유방의 장수 가운데 이 전쟁에 참가한 자는 기병 장수 관영 등이 있다. 이 전쟁을 조직한 사람은 바로 한신이다."(『사기전증』)

수 비학賁郝33의 군대를 격파했는데, 수하 사졸이 기장 2명을 포로로 잡고 거마 250필을 노획했다. 또 한나라 왕을 수행하여 안양 동쪽 지역을 공격해34 곧장 극포棘蒲35에 이르기까지 7개 현을 공격해 점령했다.36 단독으로 군사를 이끌고 조나라 군대를 공격해 격파하여 사마 2명과 군후 4명을 사로잡았고, 관리와 사졸 2400명의 항복을 받아냈다. 그는 또한 한나라 왕을 수행하여 한단을 공격해 점령했다. 단독으로 군사를 이끌고 평양37을 공격하여 점령하고 직접 수상守相38을 참수했으며, 부하 사졸이 병수兵守와 군수郡守 각 한 명을 참수하고39 업성鄴城40을 항복시켰다. 한나라 왕을 수행하여 조가와 한단을 공격했으며, 단독으로 군사를 이끌고 조나라 군대를 격파하고 한단군의 6개 현을 항복시켰다.41 그는

33　비학賁郝: 조나라 왕 헐歇의 장수다. 賁의 음은 fei(비)다.
34　"이때의 주장主將이 누구였는지 『사기』에서 설명이 부족한데, 아마도 유방은 아닐 것이고 한신도 아니다."(『사기전증』)
35　극포棘蒲: 향읍으로 지금의 허베이성 웨이현魏縣이다.
36　『한서』「근흡전」에서는 10개 현을 점령했다고 기재하고 있다.
37　평양平陽: 지금의 산시山西성 린펀 서남쪽 지역.
38　수상守相: 승상의 신분으로 군사를 이끌고 방어하는 것을 말한다. 여기서는 조나라 왕 헐의 승상을 가리킨다.
39　원문은 '斬兵守, 郡守各一人'이다. 그런데 『한서』에서는 '斬兵守郡一人(병수군兵守郡 한 명을 참수하다)'이라 기재하고 있다. 이에 대해서는 의견이 분분하다. "나카이 리켄이 말하기를 『사기』의 병수兵守 두 자와 각수자는 불필요한 글자일 것이다. 『한서』의 병수군일인兵守郡一人 또한 뜻이 통하지 않는다'라고 하여 '군수 한 명을 참수하다'로 이해했다."(사기회주고증) 『한서』의 '병수군'에 대한 해석은 다음과 같다. "맹강孟康은 말하기를 '군사를 거느린 군수'라고 했다."(『집해』) 또한 이기李奇는 "혹여 군수郡守를 말하는 것 같은데 글자가 바뀌었다"라고 했고, 진작晉灼은 "군사를 통솔하는 군수"라고 했다. "심흠한이 말하기를 '군사를 주둔시키고 지키는 것이 병수兵守일 것이다'라고 했다."(『사기각증』) 역자는 『사기』와 『한서』 중에 어느 것이 맞는지 판단하기 어렵고, 해석 또한 분명하지 않기에 『사기』의 문장 그대로 번역했다.
40　업鄴: 춘추시대 제齊나라 읍이었다. 제 환공이 이 땅에 성을 축조하여 제후들을 방어한 이후로 업성鄴城이라 했다. 전국시대 때에는 위 문후가 이곳을 도읍으로 삼았다. 지금의 허베이성 린장 서남쪽이다.
41　"'단독으로 군사를 이끌고 하내군으로 진군하다'에서부터 여기까지 모두 조나라를 공격한 일로, 마땅히 한나라 3년이다. 한신과 장이가 조나라를 공격할 때 근흡이 단독으로 군사를 이끌고 조나라 땅을 공략한 것이다."(『한서보주』) 한신과 장이가 정형에서 조나라 군대를 격파한 때는 한나라 3년(기원전 204) 10월이다.

오창으로 군사를 돌려 성고 남쪽에서 항우의 군대를 격파하고[42] 형양에서 양읍襄邑에 이르는 초나라 군대의 식량 운송로를 끊었다.[43] 노현魯縣성 부근에서 항관項冠의 군대를 격파했다. 그가 점령한 땅은 동쪽으로는 증繒, 담郯, 하비下邳, 남쪽으로는 기蘄, 죽읍竹邑에까지 이르렀다.[44] 제양濟陽 성 부근에서 항한項悍[45]의 군대를 공격했다. 군대를 돌려 진현 일대에서 항우의 군대를 격파했다.[46] 그는 또 단독으로 군사를 이끌고 강릉江陵을 평정하고[47] 주국柱國과 대사마 등 이하 관원 8명의 항복을 받아냈으며, 직접 강릉왕[48]을 포로로 잡아 그를 낙양으로 압송하고 남군南郡을 완전히 평정했다.[49] 그는 또 고조를 수행하여 진현에 이르러 초나라 왕 한신을 사로잡았다. 고조는 그와 부절을 나누어 갖고 대대로 계

---

42 "여기서 '항우의 군대를 격파했다'는 말은 항우가 동쪽으로 팽성을 정벌할 때 유방이 그 틈을 이용해 초나라 장수 조구를 격파해 죽인 사건을 말한다. 한나라 4년(기원전 203)의 일이다."(『사기전증』)

43 근흡 등이 북쪽 형양에서 동남쪽 양읍에 이르기까지 항우의 도성과 전방 사이의 운송로를 끊은 것을 말하며, 이때 관영이 함께 행동했다.

44 "이상 여러 사건은 마땅히 한나라 4년(기원전 203) 봄, 여름의 일이다. 근흡과 관영이 한신을 수행하여 제나라 땅을 평정한 뒤 한신은 제나라에 머물고 관영과 근흡에게 군사를 이끌고 항우의 후방을 급습하게 했는데, 지금의 장쑤성, 안후이성 북부와 중부 일대다."(『사기전증』) 항관項冠은 항우의 부장이다. 당시의 노현魯縣은 지금의 산둥성 취푸다. 증繒의 치소는 지금의 산둥성 창산蒼山 서북쪽에, 담郯의 치소는 지금의 산둥성 탄청郯城 서북쪽, 하비下邳의 치소는 지금의 장쑤성 쑤이닝睢寧 서북쪽이자 항우의 도성인 팽성 동남쪽, 기蘄의 치소는 지금의 안후이성 쑤저우 동남쪽, 죽읍竹邑의 치소는 지금의 안후이성 쑤저우 북쪽에 있다. 모두 진나라 현이다.

45 항한項悍은 항우의 부장이다.

46 한나라 5년(기원전 202) 10월에서 12월 사이의 일이다. 이전에 항우는 유방과 홍구에서 맹약을 맺은 뒤 군사를 이끌고 동쪽으로 철군했는데, 유방은 약속을 깨고 항우를 추격해 진현과 고릉 일대에 이르자 항우는 군사를 돌려 유방의 군대를 반격하여 패퇴시켰다. 2개월 뒤 한신, 경포, 팽월, 유가 등 각로의 대군이 집결하여 해하에서 항우를 격파하기 시작했다. 본문과 「번역등관열전」에서 "진현에서 항적의 군대를 공격해 격파했다"고 한 것은 해하의 전투이고, 고릉 전투에서의 패자는 유방이다.

47 항우가 봉한 임강국臨江國을 소멸시킨 것을 가리키며, 이 사건 또한 한나라 5년 12월의 일이다. "진태복陳太僕이 말하기를 '강릉은 마땅히 임강臨江의 잘못이다. 각국의 왕 중에 도성을 왕호로 삼는 자는 없었다'고 했다."(『사기지의』)

48 여기서의 강릉왕은 공위共尉를 말한다. 「진초지제월표」에는 공환共驩으로 기재하고 있는데, 공오共敖의 아들이다. 공오는 장사왕 오예의 부장으로 항우에 의해 임강왕에 봉해졌다. 도성은 강릉이었다.

49 남군南郡: 임강국을 소멸시키고 건립한 군으로, 군치는 강릉이다. 근흡이 임강을 소멸시켰을 때 유가와 동행했다.

승하여 영원히 끊어지지 않도록 했으며, 식읍을 4600호로 확정하고 신무후信武侯50에 봉했다.

근흡은 기도위騎都尉 신분으로 고조를 수행하여 대代 땅을 토벌하고, 평성에서 한왕 신을 공격한 뒤 군사를 돌려 동원東垣에 이르렀다.

그는 공적이 있어 거기장군車騎將軍으로 승진되었고, 양·조·제·연·초의 거기부대를 통솔했으며, 단독으로 군사를 이끌고 진희의 승상 후창侯敞을 공격해 격파하고51 곡역曲逆을 항복시켰다. 그는 고조를 수행하여 경포를 격퇴한 공적으로 식읍을 늘려 받아 5300호로 확정되었다. 그는 적군 90명을 참수하고 132명을 포로로 잡았으며,52 단독으로 군사를 이끌고 14차례나 적군을 공격해 격퇴시켰고 59개 성을 항복받았으며, 군과 봉국 각각 1개, 현 23개를 평정했다. 또한 왕과 주국 각각 1명과 봉록 2000석 이하 500석에 이르는 관리 39명을 포로로 잡았다. 고후(여태후) 5년(기원전 183) 근흡이 사망하자 숙후肅侯라는 시호를 내렸다. 그의 아들 근정靳亭이 후의 작위를 계승했다. 21년 뒤53 그는 자신의 봉국 거주민을 부리는 법률 규정을 뛰어넘은 죄로54 효문제 3년에 작위를 박탈당하고 봉국도 취소되었다.

---

50 "봉읍이 상세하지 않다. 『색은』에서 이르기를 '『지리지』에 신무현信武縣은 없다. 당시에는 있었는데 이후에 폐지되었기 때문이다'라고 했다."(『사기전증』)

51 고조 11년(기원전 196) 10월의 일이다. "이것은 관영과 함께 한 것으로 의심되며,「번역등관열전」에서 '관영은 조서를 받들어 연·조·제·양·초의 각 기병을 이끌고 사석에서 흉노 기병을 공격해 격파했다'고 했는데, 바로 한왕 신을 공격했을 때의 일이다. 여기서 말하는 진희를 공격하기 전이다."(『사기전증』) 당시 양왕은 팽월, 조왕은 유방의 아들 유여의, 제왕은 유방의 아들 유비, 연왕은 노관, 초왕은 유방의 동생 유교였다.

52 『한서』에서는 142명을 포로로 잡았다고 기재하고 있다.

53 문제 후원 3년(기원전 161)이다.

54 원문은 '좌사국인과율坐事國人過律'이다. "유씨가 이르기를 '사事는 역사役使다. 사람을 부리는데 법률을 어긴 것이 많았다는 말이다'라고 했다."(『색은』)

괴성후 劃成侯[55] 주설周緤은 패현 사람으로 성이 주周씨다. 그는 항상 고조의 참승을 담당했고 사인 신분으로 패공을 수행하여 패현에서 일어났다. 그는 패공을 수행하여 패상으로 진군했고, 서쪽으로 촉군과 한중으로 진입했다가 군사를 돌려 삼진을 평정했다. 지양池陽[56]을 식읍으로 하사받았다. 주설은 동쪽으로 진격하여 항우의 보급로인 용도甬道를 끊었다.[57] 한나라 왕을 수행하여 평음진에서 황하를 건너 양국襄國에서 회음후 한신의 군대와 합류했다.[58] 전쟁에서 승리할 때도 있고 실패할 때도 있었지만 그는 시종 고조를 떠나지 않으려 했다. 고조는 주설을 신무후에 봉하고[59] 식읍 3300호를 하사했다. 고조 12년(기원전 195) 고조는 주설을 괴성후에 다시 봉하고[60] 이전의 식읍을 취소했다.

고조가 친히 진희를 토벌하려고 하자,[61] 괴성후가 울면서 말했다.

---

55 봉지인 괴성劃成의 위치는 상세하지 않다. 『한서』에서는 '괴劃'를 '배邮'라고 했다. "흡현歙縣의 황씨黃氏가 소장하고 있는 배성후邮成侯 띠고리가 있는데, 괴劃자와 형상이 비슷하여 『사기』의 괴劃가 잘못된 문장임을 알았다."(『사기전증』)

56 지양池陽: 한나라 현으로 치소는 지금의 산시陝西성 징양涇陽 서북쪽 지역이다. "주설이 식읍을 받았을 때 지양은 아직 현이 되지 못했고 혜제 때에 이르러 현이 설치되었다. 진나라 때 탕사현蕩社縣을 세웠는데 그곳에 지양이 있었고 아마도 항취鄕聚 명칭이며 주설이 그곳을 식읍으로 삼았을 것이다." (『한서보주』)

57 "동쪽으로 진격하여 형양에서 항우의 부대를 공격하고 초나라 군대의 식량 운송로인 용도를 끊었다."(『한서』) 용도甬道는 양옆에 울타리 혹은 엄폐물을 놓아 수레와 말이 통행할 수 있는 도로 혹은 통로다.

58 "이자명李慈銘이 말하기를 '이 열전에 따르면 『사기』에 빠진 문장이 많은데, 반고도 그것을 답습했다. "양국에서 회음후 한신의 군대와 합류했다"의 위아래 문장에 모두 잘못되거나 빠뜨린 글자가 있다. "지양을 식읍으로 하사받았다" 또한 반드시 먼저 작위를 하사받은 문장이 있어야 한다. 왕선겸은 말하기를 "고제가 평음진을 건너고 한신이 수무脩武에 주둔하고 있었는데, 고제가 달려가 한신의 군권을 빼앗은 사건을 여기서 말하는 것 같은데, 그렇다면 양국이 아니다. 조왕 헐을 양국에서 죽인 일은 이 사건 이전의 일로 한신의 군대와 만난 것과는 관련이 없다. 이자명이 빠뜨린 문장이 있다'고 여겼는데, 맞는 말이다'라고 했다."(『한서보주』) 유방이 수무로 들어가 한신의 군권을 빼앗은 일은 한나라 3년(기원전 204) 6월의 일이다.

59 "앞 문장에서 근흡을 신무후에 봉했다고 했는데, 여기서 또 주설을 신무후에 봉했다고 했으니 두 사람 중 한 명은 당연히 틀린 것이다."(『사기전증』)

60 「고조공신후자연표」에 따르면 고조 12년 10월의 일이다.

61 고조 10년(기원전 197) 9월의 일로, 지난 일을 서술한 것이다.

"당초에 진나라가 천하의 육국을 공격해 격파할 때 시황제가 직접 출병하여 정벌에 나선 적은 없었습니다.[62] 지금 황상께서는 항상 친히 출정하시는데 파견할 만한 사람이 없어서 그러십니까?"

고조는 주설이 '나를 아낀다'고 여겨 그에게는 궁궐 안에 들어서서 허리를 굽히고 빠른 걸음으로 걷지 않아도 되고,[63] 사람을 죽여도 목숨으로 대가를 치르지 않는 은혜를 하사했다.[64]

효문제 5년(기원전 175)에 주설이 천수를 다하고 죽자 시호를 정후貞侯라 했다. 그의 아들 주창周昌이 작위를 계승했지만 죄를 지어 봉국이 취소되었다.[65] 효경제 중원中元 2년(기원전 148)에 주설의 다른 아들 주거周居를 후 작위에 대신 봉했다.[66] 무제 원정元鼎[67] 3년(기원전 114)에 주거는 태상太常에 임명되었지만 죄를 지어 봉국이 취소되었다.

---

62 "진 효공 이래로 진나라 왕은 확실히 직접 군대를 이끌고 전쟁에 나선 적이 없었다."(『사기전증』)

63 신하가 궁전 문을 들어서면 군주에 대한 공경의 예로 허리를 굽히고 빠른 걸음으로 걸어야 했다.

64 원문은 '살인불사殺人不死'다. "범역范械이 말하기를 '네 글자는 의심스러운데,『한서』에는 이 구절이 없다. 사람을 죽인 자는 죽임을 당하는 것은 관중에 진입하면서 명백히 규정된 조항인데 어찌 주설에게만 파격적인가? 큰 공적을 세운 신하들에게 이러한 특전을 하사했다는 것을 들어본 적이 없다'고 했다."(『사기지의』) "나카이 리켄이 말하기를 '사람을 죽였는데도 죽지 않는 은혜를 하사한 것은 악행을 허락한 것으로, 정치를 어지럽히는 것이라 할 수 있다.『한서』에는 이 네 글자가 삭제되어 있는데, 아마도 그것을 꺼린 것일 것이다'라고 했고, 유월俞樾이 말하기를 '후대에 철권鐵券의 은혜를 하사하는 것이 여기에서 시작된 것인가?'라고 했다. 다키가와 스케노부가 말하기를 '사람을 죽였는데도 죽임을 당하지 않는 것은 죽을죄 한 등급을 감면해준 것이다'라고 했다."(사기회주고증)) "부관, 근흡은 모두 전쟁에서 공적을 거두었는데 주설만 전쟁의 공로가 없이 두터운 총애를 입은 것을 보면 아마도 아첨으로 총애를 얻은 부류일 것이다."(『사기전증』)

65 "주창이 막 작위를 계승했으나 원년元年을 넘기지 못하고 작위를 박탈당하고 봉국이 취소된 것을 말한다."(『사기전증』)

66 "서광이 말하기를 「표」에서는 "효경제 중원 연간에 주설의 아들 주응周應을 단후鄲侯에 봉했으며 시호는 강康이다. 중원 2년에는 주거가 후로 세워졌다"고 했다'고 했다."(『집해』) "「공신표」와『한서』에는 효경제 중원 연간에 다시 주설의 아들 강후康侯 주응을 단후鄲侯에 봉했다. 주응이 죽자 그의 아들 주중거周仲居가 작위를 계승했다. 중원 2년이 아니고, 주거도 아니며, 주중거 또한 주설의 아들이 아니다. 오류다."(『사기지의』)

67 원정元鼎: 무제의 다섯 번째 연호(기원전 116~기원전 111년)이다.

태사공은 말한다.

"양릉후 부관과 신무후 근흡은 모두 고작高爵68에 올랐는데, 이들은 고조를 수행하여 산동에서 일어나 항우를 정벌하고 명장을 주살했으며 적군을 격파하고 성을 항복시킨 것이 수십을 헤아리지만 곤경에 처하고 곤욕을 치르지 않았으니 이 또한 상천이 내려준 것이다. 괴성후 주설은 심지가 굳고 정직하며 의심을 받지 않았다. 고제가 출정할 때마다 주설은 눈물을 흘리지 않은 적이 없었는데 그 모습이 동정하며 관심을 기울이는 사람 같았다고 하니, 주설은 충실하고 관대한 군자라 할 수 있다."

---

68 "『정의일문』에서 이르기를 '명성은 낮지만 식읍의 호구수가 많은 자를 고작高爵이라 한다'고 했다. 부관은 오대부 신분으로 유방을 수행하여 일어났으니 고작이라 할 만하지만, 근흡은 이러한 것이 없는데 어찌 부관과 함께 고작이라 칭하는가?"(『사기전증』) "서광이 말하기를 '어떤 판본에는 고高자가 없다. 또 어떤 판본에는 모두 고조를 수행했다皆從高祖로 되어 있다'고 했다."(『집해』)

유경숙손통열전

劉敬叔孫通列傳

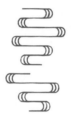

한나라 건국 이후 정권을 안정시키고 공고히 하기 위해 필연적으로 도읍을 건설하고 예악 및 각종 제도를 정비했다. 이 편은 이 분야에서 공헌을 한 유경과 숙손통의 합전으로 구성되어 있다. 사마천은 이들의 업적에 대해서는 긍정적으로 평가했으나 숙손통의 인품에 대해서는 혹평했다.

유경의 본명은 누경婁敬이지만 유방으로부터 유씨 성을 하사받아 유경이 되었다. 유방이 낙양에 도읍을 세우려 하자 그는 이에 반대하면서 '천하의 목을 누르고 천하 각국의 등을 치는' 천혜의 요새인 관중에 도읍을 건설하도록 진언했으며, 흉노의 군사 실력을 정확히 헤아려서 화친 조약을 맺도록 했다. 또한 그는 제후들의 후손과 각지의 유명한 호걸, 명문가 사람들을 관중으로 이주시키는 정책을 제안함으로써 경제적 이득을 고취하는 동시에 동방 옛 육국의 땅에서 변란이 발생하면 이들의 힘을 빌려 토벌할 수 있게 했다. 이 계책은 줄기인 중앙 조정을 강화시키는 한편 나뭇가지와 마디인 지방 제후를 약화시키는 전략이었다.

숙손통은 일관성 없는 행위로 공명과 부귀를 얻은 인물이기에 사마천은 그를 혐오했다. 건달 하층민 출신인 유방은 원래 유학과 유생을 얕잡아보았으나, 자신이 황제가 된 뒤에 연회 때마다 신하들이 술자리에서 서로 공적을 다투거나 술에 취해 소리 지르고 심지어 검을 뽑아 기둥을 치는 일이 벌어지자 자신의 체통과 권위가 서지 않음을 깨닫고 유가에게 손을 내밀었다. 이때 숙손통은 유생들과 함께 성을 공격하고 땅을 점령하기는 어렵지만 그들과 함께 이룩한 황제의 사업을 지켜 천하를 안정시킬 수 있다고 설득한 후 조정의 예의와 종묘 제례의 장정을 제정했다. 그러나 숙손통은 항상 기회주의적인 태도로 통치자에게 아부하며 영합했기에, 사마천은 "세속을 따르며 시대의 중요한 사무를 헤아려 예의를 제정했으며 나아가고 물러남과 시대의 변화와 수요에 순응했다"는 말로써 그를 풍자했다.

유경劉敬의 본래 이름은 누경婁敬[1]으로 제나라 사람이다. 한나라 5년(기원전 202)에 농서군의 수자리를 가면서 낙양을 지나게 되었는데, 마침 고조가 그곳에 있었다. 누경은 수레를 멈추고 수레 끄는 새끼줄을 풀고는[2] 양가죽 저고리[3]를 입은 채 제나라 동향 출신인 우장군虞將軍[4]을 찾아가 말했다.

"제가 황상을 만나 뵙고 국가가 마땅히 해야 할 중요한 일을 말씀드리고자 합니다."

우장군이 그를 좋은 새 옷으로 갈아입히려 하자 누경이 말했다.

"제가 입고 있는 옷이 비단이면 비단옷 차림으로 황상을 뵐 것이고, 거친 베옷을 입고 있으면 거친 베옷 차림으로 뵐 것입니다. 절대로 옷을 갈아입지 않겠습니다."

우장군이 궁으로 들어가 고조에게 보고하자 고조는 누경을 불러들이고 음식을 하사했다. 고조는 누경에게 무슨 말을 하고 싶은지 물었다. 누경이 말했다.

"폐하께서 도읍을 낙양으로 정하신 것은 혹시 주나라 같은 융성한 국가를

1 유경劉敬의 본명은 누경婁敬이다. 그가 유방에게 진언했을 때 유방이 기뻐하며 유劉씨 성을 하사했으므로 유경이 되었다. 『한서』에는 「누경열전」으로 기재되어 있다. "누婁와 유劉는 소리가 비슷하다. 지금 오 땅 사람은 누강婁江을 유가하劉家河라고 부른다."(『고이』)
2 원문은 '만로輓輅'다. '輅'의 음을 『집해』와 『색은』에서는 he(핵)이라 했고 『사기전증』 등 다른 자료에서는 lu(로)라고 했는데, 역자는 『사기전증』의 견해에 따랐다. "만은 끄는 것이다. 노는 녹거鹿車(고대의 작은 수레)의 앞의 횡목으로 두 사람은 앞에서 끌고 한 사람은 뒤에서 미는 것이다."(『색은』) 『한서보주』에서는 "만은 노 위에 묶은 새끼줄"이라 했다. 대체로 여러 번역본에서는 '만로'를 '수레를 끄는 횡목을 내려놓고'라고 번역했으나 역자는 『한서보주』의 견해에 따랐다.
3 양가죽 옷은 거칠고 질 낮은 가죽옷으로, 주로 가난한 자와 은사 또는 변경의 소수민족이 입었다.
4 우장군虞將軍의 이름과 사적은 전해지지 않고 있다.

건립하려는 것입니까?"

고조가 말했다.

"그렇소."

누경이 말했다.

"폐하께서 천하를 얻으신 방식과 과정은 주나라 왕실과 다릅니다. 주나라의 조상은 후직后稷[5]인데, 요임금이 그를 태邰 땅에 봉한 뒤[6] 10여 대의 사람이 선을 행하고 덕을 쌓았습니다.[7] 공유公劉[8]에 이르러서는 하나라의 걸왕桀王[9]을 피해 빈豳 땅으로 옮겨 거주했고, 태왕太王 때 이르러서는 다시 북방 오랑캐의 침략을 피해 빈을 떠나 말을 채찍질하며 기산 아래로 왔는데 백성이[10] 모두 앞 다투어 그를 따랐습니다.

문왕文王이 서백西伯이 되어 우虞와 예芮 두 나라의 분규를 해결하고[11] 천명을

5　후직后稷: 주나라 왕조의 시조로 희姬 성에 이름은 기棄이고 후직이라 부른다. 그의 모친인 강원姜原이 들판에서 거인의 발자국을 밟고 임신해 그를 낳았는데, 불길하게 여겨 여러 차례 그를 버렸지만 성공하지 못해 이름을 기棄라고 했다. 장성해서는 농경을 잘해 '신농神農'이라 높여졌다.

6　요堯는 전설 속의 상고시대 부락 연맹의 수령으로 도당씨陶唐氏 부족의 수령이었으므로 '당요唐堯'라고 한다. 태邰는 옛 지명으로 지금의 산시陝西성 우궁武功 서남쪽 지역이다. 후직 때부터 공유에 이르기까지 이곳을 도읍을 삼았다고 전해진다. 본문에는 요임금이 후직을 태 땅에 봉했다고 했는데 「주본기」에서는 "요임금은 기를 발탁하여 농사農師(농사를 관장하는 관직)를 담당하게 했다"고 했고, "순임금 때 태 땅에 봉했다"고 하여 다르게 기재하고 있다.

7　후직과 대우大禹는 동시대 사람으로, 대우 때부터 하걸夏傑(대략 기원전 2070~기원전 1600)까지는 약 470여 년으로 10여 대 이상이었을 것이다.

8　공유公劉: 주나라의 조상으로, 하나라 말기 사람이다. 후직으로부터 3대를 거쳐 공유에 이른다.

9　걸왕桀王: 기원전 16세기 하나라 왕조의 마지막 왕으로, 폭군으로 유명하다. 상商나라 주왕紂王과 함께 '걸주桀紂'라 불리며 포학한 군주의 대명사로 일컬어지고 있다.

10　원문은 '국인國人'으로, '방인邦人'이라고도 하며 도성과 인근 교외에 거주하는 주민을 말한다.

11　우虞와 예芮는 당시 서방의 작은 소국이었다. 우虞는 지금의 산시陝西성 룽현隴縣 서남쪽, 예芮는 지금의 간쑤성 화팅華亭에 위치한 곳이다. "우와 예 두 나라 사람들 사이에 소송이 발생했는데 해결할 수 없자 주나라로 왔다. 주나라 경계로 들어서자 밭가는 자는 모두 밭의 경계를 양보하고, 그곳의 풍속은 나이가 더 많은 사람에게 양보하는 것이었다. 그러자 우와 예 사람들은 서백을 만나지 않고 부끄러워하며 서로 말했다. '우리가 다투는 것은 주나라 사람들이 부끄러워하는 것이니, 서백을 찾아가서 무엇 하겠는가? 스스로 치욕만 얻을 뿐이네!' 돌아가서 다시는 다투지 않고 양보하고 떠났다."(「주본기」)

받기 시작하자,[12] 여망과 백이도 동쪽 바닷가로부터[13] 와서 문왕에게 귀순했습니다. 무왕武王에 이르러 은나라 주왕을 토벌할 때에는 사전에 약정하지 않았는데도 800여 명의 제후가 맹진孟津[14]으로 와서 주 무왕과 회합하고는 모두 '은나라 주왕을 토벌해야 할 때다'라고 말했고, 마침내 주 무왕은 은나라를 멸망시켰습니다. 성왕成王이 즉위한 뒤 주공周公 등이 그를 보좌하며 낙읍洛邑에 성주成周와 왕성王城을 세웠는데,[15] 그들은 낙읍이 천하의 중심이라 여겼으며 각지의 제후들이 사방으로부터 공물을 바치러 올 때 거리의 멀고 가까움이 모두 비슷합니다. 뿐만 아니라 이곳은 덕정을 시행하는 사람은 쉽게 왕이 될 수 있으나 덕정을 시행하지 않는 사람은 멸망하기 쉽습니다. 이곳에 도성을 건설한 목적은 주나라의 후세들이 덕정을 시행하여 백성을 불러들이도록 한 것이고, 험준한 지세에 기대어 교만과 사치로 백성을 학대하지 못하게 하려는 것이었습니다. 주나라가 흥성했을 때에는 천하가 화목하고 융합했으며 사이四夷[16]가 멀리서 흠모하며 귀순했고 모두 주나라 왕조의 도의와 인덕을 경모하여 주나라 천자를 의지하며 따르고 섬겼습니다. 병졸 한 명 주둔시키지 않고 전사 한 명 전투에 나

12　"제후들이 우와 예 사람들의 일을 듣고는 '서백은 천명을 받아 인간 세상에 내려온 천하의 주인이로다'라고 말했다."(「주본기」) 원문은 '수명受命'으로, 상천의 명령을 받는 것을 말하며 왕이라 칭하면서 천하를 통치하는 것을 가리킨다.

13　「제태공세가」에서는 여망을 '동해상인東海上人'이라고 했는데 '동해상東海上'은 『정의』에 따르면 지금의 장쑤성 동부 연해를 가리킨다. 또한 '여망의 집과 사당은 소주蘇州 해염현海鹽縣 서쪽'이라고 했다.

14　맹진孟津: 옛 황하 나루터로 지금의 허난성 멍진孟津 동북쪽, 멍현孟縣 서남쪽에 있다.

15　"주공은 당시 지금의 뤄양 뤄수이강 북쪽 기슭에 두 개의 성을 건설했는데, 찬수이강澗水 서쪽을 왕성王城이라 하고 동쪽을 성주成周라 했다. 왕성은 지금의 뤄양이고 성주는 뤄양 동북쪽 교외에 있다. 주나라 초기에 성주와 낙읍을 경영한 것은 모두 두 차례로, 첫 번째는 무왕 때이고 두 번째는 성왕 때다. 성주와 낙읍을 경영한 목적은 두 가지로, 하나는 은나라의 유민을 이곳으로 옮겨 거주시키면서 감독하는 것이고, 다른 하나는 주나라 왕조의 동부 도성(낙읍)을 건설하여 천하의 제후들을 알현하는 장소로 삼고자 함이었다."(『사기전증』)

16　사이四夷: 동이東夷, 남만南蠻, 서융西戎, 북적北狄의 합칭이다. 일반적으로 주변 소수민족을 가리킨다.

서지 않아도 팔이八夷[17]의 대국이 모두 와서 귀순했으며, 공물을 바치러 오지 않는 자가 없었습니다. 그러나 주나라가 쇠락해지자 정권이 동주와 서주로 분열되었는데,[18] 천하에 입조하여 알현하는 제후들이 없었으며 주나라도 그들을 통제할 수 없었습니다. 이것은 주나라 천자의 덕이 부족해서가 아니라 형세가 쇠약해졌기 때문입니다. 지금 폐하께서는 패현 풍읍에서 일어나 군사 3000명을 모은 뒤[19] 그들을 이끌고 거침없이 진군하여 촉과 한을 석권하고 삼진을 평정했으며, 뒤이어 형양에서 항우와 교전을 벌이고 성고의 요충지를 놓고 일진일퇴하면서 70번의 큰 전투와 40번의 작은 전투를 치렀습니다. 이로 인해 천하 백성의 간과 뇌가 땅바닥에 흐르고 들판에 버려진 어른과 아이의 시체는 수를 헤아릴 수 없었으니, 지금까지 백성의 통곡 소리가 끊이지 않으며 부상당한 장사들은 여전히 몸을 추스르지 못하고 있습니다. 그런데 폐하께서는 주나라의 성강成康[20] 시대의 융성함과 비교하려 하시니, 신은 비교할 수 없다고 생각합니다. 게다가 진나라가 소유했던 관중은 사방이 산으로 둘러싸여 있고 동쪽으로는 황하를 끼고 있어 사면이 요새로 견고하며, 갑자기 위급한 상황이 발생해 100만의 군대가 필요할지라도 쉽게 징집할 수 있습니다. 폐하께서 진나라가 차지했던 옛 터전에 의지해 그곳의 풍요롭고 비옥한 토지를 활용한다면, 이른바 이것은 '천연의 곳간'이라 할 수 있습니다. 폐하께서 함곡관으로 들어가 그곳에 도읍을 건설한다면 설사 산동에서 반란이 일어날지라도 진나라의 옛 땅인 이곳은 온전

---

17 팔이八夷: 팔방의 소수민족을 가리킨다.

18 동주 왕조는 주 현왕(재위 기원전 368~기원전 321) 당시 몇 개의 현만 관할하게 되었고, 그마저도 동서로 나뉘었으며 분열된 것도 대귀족이 소유했다.

19 "소하, 조참, 번쾌 등과 같은 권세에 의지하는 젊은 관리들이 패현의 자제 2000~3000명을 모았다."(「고조본기」)

20 성강成康: 주 성왕과 주 강왕의 다스리던 40여 년의 시기를 말한다. 무왕이 상나라를 멸하고 주공이 동쪽을 정벌하고 예악 전장제도를 제정한 후 정권과 사회가 안정되었으며 형법을 사용하지 않은 것을 후세 사람들이 '성강지치成康之治'라고 했다. 주 강왕王(재위 기원전 1020~기원전 996)은 성왕의 아들로 이름이 소釗다.

히 할 수 있을 것입니다.[21] 무릇 남과 싸울 때 한 손으로 상대방의 목을 누르고 다른 손으로 등을 치지 않고서는 완전한 승리를 얻을 수 없습니다. 지금 폐하께서 함곡관으로 들어가 관중에 도읍을 세우고 진나라의 옛 터전을 점거하여 통제한다면 그것이 바로 천하의 목을 누르고 천하 각국의 등을 치는 것입니다."

고조가 신하들에게 의견을 묻자 신하들은 모두 산동 사람이었으므로 앞을 다투어 말하길, 주나라는 수백 년 동안 천하를 통치한 반면[22] 진나라는 2대만에 멸망했으니 주나라의 낙양에 도읍을 세우는 편이 낫다고 했다. 고조는 망설이며 결정을 내리지 못했다. 유후留侯 장량이 명확하게 함곡관으로 들어가 도읍을 정하는 것이 더 좋다고 말하자,[23] 그날 서쪽으로 수레를 몰고 관중으로 가서 도읍을 정했다. 고조가 말했다.

"처음으로 내게 관중에 도읍을 정하라고 말한 사람은 누경이다. 누婁는 바로 유劉다."[24]

그러고는 누경에게 유씨 성을 내려주었으며[25] 낭중에 임명하고 봉춘군奉春

21　"다키가와 스케노부가 말하기를 「항우본기」에서는 누군가 항우에게 관중 땅은 사면이 험준한 산과 큰 강이 병풍처럼 둘러싸여 있고 이곳의 토지는 비옥하고 풍요로우니 만일 이곳에 도읍을 세운다면 천하에 패자로 칭할 수 있다고 말했으나 항우는 듣지 않았다고 했고, 「회음후열전」에서는 한신이 항우를 평가하면서 "항왕은 천하의 패주가 되어 제후들을 신하로 복종시켰지만, 관중에 머무르지 않고 팽성에 도읍을 건설했다"고 했다.' 이것을 보건대 관중에 도읍을 정하고 천하를 통제하는 것이 당시 지식인들의 견해로, 반드시 누경과 장량만의 의견은 아니었다."(『사기회주고증』)
22　평왕平王이 동천하여 난왕赧王이 사망함으로써 두 주나라가 멸망하기까지는 521년이다. 견융犬戎이 서주를 기원전 771년에 멸망시키고 주 평왕이 낙양으로 천도한 것은 기원전 770년이다. 주 난왕이 죽고 서주는 기원전 256년에 멸망하고 동주는 기원전 249년에 멸망했다.
23　「유후세가」에서 장량은 이렇게 말했다. "낙양이 비록 험준한 일면이 있기는 하지만, 그 중심이 지대가 협소하고 주위가 수백 리에 불과할 뿐만 아니라 토지는 척박하고 사면이 모두 적의 공격을 받기 쉽습니다. 군사의 우세를 발휘할 수 있는 지방이 아닙니다."
24　"누婁(Lou)와 유劉(Liu)의 음이 비슷하여 어떤 지역에서는 누婁와 유劉를 구분하지 않는다."(『사기전증』)
25　원문은 '사성유씨賜姓劉氏'다. "마땅히 사성유劉(유씨 성을 하사하다)라고 해야 한다. 조상이 동일할 경우에 '성姓'이 같다고 말하고, 같은 '성姓' 중에 다시 어떤 이유에 의해 약간의 분파로 나누어지는 것을 '씨氏'라고 한다. 태사공이 『사기』에서 종종 '성姓'과 '씨氏'를 함께 사용하는데 준칙이라 할 수 없다."(『사기전증』) 고대의 제왕들은 자신의 성을 신하들에게 하사했는데, 그들에 대한 포상과 은총

君[26]이라 불렀다.

한 고조 7년(기원전 200)에 한왕 신이 모반하자 고조는 친히 군대를 이끌고 토벌에 나섰다. 진양晉陽에 이르렀을 때 한왕 신이 흉노와 연합하여 함께 한나라를 공격하려 한다는 말을 듣자 고조는 크게 화를 내며 흉노로 사신을 보내 알아보게 했다. 흉노는 일부러 장사와 살진 소와 말을 숨긴 채 늙고 약한 자들과 비쩍 마른 가축만 보여줬다. 10여 명의 사신이 돌아와 모두 흉노를 공격할 만하다고 말했다. 고조는 다시 유경을 흉노에 사신으로 보내 살펴보게 했는데, 유경이 돌아와서 보고했다.

"두 나라가 교전을 벌이려 준비할 때는 서로 상대편에게 자신의 무력을 과시하고 장점을 보여주는 것이 당연합니다. 그런데 신이 흉노에 가서 본 것은 여윈 가축과 병들어 늙고 약한 병사들뿐이었습니다. 이는 틀림없이 자신들의 단점만 보여주고 정예 기습부대를 숨겨뒀다가 승리를 쟁취하려는 것입니다. 신의 어리석은 생각으로는 흉노를 공격해서는 안 됩니다."

그러나 이때 20만 명[27] 한나라 군대는 구주산句注山[28]을 넘어 흉노로 이미 출발한 상태였다. 고조는 화를 내며 유경에게 욕했다.

"제나라 종놈아! 입만 놀려 관직을 얻더니 이제는 허튼소리로 감히 나의 군심을 와해시키려 드는구나."

이에 사람을 시켜 유경에게 족쇄와 수갑을 채우고 광무廣武에 구금하게 했다. 그러고는 북상하여 평성平城에 이르렀는데, 과연 흉노는 기습부대를 출동시켜

을 표시한 것이다.

26 봉춘군奉春君: "서부원이 말하기를 '이 또한 명호일 뿐 작위에 봉한 것은 아니다'라고 했다."(『사기전증』) "장안이 말하기를 '봄은 한 해의 시작으로, 가장 먼저 관중에 도읍을 정하는 것을 계획했으므로 봉춘군이라 부른 것이다'라고 했다." (『색은』)

27 『한서』 「누경전」에서는 '30여만 명'으로 기재하고 있다.

28 구주산句注山: 지금의 산시山西성 다이현代縣 북쪽에 있는 산이다.

백등산白登山[29]에서 고조를 포위하여 곤경에 처하게 했다. 7일이 지나 비로소 포위가 풀려 빠져나올 수 있었다.

고조는 광무로 돌아와 유경을 풀어주며 말했다.

"내가 그대의 말을 듣지 않아 평성에서 포위되어 곤욕을 치렀소. 그대보다 이전에 보냈던 흉노를 쳐도 좋다고 말한 사신 10여 명은 이미 전부 참수했소."

그러고는 유경에게 식읍 2000호를 봉하고 관내후 작위를 하사하고 건신후建信侯라고 불렀다.[30]

고조는 평성에서 군대를 거두어 장안으로 돌아왔고, 이때 한왕 신은 이미 흉노로 달아난 상태였다.[31] 당시 흉노는 묵돌이 선우單于가 되어 병력이 강대해지자 말 타고 활을 당겨 쏠 수 있는 군사 30여만 명을[32] 이끌고 여러 차례 북쪽 변경지역을 괴롭혔다. 고조는 이 일을 근심하여 유경에게 대책을 물었다. 유경이 말했다.

"지금 천하가 막 평정되었고 군사들은 모두 전쟁에 피로해 있기 때문에 무력을 사용하여 흉노를 정복할 수는 없습니다. 게다가 묵돌은 자기 아버지를 죽이고 스스로 선우가 되었고 아버지의 첩들을 모두 소유했으며[33] 무력으로 위세를 떨치고 있으니, 인의도덕으로 설득할 수 없습니다. 오직 그의 자손을 영구히 한

29 백등산白登山: 지금의 산시山西성 다퉁 동북쪽에 위치해 있는 산이다.
30 "유경은 이전에 이미 봉춘군에 봉해졌는데, 호구 수는 말하지 않으니 숙손통을 직사군稷嗣君이라 부른 것과 비교할 만하다.(이후 유경은 2000호에 봉해지고 비로소 관내후가 되었다.) 이것에 따르면 전한 초에 군君에 봉해진 자는 식읍이 없고 지위를 관내후 아래에 두니 전국시대 군·후·상 등의 제도와는 다르다."(『사기신증』) 건신建信은 한나라 현으로 지금의 산둥성 가오칭 서북쪽 지역이다.
31 「한신노관열전」에 따르면 흉노가 유방을 백등산에서 포위하기 전에 한왕 신은 이미 흉노로 달아난 상태였고 백등산에서는 한왕 신과 흉노가 한패가 되어 포위한 것이다. 이후에도 한왕 신은 계속해서 흉노와 결탁하여 소란을 일으키다가 한나라 장수 시무柴武에게 죽임을 당했다.
32 『한서』「누경전」에서는 '40여만 명'이라 했다.
33 원문은 '처군모妻群母'다. 군모群母는 '부친의 첩들'이란 의미이고 '처妻'는 동사로 사용되어 '아내로 삼다'이다. 즉 '아버지의 첩들을 자신의 아내로 삼다'는 의미다. 흉노의 풍속은 아버지가 죽으면 그 처첩들은 아들에게 돌아가고, 형이 죽으면 동생한테 돌아갔다.

나라의 신하로 만드는 계책이 가능한데, 폐하께서는 실천하지 못하실 것입니다."

고조가 말했다.

"진실로 성공할 수 있다면, 내 어찌 하지 않겠소! 어떻게 해야 하오?"

유경이 대답했다.

"폐하께서 친 맏딸인 공주를 보내 묵돌의 처로 삼게 하시고 많은 재물을 보내면 그들은 한나라 천자가 친 맏딸을 시집보내면서 후한 재물까지 선물한 것을 보고 공주를 경모하여 연지閼氏34로 삼을 것이고, 아들이 태어나면 반드시 태자로 삼아 장차 선우의 대를 잇게 할 것입니다. 무엇 때문이겠습니까? 그들은 한나라의 두터운 예물을 탐내기 때문입니다. 폐하께서 매년 계절마다 한나라에는 남아돌지만 흉노에는 부족한 물건을 여러 차례 선사하여 위로하면서 변사를 파견해 천천히 예절을 강구하도록 가르치십시오. 묵돌이 살아 있을 때는 폐하의 사위가 되고 죽으면 폐하의 외손자가 선우가 될 것입니다. 폐하께서는 외손자가 감히 외조부에게35 대항하는 경우를 들어보셨습니까? 이같이 된다면 전쟁을 하지 않고도 점차 흉노를 신하로 복종시킬 수 있습니다.36 만약 폐하께서 장공주長公主37를 보낼 수 없어 종실의 딸이나 후궁의 여자를 공주로 속여 보내신다면 그들도 알아차리고 그녀를 존귀하게 여기거나 총애하지 않을 것이니 아무 이익이 없을 것입니다."

34 연지閼氏는 원래는 여성들이 치장할 때 사용하는 연지臙脂의 옛 명칭이었으나, 이후에는 한나라의 공주 혹은 흉노의 황후를 상징하는 말로 쓰였다. 즉 흉노 선우 정실 또는 한나라의 황후를 가리킨다.

35 원문은 '대부大父'다. 대부는 '조부祖父'를 말하는데, 여기서는 '외조부外祖父'를 가리킨다.

36 "민여림閔如霖이 말하기를 '유경은 이미 묵돌이 자신의 아버지를 죽이고 아버지의 첩들을 모두 자기가 소유했기에 인의도덕으로 설득할 수 없음을 알고 있으면서 외손자가 감히 외조부에게 대항할 수 없다고 말하고 있으니, 또한 사리에 맞지 않다'고 했다."(『사기평림』)

37 장공주長公主: 전한 시기에는 일반적으로 황제의 적장녀嫡長女 혹은 공적이 있는 황녀皇女(황제의 딸)와 황자매皇姊妹, 황고皇姑(황제 고모)를 가리키는 말이었다. 후한 시기부터는 황제의 딸을 공주公主라 하고 자매는 장공주長公主, 고모를 대장공주大長公主라 불렀다. 여기서는 유방의 친 맏딸을 말한다.

고조가 말했다.

"좋소."

고조는 장공주[38]를 보내려고 했다. 이 말을 들은 여태후는 밤낮으로 울면서 말했다.

"첩에게는 태자와 딸 하나뿐인데, 어찌 딸을 흉노에 내던지려 하십니까!"

고조는 결국 장공주를 보내지 못하고 가인家人[39]의 딸을 찾아 장공주라고 하고 선우에게 시집보냈다. 아울러 유경을 흉노에 사신으로 파견해 화친 조약을 맺게 했다.[40]

유경은 흉노에서 돌아온 뒤 고조에게 말했다.

"흉노 중에서 하남河南 일대에 거수하고 있는 백양왕白羊王[41]과 누번왕의 부락은 장안에서 가장 가까운 곳이 700리밖에 안 되니 가볍게 무장한 기병이 하루 밤낮을 달리면 진중秦中[42]에 도달할 수 있습니다. 진중은 최근 전란으로 파괴되

---

38 효혜제의 누나인 노원공주를 말하며 여후呂后의 소생이다. 「장이전」에 노원공주는 고제 5년에 조나라 왕 장오에게 시집을 갔는데, 이때는 이미 3년이 지난 뒤다. 선우에게 처로 보낸다고 말하고 있으니 어찌 빼앗아서 시집보낸다는 말인가? 누경의 말은 모순된다. 그리고 황제가 그의 말에 동의하여 공주를 보내려고 하니 이치에 맞는단 말인가? 반드시 사실이 아니다."(『사기지의』) "심흠한이 말하기를 '장오는 한나라 5년에 공주를 아내로 맞아들였고 고후 6년에 사망했는데, 중간에 그녀를 빼앗아 묵돌에게 보낼 수는 없다. 이것은 역사가의 실수다'라고 했다."(『한서보주』) "유경은 당시에 '친공주親公主'라고 말했는데, 태사공은 고조에게 차녀가 없다고 여겼으므로 '적장공주嫡長公主'라고 말한 것뿐이다."(『사기찰기』)

39 원문은 '가인자家人子'로, 가인家人이란 평민 백성 집안을 말한다. 즉 평민 집안의 딸을 뜻한다. "주수창이 말하기를 '한나라 규정에 양가良家 자식이 궁으로 들어가 직분이 없는 자를 가인자라고 했다. 상가인자上家人子와 중가인자中家人子로 구별했다'라고 했다. 왕선겸은 말하기를 「흉노전」에 따르면 "유경을 파견해 종실의 딸을 공주로 봉하여 흉노로 데려가서 선우의 연지가 되도록 했다"고 했는데, 가인자는 바로 종실 여자다'라고 했다."(『한서보주』)

40 "어사대부 한안국韓安國이 말하기를 '포위를 풀고 장안으로 돌아왔지만 분노의 마음이 없었다. 무릇 성인은 천하의 광대함을 근거하여 도량으로 삼고 자신의 개인적인 분노로 천하의 공업을 손상시키지 않기 때문에 유경을 흉노로 파견해 황금 1000근을 증정하고 화친의 맹약을 체결했다'고 했다."(『한서』 「두전관한竇田灌韓열전」)

41 백양왕白羊王: 백양白羊(지금의 네이멍구 둥성東勝 지구의 서부)에 있는 부락의 군장君長이다. 백양과 누번의 부족은 진나라 말기에 흉노에게 정복당해 하남으로 이주했다.

42 진중秦中: 즉 관중關中을 말한다. 지금의 산시陝西성 중부 웨이수이강渭水 유역의 평원 땅이다.

어 백성의 수가 적지만 토지가 비옥하므로 다른 곳의 백성을 이주시켜 늘릴 수 있습니다. 제후들이 처음 진나라에 반기를 들고 일어났을 때 제나라의 여러 전씨田氏와 초나라의 소씨昭氏, 굴씨屈氏, 경씨景氏[43] 등 대족이 함께하지 않았다면 왕성하게 일어나지 못했을 것입니다. 지금 폐하께서 관중에 도읍을 정하기는 했지만 사실 백성 수가 적습니다.[44] 북쪽으로는 흉노와 가깝고 동쪽 각지에는 육국의 후대 종족이 남아 있는데, 그들은 세력이 강대하여 하루아침에 변란이 발생할 수 있으므로 폐하께서는 베개를 높이 베고 편안하게 누울 수 없을 것입니다. 폐하께서는 제나라의 여러 전씨와 초나라의 소씨·굴씨·경씨 그리고 연·조·한韓·위魏 제후의 후손과 각지의 이름난 호걸과 명문가의 사람들을 관중으로 옮겨 살게 하십시오.[45] 이로써 국내에 일이 없을 때는 그들로 하여금 흉노를 방비하게 하고 동방 옛 육국의 땅에서 변란이 발생하면 토벌하도록 하십시오. 이것이 바로 줄기인 중앙 조정을 강화하고 나뭇가지와 마디인 지방 제후를 약화시키는 방법입니다."[46]

고제가 말했다.

"좋소."

이에 고조는 유경을 보내 그가 말한 대로 10여만 명을 관중으로 옮겨 살도록 했다.[47]

---

43 전씨田氏는 전담, 전영, 전횡, 전간, 전각 등으로 전국시대 때 제나라의 후손들이다. 소씨昭氏, 굴씨屈氏, 경씨景氏는 전국시대 초나라 제후의 후손들로 초 회왕 웅심과 경구景駒 등이다. 이들은 대대로 귀족이었으므로 천하가 혼란스러울 때 각기 다른 지역에서 영향력을 가지고 있었다.
44 "유진옹劉辰翁이 말하기를 '유경은 "진중(관중)은 막 전란으로 파괴되어 백성이 적다"고 말하고, 또 "설사 100만의 군대가 필요할지라도 이곳(관중)에서는 쉽게 징집할 수 있다"고 말하고 있으니, 서로 위배된다. 유세가들에게 의지하기에는 부족함을 알 수 있다'고 했다."(『사기전증』)
45 "한나라 초에 굴屈 성은 관중에 거주했는데, 대부분 옹기 제조를 업으로 삼았다."(『사기신증』)
46 원문은 '강본약말彊本弱末'로, 정치적으로 중앙집권을 강화하고 지방 세력을 약화시키는 것이다.
47 "「고기高紀」에 따르면 고조 9년(기원전 198) 11월의 일이다."(『한서규관』)

숙손통叔孫通[48]은 설薛 땅 사람이다. 진나라 때 문학文學으로 부름을 받아[49] 대조박사待詔博士[50]가 되었다. 몇 년 뒤[51] 진승이 산동에서 봉기했다는 소식을 동방에서 온 사자로부터 보고받은 진 2세는 박사와 유생들을 불러 물었다.

"초 땅에서 파견된 변경을 지키러 가던 병사들이 도중에 반란을 일으켜,[52] 이미 기현蘄縣을 공격해 점령하고 진군陳郡으로 공격해 들어간다고 하니, 그대들은 어떻게 처리해야 좋을지 말해보시오."

30여 명의 박사와 유생들이 앞으로 나와서 일제히 말했다.

"신하 된 자는 절대로 군사를 일으켜서는 안 됩니다. 군사를 일으키는 자는 바로 모반이니, 그 죄는 죽어 마땅하며 용서할 수 없습니다.[53] 폐하께서는 즉시 군대를 보내 그들을 토벌하시기 바랍니다."

진 2세는 이 말을 듣자마자 화가 나서 얼굴빛이 바뀌었다. 이때 숙손통이 앞으로 나아가 말했다.

"유생들의 말은 모두 옳지 않습니다. 지금 천하가 통일되어 각 군과 현의 성지는 허물어져 평평해졌으며[54] 민간에서 소유하고 있던 병기를 모두 녹여 없앰으

48　숙손통叔孫通: 성이 숙손叔孫이고 이름이 통通이다. 춘추시대 때 노나라의 권세가 숙손씨의 후손이다. "진작은 『초한춘추楚漢春秋』를 인용하여 이름이 하何라고 했는데, 당연히 원래 이름이다."(『사기지의』)

49　유학에 정통하여 황제의 부름을 받은 것을 말한다. 문학文學은 고대에 교육과 관리를 선발하는 과목으로, 주요 내용은 문헌전적文獻典籍이다. '부름을 받다'의 원문은 '징徵'으로, 인재 등용 제도에 황제가 불러 임용하는 것을 말한다.

50　대조박사待詔博士: 대조待詔란 아직 중용되지 못한 명망 있고 우수한 인사가 황제의 명령을 기다린다는 뜻이다. 숙손통이 아직 박사에 임명되지 않은 상태를 말한다.

51　"몇 년을 기다렸으나 여전히 어떠한 말단 관직도 얻지 못한 것을 의미한다."(『사기전증』) 아래 문장에 보면 이때 숙손통은 박사로 임명된다.

52　진승의 무리를 말한다. 이들은 징집되어 북쪽 어양漁陽(지금의 베이징 미원密雲 일대)을 방어하러 가는 길에 비를 만나 기한 내에 도착할 수 없게 되자 죽음이 두려워 모반했다.

53　"군주와 부모에 대해서는 시해할 마음이 있을 수 없고, 이러한 생각을 가지고 있다면 마땅히 주살해야 한다(君親無將, 將而誅焉."(『공양전公羊傳』)

54　옛 육국에 있던 성벽을 모두 허물어 평평하게 만듦으로써 성을 거점으로 모반을 꾀하지 못하게 한 것이다.

로써55 천하 사람들에게 다시는 사용하지 않겠다고 선포했습니다.56 지금 또한 위로는 영명한 군주가 있고 아래로는 법령이 완비되어 있으며 파견된 관리들57은 저마다 명령을 받들어 직무를 수행하고 있어 수레 바큇살이 바퀴통에 모이듯이 사면팔방이 조정을 향하고 있는데, 어찌 감히 모반하는 자가 있겠습니까! 이런 자들은 단지 쥐나 개같이 좀도둑질이나 하는 도적떼에 지나지 않은데, 어찌 입에 올릴 만한 가치가 있겠습니까? 군수와 군위들이 즉시 체포하여 죄를 물을 것이니 무엇을 걱정하시겠습니까?"58

진 2세가 기뻐하며 말했다.

"좋소."

이어서 다시 유생 각각에게 물어보니 그들 중 어떤 이는 반란이라고 하고 어떤 이는 도적이라고 했다. 진 2세가 어사에게 명하여 반란이라고 말한 유생들을 모두 체포하여 조사하도록 하자, 반란은 말할 수 없게 되었다. 도적이라 말한 유생들은 무사했다. 이와 동시에 숙손통에게 비단 20필과 새 의복 한 벌을 하사하고 박사로 임명했다. 숙손통이 궁궐을 나와 자신의 처소로 돌아오자 유생들이 말했다.

"선생은 어찌 그토록 아첨하는 말을 잘하십니까?"

숙손통이 말했다.

"공들은 알지 못하겠지만, 나는 하마터면 호랑이 아가리에 떨어져 빠져나오

---

55 "천하의 병기를 거두어들여 함양에 한데 모아 녹여서 약간의 종과 거鐻(종처럼 생긴 악기)를 만들고 또 12개의 큰 동인銅人을 주조했는데, 각기 무게가 1000석이었고 궁정 안에 설치했다."(「진시황본기」)
56 "전마를 화산華山 남쪽에 풀어놓고, 소를 도림桃林(대략 지금의 허난성 링바오 서쪽, 산시陝西성 통관潼關 동쪽)의 황량한 들판에 방목하며, 병기를 거두어 감추고 승리하고 돌아온 군대를 해산시켜 천하에 다시는 전쟁하지 않겠다고 선포했다"(「주본기」) 이러한 주나라의 선례를 진나라에 응용한 것이다.
57 원문은 '사인使人(파견된 관리)'인데, 『한서』에서는 '이인吏人(관리들)'이라 했다. 『한서』가 더 타당한 것으로 보인다.
58 "능치륭이 말하기를 '진 2세가 비록 포학하지만 숙손통은 이미 신하가 되어 그를 섬기고 있다. 쥐 같은 좀도둑이라 대답한 것은 사슴을 말이라 하는 것과 무엇이 다른가? 태사공이 가장 먼저 이것을 언급하고 있으니, 숙손통이 세속에 영합하고 남의 비위를 맞추었음을 엿볼 수 있다'고 했다."(『사기전증』)

지 못할 뻔했소."

그러고는 달아나 설 땅으로 돌아갔지만 설 땅은 이미 초나라 군대에 투항한 뒤였다.[59] 뒤에 항량이 설 땅으로 들어오자[60] 숙손통은 그를 따랐고, 항량이 정도에서 실패하고 죽자 숙손통은 다시 초 회왕에게 투항하여 따랐다.[61] 초 회왕이 의제가 되어 강제로 장사로 옮겨졌지만 숙손통은 그대로 머물러 항우를 섬겼다.[62] 한나라 2년(기원전 205)에 한나라 왕이 제후 5명[63]을 인솔하여 팽성을 쳐들어오자 숙손통은 한나라 왕에게 투항했다. 한나라 왕은 항우에게 패하여 서쪽으로 달아났지만 숙손통은 끝까지 한나라 왕을 수행했다.

숙손통은 본래 유생 복장을 하고 있었는데, 한나라 왕이 이를 싫어하자 즉시 의복을 바꾸어 초나라 차림새인 짧은 옷으로 갈아입었다.[64] 이에 한나라 왕이 기뻐했다.

숙손통이 한나라 왕에게 투항했을 때 이전부터 그를 따르던 유생과 제자들은 100여 명이었다. 그러나 숙손통은 아무도 한나라 왕에게 추천하지 않고 오로지 과거의 도적이나 용사만을 추천했다. 그러자 제자들이 모두 뒤에서 숙손

59 진승이 건립한 '장초張楚'에 항복한 것으로 대략 진 2세 원년(기원전 209) 말이다.
60 진 2세 2년(기원전 208) 4월이다. 「진초지제월표」에 따르면 진 2세 원년 9월에 항량이 회계에서 일어났고, 진 2세 2년 12월에 진승이 진나라 장수 장함에게 패하고 사망했으며, 진 2세 2년 2월에 항량은 군대를 이끌고 장강을 건너 북상했다.
61 초 회왕은 숙손통이 네 번째로 섬긴 군주다. "항량은 거만하게 진나라를 경시하다가 군대는 패하고 죽임을 당했고, 회왕은 한때 항우와 여신 등 제장들의 병권을 자신의 소유로 했으므로 숙손통은 그가 잘되리라 예상하고 그에게 귀순하여 따른 것이다."(『사기전증』)
62 "초 회왕이 강제로 남쪽으로 옮겨지게 되자 군신들은 점차 그를 배반하게 되었는데 숙손통도 그중 한 명이었다. 숙손통이 초 회왕을 떠나 항우를 섬기게 되었으므로 항우는 숙손통의 다섯 번째 주인이 된다."(『사기전증』)
63 다섯 제후에 대해 『사기』와 『한서』의 관련된 「기紀」와 「전傳」에는 명확한 기재가 보이지 않는다. 『한서』 「고제기」의 안사고 주석에서는 상산왕 장이, 하남왕 신양, 한왕 정창, 위왕 위표, 은왕 사마앙이라고 했다.
64 "공문상이 말하기를 '짧은 옷은 일하기 편한 옷으로 유생의 의복이 아니다. 고조는 초나라 사람이므로 그 풍속과 의복 양식을 따른 것이다'라고 했다."(『색은』) "장사군 전국시대 초나라 묘지에서 출토된 나무인형은 모두가 짧은 옷에 병기를 쥐고 있었다."(『사기신증』)

통을 욕하며 말했다.

"여러 해 동안 선생을 섬겼고 다행히 선생을 따라 한나라 왕에게 투항했는데, 지금 우리를 추천하지 않고 간사하고 흉악한 무리들만 추천하는 것은 무슨 이유인가?"

이 말을 들은 숙손통이 그들에게 말했다.

"한나라 왕은 지금 화살과 돌을 무릅쓰고 천하를 다투고 있는데, 자네들이 어찌 싸울 수 있겠는가? 그래서 적장을 베고 적기를 빼앗을 수 있는 용사를 먼저 추천한 것뿐이네. 자네들은 잠시 기다리게. 내 자네들을 잊지 않고 있소."

한나라 왕은 숙손통을 박사로 삼고 직사군稷嗣君이라고 불렀다.65

한나라 5년(기원전 202), 천하를 통일하자 제후들이 정도에 모여 함께 한나라 왕을 황제로 추대하는데 숙손통이 의식과 명호를 제정하는 일을 맡았다. 고조는 진나라의 번거롭고 가혹한 예법을 모두 폐지하고 간편하고 쉽게 행할 수 있기를 원했다.66 그러나 신하들은 술을 마시면 서로 공적을 다투었고 술에 취해 제멋대로 소리쳤으며 심지어 검을 뽑아 기둥을 치기도 했는데, 고조는 이를 근심했다. 숙손통은 고조가 이런 일을 매우 싫어한다는 것을 알고 고조에게 설득하여 말했다.

"비록 유생들과 함께 성을 공격하고 땅을 점령하기는 어렵지만 황제가 이룩하신 사업을 지켜 천하를 안정시킬 수는 있습니다. 바라건대 노魯 땅의 유생들을 불러들여 신의 제자들과 함께 조정에서 사용하는 예의67를 제정할 수 있도

---

65 "서광이 말하기를 '아마도 덕행과 공적이 제나라 직하의 풍류를 계승하기에 충분하다고 생각하여 붙였을 것이다'라고 했다."(『집해』) "서부원은 『사기측의』에서 말하기를 '이때 공신들 대부분이 명호가 후侯인 자가 많았는데 숙손통은 군공도 없이 어찌 봉지를 소유하겠는가. 서광의 말이 맞다'고 했다."(『사기전증』)

66 "이 말에 따르면 숙손통이 원래 준비했던 예의와 명호는 대체적으로 진나라에서 사용했던 것과 상통하여 비교적 번거로웠고, 유방이 번거로움을 없애고 간단하게 하도록 했음을 알 수 있다."(『사기전증』)

67 원문은 '조의朝儀'로, 군신이 황제를 알현하는 의식을 말한다.

록 해주십시오."

고조가 말했다.

"복잡하지 않게 만들 수 있소?"

숙손통이 말했다.

"오제五帝가 사용한 음악은 각기 달랐고, 삼왕三王이 사용한 예의 또한 같지 않았습니다. 예라는 것은 시대와 사람들의 정서를 바탕으로 제정되는 규범이며 약속입니다. 이 때문에 하·은·주의 예의는 이전을 계승하면서 각기 더하거나 줄인 것을 알 수 있는데,[68] 이것은 각 왕조의 예의가 중복되지 않았음을 의미합니다. 신 바라건대 고대의 예법을 참조하고 진나라의 일부분을 흡수시켜 지금 사용하기에 적합한 예의제도를 제정하게 해주십시오.[69]"

고조가 말했다.

"그대가 한번 해보시오. 그러나 간단하고 배우기 쉬워야 하며 내가 실행할 수 있도록 고려해주시오."

그리하여 고조는 숙손통을 노 땅에 사신으로 보내 그곳 유생 30여 명을 불러오게 했다. 그런데 뜻하지 않게 2명의 유생이 거절하며 말했다.

"공은 대략 10명의 군주[70]를 섬겼는데, 그들 면전에서 아첨하여 가까이 신임하는 사람이 되었소. 천하가 이제 막 평정되어 죽은 사람은 장례도 치르지 못하고 다친 사람은 건강을 회복하지 못하고 있는데, 공은 또 예악을 제정하려 하고 있소. 예악의 제정은 덕을 쌓은 지 100년이 지나야 비로소 일으킬 수 있는 것이오.

68 "은나라는 하나라의 예를 따랐으므로 거기에서 덜거나 보탠 것을 알 수 있고, 주나라는 은나라의 예를 따랐으므로 거기에서 덜거나 보탠 것을 알 수 있다. 만일 주나라를 이어 일어나는 나라가 있다면, 비록 100대 이후의 일이라도 미리 알 수가 있다."(『논어』「위정」)
69 "숙손통이 지은 예의는 법률 명령과 함께 편집되어 이관理官(소송 사건을 다스리는 관원) 안에 수장되어 있다."(『한서』「예악지」)
70 "노 땅의 유생 2명이 말한 숙손통이 섬긴 10명의 군주를 고찰해보면 진 시황, 진 2세, 항량, 초 회왕, 항왕, 고조로 모두 6명이다. 10명의 군주라고 말한 것은 우수리 없는 정수를 말한 것이다."(진직陳直,『한서신증漢書新證』)

우리는 차마 공이 하려는 일을 참을 수 없소. 공이 하려는 것은 옛사람의 법과 맞지 않으니 우리는 가지 않겠소. 공은 돌아가시오, 우리를 더럽히지 마시오!"[71]

숙손통이 웃으면서 말했다.

"그대들은 진정 천박하고 비루한 유생이라 시대의 변화를 이해하지 못하는군요."

숙손통은 마침내 부름을 받은 유생 30명과 함께 서쪽 장안으로 돌아왔다. 그들은 황제 곁에서 이전부터 학문을 하던 사람들과 숙손통의 제자와 함께 도합 100여 명이었는데, 야외에서 새끼줄로 경계를 두르고 띠풀로 사람 모양을 만들어 세운 뒤[72] 조회 때 신하들이 황제를 알현하는 예의를 한 달 남짓 연습했다. 숙손통이 말했다.

"폐하께서 한번 보십시오."

고조가 그곳에 가서 그들이 연습하는 것을 두루 보고는 말했다.

"이것은 내가 할 수 있겠소."

이에 명령을 내려 신하들에게 연습하도록 하고, 10월 조회 때 정식으로 사용하기로 했다.

한나라 7년(기원전 200)에 장락궁이 완공되자 각지의 제후들과 조정의 신하들이 모두 10월 조회에 참가했다. 당시의 의식은 다음과 같이 진행됐다.

동이 트기 전에 알자가 예의를 주관하여 제후와 대신들을 차례로 궁전 대문으로 들어오게 안내했다.[73] 대전大殿 앞뜰에 궁정을 보위하는 전차병, 기병, 보

---

71 "능치륭은 왕유정의 말을 인용하여 '두 유생이 가지 않겠다고 하는 서술 또한 숙손통의 인품을 드러낸 것뿐이다'라고 했다."(『사기전증』) "태사공이 숙손통의 시세에 순응하며 임기응변하는 것을 서술하고 예악의 근본을 추론하면서 두 유생의 말을 빌려 발전시켰는데, 반드시 그 사람이 실제로 있는 것은 아니다."(『사기찰기』)

72 원문은 면최綿蕝다. "여순이 말하기를 '띠를 잘라 땅에 세워 황위 계승과 존비의 순서를 만든 것이다'라고 했고, 위소는 말하기를 '새끼를 이은 것을 면綿이라 하고, 사람의 모양을 세운 것을 최蕝라 한다'고 했다."(『색은』) "면綿은 새끼줄을 가리키고, 최蕝는 짚으로 만든 사람 형상을 가리킨다."(『사기전증』)

73 "여기서는 알자가 찬례贊禮와 인도하는 예를 주관하는 것을 말한다. 『후한서』「예의지禮義志」에 따르면, '종이 울리면 알자가 예를 주관하여 손님을 인도하고 군신들은 규정대로 자기 자리로 간다'고 했다."(『한서보주』)

병, 시위 관원을 배열시키고 병사들은 모두 손에 병기를 쥐고 각종 깃발을 세우게 했다. '추趨'[74]라고 말을 하자 궁전 아래의 낭중들이 모두 계단 양쪽에 늘어서는데 계단마다 수백 명이었다. 공신, 열후,[75] 장군과 기타 군관들은 서열에 따라 서쪽에 서서 동쪽을 바라보고, 승상 이하 문관들은 동쪽에 서서 서쪽을 바라보았다. 대행大行[76]은 9명의 손님을 접대하는 관원을 두어 황제의 명령을 전달하도록 했다. 황제가 연輦[77]을 타고 후궁에서 나오면 깃발을 들어 경계시키면서 정숙하라고 알렸고,[78] 제후왕과 이하 600석까지의 관리들이 안내를 받아 차례대로 황제에게 하례를 올린다. 제후왕 이하 모두가 두려워하며 공경하지 않는 자가 없었다. 군신들이 예를 마치자 엄격한 예법에 의거해 법주法酒[79]를 베풀었다. 황제를 모시고 대전 위에 앉아 있는 사람들은[80] 모두 자리에 엎드려 머리를 조아리고 있다가[81] 작위 서열에 따라 순서대로 일어나 술잔을 들어 황제의 장수를 기원했다. 술잔이 아홉 차례 돌자 알자가 "파주罷酒"라고 알린다. 어사는 규찰을 집행하여 예법을 준수하지 않는 사람을 즉시 끌어냈다. 조회가 끝나고 연회가 진행되는 동안 떠들어대거나 예의에 어긋난 행동을 하는 사람은 한 명

---

74 원문은 '추趨'인데, 보폭을 짧게 하여 빨리 가는 것을 말한다. 신하들이 군주 앞에서 종종걸음으로 걷는 것으로 공경을 나타내는 자세다.

75 「고조공신후자연표」에 따르면 유방의 개국을 도운 공적으로 열후에 봉해진 자는 모두 137명이다.

76 대행大行: 전객典客이라고도 하는데 무제 태초太初 원년(기원전 104)에 명칭이 대홍려大鴻臚로 바뀌었다. 소수민족 접대와 왕래, 제후왕의 입조 등을 관장하고 조회, 작위 수여 등의 예절과 의식을 관장하는 관리로 구경에 속했다.

77 연輦: 황제가 타는 수레로 말 또는 사람이 끌며, 때로는 위로 들어 올려 이동하기도 한다.

78 원문은 '백관집직전경百官執職傳警'이다. '백관百官' 두 글자는 착오로 의심된다. 직職은 '치幟'와 통하며 깃발을 말한다. "누군가 황제 수레 앞에서 깃발을 잡고 먼저 나가고 사람들에게 정숙하라고 말을 전하는 것이다."(『사기전증』) 역자는 『사기전증』의 견해에 따라 번역했다.

79 법주法酒: 안사고는 말하기를 "예작禮酌을 말하는 것으로 취하도록 마시지 않는 것을 말한다"고 했다. 나카이 리켄은 말하기를 "이 술은 예를 행하는 것이기 때문에 음식을 먹지 않으므로 법주라 한다"고 했다.

80 "마땅히 덕이 높고 명망이 있는 종실, 외척과 원훈元勳, 옛 신하 등이다."(『사기전증』)

81 원문은 '억수抑首'이다. 안사고는 말하기를 "억抑은 굴屈로, 예법에 의거하여 감히 동등한 자격으로 앉아서 쳐다보지 못하는 것을 말한다"고 했다.

도 없었다. 이때 고조가 말했다.

"내가 오늘에야 비로소 황제의 존귀함을 알게 되었소."

그러고는 즉시 숙손통을 태상太常에 앉히고 황금 500근을 하사했다.

숙손통이 기회를 틈타 고조에게 진언했다.

"신의 제자와 유생들은 신을 따른 지 이미 오래되었고, 그들이 신과 함께 예의를 제정했으니 폐하께서는 그들에게도 관직을 내려주시기 바랍니다."

고조는 그들을 모두 낭관으로 임명했다. 숙손통은 궁궐에서 나온 뒤 하사받은 황금 500근을 모두 유생들에게 나눠줬다. 유생들이 모두 기뻐하며 말했다.

"숙손 선생[82]은 진실로 성인으로 이 시대에 필요한 것이 무엇인지 알고 있다."[83]

한나라 9년(기원전 198)에 고조는 숙손통을 전임시켜 태자태부로 삼았다.[84] 한나라 12년(기원전 195)에 고조가 태자를 조나라 왕 여의로 바꾸려 하자 숙손통이 간언하며 말했다.

"옛날 진晉나라 헌공은 여희를 총애하여 태자를 폐하고 여희의 아들 해제를 태자로 바꿔 세웠는데, 진나라는 이 때문에 수십 년 동안 어지러웠고[85] 천하의 웃음거리가 되었습니다. 진나라 또한 일찌감치 부소를 태자로 확정하지 않았기 때문에 조고가 황제의 유언을 위조해 호해를 태자로 세워 스스로 종묘의 제사를 끊어지게 만들었습니다. 이것은 폐하께서 친히 보신 일입니다. 지금 태자가

---

82 "『한구의漢舊儀』에서 이르기를 '박사博士를 선생先生이라 부른다'고 했다. 그러므로 『사기』와 『한서』에서 서술할 때 줄여서 선先이라 칭하기도 하고 혹은 생生이라 칭한다."(『사기신증』)

83 "앞 문장에서는 뒤에서 욕하더니 지금은 아부하며 성인이라고 한다. 제자들의 진면목이다. 그 사람을 알지 못할 때는 그의 친구를 보면 되는데, 태사공은 제자들을 숙손통의 자화상으로 삼았다."(『사기전증』)

84 태자태부는 태자의 스승으로, 원래 관직인 태상보다 낮으니 강등이라 할 수 있다. 당시의 태자는 혜제 유영으로 여후의 소생이다.

85 진 헌공이 죽은 뒤 해제가 군주가 되자 반대파는 해제와 해제의 동생을 죽이고 헌공의 다른 아들 이오夷吾를 군주로 옹립했다. 이오가 죽은 뒤 그 아들 회공懷公이 세워졌다. 이때 헌공의 다른 아들 중이重耳가 밖에서 들어와 회공을 죽이고 군주가 되었는데, 이 사람이 문공文公이다. 헌공의 사망부터 문공이 세워지기까지 15년간 혼란했다.

어질고 효성스럽다는 것은 천하 사람이 모두 알고 있는 바입니다. 여후는 또 폐하와 함께 동고동락하며 힘을 다해 싸워왔는데, 어떻게 여후를 저버릴 수 있겠습니까! 폐하께서 반드시 적자[86]인 태자를 폐하고 막내아들을 세우려 하신다면 먼저 신을 죽여 목에서 흐른 피로 대지를 더럽히십시오."[87]

고조가 말했다.

"공은 그만하시오. 내 농담했을 따름이오."

숙손통이 말했다.

"태자는 천하의 근본입니다. 근본이 한번 동요하면 천하가 진동하게 됩니다. 그런데 어떻게 천하를 농담거리로 삼으실 수 있습니까!"

고조가 말했다.

"내 공의 말을 듣겠소."

그 뒤 황제가 연회를 열었을 때 유후 장량이 초대한 빈객들[88]이 태자를 모시고 함께 들어오는 것을 보고는 태자를 바꾸려는 생각을 그만두었다.

고조가 사망하고 효혜제가 즉위하자 숙손통에게 말했다.

"신하 가운데 선제의 원릉園陵과 침묘寢廟[89]에 참배하고 제사지내는 예의를

---

86   원문은 '적適'으로, '적嫡'과 통한다. 정처正妻 소생의 아들인 적자嫡子를 말한다.
87   "『초한춘추』에서 다음과 같이 말하고 있다. 숙손하叔孫何가 말하기를 '신이 세 번이나 간언했는데, 따르지 않으시니 청컨대 신 몸으로 감당하겠습니다'라고 한 뒤 검을 어루만지며 자살하려 했다. 황상이 자리를 뜨면서 말하기를 '내 그대의 계책에 따라 태자를 바꾸지 않겠다'고 했다."(『색은』) "모곤이 말하기를 '세속에 영합하며 환심을 샀지만 태자를 바꾸는 문제로 간언한 몇 마디를 보면 늠름하며 굳센 기개가 있다'고 했다."(『사기평림』)
88   상산사호商山四皓를 말한다.
89   원릉園陵의 원園은 제왕 후비后妃의 묘지이고, 능릉은 제왕의 무덤을 말한다. 침묘寢廟는 묘침廟寢이라고도 하는데, 종묘에서 죽은 자의 신령에 제사지내는 정전正殿을 묘廟라 하고 죽은 자의 의관衣冠을 보관해놓고 신령이 거하며 쉬는 후전後殿을 침寢이라 한다. 제후왕과 제왕의 무덤은 일반 사람과 달리 구丘, 산山, 능陵으로 불린다. '구'는 자연 상태의 산언덕을 이용하여 무덤을 만든 것이다. "춘추 이래로 구丘라 부르는 것이 있는데, 초 소왕의 묘를 소구昭丘, 조 무영왕의 묘를 영구靈丘라 하며, 오왕 합려의 묘를 호구虎丘라 하는데, 반드시 산을 이용하고 높고 컸다."(고염무, 『일지록日知錄』「능陵」) 이에 따르면 '구'는 선진 제후국 군주의 능묘를 일컫는 말이다. 진시황의 무덤은 원래 '산'이라 했으며, '진시황릉'이라 부르는 것은 합당하지 않다. "그들의 절반은 아방궁을 건설하고 절반은 여산麗山을 건설했

아는 이가 없소."

그러고는 숙손통을 다시 태상으로 삼아 종묘 제사의 예의 법도를 제정하게
했다. 이후 한나라의 각종 예의 제도가 정비되기 시작했는데, 모두 숙손통이 태
상으로 있을 때 이루어진 것이다.[90]

효혜제는 항상 동쪽에 있는 장락궁으로 여태후를 알현하러 갔는데,[91] 어떤
때는 사사로이 장락궁에 갔다오기도 하여 매번 거리를 청소하고 통행을 막아야
했기에[92] 번거롭고 불편했다. 이에 미앙궁과 장락궁 사이에 복도複道[93]를 건설하
기로 정하고 무기고의 남쪽에서부터 건설하기 시작했다. 어느 날 숙손통은 입
궁하여 일을 보고한 다음 개별적으로 말씀을 올리기를 청하고는 말했다.

"폐하께서는 어찌하여 고황제 침묘를 거쳐야 하는 도로 위에 복도를 건설하
려 하십니까? 이렇게 되면 매월 고제의 침묘에서 고조의 의관을 꺼내 고묘高廟

다乃分作阿房宮, 或作麗山."(「진시황본기」)「진시황본기」의 문장에서 '작作'과 '천穿'은 구축, 건조의 뜻으
로 원래 있던 여산을 파내는 것이 아니다. "진나라 때는 천자의 무덤을 산이라 했고, 한나라 때는 능이
라 했다. 이 때문에 통상적으로 산릉이라 불렀다秦名天子冢曰山, 汉曰陵, 故通曰山陵矣."(『수경주水經注』
「위수渭水」) 즉 산과 능은 같은 뜻으로, 진나라 이후 산이란 명칭은 폐기되었다. 또 다른 명칭인 '능'은
토산土山을 말한다. 능이란 명칭은 전국시대 중기에 쓰이기 시작해서 진나라 이후 모든 제왕의 무덤을
능이라 했다. 한나라 때 유명한 오릉五陵은 고조의 장릉長陵, 혜제의 안릉安陵, 경제의 양릉陽陵, 소제
의 평릉平陵, 무제의 무릉茂陵이다. 이때부터 청나라 말기까지 능은 제왕 무덤을 지칭하게 되었다.

90　"한나라 건립 후 혼란한 국면을 다스려 정상으로 회복시키느라 한가한 겨를이 없었다. 고조는 숙손
통에게 예의 제도를 제정하게 했는데 단정한 군신의 존비 질서가 구실이었다. 숙손통을 봉상奉常(이후 태
상으로 바뀜)으로 삼고 예의 규범을 제정했지만 완비되지 못하고 숙손통이 사망했다."(『한서』「예악지」)

91　당시 황제는 미앙궁에 거주했고 태후는 장락궁에 기거했으므로 황제는 항상 장락궁에 가서 태
후를 알현해야 했다.

92　원문은 '필蹕'으로, '경필警蹕'을 말한다. 경필은 고대 제왕이 출입할 때 지나는 도로를 시위侍衛
들이 경계하고 청소하고 행인의 통행을 금지하는 것을 말한다. 나갈 때를 필蹕이라고 돌아올 때를 경
警이라 한다. "매번 외출하고 궁으로 돌아올 때 황제와 같은 경필을 사용했는데, 거리를 청소하고 행인
의 통행을 금지했다."(「양효왕세가」)

93　복도複道는 누각 사이에 가설하는 공중 통로다. "필원畢沅의 『장안도지長安圖志』에 기재하기를
'한나라 옛 장안성 지도는 미앙궁 동쪽에서 무기고를 넘어 남쪽으로 정로문鼎路門을 지나 고제 종묘
를 거쳐 남쪽으로 장락궁에 이른다'고 했다."(『한서보주』)

에서 제사지내고 추모할 때 복도 아래로 통과해야 하는데,[94] 고묘는 한나라의 태조가 거주하는 곳이거늘 어찌 후세 자손들이 종묘로 통하는 길[95] 위를 지나다닐 수 있겠습니까?"

효혜제는 이 말을 듣고 크게 두려워하며 말했다.

"빨리 헐어버리시오."

그러나 숙손통이 말했다.

"군주가 과실을 범해서는 안 됩니다. 지금 이미 복도가 건설되기 시작한 것을 백성이 모두 알고 있는데 다시 그것을 허문다면 군주가 잘못했음을 백성에게 표명하는 것입니다. 청컨대 폐하께서는 위수渭水 북쪽에 원묘原廟[96] 하나를 더 건설하여 매월 고제의 침묘에서 의관을 꺼낼 때 그곳으로 가서 제사지내고 추모하십시오.[97] 이렇게 되면 복도 아래로 통과하지 않아도 됩니다. 조상의 종묘를 더 넓히고 늘리는 것은 바로 큰 효도의 근본입니다."[98]

효혜제는 즉시 유관 부서에 조서를 내려 원묘를 건설하도록 했다. 한나라 왕조가 원묘를 건설한 것은 바로 효혜제가 복도를 건설했기 때문이다.

한번은 효혜제가 이궁離宮으로 봄놀이를 나왔는데, 숙손통이 말했다.

---

94 원문은 '의관월출유고묘衣冠月出游高廟'다. "응소는 말하기를 '매월 초하루 고제의 의관을 꺼내 법가法駕(천자 수레의 일종)를 갖추는 것을 유의관游衣冠이라 한다'고 했다."(『집해』) 안사고는 말하기를 "고제 능침에서 의관을 꺼내 고묘로 가는데, 매월 초하루에 한다. 한나라 제도가 이렇다"고 했다. "여기서 말하는 고묘高廟는 바로 장안성 안에 지은 고제 사당으로, 장안성 동북쪽 고제 능원 안의 침묘가 아니다. 이른바 '유의관'은 매월 초하루 유방이 생전에 입었던 의복을 고제 능원 안에 있는 침묘에서 꺼내 장안성 안의 고묘로 들고 와서 한 차례 도는 것이다."(『사기전증』)
95 원문은 '종묘도宗廟道'다. "신도神道를 말하는데, 의관이 왕래하기 때문이다."(『한서보주』)
96 원묘原廟: 정묘 외에 별도로 세운 종묘를 말한다. 안사고가 말하기를 "원原은 중重(다시, 거듭)이다. 앞서 이미 사당이 있는데, 지금 다시 세우기 때문에 중重이라 말한 것이다"라고 했다.
97 "『황도黃圖』에 이르기를 '고조의 장릉은 위수 북쪽에 위치해 있고, 장안과는 35리 떨어져 있다'고 했다. 원묘가 완공되면 능침에 있는 의관을 매달 원묘로 가져가면 되는 것으로, 성 안에 있는 고제 사당으로 갈 필요가 없으니 복도를 건설해도 무방하다."(『한서보주』)
98 "사람들에게는 황제의 효심을 말하는 것이나 실제로는 번거로움을 줄이고 과실을 덮어 감추는 것이다. 이것이 바로 숙손통이 시행한 유가의 예禮다."(『사기전증』)

"옛날에는 봄이 되면 신선한 과일을 조상에게 맛보게 하는 예의가 있었습니다. 지금 앵두가 잘 익어 조상에게 바칠 만한데 이번에 폐하께서 봄놀이를 나왔으니 앵두를 따서 종묘에 바치시기 바랍니다."

이에 황제는 동의했다. 종묘에 각종 신선한 과일을 바치는 예의가 이때부터 시작되었다.

태사공은 말한다.

"속담에 이르기를 '천금으로도 사기 어려운 갖옷은 한 마리 여우의 겨드랑이 가죽으로 제작된 것이 아니고, 누대의[99] 서까래는 한 그루 나무에서 자란 가지가 아니며, 하·상·주 삼대의 흥성은 선비 한 명의 지혜로 이루어진 것이 아니다'[100]라고 했는데, 확실히 이와 같구나! 당초에 고조는 평민 집안에서 일어나 해내를 평정했으니 계책과 용병이 정점에 달했다고 할 수 있다. 그러나 유경이 수레 끄는 새끼줄을 벗어버리고 관중에 도읍을 건설하도록 연설하여 한나라 왕조에 만대가 편안한 초석을 마련하게 했으니, 어찌 지혜가 한 사람이 독점할 수 있는 것이겠는가! 숙손통은 세속에 따라 시대의 중요한 사무를 헤아려 예의를 제정했으며, 나아가고 물러남과 시대의 변화에 순응하여 마침내 한나라 유가의 종사宗師가 되었다. '너무 곧은 것은 마치 굽은 것 같고, 대도大道는 본래 구불구불하다'[101]라고 한 것은 숙손통 같은 사람을 말하는 것 아니겠는가?"

---

99 원문은 '대사臺榭'다. 땅을 다지고 받침돌을 높게 쌓은 것을 대臺라 하고 대 위에 목조로 된 집을 지은 것을 사榭라고 한다. 대사는 춘추시대에서 한나라에 이르기까지 궁궐과 종묘 안에서 사용하던 건축 양식이다.
100 "조정을 건설하는 데 사용한 목재는 한 그루의 나무에서 나온 가지가 아니며, 제왕이 공업을 성취하는 것은 한 선비의 지략만이 아니다廊廟之材非一木之枝, 帝王之功非一士之略."(『신자愼子』「지충知忠」)
101 이 문장의 출전은 『노자』 41장이다.

계포난포열전

季布欒布列傳

계포와 난포는 항우의 부장이었으나 항우가 멸한 뒤 유방의 장수가 된 인물들이다. 이들의 사적을 통해 사마천은 계포의 직언과 난포의 옛 주인에 대한 충심 그리고 대장부다운 당당한 자세를 칭송하고 있다.

계포는 강한 자를 누르고 약한 자를 돕는 것을 자신의 소임으로 삼아 초 땅에서 널리 이름을 알렸다. 그가 항우를 따르면서 군사를 이끌고 교전을 벌일 때마다 유방은 곤경에 빠졌으나, 항우가 죽은 뒤 큰일을 위해 치욕을 견디고 강직함을 꺾는 그의 태도를 보고 유방은 자신의 장수로 삼았다. 난포는 자신의 옛 친구이자 주인이었던 팽월이 주살 당하자 목숨이 위태로운 지경에서도 그의 주검 앞에 통곡하고 제사를 지냄으로써 팽월에 대한 의리를 지켰다. 권력에 굴복하지 않는 그 의기에 감동한 유방은 난포를 사면하고 벼슬을 내렸으며, 문제 때는 장군의 지위에 이르렀다.

사마천은 이들의 사적을 통해 본인의 삶과 인생관을 내비치고 있다. 계포가 머리카락이 깎이고 쇠고리에 목이 채워진 채 노예로 팔려가는 치욕을 참아낸 행위에는 죽음을 택하지 않고 굴욕을 견딘 사마천 자신의 의지가 겹쳐져 있다. 또한 난포가 고조의 명령을 어기고 팽월을 애도한 행위에는 죽음을 두려워하지 않았던 자신의 기상이 담겨 있다. 또한 계포는 담대하게도 흉노에 대해 군사를 부려서는 안 된다며 여후 앞에서 번쾌를 참수할 것을 요구했고, 사람을 기용하는 문제의 결함을 질책하기도 했다. 난포는 유방 면전에서 팽월의 억울한 죽음을 항변하고 난 뒤 목숨을 구걸하지 않고 의연히 끓는 솥 안으로 들어가려 했다. 이러한 태도는 신의를 중시하고 권세를 두려워하지 않는 대장부의 의기로, 사마천은 옛 열사들도 뛰어넘을 수 없는 것이라고 칭송했다.

계포季布는 초 땅 사람으로[1] 의기가 있고 강한 자를 누르고 약한 자를 돕는 것을 자신의 소임으로 삼아[2] 초 땅에서 유명했다. 항우가 그에게 군사를 거느리게 하자 그는 여러 차례 한나라 왕을 곤경에 빠뜨렸다. 항우가 멸망한 뒤 고조는 천금의 현상금을 걸어 계포를 잡아들이게 하면서 감히 계포를 숨겨주는 자는 삼족을 멸하는 죄에 처하겠다고 했다. 계포는 복양현의 주씨周氏[3] 집에 숨어 있었는데, 어느 날 주씨가 계포에게 말했다.

"한나라 조정에서 현상금을 걸고 급히 장군을 잡아들이려 한다는데, 종적을 좇아 저희[4] 집까지 찾아낼 것입니다. 장군께서 제 말을 들어주신다면 제가 감히 계책을 올리겠습니다. 그렇게 하지 못한다면 제가 먼저 장군 앞에서 목을 베겠습니다."[5]

계포는 그의 계책을 따르기로 했다. 그리하여 주씨는 계포의 머리카락을 깎

---

1 "초와 한 사이는 회북부터 옛 초 땅에 예속되었고 동쪽으로 오·월까지를 초라고 말한다. 계포는 항우가 도성 팽성에 있을 때부터 따랐으니 마땅히 팽월 사람이라 해야 한다."(『사기찰기』)
2 원문은 '임협任俠'이다. "여순이 말하기를 '서로 신임하는 것을 임任이라 하고, 시비是非를 함께하는 것을 협俠이라 한다'고 했다."(『집해』) "나카이 리켄이 말하기를 '임은 남의 어렵고 급한 일을 자신의 소임으로 여기는 것이고, 협은 절개와 의리를 세우기 좋아하는 것을 말한다'고 했다."(사기회주고증』)
3 주씨周氏가 누구인지는 전해지지 않고 있다.
4 원문은 '신臣'이다. 신하가 군주 면전에서 사용하는 자칭이지만 진·한 때에는 자신을 지칭하는 겸칭으로 '복僕(저)'과 같은 표현이다.
5 일부 번역본에서는 '주씨가 계포에게 자진하라고 요청했다'는 뜻으로 해석하고 있는데, 이것은 잘못된 번역이다. 계포가 한나라에 체포되는 것을 차마 볼 수 없어 주씨가 계포 면전에서 자결하겠다는 의미다.

고 쇠고리로 목을 채우고[6] 거친 베옷을 입힌 뒤 광류거廣柳車[7]에 실어 노예 수십 명과 함께 노나라로 가서 주가朱家[8]에게 팔았다. 주가는 속으로 그가 계포인 줄 알면서도 그를 사들여 밭일을 하게 했다.[9] 그는 자신의 아들에게 훈계하며 말했다.

"밭일은 이 노예가 하고 싶은 대로 하도록 내버려두고[10] 반드시 그와 함께 밥을 먹도록 해라."

주가는 말 한 마리가 끄는 작고 가벼운 수레를 타고 낙양으로 가서 여음후汝陰侯 등공滕公(하후영)을 찾아갔다. 등공은 주가를 집에 머물게 하고는 여러 날 함께 술을 마셨다. 주가가 등공에게 말했다.

"계포가 무슨 큰 죄를 지었기에 황상께서 그토록 급박하게 그를 잡으려 하십니까?"

등공이 말했다.

"계포가 항우를 위해 여러 차례 황상을 곤경에 빠뜨려 황상의 원망을 샀기에 반드시 잡으려는 것입니다."

주가가 물었다.

6 원문은 '곤겸髡鉗'으로, 곤髡은 머리카락을 깎는 벌이고 겸鉗은 쇠고리로 목을 묶는 벌이다.
7 "큰 수레에 짐을 싣고 운반하는 것을 통상적으로 광류거라 했다."(『색은』) 『주례周禮』 「천관天官·총재冢宰·봉인縫人」의 정씨鄭氏 주석에서는 관을 싣는 영구 수레라 했고, 안사고도 이 견해가 옳다고 했다. 수레 곁에 특수하게 제작된 장식이 있어 사람들이 수레 내부를 엿보기 힘들었다. 그렇다면 이 수레에 계포를 숨겨 사람들이 알아보기 어렵게 한 것이다. "이기李奇가 말하기를 '소를 싣는 큰 수레이고, 버들로 수레 위를 덮었다'고 했다."(『집해』) 왕선겸은 여기서 말한 수레와는 다른 것이라고 했다.
8 「유협열전」에 따르면 당시 유명한 협객이었다.
9 원문은 '전田'인데 『한서』에서는 '전사田舍(농가)'라고 기재하고 있다. "풍본·삼조본에는 전田자 다음에 사舍자가 있는데, 『한서』와 같다."(『사기회주고증』) '전사田舍'로 읽으면 "계포를 농가에 거주하도록 했다"는 뜻이다.
10 원문은 '전사청차노田事聽此奴'다. 일부 번역본에서는 '밭일은 이 노예의 말을 듣고 하라. 혹은, 이 노예의 말을 따르라'라고 했는데, 잘못된 번역이다. 여기서의 '청聽' 자는 '듣다, 따르다'의 의미가 아니라 '임任' 혹은 '유由'의 의미로, '자기가 하고 싶은 대로 하도록 내버려두다 혹은 하는 대로 맡기다'의 의미다.

"군께서 보시기에 계포는 어떤 인물입니까?"

등공이 대답했다.

"현명하고 능력 있는 사람입니다."

주가가 말했다.

"신하된 자는 각기 자신의 주인을 위해 쓰이는데, 계포가 항우를 위해 힘을 다한 것은 자신의 직분을 다한 것뿐입니다. 항우의 신하라면 전부 죽여야 한단 말입니까? 지금 황상께서는 막 천하를 얻으셨는데 개인적인 원한으로 한 사람을 체포하려 하고 있으니, 어찌 천하 사람들에게 자신의 도량이 이처럼 좁은 것을 보이려 하신단 말입니까! 게다가 계포 같은 현명하고 능력 있는 사람을 한나라 조정에서 이토록 급박하게 잡으려 한다면 그는 북쪽 흉노로 달아나거나 남쪽 월나라로 도망칠 것입니다. 한 장사壯士를 꺼려하여 그로 하여금 적국을 돕게 하는 것이니, 바로 오자서가 초나라 평왕의 묘를 파헤쳐 그 시신을 채찍질한 것과 같은 원인을 낳는 것입니다. 군께서는 어찌하여 황상께 이 일을 잘 말씀드리지 않습니까?"

여음후 등공은 주가가 대협객임을 알고 있었기에 계포가 그의 집에 숨어 있으리라 짐작하고 허락하며 말했다.

"좋습니다."

등공은 기회를 노려 고조에게 주가의 뜻을 말했고, 황상은 이에 계포를 사면했다. 당시 조정 대신들 모두 계포가 큰일을 위해 치욕을 참으며 강직함을 꺾고 유순하게 행동한 것을 칭찬했고, 주가 또한 이 일로 당대에 명성을 날렸다. 계포가 고조의 부름을 받아 알현하여 죄를 청하자 황상은 그를 낭중에 임명했다.

효혜제 때 계포는 중랑장中郞將[11]으로 승진되었다. 당시 흉노의 선우 묵돌이

---

11 중랑장中郞將: 진나라 때 중랑이 설치되었고 전한 때 오관五官, 좌左, 우右 관서로 나뉘어졌으며 각기 중랑장을 설치하여 황제의 시위侍衛(호위병)를 통솔했다. 광록훈光祿勳에 속했으며 지위는 장군 다음이었다. 후한 시기에는 동·서·남·북 사중랑장四中郞將으로 증설하여 사방을 정벌했으며 장군과

서신을 보내 여후를 모욕했는데 매우 오만했다.[12] 여후가 크게 분노하여 장수들을 불러놓고 논의하는데 상장군 번쾌가 말했다.

"신에게 군사 10만 명을 주시면 흉노 전역을 쓸어버리겠습니다."

다른 장수들도 모두 여후의 뜻에 따라 비위를 맞추며 말했다.

"마땅히 그렇게 해야 합니다."

이때 계포만이 말했다.

"번쾌를 참수시켜야 합니다! 고제께서는 군사 40여만 명을 이끌고도 평성에서 포위되어 곤경에 빠지셨습니다.[13] 지금 번쾌가 어떻게 10만 명의 군사로 흉노 전역을 쓸어버릴 수 있겠습니까. 이것은 면전에서 군주를 기만하는 것입니다! 게다가 진나라가 흉노를 정벌하기 위해 전쟁을 벌였기 때문에[14] 진승 등이 그 기회를 틈타 군사를 일으킨 것입니다. 지금까지 전쟁으로 인한 백성의 상처가 아물지 않았는데 번쾌는 다시 면전에서 아부하며 전쟁을 일으켜 천하를 동요시키려 하고 있습니다."

당시 대전에 있던 사람들은 모두 두려워했고, 태후는 조회를 끝낸 뒤 다시는 흉노 정벌의 일을 논의하지 않았다.

이후 계포는 하동군의 군수가 되었다. 효문제 당시 어떤 사람이 계포를 현명하고 능력 있는 사람이라고 하자 효문제는 계포를 불러들여 어사대부로 삼으려 했다. 마침 이때 어떤 사람이 계포가 용감하기는 하지만 술버릇이 있어 사람들이 가까이하지 않으려 한다고 했다.[15] 계포는 도성으로 들어와 관사[16]에서 한

유사했다.
12 "효혜제, 고후 시기 때 묵돌 선우가 점차 거만하고 방자해졌는데, 돌연 사자를 파견해 고후에게 서신을 보냈다. 서신에서 '지금 폐하는 과부살이를 하고 있고 나 또한 홀몸으로 지내고 있소. 두 군주가 모두 즐겁지 않고 스스로 즐길 것이 없으니 바라건대 우리가 가지고 있는 것으로 없는 것과 바꾸고 싶소(부부가 되기를 바란다)'라고 했다."(『한서』 「흉노전」)
13 『한서』에서는 '40만 명'이 아닌 '30만 명'으로 기재하고 있다.
14 진시황은 육국을 통일한 뒤 몽염을 파견해 흉노를 정벌하게 했다.
15 원문은 '난근難近'으로, 이에 대한 해석은 서로 다르다. 안사고는 "근近은 천자를 가까이 모시는

달이나 머물렀지만 황제는 불러서 만나기만 하고 하동군으로 돌려보내지 않았
다. 이에 계포는 황제에게 말씀을 올렸다.

"신은 어떠한 공로도 없는데 은총을 입어 하동에서 직무를 맡고 있습니다.[17]
폐하께서 아무런 이유 없이 신을 부르셨으니, 이는 틀림없이 누군가 폐하를 속
여 신에 대해 좋게 말했기 때문일 것입니다. 그런데 지금 신이 왔는데도 폐하로
부터 어떠한 임무도 받지 못하고 되돌아가게 되었으니, 이는 분명히 누군가 폐
하께 신을 헐뜯었기 때문일 것입니다. 폐하께서 한 사람의 칭찬을 듣고 신을 부
르시고 한 사람의 비방을 듣고 신을 돌려보내시니, 신은 천하의 식견 있는 인사
들이 이 일을 듣고 폐하의 깊고 얕음을 엿볼까 두렵습니다."

효문제는 아무 말도 못하고 부끄러워하다가 한참 지나서 말했다.

"하동은 내 넓적다리와 팔과 같은 군郡이므로 특별히 그대를 부른 것뿐이오."

계포는 하직인사를 하고 하동군으로 돌아갔다.

초나라 사람 조구생曹丘生[18]은 말솜씨가 좋은 변사로, 여러 차례 권세가에 빌
붙어 그 위세에 의지해 청탁하고 다른 사람으로부터 사례금을 받았다.[19] 그는

대신으로 삼는 것을 말한다"고 했다. "고염무가 이르기를 '난근은 사람들을 두렵게 하여 멀리하게 만
드는 것을 말한다'고 했다. 안사고의 주석은 틀렸다."(『한서보주』) 역자는 왕선겸의 『한서보주』 견해에
따랐다.
16 원문은 '저邸'다. 당시 각 군과 제후국이 도성에 설치한 관사로, 보통 자신 고장의 관원이 도성을
왕래할 때 숙소로 이용하게 했다.
17 원문은 '대죄待罪'로, '죄를 기다린다'는 뜻이 아니라 직무를 수행하는 것을 겸손하게 표현한 것이
다. 자신이 직무를 감당하기 어려울 것이라 걱정하여 조만간 죄를 지을 것이란 근심이 있으므로 일단
직무를 맡게 되면 처벌을 기다리는 상태로 진입하게 된다는 의미다.
18 조구생曹丘生: 조구曹丘 선생이다.
19 원문은 '초권고금전招權顧金錢'으로, 해석이 다양하다. "맹강이 말하기를 '초招는 구하는 것이다.
금전으로 권세가를 섬기고 그들의 형세를 얻어 스스로를 과시하는 것이다'라고 했다."(『집해』) 안사고
는 말하기를 "맹강의 견해는 틀렸다. 귀인의 위세와 권력을 구하여 청탁을 하고 다른 사람의 금전을 받
는 것을 말한다"고 했다. "유반이 말하기를 '초권招權은 형세를 만들어 권세를 자신에게 오게 하는 것
을 말한다. 고금전顧金錢은 금전에 뜻을 두는 것을 말한다'고 했다."(『한서보주』) 역자는 안사고의 견해
에 따랐다.

귀인 조동趙同[20] 등을 섬기고, 두장군竇長君[21]과도 관계가 좋았다. 계포는 이 소문을 듣고 두장군에게 편지를 보내 간언했다.

"제가 듣건대 조구생은 덕이 있는 자가 아니니 그와 왕래하지 마십시오."

조구생은 고향인 초 땅으로 돌아가면서 계포와 알고 지내고자 두장군에게 소개장을 써달라고 했다.[22] 이에 두장군이 말했다.

"계장군은 족하를 좋아하지 않으니, 족하께서는 그에게 가지 마시오."

그러나 조구생은 끝내 소개장을 얻어 계포를 찾아갔다. 조구생은 먼저 사람을 시켜 계포에게 두장군의 편지를 보냈고, 계포는 크게 화를 내면서 조구생이 오기를 기다렸다. 조구생은 도착하자 계포에게 읍하고는 말했다.

"초 땅 사람들의 속담에 이르기를 '다른 사람의 황금 100근斤[23]을 얻는 것보다 계포의 승낙 한마디를 받는 편이 낫다'라고 하는데, 족하께서는 어떻게 양梁과 초楚 일대에서[24] 이렇게 높은 명성을 얻게 되셨습니까? 저도 초나라 사람이고 족하 또한 초나라 사람입니다. 제가 천하를 두루 돌아다니면서 족하의 이름을 널리 알린다면 명성이 더욱 보태지지[25] 않겠습니까? 어찌하여 족하께서는 저와의 왕래를 거절하십니까?"

---

20 조동趙同: 조담趙談으로 문제가 총애하던 환관이다. 사마천은 부친의 이름인 '담談'을 피하기 위해 '동同'이라 한 것이다.

21 두장군竇長君: 문제 두황후竇皇后의 오빠로, 본명은 두건竇建이다.

22 "태사공은 이 문장에서 빈틈을 보이고 있다. 앞에서 계포는 하동군 군수였는데 그가 해직하고 초 땅으로 돌아간 것을 언급하지 않고, 지금 바로 조구생이 초 땅으로 돌아가 계포를 만나는 것으로 말하고 있다."(『사기전증』)

23 원문은 '황금백黃金百'이다. "백百 다음에 원래 '근斤'자가 있었다."('수정본') "근은 후세 사람이 덧붙인 것이다. 『한서』「식화지食貨志」에서는 '말은 한 필에 100금이다'라고 했다. 설찬薛瓚은 말하기를 '진나라는 1일溢이 1금金이었고, 한나라 때는 1근斤이 1금金(동전 1만 개)이었다'라고 했다. 여기서 '황금백'은 즉 '100근'으로 '근'자를 붙여도 번거로움이 없다. 『한서』「계포전」에서는 '근斤'자가 없다."(『독서잡지』「사기」) 역자는 '근'자를 붙여 번역했음을 밝힌다.

24 양과 초는 모두 한나라 때 제후국의 명칭으로 지금의 허난성 동부와 장쑤성 북부 일대 지역을 가리킨다. 양나라 도성은 정도(지금의 산둥성 딩타오 서북쪽), 초나라 도성은 팽성(지금의 장쑤성 쉬저우)다.

25 원문은 '중重'으로, 『한서』에서는 '미美'로 기재하고 있다. 즉 '아름다운 일이 아니겠습니까?'가 된다.

계포는 이에 크게 기뻐했다. 그를 집 안으로 맞아들여 몇 달 동안 머물게 하면서 상객으로 대접했으며, 그가 떠날 때는 두터운 예물을 주었다. 계포의 명성이 더욱 커진 것은 조구생이 그의 이름을 널리 알렸기 때문이다.[26]

계포의 동생 계심季心은 관중에서 기개를 떨쳤다.[27] 사람을 만나면 정중하게 대했고 의협심이 강해서 의로운 일을 행하면 사방 수천 리의 선비들이 그를 위해 죽음도 불사했다. 계심은 일찍이 사람을 죽이고 오나라로 달아나 원사袁絲[28]의 집에 숨은 적이 있었다. 계심은 그곳에 있으면서 원사를 형처럼 섬겼고, 관부灌夫와 적복籍福 등을 동생처럼 돌보았다.[29] 그는 일찍이 중사마中司馬[30]를 담당했기 때문에 당시 중위였던 질도郅都[31]도 감히 예로써 그를 대접하지 않을 수 없었다. 또한 젊은 사람들 중에는 사사로이 그의 이름을 사칭하며 행세하는 자가 많았다. 당시 계심은 용맹으로, 계포는 신의로 관중 일대에서 명성을 날렸다.

계포의 외삼촌 정공丁公[32]은 원래 초나라 장수였다. 정공은 항우를 위해 팽성

26 "명성을 드날리는 데 수단을 가리지 않으니, 여기서도 명성에 대한 사마천의 극도의 간절함을 볼 수 있다."(『사기전증』)
27 계심은 장안에 거주했으므로 관중에서 기개를 떨칠 수 있었던 것이다. "원앙袁盎이 말하기를 '갑자기 어느 날 어떤 사람이 위급해져 문을 두드리며 도움을 요청하는데 집안에 나이 든 부모가 있어 도와줄 수 없다고 개인의 안위를 핑계로 거절하지 않을 만한 사람은 천하에 계심과 극맹劇孟 두 사람뿐이다'라고 했다."(「원앙조조열전袁盎鼂錯列傳」)
28 오나라 왕 유비劉濞의 봉국으로 달아난 것으로, 도성은 광릉廣陵(지금의 장쑤성 양저우)이다. 원사袁絲는 원앙袁盎을 말하며 당시 오나라 상이었다. 원앙의 자는 사絲다.
29 "관부灌夫는 당시 유명한 관료이자 지방 권세가였고 적복籍福은 식객과 비슷했는데, 그들은 항상 위기후魏其侯 두영竇嬰의 문하를 출입했다. 원사 또한 두영의 친구였으므로 계심이 그들 여러 사람과 교제할 수 있었다."(『사기전증』) "원사(원앙)를 형처럼 섬기고 관부를 동생처럼 돌본 것은 장안에 거주했을 때의 일이다. 원사는 초 사람이고 관부는 영음 사람으로 모두 경사에서 벼슬을 했는데 '관중에서 기개를 떨쳤다'고 말한 때가 바로 이때다."(『사기찰기』)
30 "여순이 말하기를 '중위中尉의 사마司馬다'라고 했다."(『집해』) 중위는 도성의 치안을 관장하는 장관으로, 중위 사마는 그 밑에서 사법을 주관했다.
31 질도郅都: 성이 질郅이고 이름이 도都인데, 당시 법을 엄격하게 집행하기로 유명한 사람이었다.

서쪽에서 고조를 추격해 곤경에 빠뜨렸고, 두 사람은 단병短兵으로 접전을 벌였는데,[33] 고조가 사로잡힐 위급한 상황이었다. 고조가 급히 정공을 돌아보며 소리 질렀다.

"우리 두 사람은 다 현명한 이들로 어찌하여 이토록 서로 해쳐야 하는가!"

그러자 정공이 군사를 이끌고 물러났고 한나라 왕은 위험에서 벗어나 달아날 수 있었다.[34] 항우가 죽은 뒤 정공이 고조를 알현했다. 고조는 정공을 포박하여 군중을 돌게 하고는 말했다.

"정공은 항왕의 신하인데 항왕에게 충성을 다하지 않았다. 항왕이 천하를 잃게 만든 자는 바로 정공이다."

마침내 정공의 목을 베고 나서 말했다.

"후대에 신하 된 자가 정공을 본받는 일이 없도록 하기 위함이다!"[35]

난포欒布는 양梁나라 사람이다. 처음 양나라 왕 팽월이 평민이었을 때 일찍이 난포와 친구로 왕래했다. 난포는 집이 가난하여 제齊 땅에서 고용살이를 하거나

---

32 정공丁公: 계포의 외삼촌 정씨丁氏 중 한 명을 말한다. "진작이 이르기를 '『초한춘추』에서는 설 땅 사람이고 이름이 고固라 했다'고 했다."(『집해』) "계포의 외삼촌을 말한다."(『색은』) 안사고는 말하기를 "본문에서 모제母弟라고 했는데, 어미가 같고 아비가 다른 동생이다'라고 했다.

33 단병短兵: 길이가 짧은 병기를 사용해 매우 가까운 거리에서 싸우는 것을 가리킨다.

34 "『사기도원초史記桃源抄』에서 『초한춘추』를 인용하여 이르기를 '설 땅 사람 정고丁固는 팽성 사람 뇌기賴齮의 기병과 함께 황상을 추격했다. 황상은 머리를 흐트러뜨린 채 정공을 돌아보며 말하기를 "내가 공을 모르지 않는데, 공은 어찌하여 이토록 급하게 추격하오!"라고 했다. 그러자 정공이 말을 돌려 떠났다'고 했다. 또한 『태평어람』 373에서 『초한춘추』를 인용하여 이르기를 '황상이 팽성에서 패했는데, 설 땅 사람 정고가 황상을 추격했다. 황상이 머리를 흐트러뜨린 채 정공을 돌아보며 말하기를 "정공은 어찌하여 이토록 심히 급하게 하는가!"라고 했다'고 했다. 두 책이 인용한 것이 다르다."(『사기회주고증』)

35 "계포의 충성은 비록 원한이 있었으나 임용할 만하고, 정공의 불충은 비록 덕이 있다 해도 참수해야만 한다. '이 사건을 책에 넣은 것은 고제가 상벌을 잘 운용했음을 나타낸 것이다'라고 했다."(『사기평림』) "「계포전」 말미에 계심과 정공 두 명을 포함한 것은 계심으로 계포의 용맹을 드러내고 정공으로 계포의 충성을 반영한 것이다."(『사기정화록』) "계포는 죄가 두려워 스스로 숨고 정공은 만남을 요청하여 은혜를 팔았으므로 그 화와 복의 상반됨이 이와 같다."(『한서규관』)

술집의 심부름꾼 일을 했다.[36] 몇 년 뒤 서로 헤어져 팽월은 거야에서 도적이 되었고, 난포는 어떤 사람에게 납치되어 연燕나라로 팔려가 노예살이를 했다. 난포는 자신의 주인을 위해 원수를 갚고 연나라 장수 장도臧荼에게 의탁했는데, 장도는 그를 도위都尉로 발탁했다.[37] 뒤에 장도는 연나라 왕이 되었고 난포를 장군으로 삼았다. 장도가 모반을 일으켰을 때[38] 한나라는 연나라를 격파하고 난포를 포로로 잡았다. 양나라 왕 팽월은 이 소식을 듣고 황상에게 그들의 옛 관계를 진언하여 돈으로 난포를 속죄시키고 양나라 대부로 임명했다.

훗날 난포가 팽월의 명을 받들어 사신으로 제나라에 가서 돌아오지 않자 한나라 조정은 팽월을 불러들여 모반죄로 처벌하고 삼족을 멸했다. 팽월의 수급을 낙양성에 매달아놓고 조서를 내려 말했다.

'누구든 감히 그의 머리를 거두어 장사 지내려는 자가 있으면 체포하겠다.'

난포는 제나라에서 돌아오자 팽월의 머리 아래에서 사신으로 다녀온 일을 보고하고 나서 제사를 올리고 곡을 했다. 관리가 난포를 체포한 뒤 그 사실을 고조에게 보고했다. 고조는 난포를 불러들여 꾸짖어 욕했다.

"네놈도 팽월과 함께 모반하려 했느냐? 내가 그놈의 시신을 매장하지 못하도록 명령했거늘 네놈만 한사코 제사지내고 곡을 했으니 팽월과 함께 모반하려 한 것이 분명하다. 어서 저놈을 삶아 죽여라!"

좌우에서 난포를 잡아 끓는 솥 안으로 던지려 하자, 난포가 돌아보며 말했다.

"말 한마디 하고 죽게 해주십시오."

고조가 물었다.

"무슨 말을 하고 싶으냐?"

---

36 원문은 '주인보酒人保'다. 『한서음의』에서 말하기를 '술집에 고용된 것이다. 신용을 보증할 수 있기 때문에 보保라고 한다'고 했다.(『집해』) 옛날에 술집의 종업원을 주보酒保라고 했다.
37 "난포가 도위가 된 것은 장도가 항우를 수행하여 관중으로 진입하기 전이다."(『사기전증』)
38 한나라 5년(기원전 202) 7월의 일로, 유방이 즉위하여 황제를 칭한 지 얼마 되지 않은 때다.

난포가 말했다.

"폐하께서 팽성에서 곤경에 처하고 형양과 성고 사이에서 패했을 때, 항왕이 즉시 서쪽으로 진격할 수 없었던 것은 팽왕(팽월)이 양나라 땅을 점거하고 한나라와 연합하여 초나라 군대를 견제했기 때문입니다. 그때 팽왕이 생각을 바꿔 초나라 군대를 도왔다면 한나라 군대는 실패했을 것이고, 그가 한나라 군대를 도왔다면 그때는 초나라 군대가 실패했을 것입니다. 또 해하의 전투에서 팽왕이 없었다면 항우 또한 멸망하지 않았을 것입니다. 천하가 평정된 이후 팽왕은 부절을 나누어 받고 왕에 봉해졌으며, 자신의 왕위를 자손대대로 전해주려고 했습니다. 지금 폐하께서 양나라에서 한 차례 군사를 징집했는데[39] 팽왕이 병들어 오지 못하자 폐하께서는 그가 모반했다고 의심했습니다. 모반했다는 증거도 발견되지 않았는데 사소한 과실을 가지고 그를 주살했으니, 이같이 하신다면 공신들이 저마다 불안함을 느낄까 신은 걱정됩니다. 지금 팽왕이 이미 죽었으니 신은 사는 것보다 차라리 죽는 편이 낫습니다. 청컨대 삶아 죽이십시오."

고조는 이에 난포의 죄를 용서하고 도위로 임명했다.

효문제 때 난포는 연나라 상[40]이 되었다가 장군 지위에 이르렀다. 난포는 사람들에게 말했다.

"곤궁할 때 치욕을 참으며 자제하지 못하면 사내대장부라 할 수 없고, 부귀해졌을 때 통쾌하게 살지 못하면 능력이 없는 사람이다."

그는 과거에 자기에게 은혜를 베푼 사람들에게는 두텁게 보답했고, 원한이 있는 사람은 반드시 법률에 의거해 보복했다. 오와 초 칠국이 반란을 일으켰을 때 그는 군공을 세워 수후俞侯에 봉해졌고,[41] 나중에 다시 연나라 상이 되었다. 연

---

39 고조 10년(기원전 197)의 일이다. 팽월에게 군사를 징집시킨 것은 실제로는 팽월이 직접 군대를 이끌고 와서 유방과 함께 북쪽으로 반란을 일으킨 진희를 토벌하기 위한 것이었다.

40 연나라 왕 유가劉嘉의 상을 말한다. 유가(재위 기원전 177~기원전 152)는 유택劉澤(유방의 종족 겸 공신)의 아들이다.

41 "서광이 말하기를 '제나라를 공격하는 데 공이 있었다'고 했다."(『집해』) "당시 제나라는 모반하지

과 제 사이의 사람들은 난포를 경모하여 사社[42]를 세우고 난공사欒公社라고 불렀다.

효경제 중원 5년(기원전 145)[43]에 난포가 사망했다. 그의 아들 난분欒賁이 작위를 계승해 태상太常이 되었으나, 제사에 사용하는 희생물이 법령에 위배된 이유로 봉국이 취소되었다.[44]

태사공은 말한다.

"항우와 같은 용맹한 기개 앞에서 계포는 확실히 용맹함으로 초나라 군중에서 명성을 날렸다. 그는 여러 차례 적군을 전멸시키고 적 깃발을 빼앗았으니,[45] 장사라고 할 만하다. 그러나 그는 머리카락을 깎고 목이 쇠고리로 채워졌을 때 치욕을 참아냈고 남의 노예가 되어서도 목숨을 끊지 않았으니, 얼마나 자신을 낮춘 것인가! 그는 틀림없이 자기 재능에 대해 자신감이 있었기 때문에 모욕을

않았고, 주변의 교동·교서·제남·치천菑川 네 나라가 제나라가 모반하도록 협박했으며, 마침내 군대를 합쳐 공격했다. 난포의 공적은 조정의 군대를 이끌고 네 나라를 공격해 패배시켜 제나라 왕을 구출했고, 회군할 때 또 조나라에 이르러 당시 반란에 참여한 조나라 왕이 성을 지키면서 항복하지 않았는데, 난포는 이에 조나라 성에 물을 대어 성을 격파했고 조나라 왕은 마침내 자살했다."(『사기전증』) "계포는 교서·치천·제남 삼국의 군대를 격파했고, 제나라의 포위를 풀었다."(『한서규관』) 수후兪侯의 봉지는 수현兪縣(지금의 산둥성 핑위안平原 서남쪽)이다. '兪'의 음에 대해서 "소림蘇林이 말하기를 "음이 수輪"라고 했고(『한서보주』) 『사기전증』에서도 "兪의 음은 수(shu)"라고 했다. 역자 또한 '兪'의 음을 '유' 가 아닌 '수'로 했다. 『한서』에서는 '유兪'로 기재하고 있다.

42 사社: 살아 있는 사람을 위해 세운 사당을 말한다. 역사에서는 '입생사立生社'라고 한다.

43 "마땅히 중원 4년으로 해야 한다."(『사기지의』)

44 무제 원수 6년(기원전 117)의 일이다.

45 원문은 '구전군건기履(典)軍搴旗'으로, 다섯 글자가 가지런하지 않아 이해하기 어렵다. 각 주석의 의견도 다양하다. 『사기전증』에서는 세 가지 해석이 가능하다며 정리했다. 첫째, '구履'는 마땅히 '누履' 가 되어야 한다. '전典'은 통솔의 의미다. 즉 여러 차례 군대를 통솔하여 적의 깃발을 빼앗았다. 둘째, '구履'는 '리履'와 통하여 짓밟는다는 뜻이고 '전典'은 불필요한 글자다('수정본'에서도 생략함). 즉 적군을 짓밟고 적군의 깃발을 빼앗았다. 셋째, '구전履典' 두 글자는 '복覆'자의 잘못이다. 즉 적군을 전멸시키고 적의 깃발을 빼앗았다. 『한서』에서는 '이군건기履軍搴旗(적군을 짓밟고 깃발을 빼앗다)'라고 기재하고 있는데, "나카이 리켄이 말하기를 『한서』의 이履자 또한 마땅히 복覆자의 잘못이다'라고 했다."(『사기회주고증』) 역자는 "적군을 전멸시키고 적의 깃발을 빼앗다"로 번역했음을 밝혀둔다.

당해도 부끄럽게 생각하지 않고 아직 발휘하지 못한 재능을 발휘할 기회를 기다렸으며, 끝내 한나라의 명장이 되었다. 현명하고 능력 있는 사람은 진실로 자신의 죽음을 중시한다. 저 비첩婢妾이나 천한 사람이 충동적으로 목숨을 끊는 것은 용감한 일이라 할 수 없으니, 단지 그들은 표명할 수 있는 다른 방법이 없었을 뿐이다. 난포는 팽월을 위해 통곡하고 끓는 솥 안으로 들어가는 것을 마치 집으로 돌아가듯 했으니, 이는 진실로 목숨을 걸 만한 가치를 분명하게 알고 목숨을 중시하지 않은 것이다. 이 같은 행위는 비록 옛날의 열사라 할지라도 뛰어넘을 수 없는 것이다!"

원앙조조열전

袁盎鼂錯列傳

이 편은 한 문제와 경제 때 신하였던 원앙과 조조의 사적을 기술하고 있다. 서로 다른 공적과 장점을 지녔으며 과실도 적지 않았던 두 사람은 평소 적대적이었으며 알력 다툼이 심했다. 사마천은 이러한 연결고리로 둘의 사적을 한 편으로 엮었으며, 『한서』에서도 『사기』와 마찬가지로 두 인물을 하나의 열전으로 구성했다. 원앙은 원칙적인 문제에 관해서는 황제에게 직언을 서슴지 않았는데 결국은 그로 인해 죽임을 당했으며, 조조는 제후들의 봉지를 삭감하고 법령을 개정하여 중앙집권을 강화한 일로 제후들의 반란을 초래했고 결국은 참수되었다.

사마천은 「태사공자서」에서 "원앙은 황제가 화내는 것을 두려워하지 않고 황제의 언행이 도의에 부합되도록 했으며, 조조는 자신의 안위를 돌아보지 않고 국가를 위해 장구하고도 안전한 계책을 제출했다"는 말로써 이들의 장점과 공로를 찬사했다. 반면 두 사람의 알력 다툼으로 인해 같이 파국을 맞은 것에 대해서는 냉철히 비판했다. 원앙에 대해서는 "오와 초가 반란을 일으켰을 때 비록 그는 경제를 설득해 조조를 죽이도록 했지만 끝내 반란을 저지하지는 못했다"고 평가하면서 "원앙은 평생 동안 명성을 추구하며 자신의 재능을 믿고 오만하게 굴다가 끝내 명성 때문에 죽게 되었다"고 했다. 조조에 대해서는 "오와 초 일곱 나라가 반란을 일으켰을 때 위기에 대처하지 않고 공적인 일로 사적인 원한을 갚으려다 도리어 목숨을 잃고 말았다"는 말로써 개탄했다. 그러나 조조는 후세 사람들에게 연민을 불러일으키기도 했다. 반고는 『한서』에서 "조조는 적극적으로 조정을 위해 주도면밀하게 계획하고 원대하게 생각했으나 자신의 화는 보지 못했다. 조조는 비록 천수를 다하지 못했지만 세상 사람들 모두가 그의 충심을 가엾게 여겼다"면서 안타까운 마음을 드러냈다.

원앙袁盎1은 초나라2 사람으로 자가 사絲다. 그의 부친은 일찍이 도적의 무리로, 나중에 강제로 안릉安陵3으로 이주되었다. 고후高后4가 정권을 장악했을 때 원앙은 여록呂祿의 사인舍人을 지냈다. 효문제가 즉위했을 때(기원전 179) 형 원쾌袁噲의 보증으로5 중랑中郎6에 임명되었다.

강후 주발이 승상이 되어 황제를 알현하고 종종걸음으로 나올 때면 오만하고 의기양양해했다. 효문제도 그를 예로써 공경하여 항상 친히 전송했다.7 원앙

1　『한서』에서는 '원앙爰盎'으로 기재하고 있다. "제소남이 말하기를 '원爰은 원袁, 원轅과 통한다'고 했다."(『한서보주』)

2　당시의 초나라는 한나라 초기의 제후국으로, 초 원왕 유교의 아들 유영劉郢과 손자 유무劉戊가 다스릴 때였다.

3　안릉安陵: 유방의 아들 혜제 유영이 묻혀 있는 성읍으로, 지금의 산시陝西성 셴양咸陽 웨이청구渭城區 백묘촌白廟村이다. 한나라 때 제왕은 즉위하면서부터 자신의 무덤을 건설하기 시작했으며 무덤이 있는 지역에 부호들과 죄 지은 자들을 강제 이주시켜 현으로 만들었다. 원앙의 부친도 이렇게 이주된 경우에 속한다.

4　고후高后: 유방의 처 여후呂后로 이름이 치雉다. 유방의 아들 혜제 유영이 죽은 뒤 기원전 187년부터 기원전 180년까지 집정했다.

5　보임保任을 말하는 것으로, 한나라 시기에는 관료들이 아들이나 동생을 관리로 임명하는 제도가 있었는데, 이것은 관료 집단에 대한 일종의 특수한 대우다. 추천한 자가 보증하는 것이다.

6　중랑中郎: 낭관郎官의 일종으로 황제의 근시관近侍官이다. 광록훈에 속했으며 직분은 수레와 말, 궁전 각 문을 관리했고 황제의 호위와 수행을 담당했다. 봉록은 600석이었다. 『한서』에서는 '낭중郎中'으로 기재하고 있다. "「백관표」에 중랑은 봉록이 비比600석이고 낭중은 비比300석이다. 원앙은 형의 보증으로 임명되어 관직을 시작했으므로 반드시 600석의 봉록에 이를 수는 없으니 당연히 낭중이 되어야 한다."(『사기지의』) "『통감通鑑』에서는 『한전漢傳』을 따라 낭중이라 했다."(『사기각증』)

7　원문은 '자송지自送之'로 주발이 대전에서 나갈 때 황제가 친히 전송한다는 뜻이다. 그러나 『한서』에서는 '목송지目送之(눈으로 전송하다)'로 기재하고 있다. "군주가 직접 신하를 전송하는 예는 없다. 황제가 예로써 강후를 대접한다 해도 여기에까지 이르지는 않는다. 목송目送이 맞다."(『한서보주』)

이 황제에게 나아가 말했다.

"폐하께서는 승상을 어떤 사람이라고 생각하십니까?"

황제가 말했다.

"사직신社稷臣[8]이지요."

원앙이 말했다.

"강후는 공신功臣이라고 할 수 있을 뿐 사직신은 아닙니다. 사직신은 마땅히 군주가 살아 있을 때는 같이 살고 군주가 죽었을 때는 함께 죽어야 합니다. 여후가 정권을 장악했을 때 여씨들이 집권하고 제멋대로 왕이 되어[9] 유씨의 천하는 하마터면 끊어지려는 끈과 같이 단절될 뻔했습니다.[10] 그때 강후는 태위를 담당했는데 병권을 쥐고도 바로잡지 못했습니다. 여후가 사망하자 대신들이 연합하여 여씨에 반기를 들었을 때[11] 마침 태위는 병권을 장악하고 있었기에[12] 공교롭게도 공을 이룰 수 있었던 것입니다. 그래서 그를 공신이라 하고 사직신은 아니라고 말씀드리는 것입니다. 승상은 지금 폐하의 면전에서 거만한 기색을 드러내고 있는데 폐하께서 그에게 겸양하시니, 신하와 군주의 예절을 잃은 것입니다. 신이 생각하기에 폐하께서 이와 같이 해선 안 됩니다."[13]

이때부터 조회 때 문제는 점차 장중한 위엄을 보였으며 강후는 더욱 경외하게 되었다. 나중에 강후가 원앙을 꾸짖으며 말했다.

"나는 네 형과 친한 사이인데, 네 녀석이 조정에서 사람들에게 나를 헐뜯었

---

8 사직신社稷臣: 국가 안위에 관계된 중신重臣을 말한다.

9 여후가 자기 마음대로 여산呂産을 양왕梁王, 여록呂祿을 조왕趙王에 봉한 것을 말한다.

10 여후는 앞뒤로 유방의 아들 유여의劉如意, 유회劉恢, 유우劉友를 죽였다.

11 원문은 '공반제여共畔諸呂(함께 여씨들에게 반기를 들다)'다. 『한서漢書』에서는 '공주제여共誅諸呂(대신들이 함께 여씨들을 주살하다)'로 되어 있다. 『한전漢傳』『장단경신행편주長短經臣行篇注』『통감』『용재삼필容齋三筆』에서는 '반畔'을 모두 '주誅'라 했다.(『사기각증』)

12 강후 주발은 이미 병권을 잃은 상태였으나 역황酈況과 기통紀通 등의 도움으로 여록을 속여 인신印信을 손에 넣고 병권을 탈취했다.

13 "문제가 나중에 주발을 봉국으로 돌아가도록 파견했는데, 아마도 원앙의 이 말로 깨우치게 된 것 같다."(『한서규관』)

구나!"

그러나 원앙은 끝내 사과하지 않았다.

강후 주발이 승상에서 면직되어 봉국으로 돌아갔는데,[14] 봉국의 어떤 자가 문제에게 글을 올려 강후가 모반하려 한다고 했다.[15] 그리하여 강후를 도성으로 불러들여 청실淸室[16]에 가두었는데, 이때 종실과 조정의 공경 가운데 그 누구도 감히 그를 위해 말하지 못했으나 오직 원앙만이 강후에게 죄가 없음을 밝혔다. 강후가 끝내 석방될 수 있었던 것은 원앙이 힘을 썼기 때문이다.[17] 이후에 강후는 원앙과 친밀한 교분을 맺었다.

회남여왕 유장이 황제를 알현하려 도성에 왔을 때 벽양후 심이기를 죽였고 행동거지가 매우 거만했다. 원앙이 문제에게 간언했다.

"제후가 지나치게 거만하여 횡포를 부리면 반드시 나라에 우환이 발생하니 마땅히 처벌하고 그들의 봉지를 삭감해야 합니다."

문제는 그의 건의를 받아들이지 않았다. 회남왕은 더욱 거만하고 횡포해졌다.

극포후棘蒲侯 시무柴武[18]의 태자太子[19]가 모반하려는 정황이 발각되어 조사해보

14 문제 3년(기원전 177)의 일이다. 강후 주발의 봉지는 강현絳縣(지금의 산시山西성 장현絳縣 서북쪽, 허우마侯馬성 동쪽)이었다. "효문제가 말하기를 '예전에 내가 도성의 열후들에게 조서를 내려 자신의 봉국으로 돌아가라고 했는데, 어떤 이는 아직까지 움직이지 않고 있소. 승상은 내가 가장 존중하는 사람이니 그들에게 모범을 보여 먼저 봉국으로 돌아가시오'라고 했다. 그리하여 주발은 승상 직무에서 면직되어 자신의 봉국으로 돌아갔다."(강후주발세가)
15 "하동군의 군수와 군위가 현을 시찰하다가 강현에 이를 때마다 강후 주발은 주살당할까 두려워 항상 몸에 갑옷을 걸치고 하인들에게 병기를 쥐고 준비를 시킨 다음에야 비로소 나가 그들을 만났다. 그 후에 누군가 글을 올려 주발이 모반하려 한다고 고발했다."(강후주발세가)
16 문제 4년(기원전 179) 9월의 일이다. 『한서』에서는 '청실淸室'로 기재하고 있다. "응소가 말하기를 '청실은 죄를 청하는 방이다'라고 했고, 여순은 말하기를 '청실은 감옥이다'라고 했다."(『집해』) "청실은 천자 직속의 감방이다. 천자가 감옥을 주관하는데 깨끗하고 공정하기가 물과 같아서 청실請室 혹은 청실淸室이라 한 것이다."(『사기통해』)
17 「강후주발세가」에 따르면, 강후 주발의 아들 주승지周勝之가 문제의 딸을 아내로 맞아들였는데 그녀와 문제의 모친인 두태후가 지원하여 주발이 풀려난 것일 뿐 원앙이 나섰기 때문은 아니다.
18 시무柴武: 유방의 개국공신으로 「고조공신연표」에는 '진무陳武'로 기재되어 있다.
19 태자太子: 전한 초기에 봉지를 소유하고 있으며 군君에 봉해진 모든 후계자를 '태자'라 했으나 나

니 회남왕 유장이 연루되어 있었다. 회남왕은 도성으로 불려왔고, 문제는 그를 촉군으로 유배 보내도록 명했을 뿐만 아니라 함거檻車에 실어 보내게 했다.[20] 원앙은 당시 중랑장을 담당하고 있었는데, 문제에게 간언했다.

"폐하께서는 평소에 회남왕이 교만하게 행동하는 것을 조금도 제지하지 않으셨기에 이 지경까지 이르게 되었는데, 지금 돌연 그를 엄격히 처벌하려 하십니다. 성정이 강한 회남왕이 유배 가는 길에 비바람을 견디지 못하고 죽게 된다면 폐하께서는 천하를 소유하고서도 형제를 너그럽게 용서하지 못하고 심지어 동생을 죽였다는 오명을 듣게 될 텐데 어찌하시려 합니까?"

문제는 간언을 받아들이지 않고 마침내 회남왕을 유배 보냈다.

회남왕은 옹현雍縣에 이르렀을 때 결국 병으로 죽었다.[21] 이 소식을 전해들은 문제는 곡기를 끊고 통곡하면서 슬퍼했다. 원앙이 들어가 머리를 조아리며 죄를 청했다. 문제가 말했다.

"공의 의견을 듣지 않아 이런 결과에 이르렀소."

원앙이 말했다.

"폐하께서는[22] 스스로 마음을 넓게 가지십시오. 이것은 이미 지난 일이니 후회하신들 무슨 소용이 있겠습니까! 게다가 폐하께서는 세상에 드높은 세 가지 행적을 지니셨으니, 이번 일로 폐하의 명성이 손상되지는 않을 것입니다."

황제가 물었다.

"내가 세상에 드높은 세 가지 행적이란 무엇이오?"

중에는 황태자를 지칭하는 용어가 되었다. 시무의 태자 이름은 기奇였다.

20　원문은 '전송傳送'으로, 유배 보낼 때 지방 관원들이 구역을 나누어 촉 땅으로 압송하는 방식을 말한다.

21　문제 6년(기원전 174)의 일로, 「회남형산열전」에 따르면 회남왕은 음식을 끊고 굶어 죽었다. 옹현雍縣은 한나라 현으로 지금의 산시陝西성 평상鳳翔 남쪽 지역이다. 이곳에는 하늘에 제사 지내는 대가 있었고 또 이궁離宮이 있었기에 진·한 때 역대 제왕들이 항상 가는 곳이었다.

22　원문은 '상上'이다. "마땅히 '폐하'라고 해야 한다."(『사기지의』)

원앙이 말했다.

"폐하께서 대代나라 왕으로 계실 때[23] 태후께서 병을 앓으신 지 3년이 되도록 폐하께서는 제대로 주무시지 않고 옷고름도 풀지 않으셨으며, 친히 맛보지 않은 탕약은 태후께 올리지 않으셨습니다. 증삼曾參 같은 평민도 이렇게 하기가 어려운데 지금 폐하께서는 왕의 신분으로 실천하셨으니 증삼을 뛰어넘는 효성이십니다. 여씨 집안이 권력을 장악하고 이후에 다시 대신들이 권력을 독점했을 때 폐하께서는 대나라에서 수레를 타고 아울러 6대의 수레를 이끌고[24] 길흉을 예측할 수 없는[25] 도성으로 급히 달려오셨으니, 옛날의 맹분孟賁과 하육夏育의 용기[26]도 폐하께는 미치지 못할 것입니다. 폐하께서는 장안의 대나라 관저에 당도한 뒤에 서쪽을 향해 두 차례, 남쪽을 향해 세 차례 대신들에게 천자 자리를 사양하며 받지 않으셨습니다.[27] 허유許由도 단지 한 차례 양보했는데, 폐하께서

---

23 문제 유항劉恒은 고조 11년(기원전 196)에 대왕代王에 봉해졌고, 기원전 179년에 황제로 옹립되었다. 재위 기간은 총 17년이다. 대나라의 도성은 중도中都(지금의 산시山西성 평야오平遙 서남쪽)였다.

24 원문은 '육승전六乘傳'으로, 승乘은 네 마리 말이 끄는 수레를 뜻하며 전거傳車는 역참에서 왕래하는 관원들에게 제공하는 수레를 말한다. "동빈이 말하기를 '문제는 한나라 일이 이미 정해졌음을 알고 6대의 수레를 이용해 급히 달려온 것으로, 많은 준비를 하지 않았을 따름이다'라고 했다."(『사기전증』) '육승전六乘傳'의 다른 해석으로, 6필의 말이 끄는 전거를 타는 것과 여섯 번에 걸쳐 전거를 갈아탄 것으로 볼 수도 있다. 전자는 수레를 타는 사람의 높은 신분을 강조한 것이고, 후자는 빨리 도착하고자 함을 강조한 것이다.

25 원문은 '불측不測'이다. "찬贊에서 이르기를 '대신들이 함께 여씨들을 주살하여 화와 복을 아직 알 수 없으므로 불측不測이라 말한 것이다'라고 했다."(『집해』)

26 맹분孟賁과 하육夏育은 고대의 유명한 용사였다. 『시자尸子』에서 이르기를 '맹분은 물길을 가면서 교룡蛟龍을 피하지 않았고, 육로로 가면서 들소와 범을 피하지 않았다'라고 했다."(『색은』) "하육이 크게 소리 질러 욕하면 삼군을 놀라게 하여 물러나게 할 수 있었다."(『전국책』「진책 3」)

27 "대나라 왕이 장안의 대나라 관저로 오자 한나라 조정의 신하들이 연이어 왔고, 대나라 왕은 손님과 주인의 예절로 그들을 대접했으므로 '서쪽을 향하다'로 말한 것이다. 신하들이 권하자 대나라 왕이 무릇 세 번 사양했다. 신하들이 결국 대나라 왕을 부축해 남쪽을 향하는 자리에 앉히려 하자 대나라 왕이 다시 두 번 사양했는데, 남쪽을 향하는 것은 왕이 얻을 수 있는 것이 아니다."(『통감주通鑑注』)「효문본기」와 『한서』에서는 본문과 달리 '대나라 왕이 서쪽을 향해 세 번, 남쪽을 향해 두 번 사양했다'고 했다. 리리의 『광사기정보』에서는 "두 번 세 번은 세 번 두 번으로 바꿔야 한다"고 했다. "왕준도王駿圖가 말하기를 '서쪽을 향해 세 번 양보한 것은 감히 천자의 자리에 앉을 수 없음을 보인 것이다. 남쪽을 향해 두 번 양보한 것은 초나라 왕 유교劉交(유방의 막냇동생)와 오나라 왕 유비에게 양보한 것

는 다섯 차례나 천하를 양보하셨으니 허유보다 네 번이나 더 많은 것입니다.[28] 게다가 폐하께서 회남왕을 귀양 보낸 본뜻은 그가 고생을 해보면서 의지를 단련하고 잘못을 고치게 하려는 것이었는데, 유관 부서의 관리들이 호위하는 데[29] 신중하지 못해 그를 병들어 죽게 한 것입니다."

문제는 이 말을 듣고서야 비로소 마음을 놓으면서, 그에게 말했다.

"어떻게 하면 좋겠소?"

원앙이 말했다.

"회남왕에게는 세 아들이 있으니,[30] 폐하께서 처리하시기에 달려 있습니다."

그리하여 문제는 회남왕의 세 아들을 모두 왕으로 봉했다.[31] 원앙은 이 일로 조정에서 크게 명성을 떨쳤다.

원앙은 항상 원칙적인 문제[32]에 있어서는 격앙되었다. 환관 조동趙同[33]이 술수에 정통하여[34] 문제의 총애를 받았고 항상 원앙을 해치려 했으므로 원앙은

으로, 초와 오나라는 남쪽에 위치해 있다. 유관 부서에서 태자에 오르기를 권했을 때 문제가 "초나라 왕은 계부季父이고 오나라 왕은 짐에게 형이다"라고 말하며 사양했으니, 이때 남쪽을 향해 양보한 뜻을 볼 수 있다'고 했다.(『사기전증』)

28   『한서평림漢書評林』에서는 유자휘劉子翚의 말을 인용하여 '한나라 대신들은 여씨 일족을 주살하고 문제를 영접했다. 문제는 송창宋昌과 계책을 결정하고 왔는데, 어찌 허유 같은 뜻이 있었겠는가? 두 번 세 번 양보한 것은 잠시 겸손함에 힘쓰고자 한 것뿐이다. 허유의 양보보다 많다는 원앙의 말은 아첨이 심한 것으로, 어찌 황제의 교만한 마음을 펼치게 하지 않는가?'라고 했다.(『사기전증』)

29   원문은 '유사위有司衛'으로, 『한서』에서는 '유사숙위有司宿衛'라고 했다. 유사有司는 주관 부서의 관리를 가리킨다. 고대에는 관직을 두고 직분을 나누었으며 각기 전사專司(전문 관리)가 있었으므로 유사라 칭했다.

30   「회남형산열전」에 따르면 유장에게는 네 명의 아들이 있었다. 장자의 이름은 유안劉安이고, 그다음은 유발劉勃, 유사劉賜, 유량劉良이었다.

31   「회남형산열전」에 따르면 문제 8년(기원전 172) 유장의 아들 넷을 모두 후에 봉했다. 문제 16년(기원전 164)에 유량이 죽자 문제는 유안을 회남왕, 유발을 형산왕衡山王, 유사를 여강왕廬江王에 봉했다.

32   "대부분 예법 제도에 대해 말하는 것을 가리킨다."(『사기전증』)

33   조동趙同: 본래 조담趙談으로, 태사공이 부친의 휘를 피하기 위해 '담談'을 '동同'으로 바꾼 것이다.

34   원문은 '수행數幸'이다. 일부 번역본에서 '자주 총애를 받다'로 되어 있으나, 여기서 '수數'는 '음양가의 술수'를 말한다. "조동은 천문기상을 잘 관측하여 총애를 받았고 항상 문제를 모시면서 함께 수

이를 근심했다. 원앙의 조카 원종袁種이 상시기常侍騎35가 되어, [부절을 지니고 천자의 수레를 호위했는데]36 그가 원앙에게 말했다.

"그와 공개적으로 다투게 되면 조정에서 그를 모욕하여 그의 비방하는 말이 받아들여지지 않게 하십시오."37

어느 날 효문제가 외출하는데 조동이 황제의 수레에 함께 타자, 원앙이 수레 앞에 엎드려 말했다.

"신이 듣건대 천자의 6척 수레38를 함께 탈 자격이 있는 사람은 모두 천하의 영웅호걸이라고 합니다. 지금 한나라 조정에 인물이 없다고는 하나 폐하께서는 어찌 궁형을 받은 자와 함께 수레를 타십니까!"39

레를 탔다."(「영행열전」)

35　상시기常侍騎는 기랑騎郞(기병을 담당하는 낭중)으로 부절을 지닌 채 말을 타고 천자의 수레 좌우를 호위했다. 안사고는 말하기를 "기랑으로 상시常侍였으므로 상시기라 했다"고 했다. 『한구의漢舊儀』에서 이르기를 '부절을 지니고 천자의 수레 좌우를 호위하면서 말을 타고 따르는 자를 상시기라 한다'고 했다."(『색은』)

36　원문은 '지절협승持節夾乘'이다. "이 네 글자는 앞뒤 문장을 분리시킨 것으로 상시기의 직무를 보충 설명한 것이다. 아마도 옆에 있던 주석이 혼입된 듯하다."(『사기전증』) 『한서』에는 이 네 글자가 없으며, 역자 또한 삭제해야 할 글자로 판단된다.

37　"강백구岡白駒가 말하기를 '조동과 다투게 되었을 때 조정에서 그를 모욕하면 황제는 틈이 있음을 알게 되고, 조동이 비록 숙부를 험담할지라도 의심하며 받아들이지 않을 것이라는 말이다'라고 했다. 본문과 다르게 『한서』에서는 "신하들 앞에서 그를 모욕하면 이후 그가 숙부를 비방할지라도 황상께서 다시는 믿지 않을 것입니다"라고 했다.(『사기회주고증』)

38　원문은 '육척여六尺輿'로, 넓이가 6척에 이르는 수레를 말한다. "왕선신王先愼이 말하기를 '『수서隋書』 『예의지禮義志』에서 이르기를 "한나라 제도에 옥을 조각하여 만드는데 지름이 6척이다"라고 했다. 『통전通典』 63에서는 "하씨夏氏 말기에 연輦을 제작했는데, 진나라 때 연은 군주가 타기 위한 것이었다. 한나라 때도 이어졌고 옥을 조각하여 만들었는데 지름이 6척이었다. 사람이 끌기도 하고 과하마果下馬가 끌기도 했다"'고 했다."(『한서보주』) 과하마는 키가 3척, 길이는 3척 7촌, 체중은 100근이 조금 넘는 왜소한 말로, 1200~1500근 무게의 화물을 끌 수 있으며 과일 나무를 실을 수 있어 '과하마'라 불린다.

39　"능치륭은 유몽송劉夢松의 말을 인용하여 '원사袁絲(원앙)는 조동이 함께 수레를 탄 것을 간언하니 훌륭하다. 그러나 간언한 것은 옳으나 간언하는 마음은 틀렸다. 무릇 신하가 군주를 섬기면서 사사로운 분개를 쌓아서는 안 되고 지난 원한을 품어서는 안 된다. 원앙의 악담은 평소에 사이가 좋지 않은데다 황제가 동자同子(조동)를 가까이하고 총애하는 것을 두려워하여 밤낮으로 비방하며 그의 악행을 폭로한 것이다'라고 했다."(『사기전증』)

그러자 문제는 웃으면서 조동을 수레에서 내리도록 했다. 조동은 눈물을 흘리며 수레에서 내렸다.

한번은 문제가 수레를 타고 패릉霸陵[40] 서쪽의 가파른 비탈길을 내달리려 했다.[41] 그때 원앙이 말을 타고 달려와 황제의 수레 옆으로 와서 말고삐를 당겨 세웠다. 문제가 물었다.

"장군[42]은 두렵소?"

원앙이 말했다.

"신이 듣건대 천금을 가진 부잣집 자제는 대청의 처마 아래에 앉지 않고,[43] 백금을 가진 보통 집안의 자제는 누각의 난간에 기대어 서지 않는다고 합니다. 영명한 군주는 위험한 곳으로 가서 요행을 바라지 않습니다. 지금 폐하께서는 여섯 마리의 말이 끄는 수레를[44] 달려 험준한 산비탈을 내려가려 하시는데, 만일 말이 놀라 수레가 뒤집어지기라도 하면 폐하께서는 자신을 가볍게 여긴다

---

40 패릉霸陵: 문제 9년(기원전 171)에 문제는 자신의 능묘를 건설하기 시작하면서 현의 명칭도 패릉으로 변경했다. 지금의 산시陝西성 시안 동북쪽 지역이다.
41 "나의 무덤 패릉은 원래의 산천 모습을 그대로 유지해야 하고 바꾸어서는 안 된다."(『효문본기』) 문제의 패릉은 평지에 흙을 쌓아 조성하지 않고 산비탈에 구멍을 뚫은 것이기 때문에 능묘의 정상이 매우 높다.
42 당시 원앙은 중랑장이었기 때문에 장군이라 부른 것이다. "뒤에 원앙은 오나라 상이 되었고, 집으로 돌아오다가 승상 신도가와 말을 하게 되었는데, 신도가는 '식견이 좁고 거친 사람이라 이러한 도리에 밝지 못한데, 다행히 장군께서 가르쳐주셨소'라고 했다. 관부灌夫는 중랑장이었는데, 역사에서 관장군灌將軍이라 부르니, 이것은 중랑장을 장군이라 부른 증거다. 또한 한나라 때 사람을 장군이라 부르는 것을 고찰해보면 특별한 존중의 칭호로, 반드시 실제적인 관직을 가리키는 것은 아니었다."(『고이』)
43 "장읍張揖은 말하기를 '처마의 기와가 떨어져 사람을 맞힐까 두려워하는 것이다'라고 했고, 어떤 사람은 대청의 가장자리에 있다가 떨어질지도 모르는 것을 말한다고 했다."(『색은』)
44 원문은 '육비六騑'이다. 6필의 말이 끄는 수레로 황제의 수레는 말 6마리를 사용했다. 『한서』에서는 '육비六飛'로 기재하고 있는데 같은 뜻이다. "심흠한이 말하기를 '『송서宋書』 「예지禮志」 『일례逸禮』 「왕도기王度記」에서 이르기를 천자 수레는 육비六飛인데, 비황飛黃(전설 속의 신마 이름)을 말한다고 했다'고 했다."(『한서보주』)

하더라도 고묘高廟와 태후[45]는 어찌하시겠습니까?"

문제는 비로소 산비탈을 달려 내려가는 것을 그만두었다.

한번은 문제가 상림원上林苑[46]에 행차했을 때 두황후竇皇后와 신부인愼夫人[47]
이 함께 따라갔다.[48] 낭서장郎署長[49]이 막 방석을 까는데 원앙이 신부인의 방석을 뒤로 밀었
다. 신부인이 화가 나서 앉지 않으려 했고, 황제 또한 화를 내며 일어나 궁궐로
돌아가려 했다.[50] 원앙은 황제 앞으로 나아가 말했다.

"신 듣건대 존비의 순서가 분명해야 비로소 위아래가 화목해진다고 합니다.
지금 폐하께서는 이미 황후를 세우셨으니 신부인은 한낱 첩에 지나지 않는데,
첩이 어떻게 정처正妻[51]와 나란히 앉을 수 있습니까! 그렇게 하면 존비 관계를
어지럽힐 수 있습니다. 폐하께서 신부인을 총애하신다면 많은 상을 내리십시오.
폐하께서 지금 신부인을 대우하는 이런 방법은 신부인을 해치는 원인이 됩니다.
폐하께서는 '인체人彘'[52]의 일을 보지 못하셨습니까?"

문제가 비로소 기뻐하며 신부인을 불러 원앙의 말을 알리자, 신부인은 원앙

---

45   고묘高廟는 유방의 침묘寢廟, 즉 유방을 가리킨다. 태후는 문제의 모친인 박태후薄太后를 말한다.
46   상림원上林苑: 황실의 사냥터로, 진나라 때 건설되기 시작해 한 무제 건원 3년(기원전 138)에 확장
건설되었다. 지금의 산시陝西성 시안西安 서쪽과 저우즈周至, 후현戶縣 경계에 있다.
47   두황후竇皇后는 경제景帝의 생모이고, 신부인愼夫人은 한단邯鄲 사람으로 문제의 첩이다.
48   한나라 때에는 의자에 앉지 않고 바닥에 방석을 놓고 그 위에 앉았다. 존귀한 자는 혼자 자리에
앉는 법인데 같이 앉는다는 것은 존비의 구별을 두지 않았음을 의미한다.
49   낭서장郎署長은 황제의 생활과 기거를 관장하는 관리다. 안사고는 소림蘇林의 말을 인용하여 "낭
서郎署는 상림원에서 숙직하며 경호하는 관서"라고 했다.
50   『한서』에는 '입금중入禁中(궁궐로 돌아가려 했다)' 세 글자가 없으며, 이치에 더 부합하는 것으로
보인다.
51   원문은 '첩주妾主'로. 첩과 정처正妻를 말한다. 당시 첩이 정처를 부를 때는 '가주家主'라 했다.
52   인체人彘: 인간 돼지로, 유방이 총애했던 척부인戚夫人을 가리킨다. 척부인은 태자를 세우는 문제
로 여후와 다투었는데, 유방이 죽은 후 여후에 의해 사지가 잘려 측간에 버려졌다. 『한서』에서는 '인시
人豕'로 기재하고 있다.

에게 황금 50근을 하사했다.

그러나 원앙은 여러 차례 직간直諫을 했으므로 조정에 오래 머물지 못하고 농서군의 도위로 전임되었다. 그는 사졸들을 인자하게 대했는데 사졸들이 모두 그를 위해 목숨을 내걸 정도였다. 나중에 그는 제나라 상相으로 승진되었다.[53] 다시 오나라 상으로 전임되었는데,[54] 작별인사를 하고 떠나려 할 때 조카인 원종이 그에게 말했다.

"오나라 왕은 교만하고 횡포를 부린 지 오래되었고, 그의 수하에는 간사한 자가 많습니다. 지금 그들을 법률로 심문하고 죄를 다스리려 한다면 그들은 글을 올려 숙부를 헐뜯어 무고하거나 날카로운 검으로 숙부를 찌르려 할 것입니다. 남방은 지대가 낮고 습하니 숙부께서는 날마다 술이나 마시면서 다른 일은 무엇이든 관여하지 마시고,[55] 단지 오나라 왕에게 자주 '모반하지 말라'[56]고만 권하십시오. 이와 같이 하면 요행히 화를 면하실 수 있을 것입니다."

원앙이 원종의 계책대로 하자 오나라 왕은 그를 두텁게 대우했다.[57]

원앙이 휴가를 청해 집으로 돌아오는 길에 우연히 승상 신도가를 만나게 되자 수레에서 내려 예를 차려 인사를 했는데, 승상 신도가는 수레 위에서 원앙에게 답례만 했다. 원앙은 돌아온 뒤 자신이 아랫사람들 앞에서 체면을 잃은 것

---

53 당시 제나라 왕은 유비劉肥의 아들 유장려劉將閭(재위 기원전 164~기원전 154)였다.

54 당시 오나라 왕은 유방의 조카인 유비劉濞였다. 고조 11년(기원전 196)에 형왕荊王 유가劉賈가 경포 반란군에 죽임을 당하자 유방은 국호를 오吳로 변경하고 유비를 왕으로 봉했다. 도성은 광릉廣陵(지금의 장쑤성 양저우揚州 서북쪽)이었다.

55 원문은 '무하毋何'다. 안사고는 "무하는 나머지 일들은 하지 말라는 말이다"라고 했다. "무하를 '부족우不足憂'로 해석했는데, '남방은 지세가 낮고 습하니 매일 술을 마실 수 있으며, 술은 습한 것을 막아주기에 근심이 적어진다'는 의미다."(『한서규관』) 『한서』에서는 '무하亡何'로 기재하고 있는데, '무亡'와 '무毋'는 서로 통한다.

56 원문에 '왈曰'자가 있으나 『한서』에는 보이지 않는다. '왈'자는 불필요한 글자다.

57 "원앙의 이러한 행위가 올바른 사람이라 할 수 있는가? 양수다楊樹達(『한서규관』)는 말하기를 「계포전」에서 "계심이 일찍이 사람을 죽이고 오나라로 달아나 원사(원앙)의 집에 숨은 적이 있었다"고 했는데, 아마도 이때인 것 같다'고 했다." (『사기전증』)

을 부끄럽게 여기고, 이에 승상 관사로 가서 명첩을 올리고 뵙기를 청했다. 승상은 한참이 지나서야 원앙을 접견했다. 원앙이 무릎을 꿇고 말했다.

"바라건대 좌우를 물리고 단독으로 이야기할 수 있게 해주십시오."

승상이 말했다.

"사군使君께서[58] 말하려는 것이 공적인 일이라면 승상부 조曹[59]로 가서 장사長史나 연掾에게 말하면 내가 황제께 상주하겠으나, 사적인 일이라면 나는 어떠한 청탁도 받지 않겠소."[60]

원앙은 즉시 무릎을 꿇고[61] 말했다.

"군께서는 승상이 되셨는데, 스스로 생각하기에 진평이나 강후에 비해 어떻다고 생각하십니까?"

승상이 말했다.

"내가 그들보다 못하오."

원앙이 말했다.

"좋습니다. 군께서는 스스로 그들보다 못하다고 말씀하셨습니다. 진평과 강후는 고조를 보좌하여 천하를 평정했고, 장군과 승상이 되어[62] 여씨들을 주살하고 유씨를 보전시켰습니다. 그러나 군께서는 재관궐장材官蹶張[63]에 불과했는데

58　사군使君: 명령을 받들어 사신으로 나간 자에 대한 존칭이다. 원앙은 조정에서 임명한 오나라 왕의 상이기 때문에 사군이라 부른 것이다. 그러나 『사기전증』에서는 '사使'를 '만일, 가령'의 뜻으로 해석했다.

59　조曹: 승상부 관서로 조曹로 나누어 일을 처리했다.

60　"신도가는 사람됨이 청렴하고 정직하여 집에서 사사로운 일로 방문하는 사람을 받지 않았다."(「장승상열전」)

61　"『한서』에서 '일어나서 말했다'고 한 것이 맞다. 앞 문장에서 '무릎 꿇고 말했다'와 대비된다. 여유정도 '일어서서 말했다'가 맞다고 했다."(『사기지의』)

62　강후 주발은 유방 말년과 여후 때 두 차례 태위가 되었고, 진평은 혜제 말부터 여후 시기까지 줄곧 승상을 담당했다.

63　재관궐장材官蹶張: '재관'은 진·한나라 때에 시작된 일종의 지방 예비병 병과兵科이며, '궐장'은 발로 강한 쇠뇌를 밟아 쇠뇌를 발사하는 군사다.

대솔隊率[64]로 승진되었고, 나중에 공적을 조금씩 쌓아 회양군 군수로 승진되었지만, 어떤 기묘한 계책을 내거나 성을 공격하고 승리를 거둔 큰 공은 없습니다. 한편 폐하께서는 대나라에서 오셔서 즉위한 이래 조회 때마다 설사 한낱 낭관이 어떤 상서를 올리더라도 수레를 멈추고 그가 말하는 것을 들어주지 않은 적이 없으며,[65] 받아들일 수 없는 것은 한편에 두고 받아들일 수 있는 것은 받아들일 뿐만 아니라 그들을 칭찬하지 않은 적이 없습니다. 이것은 무엇이겠습니까? 바로 천하의 현명하고 능력 있는 사대부들을 모두 불러들여 조정에서 쓰기 위함입니다. 폐하께서는 날마다 이전에 들어보지 못했던 새로운 것을 듣고 알지 못했던 정황을 명확히 이해하게 되면서 날이 갈수록 더욱 총명해지셨습니다. 그런데 군께서는 지금 천하 사람들의 입을 틀어막아 날로 우매해지고 계십니다. 무릇 성군이 우매한 승상에게 요구하고 독촉한다면 군께서는 큰 화를 입을 날이 멀지 않았습니다."[66]

신도가는 원앙에게 두 번 절하며 말했다.

"이 신도가는 식견이 좁고 거친 사람이라 이러한 도리에 밝지 못한데, 다행히 장군께서 가르쳐주셨소."

---

64 대솔隊率: 50명 미만의 병졸을 거느리는 소대장을 말한다. 『한서』에서는 '대수隊帥'로 기재하고 있는데, '대장'을 말한다. "심흠한이 말하기를 『통전通典』에서 사마양저는 '50명이 대대이고, 1군軍은 250대隊'라고 했다."(『한서보주』)

65 원문은 '수기언受其言'이다. "반드시 수레를 멈추고 그들이 말하는 의견을 들어주는 것으로, 이해할 수 없는 것은 아니다. 그러나 양수다楊樹達는 말하기를 '수受는 낭관이 올린 상서를 받아주는 것이지 그들의 말을 들어주는 것을 말하는 것이 아니다'라고 했다. 양수다의 의견은 참고할 만하지만 너무 융통성 없게 이해해서는 안 된다."(『사기전증』) "유향劉向이 말하기를 '상주문을 올려 업무를 진술하는 자가 있으면 그의 생각을 상하게 하지 않았다. 군신들은 대소를 막론하고 편하게 말하게 하고 수레를 멈추고 들어줬다. 그 말이 받아들일 만하면 잘했다고 칭찬했고, 받아들일 만하지 못해도 즐거워하며 웃을 따름이었다'고 했다."(『풍속통』) 역자는 "들어주지 않은 적이 없다"로 번역했다.

66 "능치륭이 말하기를 '원앙이 황제에게 조동이 함께 수레를 타는 것을 간언한 것은 바른 논리이지만 실제로는 자신을 해칠까 두려워한 것이고, 신도가에게 예의 바른 선비가 되라고 경계한 것은 좋은 말이지만 실제로는 자신이 경시된 것을 부끄러워한 것이다. 원앙은 평생 교활하고 속이는 부류다'라고 했다."(『사기전증』)

신도가는 원앙을 안으로 청하여 앉히고 상객으로 대접했다.

원앙은 평소 조조鼂錯를 좋아하지 않았다. 조조가 있는 자리에서는 원앙이 떠났고, 원앙이 있는 자리를 조조도 피했으므로 두 사람은 한 방에서 이야기를 나눈 적이 없었다. 효문제가 사망하고 효경제가 즉위하자[67] 조조는 어사대부가 되었다. 그는 관리를 보내 원앙이 오나라 왕으로부터 재물을 받은 일[68]을 조사하여 판결하고 하옥시켰으나, 경제가 조서를 내려 원앙을 사면하고 평민으로 강등시켰다.

오나라와 초나라가 반란을 일으켰다는[69] 소식이 조정에 전해지자, 조조는 승사丞史[70]에게 말했다.

"원앙은 오나라 왕으로부터 많은 돈을 받고 오로지 그를 위해 덮어 감춰주면서 그가 배반하지 않았다고 말하고 있다. 그런데 지금 과연 오나라 왕이 반란을 일으켰으니 원앙이 반란 음모를 알고 있었으면서도 보고하지 않은 죄를 다스릴 것을 청할 것이다."

승사가 말했다.

---

67 기원전 157년이다. 경제 원년은 기원전 156년이다. 효경제(재위 기원전 156~기원전 141)는 문제文帝의 아들 유계劉啓다.

68 원앙은 오나라 왕 상을 지낼 때 오나라 왕으로부터 재물을 받았는지에 대한 사실은 역사에 기록된 것이 없다. "『한서평림』에서 모곤의 말을 인용하여, '아마도 조조가 사적인 감정으로 그를 무고했다는 것을 피하지 못할 것이다'라고 했다."(『사기전증』)

69 경제 3년(기원전 154) 1월에 오왕 유비가 초왕 유무劉戊, 교동왕 유웅거劉雄渠, 교서왕 유앙劉卬, 치천왕菑川王 유현劉賢, 제남왕 유벽광劉辟光, 조왕 유수劉遂 등과 함께 반란을 일으킨 것으로, 역사에서는 '칠국의 난'이라고 한다. 3개월 후에 평정되었다.

70 승사丞史에 대한 견해는 다양하다. "승丞과 어사御史로 모두 조조 수하의 속관이다."(『사기전증』) "여순이 말하기를 '「백관표」(『한서』)에 어사대부에게는 두 명의 승丞이 있다. 승사丞史는 승丞과 사史이다'라고 했다."(『집해』) "「백관표」에 따르면 '어사대부에게는 2명의 승과 15명의 어사가 있었다'고 했다. 2명의 승에게는 사史가 없고, 아마도 사는 어사일 것이다. 여순이 틀렸다."(『정의』) "어사에는 2명의 승이 있는데, 한 명을 중승中丞이라 한다. 승사는 즉 어사승御史丞이다. 여순이 승과 사라고 하면서 승사를 둘로 분리했는데, 틀렸다."(『한서보주』)

"오나라 왕이 모반하기 전에 원앙을 처벌했다면 오나라 왕의 배반할 마음을 끊어버릴 수 있었을 겁니다. 지금 오나라 왕의 대군이 이미 서쪽으로 진군하고 있으니 설사 원앙을 처벌한다 한들 또 무슨 소용이 있겠습니까! 게다가 원앙이 그들의 음모에 반드시 참여했던 것도 아닙니다."

조조는 망설이며 결단을 내리지 못했다. 어떤 사람이 원앙에게 이 사실을 알리자 원앙은 두려운 나머지 밤에 두영竇嬰[71]을 찾아가 오나라가 반란을 일으키게 된 원인을 설명하고는 황제에게 직접 진술하고 싶다고 했다. 두영이 궁으로 들어가 황제에게 보고하자 황제는 즉시 원앙을 불러들여 만났다. 그때 조조 또한 황제 면전에 있었는데 원앙이 주변 사람들을 물려달라고 요청하자 조조는 물러나면서 대단히 분개하며 원망했다. 원앙은 경제에게 오나라 왕이 반란을 일으키게 된 상황을 상세히 설명하면서 그 원인은 조조에게 있으니[72] 서둘러 조조를 죽이고 오나라 왕에게 유감의 뜻을 표한다면 오나라 군대는 철수할 것이라고 했다. 그의 말은 「오왕비열전」에 상세하게 기재되어 있다. 경제는 원앙을 태상으로, 두영을 대장군으로 임명했다. 이 두 사람은 평소 관계가 좋았다. 오나라 왕의 반란이 닥치자 장안 황제 능침 부근의 장자長者들[73]과 성 안의 현명하고 능력 있는 사대부들이 모두 앞 다투어 이 두 사람에게 의지했으며, 그들 뒤를 따르는 수레가 매일 수백 대에 이르렀다.[74]

조조가 주살당한 뒤[75] 원앙은 태상의 신분으로 오나라에 사신으로 갔다.[76] 오나라 왕은 원앙에게 자신의 군대를 이끌게 하고 싶었지만 원앙은 받아들이지

71　두영竇嬰: 경제의 모친인 두태후의 조카로, 칠국의 난 이후에 대장군에 임명되었고 위기후魏其侯에 봉해졌다. 무제 때 승상을 맡았으나 나중에 죄를 지어 죽임을 당했다.

72　"조조가 종용하여 조정이 제후의 봉지를 삭감했기 때문이다."(『사기전증』)

73　원문은 '제릉장자諸陵長者'이다. "제릉장자란 여러 능묘 부근으로 이주한 벼슬을 하지 않은 사람들을 말한다."(『한서보주』) 장안 부근에는 장릉長陵(유방 묘), 안릉安陵(혜제 묘), 패릉霸陵(문제 묘) 등의 지역으로 당시 능묘가 있는 고장에는 대부분 부자와 각지에서 이주해온 장자長者들이 거주하고 있었다.

74　"많은 사람이 앞을 다투며 이 두 사람을 의지하고 따른 까닭은 이 두 사람의 인품 때문이 아니다. 중요한 것은 이 두 사람이 모두 단기간에 고관이 되었기 때문이다."(『사기전증』)

않았다.77 오나라 왕은 그를 죽이려고 도위 한 명을 보내 군사 500명을 이끌고 군영 안 장막을 에워싸고 원앙을 감시하도록 했다.

원앙이 오나라 상으로 있을 때 종사從史78 한 명이 원앙의 시녀와 정을 통했는데, 원앙은 그 사실을 알면서도 말을 꺼내지 않고 그를 이전과 같이 대했다. 어떤 사람이 그 종사에게 말했다.

"군께서는 이미 자네가 그 시녀와 정을 통한 일을 알고 계시네."

이 말을 듣고 종사는 바로 도망쳤다.79 원앙은 직접 수레를 몰아 쫓아가서 데려온 뒤 시녀를 그에게 하사하고 자신의 종사로 일하게 했다. 이번에 원앙이 오나라에 사신으로 가서 감시받게 되었을 때 마침 그 종사가 원앙을 감시하는 교위사마校尉司馬80를 맡았다. 그는 자신이 가진 물건을 모두 팔아 독한 술 2석石81을 샀다. 때마침 날씨가 무척 추운데다 병사들은 굶주리고 목말랐으므로 모두 취하도록 술을 마셨고, 서남쪽 모퉁이를 지키던 병사들은 모두 술에 취해 곯아

75 경제 3년(기원전 154)의 1월의 일이다. "조조가 죽임을 당한 시기는 오·초 칠국이 반란을 일으킨 지 얼마 되지 않았을 때다. 당시 칠국이 반란을 일으킨 구실은 바로 '청군측淸君側(군주의 측근 신하와 간신을 제거하는 것)'이었지만 사실은 조조 한 명을 토벌하는 것으로, 원앙은 또 이 틈을 이용해 참언을 하여 경제는 결국 조조를 살해했다."(『사기전증』)
76 원앙이 오나라에 사신으로 간 목적은 조조가 이미 주살되었다는 소식을 오나라에 전하고 군사를 거두어줄 것을 요청하기 위함이었다.
77 "오나라 왕이 군대를 거두려 하지 않고, 오히려 원앙을 오나라에 귀순하도록 압박해서 오나라를 위해 군대를 통솔시키려 했다는 것을 말한다."(『사기전증』)
78 종사從史: 한나라 때 고급 관료를 수행하는 시종관이다. 안사고는 말하기를 "단지 관료를 따라다니기만 했지 문서를 주관하지는 않았다"고 했다.
79 원문은 '내망귀乃亡歸'라고 했는데, 여기서 '귀歸'자의 의미가 모호하다. 『한서』에서는 '내망거乃亡去(도망치다)'라고 했는데, 비교적 표현이 매끄럽다.
80 앞서 도위 한 명을 보내 군사 500명을 이끌고 원앙을 감시하게 했다고 했는데, 여기서는 '교위사마'로 기재하고 있다. 도위는 장군보다 조금 낮은 무관이고, 교위는 1교校 규모의 군사를 통솔하는 군관이다. 즉 교위는 부대장部隊長을 뜻한다. 『한서』에서는 '교위사마校爲司馬'로 기재되어 있는데, '원앙을 따르던 그 종사가 마침 원앙을 감시하는 1교의 사마가 되었다'는 의미라 할 수 있다. 앞서 언급한 500명은 1교의 규모로, 『한서』의 해석이 타당하다고 판단된다.
81 전한 시기의 무게 단위로 1석石은 29.76킬로그램이었다.

떨어졌다. 사마는 밤이 깊어지자 원앙을 일어나게 한 뒤 말했다.

"군께서는 서둘러 달아나십시오. 오나라 왕은 날이 밝으면 군을 참수하기로 결정했습니다."

원앙은 그를 믿지 않고 말했다.

"그대는 누구요?"

사마가 말했다.

"저는 이전에 군의 시녀와 사통했던 종사입니다."

원앙은 깜짝 놀라더니 사양하며 말했다.

"자네한테는 부모님이 살아 계시니,[82] 나로 인해 자네를 연루시킬 수는 없네."

사마가 말했다.

"군께서는 달아나기만 하십시오. 저 또한 도망쳐 부모님을 피신시킬 것이니, 군께서는 걱정하실 필요 없습니다!"

그러고는 군영의 막사를 칼로 찍어서 찢은 다음 원앙을 데리고 취해 잠들어 있는 병사들이 있는 길로 곧장 뚫고 나갔다. 두 사람은 각자 헤어졌고 원앙은 절모節毛를 풀어 옷 속에 품고[83] 그 자루를 지팡이 삼아 단숨에 7~8리를 걸어 갔다.[84] 날이 밝을 무렵 양梁나라 정찰기병을 만났고 말을 얻어 타고 나는 듯이 달려 도성으로 돌아와 사신으로 갔던 결과를 보고했다.

---

82 원문은 '행유친幸有親'이다. '다행히 친인親人(부모)이 살아계시다'의 의미가 아니다. '행幸'은 '다행' 혹은 '행운'의 의미가 아니라 남의 부모가 생존해 있는 것을 말한다.

83 절모節旄(節旄)는 사신이 지니는 부절 위쪽을 야크 꼬리로 장식한 것이다. 원앙의 행동은 위급하게 달아나는 상황에서 발각되지 않기 위해 옷 속에 숨겼다가 만약의 경우 자신이 사신임을 밝히기 위한 것이다.

84 원문은 '장보행칠팔리杖步行七八里'이다. 『한서』에서는 '극보행칠십리展步行七十里(나막신을 신고 70리를 걸어가다)'라고 기재했다. "나카이 리켄이 말하기를 '아마 70리는 아닐 것이다. 한밤중부터 날이 밝을 때까지 어떻게 70리를 걸을 수 있겠는가?'라고 했다."(『사기회주고증』) "심흠한이 말하기를 '7, 8리면 쉽게 벗어날 수 있다. 만약 70리나 되는 먼 거리였다면 어찌 오나라가 말 한 마리를 추격해 체포하지 못했겠는가?'라고 했다."(『한서보주』) 『한서』에서는 '극展(나막신)'이라고 하여 부절의 자루를 지팡이로 삼은 것이 아니라 '나막신'을 신고 걸어갔다고 기재하고 있다.

오와 초의 반란이 평정된 뒤[85] 경제는 다시 원왕元王의 아들 평륙후平陸侯 유례劉禮를 초나라 왕에 봉하고,[86] 원앙을 초나라 상에 임명했다. 원앙이 초나라 상을 지내는 동안 상서를 올려 건의한 적이 있었지만 받아들여지지 않았다. 그리하여 원앙은 병으로 사직하고 집에 들어앉았는데, 마을 이웃들과 어울려 다니면서 닭싸움이나 개 경주를 즐겼다. 낙양의 극맹劇孟이라는 사람이 원앙의 집을 방문하자 원앙은 친절하게 대접했다. 안릉安陵의 어떤 부자가 원앙에게 말했다.

"제가 듣자하니 극맹이 노름꾼이라고 하던데, 장군께서는 어찌하여 그런 사람과 왕래하십니까?"

원앙이 말했다.

"극맹이 비록 노름꾼이기는 하지만 그의 어머니가 죽었을 때 문상을 하러 온 손님의 수레가 1000대가 넘었으니,[87] 이것은 그가 다른 사람들보다 뛰어난 점이 있음을 말해주는 것입니다. 게다가 누구나 피하기 어려운 긴급한 상황이 발생하기 마련입니다. 갑자기 어느 날 어떤 사람이 위급해져 문을 두드리며 도움을 요청할 때 연로한 부모를 구실로 양해를 구하지 않고 개인의 안위를 핑계로 거절하지 않을 천하에 신뢰할 수 있는 사람은 계심季心[88]과 극맹劇孟 두 사람뿐입니다. 지금 공은 항상 몇몇 말 탄 호위자를 데리고 다니지만 하루아침에 긴급한 상황이 발생하면 그들에게 의지할 수 있겠습니까!"

---

85 경제 3년(기원전 154) 2월의 일이다.
86 경제 4년(기원전 153)의 일이다. 유례劉禮는 유방의 조카로 유방의 동생인 초원왕 유교의 막내아들이다. 오와 초나라 칠국의 난 이전에 유례는 조정에서 종정宗正을 담당했다. 초 원왕의 손자 유무劉戊가 유비劉濞 등과 함께 반란을 일으켰을 때 초원왕의 장자는 죽임을 당했다. 초원왕의 제사를 끊어지지 않게 하기 위해 조정에서는 유례를 초나라 왕으로 다시 세웠다. 평륙平陸은 지금의 허난성 웨이스尉氏 동북쪽 지역이다.
87 "극맹의 어머니가 죽었을 때 멀리서 문상을 온 수레가 1000대가 넘었다. 극맹이 죽었을 때 집안에는 남은 재산이 10금도 되지 않았다."(유협열전)
88 계심季心: 한나라 초기 계포季布의 동생으로, 사람을 죽이고 달아나 원앙의 집에 숨은 일이 있다.

원앙은 그 부자를 꾸짖은 뒤 다시는 왕래하지 않았다. 이 이야기를 많은 사람이 들었고 모두가 원앙을 칭찬했다.

원앙은 비록 집에 있었지만 경제는 일이 생기면 항상 사람을 보내 책략을 자문했다. 양나라 왕이 경제에게 자신이 황위를 계승하겠노라 청했는데, 원앙이 경제에게 한 차례 진언한 뒤 양나라 왕에게 황위를 계승시키는 일은 다시 거론되지 않았다.[89] 이 때문에 양나라 왕은 원앙을 원망하여 사람을 보내 그를 찔러 죽이려 했다. 이 자객이 관중[90]에 도착한 뒤 원앙의 사람됨을 알아보니, 많은 사람이 그에 대한 칭찬을 그치지 않았다. 그래서 이 자객은 원앙을 만나 말했다.

"저는 양나라 왕으로부터 돈을 받고 군을 암살하러 왔습니다만, 군께서 덕망이 높은 분이라 차마 죽일 수가 없었습니다. 그러나 뒤이어 군을 죽이러 올 자객 10여 명의 무리가 더 있으니 잘 방비하십시오!"

원앙은 마음이 매우 편치 않았고 집안에서 연이어 괴이한 일이 일어나자 배생杯生[91]을 찾아가 점을 봐달라고 했다. 그러나 돌아오는 길에 양나라에서 뒤이어 보낸 자객이 안릉의 곽문郭門 밖에서 길을 막아서고는 그를 찔러 죽였다.[92]

조조晁錯는 영천潁川 사람이다. 지현軹縣[93]의 장회張恢 선생으로부터 신불해와 상앙의 형명刑名[94] 학설을 배웠고, 낙양의 송맹宋孟과 유례劉禮[95]와 같은 스승을

---

89 원앙은 경제와 두태후에게 유방이 결정한 규율, 즉 황위를 자식에게 이어받도록 한 규율을 깨서는 안 된다고 권했다.

90 여기서는 장안과 주변 지역을 가리킨다.

91 배생杯生: '杯'의 음은 'bei(배)'이다. 즉 성이 배杯인 선생을 말한다. "문영文穎이 말하기를 '진나라 때 현사로 점술을 잘했다'고 했다."(『집해』)

92 경제 7년(기원전 150) 4월의 일이다.

93 지현軹縣: 치소는 지금의 허난성 지위안濟源 동남쪽 지역이다.

94 형명刑名: 형명形名으로, 형形은 사물의 실체를 가리키고 명名은 사물의 명칭을 가리킨다. 형명 관계에 대한 토론은 당시 각 학파의 중요한 주제였는데 법가는 법에 따른 엄격한 상벌 정치를 제창했다.

95 송맹宋孟에 대한 내용은 상세하게 전해지는 것이 없고, 유례劉禮는 앞서 언급한 초나라 원왕의 아들로 나중에 초나라 왕에 봉해진다. 『한서』에서는 '유대劉帶'로 기재하고 있다.

섬겼다. 그는 학술96에 통달하여 태상장고太常掌故97에 임명되었다.

조조는 사람됨이 매섭고 가혹했다. 효문제 때는 천하에 『상서尚書』를 연구하는 사람이 없었고, 단지 제남濟南98 지역에 복생伏生99이란 사람이 있었다. 원래는 진나라의 박사였고 『상서』를 연구했다고 하는데 나이 90여 세로 연로하여 도성으로 불러올 수 없자 문제는 태상에게 조서를 내려 사람을 복생에게 보내 배워 오게 했다. 태상은 조조를 복생에게 보내 『상서』를 배우게 했다.100 배우고 돌아온 조조는 문제에게 글을 올려 국가가 마땅히 해야 할 일을 담론했는데, 항상 『상서』의 관점을 인용했다. 문제는 조서를 내려 앞뒤로 그를 태자사인太子舍人, 문대부門大夫, 가령家令101으로 임명했다. 조조는 뛰어난 언변으로 태자의 총애를 받아 태자궁에서는 그를 '지낭智囊(지혜주머니)'이라 불렀다. 조조는 효문제 때 여러 차례 글을 올려 제후들의 봉지를 삭감하는 사안부터 법령을 개정하는 문제를 논술했다. 수십 차례 글을 올렸지만102 효문제는 받아들이지 않았다.103 그러나 그의 재능을 특별하게 여겨 중대부中大夫로 승진시켰다. 당시 태자는 조

96 원문은 '문학文學'으로, '학술'을 의미하지만 여기서는 그가 배운 신불해와 상앙의 형명 학문을 가리킨다.
97 태상장고太常掌故: 태상의 속관이다. "응소가 말하기를 '장고掌故는 봉록이 100석인 관리로 고사故事를 주관했다'고 했다."(『집해』)
98 제남濟南: 전한 초기에 박릉군博陵郡의 명칭을 변경한 군으로, 치소는 동평릉현東平陵縣(지금의 산둥성 장추章丘 서쪽)이다.
99 복생伏生: 복선생伏先生으로 이름은 승勝이다. 한나라 때 『금문상서今文尚書』의 최초 전수자다.
100 『후한서』「하창전何昌傳」에 이르기를 '6대조 비간比干이 조조로부터 『상서』를 배웠다'고 했다." (『한서신증』)
101 조조는 태자 곁에서 여러 관직을 맡았다. 태자사인太子舍人은 진나라 때 시작된 관직으로 좋은 집안의 자제를 선발하여 궁전의 경호를 담당했다. 낭중과 비슷한 관직으로 봉록은 200석이었다. 문대부門大夫는 태자 동궁의 문을 지키는 관직으로 봉록은 600석이었다. 가령家令은 태자가령太子家令으로 돈과 곡식 수입, 각종 지출 등을 주관했으며 봉록은 1000석이었다.
102 원문은 '서수십상書數十上'으로, 『한서』에서는 '서범삼십편書凡三十篇(올린 글이 모두 30편)'이라고 기재하고 있다.
103 "조조는 여러 차례 효문제에게 상서를 올려 오나라 왕의 영지를 삭감해야 한다고 권했지만, 효문제는 사람됨이 너그러워 차마 오나라 왕을 벌하지 못했다."(「오왕비열전」)

조의 계책을 좋아했으나 원앙 및 여러 대신과 공신들은 모두 조조를 좋아하지 않았다.

경제가 즉위하자 조조를 내사内史로 임명했다. 조조는 항상 경제와 단독으로 정사를 논의하기를 요청했고 경제는 그의 의견을 받아들였는데, 그에 대한 경제의 총애는 구경九卿을 뛰어넘었으며 허다한 국가 법령이 그의 의견에 따라 개정되었다. 승상 신도가는 조조가 눈에 거슬렸지만 그를 꺾을 힘이 없었다. 당시 내사부는 태상황 종묘의 안쪽 담과 바깥쪽 작은 담장 사이의 빈 터에 위치해 있었는데 대문이 동쪽으로 나 있어서 출입이 불편했다. 조조는 이에 남쪽으로 출입문 두 개를 새로 내면서 태상황 종묘의 바깥쪽 작은 담장을 뚫었다. 승상 신도가는 이 소식을 듣고 크게 화가 나 조조의 이번 과실을 계기로 조조를 주살할 것을 주청하고자 했다. 조조는 이 소식을 듣고 그날 밤 궁으로 들어가 황제에게 단독 접견을 청하고는 문을 뚫게 된 모든 과정을 상세하게 보고했다. 승상 신도가는 조정에 나가 정사에 관한 일을 아뢰고는 조조가 제멋대로 태상황 종묘의 바깥 작은 담장을 뚫어 출입하는 문을 만들었으니 그를 정위廷尉에게 넘겨 주살시켜야 한다고 요청했다. 그러자 경제가 말했다.

"그가 뚫은 것은 종묘의 담장이 아니라 종묘 담장 밖 공터의 작은 담장이니 법을 어긴 것이 아니오."

승상 신도가는 사죄했다. 조정에서 물러나온 뒤 신도가는 분노하며 장사長史에게 말했다.

"내가 먼저 그놈을 주살한 다음에 황제께 보고드렸어야 했는데 먼저 요청했다가 도리어 어린놈한테 농락당했으니, 이것이 내가 크게 잘못한 것이다."

승상은 결국 병이 생겨 죽었으나,[104] 조조는 이 일로 더욱 존귀해졌다.

조조는 어사대부로 승진한 뒤[105] 경제에게 제후들의 죄를 조사해서 그들의

---

104 경제 2년(기원전 155) 6월의 일이다. 「장승상열전」에 따르면 "피를 토하고 죽었다"고 했다.
105 경제 2년 8월의 일이다.

봉지를 삭감하고 그들이 대신 관리해온 도성 밖의 군郡[106]을 회수해야 한다고 상주했다. 상주문[107]이 올라가자 경제는 공경, 열후, 종실들과 함께 의논하도록 했는데 감히 동의하지 않는 자가 없었고 오직 두영만이 반대했다. 이로 인해 조조와 두영 사이에 틈이 생기게 되었다.[108] 조조가 개정한 법령이 30가지에 달하자 제후들은 분개하여 시끌시끌했으며 조조를 원망했다. 조조의 부친이 이 소식을 듣고 영천에서 올라와 조조에게 말했다.

"황상께서 막 즉위하시고 공公[109]이 정권을 잡고 조정을 주관하게 되었는데,[110] 공이 제후들의 봉지를 삭감하고 사람들의 가족 관계를 멀어지게[111] 한 일로 모두 공을 원망하고 있으니, 이것은 무엇 때문이오?"

조조가 말했다.

"이미 예상했던 일입니다. 이렇게 하지 않으면 천자는 존귀해지지 않고 종묘는 편안해지지 못합니다."

조조의 아버지가 말했다.

"유씨는 편안해졌지만 우리 조씨는 위험해졌으니, 나는 공에게서 멀리 떠나겠소!"

결국 독약을 마시고 스스로 목숨을 끊었다. 그는 죽기 직전에 말했다.

106　원문은 '지군枝郡'이다. "한나라 초기에 큰 제후국은 왕왕 몇 개의 군과 이어져 있었다. 소위 지군이라고 하는 것은 그 제후국 도성이 위치한 바깥의 다른 군을 가리킨다."(『사기전증』)
107　"조조가 경제를 설득하며 말하기를 '현재의 형세는 그의(오나라 왕) 봉지를 삭감해도 그는 모반할 것이고, 그의 봉지를 삭감하지 않아도 모반할 것입니다. 삭감하면 반란이 빨라져 화는 작을 것이고, 삭감하지 않으면 반란이 늦어지겠지만 화는 더욱 커질 것입니다'라고 했다."(『오왕비열전』)
108　"오와 초 칠국이 반란을 일으켰을 때 경제가 두영을 장군으로 삼은 것은 아마도 이 때문일 것이다."(『한서규관』)
109　조조의 부친은 아들을 비꼬기 위해 일부러 공公이라는 존칭을 붙인 것이다.
110　"당시 도청陶靑이 승상이었고 조조는 단지 한낱 어사대부에 불과했지만, 조조가 황제의 총애를 받고 있었기 때문에 권력을 장악한 인물이 되었다."(『사기전증』)
111　"당시 제후들은 일률적으로 모두 유씨 자손인데, 조조가 그들에게 타격을 안기려 했기 때문에 조조의 부친은 '사람들의 가족 관계를 멀어지게 한다'고 말한 것이다."(『사기전증』)

"나는 차마 큰 화가 내게 미치는 것을 볼 수 없다."

조조의 부친이 죽은 지 10여 일 만에 오나라와 초나라 등 일곱 나라가 반란을 일으켰고[112] 조조를 주살하겠다는 명분을 내세웠다. 두영과 원앙은 경제를 설득했고, 황제는 명령을 내려 조조에게 조정의 예복을 입히고 장안 동시東市에서 참수시키도록 했다.[113]

조조가 죽은 뒤 알자복야謁者僕射 등공鄧公이 교위로 임명되었으며[114] 오·초의 반란군을 토벌하는 데 공이 있어 장군으로 승격시켰다. 그가 전선에서 돌아와 글을 올려 군사 상황을 보고하고 경제를 알현했다. 경제가 그에게 물었다.

"그대가 전선에서 돌아왔으니 묻겠는데, 오나라와 초나라의 반란군이 조조가 죽었다는 소식을 전해 듣고 군사를 물리지 않았소?"

등공이 말했다.

"오나라 왕이 반란을 일으킬 뜻을 품고 준비한 지는 수십 년입니다. 봉지가 삭감되어 분노를 일으켰고, 조조를 주살한다는 것은 구실일 따름이며 실제 목적은 조조에 있지 않았습니다. 신은 천하의 선비들이 모두 입을 다물고 감히 폐

---

112 경제 3년(기원전 154) 정월의 일이다. "오왕 유비는 각국 제후들에게 편지를 보내, '현재 조정에 난신적자亂臣賊子 조조가 있는데 천하에 어떠한 공로도 없으면서 황상을 이간시켜 제후들의 영토를 침탈하고, 사람을 시켜 우리 각국이 조정에 파견한 사자들을 탄핵하고 구금하며 심문하고 각국 제후들을 모욕하는 것을 능사로 삼고 있습니다. 그는 근본적으로 군주에 대한 예절로 우리 유씨 골육을 대우하지 않고 선제의 공신들을 버리고 오직 간신들만을 임용하여 천하 인심을 미혹시키고 사직을 위태롭게 하고 있습니다. 폐하께서는 몸이 허약하고 병이 많아 정신이 온전치 않은데다 조조의 간사함을 분명하게 인식하지 못하기 때문에 이에 군대를 일으켜 그를 토벌하려 하는 것입니다'라고 했다."(『오왕비열전』)
113 동시東市: 한나라 때 장안 동쪽 시장으로, 이곳에서 사형 판결을 받은 범인을 처결했는데 이후에 '형장刑場'을 가리키는 말이 되었다. "중위를 보내 조조를 불러들이고, 수레에 태워 시가지를 두루 돌며 보이게 했다. 조조는 조정의 예복을 입고 동시에서 죽음에 처해졌다."(『한서』)
114 등공이 알자복야 신분으로 교위 관직을 담당한 것을 말한다. 등공의 이름은 역사에 전해지지 않고 있다. 알자謁者는 관직 명칭으로 춘추전국시대에 시작되었고 국군國君을 위해 전달을 관장했다. 진·한 때 낭중령(한 시기에 광록훈으로 변경)의 속관으로, 전례典禮를 거행할 때 의식을 인도하고 일을 접수하여 천자에게 전달하는 일을 관장했으며, 그 장관을 알자복야라고 한다. 알자는 봉록이 비比 600석이었고 알자복야는 비比 1000석이었다.

하께 다시는 이 일을 건의하지 않을까 두렵습니다!"

경제가 물었다.

"무엇 때문이오?"

등공이 말했다.

"조조는 제후들의 세력이 강대해져 조정이 통제할 수 없을 것을 걱정했기 때문에 중앙 정권의 권위를 강화하고자 그들의 봉지를 삭감하도록 요청한 것으로, 이것은 만세에 이익이 되는 일입니다. 그러나 계획이 실행되자마자 갑자기 죽음에 처해졌으니, 이것은 폐하께서 안으로는 충신의 입을 막고 밖으로는 제후들을 위해 원수를 갚아준 것이니, 신은 폐하께서 취할 바가 아니었다고 생각합니다."

경제는 한참 동안 말없이 있다가 말했다.

"공의 말이 옳소. 나 또한 매우 후회하고 있소."

그러고는 등공을 성양국城陽國[115]의 중위로 임명했다.

등공은 성고 사람으로 기이한 계책이 많았다. 건원建元[116] 연간에 한 무제가 현량賢良[117]을 초빙하는데 공경들이 모두 등공[118]을 추천했다. 당시 등공은 면직되어 집에 있었는데, 기용되어 단번에 일반 평민에서 구경의 지위까지 올랐다. 재

---

115 성양국城陽國: 전한 초기의 나라로, 치소는 거현莒縣(지금의 산둥성 쥐현)이었다. 당시 성양왕은 유장劉章의 아들 유희劉喜였다.
116 건원建元은 무제의 첫 번째 연호(기원전 140~기원전 135년)이다.
117 현량賢良: 재능과 덕행이 훌륭한 인물. 무제는 건원 원년에 각 군국에 '현량방정賢良方正, 직언극간直言極諫'의 인사를 천거하게 했다. 현량은 재능과 덕행이 훌륭한 것이고, 방정은 정직한 것을 말한다. 직언극간은 직언극간과直言極諫科의 줄임말로 한나라 때 인재 선발 과목 중의 하나로 선발된 자에게 관직을 수여했다. 이에 현량방정과 직언극간은 인재 선발의 표준이 되었다. 현량방정으로 추천된 자는 정치 득실에 대해 직언해야 하고 표현이 특별히 우수하면 관직을 수여했다. 전한과 후한 양 시기에 각기 현량을 15차례 천거했는데, 매 차례마다 전국에서 100여 명을 천거했고, 선발된 선비가 모두 3000여 명이었다.
118 『한서』에서는 '등선鄧先'으로 기재하고 있다. 안사고는 말하기를 "등선은 등선생鄧先生을 말하는 것과 같다. 先을 그의 이름이라고 말하는 사람도 있다"고 했다. 『한서』「공경표」에는 등공의 이름이 없다."(『고이』)

직한 지 1년 뒤 그는 다시 병을 핑계로 사직하고 고향으로 돌아갔다. 그의 아들 등장鄧章은 황로黃老 학설[119]을 연구하여 조정 대신들 사이에서 명성을 날렸다.

태사공은 말한다.

"원앙은 비록 학문을 좋아하지는 않았지만[120] 억지로 갖다 붙이는 말을 잘했다. 그는 본질적으로 어진 마음이 있었고 또 대의를 밝힐 때는 격앙되기도 했다. 효문제 즉위 초기에 그의 재능이 때를 만나 발휘할 수 있게 되었다. 그러나 경제가 즉위하자 시국은 변화되었고 오나라와 초나라가 반란을 일으켰을 때 그는 경제를 설득해 조조를 죽이도록 했지만 끝내 반란을 저지시키지는 못했다. 원앙은 평생 동안 명성을 추구하며 자신의 재능을 믿고 오만하게 굴다가 끝내 명성 때문에 죽게 되었다. 조조는 태자가령으로 있을 때 여러 차례 문제에게 건의했으나 모두 받아들여지지 않았고, 나중에 권력을 장악하자 법령 규정을 허다하게 개정했다. 제후들이 반란을 일으켰을 때 위급함을 해결하지 않고[121] 공적인 일로 사적인 원한을 갚으려다가 도리어 목숨을 잃고 말았다. 속담에 '예부터 내려오는 관습을 바꾸고 일상적인 규정을 어지럽히면 죽지 않으면 망한다'고 했는데, 조조 같은 사람을 두고 한 말이 아니겠는가!"

119　황로黃老 학설: "황제黃帝와 노자老子를 표방하는 학문 사상으로 대략 전국시대 중기에 형성되었다. 최근에 출토된 『황제사경黃帝四經』이 대표작으로 요지는 청정무위淸靜無爲를 이야기하며 자못 한나라 초기 때의 정치가들이 중시하고 제창했다."(『사기전증』)
120　"원앙은 닭싸움이나 개 경주 시합을 즐기는 유협들과 교류하여 관중 지역에서 널리 이름이 알려졌다. 그는 유협을 가까이하고 유학을 멀리했으므로 '학문을 좋아하지 않았다'고 말한 것이다."(『사기통해』)
121　"오·초 칠국이 조조를 주살하겠다는 명분으로 함께 반란을 일으켰다. 경제와 조조는 출병의 일을 상의했는데, 조조는 황제로 하여금 친히 군대를 통솔하게 하고 자신은 도성에 머물러 지키려고 했다."(『한서』) 이로 인해 태사공이 '위급함을 해결하지 않았다'고 말한 것이다. 반고는 『한서』에서 조조에 대해 다음과 같이 평가했다. "조조는 적극적으로 조정을 위해 주도면밀하게 계획하고 원대하게 생각했으나 도리어 자신의 화는 보지 못했다. 조조는 비록 천수를 다하지 못했지만 세상사람 모두가 그의 충심을 가엾게 여겼다."

장석지풍당열전

張 釋 之 馮 唐 列 傳

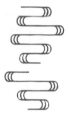

이 편은 한나라 문제의 안색을 살피지 않고 직언하기로 유명한 장석지와 풍당 두 신하의 사적을 기술하고 있다. 이들은 같은 시기의 인물이며 직언을 올리는 신하였기에 사마천은 두 사람을 합쳐 열전을 구성했다. 장석지는 법을 집행하는 수장 직분에 충실하게 법에 준거하여 안건을 잘 판결했으며, 풍당은 법관은 아니었으나 거리낌 없이 황제에게 곧은 말을 올렸다. 사마천은 이들의 품성과 태도를 칭찬했을 뿐만 아니라 신하의 의견을 적극적으로 받아들이고 시행한 문제의 품격과 도량 그리고 신하들과 융합하려는 자세도 찬양했다. 이들과 문제의 신뢰 관계는 사마천이 이상적으로 생각한 군신관계라고 할 수 있다.

장석지는 문제 앞에서 진나라가 왜 멸망했고 한나라가 무엇 때문에 흥기하게 되었는지를 논하여 한 왕조의 정국을 공고히 하는 데 힘을 보탰다. 또한 법을 집행하는 것에 대해 "법이란 황제와 천하 사람들이 모두 준수해야 하는 것이다. 특별하게 무겁게 판결한다면 법령은 백성에게 신임을 받을 수 없게 된다"고 주장했다. 반면 풍당은 "군공을 세운 자에게는 포상이 시행되지 않는데 법을 집행하는 관리의 법령 실행은 받아들여진다"고 지적했는데, 이는 무제 시기의 엄격한 법률을 앞세운 혹리酷吏들의 법 집행을 비판한 사마천의 견해와 일치한다.

문제가 패릉에 행차했을 때 "북산의 돌로 겉널을 만들고 모시와 솜을 잘라 갈라진 틈을 메워 막은 다음 그 틈새를 옻칠한다면 누가 이 무덤을 비틀어 열 수 있겠소!"라고 하자 모든 대신은 좋다고 했지만 장석지는 "무덤 속에 훔치고 싶은 물건이 없으면 돌로 겉널을 만들지 않아도 걱정할 일이 있겠습니까!"라고 대답했는데, 확실히 명언이라 할 만하다.

정위廷尉 장석지張釋之는 도양堵陽[1] 사람으로 자가 계季이고, 그의 형인 장중張仲과 함께 살았다. 그는 재산이 많아 기랑騎郎[2]을 담당하게 되었고 효문제를 섬겼으나 10년이 넘도록[3] 승진도 하지 못하고, 어떠한 명성도 없었다. 장석지가 생각하며 말했다.

"오랫동안 벼슬하면서 형의 재산만 축내고[4] 무엇도 생각대로 되지 못했구나."

그는 관직을 내려놓고 고향으로 돌아가려 했다. 중랑장 원앙은 그가 현명하고 재능 있다는 것을 알고 있었기에 그만두는 것을 애석하게 여겨 문제에게 비어 있는 알자謁者 자리를 장석지에게 내줄 것을 청했다. 어느 날 장석지는 보고를 마친 뒤 내친김에 앞으로 나아가 문제에게 마땅히 해야 할 당면한 일을 말하고자 했다. 문제가 말했다.

"논의를 낮추어 지나치게 고상한 의론은 하지 말라.[5] 지금 시행할 수 있는 것

1   도양堵陽: 한나라 현으로 치소는 지금의 허난성 팡청方城 동쪽 지역이다.
2   원문은 '이자위기랑以訾爲騎郎'이다. '자訾'를 『한서』에서는 '자貲'라 했는데, 모두 '재산'을 가리킨다. 안사고가 말하기를 "집에 재물이 많아 낭郎에 임명된 것이지, 그 재물을 받고 낭의 관직을 수여한 것은 아니다"라고 했다. 즉 '자訾(재산)'는 낭이 되기 위한 조건일 뿐 돈으로 낭의 관직을 산 것은 아니다. "한나라 제도에 2000석 고관과 황제를 가까이 모시는 신하는 자식을 낭관으로 임명하고, 지방의 경우 집 재산이 10만 이상인 자는 결원이 생겼을 때 차례대로 보충하여 낭이 되었다."(『사기통해』) 당시에는 집안이 부유한 사람이 관리가 되어야 횡령하지 않는다고 여겼다. 기랑騎郎은 황제의 시위 관원으로 평상시에는 궁중에서 번갈아 당직하며 문을 지켰고 황제가 출행할 때는 거기車騎를 담당했다. 낭중령의 속관이다.
3   "장석지가 기랑이 된 시기는 문제 즉위 전으로, 『사기』에서 그것을 계산하여 10년이라고 말한 것뿐이다."(『사기지의』)
4   당시 낭관이 된 자는 의복, 안장, 말 장식을 구입하는 비용을 스스로 마련해야 했다.
5   "주수창이 말하기를 '문제는 황로를 배웠고 패도를 뒤섞은 도리로 국가를 다스렸기에 장석지가 옛

을 말하라."

그리하여 장석지는 진나라와 한나라 사이의 일을 말하면서, 진나라가 멸망한 까닭과 한나라가 흥기한 까닭을 한참 동안 이야기했다.[6] 문제는 훌륭하다고 칭찬했고 이에 장석지를 알자복야로 임명했다.

어느 날 장석지는 문제를 수행하고 상림원 안 호랑이를 사육하는 호권虎圈에 오른 적이 있었다. 문제가 상림위上林尉[7]에게 장부에 기재된 각종 금수들의 수에 대해 10여 차례 물었으나 상림위는 이리저리 두리번거릴 뿐 제대로 대답하지 못했다.

이때 호권을 관리하는 색부嗇夫[8]가 곁에서 상림위를 대신해 문제의 질문에 대해 모두 상세하고 빠짐없이 대답했다. 그는 이 기회에 자신의 재능을 보여주고자 했기에 입에서 나오는 대답은 마치 메아리가 울리는 듯 막힘이 없었다. 문제는 듣고서 말했다.

"담당 관리라면 마땅히 이와 같아야 하지 않겠나? 상림위는 신뢰할 수 없다!"

이에 장석지에게 이 색부를 상림령上林令으로 임명하도록 명했다. 장석지는 한동안 머뭇거리다가 앞으로 나와 말했다.

"폐하께서는 강후 주발을 어떤 사람으로 생각하십니까?"

문제가 대답했다.

"덕망이 높은 사람이다."

장석지가 또 물었다.

날 삼황三皇의 일을 열거하고 오제五帝를 의론하는 것을 우려하여 논조를 낮춰 실제적으로 논할 뿐 지나치게 높은 의론은 말하지 말라고 분부한 것이다'라고 했다."(『한서보주』)
6 「역생육가열전」에서 유방이 육가에게 "그대는 나를 위해 시험 삼아 진나라가 무엇 때문에 천하를 잃었으며 내가 어떻게 천하를 얻었는지, 또 역대 국가들의 성공과 실패의 교훈에 대한 책을 써주시오"라고 말하자 육가가 『신어新語』를 저술한 내용과 상통한다.
7 상림위上林尉: 상림원의 금수와 구역 내 거주민을 관리하는 관직이며, 상림령上林令은 상림원의 장관이다.
8 색부嗇夫: 각종 허드렛일을 관장하는 하급 관직이다.

"동양후東陽侯 장상여張相如⁹는 어떤 사람입니까?"

문제가 말했다.

"그 또한 덕망이 높은 사람이다."

장석지가 말했다.

"강후와 동양후를 덕망 높은 사람이라고 말씀하셨지만, 이 두 사람은 일에 대해 토론할 때 종종 한 마디도 꺼내지 못했는데, 어찌 이같이 끊임없이 지껄이고 말주변이 뛰어나 답변이 민첩한 색부를 본받을 수 있겠습니까! 게다가 진나라는 도필리를 중시하고 임용했기 때문에 관리들이 앞 다투어 재빠르고 까다롭게 살피는 방식으로 서로 높고 낮음을 비교했는데, 그런 폐단은 모두 형식적이고 상투적인 문장만 갖출 뿐 실질적으로 마음속의 진실을 드러낸 내용이 없었습니다. 이 때문에 황제는 자신의 과실을 듣지 못한 채 갈수록 쇠퇴하여 진 2세에 이르자 진나라의 통치는 붕괴되었습니다. 지금 폐하께서는 색부가 말주변이 뛰어난 점 때문에 등급을 뛰어넘어 승진시키려 하시는데, 신은 천하의 사람들이 부는 바람에 쏠리듯이 소문을 듣고 앞 다투어 입심만 발휘할 뿐 실질을 강구하지 않을까 우려됩니다. 또한 아랫사람이 윗사람의 뜻에 따라 변화하는 것은 그림자가 형체를 따르고 메아리가 응답하는 소리보다 빠릅니다. 이 때문에 폐하께서는 일거수일투족을 신중하게 하지 않으면 안 됩니다."

문제가 말했다.

"옳은 말이오."

이에 색부를 승진시키려던 것을 그만뒀다.

문제는 수레에 오른 뒤 장석지를 불러 함께 태우고는 천천히 가면서 진나라의 폐해에 대해 물었고, 장석지는 모두 사실대로 대답했다. 궁궐에 이르자 문제

---

9 장상여張相如: 고제 때 중대부였으며 이후 하간군 군수로, 진희를 공격한 공로로 동양후에 봉해졌다가 문제 때 태자태부가 되었다.

는 장석지를 공거령公車令[10]으로 임명했다.

얼마 후 태자와 양나라 왕[11]이 함께 수레를 타고 궁궐로 들어오면서 사마문司馬門[12]을 지날 때 수레에서 내리지 않았다. 이에 장석지가 뒤따라가서 막아 세운 후 궁전 문으로 들어가지 못하게 했다. 그리고 문제에게 상주하여 두 사람이 공문公門[13]인 사마문에서 내려 걸어가지 않은 것은 불경죄라고 탄핵했다. 박태후薄太后[14]는 이 일을 듣고 문제를 꾸짖었고, 문제는 관을 벗고 태후에게 사죄했다.

"자식을 엄하게 가르치지 못한 제 탓입니다."

박태후가 사자를 파견해 황제 명의의 조서를 받들고 가서 태자와 양나라 왕의 죄를 사면한 한 뒤에야 비로소 두 사람은 궁궐로 들어올 수 있었다. 문제는 이 일로 장석지를 남다르게 여기고 중대부에 앉혔다.

얼마 지나지 않아 장석지는 또 중랑장으로 승진했다. 그가 문제를 수행하고 패릉에 갔는데, 그들은 패릉의 북쪽 비탈에 서서 북쪽을 바라봤다. 당시 신부인이 뒤를 따랐는데, 문제가 능묘 아래의 신풍新豐[15]으로 가는 길을 가리키면서 그녀에게 말했다.

---

10 공거령公車令: 공거사마령公車司馬令의 줄임말로 위위衛尉의 속관이다. 황궁의 전문殿門과 사마문司馬門의 경비와 궁정의 야간 순찰을 관장했다. 신하와 백성이 올리는 상서와 사방에서 올리는 공물은 일반적으로 공거령이 접수하여 올렸다.

11 태자는 문제의 아들 유계劉啟로, 훗날의 경제다. 양나라 왕은 태자와 어머니(두태후)가 같은 동생인 양효왕 유무劉武다.

12 사마문司馬門: 황궁의 외문外門이다. "여순이 말하기를 『궁위령宮衛令』(궁정 경비 법령)에서 모든 전문殿門과 공거사마문을 출입하는 사람들과 요전軺傳(사자가 타는 수레)을 탄 자는 모두 문 앞에서 내려야 하며, 법령대로 하지 않으면 4냥의 벌금을 내야 한다'고 했다."(『집해』) "『삼보황도三輔黃圖』에 이르기를 '사마라는 것은 궁궐 담 안쪽으로 병사가 호위하는 곳이며 사마가 군대 일을 주관하므로 궁궐 외문을 설치하고 사마문이라 했다'고 했다."(『사기전증』)

13 공문公門: 궁정의 외문外門을 말한다. "조정의 문(궁정 문)에 들어가실 때는 몸을 굽혀 문이 높고 큰데도 자신이 용납되지 않는 것처럼 하셨다入公門, 鞠躬如也, 如不容."(『논어』 「향당鄉黨」)

14 박태후薄太后: 문제의 모친이며 태자와 양왕의 조모다.

15 신풍新豐: 한나라 현으로 치소는 지금의 산시陝西성 린퉁 동북쪽 지역이다. 당시 패릉의 동북쪽 지역이다.

"이 길이 한단으로 가는 길이오."16

문제는 신부인에게 비파를 연주하게 하고 자신은 비파 선율에 맞추어 노래를 부르다가 처량하고 슬픈 감회를 느끼고는 고개를 돌려 대신들에게 말했다.

"아! 북산北山의 돌로 겉널을 만들고 모시와 솜을 잘라 갈라진 틈을 메워 막은 다음 그 틈새를 옻칠한다면 누가 이 무덤을 비틀어 열 수 있겠소!"

좌우 대신이 모두 말했다.

"훌륭하십니다."

이때 장석지가 앞으로 나와 말했다.

"만일 무덤 속에 사람들이 훔치고 싶은 물건이 있으면 설사 철을 녹여 부어서 모든 남산南山을 막을지라도 파헤쳐 열 수 있는 틈이 있을 것입니다.17 그러나 무덤 속에 훔치고 싶은 물건이 없으면 돌로 겉널을 만들지 않아도 달리 무엇을 걱정하겠습니까!"

문제는 그 말이 옳다고 칭찬했다. 그 뒤 다시 장석지를 정위로 임명했다.

얼마 뒤 문제가 출행하여 중위교中渭橋18를 지나가는데 어떤 사람이 갑자기 다리 밑에서 뛰어나와 문제의 수레를 끄는 말을 놀라게 했다. 이에 문제는 기랑을 시켜 그를 체포하게 하고는 정위에게 넘겨 처리하도록 했다. 장석지가 심문하자 그 사람이 말했다.

"저는 장안현長安縣에서 온 촌사람인데,19 통행을 금하는 명령20을 듣고 다리 밑에 숨어 있었습니다. 한참 기다렸다가 폐하의 수레가 이미 지나간 것으로 알

16　신부인은 한단 사람이었다.
17　"장안이 말하기를 '황제가 북쪽을 향해 있으므로 북산이라 했고, 고개를 돌려 남쪽을 향해 있으므로 남산이라 한 것이다'라고 했다."(『집해』)
18　"위교渭橋는 세 군데 있다. 한 군데는 성의 서북쪽 함양로咸陽路에 있는데 서위교西渭橋라 하고, 한 군데는 동북쪽의 고릉도高陵道에 있는데 동위교東渭橋라 하며, 중위교中渭橋는 옛 성의 북쪽에 있다."(『색은』)

고 나왔는데 수레와 기병이 아직 있는 것을 보고 놀라 달아났을 뿐입니다."

정위 장석지가 판결 결과를 보고했는데, 이 사람[21]은 통행을 금한 명령을 위반했으므로 벌금형에 처했다고 했다.[22] 문제가 화를 내며 말했다.

"이놈은 나의 말을 놀라게 했네. 나의 말이 순하고 길들여졌기에 망정이지 다른 말 같았으면 수레가 뒤집어져 내가 다치지 않았겠나? 그런데 정위는 겨우 벌금형에 처했단 말인가!"

장석지가 말했다.

"법이란 황제와 천하 사람들이 모두 준수해야 하는 것입니다. 지금 법령에 따라 이같이 판결해야 하는데 특별히 무겁게 한다면 백성에게 신뢰를 얻을 수 없습니다. 게다가 당시 폐하께서 그를 잡았을 때 사람을 시켜 죽였다면 그만이었습니다.[23] 그런데 지금 이미 정위에게 그를 넘기셨고, 정위는 천하 사람을 위해 법을 공평하게 집행하는 사람입니다. 정위의 법 집행이 한쪽으로 기울어 편파적이라면 모든 천하의 법이 집행의 경중이 제멋대로 될 것이니, 그때 백성은 누구를 따라야 하겠습니까? 폐하께서는 이 점을 고려하시기 바랍니다."

한참 있다가 문제가 말했다.

"정위의 판결이 옳소."

19　원문은 '현인縣人'이다. 현에서 온 사람, 즉 '촌사람'을 말한다. "여순이 말하기를 '장안현長安縣 사람'이라고 했다."(『집해』) "『한기漢紀』에서는 원현遠縣 사람이라고 했다."(『한서보주』) 원현은 도성의 상대적인 말로 '촌사람'과 같다.

20　원문은 '필필蹕'로, 경필警蹕이라고 한다. 고대 제왕이 출입할 때 지나는 도로를 시위侍衛들이 경계하고, 거리를 청소하고 행인의 통행을 금지하는 것을 말한다. 나갈 때를 필蹕이라고 돌아올 때를 경警이라 한다.

21　원문은 '일인一人(한 사람)'이다. "마땅히 송본宋本에 따라 차인此人(이 사람)으로 해야 한다."(『독서잡지』「사기」) 『한서』에서도 '차인此人'이라 기재하고 있다. 역자 또한 '차인'으로 번역했다.

22　"여순이 말하기를 「을령乙令」에서 통행금지를 명령할 때 먼저 이르러 범하는 자는 벌금 4냥을 부과한다'고 했다."(『집해』)

23　홍매洪邁가 말하기를 '장석지가 "폐하께서 그를 잡았을 때 사람을 보내 죽였다면 그만이다"라고 말했는데, 군주에게 살인을 가볍게 여기는 것을 일깨우는 것이 아닌가? 이 한 구절은 마땅하지가 않다'고 했다."(『사기전증』)

그 후 어떤 사람이 고묘高廟[24]의 신령 자리 앞에 놓여 있던 옥고리를[25] 훔치다가 체포되었다. 문제는 매우 화를 내며 정위에게 넘겨 심리하고 죄를 다스리도록 했다. 장석지는 종묘에 바친 용품을 훔친 자에 관한 법률조항에 의거해 죄인을 죽인 후 거리에 내다버리는 기시棄市 판결을 상주했다. 그러자 문제는 크게 화를 내며 말했다.

"이놈은 대역무도한 놈으로 선제 종묘의 기물을 훔쳤소. 내가 그놈을 그대에게 넘긴 뜻은 그놈 가족을 멸하고자 함인데 그대는 통상적인 법률에 의거해 보고하니, 이는 내가 종묘를 공경하여 받들고자 하는 뜻이 아니오."

장석지는 관을 벗고 머리를 조아리며 문제에게 사죄하여 말했다.

"법률조문에 따라 그에게 죽을죄를 판결한 것으로 충분합니다. 게다가 동일한 죄의 등급 안에서도 구체적인 내용과 경위에 따른 차별이 있어야 합니다.[26] 지금 종묘의 물건을 훔쳤다고 하여 그 집안을 멸하는 판결을 내린다면, 만에 하나라도 이후에 어떤 어리석은 백성이 장릉長陵의 흙 한 줌을 파내어 훔쳤을 때 폐하께서는 얼마나 더 무거운 법으로 처벌하시겠습니까?"

한참 후 문제는 태후와 함께 상의하고 나서 정위의 판결에 동의했다. 당시 중위中尉[27] 조후條侯 주아부周亞夫[28]와 양나라 상 산도후山都侯 왕염개王恬開[29]는 장

---

24 고묘高廟: 고조 유방의 종묘다. "한대에는 경사京師와 각 군국에 모두 고묘가 있었다."(『사기신증』)

25 원문은 '옥환玉環'으로 "옥환은 벽환璧環의 환環으로 장식품이 아니다."(『사기신증』)

26 "여순이 말하기를 '모두 죽을죄이지만 옥고리를 훔친 것이 장릉의 흙을 훔친 것만 못하다는 뜻이다'라고 했다."(『집해』)

27 중위中尉: 도성의 치안과 순찰, 도적 체포를 주관하는 관리로 나중에 명칭이 집금오執金吾로 변경되었다.

28 조후條侯 주아부周亞夫: 강후 주발의 아들로 조후條侯에 봉해졌다. 조條는 한나라 현으로 치소는 지금의 허베이성 징현景縣 남쪽이다. 주아부는 경제 때 태위에 임명되었으나 경제의 뜻을 거역하여 경제 후원 원년(기원전 143)에 모반죄로 하옥된 후 음식을 거부하다가 피를 토하고 죽었다.

29 왕염개王恬開: 원래 이름은 왕염계王恬啓인데 경제를 피휘하기 위해 개開라 했다. 고조 때 진희를 공격한 공로로 양나라 왕 유회의 상이 되었고, 여후 4년(기원전 184)에 산도후에 봉해졌다. 산도山都는 한나라 현으로 치소는 지금의 후베이성 샹판襄樊 서북쪽 지역이다.

석지의 법 집행이 공정한 것을 보고 모두 그를 친밀한 벗으로 삼았다.[30] 장석지는 이때부터 천하 사람들의 칭찬을 받았다.

뒤에 문제가 죽고 경제가 즉위하자[31] 장석지는 두려워하며[32] 항상 병을 평계 댔다. 그는 사직하고 조정을 떠날까 생각했으나 주살되는 화를 초래할까 두려워했다. 경제를 만나 사죄할까 생각도 해보았지만 결과가 어떻게 될지 알 수 없었다. 그러다가 왕생王生(왕 선생)의 계책을 받아들여 마침내 경제를 알현하고 사죄하자[33] 경제 또한 그를 책망하지 않았다.

왕생은 황로 학설에 정통한 처사處士[34]였다. 한번은 그가 부름을 받아 조정에 들어가 앉았는데, 삼공 구경이 모두 모여 서 있었다.[35] 늙은 왕생이 말했다.

"내 버선 끈이 풀어졌군."[36]

그러고는 고개를 돌려 장張 정위(장석지)에게 말했다.

"내 버선 끈을 매어주시오!"

장석지는 무릎을 꿇어 몸을 굽히고는 그의 버선 끈을 매어주었다. 이후 어떤 사람이 왕생에게 물었다.

"어찌 장 정위에게 무릎을 꿇어 버선 끈을 매도록 모욕을 주셨습니까?"

왕생이 말했다.

30 "장석지가 정위가 되었을 때 산도후는 이미 사망했다. 장석지가 명성을 얻지 못했을 때부터 산도후와 친밀한 친구 관계였는지 의심스러우며, 태사공이 함께 서술하여 장석지의 명성을 한나라 때 드러나게 했는데 반고도 이를 답습하여 살피지 않았을 따름이다."(『한서보주』) "왕염개는 고조 때 장수이고 문제 3년에 죽었다. 이 문장은 왕염개와 조후 주아부를 함께 거론하면서 문제 말기의 일을 서술하고 있어 오류가 의심된다."(『사기전증』)
31 문제는 후원 7년(기원전 157)에 사망했고, 경제 원년은 기원전 156년이다.
32 "황제가 태자였을 때 양나라 왕과 함께 입조하면서 사마문에서 내리지 않아 장석지가 탄핵했기 때문에 두려워한 것이다."(『색은』)
33 왕생의 계책이 무엇이었는지는 전해지지 않고 있다.
34 처사處士: 재능이 있으나 출사하지 않은 사람으로, 대략 은사隱士와 같다.
35 "왕문빈王文彬이 말하기를 '당시 한나라 조정은 황로 학설을 숭상했으므로 크게 모였을 때 부름을 받은 왕생은 조정에 앉았고 공경들은 모두 서 있었다'고 했다."(『한서보주』)
36 당시 군신들은 대전에 오르면 반드시 신발을 벗고 버선발로 걸어야 했다.

"나는 늙고 또 지위가 낮기에 스스로 헤아려볼 때 장 정위에게 도움이 될 만한 것이 없었소. 장 정위는 지금 천하의 명신名臣이므로 내 일부러 사람들 앞에서 그가 무릎 꿇어 버선 끈을 매는 모욕을 주어 그의 명성을 높여주려 한 것이오."

사람들은 이 말을 듣고 모두 왕생을 칭찬했고 장 정위를 더욱 존경했다.

장석지는 경제 곁에서 1년여 동안 정위를 한 뒤에 회남왕37의 상이 되었는데, 이는 전에 경제가 태자였을 때 죄를 지었기 때문이다.38 세월이 흘러 장석지는 사망했다. 그의 아들인 장지張摯39는 자가 장공長公이며 대부의 관작까지 이르렀으나 면직되었다. 그는 성정이 곧아 권세가에 영합하지 않았기 때문에 면직된 후로는 죽을 때까지 벼슬을 하지 않았다.

풍당馮唐의 조부祖父는 조나라 사람이다. 부친 때 대代나라로 강제 이주되었다가 한나라가 건립된 후 다시 안릉安陵으로 옮겨졌다. 풍당은 효행으로 유명했으며, 중랑서장中郎署長40이 되어 문제를 섬겼다. 한번은 문제가 수레를 타고 중랑관서를 지나다가 풍당을 향해 물었다.

"노선생41은 이렇게 연로한데 어떻게 낭관이 되었소?42 집은 어디에 있소?"

풍당이 모두 사실대로 대답하자 문제가 말했다.

37 당시 회남왕은 회남여왕 유장의 아들 유안이다.
38 "경제는 조조를 죽이고 주아부를 죽였으며 변덕스럽고 은혜를 잊고 의리를 저버렸기에 태사공은 그를 매우 싫어했다."(『사기전증』)
39 "이 사람은 전한 시기에는 이름이 세상에 알려지지 않았고, 『한서』에서도 간단하게 언급했다. 그러나 위진魏晉 이후에는 자못 중시되어 도연명은 시에서 여러 차례 그를 언급했는데, 「음주이십수飮酒二十首」「독사술구장讀史述九章」에 보인다."(『사기전증』)
40 중랑서장中郎署長: 서署는 관서, 기관을 말하고 장長은 장관이다. 중랑中郎(황제의 시종 인원) 관서의 사무를 주관하고 낭중령郎中令의 소속이었다. 『한서』에서는 '낭중서장郎中署長'이라 기재하고 있다.
41 원문은 '부로父老'으로, 연장자에 대한 경칭이다.
42 안사고는 말하기를 "나이가 이미 늙었는데 어찌하여 스스로 낭관이 되었는가를 말하는 것이다"라고 했다. "최호가 말하기를 '황제가 풍당에게 어떤 경로로 낭관이 되었는지 묻는 것이다'라고 했다."(『색은』) "최호의 말이 맞다. 황제는 평소에 풍당을 알지 못했고 중랑서장 또한 결코 작은 직무가 아니다. 문제가 한번 보고 적합하지 않다고 여기고 그의 관직이 낮은 것을 이상하게 여긴 것이다."(『사기전증』)

"내가 대나라에 있을 때[43] 나의 상식감尚食監[44] 고거高祛가 여러 차례 내게 조나라 장수 이제李齊[45]가 현명하고 능력 있다고 말하면서, 그가 거록성 아래에서 작전을 펼치던 장면을 이야기해줬소.[46] 지금까지도 밥을 먹을 때마다 거록에서 이제가 싸우던 장면이 생각나지 않은 적이 없소. 노선생은 이제를 아시오?"

풍당이 대답했다.

"이제는 장수로서 염파廉頗와 이목李牧의 재능에 비할 수 없습니다."

문제가 물었다.

"어째서 그렇게 말하시오?"

풍당이 말했다.

"신의 조부는 조나라에 있을 때 관솔장官率將[47]을 맡았는데 이목과 사이가 좋았습니다. 신의 부친은 대나라 왕의 상을 지낼 때 또 조나라의 장군[48] 이제와 친하게 지냈기 때문에 그 사람됨을 알고 있습니다."

문제는 염파와 이목의 사람됨과 사적에 대한 이야기를 듣더니 매우 기뻐하며 허벅지를 치면서 말했다.

"아! 나만 염파와 이목 같은 장군을 얻지 못했구나. 이런 사람들이 나의 장군이었다면 내 어찌 흉노를 근심하겠는가!"

---

43 문제는 황제로 즉위하기 전 기원전 196~기원전 180년까지 대왕代王으로 있었다.

44 상식감尚食監: 제후왕의 음식을 주관하는 관리로, 태관太官이라고도 불렸다.

45 역사에 이제李齊에 관련한 사적은 보이지 않는다.

46 진나라 장수 왕리가 거록을 포위하자 항우가 군사를 이끌고 거록을 구한 사건으로, 진 2세 3년 (기원전 207) 겨울의 일이다.

47 관솔장官率將: 백부장百夫長(100명 정도의 대오를 이끄는 군관)을 말한다. "가규賈逵가 말하기를 '100명이 1대隊가 된다. 관사官師는 대隊의 대부大夫다'라고 했다."(『색은』) 『한서』에서는 '솔率'을 '사帥'로 표기하고 있다. "「풍봉세전馮奉世傳」에서 이르기를 '조나라에서 관솔장官帥將이 되었고, 관솔장의 아들이 대나라의 상이 되었다'고 했는데, 여기서 말하는 사람이 바로 풍당의 조부다."(『한서보주』)

48 "조나라 왕 헐歇의 장군을 말한다. 당시 진여는 조헐을 옹립해 조나라 왕으로 삼았고, 조헐은 진여를 대나라 왕으로 봉했다. 진여는 비록 대나라 왕이 되었지만 부임지인 대나라로 가지 않고 조나라에 머물며 조왕의 상이 되었다. 대와 조나라 양국 관계는 특별히 친밀했으므로 풍당의 부친이 비록 대나라 상이었지만 조나라 장군 이제와 친하게 지낼 수 있었다."(『사기전증』)

풍당이 말했다.

"신 황공합니다만,[49] 폐하께서 설사 염파와 이목을 얻는다 하더라도 그들을 중용하실 수 없을 것입니다."

문제는 화를 내며 일어나 궁으로 들어갔다. 한참 지나서 풍당을 불러들여 꾸짖으며 말했다.

"공은 어찌하여 많은 사람 앞에서 나를 모욕했소? 사람이 없는 곳에서 내게 말할 수 없었소?"

풍당이 사죄하며 말했다.

"신이 천박하여 꺼려야 할 일인 줄 몰랐습니다."

당시 마침 흉노가 대대적으로 조나현朝那縣[50]을 침략하여 북지군北地郡[51] 도위 손앙孫卬을 죽였다.[52] 문제는 오랑캐의 침입을 고민하다가 갑자기 다시 풍당에게 물었다.

"그대는 내가 염파와 이목을 중용할 수 없다는 것을 어떻게 알았소?"

풍당이 대답했다.

"신이 듣건대 고대의 제왕들은 자기의 장군을 출정시킬 때 꿇어앉아 수레바퀴를 밀어주면서 '성문[53] 안의 일은 내가 관할할 테니 성문 밖의 일은 전부 장군이 통제하시오'라고 말하고, 전공을 세우면 작위와 봉록, 포상 일체를 장군이 전권을 쥐고 결정케 하고 돌아와 보고하게 했다고 합니다. 이것은 빈말이 아닙

---

49 원문은 '주신主臣'으로, 신하가 군주 면전에서 공경을 표시하는 겸손한 말이다. 또한 '황공'의 뜻으로도 사용된다. "악언樂彦이 이르기를 '신하가 나아가 면전에서 주신主臣이라 하는데, 글을 올릴 때 앞에 매사昧死(죽을죄를 지었다. 황송하다)라고 하는 것과 같다'라고 했다."(『색은』)

50 조나현朝那縣: 한나라 현으로 치소는 지금의 닝샤 후이족 자치구의 구위안固原 동남쪽 지역이다.

51 북지군北地郡: 지금의 간쑤성 동북부와 닝샤 후이족 자치구 북부 일대다. 치소는 마령馬嶺(지금의 간쑤성 칭양慶陽 서북쪽)이다.

52 도위는 문제 때의 군위와 같은 직위로, 경제 때 명칭이 변경되었다. 문제 14년(기원전 166) 겨울, 흉노 선우의 14만 기병이 조나현 소관蕭關으로 침입해 북지군 도위 손앙을 죽였다.

53 원문은 '곤閫'으로, 문턱을 의미하지만 여기서는 '성문'을 가리킨다. 『한서』에서는 '얼闑'로 표기하고 있는데, 문 중앙에 세워둔 짧은 나무, 즉 문지방을 말한다.

니다. 신의 조부가 말하기를 이목이 조나라 장수로 변경에 주둔하여 지킬 때 주둔지에서 시장 교역으로 거둔 조세 수입을 사병들의 노고를 위로하는 데 사용했으며, 군중에서의 모든 포상도 장군 스스로 결정하게 하고 군왕은 간섭하지 않았다고 합니다.[54] 군왕은 장군에게 권한을 위임하여 승리만 책임지게 했기에 이목은 비로소 자신의 지혜와 재능을 모두 발휘할 수 있었고, 전차 1300승, 쇠뇌를 당기는 기병 1만3000명, 군공으로 백금의 상금을 받은 용사 10만 명을 선발하여 파견했습니다. 이목은 그들에 의지해 결국 북쪽으로 흉노인을 쫓아내고 동호東胡[55]를 격파했으며 담림澹林[56]을 멸망시켰고, 서쪽으로는 강한 진나라의 진공을 저지하고 남쪽으로는 한韓과 위魏에 대항했습니다. 당시에 조나라는 거의 천하의 패자라 칭하게 되었습니다.[57] 그 뒤 조나라 왕 천遷이 즉위했는데, 그의 모친은 한낱 노래 부르는 여자에 불과했습니다. 조나라 왕 천은 즉위한 뒤 곽개郭開의 중상모략에 빠져 이목을 죽이고 안취顔聚를 파견해 이목을 대신하게 했습니다. 이 때문에 군대는 전장에서 패하고 사졸들은 달아났으며 조나라 왕은 진나라에 사로잡히고 나라는 멸망했습니다. 지금 신이 듣건대 위상魏尙[58]은 운중군雲中郡 군수를 담당했을 때 주둔지의 시장 교역으로 걷은 조세 수입을 모두 병사들의 노고를 위로하는 데 사용하고, 자신의 봉록으로 닷새마다 한 차례

---

54 "이목은 실제 수요에 근거하여 수하의 관리를 임명하고 시장에서 거둔 세금을 전부 자신의 막부莫府(幕府) 소유로 돌려 사졸들의 생활 비용으로 사용했다."(「염파인상여열전」)

55 동호東胡: 흉노 동쪽에 거주하는 부족. 춘추전국 이래로 남쪽으로는 연나라와 이웃했고 이후에 지금의 랴오허강遼河 상류 라오하허老哈河, 시라무룬허西拉木倫河 유역으로 이주했다. 진나라 말기에 동호는 더욱 강대해졌으나 전한 초기에 흉노 묵돌 선우에게 격퇴당했다. 한 갈래는 오환산烏桓山(지금의 네이멍구 아루커얼친기阿魯科爾沁旗 서북쪽)으로 물러나 오환烏桓이라 불렸고, 다른 한 갈래는 선비산鮮卑山(지금의 네이멍구 커얼친우익중기科爾沁右翼中旗 서쪽)으로 물러나 선비鮮卑라고 불렸다.

56 담림澹林: 담람澹藍이라고도 한다. 지금의 산시山西성 북부 지역(당시 대나라 북쪽 일대)에서 활동하던 부족이다.

57 "이 또한 형세를 좋게 과장한 말일 뿐이다. 당시 한·위·조는 간신히 멸망하지 않았을 뿐인데, 어찌하여 패자라 칭하는가?"(『사기전증』)

58 위상魏尙은 이 편에 한 차례 등장할 뿐으로 그 사적은 상세하지 않다.

씩 소를 잡아 빈객과 군리, 사인들을 대접했다고 합니다. 이로 인해 흉노인들이 놀라 모두 멀리 피하고 감히 운중군 변경에는 접근하지 못했다고 합니다. 흉노가 한 차례 침범한 적이 있는데, 위상이 즉시 전차와 기병부대를 이끌고 물리쳐 매우 많은 적군을 죽였다고 합니다. 위상의 사졸들은 모두 평민 자식으로 농사를 짓다가 종군하게 되었는데, 어떻게 군법 중의 척적尺籍, 오부伍符59 같은 규정을 알겠습니까? 그들이 하루 종일 목숨을 걸고 싸워 적군을 참수하고 포로를 잡아 막부에 공적을 보고할 때 한 마디라도 사실과 부합되지 않으면 문리文吏60 들이 법률 조문에 근거하여 처벌했습니다. 결과적으로 군공을 세운 자에게는 포상이 시행되지 않는 반면 관리들의 법 집행은 받들어졌습니다. 신의 어리석은 생각으로 폐하의 법률 조문은 지나치게 엄격하고 포상은 지나치게 가벼우며 벌은 너무 무겁습니다. 게다가 운중 태수 위상이 공적을 보고할 때 적의 수급을 6개 더 많이 보고한 일로 폐하께서는 그를 사법 관리에게 조사하게 하여 작위를 박탈하고 1년 동안 노역에 복무하도록 처벌했습니다.61 이 일로 미루어 보아 폐하께서는 설사 염파와 이목을 얻더라도 그들을 중용할 수 없다고 생각한 것입니다. 신은 진실로 어리석어 폐하께서 꺼리는 바를 범했으니 죽을죄를 지었습니다! 죽을죄를 지었습니다!"

문제는 이 말을 듣고 매우 기뻐했다. 그날로 풍당을 시켜 부절을 지니고 가서 위상을 사면하고 운중 군수를 복위시켰으며, 동시에 풍당을 거기도위車騎都尉62로 임명하여 중위와 각 군과 국의 전차 부대를 주관하도록 했다.63

후원 7년, 경제가 즉위했고 풍당은 초나라64 상에 임명되었으나 이후 면직되

---

59 척적尺籍 오부伍符: 척적은 군령을 적은 장부다. 한나라 때 문서의 간책 길이는 1척이었기 때문에 척적이라고 했다. 오부는 군대를 통제하기 위해 사졸들이 서로 보증하는 증빙이다. 오伍는 5명이 1오를 이루는 군대 편제 단위이고, 부符는 규율과 신용을 지키는 법규를 공표하는 것을 말한다.
60 문리文吏: 여기서는 법령 조문에 통달하고 법을 엄격하게 집행하는 사람을 말한다.
61 원문은 '벌작罰作'이다. "호삼성이 말하기를 '1년 동안의 형벌을 벌작이라 한다'고 했다."(『한서보주』)

었다. 무제가 즉위한 뒤⁶⁵ 조서를 내려 현량을 구했는데, 누군가 풍당을 추천했다. 그러나 당시 풍당은 이미 90세가 넘어 더 이상 관직을 맡을 수 없었으므로 그의 아들 풍수馮遂를 낭관으로 삼았다. 풍수는 자가 왕손王孫이고 그 또한 덕행과 재지가 출중한 인재로 나와 좋은 친구 사이였다.

태사공은 말한다.

"장석지가 논술한 장자長者⁶⁶는 공평하게 법을 집행하고 황제에게 아부하지 않는 사람이고, 풍당이 논술한 장수는 참으로 음미할 가치가 있구나! 음미할 가치가 있구나! 속담에 '그 사람을 잘 알지 못하면 그의 친구를 보라'⁶⁷고 했다. 장석지와 풍당 두 사람이 칭송 받은 언론은 모두 조정에 적어둘 만하다. 『서경』에서 말하기를 '군신들이 모두 편애하지 않고 도당을 만들지 않으니 왕도가 넓게 일어나고, 군신들이 모두 도당을 만들지 않고 편애하지 않으니 왕도가 평탄해질 것이다'⁶⁸라고 했다. 장석지와 풍당 두 사람의 사상은 이러한 경지에 접근했다고 말할 수 있다."

---

62 거기도위車騎都尉: "호삼성이 말하기를 「백관표」에 거기도위라는 관직은 없다'고 했다. 「이장군열전」에 효기도위驍騎都尉, 기도위騎都尉 등 여러 명목이 있는데, 거기도위의 관직 등급이 이들과 상응한다. 기도위의 봉록은 비比 2000석이었다."(『사기전증』)

63 "중위의 전차병과 군국의 전차병을 모두 그에게 주관하도록 한 것이다."(『한서보주』) "중위는 도성을 순찰하고 경비를 주관한다. 군국郡國은 지방의 각 주군, 각 제후국을 가리킨다. 풍당이 중위와 군국의 전차병을 주관하는 것은, 즉 전국의 전차병을 모두 그의 관할로 귀속시키는 것을 말한다."(『사기전증』)

64 당시 초나라 왕은 이름이 무戊로, 초 원왕楚元王 유교劉交의 손자이자 경제의 사촌 형제였다.

65 경제 후원 3년(기원전 141)이다. 무제 건원 원년은 기원전 140년이다. 무제는 마땅히 '금상今上'이라 해야 한다.

66 장자長者: 덕망이 높은 사람을 가리킨다. "진중하고 경박하지 않으며 자존하는 것을 장자라 부른다重厚自尊謂之長者."(『한비자』「궤사詭使」)

67 "그 자식을 모르면 그 아비를 보고, 그 사람을 알지 못하면 그의 친구를 보라不知其子觀其父, 不知其人觀其友."(『공자가어』)

68 "不偏不黨, 王道蕩蕩; 不黨不偏, 王道便便."(『서경』「홍범洪範」) 지금 판본의 『상서』에서는 '不'이 '無'자로 되어 있고 '便便'이 '平平'으로 기재되어 있다.

43

만석장숙열전

萬石張叔列傳

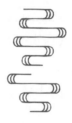

석분과 그의 네 아들은 모두 2000석의 관직에 있었으므로 한 경제가 이들 5명의 봉록을 합쳐 석분을 '만석군萬石君'이라 불렀다. 이 편에서는 이들 석씨 부자 외에 위관, 직불의, 주인, 장숙 등의 사적을 포함하고 있다. 모두 신중하며 예의바르다는 공통점을 지니고 있다.

이들은 매사에 공경하고 예의범절을 잘 지켰지만 실제로는 자신을 보전하는 데만 밝았다고 할 수 있다. "석경은 9년 동안 승상을 역임하면서 잘못된 것을 바로잡는 말을 황제에게 한 마디도 하지 않았다"고 했고, "예절에 빈틈이 없고 매우 세밀하고 신중했지만 원대한 계획이 없었고 백성을 위해 간언하지도 않았다"고 했다. 또한 위관은 "승상을 담당하면서 조정에 나가 어떤 일을 진술할 때 자신의 직분 이내의 상황만을 말했다. 처음 관리가 된 뒤로 승상에 올라서도 조금의 가치 있는 것을 제안한 적이 없었다"고 했다. 이들이 고관으로 있을 당시는 정치적으로 매우 엄중하고 전쟁이 빈번하던 시기로, 잘못된 것을 바로잡는 말을 하지 않았다는 것은 자질이 부족하고 염치없는 일이라 할 수 있다. 다른 한편으로 생각할 때 이들의 신중한 태도는 무제 시기의 공포 정치와 잔혹한 법 시행 때문이라고도 할 수 있다. 본문에서 석경이 태복이 되어 황제의 수레를 몰았을 때 무제가 그에게 수레를 끄는 말이 몇 마리냐고 묻자, 석경이 서둘러 말채찍으로 일일이 세어본 뒤 손을 들어 "모두 여섯 마리입니다"라고 말한 것은 당시의 정치 풍토가 이들을 얼마나 소심하고 신중하게 만들었는지 짐작할 수 있게 한다. 또한 한나라 초기에는 힘을 숭상하고 용맹함을 추구하고 협객의 풍모를 중시했는데, 이들처럼 신중하고 조심하며 예절을 지키는 행동 방식은 보기 드물다고도 할 수 있다. 『효경孝經』에서 "교화는 엄숙한 태도를 취하지 않고도 이룰 수 있고, 정치는 엄격한 수단을 사용하지 않고도 다스릴 수 있다其教不肅而成, 其政不嚴而治"고 했는데, 이들의 행동은 역사적 시선으로 당시 사회를 살펴볼 수 있게 한다.

만석군萬石君의 이름은 분奮이고, 그의 부친은 조나라 사람으로 성이 석씨石氏
다. 조나라가 멸망한 뒤 온현溫縣에 강제 이주되어¹ 살았다. 한나라 고조가 동쪽
으로 항우를 공격하기 위해 하내河內를 지날 때² 당시 석분石奮은 15세로 낮은
관직을 얻어 고조를 섬겼다. 고조는 그와 대화하다가 공경하는 태도를 좋아하
여 그에게 물었다.

"네 집에는 누가 있느냐?"

석분이 대답했다.

"제게는 어머님만 계시는데 불행히도 앞을 보지 못하십니다. 집안은 매우 가
난합니다. 또 누이가 있는데 거문고를 탈 줄 압니다."

고조가 말했다.

"너는 나를 따를 수 있겠느냐?"

석분이 대답했다.

"원컨대 힘을 다해 모시겠습니다."

그리하여 고조는 그의 누이를 불러 미인美人³으로 삼고, 석분에게는 중연中涓
을 담당하게 하여 대신들이 올리는 글과 접견을 요청할 때 올리는 명첩을 접수

---

1 온현溫縣: 진나라 현으로 치소는 지금의 허난성 원현溫縣 서남쪽이고 당시 하내군河內郡에 속했다.
2 한나라 2년 2~3월의 일로 유방이 팽성을 공격하기 전이다. 하내는 원래 항우가 봉한 은왕殷王 사
마앙司馬卬의 영지였는데, 이해 2월 유방이 점령하여 하내군을 설치했다.
3 미인美人: 진·한 때 첩의 칭호다. 『한서』「외척전」에 따르면 황제의 정처正妻를 황후皇后라 하고 첩
은 모두 부인夫人이라 불렀다. 첩은 다시 미인美人, 양인良人, 팔자八子, 칠자七子, 장사長使, 소사少使
라는 호칭으로 나뉜다. 미인의 지위는 2000석 관원인 군 태수에 상당했다.

하도록 했다. 그리고 집을 장안성 안의 척리戚里로 옮기도록 했는데,4 이것은 석분의 누이가 고조의 미인이 되었기 때문이다. 효문제가 즉위하자 석분은 공로를 많이 쌓아 관직이 태중대부에 이르렀다. 그는 문학文學5은 없었지만 황제 면전에서 공손하고 신중함에서는 견줄 만한 사람이 없었다.

문제 때 동양후 장상여가 태자태부를 담당했는데 면직되었다. 문제가 태부를 다시 선임하려고 하자 모두 석분을 추천했으므로 석분은 태자태부를 담당하게 되었다. 효경제가 즉위한 뒤6 그의 관직은 구경에 들었는데, 경제는 그가 가까이 있는데다 지나치게 공경하고 예를 지키는 것을 꺼려하여7 석분을 제후 상諸侯相8으로 보냈다. 석분의 맏아들은 석건石建이고, 둘째아들은 갑甲, 셋째아들은

---

4 척리戚里는 장안성 안의 골목으로, 안사고는 말하기를 "인척姻戚(사돈) 관계가 있는 자들이 모두 거주했으므로 척리戚里라 했다"고 했다. "주수창은 말하기를 『장안지長安志』 주석에 "고조가 석분의 누이를 맞아들여 미인으로 삼았고, 집을 장안성 안으로 옮기게 하고는 척리라 했다. 제왕의 인척姻戚이다'라고 했다. 이에 따르면 척리는 석분의 집 때문에 명칭이 된 것이다'라고 했다."(『한서보주』)

5 "문학文學은 한대에 통상적으로 학술을 가리키지만, 여기서는 책에서 배운 지식, 문화수양을 가리킨다."(『사기전증』)

6 기원전 157년의 일이다. 효경제는 문제의 아들로 효경제 원년은 기원전 156년이다. 당시 관례에 따르면 황제가 죽으면 태자가 황위를 계승했는데, 여전히 이전 황제의 연호를 사용하고 그 이듬해에 새로운 황제의 원년이 시작되었다.

7 '수정본'의 원문은 '孝景卽位, 以爲九卿. 迫近, 憚之'이다. "이렇게 구두점을 찍는 것은 실제 상황에 부합되지 않는데, 석분은 구경이 된 적이 없기 때문이다. 『한서』 「백관공경표」에 따르면 '구경'은 태상太常(진과 한 초에는 봉상奉常), 낭중령郎中令, 위위衛尉, 태복太僕, 정위廷尉, 대홍려大鴻臚(진 시기에는 전객典客, 한 경제 때 대행령大行令, 무제 때 다시 변경), 종정宗正, 대사농大司農(진 시기에는 치속내사治粟內史, 한 경제 때 대농령大農令, 무제 때 다시 변경), 소부少府 9개 직분으로 봉록은 중中2000석이었다.(중中은 채운다는 뜻이다. 한나라 때 구경들은 모두 중2000석이었고 전한 때 봉록은 180곡斛이었다.) 곽숭도의 『사기찰기』에서는 이 구절을 '孝景卽位, 以爲九卿迫近, 憚之(효경제가 즉위한 뒤 구경인데다 지나치게 조심스러운 사람이 곁에 있는 것을 꺼렸다)'라고 했다. 석분은 태자태부를 역임했지만 구경에 임명된 적은 없었다. 곽숭도는 또 말하기를 '태자태부 또한 구경에 속한다'라고 했다. 이 해석은 매우 중요하다.「백관공경표」에서는 구경에 이어서 태자태부 등 8개 관직(태자태부, 장작소부將作少府, 첨사詹事, 장행將行, 전속국全屬國, 수형도위水衡都尉, 내사內史, 주작도위主爵都尉)을 나열했는데, 이 8개 관직은 봉록이 2000석으로 구경보다는 한 등급 낮지만 어떤 때는 구경으로 열거되었으며 구경과 같은 대우를 받았다. 이것이 바로 곽숭도가 '태자태부 또한 구경에 속한다'고 말한 근거다. '수정본'의 구두점은 오류를 불러일으키기 쉬우므로 곽숭도의 구두점이 좀더 낫다."(『사기전증』) 역자는 '수정본'의 원문에 따라 번역했다.

8 제후 상諸侯相: 오·초 칠국의 난이 평정된 이듬해, 즉 경제 5년(기원전 152)에 조서를 내려 제후왕

을乙,9, 넷째아들은 석경石慶이었는데, 모두가 규율을 잘 준수하고 효성스러우며 신중했고 관직이 모두 2000석에 이르렀다. 그리하여 경제는 그들 가족에 대해 말했다.

"석분과 그의 네 아들이 모두 2000석의 관직에 이르렀으니, 신하된 자의 존귀와 영광이 모두 그들 집안에 집중되었구나."

이때부터 석분을 만석군萬石君10이라 불렀다.

효경제 말년에 만석군은 상대부上大夫11의 봉록을 받았지만 노쇠함을 이유로 고향으로 돌아갔는데, 매년 일정한 때가 되면 정기적으로 조회에 참가하여 황제를 알현했다.12 그는 궁문의 궐闕13을 지날 때마다 반드시 수레에서 내려 삼가 종종걸음으로 걸었고 심지어는 황제의 빈 수레만 봐도14 겸손하게 수레 앞의 횡목에 의지해 예를 행하며 공경했다.15 그의 자손들이 낮은 관직에 있어도 집으

은 나라를 다스리지 못하게 했고 승상을 상相으로 변경했다.

9   안사고는 말하기를 "역사에서 그 이름이 전해지지 않기 때문에 갑을甲乙이라고 말한 것일 뿐 그들의 이름이 아니다"라고 했다.

10   석분과 네 아들이 모두 봉록 2000석의 관직을 얻었으므로 합치면 봉록이 만석이 된다 하여 만석군이라 부른 것이다.

11   상대부上大夫: 경卿과 대부大夫는 균등하게 상·중·하 세 등급으로 나뉘었는데, 상대부는 경 다음의 지위였다. "심흠한이 말하기를 '한나라에는 상대부가 없었고 중2000석에 해당된다'고 했다."("한서보주』)

12   새해를 맞거나 계절이 바뀌는 때에 궁으로 들어와 황제를 알현하는 것을 말한다. "강백구가 말하기를 '오직 외척, 황실, 제후만이 봉조청奉朝請을 받았는데, 아마도 인척을 예로써 대우하는 것일 것이다'라고 했다."("사기회주고증』) 봄에 입조하여 천자를 알현하는 것을 '조朝'라 하고 가을에 알현하는 것을 '청請'이라 했다. 따라서 봉조청은 정기적으로 조회에 참가할 수 있는 자격을 부여하는 것이다. 퇴직한 삼공, 외척, 종실, 제후 등이 봉조청을 부여받고 조회에 참가했다. 이것은 조정에서 부여하는 정치적 예우일 뿐만 아니라 이러한 명호를 획득한 자는 조정에서의 위치 또한 상승된 것이라 할 수 있다.

13   궐闕: 황궁 정문 양쪽의 누대는 밖으로 돌출되었고 궁문은 안으로 오목했기(凹) 때문에 궐이라 불린다. 궐은 결缺인데, 두 궐 사이에는 비교적 큰 빈 땅이 있다.

14   원문은 '견노마見路馬'로, 군주의 수레를 끄는 말을 '노마'라고 하므로 모두 황제의 수레를 의미한다. 대부분의 번역본에서는 이 문구를 '황제의 수레를 보면'으로 번역하고 있는데, 황제의 수레를 보면 예를 행하는 것은 당연한 일이므로 자연스럽지 않다. 또한 문장의 맥락상 황제에 대한 석분의 공경하는 태도를 나타내는 내용이기 때문에 '황제의 빈 수레만 봐도'라고 번역하는 것이 타당하다.

15   원문은 '식式'으로, 『한서』에서는 '식軾'이라고 했다. '식軾'은 수레 앞의 횡목을 말한다. 손으로 식

로 돌아와 문안을 드릴 때 만석군은 반드시 조복朝服을 입고 대했으며 함부로 그들의 이름을 부르지 않았다.[16] 자손들에게 과실이 있으면 그는 직접 꾸짖지 않고 다른 방으로 가서 앉았고[17] 밥상을 대하고도 먹지 않았다. 그런 다음 자식들이 잘못을 저지른 자식을 서로 꾸짖고 연장자가 그들을 이끌고 와서 윗옷을 벗어 어깨를 드러내 진실로 사죄하고 고치면 비로소 용서했다. 자손들 가운데 성년이 되어 관을 쓴[18] 자가 곁에 있으면 설사 한가하게 쉴 때라도 반드시 관을 써서 가지런히 하고 엄숙한 태도를 보였다. 집안의 하인들을 대할 때는 온화하면서도 신중했다. 황상이 이따금 그의 집에 음식을 하사하면 반드시 머리를 조아리고 몸을 굽혀 먹었는데, 그 모습이 마치 황상 앞에서 하는 것과 같았다. 장례를 치를 때는 매우 슬퍼하며 애도했는데, 자손들도 그의 가르침을 따라 그와 똑같이 했다. 만석군 집안의 이러한 효행과 신중함은 각 군과 국에 널리 알려졌는데, 설령 제나라와 노나라의 품행이 질박한 유생들 모두 그에 미치지 못함을 인정했다.

무제 건원 2년(기원전 139)에 낭중령 왕장王臧이 유가 학설을 추종하다가 죄를 지었다.[19] 황태후皇太后[20]는 유생들이 과장된 말만 늘어놓을 뿐 실실적인 내용이 없다고 여기면서도 지금 만석군의 집안은 말없이 힘써 실천한다고 여겨 석분의 장자 석건을 낭중령으로 삼았고 넷째아들 석경을 내사로 삼았다.

을 잡고 몸을 굽혀 경의를 표하는 것인데, 수레를 탔을 때 어떤 사람이나 사물에 경의를 표하는 자세다.
16 자식들이 황제의 신하이기에 석분이 존중의 태도를 보인 것이다.
17 원문은 '편좌便坐'다. "아마도 정실正室에 있지 않고 다른 곳에 앉는 것을 말한 것일 듯하다."(『색은』) "왕준도가 말하기를 '평상시에 앉는 곳이 아니라 반드시 다른 방일 것이다'라고 했다."(『사기전증』)
18 원문은 '승관勝冠'으로, 관을 쓰는 연령을 말한다. 나이 20세가 된 남자들은 관을 쓰는 관례를 통해 성인 대우를 받는다.
19 무제가 처음으로 유가를 존중하다가 실패한 사건으로, 왕장 등이 두태후에게 죽임을 당했다.
20 태황태후太皇太后라고 해야 한다. 여기서는 태황태후 두씨竇氏를 가리키며 무제의 모친인 황태후 왕씨가 아니다.

석건은 늙어서 머리가 백발이 되었지만 부친인 만석군은 여전히 건재했다. 석건은 낭중령이 된 뒤에 닷새에 한 번 휴가를 얻어[21] 집으로 돌아와 부친의 안부를 살폈다. 집에 들어오면 먼저 하인들이 묵는 곳[22]으로 가서 조용히 그들에게 부친의 건강 상태를 묻고 부친이 입었던 바지와 속옷[23]을 가져가 몸소 문질러 빨고 시종들에게 건네주어 부친이 알지 못하도록 했는데, 매번 이와 같이 했다. 석건은 낭중령을 지낼 때 황상에게 할 말이 있으면 다른 사람이 없는 자리에서 거침없이 설득했는데, 그 말이 매우 절절했다. 그러나 조정에서 황상을 뵐 때는 마치 말을 못하는 사람처럼 굴었다. 이 때문에 황상은 그를 매우 친애하고 존중하여 깍듯이 예우했다.

만석군은 거처를 강제로 능리陵里[24]로 옮기게 되었다. 한번은 내사 석경이 술에 취해 집으로 돌아오다가 마을 문을 들어선 후에도 수레에서 내리지 않았다. 만석군은 이 일을 듣고는 밥을 먹지 않았다. 석경은 두려워하며 상체를 드러내고 사죄를 올렸으나 그는 용서하지 않았다. 온 가족과 석경의 형인 석건이 윗옷을 벗어 상체를 드러내고 죄를 청하자 비로소 만석군이 비꼬면서 말했다.

"내사는 존귀한 사람이라 마을 문으로 들어서면 마을의 나이 많은 어른들은 모두 피해야 하니, 내사는 수레에 태연하게 앉아 있는 것이 당연하겠지!"

---

21 원문은 '세목洗沐'이다. "공문상은 말하기를 '석건은 낭중령인데, 즉 광록훈으로 구경의 직책이다. 닷새 동안 근무하고 하루 쉬는 것이다'라고 했다. 닷새마다 하루 쉬는 것이 세목이다."(『정의』)

22 원문은 '자사子舍'로, 작은 방을 말한다. 하인들이 거주하는 곳으로 정당正堂의 상대적인 말이다.

23 원문은 '중군측투中帬廁牏'다. 중군中帬은 속옷, 바지를 말한다. 측투廁牏는 크게 세 가지 뜻이 있다. 안사고는 말하기를 '몸에 가장 가까운 속옷이다'라고 했다. "맹강이 말하기를 '측廁은 행청行淸(측간)이며, 투는 행청의 똥을 받는 것이다'라고 했다. 즉 변기를 말한다. 서광은 말하기를 '투牏는 짧은 판자로 측간의 담을 쌓은 것이다. 측투廁牏는 측간의 담장을 석건이 몰래 씻어내는 것을 말한다'고 했다."(『집해』) 역자는 안사고의 견해에 따랐다.

24 안사고는 말하기를 "능리陵里는 무릉읍茂陵邑 안의 마을이다"라고 했다. "유반劉邠이 말하기를 '장안 안에 능陵이라는 이름의 마을이 있다. 무릉 마을이 아니다'라고 했다."(『한서보주』) 무릉은 무제가 자신의 능묘를 미리 건설한 곳으로, 행정 등급은 현에 상당하며 지금의 산시陝西성 셴양咸陽 서북쪽 지역이다.

그러고는 비로소 석경을 용서했다. 이때부터 석경과 자제들은 마을 문을 들어올 때면 문 밖에서 내려 잰걸음으로 걸어서 귀가했다.

만석군은 무제 원삭元朔 5년(기원전 124)에 죽었다.[25] 맏아들 낭중령 석건은 통곡하며 애도하느라 쇠약해진 나머지 겨우 지팡이를 짚고 걸을 수 있었다. 1년여 후에 석건도 사망했다.[26] 만석군의 지손들은 모두 효성스러웠지만 그중에서도 석건의 효성이 가장 깊었는데, 심지어 만석군보다 더 효성스러웠다.

석건이 낭중령으로 일할 때 어떤 일을 상주했다. 황제의 회답이 내려오자 석건이 다시 한 번 읽고는 말했다.

"내가 글자를 틀리게 적었구나! '마馬'자는 아래 네 다리 위에 더해진 꼬리까지 다섯 획이 되어야 하는데, 내가 네 획으로 적은 탓에 한 획이 모자라는구나. 황상께서 꾸짖으시면 나는 죽어 마땅하다!"[27]

그러고는 두려워 몸 둘 바를 몰라 했다. 그는 조심스럽고 신중하여 다른 일들에 대해서도 모두 이와 같았다.

만석군의 막내아들 석경은 태복太僕이 되어 황제의 수레를 몰았다. 하루는 무제를 태우고 외출하는데 무제가 수레를 끄는 말이 몇 마리냐 하고 묻자, 석경은 서둘러 말채찍으로 일일이 세어보고는 손을 들어[28] 말했다.

"모두 여섯 마리입니다."[29]

석경은 만석군의 자식들 중에서 가장 예절에 구애받지 않는 편이었는데도 소

---

25 원삭元朔은 무제의 세 번째 연호(기원전 128~기원전 123년)이다. "홍양길이 말하기를 '석분은 96세에 죽었다'고 했다."(『사기회주고증』)

26 "제소남濟召南이 말하기를 '석건은 몹시 슬퍼하다 몸이 손상되어 1년여 뒤에 사망했는데, 아마도 80여 세였을 것이다'라고 했다."(『한서보주』)

27 "관원과 백성이 글을 올릴 때 글자가 바르지 않으면 즉시 과실을 열거하여 탄핵했다."(『한서』 「예문지藝文志」)

28 원문은 '거수擧手'로, "지극히 긴장하고 정중한 상태를 말한다."(『사기전증』)

29 "석건이 '마馬'자를 쓰고, 석경이 '말'의 수를 세니 두 사건은 서로 비슷하므로 여기에 남겨 비교한 것이다."(『사기집설』)

심하고 신중함이 이와 같았다. 석경은 제나라 상이 되었는데,[30] 제나라 사람들은 모두 그 집안의 가풍을 경모하여 그가 많은 명령을 내려 시행하지 않았는데도 제나라는 잘 다스려졌으며, 제나라 사람들은 그를 위해서 석상사石相祠[31]를 세웠다.

원수 원년(기원전 122)에 무제는 태자를 세우고[32] 대신들 가운데 태자의 스승이 될 만한 사람을 선택하려 할 때 석경이 패군沛郡 군수에서 태자태부로 전임되었고, 그로부터 7년 뒤에 다시 어사대부로 승진되었다.[33]

원정 5년(기원전 112) 가을, 당시의 승상 조주趙周가 죄를 지어 파면되었다.[34] 무제는 어사에게 조서를 내려 말했다.[35]

'만석군은 선제께서 존중했으며 그 자손들이 효성스러우니, 어사대부 석경을 승상으로 삼고 목구후牧丘侯[36]로 봉하노라.'

당시 한나라는 남쪽으로 양월兩越을 토벌하고,[37] 동쪽으로 조선朝鮮을 공격했

30 제 여왕濟厲王 유차창劉次昌(재위 기원전 131~기원전 127)의 상이 된 것이다. 유차창은 유방의 아들 유비劉肥의 후대로 유차경劉次景이라고도 한다.
31 석상사石相祠: "주수창이 말하기를 '후대에 생사生祠(살아 있는 사람을 위한 사당)의 시초다'라고 했다."(『한서보주』)
32 아들 유거劉據를 태자로 삼은 것을 말한다.
33 문제 원정 2년(기원전 115)의 일이다.
34 승상 조주趙周는 파면된 것이 아니라 하옥되어 자살했다. "9월, 열후가 조정에 황금을 바쳐 종묘에 제사에 도움을 주는데, 법 규정에 부합되지 않아 작위를 삭탈당한 자가 106명이었다. 승상 조주는 열후들이 바친 황금 수량이 충분치 않은 것을 적발하지 않아 하옥되어 죽었다."(『한서』 「무제기」) 한나라 규정에 황제가 종묘에 제사를 지낼 때 제후들은 황금을 바쳐 제사를 도왔는데, 봉읍 내 호구 수에 따라 계산했다. 수량이 부족하거나 품질이 좋지 않으면 조정에서 처벌했다.
35 원문은 '제조制詔'로, 황제의 명령을 말한다. 즉 명命을 제制라 하고 영令을 조詔라 한다. "황제가 글을 내리는 것에는 네 가지가 있는데, 책서策書, 제서制書, 조서詔書, 계칙戒勅이다."(『한관해고漢官解詁』) 한나라 때 황제의 명령이 있으면 먼저 어사부에 공문을 내려 어사들이 논의하여 결정하게 한 다음 승상부에 보내고, 승상부는 이를 시행했다.
36 봉지인 목구牧丘는 지금의 산둥성 핑위안平原이다.

으며,38 북쪽으로 흉노를 몰아내고,39 서쪽으로 대원大宛을 정벌했으므로40 중국에는 일이 많았다. 무제는 또 전국 각지를 순수巡狩하면서 도처에 고대부터 남아 있던 신사神祠를 수리하여 복원하고 봉선封禪41 대제를 거행했으며 예악禮樂42을 크게 일으켰다. 나라의 재정이 부족해지자 상홍양桑弘羊 등은 재정 수입을 증가시키는 데 힘을 다했고,43 왕온서王溫舒 등은 형벌과 법률을 엄격히 시행했으며,44 예관兒寬 등은 문학을 널리 보급하여45 구경의 지위에 올랐다. 이들은 번갈아 권력을 장악했고 어떤 일을 처리하는 데 승상의 결정을 거치지 않았으며, 승상은 온후하고 신중하게 처신할 뿐이었다. 석경은 9년 동안 승상을 역임

---

37 양월兩越: 남월南越과 동월東越을 말한다. 남월은 원정 5년(기원전 112) 가을에, 동월은 원정 6년(기원전 111) 가을에 토벌했다.

38 원봉元封 2년(기원전 109)의 일이다. 원봉元封은 무제의 여섯 번째 연호(기원전 110~기원전 105년)이다.

39 흉노 토벌은 원삭 2년(기원전 127), 원수 2년(기원전 121), 원수 4년(기원전 119)에 세 차례 있었다.

40 대원大宛: 고대 서역국을 일컫는 말로, 중앙아시아 페르가나 분지를 뜻한다. 원宛의 음은 wan(완)이 아닌 yuan(원)이다. 대원은 명마의 생산지로 유명한데, 어깨 근처에서 피같이 땀을 흘린다고 하여 한혈마汗血馬라 불린다. 『후한서』 이현 주석에 따르면 "무제 때 이광리가 대원왕을 참수하고 한혈마를 보냈다"고 했다. 대원 정벌은 무제 태초 원년(기원전 104)에 시작해서 태초 4년(기원전 101)에 끝났다.

41 봉선封禪: 고대 제왕이 태평성세 혹은 하늘이 상서로움을 내릴 때 천지에 제사지내는 전례典禮를 말한다. 옛사람들은 태산泰山이 가장 높다고 여겼기 때문에 인간의 제왕은 가장 높은 태산에서 천제에게 제사를 지내야 비로소 천명을 받는다고 여겼다. 태산 정상에 단을 쌓고 하늘에 제사지내는 것을 봉封이라 하고, 태산 아래 작은 언덕에서 땅에 제사지내는 것을 선禪이라 한다. 시 황제와 한 무제가 모두 이러한 봉선 대전大典을 거행했다. 무제는 장생(長生) 기원을 위해 원봉 원년(기원전 110)부터 여러 차례 봉선을 지냈다. 『사기』에 「봉선서封禪書」가 있다.

42 예악禮樂: 예禮는 귀천에 질서가 있는 사회도덕과 규범을 가리키고, 악樂은 음악 화합과 낡은 풍속을 고치는 것을 가리킨다. 제왕들은 항상 예악을 일으킴으로써 존비 질서와 원근 화합의 통치 목적을 추구했다.

43 국가 재정을 튼튼히 하기 위해 실시한 염철관영鹽鐵官營, 평준균수平準均輸 등의 경제정책을 가리킨다. 상홍양桑弘羊은 당시 국가 경제정책의 주요 제정자로, 무제 말년에 관직이 어사대부에 이르렀다. 소제昭帝 원봉元鳳 원년(기원전 80)에 연왕燕王 유단劉旦, 상관걸上官桀 부자의 모반 사건에 연루되어 하옥되었고 멸족 당했다.

44 무제가 실행한 혹리酷吏 정치를 가리킨다. 왕온서王溫舒는 당시 유명했던 혹리 중의 한 사람으로 관직이 정위廷尉, 중위中尉에 이르렀다.

45 무제는 유가 학설을 추종했는데, 문학文學은 바로 유가 학설을 표방하는 것을 가리킨다. 예관兒寬은 무제 때 유명한 경학가였다. '兒예'를 '예倪'라 하기도 한다.

하면서 잘못을 바로잡는 말을 황제에게 하지 않았다. 그는 일찍이 무제를 가까이 모시는 신하인 소충所忠과 구경인 함선咸宣46의 죄를 다스릴 것을 상주했으나 자백을 받아내지 못하고 도리어 처벌을 받아 많은 돈을 허비하고서야 비로소 자신의 죄를 속죄 받을 수 있었다.

원봉 4년(기원전 107)에 관동關東47에 갈 곳 없이 떠돌아다니는 이재민이 200만 명 발생했는데, 그중에 호적48 없는 자가 40여만 명이었다. 당시의 공경들은 이러한 이재민을 변경으로 귀양 보내 지키게 하는 처벌을 건의했다. 무제는 승상 석경이 연로한데다 지나치게 신중하므로 논의에 참여하기 힘들다고 여겼다. 이에 승상에게 휴가를 주어 집으로 돌아가게 한 후49 어사대부 이하 관원 가운데 이재민을 귀양 보내야 한다고 건의한 사람들을 조사하도록 했다. 승상 석경은 직무를 책임지지 못한 것을 몹시 부끄럽게 여겨, 무제에게 글을 올려 말했다.

신 석경은 다행히도 승상의 직책을 수행했지만 어리석고 무능하여 황상께서 천하를 다스리는 데 보좌하지 못했습니다. 성곽城郭 창고는 텅 비었고 백성 중에 유랑하는 자가 많아졌으니 그 죄는 엎드려 부질斧質에 처해져야 마땅한데, 황상께서는 차마 법대로 다스리지 못하셨습니다. 신은 승상과 열후의 인장을 조정에 돌려드리고 늙은 몸은 집으로 돌아가 백성이 되고자 하오니, 진정으로 현명한 인재에게 길을 양보하게 해주십시오.

그러자 무제가 대답했다.

국가의 창고는 이미 텅 비어 있고 백성은 빈곤하여 유랑하고 있는데, 그대는 도
리어 이재민들을 변경으로 귀양 보낼 것을 주청했소. 백성이 동요하며 불안해하
고 위험한 지경에 처하게 되었는데 그대는 사직을 청하니, 그대는 책임을 누구
에게 미루려는 것이오?

무제가 서면으로 석경을 꾸짖자 석경은 매우 부끄러워하며 다시 조정으로 돌
아와 집무를 보았다.

석경은 예절에 빈틈이 없고[50] 매우 세밀하고 신중했지만 어떠한 원대한 계획
도 없었고 백성을 위한 발언도 하지 못했다. 그로부터 3년이 지난 태초太初[51]
2년(기원전 103)에 승상 석경이 죽자 염후恬侯라는 시호가 내려졌다. 석경의 둘째
아들은 석덕石德으로, 석경이 그 아들을 몹시 사랑했기에 무제는 그에게 석경의
목구후를 계승하도록 했다. 이후 석덕은 태상이 되었으나 법을 어겨 죽음을 맞
게 되었는데 돈을 바쳐 죄를 면하고 평민이 되었다.[52] 석경이 승상을 담당했을
때 그의 자손들 가운데 관리가 되어 2000석 지위에 오른 자가 13명이나 되었
다. 그러나 석경이 죽은 후 이들은 점차 죄를 지어 면직되었고, 효성스럽고 삼가
는 가풍은 갈수록 쇠락해졌다.

50 원문은 '문심文深'이다. "여기서의 의미는 예절이 빈틈없음을 가리킨다. 「혹리열전」에도 '문심文
深'이 등장하는데, 가혹하다는 의미로 법률 조문을 잘해서 법에 빠뜨리는 것을 가리킨다."(『사기전증』)
석경은 예절을 강구한 사람이기에 역자는 『사기전증』의 견해에 따라 '문文'을 법률 조문이 아닌 예절
로 번역했다.
51 태초太初: 무제의 일곱 번째 연호(기원전 104~기원전 101년)이다.
52 석덕이 태상이 된 때는 태초 3년(기원전 102)이고, 평민으로 강등된 때는 천한天漢 원년(기원전
100)의 일이다. 천한天漢은 무제의 여덟 번째 연호(기원전 100~기원전 97년)이다.

건릉후建陵侯 위관衛綰은 대代나라 대릉大陵[53] 사람이다. 수레에서 펼치는 기예에 능해 낭관이 되어 문제를 섬겼다. 차츰 공적을 쌓아 직급이 오르면서 중랑장으로 승진되었다. 위관은 충직하고 온후하며 신중했으며 다른 마음을 갖지 않았다.[54] 효경제가 태자였을 때 문제 좌우의 신하들을 불러 술을 마셨는데, 위관은 병을 핑계로 참가하지 않았다.[55] 문제가 죽음에 이르렀을 때 경제에게 당부했다.

"위관은 충직하고 온후한 사람이니 잘 대우해주어라."

문제가 사망하고 경제가 즉위한 후 경제는 1년 넘도록 위관을 질책하지 않았으며,[56] 위관은 여전히 매일 신중하게 힘을 다하며 일했다.

한번은 경제가 상림원으로 행차하면서 중랑장 위관을 수레에 함께 타도록 했는데 돌아오는 길에 경제가 그에게 물었다.

"왜 수레에 함께 타도록 했는지 그대는 아시오?"

---

53 원문은 '대대릉代大陵'으로, 대代나라 대릉현大陵縣을 말한다. 치소는 지금의 산시山西성 원수이文水 동북쪽이다. "대릉현은 태원太原에 속해 있다. 대대릉代大陵이라고 한 것은, 문제가 처음에 대나라에 봉해졌을 때 고조가 조서를 내려 태원 땅을 대나라에 더해서 귀속시킨 까닭에 대릉이 대나라에 예속되었기 때문이다."(『사기지의』) 문제가 대나라 왕이었을 때 대나라는 대군代郡, 태원군太原郡, 정양군定襄郡, 안문군雁門郡을 관할했고, 도성은 중도中都(지금의 산시山西성 평야오平遙 서남쪽)였다.

54 원문은 '무타無他'다. 이에 대한 해석이 다양하다. 안사고는 "다른 마음이 없다"라고 했고, "왕선신王先愼은 말하기를 '다른 재능이 없음을 말한다'고 했다."(『한서보주』) "아래 문장의 충실무타장忠實無他腸(충실하며 다른 어떠한 마음도 없다)과 의미가 같다. 안사고의 말이 맞고 왕선겸의 말은 틀렸다."(『한서규관』) 역자는 안사고의 견해에 따라 번역했다.

55 "장안이 말하기를 '미리 두마음을 품고 태자를 섬긴다는 말을 문제에게 들을까 두려워한 것이다'라고 했다."(『집해』)

56 원문은 '초가嘩呵(질책하다 꾸짖다)'다. "왕준도가 말하기를 '경제가 태자였을 때 위관을 불렀으나 위관은 가지 않았으므로 견책이 있을까 두려워한 것이다. 경제가 즉위하고 1년이 지났는데도 견책하지 않았으므로 위관은 매일 신중하게 힘껏 일한 것이다'라고 했다."(『사기전증』) 『한서』에서는 '초가嘩呵'를 '숙하斁何'로 기재하고 있다. '숙하'는 '수하誰何'와 같은 의미로 따져 묻는 것을 말한다. 왕선겸은 '초가'는 '수하'의 잘못이라 하면서 "묻지 않는 것일 뿐 책망하며 나무라는 것이 아니다."(『사기회주고증』) 즉 『한서』의 견해대로 번역하면 '경제가 즉위한 지 1년여가 지나도록 위관을 내버려두고 묻지 않았으므로 위관은 매일 전처럼 신중하게 힘을 다해 일했다'로 볼 수 있다. 두 가지 견해 모두 가능하다고 하겠다.

위관이 대답했다.

"신은 한낱 거사車士[57]였는데 다행히 공로를 쌓아 등급이 올라 중랑장으로 승진되었습니다. 이번에 신에게 수레에 함께 타게 된 연유를 모르겠습니다."

경제가 물었다.

"내가 태자였을 때 그대를 연회에 부른 적이 있었는데 그대는 오지 않았소. 무엇 때문이었소?"

위관이 대답했다.

"죽을죄를 지었습니다. 당시에 신은 확실히 병이 있었습니다!"

경제가 그에게 검을 하사하자 위관이 말했다.

"선제께서 이미 신에게 검을 여섯 자루나 하사해주셨습니다. 신은 더 이상 감히 받을 수 없습니다."

경제가 말했다.

"검이라는 것은 사람들이 새것으로 바꾸기를 좋아하는 것인데,[58] 선제께서 하사한 검을 지금까지 가지고 있다는 말이오?"

위관이 말했다.

"그 검들을 모두 가지고 있습니다."

경제는 검 여섯 자루를 가져오게 했는데, 과연 모두 새것이었고 차고 다닌 흔적이 없었다.[59] 그는 부하 낭관들이 잘못을 저질러 질책을 받게 되면 항상 그들의 죄를 덮어주었고, 동료인 다른 중랑장·낭중장郞中將[60]과 다투지 않았으며, 공

---

57 거사車士: 수레에서 기예를 펼치는 사람.

58 원문은 '시이施易'로, 학자마다 견해가 다르다. 왕선겸은 말하기를 "옛사람들의 패검佩劍은 항상 사용하며 항상 새것으로 바꾸는 것이다"라고 했다. 즉 '시施'는 차고 다니며 사용함을 뜻하고 '이易'는 바꾼다는 뜻이다. 간혹 '시이施易'를 '이이施易'로 읽어 해석하는 경우도 있다. "여순이 말하기를 '시施를 이移로 읽는다. 검이라는 것은 사람들이 좋아하는 것이기 때문에 대개 거래를 통해 교환한다'고 했다."(『집해』) 역자는 왕선겸의 견해에 따라 '새것으로 바꾸다'로 번역했다.

59 "주수창이 말하기를 '하나씩 하나씩 포개어 간직했는데, 군주가 하사한 것을 공경함을 말한다'고 했다."(『한서보주』)

로가 있으면 항상 다른 사람에게 양보했다. 경제는 그가 청렴하고 충실하며 다른 마음이 없는 것을 알고 위관을 하간왕河間王의 태부太傅로 임명했다.[61] 오·초 칠국의 난이 일어났을 때 경제는 조서를 내려 위관을 장군으로 삼았는데, 그는 하간의 군대를 이끌고 오나라와 초나라를 격파한 공적으로[62] 중위로 승진되었다. 이후 3년 동안 또 군공을 세워 경제 전원前元 6년(기원전 151)에 건릉후建陵侯에 봉해졌다.[63]

그 이듬해 경제는 태자 유영劉榮을 폐위시키고 율경栗卿[64] 등 태자 친속들을 주살했다. 당시 위관은 중위를 맡고 있었는데, 경제는 위관이 덕망이 높은 인물이라 차마 그들을 주살하지 못할 것이라 여기고 위관에게 휴가를 주어 잠시 집으로 돌아가게 하고는 질도郅都를 보내 율씨栗氏의 도당을 체포하여 다스리게 했다. 사건을 처리한 뒤에 경제는 교동왕膠東王 유철劉徹을 세워 태자로 삼고[65] 위관을 불러들여 태자태부로 임명했다. 한참 지나서 그는 어사대부로 승진했다.[66] 다시 5년 후 도후桃侯 유사劉舍를 대신해 승상이 되었는데[67] 조정에 나가 말할

60 원문은 '타장他將'으로, 다른 장군인 중랑장과 낭중장을 말한다. 『한서』 「백관공경표」에 따르면 낭중령 아래에 오관五官중랑장·좌중랑장·우중랑장이 있었는데 봉록이 비2000석이었고, 또 거낭車郎중장·호낭戶郎중장·기낭騎郎중장이 있었는데 봉록은 비1000석이었다.

61 하간왕 유덕劉德의 태부로 임명한 것으로, 경제 2년(기원전 155)의 일이다. 봉국인 하간국은 지금의 허베이성 동남부의 셴현獻縣, 우창武强, 푸청阜城 일대이고, 도성은 낙성樂成(지금의 허베이성 셴현 동남쪽)이었다.

62 "아마도 인근의 조나라를 토벌한 것일 것이다."(『사기전증』) "『경사문답經史問答』에서 이르기를 '조나라를 공격한 것이다. 하간은 조나라에서 분리된 나라로 당시 조나라와 함께 반란을 일으켰는데, 어찌 조나라를 넘어 동쪽으로 정벌할 수 있겠는가? 오류다'라고 했다."(『사기지의』)

63 건릉建陵: 지금의 장쑤성 신이新沂 남쪽 지역이다. "위관은 경제 전원 3년(기원전 154)에 오와 초나라를 토벌하여 공적이 있었는데, 당시에는 후에 봉해지지 않고 전원 6년(기원전 151)에 비로소 보충되어 후에 봉해졌다."(『사기전증』)

64 유영劉榮은 율희栗姬의 소생으로 경제 전원 4년(기원전 153)에 황태자로 세워졌으나 폐위되고 임강왕臨江王이 되었다. 문제 능원의 빈 땅을 점유하여 궁으로 삼았다가 핍박받아 자살했다. 율경栗卿은 태자의 생모인 율희栗姬의 형제로 태자의 외삼촌이다. 일설에는 율씨 친속이라고도 한다.

65 율태자栗太子가 폐위되고 나서 두 달 후의 일이다. 유철은 이후의 한 문제로 왕부인王夫人의 소생이다.

66 경제 중원 3년(기원전 147)의 일이다.

때 자기 직분의 일에 대해서만 발언했다.[68] 그러나 처음 관리가 되어 승상에 이르도록 가치 있는 것을 제안한 적이 없었다.[69] 경제는 그가 돈후하여 어린 군주를 보좌할 수 있다고 여겨 존중하고 총애했으며 특별히 많은 상을 하사했다.

위관이 승상이 된 지 3년째 되던 해에 경제가 사망하고 무제가 즉위했다.[70] 건원 연간[71]에 무제는 조서를 내려 위관을 꾸짖으며 '경제 말년 경제가 병들었을 때 각 관서에 수감된 자들 대부분이 무고한 사람들이었으니, 위관 그대가 승상의 책임을 다하지 못한 것이다'[72]라고 하여 그를 파면했다. 그 후 위관은 죽고[73] 아들 위신衛信이 후 작위를 계승했는데, 나중에 주금酎金의 규정에 맞지 않은 죄를 범하여 작위를 잃었다.[74]

67　경제 후원 원년(기원전 143)의 일이다. 당시 승상 유사劉舍는 유방의 개국공신 유양劉襄의 아들로 경제 중원 3년에 주아부를 대신해 승상이 되었다가 후원 원년에 사망했다.

68　"단지 직분을 지켰을 따름이지 별도의 일에 관여한 바가 없음을 말한다."(『색은』)

69　"승상 위관이 상주하여 '각지의 추천된 현량 가운데 신불해, 상앙, 한비, 소진, 장의의 이론을 연구하는 자가 있어 국정을 어지럽히니 청컨대 일률적으로 파면하십시오'라고 했다. 무제는 허락했다."(『한서』「무제기」) "위관은 비록 승상으로서 공업은 없지만 『한서』「무제기」에서 언급한 일은 소하·조참과 동등하다고 할 수 있는데 어찌하여 '조정에 나가 어떤 상황을 진술할 때 자기 직분의 일에 대해서만 발언했다'고 하며 끝내 말한 것이 없었다고 하는가?"(『사기지의』)

70　경제 후원 3년(기원전 141)의 일이다.

71　"주수창이 말하기를 '「무기武紀」「공경표」「두영전竇嬰傳」에 따르면 '건원 연간'은 '건원 초'로 바꿔야 한다'고 했다."(『한서보주』)

72　"나카이 리켄이 말하기를 '이 말은 천자가 견책하는 말이다'라고 했다."(『사기회주고증』) "나카이 리켄의 말이 맞다. 이 구절은 무제가 위관을 견책하는 조서다. 당시 무제는 막 즉위하여 경제의 옛 신하들을 임용하지 않으려 했으므로 구실을 찾아 위관을 파면하고 두영竇嬰, 전분田蚡을 임용했다."(『사기전증』) 역자는 나카이 리켄의 견해에 동의하여 원문과 달리 무제가 내린 조서 형태로 번역했다.

73　「혜경간후자연표惠景間侯者年表」와 『한서』「경무소산원성공신표景武昭宣元成侯功臣表」에 따르면 위관은 무제 원광 4년(기원전 131)에 사망했다.

74　무제 원정 5년(기원전 112)의 일이다. 주금酎金은 한나라 때 황제가 종묘에 제사지낼 때 제후들이 금을 헌납해야 하는 규정으로, 한 문제가 번왕藩王의 봉지와 제후 작위의 박탈을 계획한 것이다. 무제는 주금의 분량이 부족하거나 혹은 순도가 떨어진다는 것을 구실로 삼아 작위와 봉지를 취소시켰다. 이후의 황제들이 이러한 조치를 답습했다.

새후塞侯[75] 직불의直不疑는 남양南陽 사람이다.[76] 그는 낭관이 되었을 때 문제를 섬겼다. 한번은 그와 같은 숙소를 쓰던 사람이 휴가를 청해 집으로 돌아갔는데, 잘못하여 같은 방을 쓰던 다른 낭관의 황금을 가지고 갔다. 오래지 않아 황금의 주인은 황금이 없어진 것을 알았는데 근거 없이 직불의가 가져간 것으로 의심했다. 직불의는 해명하지 않고 그에게 사죄하고는 황금을 사서 잃어버린 주인에게 줬다. 이후 휴가를 청해 집으로 돌아갔던 낭관이 돌아왔고 잘못 가져간 황금을 잃어버린 주인에게 돌려주자 황금을 잃어버렸던 낭관은 매우 부끄러워했다. 직불의는 이 사건으로 덕망 높은 사람으로 칭송되었다.[77] 문제도 그를 칭찬하며 발탁했고,[78] 그는 점차 승진하여 태중대부太中大夫[79]에 이르렀다. 한번은 조정에서 모였을 때 어떤 사람이 직불의를 헐뜯었다.[80]

"직불의는 용모는 괜찮으나 형수와 사사로이 정을 통하기를 즐기고 있으니 어떻게 해야 할지 모르겠습니다!"

직불의는 이 말을 듣고는 혼자 말했다.

75 "옛 새국塞國은 지금의 섬주陝州 도림현桃林縣 서쪽에서 동관潼關에 이르는 지역으로 모두 도림새桃林塞의 땅이다."(『정의』) 당나라 때 도림현의 치소는 지금의 허난성 싼먼샤三门峽 서남쪽 지역이다.

76 직불의直不疑: 성이 직直이고 이름이 불의不疑다. 남양南陽은 한나라 군으로 치소는 원현宛縣(지금의 허난성 난양)이다. 후한 시기에 광무제 유수劉秀가 남양에서 군사를 일으켰기 때문에 남양을 '제향帝鄕'이라 불렀다.

77 "능약언이 말하기를 '직불의 황금을 사서 잃어버린 자에게 보상하여 진실로 후덕함을 잃지 않았다. 다행히 황금을 얻고 나의 무고함이 마침내 밝혀졌지만, 혹여 황금을 얻지 못하게 되었다면 어찌 내버려두고 판별하지 않았겠는가? 사실일 따름이다'라고 했다."(『사기평림』)

78 원문은 '문제칭거文帝稱擧'로, 『한서』에서는 이 네 글자가 없다.

79 『한서』에서는 '중대부中大夫'로 기재하고 있다. 「공경표」에서 '경제 중원 6년, 중대부령中大夫令 직불의를 바꾸어 위위衛尉라 했다'고 했다. 『한서』에서는 '영令'자가 빠져 있다. 중대부령은 본래 위위衛尉이다."(『고이』)

80 원문은 '朝廷見, 人或毁'이다. 안사고는 말하기를 "조정에서 크게 모여 황제에게 알현할 때 누군가 그를 헐뜯었다"고 했다. 그러나 '견見'과 '인人'을 붙여 읽어 '견인見人'으로 해석하는 견해도 있다. "유창이 말하기를 '조정견인朝廷見人은 달관達官(고관)을 말한다'고 했다."(『한서보주』) 즉 '조정에서 지위 높은 관원이 그를 비방했다'는 뜻이다. 『한서규관』에서는 '견見'을 '지금, 현재'의 뜻으로 보아 '지금 조정에 있는 사람'으로 해석했다.

'내게는 형이 없는데.'

그러나 끝내 해명하지 않았다.

오·초 칠국이 반란을 일으켰을 때 직불의는 2000석의 신분으로 군대를 이끌고 가서 토벌전에 참가했다.[81] 경제 후원 원년(기원전 143)에 그는 어사대부에 임명되었다.[82] 경제는 오나라와 초나라의 반란을 토벌한 공적이 있는 사람들을 추가로 포상했는데, 직불의는 새후에 봉해졌다.[83] 그러나 무제 건원 연간에[84] 직불의는 승상 위관과 함께 죄를 지어 면직되었다.[85]

직불의는 노자의 학설을 학습했다. 그는 어느 곳에서 관리를 하든 일처리 방법에 어떠한 변경도 하지 않고 모두 전임자와 똑같이 했으며[86] 자신이 재직 중에 남긴 사적을 사람들이 알게 될까 두려워했다. 그는 공적을 세우고 명성을 드날리는 것을 추구하지 않아 덕망이 높은 사람이라는 칭송을 들었다. 직불의가 죽은 뒤 그의 아들 직상여直相如가 작위를 계승했다.[87] 이후 손자 직망直望 때 주금의 규정에 부합되지 않아 죄를 짓고 후 작위를 잃었다.[88]

---

81 "『사기』에서 칠국의 난 평정에 대해 여러 편에서 서술했는데, 모두 직불의를 언급하지는 않았다." (『사기전증』)
82 "당시에 위관이 어사대부에서 승상으로 임명되었고 직불의는 위위衛尉에서 어사대부에서 임명되었을 것이다."(『사기전증』)
83 경제 후원 원년 8월의 일로, 직불의는 동시에 어사대부로 임명되었다.
84 "마땅히 금상今上 건원 원년이라 해야 한다. 후세 사람이 '무제'라고 고친 것이다."(『사기지의』)
85 "건원 원년에 무제는 전분田蚡 등과 함께 유학 학술을 존중한다는 것을 명분으로 삼아 황로 학파 인물들을 타격하고 두태후의 권력을 빼앗았다. 위관과 직불의 등은 모두 구파에 속했으므로 무제에 의해 파직당한 것이다."(『사기전증』)
86 "전임자가 했던 것에 크게 이롭거나 해로움이 있지 않으면 쉽게 변경하지 않은 것이다."(『한서보주』)
87 건원 3년(기원전 138)의 일이다.
88 원정 5년(기원전 112)의 일이다. 이때 주금 규정을 어겨 후 작위를 잃은 자가 106명이었는데, 승상 조주趙周도 이 일로 하옥되어 죽었다. 「혜경간후자연표」에서는 직불의의 손자를 '망望'이라 하지 않고 '견堅'이라고 했으며, 『한서』에서는 '팽조彭祖'라고 했는데, 어느 것이 맞는지 알 수 없다.

낭중령 주문周文은 이름이 인仁이고 그의 조상은 원래 임성任城[89] 사람이었다. 주인周仁은 의술로 황상을 만나게 되었고 관직에 임명되었다. 경제가 태자였을 때 사인舍人[90]으로 임명되었고, 뒤에 공적을 쌓아 차츰 승진해 효문제 때는[91] 태중대부에 이르렀다. 경제는 즉위한 뒤에 주인을 낭중령으로 임명했다.

주인의 사람됨은 입이 무겁고 말수가 적어 다른 사람의 비밀을 누설하지 않았다. 그는 항상 낡아서 기운 의복과 바지를 입어[92] 일부러 청결하지 않음을 드러냈는데 이로 인해 경제의 총애를 받았다. 그는 경제의 침실 안까지 들어가게 되었고, 경제가 후궁들에게 은밀히 희롱할 때도 항상 곁에 있었다. 주인은 경제가 죽을 때까지(기원전 141) 낭중령으로 있었으며[93] 끝까지 조정과 궁중의 일을 빌설하지 않았다. 경제가 그에게 어떤 사람에 대해 물으면[94] 그는 이렇게 말했다.

"청컨대 폐하께서 직접 살펴십시오."

---

89 임성任城: 한나라 현으로 치소는 지금의 산둥성 지닝濟寧 동남쪽 지역이다.

90 여기서의 사인舍人은 태자사인太子舍人의 줄임말이다. 태자사인은 좋은 집안의 자제를 선발하여 교대로 궁전을 경호하는 직무를 맡았으며, 태자 신변의 하급 시종이기도 하다.

91 '효문제 때孝文帝時'라는 구절은 삭제해야 한다. 『한서』에도 이 문장은 없다. '수정본'에는 삭제되어 있지 않지만 삭제되어야 맞다.

92 원문은 '상의폐보의닉고常衣敝補衣溺袴'다. 이 문장에 대한 논란이 많은데, 특히 '닉溺'자에 대한 견해가 다양하다. 『색은』의 주석을 참조하여 해석한다면 '그는 항상 천을 대어 기운 낡은 의복과 오줌이 새는 것을 방지하는 바지(혹은 오줌이 묻은 바지)를 입었다'가 된다. "제왕과 후비 신변에 이런 병에 걸린 사람을 머물게 할 수 있는가. 이 구절은 이해할 수 없는데, 대부분은 '닉'자 한 글자 때문이다. 그가 낡은 의복을 입기를 좋아한 것은 위생을 강구하지 않는 인상을 타인에게 주기 위함이다. 사실 이것은 부녀자들이 모여 있는 곳을 출입하는 자신을 보호하는 일종의 방법이다."(『사기전증』) "'닉'자는 난해한데, 잘못이 아니라면 불필요한 글자다. 용모와 복장을 추하게 하여 비빈들이 가까이하지 않기 때문에 황제가 그를 싫어하지 않은 것이다."(『사기회주고증』) 왕준도는 말하기를 "닉고溺袴라는 것은 바지 명칭으로 속옷과 같은 것이다"라고 했다. '수정본'에는 '닉'자가 포함되어 있고 이에 대한 별다른 주석이 없다. 역자는 '닉'자를 생략한 채 번역했다.

93 "경제는 황제의 지위에 16년 동안 있었는데, 주인은 낭중령으로 경제와 처음부터 끝까지 같이한 것 같다."(『사기전증』)

94 원문은 '문인問人'이다. 안사고는 말하기를 "다른 사람의 선함과 악함을 물은 것이다"라고 했다. "아래 문장에 '다른 사람의 험담을 하지 않았다'고 하고, '폐하께서 직접 살펴십시오'라고 했으니 추천하는 바가 없는 것으로, 여기서의 '문인'은 바로 그 사람의 재능과 현명함을 물은 것이다. 안사고의 말대로라면 '다른 사람의 험담을 하지 않았다'는 말은 쓸데없는 문구가 된다."(『한서보주』)

그리고 또한 남의 험담을 하지 않았다. 이 때문에 경제는 그를 신임했고 두 차례나 친히 그의 집으로 행차했다. 뒤에 그의 집은 양릉陽陵[95]으로 옮겨졌다. 경제는 그에게 많은 재물을 하사했으나 그는 항상 사양하며 받으려 하지 않았다.[96] 제후와 신하들도 항상 그에게 뇌물을 보냈으나 끝내 받지 않았다.

무제는 즉위한 뒤 주인이 선제의 신하였으므로 그를 중시했다. 나중에 주인은 병 때문에 면직하고 2000석의 봉록으로 고향에 돌아가 여생을 보냈다.[97] 당시 그의 자손들은 모두 고관에 이르렀다.

어사대부 장숙張叔[98]은 이름이 구歐이고, 안구후安丘侯 장열張說[99]의 서자庶子[100]다. 효문제 때 장구張歐는 형명 학설을 연구하여[101] 태자를 섬기게 되었다. 장구는 비록 형명가의 학문을 연구했지만 그 사람됨은 덕망이 높았다. 경제 때 그는 존중을 받아 항상 구경의 관직을 지냈다.[102] 무제 원삭 4년에 한안국韓安國

---

95 양릉陽陵: 경제 자신이 미리 건설한 능묘의 이름으로 현에 해당된다. 지금의 시안西安 동북쪽 지역이다.

96 "5년(기원전 152) 5월에 양릉으로 이주할 백성을 모집했는데, 양릉으로 옮기는 백성에게는 호구마다 돈 2만 전을 하사했다."(「효경본기孝景本紀」)

97 한나라 때 봉록을 가지고 퇴직하는 자는 통상 자신의 직분보다 1, 2등급 아래였다.

98 장숙張叔: 숙叔은 그의 자다.

99 장열張說: 유방의 개국공신으로 봉지는 안구현安丘縣(지금의 산둥성 안추安丘 서남쪽)이었다. 장열張說에 대한 열전은 『사기』나 『한서』에 없다.

100 『한서』에서는 '소자少子(막내아들)'로 기재하고 있다.

101 "옛 주석에는 두 가지 설이 있다. 하나는 '형명刑名'은 '형명形名'과 같은 것으로, 즉 '명가名家'를 말하며 순명책실循名責實(명실상부)을 강구하는 것이다. 다른 하나는 '형명刑名'은 즉 '법가法家'를 가리킨다. 왕선겸은 장구가 연구한 형명은 바로 조조鼂錯가 배운 법가 학설이었다. 아래 문장에서 말한 '그 사람됨은 덕망이 높았다' '사람을 조사하여 처벌해야 한다고 말한 적이 없다' '죄수를 앞에 두고 눈물을 흘리다'와 같이 말하고 있는 것은 그가 비록 형법을 배웠지만 사람됨이 가혹하거나 엄격하지 못한 것이다. 양수다楊樹達(『한서규관』)는 말하기를 「유림전」에서 '효문제는 형명의 학설을 좋아했다'고 했으므로 장구와 조조가 태자를 지도했고 두 사람 모두 형명을 연구한 사람이었다. 경제의 사람됨이 가혹하고 엄격한 것은 아마도 이 때문일 것이다'라고 했다."(『사기전증』)

102 『한서』「백관공경표」에 따르면 장구는 경제 때 정위廷尉, 봉상奉常, 중위中尉 등의 관직을 역임했는데, 모두가 구경 혹은 구경의 반열 이내였다.

이 면직되자 무제는 조서를 내려 장구를 어사대부로 임명했다.103 장구는 관리가 된 뒤로 사람을 조사하여 처벌해야 한다고 말한 적이 없으며,104 모든 사람과 일에 대해서 성실하고 덕망 있는 태도로 대했다. 속관들도 그를 장자長子로 여겼기 때문에 누구도 감히 지나치게 그를 기만하거나 나쁜 짓을 하지 못했다. 속관들이 매번 판결한 안건을 보고할 때 의문점이나 허점이 있으면 돌려보내 다시 심리하게 했고, 부득이 다시 심리할 수 없는 것은 죄수를 대면하여 눈물을 흘리며 그들에게 설명해주고 안건을 날인하여 봉했다.105 그가 사람을 사랑함이 이와 같았다.

장구는 늙고 병이 엄중해지자 사직을 요청했다. 무제 또한 조서를 내려 그를 사직하게 하고 상대부 봉록을 가지고 집으로 돌아가게 했다. 그의 집은 양릉에 있었다. 당시 그의 자손들은 모두 이미 고관에 이르렀다.

태사공은 말한다.

"공자는 일찍이 '군자는 마땅히 말에 대해서는 어눌해야 하고 행동에 대해서는 민첩해야 한다'106고 했는데, 아마도 석분, 위관, 장숙 같은 사람을 말한 것이 아닌가? 그들은 이 같은 품행을 지녔기 때문에 교화가 엄하지 않아도 성공할

103　"「장상將相」과 「백관표」에서 한안국은 원광 3년(기원전 132)에 면직되었고, 장구는 원광 4년에 임명되었다. 여기서 『한서』 「열전」과 함께 원삭 4년이라고 잘못 기재했다. 무제는 마땅히 금상今上이라 해야 한다."(『사기지의』) 장구는 원광 4년에 중위에서 천거되어 어사대부로 임명되었고 5년 동안 재직했다.

104　"승상 청적靑翟, 중위 가嘉, 정위 장구가 조조를 탄핵하며 말하기를 '조조는 대역부도하니, 마땅히 요참腰斬에 처해야 하고, 그의 부모·처자식·형제자매를 막론한 노소老少를 모두 기시 형벌에 처해야 합니다'라고 했다."(『한서』 「조조전鼂錯傳」) "『대사기大事記』와 『통감답문通鑑答問』에 모두 이 사건(조조 탄핵 사건)을 '사람을 조사하여 처벌해야 한다고 말한 적이 없다'고 하지 않았고 그를 '덕망이 높은 장자'라고 칭찬하지 않았다. 『사기』에서 헛되이 그를 찬미했을 따름이다."(『사기지의』)

105　안사고는 진작의 말을 인용하여 "죄수를 대면하여 안건을 읽어주고 봉인하는 것은 죄수로 하여금 듣고 보게 하여 죽어도 여한이 없게 하는 것이다"라고 했다. "심흠한이 말하기를 '죄수 면전에서 봉인하고 상주하는 것은 그에게 마땅히 죽게 됨을 알게 하는 것이다. 반드시 대면하여 봉인하는 것은 죄수에게 억울함이 있을까 걱정하는 것이다'라고 했다."(『한서보주』)

106　원문은 '君子欲訥於言而敏於行'이고, 출전은 『논어』 「이인里仁」이다.

수 있었고, 가혹한 수단을 사용하지 않았으나 잘 다스려졌다.[107] 직불의는 교활한 수단을 사용했고 주문은 아첨했기 때문에 그들 모두 군자들의 풍자를 받았다. 이것은 그들이 아첨하고 비위를 맞추는 영인佞人에 가까웠기 때문이다. 그러나 여전히 이들의 행위만은 독실한 행실의 군자라 말할 수 있다!"[108]

<hr/>

107 "교화를 시행함에 있어서 엄숙한 태도를 취하지 않고도 성공할 수 있고, 정치를 시행함에 엄격한 수단을 사용하지 않고도 천하가 태평해진다其教不肅而成, 其政不嚴而治."(『효경』「삼재三才」)
108 "명나라 소건장邵建章은 『지문록咫聞錄』에서 이르기를 '태사공은 만석 등 여러 사람을 모두 효성스럽고 예의바른 장자로 칭찬했다. 주인은 품격이 낮은 소인인데 만석군 뒤에 첨부했으니, 같은 부류가 아니다. 주문은 아첨하는 자에 가까운데 독실한 행실의 군자라고 말하고 있으니, 아첨하는 영인佞人을 군자라고 부르는가?'라고 했다."(『사기지의』)

전숙열전

田 叔 列 傳

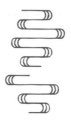

전숙은 제나라 왕실의 후예로 검술을 좋아하는 한편 악거공으로부터 황로 학술을 배웠다. 그 사람됨은 엄격하고 청렴했으며 스스로 즐거워하며 목표를 추구했고 명망 있는 사람들과 교류하기를 좋아했다. 이는 재능과 절개를 갖춘 장자長者의 풍모를 보여준다.

전숙은 원래 조나라 왕 장오의 낭중으로, 유방을 시해하려는 음모에 연루되어 장오가 억울하게 도성으로 압송될 때 그는 노예로 가장하여 수행했는데, 이는 희생을 두려워하지 않는 의기와 충정을 말해준다. 이후 무죄로 풀려난 장오가 전숙을 유방에게 추천하여 문제와 경제까지 섬기게 되었다. 「태사공자서」에서 사마천은 전숙에 대해 "절개가 있고 진리를 견지했으며 청렴결백하고 또 인의가 있었다. 행위는 고상하여 현자를 격려했고, 권력을 쥐었지만 공평한 태도로 처신했으므로 무례한 수단으로는 그를 굴복시킬 수 없었다"고 평가했다.

이 편에는 사마천의 친구이자 전숙의 아들인 전인의 사적을 간략하게 기술하고 있다. 무제 말년에 무제는 의심이 많아졌는데, 여태자가 무당의 힘을 빌려 무제를 해치려 한다는 말에 넘어가 여태자를 토벌하게 했다. 전인은 태자가 달아나지 못하게 하라는 명령에 따르지 않고 태자의 도주를 도운 죄로 사형에 처해졌다. 전인의 죽음은 무제 말년에 많은 황실 인척과 대신들이 의심을 받아 죽임을 당한 정황을 말해주는 것으로, 이러한 정치적 비극과 동란을 목도한 사마천은 깊은 탄식을 표했다.

마지막에는 저선생褚先生의 전인과 임안에 대한 사적을 보충하여 기술하고 있다. 두 사람은 곤궁할 때 만났고 함께 등용되어 천하에 명성을 날렸으나 임안 또한 여태자 사건으로 사형에 처해졌다.

전숙田叔[1]은 조나라 형성陘城[2] 사람으로 조상은 제나라 전씨田氏의 후예다.[3] 전숙은 검술을 좋아했고 악거공樂巨公[4]이 있는 곳에서 황로 학술을 배웠다. 사람됨이 엄격·청렴하며 스스로 즐겁게 목표를 추구했고 명망 있는 사람과 교류하기를 좋아했다.[5] 조나라 사람이 그를 상相[6] 조오趙午에게 추천했고, 조오는 다시 그를 조나라 왕 장오張敖[7]에게 소개했는데, 조나라 왕은 그를 낭중으로 임명했다. 몇 년 동안[8] 그는 진지하고 솔직하며 청렴하고 공평하여 사람들에게 칭송을 얻었다. 조나라 왕은 그 재능을 알아줬지만 승진시키지는 않았다.

　마침 진희陳豨가 대나라에서 반란을 일으켰고, 한나라 7년(기원전 200)에 고

1　전숙田叔: 이름이 숙叔이고 자가 소경少卿이다.
2　형성陘城: "현으로 중산中山에 속했다."(『색은』) 중산中山은 지금의 허베이성 딩저우定州다. "『지리지』에 따르면 중산에 고형苦陘, 육성陸城은 있었으나 형성현陘城縣은 없었다."(『고이』) 첸무가 말하기를 "지금의 허베이성 리현蠡縣 남쪽이다"라고 했다.
3　"전국시대 제나라 제후의 선조는 원래 진陳나라 제후의 후대로 성이 진陳이다. 제나라 이후 점차 제나라 정권을 장악하고 성을 전田으로 바꿨다."(『사기전증』)
4　악거공樂巨公: 악신공樂臣公이라고도 한다. 전국시대 때 연나라 명장인 악의樂毅의 일족이다. "악씨의 가족 중에 또 악하공樂瑕公과 악신공樂臣公 두 사람이 있는데, 그들은 조나라가 진나라에게 멸망당하기 전에 제나라의 고밀로 도망쳤다. 악신공은 황제와 노자 학설에 심혈을 기울여 연구하여 제나라에서 명성을 날렸고 사람들에게 현사賢師로 불렸다."(『악의열전』)
5　원문은 '희유제공喜游諸公'이다. 『한서』「전숙전田叔傳」에서는 '喜任俠, 游諸公'으로 기재하고 있는데 "성정이 임협任俠(절개와 의리를 세우기 좋아하는 사람)을 좋아하고 명망 있는 장자들과 교류했다"는 뜻이다. 안사고는 "제공諸公은 장자長子다"라고 했다. "제공은 당시의 현사, 호걸들이다."(『사기회주고증』)
6　유방이 봉한 조나라 왕 장이張耳의 상相을 말한다.
7　장오張敖: 장이張耳의 아들이다. 장이는 고조 4년(기원전 203)에 조나라 왕에 봉해졌으나 그해에 사망하고 아들 장오가 조나라 왕을 계승한 뒤 유방의 딸 노원 공주를 아내로 맞아들였다.
8　"전숙이 낭중으로 임명된 몇 년 동안을 말한다. 장오는 부친을 계승하여 조나라 왕이 되었고 고조 9년(기원전 198)에 폐위되었는데 모두 5년이다."(『사기전증』)

조가 군대를 이끌고 토벌하러 갔다.9 돌아오는 길에 조나라를 지나게 되었는데,10 조나라 왕 장오는 손수 밥상을 들어 바치며 매우 공경했다.11 그러나 고조는 두 다리를 뻗고 앉아서 조나라 왕에게 욕을 했다. 이때 조나라 상 조오 등12 수십 명이 모두 분노하며 조나라 왕에게13 말했다.

"대왕께서는 예의를 갖추어 황상을 섬기는데, 지금 대왕을 대하는 것이 이처럼 오만하고 무례하니 신 등은 그를 죽일 것을14 청합니다."

조나라 왕은 손가락을 깨물어 피를 내어 맹세하며 말했다.

"부친께서 나라를 잃으셨을 때15 폐하가 아니었다면 우리는 이미 죽어 시체에서 구더기가 나오도록 매장할 곳이 없었을 것이오! 공 등은 어떻게 그 같은 말을 하시오! 다시는 입 밖에 꺼내지 마시오!"

9　진희의 모반은 한나라 10년(기원전 197)의 일이다. 한나라 7년(기원전 200)에 고조가 토벌한 대상은 흉노와 결탁하여 모반을 꾀했던 한왕 신이다. "서광이 말하기를 '7년에 한왕 신이 반기를 들어 고제가 정벌했다. 10년에는 대나라 상 진희가 반기를 들었다'고 했다."(『집해』)

10　대부분의 번역본은 고조가 토벌하러 가는 길에 조나라를 지나간 것으로 해석하고 있는데, 이는 틀린 것이다. "한왕 신이 북방에서 반란을 일으켜 지금의 산시山西성 북부와 허베이성 서북부 일대가 소란스러워졌다. 유방이 군사를 이끌고 북쪽으로 출정하여 먼저 한왕 신을 격퇴시켰고, 뒤에 백등白登(지금의 산시山西성 다퉁 동북쪽)에서 흉노에게 포위당했다. 포위가 풀린 뒤 남쪽을 향해 돌아왔으므로 조나라 도성 한단을 지나게 된 것이다."(『사기전증』) "고조는 평성平城(지금의 산시山西성 다퉁 동북쪽)으로부터 도성으로 돌아가다가 중간에 조나라를 지나게 되었다."(『장이진여열전』)

11　조나라 왕은 유방의 신하이자 사위였으므로, 공경을 표하는 뜻으로 직접 밥상을 바친 것이다.

12　원문은 '조상조오趙相趙午'다. "나카이 리켄이 말하기를 '조상趙相 다음에 관고貫高 두 글자가 빠져 있다. 「고기高紀」「장전張傳」에 모두 조나라 상 관고라고 언급하고 있고 혹은 관고, 조오를 함께 칭하기도 한다. 그렇다면 관고와 조오가 앞뒤로 상이었다는 말이다. 아래 문장에 갑자기 조고가 출현하는데, 순서를 잃은 것이다. 여기서 문장이 빠진 것이 분명하다'고 했다."(『사기회주고증』)

13　원문은 '장왕張王'이다. "「고제기」『통감』『한기漢紀』에는 왕王이라 했다."(『사기각증』) 역자 또한 '장張'자를 생략하고 '조나라 왕'으로 번역했다.

14　원문은 '신등청위난臣等請爲亂(신 등은 난을 일으킬 것을 청합니다)'이다. 그러나 「장이진여열전」의 문장은 다음과 같다. "조나라 상 관고와 조오 등은 본래 장이의 빈객들이었다. 그들은 유방의 이러한 태도를 보고는 분노하며, '청컨대 저희가 왕을 위해 그를 죽이도록 해주십시오!'라고 말했다." 역자는 본문의 '난亂'보다는 「장이진여열전」의 '살殺'이 더 타당하다고 여겨 '죽이다'로 번역했다.

15　장오의 부친인 장이는 항우로부터 상산왕에 봉해졌으나 진여에게 쫓겨나 할 수 없이 유방에게 투항했고, 유방이 부친인 장이를 왕으로 봉했으므로 장오는 유방에게 충성을 맹세한 것이다.

관고貫高 등이 말했다.

"대왕은 덕망이 높은 분이시니 황상의 은덕을 배반하지 않을 것이다."

그러나 그들은 사사로이 황상을 시해하기로 모의했다. 공교롭게도 이 일이 발각되었고[16] 고조는 조서를 내려 조나라 왕과 모반하려 한 신하들을 모두 체포하게 했다. 이때 조오 등은 모두 스스로 목숨을 끊었는데, 관고만이 체포되어 하옥되었다. 이때 고조가 조서를 내렸다.

'조나라에서 감히 조나라 왕을 따르는 자[17]가 있으면 삼족을 멸하는 죄로 처벌하겠다.'

이때 맹서孟舒와 전숙 등 10여 명의 신하들이 황토색의 죄수복을 입고 두발을 밀어버리고 쇠고리로 목을 묶은 뒤 조나라 왕의 노예를 자처하여 장안까지 수행했다. 고조를 살해하려 모의한 사건은 조나라 왕과 무관함을 관고가 명백하게 밝혔으므로 조나라 왕 장오는 석방되었으나 왕위가 폐위되어 선평후宣平侯로 강등되었다. 장오는 고조에게 전숙 등 10여 명[18]을 추천했다. 고조는 그들을 모두 불러들이고 이야기를 나눠보고는 조정 대신들 중에 그들을 능가하는 사람이 없음을 느꼈다. 고조는 매우 기뻐하며 이들을 전부 군수와 제후의 상으로 임명했다.[19] 전숙은 한중군漢中郡 군수를 10여 년 지냈는데,[20] 이 기간에 고후가 죽고 여씨 일족들이 반란을 일으키자 대신들이 여씨들을 주살하고 효문제를

---

16 관고 등이 유방 살해를 계획한 것은 한나라 8년(기원전 199) 10월의 일이었는데, 유방이 동원東垣으로부터 한왕 신을 토벌하고 도성으로 돌아오는 길에 조나라를 지날 때 예정된 곳에 머물지 않아 죽음을 모면할 수 있었다. 한나라 9년(기원전 198) 12월 관고와 원한이 있는 사람이 이 음모를 알고 고발하여 음모가 발각되었다.

17 모반 사건과 관련이 없는 관리와 사대부를 가리킨다.

18 여기서의 10여 명은 모두 유방을 살해하려 모의한 일과 무관한 사람들로, 조나라 왕을 수행하여 장안으로 간 자들이다.

19 『한서』 「고제기」에 따르면 고조 9년(기원전 198) 2월의 일이다.

옹립했다.

효문제는 즉위한 뒤 전숙을 불러들여 그에게 물었다.

"공은 천하에 누가 덕망이 높은 자인지 아시오?"

전숙이 대답했다.

"신이 어찌 그것을 알겠습니까!"

문제가 말했다.

"공이 덕망이 높으니 당연히 알 것이오."

전숙이 머리를 조아리며 말했다.

"이전에 운중雲中[21] 군수였던 맹서가 덕망 높은 자입니다."

당시 맹서는 흉노가 변경의 방어 요새로 침입하여 약탈했을 때 운중군이 가장 엄중한 피해를 입었기 때문에 죄를 짓고 파면된 상태였다. 문제가 말했다.

"선제께서 맹서를 운중 군수로 두신 지 10여 년이 지났는데[22] 맹서는 흉노의 한 차례 침입을 견고하게 지켜내지 못해 무고하게 죽은 사졸이 수백 명이나 되오. 덕망 높은 자가 어찌 사졸들을 죽게 한단 말이오? 공은 무엇 때문에 맹서를 덕망 높은 자라고 말하는 것이오?"

전숙이 머리를 조아리며 대답했다.

"이 사건이 바로 맹서의 높은 덕망을 설명하는 것입니다. 당초에 관고 등이 모반했을 때 황상께서는 명확하게 조서를 내려 '누구든 감히 조나라 왕을 수행하는 자가 있으면 삼족을 멸하는 죄로 처벌하겠다'고 했습니다. 이때 맹서는 스스로 두발을 자르고 쇠고리로 목을 묶고 조나라 왕을 수행하여 장안으로 왔으니 장오가 가는 곳이라면 어디든 가서 함께 죽으려 결심한 것인데, 석방되어 자

---

20 전숙은 고조 9년에 한중군 군수가 되었고 혜제를 거쳐 여후 말기까지 도합 19년을 역임했다.
21 운중雲中: 군으로 치소는 운중(지금의 네이멍구 퉈커터托克托 동북쪽)이다.
22 맹서는 고조 9년(기원전 198)에 운중군 군수가 되었고 혜제와 여후를 거쳐 문제 즉위 시기까지 이르렀으니 10여 년이 아니라 20년에 가깝다.

신이 운중 군수가 될 줄을 어찌 알았겠습니까? 한나라와 초나라가 서로 대치하며 천하를 다투는 동안 사졸들은 지쳐 있었습니다. 흉노의 묵돌이 막 북이北夷를 정복하고[23] 우리 변경 군으로 침범하여 해를 끼쳤는데, 맹서는 사졸들이 피로한 것을 알고는 차마 그들에게 출전 명령을 내리지 못했습니다. 그러나 사졸들은 성에 올라 죽기를 각오하고 싸웠는데, 마치 아들이 아버지를 위하고 동생이 형을 위하는 것과 같았기 때문에 죽은 자가 수백 명이나 된 것입니다. 맹서가 어찌 일부러 그들을 죽음으로 내몰았겠습니까! 이것이 바로 신이 맹서를 덕망 높은 자라고 여기는 이유입니다."

이 말을 듣고 문제가 말했다.

"어질구나, 맹서여!"

이에 다시 맹서를 불러 운중 군수를 맡겼다.[24]

몇 년 뒤 전숙은 법을 위반하여 관직을 잃었다. 이때 양효왕梁孝王[25]이 사람을 보내 이전에 오나라 상이었던 원앙을 찔러 죽였다.[26] 경제는 전숙을 불러 다시 기용하고는 양나라로 가서 이 사건을 조사하게 했고, 전숙은 모든 사실을 자세

---

23 흉노 북쪽의 각 소수민족 부락을 정복한 사실을 말한다. "묵돌은 북쪽으로 혼유渾庾, 굴역屈射, 정령丁零, 격곤鬲昆, 신려薪犁 등의 나라들을 항복시켰다. 이 때문에 흉노의 귀인과 대신들이 묵돌에게 복종하며 묵돌 선우가 현명하며 능력 있다고 여겼다."(「흉노열전」) 흉노가 정복한 곳은 대략 지금의 몽골 북쪽의 러시아 경내이고, 시기는 대략 초한 전쟁과 유방의 재위 기간이다.
24 "홍매洪邁의 『용재수필容齋隨筆』에서 이르기를 '맹서와 위상魏尚은 문제 때 운중 군수였고, 모두 흉노의 침입으로 죄를 지었다. 이들은 다른 사람이 말함으로써 다시 이전 관직을 회복했다. 사건이 서로 유사한데 한 사건으로 의심된다'고 했다."(『사기전증』) "맹서의 일과 위상魏尚은 대동소이한데, 이전 사람들은 그것을 하나의 사건으로 의심했다. 맹서는 위상의 자인데, 「풍당전馮唐傳」에서는 그의 이름을 칭했고 본 열전에서는 그의 자를 칭했을 가능성이 있다."(『사기신증』) 맹서와 「풍당전」에서 언급된 위상이 같은 사람인지, 아니면 서로 다른 사람인지에 대한 명확한 증거가 없어 판단하기 어렵다.
25 양효왕梁孝王: 이름이 무武이고 문제의 아들이며 경제의 동생이다. 문제 2년(기원전 178)에 대왕代王에 봉해졌고, 문제 4년(기원전 176)에 회양왕淮陽王으로 변경 봉해졌으며, 문제 12년(기원전 168)에 양왕梁王으로 변경 봉해졌다.
26 경제 전원 7년(기원전 150) 4월의 일이다.

히 조사하고 돌아와 보고했다. 경제가 물었다.

"양효왕이 사람을 보내 원앙을 죽인 것이 사실이오?"

전숙이 대답했다.

"신 죽을죄를 지었습니다! 그런 일이 있었던 것이 사실입니다."

경제가 물었다.

"관련된 문서 자료는 어디에 있소?"[27]

전숙이 대답했다.

"황상께서는 양왕의 사건을 다시는 추궁하지 마십시오."

경제가 물었다.

"무엇 때문이오?"

전숙이 말했다.

"지금 양효왕을 처형하지 않는다면 한나라의 법이 집행되지 않는 것이고, 법에 따라 처형한다면 태후께서는 음식을 먹어도 맛을 모르고 잠자리에 누워도 편히 주무실 수 없을 테니, 그렇게 되면 폐하의 근심이 더 커질 것입니다."

경제는 전숙을 도덕과 재능을 갖춘 사람으로 여겨 노나라 상[28]으로 삼았다.

전숙이 부임하자마자 상을 찾아와[29] 노나라 왕이 자신들의 재산을 강제로 빼앗아 갔다고 고소하는 백성이 100여 명이었다.[30]

전숙은 그들의 우두머리 20명을 붙잡아 각기 몽둥이로 50대씩 때리고, 그 나머지 사람들도 각기 20대씩 뺨을 때린[31] 뒤 화를 내며 말했다.

---

27 원문은 '기사안재其事安在'로, 안사고는 말하기를 "사건의 기록을 요구하는 것이다"라고 했다.

28 경제의 아들 노공왕魯恭王 유여劉餘의 상相이 된 것이다. 「오종세가五宗世家」에 따르면 유여는 매우 탐욕스럽고 토목공사를 일으키기를 좋아했으며 사냥을 즐겼다.

29 오·초 칠국의 난이 평정된 뒤에 제후국의 봉지는 대규모로 감소되고 제후왕의 권력 또한 크게 축소되어 제후국의 큼직한 안건은 모두 중앙에서 파견한 상이 주관하게 되었다.

30 "종성鍾惺이 말하기를 '백성이 왕을 상에게 소송을 거니 한나라 때 제후의 상의 권력이 이와 같았다'고 했다."(『사기전증』)

31 원문에서 몽둥이로 엉덩이나 다리를 맞는 형벌은 '태笞(태형)'라 하고, 손으로 뺨을 때리는 형벌은

"왕은 너희의 주인이 아니더냐? 어찌 감히 주인을 고소할 수 있는가!"

노나라 왕은 이 말을 듣고 매우 부끄러워하며 왕궁 창고32 안의 돈을 전숙에게 내주면서 백성에게 배상하도록 했다. 그러자 전숙이 말했다.

"왕께서 빼앗은 재물을 저보고 돌려주라고 하시니, 이는 곧 왕이 나쁜 일을 하고 상이 좋은 일을 하는 것입니다. 저는 대신해 돌려주지 않겠습니다."

그리하여 노나라 왕은 모두 직접 재물을 되돌려주었다.

노나라 왕은 사냥을 좋아했으므로 상인 전숙은 항상 왕을 수행하여 사냥터로 갔다. 노나라 왕은 전숙에게 항상 관사에서 쉬라고 했지만 전숙은 밖에 나와 햇볕이 내리쬐고 비바람이 쳐도 사냥터 밖에서 노나라 왕이 사냥을 마치고 돌아오기를 기다렸다. 노나라 왕은 여러 차례 사람을 보내 전숙에게 쉬도록 요청했으나 그는 끝내 듣지 않으며 말했다.

"대왕께서 사냥터 한데에 계시는데, 내 어찌 혼자 관사로 돌아가 쉬겠소!"

노나라 왕은 이 일로 인해 큰 규모의 사냥을 즐기지 않게 되었다.

몇 년 뒤, 전숙이 재임 중에 사망하자 노나라 왕은 황금 100근을 하사해 제사지내게 했다. 막내아들 전인田仁은 사양하면서 말했다.

"황금 100근 때문에 돌아가신 아버님의 명성을 손상시킬 수 없습니다."

전인은 몸이 강건하여 일찍이 위장군衛將軍33의 사인이 되었으며, 여러 차례 그를 수행하여 흉노 토벌에 나섰다. 위장군이 전인을 추천하자 무제는 전인을

'박搏'이라 했다.

32 원문은 '중부中府'로, 중中은 왕궁을 가리키고 부府는 창고로 말한다. 즉 중부는 제후왕의 창고로서 그 안의 재물은 국왕 개인의 재산이다. 한나라 초기 제후 왕국은 중앙의 조직 체계를 그대로 모방했으며, 재정 체계 역시 국가 재정과 황실 재정으로 구분한 방식에 따라 왕국에도 공공 재산과 구별되는 왕의 개인 창고를 두었다.

33 위장군衛將軍: 무제 때 명장으로 흉노를 격파한 공적으로 장평후長平侯에 봉해진 위청衛青을 말한다. 관직은 대장군大將軍이었다.

낭중으로 임명했다. 몇 년 뒤 그는 2000석 봉록을 받는 승상의 장사長史[34]가 되었다가 실직되었다. 이후 무제는 그를 파견해 삼하三河[35]의 정무를 감찰하여 보고하게 했다. 무제가 동쪽으로 순시할 때 전인이 보고하는 말이 이치에 부합되었으므로[36] 무제는 매우 기뻐하며 그를 경보도위京輔都尉[37]로 임명했고, 한 달쯤 뒤에 사직司直[38]으로 승진되었다. 몇 년 뒤 그는 여태자戾太子 사건에 연루되어 죄를 짓게 되었다.[39] 당시 좌승상[40]이 직접 군대를 이끌고 태자를 체포하러 왔고 사직 전인에게 성문을 닫고 지키도록 명했는데, 전인은 태자를 달아나도록 한 죄를 지어 사법 관리에게 넘겨졌으며 사형에 처해졌다.

전인이 군대를 일으키자 장릉長陵 현령 차천추車千秋가 전인이 반란을 일으켰다고 보고하여 전인의 일족은 멸족되었다.[41] 형성陘城은 지금의 중산국中山國에

---

34 장사長史는 승상의 속관으로 봉록은 1000석이었다. 당시의 승상은 위청의 만누이 위유衛孺의 남편인 공손하公孫賀였다.

35 삼하三河: 하동·하내·하남, 세 개의 군을 가리킨다. 각 군을 감찰하는 임무는 당시 승상이 임시 파견한 장사長史가 담당했는데, 이후 전문적인 자사刺史 관직으로 발전하게 된다.

36 "무제의 동쪽 순시는 원봉 원년(기원전 110)부터 시작되었는데, 이때부터 여러 차례 태산에서 봉선제를 거행했으며 동해에까지 이르렀다."(『사기전증』)

37 경보도위京輔都尉: 진나라 때 각 군의 수비를 담당하던 군위로, 한 경제 중원 6년(기원전 144)에 도위로 명칭을 변경했다. 무제 원정 4년(기원전 113)에 삼보三輔 지역에 삼보도위를 설치했는데, 경보도위는 그중 한 명이다. 나머지는 좌보도위左輔都尉, 우보도위右輔都尉다.

38 사직司直: 한 무제 원수 5년(기원전 118년)에 설치된 승상의 속관으로, 승상을 보좌하며 불법을 감찰했다. 전인이 사직으로 임명되었을 때의 승상은 공손하였고 마지막 1년째의 승상은 유굴리劉屈氂였다.

39 정화征和 2년(기원전 91) 7월의 일이다. 정화는 무제의 열 번째 연호(기원전 92~기원전 89년)다. 태자는 이름이 거據였고 위황후衛皇后 소생이다. 무제 말년에 무제는 의심이 많아졌는데, 태자가 무당의 저주로 무제를 해치려 한다는 강충江充의 보고를 받았다. 태자가 강충을 죽이자 무제는 승상 유굴리를 보내 군사를 이끌고 태자를 토벌하게 했다. 태자는 군사를 일으켜 대항하며 장안성 안에서 크게 싸웠고 죽은 자가 수만 명이었다.

40 당시의 좌승상은 유굴리로, 정화 2년(기원전 191)에 공손하의 자리를 이어받았다. 당시 무제의 명령을 받들어 태자 유거를 토벌했다.

41 "이 문장은 장황하다. 조익趙翼이 말하기를 '이미 승상사직 전인이 성문을 닫고 지키고 있다가 도리어 태자를 달아나도록 하여 죄를 짓고는 사법 관리에게 넘겨져 사형에 처해졌다고 했는데, 다시 전인이 군대를 일으키자 장릉 현령 차천추가 전인이 반란을 일으켰다고 보고하여 전인의 일족이 멸족되었다고 했다. 문장이 번잡하여 이해할 수가 없다'고 했고, 이경성李景星은 말하기를 '이 문장은 후세 사람이 덧붙여 다른 말을 하려다가 잘못하여 여기 문장에 삽입한 것으로 의심된다'고 했다."(『사기전

속해 있다.[42]

태사공은 말한다.

"공자가 말하기를 '어느 나라에 가든지 그 나라의 정사를 듣는다'[43]고 했는데, 바로 전숙 같은 사람을 말한 것이다! 전숙은 인의를 강구하고 어진 이를 천거하기를 잊지 않았으며, 주인의 미덕을 드날리고 그의 과실을 보완해줬다. 전인은 나와 친한 사이였기 때문에 나는 그들 부자의 일을 함께 서술했다."

저선생褚先生[44]은 말했다.

내가 낭관郎官으로 있을 때,[45] 전인은 이전부터 임안任安[46]과 사이가 좋았다고 들었다. 임안은 형양 사람으로 어려서 고아가 되어 의지할 데 없었고 가정은 빈곤했다. 그는 남을 위해 수레를 몰아 장안에 왔다가 그대로 장안에 눌러앉아 작은 벼슬아치의 하찮은 직무라도 구하려 했지만 연줄이 없었다. 그는 자신의 호적을 무공현武功縣[47]에 올리고 정착했다. 무공현은 부풍군扶風郡[48] 서쪽에 있는 작은 현으로, 골짜기[49] 입구에는 촉군으로 통하는 산기슭에 의지한 잔도가

중』)『한서』에는 이 문장이 없다.

42 "진인석이 말하기를 '이 구절은 태사공의 말이 아니다. 이것은 본래 주석인데 후세 사람들이 잘못하여 본문에 삽입한 것이다'라고 했다."(『사기전증』)

43 '夫子至於是邦也, 必聞其政.'(『논어』 「학이」)

44 저선생褚先生: 이름은 소손少孫이고, 원제元帝・성제成帝 때 사람으로 양梁나라 상을 지낸 저대제褚大弟의 손자다. 사마천의 『사기』를 최초로 읽고 정리한 사람 중 한 명이다.

45 원제元帝(재위 기원전 48~기원전 33), 성제成帝(재위 기원전 32~기원전 7) 시기를 가리킨다.

46 임안任安: 자가 소경少卿으로 사마천의 친구다. 전인과 함께 정화 2년의 무고지화巫蠱之禍 때 죽었다.

47 무공현武功縣: 한나라 현으로 치소는 지금의 산시陝西성 우궁武功 서남쪽 지역이다. 당시에 우부풍右扶風에 속했다.

48 부풍군扶風郡: 우부풍을 가리킨다. 경조윤京兆尹, 좌풍익左馮翊과 함께 삼보三輔 중의 하나였다. 치소는 장안長安이었고, 후한 시기에 치소를 괴리槐里(지금의 산시陝西성 싱핑興平 동남쪽)로 옮겼다.

49 무공에서 한중을 지나 촉에 이르는 낙곡駱谷을 가리킨다.

있었다. 임안은 무공이 작은 현이라서 호걸이 없으니 자신이 두각을 나타낼 수 있으리라 여기고 안심하고 머물렀다. 임안은 먼저 사람들을 대신해 구도求盗, 정보亭父가 되었고, 뒤에는 다시 정장亭長이 되었다.[50] 향읍 사람들이 모두 나와서 사냥할 때면 임안은 항상 그들을 위해 고라니, 사슴, 꿩, 토끼 같은 사냥물을 나눠줬고, 노인과 아이와 장년층에게 적합한 어렵고 쉬운 일을 맡기자 모두 기뻐하면서 말했다.[51]

"잘하는구나, 임소경任少卿은 공평하게 배분할 줄 알고 지략도 있구나."

이튿날 다시 모이도록 하니 모여든 자가 수백 명이었다. 임소경이 말했다.

"아무개의 아들 갑甲[52]은 어찌하여 오지 않았습니까?"

모두들 그가 사람을 빨리 알아보는 능력에 놀라워했다. 그 뒤에 그는 삼로三老[53]에 임명되었고, 백성에게 친근한 좋은 관리[54]로 천거되었으며, 다시 300석의 현장縣長[55]이 되어 백성을 다스렸다. 이후 무제가 갑자기 이곳으로 행차했을

---

50 구도求盗, 정보亭父는 정장亭長 수하의 작은 벼슬아치다. 정장은 진·한 때 향촌의 10리마다 설치한 정亭을 관리하는 관원이다. 치안을 관장하고 도적을 잡고 민사를 처리했으며 여행객들의 관리를 겸했다. 대부분은 병역 복무를 마친 인원이 담당했다. "응소가 말하기를 '옛날에 정亭에는 두 명의 사졸이 있었는데, 그중 하나는 정보로 관문을 닫고 청소하는 일을 관장했고, 다른 한 명은 구도인데 도적을 쫓아 체포하는 일을 관장했다'고 했다."(『정의』)

51 "전한 사람들은 함께 사냥하여 잡은 사냥물을 나눌 때 노인, 아이, 장년층 세 등급으로 차등을 두었으며 작위의 높고 낮음에 따라 어느 정도의 차등을 두었다."(『사기신증』)

52 사람의 성명을 가리킨다.

53 삼로三老: 고대에 교화를 관장하던 향관鄕官이다. 전국시대 위魏나라 때는 삼로三老, 진나라 때는 향삼로鄕三老 한나라 때는 현삼로縣三老를 두었다. 고제 초에 향에 한 명의 삼로를 두기 시작했는데 백성 가운데 나이 50세 이상으로 덕행과 위신이 있고 백성을 이끌 만한 자에게 맡겼다. 그 후 현, 군, 국에 균등히 설치되어 교화를 관장했다. 삼로는 봉록이 없었고 국가의 정식 관리도 아니었지만 존경을 받는 위치로 요역을 면제받았으며 포상을 받았다. 또한 황제에게 직접 상서를 올릴 수 있었다. 후한 이후에 다시 군삼로郡三老, 국삼로國三老를 설치했다.

54 원문은 '친민親民'이다. "진직陳直이 말하기를 '친민親民 또한 마땅히 향관鄕官 명칭 중의 하나다. 『십종삼방인거十鐘山房印擧』에 안민정인安民正印이 있는데, 친민과 안민安民은 같은 의미로, 이정里正의 유형에 속하는 것으로 추정된다'고 했다. 진직의 말은 비록 증거가 부족하지만 의견에 주의할 만하다."(『사기전증』) 역자는 '친민親民'을 관직명으로 번역하지 않았음을 밝혀둔다.

55 "1만 호 이상의 현을 관할할 때는 현령縣令으로 봉록은 1000~600석이고, 1만 호 이하는 현장縣

때 임안은 미리 물자를 준비하지 않아[56] 문책을 받고 파면되었다.

임안은 그 후 위장군衛將軍(위청)의 사인이 되어 전인을 만나게 되었고, 두 사람은 위장군의 사인이 되어 문하에 거하면서 서로 알아주며 아꼈다. 이 두 사람은 집이 가난하여 돈이 없었으므로 위장군의 가감家監[57]에게 돈과 물품을 주지 못했다. 그러자 그 가감은 둘을 사납게 사람을 물어뜯는 말을 기르는 곳으로 보냈다. 두 사람이 같은 침상에 누웠는데, 전인이 작은 소리로 슬그머니 말했다.

"이 가감은 사람을 정말 몰라보는구나!"

임안이 말했다.

"장군도 사람을 알아보지 못하는데, 하물며 그의 가감이 어찌 알아보겠는가!"

한번은 위장군이 이 두 사람을 데리고 평양공주平陽公主[58]의 집을 방문했는데, 그 집 가신이 두 사람을 기노騎奴[59]들과 같은 자리에서 밥을 먹게 했다. 그러자 이 두 사람은 칼을 뽑아 자리를 자르고 따로 떨어져 앉았다. 공주 집의 사람들이 모두 놀라고 싫어했으나 감히 큰소리로 꾸짖지는 못했다.

그 후 위장군 사인 중에서 낭관을 선발하겠다는 조서가 내려졌다. 위장군은 사인들 가운데 부유한 자들을 골라 안장과 말, 강의絳衣[60]와 옥으로 장식한 패검을 갖추게 하고 궁궐로 들어가 보고하고자 했다. 마침 현능한 대부로 알려진 소부小府[61] 조우趙禹[62]가 위장군을 방문했고, 위장군은 선발한 사인들을 불러

長으로 봉록은 500~300석이다."(『한서』 「백관공경표」)

56 원문은 '공장共帳'으로, "술자리를 준비하고 먹고 마실 것을 제공하는 것을 가리킨다."(『사기전증』)

57 위장군의 가감家監은 위장군 집안의 가사를 관리하는 지위가 비교적 높은 하인을 말한다.

58 평양공주平陽公主: 한 무제의 누이 양신공주陽信公主로, 평양후平陽侯 조수曹壽와 혼인하여 평양공주라 불렸다. 나중에 평양공주는 조수와 이혼하고 위청에게 출가했다.

59 기노騎奴: 말을 타고 수행하는 노복이다.

60 강의絳衣: 황제 낭관이 입는 붉은색 복장이다.

61 소부少府: 구경에 속한 관직으로 전국시대에 시작되었다. 산, 바다, 육지, 호수의 수입과 황실의 수공업 제조, 궁중의 어의御衣, 진귀한 물품, 진귀한 음식 등을 관장하는 황제의 사부私府였다. 봉록은 중2000석이었다.

62 조우趙禹: 무제 때의 혹리로, 장탕張湯과 함께 한나라의 율법을 수정했다. "사마천은 조우를 혹리

조우에게 보여줬다. 조우는 차례로 그들에게 질문을 했는데 10여 명 가운데 사리를 알고 지략을 지닌 자가 한 명도 없었다. 조우가 말했다.

"저는 장군의 문하에 반드시 장군이 될 수 있는 재능을 지닌 자가 있다고 들었습니다. 옛 서적에서 말하기를 '그 군주를 알지 못하면 그가 중용하는 사람을 보고, 그 사람의 아들을 알지 못하면 그 아들이 사귀는 친구를 보라'[63]고 했습니다. 지금 황상께서 조서를 내려 장군의 사인 중에서 낭관을 선발하려는 목적은 장군이 현명하고 문무를 겸비한 인사를 얻었는지 보려는 것입니다. 지금 부유한 집 자제들을 선발해 상주하려 하시는데 그들 모두가 지략이 없으니 마치 나무 인형에 수놓은 비단옷을 입힌 것과 같습니다. 장차 어떻게 하려 하십니까?"

그리하여 조우는 위장군의 사인 100여 명을 모두 불러 차례로 질문해보았더니 마음에 드는 자는 전인과 임안 두 사람뿐이었다. 조우가 말했다.

"이 두 사람만이 추천할 만하고 나머지는 쓸 만한 인재가 한 명도 없습니다."

위장군은 이 두 사람이 가난한 것을 알고 마음이 편치 않았다. 조우가 돌아간 뒤 위장군은 이 두 사람에게 말했다.

"너희는 각자 안장과 말, 새 강의를 준비하도록 해라."

두 사람이 대답했다.

"집이 가난해서 준비할 방법이 없습니다."

위장군이 화를 내며 말했다.

"너희 집이 가난한 것은 너희 집안일이거늘 어찌 나한테 그런 말을 하느냐? 씩씩거리는 것이 나한테 화풀이하는 것 같은데, 무엇 때문이냐?"

로 나열했는데 저선생은 여기서 '현대부賢大夫'라 칭하니 판단 기준의 차이가 적지 않다."(『사기전증』)
"허상경許相卿이 말하기를 '조우는 문서 작성을 관장하는 도필리일 따름이다. 이 두 사람을 알아볼 수 있어 위장군보다는 현명하기에 여기서 저선생이 그를 칭찬한 것이다'라고 했다."(『사기평림』)
63 『순자』 「성악性惡」에 이와 유사한 문장이 있다. "그의 아들이 어떠한지 모른다면 그의 친구를 보면 되고, 그의 군주가 어떠한지 모른다면 그의 좌우 신하들을 보면 된다不知其子視其友, 不知其君視其左右."

위장군은 하는 수 없이 그들의 명단을 만들어 황상에게 보고했다. 무제는 조서를 내려 위장군의 사인을 보겠다고 불렀고 두 사람은 무제 앞으로 나아가 알현했다. 무제가 그들에게 재능과 지략을 묻자 두 사람은 서로를 높이 평가했다. 전인이 대답했다.

"북채와 북을 잡고 군문軍門에 서서 부하들로 하여금 기꺼이 목숨을 바쳐 싸우게 하는 데는 신이 임안에게 미치지 못합니다."

임안이 대답했다.

"의심스러운 일을 판결하고 옳고 그름을 판가름하며 관리들의 사무를 명확히 분별하여 백성으로 하여금 원망하는 마음이 없게 하기에는 신이 전인에게 미치지 못합니다."

무제가 크게 웃으며 말했다.

"좋구나."

그리하여 임안은 북군北軍64을 감독하게 하고, 전인은 북부 변경의 황하 강가65로 보내 양식 생산과 저장을 감독하게 했다. 이때부터 두 사람은 천하에 명성을 떨치게 되었다.

그 후 임안은 익주益州 자사刺史66가 되었고, 전인은 승상장사丞相長史가 되었다.

---

64 북군北軍: "북군과 남군은 도성에 주둔한 두 갈래의 근위군近衛軍으로 황제가 특별히 신임하고 직급도 매우 높은 관원이 통솔했는데, 혜제 때 태위 주발을 임명해 북군을 주관하게 했고 여후는 조나라 왕 여록을 북군에, 상국 여산呂産에게는 남군을 주관하도록 임명했다. 문제는 송창朱昌을 위장군으로 임명하여 남북군을 주둔시키고 위로하게 했는데, 모두 이것이다."(『사기전증』)

65 지금의 네이멍구 린허臨河 일대의 황하 강변을 가리킨다.

66 자사刺史: 관직명으로 한 무제 원봉 5년(기원전 106)에 '자사십삼부刺史十三部(주州)'를 설치했는데, 도성 부근 7개 군을 제외한 13개 구역으로 나누어 자사를 설치했고 봉록은 600석이었다. 군국郡國을 감독했는데 관직은 군수郡守보다 낮았다. 성제成帝 수화綏和 원년(기원전 8)에 자사를 주목州牧으로 변경했고, 봉록이 2000석이었다. 후한 광무제光武帝 건무建武 18년(42)에 주목을 없애고 다시 자사를 설치했다. 영제靈帝 때 다시 자사를 없애고 주목을 설치했는데 지위는 군수보다 높았다. 이때부터 단순한 감찰관에서 지방 군사와 정치 대권을 총괄하는 군정장관이 되었다. 익주자사부益州刺史部는 촉군, 파군, 한중군, 광한군廣漢郡, 건위군犍爲郡 등을 통솔했다. '자사부'는 하나의 정부가 아니라 자사를 일정한 계절에 따라 각 군과 국에 파견해 시찰하고 돌아와 황제에게 보고하는 기관이다.

전인이 글을 올려 말했다.

'천하 각 군의 태수 가운데 불법적 수단으로 이익을 취하는 자가 매우 많은데, 그중에서도 삼하三河가 가장 엄중하므로 신이 먼저 삼하 지역을 조사하여 적발 하겠습니다. 삼하 태수는 모두 궁정 안으로는 중귀인中貴人[67]에게 의지하고 있고, 삼공三公과는 친척 관계이므로 두려워하거나 꺼리는 바가 없습니다. 먼저 삼하를 바로잡아 천하의 탐관오리에게 경고해야 합니다.'

이때 하남과 하내의 태수는 어사대부 두주杜周의 자제[68]이고, 하동 태수는 승상 석경石慶의 자손이었다. 이때 석씨 집안은 2000석의 봉록을 받는 관원이 9명이었기에 강성하고 고귀했다.[69] 전인은 여러 차례 글을 올려 이 일을 언급했다. 두대부杜大夫와 석씨石氏는 사람을 보내 전소경田少卿[70]에게 알렸다.

"우리가 감히 그대에게 우리에 대한 어떤 것을 요청하려는 것은 아니고, 우리는 단지 소경께서 우리를 모함하지 않기만을 바랄 뿐입니다."

전인은 이미 삼하를 조사한 후 삼하의 태수들을 모두 사법 관리에게 넘겨 사형에 처했다. 전인이 조정으로 돌아와 보고하자 무제는 기뻐하며 전인이 법도를 지키지 않고 횡포를 부리는 세력을 두려워하지 않는다고 여겨 그를 승상 사직으로 임명했다. 그리하여 전인은 천하에 위세를 떨쳤다.

그 뒤 태자가 반란을 일으켰을 때 승상이 직접 군사를 이끌고 진압에 나서면

---

67 중귀인中貴人: 황제의 총애를 받는 환관을 말한다.
68 원문은 '부형자제父兄子弟'다. "말이 어색하다. 사실 여기서는 '자제'를 가리키는 것으로, 부형이라고 말한 적은 없다"고 했다. 「혹리열전」에 따르면 무제는 두주가 마음을 다해 직무를 수행한다고 여겼고 사심이 없었기 때문에 어사대부로 승진시켰다. 두주에게는 두 명의 아들이 있었는데, 하남과 하내두 군의 태수로 나누어 임명되었다.(『사기전증』)
69 "석경이 승상을 담당했을 때 그의 자손들 중에 관리가 되어 2000석에까지 오른 자가 13명이나되었다."(「만석장숙열전」)
70 전소경田少卿: 소경少卿은 전숙의 자이므로 마땅히 전인을 가리킨다.

서 사직 전인에게 성문을 지키도록 했다. 전인은 태자가 황상과 골육을 나눈 관계이니 부자간에 지나치게 핍박하지 않을 것이라[71] 생각하고 태자가 성 밖 제릉諸陵으로 달아나도록 놓아줬다.[72] 이때 무제는 감천甘泉[73]에 있었는데, 어사대부 폭군暴君[74]을 보내 승상을 꾸짖었다.

"어찌하여 태자가 달아나도록 놓아주었는가?"[75]

승상이 대답했다.

"사직에게 군사를 이끌고 성문을 지키게 했는데, 그가 태자를 놓아줬습니다."

승상이 글을 올려 사건을 보고하고 사직을 체포할 수 있도록 요청했다. 사직 전인은 사법 관리에게 넘겨져 처형되었다.

이때 임안은 북군사자호군北軍使者護軍[76]으로 있었는데, 태자는 북군의 남문 밖에 수레를 세워두고 임안을 불러 부절을 주며[77] 출병하여 자신을 돕도록 했다.

임안은 예를 행하고 부절을 받기는 했지만 군영 안으로 들어가서는 문을 닫고 나오지 않았다. 무제는 이 소식을 듣고 '임안이 부절을 받는 척하면서 태자

---

71 원문은 '불심욕근不甚欲近(지나치게 가깝게 하려 하지 않는다)'이다. "불욕심박不欲甚迫(지나치게 핍박하려 하지 않는다)으로 해야 마땅하다."(『찰기』) 역자는 『찰기』의 견해에 따랐다.

72 제릉諸陵: 선대 황제의 능묘가 있는 곳으로 당시 장안성 동북쪽에 있었다. "앞에서 '장릉의 현령 차천추가 전인이 반란을 일으켰다고 보고했다'고 했으니, 태자는 당시 장안을 나간 뒤 제릉을 거쳐 호현湖縣(지금의 허난성 링바오靈寶 서북쪽)으로 달아난 것이 확실하다."(『사기전증』)

73 감천甘泉: 감천산 위의 감천궁으로, 지금의 산시陝西성 춘화淳化 서북쪽에 위치해 있다. 이번에 무제가 감천궁에 간 것은 정화征和 2년(기원전 91) 여름의 일이다.

74 폭군暴君: 폭승지暴勝之를 말한다. 이름이 승지勝之이고 자가 공자公子로, 무제 태시太始 3년(기원전 94)에 어사대부가 되었다. "暴의 음은 pu(폭)이다."(『사기전증』) 역자 또한 포승지가 아닌 폭승지로 번역했다.

75 "어사대부 폭승지, 승상사직 전인이 태자를 놓아준 죄를 저질러 폭승지는 자살하고 전인은 요참에 처해졌다."(『한서』 「무제기」) "폭승지와 전인은 함께 태자 사건에 연루되어 주살당했는데, 어찌하여 황제가 감천에서 폭승지를 꾸짖었다고 말하는가?"(『사기지의』)

76 북군사자호군北軍使者護軍: 황제가 북군에 특별히 파견한 관원을 말한다.

77 무제가 당시 도성에 없었고 태자는 황후와 공모하여 군대를 일으켰으므로 황제의 부절을 임안에게 준 것이다.

를 따르지 않았는데 무엇 때문인가?'라고 생각했다.[78] 임안은 북군에서 돈을 관리하는 하급 관리를 때린 적이 있었는데, 이 관리가 글을 올려 임안이 태자의 부절을 받을 때 '청컨대 태자께서는 제게 산뜻하고 좋은 것을 주십시오'[79]라고 말했다고 보고했다. 무제는 하급 관리가 올린 글을 보고는 말했다.

"임안은 교활한 관리로다. 태자가 군사를 일으킨 것을 보고 앉아서 성패를 관망하다가 승자와 연합하려는 두 마음을 품고 있다. 임안이 허다한 죽을죄를 지었지만 항상 내가 살려주었다. 지금 그는 속이려는 생각을 품고 있고 불충한 마음을 가지고 있다."

그러고는 임안을 사법 관리에게 넘겨 사형에 처하도록 했다.[80]

대체로 달은 차면 이지러지고 사물은 왕성해지면 쇠약해지는 것이 천지간의 당연한 이치로다. 앞으로 나아갈 줄만 알고 뒤로 물러설 줄 모르며, 오래도록 부귀한 지위에 있으면 점차 재난을 쌓게 될 것이다. 이 때문에 범려는 성공한 뒤에 월나라를 떠났고 벼슬을 받지 않았다. 그리하여 이름은 후세에 전해져 만대에 이르도록 잊히지 않으니, 어찌 그에 미칠 수 있겠는가! 후세 사람은 이를 신중하게 여기고 경계로 삼아야 할 것이다.

---

78   원문은 '부전사하야不傳事, 何也?(태자를 따르지 않았는데, 무엇 때문인가?)'다. '부전사不傳事'는 출병하여 태자를 돕지 않았다는 뜻이고, '전傳'은 영합하다는 뜻이다. 『색은』에서는 '하何'를 마땅히 '가可'로 해야 한다고 하여, '부전사가야不傳事, 可也'라고 했다. 즉, '임안이 태자에게 동조하지도 않고 돕지도 않았다'는 의미다. "거짓으로 부절을 받고 출병하지 않아 태자에게 동조하지 않았다는 뜻이다." (『색은』)
79   "태자에게 산뜻하고 좋은 병갑兵甲(무기)을 청한 것을 말한다."(『색은』) 이것은 나중에 좋은 관직을 달라고 부탁하는 것이다.
80   정화 2년(기원전 91) 12월의 사건으로, 사마천이 「보임안서報任安書」를 쓴 뒤 얼마 지나지 않은 때다.

45

편작창공열전

扁 鵲 倉 公 列 傳

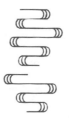

이 편은 전국시대의 명의인 편작과 그를 계승한 창공이 병을 진단하고 치료한 사적을 나누어 기술하고 있다. 편작은 성이 진秦이고 이름이 월인越人인데 옛 명의의 이름인 '편작'으로 불렸다. 「태자공자서」에서 사마천은 "편작은 의술로 병을 치료했는데, 의학 분야의 조상이다. 그의 의술은 정밀하고 고명하여 후세에도 그 전통을 계승하며 바꿀 수 없었다. 그 뒤에 나타난 창공이 그에 가깝다 할 수 있다"고 평했다.

편작은 다음과 같이 여섯 가지 치료할 수 없는 병을 제시했다. 교만하고 방자하여 도리를 따지지 않는 것, 자신의 신체를 가볍게 여기고 재물을 중시하는 것, 입고 먹는 것을 적절히 조절하지 못하는 것, 음과 양이 혼란스러워 정상적인 오장의 기능을 잃는 것, 신체가 극도로 허약하여 약물을 받아들일 수 없는 것, 무당의 술수는 믿으면서 의술은 믿지 않는 것이다. 지금까지도 경종을 울리는 내용이다.

창공은 제나라 양식 창고인 태창을 관리하는 장관으로 성이 순우淳于이고 이름이 의意다. 그는 젊어서부터 의술을 좋아하여 양경을 스승으로 섬겨 의술을 배웠다. 당시 양경은 순우의에게 자신의 비방을 모두 전수하고 황제와 편작의 맥서脈書를 전해줬다. 또한 환자의 얼굴에 나타난 다섯 가지 색으로 병을 진단하여 생사를 판단하고, 의심스럽고 복잡한 증상을 가려내어 치유가 가능한지를 파악했으며, 아울러 매우 정교하고 오묘한 『약론藥論』을 전수해줬다.

이 편에서는 창공의 25가지 의학 사례를 기술하면서 환자의 성명, 직업, 병의 상태, 진단과 치료 과정, 이후의 경과 등을 상세히 기록하고 있는데, 중국 최초의 의료기록이라 할 수 있다. 편작과 창공은 확실히 의학의 총결이라 할 수 있으며, 그 의료 행위의 기록은 연구 가치 높은 진귀한 사료라 할 수 있다.

편작扁鵲[1]은 발해군勃海郡[2] 정鄭[3] 사람으로, 성은 진씨秦氏[4]고 이름은 월인越人이다. 그는 젊었을 때 남의[5] 객사를 관리했다. 객사에 장상군張桑君[6]이라는 사람이 묵고 있었는데, 편작은 그를 기이한 인물로 여겨 항상 그를 공경하며 대접했다. 장상군 또한 편작이 평범한 사람이 아님을 알았다. 장상군이 객사를 출입한 지 10여 년이 되었을 때 하루는 그가 편작을 자신의 방으로 불러 조용히 말했다.

　"내게 전해 내려오는 비방祕方이 있는데, 내가 늙어 자네에게 전해주고 싶으니 자네는 절대로 누설하지 말아야 하네."

　편작이 말했다.

　"반드시 그렇게 하겠습니다."

1　편작扁鵲: 원래 황제黃帝 시기의 명의로, 춘추전국시대에 왕왕 당대 명의를 칭송하는 명칭으로 불렸다. 여기서는 전국시대 때 명의인 진월인秦越人을 가리킨다. 『황제팔십일난서黃帝八十一難序』에서 말하기를 '진월인秦越人이 헌원軒轅 때의 편작과 용모가 비슷하여 편작이라고 불렀다. 또 노국盧國(지금의 산둥성 창청長淸)에 집이 있어 이에 그를 노의盧醫라 명명했다'고 했다.(『정의』) "편작은 고대의 명의 이름이다. 후세에 명의를 편작이라고 했는데, 말의 관상을 잘 보는 사람을 백락伯樂이라 한 것과 같다. 편작은 한 사람이 아니며 시대별로 또한 다르다. 태사공이 고서에 기재된 편작의 사적을 채취하여 이 열전에 모은 것은 잘못으로, 마땅히 대부분 오류이며 다른 학파들도 이것을 따른 것은 잘못이다."(『사기회주고증』)
2　발해군勃海郡: 발해군渤海郡이라 쓰기도 한다. 첫 치소는 부양浮陽(지금의 허베이성 창저우滄州 동남쪽)이었다가 후한 때 남피南皮(지금의 허베이성 난피南皮 동북쪽)로 옮겼다. "편작 시기에는 발해군이 설치되지 않았다. 후세 사람이 수정하여 고친 것이다."(『찰기』)
3　정鄭: 『집해』와 『색은』에서는 마땅히 '정鄭'을 '막鄚'이라 해야 한다고 했다. 지금의 허베이성 런추任丘성 북쪽 40리 지점의 정저우·진鄭州鎭이다.
4　성은 진씨秦氏: '성은 진秦'이라고 해야 한다.
5　"『색은』본에는 '인人(다른 사람, 남)'자가 없다."(『사기회주고증』)
6　장상군張桑君: 장상張桑은 복성復姓이고 군君은 존칭이다. "은자로 아마도 신인神人일 것이다."(『색은』)

이에 장상군은 품속에서 약을 꺼내 편작에게 주면서 말했다.

"땅에 떨어지지 않은 물로 이 약을 복용하면 30일이 지났을 때 반드시 사물을 꿰뚫어볼 수 있는 신기한 능력을 갖게 될 것이네."[7]

이에 장상군은 자신이 가지고 있던 비방 서책을 모두 가져와 편작에게 줬다. 그러고는 홀연히 사라지니 장상군은 보통사람이 아닌 듯했다. 이후에 편작이 장상군의 말대로 30일 동안 약을 복용하자 과연 담장 너머 저쪽의 사람을 볼 수 있게 되었다.[8] 편작은 이러한 능력에 의지해 사람의 질병을 보게 되었고 환자의 오장五藏 속 병의 근원을 모두 훤히 볼 수 있었으니[9] 진맥을 보는 것은 단지 형식적인 행위일 뿐이었다. 편작은 의원 노릇을 하며 제나라에 머물기도 하고 때로는 조나라에 머물기도 했는데, 조나라에 있을 때 편작이라 불렸다.

진晉나라 소공昭公 때[10] 대부들의 세력은 강성해졌으나 공족公族[11]의 세력은 쇠약해졌고, 조간자趙簡子[12]가 대부가 되면서 진晉나라의 정사를 독단적으로 결정했다. 조간자가 병들어 5일 동안이나 의식불명에 빠지자 대부들이 몹시 놀라 두려워하며 편작을 불렀다. 편작이 궁으로 들어가 조간자의 병세를 살펴보고

---

7 "구설舊說에서 상지수上池水는 아직 땅에 떨어지지 않은 물이라고 했는데, 아마도 이슬이나 대나무의 물을 취한 것일 것이며, 그것을 가져다 약을 타서 30일간 복용하면 귀신을 볼 수 있다는 것이다."(『색은』)

8 "담장 너머 저쪽에 있는 사람을 볼 수 있는 것으로 곧 눈에 신통력이 생겼다는 말이다."(『색은』)

9 "각 판본에는 육부六府 두 글자가 빠졌다."(『사기탐원』) 오장五藏을 볼 수 있으면 당연히 육부도 볼 수 있다.

10 진 소공晉昭公: 춘추시대 후기의 진晉나라 군주(재위 기원전 531~기원전 526)로 성은 희姬고 이름은 이夷다. 『좌씨左氏』에 따르면 간자簡子가 국정을 독점한 때는 정공定公과 경공頃公 시기로 소공昭公 때가 아니다. 게다가 「조세가趙世家」에서도 이 일을 서술했는데, 정공定公 초기다."(『색은』)

11 공족公族: 공성公姓이라고도 하며 제후의 동족을 말한다. 여기서는 군주의 종족을 가리킨다. 「조세가」에 따르면, 진 경공晉頃公 12년(기원전 514)에 육경六卿이 법으로써 공족 기씨祁氏와 양설씨羊舌氏를 주살하고 그들의 봉읍을 나누어 10개 현으로 만든 뒤 각 현의 행정장관을 자신의 종족으로 삼았다. 진나라 공족의 세력은 이로 인해 더욱 쇠약해졌다.

12 조간자趙簡子: 진晉나라 대부로 이름이 앙鞅이며 조맹趙孟이라고도 한다. 간자簡子는 그의 시호다. 그 조상의 본래 성은 영嬴으로 조趙 땅에 봉해졌으므로 봉지를 성으로 삼은 것이다.

나오자, 동안우董安于[13]가 편작에게 조간자의 병세가 어떠한지 물었다. 편작이
말했다.

"혈맥이 정상인데 어찌 놀랄 게 있습니까! 옛날 진秦나라 목공穆公도 이러한
병을 앓은 적이 있었는데 7일이 지나 깨어난 적이 있습니다.[14] 목공이 깨어난 날
대부 공손지公孫支와 자여子輿[15]에게 말하기를 '내가 천제天帝께서 계신 곳에 갔
는데 매우 유쾌하게 놀았소. 내가 그곳에 며칠 동안 묵은 것은 마침 배울 만한
것이 있었기 때문이오. 천제께서 내게 말하기를 "진나라가 장차 크게 어지러워
질 것이니 5대[16]의 군주가 모두 평안하지 않을 것이다. 그 뒤로 진나라가 패자
로 칭할 것이나[17] 오래지 않아 패주는 죽을 것이고,[18] 그의 아들이 나라의 남녀
관계를 음란하게 만들 것이다"[19]라고 했소'라 했습니다. 공손지가 이러한 말들을
기록하여 보관해두어 진秦나라의 역사[20]가 되었으니 바로 이때부터 시작된 것

13 동안우董安于: 조간자의 가신家臣이다.
14 "요저전姚苧田(『사기정화록』)이 말하기를 '이 단락은 지극히 비현실적으로, 상식적인 이치로는 규
    명할 수 없다'고 했다."(『사기전증』) "진 목공이 즉위했다. 한번은 그가 5일 밤낮으로 병을 앓아 의식이
    없었는데, 깨어나서는 꿈에 상제를 보았고 상제가 그에게 진晉나라의 내란을 평정시키라는 말을 했다
    고 한다."(「봉선서封禪書」)
15 공손지公孫支는 자가 자상子桑이다. 원래는 진晉나라 신하였으나 정변이 일어나 진秦나라로 도망
    쳤다. 에서 자여子輿에 대해서는 "즉 자거子車로 「진본기秦本紀」에 보인다."(『찰기』)고 했다.
16 5대 군주: 진 헌공晉獻公, 해제奚齊, 탁자卓子, 혜공惠公, 회공懷公.
17 진 문공晉文公이 패자라 칭한 것을 가리킨다.
18 원문은 '미로이사未老而死'로, '노老'자에 대한 해석이 다양하다. 『예기』 「곡례曲禮 상」에서는 "70세
    를 노老라 한다"고 했고, 『사기전증』에서는 '구久'자로 의심된다고 하면서 '미구未久(오래지 않아)'라 했
    고, 『사기통해』에서는 "천수를 누리지 못하다"로 보았다. 역자는 문맥으로 보아 '오래지 않아'로 해석
    하는 것이 타당하다고 판단했다. 진 문공은 밖에서 19년 동안 있었고 61세에 귀국했지만 9년 동안 통
    치하다가 69세에 죽었다.
19 '그의 아들'은 진 양공晉襄公(재위 기원전 628~기원전 621)으로, 이름이 환歡이다. "어떤 사람은 아
    래에서 서술한 진 양공이 효산崤山의 전쟁에서 진秦나라 군대를 대파한 뒤 '종주선음縱酒宣淫(술을 마
    시고 공공연하게 음란한 짓을 하다)'을 한 사건을 가리킨다고 하는데, 이에 대한 역사 기록은 없다. 또 어
    떤 사람은 진秦나라가 서쪽으로 발전하여 서융西戎에서 패자로 칭한 뒤 융족과 섞여 살면서 백성의
    풍속이 융족의 풍속에 섞이게 된 것을 가리킨다고 했는데, 가의賈誼의 『진정사소陳政事疏』에서 진秦
    나라 풍속의 갖가지 병폐를 언급했다."(『사기전증』)
20 원문은 '진책秦策'이다. 「진책」은 진 목공에 관한 기이하고 몽환적인 것을 기재한 역사서다. 「조세

입니다. 그 뒤로 진晉나라는 헌공獻公 때 내란이 있었고, 문공文公이 패자라 칭했으며,[21] 양공襄公은 효산崤山에서 진秦나라 군대를 격파하고 돌아와서 음란했습니다.[22] 이것은 모두 그대가 알고 있는 사실입니다. 지금 주군의 병은 진나라 목공과 같으니 사흘 안에 깨어나 병이 반드시 나으실[23] 것입니다. 병이 호전된 뒤에는 반드시 어떤 말씀이 있을 것입니다."

이틀 반나절이 지나자 조간자는 과연 깨어났고 대부들에게 말했다.

"나는 천제가 계신 곳에서 매우 즐거웠소. 신선들과 함께 천제가 사는 하늘의 중앙에서[24] 놀았는데, 허다한 종류의 악기 연주를 두루 듣고 각종 아름다운 춤을 보았소. 그 악곡과 춤은 하·상·주 3대로부터 전해 내려온 것과 같지 않았지만 그 소리를 듣고 있자니 가슴이 뛰었소. 그런데 곰 한 마리가 나타나 나를 잡아가려 하자, 천제께서 내게 곰을 쏘라고 명령하기에 내가 곰을 쏘아 맞히자 곰이 죽었소. 또 큰곰 한 마리가 나타났는데, 내가 또 쏘아 맞히자 큰곰이 죽었소.[25] 천제께서는 매우 기뻐하며 나에게 대나무 상자를 두 개를 하사해주셨는데 장신구[26]가 들어 있었소. 나는 천제 옆에 아들[27]이 있는 것을 봤는데 천제께서는 내게 적견翟犬[28] 한 마리를 주시면서 '너의 아들이 장성해지거든 이 개를

가」에서는 '진참秦讖(진나라의 예언)'이라고 했는데, 참讖은 일종의 미신적인 예언이다.
21 '내란'은 진 헌공이 여희驪姬를 총애하여 태자 신생申生을 죽임으로써 진晉나라가 내전에 빠진 일을 말한다. 이로 인해 중이重耳(진문공)가 달아났다가 19년 뒤에 진秦나라의 지지를 얻어 돌아와서 정권을 장악하고 패주가 되었다.
22 기원전 630년 진晉나라가 효산에서 진秦나라 군대를 전멸시키고 적장 3명을 포로로 잡은 일이다. 그러나 진 양공이 음란했다는 기록은 찾아볼 수 없다.
23 원문은 '간間'으로, '유愈(낫다)'와 같다.
24 원문은 '균천鈞天'이다. 하늘의 중앙, 즉 상제가 거주하는 곳을 말한다.
25 "여기서 쏘아 죽인 곰熊과 큰곰羆은 나중에 멸망당한 정적이었던 범씨范氏와 중항씨中行氏를 암시한다."(『사기전증』)
26 원문은 '부副'로, 제사 예복을 입을 때 차는 장신구를 말한다.
27 조간자의 아들 조양자趙襄子를 말한다.
28 적견翟犬: 소수민족 유목민의 사냥개다. 당시 전설에 적견은 대代나라 군주의 조상으로, 대나라를 비유한 말이다.

주라'29고 하셨소. 천제께서는 내게 알려주시기를 '진晉나라는 장차 대대로 쇠약해져 일곱 대 뒤에는 나라가 멸망할 것이다.30 이때 성이 영嬴인 국가가 범괴范魁 서쪽에서 주周나라 사람을 대패시키겠지만31 그도 그 지방을 점유하지는 못할 것이다'32라고 하셨소."

동안우는 이 말을 듣고 또한 기록하여 보관해두었다. 동안우가 편작이 한 말을 조간자에게 알리자, 조간자는 편작에게 전답 4만 묘를 하사했다.

그 뒤 편작은 괵虢나라를 지나갔다. 마침 괵나라의 태자가 죽었는데33 편작

29 조양자가 즉위한 뒤 대나라를 멸한 것을 가리킨다. "조간자가 말했다. '천제께서 내려주신 두 개의 대나무 상자에 모두 딸린 작은 상자가 있던데 무슨 의미요?' 길을 막은 자가 말했다. '주군의 아들이(조양자) 장차 적崔 땅에서 두 나라(대代와 지씨知氏)를 수복할 것인데, 그들 조상은 모두 성이 자子(대나라 군주와 지씨의 선조는 모두 성이 자이다)입니다.' 조간자가 말했다. '한 아이가 천제 곁에 있는 것을 내가 보았는데 천제께서 내게 적견 한 마리를 주시면서 말씀하시기를 "너의 아들이 장성하면 그에게 주어라"라고 하셨소. 무엇 때문에 내 아들에게 적견을 주라고 하신 것이오?' 길을 막은 자가 말했다. '그 아이는 주군의 아들이고 적견은 대나라 군주의 선조입니다. 주군의 아들이 장차 반드시 대나라를 점령할 것입니다. 주군의 계승자가 장차 정치를 개혁하고 호인胡人 복장을 입을 것이며 적 땅의 두 나라(적족翟族의 두 국가인 중산과 흉노)를 병탄할 것입니다.'"(「조세가」)

30 "진晉나라 정공定公, 출공出公, 애공哀公, 유공幽公, 열공烈公, 효공孝公, 정공靜公까지 7대다. 정공靜公 2년에 삼진三晉에게 멸망당했다. 여기 내용과 「조세가」에 따르면 조간자가 병에 걸린 때는 정공 11년이다."(「정의」)

31 "영嬴은 조씨趙氏의 본래 성이다. 주나라 사람들은 위衛라고 했다. 진晉나라가 멸망한 뒤 조성후趙成侯 3년(기원전 372)에 위나라를 정벌하여 향읍 73개를 빼앗은 것이다."(「정의」) 「조세가」「정의」와 「육국연표」에서는 '향읍'을 '도비都鄙'로 기재하고 있다. '도비都鄙'는 주나라 공경·대부·왕자제王子弟의 채읍과 봉지를 말한다. 위衛와 주周는 함께 희姬 성에서 나왔고 위 강숙衛康叔은 주 무왕과 같은 어미에서 태어난 동생이며 위 땅에 봉해졌다. "상제가 말하기를 '성이 영嬴(진秦나라)인 자가 범괴의 서쪽에서 주나라를 쳐서 물리칠 것이다'라고 했다."(「조세가」) "범괴는 지명으로 어디인지 알 수 없다. 아마도 조나라 땅일 것이다."(「색은」)

32 일부 번역본에 '나라를 오래 보전하지는 못할 것이다'라고 했는데, 잘못된 번역이다. 여기서는 주나라의 강토를 점유하지는 못할 것이라는 뜻이다. 범괴范魁는 지금의 허난성 판현范縣 경내를 일컫는다.

33 "부현傅玄이 이르기를 '괵나라는 진 헌공에게 멸망당했는데, 이때보다 120년 앞선 일이다. 이때 어찌 괵나라가 있을 수 있는가?'라고 했다. 그렇다면 여기서 괵태자라 한 것은 잘못이다. 그러나 괵나라는 나중에 곽郭으로 명칭을 변경했고 춘추시대에 곽공郭公이 있었으니 아마도 곽나라의 태자일 것이다."(「색은」) "괵나라는 서주와 춘추시대에 존재했던 나라 이름으로, 이름이 같은 나라가 여럿 있었다. 하나는 동괵東虢으로 지금의 정저우 북쪽에 위치해 있었고 서주 말기에 정鄭나라에 의해 멸망당했다. 또 하나는 서괵西虢으로 지금의 허난성 산현陝縣 경내에 위치해 있었고, 또 남괵南虢은 지금의

은 괵나라의 궁문 앞으로 가서 의술을 좋아하는 중서자中庶子[34]에게 물었다.

"태자께서는 무슨 병이었습니까? 어찌 나라 사람들이 모두 다른 일은 내버려 두고 기도 활동만을 거행합니까?"

중서자가 말했다.

"태자의 병은 혈기가 때맞춰 조화롭게 호응하지 않아 음양의 기운이 순조롭게 통하지 않게 된 것으로 뒤엉켜서 밖으로 배출되지 못해 내장에 상해를 입힌 것입니다. 체내의 정기正氣가 사기邪氣를 누르지 못하니 축적되고 발산하지 못해 결과적으로 양맥陽脈은 느려지고 음맥陰脈이 급해져서[35] 돌연 의식을 잃고 돌아가신 것입니다."

편작이 물었다.

"돌아가신 지 어느 정도 됐습니까?"

중서자가 대답했다.

"닭이 울 때부터[36] 지금까지입니다."

편작이 또 물었다.

"입관은 했습니까?"

중서자가 말했다.

"아직 안 했습니다. 죽은 지 아직 반나절도 안 되었는데요."

편작이 말했다.

"저는 제나라 발해 지방의 진월인秦越人이며 집은 정鄭 땅에 있는데, 일찍이 그대 군주의 풍채를 뵐 기회가 없었는데 직접 알현하고자 한다고 전해주십시오. 지금 태자가 불행히도 돌아가셨다고 들었는데, 내 다시 살려낼 수 있습니다."

중서자가 말했다.

"선생께서 하신 말씀은 너무 황당하지 않습니까? 어떻게 태자를 다시 살려낼 수 있다고 말하십니까! 제가 듣건대 상고시대에 유부兪跗[37]라는 의원이 있어 병을 치료할 때 탕액湯液, 예쇄醴灑, 참석鑱石, 교인撟引, 안올案扤, 독위毒熨[38]를 사용하지 않고도 옷을 벗겨 한 번 보는 것으로 병증의 원인을 알아냈고, 오장의 혈에 따라 피부와 근육을 베어 가르는 의술을 시행하여 막혀 있는 혈맥을 통하게 하고 엉켜 있는 힘줄을 폈으며, 뇌를 주무르고 고황膏肓과 횡격막을 누르고, 위장을 깨끗이 하고 오장을 씻어내어 원기를 배양하여 신체를 바꿨다고 합니다.[39] 선생의 의술이 능히 그와 같을 수 있다면 태자를 다시 살릴 수 있지만, 이와 같이 할 수 없으면서 태자를 다시 살리려 한다면 이제 막 웃기 시작한 갓난아이도 선생의 말을 믿지 않을 것입니다."

한참 있다가 편작은 하늘을 우러러 길게 탄식하며 말했다.

"그대가 알고 있는 의술은 좁은 관으로 하늘을 보고, 틈새로 문양을 보는 것

37 유부兪跗: 고대 의원으로 '유부兪柎' 또는 유부踰跗, 유부臾跗라고도 한다. 『회남자』『한시외전』『설원說苑』에 그의 사적이 기재되어 있다. "응소가 이르기를 '황제黃帝 때의 명의다'라고 했다."(『정의』) "유부는 의원이 되어 죽은 사람을 다시 산 사람으로 만들었다."(『설원』) "『할관자鶡冠子』「세현世賢」에 이르기를 '춘추시대 초기 초나라 의원의 관직을 말한다'고 했다."(『사기전증』)
38 탕액湯液은 탕제湯劑를 말하고, 예쇄醴灑는 각종 병을 치료하는 약주를 말하고, 쇄灑는 환부를 세척하는 약수를 말한다. 참석鑱石은 석침石針이다. 상고시대에는 금속 제품이 없었으므로 침구 또한 돌로 만든 석침이었다. 교인撟引은 수족을 늘리는 것으로 일종의 체육 치료법이다. "안마 방법을 말한다."(『색은』) 안올案扤 또한 사지를 안마하여 혈맥을 관리하는 것이고, 독위毒熨는 약물을 환부에 눌러 붙이는 치료법을 말한다.
39 "『의설醫說』에는 이 문장 뒤에 '이거백병언以去百病焉' 여섯 글자가 있다."(『사기회주고증』) 신체를 바꾸어 온갖 병을 제거했다는 내용이다.

과 같습니다. 나의 의술은 환자의 맥을 짚고 기색을 관찰하고 목소리를 듣고 신체 형태를 살펴보지 않고도 어디에 질병이 있는지 말할 수 있습니다. 병의 양陽(겉)을 이해하면 음陰(속)을 미루어 알 수 있고, 음陰(속)을 이해하면 양陽(겉)을 미루어 알 수 있습니다.[40] 사람의 몸속에 어떤 질병이 있으면 증상이 반드시 신체에 드러나므로 예측할 수 없는 천리 밖에 있는 것이 아니라면 증상에 따라 진단할 수 있는 방법은 매우 많으나 일일이 모두 그 연유를 상세하게 말씀드릴 수는 없습니다. 그대가 내 말을 믿지 않는다면 궁으로 들어가 시험 삼아 태자를 진단해보십시오. 태자의 귀에서는 소리가 나고 콧구멍은 벌름거릴 것이며, 양쪽 넓적다리부터 음부까지 어루만지면 아직도 따뜻할 것입니다.”

중서자는 편작의 말을 듣자 눈만 크게 뜬 채 깜박거리지 못하고 혀가 들려져 내릴 수 없었다. 이에 그는 이 말을 괵나라 군주에게 보고했다. 괵나라 군주는 이 말을 듣고 깜짝 놀라며 궁궐 중문[41] 밖까지 나와 편작을 맞이하면서 말했다.

“저는 선생의 고상한 덕을 오래전에 들었지만 직접 만나볼 기회가 없었소. 선생이 우리 같은 작은 나라를 지나가면서 다행히 저를 도와주시니, 외진 곳의 군주인 내게는[42] 진정 커다란 행운이오. 지금 선생이 계셔서 내 아들이 살아나게 되었으니, 그렇지 않았다면 내 아들은 골짜기에 버려져 영원히 다시 소생하지 못했을 뻔했소.”

말을 끝내기도 전에 괵나라 군주는 흐느끼기 시작하더니 가슴에 슬픔이 맺

---

40 『소문素問』 「음양별론陰陽別論」에 ‘양陽을 알면 음陰을 알게 되고, 음을 알면 양을 알게 된다’고 했다. 나카이 리켄은 말하기를 ‘음양은 겉과 속 같은 것이다. 겉을 이해하면 속을 알 수 있고, 속을 이해하면 겉을 알 수 있다’고 했다.(『사기회주고증』)
41 원문은 ‘중궐中闕’로, 궁궐 정문 앞 쌍궐雙闕 사이를 말한다.
42 원문은 ‘과신寡臣’이다. “괵나라의 군주가 자신을 낮춘 표현으로, 자기는 외진 나라이고 보잘것없는 신하라는 말이다.”(『색은』) “동빈이 말하기를 ‘과신은 태자를 말한다’고 했다.”(『사기평림』) 두 가지 견해가 모두 가능하다.

혀 정신이 혼미해졌고 하염없이 흐르는 눈물이 속눈썹을 적셨으며, 비통함을 스스로 제어하지 못해 얼굴이 일그러졌다. 편작이 말했다.

"태자의 이러한 병을 보통 '시궐尸蹶'[43]이라고 합니다. 대체로 양기가 내려가 음의 영역으로 들어가면서 혈관이 위장을 휘감아 손상을 입히고, 경맥經脈을 해치고 낙맥絡脈[44]을 막아 양기가 나누어져 삼초三焦[45]와 방광膀胱으로 떨어지고, 이 때문에 양맥은 내려가고 음맥은 올라가기를 다투다가[46] 음양 두 기운이 모이는 곳[47]이 막혀 통하지 않게 되는 것으로, 음기는 계속 거슬러 오르고 양기는 안으로 향합니다.[48] 그리하여 양기는 신체의 하부와 내부에서만 고동할 뿐 정상적으로 상승하지 못하고, 위와 바깥의 양기가 단절되어 음기를 인도할 수 없게 됩니다.[49] 이와 같으면 위쪽은 양기가 단절된 맥락脈絡이 생기고 아래에는 음기 파손에 따른 근육 수축이 생기는데, 이러한 음기의 파손과 양기의 단절

43　시궐尸蹶: 일반적으로 갑자기 졸도하여 정신을 잃고 사지가 차가워졌다가 오래지 않아 점차 소생하는 질병을 가리킨다. "『소문素問』「무자론繆刺論」에서 왕빙王氷이 주석을 달아 '갑자기 답답해지면서 시체처럼 되지만 몸의 맥은 정상인과 같이 뛰는 것을 말한다'고 했다."(『사기전증』)

44　경맥經脈은 인체 내의 혈기가 운행하는 통로이고, 낙맥絡脈은 경맥에서 분리되어 나온 그물 형상의 크고 작은 갈래를 말한다.

45　삼초三焦: 육부六腑 중의 하나로 상초·중초·하초를 통틀어 일컫는 말이다. "모토야스多紀元簡는 말하기를 『영추靈樞』에 연이어 삼초·방광을 언급하는데 모두 하초를 가리키며, 여기 또한 그렇다'라고 했다."(『사기회주고증』) 상초는 횡격 위의 심장, 폐 등의 장기를 말하고, 중초는 완복부脘腹部(위장 근처의 복부), 하초는 배꼽 아래 간·콩팥 등의 장기를 말한다. 삼초의 혈은 상초는 심장 아래, 중초는 위 속 복부, 하초는 배꼽 아래다.

46　"『소문素問』에 이르기를 '양맥은 아래로 떨어져 돌아오기 어렵고 음맥은 위로 올라가려 다투는 것이 마치 활시위와 같다'고 했다."(『정의』)

47　인체에는 장臟, 부腑, 기氣, 혈血, 근筋, 맥脈, 골骨, 수髓의 기가 모이는 팔회八會가 있다. "『필십일란八十一難』에 따르면 장회臟會는 계협季脅이다."(『정의』) 여기서는 옆구리 아래의 소늑골에 위치한 계협을 가리킨다.

48　사람 몸의 아래下와 속內은 음陰이 되고, 위上와 바깥外은 양陽이 된다. 지금은 기가 모이는 곳이 통하지 않게 되었으므로 음이 반대로 상승하고 양이 속으로 운행하는 증상이 나타나는 것이다. "다키 모토카타가 말하기를 '음맥은 상승하려 다투고 양맥은 속으로 운행하는 것을 말한다'고 했다."(『사기회주고증』)

49　위와 바깥에 있어야 할 양기가 격리되어 음기를 인도할 수 없음을 말한다. 즉 음양이 조화를 잃어 균형을 이루지 못하는 것이다.

때문에 사람의 안색에 생기가 없게 되고 맥이 혼란스러워져 죽은 것처럼 신체 기능이 정지되는 것입니다. 사실 태자는 죽지 않았습니다. 대체로 양기가 음의 영역으로 침입하여 장기가 차단된 자는 살 수 있지만, 음기가 양의 영역으로 침입하여 장기가 차단된 자는 반드시 죽습니다. 이러한 정황은 모두 오장이 균형을 잃을 때 갑자기 나타나는 것입니다. 고명한 의원은 병의 원인을 파악하여 치료하지만 의술이 높지 않은 의원은 그저 위태로움을 의심합니다."

편작은 제자인 자양子陽에게 침을 숫돌에 날카롭게 갈게 하여 삼양오회三陽五會인 백회혈百會穴[50]을 찔렀다. 조금 지나자 태자가 깨어났다. 그러자 편작은 다시 제자인 자표子豹에게 절반쯤 열을 가한 약제를 문지르게 하고 기본 처방의 10분의 8 정도로 탕제를 달여 태자의 양쪽 겨드랑이 아래에 번갈아 붙이도록 했다. 잠시 후 태자는 앉을 수 있게 되었다. 또 그의 체내에 뒤엉킨 음양의 기운을 조절하면서 20일 간 탕약을 복용하게 하자 태자가 완전히 건강을 되찾았다. 그리하여 천하 사람들은 편작이 죽은 사람도 다시 살려낼 수 있다고 여겼다. 그러자 편작이 말했다.

"나는 결코 죽은 사람을 다시 살려내는 것이 아니다. 이는 본래 죽지 않은 사람을 다시 일어나게 한 것뿐이다."

편작이 제나라를 지나갈 때 제나라 환후桓侯[51]가 그를 빈객으로 대접했다. 편작이 궁궐로 들어가 환후를 알현하고 말했다.

"대왕께서는 피부와 근육 사이에 병이 있는데, 제때 치료하지 않으면 병이 깊

---

50 삼양오회三陽五會인 백회혈百會穴의 위치는 정수리 중앙이다.

51 춘추전국시대 때 제나라에는 환후桓侯가 없었고 두 명의 환공桓公이 있었다. 한 명은 춘추시대 때 강소백姜小白(재위 기원전 685~기원전 643)이고, 다른 한 명은 전국시대 때 전오田午(재위 기원전 374~기원전 357)다. 『집해』와 『색은』에서는 모두 '제후齊侯 전화田和의 아들 환공오桓公午'라고 했다. "조간자가 사망한 때부터 환공오가 즉위하기까지 93년인데, 어찌 편작이 살 수 있는가? 『문선文選』 「양생론養生論」 이선李善 주석에서 『사기』는 착오라고 말했다."(『사기지의』)

어져 몸속으로 더욱 퍼질 것입니다."

환후가 말했다.

"과인에게는 질병이 없소."

편작이 나간 뒤 환후는 좌우 신하들에게 말했다.

"의원이란 자들은 명예와 이익을 탐하기 좋아하여 병이 없는 사람으로 자신의 재능과 공로를 드러내려 하오."

닷새[52] 후 편작은 또 환후를 뵙고 말했다.

"대왕의 병은 이미 혈맥으로 진입하여 제때에 치료하지 않으면 아마도 더 깊어질 것입니다."

환후가 말했다.

"과인에게는 병이 없소."

편작이 나간 뒤 환후는 유쾌하지 않았다. 닷새 후 편작은 또 환후를 만나 말했다.

"대왕의 병은 이미 장과 위 사이에 도달했으니, 지금 치료하지 않으면 더욱 깊어질 것입니다."

환후는 대답하지 않았다. 편작이 나간 뒤 환후는 더욱 기쁘지 않았다. 다시 닷새 후 편작이 또 환후를 만나러 왔는데, 이번에는 멀리서 한 번 보기만 하고 서둘러 물러나 돌아갔다. 환후가 사람을 보내서 그 까닭을 묻자 편작이 말했다.

"병이 피부와 근육 사이에 있을 때는 탕제와 달인 약을 환부에 발라 치료할 수 있고, 혈맥에 있을 때는 쇠침과 돌침을 찔러 치료할 수 있으며, 장과 위에 있을 때는 약술[53]로 치료할 수 있습니다. 그러나 골수까지 들어간 병은 설사 사람의 목숨을 관장하는 신인 사명司命일지라도 치료할 방법이 없습니다. 지금 대왕

---

52 『한비자』와 『신서新序』에서는 모두 '10일'이라고 했다.
53 원문은 '주료酒醪'다. 순주醇酒와 탁주濁酒를 말하는데, 여기서는 약주藥酒를 가리킨다. "『한비자』
와 『신서』에서는 주료酒醪를 화제火齊라 했다."(『사기회주고증』) 화제火齊는 위장을 치료하는 탕약이다.

의 병은 이미 골수에까지 깊이 들어가 있어, 제가 대왕께 말씀드릴 것이 없어서 물러난 것입니다."

닷새 후 환후는 병들었고[54] 사람을 보내 편작을 불렀으나 편작은 이미 달아난 뒤였다. 마침내 환후는 죽었다.

만약 성인聖人이 질병의 작은 징후를 알아 훌륭한 의원에게 조기에 치료하도록 요청한다면 병은 치유될 수 있고 목숨도 보전할 수 있을 것이다. 사람들이 걱정하는 것은 질병의 종류가 너무 많은 것이고, 의원들이 근심하는 것은 병을 치료할 방법이 너무 적은 것이다. 치료할 수 없는 병에는 여섯 종류가 있는데, 교만하고 방자하여 도리를 따지지 않는 것이 첫 번째 불치병이고, 자신의 신체를 가볍게 여기고 재물을 중시하는 것이 두 번째 불치병이며, 입고 먹는 것을 적당하게 조절하지 못하는 것이 세 번째 불치병이고, 음과 양이 혼란스러워 정상적인 오장의 기능을 잃는 것이 네 번째 불치병이며, 신체가 극도로 허약하여 약물을 받아들일 수 없는 것이 다섯 번째 불치병이고, 무당의 술수를 믿고 의술을 믿지 않는 것이 여섯 번째 불치병이다. 이중에 한 종류만 가지고 있어도 병을 치료할 방법이 없다.

편작의 명성은 천하에 두루 퍼지게 되었다. 편작이 한단을 지나갈 때 그곳에서는 부녀자들을 존중한다는 말을 듣고 부인과 질병을 담당하는 의원이 되었고,[55] 낙양을 지나갈 때 그곳에서는 노인을 공경한다는 말을 듣고 귀가 멀고 눈이 침침하며 사지가 마비되는 질병을 앓는 노인과를 담당하는 의원이 되었으며,

---

54 원문은 '체병體病'이다. "체병體病은 마땅히 체통體痛(몸이 아프다)으로 바뀌어 한다. 『한비자』 「유로喻老」와 『신서』 「잡사雜事」에서도 '체통體痛'이라 했다."(『독서잡지』 「사기」) 반면 "병病 또한 통痛이기 때문에 글자를 바꿀 필요는 없다."(『사기회주고증』)

55 원문은 '대하의帶下醫'다. '대하帶下'는 부인과 질병을 가리키는 고대 용어로, 부인과 질병은 대부분 허리 부분을 둘러싸고 있는 대맥帶脈 아래에서 발병하기 때문에 '대하'라고 했다.

함양으로 들어와서는 진秦나라 사람들이 어린아이를 사랑한다는 말을 듣고 소아과 의원을 담당하여 각 지역의 풍속 변화에 따라 치료의 과목을 바꾸었다. 진秦나라의 태의령太醫令 이혜李醯[56]는 자신의 의술이 편작만 못함을 알고 사람을 보내 편작을 찔러 죽였다. 지금까지 천하의 의원들이 맥의 상태로 병을 진료하는 것은 바로 편작으로부터 시작된 것이다.

태창공太倉公은 제나라 양식 창고인 태창太倉을 관리하는 장관이다. 임치臨淄 사람이며, 성이 순우淳于이고 이름이 의意다. 그는 젊어서부터 의술을 좋아하여 고후高后 8년(기원전 180)에 재차[57] 같은 군郡 원리元里[58]의 공승公乘[59] 양경陽慶을 스승으로 모시고 의술을 배웠다. 당시 양경은 나이가 이미 70여 세로 아들이 없었으므로[60] 순우의에게 그가 이전에 배웠던 약방을 버리게 하고는 자신의 비방을 모두 전수해주고 황제黃帝와 편작의 맥서脈書[61]를 전해줬다. 환자의 얼굴에 띠는 다섯 가지 색깔로[62] 병을 진단하는 방법으로 환자가 살 수 있는지 없을

---

56 이혜李醯: 진나라 무왕武王(기원전 310~기원전 307) 때의 태의령으로, 소부少府에 속해 의약을 주관했다. 한나라 때는 태상太常과 소부少府에 균등하게 태의령과 태의승太醫丞을 설치했는데, 태상에 속한 자는 백관百官을 위해 병을 치료했고, 소부에 속한 자는 궁정을 위해 병을 치료했다.
57 원문은 '갱수사更受師'로, 두 차례 스승으로 섬기고 배운 것을 말한다. 순우의는 먼저 공손광公孫光을 스승으로 섬겨 배웠고, 지금은 다시 공승公乘 양경陽慶을 스승으로 섬기며 배우는 것이다.
58 원리元里: 임치성 안의 골목 명칭이다.
59 공승公乘: 진나라 작위 20등급 중에 여덟 번째 작위다.
60 "왕효렴王孝廉이 말하기를 '뒷 문장에 양경은 신에게 내 자손들이 네가 나의 의술을 배운 것을 알지 못하도록 조심하라고 말씀하셨다'고 했고 '마침 양경의 아들 은殷이 와서 말을 바치게 되었다'고 했다. 양경은 아들이 없는 것이 아니다. 무자無子 두 글자는 불필요한 글자다'라고 했다."(『사기지의』) 양경에게 아들이 없는 것이 아니라 의술을 계승할 아들이 없음을 의미한 것으로 추정된다.
61 맥서脈書: 맥박의 이치를 논술한 의서를 말하는데, 여기서는 각종 의학 서적을 가리킨다. 『한서』 「예문지」에 따르면 한나라 초기에 『황제내경黃帝內經』 18권, 『황제외경黃帝外經』 37권, 『편작내경扁鵲帝內經』 9권, 『편작외경扁鵲帝外經』 12권이 기재되어 있는데, 이후에 모두 실전되었다.
62 다섯 색깔은 홍紅, 황黃, 남藍, 백白, 흑黑이다. "『팔십일난』에서 이르기를 '오장五臟에는 색깔이 있는데 모두 얼굴에 나타나며 또한 촌구寸口(맥을 짚는 부위 명칭으로 양손의 손바닥 뒤 1촌寸 떨어진 요골橈骨동맥으로 간, 심장, 비장, 폐, 신장의 맥이 모두 이곳에 모여 있다)의 1척 이내에서 서로 상응한다'고 했다."(『정의』)

지를 알고, 의심스럽고 복잡한 증상을 판정하고, 치료할 수 있을지 없을지를 결정할 수 있게 했다.[63] 아울러『약론藥論』[64]을 전수했는데 매우 정교하고 오묘했다. 순우의는 3년 동안 배운 뒤 남을 위해 병을 치료했는데, 환자의 생사를 판정하는 데 대부분 효험이 있었다. 그러나 그는 다른 여러 제후국을 돌아다니느라 자기 집에는 드물게 거주했고, 어떤 때는 고의로 사람들의 병을 치료해주지 않아[65] 환자가 있는 많은 집에서 그를 원망했다.

문제 4년(기원전 176)[66]에 어떤 사람이 글을 올려 순우의를 고발했고, 형률에 따라 역참 수레에 실려 서쪽 장안으로 압송되었다. 순우의는 다섯의 딸을 두었는데 딸들이 그를 따라오면서 울었다. 그러자 그는 화를 내며 욕했다.

"자식을 낳았으나 사내아이를 낳지 못해 위태로운 때에 쓸 만한 자식이 없구나!"[67]

막내딸 제영緹縈이 아버지의 말을 듣고 상심하여 아버지를 따라 서쪽 장안으로 가서 글을 올려 말했다.

첩妾[68]의 아비가 관리로 있을 때는 제나라 모든 사람이 제 아비를 청렴하고 공평하다고 칭찬했지만, 지금은 법을 위반하여 형벌을 받게 되었습니다. 첩이 몹시 애석하게 여기는 것은 죽은 자는 다시 살아날 수 없고 형벌을 받아 절단된 사

---

63 원문은 '정가치定可治'다. "'치유시킬 수 있는 법칙을 확정하다'와 '치료할 수 있을지의 여부를 확정하다' 두 가지 해석이 가능하다."(『사기전증』)
64 『약론藥論』: 약의 이치를 논한 서적.
65 "순우의는 일찍이 평계를 대고 조왕, 교서왕 등을 치료하지 않았는데, 여기서의 '인人(남)'은 특별히 당시의 어떤 통치자를 가리키며, 아래 문장에서 보듯이 이 일로 순우의는 감옥에 갇히는 화를 당한다."(『사기전증』)
66 "문제 4년은「본기」에서 '마땅히 13년(기원전 167)이라고 해야 한다'고 했다."(『사기평의』와 『사기지의』)「효문본기」에 따르면 문제 13년(기원전 167) 여름 5월에 육형肉刑을 폐지했다.
67 "이 말에 따르면 당시 부모가 죄를 지으면 아들이 대신할 수 있었던 것으로 보이는데, 사실 이러한 법률은 없었다."(『사기전증』)
68 첩妾: 옛날 여인들이 자신을 지칭하는 표현으로, 첩신妾身·천첩賤妾·소첩小妾 등이 같은 말이다.

지는 다시 이을 수 없으며 설사 개과천선하려 해도 방법이 없어 끝내는 잘못을 고칠 방법이 없다는 것입니다. 첩이 관청 노비가 되어 아비의 죄를 속죄하고69 아비가 개과천선할 수 있게 해주십시오.

문제는 이 글을 보고 그녀의 마음을 가련하게 여겨 그해에 육형법肉刑法을 폐지했다.70

순우의가 집에 있는데71 문제가 조서를 내려 질병을 치료하는 동안 죽다가 살아나 확실히 치료 효과를 얻었던 자가 몇 명이며, 그들의 이름이 무엇인지 물었다.

전 태창 장관이었던 순우의에게 조서를 내려 다음과 같이 물었다.

의술에는 어떤 장점이 있으며, 치료할 수 있는 병은 무엇인가? 그것에 관한 책은 있는가?72 모두 어디에서 배웠는가? 몇 년 동안 배웠는가? 일찍이 치유된 환자는 어느 현, 어느 마을 사람인가? 어떤 병이었는가? 약을 복용한 뒤 환자 상태는 어떠했는가? 전부 상세하게 대답하라.

순우의는 다음과 같이 대답했다.

69 한나라 법률에 범죄자 혹은 범죄자의 가족은 관청의 노비로 보내지곤 했다.
70 "한나라 시기의 형벌은 원래 대벽大辟(참수)·궁형宮刑·빈형臏刑·경형黥刑·곤형髡刑으로 다섯 종류가 있었는데, 대벽의 형벌은 바꾸지 않고 곤형은 신체를 상하게 하는 것이 아니니 사람에게 잔혹한 것은 궁형·빈형·경형이다. 문제 13년(기원전 167)에 조서를 내려 이러한 세 종류의 죄인에게 일률적으로 채찍이나 몽둥이로 때리는 것으로 변경했다. 이것은 사마천의 『사기』에서 문제의 덕정德政을 칭송하는 것 중 하나이지만 실제로는 이와 같지 않았고, 반고는 『한서』「형법지」에서 '겉으로 가벼운 형벌이라는 명의를 내세우고 안으로는 사람을 죽였다'고 했다. 죽여서는 안 되는 사람을 때리는 것으로 바뀌었지만 수백 대의 몽둥이질로 때려 죽였다."(『사기전증』)
71 "진자룡이 말하기를 '순우의가 장안에서 석방된 것이다. 즉 그가 집으로 돌아갔으므로 조서를 내려 물어본 것이다'라고 했다."(『사기회주고증』)
72 순우의가 저술한 의학 저작이 있는가를 물은 것이다.

신은 젊어서부터 의약을 좋아했지만 처방한 의약 대부분이 효과가 없었습니다. 그런데 고후 8년(기원전 180)에 임치 원리의 공승 양경을 만나 그를 스승으로 섬기게 되었습니다. 당시 양경은 70세가 넘었는데, 다행히 그를 모시면서 의술을 배우게 되었습니다. 양경은 제게 "네가 배웠던 약방과 의서를 모두 버려라. 그것은 맞는 것이 아니다. 나는 옛 선배 의원들이 전해준 황제와 편작의 맥서를 가지고 있는데, 환자의 얼굴 색깔로 질병을 진단하여 사람의 생사를 아는 것, 의심가고 복잡한 증상을 판정하여 치료할 수 있는지 없는지를 결정하는 것, 아울러 『약론』까지 매우 정교하고 오묘하다. 나는 집안이 매우 부유하고 마음으로 너를 아끼므로 이러한 비방이 적혀 있는 의서를 모두 네게 가르쳐주려고 한다"고 말했습니다. 신은 즉시 "대단한 행운입니다. 저는 감히 기대하지도 않았던 바입니다"라고 말했습니다. 신은 바로 피석避席[73]하여 두 번 절한 뒤 그의 맥서脈書와 『상경上經』『하경下經』[74] 『오색진五色診』[75] 『기해술奇咳術』[76] 『규도揆度』『음양외변陰陽外變』[77] 『약론藥論』 『석신石神』[78] 『접음양금서接陰陽禁書』[79]를 건네받아 읽고 이해하고 체험하는 데 대략 1년 정도 걸렸습니다. 그 이듬해에 임상 실험을 하여 약간의 효과는 있었지만 면밀하고 깊지는 못했습니다. 그로부터 3년간 배운 뒤에야 다른 사람을 위해 병을 치료하고 병의 상태를 진단하고 생사를 결

---

73 피석避席: 상대방에 대한 존경과 겸손을 표시하는 고대 예절로, 깔고 앉아 있던 자리에서 일어나 옆으로 피하는 것이다.
74 『상경上經』『하경下經』은 고대 의서로 모두 소실되었다. "『황제내경소문黃帝內經素問』「병능론病能論」에서 말하기를 '『상경』은 기氣의 신통력을 말했고, 『하경』은 병의 변화를 말했다'고 했다."(『사기전증』)
75 『오색진五色診』: 환자의 상태, 안색, 표정 따위를 보는 의서. "『영추경靈樞經』에 「오색편五色篇」이 있다."(『사기전증』)
76 『기해술奇咳術』: 환자가 내는 소리를 '해咳'라 하기 때문에 환자의 소리를 진단하는 분야의 저작이라 하기도 하고, 기해奇咳를 기해奇侅(비정상)로 보아 각종 기이한 의술을 기재한 저작이라고도 한다. 『기항奇恒』이라는 고대 의서로 볼 수 있다고도 했다.
77 『규도揆度』와 『음양외변陰陽外變』은 고대 의서로 『소문素問』에서도 이 책 이름을 기재하고 있다.
78 『석신石神』은 침구 관련 서적이다.
79 『접음양금서接陰陽禁書』: 음양 학설을 연구한 고대 의서다. "정화이린鄭懷林 선생은 방중술에 관련된 서적이라고 했는데, 이 의견이 타당한 것 같다."(『사기전증』)

정했는데, 효험이 있었고 의술이 정교하고 우수해졌습니다. 지금 양경이 죽은 지 10년이 지났습니다. 신은 의술을 3년 동안 배웠는데, 당시 39세였습니다.[80]

제나라 시어사侍御史 성成[81]이 스스로 두통이 있다고 말하기에 신은 그의 맥을 짚어본 다음 "당신 병은 매우 엄중하여 솔직하게 말할 수 없습니다"라고 말하고는 즉시 나온 뒤, 그의 동생 창昌에게 "이 병은 저疽[82]로 체내의 장과 위 사이에서 발병한 것인데, 5일 뒤면 부어올라 종기가 되고 8일 뒤에는 피고름을 토하면서 죽을 것입니다"라고 말했습니다. 성의 병은 술을 마신 뒤 성행위를 해서 생긴 것입니다.[83] 성은 과연 예정한 때가 되자 죽었습니다. 신이 성의 질병을 알 수 있었던 것은 그의 맥을 짚었을 때 간장에 이상이 있음을 알았기 때문입니다. 간의 맥동이 탁하고 느리면 이는 내관內關[84]의 질병입니다. 맥법脈法에서 말하기를 "맥박이 길고 곧아서[85] 사계절 변화에 따라 바뀌지 못하는 것은 그 병이 간에

---

80 원문은 '臣意年盡三年, 年三十九歲也'이다. "어순이 매끄럽지 않다. 순우의는 고후 8년(기원전 180)에 양경을 스승으로 섬기고, 3년 뒤는 바로 문제 3년으로 이때 순우의는 39세로 앞 문장에서 말한 '문제 4년에 어떤 사람이 순우의를 고발했다'와 서로 들어맞는다. 그러나 이 말은 「효문본기」와 『한서』 「형법지」의 '문제 13년에 육형법을 폐지했다'는 기록과는 서로 모순된다. 그래서 최적崔適은 말하기를 '각 판본이 '年盡三年, 年三十九歲也(의술을 3년 동안 배웠는데, 당시 39세였다)'로 잘못 적고, 앞 문장의 고후 8년에서 대해서 『집해』에서는 서광의 말을 인용하여 '臣意年二十六(신의 나이 당시 26세)'라고 했다. 「효문본기」에서는 '13년 육형법을 폐지했다'고 했으니 이 문장은 마땅히 '盡十三年所, 年三十九歲也(의술을 13년 동안 배웠는데, 당시 39세였다)'로 바꾸어야 한다. '盡十三年所(의술을 13년 동안 배웠다)'는 앞 문장의 '3년간 섬기고' '이미 죽은 지 10년'과 같다. '십十'자는 일지록日知錄에 근거하여 보충했다'고 했다. 최적의 견해가 맞다. 문제 13년에 육형법을 폐지한 것은 『사기』와 『한서』에 명확하게 기재하고 있고 사실에 속한다. 그러므로 여기에서는 마땅히 '盡十三年所(의술을 13년 동안 배웠다)'로 해야 한다."(『사기전증』)
81 시어사侍御史: 진秦나라 때 설치된 어사대부의 속관이다. 백관들의 위법 행위를 감찰하고 사신이 되어 지정된 임무를 집행했다. 봉록은 600석이었다. 성成은 사람 이름이다.
82 저疽: 독창毒瘡을 말한다. 성成의 병은 체내에 독창이 생긴 것이다.
83 원문은 '내内'인데, 방사房事(성생활)을 가리킨다.
84 "진맥할 때 좌우 손의 '촌寸, 관關, 척尺' 세 부분을 짚어 오장육부의 증상을 안다. 요골의 경상돌기 부위가 관關이고 관 앞이 촌寸이며 관 뒤를 척尺이라 한다. 관이 가운데에 있으므로 내관이라고 한다."(『사기전증』) 내관은 심포경에 속하는 혈穴의 명칭으로, 병은 위중한데 맥상의 변화가 없는 것을 말한다.

있는 것이다. 맥의 상태가 길고 곧지만 균등하고 조화로운 것은 간의 경맥經脈에 병이 있는 것이고, 맥의 상태가 느리고 규칙적으로 멈추는 것86은 낙맥絡脈에 병이 있는 것이다'라고 했습니다. 간의 경맥에 병이 있으면 맥박이 조화로운데 이것은 근육과 골수가 상해를 입어서 된 것이고,87 맥박이 멈췄다가 다시 급하게 뛰는 것은 술을 마신 뒤 성행위를 해서 생긴 병을 나타냅니다. 5일 뒤에 부어올라 종기가 되고 8일 뒤에 피고름을 토하고 죽게 될 것을 안 것은 맥을 짚었을 때 소양少陽 맥에서 맥이 뛰다가 느려지고 멈추는 현상이 있었기 때문입니다.88 대맥代脈이 출현하는 것은 경맥이 병을 얻어 이미 낙맥으로 들어간 것으로, 병세가 온몸에 퍼져 이때 환자는 생명이 위태롭게 됩니다.89 당시 소양경少陽經에 대맥이 출현하여 양기陽氣가 1분分 정도 닫혔기 때문에 몸속에 이미 열독이 있었지만 부어올라 종기가 되지 않았고, 5분分이 되어서야 소양의 한도에 도달했으며, 8일 후에 피고름을 토하고 죽게 된 것입니다.90 이 때문에 대맥이 2분分에 도달했을 때 고름이 생기고 소양에 도달하여 부어올라 종기가 되고 고

---

85 원문은 '맥장이현脉長而弦'으로, 장長과 현弦은 맥박의 상태를 일컫는 말이다. "장맥長脈의 상태는 '머리와 꼬리가 곧아 본래 위치를 지나는 것'이고, 현맥弦脈은 '길고 곧은 것이 마치 활시위와 같은 것이다'라고 했다."(『사기전증』)
86 원문은 '대代'으로, 맥박이 뛰다가 느려지고 규칙적으로 멈추는 것을 말한다. 이는 장의 기가 쇠약해지는 것으로 대부분 죽음에 이르는 증상이다.
87 "간은 근육을 주관하고 콩팥은 골수를 주관하는데, 근육과 골수가 손상을 입으면 반드시 간과 콩팥에 병이 걸린다."(『사기전증』)
88 "맥을 짚었을 때 소양경 부위에 대맥代脈이 출현하는 것이다. 소양은 경락 명칭이다. 인체 수족에는 삼음삼양三陰三陽이 있어 모두 12경經이다. 소양은 당연히 족소양足少陽을 가리킨다."(『사기전증』)
89 이 구절은 문장의 의미가 매끄럽지 않아 삭제해야 한다. 대맥의 출현은 '경맥이 병을 얻었기 때문'이라고 했는데, 앞에서는 '대맥은 낙맥에 병이 있는 것이다'라고 하여 서로 부합되지 않는다.
90 『정의』에서는 왕숙화王叔和의 『맥경脈經』을 인용하여 맥박의 경계에 대해 설명했는데, "분分으로 경계를 삼아 맥박을 보고 병이 변하는 날짜를 확정했다. 이러한 견해는 타당하지 않은데, 기타 의학 서적에 이러한 진맥 방법이 기재된 것이 없기 때문이다. 게다가 촌·관·척 세 부위는 사방 1촌 사이에 있어 다시 분分으로 나눌 수가 없다. 『맥경脈經』에서 언급한 촌·관·척 세 부위의 위치를 잡는 법과 각 위치가 어느 오장육부를 주관하는지는 이 구절의 문장 뜻과는 어떠한 관계도 없다. '계界' 또한 경계가 아니며 경계선의 의미로, '계界'는 '한限(한도)'과 같다. 여기서는 마땅히 정도를 가리키며 1분은 경미한 대맥의 상태이고, 5분은 엄중한 대맥의 상태이므로 피고름을 토하고 죽는 것이다."(『사기전증』)

름을 쏟고 죽은 것입니다. 열독이 위로 올라가면 족양명낙맥足陽明絡脈을 덥게
하여 작은 낙맥에 화상을 입히게 되고 낙맥의 흐름이 변하면 낙맥이 연결되는
곳에 병이 생기고, 낙맥이 연결되는 곳에 병이 생기면 곪아 문드러지기 때문에
낙맥 사이가 교대로 막히게 됩니다. 그래서 열기가 위로 진행하여 머리에 발작
이 일어나 두통이 생기는 것입니다.

제나라 왕91 자식 중 중간쯤인 아들들92 중 막내 아이가 병들자 신을 불러 진맥
하게 했습니다. 신이 그에게 "기격병氣鬲病93입니다. 이 병은 사람의 가슴을 답답
하고 괴롭게 하며, 음식을 먹지 못하고 항상 위액을 토해냅니다. 병의 원인은 심
맥心脈이 막혀서94 항상 먹는 것을 싫어하게 되는 것입니다"라고 말했습니다. 그
리하여 신은 즉시 그에게 하기탕下氣湯95을 처방하여 마시게 했더니 하루 만에
거꾸로 흐르던 탁한 기가 내려가고 이틀 만에 음식을 먹을 수 있게 되었으며,
사흘이 되어서는 병이 나았습니다. 신이 아이의 병을 알게 된 것은 이렇습니다.
그 맥을 짚어보니 심장에 병이 있는 상태였습니다. 심맥이 혼탁하고 쉼 없이 뛰
고 가벼웠는데,96 이것은 양기가 횡격막 사이에 엉켜서 생긴 병입니다.97 맥법에

91 유장여劉將閭로 유비劉肥의 아들이다. 문제 16년(기원전 164)에 제나라 왕에 봉해졌다.
92 원문은 '중자中子'로, 장자도 아니고 막내를 말하는 것도 아니다. 많은 자식들 가운데 중간쯤에
있는 자식을 말한다.
93 기격병氣鬲病: 기의 활동이 횡격막 사이에서 막혀 생기는 병이다. 격鬲은 격膈과 통한다.
94 "'어린아이들 중에서 막내 아이'라 했으니 환자의 연령이 아직 어려 성년이 아니기에 칠정七情(희
喜, 노怒, 우憂, 사思, 비悲, 공恐, 경驚)이 생기기 어렵기 때문에 우울하여 병이 생길 수 없다. 대부분의
사람들이 '우울'이라고 번역하고 있는데, 타당하지 않다. 원문의 '優(우울)'은 마땅히 '막혀서 흐르지
않는다'로 해석해야 한다. 환자의 병은 심맥心脈이 막혀서 음식을 먹지 못하는 것이다."(『사기전증』)
95 하기탕下氣湯: 기를 내리고 위의 열을 내리며 마음을 안정시키는 효과가 있다.
96 원문은 '탁조이경야濁躁而經也'로, "'경經'은 마땅히 '경輕'이라 해야 하고 글자 형태가 비슷해서
생긴 오류다."(『사기전증』)
97 원문은 '차낙양병야此絡陽病也'다. "'낙絡'은 '결結'의 잘못으로 의심된다. 결양結陽은 양기가 횡
격막 사이에서 엉켜 생긴 질병이다."(『사기전증』) "다키 모토카타多紀元堅가 말하기를 '『의설醫設』에는
낙양絡陽을 양낙陽絡이라고 했는데, 아마도 심포낙心包絡(포는 심장 바깥면의 포막包膜으로 심장을 보
호하는 작용을 한다. 병을 일으키는 온갖 요소들이 항상 먼저 심포낙을 침범한다)일 것이다'라고 했다."(『사기

서 말하기를 "맥이 올 때는 급하고 빠르다가 갈 때는 활기가 없고 앞뒤가 일정하지 않은 것은 심장에 병이 있음을 나타낸다"고 했습니다. 온몸에 열이 나고 맥의 상태가 왕성하고 힘이 있는 것은 양기가 지나치게 왕성한 것으로 중양重陽이라 하고 중양은 심맥을 침범하게 됩니다. 이 때문에 우울해지고 먹지 못하는 것은 바로 낙맥에 병이 있는 것으로, 낙맥에 병이 있으면 혈액이 위로 올라가게 되고 혈액이 위로 올라가면 죽게 됩니다. 이것은 마음이 슬퍼서 병이 생긴 것이고,[98] 병의 원인은 심맥이 막혔기 때문입니다.

제나라의 낭중령 순循이 병들었는데 많은 의원은 위로 역행하여 올라간 기가 가슴과 배로 침입한 것으로 여기고 침으로 치료했습니다. 신이 진단해보고 "용산湧疝[99]으로, 대소변을 못 보는 증상입니다"라고 했더니, 순이 말하기를 "대소변을 못 본 지 사흘이나 되었소"라고 했습니다. 그래서 신이 화제탕火齊湯[100]을 마시게 했더니, 한 번 마시고 대소변을 보았고 두 번 마시자 시원하게 대소변을 보았으며[101] 세 번 마시고는 병이 나았습니다. 이 병은 성생활을 조절하지 않아 생긴 것입니다. 신이 질병의 원인을 알아낸 것은 맥을 짚었을 때 오른손 촌구寸口[102]의 맥 상태가 급박했는데, 이는 오장에 병이 없다는 것을 반영하는 것입니

회주고증』)

98 원문은 '비심소생悲心所生'이다. "앞의 구절에서 마음이 슬퍼서 병이 생겼다고 번역하는 것이 실제로는 모순되지 않는다. 그러나 병은 심맥이 막혀 흐르지 않아 생긴 것이고, 여기서의 비심소생悲心所生은 바로 '혈액이 위로 올라가는 자는 죽는다'는 증상을 가리킨다."(『사기전증』)

99 용산湧疝: 배가 아프고 더부룩해지며 기가 역행하여 위로 올라가 대소변이 막히는 증상을 말한다.

100 화제탕火齊湯: "약물의 구성에 대해서는 후세에 말하는 자가 많다. 열전에서 순우의가 병을 치료할 때 화제탕을 세 차례 사용하는데, 병에 근거하여 처방을 추측해보면 체내의 열을 내리고 소변과 대변을 순조롭게 하는 작용이 있다."(『사기전증』)

101 원문은 '一飮得前溲, 再飮大溲'로, 여러 번역본에서는 '한 번 마시고 소변을 보고 두 번 마시고 대변을 보았다'라고 번역했다. "'일음득전수一飮得前溲'에서 '전前'자 다음에 마땅히 '후後'자가 있어야 한다. 한 번 마시자 대소변을 보기 시작했고, 두 번 마시자 대수大溲(대소변을 시원하게 보게 되다)하게 되었다는 말이다. 대수大溲는 전전前後를 겸한 말이다."(『독서잡지』, 「사기」)

102 촌구寸口: 맥을 짚는 부위를 일컫는 말로, 양 손바닥 뒤 1촌 떨어진 요골橈骨 동맥이다. 간, 심장,

다. 오른손 촌구의 맥 상태가 크고 빠르면 중초와 하초에 있던 열이 세차게 위로 용솟음치는 것이고, 왼손 촌구의 맥 상태가 크고 빠르면 열이 아래로 진행되는 것이고, 오른손 촌구의 맥 상태가 크고 빠르면 열이 위로 진행되는 것을 말합니다.103 모두 오장에 상응하는 것이 없기 때문에 용산이라고 부릅니다. 중초에 열이 쌓이기 때문에 소변 색깔이 황적색입니다.

제나라 중어부中御府104 장관인 신信이 병들었을 때 신이 가서 그의 맥을 짚어보고 "이것은 열병의 맥기脈氣입니다. 그러나 더운 날 땀을 흘려 맥 상태가 조금 쇠약해졌지만 죽지는 않습니다"라고 했습니다. 또, "이 병은 마땅히 흐르는 찬물에 목욕하고 한기가 심해서 열이 난 것입니다"라고 말했습니다. 그러자 신이 "맞소. 그렇소! 지난겨울에 왕을 위해 초나라105에 사신으로 갔을 때 거현莒縣의 양주陽周106 물가에 이르렀는데, 거현의 다리가 크게 부서져 있어 수레의 끌채를 잡아 멈추게 하여 강을 건너지 않으려 했는데 말이 갑자기 놀라는 바람에 물에 빠지고 나도 물속에 빠져 죽을 뻔했소. 따르던 관리들이 즉시 달려와 구하고자 나를 물속에서 건졌지만 의복이 모두 젖어서인지 바로 몸이 매우 추워졌고 조금 있다가 불처럼 열이 나더니 지금까지도 추위를 견딜 수 없소"라고 말했습니다. 그래서 신이 액탕液湯을 조제하여 열을 내리게 했는데, 한 번 마시자 땀이 나지 않고 두 번 마시자 열이 내렸으며 세 번 마시니 병이 나았습니다. 그에게 계속 약을 복용시킨 지 20일쯤 되자 그 몸에서 병이 완전히 사라지고 건강이 회복되었습니다. 신이 그가 병에 걸린 원인을 알아낸 것은 그의 맥을 짚어

비장, 폐, 신장의 맥이 모두 이곳에 모여 있다.
103 위아래가 역으로 진행되므로 기가 닫히고 배가 아파 대소변을 막히게 하는 것이다.
104 중어부中御府: 왕실의 사무를 관장하는 관직이다.
105 한나라 고제 6년(기원전 201) 유고劉賈를 초나라 왕에 봉했다. 문제 때의 왕은 유고의 손자 유무劉戊였다.
106 양주陽周는 거현에 속한 지역이고 양주수陽周水는 하천 명칭이다.

보았을 때 맥 상태가 모두 음맥陰脈에 속했기 때문입니다. 맥법에 "열병에 맥 상태가 음맥과 양맥이 교차하면 죽는다"고 했습니다. 그런데 그의 맥을 짚어보니 음맥과 양맥이 교차하지 않고 모두 음맥에 속해 있었습니다. 모두 음맥에 속하면 맥 상태가 순조롭고 조용하여 쾌유될 수 있었고, 열이 비록 완전히 내리지 않는다 할지라도 살 수 있습니다. 신장의 기가 때때로 혼탁해지고 태음맥太陰脈의 촌구 맥 상태가 약해지는 것107은 체내에 수기水氣가 있기 때문입니다.108 신장은 본래 물을 주관하기 때문에 신은 이 점을 알고 있었습니다. 당초에 치료가 때를 놓쳤더라면 한열병寒熱病109으로 발전했을 것입니다.

제나라 왕의 태후110가 병이 들자 신을 불러들여 진맥하게 했는데, 신이 "풍열風熱이 방광으로 침입하여111 대소변을 보기 어렵고 소변이 붉은색을 띠는 것입니다"라고 말했습니다. 신이 화제탕을 마시게 했더니 한 번 마시자 대소변을 볼 수 있었고, 두 번 마시자 병이 쾌유되어 소변 색깔이 전과 같이 되었습니다. 이 병은 땀을 흘리고 나가서 돌아다녔기 때문으로, 옷을 벗어 바람에 땀을 말리고 시원하게 한 것입니다. 신이 제나라 태후의 병 원인을 알아낸 것은 신이 진맥했을 때 태음 촌구가 축축하고 풍기風氣가 있었기 때문입니다.112 맥법에서 말하기를 "맥 상태가 가라앉고 크고 또 단단하며, 맥 상태가 뜨면서 크고 팽팽한 것은 병이 신장에 있는 것이다"라고 했습니다. 그런데 태후의 신장 맥을 짚어보니 도

---

107 "태음太陰은 수태음폐手太陰肺를 가리킨다. 오른손 촌구는 폐부肺部 맥이다. 환자에게 냉풍과 냉기가 발생하면 먼저 폐를 침범하고 폐가 손상되면 맥의 상태가 비교적 약해진다."(『사기전증』)
108 수기水氣는 차가운 물의 기를 말한다. 인체에 냉풍과 냉기가 있고 나쁜 기가 밖으로 나가지 않으면 폐와 위를 손상시키고 인체의 수기가 흩어지지 않고 막혀 병으로 발전한다.
109 한열병寒熱病: 반복적으로 오한과 발열이 출현하는 증상의 병.
110 제나라 왕 유장여劉將閭의 모친.
111 원문은 '풍단객포風癉客脬'다. '단癉'은 '열熱'이다. 풍열風熱은 풍과 열이 결합하여 생긴 병을 말한다. '객客'은 병이 밖에서 안으로 들어온 것을 객이라 한다. 포脬는 방광膀胱을 말한다.
112 "오른손 촌구의 폐부 맥이 축축하고 열이 나고 풍기가 나타나는 진맥 상태를 말한다."(『사기전증』)

리어 맥의 상태가 크고 급했습니다. 큰 것은 방광에 병이 있는 것이고 급한 것은 체내의 발열로 인해 소변 색깔이 붉어집니다.

제나라 장무리章武里의 조산부曹山跗[113]가 병들었을 때 신은 그의 맥을 짚어보고 "이것은 폐소단肺消癉[114]이며, 한열증寒熱症까지 더해졌습니다"라 말하고, 이어서 그의 가족에게 "죽을 것입니다. 치료할 방법이 없습니다. 환자의 요구대로 봉양이나 잘 하십시오. 이런 병은 다시 의원을 불러도 치료할 수 없습니다"라고 알렸습니다. 발병 원리[115]에 따르면 "사흘 뒤에는 반드시 발광하고 제멋대로 일어나 돌아다니며 뛰려고 할 것이고, 닷새 뒤에는 죽을 것입니다"라고 했습니다. 과연 예측대로 닷새 뒤에 산부는 죽었습니다. 산부의 병은 크게 화가 난 상태에서 성행위를 했기 때문에 생긴 것입니다. 신이 산부의 병을 알게 된 것은 그의 맥을 짚었을 때 폐의 맥에 열이 있었기 때문입니다. 맥법에서 말하기를 "맥 상태가 안정되지 못하고 뛰는 것이 힘이 없으면 신체가 쇠약해진다"고 했습니다. 이것은 오장의 높은 곳에서부터 아래까지[116] 이미 여러 차례 병이 든 것으로, 맥을 짚었을 때 맥의 상태가 평온하지 않고 맥박이 뛰다가 느려지고 규칙적으로 멈추는 대맥이 나타나는 것입니다. 맥박이 평온하지 않다는 것은 혈액이 간에 머물지 않는 것이고,[117] 대맥의 맥 상태는 느리며 길다가 극렬하게 뛰는 것이 함께 나타나고 갑자기 급해졌다가 갑자기 커지기도 합니다. 간과 폐의 낙맥이

---

113 장무리章武里는 마을 이름이고 조산부曹山跗는 사람 이름이다.
114 폐소단肺消癉: 소갈증消渴證의 하나로, 갈증이 나고 오줌이 누런색 등의 내열 증상이 나타난다.
115 원문은 '법법法'으로, "'발병하는 규칙'이다. 일설에는 맥법을 가리킨다고 하는데 모두 통한다."(『사기전증』)
116 원문은 '오장고지원五藏高之遠'이다. '오장五藏'은 '오장五臟'을 말한다. '고고'는 '고장高臟'으로 폐의 위치가 오장의 위에 있으므로 고장이라 한다. 여기서는 특별히 폐를 가리킨다. '원원遠'은 '원장遠臟'으로 간과 신장이 심장에서 비교적 멀기 때문에 원장이라 한다. 여기서는 '멀다'는 표현보다는 '아래'라고 하는 것이 문맥상 더 좋다.
117 "간은 피를 저장하는 곳인데, 간이 손상을 입으면 피가 간에 저장되지 않는다."(『사기전증』)

모두 생기를 잃었기 때문에 반드시 치료하지 못하고 죽게 됩니다. 또 한열증이 더해졌다는 것은 환자가 중병으로 야위어 죽은 사람과 같은 상태인 것을 말합니다. 죽은 사람과 같이 바싹 마른 환자는 신체가 파괴되고, 신체가 파괴되면 뜸을 뜨고 침을 놓고 탕약을 복용하는 것으로 치료할 수 없습니다. 신이 진료하기 전에 제나라 태의가 먼저 산부를 진찰하고 족소양담경足少陽膽經의 혈에 뜸을 뜨고 반하환半夏丸118을 복용케 했는데, 환자가 바로 설사를 하여 뱃속이 빈 상태가 되었습니다. 또 그의 족소음신맥足少陰腎脈에 뜸을 떴는데,119 이같이 치료하는 것은 간의 양기에 심한 손상을 입히는 것으로, 환자의 원기를 손상시켰기 때문에 한열증까지 더해진 것입니다. 사흘 뒤에 발광하게 될 것이라고 한 것은 간장의 한 갈래 낙맥이 횡으로 젖 아래를 지나가고 족양명위경足陽明胃經에 이어져 있는데, 간의 낙맥이 손상을 입으면 족양명위경에까지 미치게 되고 족양명위경이 손상을 입으면 발광하여 뛰어다니게 됩니다. 닷새 뒤에 죽게 된다고 한 것은 간과 심장이 서로 5분分 떨어져 있기 때문에 원기가 닷새 후에 소진될 것이고, 모두 소모되면 죽기 때문입니다.

제나라의 중위中尉인 반만여潘滿如는 아랫배120가 아픈 병을 앓았습니다. 신이 그의 맥을 짚어보고는 "유적하遺積瘕"121라고 말했습니다. 신은 즉시 제나라 태복 요饒와 내사內史 요繇에게 "중위가 만일 스스로 통제하며 성행위를 멈추지 않으면 30일 안에 죽을 것입니다"라고 말했습니다. 20일 뒤에 반만여는 혈뇨를

---

118 반하환半夏丸: 옛 처방으로 이미 산실되었다.
119 "오줌을 배설하는 생식과 복부 질환을 치료한 것이나 환자는 신장이 허해서 생긴 설사가 아니기에 뜸을 뜨는 것은 효과가 없다."(『사기전증』)
120 원문은 '소복少腹(아랫배)'이다. "장문호가 말하기를 '송본宋本, 중통中統, 모毛에서는 소少를 소小라고 했다'고 했다. 유백납송본劉百納宋本 또한 소小라고 했는데, 소小로 하는 것이 맞다."(『사기회주고증』) '수정본'에서는 '소복少腹'이라고 했다.
121 유적하遺積瘕: 배 속에 덩어리 같은 것이 쌓여 아픈 병을 말한다. '유遺'는 '환患'의 의미이고 '적하積瘕'는 복강腹腔 안에 덩어리 같은 것이 있는 병을 말한다.

보고 죽었습니다. 그의 병은 지나친 음주 후의 성행위로 인해 생긴 것입니다. 신이 그의 질병을 알 수 있었던 것은 맥을 짚어보니 맥 상태가 깊고 작고 약하게[122] 뛰다가 갑자기 이 세 가지가 함께 모이는데, 이것은 비장脾臟에 질병이 있는 맥 상태입니다. 오른손 촌구의 맥 상태가 매우 긴장되고 작은 것은 뱃속에 덩어리가 생긴 것을 나타냅니다. 인체 오장의 상극相克 체계의 순서[123]에 근거했기 때문에 그가 30일 이내에 죽는다고 한 것입니다. 세 가지 음맥[124]이 동시에 나타나면 30일 만에 죽으며, 세 종류의 음맥이 모이지 않을 경우에는 매우 빨리 죽게 됩니다. 세 가지 음맥이 일제히 나타나는 동시에 대맥이 나타나면 죽는 시기가 더욱 가깝게 됩니다. 반만여는 세 가지 음맥이 모여서 함께 나타났기 때문에 혈뇨를 누면서 죽은 것입니다.

양허후陽虛侯[125]의 승상 조장趙章이 병들었을 때 신을 불러 진찰하게 했습니다. 여러 의원이 모두 한중寒中[126]이라고 했지만 신은 그의 맥을 짚어보고 "이 병은 동풍迵風[127]입니다"라고 말했습니다. 동풍이란 병은 먹은 음식물이 목구멍으로 내려가자마자 모두 밖으로 토해내는 것입니다. 발병 원리에 따르면 "5일 뒤에 죽는다"고 되어 있는데, 그는 그로부터 10일 뒤에야 죽었습니다. 그의 병은 음

---

122 원문은 '심소약深小弱'으로, 각자 맥의 상태를 나타내는 명칭이다. '심深'은 '침沉'과 같다.
123 원문은 '상승相乘'이다. "중의학에서 오행학설은 오장五臟을 나누어 오행五行에 포함시켰는데, 서로 상생상극의 관계로 존재한다. 상극의 체계가 지나친 것을 상승相乘이라고 한다. 예를 들어 간은 목木에 속하고 비장은 토土에 속하는데, 목이 토를 이길 수 있다. 상극이 지나쳐 정상 범위를 초월하면 병이 생기는데, 여기서는 간목肝木이 비장을 이기는 것을 말한다. 여기서 오장의 상승相乘 순서는 비승신脾乘腎, 신승심腎乘心, 심승폐心乘肺, 폐승간肺乘肝, 간승비肝乘脾다. 5일마다 하나의 장기를 이기니, 간이 비장을 이긴 다음 다시 5일이기 때문에 30일 뒤에 죽는다고 한 것이다."(『사기전증』)
124 원문은 '삼음三陰'으로, 앞에서 언급한 '심소약深小弱'의 음에 속하는 맥 상태를 말한다.
125 양허후陽虛侯: 제나라 도혜왕悼惠王의 아들 유장려劉將閭로 문제 18년에 제나라 왕에 봉해졌다.
126 한중寒中: 한기가 침입해 생긴 병.
127 동풍迵風: '동迵'은 '동洞'과 통한다. 위장에서 음식을 소화 흡수하지 못해 토하고 설사하는 증상이다.

주 때문에 생긴 것입니다. 신이 조장의 병을 알게 된 까닭은 그의 맥을 짚어보니 맥 상태가 매우 매끄러웠는데,[128] 이것은 내풍병內風病[129]의 맥이었습니다. 음식물이 목구멍을 내려가면서 모두 토해내는데 발병하면 5일 만에 죽게 됩니다. 이 것은 모두 앞에서 언급한 분계법分界法[130]에 따른 것입니다. 조장이 10일 뒤에 죽어 기한인 5일을 넘긴 까닭은 그가 죽을 즐겨 먹어 비장과 위가 차 있었는데, 비장과 위가 차 있었기 때문에 기한을 넘긴 것입니다. 신의 스승께서도 "곡물을 받아들여 소화할 수 있으면 죽는 시기를 넘길 수 있고, 소화할 수 없으면 죽는 시기에 이르기 전에 죽는다"고 말했습니다.

제북왕濟北王[131]이 병들자 신을 불렀고, 신은 그의 맥을 짚어보고 "이 병은 풍궐風蹶[132]로 가슴이 답답한 것입니다"라고 말하고는 즉시 약술을 만들어 3석石을 마시게 했더니 병이 나았습니다.[133] 그의 병은 땀을 흘릴 때 땅바닥에 엎드렸기 때문입니다. 제북왕의 병을 알게 된 것은 그를 진맥했을 때 풍기風氣[134]가 있고 심맥心脈이 묵직했기 때문입니다. 병리에 이르기를 "질병이 인체의 근육으로 침입하면 근육의 양기가 소실되고 찬 음기가 몸속으로 침입한다"고 했습니다. 음기가 몸속으로 들어가 확장되면 한기가 상승하고 열기는 하강하기 때문에 가슴

128 원문은 '활滑'이다. 맥의 한 종류로 "특징은 오고 가는 것이 매끄러워 마치 쟁반에 구슬이 구르는 듯하다."(『사기전증』)
129 "내풍內風은 체내 오장육부의 기능이 조화를 잃어 생기는 병이다. 이러한 병은 대부분 갑자기 발병하여 변화가 빠르기 때문에 '풍풍'이라 한 것이다."(『사기전증』)
130 분계법分界法: 앞서 제나라 시어사 성成의 병에서 언급한 분分으로 경계를 삼는 법을 말한다.
131 제북왕濟北王: 제나라 도혜왕悼惠王 유비의 아들 유지劉志다. 문제 16년에 제북왕으로 세워졌다가 경제 3년(기원전 154)에 치천왕菑川王으로 옮겼다.
132 풍궐風蹶: 밖에서 냉풍과 냉기가 체내로 침입하여 역으로 위에서 발병하는 증상으로, 가슴이 답답하고 편치 않다.
133 석石은 전한 때 1석石은 29.7킬로그램이었다. 『사기회주고증』에서는 "모본毛本에는 석石을 일日이라 했다"고 했다. 즉 '약술을 3일 동안 마시게 했다'가 된다.
134 풍기風氣: 풍증風症이 나타나는 맥 상태.

이 답답한 것입니다. 병이 생긴 까닭을 알게 된 것은 맥을 짚었을 때 맥에서 음사陰邪135가 있었기 때문입니다. 맥이 음사인 것은 병이 반드시 몸속으로 침입한 것으로, 몸 밖으로 땀을 흘리게 됩니다.

제나라 북궁北宮 사공司空의 명부命婦136인 출오出於가 병들었을 때,137 많은 의원은 풍사風邪138가 체내로 침입하여 폐에 병이 생긴 것으로 여겨 그녀의 족소양맥足少陽脈에 침을 놓았습니다. 신은 그녀의 맥을 짚어보고 "이 병은 기산氣疝139인데 방광에 침입하여 대소변 보기가 어려우며 소변이 붉은색일 것입니다. 이 병은 찬 기운을 만나면 소변을 지리며 배가 붓습니다"라고 말했습니다. 출오의 병은 소변을 참고 성행위를 했기 때문에 생긴 것입니다. 신이 출오의 질병을 알게 된 까닭은 맥을 짚어보니 맥 상태는 크고 힘찼지만140 맥이 올 때는 힘들어했는데, 이것은 궐음厥陰141이 발병한 것입니다. 맥이 오는 것이 힘든 것은 산

---

135 원문은 '기음氣陰'으로, 음사陰邪를 말한다. 음사는 육부六淫(풍風·한寒·열熱·습濕, 조燥, 화火) 질병 중에서 차고 습한 사기다.

136 명부命婦: 봉호를 받은 부인을 가리킨다. 궁정 안에 있는 비빈들은 내명부內命婦, 궁정 밖 신하의 모친이나 부인은 외명부外命婦라 했다.

137 원문은 '출어병出於病'으로, 해석에 대한 견해가 다르다. "명부命婦의 이름이다."(『정의』) "최적崔適이 말하기를 '출어병은 마땅히 병어출病於出(부인과 병에 걸리다)이라 해야 하는데, 아래 문장도 마찬가지다. 『설문』에 "정녀媜은 여자한테 생기는 병이라고 했고, 의서醫書에서 음정陰媜이라 했다'고 했다. 그러므로 이 열전 아래 문장에서도 "산기疝氣가 방광으로 침입했기 때문이다"라고 한 것이다'라고 했다. 최적의 견해는 틀렸다."(『사기회주고증』) 최적의 견해란 '출出'이 일종의 부인과 병명으로 '정媜'이라 부른다는 것이다. 한편 '출오出於'는 북궁 사공의 부인 이름이라는 견해가 있고, '출出'이라는 자궁이 원래 위치보다 아래로 처지는 병과 질후부탈장 병의 명칭이라는 견해도 있다. '수정본'에서는 '출어병'으로 기재하면서 '출오出於'를 명사로 처리했다. 대다수는 사람의 이름으로 해석하고 있어 역자 또한 사람 이름으로 번역했음을 밝혀둔다.

138 원문은 '풍風'이라 기재했는데, '풍사風邪'를 말한다. 풍사는 심신을 해치고 질병을 일으키는 요인이 침입하여 냉풍과 냉기 등의 증상을 낳는 것을 말한다.

139 기산氣疝: 산병疝病의 일종으로 배가 아픈 증상이다.

140 원문은 '대실大實'로, '대大'는 맥 상태가 평소보다 2배 큰 상태를 말하는 것이고, '실實'은 맥이 길고 크며 힘이 상태를 말하는 것이다.

141 궐음厥陰: 족궐음간경足厥陰肝經을 가리킨다.

기疝氣가 방광으로 침입했기 때문입니다. 배가 부어오른 것은 궐음의 낙맥이 아랫배에 이어져 있기 때문입니다. 궐음 경락에 병이 있으면 낙맥이 이어진 곳에 병이 생기니 발병하게 되면 배가 부어오릅니다. 신은 즉시 그녀의 족궐음맥足蹶陰脈에 뜸을 떠주었는데, 좌우 각각 한 군데에 뜸을 떴더니 곧 소변을 지리지 않게 되었고 오줌 색깔도 맑게 변했으며 아랫배 통증도 멈췄습니다. 이어서 화제탕을 먹였더니 사흘 뒤 산기가 흩어지고 병이 나았습니다.

예전 제북왕[142]의 유모가 스스로 발에 열이 나고 가슴이 답답하다고 했습니다. 신은 그녀에게 "이 병은 열궐熱蹶[143]입니다"라고 말하고, 양발의 족심足心에 각기 세 군데씩 침을 놓고 침구멍을 눌러 피가 나지 않도록 하니 병이 즉시 나았습니다. 이 병은 술을 많이 마셔 크게 취한 데서 생긴 것입니다.

제북왕[144]이 신을 불러 시녀들을 진맥하게 했는데, 이름이 수豎인 시녀를 진맥했을 때 겉으로는 병이 없는 것 같았습니다. 신은 영항장永巷長[145]에게 "저 수라는 여자는 비장이 상해 있으니 과로로 피곤해지면 안 됩니다. 병리에 따르면 봄에 피를 토하고 죽을 것입니다"[146]라고 했습니다. 신이 제북왕에게 "저 재능 있는 여자 수에게는[147] 어떤 재주가 있습니까?"라고 묻자, 제북왕은 "그녀는 의술

---

142 제나라 도혜왕의 아들 유흥거劉興居다. 문제 2년(기원전 178)에 제북왕으로 세워졌고, 문제 4년(기원전 176)에 모반하여 주살 당했다.

143 열궐熱蹶: 족심足心(발바닥에 오목하게 들어간 부분)에 열이 나는 증상이다.

144 여기서의 제북왕은 유지劉志를 말한다. 문제 후원後元 원년(기원전 163)에 제북왕에 봉해졌다.

145 영항장永巷長: 영항永巷을 관리하는 관원을 말한다. 영항永巷이란 궁 안의 좁고 긴 골목으로 처음에는 궁녀와 후궁에게 제공된 거주지였으나 나중에 궁중의 여성 범죄자를 가두는 감옥이 되었다.

146 "중의학의 오행 학설에 따르면 비장은 토土에 속하고 간은 목木에 속한다. 생각은 비장을 상하게 하는데, 시녀 수의 병은 궁중에 유폐되어 종일 근심하여 생긴 병이다. 목이 토를 이기기에 비장인 토가 상해를 입고 봄에는 목의 기운이 왕성하여 비장의 기가 억제되니 죽는 것이 당연하다. 비장은 피를 통괄하는데 비장이 손상을 입으면 피를 흡수하지 못하여 피가 제멋대로 운행되니 당연히 피를 토하고 죽은 것이다."(『사기전증』)

147 원문은 '재인여자수才人女子豎'다. 이 문장에서 '재인才人'에 대한 해석이 문제된다. 원래 '재인才人'이란 황후 다음의 첩을 일컫는 관직명으로, 통상 황제의 첩들을 가리킨다. 그런데 여기서 '재인'을 관

에 뛰어나고 재주가 많소. 그녀는 병을 치료하는 옛날 법을 이용하여 스스로 새로운 방법을 만들어내오. 예전에 470만 전을 주고 민간에서 사 왔는데 그녀와 같은 동료가 모두 네 명이나 되오"[148]라고 했습니다. 제북왕이 "설마 질병이 있는 것은 아니겠죠?"라고 묻기에, 신은 "수의 병은 매우 엄중하여 병리에 따르면 마땅히 죽게 될 것입니다"라고 대답했습니다. 왕이 그녀를 불러 살펴보았는데 안색이 특별히 바뀐 것이 없어 병이 없다고 여겨 그녀를 다른 제후에게 팔지 않았습니다. 봄이 되어 수가 검을 받쳐 들고 수행하다가 제북왕이 측간에 갔는데, 제북왕이 측간을 떠난 후에도 수는 뒤쳐졌습니다. 제북왕이 사람을 시켜 그녀를 불러오게 했는데 그녀는 측간에 쓰러져 피를 토하고 죽어 있었습니다. 그녀의 질병은 고생이 지나쳐 땀을 흘렸기 때문입니다. 과도하게 고생하여 땀을 흘리는 것은 병리상 오장육부에 중상을 입은 것으로, 모발과 안색은 윤기가 나며 맥 상태는 쇠약하지 않으나 이 또한 내관內關의 병입니다.

제나라 중대부가 충치를 앓고 있을 때 신은 그의 좌대양명맥左大陽明脈[149]에 뜸을 뜨고 또 고삼탕苦參湯[150]을 조제하여 매일 3승升[151]석 입을 가시게 했더니 5, 6일 뒤에 나았습니다. 그의 병은 풍사가 침입하고[152] 입을 벌리고 자고 음식을

<hr />

직명으로 해석하면 '재인인 여자 수'가 되어 문맥이 매끄럽지 못하다. 게다가 '수'는 시녀라 했고, 궁중 내 감옥에 구금되어 있는 상태이며 돈을 주고 사들였다고 했다. 『사기』 관련 자료들에는 이 문장에서 '재인'에 대한 언급이 없다. 역자는 '재인'을 '재능 있는 사람'의 뜻으로 보는 것이 타당하다고 판단했다.

148 수와 같이 재능 있는 시녀 4명을 470만 전에 사 왔다는 뜻이다. "470만 전으로 4명을 사 온 것이다. 1명당 가격은 평균 117만 전이다. 한나라 때 통상적으로 노비의 가치는 한 명이 2만 전인데(『거연한간석문居延漢簡釋文』 3권, 48쪽), 그 차이가 58배나 되니 기이하다. 그 까닭은 의술에 뛰어난 것과 관계가 있다. 이 단원은 중요한 사료인데, 일반 학자들은 주의하지 않고 있다."(『사기신증』)

149 "장문호의 『찰기札記』 권5에 '대양명맥大陽明脈 네 글자에 오류가 있는 것으로 의심된다'고 했다. '대大' 자는 마땅히 '수手'여야 한다."('수정본') 또한 『소문素問』 「무자론繆刺論」에서는 "치통에는 수양명手陽明을 찌른다"고 했고, 『사기전증』에서도 '좌수양명맥左手陽明脈'으로 기재하며 수양명대장경手陽明大腸經을 가리킨다고 했다.

150 고삼탕苦參湯: 열을 내리고 습기를 제거하고 풍을 제거하고 벌레를 죽이는 효능을 지닌 탕약이다.

151 한나라 시기 1승升은 200밀리리터다.

먹고 난 다음에 입을 가시지 않아 생긴 것입니다.

치천왕菑川王의 미인美人153이 때가 되었는데도 분만하지 못하자 신을 불렀습니다. 신이 가서 1촬撮154의 낭탕약莨蕩藥을 술과 함께 마시게 했더니 잠시 후에 분만했습니다. 신이 다시 그녀의 맥을 짚어보니 맥 상태가 조급했습니다. 이것은 다른 병이 있는 것으로, 즉시 소석消石155 한 제를 먹였더니 질 출혈이 나타났는데, 핏덩이가 마치 콩알 같았고 대여섯 개였습니다.156

제나라 승상 사인의 노복이 주인을 수행하여 궁에 들어왔습니다. 그때 신은 그가 궁궐 문 밖에서 음식을 먹고 있는 모습을 보게 되었는데, 멀리서 바라보니 얼굴에 병든 기색이 있었습니다. 신은 평平이라는 환관에게 그 사실을 알렸습니다. 평은 맥을 짚어보는 것을 좋아하여 신의 집에서 의술을 배웠는데, 그 노복의 병의 예를 그에게 가르쳐준 뒤에 "이것은 비장의 기가 상한 것이니 마땅히 봄에 횡경막이 막혀 통하지 않아 음식을 먹거나 마실 수 없게 되는 것으로, 병리에 따르면 여름이 되면 혈변을 보고 죽을 것입니다"라고 했습니다. 그러자 환관 평이 바로 제나라 승상에게 가서 "군君의 사인의 노복에게 병이 있는데, 병이 매우 엄중하여 죽을 날이 멀지 않았습니다"라고 말했습니다. 상군相君157이 "경卿은 어떻게 그것을 아시오?"라고 했습니다. 그러자 평은 "군께서 황제를 알

---

152 "중의학에서 충치는 풍사가 침입해서 생기는 것으로 여긴다."(『사기전증』)
153 치천왕菑川王: 제나라 도혜왕의 아들 유현劉賢을 말한다. 문제 16년에 왕으로 세워졌고 경제 3년에 모반을 일으켜 주살되었다. 치천은 지금의 산둥성 서우광壽光 일대이고, 미인美人은 후궁의 칭호 가운데 하나다.
154 촬撮: 한나라 당시의 용량 단위로, 1촬은 2밀리리터다.
155 소석消石: 초석硝石으로 질산칼륨이다.
156 원문은 '두豆(콩)'이다. "일설에는 두豆는 두기豆器를 가리키는 것으로 고대에 일종의 예기禮器(혼례·장례·제사에 사용되는 그릇)다. 형태는 술잔과 같고 작은 것은 대략 높이가 5~6촌이다."(『사기전증』)
157 상군相君: 승상, 상국의 존칭.

현하고자 입조했을 때 군의 사인의 노복들은 모두 궁문 밖에서 음식을 먹고 있었습니다. 이때 저는 창공과 함께 그 옆에 서 있었는데, 창공이 저에게 그와 같은 병세가 있는 자는 죽을 것이라고 가르쳐주었습니다"라고 했습니다. 승상은 즉시 사인을 불러 "네 노복에게 병이 있는가?"라고 묻자, 사인은 "그 노복은 병도 없고 몸에 아픈 곳도 없습니다"라고 말했습니다. 그러나 봄이 되자 그 노복은 과연 병들었고 4월에 혈변을 보고 죽었습니다. 노복의 병을 알게 된 것은 비장의 기가 오장으로 퍼졌기 때문인데, 비장이 손상되면 다른 장기에 속한 색이 얼굴에 뒤얽혀 나타납니다.[158] 비장이 손상된 얼굴색은 얼핏 보면 누르스름하지만 자세히 살펴보면 진한 잿빛입니다. 일반적인 의원들은 알지 못하고 체내에 기생충이 있다고 여길 뿐 비장이 상한 줄 모릅니다. 봄이 되면 병으로 죽을 것이라고 한 것은 위의 기운은 황색인데 황색은 토土의 기이고,[159] 토는 목木을 이기지 못하기 때문에 봄이 되면 죽는다고 한 것입니다.[160] 그가 여름에 이르러 죽은 것은 맥법에 "병이 심각한데도 맥 상태가 정상인 것은 내관이다"라고 했는데, 내관의 병은 사람이 어디가 아픈지 모르고 심정이 조급해져 고통도 없습니다. 만일 이 상태에서 한 가지 병이 더해지면 중춘中春[161]에 죽게 되지만, 심정이 유쾌하고 막힘이 없으면 한 계절을 연장할 수 있습니다. 그가 4월에 죽은 것은 그를 봤을 당시에 심정이 유쾌하고 막힘이 없었기 때문입니다. 심정이 유쾌하고 막힘이 없으면 사람은 보통 살이 찝니다. 노복의 병은 여러 차례 땀을 흘린 채 자주 바깥으로 나가고 불을 쬐다가 밖에 나가서 갑자기 강한 바람을 쐬었기 때문입니다.

158 "중의학 진단 이론에 따르면 얼굴의 입, 코, 눈, 귀 등의 각 부위는 나뉘어져 오장을 주관하는데, 어떤 장기에 질병이 있으면 상응하는 부위에 병으로 변한 안색이 나타난다"고 했다. (『사기전증』)
159 "중의학 오행 학설에 따르면 비장은 토에 속하고 황색이며, 폐는 금金에 속하고 백색이며, 위는 수水에 속하고 흑색이며, 심장은 화火에 속하고 적색이며, 간은 목에 속하고 청색이다."(『사기전증』)
160 오행 중에서 목은 토를 이기고, 봄은 목에 속하므로 봄에 목이 왕성한 계절에 죽는 것을 말한다.
161 중춘中春: 중춘仲春으로 음력 2월을 말한다.

치천왕이 병이 생기자 신을 불러 맥을 짚어보도록 했습니다. 신은 "무더운 열기가 위로 역행하고 열이 머리로 침입하여 두통이 심하고 몸에 열이 나 사람을 번민하게 만듭니다"라고 말했습니다. 신이 즉시 찬물로 그 머리를 두드리고 양쪽 족양명맥에 각각 세 군데씩 침을 놓자 빠르게 병이 나았습니다. 그의 병은 머리를 감고 마르지 않은 상태에서 잠을 자서 생겼습니다. 병의 진단은 앞서 말한 바와 같이, 무더운 열기가 위로 역행했기 때문으로 머리에서 어깨까지 열이 난 것입니다.

제나라 왕 황희黃姬의 오빠인 황장경黃長卿이 주연을 베풀어 손님들을 초대했을 때 신도 초청받아 갔습니다. 손님들이 자리에 앉고162 아직 음식이 차려지기 전이었습니다. 신은 왕후의 동생인 송건宋建을 바라보고 나서 "군에게는 병이 있으니 4, 5일 전에 허리와 옆구리 부위의 통증으로 위를 올려다보거나 아래를 굽어보지 못하고 소변도 볼 수 없었을 것입니다. 서둘러 치료하지 않으면 병이 신장까지 침입할 것입니다. 아직 오장으로 침입하지 않았으니 서둘러 치료하십시오. 병은 지금 신장에 영향을 끼치려 하는데, 이것을 신비腎痺163라고 합니다"라고 말했습니다. 그러자 송건은 "그렇소. 나는 확실히 척추에 통증이 있었소. 4, 5일 전 비가 내렸을 때 황씨 집안 사위들이164 우리 집 곡식 창고에 있는 큰 주춧돌165을 보더니 그것을 들어 올리는 놀이를 했소.166 나도 그들을 따라 해

162　원문은 '제객좌諸客坐'다. "'제객諸客' 앞에 '여與'자가 빠져 있다. 『태평어람』에서는 '여제객좌與諸客坐'라고 했다."(『독서잡지』, 「사기」) 왕념손의 견해에 따라 '여제객좌與諸客坐'라고 한다면 '여러 손님과 함께 앉다'는 뜻이다. '수정본'에서는 '여與'자가 없으며 역자는 '수정본'에 근거하여 번역했다.

163　신비腎痺: 허리가 아프고 소변이 막히는 병의 증상이다.

164　원문은 '천倩'이다. "서광이 말하기를 '천은 사위다'라고 했고, 『방언方言』에서 말하기를 '동제東齊(제나라를 말한다. 제나라가 주나라 동쪽에 있었기 때문에 동제라고 불렀다) 사이에서는 사위를 천이라고 한다'고 했다."(『집해』)

165　원문은 '방석方石'으로, 집을 지을 때 사용하는 주춧돌을 말한다.

166　원문은 '즉농지卽弄之'다. "'즉농지卽弄之' 세 글자는 의미가 통하지 않는다. 『태평어람』에서는 '취농지取弄之'라고 했는데, 의미가 더 낫다."(『독서잡지』, 「사기」) '수정본'에서는 '즉농지'로 기재하면서

보려 했지만 들어 올릴 수 없어 내려놓았소. 그런데 저녁때가 되자 척추가 아프면서 소변을 볼 수 없게 되더니 지금까지 좋지 않소"라고 말했습니다. 송건의 병은 무거운 것을 들어올리기를 좋아하여 생긴 것입니다. 신이 송건의 병을 알아낼 수 있었던 것은 그의 안색을 관찰했을 때 태양太陽 부위167의 안색이 광택이 없고 건조하며 신장 근처 위로부터 허리둘레 아래까지 대략 4분分 정도의 부위가 건조하여 생기가 없는 것을 보고 4, 5일 전에 발병했음을 안 것입니다.168 신이 유탕柔湯169을 조제하여 복용시켰더니 18일 만에 병이 나았습니다.

제북왕의 시녀 중에 성이 한韓인 시녀가 허리와 등에 통증이 있고 오한과 발열 증상이 나타나자 허다한 의원들은 모두 한열증寒熱症이라고 여겼습니다. 그러나 신은 맥을 짚어보고 "이것은 몸속이 차가워서 월경이 막힌 것입니다"라고 말하고, 즉시 월경을 통하게 하는 약을 썼더니 오래지 않아 월경이 원활해지고 병이 나았습니다. 그녀의 병은 남자를 사귀지 못해 생긴 것입니다. 신이 성이 한인 시녀의 병을 알아낼 수 있었던 것은 그녀의 맥을 짚었을 때 신맥腎脈이었기 때문입니다. 맥이 연결되지 않고 끊어지는 것이 신맥입니다. 막혀서 통하지 않기에 맥 뛰는 것이 힘들고 단단하기 때문에 월경이 막혔다고 말한 것입니다. 또 간맥肝脈이 활시위같이 강직하고 왼손 촌구의 위치를 뛰어넘은 것은 간의 기가 엉켜 펴지지 않았기 때문이기에 이는 "남자를 사귀지 못해 생긴 병"이라고 말한 것입니다.

『태평어람』의 '취농지'가 맞다고 했다. '즉농지'는 즉시 놀이를 했다는 뜻이고 '취농지'는 돌을 가지고 놀이를 했다는 뜻으로, 후자가 더 타당해 보인다.
167　태양太陽은 관자놀이 부위의 태양혈을 말한다.
168　"허리는 신장을 받아들이는 곳이기 때문에 신장에 해당하는 부위의 4～5분 정도가 건조하면 허리 통증이 4, 5일 정도 되었음을 추측할 수 있다."(『사기전증』)
169　유탕柔湯: "옛 처방으로 이미 소실되었다. 어떤 사람은 따뜻한 약물로 보양하는 것이라 여기고, 또 어떤 사람은 유탕을 풍을 제거하고 혈액순환을 돕게 하는 것으로 여긴다."(『사기전증』)

임치臨菑의 범리氾里에 사는 박오薄吾라는 여자가 병이 매우 심했는데, 의원들은 모두 위중한 한열증으로 반드시 죽을 것이므로 치료할 방법이 없다고 보았습니다. 신은 그녀의 맥을 짚어보고 "요하蟯瘕170입니다"라고 말했습니다. 요하라는 병에 걸리면 배가 커지고 배의 피부가 누렇게 되면서 거칠어지고 만지기만 해도 매우 아픕니다. 신이 그녀에게 1촬의 원화芫華171를 마시게 했더니 대략 몇 승升의 요충을 쏟고 나서 증상이 좋아졌고 30일 뒤에는 예전과 같이 되었습니다. 요충병은 차갑고 습한 데서 생기는데 차고 습한 기가 가득 차서 발산하지 못하면 벌레로 변합니다. 신이 박오의 병을 알게 된 것은 그녀의 맥을 짚었을 때 그녀의 척尺 부위의 맥이 거칠고 팽팽했으며 머리카락은 건조하고 광택이 없었는데172 이는 벌레의 기운이었습니다. 그녀의 안색이 윤택한 것은 그녀의 내장에 나쁜 기와 중병이 없기 때문입니다.

제나라 순우淳于 사마司馬가 병들었을 때 신은 그의 맥을 짚어보고 "마땅히 동풍洞風을 앓는 것입니다. 동풍의 증상은 음식을 먹은 뒤 설사173가 그치지 않는 것입니다. 배불리 먹은 뒤에 빨리 달려서 병이 생긴 것입니다"라고 말했습니다. 그러자 순우 사마는 "나는 왕이 있는 곳에서 말의 간을 아주 배불리 먹었습니다. 술이 나오는 것을 보고 곧바로 도망쳐 집까지 달려왔는데, 그 뒤로 설사를 수십 차례나 했습니다"라고 말했습니다. 신은 그에게 "화제탕에 미음을 섞어 마시면174 7, 8일 안에 낫게 마련입니다"라고 알려주었습니다. 당시 진신秦信이라

170 요하蟯瘕: 요충이 쌓여서 덩어리가 된 병.
171 원화芫華: 원화芫花(팥꽃나무)로, 몸에 있는 벌레를 없애는 데 효능이 있는 약재다.
172 원문은 '모미봉발毛美奉髮'로 모발이 광택이 난다는 뜻이다. "다키 모토타네多紀元胤가 말하기를 『의설醫說』에서는 모초권발毛焦拳髮(모발이 바삭바삭 말랐고 구부러지다)이라고 했다'고 했다."(『사기회주고증』) "이 말이 당연히 맞다. 병이 엄중하여 벌레가 기생하는 병자는 대부분 모발이 누렇게 마르고 빠진다."(『사기전증』). 역자 또한 『사기회주고증』과 『사기전증』의 견해에 따랐다.
173 원문은 '후지後之'로, 대변을 말한다. "서광이 말하기를 '측간에 가다'라고 했다."(『집해』)
174 화제탕은 열을 내리는 약이고 미음 또한 위를 축축하게 한다.

는 의원이 옆에 있었는데, 신이 떠난 뒤에 곁에 있던 성이 각閣인 도위에게 "순우의는 순우 사마의 병을 무슨 병이라고 생각합니까?"라고 물으니, 각 도위는 "동풍인데 치료할 수 있다고 했습니다"라고 대답했습니다. 그러자 진신이 웃으면서 "그 사람은 병세를 모릅니다. 순우 사마의 병리에 따르면 마땅히 9일 뒤에 사망할 것입니다"라고 했습니다. 그런데 9일이 지나도 죽지 않자 그의 집에서 다시 신을 불렀습니다. 신이 가서 병세를 살펴보니 전부 신이 진단한 것과 같았습니다. 신은 즉시 화제탕에 미음을 섞은 것을 조제하여 그에게 복용시켰더니 7, 8일 만에 병이 나았습니다. 신이 그의 병을 알 수 있었던 것은 그의 맥을 짚었을 때 맥법에서 말한 바에 부합했기 때문입니다. 그의 병세가 맥에 따랐으므로 죽지 않은 것입니다.

제나라의 중랑中郎175 파석破石이 병들었을 때 신은 그 맥을 짚어보고 "폐가 손상을 입어 치료할 방법이 없습니다. 열흘 뒤인 정해丁亥일176에 피 섞인 소변을 보고 죽을 것입니다"라고 알려주었습니다. 그는 11일 뒤에 피 소변을 보고 죽었습니다. 파석의 병은 말에서 떨어지면서 돌 위에 부딪쳐 얻는 병입니다. 신이 파석의 병을 알 수 있었던 것은 그의 맥을 짚었을 때 폐음기肺陰氣177가 느껴졌고 맥의 흐름이 흩어져 있는데다 맥동이 한결같지 않았기 때문입니다. 그의 안색 또한 심맥이 폐맥을 이기는 기색이었습니다. 그가 말에서 떨어진 것을 알게 된 것은 맥을 짚어보니 번음맥番陰脈178이었기 때문입니다. 그 번음맥이 허리虛裏178로

---

175 중랑中郎: 낭관郎官의 일종으로 황제의 근시관近侍官이다.

176 "폐는 금에 속하고 병정丙丁은 화에 속하며 화는 금을 이길 수 있으므로 이 병은 정해丁亥일에 죽는 것이다."(『사기전증』)

177 폐음기肺陰氣: "폐장肺臟의 진장맥眞臟脈이다. 『소문素問』에 따르면 무릇 오장의 진장맥이 겉으로 드러나면 모두 죽을 증상이다."(『사기전증』)

178 번음맥番陰脈: "반음맥反陰脈으로 '番'은 '翻'과 같은데 '反'이다. 중의학 이론에 따르면 심장과 폐는 흉강에 함께 있는데 심장은 양에 속하고 폐는 음에 속한다. 산맥散脈은 심장의 병맥病脈으로 폐 부위에 산맥이 보이면, 즉 양맥이 음맥을 이기므로 반음맥反陰脈이라고 부른다."(『사기전증』) 『색은』에

진입하여 폐맥의 기를 이긴 것입니다. 폐맥이 흩어지면 본래의 얼굴빛도 이에 상응하여 변하게 됩니다.[180] 그가 죽을 시기에 정확히 죽지 않은 까닭은, 신의 스승이 말하기를 "환자가 음식을 잘 먹으면 죽을 날을 넘길 수 있고, 음식을 먹지 않으면 죽을 날이 되지 않았어도 죽게 된다"라고 했기 때문입니다. 파석은 기장을 즐겨 먹었는데 기장은 폐를 보양하기 때문에[181] 죽을 날을 넘길 수 있었던 것입니다. 또 소변에 피가 섞여 나온 것은 진맥법에서도 "몸조리할 때 안정을 좋아하는 자는 피가 아래로 흘러나와 죽고, 몸조리할 때 활동하기를 좋아하는 자는 피를 위로 토하고 죽는다"고 했습니다. 그는 안정을 좋아하고 조급해하지 않으며 또한 오랫동안 앉아서 움직이지 않고 궤几[182]에 엎드려 잠을 잤기 때문에 피가 아래로 흘러나온 것입니다.

제나라 왕의 시의侍醫 수遂[183]가 병이 들자 직접 오석五石[184]을 끓여 정제하여 복용했습니다. 신이 그를 방문했더니, 수가 신에게 "불초한 제가 병들었으니 진료해주시기 바랍니다"라고 말했습니다. 신은 즉시 그를 진맥하고 그에게 "공이 앓고 있는 병은 내열병內熱病입니다. 병리 서적에서 말하기를 '내열로 소변을 보지 못하는 사람은 오석을 복용해서는 안 된다'고 했습니다. 오석은 약 성질이 맹

서는 '番'의 음을 '번'이라고 했다.

179 허리虛裏: 위장의 대락大絡이라고도 한다. 심맥과 폐맥의 기가 이곳에 모인다.

180 "얼굴색이 심장이 폐를 이기는 원리에 따라 또한 변화가 발생한다.(심장이 비장을 이기면 얼굴색이 마땅히 백색이어야 하는데 도리어 적색이 된다.)"(『사기전증』)

181 "중의학의 오행 학설에 따르면 오곡五穀은 각각 오행에 속하며 오장을 주관하는데, 기장은 폐를 주관한다."(『사기전증』)

182 궤几: 사람이 앉을 때 몸을 기대는 작은 탁자를 말한다.

183 시의侍醫는 궁정의 의원을 뜻하며, 수遂는 사람 이름이다.

184 오석五石: 옛사람들이 복용한 외단外丹의 하나인 오석산五石散으로, 조제 방법이 다양하다. "진晉나라 때 갈홍晉葛洪의 『포박자抱朴子』「내편內篇」에 단사丹沙, 웅황雄黃, 백반白礬, 증청曾靑, 자석磁石 등 다섯 종류의 광물질 약으로 그중에 큰 것은 대부분 독이 있고 오래 복용하면 사람을 죽게 만든다."(『사기전증』)

렬한데, 공께서 복용하면 계속 소변을 볼 수 없으니 복용을 바로 멈추십시오. 안색을 보니 장차 종기가 날 것 같습니다"라고 했습니다. 그러자 수는 "편작이 말하기를 '성질이 찬 석약石藥으로 음허陰虛하고 열 있는 병을 치료할 수 있고, 성질이 더운 석약으로 양허陽虛하고 찬 증상을 치료할 수 있다'고 했습니다. 약 석약石에는 음陰, 양陽, 한寒, 열熱185의 다른 처방이 있는데, 몸에 열이 있으면 음성 석약을 배합한 부드러운 약제로 치료하고, 몸이 한기가 있으면 양성 석약을 배합한 맹렬한 약제로 치료한다"라고 했습니다. 그래서 신은 "공이 말씀하신 것은 어긋난 것입니다. 편작이 비록 그런 말을 했더라도 반드시 자세하게 진단해야 합니다. 약 분량의 표준을 확정하여 치료 방법을 결정하고 득실을 재고 안색과 맥박, 겉과 속, 남음과 부족, 순順과 역逆을 결합시키고 환자의 동정과 호흡이 조화로운지 어떤지를 헤아린 다음에야 비로소 석약을 써도 되는지 결정할 수 있는 것입니다. 병리 서적에서 이르기를 '열병이 몸속에 잠복해 있고 한병寒病이 겉으로 드러난 자에게는 성질이 맹렬한 약과 석침을 사용하면 안 된다'고 했습니다. 성질이 맹렬한 약이 몸속으로 진입하면 사기가 쌓여 더욱 많아지고, 몸속에 엉켜 있는 열독이 더욱 엄중해집니다. 맥법에서도 말하기를 '소음少陰의 한병寒病이 겉으로 드러나고 소양少陽의 울화鬱火가 몸 안에 쌓여 있으면186 맹렬한 성질의 약을 사용해서는 안 된다'고 했습니다. 맹렬한 성질의 약이 체내로 들어가면 양기陽氣를 움직여 음허陰虛가 더욱 엄중해지고 양기는 갈수록 밖으로 드러나며187 사기가 흘러나와 경혈經穴 주변에 겹겹이 쌓이면서 빠르게 발전하여 종기가 됩니다"라고 했습니다. 신이 그에게 알려준 뒤 100일쯤 지나자 과

---

185 원문은 '수화水火'로, '한열寒熱'과 같다.
186 원문은 '二陰應外, 一陽接內者'다. 이음二陰은 수족소양경手足少陽經이고, 일양一陽은 소양少陽이다. "등정로滕正路가 말하기를 '이음일양二陰一陽은 한기가 많고 열이 적은 것을 말한다'고 했다."(『사기회주고증』)
187 "부족한 음액陰液은 (양기가 움직이기 때문에) 더욱 약해지고, 남은 양기는 더욱 밖으로 드러나게 된다."(『사기전증』)

연 유두 위에 종기가 생기고, 이것이 쇄골 위 우묵한 곳으로 침입하여 사망에 이르렀습니다. 이는 이론의 대략적인 것을 말한 것으로 반드시 원칙이 있습니다. 서툰 의원이 배우지 못한 것이 있으니, 체계를 혼란스럽게 하고 음양을 뒤바뀌게 하는 것입니다.

제나라 왕이 과거에 양허후陽虛侯가 되었을 때 병이 매우 깊었는데 의원들은 모두 기가 역으로 오르는 궐증蹶症이라 여겼습니다. 신이 그의 맥을 짚어보니 비痹[188] 증상으로 병의 근원은 오른쪽 옆구리 아래였는데, 마치 엎어놓은 술잔처럼 커서 숨이 차고 기가 거꾸로 오르므로 음식을 먹을 수 없었습니다. 신이 즉시 그에게 화제탕과 죽을 잠시 동안 먹게 했더니[189] 엿새 만에 기가 순조롭게 내려갔고, 또 환약을 복용케 했더니 엿새쯤 되었을 때 병이 나았습니다. 그의 병은 성행위로 인해 생긴 것입니다. 진단했을 때 어떠한 경맥 이론으로 해석해야 할지는 알 수 없었고 단지 병의 소재만 알고 있었습니다.

신은 일찍이 안양安陽 무도리武都里에 사는 성개방成開方[190]이라는 자를 진료한 적이 있었습니다. 성개방은 자신에게 병이 없다고 말했지만, 신은 그의 병이 답풍沓風[191]임을 알려주었으며 3년 뒤 사지를 스스로 통제하지 못할 것이고 말을 못하게 될 것이며, 말을 못하게 되면 곧 죽을 것이라고 말했습니다. 지금 그는 사지를 쓸 수 없고 말을 못하고 있으나 아직 죽지 않았다고 들었습니다. 그의 병은 항상 술을 마시고 갑자기 센 바람을 쐬어서 생긴 것입니다. 신이 성개방의

---

188 "발병한 뒤에 여러 증상이 있는데, 여기서 가리키는 것이 상세하지 않다. 대체로 사기가 오장육부를 막아서 일으키는 내장 질병이다."(『사기전증』)
189 순우의도 확실하게 진단을 내리지 못했으므로 화제탕 약물을 잠시 시험 삼아 복용시킨 것이다.
190 안양安陽은 지금의 산둥성 페이현費縣 동남쪽 지역이다. 무도리武都里는 마을 이름이고 성개방成開方은 사람 이름이다.
191 답풍沓風: 중풍의 일종이다.

병을 알 수 있었던 것은 그의 맥을 짚었을 때 맥 상태가 『기해술奇咳術』에서 말한 '오장의 기가 상반되는 자는 죽을 증상이다'[192]라는 내용에 부합되었기 때문입니다. 그의 맥을 짚어보니 신장과 폐의 맥 상태가 상반되었고, 병리에도 '3년 뒤에 죽는다'고 했습니다.

안릉安陵 판리阪里의 공승公乘 항처項處[193]라는 사람이 병들었을 때 신은 그의 맥을 짚어보고 "모산牡疝[194]입니다"라고 말했습니다. 모산이 횡격막 아래에 생겨 위로 폐에까지 이어져 있었습니다. 그의 병은 성행위 때문에 생긴 것입니다. 신은 그에게 "조심하고 과로한 일을 하지 마십시오. 과로하게 되면 피를 토하고 죽을 것입니다"라고 말했습니다. 항처는 그 뒤에 축국蹴踘을 하다가 허리 부위에 한기를 느끼고 많은 땀을 흘린 뒤 피를 토했습니다. 신은 다시 그를 진맥하고 "내일 해질 무렵에 죽을 것입니다"라고 했는데, 과연 죽었습니다. 그의 병은 성행위 때문입니다. 신이 항처의 병을 알게 된 것은 그의 맥을 짚었을 때 번양맥番陽脈[195]이었기 때문입니다. 번양이 허리虛裏로 진입하여 항처가 이튿날에 죽은 것입니다. 번양맥이 나타나고 또 결맥結脈이 출현하는[196] 것이 바로 모산입니다.

순우의가 말하기를 "그 밖에 진료를 하여 생사를 판단하고 병을 치료한 일이

192 "중의학의 오행 상반 이론에 따르면 금金은 수水를 낳고, 수는 목木을 낳으며, 목은 화火를 낳고, 화는 토土를 낳으며 토는 금金을 낳는다. 낳는 것은 어미이고 낳아 이루어진 것은 자식이다. 어미가 병이 쌓여 자식의 병에 미치고, 혹은 자식의 병이 쌓여 어미의 병에 미치니 곧 내장의 기가 상반되는 것이다."(『사기전증』)
193 안릉安陵은 혜제惠帝 유영劉盈의 능읍陵邑으로 지금의 산시陝西성 셴양咸陽 동북쪽에 있다. 판리阪里는 마을 이름이고, 항처項處는 사람 이름이다.
194 모산牡疝: "양산陽疝을 말한다. 모牡는 양陽이다. 산기병疝氣病은 복통이 가슴 부위까지 미치는 것이다. 가슴은 양陽에 속한다."(『사기통해』)
195 번양맥番陽脈은 즉, 반양맥反陽脈을 말한다.
196 원문은 '一番一絡者'이다. '낙絡'은 '결結'과 같으므로 결맥結脈을 말한다. 결맥의 특징은 맥이 느리면서 일시적으로 정지되곤 하는 것을 말한다.

매우 많았지만, 시일이 오래되어 대부분 잊어버렸기에 모두 기재할 수 없어 감히 대답할 수 없습니다"라고 했다.

황상이 순우의에게 물었다.

"진단하고 치료한 병 가운데 병명이 같은 것이 매우 많은데 진단 결과는 같지 않으니, 어떤 자는 죽고 어떤 자는 죽지 않은 것은 무엇 때문인가?"

순우의가 대답했다.

"병명은 서로 비슷한 것이 매우 많은데 무슨 원인인지 알지 못했습니다. 이 때문에 옛날 성인들이 맥법을 고안하여 이것으로 척도를 삼았고, 표준을 제정하여 득실을 헤아리고 진맥의 법에 근거하여 처리했고, 음양을 조화롭게 하며 사람들의 맥 상태를 구별하여 각기 이름을 붙였고, 천지에 상응시켜 다시 인체의 상황을 참고함으로써 비로소 온갖 병들을 구별할 수 있었고, 그것들의 차이가 있게 된 것입니다. 의술에 정통한 사람은 각종 질병을 구별할 수 있지만 그렇지 못한 사람은 그것들을 혼동합니다.[197] 그러나 맥법이 완전히 정확할 수 없기에 환자를 진단하는 데 서로 다른 방법을 이용해 구별해야만 비로소 같은 병명을 구별할 수 있고 병의 근원이 어디에 있는지 말할 수 있습니다. 지금 신이 진단하고 치료한 환자는 모두 진단 기록이 있습니다. 신이 구별할 수 있었던 것은 신이 스승을 섬기며 의술을 학습하여 막 학업을 마칠 즈음 스승께서 돌아가셨기 때문에 진료한 상황과 생사의 결과를 예측하고 판단한 결과를 나누어 기재해둔 덕분입니다. 그래서 병을 관찰하고 진단한 것의 성공과 실패가 맥법에 부합하는지 아닌지를 지금 알 수 있습니다."

황상이 물었다.

"병을 진찰하여 생사의 때를 판단했을 때 맞지 않은 경우가 있는데, 그것은

---

197 "이것은 질병의 이름은 같지만 실제로는 다르니, 오직 의술에 정통한 의원은 그것을 구별할 수 있지만 정통하지 못한 의원은 구별할 수 없다는 말이다."(『독서잡지』 「사기」)

무슨 까닭인가?"

순우의가 대답했다.

"그것은 모두 환자가 음식과 기뻐하고 화내는 것에 절제하지 않거나, 복용해서는 안 되는 약을 먹었거나, 맞으면 안 되는 침을 맞거나 뜸을 떴기 때문에 사망한 날과 진단한 날이 서로 부합되지 않은 것입니다."

황상이 물었다.

"너는 질병을 치료할 수 있는지와 없는지를 알 수 있고 어떤 약을 써야 하는지도 알고 있는데, 제후와 대신들 중에 네게 문의한 자가 있었는가? 그리고 제나라 문왕文王198이 병들었을 때 왜 그대를 찾아 진료를 받지 않았는가?"

순우의가 대답했다.

"조왕, 교서왕, 제남왕, 오왕199이 모두 사람을 보내 신을 불렀으나 신은 감히 가지 않았습니다. 문왕이 병들었을 때 신의 집은 가난했기에 남의 병을 치료해주고 싶었습니다. 관부에서 신을 시의侍醫로 임명하여 강제로 머물게 할까 두려웠기 때문에 호적을 바꾸어가며 여기저기 옮겨 다녔고, 집안도 돌보지 않고 두루 떠돌아다니면서 오랫동안 의술을 잘하는 자를 찾아다니며 그들을 스승으로 섬겼습니다. 결국 몇 명의 좋은 스승을 섬겨 그들의 모든 의술을 배우고 모든 의서의 주요 내용과 의서에 대한 분석과 평론을 이해했습니다. 신은 양허후의 나라에 거주했기 때문에 양허후를 섬겼습니다. 양허후가 입조하자 신은 그를 수행하여 장안으로 왔고, 그래서 안릉에 사는 항처 등의 병을 진료할 수 있었습니다."

황상이 물었다.

---

198 제 문왕齊文王 유칙劉則은 애왕哀王 유양劉襄의 아들이다.
199 조왕趙王은 조 유왕趙幽王 유우劉友의 아들 유수劉遂다. 교서왕膠西王은 제나라 도혜왕의 아들 유앙劉卬 이다. 제남왕濟南王은 제나라 도혜왕의 아들 유벽광劉辟光이다. 오왕吳王은 고조 유방의 조카이며 유중劉仲의 아들인 유비劉濞다.

"문왕이 병에 걸렸는데 일어나지 못한 까닭을 아느냐?"

순우의가 대답했다.

"신이 문왕의 병 상태를 보지는 못했으나 사사로이 들어보니 문왕은 숨이 차고 두통이 있고 눈이 잘 보이지 않았다고 합니다. 신이 속으로 분석해보았을 때 그것은 병이 아니라 여겼습니다. 몸이 비만하여 지방이 과도하게 축적된 탓에 신체를 움직일 수 없고 뼈와 살이 지탱하지 못해서 숨이 찬 것이기에 약으로 치료하는 것은 적당하지 않다고 여깁니다. 맥법에서 말하기를 '나이 스물에는 맥 상태가 왕성하므로 달려야 하고, 서른에는 마땅히 빨리 걸어야 하며, 마흔에는 편안하게 앉아 있어야 하고, 쉰에는 편안하게 누워 있어야 하며, 나이 예순이 넘으면 원기를 깊이 감추어야 한다'고 했습니다. 문왕은 20세가 되지 않았기 때문에 맥 상태가 왕성하므로 마땅히 달려야 할 때인데 움직이는 데 게을렀으니 천지자연의 사계절 법칙에 상응하지 못한 것입니다.[200] 훗날 들으니 의원이 그에게 뜸을 뜨고 난 다음에 병이 더욱 엄중해졌다고 하는데, 이것은 잘못 진단한 것입니다. 신이 분석하기에는 정기가 쇠약해지고 사기가 안으로 들어와 젊은 사람이 극복할 수 없었기에 죽은 것입니다. 이른바 기氣[201]라는 것은 음식을 조절하고 청명한 날[202]을 골라 수레를 타거나 혹은 걸으면서 마음을 넓게 하고, 근육과 뼈와 살과 혈맥을 조절하고 적응시켜 살을 빼야 합니다. 이 때문에 20세를 역무易務[203]라 하는데, 병리에 따르면 침을 놓거나 뜸을 뜨는 방법으로 치료해서는

200 　사계절인 봄에 태어나고, 여름에 자라고, 가을에 거두고, 겨울에 저장하는 자연의 법칙에 부합하지 않은 것을 말한다. "천인합일天人合一은 중의학 이론의 핵심이다. 사람의 일생은 어려서 늙을 때까지 또한 사계절과 같으므로 마땅히 사계절에 부합해야 한다. 젊어서는 운동을 많이 해야 하고 늙었을 때는 편안하게 요양해야 한다. 문왕은 나이가 어렸을 때 운동을 게을리 했으므로 천지자연의 법칙에 부합되지 못한 것이다."(『사기전증』)

201 　"정신을 말한다. 여기서는 신체를 잘 조리하고 보양하는 것을 가리키는데, 즉 문왕의 치료법을 말한다."(『사기전증』)

202 　원문은 '안일晏日'로, 안롱은 바람과 구름이 없는 것을 말한다.

203 　"서광이 말하기를 '하賀라고 하기도 하고, 또 질質이라 하기도 한다'고 했다."(『집해』) "이 의미는 20세는 기혈이 충실하게 바뀔 때이므로 운동을 많이 해야 한다는 의미다.『사기회주고증』에서는 '기의

안 됩니다. 침을 놓고 뜸을 뜨면 병의 기가 세차게 흘러 체내의 원기를 손상시킬 수 있습니다."

황상이 물었다.

"너의 스승 양경의 의술은 누구로부터 배운 것이냐? 제나라에서 유명하느냐?"

순우의가 대답했다.

"양경이 어디서 배웠는지는 모릅니다. 양경의 집은 부유하고 의술을 좋아했지만 남의 병을 치료하고 싶어 하지는 않았기 때문에 널리 알려지지는 않았습니다. 양경은 또 신에게 '내 자손들이 네가 나의 의술을 배운 것을 알지 못하도록 조심하라'고 말했습니다."

황상이 물었다.

"너의 스승 양경은 너의 어떤 점을 보고 좋아하여 의술을 모두 네게 전수해 주려 한 것이냐?"

순우의가 대답했다.

"신은 스승 양경이 의술에 뛰어나다고 들은 적이 없었습니다. 신이 양경을 알게 된 것은, 신이 젊을 때 여러 의술을 좋아하여 그러한 것들을 시험해보았는데 모두 효험이 있고 정밀하고 우수했습니다. 그러다가 신은 치천菑川 당리唐里의 공손광公孫光이라는 사람이 예로부터 전해지는 처방과 병 치료를 잘한다는 말을 듣고 즉시 그를 찾아가서 만났습니다. 신은 그를 만나 섬기면서 음양을 운용하여 변화시키고 조화롭게 하는 이론과 구두로 전해오는 치료 방법을 배웠고, 신은 그것들을 모두 기록해두었습니다. 신이 또 다른 정밀한 의술까지 배우려 하자 공손광이 말하기를 '내 의술은 단지 이것뿐이다. 네게는 조금도 남겨두지 않았다. 나는 이미 몸이 늙어 쇠약해졌고 네가 배울 만한 것이 없다. 이것들은

형성이 쉽게 변하는 때이므로 근육과 뼈와 혈맥을 적절하게 하여 기를 빠르게 흐르게 해야 한다는 것을 말한다'고 했다. 이 의미는 20세는 신체가 쉽게 바뀌는 때이므로(즉 살이 찌는 것을 말한다), 마땅히 음식에 주의해야 하고 더욱 운동을 강화해야 한다는 의미다. 두 의견이 모두 통한다."(『사기전증』)

내가 젊었을 때 배운 정밀한 의술인데 모두 네게 전수해줬으니, 다른 사람에게 가르쳐주지 말라'고 했습니다. 그래서 신은 '선생님 면전에서 모시면서 비방을 배워 행운입니다. 죽어도 감히 다른 사람에게 전수하지 않겠습니다'라고 말했습니다. 한번은 공손광이 한가하게 있을 때 신이 의술에 대해 깊이 분석하자 공손광은 신이 말한 이론이 역대로 정밀한 이론이라고 했습니다. 스승 공손광은 기뻐하면서 말씀하시기를 '너는 틀림없이 온 나라에서 가장 뛰어난 의원이 될 것이다. 내가 잘하는 의술은 모두 서투르게 되었다. 내게 임치에 사는 동복형제[204]가 있는데 의술에 뛰어나다. 나는 그만 못한데, 그의 의술은 매우 신기한데도 세상 사람들이 모르고 있다. 나는 중년中年[205] 무렵에 그의 의술을 배우고 싶었지만 양중천楊中倩[206]이 동의하지 않으며, '너는 그런 의술을 배울 수 있는 사람이 아니다'라고 했다. 내가 너와 함께 찾아가 만나면 그는 네가 의술을 좋아하는 것을 알아볼 것이다. 그도 늙긴 했지만 집안이 부유하다'라고 했습니다. 그러나 신은 당시에 가지 않았고, 마침 양경의 아들 은殷이 와서는 스승 공손광을 통하여 제나라 왕에게 말을 바치려 했습니다. 저는 이로 인해 은과 친해졌습니다. 공손광은 또 은에게 신을 부탁하며 '순우의는 의술을 좋아하니, 너는 반드시 그를 잘 대접해야 한다. 그는 총명하고 정통한 유생이다'라고 했습니다. 그러고는 즉시 편지를 써서 신을 양경에게 소개했으므로 양경을 알게 되었습니다. 신이 양경을 섬기면서 매우 근면하자 양경도 신을 좋아했습니다.'

황상이 물었다.

"너에게 의술을 배운 관리나 백성이 있을 텐데, 너의 의술을 완전히 배운 자는 있는가? 있다면 어느 현, 어느 마을 사람인가?"

204 　여기서는 양경陽慶을 가리킨다. 공손광과 양경은 어미가 같고 아비가 다른 형제이므로 성씨가 다른 것이다.
205 　원문은 '연중年中'이다. "연중年中은 중년中年의 때를 말한다. 중년은 또한 장년壯年인데 옛사람이 자신을 말하는 것이다."(『색은』)
206 　양중천楊中倩: 양경을 말한다. '양楊'은 '양陽'과 같다. 중천中倩은 양경의 자다.

순우의가 대답했다.

"임치현 사람 송읍宋邑207이 있습니다. 송읍이 신에게 배우려 하자 1년 정도 오진법五診法208을 가르쳤습니다. 제북왕이 태의太醫 고기高期와 왕우王禹를 보내 신에게 배우게 했을 때는 경맥의 상하 분포 위치, 기경팔맥奇經八脈이 순행하면서 결맥結脈과 서로 이어지는 곳의 상황,209 각종 경락의 혈 위치 부위를 정확하게 인식하고 경락의 기가 체내에서 올라가고 내려가는 출입 상황과 사정邪正의 역순逆順을 구별하는 방법, 적합한 침을 놓고 뜸을 뜨는 치료를 선택하는 방법을 1년 정도 가르쳤습니다. 치천왕菑川王은 때때로 태창太倉 부서에서 말을 책임지는 풍신馮信을 보내 신에게 의술을 배우게 했는데, 신은 그에게 순順과 역逆두 종류의 안마 방법을 가르쳐주고 약을 사용하는 규칙에 대해 토론했으며 약제의 다섯 가지 맛210 성질을 확정하고 탕약을 조화롭게 처방하는 방법을 가르쳐주었습니다. 고영후高永侯의 집을 관리하는 두신杜信이 맥법을 좋아하여 신에게 배우러 왔기에, 신이 인체 각 부위의 경맥 분포 상황과 오진법을 2년 정도 가르쳐주었습니다. 임치 소리召里의 당안唐安이 배우러 왔을 때는 오진법과 인체각 부위의 경맥의 분포 상황과 『기해술』, 사계절이 음양에 따라 교체되고 변동하는 도리를 가르쳤는데, 그는 다 배우지도 못하고 제나라 왕의 시의侍醫로 임명되었습니다."

황상이 물었다.

"병을 진단하고 생사를 결정할 때 완전히 실수한 적은 없는가?"

---

207 송읍宋邑: "서광이 말하기를 '읍邑을 곤昆이라 하기도 한다'고 했다."(『집해』) "『고금의통古今醫統』에서 '송읍은 성격이 지극히 사람을 좋아하고 의술을 매우 숭상했다. 제나라 태창공太倉公 순우의의 오진맥五診脈 이론을 배워 당대의 훌륭한 의원이 되었다'고 했다." (『사기전증』)
208 오진五診은 오장육부의 맥을 진단하는 법을 가리키며 『오색진五色診』이란 책을 가리키기도 한다.
209 "『소문素問』에서 이르기를 '기경팔맥奇經八脈이 완만하게 왕래할 때 한 번 멈추었다가 다시 오는 것을 결結이라고 한다'고 했다."(『정의』) '결結'은 '결맥結脈'이다.
210 약의 시고, 쓰고, 달고, 맵고, 짠 다섯 가지 맛을 말한다.

순우의가 대답했다.

"신이 환자를 진료할 때는 반드시 먼저 그 맥을 짚어본 뒤에야 비로소 치료합니다. 맥 상태가 쇠약하고 거스르는 사람은 치료할 수 없고 순조로운 사람은 치료할 수 있습니다. 신의 심신이 맥 상태를 분별할 수 없을 때 죽을병인데도 치료할 수 있다고 판단하면 늘 실수를 하기 때문에 신 또한 완벽하지 않습니다."

태사공은 말한다.

"여자는 아름답든 못생겼든 궁궐 안으로 들어가기만 하면 사람들로부터 질투를 받고, 선비는 현명하든 변변치 못하든 조정에 들어가기만 하면 의심을 받는다. 그러기에 편작은 자신의 뛰어난 의술 때문에 화를 입었고, 창공은 행적을 감추고 은거했는데도 형벌을 받았다. 제영이 문제에게 글을 올린 뒤에야 그녀의 부친은 남은 반평생을 비로소 편안하게 지낼 수 있게 되었다. 이 때문에 노자는 말하기를 '아름답고 좋은 것은 본래 상서롭지 못한 것이다'라고 했다. 이것은 편작 등과 같은 사람을 두고 한 말이 아니겠는가? 창공과 같은 처지도 이에 매우 가깝다고 말할 수 있다."

46

오왕비열전

吳王濞列傳

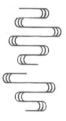

이 편의 편명은 '오왕비열전'이지만 오나라 왕 유비를 중심으로 발생한 오·초 칠국의 난의 배경과 모든 전개 과정을 상세하게 기술하고 있다.

한나라 전기의 권력 구조는 황제를 중심으로 하는 중앙집권과 제후왕을 대표로 하는 지방분권이 결합된 형태였다. 유방은 제업을 이루기 위해 한신과 팽월 등을 왕으로 봉하고 그들의 군사적 지원을 얻어 항우를 격파하고 한나라를 건립했다. 오래지 않아 유방은 진나라의 패망을 귀감삼아 유씨 왕조를 공고히 하기 위해 공이 있는 자를 왕으로 봉하는 원칙을 버리고 동성인 유씨들을 제후왕으로 앉혀 성이 다른 제후왕들을 제거하기 시작했다. 반면 백성을 다스릴 수 있는 권한을 지니게 된 제후왕들은 스스로 관리를 발탁하고 부세를 걷어 자신의 군대를 보유함으로써 정치적 독립성을 갖추기 시작했다. 이에 고조, 혜제, 여후 시기를 거치는 동안 한나라는 안정과 발전을 누렸지만 제후왕들의 경제력 증가와 군사적 실력이 점차 강대해지면서 새로운 국면으로 접어들었다. 동성 제후왕들 또한 황제와 친속 관계가 점차 멀어지면서 일부 왕은 중앙에 대항하는 야심을 드러내기 시작했다. 이로 인해 문제와 경제 시기에는 제후왕들의 세력을 약화시키는 데 관심을 기울이다가 경제에 이르러 제후왕의 봉지를 삭감하는 조치를 시행하자 오왕 유비는 계책을 바친 조조를 주살한다는 명목으로 다른 제후국들과 연합하여 반란을 일으켰다.

오초 칠국의 난은 중앙 왕조와 제후국 간의 전쟁으로 3개월간의 격전 끝에 오·초 칠국이 패하면서 종결된다. 이후 한나라 중앙과 제후국 간의 정치경제적 균형에 큰 변화가 나타났고, 경제는 그 기회를 이용해 제후왕을 억제하는 조치를 더욱 강화했다.

오왕吳王 유비劉濞는 고조 유방의 형인 유중劉仲[1]의 아들이다. 고조는 천하를 평정한 지 7년째[2] 되던 해에 유중을 대나라 왕으로 세웠다.[3] 그러나 뒤에 흉노가 대나라를 공격했을 때[4] 유중은 국토를 굳게 지키지 못하고 봉국을 버린 채 혼자 샛길로 낙양으로 와 천자인 유방이 있는 곳으로 돌아왔다. 고조는 그와 골육 관계이므로 법대로 처리하지 못하고 왕의 작위를 폐하고 단지 합양후郃陽侯[5]로 강등시켰다. 고조 11년(기원전 196) 가을에 회남왕淮南王 영포英布가 반란을 일으켜 동쪽으로 형荊나라를 합병시키고 형나라의 군사를 위협하여[6] 서쪽으로 회하를 건너 초나라를 공격하자, 고조는 직접 군사를 이끌고 토벌에 나섰다. 당시 유중의 아들 패후沛侯 유비劉濞는 나이가 20세에 불과했는데 호탕한 기개와 힘이 넘쳐 기장騎將 신분으로 고조를 수행하여 기현蘄縣 서쪽 회추會甄[7]에

1　유중劉仲: "서광이 말하기를 '중仲의 이름은 희喜다'라고 했다."(『집해』) "중仲은 순서다. 유방의 부친은 원래 하층민이었으므로 사람들이 유방의 형을 '유대劉大', '유이劉二'로 불렀고, 유방을 '유삼아劉三兒'라 불렀다."(『사기전증』)
2　"7년은 6년의 잘못이다."(『사기지의』) 고조 6년은 기원전 201년이다. "스즈뎬이 말하기를 「공신표」에 6년 정월에 유중을 대왕代王으로 삼았다'고 했다."(『사기각증』)
3　『한서』「제후왕표諸侯王表」에 따르면 유중은 고조 6년 정월에 대왕이 되었고, 유비劉濞도 제나라 왕으로 동시에 세워졌다. 이 당시 대나라의 도성은 대현代縣(지금의 허베이성 위현蔚縣 동북쪽)이었다.
4　한왕 신이 흉노에 투항한 뒤 흉노와 함께 대나라를 공격한 것이다.
5　합양郃陽: 현으로 치소는 지금의 산시陝西성 허양合陽 동남쪽 지역이다.
6　경포黥布(영포)는 군대를 일으켜 먼저 이웃한 형나라를 합병하고 형나라의 군대를 탈취했으며, 형나라 왕인 유가劉賈는 죽임을 당했다. 한나라 6년(기원전 201) 유방은 초왕 한신을 폐하고 그 땅을 둘로 나누어 유가劉賈를 형왕荊王, 유교劉交를 초왕으로 세웠다. 유가는 유방의 동족이면서 개국공신이었다.
7　기현蘄縣 성 서쪽의 회추會甄읍을 말한다. 당시 기현의 치소는 지금의 안후이성 쑤저우 동남쪽 지역이다.

서 영포의 군대를 격파했으며 영포가 달아났다. 당시 형나라 왕 유가劉賈가 영포에게 살해당했는데 후사가 없었다. 고조는 오군吳郡과 회계군會稽郡[8] 사람들이 날래고 용맹하여 이들을 제어할 만한 성년이면서 영민하고 힘 있는 군왕으로 삼을 자가 없음을 걱정했다. 자신의 아들들은 모두 나이가 어리므로 패현을 지날 때 유비를 오왕吳王으로 봉하고[9] 그에게 3개 군郡[10]과 53개 성을 관할하게 했다. 왕에 봉하는 의식을 거행하고 인장[11]을 수여한 뒤, 고조는 유비를 불러 그의 얼굴 생김새를 자세히 보고는 말했다.

"너의 생김새를 보니 모반할 상이다."

고조는 마음속으로 후회했지만[12] 이미 임명했으므로 유비의 등을 토닥거리며 당부했다.

"한나라에서 50년 뒤[13] 동남쪽에서 반란을 일으키는 자가 설마 너이겠느냐?

8 "오吳는 지금의 쑤저우를 중심으로 당시 오나라 땅이었고, 회계는 지금의 사오싱紹興을 주변으로, 당시 월나라 땅이었다. 진과 전한 시기에는 모두 회계군에 속했는데, 후한 때 2개의 군으로 나누어졌다. 그러므로 유방이 이때 말한 오와 회계를 2개의 군으로 해석해서는 안 된다. 지금의 장쑤성 남부와 저장성 일대 지역을 가리키는 것으로 이해할 수 있다."(『사기전증』) "「고제기」 「관영전灌嬰傳」 「공신표」에 따르면 주취周聚 이후로 모두 오군吳郡이라 말하는데, 초·한 사이에는 진나라가 회계군을 분리하여 오군으로 삼았고 경제 이후에 병합되었다. '오, 회계'는 당시의 말일 따름이다."(『한서보주』)

9 안사고가 말하기를 "패 땅에 이르러 유비를 봉한 것이다"라고 했다. 유비는 원래 패후였고 봉지는 지금의 장쑤성 페이현沛縣이다. 유비는 오왕이 된 뒤 광릉廣陵을 도읍으로 정했다.

10 "송기宋祁가 말하기를 '동양군東陽郡, 장군郡郡, 오군吳郡으로, 유가劉賈의 옛 봉지다'라고 했다." (『한서보주』) "고제는 유비를 유가의 옛 땅에 봉했는데, 동양東陽, 장鄣, 오, 회계 네 군이다. 세 군이라고 말한 것은 오를 회계에 포함시킨 것이다."(『사기지의』) 동양군의 군치는 동양東陽(지금의 장쑤성 쉬이盱眙 동남쪽)이고, 장군의 군치는 고장故鄣(지금의 저장성 안지安吉 서북쪽)이다. 오군의 군치는 오현吳縣(지금의 장쑤성 쑤저우蘇州)이다.

11 원문은 '인印'으로, "한나라 제후왕이 사용한 '인印(인장)'은 '새璽'라 칭했다."(『한서신증』)

12 원문은 '독회獨悔'다. 안사고는 말하기를 "독회는 마음속으로 스스로 후회하는 것으로, 다른 사람에게 말하는 것이 아니다. 이미 오왕에 봉하는 일이 진행되어 신하들이 모두 알고 있기에 바꾸지 않은 것이다"라고 했다.

13 "홍양길이 말하기를 '50년은 대략적인 말이다. 이때부터 경제 3년 유비가 반란을 일으킬 때까지 실제로는 42년이다'라고 했다. 이것은 후세 사람이 가져다 붙인 말이다."(『사기회주고증』) "50년 뒤에 동남쪽에서 난이 일어날 것이라 한 것은 본래 구름과 바람을 보고 길흉을 예측하는 자가 말한 것으로, 고조는 평소에 이 말을 들었고 이전부터 어려움이 그치지 않았기에 나중에 재해가 다시 발생할 것을

천하는 성이 같은 한집안이니 부디 조심하며 모반해서는 안 된다!"

유비가 머리를 조아리며 말했다.

"감히 그런 일은 하지 않겠습니다."

효혜제와 고후가 집정했을 때[14] 천하는 안정되기 시작했고, 각 군의 군수와 각 제후국의 국왕들은[15] 각자 자신의 백성을 위로하는 데 힘썼다. 오나라 예장 군豫章郡[16]에 구리 광산이 있었으므로 유비는 천하 각지에서 망명한 자들을 불러 모아 사사로이 화폐를 주조하고 바닷물을 끓여 소금을 만들었다. 이 때문에 오나라 백성으로부터 세금을 거두지 않고도[17] 나라의 재정이 매우 풍족했다.[18]

효문제 때 오나라 왕 유비의 태자[19]가 입조하여 황제를 알현한 다음 황태자[20]를 모시고 술을 마시며 박博[21] 놀이를 하게 되었다. 오나라 태자의 사부師傅들은

두려워하여 이렇게 말함으로써 더욱 유비를 경계시킨 것이다."(『색은』)

14 효혜제의 재위 기간은 기원전 194년부터 기원전 188년까지이고, 고후의 재위 기간은 기원전 187년부터 기원전 180년까지다.

15 원문은 '군국제후郡國諸侯'로, 일부 번역본에서 '군국의 제후들'이라고 한 것은 잘못이다. 한나라 초기에는 군국郡國이 병행하는 체제였다. 즉 군과 왕국은 함께 지방의 최고 행정구역으로서 군은 조정에 직속되었고 왕국은 분봉된 국왕이 통치했다. 따라서 '군국제후'는 각 군의 군수와 각 봉국의 제후왕이라 번역해야 한다. 또는 당시 제후국은 군과 동등했기 때문에 '각 제후국'이라 해도 타당하다.

16 "『색은』에서는 '예豫'자를 불필요한 글자라고 했다. 위소는 『한서』 주석에서 '예'자는 오류이고 마땅히 '장군鄣郡'이라 해야 한다고 했는데, '장章'은 '장鄣'자를 줄인 것이므로 이 지적이 맞다. 아래 문장의 '오나라의 예장군을 삭감하다'와 '오나라의 회계와 예장군을 삭감하겠다는 조서'는 '장鄣郡'의 잘못이다. '관영전灌嬰傳'에서 '오군, 예장군, 회계군을 평정했다'고 한 것 또한 당연히 '장鄣'이라고 해야 한다. 『지리지地理志』에 이르기를 '오 동쪽에 장산章山의 구리가 있는데, 또 단양丹陽은 옛 장군鄣郡으로 동관銅官이 있다'고 했다. 만약 예장이 회남여왕의 봉지 영역이라면 구리 광산은 없다."(『사기지의』)

17 "나카이 리켄은 말하기를 '소금과 구리의 이익으로 국가 용도에 여유가 있어 평민들로부터 세금을 거둘 필요가 없다는 것은 소금과 구리의 요역을 담당한 자들이 도망친 무뢰한들로 평민이 아님을 알 수 있다'고 했다."(『사기회주고증』)

18 원문은 '국용부요國用富饒(국가의 용도가 풍족하고 여유가 있다)'로, "용用자를 인因자로 하면 '모든 오나라가 이 때문에 부유해졌다'가 된다. 이것이 비교적 더 합리적이다."(『사기전증』)

19 "요씨姚氏에 따르면 『초한춘추楚漢春秋』에서는 "오태자의 이름은 현賢이며 자는 덕명德明이다"라고 했다.'"(『색은』)

20 문제의 아들 유계劉啟로, 이후 한나라의 경제景帝다.

모두 초楚 땅 사람들로서 오나라 태자는 그 영향으로 어려서부터 경박하고 거친 성정이 되었다.[22] 그는 황태자와 박 놀이를 하다가 돌을 두는 규칙을 놓고 다투었는데, 오나라 태자가 예의를 지키지 않자 황태자는 놀이판을 집어던졌는데[23] 오나라 태자가 놀이판에 맞아 죽고 말았다. 이에 오나라에서 온 사람들에게 오나라 태자의 시신을 돌려보내어 장사지내게 했다. 태자의 시신이 오나라에 이르자 오왕은 분노하며 말했다.

"천하는 모두 유씨 한집안인데 장안에서 죽었으면 그곳에서 장사지내야지 어찌하여 오나라로 돌려보내 장사지내게 하는가!"

그러고는 다시 태자의 시신을 장안으로 돌려보내 그곳에서 안장하게 했다. 이때부터 오왕은 번신藩臣[24]으로서 천자에게 준수해야 할 예절을 지키지 않고 병이 있다는 핑계로 천자를 알현하지 않았다.[25] 경사京師[26]에서는 오왕이 아들 일 때문에 병을 핑계대고 오지 않는다고 여겨 사람을 파견해 조사하게 했더니 확실히 병이 없다는 것이 드러났다. 이때부터 오나라 사자가 경사에 오기만 하면 모두 가두어 심문했다. 오왕은 두려워하여 더욱 깊이 모반을 도모하게 되었

---

21 박博: 육박六博 혹은 육박陸博이라고도 한다. 본래는 장기 같은 놀이였는데, 나중에는 통상 도박을 뜻하는 말로 통했다.

22 "전대흔이 말하기를 '오나라의 사부는 당연히 오나라 사람인데 역사에서 초楚라고 부르는 것은 전국시대 때 오吳, 월越이 모두 초楚에 병합되었기 때문이다. 한나라 초에 항우가 계승한 뒤 오와 회계는 모두 항우의 땅이었으므로 앞 문장에서 "고조는 오군과 회계군 사람들이 날래고 용맹한 것을 걱정했다"고 한 것이고 여기서 "초 땅 사람들은 경박하고 거칠다"고 말한 것이다. 오와 초가 다른 명칭 같지만 사실은 하나다. 주매신朱買臣은 오나라 사람인데 『사기』에서 초나라 선비라고 부르는 것은 이 열전과 같은 것이다'라고 했다."(『한서보주』)

23 원문은 '제제'으로, 안사고는 말하기를 "제提는 척擿(던지다)이다'라고 했다.

24 번신藩臣: 천자에 대한 제후의 자칭으로, 분봉된 왕국을 번국藩國이라 하고 그들의 군왕을 번신藩臣이라 한다. 옛날에 천자가 봉하여 세워진 제후는 중앙 왕조를 위해 병풍과 울타리 같은 호위 작용을 해야 했다.

25 "당시 추양鄒陽, 매승枚乘 등이 모두 오왕 유비에게 간언했으나 왕은 받아들이지 않았다."(『한서규관』)

26 경사京師: 『공양전公羊傳』 「환공桓公 9년」에 따르면 "경사는 천자가 거주하는 곳"이다. 위魏·진晉 시기에는 사마사司馬師를 피휘하기 위해 경도京都라 했다.

다. 이후 오왕이 사람을 파견해 가을에 황제를 알현하는 예의[27]를 대신하게 하자 문제는 다시 오나라 사자를 문책했다. 오나라 사자가 말했다.

"오왕은 확실히 병이 없습니다. 조정에서 연이어 오왕의 사자를 구금했기 때문에 오왕이 병을 핑계로 오지 않은 것입니다. 속담에 이르기를 '깊은 연못 속의 물고기를 자세히 살펴보려 하는 것은 좋지 않다'[28]고 했습니다. 지금 오왕은 병을 가장한 일이 드러나 엄한 추궁을 받게 되자 더욱 움츠러들어 폐하에게 죽임을 당하지 않을까 하는 두려움에 하는 수 없이 무모한 음모를 계획하게 된 것입니다. 청컨대 오왕의 이전 과실은 버리시고 다시 새로운 좋은 관계를 건립하시기 바랍니다."[29]

그리하여 문제는 구금되어 있던 오나라 사자들을 석방하여 돌려보내고, 오왕에게는 궤장几杖[30]을 하사하면서 연로하니 장안에 와서 알현하지 않아도 된다고 했다.[31] 오왕은 자신의 죄가 사면되자 모반하려는 생각 또한 버리게 되었다. 그러나 오왕은 국가를 다스리는 데 국내에서 화폐를 주조하고 소금 수익이 있었기 때문에 여전히 백성에게서 세금을 징수하지 않았다. 병역에 복무하는 백성에게는[32] 당시 시장에서 고용 가격에 상응하는 돈을 지급해줬다. 매년 연말연

---

27 원문은 '추청秋請'이다. 한나라 규정에 제후왕은 정기적으로 황제를 알현해야 하는데 봄에 하는 것을 조朝라 하고 가을에 하는 것을 청請이라 했다.

28 원문은 '찰견연중어불상察見淵中魚, 不祥'이다. "장안이 말하기를 '군주는 아랫사람의 사사로운 것까지 모두 보려 해서는 안 됨을 비유한 것이다'라고 했다."(『집해』) "깊은 물속 물고기를 살피는 사람은 상서롭지 못한데, 총명한 지혜로 다른 사람이 기피하는 은밀한 일을 탐지하려는 사람은 재앙을 만나게 된다察見淵魚者不祥, 智料隱匿者有殃"고 했다.(『열자列子』「설부說符」)

29 "진자룡이 말하기를 '사자의 말은 황로 술수로 문제文帝의 소견과 대략 상통하므로 그렇게 말한 것이다'라고 했다."(『집해』)

30 궤장几杖: 노인이 사용하는 안석案席과 지팡이로, 노인에 대한 공경의 예다. "대부가 70세가 되면 마땅히 물러나 쉬어야 하는데 만일 허락을 받지 못하면 입조하여 반드시 궤장을 하사받아야 하고 외출하여 순시할 때는 부녀자들이 동행하여 보살펴야 한다."(『예기』「곡례 상」)

31 "황태자가 오나라 태자를 죽이고 문제가 오왕에게 궤장几杖을 하사한 것이 어느 해의 일인지 역사에 명확한 기록이 없다. 문제가 사망했을 때 오왕 유비는 60세에 가까웠다."(『사기전증』)

32 원문은 '졸천경卒踐更'이다. 한나라 시기에는 병역을 '경更'이라 했는데, 경은 교대로 복무하는 것

시에는 나라 안의 재능 있는 사람들33을 위문하고, 일반 평민 백성에게도 일정한 상을 내렸다. 다른 군과 국의 관리가 와서 죄를 짓고 도망친 사람들을 추포하려 하면 오왕은 공공연히 보호해주면서 넘겨주지 않았다. 이같이 하기를 40여 년34이 되자 오나라 사람들을 마음대로 부릴 수 있게 되었다.

당시 조조晁錯는 태자가령太子家令35이 되었는데 태자의 총애를 받자 여러 차례 오왕에게 죄가 있으니 그의 봉지를 삭감해야 한다고 종용했다. 또 문제에게 여러 차례 글을 올려 오왕의 봉지를 삭감하도록 권했지만36 문제는 관대한 사람이라 차마 오왕을 처벌하지 못했다. 이 때문에 오왕은 갈수록 더욱 거만하고 방자해졌다. 효경제가 즉위하고 나서 조조는 어사대부가 되었다. 그는 황상을 설득하며 말했다.

"옛날 고조께서 막 천하를 평정하셨을 때 형제가 적고 자제들이 너무 어렸기에 성姓이 유劉인 사람들을 대규모로 봉했는데, 서자37인 도혜왕 유비劉肥를 제

을 말하고 졸卒은 복무하는 사병을 말한다. 자신이 직접 가서 복무하는 것을 '천경踐更''이라 하고, 복무를 원치 않아 돈을 내고 대신 복무할 사람을 찾는 것을 '과경過更'이라고 한다. 오왕의 규정은 누구든 복무하는 자에게 돈을 지불해주는 것이므로, 복무하는 사람은 돈을 받고 복무하고 싶지 않은 사람도 돈을 들일 필요가 없으니 인심을 매수하는 것이다. "오왕吳王 국내는 인두세와 세전稅錢은 이미 폐지되었지만 경졸更卒 제도는 여전히 존재했다."(『한서신증』)

33 원문은 '무재茂才'다. 안사고는 말하기를 "무茂는 미美다. 무재茂才는 미재美材(우수한 자질)가 있는 사람이다"라고 했다.

34 "40여 년이라고 말한 것은 태사공이 오왕 한 세대의 일을 모두 말한 것이다. 『한서』에서는 '30여 년'으로 되어 있는데, 반고는 이 말을 효문제 시대의 말로 본 것으로 10년을 줄인 것이다. 반고는 그 이치를 깨닫지 못했다."(『정의』) 그러나 "유비는 고조 12년에 봉해졌고, 이 말은 효문제 시대의 말인데 어찌 40여 년이라 할 수 있는가? 당연히 『한서』에서 말한 '30여 년'이 맞다. 아래 문장에서 유비 또한 스스로 30여 년이라고 말했다."(『사기지의』)

35 태자가령太子家令: 돈과 곡식 수입, 각종 지출 등을 주관하는 관리로 봉록은 1000석이었다.

36 "가의賈誼가 문제에게 제후의 봉지를 삭감해야 한다고 권한 내용은 「치안책治安策」에 보이지만 조조가 문제에게 제후들의 봉지를 삭감해야 한다고 권한 내용은 지금 존재하지 않는다."(『사기전증』)

37 원문은 '왕얼자王孼子'다. "『광사기정보』에 따르면 얼孼자 앞의 왕王자는 불필요한 글자다. 『한서』에 의거해 마땅히 삭제해야 한다."(『사기전증』) 『한서』에서는 '왕王'자가 없다. 얼자孼子는 정처 소생이 아닌 아들로 서자庶子 혹은 서얼庶孼이라고도 부른다. 도혜왕 유비는 유방이 사사로이 낳은 아들이다.

나라 왕에 봉하여 70여 개 성을 관할하게 하고,[38] 첩의 소생 동생인 원왕 유교를 초나라 왕에 봉하여 40여 개 성을 관할하게 했으며,[39] 형 유중의 아들 유비를 오나라 왕에 봉하여 50여 개 성을 관할하게 했습니다. 세 명의 서자에게 봉한 땅이 천하의 절반이었습니다. 지금 오왕은 지난날 죽은 아들의 원한을 품고 병을 핑계로 입조하지 않고 있는데, 이것은 옛 법에 따라 마땅히 주살해야 할 일이나 문제께서는 차마 그를 처벌하지 못하고 도리어 궤장을 하사하셨습니다. 이처럼 큰 은덕을 입었으니 마땅히 개과천선해야 합니다. 그러나 그는 더욱 거만하고 제멋대로 굴면서 구리가 나는 산을 채굴하여 화폐를 주조하고, 바닷물을 끓여 소금을 만들고, 천하 각지에서 죄짓고 도망친 자들을 유혹하여 불러들여 반란을 도모하고 있습니다. 지금의 형세는 그의 봉지를 삭감해도 반란을 일으킬 것이고 삭감하지 않는다 해도 모반할 것입니다. 봉지를 삭감하면 그의 반란은 빨라지겠지만 입을 화는 작을 것이고, 삭감하지 않는다면 그의 반란은 늦어지겠지만 그 화는 더욱 클 것입니다."[40]

3년 겨울 초나라 왕 유무劉戊가 입조하자 조조는 경제에게 지난해 박태후薄太后의 상중喪中에 유무가 복사服舍[41]에서 간음한 죄를 물어 주살할 것을 청했다. 경제는 조서를 내려 초나라 왕 유무의 죽을죄를 사면하는 대신 초나라의

---

38 고조 6년(기원전 201) 유방은 유비를 제나라 왕으로 봉했다. 유비의 봉국은 당시 제후국 중에서 가장 컸고 7개 군(교동, 교서, 임치, 제북, 박양, 성양, 낭야)을 관할했다. 『한서』에서는 '72개 성'이라고 기재하고 있다. "전대흔이 말하기를 「고제기」에서는 73개 현이라고 했다'고 했다."(『한서보주』)
39 원왕元王 유교劉交는 유방의 이복동생으로 고조 6년(기원전 201)에 초나라 왕으로 봉했다. 당시 3개 군(팽성彭城, 동해東海, 설군薛郡)을 관할했다. "원왕을 초나라 왕으로 봉하여 36개 성을 관할하게 했다. 「형연세가荊燕世家」와 『한서』 「본기」 「열전」에 근거한 것이다. 여기서 40여 개 성이라 한 것은 잘못이다."(『사기지의』)
40 "이상의 의론은 통상적으로 말하는 「논삭번소論削藩疏」로, 본문과 『한서』에서는 모두 조조가 경제를 설득한 말이지 '서書'와 '소疏'가 아니다."(『사기전증』)
41 복사服舍: 죽은 자에 대한 애도의 정을 표하기 위한 거상居喪 기간에 거주하는 작은 헛간이다. 복사에서는 오락과 교제를 금하고 남녀가 한 방을 쓰는 것이 금지되어 있는데 유무는 궁정의 여자와 간음을 저질렀다.

동해군을 삭감하는 벌을 내렸다.[42] 이를 빌미로 오나라의 예장군과 회계군을 삭

감했다.[43] 더불어 2년 전 조나라 왕 유수劉遂가 지은 죄를 물어[44] 하간군河間郡

을 삭감했고,[45] 교서왕膠西王 유앙劉卬이 작위를 팔아먹고 간음을 저지르자[46] 그

의 6개 현[47]을 삭감했다.

당시 한나라 조정의 대신들은 오나라 봉지를 삭감하는 문제를 논의했다. 오

왕 유비는 봉지를 삭감하는 것으로 끝나지 않을 것을 두려워하여 이 일을 계기

로 반란을 일으키려 했다. 그는 당시의 제후들을 두루 생각해보니 그들 중에 자

신과 함께 큰일을 도모할 사람이 없다고 여겼다. 그러던 중 교서왕 유앙이 용맹

하고 기세가 좋고 군사 부리기를 좋아하여 제齊 땅의 다른 제후국들이[48] 모두

그를 두려워한다는 말을 듣고는 중대부 응고應高를 파견해 서신 없이 말로써 교

42 "『집주集注』에서 복건服虔이 말하기를 '사사로이 궁중 여인과 간음하다'라고 했다. 중죄이므로
군군郡을 삭감한 것이다."(『초원왕세가楚元王世家』의 『색은』) 동해군의 치소는 담현郯縣(지금의 산둥성 탄청
郯城 서북쪽)이다. 『한서』 「초원왕전」에서는 동해군과 설군을 삭감했다고 기재하고 있다.
43 "『한전漢傳』(『한서』 「오왕유비열전」)에는 이 구절이 없다. 아래 문장에서 '한나라 조정의 대신들은
오나라 봉지를 삭감하는 문제를 논의했다'고 했고, 또 '오나라 봉지를 삭감한다는 서신이 이르자 오나
라가 군사를 일으켰다'고 말하고 있으니, 이때는 아직 삭감하지 않았음을 알 수 있다."(『사기지의』) '수
정본'에는 이 구절이 기재되어 있고 별다른 언급이 없는데, 『사기지의』의 견해가 옳으며 '수정본'에서도
이 구절을 삭제해야 마땅하다.
44 유수劉遂는 유방의 아들 유우劉友의 아들이다. 어떤 죄를 지었는지에 대해서는 명확한 기록이
없다.
45 「초원왕세가」와 『한서』 「오왕유비열전」에서는 모두 상산군常山郡이라 기재했는데 이것이 맞다.
하간은 당시 경제의 아들 유덕劉德의 봉국이었고, 하간헌왕河間獻王이라 칭했다. 어찌 삭감할 수 있었
겠는가?"(『사기지의』) 상산군의 치소는 원씨元氏(지금의 허베이성 위안스元氏 서북쪽)으로, 하간은 본래
조나라의 군이었는데 문제 2년(기원전 178)에 조나라에서 분리되어 하간국河間國을 세웠고 조나라 왕
유수劉遂의 동생 유벽강劉辟彊을 봉했다. 문제 15년(기원전 165) 유벽강의 아들이 죽었는데, 후사가 없
어 봉국이 취소되고 하간은 한나라에 편입되었다. 경제 2년(기원전 155)에 아들 유덕을 하간왕으로 봉
했는데, 도읍은 낙성樂成(지금의 허베이성 셴현獻縣 동남쪽)이었다.
46 교서왕膠西王 유앙劉卬은 유방의 서자 유비劉肥의 아들로, 문제 16년(기원전 164)에 교서왕으로
세워졌다. 한나라 때는 작위를 거래할 수 있었는데, 조정에서는 작위 거래로 재물을 모았고 평민이 작
위를 사는 것도 허가했다.
47 6개 현은 영릉營陵, 평수平壽, 집勘, 순우淳于, 도창都昌, 심독尋犢 6개 현이었다.
48 원문은 '제제諸齊'다. "제 땅의 각국 제후들로 제북濟北, 제남濟南, 교동膠東, 치천菑川, 성양城陽
과 제국齊國 등이다."(『사기전증』)

서왕을 회유하게 했다. 응고는 다음과 같이 전했다.

"우리 오나라 왕은 변변치 못해 지금 조만간 닥칠 근심을 갖고 있는데 감히 대왕을 제삼자로 여기지 않고 저로 하여금 대왕에 대한 호감을 전하게 했습니다."

교서왕이 말했다.

"오왕께서 내게 무엇을 가르쳐주려 하십니까?"

응고가 말했다.

"지금 황상께서는 간악한 마음이 일어나 사악한 신하들에게 둘러싸여 있으며 자질구레한 작은 일만 좋아하고, 중상모략의 말에 귀 기울여 제멋대로 옛 법령을 변경하고 제후들의 봉지를 침탈하며 각 제후국으로부터 징수하는 재물이 갈수록 많아지고 선량한 사람을 죽이고 벌주는 일들이 나날이 심해지고 있습니다. 속담에 이르기를 '쌀겨를 핥다보면 쌀까지 먹게 된다'[49]라는 말이 있습니다. 오나라와 교서는 모두 유명한 제후국이지만 일단 조정의 조사를 받게 되면 편안히 뜻대로 살 수 없을 것입니다. 오왕은 몸에 속병[50]이 있어 경사로 가서 황제를 알현하지 못한 지 20여 년이 되었습니다. 오왕은 일찍이[51] 조정의 의심을 받은 적이 있기에 자신의 본심을 표명할 방법이 없음을 근심하고 있고, 지금도 두 어깨를 움츠리고 두 발을 모은 채 용서받지 못할까 두려워하고 있습니다. 제가 듣기로 대왕께서 작위를 판매한 일로 처벌받았고 봉지가 삭감된 다른 제후들의 죄도 모두 대왕처럼 크지 않다고 들었는데, 이것으로 보건대 봉지를 삭감

---

49   원문은 '지강급미舐穅及米'다. "쌀겨를 핥다 보면 쌀에까지 이른다는 말이다. 토지를 모두 삭감당하면 나라가 멸망에 이르게 된다는 것을 말한다."(『색은』)

50   원문은 '병病'으로, 『한서』에서는 '질疾'로 표기하고 있다. 지금은 '병病'과 '질병疾病'이 같은 의미로 통용되고 있으나, 전국시대 이전에 질병을 뜻하는 명칭은 '질'이었다. 예컨대 『논어』의 「술이」와 「자한」 편에서 '자질병자疾病'이란 구절은 '공자가 질병에 걸리자'가 아니라 '공자가 병이 위독해지자'로 해석된다. 양보쥔은 이에 대한 주석에서 "옛 사람들은 병이 위중한 것을 질병이라 말했다"고 했다. 즉 '병'은 '위중危重'의 뜻으로 근심, 고통, 어려움, 곤란, 가난과 굶주림 등의 의미도 있다.

51   원문은 '상황견의嘗患見疑'다. 『한서』에서는 '상嘗'을 '상常'으로 기재하여 "오왕은 항상 조정의 의심을 받고 있기에"로 번역된다.

하는 데 그치지 않을까 두렵습니다."

교서왕이 말했다.

"맞소, 그런 일이 있었소. 그대는 어떻게 했으면 좋겠소?"

응고가 말했다.

"증오하는 대상이 같은 자는 서로 돕고, 애호하는 것이 같은 자는 서로 떠나지 못하며, 감정이 상통하는 자는 서로 도와 일을 이루게 해주고, 원하는 것이 같은 자는 서로 같은 목표를 향해 달려가고, 이익을 함께하는 자는 서로를 위해 죽을 수 있습니다.[52] 지금 오왕은 스스로 대왕과 같은 문제로 근심하고 있다고 생각하며, 대왕께서 때를 보아 순리를 좇아 몸을 던져 천하의 근심거리를 제거해주시기를 바라고 있습니다. 고려할 만하지 않습니까?"

교서왕이 깜짝 놀라며 말했다.

"과인이 어떻게 감히 그렇게 하겠소? 지금 주상께서 나를 핍박하여 궁지에 몰린다면 죽을 수밖에 없는데, 어떻게 군주를 떠받들지 않을 수 있겠소?"

응고가 말했다.

"어사대부 조조는 황상을 미혹시키고 황상을 종용하여 제후들의 토지를 침탈하고 충성스럽고 선량한 사람들의 나아가는 길을 가로막고 있어 현재 조정의 관원들은 모두 그를 원망하고 있고, 제후들도 모두 조정을 배반할 뜻을 갖고 있으니 배반하려는 인심이 현재 극에 도달했다고 할 수 있습니다. 천체 현상을 살펴보면 혜성이 이미 출현했고[53] 메뚜기 떼로 인한 재해가 여러 차례 발생하고

---

52 "같은 질병으로 고통스러워하는 자는 서로 구제해주고, 감정이 같은 자는 서로 도와 일을 이루게 해주며, 증오하는 것이 같은 자는 서로 도와주며, 애호하는 것이 같은 자는 함께 추구한다同疾相救, 同情相成, 同惡相助, 同好相趨."(『육도六韜』「무도武韜·발계發啟」) "이익을 함께하는 자는 서로를 위해 죽을 수 있고, 감정이 같은 자는 서로 도와 일을 이루게 해주며, 원하는 것이 같은 자는 서로 같은 목표를 향해 달려가고, 미워하는 대상이 같은 자는 서로 돕는다同利相死, 同情相成, 同欲相趨, 同欲相助."(『회남자淮南子』「병략兵略」)
53 옛 사람들은 혜성이 출현하는 것을 재해의 징조로 인식했다.

있는데 이것은 만세에 한 번 만나기 어려운 기회로, 백성의 근심과 노고는 성인을 나타나게 하는 법입니다. 이 때문에 오왕은 안으로는 조조의 토벌을 명분으로 삼고 밖으로는 대왕의 수레를 따르며 천하를 종횡하고자 하는바, 대군이 향하는 곳마다 투항할 것이고 가리키는 곳마다 귀순할 것이니 천하에 감히 복종하지 않는 자가 없을 것입니다. 지금 대왕께서 진실로 승낙한다는 말 한마디만 해주신다면 오왕은 즉시 초나라 왕을 이끌고 가서 함곡관을 탈취하고 형양과 오창의 곡식을 점령한 뒤에 한나라 군대를 막아 그들이 동쪽으로 오지 못하게 할 것입니다. 그런 다음 주둔지를 배치하여 대왕께서 오시기를 기다릴 것입니다. 그때 다행히 대왕께서 오신다면 온 천하를 아우르게 될 것이고 이후에 오왕과 대왕께서 천하를 분할하여 다스린다면 매우 좋지 않겠습니까?"

교서왕은 말했다.

"좋소."

응고는 돌아와 오왕에게 보고했다. 그러나 오왕은 교서왕이 마음이 바뀌어 함께하지 않을까 두려워 친히 사자가 되어 교서로 가서 얼굴을 마주하여 협정을 맺었다.

교서의 신하들 가운데 누군가 왕(유앙)이 모반을 꾀한다는 말을 듣고는 간언했다.

"황제 한 명을 섬기는 것이 가장 좋은 일입니다.[54] 지금 대왕께서는 오나라와 연합하여 서쪽으로 향하려 하시지만 설사 일이 성공하더라도 나중에 두 군주가 영토를 나누는 일로 다투게 되고, 여기서 분쟁이 발생하기 시작할 것입니다. 게다가 제후들의 영토를 합치더라도 한나라 군현의 10분의 2도 되지 못하는데 반란을 일으켜 태후[55]께 근심을 끼치게 하는 것은 좋은 책략이 아닐 것입니다."

---

54 원문은 '승일제 지락야承一帝, 至樂也'다. 『한서』에서는 '승일제 상운불이承一帝, 尙云不易'로 기재하고 있는데 '황제 한 명을 섬기는 것도 쉬운 일이 아니다'라는 뜻이다.
55 "문영文穎이 말하기를 '왕의 태후다'라고 했다."(『집해』) 당시 교서왕의 모친은 살아 있었고 아들

교서왕은 이 말을 따르지 않고 사자를 파견해 제나라, 치천, 교동, 제남, 제북56과 연합을 맺도록 하자 모두 허락했다. 뿐만 아니라 이렇게 말했다.

"성양국城陽國의 경왕景王 유장劉章57은 정의로운 사람으로 여씨 일족을 공격할 때 큰 공을 세웠으니, 지금 그를 끌어들여 참가시킬 필요는 없고 일을 이룬 뒤에 그에게 토지를 나누어주면 될 것이다."

제후들 중에는 막 조정으로부터 봉지를 삭감당하는 처벌을 받자 놀라 두려워하면서 조조를 원망하는 이가 많았다. 오나라의 회계군과 예장군을 삭감한다는 조서가 당도하자58 오왕이 먼저 군대를 일으켰다.59 이와 동시에 교서왕 또한 정월 병오일에 한나라 조정에서 파견한 2000석 이하의 관리들을 주살했고, 이어서 교동, 치천, 제남, 초나라와 조나라도 이와 같이 처리했다.60 이후 함께 출병하여 서쪽으로 향했다. 제나라 왕 유장여는 중도에 후회하여 독약을 마시고 스

과 함께 교서의 도성에 살고 있었다.

56 제나라의 왕은 효왕孝王 유장여劉將閭(도성은 임치), 치천왕은 유현劉賢(도성은 극현劇縣, 지금의 산둥성 창러昌樂 서북쪽), 교동왕은 유웅거劉雄渠(도성은 즉묵), 제남왕은 유벽광劉辟光(도성은 동평릉東平陵, 지금의 산둥성 장추章丘 서쪽), 제북왕은 유지劉志(도성은 박양博陽, 지금의 산둥성 타이안泰安 동남쪽)다. 『한서』에는 '제북왕'이 빠져 있다. "제나라 왕과 제북왕은 나중에 상황에 변화가 있었으므로 통상적으로 '오초칠국의 난'에 두 국가는 포함되지 않는다."(『사기전증』)

57 유장劉章은 유비劉肥의 아들이고 유양劉襄의 동생이다. 여씨를 소멸시키는 데 큰 공이 있어 성양왕城陽王에 봉해졌다. 도성은 지금의 산둥성 쥐현莒縣이었고 사후에 시호를 경륭이라 했다. 칠국의 난이 일어났을 때 유장의 아들 유희劉喜(훗날의 성양공왕城陽共王)가 왕위를 계승했다.

58 '예장'은 마땅히 '장군郡'이라고 해야 한다. "이 문장의 뜻에 따르면 태사공은 당시에 확실히 '오吳'와 '회계'를 두 개의 군으로 본 것 같다. 회계군(지금의 저장성)은 삭감하고, 오현(지금의 쑤저우)이 소재한 오군吳郡을 삭감하지 않은 것이다. 그렇지 않다면 '오吳'를 어찌 '오나라吳國'라고 하겠는가?"(『사기전증』)

59 경제 3년(기원전 154) 정월의 일이다.

60 이 문장은 『한서』와 다르다. "『한서』에는 '정월병오正月丙午' 네 글자가 삭제되어 있고, '교서膠西' 두 글자가 교동膠東 앞에 있는데, 이것이 맞다. 그렇지 않다면 교서왕이 한나라 관리를 주살한 것이 된다."(『사기지의』) 『한서』의 내용을 번역하면 "오왕은 즉시 먼저 군대를 일으키고, 한나라 조정에서 임명한 2000석 이하의 관원들을 주살했다. 이어서 교서, 교동, 치천, 제남, 초와 조나라도 모두 배반했다"가 된다. 또한 원문의 '한리漢吏'란 조정에서 제후국을 통제하기 위해 제후국에 파견한 중요 관리를 말한다.

스로 목숨을 끊음으로써[61] 원래의 맹약을 저버렸다. 제북왕은 성벽이 무너져 수리를 끝내지 못한 데다 그의 낭중령이 제북왕을 협박하고 감시하여 출병하지 못하게 했다.[62] 그리하여 교서왕 유앙은 수령이 되어 교동, 치천, 제남의 군대를 이끌고[63] 함께 제나라의 도성 임치를 포위하여 공격했다. 이때 북방의 조나라 왕 유수도 반란을 일으키고 은밀히 흉노에 사자를 파견해 연합하려 했다.[64]

일곱 나라가 반란을 일으키자 오왕은 모든 병사를 동원하고자 나라 안에 명을 내렸다.

'과인은 이미 62세이지만 친히 군사를 이끌고 출정한다. 막내아들의 나이가 14세에 불과하지만 사졸의 선두에 섰다. 위로는 과인과 같은 연령으로부터 아래로는 과인의 막내아들과 같은 자에 이르기까지 모두 입대하여 출정하라.'

그리하여 전국에서 20여만 명을 징발했다. 이어서 남쪽의 민월閩越과 동월東

61　원문은 '齊王後悔, 飲藥自殺(독약을 먹고 자살하다)'이다. 『한서』에는 '음약자살' 네 글자가 기재되어 있지 않다. "심가본에서 말하기를 '음약자살' 네 글자는 불필요한 글자다'라고 했다. 제나라 왕이 맹약을 맺은 것을 후회하자 교서, 교동, 치천 세 나라가 출병하여 포위 공격했고, 제나라 왕은 견고하게 지켜 함락당하지 않았다. 이후 조정에서 난포欒布를 파견해 군사를 이끌고 제나라를 구원하게 하여 제나라의 포위가 풀렸다. 나중에 조정에서 제나라 왕이 다른 제후들과 결탁했던 것을 알게 되자 제나라 왕은 두려워하여 자살했다."(『사기전증』) 역자 또한 이 문장에서 '음약자살' 네 글자가 삭제되는 것이 맞다고 본다.

62　「제도혜왕세가齊悼惠王世家」에서는 "오와 초가 반란을 일으켰을 때, 유지는 견고하게 지키면서 제후들의 음모에 참여하지 않았다"고 하여 이 열전의 내용과 다르다.

63　『한서』에서는 본문과 다르게 "교서왕과 교동왕은 수령이 되어 치천왕과 제남왕과 함께 임치를 포위하여 공격했다"로 기재되어 있다.

64　"오와 초 등의 나라들이 반란을 일으키고 조나라 왕 유수도 그들과 함께 군대를 일으키는 문제를 모의했다. 유수의 상 건덕建德, 내사內史 왕한王悍이 간언했으나 듣지 않고 건덕과 왕환을 태워 죽였다. 그러고는 군대를 일으켜 조나라의 서부 변경에 주둔시키고 오나라와 회합한 뒤 서쪽으로 진격하려 했다. 동시에 사람을 북쪽 흉노로 파견하여 흉노인과 연합하여 조정으로 진공하려 했다."(「초원왕세가楚元王世家」)

越[65]에 사자를 보냈고, 동월도 파병하여 따랐다.

효경제 3년 정월의 갑자일,[66] 오나라가 광릉廣陵에서 군대를 일으켜 서쪽으로 회하를 건너 초나라 군대와 합류했다. 이어서 사람을 파견해 각국 제후들에게 편지를 보냈다.

'오왕 유비는 공경하며 교서왕, 교동왕, 치천왕, 제남왕, 조왕, 초왕, 회남왕, 형산왕, 여강왕, 고 장사왕長沙王[67]의 아드님께 문안드리며, 과인에게 많은 가르침을 주시면 감사하겠습니다. 현재 조정에 간신 조조가 있는데 천하에 어떠한 공로도 없으면서 황상을 이간시켜 제후들의 영토를 침탈하고, 사람을 시켜 우리 각국이 조정에 파견한 사자들을 탄핵하고 구금하며 심문하고 각국 제후들을 모욕하기를 능사로 삼고 있습니다. 그는 근본적으로 군주[68]에 대한 예절에 따라 우리 유씨 골육을 대우하지 않고 선제의 공신들을 버리고 간신들만을 임용하고 있으니, 천하 인심을 미혹시키고 사직을 위태롭게 만들고 있습니다. 폐하께서는 몸이 허약하고 병이 많은데다 정신마저 정상이 아니어서 조조의 간사함을 제대로 살펴보지 못하기 때문에 군대를 일으켜 그를 토벌하려는 것입니다. 삼가 바라건대 여러 제후의 가르침을 따르겠습니다. 우리 오나라의 영토는 비록 협소하지만 사방 3000리에 이르고 인구는 비록 적지만 50만 명의 정예 병사를 징집할 수 있습니다.[69] 과인은 본래 남월과 30여 년 동안 친교를 맺어왔는데 그들

65 민월閩越과 동월東越은 소국의 명칭으로, 전자의 도성은 동야東冶(지금의 푸저우福州), 후자의 도성은 동구東甌(지금의 저장성 원저우溫州)였다.
66 "경제 3년(기원전 154)의 정월에는 '갑자甲子'가 없다. 「효경본기」에서는 칠국의 난은 '정월 을사乙巳'에 일어났다고 했다. 즉 음력 정월 22일이다."(『사기전증』)
67 고 장사왕長沙王: 유방은 오예吳芮를 장사왕에 봉했는데 4대를 잇다가 문제 말기에 후사가 없어 봉국이 취소되었다. 여기서 말하는 '고 장사왕'은 오예의 서자 자손들로, 열후에 봉해졌으나 왕위를 계승하지 못하자 불만을 품고 있었기 때문에 유비가 그들을 유인하여 반란에 참가시킨 것이다.
68 원문은 '인군人君'이다. 안사고는 말하기를 "인군은 제후들 각자가 그 나라의 군주임을 말하는 것이다"라고 했다.
69 실제로 징발한 병사는 20만 명으로 여기서 말한 50만 명은 과장이다.

의 군왕과 부족 수령들이70 모두 사양하지 않고 파병하여 과인을 따라 출전하기를 원하고 있으니, 또한 30여만 명의 군사를 얻을 수 있습니다. 과인은 비록 변변치 못하지만 여러 왕을 몸 바쳐 따르고자 합니다. 남월과 장사국은 서로 잇닿아 있으니 장사왕의 자손들께서 먼저 장사 이북을 평정한 뒤71 서쪽으로 촉군과 한중군을 취하십시오.72 이러한 의도를 동월왕과 초왕과 회남의 삼왕三王73에게 통보하여 과인과 함께 군사를 이끌고 서쪽으로 진군할 것이고,74 제 땅의 여러 왕과75 조왕께서는 함께 북쪽으로 하간을 평정하고 서쪽으로 하내를 공격한 다음76 누구는 임진관臨晉關을 격파하여 관중으로 진입하고,77 누구는 과인과 함께 낙양에서 합류하십시오.78 연왕燕王79과 조왕은 본래 호왕胡王과

---

70 원문은 '왕군王君'으로, 『한서』에서는 '왕제군王諸君'으로 기재하고 있다. 왕王은 남월왕을 가리키고, 제군諸君은 남월의 부족 수령들을 가리킨다. 안사고는 말하기를 "제군은 그들의 귀족을 말한다"고 했다.

71 장사왕의 자손들이 남월의 군대를 이끌어 장사 이북의 장강 유역을 점령하라는 뜻이다.

72 서쪽으로 방향을 돌려 장강을 거슬러 올라가 파촉을 취하고 한수漢水를 거슬러 올라가 한중을 취하는 것이다. 촉군의 치소는 성도成都(지금의 쓰촨성 청두成都)이고, 한중군의 치소는 전한 시기에는 서성西城(지금의 산시陝西성 안캉安康 서북쪽)이고 후한 시기에는 남정南鄭(지금의 산시陝西성 한중漢中 동쪽)이다.

73 회남의 삼왕三王은 "회남, 형산, 여강을 말한다."(『정의』) 이들은 삼형제로 원래는 회남국에서 분리되었다.

74 "회남왕은 오나라에 호응하고자 했지만 상相에 의해 저지당해 실행하지 못했고, 여강왕은 호응하지 않았으며, 형산왕은 굳게 지키기만 했으니, 「회남왕전淮南王傳」을 보면 모두 오나라에 협조하지 않았다."(『한서규관』)

75 교서, 교동, 치천, 제남 등 제 땅의 왕들을 가리킨다.

76 "조나라가 먼저 경제의 아들 유덕이 점거하고 있는 하간국을 취하고, 제 땅의 여러 나라가 출병하여 서쪽으로 황하 이북의 하내 땅을 취하는 것을 말한다."(『사기전증』) 하내의 치소는 회현懷縣(지금의 허난성 우즈武陟 서남쪽)으로 제 땅 여러 나라의 서쪽에 위치해 있었다.

77 여기서는 조나라 군대를 가리키며 산시山西성을 경유하여 황하를 건너 산시陝西성으로 진입하는 것을 말한다. 임진관臨晉關은 지금의 산시陝西성 다리大荔 동쪽의 황하 서쪽 연안에 있으며 산시山西성 경내의 포진관蒲津關과 황하를 사이에 두고 있다. 당시 장안에서 하북 땅으로 향하는 교통의 요지였다.

78 여기서는 제 땅의 네 나라 군대를 가리키는 것으로, 하내를 점령한 뒤 남쪽으로 황하를 건너 낙양에 이르는 것을 말한다.

79 연왕燕王: 유방의 개국공신 유택劉澤의 아들 유가劉嘉다. 문제 3년(기원전 177) 부친의 왕위를 계승하여 연왕이 되었고, 이때는 재위한 지 24년째였다.

맹약이 있으니,80 연왕은 북부의 대군代郡과 운중雲中81을 평정한 다음 흉노의 군대를 이끌고 소관蕭關82으로 진입하여 곧장 장안을 기습하십시오. 우리 목적은 장안으로 진군하여 천자의 잘못을 바로잡고83 고묘高廟를 편안하게 하는 데 있습니다.84 여러 왕께서는 스스로 힘써주시기 바랍니다. 초나라 원왕의 아들85과 회남의 세 왕께서는 이미 10여 년 동안 머리 감고 몸을 씻는 것을 삼갈 만큼 조정에 대한 원한이 골수에 사무쳐, 원한을 씻어낼 기회를 찾으려 한 지 오래되었습니다. 과인은 당시 여러 왕의 동의를 얻지 못했기 때문에 감히 그들이 군대를 일으키는 것에 대답하지 못했습니다. 지금 여러 왕께서 진실로 멸망한 국가를 보존시키고 끊어진 세대를 잇게 하며86 약소한 자를 구제하고 강하고 포악한 자를 토벌하여 유씨 천하를 안정시킬 수 있다면,87 이것은 사직이 바라는 바입니다. 우리 오나라는 비록 곤궁하지만 과인은 입고 먹는 비용을 절약하여 금전을 저축하고, 병기와 갑옷을 갖추고 양식을 쌓으며 밤낮없이 준비한 지 30년입니다. 과인이 이렇게 한 것은 오늘을 위해 여러분이 쓰도록 하기 위함이니, 모두 마음껏 사용하도록 하십시오. 적의 대장을 참살하거나 사로잡은 자에게는 상

---

80 호왕胡王은 흉노 선우單于를 말한다. 「초원왕세가」에 따르면 조왕 유수는 확실히 흉노와 맹약을 한 바 있었으나 연왕 유가는 본래 칠국의 난에 참여하지 않았다. 「형연세가荊燕世家」에도 연왕 유가와 흉노가 관계가 있었다는 언급은 보이지 않는다.

81 대군代郡의 치소는 대현代縣(지금의 허베이성 위현蔚縣 동북쪽)이다. 당시 대군은 대국代國에 속해 있었고 대왕代王은 문제의 손자이자 유참劉參의 아들인 유등劉登이었다. 운중雲中의 치소는 운중雲中(지금의 네이멍구 퉈커터托克托 동북쪽)이다.

82 소관蕭關: 지금의 닝샤 후이족 자치구의 구위안 동남쪽으로 관중 지역 서북부의 요새였다.

83 원문은 '광정천자匡正天子'으로, 『한서』에서는 '광정천하匡正天下(천하를 바로잡다)'로 기재하고 있다.

84 "조정의 질서를 안정시키고 하늘에 있는 유방의 영혼이 놀라 근심하지 않게 해야 한다는 의미다." (『사기전증』)

85 실제로는 초나라 원왕의 손자 유무劉戊다. 문제 6년(기원전 174)에 아버지인 유영객劉郢客의 왕위를 계승하여 초나라 왕이 되었고, 이때 재위 21년째이다.

86 "멸망한 국가를 다시 일으키고, 끊어진 세대를 잇는다興滅國, 繼絶世."(『논어』 「요왈堯曰」)

87 "당시 모반한 제후들은 모두 유씨의 자손으로, 모반의 구실은 조조가 경제를 선동하여 유방의 옛 규정을 바꾸었고 유씨 골육들에게 심한 손상을 입혔다는 것이다."(『사기전증』)

으로 황동黃銅[88] 5000근斤[89]을 주고 1만 호에 봉하며, 일반 장수일 경우에는 황동 3000근에 5000호에 봉하며, 부장일 경우에는 황동 2000근에 2000호에 봉하고, 2000석[90]의 관원일 경우에는 황동 1000근에 1000호에 봉하며, 1000석[91]의 관원일 경우에는 황동 500근에 500호에 봉하고 모두 열후列侯[92]에 봉할 것입니다. 군대 혹은 성읍을 바치며 투항하는 자 중에 병졸 1만 명 혹은 1만 호의 성읍일 경우에는 대장을 사로잡은 것과 같은 상을 내리고, 병졸 5000명 혹은 5000호의 성읍일 경우에는 일반 장수를 사로잡은 것과 같은 상을 내리며, 병졸 3000명 혹은 3000호의 성읍일 경우에는 부장을 사로잡은 것과 같은 상을 내리고, 병졸 1000명 혹은 1000호의 성읍일 경우에는 2000석의 관원을 사로잡은 것과 같은 상을 내리겠습니다. 기타 하급관리를 사로잡은 경우에도 등급의 높낮이에 따라 작위와 상금을 주도록 하겠습니다. 다른 방면으로 공을 세워 작위나 상을 받아야 할 경우에도 한나라의 군법[93]보다 두 배로 하겠습니다. 본래 작위와 봉읍을 가지고 있는 자에게는 기존의 작위와 봉읍 외에 상을 더해줄 것입니다. 바라건대 여러 왕께서는 이 말을 수하의 군관과 사병들에게 분명히 알려주시기 바랍니다. 과인은 절대로 그들을 속이지 않을 것입니다. 과인의 돈은 천하 도처에 있으니[94] 반드시 오나라에서 가져갈 필요는 없습니다. 여러 왕께서 밤낮으로 쓴다 해도 다 쓰지 못할 것입니다. 마땅히 상을 주

---

88 원문은 '금金'으로, 『사기전증』에 따르면 "금金은 황동黃銅을 가리킨다"고 했다. 역자 또한 '황금'이 아닌 '황동'으로 번역했다.
89 서한 시기에 1근斤은 248그램이었다.
90 지방의 군수, 제후 상相, 조정의 태자태부, 내사 등이 모두 2000석 지위였다.
91 지방의 큰 현의 현령, 조정의 승상장사丞相長史 등이 1000석 지위였다.
92 열후列侯는 작호와 봉지가 있으나 봉호만 있고 봉지가 없는 관내후보다 한 등급 높다.
93 원문은 '군법軍法'으로, 『한서』 또한 '군법'으로 기재하고 있다. 그러나 "복건服虔이 말하기를 '하사하는 봉작과 상이 한나라의 "평상시 법常法"보다 배라는 말이다'라고 했다."(『집해』) 『사기회주고증』과 『사기전증』에서도 '군軍'은 '상常'의 잘못이라고 했다. 역자는 '수정본'과 『한서』의 표기에 따랐다.
94 "오왕 유비가 당시 각 군국에 전장錢莊을 열었음을 알 수 있다."(『사기전증』) 전장은 봉건사회에 출현한 일종의 금융기관으로, 최초의 업무는 화폐 교환이었으나 점차 예금과 대출 업무가 증가되었다.

어야 할 사람이 있으면 과인에게 알려주십시오. 과인이 직접 가서 상을 내리겠습니다. 이와 같은 사실을 공경하며 왕들게 알립니다.'

오, 초 등 일곱 나라가 반란을 일으켰다는 문서가 경제에게 전해지자, 경제는 태위 조후條侯 주아부周亞夫로 하여금 36명의 장군95을 인솔하여 오나라와 초나라 반란군에 맞서 공격하게 했다. 곡주후曲周侯 역기酈寄96를 파견하여 조나라를 공격하게 하고, 장군 난포欒布를 파견하여 제나라를 공격하게 했으며,97 대장군 두영寶嬰에게는 형양에 군사를 주둔시키고 제나라와 조나라 양쪽 전선의 한나라 군대에 호응하며 협조하게 했다.98

오나라와 초나라가 반란을 일으켰다는 문서가 보고되고 조정에서 파견한 군대가 아직 출발하지 않았을 때 두영은 경제에게 오나라 상을 맡았던 원앙袁盎을 추천했다. 당시 원앙은 집에 거하고 있었는데 경제가 조서를 내려 입궁하도록 했다. 경제는 마침 조조와 함께 파견할 군대와 군량을 계산하고 있었다. 경제가 원앙에게 물었다.

"그대는 오나라 상을 지낸 적이 있으니 오왕의 신하 전녹백田祿伯이 어떤 사람인지 아시오? 지금 오나라와 초나라가 반란을 일으켰는데, 그대는 상황을 어떻

---

95 「회남형산열전」에 따르면 회남왕이 말한 '한나라 장수로 성고成臯를 통과하는 자가 하루에 40여 명이나 된다'고 했으니, 36명에 그치지 않았던 것 같다."(『사기전증』)
96 곡주후曲周侯 역기酈寄: 유방의 개국공신인 역상酈商의 아들이다.
97 원문은 '격제擊齊'다. "전대흔이 말하기를 '칠국이 군사를 일으켰을 때 제나라는 배반하지 않았다. 그러나 제남, 치천, 교동, 교서가 모두 옛 제나라 땅에 있었으므로 역사에서 격제擊齊를 제나라 땅의 반란군을 공격했다고 말하는 것뿐이다. 「공신표」에서도 난포가 장군이 되어 제나라를 공격해 공이 있었다고 말했다'고 했다."(『한서보주』) 난포欒布는 원래 유방의 공신인 팽월의 부하였고, 문제 때 연나라 상이 되었다가 경제 때 칠국의 난을 평정하는 데 공을 세워 유후俞侯에 봉해졌다.
98 원문은 '감제조병監齊趙兵'이다. "서부원이 말하기를 '칠국의 난 당시 두영의 전공은 드러나지 않지만 제와 조를 끊어 그들의 병사가 서쪽으로 향해 진군하지 못하게 하는 데 그의 공이 있었다'고 했다. 서부원의 말에 일리가 있으나 '감제조병'은 제와 조나라의 병사를 저지한 것을 말하는 것이 아니다. 이는 마땅히 난포와 역기 두 갈래의 제나라와 조나라를 토벌하는 군대에게 협조하고 호응했다는 의미다."(『사기전증』)

게 보시오?"

원앙이 대답했다.

"걱정하실 필요 없습니다. 즉시 격파당할 것입니다."[99]

황제가 말했다.

"오왕은 구리가 생산되는 산에서 화폐를 주조하고 바닷물을 끓여 소금을 만들고 천하의 호걸들을 불러들여 백발의 나이에 반란을 일으켰소. 완전하게 성공할 계책이 없다면 어찌 난을 일으켰겠소? 어찌 그가 일을 이룰 수 없다고 말하시오?"

원앙이 대답했다.

"오나라에 구리와 소금의 이익이 있는 것은 사실이지만, 그가 어떻게 천하의 호걸들을 끌어들였다 하겠습니까! 진실로 오왕이 호걸을 얻었다면 그들은 오왕을 도와 도의를 지키게 했을 것이며 반란을 돕지는 않았을 것입니다. 오나라가 끌어 모은 자들은 모두 무뢰한 자제들과 죄를 짓고 도망치고 사사로이 화폐를 주조하는 간악한 자들이므로 서로 호응하여 반란을 일으킨 것입니다."

조조가 말했다.

"원앙의 분석이 맞습니다."

경제가 원앙에게 물었다.

"우리가 어떻게 해야 좋겠소?"

원앙이 대답했다.

"청컨대 주위 사람들을 물리쳐주십시오."

이에 경제는 사람들을 물러가게 하고 조조 한 사람만 곁에 남아 있게 했다. 그러자 원앙이 말했다.

"신이 말씀드리고자 하는 것은 다른 어떤 신하도 들어서는 안 됩니다."

99 "동빈董份이 말하기를 '조조를 죽이고자 했기 때문에 황제를 편안하게 해준다'고 큰소리친 것이다."(『사기평림』)

경제는 조조도 물러가게 했다. 조조는 하는 수 없이 빠른 걸음으로 물러나 동상東廂[100]으로 피했으나 원앙을 몹시 원망했다. 경제가 마침내 원앙에게 묻자, 원앙이 대답했다.

"오나라와 초나라가 서로 주고받은 편지에 '고조께서 성이 유인 자제들을 왕으로 삼고 각자가 봉지를 소유했다. 지금 간신 조조가 제멋대로 제후들을 징벌하고 그들의 봉지를 빼앗았다'고 했습니다. 그러므로 그들은 이것을 반란의 명분으로 삼아 서쪽으로 함께 진격하여 조조를 주살하고 빼앗긴 토지를 수복하고 난 뒤에 전쟁을 끝낼 것입니다. 지금 계책으로는 오직 조조를 참수하고 사자를 보내 오와 초 등 일곱 나라가 모반한 죄를 사면한 다음 그들이 빼앗긴 봉지를 돌려주면 병사들의 칼에 피를 묻히지 않고 모두 끝낼 수 있습니다."

경제는 말없이 한참 생각하다가 말했다.

"진실로 어떻게 해야 하는가를 생각해보면, 나는 한 명을 아끼지 않고 천하에 사과하겠소."

원앙이 말했다.

"신의 어리석은 생각으로는 이보다 더 좋은 계책이 없습니다. 바라건대 폐하께서 깊이 고려해보시기 바랍니다."

이에 경제는 즉시 원앙을 태상太常으로 삼고, 오왕의 조카인 덕후德侯[101]를 종정宗正[102]으로 임명했다. 원앙은 행장을 수습하여 오와 초에 사신으로 갈 준비를 했다. 열흘쯤 뒤에 경제는 중위中尉[103]를 시켜 조조를 부르게 했고, 중위는

---

100 동상東廂; 동쪽 옆방을 말한다.
101 덕후를 유광劉廣이라 번역한 경우가 있는데, 이는 잘못이다. 처음에 덕후에 봉해진 자는 유비劉濞의 동생 유광劉廣이었으나 당시 덕후로 임명된 자는 유광의 아들 유통劉通이다. 안사고는 말하기를 "덕애후德哀侯 유광의 아들 이름은 통通이다"라고 했다. 또한 "서광이 말하기를 '이름은 통通이고 그의 부친 이름은 광廣이다'라고 했다."(『집해』)
102 종정宗正: 서주 시대부터 전한 시기에 이르기까지 이어진 관직으로, 황족을 위한 사무 기관의 장관이다. 구경九卿 중의 하나였다. 한·위 때 이후로는 황족이 담당했다.
103 당시 중위는 위관衛綰이었다.

조조를 속여 수레에 태우고는 곧장 동시東市로 데려갔다. 조조는 조정에서 입는 예복을 입은 채104 동시에서 참수되었다. 그런 뒤 경제는 원앙을 조정의 대표로, 종정을 유씨 종족을 대표하는 자격으로 보내 원앙의 책략대로 오왕에게 알리게 했다. 그들이 오나라 군대에 이르렀을 때 오나라와 초나라의 군대는 이미 양梁나라의 방어 보루를 공격하고 있었다.105 종정은 오왕의 가까운 친척이었으므로 먼저 들어가 오왕을 만나서는 오왕에게 절을 하고 황제의 조서를 받들라고 했다. 오왕은 원앙이 왔다는 말을 듣고는 그가 자신을 설득하려 함을 알아차리고 웃으면서 대답했다.

"나는 이미 동방의 황제가 되었는데 누구를 향해 절을 하겠는가?"

그러고는 원앙을 만나기를 거부하고 군영에 붙잡아둔 채 겁박하여 자신의 장수로 삼고자 했다. 원앙이 받아들이지 않자 오왕은 사람을 시켜 그를 감시하게 하고 장차 죽이려 했다. 원앙은 밤을 틈타 탈출하여 걸어서 양나라의 군영으로 달아났다가 장안으로 돌아와 황제에게 보고했다.

이때 조후 주아부는 6필의 말이 끄는 역참 수레를 타고106 형양으로 달려가

---

104 원문은 '의조의衣朝衣'다. "태사공이 돌연 '의조의衣朝衣' 세 글자를 기술했는데, 한편으로는 조조를 안타깝게 여긴 것이고 다른 한편으로는 경제와 원앙의 양심 없음을 나타낸 것이다."(『사기전증』) "여유정이 말하기를 '한나라가 조조를 죽인 것은 칠국이 전쟁을 그만두게 하도록 유인하기 위한 것으로 대단히 비굴한 것이다. 원앙은 사사로운 원한을 갚기 위해 국가의 체면을 고려하지 않다가 나중에 주살할 필요는 없었다고 말하니, 그가 다행히 사면될 수 있었던 것은 황제가 형벌을 받아야 할 사람을 형벌에 처하지 않은 것이다'라고 했다."(『사기평림』)

105 "양나라의 도성은 수양睢陽(지금의 허난성 상추商丘 남쪽)이었다. 오와 초 연합군이 남쪽의 양주揚州, 동쪽의 서주徐州에서 장안으로 진군하려면 양나라는 반드시 거쳐야 할 땅이다. 당시의 양효왕梁孝王 유무劉武는 한 경제와 친형제로, 조정의 혈연관계로는 가장 가깝다. 뿐만 아니라 자신의 영토를 보위하기 위해 싸웠기 때문에 양효왕의 저항은 특별히 결연했다."(『사기전증』)

106 원문은 '육승전六乘傳' 6필의 말이 끄는 전거戰車라는 뜻이다. 여기서 전傳은 전거傳車, 즉 역참에서 전용으로 사용하는 수레를 말한다. 일설에는 '수행원과 함께 타는 6량의 전거'라고 보기도 하고, '여섯 차례 전거를 바꾸어 탔다'는 뜻으로 보기도 한다. '칠승전七乘傳'이라는 말도 있다. 말이 많다는 것은 속도가 빠르다는 것을 뜻하지만 수레를 타는 사람의 지위와 권세를 나타내기도 한다. 한나라 규정에 따르면 4필의 상등의 말이 끄는 전거를 치전置傳이라 하고, 4필의 중등의 말이 끄는 전거를 치전

각 방면에서 보낸 군대를 집결시켰다. 그가 중도에 낙양을 지날 때 극맹劇孟을 만나자 기뻐하며 말했다.

"일곱 나라가 연합하여 반란을 일으켰기 때문에 내가 역참의 수레를 타고 이곳까지 오기는 했지만 뜻밖에 안전하게 당도했다.[107] 제후들이 이미 극맹을 청해 데려갔으리라 생각했는데, 극맹이 지금 여기 있을 줄은 생각지도 못했다.[108] 지금 우리가 이미 형양을 점거했으니 형양 동쪽의 형세도 걱정할 필요는 없겠다."

주아부는 회양淮陽에 당도한 뒤 아버지 강후 주발의 옛 빈객인 등鄧 도위에게 물었다.

"어떤 계책이 좋겠습니까?"

등 도위가 말했다.

"지금 오나라 군대의 기세는 매우 맹렬하여 정면으로 싸워 승부를 내기는 어렵습니다. 그러나 초나라 군대는 비교적 경솔하므로 오래도록 싸움을 지속하지는 못할 것입니다. 현재 장군을 위해 계책을 세운다면 먼저 군사를 이끌고 동북쪽으로 가서 창읍昌邑[109]을 견고하게 지키면서 양나라로 하여금 오나라 군대를 치도록 하는 것이 낫습니다.[110] 오나라 군대는 반드시 정예부대를 모두 동원하

<hr>

馳傳이라 하며, 4필의 하등의 말이 끄는 전거를 승전乘傳이라고 한다.

107　『한서』「주아부전周亞夫傳」에 따르면 주아부가 장안에서 출발할 때 조섭趙涉이 남전藍田으로 달려가 주아부에게 말하기를, 무관을 나가 곧장 낙양에 이르면 시간상 하루 이틀밖에 차이나지 않는다고 했다. 주아부는 그의 계책을 받아들여 낙양에 당도했고, 효산과 민지澠池 사이를 수색하게 하여 오나라의 복병을 잡았다고 했다.

108　"주아부는 길에서 극맹을 우연히 만나자 기뻐하며 말하기를 '오와 초가 반란을 일으켰는데 극맹을 찾지 않았다니 생각지도 못했다. 나는 그들이 어떠한 대업도 이룰 수 없음을 단정할 수 있다'고 했다."(「유협열전」) "극맹은 유협 부류의 선비일 따름이다. 주아부가 그를 얻었다고 해서 어찌 무겁고 가벼움으로 삼을 만하겠는가? 아마도 극맹의 훌륭한 명성만을 얻고자 하여 멋대로 이 말을 쓴 것으로, 믿을 수 없다."(『통감고이通鑑考異』)

109　창읍昌邑: 한나라 현으로 치소는 지금의 산동성 진상金鄕 서북쪽이다. 당시 양나라 도성인 수양睢陽의 동북 방향이었다.

110　"주아부는 출발하기 전 경제에게 '초 땅의 군대는 줄곧 민첩하고 용맹하니 우리가 그들과 정면으로 싸워 승부를 내기는 어렵습니다. 우리가 양나라로 하여금 반란군을 공격하게 하여 그들의 날카로운 기세를 소모시키고, 뒷길로 질러가 그들의 양식 운송로를 끊어야 비로소 그들을 격파할 수 있을

여 양나라를 칠 것입니다. 장군께서는 창읍에 도랑을 깊이 파고 보루를 높이 쌓아 견고하게 지키면서 출전하지 않고 은밀히 경무장한 병사를 내보내 회하와 사수가 합류하는 곳¹¹¹을 점령하여 오나라의 양식 운송로를 끊으십시오. 그런 다음 오나라와 양나라가 서로 지치고 양식이 바닥나면 이에 강대하고 온전한 병력을 출동시켜 극도로 지쳐 있는 군대를 제압한다면 오나라 군대는 필연적으로 격파될 것입니다."

조후 주아부가 말했다.

"좋습니다."

그리하여 등 도위의 계책에 따라 창읍 남쪽에 군대를 주둔시키고 견고하게 지키면서 경무장한 병사를 보내 오나라 군대의 양식 운송로를 끊었다.¹¹²

오왕은 막 출병했을 때 오나라 신하 전녹백田祿伯을 대장군으로 임명했다. 전 녹백이 오왕에게 말했다.

"우리가 군대를 집중시켜 함께 서쪽으로 진군하는 과정에 특별한 전략이 없다면 매우 성공하기 어려울 것입니다. 신은 군사 5만 명을 이끌고 별도로 장강과 회하 서쪽을 따라 올라가 회남과 장사 두 나라를 수복한 다음 서쪽 무관武關¹¹³으로 진입하여 관중에서 대왕과 합류하기를 원하는데,¹¹⁴ 이 또한 남들이

것입니다'라고 요청했고, 경제가 허락했다."(「강후주발세가」) "이 계책은 원래 경제와 주아부의 예정된 방침이었다. 오나라 사람의 손을 빌려 양나라를 약화시키니 또한 조정의 즐거운 일이다."(『사기전증』) 여기서는 등 도위의 말로 기재하고 있고 「강후주발세가」에서는 주아부가 요청한 내용으로 기재하고 있다. 그래서 안사고는 누구의 말이 맞는지 모르겠다고 했다.
111 회하와 사수가 합류하는 곳은 지금의 장쑤성 훙쩌洪澤 서쪽이다. 사수泗水는 청수淸水, 청사淸泗라고도 한다. 지금의 산둥성 쓰수이泗水 배미산陪尾山에서 발원하며 네 개의 원천이 합쳐져 하나의 강이 되었다고 하여 사수라 불렀다. 남쪽으로 흘러 회하에 유입된 후 동쪽으로 흘러 바다로 빠진다.
112 "주아부는 견고하게 지키기만 했을 뿐 양나라를 구원하기 위해 출병하지 않았다. 궁고후弓高侯(한퇴당韓穨當으로 한왕韓王 신信의 아들) 등을 파견하여 날랜 기병을 이끌고 오나라와 초나라 군대의 양식 운송로를 끊게 했다."(「강후주발세가」)
113 무관武關: 전국시대 때 진秦의 남쪽 관문으로, 지금의 산시陝西성 단평丹鳳 동남쪽이다. 동쪽 관

생각지 못한 노선이라 할 수 있습니다."

그러자 오왕의 태자가[115] 말리며 말했다.

"대왕께서는 반란을 명분으로 삼았기에 군대를 남에게 관할하도록 넘겨줘서는 안 됩니다. 군대를 남에게 넘겨줬다가 대왕을 배반하기라도 하면 어찌합니까? 게다가 한 갈래 군대를 통솔하여 단독으로 행동하게 하면 허다한 폐해가 발생하기 쉽기 때문에 승패를 알 수 없게 될 테니, 공연히 스스로를 약화시킬 따름입니다."

오왕은 전녹백의 요구를 들어주지 않았다. 이때 오나라의 소장少將[116] 환장군桓將軍[117]이 또 오왕을 설득하며 말했다.

"우리 오나라 군대는 보병이 많은데 보병은 험준한 땅에서 작전하기가 유리합니다. 한나라 군대에는 전차병과 기병이 많은데 전차와 기병은 평탄한 땅이 유리합니다. 원컨대 대왕께서는 진군하는 도중에 함락시키지 못하는 성읍이 있으면 차라리 내버려두고 빠르게 서쪽으로 진격하셔서 낙양의 무기고를 점령하고 오창의 양식을 탈취한 다음 산과 강의 험준한 형세에 의지하여 제후들을 호령한다면 설사 함곡관으로 진입하지 않더라도 이미 천하를 평정한 것입니다. 만약 대왕께서 느리게 전진하면서 머물러 성읍을 공격하는 동안 한나라의 전차병과 기병이 당도하여 빠르게 양나라와 초나라 사이의 요충지[118]로 진입한다면 우

문인 함곡관과 서로 호응하여 진秦으로 들어가는 문호였다.

114 "오왕 유비는 낙양을 거쳐 함곡관으로 진입하고, 전녹백은 허난성과 후베이성 경계를 거쳐 무관으로 진입하여 두 갈래 길의 군대가 장안에서 합류하는 것을 말한다."(『사기전증』) "왕유정王維禎이 말하기를 '전녹백이 비록 역모를 꾸몄지만 계책은 상책이다'라고 했다."(『사기평림』)

115 오왕 유비의 아들 유구劉駒다.

116 소장少將: "진·한 때 신분이 말장末將(지위가 상장上將과 차장次將 다음가는 장수 또는 지위가 낮은 장수) 아래에 해당된다. 스스로 낮추는 칭호가 아니며 진晉나라 시기까지 사용되어 폐지되지 않았다."(『사기신증』)

117 환장군桓將軍: 성이 환桓이고, 이름은 역사에 전해지지 않고 있다.

118 "지금의 허난성 동부, 안후이성 북부, 장쑤성 서북부와 산둥성 서부 일대의 군사 요충지를 말한다."(『사기전증』)

리의 이번 대사는 실패하게 될 것입니다."

오왕이 여러 노장에게 의견을 묻자 그들이 대답했다.

"그것은 젊은 사람이 성급하게 무턱대고 돌진하는 계책일 뿐, 어찌 원대한 계책이라 할 수 있겠습니까!"

그리하여 오왕은 환장군의 계책을 듣지 않았다.

오왕은 모든 군대를 집중시켜 직접 통솔하면서[119] 회하를 건너기 전에 수하의 빈객들을 모두 장군, 교위, 후候, 사마[120] 등의 직무를 담당하게 했으나 주구周丘만 홀로 임용되지 못했다. 주구는 하비下邳[121] 사람인데 죄를 짓고 오나라로 도망친 후 술장사를 업으로 삼았고 품행이 좋지 않았으므로 오왕 유비는 그를 업신여겨 임용하지 않았다. 그러자 주구가 오왕을 알현하고 설득했다.

"신은 무능하기 때문에 군대에서 직무를 담당할 수 없습니다.[122] 신은 감히 군사를 이끌게 해달라고 요청하는 것이 아니며, 그저 한나라 조정에서 발급한 부절을 하나 주신다면 반드시 일 하나를 처리하여 대왕께 보답하겠습니다."

오왕은 그에게 부절을 주었다. 주구는 이 부절을 가지고 밤새 자신의 고향인 하비로 달려갔다. 당시 하비에서는 오왕이 반란을 일으켰다는 소식을 듣고 모두 성을 지키고 있었다. 주구는 전사傳舍[123]에 당도하자 사람을 보내 현령을 불렀다. 현령이 전사 대문으로 들어서자 주구는 즉시 시종들을 시켜 그의 죄상을

---

119 "열전에서는 전녹백과 이 두 가지 일을 기재하여 오왕이 사람들의 계책을 사용하지 않아 실패에 이르게 됨을 말하고 있다."(『한서규관』)

120 후候는 군후軍候를 말한다. 당시 장군 휘하에는 5개의 부部를 설치하고 각 부의 장관을 교위라 했다. 교위는 아래에 몇 개의 곡曲이 있는데, 곡의 장관을 군후라 했다. 각 부에는 또 사마가 있어 군중의 사법을 관장했다.

121 하비下邳: 한나라 현으로 치소는 지금의 장쑤성 피저우邳州 서남쪽 지역이다. 당시 동해군에 속했다.

122 원문은 '대죄행간待罪行間'이다. '대죄待罪'는 죄의 판결을 기다린다는 의미로 관리들은 항상 직무를 잃고 죄를 짓는 것을 두려워했기 때문에 '대죄'는 직무를 담당한다는 겸손의 표현이다. '행간行間'은 대오 사이로, 군대를 가리킨다.

123 전사傳舍: 관부에서 공무로 왕래하는 사람들에게 숙식을 제공하는 공간.

알린 뒤 죽여버렸다. 그러고는 자기 형제들과 관계가 좋은 권세 있는 관리들을 불러놓고 그들에게 말했다.

"오나라의 반란군이 곧 이곳에 당도할 것이다. 오나라 군대가 오면 하비 사람들을 모조리 학살하는 데 밥 한 끼 먹는 시간도 걸리지 않을 것이다. 지금 앞서서 항복하면 너희의 온 집안을 보전할 수 있고 능력 있는 자는 후에 봉해질 것이다."

이들이 나가서 서로 이 말을 알리자 하비 사람들이 모두 투항했다. 주구는 하룻밤 사이에 3만 명을 얻게 되자 사람을 보내 오왕에게 보고했고, 동시에 하비의 군대를 이끌고 북쪽으로 가서 성읍을 공략했다. 성양城陽[124]에 이르렀을 때 그의 수하 병력은 10여만 명이나 되었으며 중위中尉의 군대를 격파했다. 그러나 이때 오왕이 실패하여 달아났다는 소식을 전해 듣고는 자신과 함께 큰일을 이룰 자가 없다고 여겨 군대를 이끌고 하비로 돌아갔다. 그러나 하비에 당도하기 전 등에 종기가 나서 돌연 죽고 말았다.

2월 중순 오왕의 군사는 격퇴되어 사방으로 흩어져 달아났다. 이때 경제는 주아부 등 장군들에게 조서를 내려 말했다.

"듣자 하니 '착한 일을 하는 사람에게는 하늘이 복으로 갚아주고, 나쁜 일을 하는 사람에게는 하늘이 재앙으로 갚아준다'[125]고 했다. 고황제께서는 친히 공과 덕이 있는 사람을 표창하여 많은 제후를 분봉하셨다. 나중에 조나라 유왕과 제나라 도혜왕은 왕위를 계승할 직계 후대가 단절되었기에 이치상 봉국이 취소되어야 했으나, 효문황제께서는 그들을 가련하게 여기고 특별히 은혜를 베풀어

---

124 성양城陽: 원래 제나라의 군이었으나 문제 2년(기원전 178) 성양군을 분할하여 제왕 유양劉襄의 동생 주허후朱虛侯 유장劉章을 성양왕城陽王에 봉했다. 당시의 성양왕은 유장의 아들 유희劉喜였다. 성양국의 도성은 하비에서 가까운 동북쪽에 위치해 있었다.
125 원문은 '爲善者, 天報之以福; 爲非者, 天報之以殃'이다.

유왕의 서자 유수와 도혜왕의 서자 유앙 등을 왕으로 봉하여126 자신들 선왕의 종묘를 받들어 제사지내게 하고 조정의 번국이 되도록 했으니, 효문황제의 이러한 덕은 천지에 비길 만하고 그 영명함은 해와 달의 찬란한 빛과 같다. 그런데 오왕 유비는 도리어 도덕과 인의를 저버리고 천하 각지의 도망친 자들을 끌어들이고 사사로이 화폐를 주조하여 천하를 혼란에 빠뜨렸으며127 20년 동안 병을 핑계로 경사에 들어와 알현하지 않았다. 대신들은 일찌감치 여러 차례 죄를 다스릴 것을 요청했으나 효문황제께서는 관대하게 용서했는데, 그것은 그가 스스로 잘못을 고치고 바른길로 나아가기를 바랐기 때문이다. 그러나 지금 도리어 초나라 왕 유무, 조나라 왕 유수, 교서왕 유앙, 제남왕 유벽광, 치천왕 유현, 교동왕 유웅거와 연합하여 반란을 일으켜 대역무도大逆無道한 짓을 하고 있다. 그들은 군대를 일으켜 종묘에 해를 끼치고, 조정의 대신과 한나라의 사자를 살해했으며,128 허다한 백성을 협박하고 억누르고 죄 없는 사람들을 잔인하게 살육하고 민가를 불태우고 분묘를 파헤치는 등 잔악함이 극에 달했다. 지금 교서왕 유앙 등은 더욱 대역무도하여 결국 종묘를 불태우고129 종묘 안의 기물을 약탈했으니, 이것은 짐이 가장 증오하는 바다. 짐은 소복素服을 입고 정전正殿을 떠나 있으니,130 바라건대 장군들은 전군의 장사들을 격려하여 반역한 무리를 토벌하도록 하라. 반역한 무리를 공격하는 자는 적진 깊숙이 들어가 많은 적을 죽이는

126 「한흥이래제후왕연표漢興以來諸侯王年表」에 따르면 문제 2년(기원전 178) 유우劉友의 아들 유수劉遂가 계승하여 조왕에 봉해졌다. 문제 16년(기원전 164)에 문제는 또 유비劉肥의 다른 여섯 아들 유앙劉卬을 교서왕, 유웅거劉雄渠를 교동왕, 유벽광劉辟光을 제남왕, 유현劉賢을 치천왕, 유지劉志를 제북왕, 유장여劉將閭를 제왕으로 봉했다.
127 "여순이 말하기를 '사전私錢으로 천하의 화폐를 어지럽힌 것이다'라고 했다."(『집해』)
128 앞 문장에서 말한 "2000석 이하의 관리들을 주살했다"는 것을 말한다.
129 "심흠한이 말하기를 '여기서는 군국에 있는 효문제 종묘를 말한다'고 했다."(『한서보주』) 「효문본기」에 따르면 천하의 각 군국에 모두 효문제의 종묘를 세우라는 규정이 있었다.
130 옛사람들이 상을 당하거나 혹은 흉사를 만났을 때 흰색 관복인 소복素服을 입고 정전을 떠나 편전偏殿(곁채)에서 사무를 처리함으로써 근심하는 마음과 출정하는 장사들과 고충을 함께함을 표시했다.

것을 공으로 삼으며, 사로잡은 자 가운데 비300석[131] 이상의 반역 관리들은 모조리 죽이고 단 한 명도 풀어줘서는 안 된다. 누구든 감히 이 조서에 이의를 제기하거나 조서대로 집행하지 않는 자는 하나같이 요참要斬에 처하겠노라."[132]

전쟁이 막 시작되었을 때 오왕은 회하를 건너 초나라 왕 유무와 함께 서쪽으로 극벽棘壁을 격파하고[133] 이어서 승세를 몰아 전진했는데, 그 날카로운 기세가 매우 맹렬했다. 양효왕梁孝王은 매우 두려워하여 장군 여섯 명을 보내 군사를 이끌고 가서 오나라 군대에 맞서 공격하게 했지만, 두 명의 장군이 오나라 군대에 의해 격퇴 당하자 사졸들이 모두 도망쳐 양나라로 돌아왔다. 양효왕은 여러 차례 사자를 보내 조후 주아부에게 상황을 알리고 구원을 요청했으나 조후는 개입하지 않았다. 양효왕은 다시 한나라 경제에게 사자를 보내 상황을 보고하면서 조후 주아부를 성토하자 경제는 주아부에게 사자를 보내 출병하여 양나라를 구원하라고 통보했지만 주아부는 여전히 유리한 지형을 지킬 뿐 군사를 움직이지 않았다.[134] 양효왕은 한안국韓安國과 초나라 왕 유무에게 간언했다가 죽임을 당한 초나라 상 장상張尙[135]의 동생 장우張羽를 장군으로 임명하고 비로소

---

131 비300석比三百石: 봉록이 300석에 못 미치는 직급으로, 작은 현의 현장(봉록 300석) 이하다.

132 "경제의 이 조서는 잔학무도함이 지극하다고 할 수 있다. '전승자戰勝者'의 사병은 본래 쉽게 불지르고 약탈하며 절제시키기 어려운데, 지금 명령을 내려 '적진 깊숙이 들어가 많은 적을 죽이는 사람에게 공이 있다'고 하고, 또 '누구든 감히 이 조서에 이의를 제기하거나 조서대로 집행하지 않는 자는 하나같이 요참에 처하겠다'고 하니 멋대로 살육하게 하는 정경이 어찌 머리털이 곤두서지 않겠는가?" (『사기전증』)

133 원문은 '서패극벽西敗棘壁'으로, 『한서보주』에서는 "패敗는 마땅히 파破의 잘못"이라고 했다. 역자 또한 '파破'자로 번역했다. 「초원왕세가」에 따르면 "양나라를 공격하여 극벽을 격파했다"고 했다. 극벽棘壁은 성읍 명칭으로 지금의 허난성 융청永城 서북쪽으로, 당시 양나라 도성 수양睢陽의 동남쪽에 있었으며 당시에는 양나라에 속했다. "오와 초나라는 먼저 양나라 극벽을 공격하여 수만 명을 죽였다." (「양효왕세가」)

134 "장수가 밖에 있으면 군주의 명령도 받아들이지 않고 유리한 상황에 따라 일을 처리한다는 의미다. 여기서는 경제와 주아부가 함께 한쪽은 전면에 나서고 다른 한쪽은 배후에서 조종하는 것으로 오와 초나라의 손을 빌려 양나라를 약화시키려는 목적이다."(『사기전증』)

135 "유무가 오왕 유비 등과 함께 반란을 모의했다. 그의 상인 장상과 태부 조이오趙夷吾가 간언하

오나라 군대와의 작전에서 약간의 승리를 거두기 시작했다. 오나라 군대는 서쪽으로 나아가려 했지만 양나라가 성지를 굳게 지키고 있으므로 감히 서쪽으로 갈 수 없게 되자 병력을 북쪽으로 이동시켜 주아부의 군대를 공격했고 쌍방은 하읍下邑136에서 맞닥뜨렸다. 오나라 군대가 싸움을 걸었지만 주아부는 여전히 보루를 견고하게 지킬 뿐 싸우려 하지 않았다. 오나라 군대는 양식이 떨어져 사졸들이 굶주리기 시작하자 더욱 급하게 여러 차례 싸움을 걸었다. 어느 날 밤 그들은 조후의 보루를 향해 진격하면서 동남쪽에서 소란을 피웠다. 그러나 주아부는 도리어 명령을 내려 서북쪽을 방비하게 했는데, 과연 오나라 대부대가 서북쪽으로부터 공격해왔다. 오나라 군대가 크게 패하고 수많은 사졸이 굶주리게 되자 남은 병사들은 뿔뿔이 흩어져 달아났다.137 상황이 이러하자 오왕은 휘하의 장사 수천 명을 이끌고 밤을 틈타 달아나 장강을 건너 단도丹徒로 가서 동월東越에 의탁했다.138 당시 동월의 군대는 1만여 명이었고, 오왕은 다시 사람을 시켜 달아나 흩어진 자신의 병사들을 수습하여 동월로 오게 했다. 이때 한나라 조정에서 사람을 보내 동월왕을 매수했고, 동월왕은 오왕을 속여 오왕이 밖으

며 말렸지만 유무는 듣지 않았다. 그는 장상과 조이오를 죽였다."(「초원왕세가」)

136 하읍下邑: 한나라 현으로 치소는 지금의 안후이성 탕산碭山이었다. 수양성 동쪽, 창읍 동남쪽에 위치해 있으며 당시 양나라에 속했다.

137 "「강후세가」에 따르면 당시 주아부는 창읍에서 보루를 쌓아 지키고 있었고 오나라가 동남쪽을 공격하기 시작하자 주아부는 서북쪽을 방비했는데, 모두 창읍에서의 일이며 '하읍下邑'을 언급하지 않았다. 그런데 이 열전 본문에서는 앞에서 '창읍 남쪽에 군대를 주둔시키고 견고하게 지키다'라고 했고, 뒤에 또 '하읍에서 맞닥뜨렸다'고 말했다. 아울러 오나라 군대가 먼저 동남쪽을 공격하자 주아부가 서북쪽을 방비하게 한 것은 바로 '하읍'에서의 일을 서술한 것이다. 두 편이 서로 연결되지 않는다. 『통감』은 대체적으로 본문을 따르는데, 주아부가 먼저 창읍에서 보루를 견고하게 지키고 있다가 나중에 병사를 남쪽으로 이동시키고 오나라 군대와 하읍에서 맞닥뜨렸으나 또 보루를 견고하게 하면서 싸우지 않았다고 언급하고 있다. 이때 오나라 군대가 동남쪽을 공격하고 주아부는 서북쪽을 방비한 일이다."(『사기전증』)

138 단도丹徒는 한나라 현으로 치소는 지금의 장쑤성 전장鎭江 동남쪽 지역이다. 당시 오왕을 따라 한나라에 반기를 든 동월왕東이 여기에 군사를 주둔시키고 있었다. "「동월전東越傳」에서 이르기를 '동구東甌만이 한나라에 매수당해 오왕을 죽였다'고 했다. 동구는 바로 동월이다. 동월의 병사들은 오나라를 따라 단도에 있었다."(『정의』)

로 나와 군사들을 위로할 때 사람을 시켜 창으로 찔러 죽인 뒤[139] 그의 머리를 그릇에 담아 역참 수레로 신속히 장안으로 보내고 그 소식을 전했다. 오왕의 아들 자화子華와 자구子駒는 민월로 달아났다.[140] 오왕이 자신의 병사들을 버리고 달아나자 오나라 군대 또한 뿔뿔이 흩어졌고, 잇달아 태위 주아부와 양나라의 군대에 투항했다. 초나라 왕 유무는 자신의 군대가 패하자 자살했다.

당시 세 나라의 왕[141]은 제나라의 도성 임치를 석 달 동안 포위하고 공격했지만 함락시키지 못했다. 이때 한나라 군대[142]가 당도하자 교서왕, 교동왕, 치천왕은 각자 자신의 군대를 이끌고 본국으로 돌아갔다.[143] 교서왕은 어깨를 드러내고 맨발로 멍석에 앉아 음식을 먹지 않고 물만 마시면서 자신의 모친인 태후에게 사죄했다. 그의 아들 태자 유덕劉德이 말했다.

"한나라 군대는 먼 길을 왔습니다.[144] 신이 보건대 그들은 이미 피로해 있기에 기습하면 승리를 거둘 수 있습니다. 원컨대 신이 대왕의 남은 군대를 이끌고 그들을 습격할 것입니다. 만일 승리를 거두지 못하면 그때 바다로 달아나도 늦지 않을 것입니다."

그러나 교서왕이 말했다.

"우리 사졸들은 모두 이미 무너져 다시 동원하여 싸우게 할 수 없다."

---

139 원문은 '총살鏦殺'이다. 총鏦은 짧은 모矛인데, 여기서는 동사로 사용되어 '찌르다'의 뜻이다.
140 「동월열전」에 따르면 이 두 아들은 동월이 부친을 죽인 원수를 갚기 위해 나중에 민월을 선동하여 동월을 토벌하게 한다.
141 "제나라 효왕이 도중에 변심하여 반란에 참여하지 않았으므로 교서, 교동, 치천 세 나라가 함께 포위한 것이다."(『사기전증』) "교서, 교동, 치천, 제남이 함께 임치를 포위한 것으로 네 나라다. 여기서 세 나라라고 한 것은 옛날에 사四를 획을 쌓아 亖라 표기했는데, 이것을 삼三으로 잘못 적은 것으로 추정된다."(『한서규관』) "제나라를 포위한 것은 네 나라로 여기서 제남이 빠져 있다."(『사기지의』)
142 한나라 장수 난포가 이끄는 군대를 말한다.
143 "제나라 포위가 풀린 것은 한나라 군대가 공격해 격파한 것이지 스스로 군대를 이끌고 돌아간 것은 아니다."(『사기지의』)
144 원문은 '한병원漢兵遠'이다. "풍본·삼본에는 '원遠'자 다음에 '래來'자가 있다."(『사기회주고증』) 역자 또한 '래來'를 보충하여 번역했다. 『한서』에서는 '한병환漢兵還'이라 했는데, 잘못된 것이다. 당시 한나라 군대는 아직 돌아가지 않은 상태였다.

이에 태자의 말을 듣지 않았다. 이때 한나라 장군 궁고후弓高侯 한퇴당韓頹當
이 교서왕에게 서신을 보내 말했다.

'나는 조서를 받들어 의롭지 못한 반역자를 토벌하려 하는데, 항복하는 자는
그 죄를 사면하고 원래의 작위를 누리도록 해주겠지만 투항하지 않는 자는 전
부 멸할 것이오. 왕은 어떻게 할 것인지 조속히 회답을 주면 그것에 따라 행동
하겠소.'

교서왕은 상반신을 드러내고 한퇴당의 군영으로 가서 머리를 조아리고 사죄
하며 말했다.

"신 유앙은 신중하게 법을 준수하지 않고 백성을 놀라게 했을 뿐만 아니라
장군을 수고롭게 제 나라[145]에까지 먼 길을 오시게 했으니, 감히 청컨대 신을 저
해菹醢[146]의 형벌로 처벌해주십시오."

궁고후 한퇴당이 손에 금고金鼓를 쥐고는 교서왕을 만나 말했다.[147]

"왕은 이번 전쟁으로 수고가 많은데, 왕이 배반하여 출병한 까닭을 듣고 싶소."

교서왕은 머리를 조아리고 무릎을 꿇은 채 앞으로 나와 말했다.

"지금 조조는 조정에서 정권을 장악한 대신인데, 제멋대로 고황제의 법령을
바꾸고 제후들의 영토를 침탈했습니다. 저희는 그의 방법이 부당하다고 여겼고
그가 천하를 어지럽힐까 두려워 일곱 나라가 연합해 출병하여 조조를 주살하

---

145 원문은 '궁국窮國'으로, '폐국敝國(저의 나라)'의 의미다.
146 저해菹醢: 고대의 혹독한 형벌 중 하나로, 사람을 죽여 육장肉醬(잘게 다져 저민 고기)을 만드는
형벌.
147 금고金鼓는 전투에서 군대를 지휘하는 신호 기구다. 병사들이 북소리를 들으면 돌진하고 금金
소리를 들으면 물러나는 것으로 규정하고 있다. 전투를 하지 않을 때는 금고를 진열하여 위엄과 위세
를 드러내는 데 사용했다. "전쟁에서 패하고 화친을 요청하는 자에 대한 태도로 그 의미는 흥정을 허
락하지 않고 언제든지 북을 두드려 군사를 진격시킬 수 있는 것을 의미한다."(『사기전증』)

려 했습니다. 지금 조조가 이미 주살되었음을 들었으니 저희는 삼가 군사를 거두어 돌아가겠습니다."

한퇴당이 말했다.

"왕께서 진실로 조조가 옳지 않다고 여겼다면 어찌하여 황제께 말씀드리지 않았소? 그리고 황제의 조서와 호부虎符[148]도 없으면서 제멋대로 출병하여 의로운 나라[149]를 공격하는 것은 그대들의 목적이 근본적으로 조조를 죽이는 데만 있지 않다는 것을 알 수 있소."

그러고는 황제의 조서를 꺼내 교서왕에게 읽어주고는 말했다.

"왕 스스로 판단하시오."

교서왕이 말했다.

"저희는 죽어도 죄가 남습니다."

말을 마치고는 스스로 목숨을 끊었다. 그의 모친인 태후와 태자도 모두 함께 목숨을 끊었다. 교동왕·치천왕·제남왕도 모두 죽었고, 이들 세 나라의 봉국은 폐지되어 한나라에 편입되었다. 역기酈寄가 군사를 이끌고 조나라를 포위 공격하여 10개월[150]만에 함락시키자 조나라 왕 유수도 스스로 목숨을 끊었다.[151] 제

---

148 호부虎符: 고대 제왕이 신하에게 수여한 병권과 군대 이동의 신물信物이다. 청동이나 혹은 황금으로 호랑이 형태로 만들어졌고 뒷면에는 명문銘文이 있었다. 두 개로 나누어 오른쪽 것은 중앙에 남겨두고 왼쪽 것은 지방 혹은 군대를 통솔하는 장수에게 발급했다. 군대 이동시 사신이 가지고 가서 두 개를 합쳐서 검증한 이후에야 비로소 효력이 발생했다. 전국시대, 진과 한나라 때 성행했다.

149 원문은 '의국義國'이다. "의국義國은 제나라를 말하는데, 의리를 지켜 반란을 따르지 않은 것을 말한다."(『한서보주』)

150 '10개월十月'에 대한 논란이 있다. "「원왕세가」에 따르면 '十月(10개월)'은 '삼월三月(3개월)'의 잘못이다."(『사기지의』) "10개월은 마땅히 7개월로 해야 하는데 글자 형태가 비슷하여 생긴 오류다. 「고오왕전高五王傳」에서 조나라 왕이 한단을 지켰는데 7개월 동안 대치했다고 했고, 「역상전酈商傳」에서는 역기가 조나라 성을 포위했는데 7개월이 되도록 함락시키지 못했다고 했으니, 이것이 그 증거다."(『한서규관』)

151 "한나라 조정에서는 곡주후曲周侯 역기酈寄를 파견해 조나라를 공격했다. 조나라 왕은 군사를 물려 한단으로 돌아가 지켰는데, 7개월 동안 대치했다. 난포가 제나라를 격파하고 돌아와 역기와 합류하고 강물을 끌어 조나라 성(한단)을 덮치게 했다. 한단의 성벽이 무너지자 조나라 왕 유수는 스스로 목숨을 끊었다."(「초원왕세가」)

북왕은 그의 낭중령의 협박에 의해 반란에 참여하지 않았으므로 주살되지 않고 사면을 받았으며,152 치천왕으로 옮겨 봉해졌다.

처음에 오왕 유비가 먼저 반란을 일으켜 오와 초 군대를 함께 거느렸으며, 또 제나라153와 조나라를 연합시켰다. 그들은 정월에 군사를 일으켜 3월에 모두 패하고 남아 있던 조나라가 가장 늦게 격파되었다.154 반란을 평정한 뒤 조정에서는 다시 초나라 원왕의 막내아들 평륙후平陸侯 유례劉禮를 초나라 왕으로 세워 초나라 원왕의 뒤를 계승하게 했다.155 여남왕汝南王 유비劉非를 오나라의 옛 땅으로 옮겨 봉했고 강도왕江都王이라고 했다.156

태사공은 말한다.

"유비가 왕에 봉해질 수 있었던 것은 그 부친인 유중이 왕의 작위에서 강등되었기 때문이다.157 유비는 백성의 부세를 가볍게 하고 백성의 지지를 받았을

152 "제북왕 유지는 처음에 자살하려고 했으나 공손확이 양효왕을 설득했고 양효왕이 조정에 보고했으므로 주살되지 않았다."(『한서규관』)
153 여기서의 제나라는 그 안의 교서, 교동, 제남, 치천 네 나라를 말하는 것이다.
154 "태사공의 의미는 다른 여섯 나라는 모두 3개월 이내에 평정되었으나 유독 조나라만이 견고하게 지킨 시간이 길어 3개월 이내가 아니라는 것을 말한 것이다. 그러므로 본문에서 '조나라를 10개월 동안 포위 공격했다'고 했고, 「초원왕세가」에서는 '7개월 동안 대치했다'고 한 것이다. 그러나 『한서』에서는 '오왕이 가장 먼저 반란을 일으키고 초나라 군대를 통솔했으며 제와 조 각국을 연합시켰다. 정월에 군사를 일으켜 3개월 만에 모두 파멸당했다'고 했다. 여기서 양옥승이 '10개월'과 '7개월'을 모두 '3개월'로 해야 한다고 말한 근거다."(『사기전증』)
155 "유례는 원왕의 막내아들로 본래 부친의 지위를 계승할 자격이 없었지만 그의 형인 유무劉戊가 반란으로 인해 자살한데다 조정에서도 초원왕의 나라를 단절시키고자 하지 않았기에 특별히 유례가 초나라 왕이 되었다. 「초원왕세가」에 따르면 경제는 당시 오나라를 멸망시키고 싶어 하지 않았고 유비의 조카 유통을 오나라 왕으로 삼으려 했는데 경제의 모친인 두태후가 극구 반대했으므로 간신히 초나라를 이어갔다."(『사기전증』)
156 오나라의 이름을 폐지하고 강도국江都國을 세운 것이다. 도성은 여전히 광릉이었다. 강도江都는 한나라 현으로 치소는 광릉성廣陵城의 서남쪽 지역이다.
157 "유비가 오나라 왕이 된 것은 부친인 대왕代王이 합양후部陽侯로 삭감되어 봉해졌기 때문이라는 말이다."(『집해』) 의미가 분명하지 않은데, 그 뜻은 유비의 부친인 대왕 유중이 대나라를 잃었기에 유비는 대나라 왕에 봉해질 수 없었다. 뒤에 유비는 또 경포를 격파하는 데 공이 있었기 때문에 오나

뿐만 아니라 구리 광산과 바다 소금의 이익을 독점했다. 반역의 싹은 그의 아들이 죽임을 당함으로써 일어났다. 박 놀이의 승부를 다투다 반란이 일었고 끝내 뿌리를 잃고 말았다. 뿐만 아니라 월나라와 결탁하여 종실宗室을 도모하다가 결국 멸망당하고 말았다. 조조는 국가를 위해 장구한 계책을 세웠으나 도리어 화가 자신에게 닥쳤고, 원앙은 권모술수와 교묘한 말로 처음에는 총애를 받았으나 나중에 치욕을 당했다. 이런 이유로 옛날에 제후의 땅은 사방 100리를 넘지 않고, 그 안에 있는 이름난 산과 큰 하천은 봉해주지 않고 조정에서 직접 관할한 것이다.[158] 속담에 이르기를 '이적夷狄과 친하지 말아야 하고 자신의 골육과 소원해서는 안 된다'고 했는데, 이 말은 아마도 오왕 유비 같은 사람을 말한 것이 아니겠는가? 속담에 또 이르기를 '앞장서는 개혁자가 되지 말라, 잘하지 못하면 도리어 자신이 화를 입게 된다'고 했는데, 이 말은 아마도 원앙과 조조 같은 사람을 가리키는 것이 아니겠는가?"

라에 봉해졌다.
158 "천자의 봉록 전지田地는 종횡으로 각 1000리, 공公 혹은 후侯의 봉록 전지는 종횡으로 각 100리, 백伯은 각 70리, 자子·남男은 각 50리다."(『예기』 「왕제王制」) 또한 "명산과 대천大川은 제후에게 봉하지 않는다"라고 했다.

위기무안후열전

魏其武安侯列傳

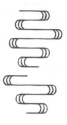

이 편은 외척이었던 위기후 두영과 무안후 전분 간의 다툼과 알력, 그리고 오·초 칠국의 난을 평정하는 과정에서 부친의 원수를 갚아 명성을 떨친 관부의 사적을 첨부하고 있다.

두영은 두태후의 종형 아들로, 경제 때 대장군으로 임명되었다. 전분은 왕태후와 어미가 같고 아비가 다른 동생으로, 경제 만년에 존귀해지고 총애를 입었다. 이후 나이 어린 무제를 대신해 왕태후가 조정의 일을 살필 때 정국을 통제하고 혼란을 방지하고자 시행된 조치들은 대부분 전분의 책략이었다. 왕태후 입장에서는 경제 때 정사에 간섭했던 두태후가 무제 즉위 이후에도 여전히 막강한 권세를 누리는 데 불만이 컸기 때문에 왕태후와 두태후 간에 권력 다툼이 있었는데, 두태후가 사망하고 나자 왕태후와 무제는 두태후의 세력을 철저히 제거했다. 이에 두태후의 조카인 두영은 갈수록 황제와 소원해지고 중용되지 못해 권세를 잃었으며, 결국 왕태후에 의해 죽임을 당함으로써 권력 투쟁의 희생물이 되었다. 두씨 세력이 붕괴된 뒤 무제는 왕태후·전분과 갈등을 빚으면서 점차 사이가 벌어졌는데, 전분이 정권을 잡기는 했으나 곧 병들어 죽었다.

두영과 전분은 외척의 신분으로 총애를 받고 권세를 누렸으나 그 모든 부귀영화는 결코 자신의 힘으로 얻은 것이 아닌, 두태후와 왕태후에 의지한 것이었다. 이 편은 두영과 전분 양 집안의 정치투쟁과 흥망, 태후와 황제의 갈등을 반영하고 있다. 또한 황로 학설을 좋아한 두태후와 유가 학술을 고취시키고 도가 학파를 배척한 두영·전분의 갈등을 서술하고 있는데, 유가를 존중하는 학파는 두태후의 격렬한 반격에 부딪쳐 비극적 종말을 맞았다.

위기후魏其侯1 두영寶嬰은 효문제 두황후寶皇后의 종형從兄2 아들이다. 그의 부친 윗세대부터3 대대로 관진觀津4에서 살았다. 두영은 빈객과 교제하기를 좋아했다. 효문제 때 두영은 오나라 상相5을 지냈고 병으로 사직했다. 효경제가 막 즉위했을 때 다시 첨사詹事6로 임명되었다.

양효왕梁孝王7은 효경제의 친동생으로 어머니인 두태후가 그를 무척 사랑했다. 양효왕이 입조했을 때8 효경제는 친형제의 신분으로 편한 술자리를 마련했다.9 이때 황제는 아직 태자를 세우지 않고 있었는데, 술이 거나하게 취해 유쾌해지자 효경제는 아무 생각 없이 말했다.

"내가 죽은 뒤에 황제의 지위를 양나라 왕에게 전하겠다."

---

1   위기후魏其侯: 나중에 두영이 공적을 세워 얻은 봉호로, 봉지는 위기현魏其縣이다. 위기魏其는 한나라 현으로 치소는 지금의 산둥성 린이臨沂 동남쪽 지역이다.
2   종형從兄: 증조할아버지가 같고 부친이 다른 자신보다 연장자인 같은 항렬의 친척. 즉 증조할아버지가 같은 백숙伯叔(백부, 숙부)의 아들이며 자신보다 연장자인 자.
3   원문은 '부세父世'다. "여러 대 동안 관진觀津에 살았으므로 부세父世라 한 것이다."(『색은』) "능치륭은 말하기를 '세世는 두영의 부친 이름으로 추정된다'고 했다. 그러나 왕선겸은『색은』의 말이 맞다고 했다."(『사기회주고증』)
4   관진觀津: 한나라 현으로 치소는 지금의 허베이성 우이武邑 동남쪽 지역이다.
5   당시의 오나라 왕은 유비劉濞였다.
6   첨사詹事: 황후와 태자 궁중의 사무를 주관하는 관직이다. 봉록은 중中2000석이다.
7   양효왕梁孝王: 경제景帝의 친동생인 유무劉武. 문제 2년(기원전 178)에 유무는 대왕代王에 봉해졌다가 문제 4년(기원전 176)에 회양왕淮陽王에 봉해졌으며, 문제 12년(기원전 168)에 양왕에 봉해졌다. 도성은 수양이고, 사후에 시호를 효라 했으며 역사에서는 양효왕梁孝王이라 부른다.
8   「한흥이래제후왕연표」에 따르면 경제 2년(기원전 155)과 3년(기원전 154)에 양효왕이 입조했다.
9   안사고는 말하기를 "집안 형제의 친근함으로 군신의 예가 아니다"라고 했다.

이 말을 들은 두태후는 매우 기뻐했다. 이때 두영은 잔에 술을 따라 황제에게 올리며[10] 말했다.

"한나라 천하는 고조 황제의 천하로서, 황제의 지위를 아버지가 아들에게 전하는 것이 한나라의 규정입니다. 황상께서 어떻게 마음대로 규정을 바꿔 양나라 왕에게 전하실 수 있겠습니까!"

두태후는 이 일로 두영을 미워하게 되었고, 두영도 자신이 맡은 관직이 마음에 들지 않았기 때문에 병을 핑계로 사직했다. 두태후는 두영의 문적門籍[11]을 삭제하여 봄가을에 황제를 알현하지 못하도록 했다.

효경제 3년(기원전 154)에 오·초 등이 반란을 일으키자 황제는 유씨 종실과 외척인 두씨 일족[12]을 살펴보았지만 두영만큼 현명하고 능력 있는 사람이 없으므로 두영을 불러들였다. 두영은 궁으로 와서 알현하고는 병이 있어 중임을 감당할 수 없다고 사양했다. 두태후도 지난 행동을 부끄러워했다. 황제가 두영에게 말했다.

"천하가 긴급한 상황에 처해 있는데, 왕손王孫[13]은 어찌 사양할 수 있소?"

그리하여 두영을 대장군大將軍[14]에 임명하고 황금 1000근斤[15]을 하사했다. 두

---

10 "경제는 해서는 안 되는 말을 했으니 마땅히 벌을 받아야 한다는 뜻이다. 호삼성은 『통감』 주석에서 이르기를 '술을 따라 올리는 것은 대개 벌주罰酒다'라고 했다."(『사기전증』)

11 원문은 '문적門籍'으로, 고대에 궁정 문 앞에 걸어놓은 명패를 말한다. 2척 길이의 대나무로 만든 이 명패에는 관원의 이름, 연령, 신분 등이 적혀 있는데 궁정문 출입을 허가하는 일종의 인명부다. 나중에는 장부로 바뀌었다.

12 원문은 '종실제두宗室諸竇'이다. 안사고는 말하기를 "종실宗室은 황제의 동성 친족이다. 제두諸竇는 황제의 외가를 말한다. 오와 초나라 반란을 일으켰으므로 내외의 친족을 장군으로 삼으려는 것이다"라고 했다. "종실과 두씨들의 종실을 말한다. 또 요씨姚氏는 「혹리전酷吏傳」에 의거하여 '주양유周陽由의 아버지는 조겸趙兼으로 회남왕의 외삼촌이었기 때문에 주양후周陽侯에 봉해졌고 성을 주양周陽으로 바꿨다. 주양유는 유씨 종실의 친척에 의지해 낭관으로 임명되었다'고 했다. 곧 왕실과 친척이라는 호적이 있는 자도 종실이라 부른 것 같다."(『색은』)

13 "『한서』에서 말하기를 '두영의 자는 왕손이다'라고 했다."(『집해』)

14 대장군大將軍: 당시만 해도 대장군은 고정된 관직명이 아니었으며 단지 다른 장수들보다 지위가 높음을 나타냈다. 경제가 칠국의 난을 평정할 때 최고 통수권자는 주아부였고 직위가 태위였음을 알

영은 명령을 받은 뒤 원앙, 난포 등 집에서 한가하게 지내고 있던 명장과 재능 있는 선비를 효경제에게 추천했다. 또한 하사받은 황금을 전부 군 사무를 의논하는 대청 아래의 회랑 안에 두고 수하 군관들이 지날 때마다 필요한 만큼 가져다 쓰게 하고 자신의 집으로는 가져가지 않았다. 두영은 동쪽으로 나가 형양에 군대를 주둔시키고 지키면서 제와 조 땅의 반란군을 토벌하는 한나라 군대를 지휘하며 감독했다.[16] 일곱 나라의 반란군이 모조리 격파된 뒤 두영은 위기후에 봉해졌다. 당시 유세하는 선비와 빈객들은 앞 다투어 위기후 두영에게 의탁했다. 효경제 때 조정에서 국가 대사를 상의할 때 조후 주아부와 위기후 두영의 지위가 가장 높아 다른 열후들은 감히 그들을 동등한 예절로 대하지 못했다.

효경제 4년(기원전 153)에 율희栗姬가 낳은 유영劉榮을 태자로 세우고,[17] 두영을 태자부太子傅[18]로 임명했다.

효경제 7년(기원전 150)에 율태자가 폐위되었는데,[19] 두영은 여러 차례 효경제에게 태자 유영을 폐위하지 말라고 간언했지만 효경제를 설득시킬 수 없었다.

수 있다. 무제 때 위청衛靑이 대장군에 임명되면서 비로소 고정된 관직명이 되었고 실권은 승상보다 위였다. 황금 인장과 자색 인끈을 사용했으며, 전한 무제 때부터 녹상서사錄尙書事를 이끌었다. 밖으로는 주로 정벌을 맡고 안으로는 국정을 주관했다. 황제와 친근하여 항상 궁정에서 대계를 결정했기 때문에 '내조內朝'라고 불렸다.

15　근斤: 황금 1근을 1금一金이라 했으며 동전 1만 개 묶음에 해당된다.

16　"전대흔이 말하기를 '당시 난포는 제나라를 공격하고 역기는 조나라를 공격하고, 두영은 남북의 요충지인 형양을 지키면서 동쪽으로 오와 초나라를 방어하고 북쪽으로는 제와 조나라와 대치한 것이다. 오와 초나라 군대에 대해서는 주아부가 장군이었으므로 두영의 감독을 받지 않았다. 제와 조나라에 각기 장수를 파견했다 할지라도 두영은 대장군으로서 원격 통제했을 것이다'라고 했다."(『한서보주』)

17　유영을 태자로 세운 때는 효경제 4년 4월이다. 원문에는 '율태자栗太子'라고 기재하고 있는데, 유영이 율희의 자식으로 나중에 폐위되었으므로 모친의 성을 따서 '율태자'라 한 것이다.

18　태자부太子傅: 태자의 교육과 훈도 및 태자의 관속들을 통솔하는 태자태부太子太傅를 말한다.

19　「외척세가」에 따르면 경제의 누나인 장공주長公主 유표劉嫖에게는 딸이 하나 있었는데, 태자에게 보내 태자비로 삼고자 했다. 그러나 율희가 응하지 않자 장공주는 유철劉徹의 모친인 왕부인王夫人과 힘을 합쳐 율희를 참언하여 내쫓았다. 왕부인은 황후가 되었고 왕씨의 아들 유철이 마침내 태자가 되었으며 장공주의 딸을 태자비로 삼았다. 율희는 울분을 견디지 못하고 죽고 폐위된 유영은 임강왕臨江王이 되었으나 오래지 않아 살해되었다.

그러자 두영은 병을 핑계로 사직하고 남전현藍田縣의 남산南山[20] 아래에서 몇 개월 동안 은거했는데,[21] 문하의 빈객과 세객들이 설득했지만 아무도 그를 조정으로 돌아오게 하지 못했다. 이때 고수高遂라는 양나라 사람이 두영을 설득했다.

"장군을 부귀하게 만들 수 있는 사람은 황상이고, 장군을 친근하게 할 수 있는 사람은 태후입니다. 지금 장군께서는 태자의 사부이신데, 태자가 폐위될 때는 말리지 못했습니다. 간언했지만 설득하지 못했으며 또 스스로 죽지도 못했습니다. 결국은 스스로 병이 있다는 핑계로 사직하고 온종일 노래 잘하고 춤 잘 추는 미녀[22]를 품고 집 안에서 한가하게 있으면서 조정에 나오지 않고 있습니다. 이 두 가지 일[23]을 비교해서 말하자면 이는 분명 자신에게는 잘못이 없음을 표명하고 황상의 과실을 드러내는 것입니다. 만일 두 궁[24]에서 장군에 대해 분노한다면 처자식까지 남김없이 죽게 될 것입니다."

두영은 그의 말을 옳다고 여겨 즉시 일어나 예전처럼 황제를 알현하는 조회에 참석했다.

도후桃侯 유사劉舍[25]가 승상에서 면직된 뒤 두태후는 여러 차례 두영을 승상

20 남전산藍田山을 말한다. 당시 장안 교외의 유람 명승지였다. 남전藍田은 한나라 현으로 치소는 지금의 산시陝西성 란톈 서남쪽 지역이다. 남전산은 지금의 란톈 동남쪽에 위치해 있다. 왕선겸이 말하기를 "「이광전李廣傳」에서도 이르기를 '이광은 남전현 남산에 은거하며 사냥을 했다'고 했는데, 남전현의 남산은 당시 조정의 고관들이 은거하며 즐기는 장소였다"고 했다.
21 원문은 '병거屛居'로, 사람들 간의 일을 배제한 채 한가하게 기거하는 것으로 은거를 뜻한다.
22 원문은 '조녀趙女'다. "춘추전국시대 이래로 조나라는 노래 부르고 춤추는 여자들을 배출하기로 유명했다."(『사기전증』) 「화식열전」에 따르면 조趙와 중산中山에 대해서 "허다한 미남자들이 창우倡優(가무와 연극에 종사하는 예능인)를 담당하고 여인들은 거문고와 비파 타기를 좋아하며 춤추는 신발을 신고 귀족과 부호들을 즐겁게 했다. 이곳의 미녀들은 각 제후국의 후궁으로 두루 퍼졌다"고 했다.
23 두 가지 일이란 '태자가 폐위되었을 때 그만두도록 말리지 못했고, 간언했지만 설득하지 못했으며 또 스스로 죽지도 못했다'는 것과 '스스로 병이 있다는 핑계로 사직하고 온종일 노래 잘하고 춤 잘 추는 미녀를 품고 집안에서 한가하게 있으면서 조정에 나오지 않고 있다'는 것을 말한다.
24 황제와 태후를 가리킨다. 당시 황제는 미앙궁에 기거했고 태후는 장락궁에서 기거했다.
25 도후桃侯 유사劉舍: 유방의 공신 유양劉襄의 아들로 부친의 작위를 계승하여 후가 되었고 봉지는 도현이었다. 유양은 원래 항項씨였는데, 유방으로부터 유劉씨를 하사받았다. 유사는 경제 중원 3년(기원전 147)에 어사대부였는데 주아부를 대신해 승상으로 임명되었다. 경제 후원 원년(기원전 143) 7월

으로 삼도록 추천했다. 그러나 효경제가 말했다.

"태후께서는 제게 무슨 미련이 남아 두영을 승상으로 삼지 않는다고 생각하십니까? 위기후 두영은 우쭐거리고 거만하며 행동이 경솔하여[26] 승상의 적임자가 아니며 국가의 중임을 담당할 수 없습니다."

그리하여 두영을 임용하지 않고 건릉후建陵侯 위관衛綰[27]을 승상으로 임명했다.

무안후武安侯[28] 전분田蚡은 효경제의 왕황후와 어미가 같고 아비가 다른 동생으로[29] 장릉에서 태어났다. 위기후 두영이 대장군이 되어 위세가 한창 강성했을 때 전분은 한낱 낭관으로 존귀한 신분이 아니었다. 이때 그는 항상 두영의 집에 드나들며 술자리 시중을 늘었는데, 무릎 꿇고 절한 뒤 일어나는 태도가 마치 두영의 자손[30] 같았다. 효경제 만년에 전분은 점차 존귀해지고 총애를 입어[31] 태중대부에 임명되었다. 전분은 말재주가 뛰어나고 고대의 접시와 사발 같은 물건에

에 일식이 발생하자 유사는 승상에서 면직되었다. 한나라는 천인감응天人感應을 강구하여 일식은 상천이 재난을 보임으로써 군주에게 경고하는 것으로 인식했기 때문에 군주는 항상 대신을 면직하여 문제를 해결했다.

26 "두영은 태자의 일로 다투다가 병을 핑계로 몇 개월 동안 사직했다가 다시 조정에 나오니 경솔한 것이다. 황제는 그가 여러 차례 태도를 바꾼 것을 알고 중임을 담당하기 어렵다고 여긴 것이다."(『한서보주』)

27 위관衛綰은 칠국의 난을 평정하는 데 공적을 세워 나중에 건릉후에 봉해졌으며 봉지는 건릉현建陵縣(지금의 장쑤성 신이新沂 남쪽)이다. 위관은 어사대부였다가 경제 후원 원년 8월에 유사劉舍를 대신해 승상이 되었다.

28 무안후武安侯: 전분田蚡의 봉호로, 무안武安의 치소는 지금의 허베이성 우안武安 서남쪽 지역이다.

29 왕황후王皇后의 모친인 장아臧兒는 먼저 왕중王仲에게 출가하여 왕신王信, 왕황후, 왕아후王兒姁를 낳았다. 왕중이 죽자 전田씨에게 개가하여 또 전분田蚡과 전승田勝을 낳았다. 왕황후는 경제 7년(기원전 150)에 황후가 되었고 아들 유철劉徹을 태자로 세웠다. 경제 사후에 유철이 즉위하여 무제武帝가 되었고, 왕황후는 황태후가 되었다.

30 원문은 '자성子姓'이다. "안사고가 말하기를 '성姓은 생生으로 자식의 예절과 같다'고 했고, 정강성鄭康成이 이르기를 '자성子姓은 자식의 소생을 말한다'고 했다. 공영달孔穎達이 이르기를 '성姓은 생生이다. 손孫은 자식이 낳은 바라고 했는데, 그렇다면 성姓은 손자를 말하는 것이다. 왕인지王引之가 이르기를 '옛날에 자손을 성姓이라 하고 혹은 자성子姓이라 했다'고 했다."(『한서보주』) 역자는 '자성子姓'을 '자손'으로 해석했다.

31 전분은 누나가 황후가 되고 생질(이후의 한 무제)이 황태자가 되었으니 존귀해지지 않을 수 없다.

새겨진 명문銘文을 기록한 각종 서적32을 학습하여 그의 누나인 왕태후王太后33
도 그를 인재로 여겼다. 효경제가 죽은 뒤 태자 유철을 황제로 옹립했으나 당시
나이가 어려 왕태후가 조정에 나와 황제의 권한을 대리했는데34 정국을 통제하
고 혼란을 방지하기 위해 시행된 조치들 대부분이 전분과 그의 빈객들이 내놓은
책략이었다. 전분과 그의 동생 전승田勝35은 모두 왕태후의 동생이었으므로 효경
제 후원 3년36 전분은 무안후에, 전승은 주양후周陽侯37에 봉해졌다.

무안후는 새로운 권력을 장악했고, 승상이 되고자38 일부러 겸손하며 공경하
는 태도로 빈객들을 대접하고 자신의 집에 거하는 저명한 인사들을 추천하여
존귀한 지위를 얻게 해주었는데, 이러한 방법으로 두영 등 높은 지위에 있는 원
로대신들을 압도하려는 목적이었다. 건원 원년(기원전 140)에 승상 위관衛綰이 병

32 원문은 '반우제서槃盂諸書'로, 접시나 사발에 새긴 명문銘文에 관한 각종 서적을 말한다. 『한서』
「예문지」의 잡가雜家에 『공갑반우孔甲槃盂』 26편이 있다. "응소가 말하기를 '황제黃帝의 사관 공갑孔
甲이 지은 명문이다. 모두 26편으로 큰 그릇에 적었으며, 법계法戒(규범과 훈계)로 삼는 것이다. 제서諸
書는 제자諸子의 문서다'라고 했다. 맹강이 말하기를 '공갑의 『반우』는 26편으로 잡가의 책인데 유가
와 묵가, 명가名家, 법가를 겸비했다'고 했다."(『집해』)

33 "경제가 생존해 있으므로 마땅히 황후라고 해야 한다. 『한서』에서는 '왕황후'라고 했는데, 이것이
맞다."(『사기지의』)

34 원문은 '칭제稱制'이다. 황후, 황태후, 태황태후 등의 여성이 황제를 대신해 통치하는 것을 '임조칭
제臨朝稱制'라고 한다. 황후 등이 통치하는 것은 '임조臨朝'라고 한다. 또한 '천자의 명령을 제制라 한
다.'(「진시황 본기」) 황제의 직책을 대리하므로 그 명령은 자연스럽게 황제의 등급에 해당하므로 '칭제
稱制'라 한 것이다. 당시 무제 유철의 나이는 16세였다. 후대에 '칭제稱制'는 황제가 아닌 자가 황제의
권한을 행사하는 것을 일컫는다.

35 원문은 '분제전승蚡弟田勝'으로, 원래는 '분급기제전승蚡及其弟田勝(전분과 그의 동생 전승)'으로 해
야 한다. 원문 그대로 해석하면 '전분의 동생 전승'이 되어 '전승' 한 명만 가리키게 된다.

36 경제가 사망하고 무제가 즉위했으나 아직 개원하지 않았으므로 이때는 관례대로 전임 황제의 연
호를 사용한 것이다.

37 주양周陽: 지금의 산시山西성 장현絳縣 서남쪽 지역이다.

38 원문은 '신욕용사위상新欲用事爲相'으로, 원문 그대로 번역하면 '무안후는 새롭게 정권을 장악하
여 승상이 되고자 했다'로 된다. 그러나 『한서』에서는 '신용사新用事(새롭게 권력을 장악하게 되자)'로 되
어 있다. "나카이 리켄은 말하기를 '욕欲자는 마땅히 위爲자 앞에 와야 한다'고 했다."(『사기회주고증』)
이에 따르면 '신용사욕위상新用事欲爲相'이 되어 "무안후는 새롭게 정권을 장악했고, 승상이 되고자
했다"가 된다. "무안후는 이때 이미 정권을 장악했기에 승상이 되고자 했을 따름이다."(『광사기보』)
역자는 이 견해에 따랐다.

으로 면직되자[39] 황상은 승상과 태위의 인선을 논의했다. 이때 적복籍福[40]이 무안후를 설득했다.

"위기후 두영은 존귀해진 지 오래되어 천하의 선비들이 줄곧 그에게 의탁하고 있습니다. 그러나 장군[41]은 지금 막 일어났기에 명성이 위기후만 못합니다. 이런 상황에서 만약 황상께서 장군에게 승상을 맡기려면 반드시 위기후에게 양보하십시오. 위기후가 승상이 되면 장군은 반드시 태위가 될 것입니다. 태위와 승상은 지위의 존귀함이 같은 등급인데다,[42] 직위를 현명하고 능력 있는 자에게 양보했다는 명성까지 얻게 될 것입니다."

이에 전분은 이러한 뜻을 왕태후가 황상께 암시하도록 알렸다. 그리하여 무제는 두영을 승상으로 임명하고 전분을 태위에 임명했다. 적복은 위기후를 찾아가 먼저 축하하고 나서 경고하듯 말했다.

"군후君侯[43]께서는 천성이 착한 사람을 좋아하고 나쁜 사람을 미워하십니다. 지금 착한 사람들이 군후를 칭찬했기 때문에 승상에 오르신 것입니다. 그러나 또 군후께서는 특별히 나쁜 사람을 미워하시는데 나쁜 사람들이 더욱 많으므로, 그들은 머지않아 군후를 비방할 것입니다. 이 때문에 군후께서 착한 사람과 나쁜 사람을 모두 받아들여 끌어안는다면 승상의 지위를 오래 유지할 수 있지만, 그렇

---

39 건원 원년 6월의 일이다. 「만석장숙열전張叔萬石列傳」에 따르면 경제 말년 각 관서에 수감된 자들이 대부분 무고하다는 사실이 밝혀져 위관은 승상의 책임을 다하지 못했다는 이유로 면직되었다. 이것은 구실에 불과하며 무제는 자신이 신임하는 자들을 임명하고자 했기 때문이다.
40 적복籍福은 성이 적籍이고 이름이 복福으로 식객과 유사했다. 「계포난포열전」에 한 번 언급되어 있다.
41 "전분은 군직軍職에 임명되지 않았는데 적복이 그를 장군이라 칭한 것은 전분이 경제가 사망하고 무제가 새로 제위에 오른 긴급한 때에 군대를 통솔했거나 오래지 않아 태위에 임명되었기에 사마천이 그렇게 판단한 것이다."(『사기전증』)
42 진·한 시기에 승상丞相, 태위太尉, 어사대부御史大夫는 삼공三公이었다. 어사대부는 부승상副丞相에 해당하기 때문에 승상 자리가 비게 되면 항상 어사대부가 대리했다. 태위는 승상과 지위와 작록이 대체적으로 같으며 황금 인장과 자주색 인끈을 갖췄다.
43 군후君侯: 진·한 시기에는 열후나 승상에 대한 호칭이었으나 한 이후에는 관직이 귀인에 도달한 자에 대한 경칭으로 사용됐다. "당시 승상의 속관들 대부분이 승상을 '군君'이라 불렀고, 승상은 또 열후였으므로 승상을 군후라 부른 것이다."(『사기전증』)

게 하지 않으면 나쁜 사람들의 비방으로 인해 빠른 시일 내에 면직될 것입니다."

그러나 두영은 이 말을 귀담아듣지 않았다.

위기후 두영과 무안후 전분은 모두 유가 학설을 좋아하여 조관趙綰을 추천해[44] 어사대부로 삼게 하고, 왕장王臧을 추천해 낭중령을 담당하게 했다. 노魯나라의 유생 신공申公[45]을 장안으로 맞아들여 명당明堂[46]을 세우려 했고, 장안에 거주하던 열후들을 모두 각자의 봉지로 돌아가게 했으며,[47] 각 제후국이 장안으로 올 때 지나야 하는 관문에서 조사 제도를 폐지했고,[48] 예의에 따라 복식제도를 제정하여[49] 태평성세를 실현하려 했다. 그들은 외척인 두씨 일족과 유씨 종실 가운데서 품행이 단정하지 못한 자를 검거하여 견책하고 궁문 출입을 허락하지 않았으며 또한 귀족의 권리를 취소시켰다.[50] 당시 많은 외척이 열후였는데, 열후 대부분이 공주를 아내로 맞아들였으므로 그들 모두 장안을 떠나 자신의 봉국

---

44 원문은 '추곡推轂'이다. 한 명은 수레를 끌고(추推) 다른 한 명이 뒤에서 밀어주는(곡轂) 것이다. 서로 추천하며 이끌어주는 것을 비유한 말이다.

45 신공申公: 신배申培를 말한다. 노나라 사람으로 『시경』 강론에 뛰어났으며, 조관趙綰과 왕장王臧이 그의 제자다.

46 명당明堂: 제왕이 건축한 가장 성대한 건축물로서 제후들의 조회를 비롯하여 제사, 정령 발포, 포상, 인재 선발 등 대규모 예법을 거행하는 공간이다. 이후 궁실 제도가 완비되자 별도로 근교 동남쪽에 명당을 건축하여 옛 제도를 보존했다.

47 당시 열후들은 대개 공주를 아내로 맞아들였기에 경사에 머물고 싶어 했으며 자신의 봉국으로 돌아가려 하지 않았다. 문제 때 이미 이와 같은 조치를 시행했는데, 무제가 개혁을 하는 차원에서 다시 이 사안이 제출된 것이다.

48 동방 제후국 사람이 경사인 장안으로 올 때 지나야 하는 요새에서 검사하는 제도를 폐지하는 것이다. "서부원이 말하기를 '한나라가 관문을 세워 제후들의 출입을 조사했는데, 이때 이것을 없앰으로써 천하가 한 집안이라는 것을 보이려 했다'라고 했다."(『사기회주고증』) "문제 12년에 관문을 폐지하여 통행증이 필요 없었다. 경제 4년 칠국의 반란이 일어나 다시 여러 관문을 설치했기 때문에 통행증이 있어야 출입할 수 있었는데, 이때 다시 폐지하려 한 것이다."(『한서보주』)

49 "그 당시 예의 법도가 지나치게 사치스러워 대부분 예법에 따르지 않았는데, 지금 길흉의 모든 복식제도를 예법에 따르게 하는 것이다."(『색은』)

50 원문은 '제기속적除其屬籍'이다. 대부분의 번역본에서는 '족보族譜(혹은 족적籍)'에서 삭제(제명)하다'로 번역하고 있다. 그러나 『사기전증』에서는 '속적屬籍'은 '족보'가 아니라 앞서 언급한 '문적門籍'과 같다고 했다. 이에 따라 "그들의 궁정 출입을 다시는 허락하지 않았고, 또한 그들이 누리던 귀족의 권리를 취소시켰다"고 했다. 역자는 『사기전증』의 견해에 따랐다.

封國으로 돌아가기를 원치 않았다. 이 때문에 두영 등을 비방하는 말이 날마다 끊이지 않았고 두태후의 귀에까지 전해졌다. 두태후는 황제와 노자 학설을 좋아했는데 두영, 전분, 조관, 왕장 등은 유가 학술을 적극 숭상하고 도가 학파를 얕잡아보았기 때문에 두태후는 갈수록 두영 등을 좋아하지 않았다. 건원 2년 (기원전 139)에 어사대부 조관이 황상에게 건의하여 동궁東宮⁵¹에 정사를 보고하고 지시받는 일을 중지할 것을 요청했다. 두태후는 크게 노하여 즉시 조관, 왕장 등을 파면하고 내쫓았으며, 이어서 두영과 전분의 승상과 태위 직무를 면직시켰다.⁵² 그러고는 백지후柏至侯 허창許昌을 승상으로 임명하고 무강후武彊侯 장청적莊青翟을 어사대부로 임명했다.⁵³ 이때부터 위기후 두영과 무안후 전분은 후작의 신분으로 집에서 한가하게 보내게 되었다.

전분은 비록 직무를 담당하지는 않았지만 왕태후의 동생이었기 때문에 여전히 황제의 총애를 받았으며, 여러 차례 황상에게 건의한 일이 받아들여졌다. 그리하여 권세와 이익을 쫓는 천하의 관리와 선비들이 모두 두영을 떠나 전분에게 의탁하여 아첨했고, 전분은 날이 갈수록 거만하고 방자해졌다. 건원 6년(기원전

---

51 동궁東宮: 호삼성이 말하기를 "한나라 장락궁이 동쪽에 있었고 태후가 기거했으므로 동궁이라 불렸으며 또 동조東朝라고도 한다"고 했다. 여기서 동궁은 두태후와 왕태후가 거주하던 곳이다. 무제가 즉위한 초기에는 명의상 왕태후가 칭제稱制를 했지만 실제적으로는 두태후(무제의 조모)의 권세가 컸다. '동궁에 정사를 보고하고 지시 받는 일을 중지할 것을 요청했다'는 것은 왕태후와 한 무제가 두태후의 권력을 뺏는 것이다.
52 "2년 겨울 10월, 어사대부 조관이 태황태후에게 정사를 보고하는 일을 중지하도록 황상에게 요청했다가 죄를 짓고 낭중령 왕장과 함께 하옥되었으며 스스로 목숨을 끊었다."(『한서』 「무제기」) "두영, 전분, 조관은 국가의 '삼공'이며 낭중령 왕장까지 더하면 조정의 책임자 네 사람이 일제히 파면된 것이다. 게다가 조관과 왕장은 하옥되어 자살했으니 이것은 조야를 몹시 놀라게 한 대정변으로, 한 무제는 '존유尊儒(유학 존중)'를 명분으로 삼았지만 실제로는 두태후에 대한 권력 탈취의 첫 번째 투쟁에서 실패한 것이다."(『사기전증』)
53 백지후柏至侯 허창許昌은 유방의 공신인 허온許溫의 손자다. 문제 15년(기원전 165)에 부친인 허록許祿의 작위를 계승하여 후가 되었다. 봉지는 백지현柏至縣인데 어느 지역인지는 상세하지 않다. 무강후武彊侯 장청적莊青翟은 유방의 공신인 장부식莊不識의 손자로 문제 후원 2년(기원전 162)에 부친인 장영莊嬰의 작위를 계승하여 후가 되었다. 봉지는 무강武彊(지금의 허난성 정저우 동북쪽)이다. 장청적은 무제 원정元鼎 2년(기원전 115)에 죄를 지어 자살했다.

135)에 두태후가 사망하고 승상 허창과 어사대부 장청적은 두태후의 장례를 잘 처리하지 못했다는 이유로 모두 면직되었다.[54] 무제는 전분을 승상으로 임명하고 대사농大司農 한안국韓安國[55]을 어사대부로 임명했다. 그리하여 천하의 선비와 각 군현의 군수, 각 제후국의 제후왕들은 더욱 전분에게 의지하기 시작했다.

무안후는 키가 작고 용모가 볼품없었으나 출생이 존귀했다. 또한 제후왕들이 대개 나이가 많았고[56] 무제는 막 즉위하여 나이가 어렸는데,[57] 자신은 외척 관계인데다[58] 조정의 승상이 되었기 때문에 예법으로 제후들을 매섭게 굴복시키지 않으면 천하 사람들이 복종하지 않을 것이라고 여겼다. 당시 전분이 입궁하여 황제에게 정사를 보고할 때는 무제와 함께 앉아서 해 그림자가 옮겨질 때까지 오랫동안 이야기를 나누었고, 황제는 그가 말하는 것은 모두 들어주었다. 그는 한가하게 집에서 지내던 어떤 이를 추천하여 단번에 2000석 관리에 앉히기도 했는데 황제의 권력이 그에게 옮겨진 듯했다. 그러자 무제가 말했다.

"그대의 관리 임명[59]이 아직 덜 끝났소? 나도 관리를 임명해보고 싶소."

54 "이들은 모두 열후의 신분으로 승상의 직위를 계승했지만 지나치게 소심하고 청렴하며 신중했고 인원수만 채웠을 뿐 어떠한 정치적 공적도 없고 명성을 세상에 드러냄 없이 한낱 평범한 승상을 담당했을 뿐이다"고 했다. "두태후가 '존유尊儒'를 폐지하고 두 사람을 발탁하여 승상과 태위로 임명했지만 두 사람은 본래 공적이 없었다. 두태후가 사망한 뒤 무제는 다시 '존유'를 내세우면서 두 사람을 파면했는데, 본래 두 사람은 죄가 없었다. 이때에 이르러 왕태후와 무제의 권력 탈취가 성공을 거두게 되고 '존유' 또한 승리를 거두게 된다."(『사기전증』)
55 대사농大司農: 구경 중의 하나로 전국의 조세 수입과 국가의 재정 지출을 관장했다. 대농령大農令이라고도 하며, 봉록은 중中2000석이다. "주수창이 말하기를 '대사농은 대농령이라 해야 하는데, 당시에는 아직 명칭을 바꾸지 않았다'고 했다."(『한서보주』) 한안국韓安國은 무제 시기의 교활한 관료로 자는 장유長孺이다. 한안국은 무제 건원 3년(기원전 138) 대농령이 되었고 건원 6년에 어사대부가 되었다.
56 여기서 나이가 많다는 것은 새로 즉위한 한 무제에 비해 그렇다는 것이다.
57 원문은 '부어춘추富於春秋'다. 안사고는 말하기를 "나이가 어린 것을 말한다. 연령이 바야흐로 오래 갈 것이므로 '부어춘추富於春秋'라고 말한 것이다"라고 했다.
58 원문은 '폐부肺腑'다. 수족手足, 골육骨肉을 말하는 것으로 친속 관계가 지극히 가깝다는 뜻이다. 그러나 『한서』에서는 '폐부肺附'라고 했다. 안사고는 말하기를 "옛 해석에서 폐부는 간과 폐 서로 붙어 있는 것과 같다고 했다"고 했다.
59 원문은 '제리除吏'다. 안사고는 말하기를 "무릇 제除라는 것은 옛 관직을 없애고 새로운 관직에 임명하는 것이다"라고 했다.

한번은 전분이 고공考工[60] 관서의 땅을 이용해 자신의 집을 늘려 짓기를 청하자, 무제가 화를 내며 말했다.

"그대는 어째서 나의 무기고를 갖겠다고 하지 않는가!"

이런 두 차례의 일이 있은 뒤 전분은 다소 조심하게 되었다. 전분이 집으로 손님을 초청해 술자리를 벌인 적이 있었는데, 자신의 형인 개후蓋侯 왕신王信[61]에게 남쪽을 향해 앉게 하고[62] 자신은 동쪽을 향해 앉았다.[63] 한나라 조정의 승상은 존귀한 신분이므로 자신의 형이라 해도 사사로이 낮은 자리에 앉아 굽혀선 안 된다고 여긴 것이다. 이후 전분은 더욱 교만하고 방자해져서 그가 지은 저택은 귀족 중에서 으뜸이었고, 그가 점유한 토지는 모두 가장 비옥한 곳이었으며, 그가 전국 군현에서 사들이는 각종 기물과 물품을 가져오는 자들의 왕래가 끊이지 않았다. 전당前堂에는 종과 북을 진열해놓고 곡전曲旃[64]을 꽂아놓았으며, 집의 뒷방에는 희첩들의 수가 100명을 헤아릴 정도였다. 각지의 제후들이 바치는 금, 옥, 개, 말, 노리개 등은 수를 헤아릴 수 없었다.

이에 반해 위기후 두영은 두태후가 죽은 뒤로 갈수록 황제와 소원해져서 중용되지 못했다. 그가 권세를 잃자 뭇 빈객들[65]은 점차 그를 멀리하거나 태만하고 오만하게 대했는데, 오직 관장군灌將軍만은 원래의 태도를 잃지 않았다. 두영은 실의에 빠져 즐겁지 않은 나날을 지내면서도 관장군만은 두텁게 대접했다.

---

60 고공考工: 소부少府에 속한 관서로, 국가의 기계 제조를 관장하며 장관은 고공령考工令이다.
61 왕신王信은 왕태후의 오빠로 무제의 외삼촌이다. 개후蓋侯(지금의 산둥성 이위안沂源 동남쪽)에 봉해졌다.
62 『한서』에서는 '북쪽'을 향해 앉았다고 기재하고 있다.
63 전국시대와 한나라 때 연회나 손님 접대 등 일상생활에서 동쪽을 향하는 것이 존귀한 것이고 남쪽으로 향하는 것이 그다음이다. 그러나 대청에 오르거나 전당에 앉을 때는 남쪽을 향해 앉는 것을 존귀한 것으로 여겼다.
64 곡전曲旃: 굽은 자루의 우산을 말한다. 우산은 만폭의 수놓은 비단을 이용하여 제작한 것으로 제왕이 현명하고 재능 있는 인사를 불러들일 때 사용했다.
65 원문은 '제객諸客(여러 빈객)'으로, 『한서』에서는 '제공諸公(사람들)'으로 기재하고 있다. 관장군灌將軍(관부灌夫)은 두영의 객이 아니기 때문에 '제공諸公'으로 보는 쪽이 타당하다.

관장군은 이름이 관부灌夫로 영음穎陰 사람이다. 그의 부친 장맹張孟은 일찍이 영음후穎陰侯 관영灌嬰 문하의 사인을 지냈으며, 관영의 총애를 얻어 발탁된 후 2000석 관직에 이르게 되자 관씨 성을 받아 관맹灌孟이라 했다. 오·초 칠국이 반란을 일으켰을 때 관영의 아들 영음후 관하灌何가 장군에 임명되어 태위 주 아부의 부하가 되자, 관하는 관맹을 교위로 삼아줄 것을 청했다. 이때 관부는 천인千人[66]의 신분으로 자신의 부친과 함께 출정했다. 당시 관맹은 나이가 많았는데 영음후 관하가 강력히 요청한 사실로 인해 침울하고 즐겁지 않았다.[67] 그래서 전투에서 항상 적들의 방비가 가장 견고한 진지를 공격하다가 끝내 오나라 군중에서 전사하고 말았다. 당시의 군법에 따르면 아버지와 아들이 모두 참전하여 한 명이 전사하면 다른 한 명은 영구를 호송하여 집으로 돌아갈 수 있었다. 그러나 관부는 부친의 영구를 따라 돌아가려 하지 않고 분개하며 말했다.

"오나라 왕이든 장군이든 목을 취해 부친의 원수를 갚게 해주십시오."

그리하여 관부는 갑옷을 입고 극을 쥐고는 군중에서 관계가 좋으며 함께 하기를 원하는 수십 명의 장사들을 소집했다. 그러나 보루 문을 나설 때까지 감히 나서는 자가 없었다. 단지 2명의 기병 그리고 관부가 집에서 데려온 노복 10여 명만이 그와 함께 오나라 군대의 진영 안으로 말을 타고 돌진했다. 오나라 장군의 지휘기 아래에 이르러 오나라 군사 수십 명을 죽이거나 상처 입혔다. 더 이상 전진할 수 없게 되어 복귀했는데, 한나라 보루로 돌아왔을 때 관부를 따랐던 10여 명의 노복은 모두 죽고 기병 한 명만 그와 함께였다. 이때 관부 자신도 10여 군데 큰 상처를 입었는데 마침 만금의 가치를 지닌 좋은 약이 있어 죽음을 면할 수 있었다. 상처가 조금 낫자 관부는 또다시 관하에게 요청했다.

---

66 천인千人: 1000명의 사병을 주관하는 무관직이다. "『한서음의』에 이르기를 '1000명을 주관하는 관직으로 후候, 사마司馬와 같다'고 했다."(『집해』) "변방의 군郡에는 도위都尉, 천인千人, 사마司馬, 후候를 설치했다."(『한의주漢儀注』) 「부근괴성열전」에는 '천인장千人將'이라는 표현이 있다.

67 "관맹의 나이가 많아 태위 주아부는 그를 임용하지 않으려 했으나 영음후 관하의 강력한 요청으로 쓰이게 되었으므로 관맹은 즐겁지 않았던 것이다."(『한서보주』)

"저는 이제 오나라 보루의 구조를 더 자세히 알게 되었으니, 다시 출전하도록 해주십시오."

관하는 그의 용기와 의기에 감복했지만[68] 그가 목숨을 잃을까 걱정되어 태위 주아부에게 상황을 보고했고, 주아부는 그의 출전을 제지했다. 오나라 군대가 패한 뒤 이 일로 관부의 명성이 천하에 전해졌다.

영음후 관하가 돌아와 경제에게 이러한 사실을 보고하자 경제는 관부를 중랑장으로 임명했다. 그러나 몇 달 뒤[69] 그는 법을 어겨 면직되었다. 이후 그는 장안으로 집을 옮겨 살았는데, 장안성 안의 공경들 중에 그를 칭찬하지 않는 사람이 없었다. 효경제 때 그는 다시 기용되어 대나라의 상이 되었다.[70] 효경제가 죽고 나서 지금이 황제(무제)가 막 즉위했을 때 회양淮陽을 강성한 군대가 주둔해야 할 천하의 교통 요충지로 여기고 관부를 회양 태수로 임명했다. 무제 건원 원년(기원전 140)에 관부는 조정으로 돌아와 태복太僕이 되었다. 건원 2년(기원전 139)에 관부는 장락위위長樂衛尉[71] 두보竇甫와 술을 마시게 되었는데 두 사람은 어떤 일로 다툼을 벌였고[72] 관부는 술에 취해 두보를 때렸다. 두보는 두태후와

---

68 원문은 '장의지壯義之'다. "장壯과 의義는 동사로 연용되어, 작전에 관한 그의 용기를 탄복하고 그의 효성스럽고 의기 있는 행동에 탄복한 것을 말한다."(『사기전증』) 『한서』에서는 '장이의지壯而義之'라고 기재하고 있는데, 이쪽이 더 타당해 보인다.

69 『한서』에서는 '수세數歲', 즉 몇 년 뒤라고 했다.

70 원문은 '孝景時, 至代相'이다. "진태복陳太僕이 말하기를 '관부가 처음에 교위가 되었다가 대나라 상에 이르기까지 모두 효경제 때의 일이다'라고 했다."(『사기지의』) 『한서』에서는 '효경제'가 생략된 채 "유시복위대상由是復爲代相(이 일로 다시 대나라 상에 임명되었다)"이라고 했다. 『한서』의 문장이 더 타당해 보인다. "대代는 한나라 군 명칭이며 또한 제후국 명칭이다. 도성은 지금의 허난성 위현蔚縣 동북쪽 지역이다. 경제 때의 대왕代王은 유참劉參(문제의 아들)의 아들 유등劉登이었다. 당시의 대왕은 태원군도 함께 다스렸으므로 도성은 지금의 산시山西성 평야오平遙 서남쪽 지역이다."(『사기전증』)

71 장락위위長樂衛尉: 장락궁長樂宮의 위위衛尉로 호위병을 통솔하여 궁전 방비를 관장했으며 구경에 속했다.

72 원문은 '경중부득輕重不得'으로 해석이 다양하다. "나카이 리켄은 말하기를 '경중輕重은 득실得失을 말하는 것과 같다. 저것은 옳고 이것은 그르다는 유형이다'라고 했다."(『사기회주고증』) 안사고는 말하기를 "예절의 경중을 말한다"고 했다. "진작이 말하기를 '술을 마시는데 경중이 균형에 맞지 않은 것이다'라고 했다."(『집해』) "언어 예절에 분수를 지키지 않았음을 가리킨다."(『사기통해』) "어떤 일에 대한 의

친형제 사이로, 무제는 두태후가 관부를 죽일까 염려하여 관부를 연나라 상[73]에 임명하여 이동시켰다. 몇 년 뒤 관부는 다시 법을 어겨 관직을 잃고 장안의 집에서 한가하게 지냈다.

관부는 사람됨이 강직하고 정직했지만 술을 마시면 화를 내는 주벽이 있었고 면전에서 아첨하는 것을 좋아하지 않았다. 황제의 친척이나 자신보다 지위가 높고 권력이 있는 사람들에게는 예절을 지키지 않고 그들을 업신여기고 모욕했지만, 자신보다 권력과 지위가 낮은 선비들에게는 빈천할수록 더욱 그들을 존중하고 평등하게 대했다. 그는 많은 사람이 모인 장소에서 자신보다 지위가 낮은 선비를 추천하고 칭찬했으며, 선비들 또한 그를 칭찬했다.

관부는 학문 탐구를 좋아하지 않고 의협심을 발휘하는 일을 좋아했으며 자신이 승낙한 말은 반드시 처리했다. 그가 교제하며 왕래하는 자들은 대부분 의협심이 강한 호걸[74] 아닌 자가 없었다. 그는 집안에 수천만의 금전[75]을 쌓아두었으며 문하의 식객은 날마다 수십 명에서 100명에[76] 달했다. 그의 집에는 큰 저수지와 비옥한 토지가 있었는데, 가족과 빈객들이 그의 세력에 기대어 권력과 이익을 다투며 영천군 안에서 제멋대로 날뛰었다. 그러자 영천군의 아이들이 이러한 노래를 불렀다.

"영수潁水[77]가 맑으면 관씨는 평안하고, 영수가 혼탁하면 관씨는 멸족되리라."

견이 같지 않음을 말한 것이다."(『사기전증』) 즉 대화 중에 의견의 불일치로 인한 다툼, 지켜야 할 예절에 대한 다툼, 술을 많이 마셔서 충돌이 발생한 것 등으로 해석하고 있다. 역자는 두 사람이 술을 마시다가 예절 문제 혹은 다른 어떤 일로 말싸움을 벌이다 폭행으로 이어진 것으로 판단했다. "오견사吳見思가 말하기를 '관부의 주사 사건을 서술하면서 발단의 복선을 깔고자 한 것이다'라고 했다."(『사기전증』)
73 경제 때의 연나라 왕은 유방의 공신이었던 유택劉澤의 손자 유정국劉定國이었다.
74 원문은 '호걸대활豪桀大猾'이다. "모종의 의협심이 강한 기질을 가지고 있는 지방 유지를 가리킨다."(『사기전증』) '활猾'을 '간사한 사람'의 의미로 보아 '대활大猾'을 '교활하고 간사하기로 유명한 사람'으로 해석하기도 하는데, 문맥상 타당하지 않다.
75 동전 단위의 금전이다.
76 원문은 '수십백인數十百人'이다. 안사고는 말하기를 "80, 90명 혹은 100명을 가리킨다"고 했다.
77 영수潁水: 허난성 덩평登封 숭산嵩山 서남쪽에서 발원하여 동남으로 흘러 안후이성 잉상潁上 동

관부의 집은 비록 부유했지만 세력을 잃었기 때문에 그와 왕래했던 경상卿相, 시중侍中 같은 고귀한 신분의 빈객들이 갈수록 줄어들었다. 위기후 두영은 세력을 잃은 후 관부에 의지했으며, 평소 자신을 경모하여 의탁하다가 자신이 권세를 잃은 뒤 떠나버린 자들을 먹줄로 목재를 바로잡고 목재의 뿌리를 도끼로 찍어 깎아내듯이 징벌하려고 했다. 관부 또한 두영에 의지해 열후와 종실 같은 부류의 대귀족과 교제하며 명성을 드높이려고 했다. 두 사람이 서로 이끌어주고 존중하는 관계[78]가 마치 아버지와 아들 같았는데, 둘은 크게 기뻐하여 싫증내지 않았으며 서로를 늦게 안 것을을 한스러워하기까지 했다.

한번은 관부가 상복을 입는 기간[79]에 승상 전분의 집을 방문한 적이 있었다. 승상은 아무 생각 없이 말했다.

"나는 중유仲孺[80]와 함께 위기후를 만나려 했는데, 공교롭게도 중유는 상중이군요."

관부가 말했다.

"장군께서[81] 위기후의 집을 왕림하시는데 제가 어찌 감히 상복을 입었다고 사양하겠습니까! 제가 위기후에게 술자리를 준비하도록 알리겠습니다. 장군께서는 내일 아침 왕림하십시오."

전분이 승낙하자 관부는 서둘러 두영의 집으로 가서 전분과 나눈 말을 상세히 전했다. 두영은 아내와 함께 술과 고기를 더 많이 사서[82] 준비하고 한밤중에

남쪽에서 회하淮河로 유입되는 강이다.
78 "두영은 상층 사회에 영향력의 근원이 있고 관부는 자산과 무력 세력이 있어서 피차 도움을 빌리고 장점으로 단점을 보완하는 것이다."(『사기전증』)
79 "『문선文選』에 따르면 옹거應璩의 「여만공염서與滿公琰書」의 이선李善 주석에 '이때 관부는 자신의 누이의 복상 중이었다'고 했다."(『사기전증』)
80 "관부는 자가 중유仲孺다."(『한서』)
81 "심흠한이 말하기를 '전분은 승상인데 그를 장군이라고 부르니 『사기』의 논박 문장이다'라고 했다."(『한서보주』)

청소를 하여 새벽이 되어서야 연회 준비를 마쳤다.

날이 밝자 두영은 사람을 보내 살펴보다가 승상이 보이면 즉시 통보하게 했다. 그러나 정오가 되도록 전분은 오지 않았다. 두영이 관부에게 말했다.

"승상이 잊어버린 것은 아니오?"

관부도 불쾌해하며 말했다.

"저는 상복을 입고서 그를 초청했습니다. 그가 오지 않고 있으니 제가 다시 가봐야겠습니다."[83]

그리하여 수레를 타고 직접 전분을 맞이하러 갔다. 그러나 전분은 전날 관부에게 농담으로 허락했을 뿐 실제로는 갈 생각이 없었다. 관부가 그의 집에 이르렀는데 전분은 아직 잠자리에 누워 있었다. 관부가 들어가서 전분에게 말했다.

"어제 장군께서 다행히 위기후 집을 방문하겠다고 승낙하셨기에 위기후 부부는 술자리를 준비해놓고 새벽부터 지금까지 감히 식사도 못하고 있습니다."

전분은 깜짝 놀라 사과하며 말했다.

"내가 어제 술에 취해 중유와 한 말을 잊었소."

이에 수레를 타고 가는데, 가는 길이 더디자 관부는 더욱 화가 났다. 두영의 집에서 모두 술을 마시는데 한참 달아올랐을 때 관부가 자리에서 일어나 춤을 춘 다음 전분에게 이어서 추도록 권했다.[84] 전분이 자리에 앉은 채 일어나려 하지 않자 관부는 자기 자리에 앉아 비꼬면서 헐뜯었다. 두영은 관부를 부축해 일으켜 나가게 한 다음 관부를 대신해 전분에게 사과했다. 전분은 밤늦도록 술을 마시며 한껏 즐기다 돌아갔다.[85]

---

82 원문 '익시益市'다. 현재 집에 갖춘 것 외에 더 많이 구매하는 것을 말한다.
83 원문은 '의왕宜往'으로, 일부 번역본에서 '마땅히 왔어야 한다'로 번역한 것은 잘못이다. '지금까지 그가 오지 않고 있으니 내가 마땅히 다시 가봐야겠다'는 뜻이다. 한편 『한서』에서는 '불의不宜'로 기재하고 있다. 이에 대해 안사고는 말하기를 '그는 마땅히 잊어버리지 않았다'라고 해석했다.
84 옛사람들은 연회 때 춤을 이어서 추는 방식을 즐겼다.
85 "동빈이 말하기를 '여기서 "늦은 밤까지 술을 마시며 한껏 즐기다"라고 했는데, 낄낄 웃는 것은 눈

한번은 전분이 적복을 시켜 두영에게 성 남쪽 밭을 달라고 요구했다. 두영은 크게 원망하며 말했다.

"비록 늙은 노복이 조정으로부터 버림을 받았고 장군은 존귀한 신분이라지만, 어찌 권세에 의지해 내 땅을 빼앗을 수 있겠소!"

그러고는 허락하지 않았다. 관부는 이 말을 듣고 화를 내며 적복을 욕했다. 적복은 두 집안 사이에 틈이 생기는 것을 원치 않았기에 슬며시 듣기 좋은 말로 사양하며 전분에게 말했다.[86]

"위기후는 늙어서 얼마 살지 못하고 죽을 것이니, 조금만 참고 있다가 그가 죽으면 다시 말씀하시지요."

얼마 지나지 않아 전분은 원래 두영과 관부가 화를 내며 밭을 주지 않았다는 사실을 알고, 그도 화를 내며 말했다.

"위기후 아들이 사람을 죽이고 죄를 지었을 때 내가 그의 목숨을 구해줬다. 내가 위기후를 섬길 때 그가 요구한 것을 만족스럽지 않게 해준 적이 없는데, 어떻게 지금 그는 몇 경頃[87]의 밭을 아까워한단 말이냐? 뿐만 아니라 이 일이 관부와 무슨 관계가 있다고 참견한단 말이냐? 내 다시는 그에게 밭을 요구하지 않겠다!"

전분은 이 일로 관부와 두영을 크게 원망했다.

원광元光[88] 4년(기원전 131) 봄, 전분은 황제에게 관부의 가족이 영천에 살고

초리가 찢어지도록 몹시 화가 난 것을 말하는데 두영과 관부는 줄곧 깨닫지 못하는구나!'라고 했다." (『사기평림』)

86 "「계포난포열전」에서 '계심季心은 관부灌夫와 적복籍福 등을 동생처럼 돌보았다'고 했다. 그렇다면 적복 또한 유협의 무리이므로 자못 분쟁을 해결하려는 뜻이 있는 것이다."(『한서보주』)

87 경頃: 토지 면적 단위. 1경頃은 100묘畝이고, 1묘는 대략 667평방미터다.

88 원광元光: 무제의 두 번째 연호(기원전 134~기원전 129). "서광이 말하기를 '이것은 3년으로 의심된다'고 했다."(『집해』)

있는데 그들의 횡포가 심해 백성이 크게 고통 받고 있다고 폭로하면서 조사할 것을 요청했다. 무제가 말했다.

"이것은 승상인 그대 권한의 일이니, 내게 요청할 필요가 없소."

관부 또한 전분의 약점을 잡았는데, 나쁜 짓을 저질러 사사로운 이익을 도모하고[89] 회남왕으로부터 뇌물을 받는 등 말해서는 안 되는 것들이었다. 그리하여 두 집안의 빈객들이 중간에서 조정하여 피차 상호 비방을 중지하고 잠시 화해했다.

그해 여름 전분이 연나라 왕의 딸을 아내로 맞아들이자[90] 태후가 열후와 종실들에게 모두 가서 축하하도록 조서를 내렸다. 두영은 관부에게 들러 함께 가려고 했다. 관부가 사양하며 말했다.

"저는 여러 차례 술에 취해 실언하여 승상에게 죄를 진데다, 근래에 또 승상은 제게 원한까지 있는 것 같습니다."

두영이 말했다.

"그 일은 이미 해결되었소."

그러고는 억지로 관부를 끌고 함께 갔다. 연회에 참석한 사람들이 한창 술기운이 달아올랐을 때 전분이 일어나서 술을 권하자 자리에 있던 사람들이 모두 자리에서 벗어나 바닥에 엎드렸다.[91] 잠시 후 두영도 일어나 술을 권했는데, 이번에는 그의 오랜 친구들만이 자리를 벗어났을 뿐 나머지 절반 정도의 사람들은 모두 무릎을 붙인 채 자리에서 벗어나지 않았다.[92] 관부는 불쾌하게 여겼다.

---

89 「한안국열전」에 전분이 한안국으로부터 500금 가치의 예물을 받고, 왕회王恢로부터 천금의 뇌물을 받고 태후에게 말해준 것이 모두 사사로운 이익을 도모한 일들이다'라고 했다."(『한서규관』)

90 연나라 왕은 유정국劉定國(재위 기원전 151~기원전 128)을 가리킨다. 부친 유가劉嘉의 작위를 계승하여 연왕이 되었다. 안사고는 말하기를 "연나라 왕 유택의 아들 강왕康王 유가劉嘉의 딸이다"라고 했는데, 『사기전증』에서는 안사고의 의견이 틀렸다고 했다.

91 옛사람들은 술을 권할 때 축복의 말을 한 다음 스스로 한 잔을 마셨다. 앉아 있는 사람들이 자리를 벗어나 엎드리는 것은 술을 권하는 자에게 경의를 표하는 예절이다.

92 자리에서 벗어나지 않고 몸을 약간 숙인 채 술을 받은 것이다.

이에 일어나 사람들에게 술을 따라주며 전분 앞에까지 이르렀다. 전분은 무릎을 자리에 붙이고 몸만 세운 채 말했다.

"잔을 가득 채우면 마실 수 없소."

관부는 화가 났지만 억지로 웃으면서 말했다.

"장군께서는 귀한 분이시니 잔을 비우시지요!"

전분은 끝내 마시지 않았다. 이어서 관부가 순서에 따라 술을 권하는데 임여후臨汝侯[93] 앞에 이르렀을 때 마침 임여후는 정불식程不識[94]과 귓속말을 하고 있었고, 또 자리에서 벗어나지도 않았다. 관부는 분풀이할 곳이 없던 차에 임여후에게 욕설을 퍼부었다.

"평상시에는 정불식을 한 푼의 가치도 없는 사람이라고 헐뜯더니, 오늘 어른이 네게 술을 권하는데 계집애처럼 소곤소곤 귓속말을 하느냐!"[95]

이 말을 들은 전분이 관부에게 말했다.

"정불식과 이광李廣은 모두 동궁東宮과 서궁西宮의 위위衛尉를 담당하고 있소.[96] 지금 그대가 사람들 앞에서 정장군을 모욕하는데, 중유는 어찌하여 이장군의 체면을 세우지 않소?"

관부가 말했다.

"오늘 목이 베이고 가슴이 뚫리는 것도 두렵지 않은데, 어찌 정불식이나 이광을 돌아보겠소!"

앉아 있던 사람들이 일어나 측간에 가는 척하면서[97] 한 명씩 슬그머니 빠져

93　임여후는 유방의 공신인 관영灌嬰의 손자 관현灌賢을 말한다.
94　정불식은 무제의 명장으로 당시 장락궁 위위衛尉였다.
95　"서삭방徐朔方이 말하기를 '관부가 임여후 관현을 욕한 것은 이 사람을 가리키면서 저 사람을 욕하는 것으로, 관부는 관현과 일가 형제라고 말할 수 있다'고 했다."(『사기전증』)
96　당시 이광은 황제가 거주하는 서궁(미앙궁)의 위위였고, 정불식은 태후가 거주하는 동궁(장락궁)의 위위를 담당하고 있었다. 두 사람은 동료이므로 전분은 정불식을 위해 이광을 거론한 것이다. 이광李廣은 농서隴西 성기成紀(지금의 간쑤성 징닝靜寧 서남쪽) 사람으로 말타기와 활쏘기를 잘했다.
97　원문은 '경의更衣(옷을 갈아입다)'다. "손님과 주인이 서로 만났는데, 더러운 일을 말해서는 안 되

나갔다. 두영도 일어나서는 관부를 손짓으로 불러 함께 나갔다. 이때 전분이 마침내 화를 내며 말했다.

"이것은 모두 내가 관부를 교만하고 방자하게 만든 죄다."

그러고는 수하 기사騎士에게 관부를 잡아 가두게 했다. 관부는 나가려고 했지만 나갈 수가 없었다. 적복이 일어나 관부를 대신해 사죄하고 관부의 목을 눌러 전분에게 사죄시키려 했다. 그러나 관부는 더욱 화를 내며 사죄하려 하지 않았다. 전분은 기사들을 지휘하여 관부를 포박해 전사傳舍에 가두게 하고, 장사長史를 불러 말했다

"오늘 내가 종실들을 초청한 것은 태후의 조서를 받든 것이다."[98]

그러고는 장사에게 관부가 이렇게 빈객들에게 욕설을 한 것은 태후의 명령을 공경하지 않는 것이라며 탄핵하게 하고 관부를 거실居室[99]에 구금시켰다. 이어서 전분은 관부가 이전에 저질렀던 각종 범죄 행위를 철저히 추적 조사하고 관리들을 여러 조로 나누어 관부의 방계 친속들까지 모조리 체포하게 한 뒤 모두 기시棄市의 죄로 판결했다. 두영은 관부에게 몹시 미안하고 부끄러운 마음에 돈을 써서[100] 빈객들로 하여금 사정하도록 했지만 해결할 수 없었다. 이때 전분의 부하 관리들은 모두 전분의 귀와 눈이 되어 관부의 무리를 조사하여 체포했고, 체포되지 않은 관씨의 종족들은 모두 도망쳐 숨어버렸으며 관부 자신도 감옥에 구금되어 황상에게 전분의 내밀하고 불법적인 일을 고발할 도리가 없었다.[101]

기 때문에 측간에 가는 것을 모두 '옷을 갈아입다'라고 평계 삼아 말하는 것이다."(『사기회주고증』)

98 왕선겸이 말하기를 "전분이 '종실들을 부른 것은 태후의 조서를 받든 것이다'라고 말한 것은 관부를 불경죄로 다스리기 위한 것이다"라고 했다.

99 거실居室: 죄를 지은 관원을 구금시키는 장소로 소부少府에 속했으며 후대에는 보관保官이라고도 했다.

100 원문은 '위자爲資'다. "여순이 말하기를 '자금을 대주고 남을 시켜 관부를 위해 변호하게 하는 것이다'라고 했다."(『집해』) 그러나 안사고는 말하기를 "여순의 말은 틀렸다. 자資는 토지를 말하는 것이지 재물이 아니다"라고 했다. 왕선겸은 "『예기』 「표기表記」 주석에 '자資'는 '모謀'라고 했다. 관부를 위해 도모하는 것으로 빈객을 시켜 전분에게 요청하는 것이다"라고 했다. 역자는 여순의 견해에 따랐다.

101 "태사공은 여기에서 관부에 대한 유감과 안타까움의 정을 숨김없이 드러냈다."(『사기전증』)

두영은 적극적으로 관부를 구원하려 했다. 그의 부인이 그에게 권하며 말했다.

"관장군은 승상에게 죄를 짓고 태후 집안의 친척들을 거슬렀는데 어떻게 구할 수 있겠습니까?"

두영이 말했다.

"후侯 작위는 나 스스로 얻은 것이니 그것을 잃는다 하더라도 유감이 없소.102 그러나 관중유 혼자 죽게 하고 나만 살 수는 없소."

그러고는 집안사람들을 속이고103 몰래 나가서 황제에게 글을 올렸다. 무제가 즉시 그를 궁으로 불러들이자, 두영은 관부가 술에 취해 사람들에게 욕한 일을 자세히 보고하고 죽음에 처할 정도의 죄가 아니라고 했다. 무제는 그의 생각에 동의하고는 두영에게 음식을 하사하면서 말했다.

"동조東朝104에 가서 이 사건을 사람들 앞에서 분명하게 변론하시오."

두영은 동조로 가서 힘껏 관부의 장점을 칭찬하고는 그가 이번에 술에 취해 잘못을 저질렀는데 승상이 도리어 다른 일을 가지고 그를 모함하여 죄를 다스리려 한다고 말했다. 그러자 전분 또한 관부의 행동이 흉포하고 방자한데다 대역무도한 죄를 저질렀다고 비난했다. 두영은 이렇게 해서는 소용이 없을 것이라 생각하여 전분의 단점을 들추어냈다.105 그러자 전분이 말했다.

102　안사고는 말하기를 "단지 작위만 잃는 것에 불과할 따름이라는 말이다"라고 했다. "두영은 이 일은 기꺼해야 후의 작위를 잃는 것에 불과하며 절대로 죽음에 이르지는 않을 것이라 여겼다. 또한 유감이 없다는 것은 선조 때부터 전해 내려온 것을 잃지 않기 때문이다."(『사기전증』)

103　"진작이 말하기를 '그의 부인이 다시 제지할까 두려워한 것이다'라고 했다."(『집해』)

104　동조東朝: 동궁東宮의 조정으로, 태후의 면전을 말한다.

105　"말투를 바꿔 전분에 대한 인신공격을 하는 것이다. 이광진李光縉은 오국륜吳國倫의 말을 인용하여 '관부는 구금되어 있어 전분의 은밀하고 불법적인 일을 말할 수 없었으나, 두영은 동궁의 조정에서 변론하면서 어째서 끝내 그것을 말하지 않았는가? 훗날 무제가 회남왕의 일(회남왕이 전분에게 뇌물을 준 일)을 듣고는 전분을 멸족시키지 못한 것을 한스러워하는 것을 보면, 두영이 그것을 말하지 않은 것은 실책이다. 그렇지 않다면 어찌하여 관부를 구원하고자 하면서 모두 말하려 하지 않았는가?'라고 했다. 또 귀유광歸有光의 말을 인용하여 말하기를 '두영이 승상의 단점을 말하면서 회남왕의 일을 언급하지 않은 것은 무엇 때문인가? 어째서 두영은 장자이면서 이 말을 차마 꺼내지 못했는가? 이 때문에 군자는 왕왕 소인에 의해 곤경에 처한다'라고 했다."(『사기전증』)

"지금 다행히 천하가 태평무사하며 신은 황상의 친척이 되었지만 좋아하는 것은 음악과 개와 말과 밭과 집이며, 신이 아끼는 사람은 노래 부르고 춤추는 광대와 솜씨가 뛰어난 장인의 무리입니다. 신은 위기후나 관부처럼 밤낮으로 호걸과 장사들을 불러 모아놓고 온종일 남의 장단점을 논하며 흥이나 보고 조정에 불만을 품고 비난하지는 않습니다. 그들은 고개 들어 천문 현상을 살피지 않으면 고개 숙여 지리를 그리며,[106] 또한 눈을 흘겨 동·서 두 궁의 동정을 은밀하게 엿보면서[107] 천하에 어떤 변고가 발생한 틈을 타 큰 공을 세우기를 기대하고 있습니다.[108] 신은 진실로 위기후 등이 무엇을 하려는지 모르겠습니다."

무제는 조정의 신하들에게 물었다.

"그대들이 보기에 두 사람 중에 누구 말이 옳소?"

어사대부 한안국韓安國이 말했다.

"위기후가 '관부는 부친이 국가를 위해 전사했을 때 극을 잡고 말을 달려 예측할 수 없는 오나라 군영 속으로 돌진해 들어가 몸에 수십 군데 상처를 입음으로써 명성이 삼군三軍에서 으뜸이었으니, 이는 천하의 장사입니다. 큰 죄를 지은 것도 아니고 술자리에서 잔을 돌리다 생긴 작은 다툼인데 다른 잘못을 끌어다 그를 죽음에 처하게 할 수는 없습니다'라고 말했는데, 그의 말이 맞습니다. 승상 또한 '관부는 간사한 무리와 교제하며 평민 백성을 침해하고 집에는 수억[109] 재산을 쌓아두고 영천군에서 횡포를 부리며 날뛰고 종실을 모욕하고 황상의 골육을 침범했으니, 이것은 속담에서 말하는 나뭇가지가 나무줄기보다 크고

---

106 "장안이 말하기를 '하늘을 보는 것은 삼광三光(해, 달, 별)을 점치는 것이다. 지리를 그리는 것은 분야分野(하늘에서 발생하는 천문 현상에 대응되는 땅의 구역)의 위치를 알려는 것이다. 땅을 그리는 것은 모반을 일으키려 하는 것을 비유한다'고 했다."(『집해』)

107 "장안이 말하기를 '태후와 황제의 길흉 기간을 점치는 것이다'라고 했다."(『집해』)

108 "찬瓚은 말하기를 '천하에 변고가 발생하는 것은 천자가 붕어하는 것이고, 반란이 일어났을 때를 틈타 큰 공을 세우는 것을 말한다'고 했다."(『집해』)

109 원문은 '거만巨萬'이다. '대만大萬'이라고도 하고 지금의 '억億'을 말한다. 단위는 동전이다.

종아리가 넓적다리보다 크면 부러지지 않으면 갈라진다는 말과 같습니다'라고 했는데, 승상의 말도 맞습니다. 청컨대 영명한 황상께서 결정해주십시오."

주작도위主爵都尉 급암汲黯[110]은 두영의 의견이 옳다고 했다. 내사內史 정당시鄭當時[111]는 두영이 옳다고 했다가 나중에는 의견을 견지하지 못했다. 나머지 사람들은 모두 감히 발언하지 못했다. 무제는 화를 내며 정당시에게 말했다.

"그대는 평소에 여러 차례 위기후와 무안후의 장단점을 말하더니 오늘 조정에서 의론할 때는 수레 끌채 아래에서 수레를 끄는 망아지처럼 두려워하며 움츠린 채 감히 직언을 하지 못하고 있다![112] 내 너희 모두를 죽이겠다."

무제는 말을 마치고 일어나 내실로 들어가서는 태후를 모시고 식사를 했다.[113] 이때 태후 또한 이미 사람을 보내 변론의 정황을 엿듣게 했고, 엿들은 사람으로부터 상세하게 보고를 받자 태후는 화를 내며 밥을 먹지 않고 무제에게 말했다.

"지금 내가 살아 있는데도 사람들이 이렇게 감히 내 동생을 짓밟으니, 내가 죽은 뒤에는 그들 모두가 내 동생을 생선이나 고기처럼 제멋대로 잘라낼 것이오. 게다가 황제께서는 돌로 만든 사람처럼 조금도 동요하지 않는 것이오?[114] 지

---

110 주작도위主爵都尉: 열후와 봉작의 사무를 주관하는 관직으로 봉록은 2000석이다. 급암汲黯은 자가 장유長孺인데 무제 때 직언을 하는 신하로 유명하며 사마천이 칭송한 인물이다.
111 정당시鄭當時는 빈객을 좋아하고 정직하며 간언하기로 유명했다.
112 원문은 '원하구轅下駒(수레 끌채 아래에서 수레를 끄는 망아지)'으로, 좌우의 제약을 받아 자유로울 수 없음을 비유한 것이다. "무제는 그의 모친과 전분의 횡포와 방자함에 불만이 있어 대신들의 여론을 빌려 그들을 탄압하고자 했지만, 결국 사람들이 감히 말하지 못하자 무제는 정당시를 향해 화를 낸 것이다."(『사기전증』)
113 원문은 '상식태후上食太后'다. '상식上食'은 효도를 나타내는 것으로, 왕선겸이 말하기를 "황제가 태후에 대한 효도로 상식上食의 예가 있다"고 했다.
114 원문의 '석인石人'에 대한 해석은 두 가지 견해가 있다. 첫 번째는, 석인은 감정이 없고 상황에 대해 무관심하고 아무런 동요도 하지 않음을 말한다. 안사고는 말하기를 "다만 인형만 있을 뿐 좋고 나쁨을 알지 못하는 것을 말한다"고 했다. 두 번째는, 천년만년 오래도록 존재하는 것을 말하는데, 안사고는 다른 견해도 있다는 것을 소개하며, "일설에는 석인을 항상 존재하며 죽지 않는 것을 말한다고도 한다"고 했다. "황제가 석인처럼 오래도록 존재하지 못함을 말한 것이다"(『색인』) "무제의 뜻은 본래 무안후에 있지 않고 특별히 태후 때문이므로 자신이 결정을 내리지 않고 군신들을 빌려 조정에서 변론하는 말로 부추기려 한 것이다. 태후 또한 무제의 뜻을 알고 있으므로 석인이라 책망함으로써 무제 자

금 황제께서 살아 계신데도 군신들이 이처럼 평범하고 무능하며 움츠리는데,[115] 황제께서 돌아가신 후에도 이 사람들을 신뢰할 수 있겠습니까?"

황제가 사죄하며 말했다.

"그들 모두 종실 외척이므로[116] 조정에서 공개적으로 변론하게 한 것입니다. 친척이 아니었다면 이것은 한낱 옥리가 판결할 일일 따름입니다."

이때 낭중령 석건石建이 단독으로 무제에게 두영과 전분의 상황을 나누어 분석해줬다.[117] 전분은 조정에서 물러나 지거문止車門[118]을 나선 뒤 어사대부 한안국을 불러 함께 수레를 타고 가면서 화를 내며 말했다.

"나는 장유長孺(한안국의 자)와 함께 한 늙은이[119]를 상대하려 했는데, 그대는

신이 주장하지 않고 군신들에게 물어서는 안 된다고 말한 것이다. 아래 문장에 황제가 '그들 모두가 종실 외척이기 때문에 조정에서 공개적으로 변론하게 한 것입니다'라고 해명하는 것이 이를 증명한다. 안사고의 견해가 옳다."(『한서규관』) 역자는 안사고의 견해에 따라 '무관심하고 아무런 동요도 없다'는 의미로 번역했다.

115 원문은 '즉녹녹卽錄錄'으로, 두 가지 해석이 있다. 안사고는 말하기를 "녹녹錄錄은 무리를 따르는 것을 말한다"고 했다. "감정도 없고 자기주장도 없는 상태로 무제를 가리킨다."(『사기전증』) 한편 '평범하고 움츠리는 모양'으로, 군신群臣을 가리키는 것으로 해석하기도 한다. 역자 또한 '군신'을 말하는 것으로 해석했다.

116 "이 구절은 종실이 외척을 가리킬 수 없다는 것을 반증하는, 즉 외척 또한 종실이라 할 수 있다는 주장의 유력한 증거가 될 수 있다."(『사기전증』)

117 석건石建은 만석군萬石君 석분石奮의 아들이다. "석건은 낭중령을 담당했을 때 황상에게 말을 해야 할 일이 있으면 다른 사람이 없는 때에 황상에게 거리낌 없이 설득했는데 그 말이 매우 절절했다. 황상은 그를 매우 친근해하고 존중했다"(『만석장숙열전』) "사람들 앞에서 의론을 발표하지 않고 배후에서 단독으로 무제에게 관점을 표명하니, 이와 같아야 죄인이 되지 않는다. 관부와 두영의 죽음은 석건의 작용이 매우 컸다. 모곤은 말하기를 '석건이 나누어 말한 내용을 상세하게 기재하지는 않았지만 대략 무안후를 편들었다'고 했다."(『사기전증』)

118 지거문止車門: 궁궐의 바깥문으로, 군신들은 이 문 앞에 이르면 수레를 타고 궁으로 들어갈 수 없었다.

119 원문은 '노독옹老禿翁'으로, 늙은이를 뜻한다. 누구를 지목한 것인지에 대한 견해가 다르다. "고염무가 말하기를 '너와 나는 모두 늘그막으로 아낄 만한 것이 없으니 마땅히 직언으로 이 일을 결정해야 함을 말한다'고 했다."(『사기회주고증』) 이는 전분과 한안국을 말하는 것으로 해석한 것이다. 한편 두영을 가리키는 것으로 보기도 한다. "함께 늙은이를 다스린다는 말로 두영을 가리킨다."(『색은』) "복건이 말하기를 '독옹은 두영에게 관직과 봉호가 없음을 말한다'고 했다."(『한서보주』) "진직陳直이 말하기를 '이 당시 전분은 장년이므로 노독옹이라 할 수 없다. 『색은』의 견해가 맞다'고 했다."(『사기회주고증』)

어찌하여 구멍에서 머리만 내민 쥐처럼 우물쭈물 결단을 내리지 못했소?"[120]

한안국은 한참 침묵하고 있다가 전분에게 말했다.

"어찌하여 생각을 할 줄 모르십니까? 위기후가 승상을 헐뜯을 때는 마땅히 관을 벗고 인수印綬를 풀어 황상께 돌려드리면서 '신은 황상의 친척이기에 요행으로 승상을 맡았지만[121] 본래 이런 중임을 감당할 수 없었습니다. 위기후의 말이 모두 옳습니다'라고 말해야 했습니다. 이렇게 한다면 황제께서는 승상의 겸양을 칭찬했지 절대로 지위를 박탈하지 않았을 것입니다. 위기후 또한 틀림없이 속으로 부끄러워하며 돌아가 문을 닫고 혀를 깨물어 자살했을 것입니다. 지금 남이 승상을 비방한다고 하여 승상 또한 남을 헐뜯으니, 장사꾼과 아낙네들이 말다툼하는 것과 같습니다. 어찌하여 이토록 신분을 돌아보지 않습니까!"

전분이 사과하며 말했다.

"당시에는 말다툼하느라 급급해 그런 생각은 하질 못했소."

무제는 어사를 시켜 문서에 기재된 죄에 근거하여 두영을 문책하게 했는데, 그가 말한 관부의 정황이 사실에 부합하지 않으며 황상을 기만했다고 보고했다.[122] 그리하여 두영은 탄핵되었고 또한 도사공都司空의 감옥에 구금되었다.[123] 효경제가 살아 있을 때 두영은 효경제의 유조遺詔[124]를 받았는데, '어떤 불리한

역자는 두영을 가리키는 것으로 번역했다.

120 원문은 '수서양단首鼠兩端'이다. "나카이 리켄이 말하기를 '쥐가 구멍을 나오면 반드시 머리를 좌우로 돌려보므로 양단兩端으로 비유한 것이다'라고 했다."(『사기회주고증』)

121 원문은 '득죄待罪'로, 관리가 직무를 담당하게 된 것에 대한 겸손한 표현이다. 자신의 능력으로는 맡은 일을 감당할 수 없어 장차 죄를 짓게 될 것이라는 뜻이다.

122 "곽숭도가 말하기를 '관부가 영천군에서 횡포하고 방자하게 행동한 것은 사실인데 위기후는 관부가 술에 취해 잘못을 저질렀다고 말하니, 서로 부합되지 않아 황상을 기만했다고 말하는 것이다'라고 했다. 무제의 태도 변화는 왕태후의 압력과 관련이 있으며, 또한 석건이 배후에서 따로 나누어 말한 것도 관련이 있다."(『사기전증』)

123 도사공都司空: 종정宗正에 소속된 관서로 조옥詔獄(고관에게 죄가 있을 경우 황제가 조서를 내려 구금시킬 수 있는 사건 또는 황제가 직접 관장하는 감옥)을 관장했다.

124 유조遺詔: 황제가 붕어할 때 후인들을 위해 남긴 유서, 유언 등을 말한다.

상황이 발생했을 때 황상에게 직접 상주하라'는 내용이 있었다. 두영은 구금되고 관부는 멸족될 위기에 처했으나 대신들 중 누구도 감히 황상에게 진상을 명확히 설명해주는 자가 없었다. 이때 두영은 자신의 조카를 통해 황제에게 글을 올려 유조의 일을 설명하고 다시 황상을 만나고자 했다. 상주문이 전달되자 무제는 상서尙書[125]에 사람을 보내 문서를 열람하게 했으나 경제[126]가 두영에게 줬다는 유조가 발견되지 않았다. 한 부의 조서만이 두영의 집에 보관되어 있었는데, 그의 가승家丞[127]이 봉인하여 보관하고 있었다. 그러자 전분 등은 두영이 선제의 유조를 위조했다고 탄핵하고[128] 기시 형벌을 판결했다. 원광 5년(기원전 130) 10월, 관부와 그의 가족이 모두 처형되었다.[129] 그로부터 한참 지난 뒤 두영은 감옥에서 소식을 듣고 분노하여 중풍에 걸렸고, 음식을 끊고 스스로 죽으려 했다. 그러나 누군가로부터 황상이 두영을 죽일 생각이 없다는 말을 듣고는 음식을 먹기 시작했고 병을 치료했다. 과연 조정에서는 두영을 죽이지 않기로 결정했다. 그러나 다시 그를 헐뜯는 말이 황상에게 전해졌고,[130] 그리하여 12월

---

125 상서尙書: 전국시대 때 시작된 관직으로, 진나라 때는 소부少府의 속관이었다. 무제 때 황권이 높아지면서 상서가 황제 주변의 사무를 처리하고 상주문을 관장했다. 한 성제 당시 상서 5인으로 구성되어 부서가 나뉘었으며 수장은 상서령尙書令이고 보좌는 상서복야尙書僕射다. 후한 때에는 정식으로 황제의 정무 처리를 돕는 관원으로 6인으로 구성되었다. 봉록은 600석이고, 지위는 령·복야보다는 낮고 승·낭보다는 높았다.

126 원문은 '대행大行'으로, 죽은 지 얼마 안 되어 시호가 결정되지 않은 황제·황후를 대행이라 한다. 여기서는 경제를 가리킨다.

127 가승家丞: 열후를 위해 가사를 관리하는 관원.

128 "이자명李慈銘이 말하기를 '이것은 바로 상서가 그를 탄핵한 것이다'라고 했다."(『한서보주』)

129 원문은 '논관부급가속論灌夫及家屬'으로 '관부와 그의 가족이 사형에 처해지다'라는 뜻이다. '논論'은 '사형을 선고하다, 사형을 집행하다'를 뜻한다. "서광이 말하기를 '5년이 아닌 것으로 의심되며 또 10월도 아니다'라고 했다."(『집해』) "『한서』에서는 원광 4년(기원전 131) 겨울에 위기후 두영이 죄를 지어 기시 형벌에 처해졌다. 봄 3월 을묘일에 승상 전분이 죽었다. 5년이라 한 것은 틀렸다."(『정의』) 그러나 『한서』 본문에서는 『정의』의 내용과는 달리 "원광 5년 10월에 관부와 가족들이 모두 사형에 처해졌다"고 했다. "두영, 관부, 전분의 죽음은 모두 원광 3년이다. 관부는 10월에 족멸되었고, 관영은 12월에 기시에 처해졌으며, 전분은 3월에 죽었는데, 결코 의심할 여지가 없다."(『사기의의』)

130 "장안이 말하기를 '전분이 거짓으로 비방하는 말을 퍼뜨렸다'고 했다."(『집해』)

그믐[131] 위기후 두영은 위성渭城[132]에서 기시형에 처해졌다.

같은 해 봄[133] 전분 또한 병들었는데 끊임없이 자신에게 죄가 있음을 인정한다고 소리치며 사죄했다.[134] 무당을 시켜 보게 하니, 위기후와 관부 두 사람의 영혼이 그의 양옆에서 지키고 있으며 그를 죽이려 하는 것이 보인다고 했다.[135] 마침내 전분이 죽고, 그의 아들 전염田恬이 무안후의 작위를 계승했다. 원삭 3년(기원전 126) 무안후는 짧은 옷을 입고 입궐했다가 불경죄를 저질렀다.[136]

뒤에 회남왕 유안劉安[137]의 모반이 발각되자 무제는 엄격하게 조사하게 했다. 이때 비로소 알게 된 것은, 이전에 유안이 입조했을 때[138] 당시 태위였던 무안후 전분은 패상霸上에서 유안을 영접하더니 이렇게 말했다.

"지금 태자가 없습니다. 대왕께서는 가장 현명하며 고조의 손자이시니 황상

---

131 "사마광이 말하기를 '한나라 제도에 입춘 때가 되면 조서를 내려 관대하게 용서했는데, 전분은 아마도 위기후가 석방되는 것을 두려워해 12월 그믐에 그를 죽였을 것이다'라고 했다."(『사기전증』)

132 위성渭城: 진나라 때의 함양咸陽으로, 한나라 때 변경된 명칭이다. 지금의 산시陝西성 셴양咸陽 동북쪽 지역이다.

133 두영이 죽임을 당한 같은 해 봄을 말한다. 당시는 진나라 역법을 사용하여 10월이 세수였다. 봄은 같은 해 12월 이후가 된다. 무제 태초 원년(기원전 104)에 새로운 역법을 반포했는데 하력夏曆 정월을 세수로 변경했다. 『사기』와 『한서』에 기재된 전한 전기(태초 원년 이전)의 사건은 매년 10월에 시작하여 9월에 끝났다. 사계절의 순서도 동冬, 춘春, 하夏, 추秋였다.

134 『한서』에서는 "一身盡痛, 若有擊者, 謼服謝罪(온몸이 아팠고, 누군가 때리는 것과 같아 자신에게 죄가 있음을 인정한다고 소리치며 사죄했다)"로 기재되어 있다.

135 "전복錢福이 말하기를 '무안후가 세력에 의지해 두 사람을 함정에 빠뜨려 죽이자 두 사람은 끝내 악귀가 되었는데, 반드시 진실이 아니라 해도 이것은 특별히 천하의 후대에 권력을 제멋대로 휘두르는 자를 위한 경계가 된다'고 했다."(『사기평림』)

136 여기서 무안후는 부친의 작위를 계승한 전분의 아들 전염을 말한다. "짧은 홑옷을 입고 궁궐로 들어갔다가 불경죄를 저질러 봉국이 취소되었다."(「효경간후자연표孝景間侯者年表」) 『한서』에 따르면 무안후 전염은 후의 작위가 취소되었다고 했다. 『사기지의』에서는 "국제國際 두 자가 삭제되어 있다"고 했다. 국제란 봉작을 취소하고 봉지를 회수하는 것이다.

137 유안劉安은 유방의 막내아들 유장劉長의 아들이다. 유장은 유방에 의해 회남왕에 봉해졌는데 문제 때 모반으로 유배되었고 도중에 자살했다. 이후 문제는 다시 유장의 아들 유안을 회남왕에 봉했다. 무제 원수 원년(기원전 122)에 유안이 또 모반을 일으키려 했고 이 사실이 누설되자 자살했다.

138 원문은 '왕전조王前朝'로 '회남왕이 지난번 입조했을 때'를 의미한다. 무제 건원 2년(기원전 139)의 일이다.

이 하루아침에 돌아가신다면[139] 그때는 대왕 말고 누구를 세우겠습니까!"

회남왕은 매우 기뻐하며 많은 황금과 재물을 전분에게 선물했다. 무제는 두영이 전분의 모함을 받았을 때부터 전분이 옳지 않다고 생각했지만 태후가 편들어 그를 처리할 수 없었을 따름이었다. 이번에 전분이 [과거] 회남왕으로부터 뇌물을 받았다는 것을 듣고는 무제가 말했다

"무안후가 지금 살아 있다면 멸족을 당했을 것이다."

태사공은 말한다.

"위기후 두영과 무안후 전분은 모두 외척으로서 중용되었고, 관부는 한때 결사의 용맹으로 명성을 드날렸다. 두영이 존귀해진 것은 오나라와 초나라의 반란을 진압하는 데 중용되어 공적을 거뒀기 때문이고, 전분이 존귀해진 것은 해와 달이 함께 걸려 있는 사이에 있는 것처럼[140] 완전히 황제와 태후의 관계에 의지했기 때문이다. 그러나 두영은 세력의 판도 변화에 태도를 바꿀 줄 몰랐고[141] 관부는 배움이 없고 권모술수도 없으나 지극히 불손했으니, 이 두 사람은 서로 돕다가 끝내 큰 화를 키웠다. 전분은 존귀한 지위에 의지해 권력을 부렸으니, 술자리 말다툼으로 인한 원한 때문에 두 현능한 인물을 모함했다. 아, 슬프도다! 관부는 전분에 대한 분노를 남에게까지 미치게 하고[142] 자신의 목숨마저 잃는 화를 불렀다. 평상시에 백성의 추대도 받지 못하고[143] 끝내는 전분의 모함에 빠졌다. 큰 화는 이렇게 조금씩 조성되는 것이구나!"

---

139 원문은 '궁거안가宮車晏駕'으로, 황제의 죽음을 가리킨다. 안가晏駕는 궁거宮車가 나오지 않는다는 뜻이다.
140 "무제의 즉위와 태후의 칭제 때를 말한다. 이 구절의 뜻은 전분은 왕태후의 관계에 의지해 출세했고, 관부는 용기에 의지했으며, 두영은 군공에 의지했다는 것으로, 서로 같지 않다."(『사기전증』)
141 "조정의 형세 변화에 주의하지 않았으니, 예를 들면 두태후의 죽음과 왕태후의 권력 장악 등이다."(『사기전증』)
142 관부가 전분에게 원한을 품고 관현灌賢에게 화를 낸 사건을 말한다.
143 영천군의 백성이 노래 부르며 관씨의 일을 풍자한 것을 가리킨다.

48

한장유열전

韓 長 孺 列 傳

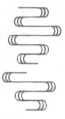

한안국은 원래 두태후에게 의지하다가 나중에는 왕태후와 전분에게 영합했기 때문에 『한서』에서는 한안국을 별도의 편으로 구성하지 않고 두영·전분·관영과 함께 네 명의 합전으로 서술했다.

한안국은 두태후의 소생이자 경제의 친동생인 양나라 효왕을 섬기면서 여러 차례 그를 위기에서 구해주어 두태후와 경제의 호감을 얻었다가 두태후 사망 이후에는 왕태후의 동생인 전분에게 예물을 보내 발탁되었으니, 경제와 무제 시기에 두 명의 태후의 비위를 맞추어 출세한 인물이다. 전분이 승상이 되었을 때 그는 어사대부에 임명되었는데, 두영과 전분의 권력 투쟁에서 표면적으로는 어느 편에도 서지 않았으나 전분을 위해 계책을 세웠으므로 전분의 도당이라 할 수 있다.

사마천은 이러한 그를 장자長者라 칭하고 있다. 경제와 양효왕 사이의 첨예한 갈등을 조정하고 화해시킴으로써 통치 집단 간의 잔혹한 살육을 방지하고, 불필요한 정치 투쟁으로 인한 무고한 희생도 막을 수 있었기 때문이다. 또한 그가 적지 않은 인재를 추천한 일을 다음과 같이 긍정적으로 평가했다. "그가 추천한 사람들은 모두가 자신보다 청렴하고 현명했다. 그는 양나라에 있을 때 호수·장고·질타를 추천했는데 이들은 모두 훗날 천하의 유명한 인사가 되었고, 이 때문에 많은 선비가 그를 칭찬하고 앙모했으며 무제까지도 나라를 다스릴 만한 재목으로 여겼다." 그가 흉노 정벌을 반대하여 화친 정책을 내세운 것 또한 한 무제의 흉노 토벌을 비판한 사마천의 입장과 부합된다. 한안국이 비록 정치적으로는 독특한 가치관을 드러냈지만 재물을 좋아하고 권력에 아첨해 고위 관직을 지낸 일은 비판받을 만하다.

어사대부 한안국韓安國은 양梁나라[1] 성안成安[2] 사람으로, 나중에 수양睢陽으로 옮겨 살았다. 그는 일찍이 추현騶縣[3]의 전田 선생으로부터 『한비자』와 잡가雜家 학설을 배웠다. 뒤에 양나라 효왕을 섬겨 중대부가 되었다.

오나라와 초나라 등이 반란을 일으켰을 때 효왕은 한안국과 장우張羽를 장군으로 삼아 동쪽 경계에서 오나라 반란군을 막아냈다.[4] 이때 장우가 힘을 다해 작전을 펼쳤고 한안국은 신중하고 침착했기 때문에 오나라 군대가 양나라를 거쳐 장안으로 진격할 수 없었다. 오초 등 칠국이 격파되자 한안국과 장우는 명성을 얻었다.

양효왕은 한나라 경제와 어머니가 같은 동생으로, 두태후는 특별히 양효왕을 사랑하여 그가 친히 상相과 기타 2000석의 관리를 선임할 수 있게 했다.[5] 효왕

1 양梁나라: 한나라 때 제후국 명칭으로 도성은 수양睢陽(지금의 허난성 상추商丘 남쪽)이었다.
2 성안成安: 한나라 현으로 치소는 지금의 허난성 민취안民權 동북쪽 지역이다. 당시 양나라에 속했다.
3 추현騶縣: 한나라 현으로 치소는 지금의 산둥성 쩌우청鄒城 동남쪽 지역이다.
4 당시 오나라 도성은 광릉이고 초나라의 도성은 팽성으로, 두 나라의 반란군이 한나라의 도성 장안으로 진공하려면 반드시 양나라를 지나야 했다.
5 원문은 '자청치自請置(스스로 요청하여 선임할 수 있다)'로, 『한서』에서는 '自置(스스로 선임할 수 있다)'로 기재하고 있다. 역자는 『한서』의 문장에 따랐다. "『후한서後漢書』「백관지百官志」에 따르면 전한 초기에 조정에서는 각 제후국에 승상과 태부를 파견하고 기타 어사대부와 여러 경들은 모두 제후왕 스스로 임명하게 했다. 칠국의 난 이후 제후왕의 권한이 대폭 삭감되어 제후국의 승상을 '상相'으로 바꾸었고 제후국의 군사권은 조정에서 파견된 관원(상, 내사 등)이 관장했는데, 오직 양효왕은 스스로 상과 내사 등 2000석 급의 관원을 지명했고, 조정에서 심사하여 비준했다. 그러나 서삭徐朔方은 말하기를 '여러 왕국의 상과 2000석 관리 규정은 조정에서 임명하는데, 현재 양왕이 지명하여 조정에 임명을 요청하도록 허락한 일은 우대를 보여주는 것이다. 그러나 뒤에 나오는 문장에서 양왕이 공손궤公孫詭를 양나라 내사로 추천했으나 두태후는 한안국을 임명했다. 이에 양왕이 결코 자유롭게 임명할 수 없었음을 알 수 있다'고 했다."(『사기전증』)

이 궁궐에 출입하거나 유희를 즐길 때 그 거동과 규모가 본분을 뛰어넘어 천자와 같았다. 경제는 이 소식을 듣고 마음이 언짢았다. 태후는 경제가 불쾌하게 여기는 것을 알고, 양나라에서 온 사자에게 화를 내며 만나주지 않았으며 사람을 보내 양왕의 행위를 꾸짖었다. 이때 한안국이 양나라 사자의 신분으로 경사에 와서는 대장공주大長公主⁶를 찾아가 눈물로 호소했다.

"양왕은 아들이 되어 이처럼 효도하고 신하가 되어 이처럼 충성을 다하는데, 태후께서는 어찌 이해하지 못하십니까? 이전에 오, 초, 제, 조 등 일곱 나라가 반란을 일으켰을 때 함곡관 동쪽⁷의 제후국들은 모두 연합하여 서쪽으로 진격했으나 오직 양나라는 조정과 가장 친했기 때문에 곤경에 처해 있었습니다. 당시 양왕은 태후와 황제께서 관중關中의 경사⁸에 계시는데 제후국들이 반란을 일으킨 것을 생각하시고, 그 일을 말할 때마다 눈물을 흘리셨습니다. 양왕은 우리 여섯 명으로 하여금 군대를 이끌고 동쪽으로 나가 오와 초에 저항하게 했을 때 무릎을 꿇고 저희를 전송하셨습니다.⁹ 양나라가 있었기 때문에 오와 초의 군대는 서쪽으로 진격할 수 없었고 끝내는 소멸되었으니, 이것은 완전히 양왕의 공로입니다. 지금 태후께서는 사소하고 번거로운 예절 문제로 양왕을 꾸짖고 계십니다. 양왕의 부친과 형은 모두 제왕인지라 어려서부터 성대한 장면을 봐왔기 때문에 양왕 또한 행차할 때 거리를 청소하고 경계하는 필蹕을 외치고 들어올 때 행인의 통행을 금지하는 경警을 외치게 한 것이며, 거마와 깃발 또한 본래 황

---

6 대장공주大長公主: 관도공주館陶公主로, 이름은 표嫖이고 두태후의 딸이며 경제와 양효왕과는 어머니가 같은 누나다. 제왕의 딸을 공주公主라 하고, 제왕의 여자 형제를 장공주長公主 부르고 제왕의 고모를 대장공주라 부른다. 사마천은 무제의 시대를 묘사하고 서술하고 있으므로 유표劉嫖를 대장공주로 칭한 것이다.
7 원문은 '관이동關以東'으로, '관關'은 함곡관을 말하며 '동방의 광대한 땅'을 가리킨다.
8 원문은 '재중在中'으로, '경사京師에 있다'는 말이다. "중中은 관중關中을 말한다. 또 경사는 천하의 가운데 있다는 것을 말한다."(『정의』)
9 "출정하는 대장에 대한 예우다. 옛날에 대장이 출정하면 왕이 무릎을 꿇고 수레바퀴통을 밀었고, 바깥의 모든 일은 대장이 알아서 결정하라고 말했다."(『사기전증』)

제께서 하사하신 것입니다. 그런 이유로 양왕은 때로는 멀고 외진 작은 현으로 가서 백성들에게 자랑하고, 때로는 도성 안을 달리며 다른 제후들에게 과시함으로써 천하에 태후와 황제께서 자신을 총애함을 알리려 했을 뿐입니다. 그런데 지금 양나라 사자가 경사에 오기만 하면 따져 묻고 꾸짖으시니, 양왕은 두려움 속에서 밤낮으로 눈물을 흘리면서 그리워하고 있으며, 어찌할 바 몰라 하고 계십니다. 양왕이 아들로서 효도하고 신하로서 이토록 충성하는데 태후께서는 어찌 그를 가련하게 여기지 않으십니까?"

대장공주가 한안국의 말을 태후에게 자세히 전하자 태후는 기뻐하며 말했다.

"너는 가서 이 말을 황제에게 전하거라!"

대장공주가 경제에게 이 말을 전하자, 경제는 미움이 풀려 관을 벗고 태후에게 사죄하며 말했다.

"제가 동생을 잘 가르치지 못해 태후께 심려를 끼쳐드렸습니다."

그러고는 즉시 양나라에서 온 사자들을 접견하고 그들에게 두텁게 상을 하사했다. 그 뒤 양왕과 경제, 태후의 관계가 더욱 좋아졌다. 태후와 장공주長公主[10]는 다시 한안국에게 1000여 금의 상을 하사했다. 이 일로 한안국의 명성이 크게 드러나고 한나라 조정과 밀접한 관계가 되었다.

그 뒤 한안국은 법을 어겨 그에 상응하는 처벌을 받게 되었는데, 이때 몽현蒙縣의 옥리 전갑田甲[11]이 한안국을 모욕했다. 한안국이 말했다.

"사그라진 재라고 하지만 어찌 다시 타오르지 않겠는가?"

전갑이 말했다.

"다시 타오르면 내 즉시 거기다 오줌을 누어 꺼버리겠다."

---

10 장공주長公主: 대장공주를 말한다. 앞 문장에서 대장공주라 했으므로 호칭을 통일해야 한다.
11 전갑田甲: 전田씨인 아무개를 말한다. "고염무가 말하기를 「만석군열전」에 석분石奮의 맏아들은 석건石建이고, 둘째 아들은 갑甲, 셋째 아들은 을乙, 넷째 아들은 석경石慶이었다고 했다. 갑, 을은 이름이 아니며 그 이름이 전해지지 않아 가정하여 이름으로 삼았을 뿐이다'라고 했다."("사기회주고증」)

얼마 지나지 않아 양나라의 내사 자리가 비었는데 한나라 조정에서 사자를 파견해 한안국을 양나라 내사로 임명하여, 한낱 죄수 신분에서 2000석 관리로 올랐다. 전갑이 놀라 달아나자 한안국이 말했다.

"전갑이 즉시 원래 자리로 돌아오지 않으면 내 그의 가족을 멸하겠다."

전갑은 어깨를 드러내고 찾아와 사죄했다. 한안국은 웃으면서 말했다.

"지금 네가 오줌을 눌 수 있겠느냐! 너희를 처벌할 가치가 있겠느냐?"

결국 전갑을 잘 대우해줬다.

양나라의 내사 자리가 비었을 때 양효왕은 당시 제나라 사람 공손궤公孫詭를 새로이 얻었는데, 그를 아끼는 마음에 내사로 삼고 싶다고 조정에 청했다. 두태후는 이 소식을 듣고 양효왕에게 조서를 내려 한안국을 내사로 삼게 했다.

공손궤와 양승羊勝은 양효왕을 설득하여, 경제가 양효왕을 황태자로 세우고 아울러 봉지를 늘려줄 것을 요청하게 했다.[12] 그리고 한나라 대신들이 허락하지 않을 것이 걱정되어 은밀히 사람을 장안으로 보내 정사를 주관하는 대신을 찔러죽이도록 준비했다.[13] 이후에는 오나라의 상을 지냈던 원앙을 찔러 죽였다.[14] 경제는 공손궤와 양승 등이 계획한 일이라는 말을 듣고 양나라로 사자를 보내 공손궤와 양승을 체포하여 반드시 끌고 오게 했다. 한나라 조정에서 파견된 사자 10여 명이 양나라에 당도하여 위로는 양나라 상으로부터 아래로는 평민에 이르기까지 대대적으로 수사했지만 한 달이 지나도록 그들을 체포하지 못했다. 내사 한안국은 공손궤와 양승이 양효왕의 거처에 숨어 있다는 말을 듣고 궁으

---

12 "『사기』에는 봉지를 늘려달라는 기록은 없고, 『한서』 「추양전鄒陽傳」에 보인다."(『사기지의』)

13 "유봉세劉奉世가 말하기를 '한나라의 정사를 주관하는 대신을 찔러 죽인 것은 한나라가 이미 태자를 세운 다음이었다. 여기서 말한 태자로 세워달라고 요청하고 대신들이 허락하지 않을까 찔러 죽였다고 말했는데, 여러 열전과는 같지 않다. 마땅히 여기 내용은 잘못이다'라고 했다."(『한서보주』)

14 경제 7년(기원전 150) 여름의 일이다. "아마도 양효왕은 경제가 유철을 태자로 세웠으므로 절망하고 분노하여 이 일을 저지른 것 같다."(『사기전증』)

로 들어가 양효왕을 만나 눈물을 흘리면서 말했다.

"군주가 모욕을 당하면 신하는 죽어야 합니다. 대왕께 어진 신하가 없기 때문에 어지러운 상황이 이 지경에 이르렀습니다. 지금 공손궤와 양승을 잡지 못했으니 대왕께 작별인사를 드리고 죽을 수 있게 해주십시오."

양효왕이 말했다.

"어찌 이렇게까지 하시오?"

한안국이 하염없이 눈물을 흘리며 말했다.

"스스로 헤아리시기에 대왕과 황제의 관계는 태상황과 고황제, 그리고 지금 황제와 임강왕의 관계[15]에 비해 어느 쪽이 더 친근하다고 생각하십니까?"

양효왕은 말했다.

"그들만 못하오."

한안국이 말했다.

"태상황과 고황제, 지금 황상과 임강왕은 모두 친부자 간입니다. 그러나 고황제께서는 '3척의 검을 들고 천하를 얻은 사람이 짐이다'라고 하셨습니다. 이 때문에 태상황은 끝내 어떠한 일에도 관여하지 못하고 약양궁櫟陽宮에 계셨습니다.[16] 임강왕은 지금 황상의 적장태자嫡長太子였는데 그의 모친인 율희의 말 한마디 실수로 죄를 짓고 폐위되어 임강왕으로 강등되었고,[17] 이어서 또 궁궐 바깥의 빈 땅을 점유했다는 죄명으로 핍박 받아 중위부中尉府에서 자살했습니다.[18]

15 태상황과 고황제, 경제와 임강왕은 모두 친부자 간이다. 태상황은 유방의 부친인 유태공劉太公이다. 임강왕은 경제의 장자 유영劉榮으로, 원래 황태자로 세워졌으나 경제 7년(기원전 150)에 폐위되어 임강왕이 되었고, 오래지 않아 자살했다.
16 유방이 황제를 칭하자 그의 부친은 태상황이 되어 약양궁에 거주하면서 한낱 평민처럼 지냈다는 뜻이다. 약양櫟陽은 초한 전쟁 당시 유방의 임시 도성으로, 지금의 산시陝西성 시안西安 린퉁구臨潼區 동북쪽 위수渭水 북쪽 기슭이다. '櫟'의 음은 'yue(약)'이다.
17 "여순은 말하기를 '경제는 일찍이 여러 희첩을 가까이 했는데 태자의 모친인 율희가 불손하게 말하자 태자를 폐위시켰고 율희는 근심하다 죽었다'고 했다."(『집해』)
18 「오종세가五宗世家」에 따르면 임강왕 유영은 종묘 주변의 빈 땅을 침범하여 궁실을 건설하는 죄를 지었으며, 중위인 질도郅都의 심문을 받다가 두려워하여 스스로 목숨을 끊었다고 했다.

이것은 모두 무엇 때문이겠습니까? 천하를 다스리는 데는 마침내 사적인 정 때문에 공적인 일을 어지럽힐 수 없기 때문입니다. 속담에 말하기를 '설사 그가 친아버지라 할지라도 호랑이로 변하지 않으리라 어찌 알겠는가? 설사 그가 친형제지간이라 할지라도 이리로 변하지 않으리라 어찌 알겠는가?'라고 했습니다. 지금 대왕께서는 제후의 반열에 계시면서 한낱 간사한 신하의 허튼소리에 기뻐하며 황상의 금령을 어기고 국가의 엄명한 법률을 파괴했습니다. 천자께서는 태후 때문에 차마 대왕을 체포하여 법에 따라 처벌하지 못하고 있을 뿐입니다. 태후께서는 밤낮으로 흐느껴 울면서 대왕께서 스스로 잘못을 고치시기를 바라시는데 대왕께서는 끝내 깨닫지 못하고 계십니다. 하루아침에 태후께서 돌아가시기라도 한다면 대왕께서 누구를 의지할 수 있겠습니까?"

한안국의 말이 끝나기도 전에 양효왕은 눈물을 줄줄 흘리며 한안국에게 사과하며 말했다.

"내 지금 공손궤와 양승을 넘겨주겠소."

이에 공손궤와 양승은 자살하고 말았다. 한나라 조정의 사자들이 돌아와 경제에게 보고함으로써 양나라의 문제가 모두 해결되었는데, 이것은 모두 한안국의 역량이었다.[19] 그리하여 경제와 두태후는 한안국을 더욱 중시하게 되었다. 양효왕이 죽고 공왕共王이 즉위했는데[20] 한안국이 다시 법을 어기는 바람에 면직되어 집에 거하게 되었다.

건원 연간에 무안후 전분은 한나라 태위가 되었는데, 외척이면서 존귀한 신분으로 정권을 장악했다. 한안국은 전분에게 500금 상당의 예물을 보냈고, 전분은 왕태후에게 그를 추천했다.[21] 무제 또한 평소에 한안국이 현명하고 능력

---

19 "한안국은 두 차례 장공주를 만나는데, 한 번은 양왕이 본분을 뛰어 넘어 경필警蹕을 한 사건으로 한안국이 중대부였을 때다. 또 한 번은 원앙을 죽인 사건을 해결한 것으로, 한안국이 내사를 맡았을 때의 일이다. 「양효왕세가」와 이 열전에서 나누어 기재하고 있다. 혹여 『사기』에서 한 가지 사건을 둘로 나눈 것으로 의심되기도 하는데, 그것은 아니다."(『사기지의』)

20 경제 중원 6년(기원전 144)의 일이다. 공왕共王은 이름이 매買로 양효왕의 아들이다.

있다는 말을 들었으므로 그를 불러 북지도위北地都尉[22]로 임명했고 다시 대사농大司農으로 높였다. 당시 민월과 동월이 서로 공격하자[23] 조정에서는 한안국과 대행大行 왕회王恢를 장군으로 삼아 군사를 이끌고 가서 관여하게 했다. 그러나 그들이 민월에 도착하기도 전에 민월 사람들이 자신의 국왕을 죽이고 조정에 투항했으므로 한나라 군대도 철수했다. 건원 6년, 무안후 전분은 승상이 되었고 한안국은 어사대부가 되었다. 이때 흉노가 사람을 파견해 화친을 요청하자 무제는 대신들에게 논의하게 했다. 대행 왕회는 연나라 사람으로 여러 차례 변경에서 관리를 지냈기에 흉노인의 정황을 잘 알아 건의했다.

"한나라가 흉노와 화친을 한다 해도 몇 년을 유지하지 못하고 다시 맹약을 배반할 것입니다. 승낙하지 마시고 출병하여 그들을 공격하는 편이 낫습니다."

그러자 한안국이 말했다.

"천리 밖까지 나가 작전을 벌이는 것은 군대에 이로운 것이 없습니다. 지금 흉노는 전마에 의지해 빠르게 내달리며 금수 같은 마음을 품고 있는데다[24] 또 새

---

21 "한안국은 일관되게 태후의 뒷문으로 달려갔는데, 경제 때는 두태후의 비위를 맞췄고 무제가 막 즉위했을 때는 왕태후에게 영합했다. 무제가 막 즉위했을 때 나이가 16세에 불과하여 대권은 왕태후와 전분에게 있었다."(『사기전증』)

22 북지도위北地都尉: 북지군北地郡의 군사장관을 말한다. 북지군의 치소는 마령馬嶺(지금의 간쑤성 칭양慶陽 서북쪽 마령진馬嶺鎭)이었다.

23 "여기서는 마땅히 민월과 남월이 서로 공격했다고 해야 한다. 사건은 건원 6년(기원전 135)이다. 민월의 당시 도성은 동야東冶(지금의 푸저우)였다. 남월은 조타趙佗가 반우番禺(지금의 광둥성 광저우)에서 건립한 소국이다. 두 소국은 한나라 초 이후 한나라에 귀순했다. 건원 6년에 민월이 출병하여 남월을 공격하자 남월은 한나라에 구원을 요청했고 조정에서는 한안국과 대행 왕회에게 군사를 이끌고 남월을 구원하게 했다. 민월과 동월이 서로 공격한 사건은 건원 3년(기원전 138)의 일이다. 동월은 민월과 함께 동남 연해의 소수민족이 건립한 소국으로 도성은 동구東甌(지금의 저장성 원저우)다. 양국이 서로 공격하게 된 계기는 오와 초나라 칠국의 반란이 실패한 뒤 오왕 유비가 동구에서 살해되자 유비의 아들이 민월로 도망쳤고 민월을 선동하여 동구를 포위 공격하게 했기 때문이다. 당시 1차로 조정에서 장조莊助를 파견해 군사를 이끌고 동구를 구원하게 했는데, 군대가 도착하기도 전에 민월이 퇴각하여 돌아갔다. 당시는 한안국과 전혀 관련이 없다. 태사공이 이 문장에서 두 사건을 하나의 사건으로 합친 것은 잘못이다."(『사기전증』)

24 "인의를 강구하지 않고 조약을 준수하지 않음을 가리킨다."(『사기전증』)

떼처럼 오고 가는 것이 일정하지 않아 근본적으로 그들을 제압할 방법이 없습니다. 우리가 설사 그들의 땅을 점령한다 해도 영토를 확장했다고 할 수 없고 우리가 그들의 백성을 얻는다 해도 우리의 강대함을 증가시킬 수 없기에[25] 자고 이래로 그들을 한나라 사람으로 예속시키지 않은 것입니다.[26] 한나라 군대가 수천 리 밖까지 출병하여 그들과 이익을 다툰다면 도착했을 때 사람과 말은 피로해질 것이고 적들은 쉬면서 힘을 비축했다가 피로해진 우리 군을 제압할 것입니다. 게다가 강력한 쇠뇌의 화살도 끝 지점에서는 얇은 노나라 명주조차 뚫을 수 없고,[27] 거센 바람도 마지막에는 기러기 털조차 움직일 수 없는 법입니다. 처음에 힘이 크지 않았던 것이 아니라 막판에 힘이 쇠약해지기 때문입니다. 흉노를 공격하는 것은 이롭지 않으니 화친하는 편이 낫습니다."

논의에 참가한 대신 대다수가 한안국의 의견에 찬성했으므로 무제는 흉노와의 화친을 허락했다.

그 이듬해는 바로 원광 원년(기원전 134)으로 안문군雁門郡 마읍현馬邑縣의 수령 섭옹일聶翁壹[28]이 대행 왕회를 통하여 무제에게 건의했다.[29]

---

25 "흉노를 토벌하려 하자 이사李斯가 간언하기를 '흉노가 거주하는 곳은 성곽이 없고 고정된 식량 창고가 없으며 이동하는 것은 마치 새가 날개를 펴고 즉시 날아가는 듯하여 포획하고 제압하기 매우 어렵다'라고 했다."(「평진후보열전」) 한안국은 이사의 말을 인용한 것이다.

26 원문은 '불속위인不屬爲人'으로, '인人'에 대해서 "진작은 말하기를 '안으로 한나라 사람으로 소속시키지 않음을 말한다'고 했다."(『색은』) "『광사기정보』에 따르면 '인人은 반드시 민民이라고 해야 한다'고 하면서 태종太宗 이세민李世民을 피휘하기 위해 역사에서 인人으로 고친 것이라고 했다."(『사기전증』) 『사기회주고증』에서도 '민民'으로 해석했다. 역자는 원문 그대로 '인人'으로 해석했다.

27 원문은 '노호魯縞'로, 가장 얇은 것을 비유한다. "화살은 10보 이내에서는 견고한 무소 껍데기를 뚫을 수 있지만 300보 이내에서는 노 땅에서 나오는 명주도 뚫을 수 없다矢之於十步貫兕甲, 於三百步不能入魯縞."(『회남자』「설산說山」)

28 '수령'의 원문은 '호豪'로, "장안이 말하기를 '호호는 사師(수령)와 같다'고 했고, 주수창은 말하기를 '호호는 호민豪民으로 그 읍 사람들 중 걸출한 자다'라고 했다."(『한서보주』) 섭옹일聶翁壹에 대해서도 의견이 다르다. 『색은』에서는 "성이 섭聶이고 이름이 옹일翁壹"이라고 했고, 『한서』에서는 "섭일聶壹"이라고 했다. 안사고는 "성이 섭聶이고 이름이 일壹이다. 옹翁은 노인에 대한 칭호다"라고 했다. '섭일'이라는 해석이 타당하지만 역자는 원문 그대로 표기했다.

29 "『통감고이』에서 이르기를 '「한장유열전」에서는 원광 원년에 섭옹일이 마읍의 일을 계획하는데

"흉노는 한나라와 막 화친 관계를 건립했기에 변경이 무사하다고 믿고 있습니다. 이 기회를 틈타 이익으로 그들을 유인하는 것이 좋습니다.[30]"

그리하여 은밀하게 섭옹일을 첩자로 삼아 거짓으로 도망쳐 흉노로 가게 했다. 섭옹일은 선우單于에게 말했다.

"제가 마읍현의 현령, 현승과 기타 관리들을 참살하고 성을 항복시켜 성 안의 모든 재물을 얻게 해드릴 수 있습니다."

선우는 매우 기뻐하며 섭옹일의 말을 믿었으며, 그의 말대로 하기로 했다. 섭옹일은 마읍으로 돌아와 속임수를 위해 몇 명의 사형수를 참살한 뒤 그 머리를 마읍의 성에 매달아놓고 선우의 사자가 믿도록 보여주고는 말했다.

"마읍의 장리長吏[31]가 모두 죽었으니 서둘러 쳐들어오시오."

선우는 10여만 기병을 이끌고 변방 요새를 넘어 무주武州[32] 경내로 진입했다.

이때 전차병과 기병, 재관材官[33] 등 30여만 명의 한나라 군대가 마읍 주위의 산골짜기에 매복해 있었다. 당시 위위 이광李廣을 효기장군驍騎將軍으로, 태복 공손하公孫賀를 경거장군輕車將軍으로, 대행 왕회를 장둔장군將屯將軍, 태중대부 이식李息을 재관장군材官將軍으로, 어사대부 한안국을 호군장군護軍將軍으로 임명했는데, 각 장군은 모두 호군장군에 예속되어 지휘를 받았다.[34] 선우가 마읍 성으

『한서』「무제기」에서는 2년으로 기재하고 있다. 아마도 원년에 섭옹일이 그것을 말하기 시작해서 2년에 논의를 거쳐 결정한 것일 것이다'라고 했다."(『사기지의』)

30 『한서』에서는 다음과 같이 구체적으로 서술하고 있다. "이익으로 유인하여 그들을 끌어들인 다음 군대를 매복시켜 습격하는 것입니다. 이것이 반드시 흉노를 격파할 수 있는 방법입니다." "조익趙翼이 말하기를 '『한서』「한안국열전」에서는 왕회와 흉노 토벌에 관한 일을 논의하면서 왕회는 용병을 주장하고 한안국은 화친을 주장한다. 10회 이상 변론했는데, 모두 변경의 대계다'라고 했다."(『사기회주고증』)

31 『한서』「백관공경표」에 따르면, 현령과 현장은 봉록이 1000~300석이고, 현승과 현위는 400~200석인데, 모두 장리長吏다. 두식斗食과 좌사佐史는 봉록이 100석 이하로, 소리小吏다.

32 무주武州: 한나라 현으로 치소는 지금의 산시山西성 쭤윈左雲이다. 당시 마읍 동북쪽 10킬로미터 정도 떨어져 있었다.

33 재관材官: 진·한 때 시작된 일종의 지방 예비병 병과兵科다. 또한 힘이 세고 강한 활을 잘 쏘는 특수한 병사를 일컫기도 한다.

34 효기장군驍騎將軍은 효기驍騎(용맹하고 날쌘 기병)를 인솔하는 장군으로 잡호장군雜號將軍 중 품

로 들어오기를 기다렸다가 한나라 군대가 일제히 출격하기로 약속했다. 왕회, 이식, 이광 세 사람은 별도로 군사를 이끌고 대현代縣35에서 흉노의 치중輜重을 치기로 했다. 선우가 한나라 장성長城인 무주 경내로 진입하여36 마읍에서 100여 리가 못되는 곳까지 왔을 때 그들은 전진하는 한편으로 도처에서 약탈을 했는데, 들판에 풀어놓은 가축만 보일 뿐 사람은 단 한 명도 보이지 않았다. 선우는 이를 매우 기괴하게 여겼고 한 봉화대를 공격했을 때 무주의 위사尉史37 한 명을 붙잡았다. 선우가 그를 죽이겠다고 위협하면서 심문하자38 위사가 말했다.

"한나라 군사 수십만 명이 이미 마읍 주위에 매복해 있습니다."

놀란 선우가 좌우를 돌아보며 말했다.

"하마터면 한나라 놈한테 속을 뻔했다!"

그러고는 즉시 철수했다. 그는 변방의 요새를 나가면서 말했다.

"내가 위사를 잡은 것은 하늘이 보우하신 것이다."

그리고 위사를 '천왕天王'이라 불렀다. 변경 요새로부터 선우가 군대를 이끌고 물러났다는 소식이 전해지자 한나라 군대는 즉시 출동하여 국경까지39 추격했지만 따라잡을 수 없다고 보아 철군했다. 이때 왕회 등은 3만 명의 군사를 이끌고 있었는데, 선우가 한나라 군대와 교전을 벌이지 않았다는 소식을 들었다. 이

계가 비교적 높고 정벌을 주관했다. 경거장군輕車將軍은 전차병을 주로 통솔하고, 장둔장군屯將軍은 『정의』에 따르면 국경 각 지역에 주둔하는 수비 병사인 제둔諸屯을 통솔하고, 재관장군材官將軍은 힘이 세고 강한 활을 잘 쏘는 특수병을 통솔하고, 호군장군護軍將軍은 각 군의 병마를 지휘 통솔하고 협조하는 책임을 지고 있었다.

35 대현代縣: 한나라 현으로 치소는 지금의 허베이성 위현蔚縣 동북쪽 지역이다. 당시 대군代郡의 군치 소재지이기도 했다.

36 한나라 시대의 장성은 지금의 네이멍구 지닝集寧, 칭수이허清水河 일선이었다.

37 위사尉史: 무주현 현위 수하의 소리小吏다.

38 '수정본'에는 '욕자문위사欲刺問尉史'로 기재되어 있다. "어떤 사람은 '자문刺問'을 붙여 읽어 '염탐하다', '탐문하다'로 해석하는데 이치에 부합되지 않으며 '욕欲'자도 통하지 않게 된다. 「흉노열전」에서는 '그를 죽이려 하자 위사가 선우에게 한나라 군대의 위치를 알려줬다'고 했다. '욕자欲刺'는 '그를 죽이려 하자'의 의미임을 알 수 있다."(『사기전증』) 역자는 『사기전증』의 견해에 따랐다.

39 북쪽으로 추격하여 지금의 네이멍구 지닝, 칭수이허 일선의 장성에 이르렀음을 말한다.

런 상황에 흉노의 군수물자 운송부대를 공격하면 흉노의 정예부대와 맞부딪칠 것이고, 그러면 한나라 군대는 반드시 패하게 될 것이라 생각하여 결정을 바꾸어 출격하지 않았으므로 모두 공적이 없게 되었다.

무제는 왕회가 선우의 물자 운송부대를 공격하지 않고 제멋대로 군사를 이끌고 철수한 것에 대해 매우 화를 냈다. 왕회는 말했다.

"당초 약속은 흉노가 진입하기를 기다렸다가 마읍 주변에 매복해 있던 우리 군대가 선우와 교전을 벌이면 신이 물자 운송부대를 치는 것으로, 그렇게 해야만 승리를 거둘 수 있었습니다. 그런데 선우는 매복을 알고 마읍으로 들어오지 않고 중도에 돌아갔습니다. 신은 3만 명의 군사로 그들과 대적할 수 없었으며, 스스로 실패를 자초하여 치욕만 얻을 뿐이라고 생각했습니다. 돌아오면 참수당할 것을 알고 있었으나 군사 3만 명은 보전할 수 있었습니다."

무제는 왕회를 정위廷尉에게 넘겨 심판하게 했다. 정위는 왕회에게 두요逗橈[40] 죄를 적용하여 마땅히 참수해야 한다고 판결했다. 이때 왕회는 은밀하게 승상 전분에게 천금의 뇌물을 보냈다. 전분은 감히 황상에게는 직접 요청하지 못하고 태후에게 가서 말했다.

"왕회가 먼저 마읍에서 적을 유인하는 계책을 계획했는데, 지금 성공하지 못했다고 왕회를 죽이는 것은 도리어 흉노를 위해 원수를 갚아주는 격입니다."

태후에게 문안드릴 때, 태후는 이 말을 무제에게 전했다. 무제가 말했다.

"마읍의 계획을 제기한 사람은 왕회입니다. 때문에 군사 수십만을 동원하여 그 의견에 따라 흉노를 멸하려 했습니다. 이번에 흉노 선우를 잡지는 못했지만 그때 왕회가 부대를 이끌고 흉노의 물자 운송부대를 쳤다면 어느 정도 수확이 있었을 것이고, 이로써 장사들의 마음을 위로할 수 있었을 것입니다. 지금 왕회를 죽이지 않으면 천하 사람들에게 설명할 방법이 없습니다."

---

40 두요逗橈: 멈춰서 나아가지 않는다, 겁에 질려 적을 피하는 것을 말한다. 『한서음의』에서 말하기를 '두逗는 꾸불꾸불 가며 피하는 것이고, 요橈는 머뭇거리며 관망하는 것이다'라고 했다.(『집해』)

왕회는 이 말을 듣고 자살했다.

한안국은 전반적인 정세를 잘 고려했고 그의 재지는 세상에 순응하여 권력자의 환심을 얻기에 충분했으나 충실함과 관대함을 잘 표출했다. 그는 재물을 탐하고 좋아했지만 그가 추천한 사람들은 모두가 자신보다 청렴하고 현명했다. 그는 양나라에 있을 때 호수壺遂, 장고臧固, 질타郅他[41]를 추천했는데, 나중에 이들은 모두 천하의 유명한 인사가 되었다. 이 때문에 허다한 선비들이 그를 칭찬하고 앙모했으며 무제 또한 그를 나라를 다스릴 만한 재목으로 여겼다. 한안국이 어사대부가 된 지 4년쯤 지나서 승상 전분이 죽자 그가 승상의 직무를 대리하게 되었는데, 뜻하지 않게 황제가 출행할 때 수레를 선도하다가 수레에서 떨어져 다리를 절게 되었다. 무제가 승상 임명을 고려할 때 한안국을 임명하기 위해 사자를 보내 그의 병세를 살펴보게 했는데 다리를 심하게 절었기에 하는 수 없이 평극후平棘侯 설택薛澤[42]을 승상으로 임명했다. 한안국이 병으로 면직된 뒤 집에서 몇 개월 요양하여 다리를 치료하자 무제는 그를 중위中尉에 임명했다.[43] 1년 뒤에는 다시 위위衛尉로 전임시켰다.[44]

당시 거기장군車騎將軍 위청衛靑이[45] 흉노를 토벌했는데, 상곡군上谷郡에서 출발하여 농성籠城에서 대파했다.[46] 이때 장군 이광李廣은 흉노인에게 포로로 잡

---

41 호수壺遂는 천문학과 역법학자였다. 장고臧固, 질타郅他의 사적은 상세하지 않고 이 열전에서만 보인다. 『한서』에서는 '질타'를 '지타至它'로 기재하고 있는데, 『색은』에서는 '다른 곳'으로 해석했다. 그러나 '다른 곳'이 아닌 사람 이름이라고 주장하는 견해도 있어 판단하기 어렵다.

42 평극후平棘侯 설택薛澤은 유방의 공신인 평극후 설구薛歐의 손자다.

43 원광 5년(기원전 130)의 일이다. 중위中尉는 도성 치안을 맡은 장관으로 봉록은 중2000석이다.

44 원광 6년(기원전 129)의 일이다.

45 거기장군車騎將軍은 한 고조 초기의 장관으로, 원정 토벌하는 일을 관장했다. 지위는 대장군과 표기장군 다음이고 위장군과 전·후·좌·우 장군의 위이며, 상경의 아래라고 할 수 있다. 위청衛靑은 무제의 명장으로 황후 위자부衛子夫의 동생이며 흉노를 정벌한 공적으로 장평후長平侯에 봉해졌다.

46 상곡군上谷郡은 한나라 군으로 치소는 저양沮陽(지금의 허베이성 화이라이懷來 동남쪽)이었다. 농성籠城은 흉노족의 대본영이 있는 곳으로, 용성龍城이라고도 하며 지금의 몽골 오르콘강 서쪽이다. 매년

했다가 나중에 도망쳐 돌아왔고, 공손오公孫敖[47]는 흉노와 싸우다가 많은 사졸을 잃었다. 이 두 사람은 군법에 따라 참수형에 처해야 했지만 그들 모두 돈으로 속죄하여 평민이 되었다. 이듬해[48] 흉노가 대규모로 변경을 침입하여 요서遼西[49] 태수를 죽이고, 또 안문군鴈門郡으로 침입하여 죽이고 잡아간 한나라 백성이 수천 명에 달했다. 그리하여 한나라에서는 거기장군 위청을 파견하여 군대를 이끌고 안문을 나가 북쪽으로 흉노를 공격했다. 이때 위위 한안국은 재관장군의 신분으로 군대를 이끌고 어양漁陽[50]에 주둔했다. 한안국이 사로잡은 흉노 병사가 흉노의 대부대는 이미 멀리 물러갔다고 털어놓았고, 이에 한안국은 즉각 무제에게 글을 올려 마침 농번기이니 잠시 어양에 주둔해 있는 대부대를 해산하고 집으로 돌려보내 농사에 힘쓰게 해달라고 요청했다. 철수한 지 한 달여 만에 흉노가 다시 대대적으로 상곡과 어양을 침략했다.[51] 이때 한안국의 보루에 남은 병사는 700여 명에 불과했는데, 출병하여 싸웠지만 패하고 다시 보루로 돌아와 지켰다. 흉노는 백성 1000여 명을 포로로 잡고 가축과 재산을 약탈해갔다. 무제는 이 소식을 듣고 매우 화를 내며 사자를 보내 한안국을 꾸짖고 더 동쪽으로 이동시켜 우북평右北平[52]에 주둔하게 했다. 당시 흉노인 포로가 말하기를 오래지 않아 흉노가 동쪽으로 침입해올 것이라고 했기 때문이다.

한안국은 원래 어사대부와 호군장군을 지냈는데 이후 점차 배척되어 강등되었으며,[53] 새로 총애를 얻은 젊은 장군 위청 등은 여러 차례 공을 세워 갈수록

5월 선우는 이곳에 각 부족의 수령들을 모이게 하여 조상, 천지, 귀신에게 제사를 지냈기 때문에 용정龍庭이라고도 한다. 원광 6년(기원전 129) 위청이 이곳에서 흉노를 대파했다.
47 공손오公孫敖는 위청의 어렸을 때 친구로 나중에 흉노를 정벌하여 장군이 되었다.
48 무제 원삭 원년(기원전 128)이다.
49 요서遼西: 한나라 군으로 치소는 양락陽樂(지금의 랴오닝성 이현義縣 서쪽)이다.
50 어양漁陽: 한나라 군으로 치소는 어양漁陽(지금 베이징시 미원密雲 서남쪽)이다.
51 원삭 2년(기원전 127) 봄의 일이다.
52 우북평右北平: 한나라 군으로, 우북평군右北平郡이다. 전한 때 치소는 평강平剛(지금의 네이멍구 자치구 닝청寧城 서남쪽)이다.
53 "한안국이 소원해진 것은 일련의 우연한 사고와 연관이 있지만 그는 앞서 전분과 결당하여 아부

지위가 높아지고 존귀해졌다.[54] 한안국은 소원해지게 되자 잠자코 지냈으나 군사를 이끌고 어양에 주둔했을 때 또 흉노에게 속아[55] 막대한 병사를 잃자 매우 부끄럽게 여겼다. 면직되어 돌아가기를 원했으나 뜻하지 않게 무제가 그를 더 동쪽으로 옮겨 주둔케 하자[56] 실의에 빠져 즐거움을 잃었다. 몇 달 뒤 병들어 피를 토하고 죽었다. 한완국은 한 무제 원삭 2년(기원전 17)에 죽었다.

태사공은 말한다.

"나는 호수壺遂와 함께 역법[57]을 제정할 때 한장유韓長孺(장유는 한안국의 자)의 이러한 행위를 보고 호수의 깊고 충후한 사람됨이 연상되었다. 세상 사람들이 양나라에 장자長子가 많다고 하는데, 이 말은 조금도 거짓이 아니구나! 호수는 관직이 첨사詹事[58]에 이르렀는데, 천자는 의지할 만하다고 여겨 한나라의 승상으로 임명하려 했지만 마침 죽고 말았다. 그렇지 않다면 호수는 청렴하고 올바른 품행으로 진정 공무를 중히 여기고 법을 지키며 직책을 다하는 군자가 되었을 것이다."

했고 무제는 전분을 증오했다. 또한 무제는 흉노 토벌을 결심했는데 한안국이 거듭 반대로 작전을 벌인 것 또한 관계가 크다."(『사기전증』)

54　당시에 젊은 장군은 위청과 곽거병霍去病 등으로 그들은 흉노와의 작전에서 공적이 있는데다 또 무제의 친척이었기 때문에 신분 상승이 빨랐다.

55　"앞 문장에서 흉노가 가까운 시일 내에 진공해오지 않을 것이라 잘못 판단하고 수비를 해산시켜 약탈을 당한 사건을 말한다."(『사기전증』)

56　다시 동쪽 우북풍군으로 옮기게 한 것을 가리킨다.

57　여기서는 태초력太初曆 제정을 가리킨다.

58　첨사詹事: 황후와 태자 궁중의 사무를 주관하는 관직으로, 봉록은 2000석이었다.

이장군열전

李 將 軍 列 傳

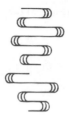

이 편은 문제, 경제, 무제 3대에 걸쳐 활약한 명장 이광의 열전이다. 흉노와의 전쟁에서 드러난 그의 용맹함과 비극적인 자살, 무제가 신하를 기용하는 과정의 갈등, 이광의 손자인 이릉이 흉노에 투항함으로써 이광 가문이 몰락하기까지의 과정을 서술하고 있다.

이광은 북방 7개 군의 태수를 역임했으며 흉노의 침입을 방비하여 변경을 지키는 데 크게 공헌한 인물이다. 그 사람됨은 용감하고 비범하면서도 청렴하여 항상 전공으로 받은 상을 부하들에게 나눠주었고 전장에서는 사졸들과 함께 밥을 먹었다. 성품이 관대하고 온화하여 사람을 대할 때 가혹하지 않았기 때문에 사졸들은 기꺼이 그를 위해 목숨 바쳐 싸웠다. 사마천이 "'복숭아나무와 자두나무는 비록 말을 못하지만 그것들의 본질은 사람을 끌어들여 그 밑에 사람들이 밟고 지나간 작은 길이 생긴다'"고 표현했는데, 이광에 대한 당시 사람들의 존경과 애정을 대변한 것이다. 이광은 평생 70여 차례의 크고 작은 전투를 벌여 흉노에 위세를 떨쳤기에 흉노 사람들은 그를 '한나라의 비장군飛將軍'이라 불렀다. 그러나 무제가 즉위한 뒤 흉노와의 대규모 전쟁에 네 차례 출정했을 때는 단 한 번도 승리를 거두지 못했고 마지막 출정에서는 길을 잃어 제때 군사를 도착시키지 못한 죄로 추궁을 받아 자살했다. 그의 손자인 이릉은 흉노와 싸우다가 포위되자 투항했는데, 이로 인해 그의 모친과 처자식이 죽임을 당했고 이광 가문의 빛나던 명성이 땅에 떨어졌다.

사마천은 이광의 고상한 인품을 비롯해 영웅다운 풍모의 용맹함과 실력을 상세히 묘사하여 흠모의 정을 한껏 드러냈으며, 당시 무제와 그의 신하들이 인재를 배제하고 핍박한 데 강한 반감과 분노를 표출하고 있다. 반면 사마천이 위청과 곽거병을 낮게 평가한 것은 객관적 평가로 보기 어려운 면이 있다.

장군 이광李廣은 농서군隴西郡 성기현成紀縣1 사람이다. 그의 선조 이신李信은 진나라 때 명장으로 연나라 태자 단丹을 추격해 잡은 일이 있다.2 고향은 괴리 현槐里縣3인데 나중에 성기로 이주했다. 집안 대대로 활쏘기를 전수했다. 효문제 14년(기원전 166) 흉노가 대대적으로 소관蕭關에 침입했을 때 이광은 양가자良家 子4 신분으로 참전하여 흉노와 격전을 치렀는데, 말 타기와 활쏘기에 능해 많은 적의 목을 베고 포로를 잡아들여 한중랑漢中郎5에 임명되었다. 당시 이광의 종 제從弟 이채李蔡 또한 낭관이 되었고, 둘 다 오래지 않아 무기상시武騎常侍6를 담

---

1 성기현成紀縣: 한나라 현으로 농서군에 속했다. 치소는 지금의 간쑤성 타이안泰安 북쪽 지역이다. "성기는 한나라 초에는 농서에 속했다가 나중에는 천수군天水郡에 속하게 되었다."(『사기지의』)

2 이신李信: 진왕秦王 정政(진 시황)의 장수였다. 연나라 태자 단丹이 형가荊軻를 보내 진왕 정을 암 살하려다 실패한 뒤 진왕은 왕전王翦과 이신 등을 보내 군사를 이끌고 연나라를 공격하게 했고 이신 은 태자 단을 추격했다. 진왕 정 21년(기원전 226)의 일이다.

3 괴리현槐里縣: 한나라 현으로 치소는 지금의 산시陝西성 싱핑興平 동남쪽 지역이다.

4 양가자良家子: "주수창이 말하기를 '한나라 제도에 종군하는 자 가운데 칠과적七科謫에 해당되지 않는 자를 양가자라 했다'고 했다."(『한서보주』) "한나라 때 사병의 유래로 주요한 두 종류가 있는데, 하 나는 귀양 간 죄인이고 다른 하나는 2등으로 간주되는 죄를 범한 상공업자다. 또한 평범한 집안(선비와 농민)의 자제들 중에 종군하기를 원하는 자를 양가자라 한다. 이들은 귀양 간 무리보다 군중의 지위가 높았다."(『사기전증』) 칠과적七科謫은 진·한 때 징발되어 변방에서 병역에 복무하는 일곱 유형으로, 죄 지은 관리, 도망친 자(살인자), 데릴사위, 상인, 원래 상인 호적을 가진 자, 부모가 상인 호적을 가진 자, 조부모가 상인인 자를 가리킨다.

5 한중랑漢中郎: 중랑中郎의 직위로, 당시 제후국에서도 시위를 낭중, 중랑이라 불렀으므로 이를 구 별하기 위해 '한漢'자를 더한 것이다. 즉 중앙 조정의 '중랑'임을 나타내기 위해 글자를 더한 것이다. 중 랑, 시랑侍郎, 의랑議郎. 낭중郎中 등을 통칭하여 낭관郎官이라 한다. 낭중령 소속으로 궁궐에 있을 때 는 문을 숙위하거나 전차와 전마를 담당하고 밖에서는 시위侍衛와 작전을 담당했다. 중랑과 시랑은 봉 록이 비600석이고 낭중은 비300석이다.

6 무기상시武騎常侍: 황제의 기병 시종이다. 『한서』에서는 '기상시騎常侍'라고 기재하고 있다. 안사고

당하게 되었으며 등급이 800석[7]에 이르렀다. 일찍이 문제를 수행하여 출행했을 때 이광이 돌격하여 적진 깊숙이 들어가 격퇴시키고 맹수와 격투를 벌여 때려 죽이자[8] 문제가 말했다.

"애석하구나, 그대는 때를 만나지 못했도다! 고황제 때였다면 만호후萬戶侯가 되고도 남았을 텐데!"[9]

효경제 즉위 초에 이광은 농서도위隴西都尉[10]에 임명되었다가 기랑장騎郞將[11]으로 전임되었다. 오와 초 등 일곱 나라가 반란을 일으켰을 때 이광은 효기도위 신분으로 태위 주아부를 수행하여 반란군을 토벌했다. 이광은 적군의 장수 깃발을 탈취했으며 창읍昌邑[12]에서는 공적과 명성을 드날렸다. 양왕梁王이 이광에게 장

가 말하기를 "항상 말을 타고 천자를 시위했으므로 기상시라 한다"고 했다. 왕선겸은 말하기를 "「백관표」에는 무기상시가 없는데, 『사기』에 근거한 것이다. 아마도 문제와 경제 때 이 관직을 설치하고 뒤에 기상시라고 명칭을 줄인 것 같다"고 했다.

7   원문은 '질질秩800석'이다. 질秩은 관리의 등급을 말하고 석石은 120근을 말한다. 이때의 석은 관리 등급을 나타내는 것이지 봉록에서 양식의 수량을 나타내는 것이 아니다. 진·한 당시 삼공三公(승상, 태위, 어사대부)의 봉록은 1만 석이었고, 구경은 중2000석, 군 태수는 2000석, 현령과 현장은 최고 1000석에서 최저 300석이었다.

8   『한서』에서는 '수종사렵 격살맹수數從射獵, 格殺猛獸'로 기재하고 있다. 즉 "여러 차례 문제를 수행하여 사냥을 나갔고 맹수와 격투를 벌여 때려죽였다"가 된다. 『한서』가 더 합리적이고 타당하다.

9   "능약언이 말하기를 '한 문제가 이광이 때를 만나지 못한 것을 애석하게 여기는 것은 자신의 시대에 천하가 안정되고 전쟁이 없어 이광의 재주가 쓰일 곳이 없다고 생각한 것이다. 그러나 말년에 흉노가 상군上郡에 운중雲中에 침입하자 문제는 장군 영면令勉, 장무張武, 주아부 등을 파견하여 흉노를 방비하게 했고, 재주 있고 용감한 자를 선발하여 임용한다고 하면서 유독 이광만을 임용하지 않는다. 알면서도 쓰지 않고 어찌하여 자신의 친한 벗들만 고르는가?'라고 했다."(『사기평림』)

10   농서도위隴西都尉: 농서군隴西郡의 무관을 말한다. 당시 각 군의 행정장관은 태수太守였고, 군위郡尉는 태수를 도와 군사 관련 일을 분장했다. 그러나 변방이나 새로 설치된 지역에는 한 명의 도위를 설치하여 군정 사무를 관리하게 했다.

11   기랑장騎郞將: 황제의 기병 시종들을 통솔하는 무관이다. 봉록은 비1000석이며 거랑장車郞將, 호랑장戶郞將과 합쳐 삼장三將이라 불렸고 모두 낭중령에 소속되었다. "무기상시와 기랑장은 모두 문제, 경제 당시의 관직이지만 「백관표」에는 보이지 않는다. 기랑장은 '낭중기랑중騎郞中將'의 처음 명칭으로 의심된다."(『한서신증』)

12   당시 양나라 도성인 수양睢陽의 동북쪽에 있는 지역이다. 오와 초나라의 반란군은 창읍 공격의 실패로 인해 반란에 성공하지 못했다. 이광이 창읍 전투에서 어떤 활약을 펼쳤는지에 대한 역사 기록은 상세하지 않다.

군 인장을 수여했으나 경사로 돌아온 뒤 다시 포상을 받지 못했다.[13] 나중에 이광은 상곡上谷[14] 태수로 전임되었고, 흉노 군대와 매일[15] 교전을 벌였다. 그러자 전속국典屬國[16] 공손혼야公孫昆邪[17]가 눈물을 흘리며 경제에게 요청했다.

"이광의 재능은 지금 천하에 둘도 없습니다. 그는 자신의 능력이 높고 강함을 믿고 자주 적군과 교전을 벌이고 있는데, 만에 하나 실수라도 있어 이런 명장을 잃을까 두렵습니다."[18]

그리하여 경제는 이광을 이동시켜 상군上郡[19] 태수를 담당하게 했다. 뒤에 이광은 다시 변방 여러 군의 태수를 전전하다가 다시 상군으로 전임되었다. 일찍이 농서, 북지北地, 안문鴈門, 대군代郡, 운중군雲中郡[20]의 태수를 역임하면서도 가는 곳마다 모두 용감하게 작전을 펼쳐 명성을 날렸다.[21]

13 "이광은 비록 주아부의 소속이었지만 양나라에서 작전을 벌이면서 탁월한 군공이 있었고, 또 이광은 원래 단지 도왔고 장군 직급이 아니었으므로 양왕이 그를 경모하여 승진시키고 상을 하사하여 장군의 인장을 수여한 것이다."(『사기전증』) "문영文穎이 말하기를 '이광은 한나라 장수인데, 사사로이 양나라의 인장을 받았으므로 포상하지 않은 것이다'라고 했다."(『집해』) "한나라 법에 중앙 조정의 신하는 제후들과 왕래를 해서는 안 되는데, 이광은 금군 효기도위가 되어 양왕의 장군 인장을 받았으므로 죄가 있다. 공적으로 죄를 갚았으므로 포상을 하지 않은 것이다."(『사기통해』) 경제와 양효왕 형제간에 첨예한 갈등이 있음을 알 수 있다.
14 상곡上谷: 한나라 군으로 치소는 저양沮陽(지금의 허베이성 화이라이懷來 동남쪽)이었다.
15 원문은 '일日'으로, 『한서』에서는 '수數(자주)'라고 했다.
16 전속국典屬國: 다른 나라나 종족에 관한 외교 사무를 주관하는 관직으로 봉록은 2000석이었다. 성제成帝 하평河平 원년(기원전 28)에 대홍려大鴻臚에 편입되었다. "전속국은 만이蠻夷의 항복한 자들을 관장했다."(『한서』 「백관공경표」)
17 공손혼야公孫昆邪의 '昆邪'의 발음은 'hunye(혼야)'이다. 성이 공손公孫이고 이름이 혼야昆邪다.
18 "양신楊愼이 말하기를 '공손혼야가 나라를 위해 인재를 소중히 여기는 것이 문제보다 낫다'고 했다."(『사기평림』)
19 상군上郡: 한나라 군으로 치소는 부시膚施(지금의 산시陝西성 위린榆林 동남쪽)다. "서삭방徐朔方이 말하기를 '상군上郡 두 글자는 마땅히 오류다. 원래의 의미에 따르면 마땅히 내지內地에 있는 군郡 명칭이어야 한다. 그래야만 앞뒤 문장이 비로소 순조롭게 통하게 된다'고 했다."(『사기전증』) 상군上郡은 지금의 산시陝西성 북부와 네이멍구 경계였다.
20 모두 한나라 군으로 북지北地의 치소는 마령馬嶺(지금의 간쑤성 칭양慶陽 서북쪽)이고, 안문鴈門의 치소는 선무善無(지금의 산시山西성 줘윈左雲 서쪽)이고, 대군代郡의 치소는 대현代縣(지금의 허베이성 위현蔚縣 동북쪽)이다.
21 『한서』에는 '뒤에 이광은~명성을 날렸다'의 문장이 없다.

이광이 상군 태수로 있을 때 흉노가 상군으로 대거 침입하자[22] 천자는 중귀인中貴人[23]을 파견해 이광을 수행하며 군대를 훈련시키고 흉노에 대항하도록 했다.[24] 한번은 중귀인이 수십 명의 기병을 이끌고 말고삐를 놓고 달리다가 돌연 3명의 흉노인과 마주치게 되었고 싸움을 벌였다. 그 3명이 몸을 돌려 화살을 쏘아 중귀인에게 상처를 입혔고 하마터면 그를 따르던 수십 명의 기병도 쏘아 죽일 뻔했다. 중귀인이 이광이 있는 곳으로 도망쳐 오자 이광이 말했다.

"그들은 틀림없이 독수리를 쏘아 잡는 명사수다."

이광은 즉시 100여 명의 기병을 이끌고 3명을 뒤쫓아 달려갔다.[25] 3명은 말을 잃고 걸어서 달아났으므로 수십 리밖에 가지 못했다. 이광은 부하 기병들에게 좌우 날개로 에워싸는 형세를 취하도록 명령하고 자신이 화살을 쐈는데 2명은 화살에 맞아 죽고 한 명은 사로잡았다. 심문해보니 과연 흉노의 독수리를 쏘는 명사수였다. 포로를 묶고 말에 올라타자 돌연 멀리 수천 명의 흉노 기병들이 눈에 들어왔다. 흉노 기병들도 이광의 무리를 발견했는데 한나라 군대가 자신들을 유인하기 위한 기병이라 여겨 모두 놀라서 서둘러 산 위로 올라가 진을 쳤다. 이광의 기병 100여 명도 크게 두려워하여 급히 돌아가려 하는데, 이광이 말했다.

"이곳은 우리 대부대가 있는 곳에서 수십 리 떨어져 있다. 우리 100여 명이 만일 도망치려 한다면 흉노인들이 쫓아와 화살을 쏘아 모조리 죽일 것이다. 지금 우리가 머물러 있으면 흉노들은 틀림없이 자신들을 유인하기 위해 대부대에

---

22 "중원 6년(기원전 144) 6월, 흉노가 안문군에 침입하여 무천武泉에 이르렀고, 상군으로 진입하여 원마苑馬를 취했으며 관리와 병졸 가운데 전사한 자가 2000명이었다."(『한서』「경제기景帝紀」)

23 중귀인中貴人: 지위가 있고 총애를 받는 환관을 말한다. "『한서음의』에서 이르기를 '내관 가운데 총애를 받는 존귀한 자'라고 했다."(『집해』) "최호가 이르기를 '궁중에서 존귀하고 총애를 받지만 덕망 있는 자가 아니므로 이름을 드러내지 않은 것이다'라고 했다."(『색은』) 그러나 『사기각증』에서는 '중귀인'은 "조정의 종실 대신"이라는 의견을 제시했다.

24 "환관이 종군한 일은 아마 이것이 처음일 것이다."(『사기회주고증』)

25 "동빈이 말하기를 '100명의 기병이 3명을 쫓으니 이광의 용맹이 보이지 않는다. 100명의 기병을 기재했기 때문에 아래 문장에서 흉노의 수천 기병과 상응한다'고 했다."(『사기평림』)

서 파견된 기병으로 알고 감히 우리를 공격하지 못할 것이다."

그리하여 이광은 100여 명의 기병에게 명령을 내렸다.

"전진!"

흉노인들과 단지 2리쯤[26] 떨어진 곳에 이르러 멈추고는, 다시 또 명령을 내렸다.

"모두 말에서 내려 안장을 풀어라!"

그러자 어떤 기병이 말했다.

"적들이 많은데다 가까이 있습니다. 적들이 갑자기 우리에게 돌진해오면 어떻게 합니까?"

이광이 말했다.

"적들은 우리가 달아날 것이라 생각할 것이다. 지금 우리가 말안장을 풀어 달아나지 않음을 보여줘서 우리가 자신들을 끌어들이려 유인하는 기병이라고 더욱 믿게 하려는 것이다."

이렇게 하자 흉노 기병들은 과연 감히 공격해오지 못했다. 백마를 탄 장수가 앞으로 나와서 대오의 진형을 정리하고 있었는데, 이때 이광이 갑자기 말에 오르더니 기병 10여 명을 이끌고 나는 듯이 달려가 그를 쏘아 죽인 뒤 대오로 돌아와서는 말안장을 풀고 기병들에게 말을 풀어놓고 땅바닥에 누워 휴식을 취하라고 했다. 이때 마침 날이 저물었는데 흉노 군사들은 이를 괴상하게 여겨 섣불리 공격하지 못했다. 한밤중이 되자 흉노 군사들은 근처에 한나라 대부대가 매복해 있어 밤을 틈타 또 다시 습격하지 않을까 의심하여 서둘러 물러갔다. 이튿날 날이 밝자 이광은 비로소 한나라 본영으로 돌아왔다. 대부대는 이광이 어디 갔는지 알 수 없었기 때문에 군사 행동을 중지하고 명령을 기다리고 있었다.[27]

---

26 주周·진秦·한漢 시기에 1리里는 415.8미터였다.
27 『한서』에는 앞서 기재된 '농서, 북지, 안문, 대군, 운중군의 태수를 역임했다'는 문장이 '제자리에서 군사 행동을 중지하고 명령을 기다리고 있었다'는 문장 뒤에 기재되어 있다. 『찰기』에서는 『한서』에

몇 년이 지나서 효경제가 죽고 무제가 즉위했다. 좌우 대신들이 모두 이광이 명장이라고 말하자 이광은 상군 태수에서 조정으로 들어와 미앙궁의 위위를 맡게 되었고,[28] 당시 정불식程不識도 장락궁의 위위를 담당하고 있었다. 정불식과 이광은 모두 과거에 변방 군 태수 신분으로 군대를 이끌고 변방에 주둔했다.[29] 매번 출병하여 흉노를 토벌할 때 이광의 군대는 행군하면서 부오部伍[30] 편제에 따르지 않았고 대열을 이루지도 않았으며, 주둔할 때는 수초가 무성한 곳을 선택해 머물렀으나 사졸들의 행동이 자유로웠으며 야간에는 도두刁斗[31]를 두드려 경계하지 않았다. 막부 안에서는 각종 일을 처리하는 공문서가 간단했고, 척후병을 먼 데까지 보내 적의 동정을 정찰했기에 적들의 습격으로 인한 피해를 입은 적이 없었다. 이와는 상반되게 정불식의 군대는 부대의 편제와 대열, 군영의 설치와 진을 펼치는 모든 규칙을 엄정하게 갖추었고, 야간에는 도두를 두드려 경계했으며, 군관들은 규칙과 조문에 따라 사병들을 관리하는 데 매우 엄격하여 부대가 쉴 수 없었다. 그러나 역시 적들의 습격을 받아 피해를 입은 적이 없었다. 정불식이 말했다.

서 기재한 순서가 옳다고 했다. 또한 앞의 문장에서 '뒤에 이광은 다시 변방의 여러 군의 태수를 전전하다가 다시 상군으로 전임되었다'는 문장은 『한서』와 마찬가지로 삭제해야 한다고 했다.
28 "앞 문장에서 이광은 상군 태수 이후에 농서, 북지, 안문, 대군, 운중군의 태수를 역임했다고 했고, 「공경표」에 원광 원년에 농서 태수 이광을 위위로 삼았다고 했으니, 여기서 상군이라 말한 것은 틀렸다."(『사기지의』)
29 원문은 '장군둔將軍屯'으로, '주둔군을 인솔하는 장군' 혹은 '주둔지의 장군을 겸임' 등으로 번역한 일부 번역본의 해석은 잘못이다. 여기서의 '장군將軍'은 '군대를 이끌다, 통솔하다'의 뜻이다.
30 부오部伍: 군대의 편제 단위인 부곡행오部曲行伍를 말한다. "대장의 군영에는 오부五部가 있다. 부部에는 교위校尉 1명이 있고, 부 아래에는 곡曲이 있는데, 곡에는 군후軍候 1명이 있으며, 곡 아래에는 둔屯이 있고 둔에는 둔장屯長 1명이 있다."(『속한서續漢書』「백관지」) 행오行伍는 5명을 오伍라 하고 25명을 행行이라 했는데, 나중에는 일반적으로 군대를 가리키게 되었다. 안사고는 말하기를 "이광은 간단하고 쉬운 것을 숭상했으므로 행군 중에도 부곡을 세우지 않았다"고 했다. 『한서』에서는 '부오部伍'가 아닌 '부곡部曲'으로 기재하고 있다.
31 도두刁斗: 조두기斗를 말하는 것으로, 두斗(용량을 되는 용기) 모양에 자루가 달려 있고 구리 재질의 도구다. 용량은 1두로, 낮에는 밥을 짓는 데 사용하고 밤에는 두드려 시각을 알리거나 순찰하는 데 사용했다.

"이광이 군대를 다스리는 방법은 지극히 간단하여 만일 적들이 갑자기 습격해오면 아마도 저항할 방법이 없을 것이다. 그러나 그의 사졸들은 생활이 편안하고 즐겁기 때문에 전투에 임했을 때 모두 그를 위해 목숨을 아끼지 않을 것이다. 나의 군대는 비록 번잡하지만 적들 또한 습격해오지 못한다."

그 당시 이광과 정불식은 모두 한나라의 변방 군에서 유명한 장수였는데, 흉노인들은 특별히 이광의 담력과 지모를 두려워했다. 사졸들도 대부분 이광을 따르기를 즐거워한 반면 정불식의 부대에 있는 것은 고통스러워했다. 정불식은 효경제 때 여러 차례 직언으로 간언하여 태중대부가 되었고, 사람됨이 청렴했고 규정과 법도를 엄격하게 집행했다.[32]

그 뒤에 한나라는 사람을 보내 마읍 성을 미끼로 이용하여 선우를 유인하고,[33] 대군을 마읍 주변의 산골짜기에 매복시켰다. 이때 이광은 효기장군의 신분으로[34] 참전하여 호군장군 한안국에 소속되어 통솔을 받았다. 당시 한나라 군의 계책이 흉노 선우에게 발각되어 군대를 철수시켰기 때문에 한나라 군사들은 모두 공적 없이 돌아왔다. 그로부터 4년 뒤 이광은 위위 신분으로 장군이 되어 군사를 이끌고 안문군에서 출병하여 북쪽으로 흉노를 토벌했다. 그러나 흉노의 병력이 많아 한나라 군대는 패하고 이광 또한 사로잡혔다. 흉노 선우는 전부터 이광이 현명하고 능력이 탁월하다는 말을 들었으므로 명령을 내렸다.

"이광을 잡으면 반드시 산 채로 데려오라."

흉노 기병이 이광을 사로잡았을 때 이광이 부상을 당해 말 2필 사이에 그물로 엮은 들것을 걸고 그 위에 이광을 눕혔다. 10여 리쯤 갔을 때 이광이 죽은척

32 "문장 '정불식과 이광은 모두 과거에 변방 군 태수의 신분으로 군대를 이끌고 변방에 주둔했다'부터 '규정과 법도를 엄격하게 집행했다'까지는 모두 이광과 정불식이 위위가 되기 이전의 일을 보충 서술한 것이다."(『사기전증』)

33 무제 원광 2년(기원전 133)의 일이다. 이때의 흉노 선우는 '군신軍臣'이라 불렀다.

34 "위위 신분으로 전쟁에 나갔다가 전쟁이 종결된 뒤에 돌아와 위위를 맡았으므로 아래 문장에서 다시 '위위 신분으로 장군이 되다'라고 말한 것이다."(『사기전증』)

하고 누워서 곁눈질로 살펴보니 곁에 흉노 소년이 좋은 말을 타고 있었다. 이광이 벌떡 일어나 소년의 말 위에 올라탄 뒤 소년을 아래로 밀어 떨어뜨리고 활을 빼앗았다. 그리고 말을 채찍질하며 남쪽을 향해 수십 리를 내달려서 자신의 잔여부대를 찾았고, 그들을 이끌고 요새로 들어왔다. 당시 수백 명의 흉노 기병이 추격했으나 이광은 빼앗은 활로 추격병들을 쏘아죽임으로써 위험에서 벗어날 수 있었다.[35] 이광이 한나라로 돌아오자 조정에서는 이광을 군법을 관장하는 관리에게 넘겨 심판하게 했다. 관리는 이광이 많은 사졸을 잃었고 자신 또한 적군의 포로가 되었으므로 마땅히 참수에 처해야 한다는 판결을 내렸으나 이광은 속죄금을 내고 평민 백성이 되었다.

평민이 된 이광이 한가하게 집에서 지낸 지 몇 년이 되었다. 이광은 전 영음후穎陰侯[36] 관영灌嬰의 손자인 관강灌强과 함께 남전藍田의 남쪽 산에 은거하면서 사냥을 하며 지냈다. 어느 날 밤 이광은 시종 한 명을 데리고 야외에 나갔다가 친구 한 명과 술을 마셨다. 돌아오는 길에 패릉정霸陵亭[37]에 이르렀을 때 마침 술에 취한 패릉현의 현위와 마주쳤는데 그는 큰소리로 이광을 꾸짖으며 보내주지 않았다. 이광의 시종이 말했다.

"이분은 전임 이장군李將軍이시다."

그러자 현위가 말했다.

"현직에 있는 장군도 밤에는 통행을 허락하지 않거늘 하물며 너는 전임이 아니더냐!"

---

35 이 문장은 위의 '자신의 잔여부대를 찾았고' 앞에 배치되어야 한다.
36 원문은 '고영음후故穎陰侯'로, 관영은 유방의 개국공신으로 공적이 있어 영음후에 봉해졌다. 그의 손자인 관강은 조부의 작위를 계승하여 영음후가 되었지만 이때는 죄를 지어 작위를 잃고 집에 있었다. 이 때문에 '고故(전, 이전)'자를 붙인 것이다.
37 패릉정霸陵亭: 패릉현霸陵縣의 역정驛亭을 말한다. 역정은 진·한 때 공문서를 전달하는 사람과 여행객이 투숙하던 공간으로, 역전驛傳에 정후이 있었으므로 역정이라 했다.

그러고는 이광을 역정驛亭에 하룻밤 구금시켰다. 오래지 않아 흉노가 요서에 침입하여 요서군의 태수를 죽이고 장군 한안국의 군대를 격파했다.[38] 그 후 조정에서는 한안국을 우북평으로 전임시켰고 얼마 지나지 않아 한안국은 죽었다.[39] 그리하여 무제는 이광을 불러들여 우북평의 태수로 임명했다. 이광은 패릉의 현위를 기용하여 데려가기를 요청했고, 현위가 군중에 이르자 그를 참살했다.[40]

이광이 우북평의 태수로 임명되었을 때 흉노 사람들은 그 소식을 듣고 모두 이광을 '한나라의 비장군飛將軍'[41]이라고 부르며 몇 년 동안 그를 피했기에 감히 우북평을 침입하지 못했다.

한번은 이광이 사냥을 나갔다가 수풀 속의 큰 바위를 호랑이로 잘못 보고 화살을 쏘았는데 화살촉이 바위 속에 박혀버렸다. 가까이 가서 보니 바위였다. 다시 한 번 쏘아보았더니 화살촉이 박히지 않았다. 이광은 태수로 재임하는 군에 호랑이가 나타난다는 말을 들으면 항상 직접 가서 화살을 쏘았다. 우북평에

---

38 무제 원삭 원년(기원전 128)의 일이다. "흉노가 대규모로 변경을 침입하여 요서 태수를 죽이고, 또 안문군으로 침입하여 죽이고 잡아간 한나라 백성이 수천 명에 달했다."(「한장유열전」)

39 '수정본'의 원문은 '후한장군사우북평後韓將軍徙右北平(그 뒤에 조정에서는 한안국을 우북평右北平으로 전임시켰다)'이다. 그러나 『한서』에서는 '한장군후사거우북평, 사韓將軍後徙居右北平, 死(한장군은 뒤에 우북평으로 전임되었고, 재임 중에 사망했다)'로 기재하고 있다. '수정본'과 같이 '사死'자가 없다면 바로 뒷문장에서 '무제는 이광을 불러들여 우북평의 태수로 임명했다'고 했으니, 우북평에 두 명의 태수가 있게 되는 셈으로 이치상 맞지 않다. "'각 판본에는 사死'자가 빠져 있으니 풍본, 삼본, 『한서』에 의거해야 한다."(『사기회주고증』) 또한 「한장유열전」에도 한안국은 흉노를 토벌하기 위해 변경에 주둔해 있을 때 병들어 피를 토하고 죽었다고 기재되어 있다. 이에 따라 역자는 '수정본'이 아닌 『한서』의 기재에 따랐다.

40 『한서』에 따르면 이광은 현위를 참살한 뒤 글을 올려 상황의 경과를 진술하고 무제에게 죄를 청했다. 그러자 무제는 "원한이 있는 자에게 보복하여 화를 없애고, 잔학하고 포악함을 제거하여 살육을 피하는 것이 짐이 장군에게 기대하는 것이오. 관을 벗고 맨발로 머리를 조아리며 죄를 청하라고 말한다면 설마 짐의 본뜻이겠소! 장군은 즉시 군대를 이끌고 동쪽으로 진군하시오"라고 대답한다. 한낱 현위에게 복수한 이광의 도량을 논하기에 앞서 변경의 상황이 다급하기에 이광을 위로했다고 할 수 있다.

41 "비장군飛將軍 세 글자는 또한 말 2필 사이에서 갑자기 뛰어 올라 말을 타고 채찍질하며 요새로 들어온 일로 인해 얻은 호칭으로 보이며, 그의 용맹을 두려워한 것이지 그가 무리를 통솔하는 능력에 탄복한 것은 아니다."(『사기정화록』)

서는 호랑이를 쏘았을 때 호랑이가 달려들어 상처를 입었으나 끝내 이광은 화살을 쏘아 죽였다.

이광은 사람됨이 청렴하여 상을 받으면 매번 부하들에게 나눠주고 음식도 사졸들과 함께 먹었다. 이광은 한평생 40여 년 동안 2000석의 관직에 있었지만[42] 집에 쌓아둔 재산이 없었으며 죽을 때까지 집안의 재산에 대해 말하는 일이 없었다. 이광은 키가 크고 팔이 원숭이처럼 길었다. 그가 활을 잘 쏘는 것은 역시 타고난 능력으로 그 자손이나 다른 사람들이 활쏘기 기술을 배워도 그를 능가할 수 없었다. 이광은 말을 더듬었고 평상시에 말수가 적었으며, 사람들과 함께 있을 때는 땅에 넓고 좁은 군대 진형을 그려놓고 활쏘기에서 지는 사람이 벌주를 마시는 시합을 했다.[43] 그는 줄곧 이렇게 활쏘기를 즐거움으로 삼으며 살다가 마침내 죽었다. 그는 군사를 인솔하면서 물과 식량이 부족한 상황에 처하면 물을 발견해도 사졸들이 모두 물을 마시기 전에는 물 근처에 가지 않았고, 사졸들이 모두 밥을 먹기 전에는 밥을 먹지 않았다. 그는 사람을 대하는 데 관대하고 온화하며 가혹하지 않았기 때문에 사졸들은 그를 위해 일하기를 즐거워했다. 그가 활을 쏠 때는 적이 바싹 접근하더라도 거리가 수십 보 이내가 아니거나 명중시킬 수 없을 때면 쏘지 않았는데, 일단 활을 당기기만 하면 적들이 시위 소리와 함께 거꾸러졌다. 이와 같았기 때문에 그는 군사를 이끌고 작전을 벌이면서 여러 번 곤욕을 치렀고, 맹수를 쏠 때도 여러 번 상처를 입었다고 한다.[44]

---

42 "이광은 7개 군의 군수를 역임했는데, 앞뒤로 40여 년이다."(『한서』) 이광은 조정에서 위위, 낭중령을 역임했고 변경 군에서 태수를 역임했으므로 모두 2000석이라고 말하는 것이다.
43 "땅에 군 진형을 그리는 것을 행렬行列이라고 한다. 행렬은 간선과 같고 좁기도 하고 넓기도 하다. 활을 당겨 높은 곳에서 아래로 쏘아 화살이 좁은 곳에 꽂히면 이기고 넓은 곳에 꽂히면 지는 것이며, 행렬 밖으로 나가도 지는 것이다. 벌에는 각기 차등이 있다."(『사기찰기』)
44 "진자룡이 말하기를 '이광은 자신의 기술에 자만하니 대장의 법도가 아니다. 그래서 군사를 이끌면서 공적이 없는 것이다'라고 했다."(『사기전증』) 서삭방徐朔方은 말하기를 "이 단원의 문자는 매우 문장의 결말 같은데, 실제적으로는 뒤에 또 절반이 남아 있으니, 이것을 어떻게 해석해야 하는가? 앞에 문장은 초고이고, 뒤에 이어서 적었기에 이와 같은 흔적을 남긴 것이다"라고 했다.

얼마 뒤 낭중령 석건이 사망하자 무제는 이광을 불러 석건 대신 낭중령으로 삼았다. 원삭 6년(기원전 123)에 다시 이광은 후장군後將軍[45]의 신분으로 대장군 위청을 수행하여 정양군定襄郡[46]을 나가 흉노를 공격했다. 이번 출정에서 다른 장수들은 적을 참수하거나 포로로 잡아들인 수가 진급하는 규정에 부합하여 후侯에 봉해졌는데, 이광의 부대만은 공적이 없었다. 다시 2년[47]이 지나서 이광은 낭중령의 신분으로 기병 4000명을 이끌고 우북평을 출발하여 흉노를 토벌하러 갔고, 박망후博望侯 장건張騫[48]도 기병 1만여 명을 이끌고 동시에 출정했는데 양군은 각기 다른 길로 진군했다. 이광의 군대가 수백 리쯤 전진했을 때 흉노 좌현왕左賢王[49]이 거느린 기병 4만 명에게 포위되었다. 이광의 군사들이 모두 두려워하자 이광은 자신의 아들 이감李敢에게 먼저 적진을 돌파하게 했다. 이감은 기병 수십 명만을 거느리고 질주하여 곧장 적진을 뚫고 들어가 다시 왼쪽에서 오른쪽까지, 오른쪽에서 왼쪽까지 한바탕 헤치고 돌격하고는 돌아와서는 이광에게 보고했다.

"흉노는 상대하기 쉽습니다."

그제야 군심이 안정되었다. 이광은 둥글게 진을 치고 창끝을 밖으로 향하게 하여 사방을 포위한 적들을 향하게 했다. 흉노 군대가 맹공격에 나서더니 동시

45 후장군後將軍: "전, 후, 좌, 우장군은 모두 주나라 말기 관직으로 진나라가 이어받았다. 지위는 상경으로 황금 인장과 자주색 인끈을 사용하고, 한나라 때는 상시 설치되지는 않았다. 모두 군사와 사이四夷를 관장했다."(『한서』「백관공경표」)
46 정양군定襄郡: 한나라 군으로 치소는 성락成樂(지금의 네이멍구 허린거얼和林格爾 서북쪽 투청즈土城子)이었다.
47 무제 원수 2년(기원전 121)을 말한다.
48 박망博望: 한나라의 현으로, 치소는 지금의 허난성 난양南陽 동북쪽 지역이다. 장건張騫이 서역에 사신으로 다녀온 공적으로 박망후에 봉해졌다.
49 흉노는 좌左·중中·우부右部로 나뉘었는데, 중부는 선우가 직접 통솔했고 좌우 양부를 좌현왕과 우현왕이 나누어 통솔했다. 좌현왕은 동부(당시 한나라 상곡군 북쪽 방면의 동쪽 일대)에 거주했고, 우현왕은 서부(당시 한나라 상곡군 북쪽 방면의 서쪽 일대)에 거주했다. 이광과 장건은 우북평에서 출발했기에 좌현왕 관할 경계였다. 또한 흉노는 좌左를 숭상하여 좌현왕의 지위가 우현왕보다 높았기 때문에 항상 선우의 태자가 담당했다.

에 화살을 소나기처럼 퍼부어댔다. 한나라의 죽은 병사가 절반이 넘었고 이광 군대의 화살도 거의 바닥이 나버렸다. 이광은 군사들에게 화살을 걸고 활을 당기되 쏘지 말라는 명령을 내리고 나서 자신이 직접 대황大黃[50]이라는 활로 흉노의 비장裨將(부장) 몇 명을 쏘아 죽였다. 그러자 나머지 흉노 군사들이 놀라 점차 흩어지기 시작했다.[51] 때마침 날이 저물기 시작하자 이광의 부하들은 모두 얼굴이 하얗게 질렸으나 이광의 기세는 평상시와 같이 태연하게 대오를 정돈했다. 이로 인해 군중에서는 이광의 용감함에 더욱 탄복했다.[52] 이튿날 다시 힘껏 전투를 벌이고 있는데, 박망후 장건의 군대가 도착했고 흉노 군사는 즉시 포위를 풀고 철수했다. 그러나 한나라 군대는 피로가 극심하여 추격할 힘이 없었다. 이번에 이광의 군대는 거의 전군이 전멸하여 철수했다. 한나라 법률에 의거하여 박망후 장건은 행동이 느려 제때에 도착하지 않은 죄로 사형 판결을 받았으나 장건은 속죄금을 내고 일반 평민이 되었다. 이광은 공적과 실패한 죄가 엇비슷했기 때문에 어떠한 상도 받지 못했다.

당초에 이광과 그의 종제從弟인 이채李蔡는 함께 효문제를 섬겼다. 경제 때 이채는 공적을 쌓기 시작해 이미 2000석으로 승진했고,[53] 무제가 즉위한 뒤에는 대代나라의 상이 되었다.[54] 원삭 5년(기원전 124)에는 경거장군輕車將軍의 신분으

---

50 "위소가 말하기를 '각노角弩(뿔로 장식한 강한 쇠뇌)로 누런색이며 몸통이 크다'고 했다."(『집해』) 일종의 누런색의 연속으로 발사할 수 있는 큰 활을 말한다.
51 원문은 '익해益解'다. "익益은 점漸(점차)이다."(『한서보주』) 『사기각증』에서는 '점해漸懈(점차 느슨해지다)'로 해석했다.
52 "이광은 스스로 말하기를 '흉노와 크고 작은 전투를 70여 차례 벌였다'고 했는데, 유독 앞 문장에서 100여 명의 기병으로 흉노 수천 명을 상대하고 여기서는 1000여 명의 기병으로 흉노 4만여 명을 상대하는 것만 서술했으니, 특별히 기이함과 위험함을 적은 것이다. 한번은 싸우지 않고 군사를 보전하고, 또 한 번은 급박하게 싸우면서 적에 항거하니 두 사건은 그 승리가 각기 극단적이어서 묘하다."(『사기찰기』)
53 "「위청전」에 이르기를 '대나라 상 이채를 경거장군으로 삼았다'고 했다. 제후왕의 상은 봉록이 2000석인데, 여기서 공적을 쌓기 시작해 2000석에 이르렀다고 했으니 대나라 상을 말한다."(『한서규관』)

로 대장군 위청을 수행하여 흉노 우현왕을 공격했고, 공적이 규정에 부합하여[55] 낙안후樂安侯에 봉해졌다.[56] 원수 2년(기원전 121)에 공손홍公孫弘을 대신하여 승상이 되었다.[57]

이채의 인품은 하등下等의 중간이라[58] 할 수 있고 명성은 이광에 비해 상당히 낮았다. 그러나 이광은 봉작과 봉지도 얻지 못하고 관직도 구경을 넘지 못한 반면 이채는 열후列侯[59]에 봉해지고 삼공의 지위까지 이르렀다. 이광의 군리軍吏와 사졸들 중에도 후에 봉해진 자가 있었다. 한번은 이광이 구름의 기운과 형상을 살펴보고 사람의 길흉화복을 점치는[60] 왕삭王朔과 한가하게 이야기하다가 왕삭에게 말했다.

"한나라가 흉노를 토벌하기 시작한 이래로 지금까지 한 차례도 내가 전투에

---

54 이채가 대나라 상이 되었을 때의 대왕은 앞뒤로 유등劉登(유참劉參의 아들), 강왕剛王 유의劉義(유등의 아들)였다. 당시 대나라의 도성은 진양晉陽(지금의 산시山西성 타이위안 서남쪽)이었다.

55 원문은 '중률中率'으로, 앞의 문장 '중수노율中首虜率(적을 참수하고 포로를 잡은 수가 진급 규정에 부합하다)'의 뜻이다. '율率'은 군공에 따라 관작과 상을 하사받는 법정 기준을 말한다.

56 낙안현樂安縣: 한나라 현으로 치소는 지금의 산둥성 보싱博興 동북쪽 지역이다. 「건원이래후자연표建元以來侯者年表」에 따르면 이채가 낙안후에 봉해진 것은 원삭 5년 4월의 일이다.

57 "공손홍公孫弘은 한나라 때 유가 학술로 재상에 오른 첫 번째 인물로 동중서董仲舒와 공동으로 한 무제의 백가百家 배척을 조성했다. 유가 학술의 존중이라지만 실제로 그들이 실행한 것은 일종의 유가 학술로 겉을 포장한 혹리酷吏(가혹한 관리) 정치였다. 공손홍은 사마천이 반감을 보인 인물 가운데 한 명이다. 공손홍은 원삭 5년(기원전 124)에 승상이 되어 3년 동안 재임했고, 이채는 원수 2년에 승상이 되어 원수 5년(기원전 118)에 죄를 지어 자살했다."(『사기전증』)

58 원문은 '하중下中'으로, 하품下品의 중간이라는 뜻이다. 한나라 때 인품의 등급을 매긴 것인데, 상·중·하 삼등三等으로 나눈 뒤 다시 삼등을 상·중·하로 나누어 상상上上에서 하하下下까지 9등급이다. 즉 이채의 인품은 9등급 중에 8번째라는 말이다.

59 열후列侯: 철후徹侯, 통후通侯라고도 부른다. 진·한 시기 20등급의 봉작 중에서 최고 등급이다. 일정한 영지가 있으며 영지가 없는 관내후 지위보다 높다. 유방이 규정하기를 '유씨가 아닌 자는 왕이 될 수 없고, 공적이 없는 자는 후侯가 될 수 없다'고 했는데, 이 때문에 한나라 때 일반 관원이 열후에 봉해지는 것은 최고의 영예였다.

60 원문은 '망기望氣'다. 망기는 어떤 지방의 구름의 색채, 형상, 변화를 파악하여 관련된 인물의 길흉화복을 예측하는 일종의 방술이다. 한나라 때 태사太史 아래에 전문적으로 망기를 하는 관원을 두었다. "한나라 이래로 운수를 연구하는 자로는 별의 현상을 점치는 당도唐都가 있었고, 구름의 기운으로 점치는 왕삭이 있었으며 수확을 점치는 위선魏鮮이 있었다."(「천관서天官書」)

참가하지 않은 적이 없었소. 내가 거느린 각 부部의 교위 이하 중에는 재능이 중간에도 못 미치는데 흉노와 전투 중에 군공을 세워 후에 봉해진 자가 이미 수십 명이나 되오. 나 이광은 남들보다 재능이 뒤지지 않는데 조그마한 군공도 없어 봉지를 하사받지 못했으니, 이것은 무슨 까닭이오? 내 관상이 후가 될 상이 아니오? 아니면 운명으로 정해진 것이오?"

왕삭이 말했다.

"장군께서 스스로 회상하여 일찍이 후회되는 일이 있습니까?"

이광이 말했다.

"내가 농서군 태수로 있을 때 강족羌族61이 모반한 적이 있었는데, 내가 그들을 유인하여 투항시켰소. 항복한 자가 800여 명이었는데 내가 그들을 속여 그날로 모두 죽였소. 내 지금까지 가장 후회되는 일은 이것뿐이오."

왕삭이 말했다.

"이미 투항한 사람을 죽이는 것보다 화가 큰 것은 없습니다.62 이것이 바로 장군께서 후에 봉해지지 못하는 까닭입니다."

또 2년이 지나서63 대장군 위청과 표기장군驃騎將軍 곽거병霍去病64이 대규모

---

61 강족羌族: 지금의 간쑤성과 칭하이성, 쓰촨성 북부 일대에 거주하는 소수민족으로 다양한 종족을 이루고 있다. 여기서는 농서군 서쪽(대략 지금의 칭하이성 동부)의 강족을 가리킨다.

62 『사기열전』의 다른 편에서도 이러한 내용을 확인할 수 있다. "나는 죽어 마땅하다. 장평長平 전쟁에서 조나라 병사 수십만 명이 내게 투항했는데, 도리어 그들을 속여서 모조리 생매장시켰으니 이것만으로도 죽어 마땅하다."(「백기왕전열전」) "(오왕吳王이 말하기를) 내가 듣자하니 항복한 사람을 주살하는 것은 장차 그 화가 3대에 미칠 것이라고 했다."(『오월춘추吳越春秋』 「구천입신외전句踐入臣外傳」)

63 원수 4년(기원전 119)이다.

64 표기장군驃騎將軍은 정벌을 관장했으며 대장군 다음가는 지위였다. 한 무제 원수 2년(기원전 121)에 설치되었으며 원수 4년(기원전 119)에는 대장군과 대등한 등급과 봉록을 받았다. 때로는 '대大'자를 붙여 '표기대장군'이라 했다. 원문에 '대장군' 또는 '표기장군'으로만 기재되어 있는데, 여기서 대장군은 위청이고 표기장군은 곽거병을 말한다. 곽거병은 위청의 생질이며 무제의 황후인 위자부衛子夫의 언니 위소아衛少兒가 진장에게 출가하기 전 곽중유霍仲孺와 사통하여 낳은 자식이다. "원수 4년 봄, 무제는 대장군 위청, 표기장군 곽거병에게 각자 5만 명의 기병을 이끌게 하고, 또 군수 물자 운송부대와 후속부대 보병 수십만 명을 파견했다."(「위장군표기열전」) 이때 곽거병은 대군代郡 북쪽에서 출병하고 위청은 정양定襄 북쪽에서 출발했다.

로 출병하여 흉노 공격에 나서자 이광이 참전하겠다고 여러 차례 요청했지만 무제는 그가 노쇠하다고 여겨 허락하지 않았다. 한참이 지나서야 무제는 비로소 허락하고 그를 전장군前將軍으로 삼았다. 이해가 바로 무제 원수 4년이었다.[65]

이광은 대장군 위청을 수행하여 흉노를 공격하기 위해 출격했다. 변경의 요새를 나간 뒤 사로잡은 포로를 통해 흉노 선우의 소재지를 알아냈다. 이에 위청은 자신이 정예부대를 이끌고 곧장 흉노 선우가 있는 곳으로 진군하려 했으며, 이광에게는 우장군 조이기趙食其 부대와 합병하여 동쪽 길로 북진하라고 명령했다.[66] 동쪽 길은 비교적 멀리 돌아가야 하는데 위청의 대군이 가는 길은 물과 풀이 적어 행군 속도가 빨라 중도에 지체하며 머물 필요가 없는 형세였다. 그러자 이광은 요청하며 말했다.

"신은 전장군인데 지금 대장군께서는 신에게 길을 변경하여 동쪽 길로 가라고 하셨습니다. 신은 성인[67]이 됐을 때부터 흉노와 싸워왔는데 오늘에서야 비로소 흉노 선우와 맞닥뜨릴 수 있는 기회를 얻었으니, 신 선두에 서서 전사할지라도 선우와 싸우기를 원합니다."

대장군 위청은 일찌감치 은밀히 무제로부터 당부의 말을 들었는데, 이광은 나이가 많은데다 운이 좋지 않으니 그가 선우와 대적하지 않게 해야 하며 그러지 않으면 선우를 사로잡지 못할까 우려된다는 것이었다. 이때 위청의 친구인 공손오公孫敖는 후 작위를 잃어 중장군中將軍[68]의 신분으로 대장군 위청을 수행

---

65 "특별한 시점을 가리키는 것으로, 아래 서술하는 사건의 중요성과 이 사건에 대한 저자의 깊은 감개를 돌출시킨다.『삼국지』「무제기武帝紀」에서 동탁董卓이 권력을 독점하고 소제少帝를 살해하자 조조曹操는 집안의 재산을 털어 의병을 일으켰는데, 그것을 '이해가 중평中平 6년(189)이었다'라고 했는데, 즉 이러한 서술법이다."(『사기전증』)

66 위청 대군의 오른쪽 날개가 되어 동쪽에서 북진하게 한 것이다.

67 원문은 '결발結髮(머리를 묶다)'이다. 고대에 남자가 20세가 되면 머리를 묶고 관을 쓰는 관례를 통해 성인이 되는 것을 의미한다.

68 「위장군표기열전」에 따르면 공손오는 교위 신분으로 대장군을 수행했다. 여기서 '중장군'은 잘못 표기된 것이며,『한서』「백관공경표」에 따르면 '중장군'이라는 직위는 기재되어 있지 않다. 아마도 전·후·좌·우장군과 동급일 것이다. 공손오가 후 작위를 잃은 것은 무제 원수 2년(기원전 121)에 흉노 토

하여 출정했는데, 대장군은 공손오와 함께 선우를 대적하고자 전장군 이광을 전임시킨 것이다.[69] 이광은 당시 이 사실을 알면서도 대장군에게 동쪽 길로 나가지 않겠다는 자신의 의견을 진술했다. 그러나 위청은 그의 요청을 들어주지 않고 자신의 장사長史를 보내 이광의 막부莫府에 문서를 보내어 독촉했다.[70]

"즉시 명령에 따라 우장군 군부로 가서 합류하시오."

이광은 몹시 화가 나서 위청에게 작별인사도 하지 않고 분노를 품은 채 자신의 군부로 돌아왔고 부대를 이끌고 조이기와 합류하여 동쪽 길로 출발했다. 그러나 부대 안에 길 안내자가 없어 도중에 길을 잃는 바람에 대장군이 규정한 시간에 도착하지 못했다. 위청의 군대는 선우와 접전을 벌였으나 선우가 달아나버려 공적을 거두지 못하고 돌아왔다. 위청이 대군을 이끌고 남쪽을 향해 회군하면서 사막을 가로지른 뒤에야 비로소 전장군 이광과 우장군 조이기를 만났다. 이광은 위청을 만난 뒤 자신의 군부로 돌아왔다. 위청은 장사를 시켜 말린 음식과 독한 술을 이광에게 보내고, 이광과 조이기의 군대가 길을 잃은 정황을 물어 황상에게 이번 작전의 구체적인 과정을 보고하고자 했다.[71] 이광이 장사의 물음에 대답하지 않자 위청은 장사를 시켜 이광의 막부를 꾸짖고 물음에 대답하게 했다.[72] 이광이 말했다.

벌에 나섰다가 지체되어 제때 합류하지 못해 처벌을 받고 일반 평민 신분으로 강등되었기 때문이다.

69　"왕명성王鳴盛이 말하기를 '이번 전쟁에서 이광은 본래 전장군의 신분으로 종군했으니 선봉에서 선우를 대적해야 하는 것이 마땅하다. 위청은 그를 동쪽 길로 출발하게 하여 멀리 돌아가게 하고 길을 잃게 했다. 이광은 기구한 운명으로 공적이 없을 뿐만 아니라, 실제로 공손오는 후 작위를 잃었음에도 위청이 자신과 함께 선우를 대적하게 하여 공을 세우고 작위를 얻게 하려는 것은 자신을 구해준 은덕에 보답하려 한 것이다. 그러므로 이광을 전임시킨 것은 사사로운 행위다'라고 했다."(『사기전증』)

70　"위청은 자신의 장사를 보내 이광의 부하에게 명령을 전달하게 하여 이광을 무시한 것이다."(『사기전증』)

71　원문은 '보천자군곡절報天子軍曲折'이다. "'군軍'자 앞에 '실失'자가 있어야 한다."(『독서잡지』 「사기」) 『한서』에도 '실'자가 포함되어 있다. '천자(무제)에게 대장군 군대와 함께 전쟁에 참가하지 못하게 된 정황(경과)을 보고하다'라는 뜻이다.

72　원문은 '大將軍使長史急責廣之幕府對簿'이다. 그러나 『한서』에서는 '사使'자가 생략되어 있다. 또한 "베이징대학 『양한문학사참고자료兩漢文學史參考資料』에서는 본문에서 '사'는 불필요한 글자라고

"내 부하 교위들에게는 죄가 없소. 군대가 길을 잃은 것은 내 책임이오. 내가 직접 위에 보고하겠소."

이광은 자신의 막부로 돌아와 부하들에게 말했다.

"나는 성년이 되어서부터 지금까지 흉노와 70여 차례 크고 작은 전투를 벌였다. 이번에 다행히 대장군을 따라 출정하여 흉노 선우와 교전할 수 있는 쉽지 않은 기회를 얻었는데, 생각지도 않게 대장군이 나의 부대를 이동시켜 멀리 길을 돌아가게 했을 뿐만 아니라 길을 잃기까지 했으니 어찌 하늘의 뜻이 아니겠는가! 내 나이 이미 예순이 넘었는데 다시 도필리를 대면할 수는 없다."

그러고는 칼을 뽑아 스스로 목을 베어 죽었다. 이광의 부하 군사들이 모두 통곡했다. 백성은 이 소식을 듣고 아는 사람이건 모르는 사람이건 남녀노소를 막론하고 모두 그를 위해 눈물을 흘렸다. 우장군 조이기는 심판을 받아 사형 판결을 받았으나 돈으로 속죄하여 일반 평민이 되었다.

이광에게는 세 아들이 있었는데 이당호李當戶73, 이초李椒, 이감李敢으로 모두 낭관에 임명되었다. 한번은 무제가 총애하는 신하 한언韓嫣74과 함께 장난치며 놀고 있을 때 한언이 불손한 행동을 하자 이당호가 즉시 한언을 때리고 쫓아버렸다. 이에 무제는 이당호를 용감한 자로 여겼다. 그러나 이당호는 일찍 죽었고 이초도 대군代郡 태수가 되었으나75 두 아들 모두 이광보다 먼저 사망했다. 이당

했다."(『사기전증』) 이에 따르면 위청이 장사를 보낸 것이 아니라 대장군 장사가 이광에게 물었으나 이광이 대답하지 않자 장사가 이광의 부하들에게 질문에 대답하도록 명령했다는 뜻이 된다. 역자는 본문 그대로 '사'자가 포함된 문장으로 번역했다.

73 "당호當戶는 흉노 관직명으로, 이광이 그해에 당호를 격퇴시킨 공적이 있어 아들의 이름으로 지은 것 같다."(『한서신증』)

74 한언韓嫣: 유방의 공신 한왕 신의 증손자이고 궁고후弓高侯 한퇴당韓頹當의 손자다.

75 대군代郡은 한나라 군으로 때로는 대代나라와 강역이 같았고 때로는 같지 않았다. 대군의 치소는 대현代縣(지금의 허베이성 위현蔚縣 동북쪽)이고 관할 구역은 지금의 허베이성 서북부와 산시山西성 동북부였다. 그 일대가 대나라였으나 시기마다 대왕의 강역이 달라졌다. 대군 하나뿐일 때도 있었고, 대군과 태원군 2개일 때도 있었다. 이초李椒가 대군 태수를 지낼 당시의 대왕은 유의劉義였다.

호에게는 이릉李陵이라는 유복자가 있었다. 이광이 군중에서 죽었을 때 셋째아들 이감은 마침 표기장군 곽거병을 수행하여 출전했다. 이광이 사망한 이듬해 승상으로 있던 이채는 효경제의 능원 땅을 침범하여 점유한 죄로 법관에게 넘겨져 처벌을 받게 되었다.[76] 이채는 심문을 받지 않으려고 스스로 목숨을 끊었으므로[77] 봉호가 취소되고 봉지가 회수되었다. 이감은 교위 신분으로 표기장군 곽거병을 수행하여 흉노 좌현왕을 공격했을 때[78] 분전하여 좌현왕의 북과 깃발을 빼앗았고 참살한 적군의 수급이 많았다. 그 공으로 관내후에 봉해지고 식읍 200호를 하사받았으며 부친인 이광을 대신하여 낭중령을 담당하게 되었다.[79] 얼마 지나지 않아 이감은 위청이 자기 부친의 요구를 들어주지 않은 것을 원망하여[80] 위청을 때려 상처를 입혔다. 위청은 속으로 거리낌이 있었기 때문에 이 일을 감추고 드러내지 않았다. 그러나 그 뒤로 이감이 무제를 수행하여 먼저 옹현雍縣으로 행차했고[81] 뒤에 감천궁甘泉宮[82]에 가서 사냥을 했는데, 이때 표기장군 곽거병이 화살을 쏘아 이감을 죽였다.[83] 당시 곽거병은 무제의 총애를 받고

---

76 "무제가 조서를 내려 이채에게 양릉의 20묘 땅을 하사하여 묘지를 만들게 했는데, 그는 도리어 3경頃을 절취하여 40여 만 전에 팔아먹었고, 또한 신도神道(묘 앞에 개설한 도로) 바깥의 빈 땅 1묘를 절취하여 그곳에 안장을 준비했다."(『한서』) 무제 때는 종실과 열후를 관리하기 위해 '주금酎金(종묘 제사를 돕기 위해 제후가 바치는 황금)'과 '침연侵壖(능묘 구역 빈 땅의 점유)' 두 항목으로 종실과 공신들을 엄격한 형벌로 다스렸는데, 처형되거나 봉국이 취소된 자가 매우 많았다.
77 당시 조정 대신들이 죄를 지어 처벌을 받아야 할 때 황제는 종종 자살을 종용했다. 자신의 뜻을 드러내기 위해 자살하지 않으려 하는 경우에도 자살하도록 압박했다.
78 원수 4년(기원전 119)의 일이다. 당시 위청은 흉노의 서쪽 길을 공격하고 곽거병은 흉노의 동쪽 길을 공격했는데, 곽거병의 전공이 위청보다 컸다. 포로로 잡은 자가 7만여 명이었다.
79 『한서』「백관공경연표」에 따르면 원수 5년(기원전 118)의 일이다.
80 원문은 '원대장군청지한기부怨大將軍靑之恨其父'으로, 직역하면 "대장군 위청이 자신의 부친을 한스럽게 한 것을 원망하다"라는 뜻이다. 그러나 왕선겸과 왕념손은 '한恨'을 '흔很'으로 읽어야 한다고 했는데, 『설문』에 따르면 '듣지 않는 것'을 말한다. 역자는 왕선겸과 왕념손의 견해에 따랐다.
81 원문은 '상옹上雍'으로, 안사고는 말하기를 "옹의 소재지의 지형이 높았으므로 상上이라 말한 것이다"라고 했다.
82 감천궁甘泉宮: 한나라 때 이궁으로 지금의 산시陝西성 춘화淳化 감천산 위에 있으며, 그곳에 사냥터와 제단 등이 있어 무제가 자주 찾았다.
83 당시 이감은 낭중령이었으며 황제의 근신으로, 지위가 구경에 속했다. 그런데 곽거병이 그를 화살

있었으므로 무제는 사실을 숨기고 사슴뿔에 받혀서 죽었다고 말했다. 1년쯤 지나 곽거병이 죽었다.[84] 이감에게는 딸이 있었는데 태자의 중인中人[85]이 되어 총애를 받았다. 이감의 아들 이우李禹도 태자의 총애를 받았지만 이우는 이익을 좋아하는 사람이었다. 이로부터 이씨 가족은 갈수록 쇠락해졌다.[86]

이릉은 장년이 되었을 때[87] 건장궁감建章宮監에 발탁되어 건장궁에 주둔해 지키는 기병을 감독했다.[88] 이릉은 활쏘기를 잘했고 사병들을 아꼈다. 천자는 이릉의 집안이 대대로 장군을 지냈기 때문에 이릉에게 기병 800명을 이끌도록 했다. 이릉은 일찍이 흉노 경내로 2000여 리나 깊숙이 들어가 거연居延[89]을 지나 지형을 관측했지만 적들을 보지 못한 채 돌아왔다. 이릉은 기도위騎都尉[90]로

로 쏘아 죽인 것을 보면 위청과 곽거병의 권세가 막강했음을 알 수 있다. 태사공이 이광을 동정하면서 위청과 곽거병을 천시한 것은 까닭이 없는 것이 아니다. 이감이 죽은 때는 부친인 이광이 자살한 이듬해이고, 숙부인 이채가 핍박을 받아 자살할 때는 같은 해의 일이다.

84 곽거병은 원수 6년(기원전 117)에 병사했다.

85 태자는 무제와 위황후衛皇后 사이에 태어난 유거劉據다. 중인中人은 황태자의 시첩을 말한다. 궁인宮人과 같으나 작위와 명호가 없다.

86 26년 뒤에 태자 유거는 무제의 의심을 받고 핍박받아 자살했기 때문에 태자의 총애를 받았던 이감의 자녀들 또한 몰락하게 된 것이다.

87 장년壯年은 통상 30세를 말한다. "이하 문장은 모두 후세 사람이 제멋대로 이어붙인 것이다. 천한天漢 연간의 사건을 『사기』에서는 기재하지 않았고, 태사공은 이릉이 화를 당했기 때문에 서술하지 않았는데, 별도로 「보임안서報任安書」에 상세히 보이니 아마도 깊은 뜻이 있을 것이다."(『사기지의』)

88 건장궁建章宮: "진작이 이르기를 '건장궁은 상림上林 안에 있는 궁궐의 이름이다'라고 했다."(『색은』) "상림원上林苑은 진나라 시대 이래로 황실의 사냥터로 지금의 시안西安 서남쪽에 있고 몇 개의 현에 걸쳐 있을 만큼 넓다. 진작의 말이 틀리지 않았다면 여기서의 건장궁은 진나라 때의 궁전이다. 한나라 때도 건장궁이 있었는데, 장안성 서쪽 담장 밖에 건설되었고 성 안의 미앙궁과는 담장을 사이에 두고 마주하고 있다. 한나라 때 건장궁은 무제 태초 연간(기원전 104~기원전 101)에 건설되었다. 위청이 당시 '건장궁에서 일을 했다'고 했으니 건원 연간(기원전 140~기원전 135)이다. 한나라 때의 건장궁을 짓기 30여 년 전이므로 '일을 했다'는 것은 진나라 때의 옛 궁전이다. 그렇지 않다면 '건장建章' 두 글자는 오류다."(『사기전증』)

89 거연居延: 거연해居延海로 지금의 네이멍구 어지나기額濟納旗 북쪽 경계다.

90 기도위騎都尉: 한 무제 때 광록훈의 속관으로, 장군 다음의 무관이다. 봉록은 비2000석이었다. 황궁의 금위군禁衛軍 가운데 우림기사羽林騎士를 통솔했다. 후한 시기에는 10명이 있었다.

임명되어 단양丹陽[91]의 초나라 사람 5000명을 이끌고 주천酒泉과 장액張掖[92] 일대에서 활쏘기를 가르치며 흉노의 침입을 방비했다.

몇 년이 지나 천한天漢[93] 2년(기원전 99) 가을에 이사장군貳師將軍 이광리李廣利[94]가 기병 3만 명을 이끌고 흉노 우현왕과 기련산祁連山[95]에서 교전을 벌였다. 이릉에게는 그가 교육시킨 보병 5000명을 이끌고 거연에서 북쪽으로 1000여 리 밖으로 가도록 했는데, 흉노의 병력을 분산시켜 그들의 군대가 이사장군에게 집중하지 않도록 하기 위해서였다. 이릉이 예정된 기한이 되어 남쪽을 향해 돌아올 때 흉노 선우의 대군 8만 명이 이릉의 군대를 에워싸고 공격해왔다. 이릉의 군사는 5000명이었는데 이미 화살은 바닥나고 싸우다 죽은 병사가 절반이 넘었다. 죽거나 다친 흉노 병사도 1만여 명이나 되었다. 싸우다가 물러나는 식으로 8일 동안 전투가 이어졌는데, 거연에서 100여 리쯤 떨어진 곳에 이르렀을 때 흉노 군대가 좁고 험한 곳에서 퇴로를 끊어버려 이릉의 군대는 양식이 떨어지고 구원군도 오지 않았다. 흉노는 기세를 몰아 더욱 맹렬하게 공격하며 이릉에게 투항을 권했다. 이릉이 말했다.

91 단양丹陽: 한나라 군으로 치소는 완릉宛陵(지금의 안후이성 쉬안청宣城)이었다. 고대에 초나라에 속했다.
92 주천酒泉은 한나라 군으로 한 무제 원수 2년(기원전 121) 흉노 혼야왕昆邪王이 항복한 뒤에 설치되었다. 치소는 녹복현祿福縣(지금의 간쑤성 주취안酒泉)이다. 장액張掖은 한나라 군으로 치소는 역득현觻得縣(지금의 간쑤성 장예張掖 서북쪽)이다.
93 천한天漢: 한 무제의 연호로, 기간은 기원전 100~기원전 97이다.
94 이사장군貳師將軍은 이광리李廣利의 봉호다. 태초 4년(기원전 101)에 그가 대원大宛을 정벌했을 때 이사성貳師城에서 한혈마汗血馬를 얻어 이사장군이라 했다. 이광리는 한 무제가 총애한 이부인李夫人의 오빠다.
95 원문은 '기련천산祁連天山'으로, 지금의 간쑤성 장예張掖 서남쪽의 기련산이다. "나카이 리켄이 말하기를 '호인胡人(흉노)들은 천天을 기련祁連이라 했으므로 기련산 혹은 천산天山이라 불렀다. 여기 문장에는 기련과 천이 중복되어 있으니 마땅히 하나를 삭제해야 한다. 『한서』에서는 천산이라고만 했다'고 했다."(『사기회주고증』) "베이징대학 『양한문학사참고자료兩漢文學史參考資料』에서 이르기를 '기련산은 남북의 구분이 있다. 남기련산은 간쑤성에 있는데 여기서 말한 기련천산이다. 북기련산은 신장에 있는데, 지금 통칭하는 천산이다. 한나라가 흉노를 축출하여 남기련산에 이르렀다'고 했다."(『사기전증』)

"다시 돌아가 폐하께 보고할 면목이 없다."

그리하여 마침내 흉노에게 투항했다. 이릉의 군대는 거의 전멸했고, 흩어져 한나라로 돌아온 자가 겨우 400여 명에 불과했다.

흉노 선우는 이릉을 얻은 후, 이씨 가문의 명성을 익히 알고 있었고 그가 싸움에 용맹했으므로 자신의 딸을 이릉의 처로 삼게 하고 존귀하게 대했다. 한나라에서는 이 소식을 듣고 이릉의 어머니와 처자식을 모두 죽였다.[96] 이때부터 이씨 가문의 명성은 빛을 잃었고 이씨 문하를 출입하던 농서군의 선비들은 모두 이씨와 왕래한 일을 부끄럽게 여겼다.[97]

태사공은 말한다.

"『전傳』에서 말하기를 '그 몸이 바르면 명령하지 않아도 행해지고, 그 몸이 바르지 못하면 비록 명령을 내린다 해도 따르지 않는다'[98]고 했는데, 이것은 이 장군을 두고 한 말이 아니겠는가? 나는 이 장군을 본 적이 있는데 겸손하고 공경하며 성실한 것이 시골사람 같았고 말주변도 없었다. 그가 죽었을 때 그를 알든 알지 못하든 천하 사람들이 모두 그를 위해 애도했다. 그의 충실한 마음이 진실로 부하 장사들을 감동시킨 것 아니겠는가? 속담에 말하기를 '복숭아나무와 자두나무는 비록 말을 못하지만 그것들의 본질은 사람을 끌어들여 그 밑에

---

96 『한서』에 따르면 이릉이 포로가 된 지 1년 뒤 한나라가 흉노인을 잡았는데, 그는 이릉이 선우를 위해 군대를 훈련시킨다고 했다. 이 말을 들은 무제는 이릉의 모친과 동생, 처자식을 주살했다. 그 뒤에 한나라 사자가 흉노로 가서 이릉을 만났는데, 이릉이 자신의 가족을 주살한 까닭을 묻자 한나라 사자는 이릉이 선우를 위해 군대를 훈련시켰기 때문이라고 했다. 그러자 이릉은 선우를 위해 군대를 훈련시킨 자는 바로 이서李緖라고 말하고는 이서를 찔러 죽였다. 이서의 관직은 새외도위塞外都尉였는데, 해후성奚侯城(북방 변경의 성읍)을 지키고 있다가 흉노가 진공했을 때 항복했다. 선우는 이릉을 장하다고 여겨 자신의 딸을 그에게 출가시켰다. 여기서 "한나라에서는 선우가 자신의 딸을 이릉의 처로 삼게 했다는 소식을 듣고 어머니와 처자식을 모두 죽였다"고 한 것은 사실과 다르다.
97 "이릉은 흉노에서 20여 년 동안 있었고, 원평元平 원년(기원전 74)에 병사했다."(『한서』)
98 원문은 '其身正, 不令而行; 其身不正, 雖令不從'으로, 출전은 『논어』 「자로子路」다.

사람들이 밟고 지나간 작은 길이 생긴다'⁹⁹고 했다. 이 말은 비록 사소하지만 도리어 커다란 이치를 설명할 수 있으리라."

99   원문은 '桃李不言, 下自成蹊'이다.

흉노열전

匈奴列傳

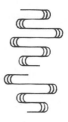

「태사공자서」에서 사마천은 "삼대三代부터 지금까지 흉노는 항상 중원 지역의 근심과 재난이었다. 흉노의 강하고 약한 때를 알고 한나라가 흉노 문제를 어떻게 해결해야 하는지를 알기 위해 「흉노열전」을 지었다"고 했다. 반고도 『한서』에서 상·하 2편으로 열전을 편성한 것을 보면 흉노 문제가 한나라에게 얼마나 중요한 비중을 차지했는지 알 수 있다.

무제 때 정벌 전쟁의 기본 대상은 흉노였다. 당시 조정에서는 흉노 정벌의 옳고 그름과 그 목적을 놓고 많은 논쟁이 있었으며, 오늘날에도 한나라 역사의 중대한 문제로서 논쟁이 그치지 않는다. 이 편에서는 흉노족의 원류로부터 시작해 그들의 발전 역사와 한나라와의 정치 관계, 전쟁사를 상세하게 서술하고 있다. 또한 흉노인의 풍속과 풍토, 특히 묵돌에 관한 내용은 매우 인상적이고도 귀한 자료다.

한나라는 건립 이후 끊임없이 흉노의 침범을 받아 화친과 전쟁을 거듭해왔기에 통치자에게 흉노는 가장 큰 걱정거리였으며, 흉노와의 관계는 한나라 대외 정책의 핵심이라 할 수 있다. 무제가 즉위하기 전까지 한나라는 흉노보다 군사력이 강하지 못했기 때문에 기본적으로 화친 전략을 구사해왔다. 그러나 무제 중기 이후 대규모 출병을 통해 흉노의 세력 확장을 좌절시켰고, 이때부터 흉노가 쇠락하기 시작했다.

사마천은 문제와 경제 시기의 화친 정책을 올바르게 여겼으므로 무제 시기의 대규모 정벌 전쟁을 비판하는 입장이었다. 무엇보다 전쟁을 치르는 백성의 고통과 재정 낭비가 컸기 때문으로, 정벌로 얻은 것보다 잃은 것이 훨씬 많았다. 또한 위청과 곽거병에 대해서는 비난에 가까운 평가를 하고 있는데, 이는 현명한 장수와 승상을 임명하지 않은 무제에 대한 비판이라 할 수 있다.

흉노匈奴[1]의 선조는 하후씨夏后氏의 후손으로[2] 순유淳維[3]라고도 한다. 당우唐

虞[4] 이전에는 산융山戎, 험윤獫狁, 훈육葷粥[5]이 있었는데 북방에 거주했고 방목하

1 흉노匈奴: 중국 북방의 고대민족 가운데 하나로, 호胡라 부르기도 한다. 선진先秦 시대 전적인『일
주서逸周書』와『산해경山海經』에 기재되어 있다. 전국시대 때는 연燕·조趙·진秦 이북 지역에서 활동했
고, 후한 광무제 건무建武 24년(48)에 두 지역으로 분열되었다. 남쪽은 한나라에 붙어 있어 남흉노라
하고 나머지는 한나라 북쪽에 거주했기 때문에 북흉노라 했다. 남흉노는 삭방, 오원, 운중 등의 군에
거주했고 후한 말에 좌·우·남·북·중 5개 부部로 나뉘었다. 서진西晉 때 앞뒤로 조趙·하夏·북량北涼
등의 국가를 건립했다. 북흉노는 화제和帝 때 후한과 남흉노에 의해 격퇴당해 대부분 한나라에 복속되
었으나 일부는 서쪽 중앙아시아 등지로 옮겨갔다.
2 하후씨夏后氏: 고대 부락 명칭으로 지금의 산시山西성 남부와 허난성 서부에 있었다. 우禹의 아들
계啟가 하夏나라를 건립했으므로 하후씨가 하나라의 별칭이 되었다. "사람이 태어나 성姓을 받으면 모
두가 제왕에서 시작하는데 융적戎狄에 이르러서도 모두 그렇다. 흉노가 하후씨의 후예라는 것은 주周
와 진秦 사이 사람들의 말로, 태사공이 그것을 기록한 것이다."(『사기찰기』)
3 순유淳維: 훈육獯粥이라고도 하며, 하나라 말기와 상나라 초기의 인물이다. "장안이 말하기를 '순
유는 은나라 때 북쪽 변경으로 달아났다'고 했다. 또 악산樂産의『괄지보括地譜』에서는 '하걸夏桀이
무도하여 탕湯이 명조鳴條로 쫓아냈는데 3년 만에 죽었다. 그 아들 훈육은 걸의 여러 첩을 아내로 삼
고 북쪽 들판으로 피해 거주했으며 가축을 따라 옮겨 다녔는데 중국에서는 그들을 흉노라고 했다'고
했다. 하후의 후예라 한 것은 마땅하다 할 것이다. 그러므로 응소의 『풍속통』에서 이르기를 '은나라 때
는 훈육이라 했는데, 흉노라고 바꿔 불렀다'고 했다. 또 복건은 이르기를 '요임금 때는 훈육葷粥(獯粥)
이라 했고, 주나라 때는 험윤獫狁이라 했으며, 진秦나라 때는 흉노라 했다'고 했다. 위소가 이르기를
'한漢나라 때는 흉노라 했고, 훈육은 그 별명이다'라고 했다. 순유는 그 시조이며 아마 훈육과 같을 것
이다."(『색은』)
4 당우唐虞: 당요唐堯와 우순虞舜을 가리키며, 요순堯舜이라고도 한다.
5 산융山戎, 험윤獫狁, 훈육葷粥에 대해 안사고는 "흉노의 다른 칭호"라고 했다. 산융은 북적北狄이라
고도 하고, 험윤은 '玁狁, 獫允'이라고도 표기하며 춘추전국시대에는 적狄, 융戎 혹은 호인胡人이라 부
르기도 했다. 훈육은 훈육獯粥과 같다. 량치차오梁啓超는 훈육, 험윤, 귀방鬼方, 곤이昆夷, 견융犬戎은
모두 같은 종족인데 명칭만 다르다고 여겼다. "나카이 리켄이 말하기를 '하·은 이후로 산융, 험윤, 훈육
의 명칭이 있는데, 우虞 이전이라면 고찰할 수가 없다'고 했다."(『사기회주고증』) "하후씨의 후예라고 했
으니 하후씨 이전에는 이러한 종족이 없다는 것인데, 어찌 당우唐虞 이전에는 있다고 말하는가? 「오제
본기」에 또 이르기를 '황제黃帝가 북쪽으로 훈육을 내쫓다'라고 했는데, 복건과 진작 또한 모두가 '요

면서 옮겨 다녔다. 그들이 기른 가축은 대부분 말, 소, 양이고 비교적 귀중한 가축으로는 낙타,[6] 나귀, 노새,[7] 결제駃騠,[8] 도도騊駼,[9] 탄혜驒騱[10]가 있다. 그들은 수초가 무성한 곳으로 옮겨 다니고 성곽이나 고정된 주거지가 없으며 농사도 짓지 않았지만, 귀족과 군장君長들은 각각 자신의 영지를 소유하고 있다.[11] 문자와 서적이 없어 입으로 묻고 대답하는 것으로 약속했다. 어린아이도 양을 타고 활을 당겨 새나 쥐를 쏠 줄 알고, 조금 더 크면 여우나 토끼를 쏘아 음식으로 삼았다. 활을 당길 수 있는 성년 남자는 모두 사병이 되었다. 그들의 습속은 전쟁이 없는 평상시에는 가축을 몰고 유목하며 짐승 사냥하기를 생업으로 삼다가 위기 상황에서는 모두 모여 갈고닦은 싸움 기술로 침략하고 정벌하는데, 이것이 그들의 천성이다.

그들이 먼 거리에 사용하는 무기는 활과 화살이고 가까운 거리에 사용하는 무기는 칼과 쇠자루로 된 짧은 창[12]이다. 싸움에 이겨 이로우면 진격하고 패배

임금 때 훈육이라 했다'고 하니 이것은 '하후씨의 후예'라는 설을 믿을 수 없음을 말해주며, 악산樂産이 서술한 것은 터무니없다. 무릇 천지개벽한 이래로 융적이 생겨났는데, 은나라 이전에는 훈육이라 하고 주 시대에는 험윤이라 하며 한나라 때는 흉노라 했다. 그 처음이 없는데 그 시조를 누가 판별할 수 있는가? 전해 내려오는 이른바 '순유'라는 것은 어느 씨氏에서 나왔는지 고증하기 어렵고 어느 시대 사람인지 알 수 없는데, 태사공이 그 선조를 드러낸 것은 복잡하게 경전에서 취하여 하나로 합친 것으로, 구분되는 것이 없으니 어찌 잘못이 아니겠는가?"(『사기지의』)

6 원문은 '탁타橐馳'로, 지금의 낙타駱駝를 말한다. 『한서』에서는 '탁타橐佗'로 기재하고 있다.

7 원문은 '라贏'다. '라騾'와 같다. 당나귀의 수컷과 암컷 말을 교배하여 태어난 것을 말한다.

8 "서광이 말하기를 '북적의 준마다'라고 했다."(『집해』) 안사고는 말하기를 "준마로 태어난 지 7일이 지나면 어미를 뛰어 넘는다"라고 했다.

9 도도騊駼: "서광이 말하기를 '말과 비슷한데 푸른색이다'라고 했다."(『집해』) "곽박은 『이아』의 주석에서 '도도는 푸른색의 말이다'라고 했다."(『색은』) 안사고는 말하기를 "말 종류로 북해北海에서 나온다"라고 했다.

10 탄혜驒騱: 야생마의 이름으로 "어떤 사람은 푸르고 검은빛에 흰 비늘 같으며 무늬는 악어 같다고 했다."(『색은』) 『한서』에서는 '탄해驒奚'라고 했다.

11 원문은 '각유분지各有分地'다. 여기서의 '분分'은 '분份'으로 모든 사람을 말하는 것이 아니라 '일부 사람'을 말한다. 즉 모든 사람들이 각자 자신의 목초지를 나누어 소유한 것은 아니었다.

12 원문은 '선鋋'이다. "위소가 말하기를 '형태는 모矛와 비슷하며, 자루가 철로 만들어졌다'고 했다."(『집해』)

하여 이롭지 못하면 퇴각하는데, 달아나는 것을 부끄럽게 여기지 않는다. 취할 이익만 있다면 예의를 돌아보지 않았다. 군왕을 비롯하여 모든 사람이 가축의 고기만 먹고 짐승 가죽을 입고 담요로 삼았다. 살지고 기름진 고기는 장정들이 먹고 노인은 그 나머지를 먹었다. 건장한 자를 존중하고 노약자를 경시했다. 아버지가 죽으면 아들이 아버지의 후모後母를 아내로 삼고,13 형제가 죽으면 살아 있는 다른 형제가 죽은 형제의 아내를 자신의 아내로 삼았다. 그들의 풍속은 직접적으로 이름을 부르며 휘諱를 피하지 않았고,14 성姓과 자字도 없었다.15

하夏나라의 국운이 쇠락한 뒤 공유公劉는 직관稷官의 관직을 잃자16 서융西戎의 습속으로 바꾸고17 빈豳18 땅에 거주했다. 또 300여 년이 지나19 융적戎狄이

13 후모後母: 아버지가 이혼한 뒤 다시 얻은 아내를 가리킨다. "생모生母를 알기 때문에 윤리를 어지럽히는 것이 아니고, 아버지의 다른 처첩은 따지지 않았다."(『사기전증』)
14 "휘諱는 주나라 때 시작되었고, 하·은 시대에는 아직 휘가 없었다. 문자가 없으니 이름을 말한 것으로 또한 소리만 있고 말의 뜻은 없어 휘는 필요가 없다. 주나라 사람에게는 자字가 있었기 때문에 이름을 피한 것이다. 이적夷狄에게는 휘가 없으며 자도 없다."(『사기찰기』)
15 자字는 표자表字를 말하는데, 이름 글자의 뜻에 근거하여 별도로 만든 별칭이다. 고대에 남자 나이 20세가 되면 관례冠禮를 치르면서 표자를 얻고 여자는 나이 14세에 표자를 얻음으로써 성인이 되었음을 나타낸다. 동년배 사이에서는 자를 부르고 이름을 부르지 않았는데 이는 존중을 표하는 것이다. 본문과 다르게 『한서』에서는 "무자無字(자가 없었다)"라고만 기재하고 있다. 『한서』에서는 단지 '무자無字'라고 했을 뿐 '무성無姓(성이 없다)'이라고 하지는 않았다. 선우單于의 성은 연제攣鞮로 성이 없지 않았다."(『사기지의』) 흉노인들은 한나라처럼 이름과 자가 있는 것이 아니라 단지 이름만 있을 뿐이고 성이 없는 것은 아니다. "성姓자는 불필요한 글자다. 『한서』에는 없다."(『찰기』)
16 공유公劉는 주나라의 선조이며 후직后稷의 증손자로 전해진다. 직관稷官은 농업을 관장하는 관직이다. 주나라 시조인 후직이 당요 시대에 직관에 임명되어 백성에게 농사를 가르쳤다고 전해진다. 이와는 다른 설명도 있다. "후직이 죽은 뒤 그의 아들 부줄不窋이 계승했다. 부줄은 말년에 하후씨의 정치가 쇠락하자 농사를 관장하는 관직을 버리고 농업 생산에 힘쓰지 않았다. 이 때문에 관직을 잃자 융적이 활동하는 지역으로 달아났다."(『주본기』)
17 원문은 '변우서융變于西戎'이다. 일부 번역본에서 '변變'을 '옮기다'로 하여 '서융으로 옮기다'로 번역한 것은 잘못된 해석이다. 안사고는 말하기를 "변變은 화化다. 그 풍속에 동화됨을 말한다"고 했다. "유공이 서융의 풍속을 따른 것을 말한다."(『사기회주고증』) 서융西戎은 중국 서북부 소수민족에 대한 통칭이다.
18 빈豳: 빈邠이라고도 하며 지금의 산시陝西성 쉰이旬邑 서남쪽, 빈현彬縣 동북쪽 지역이다.
19 "왕응린王應麟이 말하기를 '후직부터 다섯 차례 전하여 공유를 얻었고, 단보부터 세 차례 전하여

태왕太王 단보亶父20를 공격하자 태왕 단보는 기산岐山 아래로 달아났다. 빈 땅 사람들도 모두 태왕 단보를 따라 기산으로 와서 도읍을 세우고 주周나라를 건립하기 시작했다. 또 100여 년이 지나서21 주나라의 서백창西伯昌이 견이씨畎夷氏를 토벌했다.22 그로부터 10여 년 뒤, 주나라 무왕이 주왕紂王을 정벌하고23 낙읍洛邑에 성곽을 건축하고24 뒤에 다시 풍호酆鄗25로 돌아가 거주했다. 주나라는 융이戎夷를 경수涇水와 낙수洛水26 북쪽으로 내쫓고 그들에게 때에 맞춰 주나라

상商을 멸망시켰으니, 공유는 하나라 중간의 쇠락한 시기이고 단보는 상나라의 말기다. 500~600년인데, 300년이라고 말하고 있어 무슨 근거인지 알 수가 없다'고 했다."(『사기전증』) "『사기』『한서』『오월춘추』에 따르면 모두 공유가 걸桀을 피해 빈으로 옮겼고, 『죽서竹書』에 따르면 무을 원년에 빈에서 기주로 옮겼고 3년에 주공단보에게 명하여 기읍을 하사했다. 하나라 걸왕 원년에서 무을 원년까지 『죽서』에 의거하면 431년이다. 『전편前編』에 의거한다 해도 621년인데, 어찌하여 300여 년뿐인가?"(『사기지의』) "새로 공포된 「하상주연표夏商周年表」에 따르면 하걸 말(기원전 1600)부터 무을 원년(기원전 1147)까지 455년이다."(『사기전증』)

20 태왕太王 단보亶父: 고공단보古公亶父라고도 하며 주 문왕周文王의 조부다. 안사고는 말하기를 "공유부터 단보까지 아홉 명의 군주였다'고 했다.

21 "이 또한 확실하지 않은데, 『죽서』에 따르면 무을 원년에 기로 옮기고 주왕 36년에 곤이를 토벌했으니 80년이다. 만약 『전편』에 의거한다면 59년인데, 어찌 100여 년이라 말하는가?"(『사기지의』)

22 서백창西伯昌은 주 문왕 희창姬昌이다. 상나라 말기의 서방 패주였으므로 서백西伯이라 불렀다. 견이씨畎夷氏는 견융犬戎, 곤이昆夷라고도 한다. 지금의 산시陝西성, 간쑤성, 닝샤 후이족 자치구 세 지역의 경계 지역에서 활동한 소수민족 중 하나다.

23 "새로 공포된 「하상주연표」에 따르면 기원전 1046년 사건이다."(『사기전증』) 무왕武王(재위 기원전 1046~기원전 1043)은 주나라의 개국 제왕으로 문왕의 아들이며 이름이 발發이다. 주왕紂王(재위 기원전 1075~기원전 1046)은 상나라 마지막 제왕으로 이름은 신辛이다.

24 지금의 뤄양洛陽에 왕성王城을 수축한 것을 말한다. "「주본기」에 따르면 낙읍을 건설한 것은 성왕 때 주공과 소공이 시행한 것으로, 지금 무왕과 연계시키는 것은 통상적으로 언급되는 바에 부합하지 않는다. 「주본기」에 또한 '무왕은 낙읍에 주나라 도성의 건설을 계획한 뒤 비로소 떠났다'고 했는데, 무왕이 당초에 낙읍을 건설하고 도성을 세울 계획이었던 것으로 보인다. 「주본기」에 또 '성왕은 풍읍豐邑에 있으면서 소공을 파견해 재차 낙읍에서 주나라 왕조의 궁전을 건설하게 하여 무왕의 의도대로 했다'고 하여, 여기 내용과 부합된다."(『사기전증』)

25 풍호酆鄗: 풍호豐鎬라고도 한다. 서주西周의 도성으로 종주宗周라고 한다. 지금의 산시陝西성 시안 서남쪽 지역이다. 문왕은 풍豐에 거주하고 무왕은 호鎬에 거주했다고 전해진다.

26 경수涇水는 류판산六盤山 동쪽 기슭에서 발원하여 간쑤성을 거쳐 산시陝西성으로 흘러들어 가오링高陵 경내에서 위수渭水에 유입되고, 낙수洛水는 산시陝西성 서북부에서 발원하여 지금의 화인華陰 동북쪽에서 위수渭水로 유입되는 하천이다.

에 조공을 바치게 했는데, 이런 관계를 '황복荒服'27이라 한다. 그 뒤 200여 년28

이 지나서 주나라 국운이 쇠락하기 시작했다. 이때 주나라 목왕穆王은 견융犬戎

을 정벌하고 4쌍의 흰 이리와 4쌍의 흰 사슴을 잡아서 돌아왔다. 이때부터 황

복의 부락이 다시 주나라에 조공을 바치지 않았기 때문에29 주나라에서는 보

형甫刑30이라는 법령을 제정했다. 목왕 이후 200여 년이 지나서31 주나라 유왕

幽王은 총애하던 희첩 포사褒姒로 인해 신후申侯와 관계가 벌어졌다.32 화가 난

신후는 견융과 연합하여 주나라를 공격해 여산驪山 아래에서 유왕을 죽였고,33

27　황복荒服: 고대 전설 속 오복五服 가운데 하나로, 도성에서 직경 500리 안을 왕기王畿라 하고,
500리에서 1000리까지를 후복侯服, 1000리에서 1500리까지를 전복甸服, 1500리에서 2000리까지를
수복綏服, 2000리에서 2500리까지를 요복要服, 2000리 밖을 황복荒服이라 했다. 선왕이 제정한 각
방면의 천자를 섬기는 제도는 경기京畿 이내를 전복甸服, 기畿 바깥 500리를 후복侯服, 후기侯畿부터
위기衛畿까지 2500리(기圻는 경계를 말한다. 1기는 500리로, 후기에서 위기까지는 모두 5기圻(2500리)로, 중
국의 경계가 된다)를 빈복賓服, 만이蠻夷를 요복要服, 융적戎狄을 황복荒服이라 했다.
28　"『사기』에 목왕穆王의 재위 기간은 55년인데 융을 정벌한 일이 어느 때인지는 알 수 없지만 무왕
이 주왕을 토벌하고 목왕 말년까지 200년에 미치지 못한다. 이백 년의 '이二'자는 불필요한 글자다."
(『사기지의』) "「하상주연표」에 따르면 무왕이 건국한 때로부터 목왕이 즉위한 시기까지 50년의 격차가
있는데, 목왕은 55년 동안 재위(기원전 976~기원전 922)했다."(『사기전증』) 즉 주나라의 국운이 쇠락하기
시작한 것은 200여 년이 아니라 최대 104년이다.
29　주 목왕은 희만姬滿으로, 주 소왕周昭王의 아들이다. 주나라가 건국한 뒤 다섯 번째 군왕으로, 견
융을 이유 없이 정벌했으므로 먼 지방은 복종하지 않고 거리를 둔 것이다.
30　보형甫刑: 여형呂刑이라고도 하며, 『상서』 가운데 「여형呂刑」 편이 있다. 목왕이 여후呂侯에게 명
하여 이 법을 제정하게 했기 때문에 '여형'이라 한다. 여후는 보후甫侯라고도 불리므로 이 법을 보형甫
刑이라고도 한다.
31　"귀유광歸有光이 말하기를 '『한서』에서는 의왕懿王과 선왕宣王의 일이 추가되었는데, 필요한 것
같다'고 했다. 서부원의 『사기측의史記測議』에서 말하기를 '목왕 이후 서주는 200년을 지속하지 못했
다. 『사기』가 틀렸다'고 했다."(『사기지의』) "「하상주연표」에 따르면 목왕이 죽은 후로부터 유왕 즉위까
지 141년이다."(『사기전증』) 의왕懿王은 목왕의 손자이며 주 공왕周恭王의 아들로 서주의 일곱 번째 국
왕이다. 선왕宣王(재위 기원전 828~기원전 782)은 의왕의 증손자이며 주 여왕周厲王의 아들이다.
32　주 유왕周幽王(재위 기원전 781~기원전 771)은 이름이 궁녈宮湦이고 서주의 마지막 군주다. 포사褒
姒는 포褒나라 여인으로 성이 사姒다. 유왕의 총애를 받아 나중에 왕후가 되었다. 원문은 '희포사姬褒
姒'로, '희姬'는 부녀자에 대한 미칭 혹은 첩의 칭호였다. 신후申侯는 신申나라(도성은 지금의 허난성 난
양)의 제후로, 유왕 왕후의 오빠다. 유왕이 포사를 총애하여 신후와 태자(이후의 주 평왕)를 폐위했기
때문에 유왕과 관계가 벌어진 것이다.
33　기원전 771년의 일이다. 신후는 자신의 생질을 도와 천자의 지위를 탈취하고 마침내 견융과 결탁

견융은 주나라의 초호焦穫[34]를 탈취하여 경수와 위수 중간에 거주하면서 중국

中國[35]을 침범하고 약탈했다. 진秦나라 양공襄公[36]이 군사를 일으켜 주나라를 구

원해줬으므로 주나라 평왕平王[37]은 풍호酆鄗를 떠나 동쪽 낙읍으로 도읍을 옮겼

다.[38] 이때 진나라 양공은 견융을 토벌하여 기산까지 이르렀고 주나라 천자에

의해 제후로 봉해졌다.[39] 이로부터 65년 뒤[40] 북방의 산융山戎이 연나라를 넘어

제나라를 정벌하자 제나라 희공釐公[41]이 제나라 도성 교외[42]에서 산융과 교전

을 벌였다. 그로부터 44년 뒤에[43] 산융이 다시 연나라로 진공했다.[44] 연나라는

급히 제나라에 구원을 요청했고, 이에 제나라 환공桓公이 북쪽으로 산융을 정

벌하자 산융은 패하여 달아났다.[45] 또 20여 년 뒤 융적이 낙읍으로 진공하여

하여 유왕을 공격해 죽임으로써 서주가 멸망에 이르게 되었다. 여산驪山은 여산酈山, 여산鄸山이라고
도 하며, 지금의 시안西安 린퉁 동남쪽 지역이다.

34 초호焦穫: 지금의 산시陝西성 징양涇陽 서북쪽의 경수涇水 서쪽에 있는 못이다.

35 중국中國: 중원 땅의 주나라 왕조가 관할하는 국가를 가리킨다.

36 진 양공秦襄公(재위 기원전 777~기원전 766)은 진나라에 봉해진 첫 번째 군주다.

37 주 평왕周平王(재위 기원전 770~기원전 720)은 동주東周의 첫 번째 왕으로, 유왕의 태자이자 신후
申后의 소생이다. 이름이 의구宜臼다.

38 이때부터 역사에서는 동주東周라고 한다.

39 평왕은 견융을 격파시키고 주나라를 구원한 진 양공에게 기산 서쪽 땅을 하사하고 제후에 봉했
다. 이전 진나라의 근거지는 이전에 서수西垂(지금의 간쑤성 톈수이天水 서남쪽)였으나 양공이 제후가 되
자 옹雍(지금의 산시陝西성 평샹 동남쪽)으로 도읍을 옮겼다.

40 주 환왕周桓王 14년(기원전 706)의 일이다.

41 제 희공齊釐公(재위 기원전 730~기원전 698): 이름이 녹보祿甫(또는 祿父)이고, 제 장공齊莊公의 아
들이다. '희釐'를 '희僖'로 적기도 한다.

42 원문은 '교郊'다. "읍邑(수도) 바깥을 교郊라 하고, 교 바깥을 목牧이라 하고, 목 바깥을 야野라 하
며, 야 바깥을 림林이라 하고, 림 바깥을 동坰이라 한다."(『이아爾雅』 「석지釋地」) 주나라는 국도國都(수
도)에서 100리 혹은 50리, 30리, 10리 떨어진 곳을 교郊라 했는데 나라의 대소에 따라 결정했다.

43 주 혜왕周惠王 13년, 제 환공 22년(기원전 664)의 일이다.

44 당시 연나라 군주는 연 장공燕莊公이다. "환공 6년 북융이 제나라를 정벌한 뒤 장공 30년 제나
라가 산융을 정벌하기까지 42년이다."(『사기지의』)

45 제 환공齊桓公(재위 기원전 685~기원전 643)은 이름이 소백小白이고 희공僖公의 아들이며 양공
襄公의 동생이다. 당시 제 환공은 제후들의 맹주로, 연나라가 산융의 침략을 받자 군대를 이끌고 가서
구원했다.

주나라 양왕襄王을 공격하자[46] 양왕은 정나라 범읍氾邑[47]으로 달아났다. 당초에 주나라 양왕은 정나라를 정벌하고자 하여[48] 융적의 여자[49]를 왕후로 삼고 융적과 함께 정나라를 공격했다. 그 후 주나라 양왕은 적후狄后를 폐위시켰고 적후는 양왕을 원망했다. 양왕의 후모後母(계모)는 혜후惠后인데 그녀에게는 자대子帶[50]라는 아들이 있었고 혜후는 그를 왕으로 세우려 했다. 그리하여 혜후는 적후, 자대와 연합하여 내통했고[51] 성문을 열어 융적이 성으로 들어오게 했다. 융적은 이에 성안으로 들어와 주나라 양왕을 격파시켜 몰아내고 자대를 천자로 세웠다.[52] 그리하여 융적은 안으로 옮겨 육혼陸渾[53]에서 살기도 하고 동쪽 위衛나라 변경까지 진출하여[54] 중국을 침략하고 잔악한 짓을 일삼았다. 중국인들은 이에 대해 미워했으며 시인[55]은 다음과 같은 시를 지어 노래했다. '융적을 무찌르다戎狄是膺'[56] '험윤을 토벌하고 태원에 이르다薄伐玁狁, 至於大原'[57] '전차가 출

---

46 주 양왕周襄王 16년(기원전 636)의 일이다. 주 양왕(재위 기원전 651~기원전 619)은 이름이 정鄭이고 주 혜왕의 아들이다.

47 범읍氾邑: 지금의 허난성 샹청襄城이다. 당시 정나라의 도성은 지금의 허난성 신정新鄭이다.

48 정鄭나라: 서주 후기의 제후국으로, 첫 번째 군주는 선왕宣王의 동생 정 환공鄭桓公(이름은 우友)이다. 정나라의 원래 도성은 지금의 산시陝西성 화현華縣이었는데 서주가 멸망한 뒤 주나라를 따라 동쪽으로 도읍을 옮겨 지금의 허난성 신정에 자리 잡았다. 춘추시대 초기에는 강국이었으나 점차 쇠락하여 기원전 375년 한韓나라에 의해 멸망당한다. 당시 정나라의 군주는 정 문공鄭文公(재위 기원전 672~기원전 628)이었다.

49 다음 문장에서 적후狄后라고 했다.

50 자대子帶: 양왕의 이복동생으로, 역사에서는 '왕자대王子帶'라고 기재하고 있다. 또는 숙대叔帶라고도 하며, 감甘에 봉해졌다 하여 『좌전』에서는 감소공甘昭公이라 한다.

51 "혜후는 이미 이전에 사망했다."(『사기지의』) 『좌전』에 따르면 자대와 적후가 사통하고 두 사람이 융적을 불러들여 양왕을 공격한 것이다.

52 양왕 16년, 융적이 주나라를 격파하고 양왕이 정나라 범읍으로 달아난 때다.

53 육혼陸渾: 옛 현으로 지금의 허난성 쑹현嵩縣 동북쪽 지역이다.

54 주 혜왕 17년(기원전 660)에 융적이 위衛나라를 공격해 위 의공衛懿公(재위 기원전 668~기원전 661)을 죽였다. 위衛나라는 주 무왕의 동생 강숙康叔이 건립한 나라로 도성은 처음에는 허난성 치현이었으나 뒤에 지금의 허난성 푸양 서남쪽으로 옮겼다. 기원전 209년 진 2세에 의해 멸망당했다. 양왕 시기의 위나라 군주는 문공文公(재위 기원전 659~기원전 635)이다.

55 여기서는 『시경詩經』의 작자를 가리킨다.

56 출전은 『시경』「노송魯頌·비궁閟宮」이다.

동하니 그 위세가 드높도다. 저 북방에 성읍을 수축하리出興彭彭, 城彼朔方'58 등
이다. 주나라 양왕은 밖에서 떠돈 지 4년이 되어서야59 비로소 진晉나라60에 사
신을 보내 위급함을 알렸다. 당시 진晉나라 문공文公61은 막 즉위하여 패업을 이
루고자 했으므로 군대를 일으켜 융적戎翟62을 내쫓고 자대를 죽인 다음 주나라
양왕을 영접하여 낙읍에 거하게 했다.

이때는 진秦나라와 진晉나라가 강국이었다.63 진나라 문공은 융적을 쫓아낸
뒤 하서河西64의 은수圓水와 낙수洛水 사이65에 살게 하고 그들을 적적赤翟, 백적

57　출전은『시경』「소아小雅·유월六月」이다. 태원大原 땅은 "첸무의『국사대강國史大綱』에 따르면 지
금의 산시山西성 윈청運城 일대로, 지금의 타이위안太原을 가리키는 것이 아니다."(『사기전증』)
58　출전은『시경』「소아·출거出車」다. '출여出興'는 원문에는 '출거出車'라 했는데 그 의미는 같다. '삭
방朔方'에 대해 첸무는 지금의 산시山西성 윈청運城 일대 지역이라고 했다. "「유월六月」과「출거出車」의
옛 주석은 모두 서주 선왕宣王 때의 사건으로 서술했는데, 지금 태사공은 춘추시대 양왕襄王에 연계
시키니 옛 학설에 부합하지 않는다. 고동고顧棟高의『춘추대사표春秋大事表』에서 이르기를 '대융大戎
과 산융山戎 및 육혼陸渾은 각기 단독된 종족으로 그 지역 또한 다른데, 태사공은 여러 읍을 하나로
뒤섞고 융과 적을 하나로 혼합시키니 소홀함이 심하다'라고 했다."(『사기전증』)
59　"『좌전』에 희공僖公 24년에 양왕이 정나라로 도망쳤고, 이듬해 진 문공이 왕을 받아주니 양왕
16년, 17년 사이의 일로「주기周紀」와「연표」가 같다. 여기서 말한 4년은 잘못이다."(『사기지의』) 주나라
양왕이 밖에서 떠돈 것은 1년에 불과하다. 즉 16년(기원전 636) 정나라로 도망쳐 살다가 17년 4월에 왕
성으로 돌아와 복위했다.
60　진晉나라는 주 성왕의 동생 숙우叔虞가 분봉 받아 건립한 국가로, 도성은 강현絳縣(지금의 산시山
西성 장현絳縣 동북쪽)이다. 기원전 403년에 한, 조, 위 세 가문으로 나뉘었다.
61　진 문공晉文公(재위 기원전 636~기원전 628)은 헌공獻公의 아들로, 이름이 중이重耳다. 춘추시대에
제 환공의 뒤를 이어 두 번째 패주가 되었다.
62　'적적翟'은 '적적狄'과 같다.
63　주 양왕의 시대를 가리킨다. 당시 진秦나라의 도성은 옹雍이었고, 군주는 진 목공(재위 기원전
659~기원전 621)이었다. 당시 진晉나라 도성은 강絳이었고, 군주는 앞뒤로 진 문공, 진 양공(재위 기원
전 627~기원전 621)이었다.
64　『한서』에서는 '서하西河'로 표기하고 있다. 옛날에는 서쪽 땅, 즉 산시陝西성과 산시山西성 경계를
남북으로 흐르는 황하를 서하라고 했다.
65　지금의 산시陝西성 황하 서쪽의 옌안延安, 쑤이더綏德, 위린榆林 일대를 가리킨다. 은수圓水는 투
웨이강禿尾河으로 내몽골에서 흘러 나와 자현佳縣 북쪽에서 황하로 유입된다.『한서』에서는 '원圜'으
로 표기하고 있다. 은수와 낙수의 원문은 '은낙圓洛'으로, "낙洛은 마땅히 로潞로 바꿔야 할 것으로 보
인다. 만약에 은圓, 낙洛이라고 한다면 오직 백적白狄의 거주지로 적적赤狄이라고 말할 수 없다."(『사기
지의』) 그러나 "로潞는 지금의 산시山西성 진동남晉東南(산시山西성 동남부)의 상당 일대로 적적의 거주

白翟66이라 불렀다. 이 당시 진秦나라 목공穆公은 융적에서 유여由余라는 지모가 뛰어난 신하를 얻어 서융의 여덟 나라를 진秦나라에 복종시켰다. 당시 농서隴西에는 면저綿諸, 곤융緄戎, 적翟, 환豲67 등의 융족이 있었고, 기산岐山, 양산梁山68과 경수涇水, 칠수漆水69 북쪽에는 의거義渠, 대려大荔, 오지烏氏, 후연朐衍70 등의 융족이 있었다. 진晉나라 북쪽에는 임호林胡, 누번樓煩71 등의 융족이 있었고, 연나라 북쪽에는 동호東胡, 산융山戎72 등의 종족이 있었다. 이들은 각각 계곡에 분산되어 살았으며 저마다 자신의 군장君長이 있었다. 각 지역의 이런 융족 부락들 100여 개가 종종 모였지만 서로 통괄 예속되지는 않았다.

이로부터 100여 년 뒤73 진晉나라 도공悼公이 위강魏絳을 파견해 융적과 화친

지이지만 도리어 하서라고 할 수는 없다. 태사공의 문장에 결함이 있는 것으로 보인다.『좌전』에서는 진 문공과 적翟의 관계를 서술하면서 방위가 분명하지 않다."(『사기전증』)

66 적적赤翟, 백적白翟은 진晉나라 주변의 소수민족 부락이다. "궈모뤄郭沫若의『역사지도집歷史地圖集』에서는 적적을 지금의 산시山西성 진둥남의 창즈長治 일대로 표시했고, 탄치샹譚其驤의『역사지도집』에서는 백적을 지금의 산시陝西성 동북부의 옌창延長, 이촨宜川 일대로 표시했다."(『사기전증』)

67 농서隴西는 농산隴山의 서쪽으로 농판隴坂이라고도 하는데, 지금의 산시陝西성 룽현隴縣 서쪽이다. 면저綿諸, 곤융緄戎, 적翟, 환豲은 모두 융적의 부락으로, 어떤 곳은 나중에 현의 명칭이 되었다. 면저는 지금의 간쑤성 톈수이天水 동쪽이고, 곤융은 앞서 언급한 견융(전융畎戎)으로 지금의 간쑤성 퉁웨이通渭, 룽시隴西 일대다. '환豲'의 음은『집해』의 서광과『색은』에 따른 것으로,『사기전증』에서는 'yuan(원)'이라 했다. 지금의 간쑤성 룽시隴西 동남쪽 지역이다. 역자는 '환'이라 기재했다.

68 양산梁山: 지금의 산시陝西성 한청韓城 서북쪽에 위치한 산이다.

69 칠수漆水는 지금의 산시陝西성 친현邠縣 서북쪽에서 경수와 합류되며, 경수는 동남쪽으로 흘러 시안西安 동북쪽에서 위수에 합류된다.

70 의거義渠, 대려大荔, 오지烏氏, 후연朐衍은 모두 융적의 부락으로, 나중에 현 명칭이 되었다. 의거는 지금의 간쑤성 닝현寧縣 서북쪽, 대려는 지금의 산시陝西성 다리大荔 동쪽, 오지는 지금의 간쑤성 핑량平凉 서북쪽, 후연은 지금의 닝샤 후이족 자치구 옌츠鹽池다. 안사고는 '후연'에서 '후朐'의 음 '후'라고 했으며, 역자 또한 이에 따랐다.

71 임호林胡는 소수민족 부락으로 담림儋林 또는 담람儋襤이라고 했다. 춘추시대에 지금의 산시山西성, 네이멍구 경계에서 활동했으나 전국시대 말기에 조趙나라 장수 이목李牧에 의해 멸족되었다. 누번樓煩은 부족의 명칭이었으나 나중에 현 명칭이 되었다. 지금의 산시山西성 닝우寧武다.

72 동호東胡는 오환烏桓, 선비鮮卑라고도 하며 춘추시대에 지금의 네이멍구 동부의 다싱안大興安산맥 일대에서 활동했다. 산융山戎은 춘추전국시대에 지금의 랴오닝성 서부의 차오양朝陽, 젠핑建平 일대에서 활동했다.

73 "『좌전』에 따르면 노 문공魯文公 3년(기원전 624) 진秦나라가 서융을 제패하기 시작했고 양공 4년

을 맺음으로써74 융적은 진晉나라에 입조하여 알현하게 되었다. 또 100여 년 뒤 조양자趙襄子75가 구주산을 넘어 대나라를 격파하여 병합하고76 호맥胡貉77과 경계를 접하게 되었다. 그 뒤에 조양자는 곧 한韓·위魏78와 더불어 지백智伯을 멸하고,79 또 진晉나라 땅을 삼등분하여 소유했다. 조趙나라는 대군과 구주산 이북 땅을,80 위나라는 하서와 상군을 차지함으로써81 모두 융족과 서로 인접하

(기원전 569)에 위강魏絳이 융과 화친을 맺었으니 50여 년이다."(『사기지의』) "염약거閻若璩가 말하기를 '위강이 화친을 맺은 것은 북융이지 서융이 아니다'라고 했다."(『사기전증』)

74 노 양공魯襄公 4년의 일이다. 진 도공晉悼公(재위 기원전 572~기원전 558)은 이름이 주周다. 위 강魏絳은 춘추시대 후기 진晉나라의 명신名臣으로 진晉나라를 중원의 패주 지위를 유지하게 했으며, 서북방의 융적과 관계를 개선시켜 화목하게 지내도록 했다.

75 조양자趙襄子(재위 기원전 475~기원전 425)는 이름이 무휼毋恤이고 춘추전국시대 진晉나라 대귀 족 가운데 한 명이다. 당시 진晉나라 정권과 영지가 분열되어 한韓, 조趙, 위魏, 지智 네 명의 대귀족 수 중에 있었고, 이들 대귀족은 이미 엄연한 한 나라의 군주였다.

76 대代는 춘추전국시대의 소국으로, 도성은 지금의 허베이성 위현蔚縣 동북쪽 지역이다. 조양자 19년(기원전 457)에 대나라 왕과 화친을 맺고 난 후 대나라를 기습하여 왕을 죽이고 나라를 합병했다.

77 호맥胡貉은 북방의 융적戎狄으로, 흉노족의 전신이다. 『사기전증』에서는 '貉'의 음을 'he(학)'이라 했는데, 안사고는 '맥'이라고 했다.

78 한韓은 성이 희姬이고 진晉나라 대부다. 선조가 한원韓原(지금의 산시陝西성 한청韓城 동북쪽, 일설 에는 지금의 진난晉南)에 봉해졌기 때문에 한韓을 씨氏로 삼았다. 기원전 453년 조, 위와 함께 지씨를 멸망시키고 진晉나라를 삼등분했다. 뒤에 전국칠웅이 되었다. 영토는 지금의 산시山西성 동남쪽였지만 점차 지금의 허난성 중부까지 확대되었다. 도성은 양적陽翟(지금의 허난성 위저우禹州)이었으나 뒤에 정 鄭(지금의 허난성 신정)으로 옮겼다. 위魏는 진晉나라 대부로, 뒤에 전국칠웅이 되었으며, 영토는 지금의 산시山西성 남부, 허난성 북부와 산시陝西, 허베이성 일부다. 안읍安邑(지금의 산시山西성 샤현夏縣 서 북쪽)에 도읍을 건설했다가 뒤에 대량大梁(지금의 허난성 카이펑)으로 옮겼다. 한과 위는 기원전 225년 에 진秦나라에 의해 멸망당했다.

79 조양자 23년(기원전 453)의 일이다. 지백智伯은 이름이 요瑤이고 지씨智氏 가족의 영수이며, 진晉 나라 4대 가족 가운데 세력이 가장 강대했다. 지백은 범씨范氏와 중항씨中行氏를 멸망시킨 다음 조양 자에게 토지를 요구했다가 거절당하자 분노하여 한·위 두 집안을 협박해 함께 조씨를 포위했다. 그러 나 조양자가 한과 위를 설득하여 조·한·위 세 가문이 연맹하여 지씨를 멸하고 예전 진晉나라 땅을 나 누었으며, 세 가문은 각자 독립하여 제후가 되었다.

80 조나라의 영토 중에서 구주산 이북과 대군은 흉노와 이웃하고 있다. 구주산 이북은 조나라의 안 문군鴈門郡이다. 조나라의 영토는 지금의 산시陝西성, 산시山西성, 허베이성 등지를 포괄한다. 도읍은 진양晉陽(지금의 산시山西성 타이위안 동남쪽)이었다가 뒤에 한단(지금의 허베이성 한단)으로 옮겼다. 기원 전 222년 진나라에 의해 멸망당했다.

81 이 당시 위나라 제후는 위 문후魏文侯(재위 기원전 445~기원전 396)로 이름이 사斯다. 하서河西 는 위나라 군으로 대략 지금의 산시陝西성 동부 황하의 화인華陰 이북으로, 한청韓城, 황룡黃龍 이남

게 되었다. 그 뒤 의거義渠의 융족이 성곽을 수축하여 침입을 방비하며 스스로
지켰으나,82 진秦나라가 조금씩 의거의 땅을 잠식해 들어가 혜왕惠王 때 이르러
의거의 성 25개를 공격해 점령했다.83 혜왕이 위魏나라를 공격하자 위魏나라는
서하군과 상군을 모두 진秦나라에 할양했다.84 진秦나라 소왕昭王 때 의거의 융
왕戎王이 소왕의 어머니인 선태후宣太后85와 사사로이 정을 통하여 두 아들을 낳
았다. 그러나 선태후는 의거의 융왕을 속여 감천궁에서 죽인 뒤 군대를 일으켜
의거의 융족을 쳐서 소멸시켰다.86 이때부터 진秦나라는 농서隴西, 북지北地, 상
군上郡87의 토지를 점유했고 변경에 장성을 쌓아 호인胡人을 방비했다.88 이때 조

땅이다. 『한서』에서는 '하서河西'를 '서하西河'로 기재하고 있다. 상군上郡은 대략 지금의 산시陝西성
동북부 옌안延安, 쯔창子長 등 일대를 말한다.
82 「진본기」에 따르면 혜왕惠王 11년(기원전 327)에 "진秦나라가 의거에 현을 설치했다"와 "의거의 수
령이 진秦나라에 신하라 칭했다"는 내용이 있는데, 이는 의거의 융이 진秦나라에 투항하여 귀순했다
가 진을 배반하고 자립하고는 의거성(지금의 간쑤성 닝셴寧縣 서북쪽)을 수축하고 진나라에 대항한 것을
말한다.
83 「육국연표六國年表」에서는 혜왕 후원後元 11년(기원전 314)으로 기재하고 있고, 「진본기」에서는
후원 10년(기원전 315)으로 기재하고 있다. 후원 11년이 맞다. 혜왕惠王(재위 기원전 337~기원전 311)은
진 혜문왕秦惠文王으로 효공孝公의 아들이며 이름이 사駟다.
84 당시 위魏나라 제후는 위 양왕(재위 기원전 318~기원전 296)이고, 도성은 대량이다. 「진본기」와
「육국연표」에 따르면 위魏나라가 하서군을 진秦나라에 할양한 것은 진 혜왕 전원 8년(기원전 330)이
고, 상군을 할양한 것은 2년 뒤다. 여기서 태사공은 혜왕 후원 11년(기원전 314)에 진秦나라가 의거의
성 25개를 탈취한 사건 이후로 잘못 연결한 것이다.
85 진 소왕秦昭王(재위 기원전 306~기원전 251)은 이름이 칙則이고 혜왕의 아들이며 무왕武王의 동
생이다. 선태후宣太后는 원래 초나라 사람으로, 진秦나라 상 양후穰侯 위염魏冉의 아비가 다른 여동생
이다. 40여 년 동안 조정에 나가 정사를 주관했다.
86 "선태후가 의거 융왕을 속여 감천에서 죽이고 의거를 멸한 사건을 마페이바이의 『진집사秦集史』
에서는 진 소왕 35년(기원전 272)으로 여기고 있고, 양콴의 「전국사표」도 같은 의견이다. 마페이바이는
이르기를 '선태후는 모후母后로 높여졌는데, 국가를 위해 도적을 완전히 제거하고자 여자의 용모를 희
생하는 것을 애석하게 여기지 않고 의거의 융왕과 사사로이 정을 통하여 아들을 낳았다. 도모한 지
30여 년에 이르러 200년이나 된 진秦나라 사람들이 깊은 우환거리로 여기던 적국의 괴수를 궁정 안
잠자리에서 직접 죽였다. 그런 다음에 기세를 몰아 출병하여 일거에 멸하고 그 땅을 거두어 군현으로
삼고 진나라 사람으로 하여금 한뜻으로 동쪽으로 향하게 하여 다시는 뒷걱정이 없게 했으니, 그녀의
공적이 어찌 장의張儀와 사마착司馬錯이 파촉巴蜀을 취한 것보다 아래이겠는가!'라고 했다."(『사기전증』)
87 모두 진秦나라 군으로, 농서隴西의 치소는 적도狄道(지금의 간쑤성 린타오臨洮 남쪽)이고, 북지北地
의 치소는 의거이고, 상군上郡의 치소는 부시膚施(지금의 산시陝西성 위린榆林 동남쪽)이다.

趙나라 무영왕武靈王도 조나라의 풍속을 바꿔 호복胡服을 입고 말타기와 활쏘기를 훈련시켜 북쪽의 임호와 누번을 격파했다.[88] 대군에서 음산陰山을 따라 곧장 고궐高闕에 이르기까지 장성을 수축하고 변방의 요새로 삼았다.[89] 아울러 북부 지역에 운중군, 안문군, 대군을 설치했다. 그 뒤 연나라의 현명하고 재능 있는 장군 진개秦開[90]가 호胡 땅에 인질로 잡혀 있었는데 호인들이 그를 크게 신임했다. 진개는 연나라로 돌아온 뒤 군대를 이끌고 동호東胡를 습격해 동호를 1000여 리나 물러가게 했다. 형가荊軻와 함께 진秦나라 왕 정政을 찌르러 갔던 진무양秦舞陽이 바로 진개의 손자다. 연나라에서도 장성을 수축했는데 조양造陽에서부터 양평襄平까지 조성되었다.[91] 상곡, 어양, 우북평, 요서, 요동 등에 군을 설치하고 흉노를 방어했다. 이때 관을 쓰고 요대를 차는[92] 나라로 전국칠웅戰國七雄[93]이 있었는데, 그중에 진秦, 조趙, 연燕 세 나라는 흉노와 경계를 접하고 있었다. 그 뒤 조나라 장수 이목李牧이 변경을 지킬 때 흉노는 감히 조나라의 변경을 침입하지 못했다.[94] 이후 진秦나라가 여섯 나라를 멸망시켰고,[95] 시황제는 몽

---

88 조趙나라 무영왕(재위 기원전 325~기원전 299)은 이름이 옹雍이다. 「조세가」에 따르면 무영왕 20년(기원전 306)에 "서쪽으로 향해 임호의 땅을 공격해 취하고 유중楡中(지금의 네이멍구 둥성東勝 일대)에 이르자 임호왕이 말을 바치며 화친을 요청했다"고 했고, 26년(기원전 300)에 "조나라는 재차 중산中山으로 진공하여 조나라의 경계를 북쪽으로 이동시켜 연燕과 대代와 이웃하게 했고, 서쪽으로 운중·구원 두 군까지 확대했다"고 했다.
89 대군代郡은 조나라 군으로 치소는 지금의 허베이성 위현蔚縣 동북쪽이다. 음산陰山은 지금의 네이멍구 후허하오터呼和浩特, 바오터우包頭와 황하의 허우타오後套 북쪽이고, 고궐高闕은 지금의 네이멍구 항진후기杭錦後旗 북쪽이다.
90 진개秦開: 진왕 정 20년(기원전 227)에 형가荊軻와 함께 자객이 되어 진秦나라로 들어간 진무양秦舞陽의 조부다. "여조겸呂祖謙의 『대사기大事記』 「해제解題 권4」에 이르기를 '진개가 당시 연나라 어느 군주 때인지 알 수 없지만, 진무양이 진개의 손자이니 그 연수를 계산해보면 아마도 소왕 때일 것이다'라고 했다."(『사기전증』)
91 조양造陽은 지금의 허베이성 두스커우獨石口 근처다. 어떤 사람은 저양沮陽(지금의 허베이성 화이라이懷來 동남쪽)이라고도 한다. 양평襄平은 지금의 랴오닝성 랴오양遼陽이다.
92 원문은 '관대冠帶'로, 고대에 사대부 이상의 옷차림을 말한다. 융적과 만이의 상대적인 말이다.
93 전국칠웅戰國七雄은 진秦, 초楚, 제齊, 연燕, 한韓, 조趙, 위魏다.
94 "이목은 흉노를 대파하고 10여만 명의 흉노 기병을 죽였다. 이어서 담람을 멸하고 동호를 격파하고 임호를 항복시키자 선우는 달아났다. 이때부터 10여 년 동안 흉노인은 감히 조나라 변경 성에 접근

염蒙恬에게 군사 10만 명[96]을 이끌고 북쪽으로 가서 흉노를 공격하게 하여 황하 이남의 땅을 모두 수복했다. 이어서 황하를 따라 장성을 수축하고, 황하 연안에 44개의 현성縣城을 설립하고, 전국의 죄수들을 이곳으로 옮겨 거주하게 했다.[97] 또 직도直道를 건설하여 구원군九原郡에서 곧장 운양雲陽[98]까지 이르게 했다. 변경의 험준한 계곡을 따라 파야 할 곳은 파고 메워야 할 곳은 메워서 장성을 보수했는데, 서쪽 임조臨洮에서 동쪽 요동까지 그 길이가 1만여 리에 달했다.[99] 또 북쪽으로 황하를 건너 양산陽山과 북가北假[100] 일대 지역까지 점거했다.

이 당시 동호가 매우 강대했고 월지月氏[101] 또한 매우 강성했다. 이 시기의 흉노 선우는 두만頭曼[102]이라 불렸는데, 진秦나라에 격퇴당해 북쪽으로 옮겨 살고 있었다. 10여 년 뒤에 몽염이 죽고 각지의 제후들이 진나라에 반기를 들고 일어나자 중국은 혼란해졌고 진나라 내지로부터 이주되어 변경으로 옮겨 갔던 사람

하지 못했다."(「염파인상여열전」)
95 진왕 정 17년(기원전 230)에 한韓을 멸하고, 22년(기원전 225)에 위魏를 멸하고, 24년(기원전 223)에 초楚를 멸하고, 25년(기원전 222)에 조趙와 연燕을 멸하고, 26년(기원전 221)에 제齊를 멸했다.
96 군사의 수에 대한 기록이 제각각이다. 『한서』에서는 수십만 명이라고 했고, 「몽염열전」과 「진시황본기」에서는 30만 명이라고 했다.
97 진·한 때는 대부분 죄를 지은 자들을 징집하여 변경을 방어하게 했는데, 어떤 경우에는 범죄자의 가족을 모두 변경으로 이주시키기도 했다.
98 구원군九原郡은 진나라 군으로 치소는 지금의 네이멍구 바오터우包頭였다. 운양雲陽은 진나라 현으로 치소는 지금의 산시陝西성 춘화淳化 서북쪽 지역이다. 감천궁이 운양현 경내에 있었다.
99 "장성을 수축하게 했는데, 지형과 산세에 의지해 험준한 요새를 설치했고 서쪽 임조臨洮에서 시작해 동쪽 요동까지 끊어짐 없이 1만여 리나 이어졌다."(「몽염열전」) 임조는 진나라 현으로 치소는 지금의 간쑤성 민현岷縣이고, 요동은 진나라 군으로 치소는 양평襄平(지금의 랴오닝성 랴오양遼陽)이다. "후대에 장성을 진나라가 축조했다고 말하는데 사실은 그렇지 않다. 「조세가」 「소진전」 「흉노전」과 『죽서』를 고찰해보면 대부분은 칠국 때 건설된 것으로, 몽염은 특별히 보수하고 증설하여 만 리가 서로 이어지게 했을 따름이다. 어찌 모두 몽염이 건설했다고 하는가?"(『사기지의』)
100 북가北假: 지금의 네이멍구 랑산狼山 이남의 황하 북쪽 지역이다.
101 월지月氏: 월지月支라고도 한다. 진·한 때 서역 월지국月支國의 일부로 둔황敦煌, 치롄祁連 일대에서 유목 생활을 했다. 한 문제 전원 3~4년(기원전 177~기원전 176) 사이에 흉노의 공격을 받아 대부분 서쪽 새종塞種(지금의 신장 서부 이리허伊犁河 유역과 그 서부 일대)으로 이주했다. 이후 지금의 아프가니스탄 동북부의 아무다리야강 상류에 거주했으며, 후한 이후에는 점차적으로 강족, 한족과 융합되었다.
102 두만頭曼은 중국 문헌에 기재된 흉노의 첫 번째 선우다.

들이 모두 돌아왔다. 그리하여 흉노는 느슨해진 틈을 타 다시 점차 황하를 건
너 옛 요새103를 경계로 삼았다.

두만 선우에게는 묵돌冒頓이라는 태자가 있었다. 나중에 선우가 총애하는 연
지閼氏104가 작은아들을 낳았는데, 선우는 묵돌을 폐위하고 작은아들을 태자로
세우고 싶어 묵돌을 월지에 인질로 보냈다. 묵돌이 월지에 인질로 있을 때 두만
선우는 맹렬하게 월지를 공격했다.105 월지왕이 묵돌을 죽이려 하자 묵돌은 월
지왕의 준마를 훔쳐 타고 흉노로 도망쳐 돌아왔다. 두만 선우는 묵돌을 용맹하
게 여겨 기병 1만 명을 통솔하게 했다. 묵돌은 명적鳴鏑106을 제조하여 자신의
기병부대에게 활쏘기를 훈련시키면서 명령했다.

"내가 명적을 쏜 곳으로 너희도 모두 쏘아라. 말을 듣지 않는 자는 참수하
겠다."

묵돌은 자신의 부하들을 이끌고 새와 짐승을 사냥하러 나갔고, 명적이 날아

---

103 원문은 '고새故塞'로, 「고조본기」의 '하상새河上塞'를 말한다. 왕선겸은 제소남의 말을 인용하여
"하상새는 즉 황하 선상의 군 북쪽과 흉노와의 경계 지점으로, 황하를 따라 요새로 삼은 것이다. 아마
도 제후들이 진나라에 반기를 든 때부터 흉노가 다시 조금씩 황하를 건너 남쪽으로 내려와 중국과 고
새에서 경계를 삼은 것이다'라고 했다. 즉 지금의 산시陝西성 황링黃陵, 쉰이旬邑 일선이다.
104 "아래 문장에서 말한 동호가 '선우의 월지 중 한 명을 원한다'라고 했는데, 즉 흉노 선우에게는
한 명의 연지에 그치지 않았다. 왕선겸은 심흠한의 말을 인용하여 '이 열전에 따르면 흉노의 처첩은 월
지라고 불렀다. 흉노의 정처正妻(정실)는 대연지大閼氏라고 했다'라고 했다. 이상 옛 학설의 영향이 오
래 지속되었으나 실제로는 결코 정확하지 않다. 린간林干은 『흉노사匈奴史』에서 말하기를 '흉노인들은
처와 첩을 연지라 하고, 모친을 모연지母閼氏라 불렀다', '흉노인들의 대다수는 모두 일부다처의 생활
을 했는데, 특별히 통치계급의 상층부들은 처첩이 무리를 이루지 않은 자가 없었다', '대연지大閼氏는
흉노 선우의 정처라고 말하는 것 또한 맞지 않는다'라고 했다."(『사기전증』)
105 "사효평謝孝苹이 말하기를 '이것은 문헌에서 고증된 흉노의 첫 번째 월지에 대한 진공으로 그 구
체적인 연월은 마땅히 몽염이 북쪽으로 흉노를 공격하여 두만이 감히 남쪽으로 침범하지 못했던 11년
동안의 중간이다. 이때 남쪽에는 전쟁이 없었기에 흉노는 비로소 비우고 서쪽으로 손을 뻗어 월지를
공격할 수 있었다. 몽염이 흉노를 공격한 것은 진 시황 26년이므로 두만이 월지를 공격한 것은 대략 진
시황 30년(기원전 217) 내외다'라고 했다."(『사기전증』)
106 명적鳴鏑: 고대의 화살인 향전響箭으로, 화살을 쏘면 소리가 나는 종류다.

가는 방향으로 화살을 쏘지 않는 자가 있으면 즉시 목을 베었다. 오래지 않아 묵돌은 명적으로 자신의 준마를 쏘았고, 좌우 장사들 중에 감히 쏘지 못한 자가 있자 묵돌은 그 자리에서 그를 죽였다. 또 얼마 후 묵돌은 자기 애첩에게 명적을 쏘았는데 좌우 장사들 중에 두려워하며 감히 쏘지 못하는 자가 있자 묵돌은 다시 그를 죽였다. 다시 얼마 후 묵돌은 사냥을 나가 두만 선우의 준마를 명적으로 쏘았는데 좌우에 있던 장사들이 모두 일제히 쏘았다. 이에 묵돌은 자신의 부하 장사들을 쓸 만하게 여겼다. 그 뒤 부친인 두만 선우를 따라 함께 사냥하러 나갔을 때 그는 명적으로 두만을 향해 쏘았다. 그러자 그 부하 장사들도 명적을 따라 일제히 쏘아 두만 선우를 죽였다. 이어서 묵돌은 그의 계모와 동생 그리고 명령을 따르지 않는 대신들을 모조리 죽였다. 묵돌은 스스로 선우가 되었다.[107]

묵돌이 선우에 오른 당시에 동호는 세력이 강성했는데, 묵돌이 아버지를 죽이고 스스로 선우가 됐다는 말을 듣자 사자를 묵돌에게 보내어 두만 선우가 살아 있을 때 타던 천리마를 얻고자 했다. 묵돌이 신하들에게 의견을 묻자 신하들이 말했다.

"천리마는 흉노의 보배로운 말입니다. 그들에게 줘서는 안 됩니다."

그러나 묵돌이 말했다.

"남과 이웃 나라로 살면서 어찌 말 한 마리를 아까워하겠소?"

결국 동호에게 천리마를 보냈다. 얼마 뒤 동호는 묵돌이 자신들을 두려워한다고 여기고 사자를 보내 묵돌의 연지 중에서 한 사람을 달라고 요구했다.

묵돌은 또 좌우 신하들에게 물었고, 모든 신하들이 크게 화를 내며 말했다.

"동호는 무도하여 연지를 요구하는 것입니다! 청컨대 출병하여 그들을 치십시오."

---

107 진 2세 원년(기원전 209)의 일이다. 당시 중원은 각 지역에서 군대를 일으켜 진나라에 반기를 들었다.

묵돌이 말했다.

"남과 이웃나라로 살면서 어찌 여자 하나를 아까워하겠소?"

결국 총애하는 연지를 동호왕에게 보냈다. 동호왕은 갈수록 거만하고 횡포해져 군사를 이끌고 서쪽으로 침입해왔다. 동호와 흉노 경계 사이에는 아무도 살지 않는 버려진 땅이 1000여 리나 있었는데, 두 나라는 각기 자신의 변방에 방어용 초소[108]를 세워두고 있었다. 동호가 사자를 파견해 묵돌에게 말했다.

"흉노와 우리 사이 방어용 초소 바깥에 아무도 살지 않는 버려진 중간 지대는 흉노가 올 수 없는 곳이니 우리가 이 땅을 가지려 하오."

묵돌이 이 문제를 신하들에게 물으니, 신하들 가운데 어떤 자가 말했다.

"그곳은 본래 아무도 살지 않는 버려진 땅이니 줘도 좋고 주지 않아도 괜찮습니다."

그러자 묵돌이 크게 화를 내며 말했다.

"토지란 국가의 근본이다. 어떻게 그들에게 줄 수 있겠느냐!"

그러고는 땅을 동호에게 줘도 된다고 말한 자들을 모두 죽였다. 묵돌은 말에 올라타고 나라 안에 명하기를 늦게 도착하는 자들은 참수시키겠다고 한 뒤 군대를 이끌고 동호를 습격했다. 동호왕은 처음부터 묵돌을 얕봤기 때문에 아무런 방비도 하지 않고 있었다. 묵돌은 군사를 이끌고 쳐들어가 동호를 대파하고 동호왕을 죽였으며, 동호의 백성과 가축을 노획했다.[109] 묵돌은 돌아온 뒤 다시

108　원문은 '구탈甌脫'로, '구탈區脫'이라고도 한다. "위소가 말하기를 '경계에 주둔하여 지키는 곳이다'라고 했다.(『집해』) "경계에서 정찰하는 건물을 구탈이라 한다."(『정의』) 린간은 『흉노사』에서 말하기를 '구탈은 흉노어로 변경을 뜻한다. 당시 흉노와 한나라 왕조 혹은 기타 부락 사이에 완충적인 중간지대를 만들었다'고 했다. 양콴 또한 이 견해에 동의했다. 또 정겸丁謙의 『한서흉노전지리고증漢書匈奴傳地理考證』에서는 '구탈은 버려진 땅을 가리키는 말로 지극히 명백하다'고 했고, 또 '구탈 두 글자는 당시의 방언으로, 지금은 해석하기 어려우나 대체적인 뜻은 불모의 땅, 사람이 거주하기 어려운 곳에 불과하다'라고 했다."(『사기전증』) 역자는 흉노와 동호 경계선상의 초소나 방어용의 시설물의 뜻으로 번역했다.

109　"사효평이 말하기를 '묵돌이 동호를 격파한 때는 대략 초와 한이 대치하던 초기로, 한나라 고조 원년, 묵돌 선우 4년, 즉 기원전 206년이다'라고 했다."(『사기전증』)

서쪽으로 월지를 쳐서 달아나게 하고,[110] 남쪽으로 황하 이남의 누번과 백양 두 부락과 하남왕河南王[111]을 병합했다. 그리하여 진나라 장군 몽염에게 빼앗긴 흉노 토지를 완전히 수복하고 한나라와 경계를 이루는 옛 황하 이남의 변경 요새를 경계로 삼고[112] 남쪽 끝 조나朝那와 부시膚施[113] 일대까지 이르렀으며, 아울러 계속해서 연나라와 대나라를 침범했다.[114] 당시 한나라 군대는 항우와 서로 대치하며 천하를 다투느라 중국은 전쟁으로 피로한 지경이었기 때문에 밖으로 군사를 부릴 힘이 없었다. 이에 묵돌은 기회를 틈타 스스로 강해질 수 있었고 활을 당기고 쏘는 전사 30여만 명을 보유하기에 이르렀다.

흉노는 순유에서 두만에 이르기까지 1000여 년 동안[115] 때로는 강대했고 때로는 야소했는데, 분산된 상태로 보낸 세월이 오래되어 대대로 이어온 그들의 계통을 배열할 도리가 없었다. 그러나 묵돌 시대에 이르러 흉노는 가장 강대해져 북방에 위치한 이적夷狄이 모조리 복종시키고, 남쪽으로는 중국과 대등한 국

110 월지인들이 간쑤성 치롄산 일대에 발을 디디지 못하고 서쪽을 향해 이주할 수밖에 없었음을 말한다. 월지인들은 원래 허시저우랑河西走廊, 치롄산 일대에 거주했는데, 흉노의 핍박을 받아 서쪽으로 옮겨 이리허강伊犁河 유역에 이르러 대월지국大月氏國을 건립했다. 수십 년 뒤 대월지는 또 흉노가 지원하는 오손인烏孫人들에게 핍박을 받아 유수幼水(지금의 아무다리야강) 일대로 옮겼다.
111 안사고는 말하기를 "두 왕은 하남(황하 이남)에 거주했다"고 했다. "나카이 리켄은 말하기를 '하남왕河南王 세 글자는 불필요한 글자다'라고 했다."(『사기회주고증』) "구제강顧頡剛의 『역사지도집』에 따르면 당시 누번의 거주 지역은 지금의 네이멍구 이커쟈오멍伊克昭盟 동부와 인근의 산시山西성 북부, 산시陝西성 동북부 일대이고, 백양의 거주 지역은 이커쟈오멍伊克昭盟 서부다."(『사기전증』)
112 "「고조본기」의 한나라 2년(기원전 205)에서 말한 '진나라가 수축한 방어 공사를 수리하여 복원시키다'를 말한다. 즉 이 일대에 구축한 공사를 가리킨다."(『사기전증』)
113 부시膚施는 한나라 현으로 지금의 산시陝西성 헝산橫山 동쪽으로 당시 상군上郡의 군치 소재지였다.
114 당시 연나라 왕은 항우가 봉한 장도臧茶였고, 대나라 왕은 진여陳餘였다. "묵돌의 이번 행동은 마땅히 한신韓信이 대와 조나라를 격파하고 연나라를 격파하기 전, 즉 기원전 205년 윤9월 이전으로 보인다. 만약 이 이후라면 대·조·연나라는 이미 차례대로 한나라에 편입되었다."(『사기전증』)
115 "순유가 어느 때 사람인지는 모르지만 하걸의 자손이라 한다면 상商부터 진秦까지 어찌 1000년에 그치겠는가. 이 말은 잘못이다."(『사기지의』) "새로 공포된 「하상주연표」에 따르면 하걸에서부터 두만까지 기간은 대략 1400여 년 정도다."(『사기전증』)

가116가 되었다. 그들의 대대로 전해 오는 계통, 국호, 관직의 명칭117은 비교적 분명하여 역사책에 기재할 수 있다.

흉노는 좌우현왕左右賢王, 좌우녹려왕左右谷蠡王,118 좌우대장左右大將, 좌우대도위左右大都尉, 좌우대당호左右大當戶, 좌우골도후左右骨都侯119를 설치했다. 흉노는 '현賢'을 '도기屠耆'라고 했기 때문에 항상 태자를 좌도기왕左屠耆王120으로 삼았다. 좌우현왕에서 당호當戶에 이르기까지 크게는 기병 1만 명부터 작게는 수천 명까지 이끄는 자가 24장長 있었는데, 군사가 많건 적건 모두 '만기萬騎'라고 불렀다. 대신들은 모두 관직을 세습했다. 호연씨呼衍氏121와 난씨蘭氏 그 후의 수복씨須卜氏가 있었는데, 이 세 성은 흉노의 귀족이었다.122 무릇 좌左로 불리는 왕들은 모두 동방에 거주했는데 한나라 상곡군의 동쪽 땅과 마주하고 있었고 동쪽으로 예맥穢貊, 조선朝鮮과 경계를 접하고 있었다. 우右로 불리는 왕들은 모두 서방에 거주하며 한나라 상군上郡123 서쪽 땅과 마주하고 있었고, 서쪽으로는 월지月氏·저氐·강羌124과 경계를 두고 있었다. 선우의 대본영125은 한나라의

---

116 원문은 '적국敵國'이다. '적敵'이 '대등'의 의미로 쓰여, 지위 혹은 세력이 대등한 국가를 말한다.

117 원문은 '세전국관호世傳國官號'다. '국國'자는 불필요한 글자로 판단된다. 『한서』에서는 '세성관호世姓官號(대대로 전해 오는 계통, 성, 관직 명칭)'로 기재되어 있다.

118 좌우녹려왕左右谷蠡王의 '谷蠡'의 음에 대해서 "복건服虔은 말하기를 '谷의 음은 록鹿이며, 蠡의 음은 리離다'라고 했다.(『집해』) "복건은 음을 녹리鹿離라 했다. 또 蠡 음은 '려黎'라고도 한다."(『색은』) "谷蠡의 음은 luli(녹려)다."(『사기전증』) 역자 또한 '녹려'로 표기했다.

119 좌우골도후左右骨都侯: "골도骨都는 성이 다른 대신"이라고 했다.(『집해』)

120 좌도기왕左屠耆王: 앞에서 언급한 '좌현왕左賢王'을 말한다. 흉노의 관직명은 모두 좌左, 우右의 순서로, 관습적으로 좌左를 위로 삼고 우右를 아래로 삼았음을 알 수 있다. 곧 '좌현왕'은 선우의 다음 순서다.

121 호연씨呼衍氏: 안사고는 말하기를 "선비鮮卑 성인 호연呼延이다"라고 했다.

122 "『후한서』에 이르기를 '호연씨와 수복씨는 항상 선우와 혼인했다. 수복씨는 소송 사건을 주관했다'고 했다."(『색은』)

123 상군上郡: 한나라 군으로 치소는 지금의 산시陝西성 헝산橫山 동쪽 지역이다.

124 저氐는 선진시대부터 남북조南北朝 시대에 이르기까지 지금의 간쑤성, 산시陝西성, 쓰촨성 등의 경계 지역에 분포했으며 대부분 농롱 남쪽 지역에 집중되어 있었다. 남북조 시대 이후 점차 한족에 융합되었다. 강羌은 지금의 간쑤성, 칭하이성 일대에 분포되어 있었다.

125 원문은 '정정庭'으로, 선우의 대본영이다. "흉노가 도읍을 정한 곳을 정정庭이라 말한다."(『색은』) "탄

대군과 운중군을 마주하고 있었다. 이러한 크고 작은 왕들은 저마다 자기 영지를 소유하고 있었고 물과 풀을 찾아 유목하며 옮겨 다녔다. 그들 가운데 좌우현왕과 좌우녹려왕의 봉지가 가장 컸고,[126] 좌우골도후는 선우를 보좌하여 정사를 처리했다.[127] 24명의 장 또한 각기 스스로 천장千長, 백장百長, 십장什長, 비소왕裨小王,[128] 상봉相封,[129] 도위都尉, 당호當戶, 저거且渠[130] 등의 관직을 두었다.

매년 정월, 각 부의 수령들은 선우의 대본영에서 소규모 집회를 열고 제사를 진행했다. 5월에는 농성蘢城[131]에서 대규모 집회를 거행하고 조상과 하늘과 땅, 귀신에게 제사를 지냈다. 가을에 말이 살질 무렵에는 대림蹛林[132]에서 대규모 집회를 열어 사람과 가축의 수를 조사하고 계산했다. 흉노의 법률은 사사로이 다투다가 칼을 뽑아 1척 이상의 상처를 입힌 자는 사형에 처했고,[133] 남의 물건을

치상의 『역사지도집』에서는 흉노 왕의 정을 울란바토르시에 표시했다."(『사기전증』)
126　원문은 '대국大國(봉지가 가장 크다)'으로, "유빈劉邠은 '국國'자는 불필요한 글자라고 했다."(『사기지의』) 한나라 시대에 제후왕과 열후는 모두 '국'이라 불렸다. 여기서 사마천이 '국'자를 사용한 것이 틀렸다고 할 수는 없다. 『한서』에서도 '국'자를 기재하고 있으며, '수정본' 역시 『한서』를 언급하며 '국'자를 그대로 기재하고 있다. 여기서는 부락이 가장 크고 인마도 가장 많음을 뜻한다.
127　"서부원이 말하기를 '골도후는 선우의 근신近臣이며, 별도로 부락을 통솔하고 땅을 나누어 소유하지 않았다'라고 했다."(『사기회주고증』)
128　비소왕裨小王: 각 부락이나 무리의 소두령을 말한다.
129　상봉相封: 『한서』에서는 '상相'이라 기재하고 있다. "상봉相封은 마땅히 상방相邦으로 흉노의 상국相國이다. 한나라 사람이 고조의 휘를 피하기 위해 상봉相封으로 바꾼 것이다. 봉封과 방邦 두 글자는 음과 형태가 가장 비슷하다."(『사기신증』) "상봉이 곧 상방이라는 것은 틀린 말이 아니지만, 흉노의 상방이 반드시 '흉노의 상국'을 말하는 것은 아닐 것이다. 아래 문장을 보면 그 지위가 24장 아래에 있는 것 같으니, 아마도 24장의 상방일 것이다."(『사기전증』)
130　저거且渠: 저거沮渠라고도 하는데 흉노의 관직명이다. 안사고는 말하기를 "지금의 저거 성은 아마도 본래 이 관직에서 비롯되었을 것이다"라고 했다.
131　농성蘢城: 용성龍城으로도 적는다. 지금 몽골 울란바토르 서남쪽 오르콘강 서쪽이다. "최호는 말하기를 '서쪽의 호胡는 모두 용신龍神을 섬기므로 대규모로 모이는 곳을 용성龍城이라 했다'고 했다. 『후한서』에서는 '흉노의 풍속에 해마다 세 번 용에게 제사지내고 천신에게 제사를 지냈다'고 했다."(『색은』)
132　대림蹛林: 흉노인이 가을에 제사지내는 곳을 말한다. "복건이 말하기를 '흉노가 추사秋社(가을에 토신土神에게 제사 지내는 날)인 8월에 모두 모여 제사를 지내는 곳이다'라고 했다."(『색은』)
133　원문은 '발인척자사拔刃尺者死'인데, 크게 두 가지 견해가 있다. 『사기찰기』에서는 "칼을 뽑아 남에게 상처를 입혔는데, 그 상처가 1척에 이르면 사형에 처했다"라고 했고, 『사기통해』에서는 "남을 죽일 의도를 가지고 칼을 칼집에서 1척 이상 뽑은 자는 사형에 처했다"라고 했다. 역자는 『사기찰기』의

훔치는 자는 가산을 몰수하고 가족을 노예로 삼았다.[134] 가벼운 죄를 저지른 자는 알剌[135] 형벌에 처하고, 큰 죄를 지은 자는 사형에 처했다. 감옥에 범인을 가두는 기간은 열흘을 넘기지 않았으므로 감옥에 수감된 죄수는 전국에서 몇 명에 불과했다. 선우는 매일 새벽 막사에서 나와 떠오르는 태양을 향해 절을 하고 저녁에는 달을 보고 절했다. 흉노의 좌석 규칙은 장자長者가 왼쪽에 앉고 북쪽을 향했다.[136] 무일戊日과 기일己日을 길일로 삼았다.[137] 그들의 장례 습속은 관곽棺槨을 쓰고 죽은 자에게 금은 장식을 달고 가죽옷을 입혔으나, 봉분이 없고 비석을 세우지 않았으며 친속들도 상복을 입지 않았다. 왕후 귀족이 죽으면 총애를 받던 신하나 첩이 순장되었는데, 많을 때는 수십 명에서 100명에 이르렀다.[138] 군대를 일으켜 출전할 때는 별과 달을 관측했는데,[139] 달이 차고 둥글면 진공하여 싸우고 달이 이지러지면 군사를 후퇴했다. 전투 중에 적을 참수하거

견해가 좀 더 타당하다고 판단하여 그에 따라 번역했다.

134 원문은 '몰입기가沒入其家'다. 그 가족과 재산을 모두 몰수하여 가족은 노예로 만들고 재산은 공적인 곳에 충당한다는 뜻이다.

135 알剌: 안사고는 사람의 수레바퀴를 굴려 뼈를 부수는 형벌로 여겼다. 몽둥이로 때리는 벌이라는 견해도 있고, 복사뼈를 부숴 죄인이 도망치거나 반항하는 것을 방지한 것으로 보는 견해도 있다.

136 원문은 '장좌이북향長左而北鄕'이다. "북쪽을 향해 앉고 장자가 왼쪽에 있으며 왼쪽을 높였다."(『정의』) 그러나 『사기통해』에서는 다음과 같이 다른 견해를 제시했다. "선우의 자리는 남쪽을 향하고 왼쪽을 숭상하기 때문에 존귀한 자는 왼쪽에 있다. 그러므로 왼쪽은 동쪽 방향으로 좌현왕이 동방의 땅에서 거주하며 유목을 한 것이다." 결국 자리는 북쪽에 있고 남쪽을 향해 앉는다는 말이며, 만약 흉노의 자리가 북쪽을 향하고 있다면 왼쪽은 서쪽이 되고 동쪽에 있지 않다는 말이다. 이 견해 또한 참고할 만하다.

137 "양한兩漢이 무기교위戊己校尉를 설치한 것 또한 흉노의 습속에서 얻은 명칭이다."(『사기신증』)

138 원문은 '수천백인數千百人'으로, 『한서』에서는 '수십백인數十百人'으로 기재하고 있다. 안사고는 말하기를 "수십 명 혹은 100명이다"라고 했다. 역자 또한 안사고의 견해에 따랐다.

139 원문은 '거사이후성월擧事而候星月'이다. '거사擧事'는 전쟁 준비를 말하고 '후候'는 관측의 의미다. "'이而' 자는 마땅히 '상常(항상)'이라 해야 한다. '성星'은 불필요한 글자다."(『사기회주고증』) 즉 전쟁 준비를 하며 출전하기 전에 항상 달을 관측했다는 뜻이다. 『한서』에서는 '거사상수월擧事常隨月'로 기재하고 있는데, '수월隨月'은 '달의 차고 이지러진 정황'에 근거한다는 뜻이다. 이는 '군대를 일으키기 전에 항상 달의 차고 이지러진 정황에 근거하여 출전했다'는 뜻이다. "심흠한이 말하기를 『수서隋書』「돌궐전突厥傳」에 '달이 둥글게 찰 때까지 기다렸다가 항상 침략했다'고 했다."(『한서보주』)

나 포로로 잡은 자에게는 술 한 잔을 하사했으며, 노획한 재물은 당사자가 갖도록 하고 포로는 잡은 자가 노예로 삼도록 했다. 이 때문에 전투 중에 모두 이익을 좇아 자신이 더 많은 것을 빼앗으려 했고, 싸울 때는 적이 깊숙이 들어오도록 유인한 다음 포위하는[140] 전술에 능했다. 따라서 적을 발견했을 때 이익을 좇아 몰려드는 것은 새들이 먹이를 보고 날아드는 것과 같았고, 실패하여 달아날 때는 기와가 부서지고 구름이 흩어지는 듯했다. 전투 중에 죽은 자의 시신을 싣고 돌아온 자에게는 죽은 자의 재산을 취할 수 있게 했다.

그 뒤 묵돌은 북쪽으로 혼유渾庾, 굴역屈射, 정령丁零, 격곤鬲昆, 신려薪犁[141] 등의 나라를 항복시켰다. 이 때문에 흉노의 귀인과 대신들은 묵돌에게 복종했으며 묵돌 선우를 현명하며 능력 있다고 여겼다.

이때 한나라는 막 중국을 평정하고[142] 한왕 신을 대 땅에 변경하여 봉하고 마읍에 도읍을 건설했다. 흉노가 대거 진공하여 마읍을 포위하자 한왕 신은 흉노에게 항복했다.[143] 흉노는 한왕 신을 얻자 즉시 병사를 이끌고 남쪽으로 구주산을 넘어 태원군을 공격하고 진양성 밑까지 이르렀다. 고조는 직접 군사를 이끌고 정벌에 나서 공격했는데,[144] 때마침 겨울이어서 몹시 춥고 진눈깨비까지 내

140　원문은 '모적冒敵'이다. "강백구가 말하기를 '모冒는 복覆과 같다. 덮어 싸서 취하는 것이다'라고 했다."(『사기회주고증』) 『한서』에서는 '포적包敵'이라고 기재했는데, 안사고는 "싸서 취하는 것이다"라고 했다. '모冒'와 '포包'는 같은 의미라 할 수 있으며, '포위한 다음 공격하다'의 뜻이다.

141　혼유渾庾, 굴역屈射, 정령丁零, 격곤鬲昆, 신려薪犁는 모두 흉노 북쪽의 유목민족으로 지금의 몽골과 러시아 경내에 있었다. "궈모뤄의 『중국사고지도집中國史稿地圖集』에 따르면 혼유渾庾는 혼유渾窳로도 적으며, 지금의 러시아와 근접한 흑룡강의 실카강 서북쪽에서 활동했고, 굴역屈射은 지금의 러시아의 치타 주위에서 활동했다. 『색은』에서는 '射'의 음은 '역'이며 또한 '석'이라고도 한다고 했다. 정령丁零은 정령丁令이라고도 적으며 지금의 바이칼호 주변에서 활동했다. 격곤鬲昆은 견곤堅昆이라고도 하며 지금의 러시아 예니세이강 상류에서 활동했고, 신려薪犁는 용신려龍薪犁라고도 불렸으며 지금의 러시아의 오비강 상류에서 활동했다."(『사기전증』)

142　기원전 202년에 유방이 항우를 멸망시키고 처음으로 황제라 칭한 때를 말한다.

143　고조 6년, 묵돌 9년(기원전 201)의 일이다.

144　고조 7년, 묵돌 10년(기원전 200) 10월의 일이다.

려 사졸들 가운데 동상으로 손가락을 잃은 자가 열 명 가운데 두세 명이었다. 이때 묵돌은 거짓으로 패한 척하며 달아나 한나라 군대가 추격하도록 유인했다. 한나라 군대는 묵돌을 추격했고, 묵돌은 정예 병사를 매복시킨 후 여위고 약한 병사들만 보여주었다. 고조가 이끄는 병력은 대부분 보병으로, 32만 군사가 북쪽으로 흉노 군대를 추격했다. 고조가 소수 인원만을 인솔하여 먼저 평성平城145에 도달했으며 보병 대부대는 아직 도착하지 않았다. 이때 묵돌이 40만 정예기병을 내보내 고조를 백등산白登山에서 포위했다. 7일 동안 포위된 한나라 군대는 밖으로부터 구원을 받을 수 없었고 식량도 공급받지 못했다. 흉노의 기병은 서쪽은 모두 백마, 동쪽은 모두 청방마靑駹馬, 북쪽은 모두 오려마烏驪馬, 남쪽은 모두 성마騂馬를 타고 있었다.146 이때 고제가 은밀히 묵돌의 연지에게 사자를 보내 두터운 예물을 뇌물로 주자,147 연지는 묵돌에게 말했다.

"두 나라의 군주가 서로 핍박하며 곤경에 처하게 해서는 안 됩니다. 지금 우리가 한나라 땅을 얻는다 한들 선우께서는 그곳에서 오래 살 수 없습니다. 게다가 한나라 왕도 신神의 도움을 받고 있다고 하니, 선우께서는 분명하게 살피시기 바랍니다."

145 평성平城: 한나라 현으로 치소는 지금의 산시山西성 다퉁 동북쪽 지역이다.
146 청방마靑駹馬는 머리가 하얗고 몸은 검은 말이다. 오려마烏驪馬는 검은 말로, 항우가 탄 오추마烏騅馬가 이 말이다. 성마騂馬는 붉은 말이다. "나카이 리켄이 말하기를 '말들이 사방으로 각기 색을 달리하고 있으니 군대가 정돈되고 가축이 풍족함을 볼 수 있다'고 했다."(『사기회주고증』)
147 "고제 유방은 진평陳平의 계책을 채택하여 선우의 연지에게 사람을 보내 활동하게 하자 비로소 포위가 풀렸다. 고제가 포위에서 벗어났으나 어떤 계책을 사용했는지는 지극히 비밀이어서 세상 사람들은 알 수가 없었다."(『진승상세가』) "진평은 한나라에 아름다운 미녀가 있으며 그 용모가 천하에 둘도 없이 뛰어나다고 말하고는 지금 상황이 급하니 사자를 통해 미녀를 선우에게 바치려 한다고 했을 것이다. 즉 선우가 이 미녀를 보면 틀림없이 사랑할 것이고, 그녀를 사랑하게 되면 연지는 날로 소원해질 것이다. 그녀가 도착하기 전에 한나라 군대를 포위에서 벗어나게 해서 한나라 군대가 풀려난다면 미녀를 데려오지 않을 것이라는 말이다. 연지가 미녀를 돌려보내려는 것은 질투하는 성정에 따른 것으로, 반드시 증오하며 제거하려 했을 것이다."(환담桓譚, 『신론新論』) "한왕 신, 하후영, 흉노 등의 열전에 따르면 한나라가 연지를 움직여 포위를 풀게 된 것이 뇌물에만 그치겠는가? 태사공이 이 말을 만들어낸 것은 진평을 지극히 모함하는 것이다."(『사기지의』)

묵돌은 본래 한왕 신의 부장 왕황王黃과 조리趙利148의 군대와 합류하여 함께 한나라 군대를 공격하기로 약속했는데, 왕황과 조리의 군대가 지체하며 도착하지 않자 묵돌도 그들이 한나라 군대와 비밀리에 모의한 것으로 의심하고 있던 차에 연지의 말을 듣고는 포위망의 한쪽 모퉁이를 풀었다. 그리하여 고조는 병사들에게 활시위를 당겨 화살을 얹어 밖을 겨누게 하면서 열린 포위망의 한쪽 모퉁이로 벗어나 바깥에 있던 대군과 합류했고, 묵돌은 군사를 이끌고 북쪽으로 돌아갔다. 한나라 역시 전쟁을 중지하고 군사를 이끌고 돌아왔고, 유경劉敬을 사신으로 보내 흉노와 화친 맹약을 체결했다.

그 뒤 한왕 신은 흉노의 장군이 되었고, 조리·왕황 등과 함께 여러 차례 화친 맹약을 어기고 대군과 운중군을 침략했다. 오래지 않아 진희陳豨가 배반하고,149 또 한왕 신과 공모하여 대군을 공격했다. 한나라는 번쾌에게 군사를 이끌고 가서 토벌하게 하여150 대군, 안문군, 운중군의 여러 현을 수복하기는 했지만 변경의 요새를 넘어 추격하지는 않았다. 이때 한나라 장수들이 빈번하게 무리를 이끌고 투항했기 때문에151 묵돌은 항상 대군을 침입하여 약탈했다. 이에 고조는 크게 우려하여 유경을 파견하면서 종실의 딸을 공주로 봉하여 흉노로 데려가 선우의 연지가 되도록 하고,152 또 해마다 흉노에게 일정 수량의 풀솜, 비

---

148 왕황王黃은 원래 흉노 사람으로, 한왕 신이 흉노를 도망쳤을 때 만구신曼丘臣과 함께 조리를 왕으로 세웠다. 나중에 한나라 군대에 포로로 잡혔다. 조리趙利는 전국시대 조나라 왕실의 후손이다. 이들 모두 당시 한왕 신의 부하였다.

149 고조 10년(기원전 197)의 일이다. 고조 7년 한왕 신을 토벌하러 갔다가 평성에서 패한 뒤 유방은 진희를 열후로 봉하고 대나라의 상相으로 임명하고(당시 유방의 형인 유희劉喜가 대나라 왕이었다) 대와 조나라 양국의 변경 군사를 통솔하게 했다. 고조 10년 9월에 진희는 마침내 스스로 대나라 왕이라 칭하고(원래 대나라 왕이었던 유희는 낙양으로 도망쳐 왔다) 왕황 등과 함께 연합하여 한나라에 반기를 들었다.

150 고조 11년(기원전 196), 유방은 직접 군사를 이끌고 토벌하여 왕황 등을 죽였고 진희는 결국 패했다. 12년(기원전 195) 초에 번쾌는 진희를 추격해 영구靈丘(지금의 산시山西성 동북부)에서 진희를 참살했다.

151 원문은 '한장중왕항漢將衆往降'이다. 여기서 '장將'은 '거듭, 빈번하게'의 뜻이다. 당시 흉노로 갔던 자는 한왕 신, 진희, 노관 등이었다.

152 원문은 '종실여공주宗室女公主'로, 유씨 여자를 선발해 공주로 봉하고 유방의 딸인 것처럼 말한

단, 술, 쌀 같은 식품을 보내면서 선우와 형제의 나라를 맺었다. 그리하여 묵돌이 한나라 변경을 침입해 소란을 피우는 일이 조금씩 줄어들었다. 그 뒤 연나라 왕 노관盧綰이 한나라를 배반하고 자신의 도당 수천 명을 이끌고 흉노에게 투항했고,[153] 또 항상 상곡군 동쪽 땅을 침범했다.

고조가 죽고(기원전 195) 효혜제와 여태후가 정권을 장악하여 막 한나라가 안정되었을 무렵 묵돌은 매우 거만하고 제멋대로였다. 묵돌은 여후에게 편지를 보내 터무니없는 말을 했다.[154] 여후가 군대를 일으켜 토벌하려 하자[155] 장수들이 말했다.

"고제께서는 현명하고 능력 있으며 영민하고 용감하셨지만 오히려 평성에서 포위되어 곤경에 처하셨습니다."[156]

그리하여 여후는 공격을 단념하고 다시 흉노와 화친을 맺었다.

효문제가 즉위한 후에도 여전히 흉노와 화친 정책을 실행했다. 그런데 효문제 3년 5월에 흉노 우현왕이 황하 이남에 들어와 거하면서 상군 북부 변경을 침략

것이다. 앞서 유경을 파견해 화친 맹약을 맺었고, 여기에 이르러서는 유씨의 딸을 흉노에게 출가시킨 것이다. 『한서』에서는 '공주公主'가 아닌 '옹주翁主'로 기재하고 있다. 종실의 딸은 마땅히 옹주라 하는데, 여기서 공주라고 한 것은 사실상 공주의 명의로 출가시켰음을 표명한 것이다.

153   고조 12년(기원전 195) 진희가 한나라를 배반하여 실패하고 죽은 뒤 유방은 노관이 진희와 왕래가 있었다는 말을 듣고 사람을 보내 조사시키자 노관은 도망쳐 흉노로 들어갔다.

154   "효혜제, 고후 때 묵돌 선우가 점차 거만하고 방자해졌는데, 돌연 사자를 파견해 고후에게 서신을 보냈다. 서신에서 '지금 폐하는 과부로 지내고 있고 나 또한 홀몸으로 지내고 있소. 두 군주가 모두 즐겁지 않고 스스로 즐길 것이 없으니 바라건대 우리가 가지고 있는 것으로 없는 것과 바꾸고 싶소(부부가 되기를 바란다는 뜻)'라고 했다."(『한서』 「흉노전」)『자치통감』에서는 이 일을 혜제 3년(기원전 192)의 일이라고 했다.

155   "효혜제 때 흉노의 선우 묵돌이 서신을 보내 여후를 모욕하고 불손하게 굴자 여후는 크게 분노하여 장수들을 소집하고 이 일을 논의한 적이 있었다. 상장군 번쾌가 말하기를 '청컨대 신에게 군사 10만 명을 주시면 흉노 전역을 쓸어버리겠습니다'라고 했다."(「계포난포열전」)

156   당시 군사를 일으키는 것을 반대한 사람은 중랑장 계포로, 그는 유방이 평성에서 곤경에 처한 사실을 들어 번쾌를 꾸짖었다. "진나라가 흉노를 정벌하기 위해 전쟁을 벌였기 때문에 진승 등이 그 기회를 틈타 일어날 수 있었습니다. 전쟁으로 인한 백성의 상처가 아직도 아물지 않았는데, 번쾌는 다시 면전에서 아부하며 전쟁을 일으켜 천하를 요동치게 만들려 하고 있습니다."(「계포난포열전」)

하여 한나라에 귀순하여 거주하는 흉노인들을 죽이고 약탈했다.[157] 효문제가 승상 관영灌嬰에게 조서를 내려 전차와 기병 8만 5000명을 일으켜 고노高奴[158] 로 가서 우현왕을 공격하게 하자 우현왕은 변경 요새 밖으로 달아났다. 효문제 가 태원太原으로 행차했다.[159] 이때 제북왕이 반란을 일으켰기[160] 때문에 효문 제는 경사로 돌아왔고 승상이 이끌던 군대도 철수했다.

그 이듬해에 선우는 한나라 황제에게 서신을 보냈다.[161]

"하늘이 세운 흉노 대선우는 삼가 황제께서 무탈하신지 여쭙습니다. 이전에 황 제께서 말씀하신 화친의 일[162]이 보내온 서신에 적힌 뜻과 상통하여 서로 매우 기뻐했습니다. 그런데 한나라의 변방 관리가 우현왕을 침범하여 모욕하자 우현 왕은 나 선우에게 보고도 하지 않고 후의노후後義盧侯인 난지難氏[163] 등의 계책 을 듣고 한나라 관리와 충돌하여 두 나라 군주 사이에 체결한 맹약을 파괴하고 형제의 친밀한 관계를 손상시켰습니다. 황제께서 두 차례나 서신을 보내 꾸짖으

157 묵돌 33년(기원전 177)이다.
158 고노高奴: 한나라 현으로 치소는 지금의 산시陝西성 옌안 동북 지역이다. 당시 상군에 속했다.
159 문제 2년에 아들 유참劉參을 태원왕으로 봉했다. 문제가 도성인 태원으로 행차할 때 먼저 감천 으로 갔다가 다시 고노에 당도했고 길을 돌아서 태원에 이르렀다.
160 문제 3년(기원전 177) 6월의 일이다. 제북왕은 유흥거劉興居로 고조의 서자인 유비劉肥의 아들 이며 문제의 조카다. 「제도혜왕세가」에 따르면 유흥거는 큰형인 제왕 유양劉襄, 둘째인 유장劉章과 함 께 여씨를 평정하는 데 큰 공을 세웠다. 유장과 유흥거는 유양을 황제로 세우고자 했지만 주발과 진평 은 대왕 유항(효문제)을 세웠다. 유양 형제는 뜻을 이루지 못했을 뿐만 아니라 진급도 못하고 상도 받지 못했다. 유장은 분노하다가 죽었고 유흥거는 군대를 일으켜 모반했다.
161 문제 4년, 묵돌 34년(기원전 176)의 일이다. "다음 문장에 따르면 문제의 회신은 문제 6년인데, 묵 돌이 보낸 편지는 마땅히 3년 전이어서는 안 된다. 그래서 『통감』에서는 이것을 문제 6년이라 했다. 그 러나 『사기』와 『한서』는 모두 문제 3년이라 기재하고 있는데 무엇 때문인지 모르겠다. 『통감』의 처리 가 비교적 합리적인 것 같다."(『사기전증』)
162 유방과 여후가 모두 화친을 실행했고, 문제가 즉위한 뒤에도 화친을 유지한 것을 말한다.
163 일부 번역본에서는 '후의後義, 노후盧侯, 난지難氏'라 하여 모두 사람 이름으로 해석했는데, 이는 잘못이다. "풍본·삼본에는 후의後義를 준의俊義라 했다."(『사기회주고증』) 난지難氏에 대해 『색은』에서 는 "흉노의 장수 이름"이라고 했고, 『한서』에서는 '난지難支'로 기재하고 있다. 후의노후後義盧侯는 흉 노 관직명이고 난지難氏는 사람 이름이다.

섰기에 우리도 사신을 파견해 회신을 보냈으나, 사신은 구금되었고 한나라도 사신을 파견해 해명하지 않고 있습니다.164 한나라가 흉노와 화친을 도모하지 않기 때문에165 이웃 다른 나라도 한나라에 귀순하지 않으려 합니다.166 지금 하급 관리167가 맹약을 파괴했기 때문에 우현왕을 징벌하여 서쪽 월지를 공격하게 했습니다. 상천의 보우와 장사들의 용맹과 전마의 강력한 힘에 의지해 월지를 소멸시키고168 모조리 참살하고 항복시켰으며, 이어서 누란樓蘭, 오손烏孫, 호걸呼揭169을 평정하고 월지 부근의 26개 나라도 모두 흉노에 귀순하여 활을 당겨 쏠 수 있는 민족이 모두 한집안이 되었습니다. 북쪽 땅은 이미 안정되었으니 원컨대 전쟁을 멈추고 사졸들을 쉬게 하며 말을 기르면서 이전의 대립을 없애고 화친의 맹약을 회복시켜 변방의 백성을 안정시키고 전설 속의 먼 옛날의 태평성세와 같이 젊은이들이 모두 건강하게 성장하고 노인들이 만년을 편안히 지내게 하며 대대로 화평하고 안락하게 살고 싶습니다. 그러나 황제의 의향이 어떠한지 알 수 없어 낭중 계우천係雩淺170을 파견해 이 서신을 바치도록 하고 아

164 안사고는 말하기를 "흉노는 두 차례 한나라로부터 서신을 받았기에 사신을 보내 한나라에 보고 서신을 전했음에도 한나라는 흉노의 사신을 억류한 채 돌려보내지 않고 다시 흉노에 사신을 보내지도 않았음을 말한다"고 했다.
165 문제가 관영을 보내 군사를 이끌고 우현왕을 공격한 것을 가리킨다.
166 "흉노 이외의 다른 변경 부족들도 한나라에 귀순하지 않을 것이라는 말로, 이것은 묵돌이 문제를 위협하는 말이다."(『사기전증』)
167 후의노후인 난지를 가리킨다.
168 문제 3년, 묵돌 33년(기원전 177)의 일이다. 당시 월지인은 우현왕에 의해 서쪽으로 지금의 신장 이리伊犁 일대까지 쫓겼다.
169 누란樓蘭은 서역의 소국으로 도읍은 누란성樓蘭城(지금의 신장웨이우얼 자치구 뤄부호羅布泊 북쪽 연안)이다. 오손烏孫 역시 서역의 소국으로 도읍은 적곡성赤谷城이고 주된 활동지는 톈산 북쪽 기슭 이리허伊犁河 상류, 이식쿨호伊塞克湖 가와 나린허納林河 유역이다. 호걸呼揭은 서북 지역의 민족으로 당시 활동지는 신장 북부와 인근의 러시아 경내였다. '揭'의 음은 『집해』와 『색은』에서는 '걸'이라 했고, 『정의』에서는 '걸' 또는 '게'라 했다.
170 계우천係雩淺의 음에 대해 『집해』에서는 '雩'의 음을 '호'라 했다. 『색은』에서는 '係'의 음을 '헤'라 했고 '雩'의 음을 '호'라 했다. 『한서』에서는 '係㩝(호)淺'로 기재하고 있다. 이 자료들에 따르면 '係雩淺'의 음은 '헤호천'이 된다. 그러나 역자는 자전 및 기타 자료들에서 대부분 '계우천'이라 표기하고 있어, 역자 또한 따르기로 했다.

울러 낙타 1필, 탈 수 있는 말 2필, 수레를 끄는 말 8필을 바칩니다. 황제께서 우리 흉노군이 한나라 변경 요새에 접근하는 것을 원치 않는다면 한나라 관리와 백성에게 우리의 변경 요새로부터 멀리 떨어지도록 명령을 내려주십시오. 우리 사자가 당도하면 즉시 돌려보내야 합니다."

6월 중순에 흉노 사자가 신망薪望[171] 땅에 당도해 묵돌의 서신을 올리자, 효문제는 대신들에게 공격하는 것과 화친하는 것 중에 어느 쪽이 유리한지 의론하게 했다. 공경들이 모두 말했다.

"선우가 막 월지를 격파하여 승리의 형세에 있으니 쳐서는 안 됩니다. 게다가 흉노의 땅을 얻는다 하더라도 소금기 많은 토양이라 한나라 사람이 거주하기에 적합하지 않으니 화친하는 것이 매우 유리합니다."

그리하여 한나라는 묵돌의 요청을 허락했다.

효문제 전원 6년[172]에 한나라는 흉노에게 회신했다.

"황제가 삼가 묻노니 흉노의 대선우께서는 무탈하십니까? 사신인 낭중 계우천을 통해 짐에게 보낸 서신에서 '우현왕은 나 선우에게 보고도 하지 않고 후의노후인 난지 등의 계책을 듣고 두 나라 군주 사이에 체결한 맹약을 파괴하고 형제의 친밀한 관계를 손상시켰습니다. 한나라가 흉노와 화친을 도모하지 않기 때문에 이웃한 다른 나라도 한나라에 귀순하지 않으려 합니다. 지금 하급 관리가 맹약을 파괴했기 때문에 우현왕을 징벌하여 서쪽 월지를 공격하게 하여 소멸시켰습니다. 원컨대 전쟁을 멈추고 사졸들을 쉬게 하며 말을 기르면서 이전의 대립을

---

171 신망薪望: "『한서음의』에 '변경 요새 부근의 지명'이라고 했다."(『집해』)

172 원문은 '전육년前六年'이다. 효문제 전원 6년, 묵돌 선우 36년(기원전 174)이다. 문제가 뒤에 개원했으므로 개원 전의 연호에 '전前'을 붙여 구분한 것이다. 실제로 '전前'은 첨부할 필요가 없고, 개원한 뒤의 '중원中元', '후원後元' 등은 반드시 표시를 해야 한다.

없애고 화친의 맹약을 회복시켜 변방의 백성을 안정시키고 젊은이들이 모두 건
강하게 성장하고 노인들이 만년을 편안히 지내게 하며 대대로 화평하고 안락하
게 살고 싶습니다'라고 말했습니다. 짐은 이 말을 매우 훌륭하게 여기는데, 이것
이 바로 옛 성군聖君이 나라를 다스리고 백성을 안정시키고자 한 뜻입니다. 한나
라는 흉노와 형제의 나라가 되기로 약속했기 때문에 선우에게 두터운 예물을 보
냈습니다. 맹약을 파괴하고 형제의 우의를 손상시킨 것은 대부분 흉노 쪽이었습
니다. 그러나 우현왕이 한 일은 대사면령을 내리기 전173의 일이므로 선우는 그
에게 엄한 징벌을 내리지 마십시오. 만일 선우가 이 서신의 뜻에 동의하여 흉노
관원들에게 분명히 알려 그들이 약속을 어기지 않고 신의를 지키게 한다면, 우
리도 진실로 선우께서 서신에서 말한 대로 처리하겠습니다. 사신이 말하기를 선
우께서 친히 군사를 이끌고 정벌에 나서 공을 세웠으나 정벌 전쟁으로 인한 고통
도 깊이 받았다고 합니다. 짐이 입는 수겁기의繡袷綺衣,174 수겁장유繡袷長襦,175 금
겁포錦袷袍176 각각 1벌, 비여比余177 1개, 황금으로 장식한 허리띠 1개, 황금 띠
고리 1개, 수놓은 비단 10필, 비단 30필, 붉은 비단과 푸른 비단 각각 40필을 중
대부 의意와 알자령 견肩을 특별히 파견해 선우께 삼가 증정합니다."

그 뒤로 오래지 않아 묵돌이 죽고178 그의 아들 계육稽粥이 계승했는데 노상
선우老上單于179라 불렀다.

173 문제 3년 제북왕이 모반한 뒤 문제는 모반한 자들을 고립시키기 위해 사면령을 내렸다.
174 수겁기의繡袷綺衣: 수繡는 수놓은 견직물이고 기綺는 겹옷을 말하며 기綺는 직물을 짤 때 도안
이 있는 견직물을 말한다. 안사고는 말하기를 "繡는 겉이고 綺는 속이다"라고 했다. 제왕이 자신을
위해 제작된 의복을 남에게 하사하는 것은 존중을 표하는 것이다.
175 수겁장유繡袷長襦: 수놓은 실로 제작한 웃옷이다.
176 금겁포錦袷袍: 비단으로 제작한 웃옷이다. 『한서』에서는 '금포錦袍'로 기재하고 있다.
177 비여比余: 지금의 빗을 말한다. 『한서』에서는 '비소比踈'로 기재하고 있는데, 같은 의미다. 다른
견해도 있는데, 안사고는 말하기를 "머리를 땋을 때의 장식으로 황금으로 만들어진 것이다"라고 했다.
178 묵돌 36년, 문제 6년(기원전 174)의 일이다.
179 노상 선우老上單于는 기원전 174년에 즉위하여 기원전 162년에 사망했으며, 13년 동안 재위했다.

노상계육 선우가 즉위하자 효문제는 또 종실의 딸을 공주라 하여 선우에게 보내 연지로 삼게 하고, 연나라 출신의 환관 중항열中行說에게 수행하여 공주를 보좌하게 했다. 중항열은 가고 싶어하지 않았으나 한나라에서 강제로 보냈다. 중항열이 말했다.

"나를 강제로 가게 하면 한나라 조정의 근심거리가 될 것이다."

결국 중항열은 흉노에 도착한 뒤 선우에게 투항했고, 선우는 그를 가까이 두고 매우 총애했다.

당초에 흉노 사람들은 한나라의 비단과 풀솜, 음식물을 좋아했는데, 중항열이 말했다.

"흉노의 인구는 한나라의 한낱 군郡보다 적은데도 그들이 강대한 것은 한나라와 먹고 입는 것이 다르기 때문이니, 이러한 것들을 한나라에 의존해서는 안 됩니다. 지금 선우께서 흉노의 고유한 습속을 바꾸어 한나라의 물건을 좋아하게 된다면 한나라 사람이 사용하는 10분의 2의 물산을 쓰기도 전에 모든 흉노인이 한나라에 동화될 것입니다.[180] 흉노인에게 한나라 비단과 풀솜으로 만든 옷을 입히고 말을 타고 풀덤불 속을 달리게 하면 저고리와 바지가 모두 찢어져 너덜너덜해질 것입니다. 이것은 흉노의 털옷과 가죽옷의 완전함만 못하다는 것을 증명하는 것입니다. 또 한나라에서 보내준 음식물을 모두 버려 흉노의 유제품보다 맛이 없음을 보여주십시오."

이어서 중항열은 선우의 좌우 사람들에게 문자로 기록하는 방법을 가르쳐 흉노의 인구와 가축, 재산을 계산하고 통계를 내도록 했다.

한나라가 선우에게 서신을 보낼 때는 1척 1촌 길이의 목판에 글자를 적었는데, 첫머리는 '황제가 삼가 묻노니 흉노의 대선우께서는 무탈하십니까?'였고, 이어서 흉노에게 증정하는 예물과 용건을 적었다. 중항열은 선우가 한나라에 서신

---

180 "위소가 말하기를 '한나라의 물자 10분의 2가 흉노로 들어오면 흉노인들은 마음이 움직여 한나라에 귀속될 것이라는 말이다'라고 했다."(『집해』)

을 보낼 때는 1척 2촌 크기의 목판을 사용하게 하고 봉니封泥[181]와 인장도 모두 한나라보다 더 넓고 크고 길게 하도록 했으며, 그 언사도 오만하게 첫머리를 '하늘과 땅이 낳고 해와 달이 세운 흉노 대선우가 삼가 묻노니 한나라 황제께서는 무탈하십니까?'라 쓰고서 흉노가 한나라에 증정하는 예물과 용건을 적게 했다.

한나라의 사자 중에 어떤 사람이 말했다.

"흉노에는 노인을 천시하는 습속이 있소."

중항열은 대답이 곤궁해지자 한나라 사자에게 물었다.

"한나라 습속에도 아들이 변방에 주둔하기 위해 떠날 때 그의 부모는 자신의 따뜻하고 두터운 옷을 벗어주고 기름지고 맛있는 음식을 아들에게 주어 보내지 않소?"

한나라 사자가 말했다.

"그렇소."

중항열이 말했다.

"흉노는 분명 전쟁을 큰일로 여기는데, 늙고 약한 자는 전투에 참가할 수 없기 때문에 살진 고기와 맛있는 음식을 건장한 자가 먹도록 하는 것으로, 자신을 보위하기 위함이오. 아비와 아들이 오래도록 서로 보전하려는 것인데, 어찌 흉노가 노인을 천시한다고 하시오?"

한나라 사자가 말했다.

"흉노 사람은 아버지와 아들이 같은 장막에서 지내며 아버지가 죽으면 아들이 그 계모를 아내로 삼고, 형제가 죽으면 살아 있는 다른 형제가 죽은 형제의 아내를 자신의 아내로 삼소. 관을 쓰고 허리띠를 매는 복식이 없고, 조정[182]의

---

181 봉니封泥: 고대에 죽간이나 목찰에 적은 서신을 새끼로 묶고 진흙으로 봉한 것을 봉니라고 한다. 사사로이 뜯는 것을 방지하기 위해 그 위에 인장을 찍었다.
182 원문은 '궐정闕庭'으로 '조정'을 가리킨다. 궐闕은 본래 궁문 양쪽에 세운 양 기둥 혹은 궁문 위의 작은 망루를 가리켰으나 후대에는 황제의 거처를 가리켰다.

예의도 없소."

중항열이 말했다.

"흉노의 습속은 가축의 고기를 먹고 그 젖을 마시며 그 가죽을 입소. 가축은 풀을 먹고 물을 마시며 사람도 수시로 옮겨 다니오. 그래서 전쟁이 발생하면 사람들은 모두 말타기와 활쏘기를 연습하고, 평화로운 시기에는 각자 무사함을 즐기며, 법률 약속은 간단하고 지키기가 용이하오. 군신간의 예절은 간편하고 이행하기 쉬워 한 국가의 다스림이 한 사람의 몸을 다스리는 것과 같소.[183] 아버지, 아들, 형, 동생이 죽었을 때 살아 있는 자가 그들의 아내를 자신의 아내로 삼는 것은 자신의 혈통이 흩어져 다른 집안으로 가지 않게 하려는 것이오.[184] 그래서 흉노는 비록 윤리가 어지러운 것처럼 보이지만 반드시 그 종족을 세우는 일이오. 지금 중국에서는 표면적으로 아버지와 형의 아내를 자신의 아내로 삼지는 않지만 친속관계가 갈수록 소원해져 서로 죽이기도 하고 심지어 다른 성을 가진 자에게 정권을 빼앗기기도 하는데, 이는 모두 앞에서 말한 윤리를 강구했기 때문에 조성된 것이오.[185] 게다가 예의의 폐단은 바로 위아래가 서로 증오하는 것이오. 지나치게 궁실과 저택의 화려함을 추구하면 백성의 기력이 반드시 모두 소진될 것이오. 대체로 한나라는 밭을 갈고 뽕나무를 심어 입을 것과 먹을 것을 해결하는 데 힘을 쓰고 성곽을 쌓아 스스로 적군의 침입을 방비하기 때문에 전쟁이 발생했을 때 백성은 싸우지 못하고[186] 평화로운 시기에는 온종

183 「진본기」에서 유여由余가 "한 국가를 다스리는 것이 마치 자신의 신체를 다스리는 것과 같다―國之政猶一身之治"고 한 말과 같다.
184 흉노의 계통을 보면 두만 선우부터 포노蒲奴 선우까지 모두 부자 형제가 계승했고 그 종족을 잃지 않았다.
185 「진본기」에 따르면 유여가 중국에 대해 말하기를 "위아래가 서로 원망하고 지위를 찬탈하고 군주를 시해하며 종족을 주멸하는 데까지 이르니 허다한 사정이 바로 이같이 조성되는 것이다"라고 했는데, 같은 말이다.
186 원문은 '불습전공不習戰功'으로 '전쟁에서 공적을 세우는 것에 익숙하지 않다'의 뜻이다. 그러나 『한서』에서는 '공功'을 공攻으로 기재하고 있어 전쟁에 익숙하지 않다, 즉 전쟁이 나면 싸우지 못한다는 뜻으로 전하고 있다. '수정본'에서도 '전공戰功'은 '전공戰攻'으로 의심된다고 했다. 역자 또한 '전공

일 집을 짓고 농사짓는 등의 각종 일로 고단하오. 아, 흙과 나무로 지은 집에 사는 한나라 사람들이여, 다시 입을 열 필요가 없도다. 쉬지 않고 지껄이며 우쭐대지만 그대들처럼 관을 쓴 사람들이 무엇을 할 수 있단 말인가?"[187]

이후로 한나라 사자가 변론하려 하면 중항열은 항상 말했다.

"한나라 사자여, 그대들은 여러 말 하지 마시오. 한나라가 흉노에게 보내는 비단, 풀솜, 쌀, 누룩의 분량과 수량이 충분하고 품질이 좋으면 그만이오. 어찌 말이 필요하겠소? 보내는 물품이 완전히 갖춰지면 그만이지만 수량이 충분하지 않거나 품질이 좋지 않으면 가을에 농작물이 익기를 기다렸다가 우리 흉노 기병이 달려가 그대들의 농작물을 짓밟아버리겠소."

중항열은 밤낮으로 한나라의 변경 가운데 침입이 유리한 곳과 해로운 곳을 정찰하여 선우에게 가르쳐줬다.

효문제 14년[188] 흉노 선우가 기병 14만 명을 이끌고 조나와 소관을 침범하여 북지군 도위 앙卬을 죽이고[189] 많은 백성과 가축을 노략질한 뒤 곧장 남쪽 팽양현彭陽縣[190]까지 쳐들어왔다. 기습부대를 보내 회중궁回中宮[191]을 불태우고 정찰 기병이 옹현과 감천궁까지 깊이 들어와 정찰했다. 효문제는 중위 주사周舍와 낭중령 장무張武[192]를 장군으로 삼고 전차 1000대, 기병 10만 명을 징집하여 장안 부근에 주둔시키고 흉노의 침입을 방비했다. 또 창후昌侯 노경盧卿을 상군장군上

戰攻'의 뜻으로 번역했다.
187   원문은 '관고하당冠固何當'이다. "그대들이 말하는 관을 쓰는 것이 무슨 소용이 있겠는가?"라고 해석할 수도 있다. 안사고는 말하기를 "비록 관을 썼다고 스스로 말하지만 무슨 이익이 있겠는가?"라고 했다.
188   노상 선우 9년(기원전 166)이다.
189   "서광이 말하기를 '성은 손孫이고 그의 아들 단亶이 병후餠侯에 봉해졌다'고 했다."(『집해』)
190   팽양현彭陽縣: 한나라 현으로 치소는 지금의 간쑤성 전위안鎭原 동남쪽 지역이다.
191   회중궁回中宮: 진·한 당시의 이궁離宮으로 지금의 산시陝西성 룽현隴縣 서북쪽에 있었다.
192   주사周舍는 경제 때 어사대부에 임명되었다. 장무張武는 문제가 대나라 왕이었을 때의 낭중령으로, 입조한 뒤에 그를 다시 낭중령에 임명했다.

郡將軍으로,193 영후寧侯 위속魏遫194을 북지장군北地將軍으로, 융려후隆慮侯 주조周竈195를 농서장군隴西將軍, 동양후東陽侯 장상여張相如를 대장군大將軍으로, 성후成侯 동적董赤196을 전장군前將軍으로 임명하고 대규모로 전차와 기병을 동원하여 흉노를 공격하게 했다. 선우는 한 달여 동안 변경 요새 안에 머물다가 돌아갔고 한나라 군대가 요새 밖으로 추격했지만 곧 회군하여 흉노에 타격을 주지 못했다. 흉노는 갈수록 교만해져서 해마다 변경을 침입하여 백성과 가축을 죽이고 약탈하는 일이 잦았는데 운중군과 요동군의 피해가 가장 엄중했고, 대군에서는197 죽고 다친 자가 1만여 명에 이르렀다. 문제는 이것을 매우 우려하여 사신을 파견해 흉노에게 서신을 보냈다. 선우도 당호當戶를 파견해 사의를 표하고 다시 화친의 일을 논의했다.

효문제 후원 2년198에 사신을 파견해 흉노에게 서신을 보내 말했다.

황제가 삼가 묻노니 흉노의 대선우께서는 무탈하십니까? 사신 당호 겸 저거且居 조거난雕渠難199과 낭중 한료韓遼를 시켜 짐에게 보낸 말 2필이 이미 당도했고

193 창후昌侯 노경盧卿은 유방의 개국공신으로 한신韓信의 부장이었다. 공적이 있어 창후昌侯에 봉해졌다. 창昌은 한나라 현으로 지금의 산둥성 주청諸城 북쪽 지역이며 낭야군에 속했다. 『한서』 「고혜고후문공신표高惠高后文功臣表」에서는 '창어후昌圉侯 여경旅卿'으로 표기하고 있다. 상군장군上郡將軍은 주둔지 명칭을 장군 이름으로 삼은 것이다. 이하 북지장군, 농서장군도 마찬가지다.
194 영후寧侯 위속魏遫은 유방의 개국공신으로 영원후寧遠侯에 봉해졌다. 영寧은 현으로 지금의 허베이성 완취안萬全이다.
195 융려후隆慮侯 주조周竈는 유방의 개국공신으로 봉지는 융려현隆慮縣(지금의 허난성 린저우林州)이다.
196 성후成侯 동적董赤은 유방의 공신 동설董渫의 아들로, 부친의 작위를 계승하여 후가 되었다. 성成은 성랑이라고도 한다. 봉지는 성成(지금의 산둥성 닝양 동북쪽)이다. 「문제기文帝紀」 「명신표名臣表」와 『한서』에 모두 '동혁董赫이며 난포欒布와 함께 장군이 되었다'고 되어 있는데, 여기에는 난포가 빠져 있다. 적赤은 마땅히 혁赫이라고 해야 한다."(『사기의의』) "적赤의 음은 혁赫이다."(『정의』)
197 『한서』에서는 '대군代郡'이라는 말이 없다. 문장의 의미를 보면 '대군'을 생략하는 것이 타당하다.
198 노상 선우 13년(기원전 162)이다.
199 "악언樂彦이 말하기를 '당호當戶와 저거且居는 각기 하나의 관직이다. 조거난雕渠難이 이 관직을 맡은 것이다'라고 했다."(『색은』) 안사고는 말하기를 "당호, 저거는 한 사람이 두 개의 관직을 맡은 것

정중히 받겠습니다. 선제(고조 유방)께서 규정하시기를 "장성長城 북쪽200의 활을 당기는 나라는 선우에게 명령을 받고, 장성 이남의 관을 쓰고 허리띠를 차는 나라는 짐이 통제한다. 백성에게 밭을 갈고 베를 짜고 사냥을 하여 먹고 입게 하며, 아버지와 아들이 헤어지는 일이 없고 군주와 신하가 서로 안녕하여 모두 포악한 일이 발생하지 않도록 하라"고 했습니다. 그런데 지금 듣자하니 사악한 자201가 약탈의 이익을 탐하여 의리를 배반하고 약속을 저버리며 백성의 생명을 돌아보지 않고 두 군주간의 우호를 이간한다고 합니다. 그러나 이런 것들은 이미 지난 일입니다. 그대의 편지에서 "나라가 이미 화친하고 두 군주가 기뻐하며 전쟁을 멈추고 사졸들을 쉬게 하며 말을 기르면서 대대로 창성하고 화목하게 지내며 안정된 국면으로 다시 시작합시다"라고 했는데, 짐은 이 말을 매우 훌륭하게 여깁니다. 성인은 날마다 새롭게 하여 나쁜 것을 고치고 좋은 것을 건립합니다.202 늙은이를 쉴 수 있게 하고 어린이를 성장하게 하며, 각각의 사람들이 모두 목숨을 보전하여 평안하게 수명을 다하게 합니다. 짐이 선우와 함께 이 도리에 따라 하늘의 뜻에 순응하고 백성을 가엾게 여겨 돌보기를 대대로 전하여 영원히 베풀어진다면 천하에 편하지 않을 사람이 없을 것입니다. 한나라와 흉노는 이웃하고 있는 대등한 국가203로 흉노는 북방에 있어 몹시 춥고 스산한 한기가 일찍 내리기 때문에 짐이 관리들에게 명하여 매년 일정량의 찰수수, 누룩, 황금, 비단, 풀솜과 기타 필요한 물품을 보내도록 했습니다. 지금 천하는 태평하며 만민은 화목하고 즐거워하고 있는데, 짐과 선우는 백성의 부모입니다. 짐

이다"라고 했다. 『한서』에서는 '저거且渠'로 기재하고 있다.

200 여기서 말하는 '장성長城'은 마땅히 지금의 네이멍구 황하 일대의 장성으로, 당시 흉노가 점령한 황하 이남은 실제로 장성을 경계로 삼은 것이 아니다.

201 중항열을 가리킨다.

202 원문은 '聖人者日新, 改作更始'이다.

203 원문은 '인국지적鄰國之敵'으로 '이웃한 국가로 대등하다'는 뜻이다. 『한서』에서는 '인적지국鄰敵之國'으로 '이웃한 대등한 국가'로 기재했다. 『한서』가 비교적 더 매끄럽다.

이 과거에 충돌을 일으켰던 작은 일들을 돌이켜 생각해보면 서로 간에 큰일을 논의하는 신하들의 잘못된 계책에 의한 것으로, 모두 형제같이 사이좋은 우리의 관계를 멀어지게 할 수는 없습니다. 짐이 듣건대 하늘은 한쪽으로 치우쳐 한 곳을 가리지 않으며, 땅은 한쪽으로 치우쳐 한 곳에 물건을 싣지 않는다고 합니다.204 짐과 선우는 모두 과거의 좋지 않았던 감정을 버리고 함께 우호와 화목의 대도를 걸으면서 이전의 유쾌하지 않았던 일들은 잊고 장구한 미래를 추구하여 두 나라의 백성이 한집안의 자식들처럼 친해지게 합시다. 선량한 천하의 모든 백성 그리고 아래로는 물속의 자라에서부터 위로는 하늘의 나는 새에 이르기까지, 모든 발로 걷고 입으로 숨을 쉬고 몸을 꿈틀거리는 생물들이 평안에 기대지 못하고 위험한 전쟁을 피해야 하는 일이 없도록 하고자 합니다. 하루하루 새롭게 하고 또 새롭게 하는 것이205 하늘의 도입니다. 지난 일은 과거로 두고 짐은 흉노로 도망쳐 가거나 혹은 포로로 잡혀간 한나라 사람을 일률적으로 사면할 것이니, 선우도 흉노에서 도망쳐 온 장니章尼206 등을 다시는 꾸짖지 마십시오. 짐이 듣건대 옛 제왕은 맹약을 분명히 정하고 식언을 하지 않는다고 합니다. 청컨대 선우가 주의하면 천하가 태평해질 것이고 화친한 뒤로 한나라는 절대로 먼저 약속을 위반하지 않을 것이니 선우는 분명하게 살펴주십시오.

선우와 화친을 맺은 뒤 효문제는 어사에게 조서를 내려 말했다.207

204　원문은 '天不頗覆, 地不偏載'이다. 출전은 『장자』 「덕충부德充符」로, 원전은 "하늘은 모든 것을 덮어주고 땅은 모든 것을 실어준다夫天無不覆, 地無不載."이다.
205　원문은 '내자부지來者不止'다. 두 가지로 해석할 수 있는데, "하루하루 새롭게 하고 또 새롭게 한다"로 해석하면 앞서 "성인은 날마다 새롭게 하여 나쁜 것을 고치고 좋은 것을 건립한다"는 구절과 의미가 상통한다. 또 다른 해석으로는 "귀순하러 오는 자를 거절하지 않는다"인데, 『맹자』 「진심盡心 하」의 "나는 학과를 개설하여 교육하는 데 가는 사람은 쫓아가 잡지 않고 배우러 오는 사람은 거절하지 않는다夫子之設科也, 往者不追, 來者不距"고 한 것과 같은 뜻이다. 이 뜻으로 해석하면 뒷 문장과 모순된다.
206　장니章尼: 선우를 배반하고 한나라에 투항한 흉노인의 이름이다.
207　「삼왕세가三王世家」에 따르면 한나라 때 황제가 조서를 내릴 때는 먼저 황제가 자신의 의견을 어사부에 하달하고 어사대부는 토론을 벌인 다음 문건을 만들어 승상부에 전달한다. 승상은 토론을

흉노 대선우는 짐에게 편지를 보내 화친의 맹약을 이미 결정했다고 말했다. 사람 목숨을 희생시키는 전쟁 수단으로는[208] 인구를 증가시킬 수 없고 또 땅을 확장할 수도 없다. 이후로는 흉노인이 요새로 진입하지 않을 것이니 한나라 사람도 요새를 나가서는 안 되며, 지금 제정된 조약을 위반하는 자는 사형에 처할 것이다. 이와 같아야 오래도록 화친을 보존할 수 있고 다시는 서로 적대시하지 않을 것이니, 이것은 양국에게 모두 좋은 것이다. 짐은 이미 선우의 요청을 허락했으니, 지금 천하에 포고하여 사람들이 모두 알도록 하라.

그 뒤 4년[209]이 지나 노상계육 선우가 죽고, 그 아들 군신軍臣이 선우의 지위를 계승했다. 군신 선우가 즉위한 뒤 효문제는 재차 흉노와 화친을 맺었다. 중항열 또한 계속 군신 선우를 섬겼다.[210]

군신 선우가 즉위한 지 4년[211] 만에 흉노는 다시 화친을 끊고 상군과 운중군에 각기 3만 명의 기병이 대거 침범하여 많은 사람을 죽이고 재물을 약탈한 뒤 돌아갔다. 그리하여 문제는 세 명의 장군을 파견하여 북지군, 대군의 구주산, 조趙 땅의 비호구飛狐口에 주둔시키고는[212] 각 지역의 모든 방어선을 견고하게

벌인 후 여러 부서에 교부하고 시행한다.
208　원문은 '망인亡人'이다. 대부분의 번역본은 '흉노에서 한나라로 도망쳐 온 사람들'이라고 했다. "앞 문장에서의 도망치거나 혹은 포로로 잡힌 백성, 장니 등을 말한다."(『사기회주고증』) 그러나 『사기전증』에서는 '희생된 사졸'을 말한다고 하여 '전쟁 수단을 사용하는 것을 가리킨다'고 했다. 역자 또한 '전쟁 수단'이 타당하다고 판단하여 『사기전증』의 의견에 따랐다.
209　원문은 '후사세後四歲'로, 마땅히 '후일세後一歲'(기원전 162)로 해야 한다. "아래 문장에 '기립旣立(군신 선우가 즉위한 뒤)' 아래에 『집해』는 주석을 달고 서광은 '후원 3년에 세워졌다'고 했다. 이번 한나라 화친은 후2년이니 후원 3년과는 1년 차이가 난다."(『사기통해』) 『한서』에서도 '군신선우입세여軍臣單于立歲餘(군신 선우가 지위를 계승한 지 1년여 뒤)'로 기재하고 있다.
210　"『사기』에서 특별히 이 말을 한 것은 한나라가 병에 걸리게 된 화근을 드러내기 위함이다."(『사기전증』) 『한서』에도 기재되어 있다.
211　한 문제 후원 6년(기원전 158)의 일이다.
212　「효문본기」에 따르면 북지군의 장군은 장무張武, 대군의 구주산의 장군은 이전 초나라 상相 소의蘇意, 비호구의 장군은 중대부 거기장군 영면令勉이다. 비호구는 지금의 허베이성 위현蔚縣 남쪽 지

지키면서 흉노의 침입을 방비하게 했다. 또 세 명의 장군을 파견해 나누어 장안 서쪽의 세류細柳, 위수渭水 북쪽의 극문棘門과 패상霸上에 주둔하면서213 흉노를 방어하게 했다. 흉노 기병들이 대군의 구주산 부근으로 침입하자 봉화가 감천, 장안까지 전해졌다. 몇 개월 뒤 한나라 군대가 변경에 이르자 흉노는 비로소 한나라 변경 요새로부터 멀리 물러났고, 한나라 군대도 전쟁을 멈추고 돌아왔다. 그 뒤 1년이 지나서 효문제가 죽고214 효경제가 즉위했다. 이때 조나라 왕 유수가 은밀하게 흉노로 사람을 보내 결탁했다.215 오나라와 초나라가 모반을 일으킬 때 흉노는 조나라 왕과 연합하여 한나라를 침입할 준비를 했다. 그러나 한나라 군대가 매우 신속하게 조나라를 포위하여 격파시켰기 때문에216 흉노 또한 침입하지 않았다. 이후 효경제는 흉노와 다시 화친을 맺고,217 본래 제정한 조약대로 변경 시장을 개방하여 무역을 진행하고 흉노에게 재물을 증정했으며 공주를 보냈다.218 효경제가 통치한 기간에 변경 요새에서 흉노인의 소규모 침략은 있었지만 대규모의 침략은 발생하지 않았다.219

지금 황제가 즉위하자220 흉노와 화친의 약속을 분명히 하고 흉노를 후하게

역이다.
213 세류細柳는 지금의 셴양咸陽 서남쪽의 웨이허강渭河 북쪽 기슭, 옛 장안성 서쪽 지역이다. 극문棘門은 지금의 셴양咸陽 동북쪽의 옛 장안성 북쪽 지역이다.「효문본기」에 따르면 세류에 주둔한 장군은 하내의 태수 주아부, 극문에 주둔한 장군은 축자후祝兹侯 서려徐厲, 패상에 주둔한 장군은 종정宗正 유례劉禮다.
214 문제 후원 7년(기원전 157)의 일이다.
215 이 사건은 대략 경제 2년(기원전 155)의 일이다. 경제가 즉위한 뒤 조조의 건의에 따라 각 제후왕의 영지를 삭감했는데, 조나라도 상산군을 삭감 당하자 유수는 흉노와 결탁하여 모반을 도모했다.
216 조나라 도성인 한단이 역기와 난포에게 포위당하자 유수는 자살했다.
217 「효경본기」에 따르면 경제 원년(기원전 156)에 "흉노가 대군으로 침입하자 조정에서는 다시 흉노와 화친을 맺었다"고 했다.『한서』에 따르면 경제 원년, 2년, 5년(기원전 153)에 흉노와 화친했다.
218 『한서』「경제기景帝紀」에 따르면 경제 5년(기원전 153)에 공주를 보내 흉노 선우에게 출가시켰다.
219 경제의 재위 기간은 16년으로, 기원전 156년에 즉위하여 기원전 141년에 사망했다. 왕선겸은 말하기를 "중中 2년(기원전 148)에 연燕 땅으로 침입했고, 6년(기원전 144)에 안문鴈門으로 침입했으며 무천武泉에 이르러 상군上郡으로 침입했다. 후後 2년(기원전 142) 안문으로 침입했다"고 했다.
220 무제를 말하며, 즉위한 이듬해를 건원 원년(기원전 140)으로 삼았다. 군신 선우 22년이었다.

대접했으며, 변경 시장을 개방하고 많은 재물을 보냈다. 흉노는 선우부터 일반 흉노인까지 모두 한나라와 친해져 장성 부근에서 왕래했다.

한나라에서는 마읍馬邑 사람 섭옹일聶翁壹을 시켜 규정을 어기고 사사로이 흉노로 가서 교역하게 하고 마읍 성을 팔아넘기는 척하면서 선우를 유인하게 했다.[221] 선우는 그의 말을 진실로 믿고 마읍 성 안의 재물을 탐하여 기병 10만 명을 이끌고 무주武州[222]의 요새로 진입했다. 이때 한나라는 마읍 부근에 정예병력 30만 명을 매복시키고 어사대부 한안국을 호군장군으로 삼아 4명의 장군[223]을 지휘하여 선우를 매복 공격하려 했다.[224] 선우는 한나라 요새로 진입한 뒤 마읍으로부터 100리쯤 떨어진 곳에 이르렀는데 들판에는 가축들만 흩어져 있을 뿐 가축을 치는 사람들이 보이지 않는 것을 수상하게 여겨 정후[225]을 공격했다. 이때 안문군의 위사尉史[226]가 변경의 초소를 순찰하고 있다가 흉노 기병이 공격해 오는 것을 보고 정으로 달려가 숨었는데, 그는 한나라 군대의 매복 공격을 알고 있었다. 선우가 그를 체포하여 죽이려 하자 그는 선우에게 한나라 군대가 있는 곳을 일러주었다. 선우는 깜짝 놀라며 말했다.

"내가 본래 속임수가 있을까 의심하고 있었다."

그러고는 즉시 병력을 이끌고 철수했다. 한나라 변경 요새를 나가면서 선우는

---

221 무제武帝 원광 원년(기원전 134)의 일이다.

222 무주武州: 한나라 현으로 치소는 지금의 산시山西성 쭤윈左雲으로, 당시 마읍성의 동북쪽 지역이다.

223 「한장유열전」에 따르면 4명의 장군은 효기장군 이광, 경거장군 공손하, 장둔장군 왕회, 재관장군 이식이다.

224 원문은 '복선우伏單于(매복하여 선우를 [공격하다])'다. "양수다楊樹達는 말하기를 '복伏은 마땅히 후候여야 한다'고 했다."(『사기전증』) 즉 '선우를 기다리다'의 뜻으로, 이미 매복한 상태이기 때문에 '선우를 기다린다'의 의미가 더 타당하다.

225 정후은 변경에서 적의 상황을 관찰하는 초소 같은 곳이다. 「한장유열전」에서는 '봉화대'를 공격한 것으로 기재하고 있다.

226 위사尉史: 안문군 군위郡尉 수하의 하급관리다. 군위는 군郡 안의 군사 장관이다. 안사고는 말하기를 "한나라 법률에 변경에 가까운 군에는 모두 위尉를 두었는데 100리마다 한 명이었다. 사사士史와 위사尉士 각 두 명이 변방의 초소를 순찰했다"고 했다.

말했다.

"내가 위사 너를 잡은 것은 하늘의 도움으로, 하늘이 너를 시켜 내게 알려준 것이다."

그리고 위사를 천왕天王으로 봉했다. 한나라 군대는 본래 선우가 마읍 성으로 진입하면 출격하기로 약속했는데, 선우가 마읍 성으로 오지 않고 철수했으므로 한나라 군대는 아무런 소득이 없었다. 한나라 장군 왕회의 부대는 원래 대군에서 출발하여 흉노의 운송 부대를 공격하기로 되어 있었으나[227] 선우의 주력 부대가 철수했다는 소식을 듣고 또 적의 병사가 많았기에 감히 출격하지 못했다. 한나라 조정에서는 이번 전쟁을 처음 계획한 왕회가 진격하지 않았기 때문에 그를 참수했다.[228] 그 뒤로 흉노는 한나라와 맺은 화친을 단절했고, 교통 요충지에 있는 변방 요새를 공격하거나 변방 도처를 침탈하는 일이 셀 수 없이 많았다. 그러면서도 흉노인들은 탐욕스러워서 변경 시장에서 교역을 즐겨했다. 그들은 한나라의 재물을 좋아했고 한나라 사람도 여전히 변경 시장의 교역을 끊지 않고 그들과 영합했다.

마읍 사건 이후 5년이 지난 가을,[229] 한나라는 장군 4명에게 기병 각 1만 명을 이끌고 가서 교역이 이루어지는 변경 시장 근처의 흉노인들을 공격하게 했다. 장군 위청은 상곡군에서 출발하여 농성에 이르렀는데 참살한 수급과 포로로 잡은 흉노인이 700여 명이었다. 공손하는 운중군에서 출발했으나 아무 소득

227 "앞에서 한안국이 '4명의 장군을 감독하며 선우를 매복 공격하려 했다'고 했는데, 여기서 다시 '왕회의 부대는 원래 대군에서 출발하여 흉노의 운송 부대를 공격하기로 되어 있었다'고 하여 왕회가 한안국의 감독을 받지 않는 것 같지만 사실은 그렇지 않다. 이번 전쟁에서 한안국을 따라 마읍 옆 산중에서 군대를 매복시킨 자는 오직 공손하뿐이며 나머지 왕회, 이광, 이식은 모두 대군에서 북쪽으로 출발하여 선우의 운송부대를 공격하기로 되어 있었다."(『사기전증』)
228 무제는 전국에 이번 전쟁의 실패를 설명할 방법이 없자 왕회에게 두요逗橈(멈춰서 나아가지 않는 것, 즉 겁에 질려 적을 피하는 것을 말한다)의 죄를 적용하여 판결했는데, 왕회는 참수당하지 않고 자살했다. 이 마읍 사건은 무제 원광 2년(기원전 133)의 일이다.
229 『한서』 「무제기」에 따르면 아래 서술한 4명의 장군이 출전한 사건을 원광 6년(기원전 129) 봄으로 기재하고 있다. 「위장군표기열전」에 따르면 원광 5년(기원전 130)의 사건으로 말하고 있는데, 잘못이다.

도 거두지 못했다. 공손오는 대군에서 출발했지만 흉노에게 패하여 7000여 명을 잃었다. 이광은 안문군에서 출발했으나 흉노에게 패하고 심지어 생포되었지만 끝내 도망쳐 돌아왔다.[230] 조정에서는 공손오와 이광을 가두었는데, 각자 속죄금을 내고 일반 평민으로 강등되었다.

그해 겨울[231] 흉노는 여러 차례 변경을 넘어와 약탈했는데, 어양군漁陽郡의 피해가 가장 심했다. 조정에서는 장군 한안국을 파견해 어양군에 주둔하면서 흉노의 침입을 방비하게 했다.[232] 이듬해 가을[233]에 흉노 기병 2만 명이 쳐들어와 요서군遼西郡[234] 태수를 죽이고 2000여 명을 잡아갔다. 이어서 흉노가 어양군을 침범하여 어양군 태수의 군사 1000여 명을 격퇴시키고 한나라 장군 한안국을 포위했다.[235] 한안국은 그때 기병 1000명이 있었는데 거의 전멸당할 상황이었다. 마침 연나라의 구원병[236]이 도착하여 흉노군이 비로소 물러갔다. 흉노는 또 안문군으로 침입하여 1000여 명을 죽이거나 잡아갔다. 이에 한나라 조정에

---

230 당시 위청은 거기장군의 신분으로 출격했고, 공손하는 앞서 태복을 맡았는데 이번에는 경거장군으로 출격했고, 공손오는 기장군으로 출격했고, 이광은 효기장군으로 출격했다.

231 "마땅히 '가을'이라고 해야 한다. 당시 바른 역법이 아니었고 겨울이 연말에 있지 않았다."(『한서보주』)『한서』「흉노전」에서는 여기와 마찬가지로 '겨울'이라고 했지만, 「무제기」에서는 '가을'이라고 했다.

232 "원광 2년에 흉노를 기습하기로 계획했을 때 한안국은 이미 어사대부였는데, 원광 5년에 중위로 강등되었고, 6년에는 위위로 전임되었다. 여기에 이르러 다시 '장군'의 신분으로 나가 변방을 지키게 되었지만 직위가 강등되었다고 말할 수 있다."(『사기전증』)

233 원삭 원년(기원전 128) 가을이다.

234 요서군遼西郡: 한나라 군으로 치소는 양락陽樂(지금의 랴오닝성 이현義縣 서남쪽)이었다.

235 "한안국이 사로잡은 흉노 병사가 흉노의 대부대가 이미 멀리 물러갔다가 말하자, 한안국은 즉시 무제에게 글을 올려 마침 농번기이니 잠시 어양에 주둔해 있는 대규모 부대를 해산하여 집으로 돌려보내 농사에 힘쓰게 해달라고 요청했다. 철수한 지 한 달여 만에 흉노가 다시 대규모로 상곡과 어양으로 침입했다. 이때 한안국의 진영에는 병사 700여 명밖에 없었는데, 나가서 흉노와 접전을 벌였지만 참패하고 다시 진영으로 돌아와 지켰다. 흉노는 백성 1000여 명을 포로로 잡고 가축과 재산을 약탈해갔다."(『한장유열전』)

236 연나라 왕 유정국劉定國이 보낸 구원병이다. 유정국은 유방의 동족 유택劉澤의 손자로, 유택은 여후에 의해 낭야왕琅邪王(도읍은 지금의 산둥성 주청諸城)에 봉해졌다. 문제가 즉위한 뒤 유택은 연왕으로 옮겨 봉해졌고 도성은 계현薊縣(지금의 베이징)이었다. 유정국은 조부와 부친의 작위를 계승하여 왕이 된 것이다.

서는 마침내 장군 위청을 파견해 기병 3만 명을 이끌고 안문군에서 출발하도록
하고 장군 이식에게는 대군에서 출발하게 하여 동시에 흉노를 공격하게 했는데,
참살한 수급과 포로로 잡은 흉노 병사가 수천 명이었다.[237] 그 이듬해에 위청은
다시 운중군에서 출병하여 서쪽으로 진격하여 농서군에 이르렀고, 흉노 소속의
누번왕과 백양왕을 황하 이남에서 대파하여[238] 수천 명의 흉노인을 참살하고
포로로 삼았고 소와 양 100여만 마리를 빼앗았다. 그리하여 한나라는 마침내
황하 이남의 영토를 수복하고 아울러 삭방군의 군 소재지[239]에 성을 수축했으
며, 또 옛날 진秦나라 때 몽염이 쌓은 장성의 변방 요새를 보수하고 황하를 따
라 변경의 방위를 더욱 강화했다.[240] 한나라는 또한 상곡군의 경계가 개의 이빨
처럼 들쭉날쭉하고 북쪽으로 튀어나와 고립되어 있는 조양造陽[241] 일대의 땅을
흉노에게 넘겨주었다. 이해가 한나라 원삭 2년(기원전 127)이었다.

그 뒤 오래지 않은 겨울,[242] 흉노의 군신 선우가 죽었고[242] 그의 동생 좌녹려
왕左谷蠡王 이치사伊稚斜가 스스로 선우가 되어 군신 선우의 태자 오단於單[244]을

237　"이것은 군사 역사에서 통상적으로 말하는 '안문鴈門 전쟁'으로 위청이 두 번째로 흉노를 격파
한 것이다. 우궈칭武國卿·무중예慕中岳의 『중국전쟁사』에서는 '무제가 흉노를 상대로 전투를 벌인 이
래 처음으로 거둔 비교적 큰 승리로, 이번 승리로 한 왕조는 북부 변경의 형세를 안정시켰고 한 왕조
가 흉노에 대해 주동적으로 진격하는 전략 결심을 확고하게 했다'고 했다."(『사기전증』)
238　"이것은 통상적으로 말하는 '하남河南, 삭방朔方의 전쟁'으로, 『중국전쟁사』에서는 '한 무제가
흉노를 축출한 중대한 전쟁이며, 또한 후한 왕조가 중국 서북 지역을 통일한 중요한 한 걸음이었다'고
했다."(『사기전증』)
239　지금의 네이멍구 우라터전기烏拉特前旗 동남쪽 지역이다. 「위장군표기열전」에 따르면 이 당시
성을 수축하는 임무를 주관한 사람은 소무蘇武의 부친 소건蘇建이었다.
240　"주보언은 삭방은 토지가 비옥하고 밖으로는 황하의 험준함이 있으며 또 몽염이 장성을 쌓고 흉
노를 내쫓으니, 안에서 황무지를 개간하고 재배하면 내지에서 변방으로 양식을 운송할 필요가 없
고, 이같이 하면 중국의 영토를 확대하고 나중에 흉노를 소멸시키는 기초가 될 것이라고 적극 말했다.
무제는 마침내 주보언의 계책을 받아들여 삭방군을 설립했다."(『평진후주보열전』)
241　조양造陽: 대략 지금의 허베이성 두스커우獨石口 일대로 한나라 때 흉노 땅으로 편입됐다.
242　원삭 3년(기원전 126)의 연초다.(당시 10월을 세수로 삼았다.)
243　군신 선우의 재위기간은 36년(기원전 161~기원전 126)이다.
244　오단於單: 『색은』에서는 '單'의 음을 '단'이라고 했고, 『사기전증』에서는 '於單'의 음을
'wudan(오단)'이라고 했다.

공격해 격파했다. 오단은 달아나 한나라에 투항했고 섭안후涉安侯에 봉해졌으나 몇 달 뒤 죽었다.[245] 이치사 선우가 즉위한(기원전 126) 여름에 흉노의 기병 수만 명이 대군에 침입하여 태수 공우恭友[246]를 죽이고 1000여 명을 약탈해갔다. 그해 가을 흉노는 또 다시 안문군에 침입하여 1000여 명을 죽이고 약탈했다. 그 이듬해 흉노는 또 여러 차례 대군, 정양군定襄郡,[247] 상군에 각각 기병 3만 명을 출격시켜 수천 명을 죽이고 약탈해갔다. 흉노 우현왕은 한나라가 자신들의 황하 이남 땅을 빼앗고 삭방군 소재지에 성을 쌓은 것을 원망하여 누차 침범했는데, 때로는 변경을 넘어 약탈하고 때로는 황하 이남 지역의 삭방군에 침입해 소란을 일으키고 수많은 관리와 백성을 죽이거나 약탈했다.

그 이듬해 봄, 한나라는 위청을 대장군[248]으로 삼아 6명의 장군[249]과 10여만의 병력을 이끌고 삭방과 고궐高闕[250]에서 출격해 흉노로 진공하게 했다. 우현왕은 한나라 군대가 자신의 주둔지까지 올 수 없다고 여겨 마음 편히 술을 마시고 취해 있었는데, 한나라 군대는 요새에서 600~700리나 진군하여 밤을 틈타 우현왕을 포위했다. 우현왕이 크게 놀라 포위망을 뚫고 달아나자 흉노 정예 기병들도 제각기 뒤따라 달아나 흩어졌다. 한나라 군대는 우현왕 부락의 남녀 1만 5000명, 비소왕裨小王 10여 명을 포로로 잡았다. 그해 가을 흉노 기병 1만 명이

245 "섭안후 오단은 5월에 사망했고, 후사가 없어 봉국이 취소되었다."(『건원이래후자연표』) 섭안의 위치는 상세하지 않다. 『한서』에서는 척안陟安으로 기재하고 있다.
246 『한서』에서는 '공우共友'로 기재하고 있다. 옛날에 '공共'과 '공恭'은 통용되었다.
247 정양군定襄郡: 한나라 군으로 치소는 성락成樂(지금의 네이멍구 허린거얼和林格爾 서북쪽 투청즈土城子)이었다.
248 "대장군은 거기장군의 잘못이다."(『사기지의』) 이때 위청은 거기장군이었고 승리를 거두고 돌아올 때 무제는 사자를 보내 군중에서 위청을 대장군으로 임명했다. 『한서』에서는 '대장군'이라는 표현 없이 단지 위청이 6명의 장군을 통솔하는 것으로 기재하고 있다.
249 6명의 장군은 유격장군游擊將軍 소건蘇建, 강노장군强弩將軍 이저李沮, 기장군 공손하, 경거장군 이채, 대행大行 이식李息, 안두후岸頭侯 장차공張次公이었다. 소건, 이저, 공손하, 이채는 위청이 직접 통솔하여 모두 삭방군에서 출병했고, 이식과 장차공은 우북평군에서 출발했다. 위청은 친히 기병 3만 명을 이끌고 고궐새高闕塞를 나갔다.
250 고궐高闕: 지금의 네이멍구 우라터중기烏拉特中旗 서남쪽, 우라烏拉 강 북쪽 연안이다.

대군에 침입하여 도위 주영朱英[251]을 죽이고 1000여 명을 사로잡아 갔다.

그 이듬해 봄, 한나라는 또 대장군 위청에게 장군 6명[252]과 기병 10여만 명을 이끌고 정양군에서 출발해 국경에서 수백 리 나아가 흉노를 공격하게 했는데, 앞뒤로 1만 9000여 명을 참살하고 포로로 잡았다.[253] 그러나 한나라도 패하여 장군 2명[254]과 그 기병 3000여 명을 잃었다. 우장군 소건蘇建은 탈출하여 돌아왔으나 전장군 흡후翕侯[255] 조신趙信의 군사는 작전에 실패하여 흉노에게 항복했다. 조신은 본래 흉노의 소왕小王이었으나 한나라에 항복하여 흡후에 봉해진 사람으로, 전장군으로서 우장군 소건과 군대를 합쳐 위청의 대부대와 갈라져 진군하다가 흉노 선우의 군대[256]를 만나 전멸한 것이다. 선우는 흡후 조신을 얻자 그를 자차왕自次王[257]에 봉하고 자신의 누나를 시집보냈고, 함께 한나라를 공격할 전략을 짰다. 조신은 선우에게 군사를 이끌고 북쪽으로 사막을 가로질러 멀리 물러났다가 한나라 군대가 깊이 들어오도록 유인하여 지치게 만든 다음 극도로 피로해졌을 때 공격하되, 한나라의 변경 요새에 접근하지 말도록 충고했다. 선우는 조신의 계책을 받아들였다. 그 이듬해[258] 다시 흉노 기병 1만 명이

---

251 『한서』에서는 '주앙朱央'으로 기재하고 있다.
252 6명의 장군은 중장군 공손오, 좌장군 공손하, 전장군 조신趙信, 우장군 소건蘇建, 후장군 이광李廣, 강노장군 이저李沮다.
253 원삭 6년의 일로, 이해에 위청은 6명의 장군을 통솔하여 두 차례 정양군에서 출병하여 흉노를 공격했다. 첫 번째 출병인 2월에 수천 명의 기병을 참수하고 돌아왔으며, 4월에 재차 출병하여 1만여 명을 참살하고 포로로 잡았다. 여기서 말한 '앞뒤로 1만 9000여 명을 참살하고 포로로 잡았다'고 한 것은 두 차례의 출정을 말한 것이다.
254 다음 문장에서 언급되는 조신趙信과 소건蘇建이다.
255 흡翕은 지금의 허난성 네이황內黃 북쪽 지역이다.
256 원문은 '이치사伊稚斜'로, 선우가 직접 통솔하는 군대를 말한다.
257 자차왕自次王: 자차自次는 봉호이다. "자차自次라는 것은 선우 다음으로 존중받는다는 것이다."(『정의』) "자차는 흉노어로, 『정의』에서 한어漢語로 해석한 것은 잘못이다."(『사기회주고증』) 흉노에 조신성趙信城이 있는데, 아마도 선우가 조신을 총애하여 이름 지은 곳일 것이다. 당시 흉노와 한나라는 쌍방이 모두 항복한 자를 우대하여 왕이나 후에 봉했다.
258 원수 원년(기원전 122)이다.

상곡군으로 침입하여 수백 명을 죽였다.

그 이듬해 봄[259] 한나라는 표기장군 곽거병에게 기병 1만 명을 이끌고 농서군에서 출발하여 언지산馬支山[260]을 넘어 1000여 리나 진군하여 흉노를 치게 했다. 흉노 기병 8000여 명을 참살하거나 포로로 잡았으며[261] 휴도왕休屠王[262]을 격파한 뒤 그가 하늘에 제사를 지낼 때 사용하는 황금 인물상까지 빼앗았다.[263] 그해 여름에 표기장군 곽거병은 다시 합기후合騎侯[264] 공손오와 함께 기병 수만 명을 이끌고 농서군과 북지군에서 출발하여 2000여 리 나아가 흉노를 공격했다. 거연택居延澤[265]을 지나 기련산으로 진공하여 흉노 기병 3만여 명을 참살하고 포로로 잡았는데, 비소왕 이하 70여 명이 포함되었다.[266] 이때 흉노도 대군과 안문군으로 침입하여 수백 명을 죽이거나 잡아갔다. 한나라는 다시 박망후博望侯 장건張騫[267]과 장군 이광에게 우북평군에서 출발하여 흉노 좌현왕을 공격하

259 원수 2년(기원전 121) 봄이다.
260 언지산馬支山: 연지산燕支山, 언기산馬耆山, 연지산胭脂山이라고도 하며, 지금의 간쑤성 융창永昌, 산단山丹 동남쪽 지역이다.
261 원문은 '得胡首虜騎萬八千餘級'이다. "기만騎萬(1만 명의 기병) 두 글자는 불필요한 글자다."(『찰기』) 「표기전驃騎傳」과 『한서』 「무기武紀」 「흉노전」에는 모두 '8000여 급'으로 기재했는데, 여기서 '만萬'자는 불필요한 글자다. 「곽거병전霍去病傳」에서도 '8960급'이라고 기재하고 있다."(『사기지의』) 역자 또한 '8000여 명'으로 번역했다.
262 휴도왕休屠王: 흉노 서쪽 부락인 휴도부休屠部의 수령이다. 휴도부는 지금의 간쑤성 우웨이武威 일대다.
263 "맹강은 말하기를 '흉노가 하늘에 제사지내는 곳으로 본래는 운양雲陽 감천산 아래에 있었는데, 진나라가 그곳을 공격해 탈취하자 뒤에 휴도왕 서쪽 땅으로 옮겼으므로 휴도에 하늘에 제사지내는 금인상金人象이 있는 것이다'라고 했다."(『한서보주』) 금인상은 황금으로 제작한 신상神像이다.
264 합기후合騎侯는 공손오의 봉호다. '합기合騎'는 '표기驃騎'를 배합한 뜻이다.
265 거연택居延澤: 지금의 네이멍구 서부의 어지나기額濟納旗 동쪽에 있는 못이다.
266 이상 원수 2년(기원전 121)에 두 차례에 걸친 곽거병의 서쪽 정벌을 통상적으로 '하서河西 전쟁'이라고 한다. "「서하구사西河舊事」에서 흉노가 기련산과 언지산을 잃고 노래 부르기를 '우리 기련산 잃어 우리의 여섯 가축을 번식시키지 못하게 되었고, 우리 연지산 잃어 우리의 부녀자들이 얼굴빛 없게 되었네'라고 했다."(『색은』) "『중국전쟁사』에서 이르기를 '하서 전쟁의 승리는 한나라가 하서주랑河西走廊을 완전히 점거하고 서역으로 통하는 도로를 개통하게 했으며, 하서 전쟁의 승리는 서역 여러 나라에 대한 흉노의 통치에 타격을 주었고 흉노와 강인羌人의 연계를 끊었으며, 하서 전쟁의 승리는 근본적으로 기련산 일대에 있는 흉노의 주요 근거지를 제거한 것이다'라고 했다."(『사기전증』)

게 했다. 좌현왕이 이광을 포위했고 이광의 부하 사졸 4000명이 거의 전멸하다 시피 했지만 그들이 죽인 흉노 군사의 수가 더 많았다. 마침 박망후의 구원병이 도착하여 이광은 포위에서 벗어날 수 있었다. 한나라는 수천 명의 군사를 잃었고, 합기후는 표기장군 곽거병과 합류하기로 약속한 시기를 놓쳐 박망후와 더불어 모두 사형을 판결 받았지만 돈을 내고 속죄하여 일반 평민이 되었다.

이해 가을 선우는 혼야왕渾邪王[268]과 휴도왕이 지키는 서쪽에서 한나라 군대에 의해 죽거나 포로가 된 병사가 수만 명에 달한 것에 분노하여 그들을 불러들여 죽이려 했다. 혼야왕과 휴도왕은 두려워하며 한나라에 투항하려 모의했고, 한나라는 표기장군을 보내 이들을 영접하게 했다. 혼야왕은 도중에 휴도왕을 죽이고[269] 휴도왕의 부하 군사들을 합병하여 한나라에 투항했다. 그 병력은 4만여 명이었으나[270] 대략 10만이라고 보고했다. 한나라가 혼야왕을 얻은 이후로 한나라의 농서, 북지, 하서河西[271] 일대에서는 흉노의 침이 차츰 줄어들었다. 이때 한나라는 관동關東 지역의 빈민들을 흉노 수중에서 빼앗은 황하 이남의

---

267 박망후博望侯 장건張騫: 월지에 사신으로 갔던 탐험가로, 이후 흉노를 정벌한 공적으로 후에 봉해졌다. 봉호명 '박망'에 대해 두 가지 해석이 있다. "장건의 봉호일 뿐 지명은 아니다. 소안小顔이 이르기를 '넓게 멀리 바라볼 수 있다는 뜻을 취한 것이다'라고 했다. 무제는 박망원博望苑을 설치했는데 역시 이 뜻을 취한 것이다."(『색은』) "『지리지』에 남양南陽을 박망현博望縣이라고 했다."(『정의』) "『정의』의 견해가 맞다. 박망은 한나라 현으로 지금의 허난성 난양 동북쪽 지역이다."(『사기전증』)
268 혼야왕渾邪王: 흉노 혼야부의 왕으로 혼야왕昆邪王이라고도 한다. 혼야부는 휴도부 가까이 거주했는데, 지금의 간쑤성 장예張掖 일대다.
269 혼야왕이 휴도왕을 죽인 이유에 대해 『한서규관』에서는 "휴도왕이 투항하는 것을 후회했기 때문"이라고 했다. 「위장군표기열전」과 『한서』의 관련 열전에는 모두 기재되어 있지 않은데, 혼야왕이 공적을 탐한 행위일 수 있다.
270 "하작何焯이 말하기를 '표기장군 곽거병이 재차 서쪽으로 진격하여 3만 명을 참살했고 여기서 다시 4만 명이 투항했으니 우현왕은 주둔할 수가 없다. 뒤에 대군을 나가 좌현왕을 공격하여 또 7만여 명을 참살하고 포로로 잡았으니 좌현왕은 주둔할 수 없다. 묵돌의 전성기 때 활을 쏘는 병사가 30여 만 명이었으니 거의 절반을 잃은 것이다'라고 했다."(『한서보주』)
271 하서河西: 황하 서쪽으로 지금의 간쑤성 하서주랑河西走廊 일대를 가리킨다. 서하군(하서를 서하라고도 부른다)은 지금의 산시山西성, 산시陝西성, 네이멍구 성의 경계 지점으로 농서·북지와는 가깝지 않다.

신진중新秦中272으로 옮겨 거주하게 하고 북지군 서쪽의 주둔군을 절반으로 줄였다.273 그 이듬해 흉노는 우북평군과 정양군에 각기 수만 명의 기병을 투입해 1000여 명을 죽이고 약탈했다.

그 이듬해 봄274 한나라 조정의 군신들은 흉노의 형세를 분석하여 "흡후 조신이 선우에게 계책을 바쳐 흉노인들을 사막 북쪽에 거주하게 한 것으로, 한나라 군대가 그곳까지 못 올 것으로 여기고 있다"고 했다. 그리하여 말에게 곡물을 배불리 먹여 10만 명의 기병과 자원하여 따르는 기병275까지 모두 14만 명이 탈 말을 동원했는데, 그 밖의 양식과 군수 물자를 싣는 거마는 포함하지 않은 수치였다. 이에 대장군 위청과 표기장군 곽거병에게 각각 절반씩 군대를 통솔하게 했다. 대장군은 정양에서 출발하고 표기장군은 대군에서 출발하여276 사막을 가로질러 흉노를 협공하기로 약속했다. 흉노 선우는 이 소식을 듣고 군수 물자를 먼 곳으로 옮기고 정예군을 사막 북쪽에 배치하여 한나라 군대가 오기를 기다렸다. 한나라 대장군이 사막 북쪽에 당도하여 하루 동안 흉노 기병과 접전을 벌였다. 해질 무렵 광풍이 일자 한나라 군대는 양쪽 날개로부터 진공하여 선우를 포위했다. 선우는 대적해서 이길 수 없음을 깨닫고 독자적으로 건장한 기병 수백 명을 이끌고 포위를 벗어나 서북쪽으로 달아났고, 한나라 군대는 밤새

272 "진秦나라 때는 위수 유역의 관중 지역을 '진중秦中'이라 했고, 뒤에 몽염이 변경을 개척하여 지금의 네이멍구 하투河套 지역을 얻어 이른바 '하남河南'이라 하고 이 일대를 '신진중新秦中'이라 불렀으므로 '신진중'과 '하남'의 함축하는 의미는 대략 상통한다."(『사기전증』) 하투 땅은 지금의 네이멍구와 닝샤 후이족 자치구 내의 허란산賀蘭山 동쪽, 랑산狼山과 다칭산大靑山 이남의 황하가 통과하는 지역이다. 황하가 흐르다가 이곳에서 크게 구부러지기 때문에 '하투'라 지어졌다.
273 "흉노의 근심이 제거된 데다 서북부 변경의 이주민이 많아졌으므로 징집하여 변경을 지키게 한 것이다."(『사기전증』)
274 원삭 4년(기원전 119) 봄이다.
275 원문은 '사부종마私負從馬'다. "옷과 소지품을 싣고 따르는 말로 공가公家(국가)에서 징발한 것이 아니다."(『독서잡지』「사기」) 즉 국가의 징발이 아닌 자원하여 따르는 기병을 말한다.
276 「위장군표기열전」에 따르면 원래 계획은 대장군이 대군에서 출발하고 표기장군이 정양에서 출발하기로 했는데, 흉노 선우가 동쪽 지역에 있다는 포로의 말을 듣고 임시 변경하여 표기장군을 대군에서 출발하게 하고 대장군을 정양에서 출발하게 한 것이다.

추격했으나 따라잡을 수 없었다. 한나라 군대가 전진하면서 참살하고 포로로 잡은 적군이 1만 9000명이나 되었으며, 북쪽의 전안산闐顏山과 조신성趙信城[277]까지 도달했다가 군사를 거두어 돌아왔다. 선우가 달아나자 수많은 흉노 병사와 한나라 군대가 서로 뒤섞여 함께 선우를 뒤따랐다. 선우는 오랫동안 자신의 군사들과 합류하지 못했기 때문에 우녹려왕은 선우가 사망한 것으로 여기고 스스로 선우가 되었다. 그러나 원래의 선우가 자신의 부하들을 찾아내자 우녹려왕은 즉각 선우의 칭호를 버리고 다시 우녹려왕이 되었다.

표기장군 곽거병은 대군에서 출발하여 북쪽으로 2000여 리를 진군하여 좌현왕과 교전했다. 이때 한나라 군대가 참수하거나 포로로 잡은 흉노 병사가 7만여 명이었으며 좌현왕과 부장들은 모두 달아났다. 그리하여 표기장군은 낭거서산狼居胥山[278]에 올라 대를 쌓고 하늘에 제사를 지내고 고연산姑衍山 아래에서 땅에 제사를 지낸 뒤 높은 곳에 올라 멀리 한해翰海[279]를 바라본 뒤 돌아왔다.

그 뒤로 흉노는 멀리 달아났고 사막 남쪽에서 다시는 흉노 선우의 대본영을 볼 수 없게 되었다. 한나라 군대는 황하를 건너 삭방군 서쪽으로부터 영거令居[280]에 이르기까지 곳곳에 물길을 끌어들이고 둔전屯田의 관리와 사졸 5~6만 명을 배치하여 점차 북쪽 땅을 잠식함으로써 한나라의 강역은 흉노의 옛 영토 북쪽에 접하게 되었다.

당초에 한나라 장군 2명이 대대적으로 출병하여 선우를 포위하고 죽이거나

---

277 전안산闐顏山과 조신성趙信城은 지금의 몽골 항가이산杭愛山 남쪽에 위치해 있다. 조신성에 대해 맹강이 말하기를 "조신이 수축했기 때문에 성을 자신의 이름으로 지었다"고 했다. "마침내 전안산과 조신성에 이르렀고 흉노가 곡식을 쌓아놓은 창고를 손에 넣었다. 군대는 하루 머물고 돌아왔는데 성 안에 남은 곡식을 모조리 불태우고 돌아왔다."(「위장군표기열전」)
278 낭거서산狼居胥山은 지금의 몽골 울란바토르 동쪽에, 고연산姑衍山은 낭거서산의 서쪽에 있다.
279 한해翰海는 고비사막을 말한다.
280 영거令居: 한나라 현으로 지금의 간쑤성 융덩永登 서북쪽 지역이다.

포로로 잡은 흉노 병사는 8~9만 명이나 되었으며, 한나라 역시 사졸 수만 명이 전사했고 전마 10여만 필을 잃었다.[281] 흉노는 큰 타격을 입고 멀리 사막 북쪽으로 달아났지만 한나라 군대도 전마가 부족해 재출격할 수 없었다. 흉노 선우는 조신의 계책을 채택하여 한나라에 사자를 파견해 좋은 말을 보내면서 화친을 요청했다. 황제가 이 문제를 신하들에게 논의하게 하자 어떤 이는 화친을 주장하고 어떤 이는 흉노를 신하로 복종시켜야 한다고 주장했다. 승상장사丞相長史[282] 임창任敞이 말했다.

"흉노는 막 패배하여 곤란한 처지에 있으니, 마땅히 외신外臣[283]이 되어 때마다 변경에서 입조하여 알현해야 합니다."

그리하여 한나라는 임창을 선우에게 사자로 보냈다. 선우는 임창의 제의를 듣고는 크게 노하여 그를 감금하고 한나라로 돌려보내지 않았다. 이보다 앞서 한나라에서도 핍박하여 투항시킨 흉노 사자가 있었으므로 선우 역시 한나라 사신을 잡아 가두어 맞선 것이다. 한나라가 사졸과 마필을 징집하고자 했으나 마침 표기장군 곽거병이 병이 들어 죽었기 때문에 한나라는 오랫동안 다시 북쪽으로 흉노를 정벌하지 않았다.[284]

몇 년 뒤 이치사 선우가 즉위한 지 13년 만에 죽자,[284] 그의 아들 오유烏維가 선우를 계승했다. 이해는 무제 원정 3년이었다. 오유 선우가 즉위한 뒤 한나라

281　"두 갈래 대군이 변경의 요새를 나갔을 때 변경 요새의 통계에 따르면, 나갈 때 데려간 관마官馬와 사마私馬가 14만 필이었고 돌아올 때 남은 말은 3만 필이 못 되었다."(「위장군표기열전」)
282　승상장사丞相長史: 승상 수하 각 사史들의 수장으로, 봉록은 1000석이었다. 당시 승상은 이광의 종제從弟인 이채였다.
283　외신外臣: 국경 밖의 신하로, 부속 국가의 군주를 가리킨다.
284　곽거병이 죽은 해는 원수 6년(기원전 117)이다. 위청, 곽거병이 원수 4년(기원전 119)에 북쪽으로 흉노를 정벌하고 나서 원정 6년(기원전 111)에 한나라가 공손하와 조파노趙破奴를 보내 흉노를 공격하기까지는 7년의 격차가 있다.
285　이치사 선우는 원삭 3년(기원전 126)에 즉위하여 원정 3년(기원전 114)에 죽었다. 재위 기간은 총 13년이었다.

무제는 경사를 나와 군현을 순시하기 시작했다. 그 뒤 한나라는 남쪽으로 양월 兩越286을 토벌하느라 흉노를 공격하지 않았고, 흉노도 변경을 침입하는 일이 없었다.287

오유 선우가 즉위한 지 3년째 되는 해에 한나라는 이미 남월南越을 멸했으며, 원래 태복이었던 공손하에게 기병 1만 5000명을 이끌고 흉노를 공격하게 했다. 구원九原에서 출발해 북쪽으로 2000여 리를 진군하여 부저정浮苴井288까지 갔다가 돌아왔으나 한 명의 흉노인도 볼 수 없었다. 이어서 한나라는 다시 종표후 從驃侯였던 조파노趙破奴에게 기병 1만여 명을 이끌고 영거에서 출병하게 했는데, 북쪽으로 수천 리를 진군하여 흉하수匈河水289까지 갔다가 돌아왔으나 역시 흉노인을 한 명도 보지 못했다.290

이 무렵 무제는 변경 지대를 순시하여 삭방군에 이르러 기병 18만 명을 사열시켜 무력을 과시하고, 곽길郭吉을 사신으로 파견해 선우에게 비웃는 투로 알리게 했다.291 곽길이 흉노에 도착하자 빈객을 접대하는 관원292이 사신으로 온 목적을 물었는데, 곽길은 예의를 갖추고 정중히 말했다.

---

286 양월兩越은 남월南越과 동월東越이다. 남월은 원정 5년(기원전 112)에 토벌했고, 동월은 원정 6년(기원전 111)에 토벌했다.

287 "『한서』「무제기」에 원정 5년 서강西羌의 무리 10만 명이 배반하고 흉노와 사신을 교환하고는 고안固安(호삼성은 안고安故라고 함)을 공격하고 포한枹罕을 포위했다. 흉노는 오원五原에 침입하여 태수를 죽였다. 어찌하여 이때 변경을 침입하지 않았다고 말하는가?"(『사기지의』)

288 구원九原은 한나라 현으로, 치소는 지금의 네이멍구 바오터우 서쪽 지역이다. 부저정浮苴井은 "정겸이 말하기를 '항가이산杭愛山 북쪽에 있다'고 했다."(『사기회주고증』)

289 흉하수匈河水: 흉하는 영거솝居(지금의 간쑤성 융덩永登 서북쪽)의 서쪽으로 흐르는 강이다. "조파노는 흉하장군의 신분으로 군대를 이끌고 흉노를 정벌하여 흉하수에 이르렀으나 공적 없이 돌아왔다." (「위장군표기열전」) "흉하는 강 이름이므로 조파노를 흉하장군으로 삼은 것이다."(『사기지의』)

290 공손하와 조파노의 흉노 정벌은 모두 원정 6년(기원전 111) 가을의 일이다.

291 원봉 원년, 오유 선우 5년(기원전 110)의 일이다.

292 원문은 '주객主客'으로, 일부 번역본에는 '주인과 손님'으로 번역하고 있어 문맥이 자연스럽지 않다. 여기서의 '주객'은 '빈객을 접대하는 관원'으로 한나라 때의 '전객典客'과 비슷하다. 전객은 진나라 때 구경에 속한 관직으로, 속국과 왕래에 관한 사무 등을 관장했다. 한 경제 때 대행령大行令으로 관직명이 변경되었다가 무제 때 '대홍려大鴻臚'로 바뀌었다.

"제가 선우를 만나 뵙고 말씀드리겠습니다."

곽길이 선우를 접견하고는 이렇게 말했다.

"남월왕293의 머리는 이미 한나라 북궐北闕294에 걸려 있습니다. 지금 선우께서 할 수 있다면 전진하여 한나라와 결전을 벌이십시오. 천자께서는 친히 군대를 이끌고 변경에서 기다리고 계십니다. 선우께서 전쟁에 나설 수 없다면 즉시 남쪽을 향하여 한나라의 신하를 칭하십시오.295 어찌하여 공연히 멀리까지 달아나 사막 북쪽의 춥고 물과 풀도 없는 땅에서 고생하고 계십니까? 그렇게 할 필요가 없습니다."

곽길의 말이 끝나자 선우는 크게 노하여 곽길을 접대한 관원을 그 자리에서 참수하고, 곽길을 돌려보내지 않고 잡아두었다가 북해北海 가로 내쫓았다.296 그러나 선우는 끝내 한나라 변경을 침략하지 않은 채 병사와 말들을 쉬게 하여 원기를 회복시키고 사냥과 활쏘기를 훈련시켰으며, 여러 차례 한나라로 사신을 파견해 듣기 좋은 말로 화친을 요청했다.

한나라는 왕오王烏297 등을 보내 흉노의 동태를 살피게 했다. 흉노의 규정상 한나라 사신이 흉노에 당도하면 부절을 내려놓고 얼굴에 먹물을 바르지 않으면

---

293 남월왕은 조건덕趙建德이다. 남월 승상인 여가呂嘉가 왕인 조흥趙興을 죽이고 조건덕을 옹립한 뒤 한나라를 배반했다. 이후 한나라 군대에 격파당하고 죽임을 당했다. 원정 6년의 일이다.

294 북궐北闕: 한나라 미앙궁 북문의 쌍궐雙闕을 가리킨다. 미앙궁은 남쪽을 향해 건설되었는데 군신들이 출입하고 상서를 올리는 등의 일은 모두 북문을 통하게 했으므로 북궐은 궁전의 정문을 대신했다. 궐闕은 본래 궁문 양쪽에 세운 양 기둥 혹은 궁문 위의 작은 망루를 가리키는 말이었으나 후대에는 황제의 거처를 뜻하게 되었다.

295 "흉노가 북쪽에 있기 때문에 남쪽을 향하라고 말한 것이다."(『사기회주고증』)

296 원문은 '천지북해상遷之北海上'이다. 북해北海는 지금의 러시아 바이칼호다. 일부 번역본에서는 곽길을 구금하고 선우가 북해 가로 옮겨갔다고 했는데, 선우가 옮겨간 것이 아니라 곽길을 가뒀다가 북해 가로 쫓아냈다는 뜻이다. 『한서』에서는 '천욕지북해상遷辱之北海上(곽길을 북해 가로 쫓아내 모욕을 줬다)'으로 되어 있어 그 뜻이 분명하다.

297 "『사기』와 『한서』에는 모두 '왕오王烏'라고 했으나 『예문유취藝文類聚』에서는 '왕언王焉'이라고 했다."(『사기지의』)

선우의 막사[298] 안으로 들어갈 수 없었다. 왕오는 북지군 출신으로 흉노의 풍속에 익숙했으므로 부절을 내려놓고 얼굴에 먹물을 바른 다음 선우의 막사로 들어갔다. 선우가 좋아하며 달콤한 말로 허락하는 척하면서 왕오를 위해 즉시 태자를 한나라에 인질로 보내고 화친을 요청하겠다고 말했다.

한나라는 양신楊信을 흉노에 사자로 파견했다.[299] 당시 한나라는 동쪽으로 이미 예맥穢貉과 조선朝鮮을 점령하여 군郡을 설치하고, 서쪽으로는 주천군酒泉郡[300]을 설치하여 흉노의 서쪽 강족羌族과 통하는 길을 끊었다.[301] 한나라는 또 서쪽으로 월지月氏, 대하大夏[302]와 우호 관계를 맺고 공주를 오손왕烏孫王에게 출가시켰는데,[303] 그 목적은 흉노와 서역 각국의 관계를 분열시키려는 것이었다.

---

298 원문은 '궁려穹廬'다. 궁려는 유목 민족의 이동식 천막 같은 집으로 '파오'를 뜻한다. 역자는 단순하게 '막사' 혹은 '천막'이라 번역했다.

299 원봉 4년(기원전 107), 오유 선우 8년 가을의 일이다.

300 주천군酒泉郡: 군郡의 성 아래에 흐르는 샘물 맛이 술과 같다고 하여 주천이란 불린다. 치소는 지금의 간쑤성 주취안酒泉이다. 곽거병이 원수 2년(기원전 121)에 흉노를 쫓아내고 하서를 평정한 다음 무위武威와 주천에 군을 설치했고, 원정 6년에는 이곳을 무위, 장액張掖, 주천, 돈황燉煌으로 분리하여 네 개 군을 설치했다.

301 "곽거병이 서하를 평정하기 전에 흉노는 지금의 칭하이성 동부에 거주하는 강족 그리고 지금 간쑤성 서부와 신장 일대 서역 여러 나라와 서로 왕래했는데, 곽거병이 하서를 평정하고 주천·돈황 등의 군을 설치한 이후 흉노는 강족·서역 나라들과 연계가 단절되었고, 이때부터 한나라는 서강西羌, 서역과 서로 통하게 되었다."(『사기전증』)

302 대하大夏: 서역국 중 하나로, 지금의 아프가니스탄 북부를 근거지로 삼았다. "무제 때 장건은 두 차례에 걸쳐 서역으로 갔는데, 첫 번째는 한나라와 흉노가 대규모로 전쟁을 시작하기 전인 건원 연간이다. 중간에 흉노에 의해 10여 년 동안 구금되었기 때문에 장건이 서역에 당도한 것은 대략 원삭 1~2년(기원전 128~기원전 127)이며 월지, 대하에 이르렀다. 장건이 두 번째로 서역에 이른 것은 한나라와 흉노가 연이어 큰 전쟁을 치른 뒤인 원수 5년 혹은 6년(기원전 118 혹은 기원전 117)인데, 이때 장건 본인은 오손에 이르렀고 그의 부사신은 월지, 대하, 안식安息에 이르러 더욱 멀리 갔다."(『사기전증』)

303 원봉 연간(기원전 110~기원전 105)의 일이다. "오손은 원래 지금의 간쑤성 서부를 근거지로 하여 월지와 이웃했다. 앞서 월지가 흉노에게 투항하고, 또 흉노의 도움에 의지해 오손이 월지를 정복했다. 월지가 서쪽으로 옮긴 뒤 오손은 마침내 지금의 신장과 인근의 키르기스스탄 일대를 점거했다. 오손은 북쪽에 치우쳐 있었는데 흉노와 손잡고 있었기에 한나라는 그 연계를 끊기 위해 특별히 오손과 관계를 맺었다. 먼저 오손에게 동쪽으로 이주하기를 권했는데, 혼야왕이 남쪽으로 옮긴 이후 흉노의 빈 땅으로 가서 거주하게 했으나 오손이 듣지 않았고, 이후 다시 오손과 혼인 관계를 맺기로 약정했다. 오손은 한나라에 1000마리의 말을 바쳤고, 무제는 강도왕江都王 유건劉建의 딸(이름은 세군細君)을 오손왕

또 북부에서 농지 개간을 확대하여 변경을 현뢰胘䨺304까지 확대시키고 변경 요
새로 삼았는데, 이에 대해 흉노는 감히 어떠한 말도 하지 못했다. 이해에 흡후
조신이 죽었고,305 한나라의 정권을 잡은 자들은 흉노가 이미 쇠약해졌으므로
한나라의 신하로 복종시킬 수 있다고 여겼다. 양신은 강직하며 고집이 센 사람
인데다 본래 지위가 높지 않았기 때문에 선우는 그를 친근하게 대하지 않았다.
선우가 막사 안으로 그를 불러들이려 하는데 그가 부절을 내려놓으려 하지 않
자 선우는 하는 수 없이 막사 밖으로 나와 앉아 양신을 접견했다. 양신은 선우
를 보자 설득하며 말했다.

"한나라와 화친을 원한다면 선우의 태자를 한나라에 인질로 보내십시오."

선우가 말했다.

"그것은 과거의 맹약 규정에 부합하지 않소. 이전의 화친 맹약 규정에 따르면
한나라가 항상 옹주翁主306를 시집보내고 일정 수량의 비단, 풀솜, 먹을 것 등의
물품을 보내주었으며, 화친을 맺음으로써 흉노도 한나라의 변경을 어지럽히지

에게 시집보냈다."(『사기전증』) 『한서』에서는 '옹주翁主'로 기재하고 있다.
304　현뢰胘䨺: "다키가와 스케노부는 정겸의 말을 인용하여 지금의 후허하오터 서쪽의 투모터우기
土默特右旗 부근라 했고, 지금의 네이멍구 둥성東勝 서북쪽이라고 했다. 두 곳의 위치는 서로 멀지
않으나 위아래 문장에 따르면 모두 반드시 적합한 것은 아니다. 한나라의 장성은 당시 이미 후투後套
북쪽까지 수축되었고, 지금 '북부에서 농지 개간을 확대하다'라고 했는데, 어찌 반대로 둥성 일대일 수
있는가? 여기서 현뢰라고 말하는 곳은 마땅히 지금의 황하 후투 북쪽이다. 『집해』에서 말한 것처럼
'오손 북쪽에 있었다'고 하는 말은 또한 지나친 것으로, 한나라가 농지를 경영하는 데 어떠한 것을 막
론하고 멀리 지금의 카자흐스탄 경내에까지 이를 수는 없다."(『사기전증』) 후투는 바옌나오얼의 덩커우
磴口부터 바오터우包头 동쪽 사이를 말한다. 전투前套와 후투를 합쳐 하투河套라 부른다.
305　조신은 원봉 4년(기원전 107)에 죽었다. 그는 원삭 6년(기원전 123)에 흉노에 투항한 이후 흉노를
위해 계책을 세우다가 죽었으니 17년 동안 한나라의 골칫덩이였다고 할 수 있다.
306　'수정본'과 『한서』에서는 '옹주翁主'라고 했는데, 다른 판본에는 '공주'라고 했다. "황본·전본·
능본에서는 모두 '공주公主'로 기재하고 있다. 한나라와 흉노가 맹약을 맺을 때는 모두 공주를 시집보
낸다고 했으며 제후왕의 딸을 시집보낸다고 정확히 말하지는 않았다. 실제로는 종실의 딸을 보냈다. 여
기서는 황본에 의거해 공주라고 해야 한다."(『사기전증』) 역자 또한 '수정본'을 번역했지만 '공주'로 하는
것이 타당하다고 본다. 안사고는 말하기를 "천자는 친히 결혼을 주관하지 않으므로 딸을 '공주公主'라
하고, 제후왕은 자신이 직접 결혼을 주관하므로 딸을 '옹주翁主'라 한다. 옹翁은 부父로, 부친이 결혼
을 주관한다는 말이다"라고 했다.

않기로 한 것이오. 지금 그대들이 옛 약정을 위반하고는 나의 태자를 인질로 보내라고 하는데, 기대하지 마시오."

흉노의 습속은 한나라 사신이 중귀인中貴人이 아닌 유생이면 그들이 유세하러 온 것으로 여기고 그가 하는 말을 반박하여 제압하고, 그가 젊으면 암살하러 보낸 사람으로 여겨 기세를 꺾으려 했다. 한나라에서 한 차례 사자를 흉노로 파견하면 흉노도 한 차례 한나라에 사자를 보냈다. 한나라가 흉노의 사자를 구금하면 흉노도 한나라 사자를 감금하여 반드시 서로 대등하게 한 뒤에야 그만두었다.

양신이 조정으로 돌아온 뒤 한나라는 다시 왕오를 사자로 보냈다. 선우는 또 한나라로부터 많은 재물을 얻기 위해 달콤한 말로 기쁘게 해주고 왕오를 속였다.

"내가 직접 한나라로 들어가 천자를 뵙고 면전에서 형제 관계를 맺고자 하오."

왕오가 돌아와 조정에 보고하자 한나라에서는 선우를 위해 장안에 관저를 지었다. 그런데 선우가 말했다.

"한나라가 귀인을 사자로 보내지 않으면 나는 진정한 대화를 나누지 않을 것이오."

흉노의 한 귀인이 한나라에 사자로 왔다가 병이 들었는데, 한나라가 약을 내주어 치료하려 했지만 불행히도 죽고 말았다. 한나라는 노충국路充國에게 2000석 관직의 인수印綬를 휴대하고 흉노에 사신으로 보내고,[307] 흉노 귀인의 유해를 본국으로 호송하면서 수천 금을 들여 장례를 후하게 치르도록 했다.[308] 그러고는 "이것이 한나라에서 귀인을 장사 지내는 규격이오"라고 말했다. 그러나 선우는 한나라가 흉노의 귀인을 죽였다고 여겨 노충국을 가두고 돌려보내지 않

---

307 노충국路充國은 본래 관작이 2000석이 아니었으나 특별히 2000석 지위로 올려 사자를 담당하게 했다.
308 원문은 '후장厚葬'이다. '수정본'에서는 『한서』 「흉노전」에는 '후폐厚幣(두터운 예물)'로 기재되어 있다고 하면서 "한나라는 중랑장 소무蘇武에게 두터운 예물을 가져가서 선우에게 증정하게 했다"는 문장을 인용했다. 역자는 '수정본'이 아닌 원문 그대로 번역했다.

았다. 사실 선우가 그동안 했던 말들은 모두 왕오를 속이기 위한 빈말일 뿐으로, 애초에 한나라로 가서 황제를 알현할 생각도 태자를 한나라에 인질로 보낼 생각도 없었다. 그리하여 선우는 다시 여러 차례 기습부대를 보내 한나라의 변경을 침입했다. 한나라는 곽창郭昌을 발호장군拔胡將軍[309]에 임명하고 착야후浞野侯 조파노[310]와 함께 삭방군 성 동쪽에 주둔시켜 흉노를 방비하게 했다. 노충국이 흉노에 억류된 지 3년째 되었을 때 오유 선우가 사망했다.[311]

오유 선우가 즉위한 지 10년 만에 죽자[312] 그의 아들 오사려烏師廬가 뒤를 이어 선우가 되었다. 오사려는 나이가 어려서 아선우兒單于라 불렸다. 이해는 한나라 원봉 6년이었다. 이때부터 선우는 더욱 서북쪽으로 이동하여 흉노의 왼쪽 군대는 운중군과 맞서고 오른쪽 군대는 주천군과 돈황군에 맞섰다.[313]

아선우가 즉위한 뒤 한나라는 2명의 사신을 보내, 한 명은 선우를 조문하게 하고 다른 한 명은 우현왕을 조문하게 하여 흉노의 군신관계를 이간시키려 했다.[314] 두 사자가 흉노로 들어가자 흉노는 그들을 선우가 있는 곳으로 보냈고, 선우는 노하여 사자를 모두 구금했다. 한나라 사자로 흉노에 가서 구금된 이들은 앞뒤로 10여 무리인데 한나라 역시 같은 수의 흉노 사자를 구금했다.

이해에[315] 한나라는 이사장군 이광리를 파견해 서쪽으로 대원大宛을 정벌하

309 발호장군拔胡將軍은 잡호장군으로, 아마도 그 임무로 장군 명칭을 정한 것 같다.
310 착야후 조파노는 앞서 곽거병을 수행하여 흉노를 격파하는 데 공적이 있어 종표후에 봉해졌다. 이후에 군대가 패하여 작위를 잃었고, 다시 누란왕樓蘭王을 격파하고 착야후에 봉해졌다.
311 원봉 6년(기원전 105)의 일이다.
312 오유 선우는 원정 3년(기원전 114)에 즉위하고 이때 죽었으니 재위 기간이 10년이다.
313 『지리지地理志』에 따르면 주천군은 태초 원년(기원전 104)에 설치되었고, 돈황군은 무제 후원 원년에 주천군을 나누어 설치되었다. 태사공은 '마땅히 돈황군이라는 명칭을 써서는 안 되는데, 아마도 돈황 두 글자는 후세 사람이 잘못 기재한 것일 것이다'라고 했다.(『사기찰기』)
314 누가 주인인지 승인하는 의미로 선우(오유의 아들)를 조문하고 또 우현왕(오유의 형제)을 조문하여 고의로 이간시키는 것이다.
315 태초 원년(기원전 104)이다.

게 하고, 인우장군因杅將軍316 공손오를 시켜 수항성受降城317을 수축하게 했다. 그해 겨울 흉노 땅에 큰 눈이 내려 많은 가축이 굶어 죽거나 얼어 죽었다. 아선우는 나이가 어리고 혈기왕성한데다 살육과 전쟁을 좋아하여 나라 사람들 대다수가 불안해했다. 좌대도위左大都尉는 선우를 죽이려 하면서 한나라에 은밀히 사람을 보내 이를 알렸다.

"나는 선우를 죽이고 한나라에 항복하고 싶으나 여기에서 한나라는 너무 멉니다. 한나라가 군대를 보내 나를 맞이해준다면 즉시 반란을 일으키겠습니다."

처음에 한나라는 이 말을 듣고 수항성을 수축했지만, 흉노의 좌대도위는 여전히 거리가 멀다고 여겼다.318

그 이듬해 봄 한나라는 착야후 조파노를 파견해 기병 2만여 명을 거느리고 삭방군 서북쪽에서 출발해 2000여 리 진군하여 준계산浚稽山319까지 갔다가 돌아오기로 예정했다.

착야후가 예정된 계획에 따라 당도한 뒤 군사를 이끌고 돌아오는데, 이때 좌대도위는 정변을 일으키려는 계획이 발각되어 선우에게 주살 되었다. 선우는 왼쪽의 병력에게 착야후를 공격하도록 했다. 착야후는 회군하는 길에 참살하고 사로잡은 흉노인이 수천 명이었으나 수항성으로부터 400리 떨어진 곳에서 흉노 기병 8만 명에게 포위당했다. 착야후는 밤에 직접 물을 찾으러 나갔다가 매복해 있던 흉노에게 사로잡혔고, 착야후를 생포하자 흉노는 한나라 군대를 습격했다. 한나라 군중의 호군護軍 곽종郭縱과 거수渠帥 유왕維王이 상의하며 말했다.

"교위들은 장군이 사로잡혔기 때문에 한나라로 돌아가면 주살될 것이 두려

---

316 인우장군因杅將軍: 인우因杅는 흉노의 지명으로, 한나라에서 장군 명호로 사용한 것이다.
317 수항성受降城: 지금의 네이멍구 바옌나오얼 명랑산盟狼山 서북쪽 지역이다.
318 원문은 '유이위원猶以爲遠(여전히 멀다고 여기다)'이다. 이 문장의 주어는 흉노의 좌대도위다.
319 준계산浚稽山: 고비 알타이산맥 중단에 있는 산이다.

위 돌아가자고 권하는 자가 없소."

그리하여 전군이 흉노에게 투항했다.[320] 흉노의 아선우는 크게 기뻐하며 기병을 파견해 수항성으로 진격하게 했으나, 함락시키지 못하자 변경으로 침입했다가 물러갔다. 그 이듬해에 아선우는 직접 수항성을 공격하려 했으나 수항성에 이르기도 전에 병으로 죽었다.[321]

아선우는 즉위한 지 3년 만에 죽었다. 그의 아들은 나이가 어리므로 흉노는 아선우의 숙부인 오유 선우의 동생 우현왕 구리호呴犁湖를 선우로 세웠다. 이해가 무제 태초 3년(기원전 102)이다.

구리호 선우가 즉위한 뒤, 한나라는 광록훈 서자위徐自爲[322]를 파견해 오원새五原塞[323]에서 시작해 가깝게는 수백 리에서 멀게는 1000리에 이르기까지 진출하여 성보와 초소를 수축하고[324] 여구산廬朐山[325]까지 이르게 했다. 동시에 유격장군遊擊將軍 한열韓說[326]과 장평후長平侯 위항衛伉[327]을 파견해 그 부근에 주둔시키고 강노도위彊弩都尉 노박덕路博德[328]을 파견해 거연택居延澤에 성보를 수축

---

320 호군護軍은 전군을 감독하는 장관이고, 거수渠帥는 수령·두목을 뜻한다. 곽종郭縱과 유왕維王은 여기에만 한 번 언급되는 인물들로, 사적이 상세하지 않다. 『한서』에서는 단지 '軍吏畏亡將而誅, 莫相勸而歸(한나라 군중의 장리將吏는 주장을 잃어 조정으로부터 주살당할 것을 두려워했고, 서로 조정으로 돌아가자고 권하는 사람이 없었다)'라고 기재하고 있다.

321 태초 3년(기원전 102)의 일이다. 오사려 선우는 원봉 6년(기원전 105)에 선우가 되어 태초 3년에 죽었으니, 재위 기간이 3년이다.

322 원문은 '광록서자위光祿徐自爲'이다. "『한서』 「왕온서전王溫舒傳」에는 '광록훈 서자위'로 기재하고 있고 「무제기」도 같다. 여기서 훈勳자가 빠져 있다."(『한서규관』) 광록훈은 본래 낭중령으로 한나라 때 구경 중의 하나였다. 이후 광록사경光祿寺卿으로 개칭되어 청대 말까지 사용되었다. 서자위는 원수 6년(기원전 117)에 낭중령이 되었고 나중에 다시 광록훈에 임명되었으니 앞뒤로 이미 15년이다.

323 오원새五原塞: 변경의 요새로, 오원관五原關이라고도 한다. 위치는 지금의 네이멍구 바오터우 서북쪽 일대다. 이현 주석에 따르면 "요새가 오원군에 속해 있었기 때문에 오원새라 했다"고 했다.

324 원문은 '축성장열정築城鄣列亭'이다. "고윤顧胤이 이르기를 '장鄣은 산중의 작은 성이고 정亭은 정찰병이 기거하는 곳이다'라고 했다."(『정의』)

325 여구산廬朐山: 지금의 네이멍구 랑산狼山 북쪽 기슭에 있는 산이다.

326 한열韓說: 유방의 공신인 한왕 신의 증손자이며, 무제가 총애한 한언韓嫣의 동생이다.

327 위항衛伉: 위청衛靑의 아들로 부친의 작위 장평후를 계승했다.

328 노박덕路博德: 무제 때 장수로, 앞서 곽거병을 수행하여 흉노를 격파한 공적으로 부리후符離侯

하게 했다.

이해 가을 흉노는 대대적으로 정양군과 운중군을 공격하여 수천 명을 죽이거나 약탈하고 2000석의 지방 관원 몇 명을 격퇴시킨 뒤 물러났으며, 회군하는 길에 광록훈 서자위가 수축했던 성보와 초소를 파괴했다.[329] 선우는 또 우현왕을 파견해 주천군과 장액군을 침범케 했고 수천 명을 약탈했는데, 때마침 이때 한나라 장수 임문任文이 군사를 이끌고 와서 구원하자 흉노는 약탈했던 모든 것을 버리고 달아났다.[330]

이해에 이사장군貳師將軍이 대원大宛을 공격해 점령하고 대원왕을 참수하고 돌아왔다. 흉노는 중도에서 그의 군대를 차단해 공격하려 했지만 미치지 못했다.[331] 이해 겨울에 흉노는 수항성을 공격하려 했으나 마침 선우가 병들어 죽었다.[332]

구리호 선우가 즉위 1년 만에 죽자 흉노는 그의 동생 좌대도위 저제후且鞮侯를 선우로 세웠다.[333]

한나라가 대원을 토벌하고 나자 그 위세가 외국에 자자했다. 이때 무제는 단숨에 흉노를 끝장내고자 조서를 내려 말했다.

에 봉해졌으며, 다시 복파장군伏波將軍이 되어 남월을 정벌하는 공적을 세웠다. 이후 죄를 지어 후 작위를 잃고 도위 신분으로 변경에 파견된 것이다.
329 서자위가 성을 수축하고 흉노가 무너뜨린 사건은 모두 태초 3년(기원전 102)에 발생했다.
330 "심흠한이 말하기를 『한서』「서역전西域傳」에 "군정軍正(군중에서 법을 집행하는 관직) 임문이 군사를 이끌고 옥문관玉門關에 주둔했다"고 했으므로, 주천군과 장액군을 구원할 수 있었다'고 했다." (『한서보주』) 옥문관은 고대에 서역으로 통하는 길의 관문으로, 서역의 옥석玉石이 모두 이곳을 통해 수입되어 옥문이라 불리게 되었다. 지금의 간쑤성 둔황 서북쪽에 있었다.
331 이사장군貳師將軍 이광리李廣利는 두 차례 흉노를 정벌했다. 처음은 태초 3년의 일이고, 대원을 격파하고 대원왕을 참수하고 돌아온 것은 태초 4년(기원전 101)의 일이다.
332 구리호 선우는 기원전 102년에 즉위하여 기원전 101년(태초 4년) 겨울에 사망했다. 재위 기간은 1년이다.
333 저제후且鞮侯 선우는 태초 4년에 즉위했다. '且鞮'의 음은 'judi(저제)'다.

"고황제께서는 짐에게 평성平城에서 포위당한 원한을 남기셨고, 고후 때는 선우가 대역무도한 편지를 보냈다. 옛날 제나라 양공은 9대 조상의 쌓인 원수를 갚았는데334 『춘추』는 이것을 찬미했다."

이해는 무제 태초 4년(기원전 101)이었다.

저제후 선우가 즉위한 뒤,335 흉노에 투항하지 않은 한나라 사자들을 모두 돌려보냈으며, 이에 노충국 등도 한나라로 돌아올 수 있었다. 선우가 막 즉위했을 때 한나라의 습격을 두려워하여 스스로 말했다.

"나는 어린애로 어찌 감히 한나라의 천자를 원망하겠는가! 한나라 천자는 나의 손윗사람이다."

[그 뒤] 한나라는 중랑장 소무蘇武336에게 두터운 예물을 가지고 가서 선우에게 증정하게 했다.337 이때 선우는 매우 교만하고 오만했는데, 이는 한나라가 기대했던 태도가 아니었다. 그 이듬해 착야후 조파노가 흉노에서 달아나 한나라로 돌아왔다.338

그 이듬해 한나라는 이사장군 이광리를 파견해 기병 3만 명을 이끌고 주천

334 기紀나라를 멸망시킨 것을 가리킨다. 제 양공齊襄公(재위 기원전 697~기원전 686)의 9대 조상이 기나라 제후의 선동으로 주나라 천자에게 죽임을 당했는데, 양공에 이르러 원수를 갚았다.
335 "이 문장 이하는 후세 사람이 이어 적은 것으로, 태사공의 본서가 아니다. 『사기』에서는 태초 연간으로 마치며 천한天漢 연간까지 이르지 않았다. 기재된 내용 또한 대부분 오류다."(『사기지의』)
336 소무蘇武는 위청衛靑의 부장 소건蘇建의 아들이다.
337 노충국이 한나라로 돌아오고 소무가 사신으로 파견된 것은 모두 천한天漢 원년(기원전 100)의 일이다. 여기서 태초 4년(기원전 101)의 일로 연계한 것은 잘못이다.
338 천한天漢 원년(기원전 100)의 일이다. "조파노는 흉노에서 10년을 지냈고, 또 태자인 그의 아들 조안국趙安國과 함께 몰래 도망쳐 한나라로 돌아왔다."(『위장군표기열전』) "서광이 이르기를 '태초 2년 (기원전 103)에 흉노로 들어갔다가 천한 원년(기원전 100)에 도망쳐 돌아왔으니, 4년이 걸렸다'고 했다." (『집해』) 왕선겸은 말하기를 "'그 이듬해에 착야후 조파노가 흉노에서 달아나 한나라로 돌아왔다'고 한 문장에서 명년明年(그 이듬해) 두 글자는 불필요한 글자'라고 했다. 또한 조파노는 태초 2년에 흉노에 투항했고 흉노는 그를 왕王으로 봉했기 때문에 태사공은 그의 아들을 '태자太子'라고 칭한 것이다.

에서 출발해 천산天山339에서 우현왕을 공격하게 했으며, 이사장군은 참살한 수급과 사로잡은 흉노인 1만 명을 이끌고 돌아왔다. 그러나 회군하는 길에 흉노에게 포위되어 벗어나지 못했다.

한나라 군사 10명 중 6, 7명이 전사했다. 한나라는 다시 인우장군 공손오를 파견해 서하西河340에서 출발하여 강노도위 노박덕과 함께 탁야산涿涂山341에서 합류하도록 했으나 아무런 소득이 없었다. 한나라는 또 기도위騎都尉 이릉李陵342을 파견해 보병과 기병343 5000명을 이끌고 거연에서 출발해 북쪽으로 1000여 리 나아가 선우의 대군과 맞닥뜨렸고, 격전을 벌여 이릉의 군대는 적군 1만여 명을 살상했으나 군사와 식량이 바닥나서 대오를 해산시켜 각자 도망쳐 돌아가게 하려 했다.

흉노는 이릉을 사로잡았고 이릉은 흉노에게 투항했다. 전군이 전멸하여 단지 400여 명만이 한나라로 돌아왔다.344 선우는 이릉을 존중하여 자신의 딸을 이릉에게 시집보내 처로 삼도록 했다.345

339　천산天山: 기련산祁連山으로 설산雪山이라고도 한다. 흉노어로 '천天'을 '기련祁連'이라고 한다. 청하이성 동북부와 간쑤성 서부 변경에 있다.
340　서하西河: "어떤 사람은 하서河西로 해야 한다고도 하는데, 지금의 간쑤성의 둔황, 주취안 일대다. 어떤 사람은 산시山西성과 산시陝西성의 북부 경계인 서하군이라고 하는데, 두 곳의 거리가 상당히 멀기 때문에 지극히 합리적이지 못하다."(『사기전증』)
341　탁야산涿涂山: 지금의 네이멍구 어지나기 서북쪽의 몽골 경내에 있는 산으로, 앞서 조파노가 북쪽으로 정벌에 나서 당도한 준계산의 서쪽에 있다.
342　이릉李陵은 이광李廣의 손자로, 이때 5000명의 남방인을 이끌고 주천 일대에서 보병 훈련을 시키고 있었다.
343　원문은 '보기步騎(보병과 기병)'으로, 『한서』에서는 '보병步兵'으로 기재하고 있다. 역자 또한 보병이 옳다고 본다.
344　"이릉의 군사는 단지 5000명이었는데 화살은 이미 다 떨어졌고 싸우다 죽은 병사도 절반이 넘었다. 이릉은 싸우는 한편 물러나는 식으로 8일 동안 전투를 전개했는데, 거연에서 100여 리쯤 떨어진 곳에 이르렀을 때 흉노 군대가 좁고 험한 곳에서 퇴로를 끊었다. 이릉의 군대는 양식이 떨어진데다 구원병도 오지 않았다. 그리하여 마침내 흉노에게 투항했다."(「이장군열전」)
345　"흉노가 이릉에게 딸을 처로 삼게 한 것은 이릉이 투항하고 몇 년 뒤의 일이다. 여기서는 이릉이 투항하자 즉시 딸을 처로 삼게 했다고 잘못 기재하고 있다."(『사기지의』)

그로부터 2년 뒤,[346] 한나라는 다시 이사장군을 파견해 기병 6만 명과 보병 10만 명[347]을 거느리고 삭방군에서 출발하게 했다. 강노도위 노박덕에게는 1만 여 명을 이끌고 이사장군과 합류하게 했으며, 유격장군 한열을 파견해 보병과 기병 3만 명을 이끌고 오원에서 출발하게 하고, 인우장군 공손오를 파견해 기병 1만 명과 보명 3만 명을 이끌고 안문에서 출발하게 했다. 흉노는 이 소식을 듣고 모두 처자식과 재산[348]을 먼 여오수余吾水[349] 북쪽으로 옮기게 했으며, 선우[350]는 기병 10만 명을 이끌고 여오수 남쪽에서 기다렸다. 선우는 이사장군과 격전을 벌였다. 이사장군은 불리해지자 군사를 이끌고 물러나며 전투를 벌여 선우와 10일 넘도록 계속 싸움을 벌였다. 이때 이사장군은 자신의 온 가족이 무고巫蠱 사건으로 몰살되었다는[351] 소식을 듣고는 군사들을 이끌고 흉노에 투항했다.[352] 그의 병사들 중에서 한나라로 돌아온 자는 1000명 중 한두 명에 불과했다.

유격장군 한열도 소득 없이 돌아왔고, 인우장군 공손오도 좌현왕과 교전을 벌였으나 전세가 불리하여 군사를 이끌고 돌아왔다. 이해에 흉노를 정벌하기 위해 출정한 사람 중 공적의 많고 적음을 논할 만한 자가 없었고 총체적으로 얻

346 천한 4년(기원전 97)이다.
347 『한서』 「흉노전」에서는 '7만 명'으로 기재하고 있다.
348 원문은 '누중累重'으로, 안사고는 말하기를 "처자식과 자산을 말한다'고 했다.
349 여오수余吾水: 지금의 몽골 울란바토르 서쪽 지역이다.
350 여기서의 선우는 저제후 선우로, 이해는 저제후 선우 5년이다.
351 무고巫蠱는 고대 민속신앙으로 무술巫術을 이용해 원한 있는 자들을 해치는 것을 말한다. 무巫 는 무술巫術이고 고蠱는 주술, 저주 또는 미신 대상물을 이용하거나 독기毒氣를 놓아 자신이 미워하 는 사람을 저주하고 사람에게 해를 가하거나 일찍 죽기를 기원하는 것이다. 무제는 말년에 신비한 무 술을 두려워하여 누군가 자신을 해칠 것이라 의심했는데, 음모가인 강충江充은 이 점을 이용해 평소 자신이 꺼리는 사람들을 해치려 했으며 허다한 관료 귀족들이 해를 입었는데, 이광리의 가족 또한 그 중 하나였다.
352 이광리, 공손오, 한열 등이 천한 4년에 흉노를 정벌한 사건은 대승도 없고 대패도 없었다. 여기 서 이광리의 군대가 패하고 흉노에게 투항한 사건은 7년 뒤인 정화征和 3년(기원전 90)의 일이다.

은 것보다 잃은 것이 많았다. 무제는 조서를 내려 태의령太醫令353 수단隨但을 체포하게 했는데, 그가 이사장군의 가족이 몰살된 사실을 전달해 이광리가 흉노에 투항하게 만들었기 때문이다.354

태사공은 말한다.

"공자가 『춘추春秋』를 지었을 때 은공隱公과 환공桓公355 시대의 사정에 대해서는 상세하고 명쾌하게 서술했는데, 정공定公과 애공哀公356 시대의 사정에 대해서는 간략하고 모호하게 기재했으니, 이것은 시대가 너무 가깝기에 사실대로 좋고 나쁨을 평가할 수 없고 꺼리는 것이 많았기 때문이다. 세속에서 흉노와 전쟁을 주장하는 사람들은 권세와 지위를 얻고자 아첨하고 영합하여 단편적인 의견을 내놓되 적과 우리의 구체적인 상황을 고려하지 않았으며, 군사를 이끌고 출정하는 장수들은 나라가 크고 인원이 많은 것에 의지해 오만한 기세로 남을 깔보았고, 황제의 책략과 결정이 이러한 기초로 수립되었기 때문에 성취한 승리가 그다지 크지 않았다.

요堯는 비록 성현이었지만 허다한 사업을 완성하지 못했고, 뒤에 대우大禹의 도움을 받고서야 비로소 구주九州357가 편안해졌다. 이상적인 성왕聖王의 정치를

---

353 태의령太醫令: 전한 때 관직으로, 태상太常과 소부少府에 균등하게 태의령太醫令, 태의승太醫丞을 설치했다. 태상에 속한 자는 백관百官을 위해 병을 치료했고, 소부에 속한 자는 궁정을 위해 병을 치료했다.
354 이 내용은 『한서』 「이광리 열전」과 「흉노전」에 모두 기재되어 있지 않으며, 사실에도 부합하지 않는다. 『한서』 「흉노전」에 따르면 이광리는 가족이 몰살되었다는 소식을 듣고 투항한 것이 아니라, 가족이 연루되었다는 소식을 듣고 오히려 위험을 무릅쓰고 공적을 세우려 했다.
355 노 은공魯隱公(재위 기원전 722~기원전 712)과 노 환공魯桓公(재위 기원전 711~기원전 694)은 모두 춘추 초기의 노나라 제후였다.
356 노 정공魯定公(재위 기원전 509~기원전 495)과 노 애공魯哀公(재위 기원전 494~기원전 466)은 춘추 말기로 공자 시대의 노나라 제후였다.
357 구주九州: 중국의 별칭으로 고대 중국인은 전국을 9개 구역으로 나누어 '구주'라 불렀다. 구주의 구별은 기주冀州, 유주幽州, 청주靑州, 연주兗州, 서주徐州, 형주荊州, 양주揚州, 옹주雍州, 량주梁州다.

일으키려 한다면 좋은 장군과 승상을 임용하는 것이 관건이도다![358] 좋은 장군과 승상을 임명하는 것이 관건이도다!"

---

[358] "무제가 현명한 장수와 승상을 선택하여 임용하지 않고 아첨을 들으려 했으며, 소인들의 터무니없는 말을 받아들여 여러 차례 흉노를 정벌했기 때문에 백성을 다스리는 것이 무너졌음을 풍자했다. 그러므로 태사공은 우임금의 성명함이 태평성세를 이루었다는 말을 인용하여 당대의 죄를 공격한 것이다."(『정의』)

위장군표기열전

衛 將 軍 驃 騎 列 傳

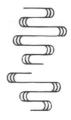

이 편은 한나라가 흉노를 토벌할 때 활약을 펼친 위청과 곽거병 그리고 무제의 군사적 업적을 상세히 기록하고 있다.

위청은 곽거병의 외삼촌으로 미천한 출신이었지만 누이인 위자부가 무제의 총애를 얻어 황후가 되자 두 사람은 무제의 신임 아래 본격적으로 정치 활동을 펼쳤으며, 특히 흉노 전쟁에서 중요한 역할을 맡았다. 한 무제는 국력이 왕성해지자 흉노와 맺은 화친을 파기하고 흉노인들의 침입에 강하게 대응했을 뿐만 아니라 정벌에 나서곤 했는데, 이러한 정책을 실현하는 데 군사적으로 힘을 보탠 인물이 바로 위청과 곽거병이다.

위청은 일곱 차례 출격하여 눈부신 공을 세웠다. 원삭 2년(기원전 127)에는 백양왕과 누번왕을 쫓아내고 황하 이남 땅을 구획하여 삭방군으로 삼았다. 원삭 5년에는 흉노 우현왕을 격퇴시키고 대장군에 임명되었는데, 당시 나이 33세였다. 원삭 6년에는 곽거병이 흉노 정벌에 참여하여 선전하여 관군후에 봉해졌다. 원수 2년(기원전 121)에는 혼야왕과 흉노 병사 4만 명을 항복시켜 표기장군에 임명되었는데, 당시 그의 나이 25세였다. 곽거병은 모두 여섯 차례 흉노 정벌에 참여했다. 원수 4년에는 위청과 곽거병이 각기 군사를 이끌고 사막 북쪽으로 진격해 흉노에 큰 타격을 주자 흉노는 마침내 북쪽으로 물러났고 한나라의 오랜 근심을 해소했다. 이때 위청은 38세, 곽거병은 27세였다.

사마천은 흉노에 대한 정벌 전쟁 그리고 위청과 곽거병의 사람됨을 비판하면서도 북쪽 변경을 안정시킨 군사적 업적에 대해서는 긍정적으로 평가하고 있다. 비록 그들은 외척 신분으로 권세를 잡았지만 군사적 재능과 용감함은 다른 시기의 명장보다 탁월했다고 할 수 있다.

대장군大將軍 위청衛靑은 평양현平陽縣1 사람이다. 그의 아버지 정계鄭季2는 하급관리였는데, 일찍이 평양후平陽侯3의 집에서 일하다가4 평양후의 후첩侯妾5인 위오衛媼6와 남몰래 정을 통하여 위청을 낳았다. 위청과 어미가 같고 아비가 다른 형은 위장자衛長子7이고, 누나는 위자부衛子夫8다. 위자부가 평양공주平陽公主9의 집에서 무제를 접대하다 궁에 들어가 총애를 받게 되자 그들은 모두 성을 위衛라 사칭했다.10 위청은 자가 중경仲卿이고, 위장자는 자가 장군長君이다. 위

1 평양현平陽縣: 한나라 현으로 치소는 지금의 산시山西성 린펀臨汾 서남쪽 지역이다.
2 "정계鄭季는 정로사鄭老四로, '계季'는 반드시 이름은 아니다."(『사기전증』)
3 처음 평양후平陽侯에 봉해진 자는 유방의 개국공신 조참曹參이다. 이후 평양후를 세습한 자는 조참의 증손자 조치曹時로, 조시曹時·조수曹壽라고도 한다. "평양후의 당시 이름은 주畴였고, 치時와 시時는 잘못된 글자다. 주畴와 수壽는 옛날에 서로 통했다. 주畴를 잘못하여 치時라 했고, 다시 시時로 잘못 적은 것뿐이다."(『사기각증』) 「조상국세가曹相國世家」에서는 '조시曹時'로 기재하고 있고, 『한서』에서는 '조수曹壽'로 기재하고 있다.
4 『한서』에서는 '현리급사후가縣吏給事侯家(현의 하급관리로 평양후 집에서 일했다)'로 기재하고 있다.
5 후첩侯妾: 후侯 집안의 노비를 말하며 희첩姬妾이 아니다. 『한서』에서는 '동僮'이라 기재하고 있는데, 안사고가 말하기를 "동僮은 비첩婢妾의 통칭이다"라고 했다. 즉 평양후의 첩이 아니라 그 집안의 '노비, 하녀'를 말한다.
6 위오衛媼: '媼'의 음은 'ao(오)'다. 안사고는 말하기를 "위衛는 부가夫家(시집, 시댁)의 성姓을 따른 것이다"라고 했는데, 「고조본기」에서 유방의 모친을 '유오劉媼'라 부른 것과 같다. '오媼'는 노부인을 말하는데, 이후에는 공경의 칭호로 쓰였다. 어떤 사람은 성이 위衛이므로 위오라고 부른 것이라고도 한다.
7 위장자衛長子는 위씨衛氏 본가에서 낳은 친자를 뜻한다. 장자長子는 위씨 집안의 맏아들이라는 뜻으로 반드시 이름은 아니다.
8 위자부衛子夫: 무제의 두 번째 황후다.
9 평양공주平陽公主: 무제와 어미가 같은 누나로, 정확히는 양신장공주陽信長公主라 불러야 한다. 『한서』에서도 '양신장공주'로 기재하고 있다. 평양후 조치의 처가 되었으므로 사람들이 평양공주라고 부른 것이다. 양신장공주는 평양후에게 출가했지만 봉지로 가지 않고 장안에 거주했다.
10 사사로이 낳은 자식이므로 하는 수 없이 남의 집 성을 성으로 삼은 것이다.

장군의 모친은 위오인데, 위오의 맏딸은 유孺,,¹¹ 둘째 딸은 소아少兒, 셋째 딸이 바로 자부다. 위자부¹²는 또 보광步廣¹³이라는 남동생이 있었는데, 그들도 모두 성을 위衛라 사칭했다.¹⁴

위청은 평양후 집의 노복이었는데¹⁵ 소년시절에 아버지인 정계에게 돌아갔고, 정계는 그에게 양 치는 일을 시켰다. 정계의 처¹⁶가 낳은 자식들은 모두 위청을 노비로 취급하고 형제로 대하지 않았다. 위청이 일찍이 다른 사람을 따라¹⁷ 감천궁 안의 감옥¹⁸에 간 적이 있는데, 목에 칼을 쓴 한 죄수¹⁹가 위청의 관상을 보더니 말했다.

"귀인이로다. 장차 후侯에 봉해질 것이다."

---

11 위유衛孺를 『한서』에서는 '군유君孺'로 기재하고 있다.

12 원문은 '후자부後子夫(뒤에 위자부)'다. "나카이 리켄이 말하기를 '후後자는 불필요한 글자다. 『한서』에는 없다'고 했다."(『사기회주고증』) 역자는 나카이 리켄의 견해에 따랐다.

13 '수정본'과 『한서』 '중화본'에서는 '步廣(보광)'이라 하여 남동생이 한 명이고, 『사기전증』『사기지의』『사기회주고증』 등은 '步'廣(위보와 위광)'이라 하여 두 명인 것으로 기재하고 있다. 양옥승은 "자녀 여섯 명(위청, 위유, 위소아, 위자부, 위보, 위광)을 낳았다"라며 위보와 위광으로 봤고, 안사고는 "위보광과 위청 두 사람"이라 하며 한 명으로 설명하고 있다. 역자는 '수정본'에 근거하여 번역했다.

14 "문장의 의미에 따르면, 이 부인이 낳은 자녀 가운데 자기 남편에게서 낳은 위장자를 제외한 다른 자녀들은 모두 사사로이 낳은 것이다. 게다가 위자부와 위소아 등의 생부는 누구인지 알 수가 없다."(『사기전증』) "위청은 위오의 성이다. 위오의 자녀들 모두가 모친의 성을 사칭했으므로 위청 또한 성을 위衛로 하고 정鄭이라 하지 않았다. 위오 남편의 성은 전해지지 않으며 그녀의 남편이 있는지 없는지도 확정할 수 없다."(『사기지의』)

15 그의 모친을 따라 평양후 집의 노복이 된 것이다.

16 원문은 '선모先母'로, 서자가 부친의 정실을 일컫는 말이다. "나카이 리켄이 말하기를 '선모라고 한 것은 이미 죽은 사람이다'라고 했다."(『사기회주고증』) 『한서』에서는 '민모民母'로 기재하고 있다. "고씨顧氏가 이르기를 '정계의 본처는 민호民戶에 편입되었으므로 민모民母라고 한 것이다'라고 했다."(『색은』) 즉 호적에 편입된 양민으로, 하녀인 위청의 친모와는 신분이 다르다는 말이다. "『사기』에서 '선모'라고 한 것은 당唐(당태종 이세민)의 휘를 피하기 위해 고친 것으로 의심된다."(『한서보주』)

17 원문은 '종입從入'으로, 『한서』에서는 '종인從人(다른 사람을 따라가다)'으로 기재하고 있다. 역자는 『한서』에 근거하여 번역했다.

18 원문은 '감천거실甘泉居室(감천궁의 거실)'이다. 거실居室은 보궁保宮이라고도 하는데 죄 지은 자를 구금하는 관청이다.

19 원문은 '겸도鉗徒'다. 겸鉗은 쇠고리로 목을 묶는 형벌로, 머리카락을 깎는 곤형髡刑과 함께 시행되었다. 겸도는 겸鉗 형벌을 받아 노역을 하는 죄수를 말한다.

위청이 웃으면서 말했다.

"노비가 낳은 놈이니 매질이나 안 당하고 욕이나 안 먹으면 다행일 뿐, 어떻게 제후가 되겠습니까!"

위청은 장성하여 다시 평양후 집에서 기사騎士로 일하며 평양공주를 모셨다. 건원 2년(기원전 139) 봄에 위청의 누나 위자부가 궁중으로 들어가 황상의 총애를 받게 되었다. 당시 황후는 당읍후堂邑侯의 처 대장공주大長公主[20]가 낳은 딸 진아교陳阿嬌였는데, 그녀는 아들이 없었고 질투가 심했다. 대장공주는 위자부가 총애를 받아 임신했다는 소식을 듣고 그녀를 질투하여 사람을 보내 위청을 체포하게 했다. 당시 위청은 건장궁에서 일하고 있었는데 아직 이름이 알려지지 않았다. 대장공주는 위청을 잡아 가두고 죽이려 했다. 위청의 친구인 기랑騎郎[21] 공손오가 몇 명의 장사들과 함께 구출해준 덕분에 죽음을 면할 수 있었다. 무제는 이 소식을 듣고 위청을 불러 건장감建章監으로 임명하고 시중侍中[22]을 겸하며 궁정 안에서 황제를 시중들게 했다. 그와 어미가 같고 아비가 다른 형제들[23] 모두 존귀한 신분이 되었고, 며칠 동안 하사받은 상이 1000금[24]이었다. 위청의 맏누이 위유衛孺[25]는 태복 공손하公孫賀[26]의 아내가 되었고, 둘째 누이 위소아는

---

20 대장공주大長公主: 경제景帝의 누나이자 무제의 고모다. 이름은 표嫖이고 당읍후 진오陳午의 처였다. 황제의 딸은 공주公主, 누나는 장공주長公主, 고모는 대장공주大長公主라 불렀다. 진오는 유방의 공신인 진영陳嬰의 손자로 조부의 작위를 계승하여 당읍후가 되었다. 봉지인 당읍은 지금의 산동성 펑두東度 동남쪽 지역이다.

21 기랑騎郎: 황제가 출행할 때 말을 타고 황제를 호위하는 낭관.

22 시중侍中: 진나라 때의 관직으로 본래 승상의 속리屬吏였다. 궁전을 왕래하며 천자를 모셨기 때문에 시중이라 했다. 전한 때는 정규 관직 외의 가관加官(원래 있던 관직 외에 직함을 더함)이었다. 황제를 모시고 궁정과 조정을 드나들었기 때문에 점차 황제의 심복이 되었으며 대부분 외척, 공신 자제와 저명한 유학자 등이 맡았다.

23 위오가 낳은 여러 자녀를 말한다.

24 한나라 때 황금 1근斤이 1금金이고, 1금은 동전 1만 개에 해당되었다.

25 "풍본·삼본, 『한서』에서는 유孺자 앞에 군君자가 있다고 했다."(『사기회주고증』) "『한기漢紀』 또한 군유君孺라 했다."(『사기각증』)

26 공손하는 경제 때 장수 공손혼야公孫渾邪의 아들이다. 건원 6년(기원전 135)에 태복이 되었고, 나

전부터 진장陳掌과 사통하고 있었는데[27] 무제는 진장을 불러 높은 지위에 올리고 귀하게 해줬다. 공손오는 위청을 구해준 일로 지위가 갈수록 높아졌다. 위자부가 부인夫人[28]으로 봉해진 뒤, 위청은 태중대부가 되었다.[29]

원광 5년(기원전 130)[30]에 위청은 거기장군으로 임명되어 군사를 이끌고 상곡군에서 북쪽으로 나가 흉노를 토벌했다.[31] 태복 공손하는 경거장군으로 임명되어 운중군에서 나갔고, 태중대부 공손오는 기장군으로 임명되어 대군에서 나갔으며, 위위 이광은 효기장군으로 임명되어 안문군에서 나갔는데, 각각 기병 1만 명을 통솔했다. 위청은 농성에 이르러 참수하고 포로로 잡은 자가 수백 명이었다.[32] 기장군 공손오는 기병 7000명을 잃었고, 위위 이광은 흉노에게 포로로 잡혔다가 탈출하여 돌아왔다. 공손오와 위광 두 사람은 모두 참수형에 해당되었으나 돈을 내고 속죄하여 일반 평민이 되었다. 공손하 또한 이번 출병에서 아무런 공적이 없었다.[33]

중에 승상에까지 올랐다.

27 진장陳掌은 유방의 개국공신인 진평陳平의 증손자다. "곽거병의 부친인 곽중유霍仲儒는 이전에 위소아와 사통하여 곽거병을 낳았다. 위황후衛皇后가 존귀해지자 위소아는 첨사詹事(황후와 태자궁의 사무를 관장) 진장에게 출가하여 처가 되었다."(『한서』 「곽거병전霍去病傳」) "『한서』에서 '위황후가 존귀해지자 위소아는 첨사 진장에게 출가하여 처가 되었다'고 했으니 사통이 아니다. 『사기』가 틀린 것 같다."(『사기지의』) "주수창이 말하기를 '첨사 진장에게 출가하여 처가 되었다고 했으니, 그녀가 이전부터 사통했음을 말한 것이다'라고 했다."(『한서보주』)
28 부인夫人: 후비后妃의 봉호 명칭이다. 『한서』 「외척전外戚傳」에 따르면 전한 초기에는 적적(본처, 정실)을 황후라 칭하고, 첩은 모두 부인夫人이라 칭했다.
29 "당시에 노래가 있는데, '아들을 낳았다고 기뻐하지 말고 딸을 낳았다고 화내지 말라. 위자부가 천하 제패하는 것을 보지 못했는가!生男無喜, 生女無怒, 獨不見衛子夫霸天下!'라고 했다."(『사기전증』)
30 "원광 6년(기원전 129)이라고 해야 마땅하다. 「장상표將相表」 「흉노전」과 『한서』가 그 증거다."(『사기지의』) '수정본'에서도 '원광 6년'이라고 해야 한다고 했다.
31 이 당시 흉노의 수령은 군신 선우(재위 기원전 161~기원전 127)였다.
32 위청이 첫 번째로 흉노를 격파한 일로, 『한서』 「무제기」에서는 "700명의 수급"이라고 했다.
33 "단지 위청만 관내후 작위를 하사받았다."(『한서』) "능약언이 말하기를 '이번 출병에서 위청만이 공적이 있어 열후에 봉해졌으므로 반고는 『한서』에서 '단지 위청만 관내후 작위를 하사받았다"는 구절을 보충했다'고 했다."(『한서평림』) "『중국역대전쟁사』에서 말하기를 '위청이 홀로 승리를 거둘 수 있

원삭 원년(기원전 128) 봄에 위부인이 아들[34]을 낳아 황후로 세워졌다. 그해 가을 위청은 거기장군이 되어 다시 안문군에서 출발하여 기병 3만 명을 이끌고 흉노를 공격해 수천 명을 참수하고 포로로 잡았다.[35] 그 이듬해에 흉노가 변경 군을 침략하여 요서군 태수를 죽이고, 어양군의 2000여 명을 포로로 잡아갔으며, 장군 한안국의 군대를 격퇴시켰다.[36] 한나라 조정은 다시 장군 이식李息에게 군사를 이끌고 대군에서 출발하여 흉노를 공격하게 했고, 거기장군 위청에게는 운중군에서 출격하여 서쪽으로 곧장 고궐로 진격하게 했다. 먼저 황하 이남 땅을 공격해 점령하고,[37] 이어서 서쪽으로 농서군에 이르러 수천 명의 흉노인을 참살하거나 포로로 잡고 수십만 마리의 가축을 탈취했으며 백양왕과 누번왕을 쫓아냈다.[38] 그리하여 항하 이남 땅을 구획하여 삭방군으로 삼았다.[39]

었던 것은 위청의 지략과 용맹 혹은 그가 다른 장수들보다 우월했기 때문이라고 할 수 있으나, 실제로는 당시 상황이 그의 승리를 이끈 것이다. 위청이 공격한 곳은 흉노 본부와 좌현왕 지역의 경계 지점이었다. 게다가 공손오와 이광이 이미 흉노 본부의 주력부대를 자신들에게 끌어당긴 상태였으므로 이것이 실제 위청이 승리를 거둘 수 있었던 주요 원인이다'라고 했다.(『사기전증』) "한나라 군대가 작전에 투입한 병력이 많지 않았고 또 분산되어 작전을 벌였으며 서로 지원하기 어려웠기에 승리가 적고 패배가 많은 것은 필연적이었다. 작전 규모로 추측해보면 한나라 군대의 이번 전쟁은 탐색의 성질로, 주요 목적은 적 상황을 정찰하고 작전 경험을 쌓는 데 있었던 것 같다. 농성은 흉노 선우가 여러 나라를 크게 모아 천지와 조상에 제사지내는 신성한 곳이었다. 한나라 군대가 일거에 농성을 공격해 격파시킨 것은 흉노에게는 군사적인 것보다 정신적 타격이 더 중대했고 한나라 군대는 이로 인해 고무되었으며 사기가 드높아졌다. 위청의 이번 승리는 개인의 군사 생애에서 첫 번째 승리였을 뿐만 아니라 한 무제가 흉노에게 반격한 전쟁 가운데 첫 번째 승리였다. 전쟁 이후 한 무제가 위청에게 관내후 작위를 하사한 것은 자신의 첫 번째 승리를 매우 중시했음을 설명하는 것이다."(『중국군사통사』)

34 태자 유거劉據를 말한다.
35 통상적으로 말하는 안문雁門 전쟁으로, 위청이 두 번째 흉노 정벌에서 승리한 싸움이다.
36 당시 어양군 태수였던 한안국은 어양을 지키다가 흉노에게 패배하고 돌아와서 피를 토하고 죽었다.
37 황하 이남 땅은 지금의 네이멍구 린허, 둥성 일대로 황하 남쪽이므로 하남河南이라고 했다. 이 일대는 진나라 때 구원군九原郡(치소는 지금의 네이멍구 바오터우包頭 서쪽)에 속했는데, 진나라 말 중원이 크게 어지러워진 뒤 흉노가 점거했는데 이번에 다시 위청에 의해 회수된 것이다. "하작何焯이 말하기를 '운중군에서 나갔다는 것은 선우 대본영으로 향한 것인데, 갑자기 서쪽 농서에 이르러 방비가 없는 곳을 공격하고 하남 지역을 탈취한 것이다'라고 했다."(『한서보주』)
38 당시 백양과 누번은 지금의 린허臨河, 항진기杭錦旗 일대를 점거하고 있었다. "흉노 중에서 하남 일대에 거주하고 있는 백양왕과 누번왕의 부락은 가장 가까운 곳은 장안에서 700리 밖에 떨어져 있지 않고 경무장한 기병은 하루 밤낮이면 진중秦中(관중關中)에 도달할 수 있다."(『유경열전』)

위청은 공적으로 식읍 3800호를 하사받고 장평후[40]에 봉해졌다. 위청의 부하인 교위 소건도 공이 있어 식읍 1100호의 평릉후平陵侯[41]에 봉해졌다. 조정에서는 소건에게 그곳에 머물며 삭방성을 수축하게 했다.[42] 위청의 부하 교위 장차공張次公도 공적이 있어 안두후岸頭侯[43]에 봉해졌다. 무제가 말했다.

"흉노는 하늘의 이치를 거스르고 인륜을 어지럽히며[44] 웃어른을 업신여기고 노인을 학대하며,[45] 도적질에만 힘쓰고 인근의 각 소수민족[46]을 속이고 음모를 꾸며 그들을 출병하게 하여 여러 차례 한나라 변경을 침범했다.[47] 이 때문에 우리는 군대를 일으키고 장수를 보내 정벌함으로써 단죄했다. 『시경』에서도 '험윤을 토벌하고 태원에 이르렀다薄伐玁狁, 至於大原'[48]와 '전차가 출동하니 그 위세가 드높도다. 저 북방에 성읍을 수축하리出興彭彭, 城彼朔方'[49]라고 말하지 않았던가.

---

39 통상적으로 '하서 삭방 전쟁'이라고 한다.

40 장평長平: 지금의 허난성 시화西華 동북쪽 지역이다.

41 평릉平陵: 지금의 후베이성 쿤현均縣 북쪽 지역이다.

42 "『괄지지』에서 이르기를 '하주夏州 삭방현朔方縣 북쪽 십분什賁의 옛 성이 바로 이것이다'라고 했다. 소건이 축조했으며, 십분이라는 명칭은 아마도 번어蕃語(소수민족 혹은 외국 언어)에서 나왔을 것이다."(『정의』) "여기서는 한나라 때 이미 하투 지역을 점령하여 안정시키고, 이것에 의지해 지속적으로 서쪽과 북쪽 정벌을 준비했음을 표명하는 것이다. 또 무제가 이곳에 군을 설립하고 성을 축조하기로 결심한 것은 아마도 주보언主父偃의 진언과 연관이 있을 것이다."(『사기전증』) "주보언은 삭방은 토지가 비옥하고 밖으로는 황하의 험준함이 있으며 또 몽염이 장성을 쌓고 흉노를 내쫓았으니, 안에서 황무지를 개간하고 재배하면 내지에서 변방으로 양식을 운송할 필요가 없고, 이같이 하면 중국의 지반을 확대하고 나중에 흉노를 소멸시키는 기초가 될 것이라고 적극 말했다. 무제는 마침내 주보언의 계책을 받아들여 삭방군을 설립했다."(「평진후주보열전」)

43 안두후岸頭侯의 봉지는 피지皮氏(지금의 산시山西성 허진河津 서쪽)였다.

44 "아버지가 죽으면 아들이 아버지의 후모後母(계모)를 아내로 삼고, 형제가 죽으면 살아 있는 다른 형제가 죽은 형제의 아내를 자신의 아내로 삼았다."(「흉노열전」)

45 "건장한 자를 존중하고 노약자를 경시했다."(「흉노열전」)

46 원문은 '만이蠻夷'로, 여기서는 흉노 주변의 소수민족 부락을 가리킨다.

47 "장안이 말하기를 '만이로부터 군사를 빌려 변경을 약탈하는 것이다'라고 했다."(『집해』)

48 출전은 『시경』「소아小雅·유월六月」이다. 본 열전에서는 '험윤玁狁'으로 표기했고 「흉노열전」에서는 '험윤獫狁'으로 표기했는데, 같은 말이다. 태원大原에 대해서 첸무의 『국사대강國史大綱』에서는 '지금의 산시山西성 원청運城 일대로 지금의 타이위안을 가리키는 것은 아니다'라고 했다."(『사기전증』)

49 출전은 『시경』「소아·출거出車」다. '출여出興'는 원문에는 '출거出車'라 했는데, 같은 뜻이다. 첸무

지금 거기장군 위청이 서하를 건너 고궐에 이르러 흉노인 2300명을 참수하고 포로로 잡았으며, 대규모로 수레와 군수물자 및 가축을 모조리 노획하여, 그는 이미 열후에 봉해졌다.[50] 위청은 황하 이남 지역을 평정하고 유계楡谿[51]의 옛 요새를 점령하고 순시했으며 재령梓嶺[52]을 넘어 북하北河[53]에 교량을 가설하고 다시 포니蒲泥를 토벌하고 부리符離[54]를 격파했다. 참살한 적의 정예병과 포로로 잡은 숨어 있던 척후 기병이 3071명이었고, 포로를 잡아 심문하여 많은 무리를 사로잡았으며 말, 소, 양 100여만 마리를 몰아왔는데, 자신의 부대는 손실 없이 온전하게 돌아왔다. 이에 다시 위청에게 식읍 3000호[55]를 더해 봉하노라."[56]

는 삭방 또한 지금의 산시성 원청 일대라고 했다. "「유월」과 「출거」의 옛 주석은 모두 서주 선왕宣王 때의 사건을 서술했는데, 지금 대사공은 춘추시대 양왕襄王에 연계시키니 옛 학설에 부합되지 않는다. 고동고顧棟高의 『춘추대사표春秋大事表』에서 이르기를 '대융大戎과 산융山戎 및 육혼陸渾은 각각의 종족으로 그 지역 또한 다른데, 태사공은 여러 융戎을 하나로 뒤섞고 융과 적狄을 하나로 혼합시키니 소홀함이 심하다'라고 했다."(『사기전증』)

50 "이 문장은 마땅히 아래 문장의 '이에 다시 위청에게 식읍 3000호(『한서』에서는 '3800호'로 기재)를 더해 봉하노라' 문장 앞에 와야 한다."(『한서규관』)

51 유계楡谿: 안사고는 말하기를 "상군上郡의 북쪽에 제차산諸次山이 있고 제차수諸次水가 나온다. 동쪽으로 유림새楡林塞를 지나면 유계楡谿다"라고 했다. "대략 지금의 산시山西성 서쪽, 산시陝西성, 네이멍구 세 개의 성 접경의 황하 일대다. 몽염이 당시 흉노를 정벌하고 이곳에 느릅나무(유楡)를 심어 요새로 만들었다."(『사기전증』)

52 재령梓嶺: "심흠한이 말하기를 '재령梓嶺은 목근산木根山으로 추정된다'고 했다."(『한서보주』) 목근산은 지금의 산시陝西성 헝산橫山 서쪽에 있다.

53 북하北河: "지금의 네이멍구 서쪽을 경유하고 동쪽으로 흐르는 황하를 말한다. 왕준도는 지금의 란저우蘭州 북쪽의 황하로 여겼는데, 비슷하지만 아니다."(『사기전증』)

54 포니蒲泥와 부리符離: "진작이 말하기를 '두 왕의 호칭이다'라고 했다."(『집해』) "최호가 말하기를 '막북漠北의 요새 이름이다'라고 했다."(『색은』) "「무제기」에 '고궐을 나가 마침내 서쪽으로 부리에 이르렀다'고 했는데, 부리는 요새 이름이다."(『한서보주』) "포니와 부리의 구체적인 방위는 상세하지 않다. 부리 요새를 지금의 네이멍구 펑전豐鎭 서북쪽으로 여겼는데, 방위가 『사기』와는 부합하지 않는다."(『사기전증』)

55 『한서』에서는 '3800호'로 기재하고 있다.

56 "『중국역대전쟁사』에서 말하기를 '무제가 선언한 것은 한나라 군대의 대승을 자랑하는 것이고, 흉노 정벌을 반대한 유약한 신하들을 굴복시키는 것이다'라고 했다."(『사기전증』) "한나라와 흉노간의 하남河南 전쟁은 쌍방이 투입한 병력이 많지 않고 규모 또한 크지 않았지만 한나라와 흉노 간 전쟁에서 하나의 중요한 전환점이었다. 전한 왕조는 하남 지역을 수복하면서 북부 변방선을 더욱 북쪽으로 이동시켜 황하 연안에 이르게 했고, 장안을 위해서는 하나의 병풍을 증가시킴으로써 흉노의 관중에

이듬해 흉노는 다시 대군에 침입하여 태수 공우共友를 죽이고, 안문군에 침입하여 1000여 명을 잡아갔다.[57] 그 이듬해에 흉노는 더 큰 규모로 대군, 정양군, 상군에 침입하여 한나라 백성 수천 명을 죽이거나 포로로 잡아갔다.[58]

그 이듬해, 바로 원삭 5년(기원전 124) 봄에 한나라는 거기장군 위청에게 기병 3만 명을 이끌고 고궐에서 출발하도록 했고, 위위 소건을 유격장군遊擊將軍, 좌내사左內史 이저李沮를 강노장군彊弩將軍, 태복 공손하를 기장군, 대나라 상 이채를 경거장군으로 삼아 모두 거기장군 위청의 통솔 아래 삭방군에서 출발하게 했으며, 또 대행 이식과 안두후 장차공 두 사람을 장군으로 삼아 우북평에서 출발하게 하여 동시에 흉노를 공격하도록 했다.[59] 흉노의 우현왕은 위청 등의 군대를 맞았을 때 한나라 군사가 그곳까지 오지는 못할 것으로 여기고 술에 크게 취해 있었다. 한나라 군대가 밤을 틈타 습격하여 우현왕을 포위했다. 우현왕은 깜짝 놀라 그날 밤 애첩 한 명과 건장한 기병 수백 명만을 데리고 말을 달려 포위를 뚫고 북쪽으로 달아났다. 한나라는 경기교위 곽성郭成 등을 보내 수백 리를 추격하게 했지만 따라잡지 못하고 우현왕 수하의 소왕小王[60] 10여 명과 남녀 1만5000여 명, 가축을 100만[61] 마리 가깝게 취하여 부대를 이끌고 귀환했다.[62]

대한 직접적 위협을 제거했다. 이것은 도성 지역의 번영과 발전에 크게 유리할 뿐만 아니라 전한 왕조가 전국 통치를 강화하는 데 유리했다.”(『중국군사통사』)

57 원삭 3년, 기원전 126년의 일이다.

58 “능치륭은 왕신중王愼中의 말을 인용하여 『사기』에서 두 장군이 매번 출병하면 이어서 흉노가 변경으로 침입하고 많은 사람을 죽이고 잡아가니, 두 장군이 침입을 제어할 수 없어 불러들인 것이 분명하다’고 했다.”(『사기전증』)

59 당시 흉노 수령은 이치사伊稚斜 선우(재위 기원전 126~기원전 115)였다.

60 원문은 ‘우현비왕右賢神王’으로, 우현왕 수하의 소왕小王을 가리킨다. 안사고는 말하기를 “비왕神王은 소왕이다. 비장神將(부장)을 말하는 것과 같다”고 했다. “「흉노열전」에서 흉노 관직으로 ‘이십사장二十四長’이 있다고 했는데, 이 사람들은 스스로 ‘천장千長, 백장百長, 십장什長, 비소왕神小王, 상봉相封, 도위都尉, 당호當戶, 저거且渠 등의 관직을 설치했다’고 했다.”(『사기전증』)

61 원문은 ‘축수천백만畜數千百万’이다. 여기서 ‘천千’자는 마땅히 ‘십十’자로 바꿔야 한다. 『한서』에서는 ‘축수십백만畜數十百万’이라고 기재하고 있다. 안사고는 말하기를 “수십만에서 백만”이라고 했다.

62 “『중국군사사략中國軍事史略』에 이르기를 ‘이번 전쟁의 승리로 세 가지 목적을 달성했는데, 첫 번

위청이 변경 요새로 돌아왔을 때 무제는 사자를 보내 대장군의 인장을 가지고 가서 영접하게 하고 군중에서 거기장군 위청을 대장군으로 임명했다. 각 장수들과 통솔하던 부대가 모두 대장군에 귀속되었다. 위청은 대장군 관호官號를 내세우고63 경사로 돌아왔다. 무제가 위청에게 말했다.

"대장군 위청은 몸소 군대를 이끌고 출정하여 큰 승리를 거두고 10여 명의 흉노 왕을 포로로 잡았다. 위청에게 6000호64를 더해 봉하노라."

또 위청의 세 아들인 위항衛伉을 의춘후宜春侯65에, 위불의衛不疑를 음안후陰安侯66에, 위등衛登을 발간후發干侯67에 봉했다. 위청이 사양하며 말했다.

"신은 다행히 군중에서 직분을 맡아 폐하의 신령하심에 의지해 큰 승리를 거두었습니다. 이것은 모두 여러 교위가 분투한 공입니다. 폐하께서는 이미 신 위청에게 봉지를 더해주셨습니다. 신의 자식들은 아직 포대기에68 싸여 있어 아무 공로가 없는데도 황상께서 땅을 분할하여 세 자식을 후에 봉하시는 것은 신이 직분을 맡아 사졸들을 격려하며 나라를 위해 힘써 싸운 뜻이 아닙니다. 어떻게 감히 세 아들이 후에 봉해지는 것을 받을 수 있겠습니까!"

제는 정면 추진으로 전과를 확대하여 흉노 주력을 사막 북쪽으로 몰아내고 한나라 국경을 더 멀리한 것이다. 두 번째는 흉노의 좌절부를 단절시켜 편리에 따라 나누어 제어할 수 있게 된 것이다. 세 번째는 하남 지역을 확보하여 다시는 잃지 않게 되었고 흉노의 장안에 대한 직접적 위협을 근본적으로 제거한 것이다'라고 했다."(『사기전증』)

63 원문은 '대장군입호大將軍立號'다. "대장군의 호령을 세우고 돌아오는 것을 말한다."(『색은』) "나카이 리켄이 말하기를 '관호官號를 말하는 것으로 호령이 아니다'라고 했다."(『사기회주고증』) 관호官號는 관직명을 말한다.

64 『한서』에서는 "8700호를 봉했다"고 기재하고 있다. 원삭 2년에 위청은 황하 이남을 수복한 공적으로 장평후에 봉지되고 식읍 3800호를 받았다. 오래지 않아 다시 3000호가 더해졌고, 원삭 5년에 우현왕을 대파하여 다시 6000호가 더해졌으니, 이미 1만 2800호에 이르렀다.

65 의춘후宜春侯: 봉지 의춘宜春은 지금의 허난성 루난汝南 서남쪽 지역이다.

66 음안후陰安侯: 봉지 음안陰安은 지금의 허난성 칭펑淸豐 북쪽 지역이다.

67 발간후發干侯: 봉지 발간發干은 지금의 산둥성 관현冠縣 동남쪽 지역이다.

68 원문은 '강보繦褓'로, 『한서』에서는 '강보襁褓'로 기재하고 있다. '강보襁褓'라고도 하는데 같은 뜻이다. "강褓은 길이가 1척 2촌이고 너비는 8촌으로, 아기를 등에 매는 것이다. 보褓는 아기의 이불이다."(『정의』)

무제가 말했다.

"내가 여러 교위의 공로를 잊은 것이 아니다. 내 이제 그들에게 상을 하사하려 한다."

그러고는 어사에게 조서를 내려 말했다.

호군도위護軍都尉[69] 공손오는 세 차례나 대장군을 수행하여 흉노를 공격하면서 항상 군사를 감독하는 직무를 담당했고, 교위들과 협조하여 흉노의 소왕을 포로로 잡았다. 공손오에게 식읍 1500호를 하사하고 합기후合騎侯[70]에 봉한다. 도위 한열은 대장군을 수행하여 유혼窳渾[71]에서 출발해 흉노 우현왕의 대본영까지 진격하고 대장군의 지휘 아래[72] 흉노와 백병전[73]을 벌였으며 또한 흉노의 소왕을 포로로 잡았으니. 한열에게는 식읍 1300호를 하사하고 용액후龍頟侯[74]에 봉한다. 기장군 공손하는 대장군을 수행하여 출정해 흉노 소왕을 사로잡았으니, 식읍 1300호를 하사하고 남교후南窌侯[75]에 봉한다. 경거장군 이채는 두 차례나 대장군을 수행하여 출정해 흉노 소왕을 사로잡았으니, 식읍 1600호를 하사하고 낙안후樂安侯[76]에 봉한다. 교위 이삭李朔, 교위 조불우趙不虞, 교위 공손 융노公孫戎奴는 모두 세 차례나 대장군을 수행하여 출정해 흉노 소왕을 사로잡

---

69 호군도위護軍都尉는 직급이 대략 교위와 같으며 대장군에 소속되어 여러 부의 병마를 감독하고 협조하는 일을 주관했다. 『한서』에 따르면 호군도위는 진 시기의 관직으로 평제平帝 원시元始 원년(1년)에 명칭이 호군護軍으로 변경되었다고 했다.

70 합기후合騎侯: "읍지邑地가 아니라 전공戰功으로 부른 것이다. 군사를 표기驃騎와 합쳤으므로 '합기合騎'라 한 것이다. '관군冠'이나 '종표從驃'와 같은 것이다."(『색은』) 즉 여기서의 합기合騎는 군사를 표기장군과 합쳤다는 뜻이다.

71 유혼窳渾: 한나라 현으로 치소는 지금의 네이멍구 항진후기杭錦後旗 서남쪽 지역이다.

72 안사고는 말하기를 "대장군의 지휘 깃발 아래에 있는 것으로 별도로 무리를 통솔하는 것이 아니다"라고 했다.

73 원문은 '박전搏戰'이다. 안사고는 말하기를 "박전搏戰은 격전擊戰이다"라고 했다.

74 용액후龍頟侯: 봉지 용액龍頟은 지금의 허베이성 징현景縣 동쪽 지역이다. '액頟'은 '액額'과 통한다.

75 남교후南窌侯: 봉지 남교南窌의 방위는 상세하지 않다.

76 낙안후樂安侯: 봉지 낙안樂安은 지금의 산둥성 보싱博興 동북쪽 지역이다.

있다. 이삭에게는 식읍 1300호를 하사하고 섭지후涉軹侯[77]에 봉하고, 조불우에게는 식읍 1300호를 하사하고 수성후隨成侯[78]에 봉하며, 공손융노에게는 식읍 1300호를 하사하고 종평후從平侯[79]에 봉한다. 장군 이저李沮, 이식과 교위 두여의豆如意에게도 모두 공이 있으므로 관내후의 작위를 하사하고 각기 식읍 300호를 하사한다.

그해 가을에 흉노가 다시 대군을 침범하여 도위都尉[80] 주영朱英을 죽였다.

그 이듬해 봄[81] 대장군 위청은 다시 정양에서 출발하여 흉노를 토벌했는데, 합기후 공손오는 중장군中將軍, 태복 공손하를 좌장군左將軍,[82] 흡후 조신은 전장군前將軍, 위위 소건은 우장군右將軍, 낭중령 이광은 후장군後將軍, 좌내사左內史 이저는 강노장군이 되어 모두 대장군의 지휘 아래 적군 수천 명을 참수하고 돌아왔다. 한 달이 지나 모두 다시 정양에서 출병하여 흉노로 진격해 1만여 명을 참수하거나 포로로 잡았다. 그러나 우장군 소건과 전장군 조신이 이끄는 3000여 명의 기병은 선우가 이끄는 대군과 맞닥뜨려 하루 동안 교전을 벌였으나 거의 전멸당할 지경이었다. 전장군 조신은 본래 흉노 사람으로 한나라에 투항한 뒤 흡후에 봉해졌는데, 상황이 긴급한데다 흉노가 또 그에게 투항을 권유했으므로 그는 남은 군사 800명을 데리고 선우에게[83] 달려가 항복했다. 우장군

77 섭지후涉軹侯: 지금 지금의 산둥성 쯔보淄博 린쯔臨淄 서쪽 지역이다.
78 수성후隨成侯: 명호만 후侯이고 봉지는 없다.
79 종평후從平侯: 명호만 후侯이고 봉지는 없다.
80 여기서의 도위都尉는 군위郡尉라고도 하는데, 군내에서 태수를 도와 군사 사무를 주관하던 장관이다.
81 『한서』「무제기」에 따르면 원삭 6년(기원전 123) 봄 2월의 일이다.
82 "위소가 말하기를 '무제가 사이四夷를 정벌할 때 전, 후, 좌, 우장군이 있었다'고 했다."(『후한서집해後漢書集解』) 한나라 때 무관의 직급 서열은 대장군 이하 표기장군, 거기장군, 위장군衛將軍이고, 그다음으로 전·후·좌·우 사장군이 있으며, 그 아래 잡호장군이 있었다. 전·후·좌·우 사장군의 지위는 상경上卿과 같았다.
83 이때 선우는 이치사 선우였다.

소건의 부대는 전멸당하고 소건은 홀로 도망쳐 대장군이 있는 곳으로 돌아왔다. 대장군은 군정軍正 굉閎, 장사長史 안安[84]과 의랑議郎 주패周霸[85] 등에게 그의 죄에 대해 물었다.

"소건을 어떤 죄로 처리해야 되겠소?"

주패가 대답했다.

"대장군께서는 출병한 이래로 아직 비장裨將(부장)을 참수한 적이 없습니다. 지금 소건은 군사를 버리고 홀로 도망쳐 돌아왔으니 마땅히 참수하여 장군의 위엄을 분명히 보여줘야 합니다."

굉과 안이 말했다.

"그렇지 않습니다. 병법에 '병력이 적은 부대가 대부대를 만나 결연하게 결전을 벌이면 결국 병력이 많은 대부대에게 사로잡힌다'[86]라고 했습니다. 지금 소건은 군사 수천 명을 데리고 선우가 이끄는 수만 명에게 맞서 하루 넘게 분투하며 싸우다가 군사들이 모두 희생되었지만 그는 두 마음을 품지 않고 스스로 돌아왔습니다. 그가 스스로 돌아왔는데도 참수한다는 것은 앞으로 패배했을 때 돌아와서는 안 된다는 뜻을 모두에게 알리는 것입니다. 소건을 참수해서는 안 됩니다."

대장군 위청이 말했다.

"나는 요행히 황실의 친척 신분으로[87] 군중에서 대장군 직무를 맡고 있으니,

---

84 군정軍正은 군중에서 형법을 관장하는 관직으로, 굉閎과 안安은 두 군정의 이름이고 성은 전해지지 않는다.

85 의랑議郎: 전한 때 설치된 관직으로, 낭관 가운데 비교적 지위가 높았으며 광록훈에 속했다. 고문顧問과 응대應對를 관장했으며 의정에 참여하여 득실을 설명했기 때문에 황제의 근신이 되었다. 봉록은 600석이었다. "주패周霸는 아마도 당시에 조서를 받들어 종군했을 것이다. 대장군 막부의 관원은 아니다."(『한서보주』)

86 원문은 '小敵之堅, 大敵之禽也'이고, 출전은 『손자』「모공謀攻」이다. '금禽'은 '금擒'과 같다.

87 원문은 '폐부肺腑'다. 『한서』에서는 '자부胏附'라고 기재하고 있다. 모두 황제의 친척, 친속을 가리킨다. "폐부肺腑는 폐부柿柎와 같으며 나무껍질을 말한다. 자신을 황실의 중요하지 않은 친척에 비유한 것으로 나무껍질이 나무에 붙어 있는 것과 같은 것이다."(『사기각증』)

권위가 없을 것을 근심하지는 않소. 주패는 나에게 사람을 죽여 권위를 세우라고 권했으나 내 뜻에 부합하지 않소. 또 내게 장수를 참수할 권한이 있다고는 하지만 내가 총애를 받는다고 하여 국경 밖에서 독단적으로 주살하는 것은 원치 않으니, 나는 돌아가 황상께 자세히 보고하고 황상께서 결정하도록 하겠소. 이번 일을 통해 신하가 되어 감히 독단적으로 권력을 휘두르지 않음을 표명하는 것도 또한 좋은 일 아니겠소?"

군리들이 모두 말했다.

"좋습니다."

그리하여 소건을 수레에 가두어 행재소行在所[88]로 보내고, 그들도 전쟁을 중지하고 요새로 돌아왔다.[89]

이해 대장군 위청의 누나 위소아의 아들 곽거병霍去病은 18세로, 총애를 받아 무제의 시중이 되었다. 그는 말타기와 활쏘기를 잘해 두 차례나 대장군을 수행하여 출정했고, 대장군은 무제의 조서를 받들어[90] 곽거병에게 장사들을 내주어 통솔하게 하고 표요교위剽姚校尉[91]를 담당하게 했다. 곽거병은 날쌔고 용맹한 기병 800명을 인솔하여 곧장 대부대에서 수백 리 떨어져 있는 먼 곳으로 달려

---

88 행재소行在所: 고대에는 제왕이 거주하는 곳이었으나 나중에는 황제가 순행하는 곳을 가리켰다. "천자는 사해四海를 집으로 삼기 때문에 기거하는 곳을 행재소라 한다."(채옹蔡邕, 『독단獨斷』)

89 『한서』「무제기」에 따르면 이해에 위청이 두 차례 정양에서 출발하여 흉노를 공격한 것은 여름 4월이었다. 이상 원삭 6년의 두 차례 출격은 통상 '막남漠南 전쟁'이라 불린다. 『중국전쟁사』에서는 '두 차례 막남 전투의 가장 중요한 의의는 한나라와 흉노의 역량이 평형 임계점에 도달한 것이다. 흉노는 두 차례의 막남 전투 이후 전투력이 크게 약화되었으며 기본적으로 한나라에 대규모로 계속 진공할 수 있는 역량을 상실했다'고 했다."(『사기전증』)

90 원문은 '수조受詔(조서를 받다)'다. '수정본에'에 따르면 '수조受詔' 앞에 '대장군大將軍' 세 글자가 와야 한다고 했다. 『한서』 또한 이와 같다. 역자는 '대장군' 세 글자를 포함해 번역했다.

91 표요剽姚는 표요嫖姚, 표요票姚라고도 한다. "표요剽姚는 마땅히 표요驃鷂라고 해야 한다."(『사기지의』) 표요驃鷂는 황부루(흰 털이 섞인 황색의 말)와 새매 두 동물의 이름을 합쳐 관직명으로 삼은 것이다. 빠르고 용맹하다는 뜻이다.

가 흉노를 기습하여 전공을 세웠는데, 참살하고 사로잡은 포로가 자신이 잃은 병사보다 많았다. 그러자 무제가 말했다.

"표요교위 곽거병이 참수하고 포로로 잡은 적이 2028명이나 되는데 그중에는 흉노의 상국相國과 당호當戶 등의 관원도 포함되어 있고, 선우의 할아버지뻘92 되는 적약후籍若侯 산산産을 참수하고 선우의 숙부 나고비羅姑比를 사로잡았다. 그는 두 차례나 전군에서 공이 으뜸이었으니 특별히 곽거병은 관군후冠軍侯93에 봉하고 식읍 1600호를 하사한다. 상곡上谷 태수 학현郝賢은 네 차례나 대장군을 수행하여 출정해 참수하고 포로로 사로잡은 적이 2000여 명이나 되므로 학현을 중리후衆利侯94에 봉하고 식읍 1100호를 하사한다."

이해에 한나라는 소건과 조신이 이끌던 군사를 잃었고, 더욱이 흡후 조신이 흉노에 투항하여 군공이 많지 않았기 때문에 위청에게 식읍이 더해지지 않았다. 우장군 소건이 압송되어 돌아오자 무제는 그를 죽이지 않고 죄를 사면해줬다. 그는 돈을 내고 속죄하여 일반 평민이 되었다.

대장군이 회군하여 돌아오자 무제는 그에게 상으로 천금을 하사했다. 당시 왕부인王夫人95이 무제의 총애를 받고 있었는데, 영승甯乘96이라는 자가 대장군을 설득하며 말했다.

"장군의 공적이 많다고 할 수 없는데 식읍이 1만 호97에 세 아들이 모두 후에 봉해진 것은 황후와 형제간이기 때문입니다. 지금 왕부인이 황상의 총애를 받고 있으나 그녀의 가족은 아직 부귀를 얻지 못하고 있으니, 바라건대 황상께

---

92 원문은 '대부항大父行'이다. 대부大父는 조부祖父를 뜻하고 항행은 항렬을 뜻하므로 '할아버지뻘'
이라 해석할 수 있다.
93 관군후冠軍侯: 봉지 관군현冠軍縣은 지금의 허난성 덩저우鄧州 서북쪽 지역이다.
94 중리후衆利侯: 봉지 중리현衆利縣은 지금의 산둥성 주청諸城 서북쪽 지역이다.
95 왕부인王夫人: 무제가 총애하던 희첩으로 제나라 왕 유굉劉閎을 낳았는데, 모자가 모두 일찍 죽
었다.
96 영승甯乘은 다른 문헌에 보이지 않으며 사적이 상세하지 않다.
97 당시 위청의 식읍은 1만 2800호였다.

서 장군에게 하사한 천금을 왕부인의 부모에게 예물로 보내어 장수를 기원해주십시오."

이에 대장군 위청은 500금을 왕씨 집에 예물로 보냈다. 무제가 이 소문을 들은 뒤 대장군에게 그 까닭을 묻자 위청은 사실대로 말했다. 무제는 기뻐하며 영승을 동해군東海郡[98] 도위로 임명했다.

장건張騫은 대장군의 부하로 있었는데,[99] 일찍이 대하大夏에 사신으로 갔다가 흉노에게 오랫동안 억류되어 있었기 때문에[100] 그에게 길을 안내하게 했다. 그는 어디에 좋은 물과 풀이 있는지 알고 있었기에 군대가 굶주리지 않고 갈증을 겪지 않도록 해주었다. 이전에 아주 먼 국가에 사신으로 다녀온 공이 있었기 때문에 박망후博望侯에 봉해졌다.

관군후 곽거병은 후에 봉해진 지 3년째인 원수 2년(기원전 121) 봄에 표기장군에 임명되었다.[101] 그가 기병 1만 명을 이끌고 농서에서 진격하여 공을 세우자, 무제가 말했다.

"표기장군은 군사를 이끌고 오려산烏鸞山[102]을 넘어 속복遫濮[103]을 토벌했고, 호노수狐奴水[104]를 건너 앞뒤로 다섯 왕국[105]을 지날 때 운송부대와 작전부대에

---

98 동해군東海郡: 치소는 담현郯縣(지금의 산둥성 탄청郯城 서북쪽)이다.
99 원삭 6년, 위청이 흉노를 정벌한 때를 가리킨다.
100 장건은 무제 건원 3년(기원전 138)에 월지月氏(지금의 아프가니스탄과 타지키스탄 경계)에 사자로 가다가 중간에 흉노를 거치면서 10여 년간 억류되었고, 이후에 탈출하여 계속 서쪽으로 가서 월지에 이르렀으며, 돌아오는 도중에 흉노를 거치다가 또 1년 동안 억류되어 앞뒤로 13년이 지나서야 한나라로 돌아왔다. 장건은 흉노에 13년 가까이 억류되어 있으면서 처를 얻고 아들을 낳았다.
101 『한서』에서 이르기를, 곽거병이 흉노를 정벌하면서 사막을 가로지른 공훈이 있어 비로소 표기장군을 설치하기 시작했는데, 지위가 삼사三司에 있었고 관품官品과 봉록이 대장군과 같다고 했다." (『정의』) 삼사三司는 옛날에 사도司徒, 사마司馬, 사공司空을 가리켰는데, 한나라 때는 승상, 태위, 어사대부를 가리켰다. 실제로 위청과 곽거병의 지위와 권세는 승상 위에 있었다.
102 오려산烏鸞山: 지금의 간쑤성 가오란皋蘭 동북쪽에 있는 산이다.
103 속복遫濮: 당시 오려산 북쪽에서 활동하던 흉노 부락이다.
104 호노수狐奴水: "정겸이 말하기를 '장랑하莊浪河를 당시에는 호노수라고 했다'고 했다."(『사기회주

놀라 두려워하며 어찌할 줄 모르는 사람들은 약탈하지 않았으며 오직 선우의
아들을 잡고자 했다. 그는 앞뒤로 이리저리 자리를 옮겨가며 엿새 동안 싸우다
가 언지산을 넘어 1000여 리를 나가 적과 짧은 병기로[106] 접전을 벌여 절란왕折
蘭王을 죽이고 또 노호왕盧胡王을 참수했다.[107] 완전무장한 적을 소멸시키고,[108]
혼야왕의 아들과 상국, 도위 8000여 명[109]을 참수하고 사로잡았으며, 휴도왕이
하늘에 제사 지낼 때 사용하는 금인金人까지 노획해왔다. 그리하여 특별히 곽거
병에게 2000호를 더해 봉한다."[110]

고증』) 지금의 란저우 서북쪽에서 융덩현永登縣 성 서쪽을 거쳐 흐르는 하천이다.
105 "정겸이 말하기를 '다섯 왕은 모두 휴도왕에 소속된 부로 이때 휴도왕은 량주涼州 땅에 있었고,
다섯 왕에 소속된 부는 당연히 평번平番 북쪽 일대였다'고 했다."(『사기회주고증』) 량주는 지금의 간쑤
성 우웨이武威로, 당시 우웨이 성 북쪽에 휴도성이 있었다.(양주揚州와 구별하기 위해 '涼'을 '양'이 아닌
'량'으로 표기한다)
106 원문은 '단병短兵'으로, 길이가 짧고 작아서 몸에 휴대하는 칼이나 검 등의 무기를 말한다.
107 "장안이 말하기를 '절란折蘭과 노호盧胡는 나라 이름이다'라고 했다."(『집해』) 즉 흉노 부락 명칭
이다. 『한서』에서는 '노호왕盧胡王'이 아닌 '노후왕盧侯王'으로 기재하고 있다.
108 원문은 '주전갑誅全甲'으로, 해석에 대한 견해가 다양하다. "전갑全甲은 갖추어서 손실이 없는 것
이다."(『정의』) 이렇게 해석할 경우 '주誅'자는 불필요한 글자가 된다. 또한 "나카이 리켄은 말하기를 '주誅
는 불필요한 글자다. 전갑 또한 나라 명칭인 듯하다'라고 했다."(『사기회주고증』) 그러나 '전갑'이 나라 혹은
부족명이라는 확실한 근거는 없다. 『한서』에서는 '銳悍者誅, 全甲獲醜'라고 기재하고 있는데, 이는 '용맹하
고 사나운 적들을 주멸하고 자신의 군사를 온전히 하면서 많은 적들을 포로로 잡았다'는 뜻이다. 이에
대해 안사고는 "전갑은 군중의 무장 군사를 잃지 않는 것"이라고 했다. 그러나 『사기』에서 '전全'은 '갖추
다, 완전하다'로, '갑甲'은 '갑옷을 입은 군사(갑사甲士)'를 의미하기에 '전갑全甲'은 '무장을 온전히 갖춘
군사' 정도로 해석되기에 역자는 "무장을 갖춘 적군을 주멸하다"는 뜻이 타당하다고 보았다. 『사기』의
'전갑'은 적군을 말하는 것이고 『한서』의 '전갑'은 아군을 말하는 것이다. 참고로, "전여성田汝成이 말하
기를 '전갑全甲은 당연히 온몸에 갑옷을 걸치는 것을 말하며, 정예병이다'라고 했다."(『한서평림』)
109 『한서』에서는 '8960명'이라고 했다.
110 "원수 2년의 하서 전쟁은 한나라와 흉노 쌍방의 역량에 중대한 변화를 일으킨다. 이 전쟁으로
흉노는 하남 지역을 잃은 뒤 다시 하서 지역을 잃어 서부 지역을 통치하던 근간이 철저히 무너졌다. 이
후 흉노는 한나라와의 서역 쟁탈 투쟁에서 장기간 활동할 수 없는 지위로 떨어졌고 동시에 경제적으
로도 중대한 손실을 입었다. 한나라는 하서 지역의 흉노 세력을 제거함으로써 서부 변경 군의 백성을
쉴 수 있게 해주었다. 하서 전쟁에서 승리를 거둔 해에 한 무제는 조서를 내려 농서, 북지, 상군의 변방
을 지키는 사졸을 절반으로 줄였고, 백성의 부담을 덜어주어 장기전에 따른 막대한 경제 손실을 회복,
발전시켰다. 동시에 전한은 모든 하서주랑을 통제하고 흉노와 서강의 연계를 끊었을 뿐만 아니라 한나
라가 서역으로 가는 도로를 개통하여 흉노의 오른팔을 끊는 전략 목표를 실현하기 시작했다."(『중국군
사통사』)

그해 여름 표기장군과 합기후 공손오는 함께 북지군北地郡에서 출발한 다음 병력을 두 갈래 길로 나누었고, 박망후 장건과 낭중령 이광은 함께 우북평에서 출발하면서 그들 또한 병력을 두 갈래 길로 나누어, 네 갈래 길의 군대가 동시에 흉노로 진격했다. 낭중령 이광이 이끄는 기병 4000명은 이미 목적지에 당도했지만 박망후 장건이 이끄는 기병 1만 명은 뒤쳐져 있었다.[111] 흉노 좌현왕이 이끄는 수만 명의 기병이 낭중령 이광을 포위했고, 낭중령이 이틀간 대적하여 전사한 병사가 절반이 넘었으나 적군의 전사자는 한나라보다 더 많았다. 박망후 장건이 이끄는 부대가 도착하자 흉노 군대는 물러났다. 박망후는 행군을 지체한 죄로 참수형 판결을 받았지만 돈을 내고 속죄하여 일반 평민이 되었다. 그리고 표기장군 곽거병은 북지군에서 출발해 흉노 적지로 깊숙이 들어갔지만 합기후 공손오가 길을 잃어 서로 연계가 끊어졌다. 곽거병만 거연居延을 넘어 곧장 기련산에 이르러 많은 적을 참수하고 포로를 사로잡았다. 무제가 말했다.

"표기장군은 거연을 넘어 소월지小月氏을 지나 기련산으로 진공하여 추도왕酋涂王[112]을 사로잡았다. 무리를 지어 투항한 자가 2500명, 참수하고 포로로 잡은 자가 3만200명, 5명의 소왕과 그들의 어머니, 또한 선우의 연지와 59명의 왕자, 상국, 장군, 당호, 도위 등 관원 63명을 사로잡았다. 그러나 자신의 병력은 대략 10분의 3만 잃었을 뿐이다.[113] 곽거병에게 5000호를 더해 봉한다. 곽거병을 수행하여 소월지까지 도달한 교위들에게는 모두 좌서장左庶長[114]의 작위를 하사한다. 응격사마鷹擊司馬 조파노는 두 차례나 표기장군을 수행하여 출정해 속복왕

---

111 원문은 '후지後至'로, "풍본, 삼본에는 후後자 뒤에 지至자가 없다."(『사기회주고증』) 나카이 리켄은 '지'자는 불필요한 글자라고 했으며, 『한서』에도 '지'자가 없다. '지'자를 포함하면 "뒤에 도착해 있다"는 뜻이 된다. 여기서는 '약속한 시간에 제때 도착하지 못했다'라는 뜻으로 당연히 '지'자는 삭제해야 한다. '수정본'에는 '후지後至'로 기재하고 있다.
112 추도왕酋涂王: 흉노족의 다른 갈래 두령.
113 원문은 '감십삼減什三'으로, 두 가지 해석이 가능하다. 하나는 자신의 병력 중에 10분의 3을 잃었다는 것이고, 다른 하나는 흉노의 병력 10분의 3이 줄었다는 것이다.
114 좌서장左庶長: 한나라 20등급의 작위 중 열 번째 서열의 작위다.

遫濮王을 참수하고 계저왕稽沮王[115]을 사로잡았다. 조파노의 수하 천기장千騎將[116]은 흉노왕과 왕의 어머니 각각 한 명, 왕자 이하 흉노 왕실 사람 41명을 사로잡았고, 기타 3330명을 포로로 잡았으며, 조파노의 선두부대는 1400명의 흉노인을 사로잡았다. 이에 조파노를 종표후從驃侯[117]에 봉하고 식읍 1500호를 하사한다. 교위 구왕句王 고불식高不識[118]은 표기장군을 수행하여 호우저왕呼于屠王과 왕자 이하의 종실 사람 11명을 사로잡고 1768명을 포로로 잡았으므로 의관후宜冠侯[119]에 봉하고 식읍 1100호를 하사한다. 또 교위 복다僕多[120]도 전공을 세웠으므로 휘거후煇渠侯[121]에 봉한다."

합기후 공손오는 기한을 어기고 지체하여 표기장군과 제때 합류하지 못했기 때문에 참형을 판결 받았지만 돈을 내고 속죄하여 일반 평민이 되었다. 당시 다른 노장들이[122] 거느리는 부대는 모두 표기장군 곽거병만큼 정예하지 못했다. 표기장군이 거느리는 부대는 항상 선발을 거친 정예부대로, 표기장군 자신도 과감히 적진 깊이 들어갔으며 항상 장사들과 함께 대부대의 선두에서 돌격했는데 행운이 따라주어 곤경에 빠진 적이 없었다. 반면 다른 노장들은 항상 움직임이 느려 적군을 만나지 못했다. 이 때문에 표기장군 곽거병은 날이 갈수록 무제의 총애와 신임을 얻었고, 그 지위가 대장군 위청과 대등해졌다.

115 속복왕遫濮王과 계저왕稽沮王은 흉노 왕의 명칭이다. 『한서』에서는 '계저왕稽且王'으로 기재하고 있다.
116 천기장千騎將: 조파노 수하에서 1000명의 기병을 통솔하는 관직이다.
117 종표후從驃侯: "장안이 말하기를 '표기장군을 수행하여 공을 세웠으므로 종표후라 한 것이다'라고 했다."(『집해』)
118 고불식高不識: 원래 흉노의 구왕句王이었는데 한나라에 투항한 뒤 표기장군의 교위가 되었다.
119 의관후宜冠侯: "공문상이 말하기를 '관군장군冠軍將軍을 수행하여 싸웠기 때문이다. 의관宜冠은 종표의 종류다'라고 했다."(『정의』)
120 복다僕多: 성이 복이고 이름이 다이다. 『한서』「경무소선원성공신표景武昭宣成功臣表」에는 '복붕僕朋'으로 기재하고 있다.
121 휘거후煇渠侯: 「건원이래후자연표」의 『색은』에 따르면, 휘거는 향鄕으로 어양漁陽(지금의 허난성 루산魯山) 경내에 있다.
122 원문은 '숙장宿將'으로, 이광 등의 노장老將을 말한다.

그해 가을에 선우는 서부 지역을 통솔하는 혼야왕이 여러 차례 곽거병에게 격파당해 수만 명을 잃은 데 분노하여 혼야왕을 불러들여 죽이려 했다. 혼야왕은 이 사실을 알고 휴도왕 등과 몰래 모의하여 한나라에 투항하고자 했고, 먼저 변경으로 사람을 보내 한나라 병사를 찾아 소식을 전했다.[123] 이때 대행大行 이식은 부대를 이끌고 황하 가에서 성을 쌓고 있었는데 혼야왕이 보낸 사자를 만나자 곧바로 역참 수레에 사람을 태워 경사로 달려가 무제에게 보고하게 했다. 무제는 보고를 받자 그들이 거짓 항복하는 식으로 습격할 것을 우려하여 곽거병에게 부대를 이끌고 가서 영접하게 했다. 표기장군이 황하를 건너 혼야왕이 이끄는 부대와 서로 마주 바라보게 되었을 때 혼야왕의 비장들은 한나라 군대를 보자 대부분 마음을 바꿔 투항하지 않고 달아났다. 이때 표기장군은 즉시 말을 달려 흉노의 군중으로 들어가 혼야왕을 만났고 달아나려는 자 8000명을 참살했다. 표기장군은 혼야왕을 역참 수레에 홀로 태운 뒤 무제가 있는 행재소로 보내고, 자신은 혼야왕이 이끌던 무리를 데리고 남쪽으로 황하를 건너 돌아왔다. 투항한 자가 수만 명이었는데[124] 대략 10만 명이라고 보고했다. 그들이 장안에 당도한 뒤 무제는 수십억 전[125]을 상으로 하사했다. 혼야왕을 식읍 1만 호의 탑음후漯陰侯[126]에 봉하고, 그를 따라 투항한 소왕 호독니呼毒尼를 하마후下摩侯[127]에 봉했으며, 응비鷹庇를 휘거후煇渠侯,[128] 금리禽棃[129]를 하기후河綦侯,[130] 대

---

123 "먼저 변경으로 사람을 보내 한나라 사람을 기다렸다가 항복하고자 한다는 말을 전한 것이다." (『색은』)

124 『사기』「흉노열전」에 따르면, 이때 투항한 자는 4만 명이었다.

125 원문은 '수십거만數十巨萬'이다. 일부 번역본에는 '수십만 금' 혹은 '수십만의 거금'으로 번역했는데, 이는 잘못된 해석이다. '거만巨萬'은 '만만萬萬', 즉 '억億'을 뜻하며, 여기서는 동전 단위를 의미한다. 즉 '수십억의 동전'으로 번역하는 게 맞다. 또한 상을 하사받은 자들은 항복한 흉노인을 말한다.

126 탑음후漯陰侯: 봉지 탑음漯陰은 지금의 산둥성 위청禹城 동쪽 지역이다.

127 하마후下摩侯: 「건원이래후자연표」에서는 '하휘후下麾侯'라고 기재하고 있다. 『색은』에서 '하휘下麾'는 의씨猗氏(지금의 산시山西성 린이臨猗 남쪽) 경내에 있다고 했다.

128 앞서 이미 복다복多를 휘거후煇渠侯에 봉했는데 지금 또 응비를 휘거후에 봉했으니, 둘 중 하나는 틀린 것이다. "공문상이 말하기를 '같이 원수 연간에 봉했다면, 읍邑을 나누어 두 사람에게 봉한 것

당호大當戶 동리銅離131를 상락후常樂侯132에 봉했다. 그러고는 표기장군의 공로를 표창하며 말했다.

"표기장군 곽거병이 군사를 이끌고 흉노 서부 지역의 혼야왕133을 공격하여 혼야왕과 그의 백성이 모두 우리에게 투항했다. 곽거병은 자신의 군량을 그들에게 주어 먹도록 했고, 1만 명의 궁수를 이끌고 투항하지 않고 도주를 시도한 사납고 흉악한 무리 8000여 명을 참수하고 포로로 잡았으며, 다른 나라 왕을 32명이나 투항시켰으면서도 자신의 부대는 어떠한 손상도 입지 않았다. 흉노의 투항한 10만 명이 모두 진심으로 복종하고 빈번한 출정으로 인한 고생을 마다하지 않아134 요새 밖과 황하 연안의 여러 군郡이 전란의 화에서 벗어날 수 있었으며 다행히 영원한 평화를 얻게 되었다. 표기장군에게 1700호를 더해 봉한다."

무제는 또 농서군, 북지군, 상군을 지키는 부대를 절반으로 줄이고 천하의 요역 부담을 경감했다.

그 뒤 오래지 않아 투항한 흉노인들을 옛 국경 밖의 지역인 5개 군郡135에 나눠 이주시켜서 모두 황하 이남에136 거주하게 했는데, 자기들의 오랜 풍속을 유

이다'라고 했다."(『한서보주』) "「표表」에는 '휘거輝渠'가 '순량順梁'으로 되어 있다."(『정의』)

129 금리禽梨: 「건원이래후자연표」에서는 '오리烏梨'로 기재하고 있다.

130 하기후河綦侯: 『색은』에 따르면 봉지 하기河綦는 제남군濟南郡(치소는 동평릉현東平陵縣으로 지금의 산둥성 장추章丘 서쪽)에 있다고 했는데, 방위가 상세하지 않다.

131 동리銅離: 「건원이래후자연표」에서는 '조조稠雕'로 기재했다."('수정본') "『한서』 「위청전」에서는 '조리稠離로 기재하고 있다'고 했고, 『한서』 「곽거병전」에서는 '조수調雖'로, 「경무소선원성공신표景武昭宣成功臣表」에서는 조조稠雕로 기재하고 있다고 했다."(『색은』)

132 상락후常樂侯: 『색은』에 따르면 상락常樂은 제남군에 있다.

133 원문은 '흉노서역왕혼야匈奴西域王渾邪'다. "흉노 서부 지역의 왕 혼야왕"이라는 뜻으로, 통상적인 '서역西域'의 개념과는 다르다. "어떤 사람은 이 문장을 혼야왕이 본래 흉노에서 '서역'의 사무를 주관했다고 이해하기도 한다. 게다가 '혼야왕이 한나라에 투항하고 흉노는 하서 지역에서 모든 것을 잃어 서역 사무를 관리한 사람은 흉노 서북방에 거주했던 일축왕日逐王이다'라고 말하는데, 참고할 만하다."(『사기전증』)

134 원문은 '잉여지로仍與之勞'다. 『한서』 「곽거병전」에서는 '잉흥지로仍興之勞'로 기재하고 있다. '잉仍'은 빈번하다는 뜻이고 '흥興'은 군사 동원을 뜻한다. 역자는 『한서』의 견해에 따랐다.

135 5개 군은 농서, 북지, 상군, 삭방, 운중을 말한다.

지하면서 한나라의 속국이 되도록 했다.[137] 그 이듬해[138] 흉노는 우북평과 정양군에 침입하여 한나라 사람 1000여 명을 죽이거나 잡아갔다.

또 그 이듬해에 무제는 장수들과 상의하며 말했다.

"흡후 조신이 선우를 위해 계책을 세우는데, 그는 한나라 군대가 사막을 넘어 흉노로 진군할 수 없고 더욱이 감히 그곳에서 오래 머물 수 없다고 생각한다. 지금 우리가 대부대를 갑자기 파견한다면 형세를 보아 반드시 우리가 원하는 바[139]를 얻을 수 있을 것이다."

이해는 원수 4년(기원전 119)이었다.

원수 4년[140] 봄에 무제는 대장군 위청과 표기장군 곽거병에게 각기 기병 5만 명을 이끌게 하고, 보병과 군수물자를 운송하는 부대, 후속부대 수십만 명이 그 뒤를 따르게 했다. 그리고 적진 깊숙이 돌격하여 힘껏 싸울 수 있는 장사들은 모두 표기장군 곽거병에 배속시켰다. 처음에 표기장군은 정양에서 출발하여 곧장 선우를 공격할 생각이었다. 그런데 사로잡은 포로가 말하기를 선우가 동쪽에 있다고 했으므로 무제는 표기장군을 대군에서 출발하도록 하고 대장군 위청의 부대를 정양에서 출발하도록 변경했다. 당시 낭중령 이광은 전장군, 태복 공손하는 좌장군, 주작도위 조이기趙食其는 우장군, 평양후 조양曹襄[141]은 후장군으로 삼아 모두 대장군 위청을 따르도록 했다. 부대가 사막을 건넜을 때 위청은 5만 명의 기병을 이끌고 표기장군 곽거병과 함께 흉노 선우를 공격하기로 약정했다. 이때 조신은 선우에게 계책을 내면서 말했다.

---

136 지금의 네이멍구의 서남부, 산시陝西성 북부와 닝샤 후이족 자치구의 일부 지역을 말한다.
137 안사고는 말하기를 "본국의 습속을 바꾸지 않고 한나라에 속하게 했으므로 속국屬國이라 부른다"고 했다.
138 원수 3년, 기원전 120년이다.
139 "선우를 사로잡고 흉노의 주력을 섬멸하는 것을 말한다."(『사기전증』)
140 "원수4년은 불필요한 글자다. 『한서』에는 없다."(『찰기』)
141 조양曹襄은 조참曹參의 증손자로 선조의 작위를 세습하여 후가 되었다.

"한나라 군대는 사막을 건너왔으므로 사람과 말이 모두 피로해 있을 것입니다. 우리는 싸우지 않고 앉아서 포로들을 거두기만 하면 됩니다."

그리하여 그들의 군수물자를 모두 멀리 북쪽으로 옮긴 뒤 정예부대만을 사막 북쪽에 배치해놓고 한나라 군대를 기다리고 있었다. 마침 이때 변경 요새를 떠나 1000여 리 행군해 온 대장군 위청의 부대는 선우가 이미 그곳에 진을 치고 기다리고 있는 것을 발견했다. 이에 대장군은 명령을 내려 무강거武剛車[142]를 원형으로 배치하여 군영으로 삼게 하고 기병 5000명을 내보내 흉노의 군진으로 돌진하게 했다. 흉노도 1만 명에 가까운 기병을 내보내 맞서게 했다. 때마침 해가 저물어가고 큰 바람이 불어 모래와 자갈이 얼굴을 때리자 양군은 서로를 알아볼 수 없었다. 이때 한나라 군대 좌우 날개 부대가 앞으로 출동하며 선우를 에워쌌다. 선우는 한나라 군대의 병력이 많고 전투력이 여전히 강한 것을 보자 싸워봤자 흉노군에게 불리하다고 판단하여 해질녘 노새 6마리가 끄는 수레에 올라 건장한 기병 수백 명만을 데리고 한나라의 포위를 뚫고는 서북쪽 방향으로 달아났다. 이미 날이 어두워졌는데 한나라와 흉노는 서로 뒤엉켜 싸워 양쪽의 사상자 수가 대체로 비슷했다. 한나라 군대 좌교左校에게 잡힌 포로에게서 선우가 날이 어두워지기 전에 달아났다는 말을 듣고 대장군 위청은 그날 밤 날랜 기병을 보내 선우를 추격하게 하고 자신은 대군을 이끌고 뒤따랐다. 흉노 병사들도 사방으로 흩어져 달아났다. 해 뜰 무렵까지 200여 리나 추격했으나 선우는 잡지 못했고, 참살하고 포로로 잡은 적군이 대략 1만여 명이었다. 마침내 전안산寘顔山 아래 조신성趙信城에 이르러 흉노가 쌓아둔 식량을 노획하여 군사들에게 먹였다. 한나라 군대는 그곳에서 하루 머물고 귀환하면서 조신성과 성 안에 남아 있던 양식을 전부 불태워버렸다.[143]

142　무강거武剛車: "『손오병법孫吳兵法』에서 말하기를 '덮개가 있는 것을 무강거라고 한다'고 했다." (『집해』)
143　"막북漠北 전쟁은 한나라 군대가 중원에서 가장 먼 전장에서 진행한 최대 규모의 어렵고 방대한

대장군 위청이 선우와 접전을 벌일 때 전장군 이광과 우장군 조이기의 군대는 별도로 동쪽 길로 진격했는데 중도에 길을 잃은 탓에 제시간에 합류하여 선우를 공격하지 못했다. 대장군이 부대를 이끌고 사막 남쪽으로 돌아왔을 때 비로소 전장군 이광과 우장군 조이기의 군대를 찾았다. 대장군은 사자를 장안으로 보내 전황을 보고하기 위해 장사長史를 시켜 전장군 이광을 서면으로 심문하게 하자 이광이 자살했다. 우장군 조이기는 장안으로 돌아온 뒤 형리에게 넘겨졌는데 돈을 내고 속죄하여 일반 평민이 되었다. 대장군은 요새 안으로 들어왔고, 이번 전쟁에서 참수하고 포로로 잡은 적이 1만 9000명이나 되었다.

당시 흉노 무리는 열흘 넘게 선우의 행방을 찾지 못했고, 우녹려왕은 이 소식을 듣고 스스로 선우가 되었다. 뒷날 선우가 자신의 무리를 찾자 우녹려왕은 선우 칭호를 내놓았다.

당시 표기장군 곽거병도 기병 5만 명을 거느렸으며, 수레와 군수물자도 대장군 군대와 같았지만 비장이 없었다.[144] 곽거병은 이감李敢 등을 대교大校로 삼아 비장을 맡겼다.[145] 표기장군은 대군과 우북평에서 출발하여 1000여 리를 진격한 뒤 흉노의 왼쪽 방향[146] 부대와 맞닥뜨렸는데 전투에서 참수하고 포로로 잡

전쟁이었다. 이번 전쟁은 한나라 군대가 비록 수만 명의 병사와 10여만 마리의 말을 잃는 큰 대가를 치렀지만 흉노에게 이전에 없었던 타격을 줬다. 흉노 기병의 손실은 8~9만에 이르렀고 좌현왕의 주력이 거의 격멸되었다. 막북 전쟁 이후에 '막남漠南에는 왕정이 없다'는 말은 흉노 세력이 대거 위축되었음을 상징한다. 이번 대결전을 통해 한나라에 위협적이었던 변경의 근심은 기본적으로 해결되었다. 이러한 의의로 보면 막북 전쟁은 실로 한무제가 흉노에 반격한 전쟁 가운데 최고봉이라 말할 수 있다.”(『중국군사통사』)

144 “조정에서 비장을 배정한 것이 아니다. 여기서 곽거병이 군중에서 차지하는 숭고한 지위가 드러난다. 비장은 대장군에 소속된 여러 장수와 부장으로 위청 부대에 있던 전·후··좌·우 여러 장군을 비장이라고 한다.”(『사기전증』)

145 이감李敢은 이광李廣의 셋째아들로 당시 장군이었는데, 여기서는 직급을 강등시킨 것이다. 대교大校는 여러 교위校尉의 우두머리다. “분명히 비장인데 이감을 대교라고 부르는 것은 주장인 곽거병과 거리를 두게 하려는 것이다.”(『사기전증』)

146 원문은 '좌방左方'이다. 좌현왕 부대를 말한다. “좌방左方은 당연히 좌왕左王이라 해야 한다. 「흉노전」에서 '표기장군 곽거병은 대군에서 출발하여 북쪽으로 2000여 리를 진군하여 좌왕左王(좌현왕)과 교전했다. 이때 한나라 군대는 참수하고 포로로 잡은 흉노 병사가 7만여 명이었고, 좌현왕과 부장

은 적이 대장군 위청보다 많았다. 부대가 돌아온 뒤 무제가 말했다.

"표기장군 곽거병은 대군을 통솔하여 이전에 사로잡은 훈육葷粥의 용사들까지 직접 이끌고 행장을 가볍게 하여[147] 전진해 큰 사막을 넘고 강을 건너 선우의 신하인 장거章渠를 사로잡고[148] 비거기比車耆[149]를 주살했으며, 방향을 바꿔 좌대장左大將[150]을 공격해 깃발과 군기軍旗와 전고戰鼓[151]를 노획했다. 이후산離侯山[152]을 넘고 궁려수弓閭水[153]를 건너 둔두왕屯頭王과 한왕韓王 등 3명과 흉노 장군, 상국, 당호, 도위 등 83명을 사로잡았다. 낭거서산狼居胥山에 올라 대를 쌓고 하늘에 제사 지내고 고연산姑衍山에서 땅에 제사를 지낸 뒤 곧장 한해翰海 근처의 산에 올라 멀리 바라봤다. 사로잡은 적병을 통해 적의 상황을 알고 진격하여 7만443명을 포로로 잡았지만 자신의 병력은 10분의 3만 잃었을 뿐이다.[154] 그들은 적의 수중에 있는 군량을 탈취함으로써 지극히 먼 지방까지 행군하면서도

들은 모두 달아났다'고 했는데, 이것이 그 증거다."(『한서보주』) "좌왕左王으로 고치지 않은 것은 좌방左方이 본래 좌현왕에 속해 있기 때문인 것 같다."(『사기전증』)

147 원문은 '약경재約輕齎'다. 안사고는 말하기를 "경재輕齎는 치중輜重(군수물자를 실은 수레)을 따르지 않게 하고 양식을 적게 휴대하는 것이다"라고 했다. 여기서 '약約'과 '재輕' 자는 의미가 중복된다.

148 원문은 '섭획장거涉獲章渠'다. 안사고는 말하기를 "섭涉은 물을 건너는 것을 말한다. 장거章渠는 선우의 근신近臣으로 물을 건너 그를 격파하여 사로잡은 것이다"라고 했다. 그러나 '섭涉은 제濟를 말하는 것이고, 그 다음 글자는 모두 강의 명칭이다. 다만 섭획涉獲이라고 말한다면 섭涉은 강을 건너는 것을 말하는 것이 아니다. 섭涉은 마치 입入과 같은데, 군대를 진입시켜 근신을 사로잡았으므로 '진입하여 선우의 장거를 사로잡다'고 말하는 것이다."(『독서잡지』 「독한서잡지讀漢書雜志」) 또한 "획장거獲章渠 또한 강 명칭이다."(『사기회주고증』) 참고할 만한 견해지만 역자는 안사고의 견해에 따랐다.

149 비거기比車耆: 흉노의 왕 이름이다. 『한서』에서는 '북거기比車耆'라고 기재하고 있다.

150 좌대장左大將은 좌현왕 부하인 좌대장을 말한다. 『한서』에서는 '좌대장쌍左大將雙'으로 기재하고 있는데, '좌대장인 쌍(사람 이름)'이라는 뜻이다.

151 군기軍旗와 전고戰鼓는 전투를 지휘하는 깃발과 북을 말한다.

152 이후산離侯山: 『한서』에서는 '난후難侯'라고 기재하고 있는데, 안사고는 산 명칭이라고 했다.

153 궁려수弓閭水: '궁로弓盧'라고도 한다. 지금의 몽골 울란바토르 동쪽에 있는 케룰렌강이다.

154 원문은 '감십삼減什三'이다. 앞의 문장과 마찬가지로 자신의 병력 10분의 3을 잃었다고도 볼 수도 있고, 흉노의 병력이 10분의 3이 줄었다고도 번역할 수 있다. 『한서』에서는 '감십이減什二'로 기재하고 있다.

양식이 떨어진 일이 없었다. 특별히 표기장군에게 5800호를 더해 봉하노라."155

당시 우북평右北平 태수 노박덕路博德은 표기장군에 예속되어 여성與城156에서 합류하는 약정된 시기를 놓치지 않았고, 도도산檮余山157까지 진격하여 참수하고 포로로 잡은 적이 2700명158이나 되었으므로 노박덕을 부리후符離侯159에 봉하고 식읍 1600호를 하사했다. 북지군의 도위 형산邢山160은 표기장군을 수행하여 흉노 소왕을 사로잡았으므로 그를 의양후義陽侯161에 봉하고 식읍 1200호를 하사했다. 앞서 귀순한 흉노 사람 인순왕因淳王 복육지復陸支와 누전왕樓專王 이즉간李卽軒은 둘 다 표기장군을 수행하여 전공을 세웠으므로 복육지를 장후壯侯162에 봉하고 식읍 1300호를 하사했으며, 이즉간은 중리후衆利侯에 봉하고163 식읍 1800호를 하사했다. 종표후 조파노와 창무후昌武侯 조안계趙安稽164도 표기장군을 수행하여 전공을 거뒀으므로 각각 300호씩을 더했다. 교위 이감은 흉노의 군기와 전고를 빼앗았으므로 관내후에 봉하고 식읍 200호를 하사했다. 교위 서자위徐自爲에게는 대서장大庶長165 작위를 하사했다. 표기장군의 군리와 사병

155　표기장군 곽거병은 앞뒤로 다섯 번에 걸쳐 식읍이 더해져 총 1만 6100호로, 대장군 위청의 3300호를 뛰어넘었다.
156　여성與城: 『한서』에서는 '흥성興城'으로 기재하고 있는데, 방위는 상세하지 않다.
157　도도산檮余山: 대략 지금의 몽골 경내에 위치해 있는데, 방위는 상세하지 않다.
158　『한서』에서는 '2800명'으로 기재하고 있다.
159　부리후符離侯: 봉지인 부리符離는 지금의 안후이성 쑤셴宿縣 동북쪽 지역이다. "부리符離는 마땅히 비리邱離로 해야 한다."(『사기지의』)『한서』 또한 '비리邱離'로 기재하고 있다.
160　「건원이래후자연표」에는 '위산衛山'으로 기재하고 있다.『한서』 또한 '위산衛山'으로 기재하고 있다.
161　의양후義陽侯: 봉지인 의양義陽은 향鄕으로, 지금의 허난성 퉁바이현桐柏縣 동쪽 지역이다.
162　장후壯侯: 『한서』에서는 '두후杜侯'로 기재하고 있다. "『사기지의』와 '수정본' 역시 '두후杜侯'로 해야 한다고 했다."
163　앞에서 이미 학현郝賢을 중리후衆利侯로 봉했다고 했는데, 지금 또 이즉간李卽軒을 중리후에 봉했다고 했다. "학현은 원삭 6년에 후에 봉해졌는데 원수 2년에 죄를 지어 봉국이 취소되었다. 그래서 원수 4년에 다시 이즉간을 중리후에 봉했을 것이다."(『사기전증』)
164　창무후昌武侯 조안계趙安稽는 원래 흉노의 왕이었는데 한나라에 귀순했다. "창무昌武는 무양武陽으로 해야 한다."(『사기지의』)
165　대서장大庶長: 진·한 시대 20등급의 직위 중 18번째 등급. 『한서』에서는 서자위徐自爲에게 '좌서장左庶長' 작위를 하사했다고 기재하고 있다.

들도 관직을 얻고 상을 받은 자가 매우 많았다. 그러나 대장군 위청은 더해서 봉해진 것이 없었기 때문에 그의 부하 군리와 사병 중에도 후에 봉해진 자가 한 명도 없었다.

당초에 두 갈래의 대군이 요새를 나설 때 변경 요새의 통계에 따르면 관마官馬와 사마私馬가 14만 필이었는데 돌아올 때 남은 수는 3만 필도 되지 않았다.166 이에 조정에서는 대사마大司馬167 관직을 증설하여 대장군 위청과 표기장군 곽거병을 모두 대사마로 삼았다. 아울러 법령을 제정하여 표기장군의 지위와 봉록을 대장군과 동등하게 했다.168 이때부터 대장군 위청의 권세는 날로 쇠락했고 표기장군 곽거병은 날이 갈수록 더욱 존귀해졌다. 대장군 위청의 옛 친구들과 문하 사람들 가운데 그를 떠나 표기장군 문하로 옮긴 사람들이 관직과 작위를 얻었는데, 단지 임안任安만은 위청을 떠나려 하지 않았다.

표기장군 곽거병은 사람됨이 말수가 적고 감정을 겉으로 드러내지 않았으나 기백이 있고 책임을 맡은 일에는 과감했다. 무제가 일찍이 그에게 손오孫吳 병법169을 가르치려 한 적이 있었는데 곽거병이 말했다.

"그때그때 상황에 맞게 적절한 대책을 세우는 것이 관건으로, 고대의 병법을 배울 필요는 없습니다."

---

166 「무제기」에서 이르기를 '양 군대의 전사자가 수만 명이었다'고 했다.(『한서보주』)
167 대사마大司馬: 중국 고대 중앙정부의 무관직 가운데 가장 높은 직책이다. 무제 때 태위太尉를 없애고 대사마를 설치했다(원수 4년, 기원전 119). 전한 시기에는 항상 권력을 장악한 외척에게 이 관직을 수여했고 대부분 대장군, 표기장군, 거기장군과 연계되었다. 후한 초기에는 삼공 중의 하나로 태위太尉로 돌렸다가 말년에 다시 별도로 대사마를 설치했는데 삼공의 지위보다 높았다.
168 대장군과 표기장군의 지위는 승상보다 한 단계 낮지만 대사마 직함이 더해지면서 실제 지위와 권세가 승상을 추월했다.
169 제나라 사람 손무孫武와 위衛나라 사람 오기吳起가 쓴 병법. 『한서』 「예문지」에 『오손자병법吳孫子兵法』 82편, 『오기吳起』 48편이 있다. 손무의 저작은 지금 『손자병법』 13편과 오기의 저작 『오자吳子』 3편이 있는데, 아마도 후세 사람이 차용한 것이다.

무제가 그를 위해 저택[170]을 지어주고 그에게 보여주자, 곽거병이 대답했다.

"흉노가 아직 소멸되지 않았으니 집을 지을 필요가 없습니다."

이런 일이 있은 뒤 무제는 그를 더욱 좋아하게 되었다.

그러나 곽거병은 젊은 나이에 시중侍中이 되고 지위가 존귀해졌기 때문에 사병들에게 관심을 두지 않았다. 그가 군대를 이끌고 출정할 때마다 무제는 태관太官[171]을 파견해 수십 대의 수레에 음식을 실어 보냈는데, 돌아온 수레에는 먹지 않은 좋은 곡식과 고기[172]가 남아 있었다. 그러나 굶주림에 시달리는 사병이 적지 않았다. 군사가 요새 밖에 있을 때 양식이 부족해서 어떤 병사들은 일어설 수 없을 지경이었는데 곽거병은 땅에 구역을 그려놓고 답국蹋鞠[173] 놀이를 즐겼다. 이와 유사한 일이 매우 많았다. 이에 비해 대장군 위청은 사람됨이 어질고 선량하고 겸손히 양보했으며, 온화하고 유순한 태도로 무제의 비위를 맞췄지만[174] 천하 사람들은 그를 칭찬하지 않았다.

표기장군 곽거병은 원수 4년에 흉노 토벌을 하고 3년이 지난 원수 6년(기원전 117)에 사망했다.[175] 무제는 매우 슬퍼하여 속국의 철갑군鐵甲軍[176]을 소집해 장

---

170 원문은 '제第'로, 관료와 귀족의 대저택을 말한다. 고대에는 일등 저택을 갑제甲第라고 했는데, 나중에는 '제'라고 했다.
171 태관太官: 진나라 때 태관령太官令, 승丞을 일컫는 관직이다. 황제의 음식과 연향宴享(고대 제왕이 군신과 빈객에게 연회를 베푸는 것)의 일을 주관했고 소부少府에 속했다.
172 원문은 '양육粱肉'으로, 좋은 곡식과 고기를 말한다. '양粱'은 곡식의 우량한 품종을 뜻한다. 한나라 때에는 맛있는 음식을 가리키는 말이었다.
173 답국蹋鞠: 지금의 축구와 비슷한 놀이로, 신체 단련에 활용되었다. "하작何炸의 『의문독서기義門讀書記』에서 말하기를 『답국蹋鞠』 25편이 있는데, 『한서』는 병가兵家의 기교에 포함시켰다'고 했다. 사이史珥는 말하기를 '이광은 상을 하사받으면 휘하 부하들과 나누고 음식은 사졸들과 함께했으나 후에 봉해지지 못하고 게다가 스스로 목을 베어 자결했다. 표기장군 곽거병은 수레에 좋은 곡식과 고기를 남겼는데 사졸들은 굶주렸고 끝내는 양식이 부족하거나 혹은 스스로 일어설 수 없을 지경이었다. 표기장군은 구역을 그려놓고 축구를 즐겼는데도 대사마에 이르고 공명을 이루었다. 사마천은 두 사람을 전하면서 매우 불공평한 뜻을 품고 있었다'고 했다."(『사기전증』)
174 "대장군 위청은 궁중에서 시중을 담당했는데, 무제가 어떤 때는 측간 안에서 그를 불렀다."(『급정汲鄭열전』)
175 곽거병이 죽었을 때 그의 나이 겨우 24세였다.

안에서 무릉茂陵177까지 도열시키고, 그곳에 기련산의 형세를 본뜬 능묘를 건설했다.178 그의 시호는 무武를 겸비했다는 뜻과 땅을 넓혔다는 뜻으로 '경환후景桓侯'라고 했다.179 그의 아들 곽선郭嬗이 부친의 작위를 계승했다. 당시 곽선은 아직 나이가 어렸고 자는 자후子侯라 했는데, 무제가 매우 사랑하여 그가 장성하면 장군을 맡기려 했다. 6년이 지난 원봉 원년(기원전 110)에 곽선이 죽자180 애후哀侯라는 시호를 내렸다. 곽선에게 아들이 없었으므로 봉국 또한 취소되었다.181

표기장군 곽거병이 죽은 뒤, 대장군 위청의 장남 의춘후宜春侯 위항衛伉이 법을 어겨 또한 작위를 잃었다.182 그로부터 5년 뒤 위항의 두 동생인 음안후陰安侯 위불의衛不疑와 발간후發干侯 위등衛登은 모두 주금酎金을 어겨 후 작위를 잃었다.183 그들이 작위를 잃은 지 2년 만에 관군후冠軍侯184의 봉국도 취소되었다.

176　원문은 '속국현갑屬國玄甲'이다. 앞에서 나온 서북 변경 5개 군에 거주시킨 한나라에 투항한 흉노의 철갑군을 말한다. 현갑玄甲은 검은색 갑옷으로 흑갑黑甲, 철갑鐵甲을 말한다. 전한 때 철제 갑옷이 보급되기 시작하여 점차 군중의 주요 장비가 되었는데, 당시에는 이러한 철갑을 현갑玄甲이라 불렀다.

177　무릉茂陵: 무제가 자신을 위해 미리 건설한 능묘다. 전한 제도에 각 황제 능묘 소재지마다 현을 설치했으므로 무제 건안建安 2년(기원전 139)에 무제의 능묘를 지키는 인가와 부근에 무릉현을 설치했다. 지금의 산시陝西성 싱핑興平 동북쪽이다. 무제는 사후 이곳에 묻혔다.

178　"최호가 이르기를 '곽거병이 이 산에서 혼야왕을 격파했으므로 무덤의 형상을 만들게 해서 공적을 표창한 것이다'라고 했다. 요씨姚氏에 따르면, 무덤은 무릉 동북쪽에 있으며 위청의 무덤과 나란히 하고 있다. 서쪽은 위청의 무덤이고 동쪽은 곽거병의 무덤이다. 위에는 돌이 세워져 있고 앞에는 석마石馬가 마주하고 있으며 또 석인石人도 있다."(『색은』) "위청의 무덤은 지금의 무릉 동북쪽에 있는데, 곽거병 무덤과 서로 인접해 있다. 두 무덤은 여산 같기도 하고 기련산 같기도 하며 측면에서 주시하면 산등성이가 기복을 이루며 이어져 있는 형상이다."(『사기신증』)

179　"경景과 환桓은 두 시호다. 시법諡法에 '의를 널리 펼치고 강함을 실천한 것을 경景이라 한다'고 하여, 이것은 무武의 시호다. 또 말하기를 '토지를 개척하고 먼 곳을 복종시킨 것을 환桓이라 한다'고 했는데, 이것이 땅을 넓힌다는 광지廣地의 시호다. 곽거병은 평생 동안 무예를 했고 변경을 넓힌 공적이 있으므로 '시호를 내렸는데 무를 겸비하고 땅을 넓혔다는 의미로 경환후景桓侯라 했다'고 한 것이다."(『색은』)

180　"무제가 단독으로 봉거도위奉車都尉 시중侍中 곽자후霍子侯(곽선으로 자는 자후子侯)와 함께 태산에 올랐고, 산 정상에서 전례를 거행했다. 태산에서 봉선封禪을 마친 뒤 다시 동쪽 해변으로 가서 멀리 바라봤다. 공교롭게 봉거도위 곽자후가 급병에 걸렸고 하루도 되지 않아 죽고 말았다."(「봉선서」)

181　곽거병에게는 곽광霍光이라는 동생이 있는데, 또한 위소아의 아들이다. 『한서』에 열전이 있다.

182　원정 원년(기원전 116)의 일로, 곽거병이 죽고 2년 뒤의 일이다.

183　주금酎金: 주酎는 제사 때 사용하는 순주醇酒를 말하는데, 조묘祖廟(유방의 묘) 제사에 참가하

다시 4년 뒤 대장군 위청이 죽자 열후烈侯라는 시호를 내렸다.[185] 그의 장자인 위항이 작위를 계승하여 장평후가 되었다.

대장군 위청이 선우를 포위 공격한 때부터 14년 뒤에 위청이 죽었는데,[186] 그 사이에 다시 흉노를 공격하지 않은 이유는 한나라에 말이 부족했고, 당시 남쪽으로는 동월과 남월을 주멸하고 동쪽으로는 조선을 치고 강족과 서남이를 공격하느라 오랫동안 흉노를 정벌할 여력이 없었기 때문이다.

대장군 위청이 무제의 누이인 평양공주를 처로 맞아들였기 때문에 그의 장남 위항이 계속해서 장평후가 되었다.[187] 그러나 6년 뒤 위항은 법을 어겨 후 작위를 잃었다.[188]

는 제후들이 금을 바치고 순주를 마셨다. 제후들은 각기 봉읍 인구수에 따라 황금을 바쳐 성심을 표했는데 황금의 분량이 적거나 순도가 떨어지면 예법 위반으로 제후의 작위를 박탈했다. 무제 때는 이를 구실 삼아 많은 제후의 작위와 봉지를 박탈했는데, 원정 5년(기원전 112)에 1차로 열후 106명이 주금을 어겨 작위를 잃었다. 이로 인해 제후왕과 열후의 세력이 큰 타격을 받았다. "서부원이 말하기를 '대장군이 아직 살아 있는데, 세 아들이 후의 작위를 잃으니 한나라 법이 이토록 엄했구나!'라고 했다." (『사기전증』)

184 여기서의 관군후冠軍侯는 곽선郭嬗을 말한다.

185 원봉 5년(기원전 106)의 일이다. 조수曹壽가 불치의 악질惡疾을 얻자 평양공주는 남편을 떠나 위청에게 개가했다. 위청이 죽은 뒤 평양공주와 합장되었는데, 무덤은 여산廬山 형상으로 만들어졌다고 했다. 여산은 앞서 위청이 사막 북쪽에서 흉노를 격파한 뒤 추격하여 당도한 전안산을 말한다. 위청의 묘와 곽거병의 묘는 모두 무릉 동북쪽에 있는데, 모두 무제와 배장陪葬된 것이다. 한나라 때 황제의 능묘는 모두 서쪽에 자리 잡고 동쪽을 향하게 되어 있었는데, 매장된 신하들의 묘는 신도神道(종묘로 통하는 길) 북측에 있으므로 모두 무릉의 동북쪽에 있는 것이다. "사효평謝孝平은 위청이 53세에 죽었다고 고증했다."(『사기전증』)

186 위청이 선우를 포위한 때는 원수 4년(기원전 119)이고, 원봉 5년(기원전 106)에 위청이 죽었으니, 따져보면 14년이다.

187 위항은 이전에 죄를 지어 자신의 작위인 의춘후宜春侯를 잃었으니, 이치상 다시 부친의 작위를 계승할 자격이 없다. 그러나 부친인 위청이 황제인 무제 누이의 남편이므로 특별히 은혜를 베풀어 부친의 작위인 장평후를 계승한 것이다.

188 "이 구절은 후세 사람이 제멋대로 덧붙인 것이다. 위항이 후 작위를 잃은 것은 천한天漢 원년(기원전 100)의 일이다."(『사기지의』) 『한서』 「은택후표恩澤侯表」에는 "난입궁 완위성단闌入宮, 完爲城旦"이라 했다. '난입궁'은 무례하게 궁정으로 뛰어든 것이고 '완위성단'은 한나라 때의 형벌인 곤겸성단용髡鉗城旦春을 일컫는다. 즉 곤겸(죄인의 두 발을 전부 혹은 일부를 밀어버리고 쇠고리로 목을 묶는 형벌)을 받은 후에 다시 성단용(징역형에 속하는 형벌)에 처하는 것이다. '성단'은 남자 죄인에 대한 형벌로 성을 축

아래는 두 대장군과 거느린 여러 비장裨將의 명단이다.

　대장군 위청은 일곱 차례 출병하여[189] 흉노를 쳐서 참수하고 포로로 잡은 자
가 총 5만여 명이나 된다. 한 차례 흉노 선우와 직접 교전을 벌여 하남 지역을
수복하고 삭방군을 설립했다. 두 차례 봉읍이 증가하여 식읍이 모두 1만
2800호였다. 세 아들이 모두 후로 봉해졌고 각기 식읍이 1300호이니, 이것을
합치면 가족의 총 식읍은 1만5700호다.[190] 대장군을 수행하여 출정한 교위나
비장 중에 후에 봉해진 사람이 9명이고,[191] 후에 봉해지지는 않았지만 장군이
된 사람[192]이 14명이었다. 비장 가운데 이광은 열전이 있는데, 그 나머지 단독으
로 열전이 없는 자는 다음과 같다.

　장군 공손하는 의거義渠[193] 사람으로 그 조상은 흉노족이다. 공손하의 아버

조하는 것이고, '용春'은 여자 범인에 대한 형벌로 쌀을 찧는 것이다. 실제 노역은 성을 축조하고 쌀을
찧는 일에 국한되지 않았다. 한 문제가 형벌을 개혁하기 전까지 성단용은 무기한 형벌이었으나 개혁 이
후에는 가장 긴 형기가 6년이었다. "곽거병이 죽은 뒤 위청과 곽거병 두 집안은 연속해서 변고가 발생
하여 10여 년 뒤 모두 완전히 없어지게 되었으니 태사공이 써내려가면서 감개함이 끝이 없다. 또 곽거
병과 곽선이 죽은 것은 정상적인 사망에 속하지만, 정화征和 원년과 2년에 무고巫蠱 사건이 일어나면
서 황후 위자부, 태자 유거, 위유의 남편 공손하와 그 아들 경성敬聲, 그리고 위청의 아들 위항 등 많은
귀족이 무고 사건으로 모함을 받아 살해되었으니 모두 태사공이 직접 본 것으로 매우 슬퍼할 만하다."
(『사기전증』)
189　위청의 일곱 번의 출정은 다음과 같다. 원광 6년에 상곡을 나가고, 원삭 원년에 안문을 나가고,
원삭 2년에 운중을 나가 하남의 땅을 빼앗고, 원삭 5년에 고궐을 나가 우현왕을 격파하고, 원삭 6년
2월에 정양을 나가고, 원삭 6년 4월에 다시 정양을 나갔으나 공적이 없었고, 정양을 나가 사막 북쪽에
서 흉노를 격파했다.
190　마땅히 1만 6700호다. 위청은 1만 2800호에 봉해졌고 세 아들이 각기 1300호이니, 합해서 1만
6700호가 된다.
191　"『사기』와 『한서』의 「표」, 「전」에 따르면 11명이다. 소건, 장차공, 공손오, 공손하, 한열, 이채, 조
불우, 공손융노, 이삭, 장건, 학현이다. 아홉 명이라고 한 것은 잘못이다."(『사기지의』)
192　군사를 이끌고 단독으로 한 방면의 장군을 맡은 경우로, 다른 사람에 예속되어 비장을 수행하
지 않은 것이다.
193　의거義渠: 한나라 현으로 치소는 지금의 간쑤성 닝현 서북쪽 지역이다. 이곳에는 전국시대 때
의거족義渠族 사람이 거주했는데, 뒤에 진나라에 의해 소멸되고 의거현이 설치되었다.

지 공손혼야는 효경제 때 평곡후平曲侯에 봉해졌지만 뒤에 법을 어겨 후 작위를 잃었다.[194] 공손하는 무제가 태자였을 때 사인舍人으로 임명되었고, 무제[195]가 즉위한 지 8년째 되던 해에[196] 태복太僕 신분으로 경거장군이 되어 마읍馬邑에 주둔했다. 또 4년[197] 뒤 경거장군의 신분으로 군사를 이끌고 운중군에서 출발하여 흉노를 정벌했다. 다시 5년[198] 뒤에 기장군 신분으로 대장군을 수행하여 흉노를 정벌한 공적으로 남교후南窌侯에 봉해졌다. 다시 1년 뒤에 좌장군의 신분으로 또다시 대장군을 수행하여 정양군에서 출발해 흉노를 정벌했지만 공을 세우지 못하고 돌아왔다. 4년 뒤 주금을 어겨 후 작위를 잃었다.[199] 다시 8년[200]이 지나서 부저장군浮沮將軍[201]의 신분으로 오원군에서 출발해 북쪽으로 2000여 리를 진격해 흉노를 정벌했으나 공적 없이 귀환했다. 그로부터 8년[202] 뒤 태복에서 승상으로 임명되어[203] 갈역후葛繹侯에 봉해졌다.[204] 공손하는 총 일

194 공손혼야는 경제 때 농서 태수였는데, 오와 초의 난 때 공적을 세워 평곡후에 봉해졌다. "『한서』「공손하전」에는 공손혼야가 공손하의 조부라고 했는데, 아닌 것으로 의심된다."(『사기전증』)

195 "여기서 두 차례 '무제'라 칭하고 그 아래 이식, 공손오, 이저, 이채, 조신, 조이기 6명 앞에 무제라고 칭하는데, 후세 사람이 제멋대로 고친 것으로 당연히 '금상今上'이라고 해야 한다. 혹은 '금제今帝'라고 해야 하는데, 「흉노전」에서는 '금제'라고 했다."(『사기지의』)

196 원광 2년(기원전 133)이다.

197 3년이라고 해야 한다. 원광 5년(기원전 130)이다.

198 6년이라고 해야 한다. 원삭 5년(기원전 124)이다.

199 "『사기』와 『한서』의 「표」에 따르면 공손하는 원정 5년(기원전 112)에 주금을 어겨 면직되었고, 원삭 6년에 정양군을 나갔을 때부터 원정 5년까지 무릇 11년이다."(『사기지의』)

200 "공손하가 오원군에서 출발한 것은 원정 6년(기원전 111)의 일로 주금을 어겨 후 작위를 잃은 뒤 8년이 아니다."(『사기지의』)

201 부저장군浮沮將軍: 「흉노전」에 따르면 공손하는 기병 1만 5000명을 이끌고 구원九原에서 출발해 북쪽으로 2000여 리를 진군하여 부저정浮苴井까지 갔다가 돌아왔다'고 했는데, 부저苴는 즉 부저浮沮로, 아마도 지명일 것이다. 조파노를 흉하匈河, 준계장군浚稽將軍, 이광을 이사장군貳師將軍이라 한 것과 유사한 것이다."(『고이』) "정겸은 부저정을 마땅히 지금의 몽골 항가이산 북쪽으로 여겼다."(『사기전증』)

202 태초 2년(기원전 103)이다.

203 "『한서』「공손하전」에 따르면 이때 공손하가 승상이 된 것은 본인이 원하는 바가 아니었다. 무제가 임명했을 때 공손하는 놀라 머리를 조아리며 면직을 요청했다. 이와 같이 한 이유는 아마도 이전에 많은 승상이 무제에게 살해되었기 때문일 것이다."(『사기전증』)

곱 차례 장군이 되어205 흉노를 공격했지만 큰 공을 세우지는 못했다. 그러나 두 차례 후에 봉해지고206 승상 지위를 맡았다. 그의 아들 공손경성公孫敬聲은 무제의 딸인 양석공주陽石公主와 간통하고207 무고로 남을 해친 죄로 온 가족이 멸족되었고208 이후 후사가 끊어졌다.

장군 이식李息은 욱질郁郅209 사람으로 경제를 섬겼다. 무제가 즉위한 지 8년째 되던 해 그는 재관장군 신분으로 군사를 이끌고 마읍에 주둔했다.210 그로부터 6년 뒤211 장군의 신분으로 군사를 이끌고 대군에서 출발하여 흉노를 공격했고, 또 3년 뒤212 장군 신분으로 대장군을 수행하고 삭방군에서 출발하여 흉노를 정벌했지만 두 차례 다 공적 없이 돌아왔다. 이식은 앞뒤로 세 차례 장군이 되었으나 그 뒤로는 항상 대행에 임명되었다.

---

204 "한나라 건국 초기에 승상이 된 자는 모두 개국공신으로 후작 지위를 가지고 있었다. 무제 때에 이르러 공손홍이 평민인데 유가 서적을 읽어서 승상이 되었고 무제는 그를 평진후에 봉했다. 이때부터 승상이 된 자는 모두 후에 봉해졌고 공손하는 이러한 예를 따른 것이다."(『사기전증』)
205 공손하는 원광 2년에 경거장군으로 마읍을 나갔고, 원광 6년에 경거장군으로 운중을 나갔고, 원삭 5년에 기장군으로 흉노를 공격했고, 원삭 6년 2월에 좌장군으로 정양을 나갔고, 원삭 6년 4월에 다시 정양을 나갔고, 원수 4년에 좌장군으로 정양을 나갔고, 원정 6년에 부저장군으로 오원을 나갔다. "공손하는 다섯 차례 장군이 되었는데, 어찌 일곱 차례라고 말하는가?"(『사기지의』) 이는 양옥승이 잘못 안 것이다.
206 남교후南峁侯와 갈역후葛繹侯를 말한다.
207 양석공주陽石公主: 무제의 딸이고 위황후의 소생이다. 공손경성의 모친은 위황후의 언니인 위유衛孺이므로 공손경성과 양석공주는 이종사촌 오누이 사이로 근친관계다.
208 『한서』「공손하전」에 따르면 정화征和 원년(기원전 92)의 사건으로, 공손하는 아들 경성을 구원하기 위해 도망친 대협大俠인 주안세朱安世를 체포할 것을 청했다. 주안세는 체포된 뒤 공손하 등이 무고로 황제를 해치려 했다고 하여 공손하는 멸족을 맞았다.
209 욱질郁秩: 한나라 현으로 치소는 지금의 간쑤성 칭양慶陽이다.
210 원광 2년(기원전 133)에 마읍에 군사를 매복시켜 흉노를 습격하려 했으나 성공하지 못한 일을 말한다.
211 원삭 2년(기원전 127)이다.
212 원삭 5년(기원전 124)이다.

장군 공손오는 의거 사람이며 낭관 신분으로 무제를 섬겼다.[213] 무제가 즉위한 지 12년째[214] 되던 해에 기장군의 신분으로 대군에서 출발해 흉노를 정벌했지만 사졸 7000명을 잃어 그 죄가 참수형에 해당되었지만 돈을 내고 속죄되어 일반 평민이 되었다. 다시 5년 뒤[215] 교위의 신분으로 대장군을 수행하고 흉노를 정벌하는 공을 세워 합기후에 봉해졌다. 1년 뒤[216] 중장군 신분으로 재차 대장군을 수행하고 정양에서 출발하여 흉노를 정벌했지만 공적 없이 돌아왔다.[217] 또 2년 뒤[218] 장군 신분으로 북지군에서 출발했지만 약속한 기일에 이르지 못하고 표기장군과 합류하지 못해 그 죄가 참수형에 해당되었지만 돈을 내고 속죄되어 일반 평민이 되었다. 다시 2년 뒤[219] 교위의 신분으로 대장군을 수행하여 흉노를 정벌했지만 공을 세우지 못하고 돌아왔다. 이로부터 14년 뒤[220] 인우장군 신분으로 군사를 이끌고 수항성受降城을 축조했다.[221] 또 7년 뒤[222] 다시 인우장군 신분으로 흉노를 정벌하여[223] 여오수余吾水에 이르렀으나 많은 사졸을

213 『한서』에서는 '무제'가 아닌 '경제'라고 기재하고 있다. 양옥승 또한 '경제'가 맞다는 견해다.
214 원광 6년(기원전 129)이다.
215 마땅히 6년 뒤라고 해야 한다. 즉, 원삭 5년(기원전 124)이다.
216 원삭 6년(기원전 123)이다.
217 "열전에서는 참수하고 포로로 잡은 적이 1만여 명이었다고 했고, 『사기』와 『한서』의 「표」에서는 모두 이해에 공손오가 추가로 봉해졌다고 말하고 있어 여기 내용은 잘못이다. 당연히 공적이 없다는 '무공無功' 두 글자는 불필요한 글자다."(『사기지의』)
218 원수 2년(기원전 121)이다.
219 원수 4년(기원전 119)이다.
220 원봉 6년(기원전 105)이다. 「흉노열전」에 따르면 이 사건은 원봉 6년으로 이와 동일하지만, 『한서』 「무제기」에서는 태초 원년(기원전 104)으로 다르게 기재하고 있다. "여기서 14년이라고 말한 것은 성을 축조하기 시작한 해부터 계산한 것이다."(『사기회주고증』) 즉 『한서』에서 말한 것은 성의 축조를 완성한 때다.
221 「흉노열전」에 따르면 당시 흉노의 좌대도위가 선우를 죽이고 한나라에 투항하려 했으므로 조정에서 공손오를 파견해 수항성을 축조하게 했다.
222 원문은 '칠세七歲'다. "풍본, 삼본에는 '칠세七歲' 앞에 '후後'자가 있다."(『사기회주고증』) 즉 '후칠세後七歲(7년 뒤)'이므로 천한天漢 4년(기원전 97)이다.
223 이때 흉노 정벌은 이사장군 이광리가 주장이었고, 함께 출정한 사람은 유격장군游擊將軍 한열韓說과 강노장군 노박덕이었다.

잃어 하옥되었고 참형을 판결 받았다. 공손오는 거짓으로 죽은 척하고[224] 민간으로 달아나 5, 6년을 숨어 지냈는데, 뒤에 발각되어 다시 하옥되었다. 또 그의 처가 무고로 남을 해치려는 죄를 범했으므로 온 가족이 주살되었다.[225] 공손오는 앞뒤로 네 차례 장군이 되어 흉노를 정벌했고 한 차례 후에 봉해졌다.[226]

장군 이저李沮는 운중雲中 사람으로 경제를 섬겼다. 무제가 즉위한 지 17년째 되었을 때[227] 좌내사 신분으로 강노장군이 되어 출정했다. 1년 뒤[228] 다시 강노장군으로 임명되었다.

장군 이채李蔡는 성기成紀[229] 사람으로 앞뒤로 문제, 경제, 무제를 섬겼다. 일찍이 경거장군 신분으로 대장군을 수행하여 출정했다가 공이 있어 낙안후樂安侯에 봉해졌다. 그 뒤 승상으로 임명되었지만 법을 어겨 자살했다.[230]

장군 장차공은 하동河東[231] 사람이다. 그는 교위 신분으로 대장군 위청을 수행하여 흉노를 토벌하는 데 공이 있어 안두후岸頭侯에 봉해졌다.[232] 그 뒤 왕태후王太后가 죽었을 때 장군 신분으로 북군北軍[233]을 통솔했다. 1년 뒤[234] 장군의

---

224 "공손오는 아마도 참형을 당할 때 죽은 척하여 형을 집행하는 자가 보고를 마쳤는데 5, 6년 뒤에 다시 나타나는 바람에 그가 속인 일이 발각되었을 것이다."(『한서보주』)
225 무제 정화 2년(기원전 91)의 일이다.
226 합기후合騎侯를 말한다.
227 원삭 5년(기원전 124)이다.
228 원삭 6년(기원전 123)이다.
229 성기成紀: 한나라 현으로 치소는 지금의 간쑤성 퉁웨이通渭 동북쪽 지역이다.
230 이채李蔡: 이광의 동생으로 원수 2년에 승상이 되었다. 원수 5년에 효경제의 능원 범위 내의 땅을 침범하여 점유한 죄로 자살했다.
231 하동河東: 한나라 군으로 치소는 안읍安邑(지금의 산시山西성 샤현夏縣 서북쪽)이다.
232 원삭 2년(기원전 127)의 일로 위청이 하남 지역을 수복하는 데 공이 있었다.
233 북군北軍에 대해서는 의견이 일치하지 않는다. 대부분의 사람은 도성을 방비하는 군대로 여기지만, 어떤 사람은 미앙궁을 방비하는 군대라고 하고, 어떤 사람은 북궐北闕에 주둔하여 궁정을 방비

신분으로 대장군을 수행하여 출정했다. 그는 두 차례나 장군이 되었으나 법을 어겨 후 작위를 잃었다.[235] 장차공의 아버지 장융張隆은 경거무사輕車武射[236]였는데, 활을 잘 쏘아 경제의 총애를 받았다.

　장군 소건은 두릉杜陵 사람이다.[237] 그는 교위 신분으로 대장군 위청을 수행하여 흉노를 토벌하는 데 공이 있어 평릉후平陵侯에 봉해졌고,[238] 또 장군 신분으로 군사를 이끌고 삭방군에 성을 축조했다.[239] 4년 뒤[240] 유격장군 신분으로 대장군을 수행하고 삭방군을 나가 흉노를 토벌했다. 또 1년 뒤[241] 우장군 신분으로 재차 대장군을 수행하여 정양군을 나가 출정했는데, 흡후 조신을 잃고 자신의 군사도 모두 잃어 참형을 판결 받았는데 돈을 내고 속죄하여 일반 평민이 되었다. 그 뒤 소건은 대군 태수에 임명되었고, 죽은 뒤에는 대유향大猶鄉에 매장되었다.[242]

하는 부대라고도 한다.
234　"마땅히 2년 뒤라고 해야 한다."(『사기지의』) 아마도 원삭 5년일 것이다.
235　「건원이래후자연표」에 따르면 원수 원년(기원전 122)에 "장차공은 회남왕의 딸과 간통하고 재물을 받은 죄로 봉국이 취소되었다"고 했다. 회남왕 유안劉安의 딸은 이름이 능陵으로 그녀의 부친인 유안이 모반하려 하자 유능劉陵이 도성에 거주하면서 부친의 간자로 활동하며 장차공과 간통을 했다.
236　경거무사輕車武射: 황제의 의장대 중에 가벼운 수레를 탄 궁노수를 말한다. "경거輕車는 고대의 전차다. 바퀴와 차체가 모두 주홍색이고, 수레 위에 장막은 있지만 덮개는 없고, 모극矛戟·깃발·지휘기가 설치되어 있고 화살과 쇠뇌가 갖추어져 있다."(『후한서』 「여복지輿服志」)
237　소건蘇建은 소무蘇武의 부친이다. 두릉杜陵은 한나라 현으로 치소는 지금의 산시陝西성 시안西安 동남쪽 지역이다.
238　원삭 2년에 위청을 수행하여 황하 이남 지역을 수복하는 데 공을 세워 봉해진 것을 말한다.
239　소건은 출정하기 전에 교위였고, 공을 세워 후에 봉해진 뒤 비로소 장군이 되었으므로 장군의 신분으로 군사를 이끌고 삭방군에 성을 축조한 것이다.
240　"소건이 후에 봉해진 것은 원삭 2년이고, 원삭 5년에 삭방군을 나갔으니 마땅히 '3년 뒤'라고 해야 한다."(『사기지의』) 왕선겸은 말하기를 "「무제기」에 따르면 삭방군에 성을 축조한 것은 원삭 3년이고, 삭방군을 나간 것은 원삭 5년이다"라고 했다.
241　원삭 6년을 말한다.
242　대유향大猶鄉은 당연히 양릉현陽陵縣에 속해 있다. 지금의 산시陝西성 시안西安 북쪽이다. 소건 또한 경제의 양릉에 배장陪葬되었다.

장군 조신은 원래 흉노 사람인데, 흉노의 상국相國 신분으로 한나라에 투항하여 흡후에 봉해졌다.[243] 무제가 즉위한 지 17년째 되는 해[244]에 조신은 전장군의 신분으로 군사를 이끌고 흉노 선우와 교전을 벌였으나 패하자 흉노에 투항했다.

장군 장건은 사신으로 대하에 갔다가 돌아온 뒤 교위로 임명되었다.[245] 대장군을 수행하여 흉노 정벌에 공이 있어 박망후에 봉해졌다. 그로부터 3년 뒤[246] 장군의 신분으로 군사를 이끌고 우북평에서 출정했지만 약속한 기일에 대장군과 합류하지 못해 참형을 판결 받았지만 돈을 내고 속죄하여 일반 평민이 되었다. 그 뒤에 장건은 재차 사신으로 오손烏孫에 갔고[247] 돌아온 뒤 대행에 임명되었다.[248] 죽은 뒤 고향인 한중漢中에 매장되었다.

장군 조이기는 대후殼栩[249] 사람이다. 무제가 즉위한 지 22년째 되던 해[250] 주작도위 신분으로 우장군이 되어 대장군을 수행해 정양에서 출발했는데, 도중에 길을 잃어 제때 합류하지 못했으므로 참형을 판결 받았지만[251] 돈을 내고 속죄하여 일반 평민이 되었다.

243 원광 4년의 일이다. "흉노의 상국 관직은 그다지 높지 않고, 한나라의 상국과는 서로 비교할 수 없다."(『사기전증』)
244 "『한서』에서는 18년으로 기재하고 있는데, 이것이 맞다. 조신은 원삭 6년에 전장군이 되었는데, 무제가 즉위한 지 18년째 되던 해다."(『사기지의』)
245 장건은 13년이 지나서 한나라로 돌아온 뒤 태중대부에 임명되었는데, 원삭 3년(기원전 126)의 일이다. 이후 원삭 6년에 교위 신분으로 위청을 수행하여 흉노 정벌을 시작했다.
246 원수 2년(기원전 121)이다.
247 원정 2년(기원전 115)의 일이다.
248 장건은 원정 2년 오손에서 돌아온 뒤 대행으로 임명되었고, 원정 3년(기원전 114)에 사망했다. "장건은 돌아온 뒤 대행에 임명되었는데 구경의 반열이었다. 1년 뒤에 사망했다."(「대원열전」)
249 대후殼栩: '대허殼栩'라고도 하며 지금의 산시陝西성 야오셴耀縣이다. '栩'의 음에 대해서『색은』『사기전증』, 안사고는 '후'라고 했다. 역자 또한 '栩'의 음을 '우'가 아닌 '후'로 했음을 밝혀둔다.
250 원수 4년(기원전 119)이다.
251 이때 그는 이광과 함께 동쪽 길로 나갔다가 길을 잃었는데, 이 일로 이광은 자살했다.

장군 조양은 평양후平陽侯의 신분으로 후장군이 되어 대장군을 수행하여 정양에서 출정했다.252 조양은 조참曹參의 손자다.253

장군 한열은 궁고후弓高侯 한퇴당韓頹當254의 서손庶孫255이다. 교위 신분으로 대장군을 수행하여 흉노를 토벌한 공을 세워 용액후龍頟侯에 봉해졌으나256 뒤에 주금 납부가 규정에 부합되지 않아 후 지위를 잃었다.257 원정 6년(기원전 111)에 대조待詔258의 신분으로 횡해장군橫海將軍이 되어 동월東越259을 공격하는데 공을 세웠으므로 안도후按道侯에 봉해졌다.260 태초 3년(기원전 102)에 다시 유격장군의 신분으로 군사를 이끌고 오원군五原郡261 북쪽의 장성 근처에 주둔했다. 뒤에 광록훈에 임명되었으나 태자 궁궐 안에서 저주하는 나무인형을 파냈다가 위태자衛太子에게 죽임을 당했다.262

252 원수 4년의 일이다.
253 조양趙襄은 유방의 개국공신인 조참曹參의 현손이다. 조참의 아들은 조줄曹窋, 손자는 조기曹奇, 증손자는 조치曹時(조시曹時, 조수曹壽라고도 함)다. 조양은 즉 조치의 아들이다.
254 궁고후弓高侯 한퇴당韓頹當은 한왕 신의 아들이다. 한왕 신이 유방의 의심을 얻어 흉노에 투항하러 가던 중 퇴당성頹當城에서 그의 처가 아들을 낳아 이름을 퇴당頹當이라 지었다. 한왕 신이 죽은 뒤 한퇴당은 문제 때 무리를 이끌고 한나라에 귀순하여 궁고후에 봉해졌다. 오와 초 칠국의 반란을 평정할 때 큰 공을 세웠다.
255 서손庶孫: 서자 소생의 손자로, 얼손孼孫이라고도 한다.
256 원삭 5년(기원전 124)의 일이다.
257 원정 5년(기원전 112)의 일이다.
258 대조待詔: 황제의 명령을 기다린다는 뜻으로, 한나라 때 명망 있고 우수한 인사를 특별히 중용하기 위해 아직 등용되지 못한 자에게 대조라는 명칭을 부여했다.
259 동월東越: 여기서는 민월閩越을 가리킨다. 민월은 한나라 초 동월인이 건립한 소국으로, 도읍은 성치현성治縣(지금의 푸저우)이었다. 원정 5년 한나라 군이 남월을 토벌했을 때 민월왕은 출병하여 돕겠다고 하고는 관망하면서 실행하지 않다가 한나라가 그들을 토벌한다는 소식을 듣고 공개적으로 한나라에 반기를 들었다. 원정 6년에 한열을 파견해 토벌했다.
260 안도후按道侯: 봉지는 안도按道로, 방위가 확실하지 않다. 한열은 원봉 원년(기원전 110)에 봉해졌다.
261 오원군五原郡: 한나라 군으로 치소는 구원九原(지금의 네이멍구 바오터우 서북쪽)이었다. 북쪽으로 장성과 멀지 않았다.
262 주안세의 무고로 승상 공손하의 일족이 몰살당한 뒤, 강충 등은 다시 무제를 선동하여 자신의

장군 곽창은 운중군 사람이다. 그는 교위의 신분으로263 대장군을 수행하여 흉노를 토벌했다. 원봉 4년(기원전 107)에 태중대부 신분으로 발호장군拔胡將軍이 되어 군대를 이끌고 삭방군에 주둔했다.264 뒤에 다시 소환되어 남쪽으로 곤명昆明265을 공격했으나 전공을 세우지 못해 장군의 직무에서 면직되었다.

장군 순체는 태원군太原郡 광무현廣武縣266 사람이다. 그는 마차를 잘 몰았는데 황제의 부름을 받아 알현한 후 시중에 임명되었다. 나중에 교위가 되어 여러 차례 대장군을 수행하여 흉노를 정벌했다. 원봉 3년(기원전 108)에는 좌장군의 신분으로 군사를 이끌고 조선을 공격했으나 공을 세우지 못했다. 뒤에 누선장군樓船將軍 양복楊僕을 체포한 죄로 죽음에 처해졌다.

표기장군 곽거병은 모두 여섯 차례 출병하여 흉노를 공격했는데, 그중 네 차례는 장군 신분이었다.267 앞뒤로 참수하고 포로로 잡은 적병이 11만 명이었고,

---

황후와 태자를 의심하게 만들었다. 한열을 태자궁으로 보내 조사시켰는데, 위태자가 노하여 한열을 죽였다. 위태자 유거劉據는 위자부의 소생이므로 위태자라고 한다. 이 사건은 정화征和 2년(기원전 91)의 일이다.

263　언제 임명되었는지 상세하지 않다.

264　발호장군拔胡將軍은 잡호장군 명칭이다. "흉노가 약화되자 마침내 신하로 복종했고 이에 사신을 파견해 설득했다. 선우의 사자가 왔는데, 경사에서 죽자 흉노는 변경을 침범했고 발호장군 곽창을 파견해 삭방에 주둔시켰다."(『한서』「무제기」) 『한서』「서남이열전西南夷列傳」에 따르면 곽창은 발호장군 이전에 태중대부가 아니라 중랑장이었다.

265　곤명昆明: 서남이 부족의 명칭으로 지금의 윈난성 쿤밍 주변 땅에 거주했다. "원봉 6년, 익주益州, 곤명이 배반하자 경사의 도망친 자들을 사면하여 종군시키고 발호장군 곽창을 파견해 그들을 치도록 했다."(『한서』「무제기」)

266　광무현廣武縣은 지금의 산시山西성 다이현代縣 서남쪽 지역이다.

267　"서광이 말하기를 '두 번은 표요교위剽姚校尉로 출정했다'고 했다."(『집해』) "표기장군은 모두 여섯 차례 출정하여 흉노를 공격했는데, 앞 두 차례는 원삭 6년으로 표요교위의 신분으로 위청을 수행하여 정양을 나갔다. 뒤에 네 차례는 모두 표기장군의 신분으로 출정했는데, 원수 2년 봄에 농서를 나갔고, 원수 2년 여름에 북지를 나갔고, 원수 2년 가을에 황하를 건너 투항하는 혼야왕을 맞이했고, 원수 4년에 큰 사막을 넘어 낭거서狼居胥에 봉해졌다."(『사기전증』)

또 혼야왕이 수만 명의 무리를 이끌고 한나라에 투항하게 했으며, 서쪽으로 황하 서쪽의 주천酒泉268 땅을 개척하여 서부 변경에서는 이때부터 흉노의 침입이 매우 줄어들게 되었다. 곽거병은 네 차례에 걸쳐 봉지가 증가되어 식읍이 모두 1만5100호나 되었다.269 그의 부하 교위와 기타 관리 가운데 공을 세워 후에 봉해진 자가 모두 6명이고,270 뒤에 승진되어 장군이 된 자가 모두 2명이었다.271

장군 노박덕은 평주平州272 사람이다. 우북평 태수의 신분으로 표기장군을 수행하여 흉노를 토벌하는 데 공을 세워 부리후符離侯에 봉해졌다.273 표기장군이 죽은 뒤 노박덕은 위위衛尉의 신분으로 복파장군伏波將軍이 되어 남월을 평정하여274 봉읍이 증가되었다. 그 뒤에 법을 어겨 후 작위를 잃었다.275 뒤에 다시 강노도위彊弩都尉가 되어 거연居延에 주둔하다가 죽었다.276

268　"표기장군이 흉노 서쪽 땅을 공격하여 격파하고 주천군을 설치했다. 뒤에 분할하여 무위, 장액, 돈황군을 설치했다."(『한서』「서역전西域傳」)

269　처음 식읍 1600호에 봉해진 때는 원삭 6년이고, 1차로 2000호가 더해진 때는 원수 2년 봄이며, 2차로 5000호가 더해진 때는 원수 2년 여름이고, 3차로 1700호가 더해진 때는 원수 2년 가을이며, 4차로 5800호가 더해진 때는 원수 4년으로, 총 식읍은 1만 6100호였다.

270　"『사기』와 『한서』의 「표」와 「전」에 따르면, 곽거병을 수행하여 후가 된 자는 7명이다. 조파노, 고불식, 복다, 노박덕, 위산衛山(형산邢山), 복육지復陸支, 이즉간李卽靬이다. 6명이라고 한 것은 잘못이다." (『사기지의』)

271　아래 서술된 노박덕과 조파노를 말한다.

272　『사기지의』와 왕선겸 모두 '평주平州'가 아닌 '평주平周'가 맞다고 했다. 평주平周는 한나라 현으로 지금의 산서山西성 샤오이孝義 서남쪽 지역이다.

273　원수 4년(기원전 119)의 일이다.

274　원정 6년(기원전 111)의 일이다. 노박덕과 함께 작전을 펼친 사람은 누선장군 양복이다.

275　『한서』「경무소선원성공신표景武昭宣元成功臣表」에 따르면, 태초 원년(기원전 104)에 아들이 부도한 죄를 저질러 면직되었다고 했는데, 상세한 정황은 분명하지 않다.

276　노박덕이 강노도위가 되어 거연에 주둔한 것은 태초 3년(기원전 102)으로, 거연 서북쪽의 이른바 '차로장遮虜障(변경 요새의 험준한 곳에 수축한 감시 방어 시설물)'을 수축했다. 노박덕의 죽음에 대한 상세한 기록은 없다.

장군 조파노는 원래 구원九原[277] 사람이다. 그는 일찍이 흉노로 도망쳐 들어갔다가 나중에 한나라로 돌아온 뒤 표기장군 휘하의 사마가 되었다. 표기장군을 수행하여 북지군을 나가 흉노를 토벌할 때 공이 있어 종표후에 봉해졌다.[278] 뒤에 주금을 납부하는 규정에 부합되지 않아 후 작위를 잃었다.[279] 1년 뒤[280] 흉하장군 신분으로 군대를 이끌고 흉노를 토벌하여 흉하수까지 이르렀지만 공을 세우지 못하고 돌아왔다. 또 2년 뒤[281] 누란왕을 공격하여 사로잡아 다시 착야후에 봉해졌다.[282] 다시 6년 뒤[283] 준계장군浚稽將軍의 신분으로 기병 2만 명을 이끌고 흉노 좌현왕을 공격했다. 좌현왕은 조파노와 교전을 벌였고 기병 8만 명으로 조파노를 포위했다. 조파노는 전군이 전멸당했고 자신 또한 흉노에게 사로잡혔다. 조파노는 흉노에서 10여 년 동안 지내다가[284] 아들인 태자太子 조안국趙安國과 함께 도망쳐 한나라로 돌아왔다.[285] 뒤에 무고의 죄를 범해 멸족되었다.[286]

위씨衛氏 가족이 일어나면서 대장군 위청이 제일 먼저 후에 봉해졌고 그 뒤로

---

277 『한서』에서는 '태원太原' 사람이라고 기재하고 있는데, 왕선겸은 마땅히 '구원'이라 해야 한다고 했다.
278 원수 2년(기원전 121) 여름의 일이다.
279 원정 5년(기원전 112)의 일이다.
280 원정 6년(기원전 111)이다.
281 "마땅히 3년 뒤라고 해야 한다."(『한서보주』) 즉 원정 3년(기원전 114)이다.
282 원봉 3년(기원전 108)의 일이다.
283 "마땅히 5년 뒤라고 해야 한다."(『사기지의』) 즉, 태초 2년, 기원전 103년이다.
284 "서광이 말하기를 '태초 2년에 흉노로 들어갔다가 천한 원년에 도망쳐 돌아왔으니 4년이 지났다'라고 했다."(『집해』)
285 "태자太子는 장자長子를 말한다. 조파노가 흉노에 항복한 뒤 흉노가 그를 왕으로 봉했으므로 여기서 태자라고 칭한 것이다. 그러나 『사기』와 『한서』 여러 편에 조파노가 흉노에서 왕에 봉해진 사건을 언급하지 않고 있으니, 아마도 기재가 누락된 것 같다."(『사기전증』)
286 정화 2년(기원전 91)의 일이다. "'조파노는 흉노에서 10여 년 동안 지내다가'부터 '멸족되었다'까지는 후세 사람이 제멋대로 이어서 작성한 것이다."(『사기지의』) "이때 태사공은 아직 살아 있었기에 반드시 '후세 사람이 제멋대로 이어서 작성한 것이다'는 아니다."(『사기전증』)

자손·친속 가운데 후에 봉해진 자가 모두 다섯이다.[287] 24년이 지나면서 5명이 전부 작위를 잃었으며, 이때부터 위씨 가족은 다시 후에 봉해진 자가 없었다.[288]

태사공은 말한다.

"소건이 내게 말해주었다.[289] '내가 일찍이 "대장군께서는 이토록 존귀한 지위에 있지만 천하의 현명한 사대부들 중에서 장군을 칭송하는 사람이 없습니다. 바라건대 장군께서는 옛날 명장들이 현명한 사람을 선택해 초빙한 방법을 관찰하여 배우고 노력해주십시오!"라고 책망했습니다. 그러자 대장군은 사절하면서, "위기후 두영과 무안후 전분이 널리 빈객들을 불러들여 후하게 대접하자 천자는 이에 대해 항상 격분하며 이를 갈았소. 사대부들을 친근하게 불러들이고 현사를 초빙하고 변변치 못한 자를 파면시키는 것은 군주의 권력입니다. 신하된 자는 법률을 받들어 준수하고 직무를 이행하면 그만이지, 어찌하여 선비를 불러들이는 일에 개입하겠소!"라고 했습니다.' 표기장군 곽거병은 대체로 이러한 방법을 본받았다. 그들은 바로 이같이 장군을 담당한 것이다."

---

287 위청의 아들 위항, 위불의, 위등과 생질 곽거병과 곽거병의 아들 곽선을 말한다.
288 위청이 후에 봉해진 때는 원삭 5년(기원전 124)이고, 위청의 두 아들 위불의와 위등은 주금으로 인해 원정 5년(기원전112)에 후 작위를 잃었다. 곽거병은 원수 6년(기원전 117)에 죽었고, 곽선은 원봉 3년(기원전 108)에 죽었다. 위항이 두 번째로 후 작위를 잃은 때는 천한 원년(기원전 100)이니, 그 기간은 모두 24년이다. "여기서는 단지 후 작위를 잃은 것을 서술했지만, 만약 정화 2년(기원전 91)의 무고의 화까지 이른다면 위씨는 멸족 당했다."(『사기전증』)
289 "소건은 태사공의 친구로, 찬贊하는 말에 친구의 말을 인용한 것은 이 편에 서술한 역사 사실이 진실로 믿을 만하다는 것이기도 하고, 독자들에게 특별히 친절을 베푼 것이다."(『사기전증』)

史　記　列　傳

평진후주보열전

平津侯主父列傳

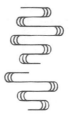

이 편은 공손홍과 주보언 두 사람의 합전으로 구성되어 있으며, 후반부에 국가를 다스리기 위해 군왕이 해야 할 일에 관한 서악과 엄안의 글이 첨부되어 있다. 무제 때 황로 학술이 통치자의 요구에 부응하지 못하면서 유가 사상이 중시되었는데, 이 편은 무제의 유가 존중에 따른 병폐를 꼬집고 있다.

공손홍은 『공양춘추』와 제자諸子 잡가의 학설을 배워 발탁되어 승상에까지 이른 인물이다. 그는 세상 사람들에게 '곡학아세'로 조롱당한 인물로 사마천이 가장 싫어하는 공경 가운데 한 명이다. 그는 무제가 유가를 존중하는 과정에서 이득을 본 인물로, 사안을 다룰 때마다 몇 가지 방안을 열거하여 황제가 택하게 했다. 또한 황제의 의견에 반대되는 말을 하지 않았고 사람들 앞에서 황제와 논쟁을 벌이지 않았기 때문에 무제는 그를 행실이 돈후하고 능력이 출중한 인물로 여겼다. 더욱이 그가 일을 처리할 때는 항상 유가 경전에서 근거를 찾아 마땅한 명분을 갖췄으므로 그를 매우 신임했다. 그러나 공손홍은 의심이 많고 남을 미워했으며 겉으로는 너그러웠으나 속으로는 가혹하고 각박한 사람이었다. 다만 그가 흉노 정벌과 창해군 설치, 서남이를 잇는 도로 개척에 반대한 것에 대해서는 긍정적으로 평가했다.

주보언은 야심이 크고 음흉하고 악독한 사람으로, 통치 집단 내 갈등을 부추겨 제후왕들의 미움을 사게 되었고 결국 고발당하여 공손홍에 의해 죽임을 당했다. 공손홍과 마찬가지로 흉노 정벌을 반대한 일에 대해서는 사마천이 긍정 평가했다. 서악은 무제에게 '천하의 근심은 토붕土崩(하층민의 모반)에 있지 와해瓦解(통치집단 내부의 붕괴와 해체)에 있지 않다'는 내용의 글로써 우환이 조성되기 전에 싹을 제거해야 한다고 권고했고, 엄안은 주나라와 진나라의 실패를 거울삼아 제때 개혁을 이루고 무력을 신중히 사용하여 황권을 공고히 해야 한다고 건의했다.

승상 공손홍公孫弘은 제齊[1] 지방의 치천국菑川國[2] 설현薛縣[3] 사람으로 자가 계季[4]다. 그는 젊었을 때 설현에서 옥리를 담당했으나 나중에 죄를 지어 면직되었다. 그의 집안은 매우 가난하여 바닷가에서 돼지를 쳤다.[5] 마흔이 넘어 비로소 『춘추春秋』와 여러 학설[6]을 배우기 시작했다. 그는 계모를 효성스럽게 봉양했다.

건원 원년(기원전 140)에 천자가 막 즉위하여[7] 현량賢良과 문학文學[8]에 뛰어난

---

1 제齊는 지금의 산둥성 중부, 동부 지역으로 춘추전국시대와 한나라 초기에는 제나라였다. 한 문제 때 이 땅에 원래 있었던 제나라의 작은 지반을 제외하고 나머지 지역은 분할하여 교동膠東, 교서膠西, 제남濟南, 제북濟北, 성양城陽, 치천菑川 등의 국을 건립했다.

2 치천국菑川國: 제후국 명칭으로, 도성은 극현劇縣(지금의 산둥성 창러昌樂 서북쪽)이다. 무제 전기의 치천왕菑川王은 제나라 도혜왕悼惠王 유비劉肥의 아들 유지劉志였다.

3 설현薛縣: 한나라 현으로 치소는 지금의 산둥성 텅셴滕縣 남쪽 지역이다. 설현과 치천은 거리가 상당히 멀기 때문에 치천국에 속할 수는 없다. "『한지漢志』에 치천국에는 단 세 개의 현만 있었으며 설현은 없었다."(『고이』) "아마도 공손홍은 본래 치천 사람인데 제齊 지방이 아직 분할되지 않았으므로 치천 사람이라고 했을 것이다. 혹은 어려서 설현에 오랫동안 살았으므로 설현 사람이라고 말한 것뿐일 것이다."(『한서보주』)

4 "『서경잡기西京雜記』에 따르면 추장천鄒長倩이 공손홍에게 보낸 편지에서 공손홍의 자를 차경次卿이라고 했다. 계季는 항렬의 순서로 보이는데, 유방을 유계劉季, 유방의 형을 유중劉仲으로 부른 것과 같다."(『사기전증』)

5 당시 치천국은 도성인 극현 북쪽으로, 바다와 멀지 않았다.

6 원문은 '『春秋』雜說'이다. "『공양춘추公羊春秋』와 제자諸子 잡가雜家의 학설을 가리킨다."(『사기전증』) "하작何焯이 말하기를 '잡설은 잡가의 학설로 유가, 묵가를 겸하고 명가와 법가를 합친 것이다. 「예문지」에 또한 『공양잡기公羊雜記』 83편이 있다'고 했다."(『한서보주』)

7 무제는 경제 후원 3년(기원전 141)에 즉위했고, 관습에 따라 그 이듬해에 건원 원년으로 개원했다.

8 현량과 문학은 무제가 인재를 선발하는 과목이다. 현량은 재능과 덕행이고 문학은 지식과 학문을 가리킨다. 문제 2년(기원전 178)에 '현량방정賢良方正'이라는 명의로 각 군국에서 인재를 불러들여 선발했다. "무제가 즉위한 뒤 존유尊儒(유가 존중)를 발동했으므로 건원 원년에 각 군국에서 '현량방정문학지사賢良方正文學之士'를 불러들여 선발했는데, 실제로는 유가의 독서인을 선발한 것이다."(『사기전증』) '방정方正'은 정직함을 뜻한다. 추천을 받은 자는 정치 득실에 대해 직언으로 간언해야 했고 표현이 특

선비를 불러들였다. 이때 공손홍은 나이가 이미 예순이었지만, 현량의 신분으로 부름을 받아 박사博士9에 임명되었다. 뒤에 조정에서 그를 사신으로 흉노에 파견했는데 돌아와 보고한 것이 무제의 마음에 들지 않았다. 무제가 화를 내며 그를 무능하게 여기자 공손홍은 병이 있다는 핑계로 관직을 내려놓고 집으로 돌아갔다.

원광 5년(기원전 130)에 무제가 조서를 내려 문학의 선비를 불러들이자10 치천국에서는 공손홍을 다시 추천했다. 그러자 공손홍은 자신을 추천한 사람들에게 사양하며 말했다.

"저는 일찍이 명령을 받아 서쪽 장안으로 갔다가 일처리가 무능해 관직을 그만두고 돌아왔습니다. 바라건대 다른 사람을 추천해주십시오."

그러나 치천국 사람들이 단호하게 공손홍을 추천했으므로 태상太常11에게 갔다. 태상은 부름에 응한 유생들 100여 명에게 대책對策12 문장을 짓게 했는데, 그의 성적은 하등에 속했다. 대책 문장이 황상에게 바쳐졌는데13 무제는 공

별히 우수하면 관직을 수여했다.
9 박사博士: 춘추전국시대 이전에 이미 박사라는 호칭이 있었지만 관직 명칭은 아니었고 일반적으로 학식이 넓은 선비를 가리켰다. 진나라 통일 후에 박사관博士官을 설치하여 고금古今을 통하고 자문을 관장했다. 한나라는 진나라 제도를 계승하여 박사관을 설치했다. 한 무제 때 오경박사五經博士를 선발해 경학을 가르치고 조정에서 해결하기 곤란한 난제를 자문하면 답변을 제시했다. 또한 태학太學에서 유가 경전을 강의하고 학생들의 양성을 책임졌다.
10 "'문학文學' 앞에 '현량賢良' 두 글자가 빠져 있는데, 『한서』에는 기재되어 있다. '원광 5년'은 '원광 원년'의 잘못이다."(『사기지의』). "『야객총서野客叢書』에 따르면 무제는 두 차례 현량과賢良科를 열었는데, 한 번은 건원 원년이고, 또 한 번은 원광 원년(기원전 314)이었다."(『사기전증』)
11 태상太常: 구경 중의 하나로 종묘제례, 예악의 제반 사무를 관장했다. 진나라 때는 봉상奉常이라 했다가 한 경제 중원 6년(기원전 144)에 태상으로 명칭이 바뀌었다. 봉록은 중2000석이었다. 남조南朝 양梁나라 때는 '태상경太常卿'이라 칭했다.
12 대책對策: 한나라 때 관리를 선발하기 위한 시험 방식으로, 책시策試 혹은 책문策問이라고도 한다. 황제가 유생들에게 묻는 것을 책문이라 하고 수험생들이 책문에 대답하는 문장을 대책이라 한다. 대책은 정사, 경서의 의미 등을 묻는 질문에 대답하는 것으로 문제 해결 혹은 목적에 도달하는 사고의 방향이나 방법이자 목표를 실현시킬 수 있는 방안의 집합이다.
13 원문은 '책주策奏'으로, 주관하는 자가 유생들의 대책 문장과 자신들의 평가 의견을 황제에게 올려 결정하게 하는 것이다.

손홍의 문장을 일등으로 뽑았다. 공손홍을 불러 만났는데 그의 용모가 매우 당당했으므로 박사에 임명했다. 당시 한나라는 서남이로 가는 길을 개통하고[14] 그곳에 군郡 설치를 추진하고 있었는데,[15] 파촉 지역 백성의 고통이 이루 말할 수 없을 정도로 심했다.[16] 상황을 분명하게 알기 위해 무제는 조서를 내려 공손홍에게 살펴보고 오게 했다. 공손홍은 돌아온 뒤 상서를 올려 서남이 개척은 쓸모없는 일이라며 낮게 평가했으나 무제는 듣지 않았다.

공손홍은 사람됨이 도량이 크고 견문이 넓었으며 항상 말하기를 황제가 된 자는 기개가 크지 않음을 두려워해야 하고, 신하된 자는 절약하지 않음을 두려워해야 한다고 했다. 이 때문에 공손홍은 베로 만든 이불을 덮고 밥을 먹을 때는 고기반찬을 두 가지 이상 올리지 않았다. 계모가 죽었을 때는 3년 동안 상복을 입고 애도를 표했다. 조정에서 매번 문제를 토론할 때면 문제를 해결하는 몇 가지 방안을 열거하고는 황상 스스로 선택하게 했으며, 면전에서 황상의 의견에 동의하지 않는 모습을 보이거나 사람들 앞에서 황상과 논쟁을 벌이지 않았다. 이에 무제가 살펴보니 그의 행실이 돈후하고 변론을 잘하는데다, 법령 규정을 상세히 알고 사무 처리를 잘하며, 어떤 상황에서든 유가 경전에 근거하여 처리하는 것[17]을 알고 매우 기뻐했다. 그리하여 공손홍은 2년이 채 못 되어[18] 좌내사左內史[19]에 이르렀다. 공손홍은 자신이 상주한 일을 무제가 동의하지 않

14 파와 촉에서 운남雲南과 귀주貴州로 진입하고 운남을 거쳐 인도로 가는 길을 개통하는 것을 말한다. 한 무제 때 서남이로 통하는 길을 1차로 개통한 것은 건원 6년(기원전 135)의 일이다.
15 새로 개척된 지역에 군현을 설치하는 것으로, 당시 첫 번째로 건위군健爲郡이 설치되었다. 치소는 지금의 쓰촨성 이빈宜賓 서남쪽 지역이다.
16 "파촉 지역의 4개 군(파군, 촉군, 광한군, 한중군)에서는 서남이로 가는 길을 개통하기 위해 군대를 파견해 주둔시키고 군량을 운송해 공급해줘야 했다. 그러나 여러 해가 지나도 도로는 개통되지 않았고, 사병들은 이로 인해 피로가 쌓이고 굶주렸으며 더운 습기로 병에 걸려 죽는 자가 매우 많았다."(「서남이열전」)
17 "유가의 학설로 어법을 꾸미는 것을 의복에 목의 깃 가장자리를 꾸미듯 했다."(『색은』)
18 "서광이 말하기를 '1년이라고 말하기도 한다'고 했다."(『집해』) 『한서』에서는 '1년'으로 기재하고 있다.

았더라도 절대로 사람들 앞에서 논쟁을 벌이지 않았다. 그가 한번은 주작도위 급암汲黯과 함께 무제에게 다른 사람들을 피해 단독 접견을 요청했는데, 급암이 먼저 말하고 공손홍이 뒤를 이어 말했다.[20] 무제는 듣고서 매우 기뻐하며 상주한 일을 모두 비준했다. 이때부터 공손홍은 더욱 신임을 받았고 지위도 갈수록 존귀해졌다. 한번은 공손홍이 공경대신들과 미리 상의하기로 약속해놓고는 무제 앞에 나아가 약속한 것을 저버리고 무제의 의견에 따랐다. 급암이 사람들 앞에서 공손홍을 질책하며 말했다.

"제나라 사람들은 간교하고 진실함이라고는 없습니다. 당초에 우리와 함께 상의하여 건의하기로 해놓고 지금 완전히 뒤집어버리니, 이것은 불충한 것입니다."

무제가 공손홍에게 이 일이 있었는지 묻자, 공손홍은 사죄하면서 말했다.

"신을 아는 사람은 신을 충성스럽다고 말하지만 신을 모르는 사람은 신이 불충하다고 말합니다."

무제는 또 공손홍의 말이 옳다고 여겼다. 무제는 좌우 총애하는 신하들이 공손홍을 헐뜯을 때마다 그를 더욱 두텁게 대우했다.

원삭 3년(기원전 126)에 어사대부 장구張歐가 면직되자[21] 공손홍을 어사대부로 임명했다. 당시 한나라는 서남이와 통하는 길을 닦고 동쪽에는 창해군滄海郡을 신설하고[22] 북쪽에는 삭방군에 성을 축조하느라[23] 바빴다. 공손홍은 이러한

---

19 "공손홍은 원광 원년에 대책으로 박사가 되었고, 중간에 모친을 위해 3년 동안 상복을 입었다고 했으니 아마도 원광 5년에 여전히 박사였을 것이고, 이해에 좌내사가 되었으므로 「공경표」에서 원광 5년(기원전 130)에 좌내사가 되었다고 말하는 것이다."(『사기지의』)
20 "하작何焯이 말하기를 '다른 사람이 먼저 발표하고 그 뒤를 따른 것은, 먼저 다른 사람을 통해 황상이 기뻐하는지 화를 내는지 시험해보는 것이다'라고 했다."(『사기전증』) 무제가 급암의 말을 듣고 기뻐하지 않았다면 공손홍은 태도를 바꿨을 것이다.
21 "장구는 늙고 병이 엄중해지자 사직을 요청했다."(「만석장숙열전」)
22 "동방 예맥족濊貊族의 군주 남여南閭 등 28만 명이 투항했고, 창해군을 설치했다."(『한서』 「무제기」) 창해滄海는 창해蒼海라고도 한다.
23 무제는 원삭 3년에 삭방군에 성을 축조할 것을 소건에게 명했다. 한나라는 원광 2년(기원전 133)

활동들이 모두 중원 지역을 지치고 곤궁하게 하면서 쓸모없는 지방에 인력과 물력을 사용하는 것으로 여겨 중지해달라고 여러 차례 간언했다. 그러자 무제는 주매신朱買臣 등을 시켜 삭방에 군을 설치하고 성을 축조했을 때 이로운 점을 들어 공손홍을 반박하게 했다. 결과적으로 주매신 등이 말한 열 가지에 대해 공손홍은 하나도 대답하지 못했다.[24] 이에 공손홍은 사죄하며 말했다.

"산동山東의 촌놈이라 삭방에 성을 수축하는 것이 이처럼 이로울 줄 몰랐습니다. 이와 같다면 바라건대 서남이를 통하게 하고 창해군을 설치하는 일은 잠시 멈추고 삭방군의 일에만 역량을 집중하십시오."[25]

무제는 동의했다.[26]

급암이 또 말했다.

"공손홍은 삼공의 높은 지위에 있고 많은 봉록을 받는데, 베로 짠 이불을 덮는 것은 남을 속이는 행동입니다."

무제가 공손홍에게 묻자, 사죄하면서 말했다.

"그렇습니다. 구경 중에서 급암만큼 신과 교분이 깊은 사람은 없습니다. 오늘 그가 사람들 앞에서 신을 질책했는데, 진실로 신의 결점을 정확하게 말한 것입니다. 무릇 삼공의 지위에 있으면서 베 이불을 덮는 것은 실로 거짓 꾸밈으로

에 흉노와 전쟁을 시작한 이래 원삭 2년(기원전 127)에 장군 위청 등이 흉노를 대파하고 지금의 네이멍구 하투 지역을 수복했으며, 그 일대에 삭방군과 오원군을 설치했다.

24 "위소는 말하기를 '공손홍의 재주로 한 가지도 대답할 수 없었던 것이 아니라, 안 된다고 생각하면서도 감히 황상을 거역하지 않은 것일 따름이다'라고 했다."(『집해』) 안사고는 말하기를 "그 이로움과 해로움에 대하여 열 가지를 말했으나 공손홍은 대응을 하지 않은 것이다"라고 했다.

25 역량을 집중하여 오로지 흉노에만 대응한다는 뜻이다. "나카이 리켄이 말하기를 '공손홍이 감히 대답하지 않은 것은 아첨하는 것 같지만 서남이를 통하게 하고 창해군을 설치하는 일을 그만두게 하는 것이 더 큰 이익이 있기 때문에 요청한 것이다. 조정에서 벼슬하며 직무를 관할하는 자는 지향하는 바가 없을 수 없으나 그 손익의 많고 적음을 계산하여 좋고 나쁨을 평가해야 한다'고 했다."(『사기회주고증』)

26 『한서』「무제기」에 따르면 원삭 3년에 "창해군 설치를 그만두었다"고 했다. "무제는 서방 소수민족 지역에 대한 활동을 중지하고 단지 남부 지역의 야랑夜郎 일대에 두 개의 현만 설립하고 도위 한 명이 통솔하게 했다. 이미 성립을 선포한 건위군은 편제를 보류하고 자립하여 점차 발전하도록 했다."(「서남이열전」)

명예를 낚으려는 짓입니다. 신 듣자하니 관중管仲은 제나라 상相이 되었을 때 삼귀三歸[27]를 두었고 사치는 군주에 비길 만했습니다. 제나라 환공이 관중의 보좌에 의지해 패주가 되었다 해도 관중의 생활은 군주에 대해 분수에 넘치는 행위입니다. 그 뒤에 안영晏嬰은 제나라 경공景公의 상이 되었을 때 식탁에는 고기반찬을 두 가지 이상 놓지 않게 했고 비첩들에게도 비단옷을 입히지 않았습니다만, 제나라 또한 잘 다스려졌습니다. 안영의 생활은 일반 백성과 비슷했습니다. 지금 신은 어사대부 지위에 있으면서 베 이불을 덮음으로써 구경에서 하급 관리에 이르기까지 차별이 없게 했으니[28] 급암의 말이 확실히 맞습니다. 또한 급암의 이러한 충심이 없었다면 폐하께서 어떻게 이런 말을 들을 수 있겠습니까."

천자는 공손홍을 겸허하고 양보하는 사람으로 여겨 더욱 우대했다. 마침내 공손홍을 승상으로 임명하고[29] 평진후平津侯에 봉했다.[30]

공손홍은 의심이 많고 남을 미워했으며, 겉으로는 너그러웠으나 속으로는 가혹하고 각박한 사람이었다. 그는 일찍이 오랜 원한이 있는 사람에 대해서는 겉으로 사이좋은 척하면서 은밀히 기회를 잡아 보복했다. 주보언이 죽임을 당하고[31]

---

27 삼귀三歸에 대한 해석은 일치하지 않는다. 세 곳의 주택을 말하는 것이라고도 하고, 전국 세수稅收의 10분의 3을 관중이 가져가는 것이라고도 한다. 안사고는 말하기를 "삼귀는 3개 성의 여인을 취하는 것이다. 부인이 출가하는 것을 귀歸라고 말한다"고 했다. 역자는 안사고의 견해를 따랐다. 『논어』 「팔일八佾」에서 공자는 "관중의 그릇은 작구나!"라고 평가했는데, 관중의 생활이 사치스러웠던 것은 확실해 보인다.

28 모두가 자신과 같이 한다면 삼공, 구경에서 일반 하급관리에 이르기까지 생활의 구별이 없어지게 될 것이라는 뜻이다. "공손홍은 조정의 재상이 되자 베 이불을 덮고 식탁에 두 종류의 맛있는 반찬이 없었는데, 이것으로 천하 사람의 모범이 되고자 했으나 사치스러운 풍조를 바꾸는 데는 약간의 작용도 없었다."(「평준서平準書」)

29 원삭 5년(기원전 124)의 일로, 설택薛澤에 이어서 승상으로 임명했다.

30 평진후平津侯: 『집해』에 따르면 평진平津은 고성高成의 평진향平津鄕(지금의 허베이성 옌산鹽山 동남쪽)이다. "이전에 한나라에서는 통상적으로 열후를 승상으로 삼았는데, 공손홍만 작위 없이 승상으로 임명되었다. 황상이 조서를 내려 말하기를 '고성현의 평진향 650호를 승상 공손홍에게 봉하고 평진후로 삼는다'고 했다. 이후 관직이 승상에 이르면 열후에 봉해지는 관례가 공손홍부터 비롯되었다." (『한서』 「공손홍전」)

31 주보언主父偃은 삭방군 설치를 적극 주장했고 공손홍은 반대했는데, 무제는 주보언의 건의를 채

동중서가 교서왕의 상으로 전임된 것[32]은 모두가 공손홍이 힘을 발휘한 것이었다. 그는 고기반찬 한 가지에 현미만 먹었지만 옛 친구나 사이좋은 빈객들은 그에게 의식을 의지했다. 공손홍은 자신의 봉록을 그들을 공양하는 데 모두 사용하여 집안에는 남은 것이 없었다. 이 때문에 허다한 사대부들이 그를 칭찬했다.

회남왕淮南王과 형산왕衡山王[33]의 모반이 드러나 조정에서 그들 도당의 징벌 처리로 매우 긴박할 때 공손홍은 중병을 앓고 있었다. 그는 스스로 어떠한 공로도 없으면서 후에 봉해지고 지위가 승상까지 이르렀으니 마땅히 현명한 군주를 보좌하여 나라를 안정시키고 사람들로 하여금 신하된 도리를 다하게 해야 하는데 지금 제후들이 모반을 꾀했으니, 이는 모두 자신이 재상의 직분을 다하지 못했기 때문이라 여겼다. 그는 임기 중에 병을 앓다가 돌연 죽게 된다면 자신의 과실을 피할 수 없을 것을 걱정했다.[34] 이에 글을 올려 말했다.

　신이 듣건대 천하에는 사람이 준수해야 할 다섯 가지 도가 있고, 이것을 실행하도록 하는 것이 세 가지 있다고 합니다. 군신, 부자, 형제, 부부, 장유의 순서,[35] 이 다섯 가지가 세상 사람들이 준수해야 하는 도입니다. 그리고 지智, 인仁, 용勇 세 가지는 세상 사람들이 구비해야 할 덕으로 사람의 행동을 지도하는 준칙입니

택했다. 뒤에 주보언이 죄를 짓자 무제는 그를 죽일 생각이 없었는데, 공손홍에 의해 주살되고 멸족을 당했다.

32　동중서董仲舒의 학문은 공손홍보다 높았고 사람됨이 정직하여 공손홍이 미워했다. 당시의 교서왕膠西王(도읍은 지금의 산둥성 미셴密縣 서남쪽) 유단劉端은 무제의 배다른 형으로 사람됨이 흉포하여 교서로 파견된 허다한 조정의 관리들이 그의 손에 죽었다. 공손홍은 무제에게 건의하여 동중서를 교서왕의 상으로 파견시켰다. 남의 칼을 빌려 죽인 것이다.

33　회남왕淮南王(도읍은 지금의 안후이성 서우현壽縣) 유안劉安과 형산왕衡山王(도읍은 지금의 후베이성 황강黃岡 서북쪽) 유사劉賜는 모두 유방의 아들 회남왕 유장劉長의 아들이다. 문제 16년에 왕에 봉해졌고, 무제 원수 원년(기원전 122)에 모반으로 조사를 받다가 자살했다.

34　「회남형산열전」에 따르면 유안이 반란을 일으켰을 때 두려워한 조정의 대신은 위청과 급암뿐으로, 공손홍은 안중에도 없었다.

35　"형제와 장유는 중복된 것이다. 『한서』에서는 '군신, 부자, 부부, 장유, 붕우朋友의 관계'라고 기재하고 있어 『중용中庸』과 합치된다. 마땅히 고쳐야 한다."(『사기회주고증』)

다. 그러므로 "노력하여 실행하는 것은 인仁에 가깝고,36 묻기를 좋아하는 것은 지智에 가까우며,37 치욕을 아는 것은 용勇에 가깝다"38고 하는 것입니다. 이 세 가지를 알면 어떻게 자신을 단속해야 할지 알게 되고, 먼저 어떻게 자신을 단속해야 할지를 안 다음에야 비로소 다른 사람을 어떻게 다스려야 할지를 알게 됩니다. 천하에 자신을 단속할 줄 모르면서 남을 다스릴 수 있는 사람은 없으니, 이 것은 백대가 지나더라도 변하지 않는 도리입니다. 지금 폐하께서는 친히 효도를 실천하시고 위로는 삼왕三王39의 정치를 거울삼으며 주나라의 전장제도를 건립하고 문왕과 무왕의 재능을 겸비하시어40 널리 현명한 인재를 격려하고 재능을 헤아려 임용하며 그들에게 봉록과 관직을 수여하고 계십니다. 지금 신은 허약한 말과 같이 지쳐 있으며 어떠한 전공도 세운 적이 없는데도 폐하께서는 신을 과분하게 사랑하시어 일반 평민41 가운데 선발하시어 열후에 봉하고 삼공의 높은 관직까지 수여해주셨습니다. 신의 품행과 재능은 이러한 중임과는 어울리지 않으며 또한 가난으로 얻은 천한 병이 있어 조정에서 죄를 다스리기도 전에 갑자기 죽어 구덩이나 산골짜기에 버려져42 끝내 총애하신 은혜에 보답하지 못할까 두렵습니다. 바라건대 열후의 인신印信을 돌려드리고 사직하여 고향으로 돌아가고자 하며, 재능 있는 사람에게 길을 양보하여 지위를 잇게 하고자 합니다.

36 안사고는 말하기를 "자신을 굽히고 남을 돕는 것이므로 인仁이라 한다"고 했다.
37 안사고는 말하기를 "의문이 나면 물어봄으로써 지智를 이룬다"고 했다.
38 안사고는 말하기를 "구차하게 모면하려 하지 않으므로 용勇이라 한다"고 했다.
39 삼왕三王: 하우夏禹, 상탕商湯, 주 문왕·주 무왕을 가리킨다.
40 "주나라 문왕의 덕치德治와 무왕의 무공武功을 갖추고 있다."(『사기전증』)
41 원문은 '졸오卒伍'로, 고대 군대의 기본 편제 단위다. 거주민의 기본 편제 단위로도 사용된다. "30가구가 읍邑이고, 10읍邑이 졸卒이다."(『국어國語』「제어齊語」) 안사고는 말하기를 "다섯 집이 오伍이고, 지금의 오보伍保와 같다"고 했다. 여기서 '졸오'는 일반 평민을 가리키는 말이다.
42 원문은 '전구학塡溝壑(구덩이나 산골짜기를 메우다)'인데 자신의 죽음을 말할 때 사용된다. 제왕이 죽었을 때는 '산릉붕山陵崩(산릉이 무너지다)'이라 하고, 관료의 죽음은 '연관사捐館舍(관사를 버리다)'라고 한다.

무제가 서면으로 의견을 제시하며 말했다.

옛날에는 공이 있는 자에게 포상하고 덕 있는 자를 장려했으며, 선조의 업적을 지킬 때는 문치文治를 숭상하고 재난과 변란이 일어났을 때는 무공武功을 중시했는데, 자고이래로 이것을 바꾼 적은 없소. 짐은 이전에 가까스로 황위를 계승하여 항상 천하를 안정시키지 못할까 걱정했는데, 그대 같은 재능 있는 신하들이 도와 천하를 다스려왔다는 것을 그대는 잘 알 것이오. 군자는 마땅히 선을 표창하고 악을 징벌해야 하니, 그대는 모든 행동을 신중하게 하고 짐을 위해 온 마음을 다했음을 알고 있소. 그대가 불행히도 서리와 이슬을 맞아 작은 병에 걸렸으나 어찌 좋아지지 않겠소. 글을 올려 열후의 인신을 돌려주고 사직하여 고향으로 돌아가겠다고 했는데, 이것이 어찌 짐의 부덕함을 드러낸 것이 아니겠소. 지금 나랏일이 마침 많지 않으니 그대는 마음을 적게 쓰고 정신을 보양하고 의약의 도움을 받도록 하시오.

그러고는 공손홍에게 휴가를 주고 쇠고기와 술과 각종 비단을 하사했다. 몇 달이 지나 공손홍은 병이 호전되어 다시 정무를 처리하기 시작했다.

원수 2년(기원전 121) 공손홍은 병을 앓다가 끝내 승상으로 재직 중에 사망했다.[43] 그의 아들 공손도公孫度가 평진후 작위를 계승했다. 공손도는 10여 년간 산양군山陽郡[44] 태수로 있었지만 법을 어겨 후 작위를 잃었다.[45]

---

43 『한서』에서는 공손홍이 나이 80세에 사망했다고 기재하고 있다. 공손홍은 원삭 5년에 승상에 임명되어 원수 2년에 사망했으니 4년 동안 승상으로 재직한 것이다.
44 산양군山陽郡: 한나라 군으로 치소는 창읍昌邑(지금의 산둥성 진상金鄕 서북쪽)이다.
45 "황제가 조서를 내려 거야현鉅野縣의 영사令史(현령의 속관)인 성成을 공거부公車府(궁전의 경호와 상서를 관장하는 관서)로 불렀는데, 공손도가 그를 보내지 않았기에 법을 어겨 성단城旦의 형벌에 처해졌다."(『한서』「공손홍전」) 성단城旦은 진·한 당시의 형벌로 밤에는 성을 건설하고 낮에는 외적을 방비하게 했다. 진나라 때의 형기는 4년, 한나라 때는 5년이었다.

주보언主父偃은 제齊 땅 임치臨菑 사람이다. 그는 처음에 전국시대의 장단長短종횡술縱橫術[46]을 배웠으나 만년에는 『역경』 『춘추』와 제자백가諸子百家의 학설을 배웠다. 그는 제나라의 여러 학자와 교류했으나 그를 두텁게 대해준 이가 없었다. 제나라 유생들은 서로 결탁하여 그를 배제했으므로 제나라에서 받아들여지지 못했다. 그의 집은 매우 가난했으며 돈을 빌려주는 사람이 없었다. 이에 하는 수 없이 북쪽으로 연燕, 조趙, 중산中山[47] 지역을 돌아다녔으나 알아주는 사람을 만나지 못해 매우 곤란한 떠돌이 신세가 되었다. 무제[48] 원광 원년(기원전 134)에 주보언은 제후국 중에는 갈 만한 곳이 없다고 여기고, 이에 서쪽 함곡관으로 들어가 장안에서 장군 위청衛靑[49]을 만났다. 장군 위청은 여러 차례 무제에게 그를 추천했지만 무제는 불러서 만나지 않았다. 주보언은 여비가 모두 떨어지고 장안에 머문 시간도 짧지 않았으나 많은 공경과 빈객이[50] 그를 싫어했으므로 하는 수 없이 궁전 앞으로 가서 황제에게 글을 올렸다.[51] 그런데 뜻하지

---

46 장단長短과 종횡縱橫은 같은 의미로, 종횡가의 학문을 말한다. "장안이 「장탕전張湯傳」 주석에서 말하기를 '소진과 장의의 모략은 상대방을 비웃는 것이 단短이고 자신이 뛰어나다고 여기는 것이 장長이다. 『전국책』에서는 장단술長短術이라 했다'고 했다."(『사기회주고증』)

47 모두 한나라 때의 제후국이다. 연燕의 도성은 지금의 베이징이고, 경제와 무제 전기의 연나라 왕은 유방의 공신인 유택의 아들 유정국이었다. 조趙의 도성은 지금의 허베이성 한단이며, 당시의 조나라 왕은 경제의 아들이자 무제의 이복형인 유팽조였다. 중산中山의 도성은 로노盧奴(지금의 허베이성 딩저우定州)이며, 당시의 중산 왕은 경제의 아들이자 무제의 이복형인 유승劉勝이었다.

48 원문은 '효무孝武'로, "효무는 마땅히 금상今上이라고 해야 한다."(『사기지의』) 역자는 일괄적으로 '무제'로 표기했다.

49 원문은 '위장군衛將軍'이다. "위청은 원광 6년에 장군이 되기 시작했다. 주보언이 위청을 원광 원년에 만났다면 위청은 아직 태중대부로 있을 때다. 어찌 장군이라 칭하는가?"(『사기지의』)라고 했다. "여기서는 뒷날에 기록한 것이기 때문에 장군이라고 말한 것이다."(『사기회주고증』)

50 "주보언이 일찍이 여러 차례 만났던 장안성 안의 공경 권세가와 그들 문하의 빈객들을 가리킨다."(『사기전증』)

51 주보언이 글을 올린 시기에 대해 의견이 다르다. "주보언, 서락徐樂, 장안莊安 세 사람이 함께 글을 올려 낭중에 임명되었는데, 마땅히 원삭 원년 초다. 『통감』에는 원삭 원년(기원전 128)으로 기재하고 있다. 『고이』에서 '광光'자는 '삭朔'자의 오류라고 말한다."(『사기지의』) 즉 주보언이 글을 올린 시기를 양옥승은 원삭 원년(기원전 128)으로 판단하고 있다. 그러나 왕선겸은 말하기를 "『한기漢紀』에는 세 사람이 글을 올린 때를 원광 2년으로 열거하고 있는데 마땅하지 않다. 『통감』에는 원삭 원년으로 기재하고

않게 아침에 글을 올렸는데 해질 무렵에 부름을 받아 무제를 알현했다. 그가 올린 아홉 가지 일 중에서 여덟 가지는 율령에 관한 것이고, 나머지 한 가지는 무제의 흉노 토벌에 대한 간언이었다. 그는 이렇게 말했다.

신이 듣건대 현명한 군주는 신하의 매서운 충고를 미워하지 않음으로써 자신의 시야를 넓히고 충신은 주살되는 것을 두려워하지 않고 자신의 견해를 직언하기에, 계획을 실행하는 데 빠뜨림이 없고 공업을 만세에 전하는 것이라고 합니다. 지금 신은 감히 죽음을 무릅쓰고 충심을 숨기지 않고 계책을 바치니, 황상께서는 신의 경솔함을 관대히 용서하시고 신의 의견을 잠시 살펴주시기 바랍니다. 『사마법司馬法』52에서 말하기를 "나라가 비록 강대할지라도 전쟁을 좋아하면 반드시 멸망하게 될 것이고, 천하가 비록 태평하더라도 전쟁을 잊고 있으면 반드시 위험해질 것이다"53라고 했습니다. 천하가 하루아침에 태평해지면 천자는 군사를 거두어 전쟁을 멈추고 대개大凱54를 연주하고, 봄에는 수蒐, 가을에는 선獮이라는 훈련을 합니다. 제후들이 봄에 군사를 훈련시키고 가을에 군비를 정돈하는 것은 전쟁을 잊지 않기 위함입니다. 무릇 화를 내는 것은 덕을 거스르는 행위고, 병기는 상서롭지 못한 물건이며, 서로 다투는 것은 사소한 일입니다. 옛

있는데, 위황후衛皇后가 황후로 세워진 뒤이므로 또한 아니다. 열전에 원광 원년에 주보언은 서쪽 함곡관으로 들어가 오래도록 머물다가 글을 올렸다고 명확하게 말하고 있다. 그리고 글을 올린 때를 원광 2년의 일이라고 언급하지 않았다. 세 사람이 글을 올린 때는 모두 원광 6년(기원전 129)이다"라고 했다. 다시 말해 왕선겸은 원광 6년(기원전 129)으로 주장하고 있다.
52 『사마법司馬法』은 고대의 병서 명칭으로 작자는 상세하지 않다. 사마는 고대의 군사를 주관하는 관직 명칭이다. 또한, 『사마양저병법司馬穰苴兵法』이라고 말하기도 한다. 「사마양저열전」에 따르면 "제 위왕齊威王은 대부들에게 고대의 『사마병법』을 연구, 정리시키고 그 안에 전양저田穰苴의 군사를 다스리는 방법을 덧붙이게 했는데, 『사마양저병법』이라 불렀다"고 했다.
53 원문은 "國雖大, 好戰必亡; 天下雖平, 忘戰必危"이다. "심흠한이 말하기를 '지금 판본 『사마법司馬法』 「인본편仁本篇」에 보인다'라고 했다."(『사기전증』)
54 대개大凱는 제왕이 군사를 거두고 전쟁을 멈추는 것을 말한다. "응소는 말하기를 '대개大凱는 『주례周禮』에서 군사를 돌려 개선할 때의 음악이라고 했다'고 했다."(『집해』)

날에 군주는 한번 화를 내면 반드시 사람을 죽게 하고 피를 흘리게 했기 때문에 성명한 군주는 신중히 행동했습니다. 무릇 전쟁을 좋아하고 승리에 힘쓰며 무력을 강구하는 자들 중에는 끝내 후회하지 않는 자가 없습니다. 옛날 진 시황이 전쟁에서 이긴 위세에 의지해 천하를 잠식하여 열국을 삼키고 해내를 통일한 공적은 하·상·주 삼대의 개국 군주와 비할 수 있습니다. 그러나 진 시황은 쉬지 않고 승리를 거두는 데 공을 들여 흉노를 공격하려 했습니다. 그러자 이사李斯가 간언하기를 "안 됩니다. 흉노는 성곽이 없는 곳에 거주하고 식량을 쌓아놓은 고정된 창고[55]가 없으며 옮겨 다니는 것이 마치 새가 날개를 펼쳐 나는 것과 같아 포획하여 제압하기가 어렵습니다. 가볍게 무장한 군사로 깊숙이 들어가면 양식 공급이 단절될 것이고, 식량 운송부대가 뒤따르면 행동이 느려져 적을 따라잡을 수 없습니다. 설사 그들의 땅을 점령한다 하더라도 대부분 쓸모가 없고, 그들의 백성을 포로로 잡는다 하더라도 노역을 시키면서 지킬 수가 없습니다.[56] 승리를 거두면 그들을 포로로 잡은 뒤 죽여야 하는데[57] 이 또한 백성의 부모인 군주로서 할 일이 아닙니다. 단지 흉노를 패배시켜 일시의 통쾌함을 얻기 위해 중국에 손상을 입히는 것은 절대로 나라를 안정시키는 장구한 계책이 아닙니다"[58]라고 했습니다. 진 시황은 그의 말을 듣지 않고 마침내 몽염에게 군사를

---

55 원문은 '위적委積'이다. "호삼성 주석에 위적委積은 창름倉廩의 저장이라고 했다. 정씨鄭氏는 이르기를 '적은 것을 위委라 하고, 많은 것을 적積이라 한다'고 했다."(『한서보주』) 창름倉廩은 미곡을 저장하는 창고로 고대에는 곡식을 저장하는 것을 '창倉'이라 하고 쌀을 저장하는 것을 '름廩'이라 했다.

56 원문은 '우기민불가역수야虜其民不可役而守也'로, '우遇'자의 변역이 매끄럽지 못하다. 『한서』에서는 '득기민 불가조역사야得其民, 不可調而使也(그들의 백성을 포로로 잡는다 하더라도 길들여 노역을 시킬 수가 없습니다)'로 문맥이 순조롭다.

57 원문에는 '살殺'자로 기재하고 있다. 그러나 『한서』에서는 '기棄(버리다)'자로 기재하고 있다. "이자명李慈銘이 말하기를 '승리를 거둔 뒤 그들의 백성을 버린다면 백성의 부모 된 군주의 도리가 아니다'라고 했다. 왕선겸은 말하기를 '『사기』에서 기棄자가 아닌 살殺자로 기재하고 있는데, 잘못인 것 같다'라고 했다."(『한서보주』) 그러나 "항복한 적병을 모조리 죽이는 것 또한 전국시대에서는 백기白起가 항복한 조나라 사졸 40만 명을 장평에서 생매장시킨 것처럼 흔히 있는 일이다. 『사기』에서 '살'자로 기재하고 있는 것이 더욱 실제에 부합하는 것 같다."(『사기전증』)

58 "여조겸呂祖謙이 말하기를 '이사는 진 시황의 포악함을 도왔으니 틀림없이 이런 간언은 없었다'라

이끌고 흉노를 공격하게 하여 북쪽으로 1000리의 땅을 개척하고 하투 지역의 황하를 북쪽 경계로 삼았습니다. 이 토지는 모두 염분이 많은 땅으로 오곡五穀59이 자라지 못했습니다.60 이때부터 전국의 성년 남자를 징발하여 이곳 북하北河61 일대를 지키도록 했습니다. 병사들은 바람을 맞고 햇볕을 쪼이며 10여 년 동안 주둔했으나 죽은 자가 그 수를 헤아릴 수 없었으며 끝내 황하를 건너 북쪽을 개척하지 못했습니다.62 이것이 어찌 병력이 부족하고 무기 장비가 갖추어지지 않아서겠습니까? 이것은 형세가 허락하지 않았기 때문입니다. 또 진 시황은 천하 사람들에게 양식과 마초를 신속히 운반하게63 했는데, 동방의 황현黃縣, 추현腄縣,64 낭야琅邪65 등의 바다가 인접한 땅에서 북하 전선으로 대략

고 했다. 서부원이 말하기를 '이사가 흉노 정벌을 간언한 것은 열전에 기재되어 있지 않으며 사실이 아니다. 그의 의도는 몽염이 공을 세우는 것을 저지하려 한 것인데 바른 말을 하겠는가'라고 했다.(『사기회주고증』)

59 오곡五穀: 다섯 종류의 곡물로, 구체적인 종류에 대한 견해는 다양하다. 그중에서 비중 있는 두 가지 견해는 첫 번째로 벼稻·기장黍·조稷·보리麥·콩菽이고, 두 번째로 참깨麻·기장黍·조稷·보리麥·콩菽이다. 후자에 벼가 포함되지 않은 이유는 고대에 경제의 중심지가 황하 유역으로 남쪽 지역에서 잘 자라는 벼 생산이 제한적이었기 때문이다.

60 "이 말은 틀렸다. 옛말에 '황하는 백해무익한데, 오직 이 지구만 풍족하다'고 했는데, 이곳 하투 지역을 가리킨다."(『사기전증』)

61 북하北河: 앞서 멀한 네이멍구의 하투 일대의 황하를 가리킨다. 관중 지역의 북방에 있으므로 북하라 했다.

62 "「시황기」「몽염전」「흉노전」에서 모두 이르기를 '융戎을 축출하고 장성을 수축했는데, 임조臨洮에서 시작해 요동까지 1만여 리로 황하를 건너 양산陽山까지 이르렀다'고 했다. 주보언이 올린 글에서는 몽염이 흉노를 공격해 1000리를 개척했지만 끝내 황하를 건너 북쪽으로 진격하지 못했다고 하는데 그 근거가 상세하지 않다. 『통전通典』에서는 몽염을 사실로 여기고 있는데, 주보언은 참고하지 않았다."(『사기지의』) "주보언은 흉노 정벌을 반대했으므로 적극적으로 진나라의 흉노에 대한 승리를 낮게 평가하면서, 획득한 하투 지역을 '염분이 많은 땅으로 오곡이 자라지 못했다'고 하고, 또 '끝내 황하를 건너 북쪽을 개척하지 못했다'고 한 것이다. 당초에 조나라의 장성과 몽염이 나중에 수축한 장성은 모두 황하 북쪽에 있다. 주보언은 근본적으로 하투 지역의 지형을 확실히 알지 못했다."(『사기전증』)

63 원문은 '전수轉輸(육로로 운송하다)'다. 육로로 운송하는 것을 전轉이라 하고, 수로로 운송하는 것은 조漕라 한다.

64 황현黃縣은 지금의 산둥성 룽커우龍口 황성진黃城鎭 동쪽이고, 추현腄縣은 지금의 산둥성 옌타이烟台 서남쪽의 푸산福山이다. '腄'의 음을 『색은』과 『집해』에서는 '추'라고 했다. 두 현은 산둥반도 동북 연해에 위치해 있고 당시에 동래군東萊郡에 속했다.

30종鍾을 운반하면 도착했을 때 1석石만이 남아 있을 뿐이었습니다.66 남자들은 필사적으로 경작을 해도 필요한 식량을 충족시킬 수 없고, 여자들은 밤새 베를 짜도 군대에서 사용하는 장막을 공급하기에 부족했습니다. 백성은 피로해져 고아와 과부, 노약자들을 부양하지 못하고 길바닥에는 죽은 자가 한없이 이어졌으니, 천하 사람들이 진나라를 배반하기 시작한 것입니다.

고조 황제가 천하를 평정하고 북쪽으로 변경을 확장하려 할 때67 흉노 군대가 대곡代谷68 밖에 집결해 있다는 말을 듣고 그들을 공격하려 했습니다. 그러자 어사 성成69이 간언하며 말하기를 "안 됩니다. 대체로 흉노인의 습성은 짐승처럼 모였다가 새처럼 흩어지기에 그들을 추격하는 것은 마치 그림자와 작전을 벌이는 것과 같습니다. 지금 폐하의 성덕盛德에 의지해 흉노를 공격하는 것은 대단히 위험한 일이라고 생각합니다"라고 했습니다. 고조 황제는 이 말을 듣지 않고 북쪽으로 대곡까지 진격했다가 결국 평성에서 포위되고 말았습니다. 고조 황제가 이 일을 매우 후회하고 유경劉敬을 보내 흉노와 화친을 맺은 뒤에야 천하는 오랫동안 큰 전쟁이 일어나지 않게 되었습니다. 그래서 병법에서는 "군사 10만 명을 동원하면 매일 천금을 소비하게 된다"70라고 했습니다. 진나라는 항상 수십만 명의 군사를 북하 지역에 주둔시켰는데, 비록 적군을 멸하고 적장을 참살

65　낭야琅邪: 한나라 군으로 산둥반도 동남부 해변에 위치해 있으며, 치소는 지금의 산둥성 주청諸城市이다.

66　종鍾: 용량 단위로 6곡斛 4두斗가 1종이다. 한나라 때 1곡은 20리터, 1두는 2리터다. 30종은 192곡(3840리터)이다. 10두는 1석石으로, 석은 곡과 같다. "운송된 양식이 운반 중에 소모되고 남은 것이 192분의 1이라는 말이다. 이 말은 과장된 말로써 사람을 놀라게 하는 것으로 실제와는 동떨어져 있다."(『사기전증』)

67　고조 6년(기원전 201) 한왕 신이 흉노에 투항하자, 7년(기원전 200)에 유방은 한왕 신을 정벌하여 대파시켰다. 그리고 지금의 산시山西성 북부에 주둔해 있던 흉노군을 공격하려고 했다.

68　대곡代谷: 구체적인 방위는 상세하지 않다. 지금의 허베이성 위현蔚縣 근처라고도 하고, 산시山西성 다이현代縣 근처라고도 하고, 산시山西성 다퉁大同 근처라고도 한다.

69　"옛 주석에는 모두 어사의 성이 성成이고 이름은 진進이라고 한다."(『사기전증』)

70　"무릇 10만 명의 대군을 동원하여 1000리 밖으로 출정하면 백성이 부담해야 할 비용과 국가의 지출은 매일 천금이 필요하다凡興師十萬, 出征千里, 百姓之費, 公家之奉, 日費千金"(『손자병법』「용간用間」)

하고 선우를 사로잡은 전공은 있었지만[71] 흉노와 깊은 원한 관계가 되어 전승의 공이 전국에서 소비한 자금을 보상하기에는 부족했습니다. 대체로 위로는 국고를 텅 비게 하고 아래로는 백성을 피폐하게 하면서 대외 전쟁에서 일시적인 기쁨을 구하는 것은 훌륭한 일이 아닙니다. 저 흉노를 복종시키기 어렵다는 것은 한 세대의 일이 아닙니다. 그들은 왕래가 일정하지 않고 도적질하며 변경을 침범하여 약탈하는 것을 업으로 삼는 것이 그들의 천성입니다. 위로 우虞, 하夏, 은殷, 주周는 이 북방 사람들에 대해 엄격한 조치를 취하지 않았고 그저 가축이나 기르는 금수로 보았으며, 그들을 중원 사람과 동등하게 대우하지 않았습니다. 위로 우, 하, 은, 주의 전통적인 방법을 거울삼지 않고 아래로 가까운 시대의 잘못된 방법을 본받는 것을 신은 가장 우려하며, 또한 이는 백성이 가장 고통스럽게 느끼는 바입니다. 게다가 장기간 군사를 부리게 되면 변란이 발생하기 쉽고 많은 고통을 받게 되면 어떤 사람들은 생각을 바꾸려 할 것입니다. 그리하여 변경 지역의 백성이 피로하고 근심하게 되면 반역의 마음을 품게 되고 문신과 무장들은 서로 의심하며 바깥의 적과 결탁하게 되어 위타尉佗[72]와 장함章邯[73]처럼 사사로운 목적이 실현되는 것입니다.[74] 대체로 진나라의 통치가 시행될 수 없었던 것은 바로 권력이 이 두 사람에 의해 분산되었기 때문으로,[75] 이것이 바로

71 몽염 등이 흉노를 몰아내고 하투 일대의 땅을 빼앗기는 했지만 선우를 사로잡은 일은 없었다. 이것은 주보언의 과장이다. 진나라 말기와 유방, 여후에 이르기까지 흉노의 선우는 묵돌(재위 기원전 209~기원전 175)이었다.
72 위타尉佗: 원래 이름은 조타趙佗다. 진나라 때 용천龍川(지금의 광둥성 룽촨龍川 서남쪽) 현령이었는데 진나라 말기에 크게 어지러워지자 남해군南海郡(군치는 지금의 광저우廣州)의 위尉가 되었으므로 위타尉佗라고도 불렸다. 이어서 계림桂林, 상군象郡을 수복하고 스스로 남월왕이 되었다.
73 장함章邯: 진나라 때 명장으로 진승陳勝을 격퇴하고 항량項梁을 격파하고 죽였으나 나중에 하북 거록에서 항우에게 패배했다. 조고趙高가 이를 빌미로 장함을 모함하자 장함은 군사를 이끌고 항우에게 투항했다.
74 "주보언은 조타와 장함으로 '장기간 군사를 부리게 되면 변란이 발생하기 쉽고 많은 고통을 받게 되면 어떤 사람들은 생각을 바꾸려 할 것이다'의 전형으로 삼으려 했으나, 사실과 서로 부합되지 않는다."(『사기전증』)
75 "주보언이 진나라가 와해되고 붕괴된 책임을 장함과 조타에게 떠넘기는데 이것은 터무니없는 논

진나라가 실패한 가장 유력한 이유임을 증명하는 것입니다. 이 때문에 『주서周書』에서는 "국가의 안위는 군주가 어떤 명령을 하달하느냐에 달려 있고, 국가의 존망은 어떤 사람을 임용하느냐에 달려 있다"[76]고 했습니다. 바라건대 폐하께서는 이 점을 고찰하시고 잠시 깊이 생각해보십시오.

이와 동시에 조趙나라 사람 서악徐樂[77]과 제齊나라 사람 엄안嚴安[78]도 황제에게 글을 올려 국가를 다스리는 데 해야 할 당면과제에 대해 논술했는데, 그들 각자 한 가지씩 말했다. 서악은 말했다.

신이 듣건대 천하의 근심은 토붕土崩에 있고 와해瓦解에 있지 않다고 하는데,[79] 이것은 예나 지금이나 마찬가지입니다. 무엇을 토붕이라고 합니까? 진나라 말기의 상황이 이와 같습니다. 진섭陳涉은 천승千乘을 보유한 제후의 존귀한 지위에 있지 않았고 한 척의 봉지도 없었습니다. 출신은 왕공대인 등 명문 귀족의 후손도 아니었고, 향리鄕里[80]에서도 어떠한 명예도 없었으며, 공구孔丘·묵적墨翟·증삼曾參 같이 현명하거나 재능을 가지고 있지 않았고, 도주공陶朱公[81]이나 의돈猗

리다. 「항우본기」에서 서술한 장함의 행적과는 다르다."(『사기전증』)

76 원문은 '安危在出令, 存亡在所用'이다. 『주서周書』는 『일주서逸周書』를 가리킨다.

77 조趙나라 사람 서악徐樂에 대해 『한서』에서는 '연燕나라 무종無終(지금의 톈진天津 지현薊縣) 사람'이라고 기재하고 있다. 『사기』에서는 조나라 사람이라고 했는데, 잘못이다."(『사기지의』) "『한서』 「서악전徐樂傳」에서 연군燕郡 무종 사람이라고 했다. 무종은 연나라 변경 동북쪽으로, 조나라 사람이 아니다. 태사공이 틀렸다."(『사기찰기』)

78 "『색은』에서 엄안嚴安은 본래 성이 장莊인데, 명제明帝를 피휘하여 나중에 엄안嚴安으로 바꾼 것이다. 『한서』에서는 장안莊安이라 했는데, 반고는 바꾸지 않았다. 『사기』에서 엄안이라 한 것은 후세 사람이 바꾼 것이다."(『사기지의』)

79 토붕土崩은 토층이 무너지는 것으로 하층민의 모반을 비유한 것이다. 와해瓦解는 기와 조각이 부서지는 것으로 통치집단 내부의 붕괴와 해체를 비유한 것이다.

80 원문은 '향곡鄕曲'으로, 향리를 말한다. 평민 백성이 거주하는 단위다.

81 도주공陶朱公은 범려范蠡를 말한다. 구천句踐을 도와 오나라를 멸망시킨 뒤 관직을 사양하고 상인이 되어 큰 재물을 모았는데, 사람들이 도주공이라 불렀다.

頓82 같이 부유하지도 않았습니다. 그러나 그가 빈곤한 민간에서 군사를 일으켜 극戟의 자루83를 휘두르며 웃통을 벗고 크게 소리치자 천하가 호응했는데, 이것은 무엇 때문이겠습니까? 그것은 백성이 곤궁해도 군주가 가련하게 여기지 않고, 아래에서 원망해도 위에서 상황을 알지 못하고, 사회 습속이 이미 어지러워지고 국가의 법령이 시행되지 않았기 때문입니다. 이 세 가지가 진섭이 거사의 구실로 삼은 것으로, 이를 바로 토붕이라고 합니다. 그러므로 천하의 근심이 토붕에 있다고 말하는 것입니다. 무엇을 와해라고 합니까? 오·초·제·조의 반란이 바로 이것입니다. 일곱 나라가 반란을 도모하고는 그들 모두 만승萬乘의 군주를 자처했으며, 무장 병사는 수만 명이었으며, 위엄은 자신의 영토를 통제할 만하고, 재력은 전사와 백성이 힘을 다하도록 장려하기에 충분했습니다. 그런데 그들은 서쪽으로 한 자 한 치의 땅도 빼앗지 못하고 도리어 중원에서 사로잡히게 되었으니,84 그 원인은 무엇 때문이겠습니까? 그들의 권세가 필부匹夫보다 가볍고 군사 역량이 진섭에 비해 약했던 것이 아닙니다. 당시 선제의 덕망과 은택이 아직 감퇴되지 않았고, 그 땅에 안주하며 행복하게 사는 백성이 많았으며 반란을 일으킨 제후들이 다른 국가의 원조를 받을 수 없었기 때문입니다.85 이것이 바로 와해라고 하는 것입니다. 그래서 천하의 근심은 와해에 있지 않다고 말하는 것입니다. 이로 보건대 천하가 하루아침에 토붕의 형세가 되면 설사 곤궁하고 외진 곳에 거주하는 평민 백성이라 할지라도 앞장서서 반란을 일으켜 해내

82　의돈猗頓은 전국시대의 대상인이다.
83　원문은 '극근棘矜'이다. 안사고는 말하기를 "극棘은 극戟이다. 근矜은 극의 자루다. 이때 진나라는 병기를 녹였으므로 극의 자루만 있었다"라고 했다. "왕념손이 말하기를 '극근은 곧 가시나무를 잘라 막대기로 삼은 것이다'라고 했다."(『사기전증』) 역자는 '극의 자루'라고 번역했는데, 창 자루 혹은 몽둥이 정도가 타당할 것 같다.
84　오왕吳王 비濞는 당시 양국梁國(지금의 허난성 상추商丘 일대)에서 조정의 군대에 패한 뒤 강남의 단도丹徒(지금의 장쑤성 전장鎭江 동남쪽)로 도망쳐 동월인東越人에게 의탁했으나, 결국 동월인에게 살해되고 그 머리는 조정에 바쳐졌다.
85　당시 동월은 오왕 유비를 따랐고 흉노도 조왕 유수와 결탁했지만, 일곱 나라가 빠르게 실패하자 동월과 흉노는 더 이상 말려들지 않았다.

를 위태롭게 할 수 있으니, 진섭이 바로 이와 같습니다. 삼진三晉의 군주와 같은 인물86이 혹여 그 안에 있었다면 어떻겠습니까! 천하가 비록 크게 다스려지지 않았더라도 토붕의 형세가 없게 된다면 설사 강대한 제후 군대가 반란을 일으킬지라도 단시간에 실패하여 사로잡히게 될 것이니, 오·초·제·조의 상황이 바로 이와 같았습니다. 하물며 이때의 군신과 백성 중에 누가 그들을 따라 난을 일으킬 수 있었겠습니까! 이러한 토붕과 와해의 상황은 국가 안위를 고찰하는 중요한 지표이며 현명한 군주는 마땅히 관심을 가지고 깊이 살펴봐야 합니다.

요즘 관동關東에서는 오곡이 흉년이어서 지금까지 수확이 좋지 않으므로 백성 대부분이 곤궁한데다 변경에서 전쟁까지 더해졌으니, 상식적인 도리와 규율에 따라 살펴보건대 백성은 그곳에서 편안하게 생존할 방법이 없습니다. 본토에서 편안하지 않으면 쉽게 동요되고, 동요되기 쉬운 것이 바로 토붕의 형세입니다. 이 때문에 현명한 군주는 사물 변화의 근원을 주의해서 살펴 국가 안위의 관건을 명백히 하고87 묘당廟堂에서 국가를 다스리는 방침과 정책을 제정하여 우환이 형성되기 전에 제거해버립니다. 중요한 것은 천하에 토붕의 형세가 형성되지 않도록 힘쓰는 것입니다. 설사 강대한 제후 군대가 난을 일으키더라도88 폐하께서는 달리는 짐승을 쫓고 나는 새를 사냥하며 즐길 수 있는 원림園林을 늘려 짓고, 눈과 마음을 즐겁게 하기를 편안하고 거리낌 없이 하며, 말을 채찍질하고 달리는 즐거움을 누리면서 모두 지난날처럼 할 수 있습니다. 각종 악기89 소리가 귀에서 끊이지 않고, 희첩과 정을 나누고 눈앞에 배우와 난쟁이의 웃음이 펼쳐진들 천하에는 어떠한 우환도 남아 있지 않을 것입니다. 어찌 명망이 상탕商湯

---

86 "진섭을 따라 일어난 전국시대 제후의 후대인 위구魏咎, 위표魏豹, 한성韓成, 조헐趙歇 등을 가리킨다."(『사기전증』)
87 국가 안위에 관한 일들이 토붕에 속하는 것인지, 와해에 속하는 것인지를 알아내는 것을 말한다.
88 "'설사 와해 성질의 제후왕이 난을 일으킨다 하더라도'를 의미한다."(『사기전증』)
89 원문은 '금석사죽金石絲竹'이다. 금金은 금속으로 제작한 악기, 석石은 돌로 제작한 경쇠, 사絲는 현악기, 죽竹은 관악기를 가리킨다.

과 주 무왕과 같기를 바라고, 풍속이 주 성왕이나 주 강왕[90] 때와 같기를 바라
겠습니까! 비록 신이 이처럼 말할지라도 황상께서는 천성적으로 성인이시고 너
그럽고 인애의 자질을 갖추고 계시니 국가를 다스리는 일에 마음을 쓰신다면
명망이 탕왕이나 무왕과 나란히 일컬어지는 것은 어렵지 않은 일이며 성왕과
강왕 시대의 아름다운 풍속도 다시 일으킬 수 있다고 여깁니다. 이 두 가지 국
면[91]이 출현한 뒤에야 존귀하고 안정된 환경에서 당대에 명예를 드날리고 천하
사람들이 모두 친근해하며 사이四夷의 나라가 모두 와서 신하로 복종하고 폐하
의 은덕에 의지하여 자손대대로 태평을 누릴 수 있을 것입니다. 그러면 폐하께
서는 남쪽을 향해 앉아 병풍을 등지고[92] 왕공 대신들을 알현하게 될 것이니, 이
것이 바로 폐하께서 하셔야 할 일입니다. 신이 듣건대 삼왕의 공업을 이루지 못
하더라도 국가를 안정시킬 수는 있다고 합니다. 국가가 안정되면 폐하께서 무엇
을 구하려 한들 얻지 못하겠으며, 무엇을 하려 한들 이루지 못하겠으며, 어느
곳을 정벌하려 한들 복종시키지 않을 수 있겠습니까!

엄안이 글을 올려 말했다.

신이 듣건대 주나라는 건국 이래 태평한 시절이 300여 년에 달했는데, 성왕成王
과 강왕康王 때 한창 융성하여 형법을 40여 년 동안 내버려두고 사용하지 않았
다고 합니다. 후세에 쇠퇴해진 시기 또한 300여 년[93] 동안 지속되었는데, 이때
제후 중에 오패五霸[94]가 연이어 일어났습니다. 오패는 항상 천자를 보좌하여 이

---

90 주성왕周成王은 무왕의 아들로 이름이 송誦이고, 주강왕周康王은 성왕의 아들로 이름이 소釗다.
91 명망이 탕왕이나 무왕과 나란히 칭하게 되는 것과 성왕과 강왕 시대의 아름다운 풍속을 다시 일
으키게 되는 국면을 말한다.
92 원문은 '부의負扆'로, 의扆는 어좌 뒷면의 도끼 형상의 도안이 그려진 병풍을 말한다.
93 서주 말기와 춘추시대의 300여 년을 말한다.

익은 일으키고 폐해는 제거했으며, 포악한 자를 주살하고 간사한 일을 금지하여 해내의 질서를 바로잡고 천자의 지위를 존중했습니다. 오패의 시대가 지나간 뒤 왕을 존중했던 현인과 성인이 이어지지 않아[95] 천자는 고립되고 세력이 약해져 호령이 시행되지 못했습니다. 제후들은 제멋대로 행동하여 강한 자가 약한 자를 기만하고 큰 무리가 작은 무리를 욕보이며, 전상田常은 제나라 정권을 찬탈하고[96] 육경六卿은 진晉나라의 땅을 분할하여[97] 전국戰國이 쟁탈하는 국면이 형성되었습니다. 이때부터 백성의 고통이 시작되었습니다. 그리하여 강한 나라는 정벌에 힘을 다하고 약한 나라는 지키는 데 힘을 쓰면서 합종과 연횡을 강구하게 되자 사자들의 수레가 나는 듯이 질주하여 바퀴통이 서로 부딪쳤고 전사의 갑옷과 투구에는 이가 가득했지만 백성의 고난은 호소할 곳이 없게 되었습니다.

진秦나라 왕이 즉위하자 천하를 잠식하면서 여러 나라를 병합하고[98] 스스로 황제皇帝라 칭했습니다.[99] 그는 천하의 정권을 장악하고 제후의 성을 무너뜨리고

94 원문은 '오백五伯'인데 오패五霸와 같다. "맹자가 말하기를 '오패라는 것은 모두 삼왕三王의 죄인인데, 지금의 제후들은 오패의 죄인이며, 지금의 대부들 또한 모두 지금 제후들의 죄인인 것이다'라고 했다."(『맹자』 「고자告子 하」) 하나라부터 주나라까지 패주霸主가 있었는데 후세 학자들이 3대 이래의 패주 가운데 가장 영향력이 컸던 5명의 패주를 오패라 했다. 또한 동주東周 시기에 강대한 5개 제후국을 '춘추오패春秋五霸'라 했다. 일반적으로 통용되는 인물은 『사기』의 '제 환공, 송 양공, 진 문공, 진 목공, 초 장왕' 그리고 『순자』의 '제 환공, 진 문공, 초 장왕, 오왕 합려, 월왕 구천'이다.
95 춘추시대 말기에서 전국시대 초기로 제 환공, 관중, 공자 같은 존왕尊王을 제창한 현인과 성인이 나오지 않았음을 가리킨다.
96 전상田常: 본래 전항田恒으로 진항陳恒이라고도 한다. 한나라 사람들이 문제를 피휘하기 위해 전상田常이라 고쳐 불렀다. 춘추시대 말기의 제나라 대귀족으로 기원전 481년 군주인 제 간공齊簡公을 시해하고 제 평공齊平公을 세우고 제나라 정권을 차지했다.
97 육경六卿은 춘추시대 말기 대대로 진晉나라 정권을 통제했던 육가六家 대신인 범씨范氏, 중항씨中行氏, 지씨智氏, 한씨韓氏, 조씨趙氏, 위씨魏氏를 말한다. 기원전 490년 지씨, 조씨, 한씨, 위씨가 연합하여 범씨와 중항씨를 멸하고, 기원전 453년에 조씨, 한씨, 위씨가 다시 연합하여 지씨를 멸하고 뒤에 다시 진晉나라 공실公室을 멸한 뒤 각자 독립하여 왕이라 칭했다.
98 진왕 정 17년(기원전 230)에 한韓나라를 멸하고, 22년(기원전 225)에는 위나라, 24년(기원전 223)에는 초나라, 25년(기원전 222)에는 조나라와 연나라, 26년(기원전 221)에는 제나라를 멸했다.
99 진왕 정 26년에 천하를 통일한 뒤 삼황三皇의 황皇, 오제五帝의 제帝를 합쳐 황제皇帝라 칭했다.

각국의 무기를 녹여서 종과 종을 거는 틀, 12개의 동인銅人을 만들어 다시는 사용하지 않겠다는 것을 천하 사람들에게 보여줬습니다.100 선량한 백성은 이때부터 전쟁의 재난에서 벗어나 성명한 군주를 만났다고 하며 사람마다 다시 태어났다고 여겼습니다. 당시 진나라 황제가 형벌을 관대하게 하고 부세를 경감하고 요역을 덜어주고 인의를 시행하고101 권세와 이익102을 가볍게 여기고 충실과 너그러움을 숭상하고 계략과 교묘하게 속이는 것을 경시하고 풍속을 바꿔서103 백성을 교화시켰더라면 대대로 반드시 안정되었을 것입니다.

그러나 진나라 황제는 인의의 정치를 시행하지 않고 원래의 방법을 답습하여 교활한 방법으로 권세와 이익을 구하는 자들은 나아가고 성실하고 충후한 사람은 물러났으며, 법치는 매서웠고 정령은 참혹했으며 아부하는 자들만 점점 많아져 황제는 온종일 그들의 공적과 은덕을 찬양하는 소리만 들으니 마음은 교만해지고 큰일을 하여 공을 세우기를 좋아하게 됐습니다. 그리하여 위세를 국외에 드날리고자 몽염을 파견해 군사를 이끌고 북방의 흉노를 쳐서 영토를 확장하고 적의 경계를 점령했으며 군사를 보내 북하北河에 주둔시키고 백성을 시켜 그 뒤를 따라 군량과 마초를 운송하게 했습니다. 또 위타와 도수屠雎104를 파견해 수군105을 이끌고 남쪽으로 향해 진격하여 백월百越을 공격하게 했고, 감록

---

100 동방 육국의 사람들이 다시는 진나라에 반기를 들 수 없게 한 것으로, 진나라의 병기까지 함께 녹인 것은 아니었다.
101 "유가儒家를 실행하고 법가法家를 배척하는 것을 말한다."(『사기전증』)
102 원문은 '권리權利'다. "권權은 형법 사용과 무력 진압을 가리킨다. 이익는 '수공首功(적의 목을 벤 공적)'의 법으로 사람들에게 적을 죽이고 황무지를 개간하도록 유인한 것을 가리킨다."(『사기전증』)
103 "상앙商鞅이 진나라에서 시행했던 법가 통치를 가리킨다."(『사기전증』)
104 "「남월전南越傳」에는 위타가 월越을 공격한 사건이 없으므로, 바로 위尉 도수屠雎다. 위는 진나라 관직명이고 도수는 사람 이름이다. 『한서』 「엄조전嚴助傳」과 「엄안전嚴安傳」에 모두 타佗자가 없다. 이 때문에 아래 문장에 위타가 월 땅에 주둔했다는 말은 잘못이다. 위 도수에 관한 일은 『회남자淮南子』 「인간훈人間訓」에 보인다."(『사기지의』)
105 원문은 '누선樓船'으로, 수병水兵을 말한다. 진·한 때 강회江淮 이남 땅에서 수군을 훈련시켰는데, 누선이라고 불렀다. 또한 누선은 망루가 있는 큰 배를 말하는데, 갑판을 특별히 거대하게 만들어 높고 뱃머리가 넓어 외관이 누각과 흡사하다고 하여 '누선'이라 했다. 고대의 수전水戰은 대체로 화살

監祿[106]을 시켜 운하[107]를 파서 양식을 운송하게 했습니다. 진나라 군대가 월 땅으로 깊숙이 들어가자 월나라 사람들은 모두 달아났습니다. 진나라 군대는 하는 일 없이 시간을 보내다 양식이 떨어졌고 월나라 사람들이 반격하자 진나라 군대는 대패하고 말았습니다.[108] 진나라 황제는 이에 위타를 파견해 군사를 이끌고 월 땅을 지키게 했습니다.[109]

당시 진나라의 북방에서는 흉노와 전쟁을 치르느라 피해가 계속되었고 남방에서는 월나라와 원수가 되어 군대를 쓸모없는 땅에 주둔시킨 채 철군하지도 못하는 지경에 몰렸습니다. 이렇게 10여 년이 지속되자[110] 전국의 성인 남자들은 병사가 되어 싸우고 성년의 여자들은 군량을 실어 나르는 고통을 견디지 못해 삶을 포기하고 길가의 나무에 목을 매어 죽는 자가 이어졌습니다. 진나라 황제가 죽자 천하가 즉시 크게 어지러워졌습니다. 진승陳勝과 오광吳廣은 진현陳縣에서 반란을 일으켰고,[111] 무신武臣과 장이張耳는 조趙 땅에서,[112] 항량項梁은 오吳

을 쏘고 배로 부딪쳐 상대 배에 뛰어올라 육박전을 펼치는데 함선의 크기가 수용할 수 있는 선원과 전사의 수, 함선의 충돌력을 결정짓기 때문에 누선은 주력 함선의 역할을 맡았다. 그러나 배가 지나치게 높아 무게중심이 불안정하기 때문에 대부분 내륙 하천에서 벌어지는 싸움에 주로 사용되었다.

106　감록監祿: "위소가 말하기를 '감監은 어사御史로, 이름이 록祿이다'라고 했다."(『집해』) 진나라 때 각 군郡의 장관인 군수와 군위를 제외하고 조정에서 파견한 어사 한 명을 감군이라고 했다.

107　지금의 광시성 장족壯族 자치구 싱안興安 부근에 운하를 파서 상수湘水(상장강)와 이수灘水(리장강) 두 강을 통하게 했는데, 후대에 영거靈渠라고 불렀다.

108　"진 시황이 동방 육국을 통일한 것은 『사기』 여러 편에 상세하게 서술되어 있고, 북방 흉노에 대한 진격 또한 자못 분명하다. 오직 백월 공격에 대한 과정은 『사기』에 기재된 것이 매우 적다. 도수가 월을 정벌하고 진나라 군대가 대패한 사건에 대해 「진시황본기」와 「남월열전」에 모두 기재되어 있지 않다."(『사기전증』)

109　"심흠한이 말하기를 '위타는 임효任囂의 잘못이다. 임효를 시켜 월 땅을 지키게 했기 때문에 남해南海 위尉가 되었다. 조타趙佗(위타)는 마땅히 편비偏裨(부장)로 수행했을 따름이다'라고 했다. 왕선겸이 말하기를 '나중에 위타가 월 땅을 제멋대로 차지했기 때문에 특별히 언급한 것으로, 틀린 것은 아니다'라고 했다."(『한서보주』)

110　진 시황이 천하를 통일하고 나서 죽을 때까지 기간은 12년이다.

111　「진섭세가」에 따르면 진승은 본래 기현蘄縣 대택향大澤鄉에서 난을 일으켰다. 2세 원년(기원전 209) 7월의 일로 진군陳郡(지금의 허난성 화이양淮陽)을 공격해 점령한 뒤 왕이라 칭했다.

112　무신武臣은 원래 진섭의 부장이었는데, 명령을 받들어 하북 지역을 점령하고 한단에 이르러 자

땅에서,[113] 전담田儋은 제나라에서,[114] 경구景駒는 영郢 땅에서,[115] 주불周市은
위魏나라에서,[116] 한광韓廣은 연燕나라에서 반란을 일으켰으며,[117] 깊은 산과
계곡에서도 호걸들이 아울러 일어났는데, 그 수가 너무 많아 다 기재할 수가
없습니다.

그러나 이들은 모두 공후公侯 귀족의 후손도 아니고[118] 대권을 장악한 관리도
아니었습니다.[119] 그들은 한 자 한 치의 토대도 없이 민간에서 일어나 극 자루를
잡고 형세에 따라 소리 지르며 움직였습니다. 그들은 미리 계획도 없이 함께 일
어났고 약속도 없이 동시에 모여들었습니다. 그들은 부단히 자신들의 지반을 확
대했고 패霸라 칭하고 왕王을 청할 정도로 발전했는데,[120] 이것은 모두가 진나라
의 잔혹한 통치에 의해 조성된 것입니다. 진나라 황제는 고귀한 천자가 되었고
온 천하를 소유할 만큼 부유했으면서도 제위의 전승과 종묘의 제사가 끊어진
것은 쉬지 않고 전쟁을 일삼아 조성된 재앙입니다. 주나라는 약해서 멸망했고
진나라는 강해서 멸망했는데, 모두가 형세의 변화에 따라 서로 다른 정책을 취

칭 조왕趙王이라 칭했다.

113 2세 원년(기원전 209) 9월의 일이다. 오吳는 지금의 쑤저우다.
114 전담田儋은 진나라에 멸망당한 제나라 후손으로 진섭이 일어났을 때 전영田榮, 전횡田橫 등과
군사를 일으켜 제나라 땅을 점유했다.
115 경구景駒는 진나라에 멸망당한 초왕楚王의 후손으로 진섭이 장함에게 격파되어 죽임을 당한 뒤
진나라에 의해 왕으로 옹립되었다. 경구가 왕으로 옹립된 것과 초나라의 옛 도성 영郢(지금의 후베이성
장링江陵)과는 관련이 없다.
116 주불周市은 원래 위魏나라 사람으로 진섭의 부장이었다. 명령을 받들어 위 땅을 공략한 뒤 위왕
魏王의 후대인 위구魏咎를 왕으로 옹립했다.
117 한광韓廣은 원래 진섭의 부장으로, 무신을 수행하여 조 땅을 평정한 뒤 무신의 명을 받들어 연
燕 땅을 점령한 다음에 스스로 연왕燕王이 되었다.
118 진섭·오광·무신·장이 등은 공후의 후대가 아니지만 전담·위구·항량 등은 공후의 후대가 아니
라고 말할 수 없다.
119 소하·조참·하후영 등은 모두 하급 관리였고, 현령·군수도 군사를 일으켜 진나라에 반기를 들
고자 한 자들이 있었지만 모두 유방과 항량 등에게 살해당했다.
120 "각자 발전하여 이룬 뒤에 패왕霸王를 칭하고 왕王을 청한 것이다. 여기서의 패왕은 이런 사람들이
각자 형성한 세력으로 결코 항우 한 사람만을 가리키는 말이 아니다."(『사기전증』)

함을 이해하지 못했기 때문입니다.

지금 남이南夷[121]를 불러 항복시키고 야랑夜郎[122]을 조정으로 들어와 알현하게 하고 강羌과 북북僰[123]을 항복시키고 예주濊州[124]를 공격해 점령하고, 그곳에 성읍을 세우고는 흉노 땅으로 깊숙이 쳐들어가 그들의 농성蘢城을 불태우려고 합니다.[125] 논의하는 자들은 이렇게 하는 것에 대해 찬미하고 있습니다. 그러나 이는 단지 신하들의 이익에 부합되는 것으로 천하를 다스리는 좋은 계책은 아닙니다. 지금 중국 경내는 개 짖는 소리에 놀랄 일이 없을 만큼 태평한데, 도리어 먼 지방의 적을 방비하느라 국가를 피폐하게 하는 것은 백성을 자식과 같이 양육하는 좋은 방법이 아닙니다. 무한한 욕망을 따르고 전쟁에 승리하는 쾌감을 위해 흉노에게 원한을 사는 것은 국경을 편안하게 하는 방법이 아닙니다. 원한이 맺히면 풀어지지 않아 전쟁이 멈추었다가도 다시 일어나게 되기 때문에 내부의 백성은 고통스럽고 변방의 백성은 놀라고 두려워할 뿐이니, 이것은 천하를 장구히 다스리는 방법이 아닙니다.

지금 천하는 도처에서 갑옷을 제조하고 도검을 갈며 화살을 바르고 곧게 하며 활시위를 만들고 양식을 운송하느라 쉴 틈이 없는데, 이것은 천하 백성이 공통적으로 우려하는 상황입니다. 대체로 전쟁이 길어지면 변고가 발생하고 일이 번잡해지면 근심거리가 생깁니다. 지금 바깥 군郡[126]의 땅은 어떤 경우는 넓이가 1000리에 가깝고 성읍이 수십 개나 되며 지형은 주변 제후국과 경계가 개의 이

---

121 남이南夷는 지금의 구이저우성, 윈난성 경내의 여러 소수민족 부락으로 야랑夜郎, 장가牂柯, 전滇, 곤명昆明 등이다.
122 야랑夜郎: 당시 남이 중에서 비교적 큰 소국으로 대략 지금의 구이저우성 서부 지역이다.
123 강羌과 북북僰: 당시 촉군 서쪽과 그 서북부 일대에 거주하던 소수민족으로, 서이西夷라 불렸다. 강족은 대략 지금의 쓰촨성, 산시陝西성, 간쑤성 경계 지대에 있었고, 북족은 대략 지금의 쓰촨성 이빈宜賓 서남쪽 지역에 있었다.
124 예주濊州는 고대의 예맥穢貊이다.
125 원광 6년(기원전 129) 위청 등이 흉노를 정벌하여 농성蘢城까지 당도한 사건을 말한다.
126 원문은 '외군外郡'으로, 동방의 큰 군郡을 말한다.

빨처럼 들쑥날쑥하여 주변 제후국을 통제하고 위협하는데, 이것은 공실公室[127]의 이익이 아닙니다.

위로 제나라와 진晉나라가 멸망한 원인을 살펴보면 공실의 역량이 쇠약해지고 육경六卿의 세력이 지나치게 강성해졌기 때문입니다.[128] 아래로 진나라가 멸망한 원인을 살펴보면 형법이 엄격하고 가혹했으며 욕망이 한없이 컸기 때문입니다. 지금 군수郡守의 권력은 이미 진晉나라의 육경보다 무겁고, 1000리가 넘는 땅은 일반 평민[129]의 자본을 초월했으며 갑옷·무기와 각종 군비 또한 극 자루의 효능을 뛰어넘었습니다. 만일 만세에 만나기 어려운 변고가 일어난다면 그 재난은 이루 말할 수 없을 정도로 막대할 것입니다.[130]

그들의 상서가 무제에게 바쳐지자 무제는 세 사람을 불러 만나보고는 말했다. "공들은 모두 지금까지 어디에 있었소? 어찌하여 지금에서야 만날 수 있게 되었단 말이오!"[131]

그리하여 무제는 주보언, 서악, 엄안 세 사람을 낭중으로 삼았다. 그 뒤로 주

127 공실公室은 춘추시대 제후의 가족을 말하는데, 여기서는 황제의 가족을 지칭하지만 적합하지 않다. 『한서』에서는 '종실宗室'로 기재하고 있어 더 타당하다. 즉 유씨 종실을 말한다.
128 "앞 구절에서 제齊와 진晉을 동시에 언급했으니, 아래 구절은 마땅히 '전씨와 육경이 지나치게 강성해지다'라고 해야 하며 '육경'만 언급해서는 안 된다."(『사기전증』).
129 "일반 평민으로 반란을 일으킨 진섭 등과 같은 자를 가리킨다."(『사기전증』)
130 "가의賈誼 이하 모두 황제에게 제후왕을 타격하고 약화시키도록 권했는데, 엄안만이 중앙의 직속인 군수를 방비하라고 제출하니 다른 사람들과 사뭇 다르다."(『사기전증』) "나카이 리켄이 말하기를 '군수의 강대함을 논하면서 진晉나라의 육경과 비교하는 것은 엄안의 우려가 지나친 것으로, 비유에 조리가 없다. 게다가 은혜를 베풀어 분봉하기 전에 제후왕들은 여전히 강대했기에 군수 세력으로 능히 통제할 수 있는 바가 아니다. 서술이 사실에 부합하지 않는다'라고 했다."(『사기회주고증』) 엄안이 글을 올린 시기에 대해서도 왕선겸은 주보언과 같은 시기인 원광 6년으로 여겼지만, 『통감』은 원삭 원년으로 기재하고 있다.
131 "이 문장으로 보건대 세 사람이 동시에 부름을 받아 무제를 만나게 되었다면 그 시간은 원광 연간 말 혹은 원삭 연간 초다. 그러나 엄안이 글을 올려 제출한 내용은 부합되지 않는다. 만일 같은 시간에 만나지 않았다면 모순이 쉽게 설득이 된다."(『사기전증』)

보언이 여러 차례 무제를 만나고 글을 올려 정사를 논의했으므로 무제는 조서를 내려 그를 알자로 삼았다가 다시 중대부로 승진시켰다. 한 해 사이에 주보언은 연달아 네 차례 승진했다.[132]

주보언은 무제에게 말했다.

"옛날 제후들의 봉지는 사방 100리를 넘을 수 없었기에 천자와 제후의 강약 격차로써 통제하기가 용이했습니다. 그러나 지금 제후들 가운데 어떤 이는 수십 개의 성지를 점유하고 있고 소유지도 사방 1000리나 됩니다. 그들은 일이 없을 때는 교만하고 사치스러우며 음란해지기 쉽고, 위급해지면 자신의 강대함에 의지하고 연합하여[133] 조정에 대항합니다. 지금 법으로써 그들을 약화시키려 한다면 반역의 싹을 키울 것이니, 조조鼂錯의 비극이 이 때문에 조성된 것입니다. 지금 제후들에겐 아들이 수십 명이나 되는 경우도 있지만 그중에 적장자만 자리를 이어받을 수 있으며 나머지는 골육 간이라도 한 치 한 자의 봉지도 받을 수 없으니, 폐하의 인과 효의 도를 펼칠 수가 없습니다. 바라건대 폐하께서는 제후들이 자신의 자제들에게 은혜를 베풀도록 명령을 내려 자제들이 토지를 나누어 받아 봉지의 제후가 되도록 하십시오. 이렇게 한다면 자제들은 원하는 바를 얻어 기뻐할 것이고 폐하 또한 은덕을 베푼 것이 되는데, 실제로는 그들 국가를 분산시키는 것이므로 영지를 삭감하지 않아도 그들의 세력은 자연스럽게 약화될 것입니다."[134]

무제는 듣고서 그의 건의에 동의했다.[135] 주보언이 다시 무제에게 말했다.

132 "뒤에 엄안은 기마령騎馬令에 임명되었다."(『한서』) 기마령은 태복 소속으로 천자가 타는 말을 주관했다.
133 원문은 '합종合從'으로, 연합을 말한다. 오·초 칠국의 난이 이것이다.
134 "실제적으로 제후국들에게 집중된 권력을 분산시키는 것으로, 조조의 책략처럼 조정이 그들의 영토를 삭감할 필요가 없다. 결국 영토를 나눌수록 권력은 작아지고 약해지는 것이다. 주보언은 많은 제후왕 자제들의 지지를 얻고 제후왕들에게 결말이 이와 같음을 분명히 알려 이에 반대하지 못하게 한 것이다."(『사기전증』)
135 "서광이 말하기를 '원삭 2년(기원전 127)에 제후왕들에게 자제들을 분봉하게 하기 시작했다'고

"무릉茂陵의 공정이 막 시작되었으니 천하 각지에 흩어져 있는 호걸과 부호 그리고 무리지어 난을 일으키기 쉬운 백성을 무릉으로 이주시키도록 하십시오. 이렇게 하면 경사의 호구戶口를 충실하게 할 수 있고 외부의 간사하고 교활한 자들을 제거할 수 있습니다. 이것이 이른바 죽이지 않고 해로움을 없애는 방안입니다."

무제는 또 그의 건의에 동의했다.136

무제가 위자부를 황후로 세운 일137과 연왕 유정국의 음란한 사생활을 폭로하는 데 모두 주보언의 공로가 있었다.138 조정의 대신들 모두 그의 입을 두려워해 그에게 보낸 돈이 수천 금에 이르렀다. 어떤 사람이 주보언에게 말했다.

"횡포가 지나칩니다."

주보언이 말했다.

"저는 젊어서부터 40년이 넘도록 사방을 떠돌아다니면서 배움을 구하고 강연을 했으나 뜻한 바를 이루지 못했습니다.139 부모님은 저를 자식으로 여기지

했다."(『집해』)

136 무제는 각 군국에 두 차례 명령을 내려 무릉으로 백성을 이주시키게 했다. 1차는 건원 2년(기원전 139)이다. 『한서』「무제기」에 따르면 "무릉읍을 설치하기 시작했다"고만 했을 뿐 백성을 이주시켰다는 말은 없지만, 실제로 백성을 이주시키는 것은 필연적이다. 두 번째 이주는 원삭 2년(기원전 127)으로 『한서』「무제기」에 따르면 "각 군과 제후국의 호걸과 재산이 300만 전 이상인 집을 무릉으로 옮기게 했다"고 했다.

137 "위자부가 황후로 세워진 과정에서 주보언이 어떠한 작용을 했는지 본문과 「외척세가」에 모두 기재되어 있지 않다. 전대의 학자들 또한 고증한 바가 없다."(『사기전증』)

138 원삭 원년(기원전 128)의 일이다. "유정국은 부친인 강왕康王의 희첩과 사통하여 아들 하나를 낳았고 동생의 처를 강탈하여 희첩으로 삼았으며, 또 자신의 세 딸과 간통했다. 유정국은 자신의 속관인 비여현肥如縣(지금의 허베이성 루룽盧龍 북쪽) 현령인 영인郢人을 죽이려 했을 때 영인 등이 조정에 유정국의 죄행을 고발했다. 유정국은 누설을 막기 위해 그들이 다른 법률을 어겼다면서 알자를 보내 영인을 체포하고 죽였다. 원삭 원년(기원전 128)에 영인의 형제가 재차 글을 올려 유정국의 은밀한 사생활을 상세하게 폭로하자 조정에서는 비로소 알아챘다. 무제가 공경들에게 토론하게 하자 모두 '마땅히 죽음에 처해야 한다'고 말했다. 유정국은 이 소식을 듣고 자살했다."(「형연세가」) 그러나 주보언이 이 사건과 어떤 관계가 있는지는 언급되어 있지 않다.

139 실제로는 자신을 알아주는 자를 찾아 관리가 되는 것을 말한다.

않았고 형제들은 거둬주지 않았으며 빈객들도 모두 저를 버렸기에 오래도록 고달프게 살았습니다. 대장부가 세상에 살면서 오정식五鼎食140을 누릴 수 없다면 차라리 죽어서 오정에 삶기겠습니다. 날은 저물고 갈 길이 먼 사람이기 때문에 도리에 맞지 않은 일을 하는 것입니다."141

주보언은 삭방 지역은 토지가 비옥하고 밖으로는 황하의 험준함이 있으며142 몽염이 장성을 쌓고 흉노를 내쫓았으므로 안에서 황무지를 개간하여 경작하면 내지에서 변방으로 양식을 운송할 필요가 없으며, 이와 같이 하면 중국의 영토를 늘려 이후에 흉노를 소멸시키는 기초가 될 것이라고 했다.143 무제는 그가 올린 글을 읽고는 공경들에게 하달하여 토론하도록 했는데 모두 찬성하지 않았다. 공손홍이 말했다.

"진나라 때 일찍이 30만 명을 보내 북하에 성을 쌓게 했으나 끝내 성공하지 못해 버려진 땅이 되었습니다."144

---

140 오정식五鼎食: 정鼎은 고기를 삶고 담는 용기로, 다리가 세 개인 원형과 다리가 네 개인 사각형이 있고 뚜껑의 유무에 따라 구분하기도 한다. 생활이 지극히 화려한 것을 말한다. "장안이 말하기를 '오정식은 소·양·돼지·물고기·노루다. 제후들은 다섯 가지 정鼎의 음식을 누렸고, 경대부는 세 가지 정을 누렸다'라고 했다. 공영달孔穎達은 말하기를 '소뢰小牢에 다섯 가지 정을 진열하는데, 양·돼지·노루·물고기·말린 고기다'라고 했다. 오정은 풍성하게 차린 음식으로, 반드시 품목을 논하는 것은 아니다'라고 했다.(『사기회주고증』)
141 "오자서가 말하기를 날은 저물고 갈 길이 먼 사람이기 때문에 나 또한 도리에 맞지 않은 짓을 했다."(「오자서열전」) "오견사吳見思가 말하기를 '주보언의 사람됨을 주보언의 입을 통해 서술한 것이다'라고 했다."(『사기전증』)
142 북쪽으로 황하를 의지하고 있음을 말한다.
143 "하작何焯이 말하기를 '주보언은 이전에 흉노를 정벌하라고 간언하더니, 여기서는 어찌하여 다시 삭방군을 설치하라고 하는가? 이전에는 "염분이 많은 땅으로 오곡이 자라지 못하며 30종을 운반하면 도착했을 때 1석만 남아 있을 뿐이다"라고 말하더니, 여기서는 어찌하여 다시 "토지가 비옥하고 내지에서 변방으로 양식을 운송할 필요가 없다"고 말하는가? 장군 위청이 그 땅을 취하기 시작했으므로 주보언이 앞에 했던 말을 바꾸고 이런 계책을 건의하는 것인가?'라고 했다."(『사기회주고증』) "주보언은 본래 장단 종횡술을 배웠기에 일시의 이익을 도모하고자 말한 것으로, 앞뒤가 서로 모순되는 것을 어찌 괴이하다고 하겠는가!"(『사기각증』)
144 진나라 때 몽염이 성을 쌓아 완성했으므로 여기서 말한 것처럼 끝내 성공하지 못한 것은 아니다. 또한 하투 지역에 구원군을 설치했으므로 여기서 말한 것처럼 버려진 땅은 아니다.

그러나 주보언이 성의 있게 장점을 주장하자 무제는 마침내 주보언의 계책을 받아들여 삭방군을 설립했다.[145]

원삭 2년(기원전 127)에 주보언은 무제에게 제나라 왕이 궁궐 안에서 음란하고 방탕하며 행실이 바르지 못함을 고발했다.[146] 무제는 주보언을 제나라 상으로 임명하고 가서 조사하게 했다.[147] 주보언은 제나라에 당도하자 자신의 형제와 빈객들을 모두 불러놓고 500금을 그들에게 나누어주고 그들의 잘못을 열거하며 꾸짖었다.

"당초 내가 곤궁했을 때 형제들은 내가 입고 먹는 데 도움을 주지 않았고 빈객들은 내 집에 오지도 않았소. 그런데 지금 내가 제나라 상이 되자 여러분 중어떤 이는 천 리 밖까지 나와서 나를 영접했소. 나는 오늘 당신들과 연을 끊을 것이니, 누구든 다시는 내 집에 오지 마시오!"

주보언은 사람을 시켜 제나라 왕이 그의 누이와 간통한 일에 대해 제나라 왕에게 암시하며 경고했다. 제나라 왕은 죄에서 벗어날 수 없다고 생각하고 연나라 왕처럼 사형에 처해질까 두려워 자살하고 말았다. 유사有司가 이 사건의 정황을 무제에게 보고했다.

주보언은 평민이었을 때 일찍이 연나라와 조나라에서 공부한 적이 있었는데, 존귀한 관직에 오르자 연나라의 은밀한 일을 폭로했다. 조나라 왕은 자기 나라에까지 화가 미칠 것이 두려워[148] 글을 올려 주보언의 죄를 폭로하려 했으나 당

---

145 원삭 2년(기원전 127)의 일이다.
146 제나라 왕은 제 여왕齊厲王으로 이름은 차창次昌(또는 차경次景)이다. 유방의 서자인 제나라 도혜왕 유비劉肥의 증손자다. 「제도혜왕세가」에 따르면 제 여왕의 모친인 기태후紀太后는 기씨紀氏의 딸을 여왕의 후비로 삼고자 했는데, 여왕은 기씨의 딸을 좋아하지 않고 자신의 누이와 간통했다. 황태후(무제의 생모인 왕태후)가 제나라 환관 서갑徐甲의 딸을 여왕에게 시집보내려고 하는 틈에 주보언은 자신의 딸을 여왕의 후궁으로 만들려 했다. 기태후가 이를 거절하자 주보언은 여왕의 간통을 폭로하여 보복한 것이다. 「형연세가」에서는 주보언이 유정국의 사건을 고발한 내용을 기재하고 있지 않다.
147 무제가 주보언을 제나라 상으로 임명한 목적은 주보언의 손을 빌려 제나라 왕을 타격하고 지방의 할거 세력을 약화시키려는 것이었다.
148 조나라 왕은 경제의 아들로, 이름이 팽조彭祖다. "주보언이 곤궁하게 조나라에 있을 때 조나라

시 주보언이 조정에 있었으므로 감히 고발하지 못했다. 주보언이 제나라 상이 되어 동쪽으로 함곡관을 나가자 조나라 왕은 즉시 사람을 보내 무제에게 글을 올리고, 주보언이 제후들로부터 뇌물을 받았기 때문에 많은 제후의 자제가 열후에 봉해지도록 제창한 것이라고 고발했다. 제나라 왕이 자살했다는 소식이 전해지자 무제는 크게 화를 내며 틀림없이 주보언이 제나라 왕을 핍박하여 자살하게 했다고 여기고 그를 불러들여 유관 부서에 넘겨 죄를 다스리도록 했다. 주보언은 제후들에게 뇌물을 받은 것은 인정했지만 제나라 왕을 협박하여 자살하게 만들지는 않았다고 했다. 무제는 처음에는 그를 죽일 생각이 없었다. 당시 공손홍은 어사대부였는데,[149] 공손홍이 말했다.

"제나라 왕이 자살했는데 후사가 없어 봉국은 폐지되고 군郡이 되어 조정에서 관할하게 되었습니다. 이 사건의 원흉은 주보언입니다. 폐하께서 주보언을 죽이지 않으시면 천하 사람들에게 사죄할 방법이 없을 것입니다."[150]

무제는 주보언을 죽이고 가족을 멸했다.[151]

주보언이 부귀해지고 총애를 받았을 때는 문하의 빈객이 1000명이 넘었지만, 그의 일족이 몰살되자 그의 시신을 수습하는 자가 한 명도 없었다. 이때 효현洨縣[152]의 공거孔車만이 시신을 거두어 장사 지내줬다. 무제는 뒤에 이 일을 듣고

군신들 또한 그에게 무례하게 대했다. 양수다楊樹達는 말하기를 '유팽조의 태자(유단劉丹)가 여동생과 같은 어미에서 태어난 누이와 간통했는데, 뒤에 강충이 고발했다. 이것은 연나라 왕과 사건이 같은 것으로 유팽조는 아마도 이것을 두려워한 것 같다'고 했다."(『사기전증』)

149 『한서』「백관표」에 따르면 원삭 3년(기원전 126)이다.

150 "제나라 왕이 자살하고 봉국이 취소되어 군이 된 것은 무제가 제후왕들을 타격하고자 하는 의도에 부합되지 않는단 말인가? 그러나 당시는 여론이 떠들썩하고 제후국들도 잇달아 불만을 표출할 때이므로 조정에서도 주보언을 희생양으로 삼은 것이다. 문제가 회남왕 유장을 귀양 보내자 유장이 분개하여 도중에 자살한 일로 천하가 떠들썩해지자 원앙은 '승상을 죽여 천하에 사죄한다'를 제출했다. 주보언이 승상이 되어 멀리 떠났는데, 그를 죽이는 것이 무엇이 애석하단 말인가!"(『사기전증』)

151 "주보언의 가족이 몰살당한 것은 원삭 3년(기원전 126)의 일이다. 『통감』에서는 원삭 2년이라고 기재하고 있는데 잘못이다."(『사기전증』)

152 효현洨縣: 지금의 안후이성 구전固鎭 동쪽. 당시에는 패군沛郡에 속했다.

공거를 장자長者로 여겼다.

태사공은 말한다.

"공손홍은 품행이 좋고 시의에 부합한 행동거지에 뛰어났다고 말할 수 있지만 또한 시기를 잘 만났다고도 하겠다. 한나라가 건국한 지 80여 년[153] 황상이 유학을 좋아하고 현사를 불러들여 유가와 묵가의 학설을 발양하려 할 때 마침 공손홍이 대책 문장으로 일등에 발탁되었다. 주보언이 권력을 장악했을 때 사람들은 모두 그를 찬미하더니 명성을 잃고 주살되자 선비들은 앞 다투어 그의 단점만을 말했다. 진실로 슬프도다!"

태황태후太皇太后[154]가 대사도와 대사공에게 조서를 내려 말했다.

듣자하니 나라를 다스리는 도리는 우선 백성을 부유하게 하는 데서 시작하고, 백성을 부유하게 함에 중요한 것은 절약이라고 한다. 『효경』에서 말하기를 "위를 편안하게 하고 백성을 다스리는 방법으로 예를 제창하는 것보다 좋은 것이 없다"[155]고 했으며, "예는 사치스럽게 하는 것보다는 차라리 검소한 것이 낫다"[156]고 했다.

옛날에 관중은 제나라 환공의 상이 되어 환공을 제후의 패자로 만들고, 제후들의 회합을 여러 차례 소집하여 천하를 하나로 바로잡은 공훈이 있었다.[157] 그러

---

153 "서광이 말하기를 '한나라 초에서 원삭 2년(기원전 127)까지 80년이다'라고 했다."(『집해』)
154 태황태후太皇太后: 한나라 원제元帝(재위 기원전 48~기원전 33)의 왕황후로 이름은 정군政君이다. 현재 제위에 있는 평제平帝(재위 1~5)가 성제成帝(재위 기원전 32~기원전 1)의 아들이고 원제元帝의 서손庶孫(서출 손자)이기 때문에 태황태후라 한 것이다.
155 원문은 '安上治民, 莫善於禮'이고, 출전은 『효경孝經』 12장이다.
156 "禮與其奢也寧儉."(『논어』 「팔일八佾」)
157 원문은 '有九合一匡之功'이다. 『논어』 「헌문憲問」에서는 "환공이 여러 차례 제후들을 회합하면서 무력을 쓰지 않은 것은 관중의 공로였다桓公九合諸侯, 不以兵車, 管仲之力也"고 했고, 또 "관중이 환

나 공자는 도리어 관중이 예를 모른다고 했는데,158 그것은 바로 관중의 사치 정도가 지나쳐 이미 제나라 군주에 비견될 만했기 때문이다. 하우夏禹가 거주한 궁실은 왜소했고 남루한 옷을 입었는데159 그 후대의 제왕 중에 그를 따르는 자가 없었다. 이것으로 미루어 보면 국가를 성대하게 만드는 것은 제왕의 도덕에 있으며, 도덕 가운데 검소함보다 높은 것은 없다. 전국의 관리와 백성이 모두 검소하게 되면 존비의 등급 질서가 분명해지고 골육간의 관계 또한 친밀해지고 소송 다툼도 벌어지지 않는다. 이것이 바로 집집마다 백성을 풍족하게 하고 국가의 형법을 사용하지 않게 하는 근본이 아니겠는가? 어떻게 이 문제를 해결하는 데 힘쓰지 않겠는가! 대체로 삼공三公은 백관의 귀감이며 만민의 모범이니, 세운 표지 막대가 곧아야 구부러진 그림자가 생기지 않는다. 공자도 "대귀족이 앞장서 올바르게 한다면 아랫사람 그 누가 감히 올바르지 않겠는가"160라고 했고, 또 "윗사람이 착한 사람을 등용하고 무능한 사람을 가르치면 백성은 자연스럽게 서로 권면할 것이다"161라고 말하지 않았던가.

공을 도와 제후의 패자가 되게 했고 한 차례 천하를 바로잡았다. 백성이 지금까지 그의 혜택을 받고 있다管仲相桓公, 霸諸侯, 一匡天下, 民到于今受其賜'고 했다. 이 문장에서 '일광一匡'에 대한 견해는 일치하지 않는데, 어떤 사람은 '주나라 천자의 통치 지위를 안정시켰다'고 했고, 양보쥔은 "천하 일체를 바로잡았다'라고 했다.
158 "'그러면 관중은 예를 알았습니까?'라고 묻자 공자가 말하기를 '나라의 군주라야 궁전 문 앞에 병풍을 세워 가릴 수 있는데 관중도 병풍을 세워 문을 가렸고, 나라의 군주라야 두 나라 군주의 우호를 위한 모임에 반점反坫을 두었는데 관중 또한 반점을 두었으니, 관중이 예를 안다면 누가 또 예를 모른다고 하겠는가?'라고 했다."(『논어』「팔일」) 옛날에 두 군주가 만났을 때 주인이 손님에게 술을 따라 주고 마신 다음에 빈 술잔을 양 기둥 사이에 흙으로 쌓아 만든 작은 토대土臺에 두었는데 이것을 반점이라 했다.
159 "입고 먹는 것에는 조금도 강구하지 않으면서도 성대하고 정결한 제품祭品을 사용하여 귀신을 섬기고 공경했으며, 자신은 초라한 집에서 거주하면서도 수로를 파는 데는 많은 돈을 쓰기를 아끼지 않았다."(「하본기夏本紀」)
160 원문은 '子率而正, 孰敢不正'이다. "계강자가 공자에게 정치의 도리에 대해 물었다. 공자는 대답하기를 '정치란 바르다는 뜻입니다. 그대가 올바르게 이끌어간다면 어느 누가 감히 바르지 않겠습니까?'라고 했다."(『논어』「안연顏淵」)
161 원문은 '擧善而教不能則勸'이다. "계강자가 묻기를 '백성이 공경하고 충성을 다하고 서로 권면하게 하려면 어떻게 해야 되겠습니까?'라고 했다. 공자가 말하기를 '윗사람이 장중한 태도로 대하면 백성

한나라가 건국한 이래로 수족 같은 대신들 중에서 몸소 절약하며 재물을 가볍게 여기고 의를 중하게 여겨 선명하게 드러난 사람으로는 승상을 지낸 평진후 공손홍만 한 이가 없다.

그는 한 나라의 승상이면서도 베로 짠 이불을 덮고 현미밥에 고기반찬은 한 가지 이상 올리지 않았다. 옛 친구나 친한 빈객에게 자신의 봉록을 모두 나눠줘 집에는 남겨둔 것이 없었다. 진실로 안으로는 자신을 엄격하게 하고 밖으로는 국가의 제도를 엄수한 것이다. 급암이 조정에서 이것을 질책했을 때 사람들이 비로소 이러한 사정을 알게 되었으니, 이것은 진실로 규정된 기준보다 낮으나 널리 시행할 만한 것이라 할 수 있다.

도덕이 높은 인재를 발양하고 도덕이 낮은 사람을 제지해야 하니, 공손홍은 실제는 사치스러우면서 겉으로는 검소하게 꾸미고 헛된 명예를 낚는 자들과는 다른 부류다. 뒤에 공손홍이 병 때문에 사직을 요청하자 효무황제(무제)는 조서를 내려 "공이 있는 자에게 포상하고 덕 있는 자를 장려하며, 마땅히 선을 표창하고 악을 징벌해야 함을 그대는 잘 알고 있을 것이오. 그대는 마음을 적게 쓰고 정신을 보양하고 의약의 도움을 받도록 하시오"라고 했다. 그러고는 휴가를 주어 병을 치료하게 하고 쇠고기와 술, 각종 비단을 하사했다.

몇 달이 지나 공손홍은 병이 호전되어 다시 정사를 돌보게 되었다. 그러나 원수 2년(기원전 121)에 병을 앓다가 끝내 승상 재임 중에 사망했다. 무릇 신하를 아는 자로는 군주만 한 이가 없다고 하는데, 무제가 공손홍을 이렇게 대한 것이 바로 가장 좋은 증거라 하겠다. 공손홍의 아들 공손도公孫度는 부친의 작위를 계승하여 뒷날 산양군山陽郡 태수로 임명되었으나 법을 어겨 작위를 잃었다.

대체로 덕을 표창하고 의를 드러내는 것은 세속의 모범으로 삼아 현재의 풍속 개선을 장려하는 것으로, 고대 성왕의 이러한 방법은 영원히 바뀔 수 없는 방도

은 공경할 것이고, 부모에게 효도하고 백성을 자애롭게 하면 백성은 충성할 것이며, 착한 사람을 등용하고 무능한 사람을 가르치면 백성은 자연스럽게 서로 권면할 것입니다'라고 했다."(『논어』「위정爲政」)

다. 공손홍의 후손으로서 마땅히 계승할 자에게는 관내후에 봉하고 식읍 300호를 내릴 것이다. 그를 불러 공거公車162에서 기다리게 하면 그 이름을 상서승尙書丞163에게 보고하고 내가 직접 그를 작위에 봉하고 식읍을 하사하겠다.164

반고班固가 평론했다.165

공손홍과 복식卜式, 예관兒寬166은 모두 큰 기러기같이 날 수 있는 재능을 지니고 있으면서도 제비와 참새 사이에서 곤궁하게 살다가167 혹자는 멀리 쫓겨나 소와 양을 방목하기도 했는데,168 만약 힘을 발휘할 수 있는 시대를 만나지 않았다면 어떻게 이 같은 지위에까지 오를 수 있었겠는가?169

당시는 한나라가 건국한 지 이미 60여 년으로170 해내가 태평하고 국고가 충실했지만, 사이四夷는 여전히 복종하지 않았고 국가 제도에 결함이 많았다. 황상

162 공거公車: "공거문公車門을 말한다. 궁전 앞의 문으로 그곳에 공거 관서를 설치하고 황제가 어떤 사람을 불러 만나고자 하면 항상 공거문에서 분부를 기다려야 했다."(『사기전증』)
163 상서승尙書丞: 상서尙書는 궁중에서 문서를 관장했는데, 성제成帝 때는 사승四丞이 있었으며 소부少府에 속했다.
164 "『집해』에서 서광의 말을 인용하여 '이 조서는 평제平帝 원시元始(1~5년) 연간의 왕원후王元后의 조서로, 후세 사람이 이것과 반고가 칭찬한 것을 적어 권卷 뒤에 이어 적었다'라고 했다. 또 『색은』에서는 서광의 말을 인용하여 '이것은 평제 원시 연간의 조서다. 권 뒤에 이어 적었다'라고 했으니 저선생褚先生이 기록한 것이 아니다."(『사기전증』)
165 이하 글은 『한서』 「공손홍복식예관열전公孫弘卜式兒寬列傳」에 기재된 반고의 찬贊이다.
166 복식卜式: 농가 출신으로 양을 방목하여 부자가 되었고, 무제의 흉노 정벌을 도와 어사대부에까지 올랐다. 예관兒寬은 무제 때의 유생으로 출신이 빈천하여 하급관리였을 때 관청을 위해 목축을 했으나 관직이 어사대부에 이르렀다.
167 안사고는 말하기를 "공손홍 등은 모두 큰 기러기의 날개가 있었지만 조정에 들어가기 전에는 제비와 참새 같이 가벼웠음을 비유한 것이다"라고 했다.
168 공손홍, 복식, 예관 세 사람은 모두 출신이 빈천했고 돼지와 양을 방목했음을 말한다.
169 "반고가 '무제 때와 같이 힘을 발휘할 수 있는 시기를 만나지 않았다면'이라 말한 의미는 태사공이 공손홍의 아부와 간사함을 풍자한 뜻과 다르다."(『사기전증』)
170 유방이 건국(기원전 206)하고 무제 원년(기원전 140)까지 중간이 66년이다.

은 더욱 많은 문무文武의 인재를 선발해 임용하려고 했기 때문에 구하지 못할까 애태웠다. 포륜蒲輪171으로 매생枚生172을 영접하기 시작했고, 주보언의 상서문을 보고는 진심으로 찬탄했다. 그리하여 조정의 신하들이 모두 감동을 받아 힘을 다했고, 재야의 재주와 지혜가 뛰어난 인사들이 잇달아 출현했다. 복식은 양을 기르다가 기용되었고, 상홍양桑弘羊은 상인으로 활동할 때 선발되었으며, 위청은 노복 사이에서 재능을 나타냈고, 김일제金日磾는 흉노 포로 속에서 나왔다.173 이들은 또한 옛날에 판자로 담을 쌓거나174 소에게 여물을 먹이던 무리175와 같은 부류의 사람들이다.

한나라의 인재가 많은 것은 무제 때 가장 흥성했다. 유학을 기본으로 삼아 지식이 많고 고상한 사람으로는 공손홍과 동중서와 예관이 있고, 행실이 독실하기로 유명한 사람은 석건石建과 석경石慶176이 있으며, 소박하고 징직하기로 유명한 사람은 급암과 복식이 있고, 현명하고 유능한 인재를 추천하기로 유명한 사

171 포륜蒲輪: 안거포륜安車蒲輪을 말한다. 고대에는 수레를 탈 때 주로 선 자세로 탔는데, 앉아 탈 수 있는 작은 수레를 안거라 했다. 통상적으로 말 한 마리가 끌었으며, 존귀한 자를 예우할 때는 네 마리가 끄는 안거를 사용했다. 연로한 고급 관원이나 귀부인이 탈 때도 제공했다. 안거의 바퀴에 부들개지를 싸매어 흔들림을 방지하여 '안거포륜安車蒲輪' 혹은 '안거연륜安車軟輪'이라 했는데 덕이 높고 명망이 큰 사람을 영접할 때 보내 예우를 표시했다.
172 매생枚生: 매승枚勝으로 일찍이 오왕 유비와 양효왕 유무의 빈객이었다. 무제 때 이미 90세였고 무제가 포륜으로 불러들였으나 도중에 사망했다.
173 김일제金日磾: 본래 흉노 휴도왕의 태자였는데, 무제 때 혼야왕과 함께 한나라에 귀순했다.
174 상商나라 때의 부열傅說을 말한다. "하루는 무정武丁이 꿈속에서 한 성인을 만났는데 이름을 열說이라고 했다. 그는 꿈에서 본 사람을 백관들 사이에서 관찰해보았으나 비슷한 사람이 한 명도 없었다. 마침내 부험傅險(지금의 산시山西성 핑루平陸 동쪽)에서 열을 찾아냈다. 당시 열이라는 사람은 죄를 짓고 노역에 동원되어 부험에서 길을 닦고 있었다. 무정이 그와 이야기를 나누어보자 과연 성인이었다. 무정은 이례적으로 발탁해 재상으로 임명했다. 무정은 부험의 지명에서 부傅자를 그의 성씨로 하고 부열傅說이라고 불렀다."(「은본기」)
175 제 환공의 현신賢臣 영척甯戚을 말한다. "영척이 쇠뿔을 두드리며 노래를 부르는데, 제 환공이 듣고는 그를 임용하여 자신을 보좌하게 했다甯戚之謳歌兮, 齊桓聞以該輔."(「이소離騷」)
176 석건石建과 석경石慶: 만석군萬石君 석분石奮의 두 아들로, 신중하고 온순하기로 유명했다. 석건은 지위가 중랑장에 이르렀고 석경은 승상에 이르렀다.

람은 한안국과 정당시[177]가 있으며, 법령을 제정하기로 유명한 사람은 조우와 장탕[178]이 있고, 문장으로 명성이 있는 사람은 사마천과 사마상여가 있으며, 해학과 골계滑稽[179]로 유명한 사람으로는 동방삭東方朔과 매고枚皐[180]가 있고, 글을 올려 황제의 질문에 응대하기로[181] 유명한 사람은 엄조嚴助와 주매신朱買臣[182]이 있으며, 천문 역법으로 명성을 날린 사람은 당도唐都와 낙하굉落下閎[183]이 있고, 음률과 작곡으로 유명한 사람으로는 이연년李延年[184]이 있으며, 경제 연산[185]을 잘하는 사람으로는 상홍양이 있고, 명을 받들어 외국에 사신으로 간 사람은 장건과 소무가 있으며, 출병하여 작전을 한 사람으로 유명한 사람은 위청과 곽거병이 있고, 유조遺詔를 받아 어린 군주를 보좌한 사람으로는 곽광霍光과 김일제金日磾가 있었다.

그 밖의 갖가지 인물이 너무 많아 다 기록할 수가 없다. 이 때문에 공업이 세워지고 각종 제도와 문헌이 이루어졌으니, 후대는 이에 미치지 못했다. 선제宣帝[186]

---

177 한안국韓安國은 관직이 어사대부에 이르렀고, 정당시鄭當時는 무제 때 관직이 대농령大農令이었다.

178 조우趙禹와 장탕張湯은 당시에 유명한 혹리酷吏로, 관직이 정위廷尉에 이르렀다. 장탕은 또 관직이 어사대부에까지 이르렀다.

179 골계滑稽: 원래는 술이 끊임없이 밖으로 흘러내리는 그릇을 가리킨다. 사람에게 비유하면 말주변이 뛰어나고 임기응변이 무궁무진한 것을 말한다.

180 동방삭東方朔은 해학과 골계로 유명했고 무제 때 관직이 태중대부였다. 매고枚皐는 매승枚勝의 아들로 당시의 문학가다. 무제 때 낭郎이었고 사부辭賦를 잘했다.

181 원문은 '응대應對'다. 일부 번역본에는 '손님 접대'라 번역하고 있는데, 황제의 질문에 대답하는 것을 뜻한다.

182 엄조嚴助는 성이 장莊인데 후한 사람들이 명제明帝를 피휘하기 위해 엄조라고 불렀다. 회계의 태수였는데 나중에 장탕에게 살해당했다. 주매신朱買臣은 가난했으나 응대應對로 무제의 총애를 받아 관직이 회계 태수, 승상장사에 이르렀으나 장탕을 모함하여 죽인 죄로 죽임을 당했다.

183 당도唐都와 낙하굉落下閎은 당시의 천문학자로, 태초력 제정에 참여했다.

184 이연년李延年은 당시의 저명한 음악가로 협률도위協律都尉로 임명되었다.

185 원문은 '운주運籌'다. 산가지를 이용해 계산하는 것을 뜻하는데, 재정의 관리와 국가를 위한 경제 정책을 비유한 것이다.

186 선제宣帝(재위 기원전 73~기원전 9)는 이름이 순詢이고 무제 태자인 유거劉據의 손자다. 유거는 무고巫蠱의 화를 입어 죽고, 처와 자식이 모두 참살 당했는데 당시 태어난 지 수개월밖에 되지 않은

는 즉위한 뒤 무제가 개창한 각종 위업을 계속해서 확대 발전시키고 또한 유가 육예六藝의 강론에 힘써 유생들 가운데 재능이 출중한 인재[187]를 불러서 선발했다. 그리하여 소망지蕭望之, 양구하梁丘賀, 하후승夏侯勝, 위현성韋玄成, 엄팽조嚴彭祖, 윤갱시尹更始[188]는 유가 학설로 선발되었고, 유향劉向과 왕포王褒[189]는 문장으로 유명했다.

당시에 장상將相으로는 장안세張安世, 조충국趙充國, 위상魏相, 병길邴吉, 우정국于定國, 두연년杜延年[190]이 있고, 당시 지방관으로는[191] 황패黃霸, 왕성王成, 공수龔遂, 정홍鄭弘, 소신신邵信臣, 한연수韓延壽, 윤옹귀尹翁歸, 조광한趙廣漢[192] 등이 있

유순은 사람들에 의해 구출되었다. 창읍왕昌邑王이 폐위된 뒤 곽광 등이 민간에서 그를 찾아내 황제로 세웠다.

187　원문은 '무이茂異'다. 한나라 때 인재를 선발하는 과목인 '무재이등茂才異等'이다. 때로는 '현량賢良' '방정方正' 등의 명목으로 병칭되기도 했는데, 실제로는 도덕과 품행이 있는 유생을 가리켰다. 무재茂才는 원래 수재秀才인데 후한의 광무제를 피휘하기 위해 무재라고 했다.

188　소망지蕭望之는 자가 장천長倩으로 경학에 통달하여 관직이 어사대부, 전장군에 이르렀으나 나중에 환관의 배척을 받아 자살했다. 양구하梁丘賀는 자가 장옹長翁으로 금문역학今文易學 '양구학梁丘學'의 개창자이며 관직이 소부少府에 이르렀다. 하후승夏侯勝은 자가 장공長公이며 『상서』를 배워 관직이 태자태부에 이르렀다. 위현성韋玄成은 자가 소옹少翁으로 대유학자 위현韋賢의 아들로 원제元帝 때 승상 관직에 이르렀다. 엄팽조嚴彭祖는 자가 공자公子로 『공양춘추公羊春秋』를 배워 관직이 태자태부에 이르렀다. 윤갱시尹更始는 자가 옹군翁君으로 유학 서적을 읽어 관직이 간대부諫大夫에 이르렀다.

189　유향劉向은 유방의 동생 유교劉交의 후손으로, 전한 후기의 경학가이자 문학가였다. 왕포王褒는 자가 자연子淵으로 전한 후기의 문학가다.

190　장안세張安世는 장탕張湯의 아들로, 소제昭帝 시기에 거기장군·위장군이었으며 부평후富平侯에 봉해졌다. 뒤에 곽광霍光과 함께 선제宣帝를 옹립하여 대사마에 임명되었다. 조충국趙充國은 소제, 선제 때 서강西羌과 작전을 펼친 명장으로 관직이 후장군에 이르렀다. 위상魏相은 선제 때의 승상이다. 병길邴吉은 병길丙吉이라고도 하며 관직이 승상에까지 이르렀다. 우정국于定國 또한 소제, 선제 때의 승상이다. 두연년杜延年은 어사대부 두주杜周의 아들로 선제 때 관직이 어사대부에 이르렀다.

191　원문은 '치민治民'으로, '백성을 다스리다'보다는 '지방관'으로 번역하는 것이 더 타당하다.

192　황패黃霸는 선제 때 영천寧川 태수였고, 뒤에 승상이 되었다. 왕성王成은 선제 때 교동膠東 상相이었다. 공수龔遂는 선제 때 발해渤海 태수였다. 정홍鄭弘은 태수와 상을 역임했고 원제 때 어사대부로 승진되었지만 뒤에 면직되고 자살했다. 소신신邵信臣은 소邵를 소召로 적기도 하며 선제 때 남양 태수였다. 백성의 이익을 중시하여 관리와 백성으로부터 소부召父라 불렸다. 한연수韓延壽는 소제·선제 때 영천, 동군東郡 태수, 좌풍익을 역임했다. 윤옹귀尹翁歸는 선제 때 동해東海 태수, 우부풍을 역임했다. 조광한趙廣漢은 선제 때 영천 태수, 경조윤을 역임했다.

다. 이들 모두 저마다 공적을 세워 후세에 전해졌다. 이러한 명신名臣의 배출이 성황을 이룬 것은 무제 시대의 뒤를 따랐다고 할 수 있다.

남월열전

南 越 列 傳

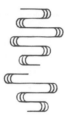

선진 시기부터 사람들은 지금의 광둥·광시·저장·푸젠 일대를 양월, 백월이라 통칭했는데, 이곳에 거주하는 민족이 매우 많다는 뜻이 담겨 있다. 이 편은 진나라 말기에서 무제 시기까지 조타가 건립한 남월국이 5대에 걸쳐 통치되는 90여 년간의 대외 관계 그리고 한나라에 의해 멸망당해 9개 군으로 쪼개져 편입되는 과정을 서술하고 있다.

조타는 진나라 말기 천하가 크게 어지러워졌을 때 남해군의 군위였던 임효의 위임을 받아 3개 군을 공격해 병합한 뒤 남월국을 세우고 스스로 황제가 되었다. 한나라는 중원을 평정한 뒤 육가를 남월에 사신으로 보내 조타를 남월왕에 봉함으로써 상호 공존하는 정책을 펼쳤다. 그러나 무제는 영토 확장 정책을 펼치면서 노박덕을 복파장군, 양복을 누선장군으로 삼아 남월을 멸망시켰다. 사마천은 한나라 초기에 유방과 문제가 남월과 평화를 유지하며 공존하는 노선을 선택한 것을 긍정적으로 평가했으므로 무제가 영토 확장의 욕망으로 다민족 국가를 한나라 국내의 여러 제후국에 편입시키고자 남월 정벌에 나선 것을 비판하고 있다.

한나라 무제 당시는 다민족 국가를 한나라에 복속시키는 중요한 시기였기 때문에 사마천은 『사기열전』 속에 별도의 장을 마련하여 「남월」 「동월」 「조선」 「서남이」를 서술했는데, 이들 민족과 한나라의 관계 그리고 한나라가 이들을 복속시키고 군현을 설치하는 과정을 담고 있다. 반고는 이러한 다민족 국가를 수렴하는 과정과 결과를 취합하고 보충한 합전 형식의 「서남이양월조선전」을 구성했다.

남월왕南越王 위타尉佗[1]는 진정眞定[2] 사람으로 성이 조趙다. 진나라가 육국六國을 병합하고 천하를 통일한 뒤 이어서 양월楊越을 공격해 평정하고[3] 계림군桂林郡, 남해군南海郡, 상군象郡[4]을 설치한 뒤 죄지은 관리와 백성을 그곳으로 귀양 보내 월越 사람들과 함께 거주하게 했는데,[5] 이렇게 한 지 이미 13년이 되었다.[6]

---

1 위타尉佗: 성이 조趙이고 이름이 타佗이다. 일찍이 남해군南海郡 위尉였기 때문에 위타尉佗라고 부른다. 『한서』에서는 '남월왕 조타'로 기재하고 있다. '월粵'은 '월越'이라고도 한다. 고대에 장강 중하류의 광대한 지역에 분포했던 민족으로 부락이 매우 많아 '백월百越'이라고도 한다. 역자는 이하 '위타'라 하지 않고 '조타'로 기재함을 밝힌다.

2 진정眞定: 한나라 현으로 지금의 허베이성 스자좡 동북쪽 지역이다.

3 "양월楊越은 양월揚越이라고도 적는다. 고대의 양주揚州 경내 월족越族이 거주하는 지역으로 넓게는 지금의 광둥성, 푸젠성, 저장성 그리고 광시성 동부, 후난성 남부, 장시성 남부, 베트남 북부 등의 광대한 지역을 포괄한다. 때로는 그 가운데 어느 지역을 가리키기도 하고 때로는 지금의 후난성, 장시성 경내의 월족을 가리키기도 하는데, 본문은 링난岭南의 광둥성·광시성과 베트남 북부 일대의 남월을 일컫는다. 진나라 왕조가 양월을 공격해 평정한 시기는 진 시황 33년(기원전 214)인데, 평정을 시작한 연도에 대해서는 여러 견해가 있다. 『진대초평남월고秦代初平南越考』에서는 시황 26년(기원전 221)이라고 했고, 『남월국사南越國史』에서는 시황 29년(기원전 218)이라고 했다."(『사기전증』) 『한서』에서는 '양월揚粵'로 기재하고 있다.

4 계림군桂林郡의 치소는 포산布山(지금의 광시성 구이현貴縣)이고 지금의 광시성 대부분을 관할했다. 남해군南海郡의 치소는 반우番禺(지금의 광둥성 광저우廣州)고 대체로 지금의 광둥성을 관할했다. 상군象郡의 치소는 임진臨塵(지금의 광시성 충쭤崇左)이고 지금의 광시성 남부와 베트남의 북부와 중부를 관할했다.

5 "『남월국사』에서는 진나라가 남월에 백성을 이주시킨 것은 모두 네 차례라고 했다. 1차는 시황 33년(기원전 214), 2차는 시황 34년(기원전 213), 3차는 시황 35년(기원전 212), 4차는 위타가 진 시황에게 글을 올려 '사졸들의 옷을 수선해야 한다는 명목으로 진나라의 출가하지 않은 여자 3만 명을 요구'하여 '진 시황은 1만 5000명만을 보낸'(「회남형산열전」) 것이다."(『사기전증』)

6 "서광은 말하기를 '진나라가 천하를 합병하고 2세 원년(기원전 209)까지 13년이다. 천하를 합병하고 8년 만에 곧 월 땅을 평정했는데, 2세 원년과 6년일 따름이다'라고 했다."(『집해』) 「진시황본기」에 따르면 진나라가 양월을 취하고 3개 군을 설치한 것은 시 황제 33년(기원전 214)이고, 2세 원년(기원전 209)

조타趙佗는 진 시황 때 남해군의 용천龍川7 현령에 임명되었다. 진 2세 때 남해군의 군위郡尉8 임효任囂가 병이 위중해져 죽게 되자 용청 현령 조타를 불러 말했다.

"듣자하니 진승 등이 반란을 일으켰고 진나라가 포학하고 무도하여 천하 사람들이 고통스러워하자 항우, 유계劉季,9 진승, 오광 등이 모두 각자의 주군州郡에서 군사를 일으키고 사람들을 끌어 모아 사나운 호랑이처럼 천하를 다투고 있소. 중국이 혼란에 빠져 어느 때 안정될지 모르겠고 현재 호걸들은 이미 진나라를 배반하고 서로 독립하여 왕이 되었소.10 우리 남해군은 중원과는 외지고 멀리 떨어져 있기는 하지만 나는 이 도적들이 우리가 있는 곳으로 쳐들어올까 걱정하고 있소. 이 때문에 나는 군사를 보내 중원과 통하는 새로 건설한 도로를 끊고 스스로 방비를 강화하여 중원 제후들의 변화를 기다리고자 했는데, 공교롭게도 내 병이 엄중하오. 게다가 이곳 반우番禺는 험한 산봉우리들을 등지고 남해가 병풍처럼 둘러쳐져 있으며, 동쪽에서 서쪽까지 수 천리나 되는데다 중국에서 온 적지 않은 사람들이 우리를 돕고 있기 때문에 우리도 한 주州11의 주인이 될 수 있고 한 국가도 건립할 수 있소. 여기 군 안에 있는 장리長吏12 중에는 함께 상의할 만한 사람이 없기에 공을 불러 알리는 것이오."

에 천하가 크게 어지러워지기까지 격차가 6년이다. 여기서 '13년'이라고 했으니, 그 격차가 작지 않다.
7   진나라 때 용천현龍川縣의 치소는 지금의 광동성 룽촨龍川 서쪽 지역이다. 『남월국사』에서 이르기를 '지금의 광동성 룽촨 타성진佗城鎭이 바로 조타가 건축한 진나라 성 옛터다'라고 했다."(『사기전증』)
8   "서부원이 말하기를 '남해에는 단지 위尉만 있었으니 마땅히 위가 수守를 대리했을 따름이다'라고 했다. 당시 남월 지역은 막 평정되었으므로 군사 장관이 전체 행정과 사법 등 여러 대권을 겸임했으므로 통상적인 상황에서 군수 직무를 대리하는 성질과는 같지 않았다."(『사기전증』)
9   유계劉季는 유방을 말한다. 항우와 유방이 일어난 것은 모두 진 2세 원년 9월의 일이다.
10   진섭, 항우, 유방 외에 기타 전담田儋, 위구魏咎, 무신武臣 등을 말한다.
11   주州: 지방 행정구획 명칭으로 진·한 이전에는 구주九州, 십이주十二州라는 말이 있었다. 한 무제는 경사 주변 지역 밖을 13개 감찰 구역으로 나누어 13주라 했다. 각 주는 몇 개의 군국군國을 포함하고 범위도 매우 컸다. 후한 말에는 범위가 점차 축소되어 군郡 단위보다 높은 행정구역이었다.
12   장리長吏: 진·한 때 봉록이 200석 이상인 관리를 장리라고 했다. 현령, 현장, 현승, 현위 이상의 관리는 모두 봉록 200석 이상이었다.

그러고는 임효는 위임장을 써서 조타에게 발급하여 남해군 군위의 직권을 대리하게 했다.[13] 임효가 죽자 조타는 즉시 횡포橫浦, 양산陽山, 황계관湟谿關[14] 세 곳에 격문을 돌려 발포했다.

"도적의 군대가 쳐들어오려 하니 서둘러 길을 끊고 병력을 집중시켜 각자 지키도록 하라!"

이어서 조타는 진나라가 임명한 복종하지 않는 장리들을 하나하나 구실을 찾아 법에 의거해 주살하고 자신이 신임하는 도당으로 하여금 직무를 대리하게 했다.[15] 진나라가 멸망한 뒤 조타는 출병하여 계림군과 상군을 공격해 병합한 뒤 스스로 남월의 무왕武王이 되었다.[16] 한나라 고제는 천하를 평정한 뒤[17] 중국이 연이은 전란으로 백성이 고통에 시달렸기 때문에 조타를 내버려두고 토벌하지 않았다. 한나라 고조 11년(기원전 196) 육가陸賈를 남월에 사신으로 보내 조타를 남월왕에 봉하고 부절을 나누어 증빙으로 삼음으로써[18] 서로 사신이

13 "복건이 이르기를 '임효가 거짓으로 조서를 만들어 남해군 군위가 되게 한 것이다'라고 했다."(『색은』) 원문에서 '행남해위사行南海尉事'라 한 것은 낮은 관직이 높은 관직을 대리하는 것을 말한다.

14 횡포橫浦는 지금의 장시성 난캉南康에서 광둥성 난슝南雄으로 통하는 다위링大庾嶺 위에 있는 요새다. 지금은 소매관小梅關으로 불린다. 양산陽山은 지금의 광둥성 양산陽山 서북쪽에 있는 요새로, 수륙 교통의 요충지였다. 황계관湟谿關은 지금의 광둥성 잉더英德 서남쪽 롄장강連江이 베이장강北江으로 흘러들어가는 곳이다.

15 원문은 '가수假守'다. 가假는 '대리代理'의 의미로 정식 임명 전에 임시로 직권을 대리 행사하는 것이다. 수守는 '시수試守' '시용試用'을 말한다. 수守는 잠시 직무를 대리하는 것으로 일반적으로 1년 동안 시험적으로 임용한 다음 직무를 맡을 만한 자를 '진眞(정식 임명)'으로 전환한다. 직무에 적합하지 않은 자는 원래의 직무로 돌아가거나 다른 직무로 전환 혹은 강등된다. 그 외에 관직이 있는 상태에서 다른 직분을 겸직하는 것을 말하기도 한다.

16 살아 있을 때 스스로 '무왕武王'이라 한 것으로, 중원 제왕들의 시호 개념과 다르다. 초·한 시기 영포英布가 '무왕'이라 칭한 것과 같다.

17 "유방은 기원전 206년 10월에 함곡관으로 진입하여 진나라를 멸망시켰고, 같은 해에 항우로부터 한왕漢王에 봉해졌다. 오래지 않아 초한 전쟁이 일어나 3년여 동안 진행하여 항우를 격파해 죽이고는 유방은 기원전 202년 정월에 황제라 칭했다. 이전에 한왕으로 칭한 때부터 계산하면 이해는 고조 5년이라 할 수 있다."(『사기전증』)

18 원문은 '부부剖符'다. 부부는 '부죽剖竹'이라고도 한다. 제왕이 건국 후에 공적이 있는 제후, 장수들에게 관작을 봉하고 상을 하사할 때 부절符節을 두 부분으로 나누어 군신들이 각기 한 부분을 가졌

왕래하도록 했다. 또한 그로 하여금 남월 지역의 백월百越과 평화롭게 지내도록 하여 한나라 남쪽 변경에 근심거리가 생기지 않도록 했다. 남월은 북쪽으로 장사국長沙國[19]과 경계를 접하게 되었다.

고후 때 유관 부서 관원이 변경 시장에서 남월인의 철기鐵器 구매를 금지해 줄 것을 요청하자,[20] 조타가 말했다.

"고제께서 나를 남월왕으로 세우고 서로 사신이 오가고 무역을 하도록 했다. 지금 고후는 참언하는 신하의 말을 듣고 우리 남방 사람을 차별하여 우리에게 필요한 물건을 팔지 않는 것이다. 이는 틀림없이 장사왕이 제출한 의견으로, 그는 중국의 세력에 의지해 우리 남월을 멸망시켜 합병한 다음 왕이 되어 자신의 공으로 삼으려는 것이다."

그러고는 스스로 존호를 높여 남월 무제武帝라 칭하고[21] 출병하여 장사국의 변경 성읍들을 공격해 몇 개 현을 격파한 뒤 물러갔다. 고후는 장군 임려후隆慮侯 주조周竈[22]를 보내 군사를 이끌고 가서 공격하게 했으나 마침 무더위와 습기를 만나 많은 사졸이 역병에 걸리는 바람에 양산령陽山嶺[23]도 넘지 못했다. 1년여 지나서 고후가 죽자[24] 바로 남월에 대한 토벌이 그쳤다. 조타는 이 기회를 이

는데 약속을 준수하는 증빙으로 삼았다. 동호부銅虎符는 명령을 전달하거나 군대를 이동시키고 장수를 파견할 때 사용한 증빙이고 군대를 출병시키는 것 이외에는 죽사부竹使符를 사용했다.
19 장사국長沙國: 한나라 초기의 제후국으로, 도성은 임상臨湘(지금의 후난성 창사長沙)다. 첫 번째 제후는 오예吳芮였고, 조타가 남월왕으로 재위할 당시의 장사왕은 오예의 증손자인 오우吳右(재위 기원전 186~기원전 178)였다.
20 여후(고후) 4년(기원전 184)의 일이다.
21 여후 5년(기원전 183) 봄의 일이다. 한나라의 속박과 제약을 받지 않겠다는 의미다. 유방은 건국 후 자신의 아들을 제왕·초왕에 봉하고 조타를 남월왕으로 삼았으며 제·초 등과 함께 열거했으니, 모두 유씨 왕조의 지배를 받는 제후국이었다. 『한서』에서는 '월越'자 없이 '남무제南武帝'로 기재하고 있다.
22 주조周竈는 유방의 개국 공신으로 항우를 공격해 임려후에 봉해졌다. 임려현隆慮縣은 지금의 허난성 린저우林州다. 『색은』과 『사기전증』에서 '隆'의 음을 'lin(임)'이라 했다.
23 원문은 '영嶺'으로, 양산령陽山嶺을 말한다. 양산령은 지금의 오령五嶺 가운데 기전령騎田嶺으로, 난링南嶺 산맥 가운데 일부다.
24 여후가 죽은 때(여후 8년 7월)는 주조가 군사를 이끌고 남월을 공격한 때(여후 7년 9월)로부터 1년

용해 변경의 무력을 강화하는 동시에 재물로 민월閩越, 서구西甌, 낙駱[25] 등의 부족을 매수해 자신에게 복종하게 만들어, 남월의 강토는 동서로 1만여 리에 달하게 되었다. 조타는 황옥좌독黃屋左纛[26]의 수레를 타고 자칭 황제라 칭하여 중국 황제와 동등함을 드러냈다.

효문제 원년(기원전 179), 문제는 당시 막 즉위하여 천하를 어루만지고 각 제후와 사이四夷에 사자를 파견해 자신이 대나라에서 경사로 들어와 즉위하게 된 뜻을 설명하고 한나라 제왕의 성덕盛德을 선전하게 했다. 조타 부모의 묘지가 모두 진정眞定에 있으므로 문제는 무덤 주위를 구획하고 관원을 파견해 지키게 했으며 매년 때마다 제사를 거행하게 했다. 또한 조타의 종형제들을 불러 높은 관직을 수여하고 후한 상을 하사하여 존중과 총애를 표시했다. 문제는 또 승상 진평 등에게 조서를 내려 남월에 사신으로 보낼 만한 사람을 추천하게 하자, 진평은 호치현好畤縣의 육가가 선제 때 남월에 사자로 간 적이 있어 그곳 사정에 익숙하다고 아뢰었다. 문제는 즉시 육가를 불러들여 태중대부로 임명하고 남월에 사자로 보내어, 조타가 제멋대로 황제가 되었으면서 단 한 명도 사자를 보내지 않은 것을 꾸짖었다. 육가가 남월에 당도하자 조타는 크게 두려워하여 글을 올려 사죄하며 말했다.

이 못 된다. 여기서 '세여歲餘(1년여 지나서)'는 정확하지 않다.
25 월왕 구천의 후손인 무제無諸가 월 땅 사람을 이끌고 유방의 건국을 도운 공적으로 민월왕에 봉해졌다. 도성은 동야東冶(지금의 푸젠성 푸저우)다. 서구西甌는 광시성의 소국으로 "명원통蒙文通의 『월사총고越史叢考』에 따르면 전성기 때 점유한 땅은 대략 '한나라의 울림鬱林, 창오蒼梧, 합포合浦 세 군이었다'고 했는데, 즉 진나라의 계림, 상군으로 지금의 광시성 대부분 지역이다. 뒤에 진나라에 의해 격파되고 그 땅에 계림과 상군이 설치되어 서구의 나머지 부락이 축소되었는데, 지금의 광시성 위린玉林, 구이강貴港 일대다. 뒤에 조타가 계림과 상군을 공격해 멸망시켰지만 서구는 여전히 잔존했다."(『사기전증』). 낙駱은 낙월駱越의 줄임말이다. "명원통의 『월사총고』에 따르면 그 지역은 대략 '한나라 교지交趾, 구진九眞 두 군이다'라고 했는데, 지금의 베트남 북부 일대다."(『사기전증』).
26 황옥黃屋은 황제가 타는 수레로 황색 비단 덮개를 씌웠다. 좌독左纛은 왼쪽 말의 머리에 야크 꼬리 장식을 꽂은 것으로 황제가 타는 수레의 상징이다.

만이의 대두령인 늙은이 조타는 당초에 고후께서 남월을 경시하고 왕래를 단절시켰을 때 장사왕이 참언한 것으로 의심했습니다. 또 멀리서 듣자하니 고후께서 신의 종족을 모조리 주살하고 조상의 무덤을 파내어 불태웠다고 했기에 한나라와의 관계를 단절하고 장사국의 변경을 침범한 것입니다. 게다가 남방은 지대가 낮고 기후가 습하며 만이들 사이에 있는데, 동쪽의 민월은 단지 1000여 명뿐인데 그들의 두령 또한 왕이라 부르고, 서쪽의 서구와 낙월도 옷을 입지 않는 나국裸國인데 왕이라 부르고 있습니다. 늙은 신하가 제멋대로 황제 존호를 훔친 것은 잠시 스스로 즐기고자 했을 뿐으로, 어떻게 감히 정식으로 천왕天王께 말씀드릴 수 있겠습니까!

이에 머리를 조아려 사죄하고 영원히 한나라의 번신藩臣이 되어 조공을 바치겠다고 했다. 이어서 전국에 명령을 내려 말했다.

들자하니 두 영웅은 함께 설 수 없고, 두 현명한 군주는 한 세상에 나란히 존재할 수 없다고 한다. 진정한 황제는 마땅히 한나라의 천자이시니, 지금 이후로 나는 다시 황제라 칭하지 않고 황옥과 좌독의 의장을 사용하지 않겠다.

육가가 장안으로 돌아와 보고하자 효문제가 매우 기뻐했다. 이후 줄곧 효경제 때까지 남월은 한나라에 신하라 칭하면서 때마다 사신을 파견해 알현했다. 그러나 실제적으로 조타는 남월국 안에서 여전히 전과 같이 황제의 명호를 사용했으며 한나라에 사신을 파견할 때만 자신을 왕이라 칭하고 다른 제후왕들과 같이 천자의 명령을 받들었다. 조타는 무제 건원 4년(기원전 137)에 죽었다.[27]

---

27 "『한서』에서는 '죽었다'는 의미의 졸卒자가 없다. 건원 4년은 조타의 손자가 왕위를 계승한 해로, 조타는 건원 4년에 죽지 않은 듯하다."(『사기지의』)

조타의 손자 조호趙胡가 남월왕이 되었을 때[28] 민월왕 영郢이 군대를 일으켜 남월의 변경 읍을 공격했다.[29] 조호가 사람을 파견해 무제에게 글을 올려 말했다.

민월과 남월은 모두 한나라의 번신으로 제멋대로 군대를 일으켜 서로를 공격해서는 안 됩니다. 지금 민월이 군대를 일으켜 신을 침범했으나 신은 감히 군사를 일으켜 반격하지 못하니, 바라건대 천자께서 조서를 내려 그들을 제지해주십시오.

그리하여 무제는 남월이 의를 강구하고 번신의 직분을 다하며 맹약을 준수한다고 칭찬하고는 남월을 위해 왕회와 한안국에게 군대를 이끌고 민월을 토벌하도록 했다.[30] 그런데 한나라 군대가 산맥[31]을 넘기도 전에 민월왕의 동생 여선餘善이 민월왕 영을 죽이고 한나라에 투항했기 때문에 군대는 철수했다.
무제가 장조莊助[32]를 파견해 남월왕에게 정황을 설명하자 조호[33]는 머리를 조아리며 말했다.
"천자께서 신을 위해 군대를 출병시켜 민월을 토벌하셨으니, 신은 죽어도 그 은덕에 보답할 수 없습니다!"
그러고는 자신의 태자 영제嬰齊를 입조시켜 황제를 위해 숙위宿衛를 담당하게 했다.[34] 그는 또 장조에게 말했다.

28 "『사기』와 『한서』에 모두 조타의 아들이라 기재하지 않았다. 그 아들은 먼저 죽고 손자인 조호趙胡가 조부를 계승한 것이다."(『사기지의』)
29 『한서』 「무제기」에 따르면 건원 6년(기원전 135)의 일이다.
30 한안국은 군대를 이끌고 회계를 나갔고, 왕회는 군대를 이끌고 예장을 나갔다.
31 원문은 '영嶺'으로, 여기서는 지금의 장시성 동부와 푸젠성 서북부 사이의 우이산武夷山을 가리킨다.
32 장조莊助: 나중에 명제明帝(유장劉莊)를 피휘하기 위해 엄조嚴助로 바꿨다. 문장과 사부辭賦, 정사를 의론하는 실력이 탁월했다. 『한서』에 장조의 열전이 있는데, 이름을 엄조로 기재하고 있다.
33 원문은 '호胡'다. "『한서』와 『통감』에는 '남월' 두 글자가 중첩되어 있다."(『사기각증』) "이 견해가 맞다. 마땅히 '호胡'가 아닌 '남월왕호南越王胡(남월왕 조호)'라고 기재해야 한다."(『사기전증』)
34 실제로는 태자를 인질로 보낸 것이다. 건원 6년(기원전 135)의 일이다.

"나라가 막 침략을 당해 파괴되었으니 사자께서는 먼저 가십시오. 저도 밤낮으로 서둘러 행장을 꾸려서 입조하여 천자를 알현하겠습니다."

장조가 떠난 뒤 조호의 대신들이 조호에게 간언했다.

"한나라가 군대를 파견해 결국 민월왕 영이 주살되었는데, 그 목적 또한 남월에 경고하기 위함입니다. 선왕께서 과거에 말씀하시기를 '천자를 섬길 때 단지 예를 잃지 않으면 되는 것으로, 중요한 것은 사자의 듣기 좋은 몇 마디를 믿고 입조하여 알현해서는 안 된다'고 했습니다. 입조했다가 다시 돌아오지 못한다면, 우리나라는 멸망하게 될 것입니다."

그리하여 조호는 병을 핑계로 결국 입조하여 천자를 알현하지 않았다. 그로부터 10여 년 뒤 조호의 병이 엄중해지자 태자 영제는 고국으로 돌아갈 수 있도록 요청했다. 조호가 죽은 뒤 문왕文王이라는 시호를 내렸다.[35]

영제는 남월왕을 계승한 뒤 조타가 과거에 본분을 뛰어넘어 무제[36]라 칭했을 때 사용하던 옥새를 거두어들이고 황제라 칭하지 않았다. 뿐만 아니라 영제는 한나라 장안에서 황제를 위해 숙위를 할 때 성이 규樛[37]인 한단의 여자를 얻어 처로 삼고 조흥趙興이라는 아들을 낳았다. 영제는 왕으로 즉위한 뒤에 무제에게 글을 올려 규씨를 왕후로 삼고, 조흥을 태자로 세우겠다고 요청했다.[38] 이때 한나라에서는 여러 차례 사자를 파견해 영제에게 입조하여 황제에게 알현할 것을 완곡히 권고했다. 그러나 영제는 자신이 생살의 권한을 쥐고 자기 마음대로 하기를 좋아했으므로 입조하면 한나라의 법령을 적용받아 한나라 내의 여러 제

---

35 조호의 무덤은 지금의 광저우 상강산象崗山에 있다.
36 『한서』에서는 '무제, 문제의 옥새'라고 기재하고 있다.
37 『한서』에서는 '규摎'로 기재하고 있는데, 본래 '규樛'와 같은 글자다.
38 "영제의 왕후는 월 사람이고 신하들은 월 여자가 낳은 아들을 태자로 삼고자 했다. 지금 영제는 규씨를 사랑하여 왕후로 세우고자 하고 아울러 그녀의 아들을 태자로 삼고자 하는데, 신하들의 반대가 걱정되었으므로 한나라의 권세를 빌려 이를 행하려 하는 것이다."(『사기전증』)

후와 같아질 것을 두려워했다. 이 때문에 병을 핑계로 입조하려 하지 않고 자신의 아들 조차공趙次公을 보내 황제의 숙위를 담당하게 했다. 영제가 죽은 뒤 그의 시호를 명왕明王이라 했다.

태자 조홍이 남월왕에 즉위하자, 그의 모친 규씨가 태후가 되었다. 태후는 영제의 처가 되기 전에 일찍이 패릉霸陵 사람인 안국소계安國少季39와 사통한 적이 있었다. 영제가 죽은 뒤인 무제 원정 4년(기원전 113)에 조정에서는 안국소계를 남월에 사자로 파견해 남월왕과 왕태후에게 한나라 내의 다른 제후들처럼 입조하여 황제를 알현할 것을 권했다. 그와 함께 언변이 뛰어난 간대부諫大夫 종군終軍40에게는 조정의 뜻을 설득하는 일을 맡기고, 용사勇士 위신魏臣 등에게는 무력 사용에 관한 판단을 돕게 했으며,41 위위衛尉 노박덕路博德42에게는 군대를 이끌고 계양桂陽에 주둔하여 사신 일행의 소식을 기다리면서 후원하게 했다. 당시 남월왕 조홍은 나이가 어렸고, 태후는 중원 사람으로 일찍이 안국소계와 사통한 적이 있었으므로 이번에 그가 사신으로 남월에 오자 두 사람은 다시 사통했다. 남월국 사람들이 이 일을 알게 되었고, 대다수 사람이 태후를 따르지 않게 되었다. 그러자 태후는 정변이 발생할 것을 두려워했고 한나라 세력에 의지해 남월에서 자신의 지위를 공고히 하기 위해 남월왕과 군신들에게 한나라에 귀속할 것을 여러 차례 권했다. 그리고 즉각 사자를 통해 무제에게 글을 올려, 한나

39 "안국安國이 성이고 소계少季는 이름이다."(『색은』) 그러나 안사고는 "성이 안국安國이고 자가 소계少季다"라고 했다.
40 종군終軍은 성이 종終이고 이름이 군軍이다. 언변에 능하고 문사를 잘 지었는데, 「예문지」에 『종군終軍』 8편이 기재되어 있다. "종군終軍은 기이한 사람인데, 태사공은 어찌하여 열전을 만들지 않았는가?"(『사기지의』)
41 원문은 '보기결보기缺'이다. "보기결은 '그 부족함을 보충해주는 것이다'라고 했다."(『사기회주고증』) 『한서』에서는 '보기결輔其決'로 기재하고 있는데, 여기서 '결決'은 '결단'을 말한다. 안사고는 말하기를 '책략 결정을 돕는 것이다'라고 했다. 아래 문장에 '使者怯無決(사자들은 겁이 많아 결단을 내리지 못한다)'이라고 했는데, 이는 무력 동원에 관한 결정을 돕는 것을 말한다.
42 노박덕은 원래 곽거병의 부장으로, 곽거병을 수행하고 흉노를 정벌한 공으로 후에 봉해졌다. 원정 5년(기원전 112)에 위위에 임명되었다.

라 국내의 제후들처럼 3년에 한 차례씩 입조하여 황제를 알현하고 변경의 요새를 철거하겠다고 요청했다. 무제는 그들의 요구를 허락하고 남월의 승상인 여가呂嘉에게 은인銀印을 하사하고 동시에 그들의 내사·중위·태부에게 모두 인장을 하사했으며, 그 나머지 관리는 그들 스스로 알아서 선임하도록 했다. 그동안 남월에서 시행하던 경형黥刑과 의형劓刑을 폐지하고[43] 한나라의 법률을 적용하여 한나라의 각 제후국과 같게 했다. 그리고 조정에서 파견된 사자들은 모두 남월에 머물면서 질서를 유지하도록 했다. 이와 동시에 남월왕과 왕태후에게 행장을 수습하고 예물을 마련해 입조하여 황제에 대한 알현을 준비하도록 했다.

남월의 상相 여가呂嘉는 나이가 많았는데, 그는 이미 3대에 걸쳐 상의 신분으로 국왕을 섬겼으며, 그의 가족 중에서 관직에 나가 장리長吏로 있는 자가 70여 명이나 되었다. 그 가족의 남자들이 처로 맞아들인 사람은 모두 왕실의 여자였으며, 그 가족의 여자들은 모두 왕족 남자에게 출가했을 뿐만 아니라 창오蒼梧의 진왕秦王[44]과 혼인 관계를 맺고 있었다.[45] 여가는 나라 안에서 대단히 막중한 인물로, 남월 사람들은 그를 신임했을 뿐만 아니라 많은 사람이 그의 눈과 귀가 되었으므로 국왕보다 많은 민심을 얻고 있었다. 남월왕이 무제에 글을 올려 한나라에 귀속되려 할 때 여가는 여러 번 만류했으나 국왕은 듣지 않았다. 그러자 여가는 반역의 마음을 품고 여러 차례 병을 핑계로 한나라 사자를 만나지 않았다. 한나라 사자들도 모두 여가의 동향에 주의했으나 형세의 한계로 그를 제거

---

43 경형黥刑은 범인의 얼굴에 글자를 새기는 형벌이고 의형劓刑은 범인의 코를 베는 형벌이다. 이러한 형법은 선진先秦 시기에 존재했으나 한 문제 때 중원에서는 폐지되었다.

44 "주수창이 말하기를 '조광趙光이 스스로 창오蒼梧 땅을 점거하고 진왕秦王이라 칭했다'라고 했다."(『한서보주』) "조광趙光을 말하며, 남월왕의 친속이다. 어떤 사람은 조타의 손자라고도 하는데, 창오蒼梧(지금의 광시성 우저우梧州) 일대에 있었으며 진왕이라 칭했다. 『남월국사』에서는 조타가 서구西甌인들을 더욱 잘 관리하기 위해 특별히 계림군 안에서 지반을 찾아 조광을 왕으로 봉했다고 여기는데, 비교적 더 합리적이다."(『사기전증』)

45 원문은 '유연有連'으로, "『한서음의』에서 이르기를 '연連은 혼인관계다'라고 했다."(『집해』)

할 방법이 없었다. 남월왕과 왕태후도 여가 등이 먼저 손을 써서 반란을 일으킬까 두려워했다. 그리하여 주연을 베풀어 한나라 사자의 권세에 의지해 여가 등을 죽이려고 모의했다. 연회가 시작되었을 때 한나라 사자들은 동쪽을 향해 앉고, 태후는 남쪽을 향해 앉았으며, 남월왕은 북쪽을 향해 앉고 상 여가와 남월의 기타 대신들은 모두 서쪽을 향해 앉아 함께 술을 마셨다.[46] 여가의 동생은 남월의 장군이었는데, 이때 마침 사병들을 거느리고 궁 밖에서 지키고 있었다. 술이 몇 순배 돌자, 태후가 여가에게 말했다.

"남월이 한나라에 귀속되는 것은 국가에 이익이 되는데, 상군相君[47]께서 그러함이 이롭지 않다고 하는 것은 무엇 때문이오?"

이렇게 말한 태후의 목적은 한나라의 사자를 격노시켜 한나라 사자가 여가를 죽이도록 하려는 것이었다. 그러나 사자들은 어떻게 해야 할지 망설이며 결정을 내리지 못하고 서로 쳐다볼 뿐 즉시 손을 쓰는 자가 없었다. 여가는 사람들의 안색이 심상치 않음을 보고는 서둘러 몸을 일으켜 나갔다. 태후는 화를 내며 모矛를 던져 여가를 찌르려 했는데, 남월왕이 태후를 저지했다. 여가는 빠져나온 뒤 동생 병사들의 호위에 의지해 관저로 돌아왔다.[48] 이때부터 더욱 병을 핑계로 국왕과 사신들을 만나려 하지 않았다. 그리고 여가는 은밀하게 대신들과 함께 반란을 일으킬 계획을 세웠다. 남월왕 조흥은 본래 여가를 죽일 생각이 없었고 여가 또한 그러한 사실을 잘 알고 있었기에 몇 달이 지나도록 반란을 일으키지 않았다. 그러나 태후는 자신의 음란한 행실로 남월 사람들이 따르

---

46 정전正殿과 대청에 오르는 경우 외에는 동쪽을 향하는 것을 가장 존귀한 자리로 삼았다. 그다음은 남쪽, 북쪽, 가장 낮은 자리는 서쪽을 향하는 것이다. 「항우본기」에서 홍문鴻門 연회 자리 순서와 같다.

47 상군相君은 상相, 상국相國의 존칭이다.

48 원문은 '분기제병취사分其弟兵就舍'다. "동생의 병사를 나누어 취하다."(『색은』) 그러나 『한서』에서는 '개제병취사介弟兵就舍(동생이 거느린 병사의 호위에 의지해 관저로 돌아왔다)'로 기재하고 있다. 『광사기정보』에서는 "분分자와 개介자는 초서草書에서 형태가 비슷한데 '개'자의 잘못으로 보인다"고 하여 『한서』의 견해에 동의하고 있다. 역자 또한 『한서』에 따랐다.

지 않아 여가를 죽이려 했으나 역량이 미치지 못했다.

무제는 여가가 남월왕의 말을 듣지 않고 남월왕과 왕태후는 세력이 약해 여가를 굴복시키지 못하는데다 한나라의 사자들이 겁을 먹고 결단을 내리지 못한다는 소식을 들었다. 그러나 남월왕과 왕태후가 모두 한나라에 귀속되기를 원하며 한낱 상相 여가만이 반란을 일으키려 하는 것이기에 군대를 일으켜 토벌할 필요가 없다고 여기고는 장삼莊參[49]에게 군사 2000명을 붙여 사자로 보내려 했다. 장삼이 말했다.

"만약에 우호적인 사신단의 명목이라면 몇 사람이면 충분합니다만, 무력으로 정복하러 가는 것이라면 2000명으로는 해결하기 어렵습니다."

그가 감당할 수 없다며 사양하자 무제가 파면했다. 이때 겹현郟縣[50]의 장사이며 일찍이 제북왕濟北王의 상이었던 한천추韓千秋[51]가 용기 내어 말했다.

"작고 보잘것없는 남월인데다 안에서 국왕과 태후가 내응하고 있습니다. 오직 상 여가만 방해될 뿐입니다. 원컨대 신에게 용사 200명[52]을 주신다면 즉시 남월로 가서 반드시 여가를 참살하고 돌아와서 폐하께 보고드리겠습니다."

이에 무제는 즉시 한천추와 왕태후의 동생인 규락樛樂에게 병사 2000명을 거느리고 남월의 경계로 진입하게 했다. 한천추 등이 남월의 경계로 진입하자 여가 등은 마침내 반란을 일으키고 전국에 명령을 내렸다.

"국왕은 나이가 어리다. 태후는 중국 사람인데다 한나라의 사신과 음란한 행위를 일삼으며 오로지 한나라에 귀속되고자 생각하고 선왕의 보기寶器[53]를 전

49 장삼莊參은 여기에 한 차례 등장하는데 그의 사적은 상세하지 않다.
50 겹현郟縣: 한나라 현으로 치소는 지금의 허난성 자현郟縣이었다.
51 원문은 '제북상濟北相'으로, 제북국의 상을 말한다. 제북국의 도성은 노현盧縣으로, 지금의 산둥성 창칭長淸 서남쪽 지역이다. 무제 시기의 제북왕은 유방의 증손자이자 유장의 손자인 유호劉胡(재위 기원전 151~기원전 98)다. 『한서』 「이릉전」에서는 제남濟南 상相이라 했다.(『사기지의』) 한천추에 대한 이전의 사적은 상세하지 않으나 여기에서는 교위 신분으로 2000명을 이끌고 갔다.
52 『한서』에서는 '300명'으로 기재하고 있다.
53 보기寶器: 종묘의 보물과 황금 인장 등을 가리키는데, 일반적으로 각종 보배로운 기물을 가리킨다.

부 한나라의 천자에게 바쳐 아첨하고 있다. 또한 따르는 인원들을 장안으로 데려가서 그들을 한나라 사람에게 노복으로 팔아먹으려고 한다. 그녀는 단지 자신의 화를 면해 한순간의 작은 이익을 취하려 할 뿐 근본적으로 조씨의 사직을 돌아보지 않으며 조씨 후대를 위한 장구한 계책을 세울 뜻도 없다."

이어서 여가는 동생과 함께 군사를 이끌고 진공하여 남월왕과 왕태후 그리고 한나라의 사자들을 죽였다. 그러고는 창오의 진왕과 남월의 각 군현에 사람을 보내 알린 다음 명왕明王 영제의 남월인 아내가 낳은 장남 술양후術陽侯 조건덕趙建德을 남월왕으로 세웠다.54 이때 한천추는 이미 2000명의 군사를 이끌고 남월 경내로 진입하여 몇 개의 작은 읍을 격파했다. 이때부터 기괴하게도 남월 사람들은 그들에게 길을 열어줬을 뿐만 아니라 양식까지 제공해줬다. 그러자 그들은 거침없이 쳐들어가 반우에서 겨우 40여 리 떨어진 곳에 이르렀다. 이때 남월이 갑자기 군대를 출격시켜 한천추 등을 공격하여 모두 물리쳤다. 이어서 사람을 보내 한나라 사자가 지니고 있던 정절旌節55을 나무상자에 담아 변경 요새에56 가져다놓고는 거짓으로 사죄를 표시했다. 그러나 실제로는 군대를 파견해 각 변경 요해要害57지를 지키게 했다. 무제가 소식을 듣고는 말했다.

"한천추는 비록 성공시키지 못했지만 군대의 선봉 중에서 가장 용감했다. 이

54 "술양術陽은 고창高昌의 잘못이다. 건덕建德은 항복한 뒤에 비로소 술양에 봉해졌다."(『사기지의』) 「건원이래후자연표」에 따르면 조건덕趙建德은 원래 남월의 고창후高昌侯였는데, 나라가 멸망하고 포로로 잡힌 뒤에 한나라에 의해 술양후에 봉해졌다. 『한서』 「무제기」에 따르면 여가가 반란에 나서 건덕을 왕으로 세운 것은 원정 5년 4월의 일이다.
55 원문은 절節로, 안국소계 등이 월나라로 오면서 소지했던 부절을 말한다. 고대에 사용하던 신물神物로 용도가 다르고 종류도 많다. 파견된 사자는 정절旌節을 지니도록 했고, 전한 시기에는 정절을 줄여서 절節이라 했다. 후한 중반 이후 지방이 안정되지 못하자 황제는 중앙 통제를 강화하기 위해 지방 장령들에게 절節을 더해줬다. 역자는 '절'을 정절 또는 부절로 번역했다.
56 여기서 요새는 남월 북쪽 경계의 변경 요새로, 『색은』에 따르면 대유령大庾嶺이다.
57 요해要害: 안사고는 『한서』 「서남이열전」 주석에서 말하기를 "내게는 중요하고 적에게는 해로운 것이다"라고 했다. "고염무가 말하기를 '공격과 수비가 반드시 다투는 곳으로 내가 적을 해칠 수 있고, 적이 나를 해칠 수 있는 곳을 말한다'라고 했다."(『사기회주고증』)

때문에 그의 아들인 한연년韓延年[58]을 성안후成安侯[59]에 봉한다. 규락은 누이가 남월의 왕태후였고, 또 왕태후가 가장 먼저 한나라에 귀속되기를 원했기 때문에 규락의 아들인 규광덕樛廣德을 용항후龍亢侯[60]로 봉한다."

그러고는 동시에 사면령을 내렸다.[61]

"천자가 나약하고 각 제후들이 무력에 의지해 전권을 휘두를 때 대신들은 난적을 토벌하지 않는 것을 풍자했다.[62] 지금 여가, 조건덕 등이 반란을 일으키고 그곳에서 독립하여 편안히 왕이라 자칭하고 있다. 짐은 지금 일부 죄인들을 사면하여 동원하니,[63] 강회江淮 이남의 누선樓船 수군水軍과 협동하여 10만 명을 조직하여 반역한 무리들을 토벌하도록 하라."

무제 원정 5년(기원전 112) 가을, 무제는 위위 노박덕을 복파장군伏波將軍[64]으로 임명하여 계양桂陽에서 출발해 회수匯水[65]를 따라 내려가게 했고, 주작도위

---

58 한연년韓延年은 나중에 태상太常 관직에 이르렀으나 이릉李陵을 수행하여 흉노 정벌에 나섰다가 전사했다.

59 성안후成安侯의 봉지 성안成安은 지금의 허난성 자현郟縣 서북쪽 지역이다.

60 용항후龍亢侯의 봉지 용항龍亢은 지금의 안후이성 멍청蒙城 동남쪽 지역이다.

61 원문은 '하사下赦'다. "군사를 동원하여 남월을 토벌하는데, 사赦(사면)를 말할 수는 없다. '사'자는 바로 '조詔(조서)'자의 잘못이다."(『사기찰기』) "풍본, 삼본에서는 조詔라고 했다. 『한서』에서는 '사'자 다음에 '천하天下' 두 글자가 있다."(『사기회주고증』) "하사下赦(사면령을 내리다) 또한 통하지 않는 것은 아니다. 중앙 왕조가 어떤 한 지역의 반란을 토벌할 때 종종 대사면령을 발포하여 난을 일으켜 죄가 가장 무거운 자를 철저히 고립시키는 것이다. 고조가 진희를 토벌하고 경제가 칠국의 난을 토벌할 때 모두 출병 전에 사면령을 내린 일이 있었다. 『한서』에서는 '사천하赦天下(천하에 사면령을 내리다)'라고 기재하고 있다."(『사기전증』)

62 동주東周 시대 천자의 세력이 쇠하자 각국 제후들이 힘을 믿고 제멋대로 정벌에 나선 일을 말한다. 공자는 『춘추』에서 이를 기술하면서 신하가 군주를 위해 역적을 토벌하지 않음을 풍자했다.

63 죄인들을 징발하여 종군시키는 것을 말한다. 진·한 때 시행된 '칠과적七科謫'을 말하는 것으로, 국가가 군사를 징발할 때 먼저 죄수들을 동원하고 그다음으로는 상공업자, 데릴사위 순이었다.

64 복파장군伏波將軍: 잡호장군 중 하나로 복파는 무섭게 밀려오는 거친 파도를 굴복시킨다는 뜻으로 해외의 풍파를 평정한다는 의미다.

65 회수匯水는 광수洭水라고 해야 한다. 『한서』에서는 '황수湟水'라고 기재하고 있는데, 광수洭水와 같고 '수정본'에서도 '광수'라 해야 한다고 했다. 지금의 롄장강連江이다. 당시의 계양桂陽(지금의 롄현) 동남쪽으로 흘러 베이장강北江으로 유입되었다가 다시 남쪽으로 흘러 주장강珠江으로 유입된다.

양복楊僕66은 누선장군樓船將軍으로 임명하여 예장豫章67에서 출발하여 곧장 횡포橫浦68로 내려가도록 했다. 예전에 한나라에 투항하여69 후에 봉해진 두 명의 월나라 사람을 과선장군戈船將軍과 하려장군下厲將軍으로 삼아70 영릉零陵71에서 출발하게 했는데, 한 명은 이수離水72를 따라 내려가고 다른 한 명은 곧장 창오蒼梧로 달려갔다. 치의후馳義侯73에게는 파·촉 두 군에서 사면된 죄수들을 거느리고 아울러 야랑夜郎74 부락에서 사병들을 징발하게 하여 장가강牂柯江75을 따라 내려가게 했다. 각 대군이 모두 반우에서 집결하기로 약정했다.

원정 6년(기원전 111) 겨울, 누선장군 양복은 정예부대를 이끌고 먼저 심협尋陝76을 공격해 함락시킨 뒤에 석문石門77을 격파하여 남월의 적지 않은 전함과

---

66 양복楊僕은 어사에서 점차 승진되어 주작도위가 되었다. 남월을 평정한 뒤 장량후將梁侯에 봉해졌다. 또 왕온서王溫舒와 함께 동월을 격파했다.

67 예장豫章: 한나라 군으로 치소는 남창南昌(지금의 장시江西성 난창南昌)에 있었다.

68 횡포橫浦: 횡포관橫浦關을 말한다. 지금의 광둥성 슝현雄縣 소매관小梅關이다. "『한서』 「무제기」에서는 정수湞水(지금의 웅강瀧江)로 기재하고 있다."(『사기지의』)

69 원문은 '귀의歸義'로, 대의大義를 향해 돌아간다는 뜻이다. 여기서는 한나라에 투항한 것을 말한다.

70 역사에서 두 사람의 이름은 전해지지 않고 있다. "한나라에 귀순하여 후에 봉진 엄嚴을 과선장군으로 삼아 이수를 따라 내려가게 했고, 갑甲을 하려장군으로 삼아 창오로 진격하게 했다."(『한서』 「무제기」) "창오로 진격하게 한 자는 아마도 창오의 진왕 조광을 공격하게 한 것이다. 여기서 말한 갑甲은 사람의 진짜 이름이 아니라 그 이름을 알 수 없으므로 갑, 을이라 칭한 것이다."(『사기전증』) 왕선겸은 전대흔의 말을 인용하여 "그 이름을 알 수 없어 갑이라고 한 것이다. 『한기漢紀』에서는 조광명祖光明이라고 했다"고 했다. '과선戈船'에 대한 설명은 다음과 같다. "월 사람들은 수중에서 사람이 배를 뒤졌으며, 또 교룡蛟龍의 해로움이 있어 배 밑에 과戈(창)를 설치했다."(『집해』)

71 영릉零陵: 한나라 현으로 치소는 지금의 후난성 취안저우全州 서남쪽 지역이다.

72 이수離水: 원래 영릉 부근의 영거靈渠로, 지금의 구이린桂林과 우저우梧州를 거쳐 동남쪽으로 흘러 시장西江으로 유입된 뒤 지금의 광저우로 흘러간다. 한 명은 이수를 따라 내려가고 다른 한 명은 곧장 창오로 달려가게 한 것에 대해 "수륙 두 길로 나누어 전진하는 것이다."(『사기찰기』)

73 치의후馳義侯: "서광이 말하기를 '월 사람으로 이름은 유遺다'라고 했다."(『집해』) 이 사람 또한 한나라에 항복한 남월 사람이다.

74 야랑夜郎: 지금의 구이저우성 서부의 소수민족으로 이미 이전에 한나라에 정복당했다.

75 장가강牂柯江: 지금의 베이판장강北盤江이다. 동남쪽으로 흘러 광시성 구이린, 우저우를 거쳐 시장강西江에 유입되어 지금의 광저우로 흐른다. "오견사吳見思가 말하기를 '서쪽 길의 진격은 그 기세가 지극히 성대하다'라고 했다."(『사기전증』)

76 심협尋陝: "요씨姚氏가 말하기를 '심협은 시흥始興 서쪽 300리 지점에 있으며 연구連口와 가깝다'

양식을 노획했다. 이에 승세를 몰아 전진하여 남월의 선봉부대를 격파하여 좌절시켰다. 그런 뒤 부하 수만 명 대군의 전진을 멈추고 복파장군 노박덕이 오기를 기다렸다. 복파장군이 이끄는 사면 죄인들은 노정이 멀어서 제 시간에 도착하지 못했고[78] 누선장군과 회합했을 때는 1000여 명에 불과했으나 그들은 함께 전진했다. 누선장군의 부대가 선봉에 서서 반우에 이르렀다. 이때 남월의 건덕과 여가 등은 성 안으로 물러나 지키고 있었다. 누선장군은 유리한 형세를 선점하여 성 동남쪽에 주둔하고 복파장군은 성 서북쪽에 주둔했다. 날이 저물자 누선장군은 먼저 남쪽에서 성문을 공격해 격파하고 즉시 성에 불을 질렀다. 남월 사람들은 누선장군 양복에 대해서는 잘 알지 못했지만 평소 복파장군 노박덕의 명성은 듣고 있었으나 날이 저물었기 때문에 노박덕의 병력이 어느 정도인지 알 수 없었다. 복파장군은 군영을 꾸린 뒤,[79] 즉시 사자를 성으로 보내 투항하는 자들을 불러들였다. 투항한 자에게 인장을 주고 나서 그들로 하여금 다시 성으로 돌아가 투항하는 자들을 데려오게 했다.[80] 누선장군이 남쪽에서 전력을 다해 공격하여 성을 불태우자 항복하려던 남월 사람들은 복파장군의 군영 쪽으로 몰려들었다. 날이 밝아지자 성안의 사람들은 모두 복파장군에게 항복하게 되었다. 여가와 조건덕은 부하 수백 명을 데리고 밤을 틈타 바닷가로 도망쳐 배를 타고 서쪽으로 달아났다. 복파장군은 투항해온 남월의 귀족들을 심문하여 여가가 도주한 방향을 알아낸 뒤 즉시 추격하도록 했다. 그리하여 원래 교위였으나 현재 복파장군 휘하의 사마司馬인 소홍蘇弘이 조건덕을 추격해 체포한 공으로 해상후海常侯[81]에 봉해졌다. 또 남월 출신의 낭관 도계都稽[82]가 여가를 사

라고 했다."(『색은』) 연구는 광동성의 롄장강이 모여 베이장강으로 유입되는 곳이다.

77 석문石門: "『광주기廣州記』에서 이르기를 '석문은 반우현 북쪽 30리 지점에 있다'고 했다."(『색은』)

78 원문은 '회기후會期後(모이기로 했던 시간 뒤에)'로 어순이 매끄럽지 못하다. 『한서』에서는 '후기後期'로 기재하고 있는데 '약정된 시간보다 늦었다'는 뜻이다.

79 안사고는 말하기를 "군영과 보루를 설치하고 투항하는 자를 기다리는 것이다"라고 했다.

80 "관작을 수여하고 풀어줘 돌아가게 한 다음 다른 사람을 불러 투항하게 하는 것이다."(『사기전증』)

로잡은 공으로 임채후臨蔡侯[83]에 봉해졌다.

창오왕 조광趙光은 남월왕과 같은 성이었는데, 한나라 군대가 이미 도착했다는 소식을 듣고는 즉시 남월의 게양揭陽 현령 정定[84]과 함께 한나라에 귀속하기로 결정했다. 이때 남월의 계림 군감인 거옹居翁도 서구西甌와 낙월駱越에게 한나라에 귀속하도록 설득했다. 이들은 모두 후侯에 봉해졌다.[85] 과선장군, 하려장군의 부대와 치의후가 징발한 야랑의 사병이 도착하기도 전에 남월은 평정되었다. 그리하여 한나라 조정에서는 남월을 9개 군[86]으로 나누었다. 복파장군은 공이 컸기 때문에 봉지가 증가되었고,[87] 누선장군[88]은 견고한 성을 공격한 공이 있어 장량후將梁侯[89]에 봉해졌다. 남월은 조타가 스스로를 세워 왕이 된 뒤로부터 나라가 망할 때까지 5대[90]에 걸쳐 모두 93년이다.[91]

81　해상海常은 "서광이 말하기를 '동래東萊에 있다'고 했다."(『집해』) 동래군東萊郡의 치소는 지금의 산둥성 라이저우萊州다. 「건원이래후자연표」의 『색은』에서는 "낭야에 있다"고 했는데, 낭야군의 치소는 동무東武(지금의 산둥성 주청諸城)이다. 호삼성은 말하기를 "내가 「왕자후표王子侯表」를 참고했는데, 해상후는 마땅히 식읍이 낭야다."(『자치통감』에서) 남월왕 조건덕은 포로가 되었다가 무제에 의해 석방되어 술양후術陽侯에 봉해진다.

82　남월왕 신변의 낭관인 도계를 말한다. 「건원이래후자연표」에 따르면 도계의 이름은 '손도孫都'다.

83　임채후臨蔡侯: 봉지인 임채는 『색은』에 따르면 하내군에 있다. 하내군의 치소는 회현懷縣(지금의 허난성 우즈武陟 서남쪽)이다.

84　게양揭陽 현령 정定: 『한서』에 따르면 성이 사史다. 게양은 지금의 광둥성 산터우汕頭 서북쪽 지역이다.

85　『한서』에 따르면 조광趙光은 수도후隨桃侯에 봉해지고, 사정史定은 안도후安道侯에 봉해졌으며, 거옹居翁은 상성후湘城侯에 봉해졌다.

86　9개 군: 담이儋耳(군치는 지금의 하이난海南성 단현儋縣 서북쪽), 주애珠崖(군치는 심도瞫都로 지금의 하이난성 하이커우海口 동남쪽), 남해南海(군치는 반우, 즉 지금의 광저우), 창오蒼梧(군치는 광신廣信으로 지금의 광시성 우저우), 울림鬱林(군치는 포산布山으로 지금의 광시성 구이핑桂平), 구진九眞(군치는 서포胥浦로 지금의 베트남 타인호아 서북쪽), 일남日南(군치는 서권西捲으로 지금의 베트남 꽝치 서북쪽), 합포合浦(군치는 지금의 광시성 허푸合浦 동북쪽), 교지交趾(군치는 지금의 베트남 하노이 서북쪽).

87　『한서』「공신표」에 따르면 비리후邳離侯 노박덕의 봉지는 주허현朱虛縣(지금의 산둥성 린추臨朐 동남쪽)으로 식읍이 1600호였다. 이때 남월을 평정한 공으로 식읍이 증가되었다.

88　원문은 '누선장군병루船將軍兵(누선장군 병사)'으로, '병兵'는 당연히 생략되어야 한다. 장량후에 봉해진 자는 누선장군이지 그의 병사가 아니다. 『한서』에도 '병兵'자는 없다.

89　장량후將梁侯: 봉지인 장량은 지금의 허베이성 칭위안淸苑 서남쪽 지역이다.

태사공은 말한다.

"조타가 왕을 칭하게 된 것은 본래 임효任囂가 발탁했기 때문이다. 당시 마침 한나라 건국 초기였기 때문에 조타 또한 제후가 될 수 있었다. 임려후 주조가 군대를 이끌고 남월을 토벌하다가 무더위와 습기, 역병으로 인해 실패하자 조타는 더욱 교만해졌다. 민월이 군대를 일으켜 남월이 동요했을 때[92] 한나라 군대가 민월을 토벌하고 남월 변경으로 접근하자 남월 태자 영제가 입조했다.[93] 이후 남월이 멸망하게 된 것은 영제의 왕후인 규씨 때문에 비롯된 것이다. 상 여가는 남월에 대한 충성심으로 반란을 일으켜 조타의 후대를 끊어지게 만들었다. 누선장군은 교만하고 오만하며 미혹에서 벗어나지 못했으나, 복파장군은 불리한 형세에 있으면서도 지모로 반전시켜 더욱 높아졌으니 화를 복으로 만들었다. 성공과 실패가 서로 변하는 것이 마치 새끼줄처럼 영원히 서로 얽혀 있는 것과 같다."

90　5대는 조타, 조호, 조영제, 조흥, 조건덕이다.
91　"조타가 남월국을 건립하고 남월 무왕이라 자칭하기 시작했는데, 역사에서는 단지 '진나라가 멸망했을 때'고만 했을 뿐 어느 해인지는 상세히 언급하지 않았다. 어떤 사람은 한나라가 조건덕을 무제 원정 6년(기원전 111)에 멸망시킨 해를 기준으로 앞으로 93년을 계산해 조타가 왕이라 칭한 때를 고조 3년(기원전 204)이라고 했다."(『사기전증』)
92　원문은 '서락상공甌駱相攻(서구와 낙월이 서로 공격하다)'이다. "『고금주古今注』에서 이르기를 '이것은 잘못이다. 마땅히 '동쪽 민월이 군대를 일으키고 남월이 동요하다'로 바꾸어야 한다'고 했다. 열전에 따르면 서로 공격한 것은 민월과 남월로, 서구와 낙월이 아니다. 서구와 낙월은 일찍이 여러 나라와 서로 공격한 적이 없다."(『사기지의』) 역자는 『사기지의』 견해에 따랐다.
93　"이치상 마땅히 '한나라가 민월을 주멸하자 영제가 입조했다'로 해야 한다. 한나라가 민월을 주멸했을 때 아직은 남월의 경계에 접근하지 않은 상태였다. 영제는 자신의 부친이 한나라 은덕에 감격하여 입조하도록 보낸 것이지 대군이 경계를 압박해서 인질을 보내 화평을 구한 것이 아니다."(『사기전증』)

동월열전

東 越 列 傳

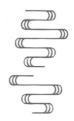

동월은 남월의 동쪽에 위치해 있었는데, 지금의 푸젠성과 저장성 동부 일대로 '민월'이라고도 한다. 진나라 말기 제후들이 진나라에 반기를 들었을 때 월왕 구천의 후손인 무제와 요는 월나라 백성을 이끌고 파양의 현령 오예에게 귀순했다. 항우가 무제와 요를 왕으로 봉하지 않았기 때문에 이들은 초나라에 귀순하지 않고 유방을 도와 초를 격파했다. 유방이 무제를 민월왕에 봉하고 요는 동해왕에 봉하면서 민월은 두 나라로 분리되었다. 동해왕은 동구에 도읍을 정해 '동구왕'이라고도 불렸고, 민월왕은 동아에 도읍을 세웠으며 '동월왕'이라 불렸다.

무제 건원 3년(기원전 138)에 이르러 민월이 군대를 일으켜 동구를 포위했다. 이에 한나라 군대가 구원에 나섰는데 당도하기도 전에 민월 군대가 철수했다. 동구는 온 백성을 거느리고 중국으로 이주하게 해줄 것을 요청했고, 한나라 조정에서는 동구 백성을 강회 일대로 이주시켰다. 이어서 서남이를 잇는 도로를 닦고 남월을 멸했으며, 원정 6년(기원전 111년)에 마침내 민월을 멸한 뒤 그 백성을 강회 사이로 이주하게 했다.

사마천은 전국시대 이래 각 민족들이 융합하거나 통일되는 필연적인 과정을 서술하면서 이와 같이 평가했다. "월은 비록 만이였지만 그의 선조들이 백성에게 커다란 공덕을 베풀지 않은 것은 아니었다. 그렇지 않았다면 어떻게 이처럼 오래도록 대를 이을 수 있었겠는가! 여러 대를 거치면서 항상 군왕이 되었고, 구천 시기에 이르러서는 한 차례 제후들의 패주가 되었다. 이로 보건대 월 사람들이 대대로 공公과 후侯가 될 수 있던 것은 아마도 우임금이 남긴 위대한 덕 때문임을 알 수 있다."

민월왕閩越王1 무제無諸와 월越나라의 동해왕東海王2 요搖는 모두 월왕 구천의 후손으로3 성이 추騶다.4 진나라가 천하를 통일한 뒤 그들의 왕호王號가 폐지되고 군장郡長으로 강등됐으며5 민중군閩中郡6에 거주하도록 했다. 제후들이 진나라에 반기를 들었을 때 무제와 요는 월나라 백성을 이끌고 파양鄱陽7 현령 오예

1 민월閩越: 지금의 푸젠성 경내에 있었던 소국이다. "위소가 말하기를 '민閩은 동월東越의 별칭이다'라고 했다."(『집해』)
2 동해東海: 소국 명으로 도성은 동구東甌, 즉 지금의 저장성 원저우溫州다.
3 구천句踐: 춘추시대 말기 월나라의 군주(재위 기원전 496~기원전 465)다. "구천은 우禹의 후예가 아니며 구甌와 민閩은 구천의 종족이 아니다. 『국어國語』를 보면 월越은 성이 미羋이다."(『사기지의』). "명원통蒙文通이 말하기를 '구甌와 민閩이 왕에 봉해진 것은 비록 한나라 시대이지만 구와 민의 명칭은 일찌감치 주나라 시대에 보인다. 양옥승이 구와 민이 구천에서 시작되지 않았다고 말한 것이 맞다'고 했다. 양콴은 말하기를 '전국시대 때 이미 백월의 칭호가 있었는데, 동남 연해 지역의 원시 부족을 가리키는 데 사용되었다. 민월 혹은 동월이라 불리던 나라는 지금의 푸젠성 북부와 저장성 남부에 위치했고, 구월甌越 혹은 동구東甌로 불리던 나라는 지금의 어우장강甌江, 링장강靈江 유역에 위치했다. 민월과 구월은 백월 가운데 비교적 진보한 지역이고, 그 군장은 원래 월왕 구천이 분봉하여 군주에 봉해진 것이다'라고 했다."(『사기전증』)
4 "서광이 말하기를 '추騶를 낙駱이라고도 한다'고 했다."(『집해』) "『사기』에서 추騶라고 한 것은 잘못이다."(『사기지의』) "추騶는 제나라 대성大姓으로 민월에서 듣지 못했으며 낙駱의 잘못이라 한 것은 의심의 여지가 없다."(『사기신증』)
5 "왕준도가 말하기를 '진나라가 천하를 합병하고 그들의 땅을 민중군閩中郡으로 변경하고는 무제와 요 두 사람의 왕호를 폐지하고 군장의 작위로 강등시켰다. 그들에게 1개 향, 1개 읍 땅만을 다스리게 하여 관리와 같았으니, 분명 그들을 봉하여 수여한 것이 아니다. 또한 만蠻으로써 만蠻을 다스리게 하니 실정에 맞게 적절한 대책을 세우는 방법이다'라고 했다."(『사기전증』)
6 민중군閩中郡: 진나라 군으로, 군치는 동야東冶(지금의 푸젠성 푸저우)다. "왕명성王鳴盛이 말하기를 '「지리지」에는 진나라 36개 군 가운데 민중군은 없다. 아마도 진 시황 말년에 설치된 것 같다. 게다가 진나라에 속했다 할지라도 무제와 요의 옛 땅과 같다'고 했다. 그러나 탄치샹의 『역사지도집』에는 명확하게 표시되어 있다."(『사기전증』)
7 파양鄱陽: 한나라 현으로 치소는 지금의 장시성 포양鄱陽 동북쪽 지역이다.

吳芮에게 귀순했다. 오예는 사람들에게 파군鄱君[8]으로 불렸고 제후들을 따라 진나라를 멸망시켰다. 당시 항적項籍(항우)이 제후들에게 명령을 내리고 시행하는 것을 주관했는데, 무제와 요를 왕으로 봉하지 않았기 때문에 그들도 초楚나라에 귀순하지 않았다.[9] 한왕漢王 유방이 항적을 공격했을 때[10] 무제와 요는 월나라 사람들을 이끌고 한왕을 도왔다. 한나라 5년(기원전 202), 유방은 무제를 다시 민월왕으로 세우고, 민중군의 옛 땅을 다스리게 했으며 동야東冶[11]에 도읍을 세우게 했다. 효혜제 3년(기원전 192), 월나라 사람들이 고조 때 세운 공을 열거하며 민군장閩君長 요가 공로가 가장 많고 그 백성 또한 즐거이 그를 따른다고 여겨 요를 동해왕東海王으로 세우고 동구東甌[12]에 도읍을 세우게 했다. 이 때문에 세상 사람들은 그를 동구왕東甌王이라 불렀다.[13]

몇 세대가 지난 뒤 효경제 3년(기원전 154) 오왕 유비가 반란을 일으켰을 때 민월을 반란에 참여시키려 했으나 민월왕은 따르지 않았고 동구왕만 오왕 유비를 따라 반란에 참가했다. 오왕이 실패한 뒤 동구왕은 한나라에게 매수되어 단도丹徒에서 오왕 유비를 살해했다.[14] 이 때문에 동구 사람들은 모두 주살의 죄

---

8 파군鄱君: 당시 오예에 대한 공경의 칭호다. 진·한 시기에는 대개 현령에 대해 '모공某公' 혹은 '모군某君'이라고 불렀다. 유방을 '패군沛君'이라 부른 것과 같다.

9 무제와 요는 분봉되어 왕이 되지 못했지만, 그들이 따르던 오예는 형산왕에 봉해졌다. 도성은 주邾(지금의 후베이성 황강黃岡 북쪽)였다.

10 유방이 항우의 도성 팽성으로 진공한 고조 2년(기원전 205) 4월부터 항우가 멸망한 고조 5년(기원전 202) 12월까지 앞뒤로 모두 2년 9개월이다.

11 동야東冶는 지금의 푸젠성 푸저우다. 그러나 근래의 고고학적 발굴에 따라 지금의 우이산武夷山(충안崇安)의 성촌城村 옛 성이라 여기는 사람이 많다.

12 동구東甌: 지금의 저장성 원저우溫州 북쪽 융자永嘉 경계다.

13 "『사기고이史記考異』에서 말하기를 「봉선서」에서 월나라 사람 용지勇之가 동구왕은 귀신을 존중했고 160세까지 장수했다고 했는데, 즉 동해왕 요를 말한다'라고 했다."(『사기지의』)

14 단도丹徒는 한나라 현으로 치소는 지금의 장쑤성 전장鎭江 동남쪽 지역이다. 당시 동구의 군대는 단도에 주둔해 있었고 오왕 유비의 군대가 패주해 들어오자 동구왕은 한나라의 명에 따라 오왕 유비를 살해했다. "한나라에서는 사람을 보내 돈으로 동월왕을 매수했고, 동월왕은 오왕을 속여 오왕이 밖으로 나와 군사들을 위로할 때 창으로 찔러 죽이게 한 뒤 그 머리를 통에 담아 역참 수레로 신속히 장안에 보내 상황을 보고하게 했다."(「오왕비열전」)

를 받지 않고 동해국으로 돌아갈 수 있었다.

오왕 유비의 아들 유자구劉子駒는 민월로 달아났으며 동구가 자신의 부친을 죽인 데 한을 품고 항상 민월에게 동구를 공격하도록 권했다. 건원 3년(기원전 138), 민월은 군대를 출병시켜 동구를 포위했다. 동구성은 양식이 떨어지는 곤경에 처하여 투항하라는 압력을 받자 즉시 천자인 무제에게 사람을 보내 위급함을 알렸다. 무제가 태위 전분田蚡에게 의견을 묻자 전분이 대답했다.

"월 사람들끼리 서로 공격하는 것은 늘 있었고 또 반복되는 일입니다. 번거롭게 중국이 가서 구원할 필요가 없습니다. 게다가 진나라 때부터 그들을 내버려뒀고 그들을 속국으로 보지 않았습니다."15

이때 중대부 장조莊助가 전분을 힐책하며 말했다.

"단지 역량이 부족해서 그들을 구제할 수 없고 덕이 없어서 그들을 양육할 수 없음을 걱정해야 합니다. 진실로 덕이 있고 역량이 있다면 어찌 그들을 내버려두겠습니까? 게다가 진나라 때 함양도 버렸는데 하물며 월 땅은 어떻겠습니까! 지금 한낱 소국이 천자에게 구원을 요청하는데, 천자가 그들을 구원하지 않는다면 그들은 어디 가서 구원을 호소할 수 있겠습니까? 또한 어떻게 많은 소국을 자신의 자식처럼 보호할 수 있겠습니까?"

무제가 말했다.

"태위의 말은 취하기에 부족하고 천하 대사를 함께 토론할 수 없소.16 짐은 막 즉위했기 때문에 호부虎符17로 군국郡國의 군대를 징발하여 보내고 싶지는

15 "진나라 때 지금의 장쑤성과 저장성 일대에 회계군을 설치하고 지금의 푸젠성 일대에 민중군閩中郡을 설치했으니 이 지역을 내버려두고 속국으로 보지 않았던 것은 아니다. 단지 산간지대와 바닷가로 물러나 거주하는 소수민족에 대해서는 매서운 소탕을 진행하지 않았을 뿐이다."(『사기전증』)
16 "두 차례나 태위라고 칭하는데, 『통감고이』에서는 잘못이라고 했다. 전분은 건원 원년에 태위가 되었으나 2년에 면직되어 태위 관직을 빼야 한다. 이때는 건원 3년으로, 전분은 열후의 신분으로 집에 있었는데 승상인 허창許昌에게 묻지 않을 수 없는 것이 아닌가? 혹여 전분이 일찍이 태위였기 때문에 관직명을 부른 것인지 또한 확실하지 않다."(『사기지의』)
17 호부虎符: 고대 제왕이 신하에게 수여한 병권과 군대 이동의 신물信物이다. 청동이나 황금으로 호

않소."

그리하여 장조를 파견하여 정절을 가지고 회계군會稽郡으로 가서 군대를 징
발하여 구원하도록 했다. 그러나 회계 태수가 거절하고 군대를 징발하려 하지
않자 장조는 즉시 회계군의 사마 한 명을 참수하고 그들에게 황제의 뜻을 전달
했다. 그리하여 군대를 징발하여 해상으로 배를 타고 동구를 구원하러 갔다. 한
나라 군대가 미처 당도하기도 전에 민월 군대는 소식을 듣고 철수했다. 동구는[18]
나라의 모든 백성을 거느리고 중국으로 이주하기를 청했고,[19] 이에 조정에서는
동구 백성을 강회江淮 일대로 이주시켰다.[20]

건원 6년(기원전 135), 민월이 남월을 공격했다. 남월은 한나라 천자와 했던 약
속에 따라 임의로 출병하여 응전하지 않고 황제에게 보고했다.[21] 이에 무제는
대행大行 왕회에게 예장에서 출병하게 하고 대농大農(혹은 대농령大農令)[22] 한안국
에게는 회계에서 출병하도록 하고 두 사람을 장군으로 임명했다. 그들의 군대가
산맥을 넘기 전에 민월왕 영郢[23]은 출병하여 험준한 요충지를 지켰다. 민월왕 영

랑이 형상으로 만들어졌고 뒷면에는 명문銘文이 있다. 두 개로 나누어 오른쪽 것은 중앙에 남겨두고
왼쪽 것은 지방 혹은 군대를 통솔하는 장수에게 발급했다. 군대 이동 시 사신이 가지고 가서 두 개를
합쳐서 검증한 이후에야 비로소 효력이 발생했다. 전국시대, 진과 한나라 때 성행했다.
18 『한서』에서는 '동월東粵(東越)'로 기재하고 있다. "왕념손이 말하기를 '마땅히 동구東甌라고 해야
한다. 아래 문장 "여선을 동월왕으로 세웠다"는 문장에서 비로소 동월東粵(동월東越)의 명칭이 시작되
었다'고 했다."(『한서보주』)
19 "서광은 「연표」를 인용하며 이르기를 '동구왕 광무후망廣武侯望이 무리 4만여 명을 거느리고 와
서 투항했다'고 했다."(『집해』)
20 "서광이 말하기를 '여강군廬江郡'이라고 했다."(『집해』) 여강군의 군치는 서현舒縣으로 지금의 안
후이성 루장廬江 서남쪽 지역이다. 그러나 "정겸이 말하기를 '강회 사이는 아마도 양주揚州, 회안淮安
등지일 것이다'라고 했다."(『사기회주고증』) 정겸의 말에 따르면 현재 장쑤성 경내의 장강 이북, 회하 남
쪽이다.
21 「남월열전」에 따르면 이때의 남월왕은 조타의 손자인 조호다.
22 대농大農은 대농령大農令 혹은 대사농大司農이라고도 한다. 구경 중 하나로 전국의 조세 수입과
국가의 재정 지출을 관장했다. 진나라 때 치속내사治粟內史를 설치했고, 한나라 경제 때 대농령이라 명
칭을 변경했으며 무제 태초 원년(기원전 104)에 대사농으로 변경했다. 여기서는 응당 대농령이라고 해
야 한다.
23 무제無諸의 아들로, 역사에는 왕위가 교체된 명확한 내용이 없다.

의 동생 여선餘善은 신하 및 종족宗族들과 상의하며 말했다.

"왕이 독단적으로 군대를 동원하여 남월을 공격하면서 조정의 지시를 묻지 않았기 때문에 천자가 군대를 일으켜 토벌하러 오고 있소. 지금 한나라 군대는 많고 강한데, 지금 우리가 설사 요행히 승리를 거둔다 하더라도 조정에서는 더 많은 군대를 파견하여 우리나라를 소멸시켜야 그만둘 것이오. 우리가 지금 왕을 죽여서 천자에게 사죄하고 천자가 이를 받아들인다면 전쟁을 멈출 수 있고 나라를 보전할 수 있을 것이오. 그러나 한나라 황제가 우리의 요구를 듣지 않는다면 그때는 목숨을 걸고 전력을 다해 싸우다가 승리하지 못할 때 바다로 도망칩시다."

모두 말했다.

"좋소."

그리하여 그들은 민월왕 영을 병기로 찔러 죽인 뒤 사자를 보내 왕의 머리를 대행 왕회에게 바쳤다. 왕회가 말했다.

"우리 군대가 이곳으로 온 목적은 민월왕을 주살하기 위함이었다. 지금 그대들이 왕의 머리를 보내고 죄를 청하니, 싸우지 않고도 화근이 제거되었다. 이보다 더 좋은 것은 없도다."

즉시 군대의 전진을 멈추게 하고, 이 상황을 대농大農 한안국에게 통보했다. 또한 사자를 파견해 민월왕의 머리를 가지고 나는 듯이 가서 천자에게 보고하도록 했다. 무제는 조서를 내려 두 장군에게 군사행동을 멈추라면서 말했다.

"동월왕 영 등이 원흉이고, 무제의 손자 요군繇君 축丑[24]만은 모반에 참여하지 않았다."

이에 낭중장郞中將[25]을 파견해 축을 월요왕越繇王으로 세워[26] 민월국의 왕위

---

24 요군繇君 축丑: 요繇 땅에 봉해진 군주로, 이름이 축丑이다. 요 땅의 방위는 상세하지 않다. 요군 축이 무제의 손자라고 했으나, 그의 부친이나 계승 과정에 대해서는 명확하게 기재된 것이 없다.
25 낭중장郞中將: 황제의 시종 낭중을 통솔하는 관직으로 낭중령郞中令에 속했다. "낭중郞中에는 거

를 계승시키고 민월 선조들의 제사를 받들도록 했다.

여선이 영을 죽인 뒤 그의 위세는 전국을 진동케 했고, 백성 대부분이 그에게 귀속되자 그는 암암리에 스스로 왕이 되었다. 요왕 축이 그 무리들을 바로잡기에는 힘이 없었다. 천자는 이 소식을 듣자 여선 때문에 다시 군사를 일으킬 가치가 없다고 여겨 말했다.

"여선은 여러 차례 영과 함께 난을 일으키려 모의했으나 이후 가장 먼저 영을 죽이는 것을 제안했기 때문에 한나라 군대의 많은 노고를 덜어주었다."

그리하여 여선을 동월왕東越王[27]으로 세우고 요왕과 나란히 대우했다.

원정 5년(기원전 112), 남월이 반란을 일으키자[28] 동월왕 여선은 글을 올려 사졸 8000명을 이끌고 누선장군 양복을 수행하여 여가 등을 공격하겠다고 요청했다. 그러나 누선장군의 군대가 게양에 당도했을 때[29] 여선은 바다에 풍랑이 높다는 구실로 진군하지 않고 성패를 관망하는 태도를 취하면서 은밀하게 사자를 남월로 보내 결탁했다. 한나라 군대가 반우 성을 공격해 함락시킨 뒤에도 동월왕은 당도하지 않았다. 이때 누선장군 양복은 사자를 파견해 글을 올려 동월 공격을 요청했다. 그러나 황상은 사졸들이 지쳐 있다는 이유로 허락하지 않아 동월을 공격하지 못했다. 그리하여 군사행동을 멈추고 각 교校[30]를 예장豫章의 매령梅嶺[31]에 주둔시켜 명령을 기다리도록 했다.

車·호戶·기騎 삼장三將이 있는데, 봉록이 모두 비1000석이다."(『한서』「백관공경표」) "당연히 중랑장이라고 해야 한다."(『사기평의』)

26 "서부원이 말하기를 '이때 여선을 세우지 않고 축을 세운 것은 그 내부에서 서로 다투게 하여 난이 일어나면 취하려 한 것이다'라고 했다."(『사기전증』)

27 동월왕東越王의 도성이 어디에 있는지는 역사에 명확한 기재가 없다.

28 남월왕이 한나라에 항복하는 것을 남월의 여가 무리가 반대하자 한나라가 출병하여 토벌한 사건으로, 원정 5년 4월의 일이다.

29 "민월의 군대는 아마도 해상의 연해를 따라 서남쪽으로 간 것 같다."(『사기전증』)

30 당시에 장군은 몇 개 부部의 인마를 통솔했는데, 군대의 1부部를 1교校라 한다. 편제는 700~1200명까지 다양하고 1교를 통솔하는 군관을 교위校尉라고 했다. 무제는 8교를 설치했다.

31 매령梅嶺: '령領'은 '령嶺'과 통한다. "탄치샹譚其驤의 『역사지도집』에는 장시성 광창廣昌 서쪽으

원정 6년(기원전 111년) 가을, 여선은 누선장군이 동월 공격을 청했으며, 한나라 군대가 변경을 압박하며32 장차 동월의 도성을 공격할 것이라는 소식을 들었다. 이에 그는 반란을 일으키고 병사를 파견해 한나라 군대가 반드시 지나갈 길을 차단하고 지키게 했다. 여선은 장군 추력騶力 등에게 탄한장군呑漢將軍의 봉호를 더해주고 백사白沙, 무림武林,33 매령으로 침입하여 한나라의 교위 3명을 죽이게 했다. 이때 한나라에서는 대농大農 장성張成34과 이전에 산주후山州侯였던 유치劉齒35를 파견해 군사를 이끌고 반격하게 했으나, 그들은 죽음이 두려워 감히 출격하지 못하고 안전지대로 물러났다. 이들은 모두 유약하고 적을 두려워했다는 죄로 죽임을 당했다.

이때 여선은 '무제武帝'라는 칭호의 옥새를 만들어36 스스로를 황제로 세웠으며 백성을 속이는 터무니없는 말을 퍼뜨렸다. 이에 무제는 횡해장군 한열韓說을 파견하여 구장句章37에서 출발하여 동쪽 해상으로부터 진격하게 했고, 누선장군 양복에게는 무림에서 출병하게 했으며, 중위 왕온서王溫舒는 매령에서 출병하도록 했고,38 월 사람으로 후에 봉해진39 엄嚴을 과선장군, 갑甲을 하뢰장군下

로 표시하고 있는데 우이산武夷山 옆으로 민월과는 산을 사이에 두고 있다. 어떤 사람은 지금의 대유령大庾嶺, 즉 지금의 장시성 다위大餘 서남쪽이라고 하는데 그 땅은 소매관小梅關이라고도 부른다. 지리 형세로 보아 한나라 군대를 주둔시키고 명령을 기다리게 한 곳은 마땅히 광창의 매령이지 대유령이 아니다. 대유령이 마주한 곳은 남월로, 동월이 아니다."(『사기전증』)

32　매령에 군대를 주둔시킨 것을 가리킨다.
33　백사白沙는 한나라 읍으로 지금의 장시성 난창南昌 동북쪽 지역이다. 무림武林은 한나라 읍으로 지금의 장시성 위간餘干 북쪽 지역이다.
34　대농大農 장성張成: 『한서』 「백관공경표」에 따르면 장성은 원정 6년에 대농령에 임명되었고 여기서 단 한 차례 언급되었으며, 그에 대한 사적은 상세하지 않다. 마땅히 대농령大農令이라고 해야 한다.
35　유치劉齒: 성양왕城陽王 유장劉章의 손자다. 원삭 4년(기원전 125)에 산주후에 봉해졌는데 원정 5년(기원전 112)에 주금을 위반하여 후 작위를 잃었기 때문에 '이전에 산주후였다'고 한 것이다.
36　자칭 무제라 한 것으로, 남월왕 조타가 자칭 무제라 한 것과 같다.
37　구장句章: 한나라 현으로 치소는 지금의 저장성 닝보寧波 서북쪽 지역이다.
38　"『장상표將相表』와 『한서』 「무제기」에서는 한열, 왕온서는 모두 회계에서 출발했고 양복은 예장에서 출발했다."(『사기지의』)
39　"예전에 한나라에 투항하여 후에 봉해진 2명의 월나라 사람을 과선장군과 하려장군으로 삼았

瀬將軍39으로 임명하여 약야若邪와 백사白沙40에서 출병하게 했다. 원봉 원년(기원전 110) 겨울, 네 갈래 길의 병마가 동월로 진입했다.42 동월은 미리 군대를 파견해 험준한 요새를 점거하여 지키게 했고, 또 순북장군徇北將軍을 파견하여 무림의 한나라 군대를 저지하게 했으며43 누선장군의 교위 여러 명을 격퇴시키고 장리長吏44를 죽였다. 그러나 누선장군의 부하 중에 전당錢塘 사람 원종고轅終古45가 순북장군을 격파해 죽이고, 어아후禦兒侯46로 봉해졌다.

대군이 동월로 진군하기 전47 조정에서는 이전에 한나라에 투항하여 한나라

다."(「남월열전」)

40 『한서』「무제기」에 따르면 과선장군의 이름은 엄嚴, 하뢰장군의 이름은 갑甲이라고 했다. 「남월열전」에서는 '하뢰장군'을 '하려장군下厲將軍'이라 했다. "서광이 말하기를 '려厲를 뢰瀨라고도 한다'고 했다."(『집해』)

41 약야若邪와 백사白沙: 약야는 지금의 저장성 사오싱紹興 남쪽에 있는 하천, 백사는 지금의 난창南昌 동북쪽에 있는 하천이다. 과선장군과 하뢰장군은 수군을 나누어 각기 다른 방향의 물길로 민월에 진입한 것이다.

42 "진인석이 말하기를 '태사공은 무제가 북쪽으로 흉노를 정벌하고 남쪽으로 월을 토벌하는 과정에서 매번 어떤 장군이 어떤 지역에서 출병하는지 서술했다. 이것은 아마도 당시 용병에서 승리를 거두는 방법이 길을 나누어 진격하는 데 있는 것으로, 많은 대비를 하고 있는 적의 힘을 분산시키는 작전일 것이다'라고 했다."(『사기회주고증』)

43 "순북장군徇北將軍은 월의 군대 관직명으로, 그의 이름은 역사에 전해지지 않고 있다. 여기서 무림武林을 지키는 자는 아마도 무림 방향에서 오는 군대를 저지하는 것을 말한다. 누선장군 양복이 무림에서 출발했다면 어째서 동월은 멀리 무림을 지키겠는가?"(『사기전증』)

44 여기서 장리長吏는 한나라 군대의 중하급 군관이다.

45 원문은 '樓船將軍率錢唐轅終古'이다. 『한서』에서는 '솔率'이 아니라 '졸卒'로 기재하고 있다. "나카이 리켄은 말하기를 '솔은 당연히 졸이라고 해야 한다'고 했다."(『사기회주고증』) 전당錢塘 사람 원종고轅終古는 양복 휘하의 사졸이라는 뜻이다. '수정본'에서도 당연히 '졸'로 해야 한다고 했다. 다른 견해로 "솔은 군솔軍率로 소두령이다. '솔'로 해도 의미는 통한다. 또 여기서 '군軍'자를 마땅히 중첩하여 '누선장군군솔樓船將軍軍率'로 해야 한다."(『사기전증』) 전당錢塘은 한나라 현으로 지금의 항저우 서쪽 지역이다. 『한서』에서는 '원종고轅終古'로 기재하고 있다. "원씨橫氏는 양한兩漢 시기에 통상적으로 익히 보이는 성인데, 후세 사람이 원씨橫氏는 적고 원씨轅氏가 많으므로 원轅으로 고친 것이다."(『한서신증』)

46 어아후禦兒侯: "어禦자는 지금의 어語다. 어아향語兒鄉은 소주蘇州 가흥현嘉興縣 남쪽 70리 지점에 있다."(『정의』) 『한서』에서는 '어아후語兒侯'로 기재하고 있다.

47 원문은 '자병미왕自兵未往(한나라 군대가 아직 동월로 진군하기 전)'이다. '수정본'에는 이 구절을 앞 단원 끝에 두었다. 역자는 이러한 '수정본'의 구절 배치가 타당하지 않다고 판단하고 아래 단원 첫머리에 배치했음을 밝혀둔다.

땅에 거주하고 있는 옛 월연후越衍侯 오양吳陽을 동월로 보내 여선이 전쟁을 그만두고 투항하도록 설득하게 했으나 여선은 듣지 않았다. 횡해장군 한열이 먼저 동월을 공격해 진입하자 월연후 오양은 봉지의 700명을 이끌고 월에 반기를 들고 일어나 한양漢陽[48]에서 동월 군대를 공격했고, 건성후建成侯 오거[49]와 그의 부하들과 함께 요왕繇王 거고居股[50]를 찾아가 함께 모의하며 말했다.

"여선은 원흉으로 우리에게 배반하라고 협박했습니다. 지금 한나라 군대가 당도했는데, 병사도 많고 강하여 우리가 대적할 수 없습니다. 여선을 죽이고 각기 부하들을 이끌고 한나라 장군들에게 투항한다면 혹여 요행히 죄를 면할 수도 있을 것입니다."

그리하여 그들은 함께 여선을 죽이고 자신들의 부하를 이끌고 횡해장군에게 투항했다. 이로 인해 조정에서는 요왕 거고를 동성후東成侯[51]에 봉하고 식읍 1만 호를 내렸으며, 건성후 오는 개릉후開陵侯[52]에, 월연후 오양은 북석후北石侯[53]에, 횡해장군 한열은 안도후按道侯에, 횡해 교위 유복劉福[54]을 요영후繚嫈侯[55]에 봉했다. 유복은 성양공왕成陽共王 유희劉喜[56]의 아들로, 원래 해상후海常侯에 봉해졌

48 한양漢陽: 옛 성으로 지금의 푸젠성 푸청浦城 북쪽 지역이다.
49 『한서』에서는 '고월건성후오故越建成侯敖(옛 월 건성후 오)'라고 기재하고 있는데, 월 사람으로 일찍이 월에서 후에 봉해진 것이다. 안사고는 말하기를 "'공신표'에서는 '개릉후開陵侯 건성建成'이라고 했는데, 여기 열전에서는 이름을 오오敖라고 한다. '표'가 틀린 것으로 의심된다"고 했다.
50 "나카이 리켄이 말하기를 '거고居股는 축丑의 아들일 것이다'라고 했다."(『사기회주고증』)
51 동성후東成侯: "위소가 말하기를 '동성東成은 구강九江에 있다'고 했다."(『색은』)
52 개릉후開陵侯: "위소가 말하기를 '개릉開陵은 임회臨淮에 속한다'고 했다."(『색은』)
53 북석후北石侯: 『한서』에서는 북석을 '묘석卯石侯'로 기재하고 있다. 「공신표」에서는 '외석外石'으로 기재하고 있는데, 제양濟陽(지금의 허난성 란카오 동북쪽)에 있다고 했다. 『사기찰기』에서는 '북석北石'은 '양석羊石'의 잘못으로 보인다고 했다.
54 횡해橫海 교위 유복劉福: 횡해장군의 부하인 교위 유복劉福으로, 성양경왕城陽景王 유장劉章의 손자다.
55 요영후繚嫈侯: 봉지인 요영繚嫈은 낭야와 동래 사이에 있다. '嫈'의 음을 『색은』에서 복건服虔은 '영'이라 했고, 안사고 또한 '영'이라 했다.
56 성양공왕成陽共王 유희劉喜는 성양경왕 유장의 아들이다. '성양成陽'은 마땅히 「제도혜왕세가」에 근거하여 '성양城陽'으로 통일해야 한다. 한나라 제후국으로 도성은 지금의 산둥성 쥐현이다.

는데[57] 법을 어겨 후 작위를 잃었다.[58] 그는 몇 차례 출정했으나 공이 없었는데, 종실의 연고로 후에 봉해졌다. 그 나머지 장군들은 전공이 없었기 때문에 작위에 봉해진 자가 없었다. 동월의 장군이었던 다군多軍은 한나라의 군대가 진격해 오자 자신이 이끌던 군대를 버리고 투항했기에 무석후無錫侯[59]에 봉해졌다.

무제가 말하기를 "동월[60]은 협소하고 험지가 많으며, 민월 사람은 사납고 반복해서 반란을 일으킨다"고 하며, 군리軍吏에게 조서를 내려 동월인 전부를 강회 사이로 이주시켜 거주하도록 했다.[61] 그리하여 동월 일대는 인가가 없고 텅 비게 되었다.[62]

태사공은 말한다.

"월越은 비록 만이였지만 그의 선조들이 백성에게 커다란 공덕을 베풀지 않은 것은 아니었다. 그렇지 않았다면 어떻게 이처럼 오래 대를 이을 수 있었겠는가! 여러 대를 거치면서 항상 군왕君王이 되었고,[63] 구천 당시에 이르러서는 한 차례 제후들의 패주가 되었다. 여선의 대역무도로 인해 나라가 멸하고 백성은 이주되고 말았다. 그러나 그들 선조의 후손인 요왕 거고 등은 여전히 만호후로 봉해졌다. 이로 보건대 월 사람들이 대대로 공公과 후侯가 될 수 있던 것은 아마도 우임금이 남긴 위대한 덕 때문임을 알 수 있다."

---

57 원삭 4년에 해상후에 봉해졌다.
58 「건원이래왕자후자연표」에 따르면 유복은 원정 5년에 주금을 위반하여 봉국이 취소되었다.
59 무석후無錫侯: 봉지 무석은 지금의 장쑤성 우시無錫다.
60 "동월은 여기서는 동구東甌를 가리키는데, 이미 27년 전에 강회 사이로 이주되었다."(『사기전증』)
61 "동월왕 여선의 유민과 요왕 거고 등이 귀순한 백성을 모두 강회 사이로 이주시킨 것을 말한다." (『사기전증』)
62 "여기서 동월은 동구와 민월을 통합하여 말한 것으로 그 지역은 지금의 저장성 남부와 푸젠성이다. 이때에 이르러 동월 민족은 마침내 모두 강제로 이주하게 되었다."(『사기전증』)
63 춘추전국시대에 월 사람들은 일찍이 월나라 군주를 수백 년 동안 섬겼고, 한나라가 건국한 이래로 동구, 민월의 군주도 100년 가까이 이어졌다.

조선열전

朝 鮮 列 傳

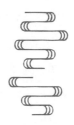

연나라 사람인 위만은 망명자들을 거두어 왕검에 도읍을 건설하고 스스로 왕이 되었다. 그가 군사를 부려 주변의 성읍을 항복시키자 진번과 임둔 부족도 투항하여 그의 영토는 사방 수천 리에 이르렀다. 위만의 손자인 우거가 통치할 당시 무제는 조선을 평정하고 4개의 군을 설치하기에 이르렀다.

이 편에서는 무제가 조선을 토벌하는 과정을 기술하면서 조선과 한나라의 관계를 악화시킨 전쟁의 책임이 전적으로 한나라에 있음을 드러내면서, 영토 확장을 원하는 무제의 야심과 정벌에 나선 장수들의 부패한 면모를 비판하고 있다. 무제는 양복에게 병사 5만 명을 이끌고 발해를 건너게 하고 순체에게는 요동에서 출격하게 하여 수로와 육로 두 갈래로 정벌에 나섰다. 왕검에 당도한 양복의 부대가 우거에게 패퇴당한 뒤 순체가 진군하지 않고 주저하자 무제는 사신 위산을 파견해 군대의 위세에 의지해 우거를 설득하게 했다. 우거는 화해에 동의했으나 위산과 순체에 대한 처리가 부적절하자 신뢰하지 않았다. 이에 전쟁이 개시되었으나 양복과 순체는 서로를 불신하여 협공에 나서지 않았다. 무제는 공손수를 조선에 파견하여 두 장군의 분규를 처리하도록 했는데, 공손수는 양복과 우거가 결탁했다는 순체의 말을 믿고 양복을 체포한 뒤 군대를 순체에게 합병시켰다. 결국 조선은 순체에 의해 평정되었으나, 무제는 전쟁 중에 공을 다투고 동료를 시기하여 계책이 원활하지 않은 죄를 물어 순체를 사형에 처했다. 양복은 제멋대로 먼저 공격하다가 많은 군사를 잃은 죄로 평민으로 강등되었다. 조선 정벌에 대해 사마천은 이와 같이 평했다. "두 갈래 군대가 모두 패하여 모욕을 당했고, 조선을 토벌한 장군 가운데 아무도 후에 봉해진 자가 없었다."

조선朝鮮의 왕 위만衛滿1은 원래 연燕나라2 사람이다. 당초 연나라 전성기 때3 진번眞番4과 조선을 공격해 귀속시키고 관리를 두고 방어 성보城堡를 쌓은 적이 있었다. 진秦나라가 연을 멸망시켰을 때 조선은 요동군 경계 바깥의 관할 지역으로 예속되었다.5 한漢나라가 건립된 뒤에는 그곳이 멀어 지키기가 어려워 다시 요동의 옛 요새를 수리하고 패수浿水6까지 경계로 삼아 연나라7 영토에 귀속시켰다. 연왕 노관盧綰이 반역하여 흉노로 들어가자8 위만도 무리 1000여 명을

1 "옛날에 무왕武王이 기자箕子를 조선에 봉했는데, 그 이후로 40여 대가 내려왔고 조선후朝鮮侯 준準에 이르러 자칭 왕이라 했다. 한나라 초에 크게 어지러워지자 연燕, 제齊, 조趙 사람 수만 명이 그곳으로 피했고 연나라 사람 위만이 준을 격파하고 스스로 조선의 왕이 되었다."(『후한서』 「동이전東夷傳」)
2 연燕은 서주西周 이후의 제후국으로, 언匽이라고도 한다. 첫 군주는 무왕武王의 동생 소공召公 희석姬奭이었으며 도성은 지금의 베이징 서남쪽의 류리하琉璃河였다. 이후 지금의 베이징 일대의 소국을 멸망시키고 계현薊縣(지금의 베이징)으로 천도했다. 진왕 정 25년(기원전 222)에 진나라에 의해 멸망했다.
3 원문은 '전연全燕'으로, "왕념손이 말하기를 '전국시대의 연나라를 말하는 것으로, 한나라 시기의 연나라와는 다르다.'"(『한서보주』) "전국시대 때 연 소왕(재위 기원전 311~기원전 279) 시대를 말한다."(『사기전증』)
4 진번眞番: "정겸이 말하기를 '진번은 본래 조선에 귀속돼 있던 소수민족인데 칠국 때 연나라에 의해 점령당했다'고 했다."(『사기회주고증』)
5 원문은 '요동외요遼東外徼'다. "진나라의 요동군 치소는 양평襄平(지금의 랴오닝성 랴오양遼陽)이다. '요徼'는 변경의 울타리로, 여기서는 연나라가 축조한 장성의 동남단이다. 전국시대 때 연나라는 이미 요동군을 설립했고, 군郡을 설치한 시기는 어떤 사람은 악의樂毅가 제齊를 정벌한 이후인 기원전 280년쯤이라 하고 어떤 사람은 마땅히 악의가 제를 정벌하기 전인 기원전 290년쯤이라고 한다."(『사기전증』)
6 패수浿水: 「지리지」에서 이르기를 '패수는 요동 국경 밖에서 나와 서남쪽으로 낙랑현樂浪縣 서쪽에 이르러 바다로 들어간다'고 했다."(『정의』)
7 이때의 연나라는 한나라 초기의 제후국으로, 도성은 계현薊縣(지금의 베이징)이다.
8 고조 12년(기원전 19)의 일이다. 노관盧綰은 유방을 도와 항우를 격파하는 데 공을 세워 연왕에 봉해졌다. 뒤에 진희가 모반하자 그와 연합하고 아울러 흉노와 결탁으나 실패하자 흉노로 도망쳐 들어갔

모아 머리를 상투 모양으로 묶고9 몸에 만이蠻夷의 옷을 걸치고 동쪽으로 도망
쳐 요새를 벗어나서는 패수를 건너 진나라 때 관할하는 사람이 없었던10 상하
장上下鄣11에 거주했다. 그는 점차 진번과 조선의 만이와 연과 제나라에서 도망
쳐온 자들을 귀속시키고 스스로 왕을 칭하고 왕검王險12에 도읍을 건설했다.

효혜제와 고후 때 천하가 막 안정되기 시작하자 요동 태수는 위만과 약조하
기를, 위만이 외신外臣이 되어 경계 밖의 만이 부족을 통솔하고 한나라 변경을
침범하여 소요를 일으키지 못하게 하고 여러 만이 군장君長13들이 입조하여 천
자를 알현하려고 하는 것을 제지하지 않기로 했다. 요동 태수가 이런 상황을 보
고하자 천자가 허락했고, 이로써 위만은 군대의 위력으로 두려워 떨게 하고 재
물의 이익으로 유혹하며 주변의 성읍을 자신에게 항복시키자 진번과 임둔 부족
이 모두 와서 복속되어 그의 지반은 사방 수천 리에 이르렀다.14

위만이 죽은 뒤 아들에게 왕위가 전해지고 다시 손자인 우거右渠에게 전해졌

고, 흉노는 그를 동호노왕東胡盧王으로 삼았다. 흉노 땅에서 1년여 거주하다가 죽었다.
9 원문은 '추결魋結'이다. 머리카락을 정수리에 둘둘 감는 것을 말하는데, 위는 송곳이 뾰족하다.
'추魋'는 '추錐(송곳)'와 같고, '결結'은 '발髮'과 통한다. 추결은 고대에 통상적으로 소수민족 남자의 두
발 형식을 가리키는 데 사용했다.
10 원문은 '진고공지秦故空地'다. '공지空地'에 대해서 일부 번역본에는 '비어 있는 땅(지역)'이라고 번
역하고 있으나 여기서 '공지'는 아무도 살지 않는 땅이 아니라 관할하는 사람이 없다는 뜻이다. "진나
라 때 이미 경계 바깥이었고 한나라 때 버린 진번, 조선 등의 지역을 가리킨다."(『사기전증』)
11 상하장上下鄣은 높고 낮은 두 곳의 성보를 가리킨다. "『한서』「지리지」에 낙랑樂浪에 운장雲鄣이
있다고 했다."(『색은』)
12 왕검王險: "서광이 말하기를 '창려昌黎에 험독현險瀆縣이 있었다'라고 했다. "응소는 주석에서
「지리지」에서 요동의 험독현은 조선왕의 옛(원문은 '구舊'인데, '수정본'에서는 안사고의 주석을 인용하여
'만滿'자가 맞는 것으로 보인다고 했다. 즉 위만이 도읍을 건설하다는 뜻이다) 도읍이다'라고 했고, 신찬臣瓚
은 '왕검성은 낙랑군 패수의 동쪽에 있다'라고 했다."(『색은』) (『집해』) "두우가 말하기를 '평양이 왕검성
이다'라고 했다."(『사기회주고증』)
13 군장君長: 당시 조선 경내에 거주하는 각 부족의 수령을 말한다.
14 "『괄지지』에서 말하기를 '조선과 고려高驪 맥貊, 동옥저東沃沮 다섯 나라의 땅은 동서로 1300리
이고 남북으로 2000리이며 경사 동쪽에 있는데, 동으로는 대해大海까지 400리이고 북으로는 영주營
州 경계까지 920리이며, 남으로는 신라국新羅國까지 600리, 북으로는 말갈국靺鞨國까지 1400리다'라
고 했다."(『정의』)

을 때 도망친 한나라 사람들을 끌어들이는 일이 많아졌을 뿐만 아니라 일찍이 한나라 천자를 알현한 적이 없었다. 진번 부근의 허다한 소국들이[15] 글을 올려 천자를 알현하기를 요청했지만 우거에게 저지당하고 막혀 통하지 않았다. 원봉 2년(기원전 109), 한나라는 섭하涉何를 조선에 사신으로 보내 우거를 꾸짖었으나 우거는 끝내 명령에 따르려 하지 않았다. 섭하는 돌아오면서 변경에 이르러 패수에 가까워졌을 때 수레를 끄는 자[16]를 시켜 전송하던 조선의 비왕神王인 장長[17]을 죽인 뒤 패수를 건너 나는 듯이 달려 요새 안으로 들어왔다.[18] 조정으로 돌아온 뒤 천자에게 "조선의 장수를 죽였습니다"라고 보고했다. 무제는 다른 나라 장수를 죽였다는 명분만으로 좋아하여 그를 꾸짖지 않고 요동 동부도위東部都尉[19]로 임명했다. 조선은 섭하를 원망하여 군대를 파견해 섭하를 습격하여 죽였다. 무제는 죄인들을 모집하여 그들의 죄를 사면해주고 조선을 공격하게 했다. 그해 가을, 누선장군 양복을 파견해 제齊 땅에서 출발해 발해渤海를 건너게[20] 하면서 병사 5만 명을 이끌게 했고, 좌장군左將軍 순체荀彘[21]는 군대를 이끌고

---

15 원문은 '진번방중국眞番旁衆國(진번 주변의 허다한 소국)'이다. 그러나 『한서』에서는 '진번眞番, 진국辰國'으로 기재하고 있다. 진국은 진한辰韓을 말한다.

16 원문은 '어御'로, 수레를 끄는 자 또는 시종을 가리키기도 한다. "나카이 리켄이 말하기를 '섭하의 시종이다'라고 했다."(『사기회주고증』) 『한서』에서는 '어駁'로 기재하고 있는데, 같은 뜻이다.

17 원문은 '비왕장神王長'이다. 안사고는 말하기를 "장長은 비왕神王의 이름이다"라고 했다. 비왕神王은 소왕小王을 말한다.

18 "패수를 건너 장성으로 진입한 것을 말한다. 당시에 패수 북쪽은 옛 연나라의 장성으로, 즉 당시 요동군과 조선의 변경이었다. 『정의』에서는 이곳을 '평주平州의 유림관楡林關으로 들어온 것이다'라고 하여 지금의 산해관을 가리키는데, 거리가 상당히 멀어 아니다."(『사기전증』)

19 요동 동부도위東部都尉: 요동군 동부 주둔군의 장관을 말한다. 동부도위의 주둔지는 무차武次였는데, 지금의 랴오닝성 평청鳳城 동북쪽 지역이다. 요동군은 이밖에 중부도위, 서부도위가 있었다.

20 "제후국인 제나라는 이미 원봉(기원전 110) 원년에 철폐되고 제군齊郡이 설치되었다. 여기서 말한 '제齊'는 일반적으로 제 땅을 가리키며 한나라 군대가 수로로 출발한다면 실제적으로 지금의 산둥성 웨이하이威海, 옌타이煙台 일대에서 출발하는 것이다. 발해는 실제로 지금의 황해黃海이기 때문에 제에서 바닷길로 조선에 간다면 지금의 발해를 거칠 필요가 없다."(『사기전증』)

21 "그는 마차를 잘 몰아 황제의 부름을 받아 알현하고는 시중에 임명되었다. 뒤에 교위가 되어 여러 차례 대장군(위청)을 수행하여 흉노를 정벌했다. 원봉 3년(기원전 108)에는 좌장군의 신분으로 군사를 이끌고 조선을 쳤으나 공을 세우지 못했다. 뒤에 누선장군 양복을 체포한 죄로 죽음에 처해졌다."(「위

요동에서 출병하여 두 갈래 길로 우거를 토벌하게 했다.[22] 우거도 출병하여 지세가 험한 요충지를 점거하고 한나라 군대에 저항했다. 좌장군 부하 중에 이름이 다多인 졸정卒正[23]이 요동의 사병을 거느리고 먼저 출격했지만 패해 흩어졌고, 다는 달아나 돌아왔으나 군법에 따라 참수되었다. 누선장군은 제 땅의 군사 7000명을 이끌고 먼저 왕검에 이르렀다. 우거는 성을 지키고 있다가 누선장군의 군사가 적은 것을 정탐하고는 즉시 성을 나와 공격하자 누선장군의 군대 또한 패해 사방으로 흩어져 달아났다. 장군 양복은 자신의 군대를 잃고 산속으로 도망쳐 10여 일 동안 숨어 있다가 흩어진 병사들을 조금씩 수습하여 다시 집합시켰다. 좌장군은 조선의 패수 서쪽 주둔군을 공격했지만 격파하여 전진할 수가 없었다.

무제는 두 장군이 모두 유리하지 못하다고 판단하여 사신 위산衛山[24]을 파견해 군대의 위세에 의지해[25] 우거를 설득하게 했다. 우거는 사신을 접견하고 머리를 조아리며 사죄했다.

"우리는 투항을 원했으나 두 장군이 우리를 속여 죽일까 두려웠습니다. 오늘 황제의 부절과 인장을 보았으니 청컨대 우리의 투항을 받아주십시오."

그러고는 태자를 입조시켜 사죄하게 하고 말 5000필을 바치며 아울러 조선에 주둔해 있는 한나라 군대에게 군량을 제공하기로 했다. 조선에서는 1만여 명을 파견해 병기를 지닌 채 태자를 호송하게 했는데, 막 패수를 건너려 할 때 사자 위산과 좌장군은 태자 일행이 변고를 일으킬 것을 의심하여 이미 항복했으

장군표기열전」)

22 원문은 '토우거討右渠(우거를 토벌하다)'로, 『한서』에서는 '주우거誅右渠(우거를 주살하다)'로 기재하고 있다.

23 다多의 성은 전해지지 않고 있다. 졸정卒正은 중급 군관으로, 500명 단위의 졸卒을 관리하는 졸장卒長이다.

24 위산衛山에 대한 사적은 상세하지 않다. "이 사람은 의양후義陽侯 형산邢山(『한서』와 「건원이래후자연표」에는 '위산衛山'으로 기재)이 아니라 다른 사람이다."(『사기지의』)

25 두 장군의 군대가 조선의 경계에 이른 사실로 압박하는 것이다.

니 마땅히 따르는 자들은 병기를 지니지 말라고 지시했다. 우거의 태자 또한 한나라 사자인 위산과 좌장군이 자신을 속여 죽일 것을 의심하여 결국 패수를 건너지 않고 무리를 이끌고 돌아갔다. 위산이 돌아와 천자에게 보고하자 천자는 위산을 죽였다.

이때 좌장군은 패수 가를 수비하던 조선 군대를 격퇴시키고 계속해서 전진하여 왕검성 아래에까지 이르러 성의 서북쪽을 포위했다. 누선장군도 군사를 이끌고 전진하여 좌장군과 합류했고 왕검성 남쪽에 주둔했다. 우거가 왕검성을 견고하게 지키자 한나라 군대는 몇 개월이 지나도록 함락시키지 못했다.

좌장군은 줄곧 황궁에서 황상을 모시면서 총애를 받았고, 그가 이끄는 연燕과 대代의 사병들도[26] 매우 사나웠는데 패수에서 승리를 거둔 뒤로 많은 군사들이 교만해졌다.[27] 누선장군이 이끄는 제의 병사들은[28] 바다를 건너갔는데 도중에 이미 죽거나 다친 자가 매우 많았다.[29] 이전에 우거와 교전을 벌였을 때 곤욕을 치르고 병사들을 잃었기 때문에 사졸들은 모두 두려워했고 장군 또한 부끄러워했다. 이 때문에 우거를 포위했을 때 항상 담판으로 문제를 해결하기를 원했고 절제의 태도를 견지했다.[30] 당시 좌장군이 급하게 왕검성을 공격했을 때

---

26 좌장군 순체가 통솔하는 군사는 연나라와 대군에서 징발해온 사병이다. 두 지역은 흉노와 인접해 있으므로 비교적 용감하고 싸움을 잘했다.

27 좌장군 순체는 5만 명의 군사를 보유하고 있고 누선장군 양복은 겨우 7000명이었으므로 순체 소속의 장군과 사병들은 모두 교만했다.

28 제 땅의 병사들은 전국시대 때 이미 겁쟁이로 여겨졌다. "손빈孫臏은 전기田忌에게 '저들 삼진三晉의 위나라 병사들은 원래 사납고 용감하며 평소에 제나라 사람을 업신여기고 제나라 군사들을 겁쟁이로 여기고 있습니다'라고 했고, 방연龐涓은 '내 본래 제나라 군대가 겁쟁이인 줄 알고 있었다'라고 했다."(「손자오기열전」)

29 원문은 '다패망多敗亡'으로, 일부 번역본에는 '여러 차례 패해 도망친 적이 있었다'고 번역하고 있다. 그러나 "배를 타고 가면서 해상에서 적지 않은 손실이 있는 것을 말한다. 여기서의 '패망敗亡'은 반드시 전투 중에 다치거나 죽은 것을 가리키는 것은 아니다."(『사기전증』)

30 "「남월열전」에 따르면 양복이 남월에서 작전을 벌일 때 자신이 맹공을 퍼부어 항복하려는 자들이 모두 복파장군 휘하로 간 교훈을 받아들여 당시 복파장군이 한 행동을 본받으려 한 것이다."(『사기전증』)

조선의 대신들은 비밀리에 사람을 보내 누선장군과 교섭하여 투항을 약속하고 사자를 통해 조건을 협상했으나 합의에 도달하지 못했다. 좌장군은 누선장군과 몇 차례 시일을 잡아서 조선과 결전을 벌이려 했지만 누선장군은 서둘러 조선의 투항 약속을 실현시키고자 했으므로 좌장군과 힘을 합치려 하지 않았다. 좌장군도 사자를 파견해 기회를 찾아 조선을 투항시키려 했으나 조선은 좌장군에게 항복하려 하지 않고 내심 누선장군에게 투항하려 했기 때문에 두 장군은 협조하여 작전을 벌일 수 없었다. 좌장군은 속으로 누선이 이전에 군사를 잃은 죄가 있어 지금 사사로이 조선과 왕래하고 있으나 투항하지 않는 상황에 대해 누선의 모반을 의심했지만 감히 발설하지는 못했다. 이에 무제가 말했다.

"장군 사이에 서로 화목하지 못해 이전에 위산을 파견해 우거에게 투항하도록 타일렀다. 우거가 이미 태자를 파견해 입조하게 했는데 위산이 과감하게 처리하지 못한 데다 좌장군과 일을 꾸미는 데 착오가 발생하여 끝내 지난번 협정이 훼손되고 말았다. 지금 두 장군이 성을 포위했지만 또 두 사람의 의견이 맞지 않아 장시간 점령하지 못하고 있다."

이에 제남濟南 태수 공손수公孫遂를 조선으로 파견하여 두 장군의 분규를 처리하게 하고, 아울러 그에게 상황에 따라 처리할 권한을 임시로 부여했다. 공손수가 조선에 도착하자 좌장군이 말했다.

"조선은 일찌감치 공격했어야 마땅한데, 오래도록 공격하지 못한 데는 사정이 있습니다."

그러고는 여러 차례 누선장군과 함께 교전을 벌이기로 약정했는데 누선장군이 참여하지 않았다고 말했다. 또한 평소 누선장군에 대해 품었던 의심을 공손수에게 알리면서 말했다.

"지금 그를 체포하여 죄를 묻지 않아서 큰 재앙이 될까 두렵습니다. 누선 홀로 배반하는 것이 아니라 장차 조선과 함께 연합하면 우리 군대를 소멸시킬 것입니다."

공손수도 그의 생각에 동의하여 부절로 누선장군을 불러 좌장군의 군영에서 일을 상의하자고 했다. 누선장군이 오자 즉시 부하들을 시켜 체포한 뒤 누선장군의 군대를 좌장군에게 합병시켰다. 공손수는 조정으로 돌아간 뒤 처리 상황을 무제에게 보고하자, 무제는 즉시 공손수를 죽였다.

좌장군은 양 군을 합병한 뒤 서둘러 조선을 공격했다. 조선의 상相 노인路人, 상 한음韓陰,31 이계尼谿의 상 참參,32 장군 왕겹王唊33이 서로 상의하며 말했다.

"처음에 누선에게 투항하려고 했으나 누선은 지금 체포되었다. 좌장군이 혼자 두 군대를 병합해 통솔하고 있으니 더 급박하게 성을 공격할 것이고, 우리는 대적하지 못할 것이다.34 왕은 또 항복하려 하지 않을 것이다."

그리하여 한음, 왕겹, 노인은 모두 도망쳐서 한나라에 항복했는데 노인은 도중에 죽었다. 원봉 3년(기원전 108) 여름, 이계의 상 참이 사람을 시켜 조선 왕 우거를 죽이고 한나라에 투항했다. 그러나 왕검성은 함락되지 않았고, 옛35 우거의 대신 성사成巳가 반란을 일으켜 다시 한나라의 관리 순체 등을 공격했다. 좌장군이 우거의 아들 장항長降36과 상 노인의 아들 최最를 보내 백성을 설득하여 성사를 죽이게 함으로써 마침내 조선을 평정하고 4개의 군37을 설치했다. 참을

---

31   한음韓陰을『한서』에서는 한도韓陶로 기재하고 있다. '수정본'에서도 마땅히 '한도韓陶'로 해야 한다고 했다.

32   이계尼谿: 의미가 상세하지 않다. 어떤 사람은 지명이라고 말하기도 한다. "응소가 말하기를 '융적戎狄은 관리 임명의 법도를 모르기 때문에 모두 상相이라 칭했다'고 했다. 여순은 말하기를 '상相은 그 나라의 재상이다'라고 했다."(『색은』)

33   왕겹王唊: '唊'의 음을『사기전증』에서는 'jia(겹)'이라고 했고, 안사고는 '협'이라 했으며,『집해』『색은』에서도 '협'이라 했다. 그러나 역자는 이외의 많은 중국 자료에서 'jia(겹)'으로 표기하고 있어 '겹'으로 했음을 밝힌다.

34   원문은 '공불능여恐不能與'다. "왕념손이 말하기를 '여與는 적敵(대적)과 같다. 좌장군이 양군을 합병시키고 싸우기에 더욱 급할 것이니 대적하지 못할 것이 두렵다는 말이다. 옛날에 상적相敵(서로 대적하다)을 여여라 했다'고 했다."(『한서보주』)

35   원문은 '고故'로, 우거가 이미 사망했기 때문에 '고'자를 사용한 것이다.

36   "서광이 말하기를 '「표」에서는 장로張路라 했다.『한서』「표」에서는 장각張硌이라고 했다'고 했다." (『집해』)

37   진번군, 임둔군, 현토군, 낙랑군을 말한다.

홰청후澅淸侯38에 봉하고, 한음을 적저후狄苴侯39에 봉하고, 왕겹을 평주후平州侯40에 봉하고, 장항을 기후幾侯41에 봉했다. 노인은 공이 있는데 먼저 죽었으므로 그의 아들 최를 온양후溫陽侯42에 봉했다.

좌장군은 조정으로 불려가 전시 때 공을 다투고 동료를 시기하여 계책이 타당하지 않았던 죄로 기시棄市 형벌에 처해졌다. 누선장군 또한 군대가 열구列口43에 이르렀을 때 마땅히 좌장군을 기다려야 했으나 도리어 제멋대로 먼저 공격하여 많은 군사를 잃었기에 죽을죄로 판결 받았지만 돈으로 속죄하고 일반 평민이 되었다.

태사공은 말한다.

"우거는 지세의 험준함에 의지해 한나라 군대에 저항하다가 나라의 제사를 끊어지게 했으며, 섭하는 장수를 죽인 공로를 거짓 보고하여 두 나라가 전쟁을 벌이는 발단을 제공했다. 누선장군은 도량이 좁고 작전에 불리하여 재난을 만났고, 남월 반우에서 무모하게 돌진한 교훈 때문에 군사를 움직이지 않아 모반의 의심을 샀다. 순체는 전공을 다투다가 계책이 타당하지 않아 공손수와 함께 죽음에 처해졌다. 두 갈래 군대가 모두 패하여 모욕을 당했으니, 조선을 토벌한 장군 가운데 아무도 후에 봉해진 자가 없었다.

38 홰청후澅淸侯: 봉지 홰청은 "위소가 말하기를 '제齊에 속했다'고 했다."(『집해』)
39 적저후狄苴侯: 봉지 적저는 "위소가 말하기를 '발해渤海에 속했다'고 했다."(『집해』)
40 평주후平州侯: 봉지 평주는 "위소가 말하기를 '양보梁父에 속했다'고 했다."(『집해』)
41 기후幾侯: 봉지 기읍幾邑은 "위소가 말하기를 '하동河東에 속했다'고 했다." (『집해』)
42 온양후溫陽侯는 「건원이래후자연표」에서는 열양후涅陽侯라고 했다. 열양은 "위소가 말하기를 '제齊에 속했다'고 했다."(『색은』) "마땅히 '열양涅陽'이라 해야 한다. 『한서지리지』에 열양은 있어도 온양은 없다. 『한서』「조선전」에서 저양沮陽으로 기재하고 있는데, 저沮는 열涅의 잘못이다."('수정본')
43 열구列口: "소림蘇林이 말하기를 '현 명칭이다. 바다를 건너면 먼저 도착하게 되는 곳이다'라고 했다."(『색은』) "낙랑군에 열구현이 있다."(『지리지』). "심흠한이 이르기를 '『기요紀要』에서는 열구성列口城은 조선국 왕경王京 서남쪽에 있다고 했다'고 했다."(『한서보주』) "지금의 황해도 은률殷栗, 평양 서남쪽 바다 근처다."(『사기전증』)

서남이열전
西 南 夷 列 傳

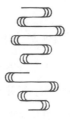

서남이는 지금의 윈난성과 구이저우·쓰촨의 서부 지역을 포괄하는 광대한 땅으로, 남쪽의 '남이'와 서쪽과 북쪽의 '서이'를 통칭하여 서남이라 한다. 이 편은 이 일대의 지리적인 형세와 소수민족들의 분포 현황, 그들의 관습과 풍속, 중원과의 관계와 유래 그리고 무제 시기의 개척 과정을 서술하고 있다. 서남이는 중원과 거리가 먼데다 수많은 소수민족들과 관계도 복잡해서, 한나라는 서남이의 여러 부락 국가들과 개별적으로 교류하고 있었다.

당몽, 사마상여, 장건 같은 신하들은 큰 사업으로 업적 세우기를 좋아하는 무제에 영합하여 인력을 무리하게 동원해 서남이를 잇는 도로를 건설했는데, 이로 인해 서남이 지역과 주변의 파·촉 일대는 거대한 재난을 당했고 백성의 원성을 불러일으켰다. 이에 사마천은 다음과 같이 반감을 드러냈다. "파·촉 지역의 4개 군은 서남이로 통하는 길을 수축하기 위해 파견된 군사를 주둔시키고 필요한 양식을 공급했다. 그러나 몇 년이 지나도록 도로는 개통되지 않았고, 사병들은 피로가 쌓인데다 굶주림과 더운 습기로 인해 죽는 자가 매우 많았다. 이러한 때 서남이가 또 여러 차례 배반하자 조정에서는 군대를 동원해 토벌했으나 수많은 돈과 인력만 소모할 뿐 조금의 성과도 없었다." 공손홍은 서남이로 통하는 길을 닦는 것은 백성을 수고롭게 하고 재산을 낭비하는 일이니 즉시 중지하고 흉노 대응에 역량을 집중해야 한다고 여러 차례 무제에게 간언했다. 사마천은 이러한 사실을 밝히면서 서남이 개척은 영토 확장에 대한 무제의 욕망을 충족하려는 데 지나지 않는다고 비판했다.

서남이西南夷[1] 각 부락의 군장은 대략 수십 명이나 되었는데, 그중 야랑夜郎의 세력이 가장 강대했다. 야랑 서쪽에는 수십의 미막靡莫[2] 부락이 있었는데 그중에 전滇[3]의 세력이 가장 강대했으며, 전의 북쪽에 또 수십 부락이 있었는데 그 가운데 공도邛都[4]의 세력이 가장 컸다. 이들 부락은 모두 머리를 상투 모양으로 묶고 밭을 경작하면서 작은 성진城鎭과 촌락[5]을 이루며 살았다. 전과 공도 부락 이외에 서쪽 변경의 동사同師[6] 동쪽에서 북쪽으로 엽유楪楡[7]에 이르기까지는 수嶲, 곤명昆明[8]이라고 부른다. 이들 부락은 모두 머리를 길게 땋고 가축 방목을 업

1　『한서』에서는 '남이南夷'로 기재되어 있다. "남南자 앞에 본래는 서西자가 없었다. 남, 서, 북으로 나누어 서술하기에 '남이의 군장 가운데 야랑이 가장 크고, 그 서쪽의 미막 가운데서는 전이 가장 크며, 전 북쪽으로는 공도가 가장 컸다'고 했다. 만약 서남이西南夷라고 한다면 어찌 야랑이 속하겠는가? 아래 문장에서 '단지 남이의 야랑 일대에 두 개의 현과 한 명의 도위만을 설치했다'고 한 것도 그 증거다. 야랑은 남이에 속했다."(『광사기정보』)
2　미막靡莫: 소수민족 구역으로, 대략 지금의 윈난성 쿤밍 북쪽, 둥촨東川 남쪽 지역이다.
3　전滇: 소수민족 구역으로, 대략 지금의 윈난성의 쿤밍 동남쪽, 전지滇池 동쪽 지역이다. "치칭푸祁慶富의 『서남이』에서 말하기를 '전지 지역의 주체 민족은 복월족濮越族에 속한다'고 했다."(『사기전증』)
4　공도邛都: 소수민족 구역으로 저강족氐羌族에 속했다. 이 지역은 대략 지금의 쓰촨성 서남부 시창西昌, 판즈화攀枝花 일대다.
5　원문은 '읍취邑聚'다. '읍邑'은 작은 성진을 말하고, '취聚'는 촌락을 말한다. 일반적으로 사람이 모여 거주하는 곳을 읍취라고 하며 유목 민족과 구별하는 데 사용된다. "순임금이 1년을 거주하자 취聚를 형성했고, 2년을 거주하자 읍邑이 되었으며, 3년을 거주하자 도都가 되었다一年而所居成聚, 二年成邑, 三年成都."(『오제본기』) 여기서 '도都'는 도성을 말한다.
6　동사同師: "정겸은 지금의 윈난성 서부의 룽링龍陵이라 여겼고, 요우중尤中은 지금의 윈난성 서부의 바오산保山, 즉 지금의 윈난성 서쪽 경계의 가오리궁산高黎貢山 일대로 여겼다. 의견이 일치하지 않는데 윈난성 서부 변경에 가까운 곳이 맞다."(『사기전증』) 『한서』에서는 '동사桐師'로 기재하고 있다.
7　엽유楪楡: 엽유葉楡라고도 한다. 지금의 윈난성 다리大理 서북쪽의 시저우喜州다.
8　수嶲는 대략 지금의 윈난성 바오산 북쪽의 소수민족 구역이다. 곤명昆明은 대략 지금의 윈난성 추

으로 삼고 일정한 주거지가 없으며 군장도 없었는데, 그 땅은 대략 수천 리에 달했다. 수嶲의 동북 방향에도 수십 명의 군장이 있는데, 그 가운데 사徙와 작도筰都9의 세력이 가장 강대했다. 작도 동북쪽에는 또 수십 명의 군장이 있는데, 그 가운데 염冉과 방駹10의 세력이 가장 강대했다. 그들의 풍속은 어떤 이들은 정착해 살고 어떤 이들은 촉군 서쪽 지역 안에서 끊임없이 옮겨 다니며 살았다. 염과 방 동북쪽에도 수십 명의 군장이 있는데 그 가운데 백마白馬11의 세력이 가장 강대했으며, 모두 저족氏族12에 속했다. 이들은 모두 파군과 촉군 서남쪽 바깥에 사는 만이蠻夷였다.

당초 초나라 위왕威王13 당시 장군 장교莊蹻14에게 군사를 이끌고 장강을 따라 올라가 파군과 검중黔中의 서쪽 지방을 점령하게 했다.15 장교는 원래 초 장

슝楚雄 서쪽, 바오산 동쪽, 얼하이洱海 남쪽의 소수민족 구역이다. "치청푸의 『서남이』에서는 수와 곤명 일대는 복월濮越과 저강氏羌 두 대족大族이 섞어 사는 구역으로 '산간 지대에는 저강족이 주로 있고 평지에는 복월족이 주로 있다', '주체 민족은 저강에 속하고 서이西夷 문화의 영향을 깊이 받았다'고 했다."(『사기전증』)

9 사徙와 작도筰都: 소수민족 구역으로, 사의 근거지는 대략 지금의 쓰촨성 톈취안天全 주변이고 작도의 근거지는 대략 지금의 쓰촨성 한위안漢源 주변이다. 사와 작도 구역의 주체 소수민족은 모두 저강족에 속했다.

10 염冉과 방駹: 소수민족 구역으로, 대략 지금의 쓰촨성 쑹판松潘 남쪽과 마오현茂縣 북쪽이다. 염과 방 구역의 주체 민족 역시 저강족에 속했다.

11 백마白馬: 소수민족 구역으로, 대략 지금의 간쑤성 동남부의 청현成縣과 우두武都 일대다.

12 저족氏族: 저강족의 한 갈래로 주요 활동 지역은 지금의 간쑤성 동남부 일대다.

13 초 위왕楚威王(재위 기원전 339~기원전 329)은 전국시대 중기의 초나라 제후로, 이름이 상商이다.

14 장교莊蹻: 어느 시대 인물인지에 대해 견해가 일치하지 않는다. 『여씨춘추』의 고유高誘는 주석에서 "초 성왕(재위 기원전 671~기원전 626) 때 대도大盜"라고 했고, 『색은』에서는 "초 장왕(재위 기원전 613~기원전 591)의 동생으로 도적이 되었다"고 했다. 『한비자』 「유로喩老」에서는 초 장왕 때 "장교가 경내에서 도적질했다"고 했다. 『사기』와 『한서』에서는 "초 장왕의 후대"라고 여겨 초 성왕 때 태어났다고 했지만, 『후한서』에서는 초 경양왕(재위 기원전 298~기원전 263) 때 태어났다고 했다. 그리고 첸무, 양콴 등도 모두 본문에서 언급한 '초 장왕'은 『후한서』의 견해를 채택하여 초 경양왕 때이며 춘추시대의 초 장왕이 아니라고 여겼다.

15 검중黔中: 지금의 후난성 서부, 구이저우성 동북부와 인근의 충칭 동남부 일대 지역을 포괄하는 옛 지역명이다. 이 땅은 원래 초나라에 속했으나 기원전 277년 진나라가 점령하여 검중군을 설치했다. 군치는 지금의 후난성 창더常德였다. "명원통의 『고족견미古族甄微』에 따르면 만약 장교가 초 경양 때 사람이라면 당시 파국巴國은 이미 진나라에 점령당했기 때문에 장교가 장강을 따라 올라가 진나라 땅

왕莊王의 후대다. 그가 전지滇池[16]에 당도하여 살펴보니 사방 300리[17]로 주변은 비옥한 수천 리의 대평원이기에 군대의 위세로 평정하고 초나라에 귀속시켰다.[18] 그는 초나라로 돌아가 상황을 보고하려 했으나, 마침 이때 진秦나라가 초나라의 파군과 검중군을 공격해 탈취하여[19] 길이 막혔다. 장교는 돌아갈 방법이 없게 되자 부하들을 이끌고 전滇에서 왕이라 칭했다.[20] 그는 복식을 바꾸고 현지의 습속에 따라 군장이 되었다.[21] 진秦나라 시기에 와서 상알常頞[22]이 지반을 개척하고 길을 닦아 오척도五尺道[23]를 개통시키고, 이들 부락 안에[24] 약간의 관

을 넘어 전지에 이르기는 불가능하다. 양콴은 이 구절에서 '파巴'자는 불필요한 글자로 마땅히 삭제해야 한다고 했다."(『사기전증』)
16 전지滇池: 지금의 쿤밍 남쪽에 있는 호수다.
17 사방 300리는 전지의 면적을 가리킨다.
18 "멍원통은 초나라가 당시 진나라에 격파당한 정세로 보면 장교가 군사를 이끌고 전으로 들어가는 일은 불가능하다고 여겼다. 그러나 지금의 대다수 역사학자들은 장교가 전으로 들어간 일이 있으며, 양콴은 『전국사표』에서 초 경양왕 20년(기원전 279)으로 기재하고 있다."(『사기전증』)
19 초 경양왕 22년(기원전 277)의 일이다. "초나라에는 본래 파군이 없었고, 단지 초나라의 검중군 가운데 일부 지역이 진나라의 파군과 서로 이어져 있었다."(『사기전증』)
20 "멍원통은 진나라가 파, 촉, 검중을 점령한 뒤에 그 세력이 왕성했으므로 남쪽에서 초나라 장군 장교가 전에서 왕이라 칭하는 것은 불가능하다고 여긴다. 이른바 '장교가 전에서 왕이라 칭하다'에 대해서 멍원통은 이전 소수민족의 전왕滇王 이름이 '호毫'인데, 스스로 '장왕莊王'이라 하고 그 가족이 전에서 왕이라 칭한 지가 이미 수백 년이나 되었다. 사마천은 이 전왕을 많은 사람들이 말하는 초나라 '장교'와 혼합하여 하나로 만들었기에 '장교가 전으로 들어가다'와 '장교가 전에서 왕이라 칭하다'의 고사가 생성된 것으로, 사실은 허구적인 것이라고 여겼다. 그러나 다수의 역사가들은 지금까지 여전히 『사기』에 근거하여 말하고 있다."(『사기전증』)
21 "모곤이 말하기를 '장교가 전에서 왕이라 칭한 것은 위타가 남월에서 왕이라 칭한 것과 서로 상통한다'고 했다."(『사기평림』)
22 상알常頞: 인물의 사적이 상세하지 않다. "치칭푸의 『서남이』에서는 상알은 진나라의 지방 관리로, 당시에 촉군 태수에 임명되었다."(『사기전증』) '頞'의 음을 『사기전증』에서는 'e(알)'이라고 했으나 『집해』에서는 '안'이라고 했다. 역자는 '알'로 번역했다.
23 오척도五尺道: 안사고는 말하기를 "그곳은 지세가 험하므로 도로의 폭이 5척이다"라고 했다. "오척도는 지금의 쓰촨성 이빈宜賓부터 윈난성 자오퉁昭通을 거쳐 남쪽으로 취징曲靖에 이르는 길이다. 치칭푸는 오척도는 즉 '북도僰道'로 진나라 효문왕 때 촉군 태수 이빙李冰이 이 도로를 수축했고 청두成都에서부터 러산樂山을 거쳐 이빈까지 이른다고 여겼다. 상알에 이르러 또 북도僰道(이빈)를 기점으로 도로를 계속 이어나가 남쪽으로 확대시켰다고 여겼다."(『사기전증』)
24 원문은 '제차국諸此國'으로, "나카이 리켄이 말하기를 '차제국此諸國(이 여러 나라[부락])으로 해야

리를 설치했다.[25] 다시 10여 년이 지난 뒤 진나라가 멸망했다. 한나라가 흥기한 뒤 이 부락들을 버리고 촉군의 원래 변경선을 닫고 국경으로 삼았다.[26] 파군과 촉군의 백성 중 어떤 이들은 몰래 이 지역으로 나와 무역을 했는데 작筰의 말, 북僰의 노예[27]와 야크를 거래했기 때문에 파군과 촉군은 매우 부유해졌다.

한 무제 건원 6년(기원전 135)에 대행 왕회가 동월[28]을 공격하자 동월 사람들은 자신들의 왕인 영郢을 죽이고 한나라에 보고했다. 이때 왕회는 군대의 위세에 의지해 파양 현령 당몽을 파견해 남월왕에게 한나라에 복종하도록 완곡하게 암시했다.[29] 남월왕이 당몽을 초대하여 촉군에서 생산되는 구장枸醬[30]을 맛보게 하자, 당몽이 어디에서 가져온 것인지 물었다. 남월 사람이 말했다.

"서북쪽의 장가牂柯[31]에서 오는 것입니다. 장가강牂柯江[32]은 너비가 몇 리나 되는데 반우성 아래로 흐릅니다."

당몽이 장안으로 돌아와서 촉군의 상인商人에게 다시 물었더니 상인이 말했다.

한다'고 했다."(『사기회주고증』) 앞에서 언급한 야랑, 전, 미막 등 여러 부락을 가리킨다.
25 "치칭푸는 당시 진나라는 이 지구에 이미 현縣 혹은 도道를 설치했으나 군郡을 설치하지는 않았다고 여겼다."(『사기전증』)
26 원문은 '개촉고요開蜀故徼(촉군의 원래 변경선을 열다)'이다. '요徼'는 변경의 울타리, 즉 변경선을 말한다. 『한서』에서는 '개開'를 '관關'으로 기재하고 있는데, '닫다'의 뜻이다. 즉 '촉군의 원래 변경선을 닫다'로 해석된다. "'개'자는 마땅히 '관'자로 해야 한다. 진나라 때는 항상 여러 나라에 관리를 두었는데, 한나라 초에는 이러한 나라들을 버리고 촉군의 이전 변경선을 관關으로 삼았다."(『독서잡지』「사기」) '수정본' 또한 '개'자는 마땅히 '관'자로 바꾸어야 한다고 했다. 역자 또한 이 견해에 따랐다.
27 북僰의 노예란 북도, 즉 지금의 쓰촨성 이빈 일대에서 사들인 노예를 말한다. 북僰은 지금의 쓰촨성 이빈 서남쪽과 윈난성 동북쪽 일대에 거주하던 부족이다.
28 여기서 말하는 동월東越은 실제로는 민월閩越을 가리킨다. 당시 지금의 푸젠성 푸저우 일대에 형성된 소수민족 정권으로, 한나라의 속국이 되었다.
29 「남월열전」에 따르면 조정에서 장조를 파견해 남월왕을 타일렀을 뿐 왕회가 당몽을 파견해 남월에게 암시를 준 사실은 없다.
30 구장枸醬: 구장蒟醬이라고도 한다. 구枸는 신맛이 나는 과실로, 구장은 이것으로 만든 장醬을 말한다.
31 장가牂柯: 대략 지금의 구이저우성의 중북부, 즉 야랑국의 소재지다.
32 장가강牂柯江: 지금의 베이판강北盤江으로 구이저우성 서남부를 거쳐 광시성으로 들어가 홍수이강紅水河이 되었다가, 광둥성으로 들어가 시장강西江이 되고, 광저우에 이르러 주장강珠江이 된다.

"촉군에서만 구장이 생산되는데, 촉군의 많은 사람이 몰래 야랑으로 운송하여 판매합니다. 야랑은 장가강에 가까이 있는데다 강폭이 100여 보步33라 배로 건널 수 있습니다. 남월은 항상 야랑 사람을 재물로 유혹하여 부리고 있는데 그 세력이 서쪽으로 동사同師까지 미치지만 절대로 야랑 사람을 신하처럼 부리지는 못합니다."

당몽은 이에 무제에게 글을 올려 말했다.

"남월왕은 이미 천자의 의장인 황옥을 타고 좌독을 장식하고 있으며, 관할하는 땅은 동서로 1만여 리나 됩니다. 명분은 한나라의 외신外臣이지만 실제로는 한 주州의 주인입니다. 지금 장사長沙와 예장豫章에서 남하하여 월을 공격한다면 물길이 끊어지는 곳이 많아 가기가 어렵습니다. 신이 듣자하니 야랑에는 정예 병사가 10여만 명이 있다고 하니, 그들이 배를 타고 장가강을 따라 내려가 불시에 급습하는 것이 남월을 제압하는 한 가지 좋은 계책일 것입니다. 진실로 한나라의 강대함과 파와 촉 두 군의 부유함에 의지하여 야랑으로 가는 길34을 개통한다면 그곳에 관리를 배치하기가 매우 쉬울 것입니다."

무제는 그의 주장에 동의했다. 그리하여 당몽을 낭중장35에 임명했고, 그는 1000명의 군사와 각종 물자를 운송하는36 1만여 명을 이끌고 파부관巴符關37에

---

33   보步: 진·한 때 1보步는 6척尺(대략 1.66미터)이다.

34   촉군에서 야랑을 경유하여 반우로 가는 길을 말한다.

35   『화양국지華陽國志』에서는 '중랑장中郞將'으로 기재하고 있다. 유반이 말하기를 '마땅히 중랑장이라고 해야 한다. 뒤에 "사마상여를 낭중장으로 삼아 그곳에 가서 알리게 했다"고 한 것과 같다'고 했다.(『사기지의』) "낭중郞中에는 거車, 호戶, 기騎 삼장三將이 있는데, 봉록이 비1000석이다. 중랑中郞에는 오관五官, 좌左, 우右 삼장이 있는데, 봉록이 모두 비2000석이다.(『한서』「백관공경표」) 당몽은 원래 파양 현령이었으므로 반드시 승진된 것은 아니라 하겠다.

36   원문은 '식종食重'이다. "'重'의 음은 '종'이다. 식량과 화물을 실은 물자 수레다."(『색은』)

37   원문은 '파촉작관巴蜀筰關'이다. "왕념손의 『독서잡지』「서남이양월조선전西南夷兩粵朝鮮傳」에서는 '촉蜀'자를 불필요한 글자로 여겼다. '파작관巴筰關'은 마땅히 '파부관巴符關'이라고 해야 한다. 게다가 『수경주水經注』의 '부현符縣'과 '부관符關'이 그 증거인데, '당몽을 중랑장으로 삼아 1만 명이 부관을 나갔다'가 바로 이것이다. 부관은 즉 부현符縣으로 현은 옛 파이巴夷의 땅이므로 '파부관'이라고 말하는 것이다. 한나라의 부현은 지금의 루저우瀘州 허장合江 서쪽이다. 지금의 허장 남쪽에 부관이 있

서 야랑으로 진입하여 야랑후夜郞侯 다동多同을 만났다. 당몽은 다동에게 두터운 상을 하사하고 한나라 천자의 위엄과 성덕을 알린 뒤, 조정에서 관리를 파견하고 다동의 아들을 야랑의 현령으로 삼는 일을 약속했다. 야랑 주변의 작은 부락들은 모두 한나라의 비단을 탐냈는데, 한나라가 야랑까지 오는 길이 험난해 종내 자신들의 땅을 점유할 수는 없을 거라고 여겨 잠시 당몽의 약속을 받아들이기로 했다. 당몽이 장안으로 돌아와 보고하자 무제는 이 일대에 건위군犍爲郡을 설립하기로 결정했다.[38] 아울러 파와 촉 두 군의 사병을 징발하여 도로를 수축했는데, 북도僰道[39]에서부터 곧장 장가강까지 통하게 했다.[40] 당시 촉군 사람인 사마상여司馬相如도 서이西夷인 공邛과 작筰에 군현을 설치할 만하다고 말했다. 그리하여 조정에서는 사마상여를 낭중장으로 삼아 그곳 사람들에게 가서 조정의 의도를 알리고 남방의 소수민족과 같이 한 명의 도위를 파견하고 10여 개의 현으로 구획하여 촉군에 귀속시켜 관할하게 했다.[41]

이때 파·촉 지역의 4개 군郡[42]에서는 서남이로 통하는 길을 수축하기 위해 주둔하는 군사에게 필요한 양식을 공급했다. 그러나 몇 년이 지나도 도로는 개통되지 않았고, 사병들은 피로가 쌓인데다 굶주림과 더운 습기로 인해 죽는 자

는데, 여전히 한나라의 옛 명칭이다. 작筰은 촉의 서쪽에 있어 파와 서로 접하지 않기에 파작관이라고 말할 수 없다. 『사기』에서 '파촉작관'이라고 하는 것은 더욱 통할 수 없다."(『사기전증』) 『한서』에서는 '파부관'으로 기재하고 있는데, 즉 '부관'이다. 역자 또한 '파부관'으로 번역했다.

38 건원 6년(기원전 135)의 일이다. 건위군犍爲郡이라고도 한다. 처음에 치소가 폐현鄨縣(지금의 쓰촨성 허장合江)이었다가 후에 북도로 옮겼다.

39 북도僰道: 현으로 지금의 쓰촨성 이빈宜賓 서남쪽이다. 한나라 때 현에 거주하는 백성이 주로 만이인 경우에는 '도道'라 불렸다.

40 "지금의 이빈부터 야랑까지 곧장 통하게 한 것을 말한다."(『사기전증』)

41 공도와 작도 일대에 10여 개 현을 설립하고 도위 한 명을 파견하여 관리하게 하고, 도위가 관할하는 10여 개 현을 모두 촉군에 귀속시킨다는 뜻이다. 한나라 때는 항상 변경에 도위를 설치했는데 군수가 특별히 파견한 관원과 유사했다. 사마상여가 사자가 되어 서이에 현을 설치하고 도위를 설치한 일은 무제 원광 6년(기원전 129)의 일이다.

42 네 개의 군은 파군, 촉군, 광한군廣漢郡(군치는 지금의 쓰촨성 진탕金堂 동남쪽), 한중군漢中郡(군치는 서성西城으로 지금의 산시陝西성 안캉安康 서북쪽)이다.

가 매우 많았다. 그런 와중에 서남이가 여러 차례 배반하자 조정에서는 군대를 동원해 토벌했으나 수많은 돈과 인력만 소모할 뿐 조금의 성과도 없었다. 무제는 이러한 상황을 매우 우려하여 공손홍을 파견해 시찰하게 했다. 공손홍은 장안으로 돌아온 뒤 보고하면서[43] 상황이 이롭지 않다고 했다. 얼마 뒤 공손홍은 어사대부가 되었는데,[44] 당시 조정에서는 삭방군에 성을 수축하고 황하의 험준함에 의지하여 흉노를 축출하려 준비했다.[45] 그러자 공손홍은 여러 차례 무제에게 서남이로 통하는 길을 개통하는 것은 백성을 수고롭게 하고 재산을 낭비시켜 해로우니 즉시 중지하고 흉노에 대응하는 데 역량을 집중해야 한다고 진술했다. 무제는 이에 서이에서 추진하는 활동을 중단하고 오직 남이의 야랑 일대에 2개의 현[46]과 한 명의 도위만을 설치했으며, 이미 성립을 선언한 건위군은 편제를 보류하고 점차적으로 군현 체제를 완성해나가도록 했다.[47]

원수 원년(기원전 122)에 박망후 장건이 대하에 사신으로 갔다가 돌아와서는, 대하에 있을 때 촉군에서 나오는 베와 공도에서 나오는 대나무 지팡이[48]를 보았다고 말했다. 당시 그는 사람을 시켜 이러한 물건이 어디에서 온 것인지 알아본 결과 "동남쪽 건독국身毒國[49]에서 온 것입니다. 대하에서 대략 수 천리 떨어

43　원문은 '환대還對(돌아와 대답하다)'로, 『한서』에서는 '환보還報(돌아와 보고하다)'로 기재하고 있다. 역자는 『한서』의 내용에 따랐다.
44　「평준후주보열전」에 따르면 공손홍이 명을 받아 서남이로 통하는 길을 시찰한 때는 무제 원광 5년(기원전 130)이고, 어사대부가 된 때는 원삭 3년(기원전 126)의 일이다.
45　『한서』「무제기」에 따르면 원삭 2년(기원전 127)에 위청 등이 하남 지역을 수복하고 삭방군과 오원군을 설치했다. 원삭 3년에 삭방군에 성을 수축했으며, 장군 소건이 주관했다.
46　"하나는 야랑현이고 다른 하나는 고증할 수 없다. 야랑 도위의 주둔지는 지금의 구이저우성 관링關嶺이다."(『사기전증』)
47　건위군 자력으로 점차 생존과 발전을 모색하게 했다는 뜻이다.
48　"공도邛都 공산邛山에서 이 대나무가 나오는데 공죽邛竹이라고 한다."(「대원열전大宛列傳」) 공산邛山은 공도현邛都縣 경내에 있다. 그러나 『한서보주』에서는 공邛은 엄도嚴道의 공협산邛峽山(지금의 쓰촨성 잉징滎經 서남쪽)이라고 했다.
49　건독국身毒國: 천축天竺이라고도 하며, 지금의 인도다. 『사기지의』에서 "身의 음은 '건乾'이다"라

져 있는데, 촉군 상인에게서 산 것입니다"라는 대답을 들었다.

당시 다른 곳에서 들으니 공邛 서쪽으로 대략 2000리 떨어진 곳에[50] 건독국이 있다고 했다. 이러한 상황에 근거하여 장건이 무제에게 아뢰길, 대하는 한나라의 서남쪽에 있는데, 그들은 중국을 흠모하고 있으나 흉노가 교통을 끊어 두려워하고 있으니,[51] 촉군에서 출발하여 건독국을 거쳐 대하로 간다면 그 노정이 가깝고 편리하여 이로움만 있고 해로움은 없다고 했다. 이에 무제는 즉시 왕연우王然于, 백시창柏始昌, 여월인呂越人 등에게 은밀하게 지름길로 촉군 서쪽 소수민족 지역으로 나가 건독국을 찾도록 했다.[52] 그들이 전滇에 이르렀을 때 전왕滇王 상강嘗羌[53]은 그들을 머물게 하고 그들 대신 10여 무리를 서쪽으로 보내 길을 찾게 했다. 1년이 지나도록[54] 그들은 모두 곤명에서 막혀 건독국을 찾을 수 없었다.

전왕이 한나라의 사자에게 말했다.

고 했다. 한편 『한서』 「장건전張騫傳」에서 이기李奇는 '일명 천독天篤'이라 했고, 「서역전」에서는 '연독捐毒'이라 했으며, 『후한서』 「서역전」에서는 '천축天竺'이라 했다. 또한 서광은 '건독乾毒'이라고도 한다고 했다. 역자는 양옥승의 견해에 따라 '身'의 음을 '건'으로 했다.

50 "공도 서쪽으로 대략 2000리를 말한다. 지금의 쓰촨성 시창에서 인도까지 직선거리는 대략 3300여 화리華里(1화리는 500미터)다."(『사기전증』)

51 "만약 대하가 북로北路(즉 하서주랑을 통하는 길)로 중국과 서로 통한다면 당시에는 흉노가 점령한 지역을 거쳐야 하기 때문에 그 사이에 흉노인의 방해가 있음을 말한 것이다."(『사기전증』)

52 "무제는 장건에게 명하여 촉군과 건위군으로부터 가까운 곳에서 은밀하게 파견되는 비밀 사자가 되어 네 갈래 길로 동시에 출발하게 했다."(「대원열전」) 그러나 이 편에서는 왕연우, 백시창, 여월인을 언급하고 장건은 언급하지 않고 있다. 두 열전을 합쳐서 살펴보면 '네 갈래 길'이라고 했으니, 정확한 근거는 없지만 네 명이 각기 다른 길로 출발한 것이라 할 수 있다. 「사마상여열전」에 따르면 왕연우와 여월인은 이전 원광 6년(기원전 129)에 사마상여의 부사副使가 되어 서이에 가서 서이의 공도, 작도 일대에 현과 도위를 설치했다.

53 "서광이 말하기를 '상嘗은 상賞이라고도 한다'고 했다."(『집해』) 『한서』에서는 '상강嘗羌'이 아닌 '당강當羌'으로 기재하고 있다. 안사고는 "당강當羌은 전왕滇王의 이름이다"라고 했다. '수정본' 또한 '상강'이 아닌 '당강'으로 해야 한다고 했다.

54 『한서』에서는 '사세여四歲餘(4년여)'로 기재하고 있다. "송기宋祁가 말하기를 '여기서 사四자는 마땅히 앞 구절 서西자에 속해 서西라고 해야 한다'고 했다."(『한서보주』) 즉 '도서道西'로, 전에서 서쪽 건독국으로 가는 길을 말한다.

"한나라와 우리나라를 비교하면 어느 나라가 크오?"

야랑후夜郞侯도 이와 같이 물었다. 이는 도로가 통하지 않기 때문에 그들 각자가 스스로 한 주州의 주인이라 여기고 있기 때문에 한나라가 얼마나 광대한 국가인지 알지 못한 것이다. 한나라 사자가 장안으로 돌아온 뒤 전은 큰 나라이니 불러들여 친근하게 하고 귀순시킬 만하다고 설명하자 무제 또한 관심을 갖기 시작했다.

뒤에 남월이 반란을 일으키자[55] 무제는 치의후馳義侯[56]를 파견하여 건위군에서 남이南夷의 군사를 동원하여 진압하게 했다. 이때 저란且蘭[57] 부락의 군주는 자신의 부대가 멀리 나가면 주변 부락들이 저란의 노약자를 잡아갈 것을 두려워하여 그들의 부대와 함께 반란을 일으켜 한나라의 사자[58]와 건위군의 태수를 죽였다. 이에 한나라는 원래 남월을 공격하고자[59] 징발한 파·촉 두 군의 죄인들과 팔교위八校尉[60]의 군대를 보내 토벌하게 했다. 이때 마침 남월이 이미 격파되었기 때문에 한나라의 팔교위는 장가강을 따라 남하할 필요가 없어,[61] 즉시 군

55 「남월열전」에 따르면 남월의 상 여가가 남월왕과 한나라 사신을 죽이고 반란을 일으킨 것으로, 원정 5년(기원전 112)의 일이다.
56 치의후馳義侯: 원래 남월 사람으로 이름은 유遺이고 한나라에 귀순하여 치의후에 봉해졌다.
57 저란且蘭의 위치에 대해서는 견해가 다양하다. 대체적으로는 지금의 구이저우성 중부인데, 구이양貴陽 준이遵義 남쪽, 두원都勻, 황핑黃平 서남쪽, 푸취안福泉 부근 등이라는 견해가 있다. 탄치샹의 『역사지도집』에서는 저란을 지금의 황핑 서남쪽으로 표시하고 있다.
58 "『한서』 「무제기」에서는 원정 6년(기원전 111) 치의후가 서남이를 정벌해 평정했는데, 여기서는 저란군이 살해한 한나라 사자가 치의후다. 두 곳이 같지 않다."(『사기지의』)
59 '수정본'의 원문은 '파촉죄인상격남월자巴蜀罪人嘗擊南越者로, '남월을 공격한 경험이 있는 파와 촉 두 군에서 징발한 죄인'이라는 뜻으로 기재하고 있다. 그러나 『한서』에서는 '상嘗'자를 '당當'자로 기재하고 있어 '원래 남월을 공격하고자 징발한 파와 촉 두 군의 죄인'의 의미가 된다. "본래 팔교위가 이끄는 파와 촉군의 죄인들은 남이 지역 동쪽을 지나 내려갔는데, 그들은 본래 다른 여러 갈래 길과 회합하여 남월의 반란을 평정하는 것이었다. 그런데 지금은 임무를 변경하여 그들의 방향을 바꿔 저란을 공격하게 한 것이다."(『사기전증』) 진·한 시기에는 정벌 요역이 있을 때 먼저 죄인을 징발하고 그다음은 상공업자, 그다음은 데릴사위를 징발했다.
60 팔교위八校尉: 무제 때 장안성長安城의 방어를 강화하기 위해 중루中壘, 둔기屯騎, 보병步兵, 월기越騎, 장수長水, 호기胡騎, 사성射聲, 호분虎賁에 교위를 설치했다.
61 남월 상 여가가 군대를 일으켜 배반했을 때 남월 토벌에 나선 장수는 복파장군 노박덕, 누선장군

사를 이끌고 돌아가는 길에 먼저 두란頭蘭62을 주멸했다. 두란은 항상 한나라와 전 사이의 도로를 가로막는 소국이었다. 두란63을 멸한 뒤 이어서 남이도 평정하여 그곳에 장가군牂柯郡64을 설치했다. 야랑후는 원래 남월에 의지했는데, 남월이 멸망당하고 이어서 한나라 군대가 다시 반란을 일으킨 나라를 주멸하니65 야랑후도 마침내 입조하여 무제를 알현했다. 무제는 그를 야랑왕에 봉했다.66

남월이 멸망하자,67 이어서 한나라는 다시 저란, 공군邛君68을 주멸했고, 아울러 작후筰侯69를 죽이자 염冉과 방駹이 모두 크게 놀라 두려워하며 한나라의 신하가 되기를 청했고, 조정에서 자신들이 있는 곳에 관리를 파견해주기를 요청했다.

그리하여 한나라 조정에서는 공도 일대에 월수군越嶲郡,70 작도 일대에 침려

양복, 파촉의 죄인을 이끄는 팔교위였다. 팔교위가 동쪽으로 내려가기 전에 노박덕과 양복의 두 갈래 수군이 이미 남월을 평정했기 때문에 팔교위의 부대는 장가강을 따라 동쪽으로 내려갈 필요가 없었다.

62 "여기서는 태사공의 실수다. 두란頭蘭은 마땅히 저란且蘭이라고 해야 한다. 팔교위가 회군하여 서쪽으로 올라가는 도중에 기세를 몰아 저란을 멸망시킨 것이다. 항명하여 출병하려 하지 않았고 한나라 사자와 건위군 태수를 죽인 것은 저란이므로 이치상 먼저 토벌해야 한다. 저란은 남이에 속했고, 팔교위가 회군하는 곳에서 또한 멀지 않았으므로 '군사를 이끌고 돌아가는 길에 주멸한 것'이다. 두란은 '항상 한나라와 전滇나라 사이의 도로를 가로막는다'고 했으니 마땅히 남이의 서쪽에 있으며 야랑과 전나라 사이에 있다. 이곳은 팔교위가 회군하면서 지나는 곳이 아니니 회군하면서 멸망시킬 수가 없다."(『사기전증』) "한나라와 전滇나라와의 교통을 가로막는 저란을 징벌하다."(『한서』) 『색은』에서도 '저란'이라고 했다.
63 "여기서 세 차례 두란을 언급하는데, 앞에서의 저란은 소국 명칭으로 뒤에 현이 되었다. 『한서』에서는 모두 '저란'이라고 기재하고 있고, '두頭'자가 아닌 것으로 의심된다."(『사기지의』)
64 장가군牂柯郡의 군치는 지금의 구이저우성 황핑黃平 서남쪽으로 옛날에 저란의 소재지였다. 한나라가 남이에 장가군을 설치한 것은 무제 원정 6년(기원전 111)이다.
65 저란을 주멸한 것을 말한다.
66 "야랑국은 한낱 현과 같고 위로는 한나라의 건위군에 속했다."(『사기전증』)
67 남월의 상 여가가 한나라를 배반하여 멸망당하자 남월에 남해, 창오, 울림鬱林, 합포 등 9개 군을 설치했는데, 무제 원정 6년(기원전 111)의 일이다.
68 공군邛君: 공도 일대의 저강족 계열의 군장을 말한다.
69 작후筰侯: 작도 일대의 저강족 계열의 군장을 말한다.
70 월수군越嶲郡: 군치는 공도(지금의 쓰촨성 시창 동남쪽 지역)이다.

군沈犁郡,[71] 염과 방 일대에 민산군汶山郡,[72] 광한廣漢 서쪽의 백마白馬 일대에 무도군武都郡[73]을 건립했다.[74]

무제는 또 왕연우를 파견해 한나라가 남월을 격파하고 남이의 군장을 주멸시킨 군대의 위세를 이용하여 전왕滇王에게 입조하여 알현할 것을 완곡히 권하게 했다. 그러나 당시 전왕의 무리는 수만 명이었고, 그들의 동북쪽에는 노침勞浸과 미막靡莫[75] 등의 부락이 있었는데, 모두 전왕과 같은 성姓으로 서로 의지하며 지원했기 때문에 모두 왕연우의 권고에 따르지 않으려 했다. 뿐만 아니라 노침과 미막 등의 부락은 여러 차례 한나라에서 파견된 관리와 군졸을 습격했다. 그리하여 원봉 2년(기원전 109)에 무제는 다시 파·촉의 부대를 동원해 노침과 미막을 공격해 멸하고,[76] 이어서 대군을 전滇 국경에 바싹 접근시켰다. 전왕은 처음부터 한나라와 관계가 좋았기 때문에 그를 소멸시키려 하지는 않았다.[77] 전왕은 서남이에서 떨어져 나와[78] 나라 전체를 이끌고 투항했고, 한나라 조정에서

---

71 침려군沈犁郡: 군치는 작도(지금의 쓰촨성 한위안 동북쪽 지역)이다. '犁'를 '려黎'라 하기도 하여 역자는 '犁'의 음을 '려'라 했다.

72 민산군汶山郡: 군치는 민강汶江(지금의 쓰촨성 마오현茂縣 북쪽 지역)이다.

73 무도군武都郡: 군치는 무도武都(지금의 간쑤성 청현成縣 서북쪽 지역)이다.

74 월수, 침려, 민산, 무도 네 군을 설치한 때는 무제 원정 6년(기원전 111)이다. 그중에 침려와 민산 두 군은 나중에 다시 무제 천한 4년(기원전 97), 선제 지절地節 3년(기원전 67)에 취소되었고, 그 땅은 촉군에 편입되었다.

75 노침勞浸: 소수민족 부락으로 지금의 윈난성 이량宜良 동쪽에 있었다. 『한서』에서는 '노심勞深'으로 기재하고 있다.

76 "장군 곽창郭昌, 중랑장 위광衛廣을 파견해 파와 촉의 병사를 징발하여 서남이의 아직 복종하지 않은 자들을 평정시키고 익주군益州郡으로 삼았다."(『한서』「무제기」) 이번에 파와 촉의 병사를 이끌고 노침과 미막을 공격해 멸망시킨 자는 곽창과 위광이다.

77 "최초로 앞장서서 조정에 마음을 기울였고, 이전에 왕연우, 백시창 등에게 협조하여 건독으로 통하는 길을 찾았기 때문이다."(『사기전증』)

78 원문은 '리난서남이離難西南夷'로, 의미가 모호하다. 『한서』에서는 '리서이離西夷(서이를 버리다)'라고 기재하고 있는데, 그 의미는 "전왕은 서이를 떠나 전국이 한나라에 투항했다"가 된다. "나카이 리켄이 말하기를 '"서남이" 세 글자는 불필요한 글자이며, '리난'은 전왕의 이름이다'라고 했다."(『사기회주고증』) 그런데 '서남이' 세 글자가 불필요한 글자가 아니라면 나카이 리켄의 견해는 의심스럽게 된다. "사마천의 분명한 설명이 없기에 역대 연구자들도 명확한 견해가 없다."(『사기전증』)

관리를 파견해줄 것을 청하면서 스스로 입조하여 알현하겠다고 했다. 그리하여 한나라 조정은 그곳에 익주군益州郡79을 건립하고 전왕에게 왕의 인장을 하사하여 다시금 그곳의 군장으로 삼았다.

서남이 지역의 군장은 100여 명이었지만 오직 야랑과 전의 군장만이 왕의 인장을 받았다. 전은 비록 규모가 작은 지역이었지만 한나라로부터 가장 많은 총애를 받았다.

태사공은 말한다.

"초楚나라의 선조가 어떻게 하늘이 내려준 복록을 받았을까? 주周나라 때 어떤 사람이 문왕의 스승이 되어 초 땅에 봉해졌다.80 이어서 주나라가 쇠락하자 초나라의 영토는 갈수록 넓어져 5000리81라고 했다. 진秦나라가 동방의 각 제후들을 멸망시켰지만 오직 초나라의 후대는 여전히 전왕으로 있었다. 한漢나라가 서남이를 토벌하여 서남이의 부락들 대부분이 소멸되었는데 오직 전만이 총애를 받으며 계속 왕이라 칭했다. 남이南夷의 전란이 시작된 발단은 당몽이 촉에서 생산되는 구장을 반우에서 보고, 장건이 공邛에서 생산되는 대나무 지팡이를 대하에서 보았기 때문이다. 서이西夷는 평정된 뒤에 공도와 작도 두 소수민족이 한나라의 관리에 복종하지 않았기 때문에 마침내 7개의 군郡82이 되었다."

79 익주군益州郡: 대략 지금의 윈난성의 전지滇池와 얼하이洱海 일대로, 군치는 지금의 윈난성 진닝晉寧 동북쪽 지역이다.
80 "웅통熊通이 말하기를 '나의 선조 육웅鬻熊은 문왕의 스승이었는데, 일찍 죽었다. 성왕成王은 나의 선조를 발탁하고 자남子男의 작위와 전지田地를 봉하고 우리를 초 땅에 거주하게 했다'고 했다."(「초세가楚世家」)
81 「소진열전」에 따르면 소진이 초 위왕을 유세할 때 "국토는 사방 5000여 리나 된다"고 했고, 「평원군우경열전」에 따르면 모수가 초나라 왕에게 "지금 초나라 땅은 사방 5000리이고 극을 지닌 전사가 100만이나 됩니다"라고 했다.
82 7개 군은 월수, 장가, 민산, 무도, 익주, 침려, 건위다.

사마상여열전

司馬相如列傳

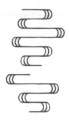

한나라의 저명한 문학가인 사마상여는 당대의 문사였던 추양, 매승 등과 교유
했으며, 서남이를 잇는 무제의 도로 개척을 지지했으므로 「서남이열전」에 이
어서 편성되었다. 이 편에서는 사마상여가 혼인하는 과정을 비롯하여 문학 창
작, 관직 생활을 서술하고 있는데 주로 작품 내용에 초점을 두고 있다. 『한서』
에서는 사마상여의 인생과 대표적인 저작을 상·하 편으로 나누어 서술하고
있다.

제자백가에서는 '문학가'라는 표현을 사용하지 않는데 『사기』와 『한서』에서
말하는 '문학'이란 유학의 별칭과 같은 개념이기 때문이다. 오늘날 통용되는
'문학'이란 표현은 '사부辭賦' 혹은 '문장文章'에 해당된다. 사마천은 사마상여
의 문학에 대해 높이 평가하면서 그의 작품인 「자허부」 「상림부」 「애진이세
부」 「대인부」 「유파촉격」 「난촉부로」 「간렵소」 「봉선문」 등을 소개하고 있다.
특히 「유파촉격」과 「난촉부로」는 촉군의 장로를 가장하여 논제를 제시하고
자신이 이에 반박하는 내용으로, 사마상여는 이러한 전개 방식을 빌려 백성에
게 황제의 뜻을 전하고자 했다. 이러한 어용 문인의 자세와 표현은 비판 받아
마땅하지만 그는 무제가 벌이는 큰 사업을 무조건 지지하지만은 않았으며 풍
자와 비평을 담아내기도 했다. 이에 사마천은 "「자허부」와 「대인부」 같은 작
품은 대부분 화려하고 과장된 부분이 많지만 그 목적은 황제를 풍자하면서 다
시는 사냥을 하고 선인을 찾으면서 자신을 상하게 하고 백성을 수고롭게 하지
말라고 권하는 데 있다"고 했고, "사마상여의 문장은 허황되고 과장하는 단점
이 있지만 그의 최종적인 목적은 무제에게 절약과 검소를 권하는 것이니, 이것
이 『시경』의 풍자, 충고와 무엇이 다르겠는가"라고 하여 수준 높은 문학적 재
능을 칭송하고 있다.

사마상여司馬相如는 촉군蜀郡 성도成都 사람으로, 자가 장경長卿[1]이다. 어려서 독서하기를 좋아했고 검술[2]을 배웠기 때문에 그의 부모는 그의 아명을 견자犬 子[3]라 지었다. 사마상여는 학업을 마친 뒤[4] 인상여藺相如의 사람됨을 흠모하여 자신의 이름을 상여相如라고 바꾸었다.

그는 집안의 재산을 기반으로 낭관郞官이 되었고,[5] 효경제를 섬겨 무기상시武 騎常侍[6]가 되었지만 그는 이 관직을 좋아하지 않았다. 경제는 사부辭賦를 좋아하 지 않았다. 이때 양효왕이 경사로 와서 황제를 알현했는데, 제齊 사람 추양鄒陽,

1 장경長卿의 '장長'은 형제의 순서가 가장 높은 것을 말한다.
2 원문은 '격검擊劍'이다. 안사고는 말하기를 "격검은 검을 던져 명중시키는 것으로 베고 찌르는 것이 아니다"라고 했다. "심흠한이 말하기를 '격검을 배웠다는 것은 치고 찌르는 방법을 습득한 것이다'라고 했다. 『장자』 「설검說劍」에서는 '밤낮으로 앞에서 서로 치는 것이다'라고 했다. 『오월춘추吳越春秋』에 서는 월처녀越處女가 말하기를 '치는 것을 좋아하는 것이다'라고 했다. 안사고의 견해가 틀렸다."(『한서 보주』)
3 견자犬子: "맹강이 말하기를 '사랑하여 자로 삼은 것이다'라고 했다."(『색은』) 그러나 "나카이 리켄 이 말하기를 '견자는 이름이지 자가 아니다. 격검이 편리하여 이름 지었을 따름이다'라고 했다. 검劍 (jian)과 견犬(quan)은 음이 비슷하다."(『사기회주고증』)
4 "군 태수 문옹文翁(경제 때 촉군 태수)이 사마상여를 동쪽 촉 땅에 가서 유가의 7개 경전을 학습하 게 했고, 돌아온 뒤에는 관리와 백성을 가르쳤다."(『삼국지三國志』 「촉서蜀書·진밀전奏宓傳」)
5 원문은 '이자위낭以貲爲郞'이다. '자貲'는 '자資'와 통한다. 안사고는 말하기를 "집에 재물이 많아 낭郞에 임명된 것이지, 그 재물을 받고 낭의 관직을 수여한 것은 아니다"라고 했다. 즉 '자貲(재산)'는 낭이 되기 위한 조건이지 돈으로 낭의 관직을 사는 것은 아니다. "한나라 제도에 2000석 고관과 황제 를 가까이 모시는 신하는 자식을 낭관으로 임명하고 지방의 경우 집안 재산이 10만 이상인 자는 결원 이 생겼을 때 차례대로 보충하여 낭이 되었다."(『사기통해』) 당시는 집안이 부유한 사람이 관리가 되어 야 횡령하지 않는다고 여겼다.
6 무기상시武騎常侍: 황제의 기병 시위다.

회음淮陰 사람 매승枚乘, 오吳 사람 장기 부자莊忌夫子[7] 등의 유세가를 데려왔다. 사마상여는 그들을 만나보고 매우 좋아하여 병을 핑계로 관직을 사직하고는 양효왕에게 가서 문객이 되었다. 양효왕은 그를 문인들과 함께 기거하게 하며 동등하게 대우했고, 사마상여는 그들 유세객과 함께 몇 년을 지내면서 「자허부子虛賦」를 지었다.

마침 양효왕이 죽자[8] 사마상여는 하는 수 없이 고향으로 돌아왔는데, 집은 곤궁했고 자신은 생계를 도모할 방법이 없었다. 평소 사마상여는 임공臨邛[9]의 현령인 왕길王吉과 친분이 있었는데, 왕길이 말했다.

"장경이 바깥에서 오래도록 각지를 돌아다니며 관직을 구했으나 뜻대로 되지 않았으니 내게 오시오."

그리하여 사마상여는 임공에 가서 도정都亭[10]에 기거했다. 왕길은 일부러 대단히 공경하는 척하며 매일 사마상여를 문안했다.[11] 사마상여는 처음 며칠은 왕길을 만났고 뒤에는 병이 있다는 핑계로 시종을 시켜 사절했으나 왕길은 도리어 사마상여를 더욱 삼가며 공경했다. 임공현에는 부자가 매우 많았는데, 그중에 탁왕손卓王孫[12]은 집에 노복이 800여 명이나 되었고, 정정程鄭[13]이란 사람

7 　장기莊忌는 당시의 종횡가이면서 사부가辭賦家였다. 작품으로는 「애시명哀時命」이 있다. 후한 명제明帝를 피휘하기 위해 엄기嚴忌로 바꿔 부른다. 『한서』에서는 '엄기嚴忌'로 기재하고 있다. '부자夫子'는 학자에 대한 존칭으로 지금의 '선생'과 같다. 오吳는 전한 때의 제후국 명칭으로 도성은 광릉廣陵(지금의 장쑤성 양저우揚州)이었다.

8 　경제 중원 6년(기원전 144)의 일이다.

9 　임공臨邛: 한나라 현으로 치소는 지금의 쓰촨성 충라이邛崍로 촉군에 속했다.

10 　도정都亭: 진·한나라 때 10리마다 정亭을 설치했는데, 정에는 객사가 있었고 여행객들에게 휴식과 숙박 장소를 제공했다. 도성 안에도 도정이라는 정을 두었는데, 전사傳舍 혹은 객관客館의 의미다. 『후한서』 「황후기皇后紀」 이현 주석에 따르면 "도정이란 성 안의 정亭이다"라고 했다.

11 　원문은 '조상여朝相如'으로, '조朝'는 한나라 이전에는 황제를 알현하는 데 쓰이는 용어였으나, 관료나 장자를 만나 뵐 때도 쓰였다.

12 　"촉군의 탁씨卓氏(탁문군의 가족) 선조는 본래 조趙나라 사람인데 철을 제련하여 부자가 되었다. 진나라가 조나라를 멸망시킨 뒤 명령을 내려 탁씨 가족을 이주시켰다. 임강으로 오자 탁씨는 매우 기뻐하며 그들은 그곳의 철산鐵山에서 제련을 진행했고 매우 빠르게 전탁滇蜀(윈난성 북부, 쓰촨성 남부 일

도 집안에 노복이 수백 명이나 되었다. 이 두 사람이 상의하며 말했다.

"현령에게 귀한 손님이 왔다니 마땅히 주연을 베풀어 초대해야지요."

그들은 동시에 현령 왕길도 초청했다. 왕길이 탁씨 집에 도착하자 초청한 손님이 100여 명이나 되었다. 정오에[14] 탁왕손은 사람을 보내 사마상여를 초청했는데, 사마상여는 병을 핑계로 갈 수 없다며 사절했다. 임공 현령은 사마상여가 오지 않은 것을 보고는 감히 음식에 손을 대지 못하고 직접 사마상여를 맞이하러 갔다. 사마상여는 마지못해 따라나섰다. 연회에 앉아 있던 사람들은 모두 사마상여의 풍채를 보고는 경모해 마지않았다. 주흥이 한창 오를 때 왕길이 앞으로 가서 사마상여에게 거문고를 받들어 올리며 말했다.

"듣자하니 장경께서는 거문고를 좋아하신다고 하니, 워컨대 모두를 위해 한 곡 연주하여 흥을 돋워주시기 바랍니다."

사마상여는 한 번 사양한 뒤 한두 곡조를 연주했다. 탁왕손에게는 막 남편이 죽어 과부가 된 탁문군卓文君이라는 딸이 있었는데, 그녀는 음악을 좋아했다. 사마상여는 겉으로는 왕길의 요청을 존중하여 연주하는 척했지만 실제로는 탁문군의 마음을 흔들려 한 것이다. 당초에 사마상여는 임공으로 올 때 적지 않은 거마車馬를 뒤따르게 했는데, 점잖고 귀티를 드러내어 매우 고상하고 훌륭했다. 탁씨 집안의 연회에 와서 술을 마시고 거문고를 타는데 탁문군이 몰래 문틈으로 엿보더니 속으로 기뻐하여 연모하게 되었는데, 자신이 그의 짝으로 어울리지 않을까 걱정했다. 연회가 끝나자 사마상여는 사람을 시켜 탁문군의 시종에게 후한 선물을 주고 자신의 깊은 감정을 전하게 했다. 이에 탁문군은 그날 밤 몰래 사마상여가 있는 곳으로 도망쳐 왔고, 사마상여는 즉시 그녀를 데리고 성

대) 일대의 갑부가 되었고 집에는 노복이 1000여 명이나 되었는데, 작위와 봉지를 소유한 자와 같았다."(「화식열전」)

13 "정정程鄭은 산동에서 강제로 이주되어 왔는데, 제련을 잘했고 현지의 소수민족과 장사를 하여 부유한 정도가 탁씨와 비슷했는데, 임공에 거주했다."(「화식열전」)

14 빈객들이 전부 모이기를 기다렸다가 비로소 사마상여를 초청하는 것이다.

도로 돌아왔다. 사마상여의 집은 네 벽만이 있을 뿐 아무것도 없었다. 탁왕손은 크게 화를 내며 말했다.

"딸년이 이토록 못났으나 내 차마 죽이지는 못하겠다. 그러나 나는 절대 딸년에게 한 푼도 주지 않겠다."

누군가 탁왕손에게 그토록 무정하게 굴지 말라고 설득했지만 탁왕손은 끝내 듣지 않았다. 탁문군은 곤궁한 생활이 오래 지속되자 사마상여에게 말했다.

"장경, 임공현으로 돌아가면 내 형제들에게 돈을 빌려 최소한 생활을 유지할 수 있을 텐데 무엇 하러 이렇게 고생하는 겁니까!"

그리하여 사마상여는 탁문군과 함께 임공으로 돌아갔다. 그들은 가지고 있던 말과 수레를 모두 팔아서 작은 술집을 한 채 사서 술을 팔았다. 탁문군은 계산대[15] 옆에 서서 술을 팔게 하고 사마상여 자신은 앞치마[16]를 묶고 고용된 심부름꾼들과 함께 잡일을 하면서 시장에서 술잔을 씻고 행구었다.[17] 탁왕손은 이 소문을 듣고 부끄러워 문을 걸어 잠그고 집 밖에 나가지 않았다. 탁왕손의 형제들과 집안의 어른들[18]이 번갈아가며 와서 탁왕손을 설득하며 말했다.

"자네에게는 아들 하나와 딸 둘이 있는데 부족한 것은 재산이 아니네. 지금 문군이 이미 사마상여에게 몸을 맡겼고, 본래 사마상여가 관리를 하지 않는 것

---

15 원문은 '노罏'로, 『한서』에서는 '노盧'라고 기재하고 있다. 안사고는 말하기를 "술을 파는 곳으로 흙을 쌓아 화로를 만들고 술독을 놓는데, 사각형으로 위로 솟고 한쪽 면이 높아 형태가 마치 쇠를 두드리는 화로와 같으므로 노罏라고 한 것뿐이다"라고 했다. 왕선겸은 말하기를 「식화지食貨志 하」 주석에서는 '노盧는 술을 파는 구역'이라 했다'고 했다. "지금의 계산대와 같다."(『사기전증』) 역자는 '화로'라고 하지 않고 '계산대'로 번역했다.

16 원문은 '독비곤犢鼻褌'으로, 지금의 앞치마인데 형태가 송아지 코와 비슷하다고 하여 붙인 명칭이다. 왕선겸은 말하기를 "앞은 가리고 반대로 뒤에서 묶는 것으로 바짓가랑이가 없다. 초 땅에서 속칭 위군圍裙(앞치마)이라고 말하는 것이 바로 이것이다"라고 했다.

17 "지금의 쓰촨성 충라이邛崍 성안에 '문군文君 공원'이 있고, 공원 안의 우물을 '문군정文君井'이라고 한다."(『사기전증』)

18 원문은 '제공諸公'으로, "곽박이 말하기를 '제공은 부항父行(부친의 항렬)이다'라고 했다."(『집해』) "탁왕손의 손윗사람으로 임공현의 유력 인물들이다."(『사기전증』)

은 그가 관리가 되기를 싫어하기 때문이지 재주가 없어서가 아니네.[19] 그가 비록 지금은 가난하지만 그의 인품은 믿을 만할 뿐만 아니라 현령의 손님인데 자네가 어떻게 그들을 이렇게 욕보일 수 있는가!"

탁왕손은 하는 수 없이 탁문군에게 노복 100명, 돈 100만 전과 당초에 그녀가 시집갈 때 준비했던 의복, 이불, 재물을 나눠주었다. 탁문군은 이에 사마상여와 함께 성도로 돌아갔고 밭과 집을 사서 부자가 되었다.

오랜 뒤 촉군 사람 양득의楊得意가 구감狗監[20]이 되어 무제를 섬기게 되었다. 어느 날 무제가 「자허부」를 읽고는 칭찬하며 말했다.

"짐은 하필이면 이 부賦를 지은 사람과 같은 시대에 살 수 없단 말인가!"

양득의가 말했다.

"신의 마을 사람 중 사마상여라는 자가 이 부를 지었다고 합니다."[21]

무제는 깜짝 놀라며 즉시 불러오게 하여 물었다. 사마상여가 말했다.

"확실히 지은 적이 있습니다. 그러나 이 부는 단지 제후의 일을 서술한 것이라[22] 볼만한 것이 못 됩니다. 청컨대 천자가 사냥하는 것에 대한 부를 짓게 해주시면[23] 신이 완성하는 대로 바치겠습니다."

무제는 허락하고 즉시 상서尚書를 시켜 붓과 찰札[24]을 보내주도록 했다.

---

19 원문은 '권유倦游'다. "곽박이 말하기를 '권유는 관리가 되는 것을 싫어하는 것이다'라고 했다." (『집해』) 왕선겸은 말하기를 "관리가 되었으나 병을 핑계로 면직했을 뿐이며 일찍이 관리를 했음을 말한다"고 했다. "사마상여가 지금은 빈곤하게 살며 무료하나 관리가 되는 것을 싫어하기 때문에 관리가 되지 않은 것뿐이지 관리가 될 재능이 없는 것은 아니라는 뜻이다."(『사기전증』)
20 구감狗監: 관직명으로 황제의 사냥개를 사육하는 일을 관장했다.
21 "양득의가 무제를 모실 때 무제가 이 부를 처음으로 읽었고, 양득의 또한 사마상여가 자신이 지었다고 말하는 것을 들었으므로 이 부는 사마상여가 양득의에게 부탁하여 무제에게 올린 것이다."(『사기전증』)
22 「자허부」는 초나라 제후와 제나라 제후가 사냥하는 것을 묘사한 것이다.
23 「상림부上林賦」를 짓는 것을 의미한다. 「상림부」는 천자가 상림원에서 사냥하는 정경을 묘사한 것이다.

사마상여는 '빈말'의 의미인 '자허子虛'라는 인물을 안배하여 초나라의 규모를 과장했고,[25] '이런 일은 없다'라는 의미의 '오유선생烏有先生'이란 인물을 안배하여 제나라를 자랑하고 초나라를 비난했다.[26] 또한 '이 사람은 없다'는 의미의 '무시공無是公'이란 인물을 안배하여 천자의 도리를 천명했다.[27] 전문은 가공된 이 세 사람의 대화를 빌려 천자와 제후들이 원유苑囿[28]에서 즐기는 사냥을 묘사한 것이다. 문장의 마지막 장章에서는 절약과 검소함으로 귀결시켜 황제는 사치스러워서는 안 된다는 완곡한 간언에 도달한다.[29] 이 부를 무제에게 올리자 무제가 매우 기뻐했다. 그의 문장 내용은 다음과 같다.[30]

초나라는 자허를 제나라에 사신으로 파견했다. 제나라 왕은 사병들을 동원하

24 찰札: 안사고는 말하기를 "찰은 목간木簡의 얇고 작은 것이다. 당시에는 대부분 종이를 사용하지 않았으므로 찰에 글자를 적었다"고 했다. "전한의 귀족은 대부분 비단을 사용했다. 한 무제는 천자의 존귀함으로 필기구를 하사했으니 목판이 아니라 비단이다. 여기서의 찰札은 일반적인 명칭이다."(『사기통해』)
25 "곽박이 말하기를 '초나라의 아름다움을 칭찬한 것이다'라고 했다."(『집해』) 즉 '자허子虛'는 가공의 인물로, 초나라를 대표하여 초나라의 부유함과 강대함 그리고 초나라 제후가 사냥하는 규모를 과장한 것을 말한다.
26 '오유선생烏有先生'의 '오烏'는 '무無'와 통하며 '없다'는 뜻이다. 제나라 입장을 대표하여 초나라의 대표인 '자허子虛'를 책망하고 제나라의 부유함과 강대함 그리고 제나라 제후가 사냥하는 규모를 자랑하는 것을 말한다.
27 '무시공無是公'은 '망시공亡是公'으로도 적으며, '망亡'은 '무無'와 통한다. 천자의 입장에 서서 천자는 지극히 높으며 제후는 비할 수 없음을 밝히는 것이다.
28 원유苑囿: 고대에 금수를 기르고 제왕에게 오락 활동을 제공한 원림園林을 말한다.
29 원문은 '풍간風諫'으로, 완곡하고 곡절 있는 언사로 군주에게 권고하는 것을 말한다.
30 "이하는 「천자유렵부天子遊獵賦」로 『사기』와 『한서』에서는 한 편으로 되어 있다. 『소명문선昭明文選』에서는 두 편으로 분리했는데, 전반부는 오유선생이 말한 「자허부」이고 후반부는 무시공이 말한 「상림부」다. 열전 문장에 따르면 사마상여는 먼저 「자허부」를 지었고, 그 뒤에 천자를 위해 「유렵부遊獵賦」를 지었는데, 이 때문에 어떤 사람은 별도로 있는 「자허부」가 망실된 것으로 의심한다. 이것으로 인해 후세 학자들의 의견이 분분하여 일치하지 않는다. '자허'와 '상림'이 한 편이라면 전후의 정서가 중복되고, 분리된 두 편이라면 중복 출현이라는 폐해를 면할 수 있고 화려한 색책을 잃지 않게 된다. 사마상여는 경제 때 기랑騎郎이 되어 먼저 상림을 유람하고 그 뒤에 양왕梁王의 원유를 유람했으므로 이 부는 한 번에 지은 것이 아니라 먼저 전반부의 「자허부」를 짓고 무제가 부른 다음에 이어서 후반부를 완성하여 「상림부」를 올린 것이다. 합쳐서 하나가 되면 「천자유렵부」이고, 나누어 두 편이 되면 전반부는 「자허부」, 후반부는 「상림부」다."(『사기통해』)

여 많은 거마를 준비하고 사자와 함께 사냥을 나갔다.[31] 사냥이 끝난 뒤 자허는 오유선생을 방문하여 이번 사냥에 대해 자랑했다. 마침 무시공이 그곳에 있었다. 세 사람이 모두 자리를 잡아 앉은 뒤 오유선생이 자허에게 물었다.

"오늘 사냥은 즐거웠습니까?"

자허가 대답했다.

"즐거웠습니다."

또 물었다.

"사냥하여 잡은 짐승이 많습니까?"

대답했다.

"많지 않습니다."

오유선생이 힐문했다.

"그렇다면 사냥하면서 무엇이 즐거웠습니까?"

자허가 말했다.

"제가 즐거웠던 것은 제나라 왕이 제게 거마가 많은 것을 자랑하고자 하기에, 제가 초나라 왕이 운몽雲夢[32]에서 사냥했던 성대한 분위기로 대답한 것입니다."

오유선생이 물었다.

"제게 들려주실 수 있습니까?"

자허가 말했다.

"당연히 들려드리겠습니다. 제나라 왕이 천승의 수레를 동원하고 만 명의 정예 기병을 선발하여 해안가에서 사냥을 했습니다. 사졸들이 소택지에 가득했고 짐승을 잡을 그물이 온 산 가득히 덮었습니다. 그물을 덮어 토끼를 잡고 수레바퀴

---

31 원문은 '출전出田'으로, 전田은 전畋과 같고 '사냥하다'는 뜻이다.
32 운몽雲夢: 초나라의 소택지로, 대략 지금의 후베이성 정저우荊州 동쪽, 우한武漢 서쪽, 젠리監利 북쪽, 첸장潛江 남쪽의 광대한 지역을 말한다. 장강 북쪽을 운택이라 하고 장강 남쪽을 몽택이라 하여, 합쳐서 운몽이라 한다고 하기도 한다.

로 사슴을 치어 죽이고 화살을 쏘아 고라니를 맞히고 큰 암사슴은 다리를 잡아 당겨 잡았습니다. 해변을 수레가 질주하니 도살된 짐승의 피가 수레바퀴를 붉게 물들였습니다. 활로 쏘아 잡은 짐승이 매우 많아지자 제나라 왕은 교만하게 자신의 성과를 사람들에게 자랑하면서, 고개 돌려 제게 말했습니다. '초나라에도 이처럼 풍요롭게 사냥을 즐길 수 있는 평원과 넓은 늪지가 있소? 초나라 왕의 사냥은 과인에 비해서 어떻소?' 저는 수레에서 내려 대답했습니다. '신은 초나라의 천박한 사람에 불과하지만 다행히 초나라 궁궐에서 10여 년 동안 숙위宿衛하면서 자주 초나라 왕을 수행하여 사냥을 나갔는데, 왕궁의 후원後園에서 사냥을 했습니다. 후원 안의 허다한 경관을 보았으나 전체를 두루 보았다고 말할 수 없는데 어떻게 후원 밖의 소택지와 사냥터의 정경을 말할 수 있겠습니까?' 제나라 왕이 말했습니다. '비록 그렇다고 해도 그대가 보고 들은 것만 간략하게 말해보시오.' 제가 대답했습니다. '예, 알겠습니다. 신이 듣기에 초나라에는 7개의 소택지가 있다 하는데, 단지 한 곳만 보았고 나머지는 아직 보지 못했습니다. 신이 본 것은 그중에서 가장 작은 것으로 운몽雲夢이라 하는 곳입니다. 운몽은 사방이 900리며 중앙에 산이 있습니다. 산세가 첩첩이 구불구불하고 산봉우리는 우뚝우뚝 치솟았는데, 높은 산봉우리가 들쑥날쑥하여 해와 달이 산봉우리에 가립니다. 산들은 어지러이 뒤섞인 채 하늘을 찌를 듯 솟아 있으며 산비탈은 완만한 경사를 이루며 하천과 강으로 이어집니다. 운몽의 흙에는 주사朱砂, 석청石靑, 적토赤土, 백악白堊,33 자황雌黃, 백부白坿,34 석광錫礦, 벽옥碧玉, 황금黃金, 백은白銀이 있는데 여러 가지 색깔의 광채에 눈이 부셔 찬란하기가 마치 용의 비늘과 같습니다. 운몽의 돌에는 적옥赤玉, 매괴玫瑰, 임림琳, 민민珉,35 곤오琨

---

33 원문은 '단청자악丹靑赭堊'으로, 염료로 사용하는 네 종류의 흙이다. '단丹'은 주사朱砂로 붉은 염료이고, '청靑'은 석청石靑으로 푸른색 안료이며, '자赭'는 홍갈색의 흙이고, '악堊'은 백색 흙이다.
34 자황雌黃은 석황石黃이라고도 하며 황색 안료이다. 백부白坿는 석회石灰를 말한다.
35 적옥赤玉은 적색의 옥이고, 매괴玫瑰는 일종의 자주색 옥석이고, 임琳은 청록색의 옥이고, 민珉은 옥과 비슷한 돌이다.

珸,36 감륵瑊玏, 현려玄厲,37 연석瑌石, 무부武夫38 등이 있습니다. 운몽 동쪽에는
향초가 무리 지어 자라는 화단이 있는데 그중에는 두형杜蘅, 난초蘭草, 백지白芷,
두약杜若, 야간射干,39 궁궁穹窮, 창포昌蒲, 강리江離, 미무蘪蕪,40 감자甘蔗, 파초芭
蕉41가 있습니다. 운몽의 남쪽으로는 평원과 넓은 소택지가 있는데 지세의 오르
내림으로 인해 평탄하지는 않지만 넓게 이어져 있고, 어떤 곳은 움푹 파였고 어
떤 곳은 평탄하게 장강을 따라 곧장 무산巫山42에 이르러 경계를 삼습니다. 그
높고 건조한 곳에는 침葴, 사薪, 포苞, 여荔,43 설薛, 사莎, 청번靑薠44이 자라고, 낮
고 습한 곳에는 장량藏莨, 겸가蒹葭, 동장東薔, 조호雕胡, 연우蓮藕, 고로菰蘆, 암
려菴䕡, 헌우軒芋45가 자라나는데, 온갖 것이 생장하고 있어 이루 다 묘사할 수
없습니다. 운몽의 서쪽에는 샘물이 용솟음치는 맑은 못이 있어 물결이 부딪쳐

36 곤오琨珸: 곤오昆吾라고도 하며 원래는 산 이름인데 미석美石이 나왔기 때문에 미석 명칭이 되었다.
37 감륵瑊玏은 옥 다음가는 돌이다. 현려玄厲는 검은색의 돌로, 칼을 갈 때 사용된다.
38 연석瑌石, 무부武夫: "장읍張揖이 말하기를 '모두 옥 다음가는 돌이다. 연석은 하얗기가 얼음과
같고 절반은 적색이다. 무부는 붉은데 하얀 무늬가 있다'고 했다."(『한서보주』) 연석을 『한서』에서는 '연
석礝石'으로 기재하고 있다.
39 원문은 '지약야간芷若射干'으로, 백지白芷, 두약杜若, 야간射干으로 모두 향초 명칭이다. '射'의 음
은 'ye(야)'다.
40 궁궁穹窮은 형태가 미나리와 비슷한 향초인데 산골짜기에서 자란다. 창포昌蒲는 맛이 맵고 뿌리
는 약으로 사용된다. 강리江離와 미무蘪蕪는 모두 물에서 자라는 향초다.
41 원문은 '제자박저諸蔗猼且'다. 제자는 감자甘蔗로 사탕수수를 말한다. 『한서』에서는 제자를 '제
자諸柘'로 기재하고 있다. 박저猼且는 파초芭蕉를 말하며, 『한서』에서는 '파저巴且'로 기재하고 있다.
42 무산巫山: 양대산陽臺山이라고도 한다. 지금의 후베이성 한양漢陽 경내에 있는 산으로, 쓰촨성의
무산巫山이 아니다.
43 '葴'의 음은 'zhen(침)'으로 마람馬藍, 즉 쪽의 일종이다. 사薪는 "맹강이 말하기를 '귀리와 비슷하
다'고 했다."(『색은』) 『한서』에서는 '석析'으로 기재하고 있다. 포苞는 석초席草(골풀)로 줄기가 단단하고
질겨서 엮어서 물건을 만들 수 있다. 려荔는 부들과 비슷하나 작다.
44 설薛은 당귀이고, 사莎는 뿌리를 향부자香附子라 부르며 약제로 사용된다. 청번靑薠은 사초莎草
와 비슷한데 크다.
45 장량藏莨은 속칭 여뀌라 하고, 겸가蒹葭는 갈대다. 동장東薔은 "서광이 말하기를 '봉초蓬草와 비
슷하며 열매는 해바라기처럼 10월에 익는다'고 했다."(『집해』) 조호雕胡는 줄풀이다. 연우蓮藕는 연 뿌
리이고, 고로菰蘆는 조롱박을 말한다. 『한서』에서는 '고로䕇蘆'로 기재하고 있는데, 같은 말이다. 암려
菴䕡는 쑥 종류의 풀이다. 헌우軒芋는 일명 바랭이라고 한다. 줄기가 풀과 같으며 악취가 난다.

며 넘실넘실 흘러가는데, 물 위로는 연꽃과 마름꽃이 만발해 있고 물 아래로는 큰 바위와 흰모래가 숨어 있습니다. 물속에는 신귀神龜, 교타蛟鼉, 대모玳瑁, 별원鼈黿[46]이 살고 있습니다. 운몽의 북쪽으로는 빽빽이 무성하고 깊은 삼림과 큰 나무들이 있고, 편남楩柟, 예장豫章,[47] 계초桂椒, 목란木蘭,[48] 벽리蘗離, 주양朱楊, 사리樝梸, 영률樗栗, 귤유橘柚[49] 등이 향기를 발산하고 있습니다. 그 나무들 위에는 적원赤猨, 구유蠷蝚, 원추鵷鶵, 공작孔雀, 난조鸞鳥, 등원騰遠, 야간射干[50] 등이 살고 있고, 나무 밑에는 백호白虎, 현표玄豹, 만연蟃蜒, 추貙, 한豻, 시상兕象, 야서野犀, 궁기窮奇, 만연獌狿[51] 등이 살고 있습니다.

이 때문에 초나라 왕은 전제專諸[52] 같은 용사를 시켜 이런 맹수들을 맨손으로 때려잡게 했습니다. 초나라 왕은 잘 길들여진 얼룩덜룩한 네 마리 말이 끄는 옥 장식 수레를 타는데, 물고기 수염으로 묶은 깃대의 큰 깃발과 명월주明月珠를

---

46 신귀神龜는 전설 속의 기이한 거북이고, 교타蛟鼉는 물속의 사나운 악어류를 말하는데, 타鼉는 양쯔강 악어를 말한다. 대모玳瑁는 거북이와 비슷하며 껍데기에 무늬가 있어 장식품으로 사용된다. 『한서』에서는 '독모毒冒'로 기재하고 있다. 별원鼈黿은 거북의 일종으로 자라와 비슷하지만 크다.

47 편남楩柟은 두 종류의 나무로, 편楩은 황편목黃楩木이고 남柟은 남목楠木이다. 예장豫章의 예豫는 장목樟木의 일종이고 장章은 장목樟木이다. 두 나무가 비슷해 항상 함께 병기한다.

48 계초桂椒는 계화수桂花樹와 화초수花椒樹를 가리킨다. 목란木蘭은 두란杜蘭, 송란松蘭이라고도 하며 껍질과 꽃이 모두 약제로 사용된다.

49 벽리蘗離는 두 종류의 나무로, 벽蘗은 황벽黃蘗이라고도 하며 뿌리와 껍질이 약제로 사용된다. 리離는 산리山梨다. 주양朱楊은 안사고가 말하기를 "붉은 줄기의 버들로 물가에 산다"고 했다. 사리樝梸, 영률樗栗은 네 종류의 나무로, 사樝는 산사山楂나무로 배와 비슷하며 달다. 리梸는 리梨와 통한다. 영樗은 양조羊棗 혹은 흑조黑棗라고 부른다. 율栗은 지금의 밤나무다. 귤유橘柚는 귤나무와 유자나무다.

50 적원赤猨, 구유蠷蝚는 두 종류의 원숭이 동물이다. 구유蠷蝚는 미후獼猴다. 원추鵷鶵는 전설 속의 난새와 봉황과 같은 종류의 새다. 등원騰遠은 뛰어오르기를 잘하는 원숭이다. 야간射干은 야간野干이라고도 하며 여우와 비슷하지만 작고 나무에 오를 수 있다. '射'의 음은 'ye(야)'다.

51 현표玄豹는 흑표黑豹를 말한다. 만연蟃蜒은 이리에 속하지만 살쾡이와 비슷하다. 추貙는 살쾡이와 비슷하지만 더 크다. 한豻은 이리와 비슷하지만 더 작다. 시상兕象, 야서野犀, 궁기窮奇, 만연獌狿은 『한서』와 『문선』에는 모두 기재되어 있지 않다. 『고이』에서는 '후세 사람들이 제멋대로 덧붙인 것이다'라고 했다."(『찰기』)

52 전제專諸: 춘추시대 말기의 유명한 자객으로, 공자 광光을 위해 오왕吳王 요僚를 찔러 죽였는데, 일반적으로 용사라고 칭한다.

엮어 만든 깃발이 바람에 휘날립니다. 간장干將53 같이 예리한 긴 극戟을 세우고 정밀하고 아름답게 조각한 오고烏嘷54 활을 왼쪽에 휴대하고, 오른쪽에는 하夏 나라 때 후예后羿가 찼던 화살 통을 휴대합니다. 양자陽子55가 수레 오른쪽에 타고 섬아纖阿56가 수레를 몹니다. 고삐를 당겨 천천히 나아가는데 질주하기도 전에 날렵하고 힘찬 짐승을 들이받아 짓밟습니다. 공공邛邛57을 수레로 깔고 지 나고 거허距虛58를 짓밟으며 야생마를 들이받고 도도駒騶59를 수레 축의 머리로 부딪치며, 천리마 유풍遺風60을 타고 달리면서 유기游騏61를 쏘아 사냥합니다. 수 레와 말이 빠르게 질주하는 모습은 우렛소리와 불빛처럼 빠르고 유성과 번개와 같습니다. 활은 헛되이 발사되지 않아서 모두 짐승의 눈언저리를 명중시켜 터지 게 하고 가슴을 관통해 곧장 겨드랑이에 이르며 심장의 혈관을 끊습니다. 잡은 사냥물들이 비가 내리듯 대지를 온통 뒤덮습니다. 이에 초나라 왕은 말고삐를 잡아 속도를 늦추고 거마를 이리저리 배회하는데, 새가 하늘을 빙빙 도는 듯이 무성한 숲속을 돌아다니면서 용사들이 사납게 짐승을 모는 광경과 두려움에 사로잡힌 맹수들을 관찰하고, 지칠 대로 지친 짐승들을 가로막고 사로잡아 쓰 러진 모양을 살펴봅니다.

53　간장干將은 춘추시대 때 오나라 사람으로 검 주조를 잘했다. 그가 주조한 검을 간장이라고 했는 데, 예리하기로 유명했다.

54　오고烏嘷는 오호烏號와 같고 좋은 활 이름이다.

55　양자陽子: 고대에 수레를 잘 모는 자를 말한다. 일설에는 말 관상을 잘 보기로 유명한 손양孫陽, 자는 백락伯樂이라고도 하고, 일설에는 신선 양릉자陽陵子를 가리킨다고도 한다.

56　섬아纖阿: "『한서음의』에서 말하기를 '섬아는 월어月御(달을 위해 수레를 모는 신)다'라고 했다."(『집 해』) 곽박이 말하기를 "섬아는 옛날 수레를 잘 모는 자다"라고 했다.

57　공공邛邛: 전설 속의 말과 비슷한 푸른색 짐승.

58　거허距虛: 전설 속의 노새와 비슷하지만 더 작은 짐승.

59　도도駒騶: 북방에서 자라는 좋은 말. "북해北海 안에 짐승이 있는데, 형상은 말과 같은데 도도라 고 한다."(『산해경』 「해외북경海外北經」)

60　유풍遺風: 천리마 이름. 그 속도가 바람보다 빠르다고 한다.

61　유기游騏: 말과 비슷한 날쌔고 사나운 짐승.

그러면 미녀들은[62] 가늘고 얇은 비단을 걸치고 삼베와 흰 비단으로 만든 치마를 끌며 연무와 같이 엷은 비단을 늘어뜨립니다. 겹쳐진 옷 주름과 홑옷 선의 부드럽고 아름다운 모습은 마치 깊은 계곡과 같은데, 긴 소매는 가지런하며 옷고름은 바람에 날리고 소臀[63]를 드리웠습니다. 옷은 사각사각 바람에 스치는 소리를 내면서 아래로는 땅의 향초香草를 쓸고 위로는 깃털로 장식한 수레 덮개를 스칩니다. 여인들은 물총새의 깃털 장식을 하고 목에는 옥으로 장식한 끈을 걸쳤는데, 아름답고 부드러우며 날렵한 자태가 신선을 방불케 합니다.

그리하여 초나라 왕은 미녀들과 함께 운몽 동쪽의 향초가 떼 지어 자라는 화단으로 사냥[64]을 나갑니다. 천천히 걸어가서 견고한 제방 위를 기어 올라갑니다. 그물로 물총새를 잡고 화살을 쏘아 준의鵔鸃[65]를 잡고, 짧은 화살과 가는 실을 묶은 화살을 쏘아 백조를 맞히고 잇달아 거위를 쏘고, 쌍창雙鶬[66]을 쏘아 떨어뜨리고 현학玄鶴[67]을 쏘아 맞춥니다. 피로해지면 배를 타고 서쪽의 맑은 못에서 노닙니다. 색채가 화려한 물새를 그린 배를 타고[68] 계수나무 노를 젓고 물총새 깃털의 휘장을 펼치고 깃털 덮개와 비슷한 배 덮개를 설치합니다. 바다거북을 그물질하여 잡고 자패紫貝[69]를 낚습니다. 금고金鼓[70]를 치고 퉁소를 불면 사공이

---

62 원문은 '정녀만희鄭女曼姬'다. 정녀鄭女는 옛날 정나라에 미녀가 많아서 전해진 말이고, 만희曼姬 또한 미녀를 말한다. "문영文穎이 말하기를 '정鄭나라에는 미녀가 많이 나온다. 만曼이라는 것은 피부결이 아름답고 광택이 나는 것을 말한다'고 했다."(『정의』) 안사고는 말하기를 "문영의 말이 맞다"고 했다. 역자는 '정녀만희'를 일부 번역본처럼 '정나라 미녀'가 아닌 '미녀'로 번역했다.

63 소臀: 옷의 제비 꼬리 형상의 장식 띠다.

64 원문은 '료獠'다. "『이아』에서 말하기를 '밤 사냥을 료獠라 한다'고 했다."(『색은』) 여기서는 사냥을 가리킨다.

65 준의鵔鸃: 꿩 종류의 새로 깃털이 다섯 가지 색이 섞여 알록달록 빛나고 무늬가 있다.

66 쌍창雙鶬: 검은색 털을 지닌 기러기와 비슷한 새다.

67 현학玄鶴: 검은색 학을 말한다. 전설에 따르면 학이 천 년이 지나면 푸르게 변하고 다시 천 년이 지나면 검게 변하기에 현학이라고 한다.

68 "『회남자』에서 말하기를 '용주龍舟(제왕이 타는 배)에 익수鷁首(뱃머리에 익조鷁鳥[물새]를 그려 넣은 것)를 그린 것은 천자가 타는 것이다'라고 했다."(『집해』)

69 자패紫貝: 물속에 사는 갑각류 동물로 조가비가 자색이고 검은색 무늬를 띠고 있다.

노래를 부르는데, 연이어 높은 소리로 부르니 쉰 목소리로 변합니다. 물속의 동물들이 놀라고 큰 파도가 용솟음치듯이 물결이 요동치며, 파도에 휘감긴 돌덩이가 서로 부딪치며 딱딱 소리를 내는 것이 마치 세찬 천둥소리가 울리는 듯하여 수백 리 밖에서도 들을 수 있습니다. 사냥을 멈추려 할 때 영고靈鼓[71]를 두드려 대오를 집합시키고 횃불에 불을 붙이면 수레들이 순서대로 움직이고 기병들은 각각 대오에 따르는데 실을 짜듯이 줄지어 행진하는 모습이 질서 정연합니다. 그리하여 초나라 왕은 양운대陽雲臺[72]에 올라 담담하고 편안한 마음으로 안정을 취합니다. 요리사가 작약勺藥[73]으로 다섯 가지 맛을 조화시킨 음식을 왕에게 올려 맛보게 합니다. 대왕께서 온종일 달리며 수레에서 내리지도 않고 생고기를 조각내어 수레바퀴에다 구워먹으며 스스로 즐거움을 삼는 것과는 다릅니다. 신이 남몰래 살펴보니, 제나라는 초나라만 못한 것 같습니다.' 그러자 제나라 왕은 묵묵히 듣기만 하고 대답하지 못했습니다."

오유선생이 말했다.

"선생의 말은 너무 지나칩니다! 족하께서는 천리를 멀다 하지 않고 제나라에 왔으므로 제나라 왕이 전국의 사졸들을 동원해 많은 수레와 말을 준비하고 선생과 함께 사냥에 나선 것으로, 함께 노력하여 짐승을 사냥하여 모두를 기쁘게 해주려 한 것을 선생은 어찌하여 자랑한다고 말씀하십니까? 제나라 왕이 초나라에 그러한 장관의 사냥터가 있는지 여부를 물은 것은 대국의 고상한 기풍과 덕업을 듣고 싶은 것이며, 또한 이것으로 선생의 훌륭한 의견을 듣고 싶은 것입

70　금고金鼓: 일부 번역본에 '황금 북'이라 했는데, 금고는 고대 악기인 정鉦(징)이다. 왕선겸은 말하기를 "정鉦은 징이다. 형태가 북과 비슷하므로 금고金鼓라 했다"고 했다.

71　영고靈鼓: 여섯 면의 북을 말한다. 안사고는 말하기를 "두드려서 사람들에게 경고하는 것을 말한다"고 했다.

72　양운대陽雲臺: 운몽 남쪽 무산巫山 아래에 있다.

73　작약勺藥: 작약芍藥과 같으며 약초에 속한다. 안사고는 말하기를 "작약은 약초 명칭으로 그 뿌리는 오장을 조화롭게 하고 또 독기를 빼주므로 난초와 계수나무와 합쳐 다섯 가지 맛으로 여러 음식으로 보조해준다"고 했다.

니다. 지금 선생은 초나라 왕의 두터운 덕을 칭찬하지 않고, 초나라 왕이 운몽에서 사냥한 일을 과장하여 드높이고 있습니다. 이는 음란한 즐거움을 과장하고 그 사치스러운 낭비를 드러내는 것으로, 실로 선생이 취해선 안 될 일이라 생각합니다. 진실로 선생이 말한 것과 같다면 이것은 본래 초나라의 아름다움이 아닙니다. 과연 그와 같은 일이 있어서 말한 것이라면 그것은 초나라 왕의 죄악을 폭로한 것입니다. 그와 같은 일이 없는데 말한 것이라면 족하의 신의를 손상시킨 것입니다. 위로 군왕의 과실을 드러내고 아래로 개인의 덕의를 손상시키는 것은 두 가지 중 하나라도 취할 수 없는 것인데, 선생은 모두를 실행하셨으니 반드시 제나라 사람들을 멸시하고 초나라에 누를 끼치는 것입니다. 게다가 제나라는 동쪽으로 대해와 가깝고 남쪽에는 낭야산琅邪山74이 있으며, 성산成山75을 유람하여 지부산之罘山76에서 사냥하며, 발해渤海에서 배를 떠우고, 맹제孟諸77에서 노닐며, 옆으로는 숙신국肅慎國78과 이웃하고, 오른쪽으로는79 양곡湯谷80으로 경계를 삼고 있습니다. 가을에는 청구靑丘81에서 사냥하고 거리낌 없이 바다 밖에서 노닐 수 있으니 제나라 사냥터의 광대함은 8, 9개의 운몽을 삼켜도

74 낭야산琅邪山: 지금의 산둥성 주청諸城 동남쪽에 있는 산이다.
75 성산成山: 지금의 산둥성 룽청榮成 동북쪽에 있는 산이다. 진 시황 28년(기원전 219)에 동쪽으로 이곳까지 순수했다.
76 지부산之罘山: 지금의 산둥성 옌타이煙台 북쪽에 있는 산이다. 삼면이 바다로 둘러싸여 있고 한 면이 남쪽으로 통하는데, 진 시황과 무제가 모두 이 산에 올랐다.
77 맹제孟諸: 옛 호수와 늪의 이름으로 지금의 허난성 상추 동북쪽에 있다. 당시 제나라의 서남쪽 변경이었다. '諸'의 음은 'zhu(제)'이다.
78 숙신국肅慎國: 옛 나라 중 하나로, 한나라 때 숙신은 대략 지금의 헤이룽장성과 지린성의 북부에 있었다.
79 마땅히 '좌左'로 해야 한다. 제나라의 동쪽을 가리킨다.
80 양곡湯谷: '湯'의 음은 'yang(양)'이다. 『문선文選』 주석에서 사마표司馬彪가 말하기를 "양곡은 해가 뜨는 곳으로 동쪽 경계로 삼았다"고 했다.
81 청구靑丘: "곽박이 말하기를 '청구靑丘는 산 이름이다. 위에 밭이 있으며 또한 나라가 있는데 구미호九尾狐가 나오고 바다 밖에 있다'고 했다."(『집해』) "복건이 말하기를 '청구국은 바다 동쪽 300리 지점에 있다'고 했다."(『정의』) "곽숭도가 말하기를 '아마도 지금 봉래蓬萊의 바다 가운데에 있는 여러 섬일 것이다'라고 했다."(『한서보주』) 『사기전증』에서는 곽숭도의 견해를 인용하고 있다.

가슴에 조금도 막히는 느낌이 없습니다. 제나라에서 생산되는 갖가지 진귀한 물건과 다른 지역에서 생산되는 다른 희귀한 물품, 진기하고 괴이한 금수들이 물고기 비늘처럼 한꺼번에 모여 있어 제나라 경내에 충만한 것들을 진실로 모두 기록할 수 없습니다. 설사 총명하고 박식한 우임금일지라도 이러한 진기한 것들에 이름을 붙일 수 없고,[82] 설계일지라도 그 수를 계산할 수 없을 것입니다.[83] 그러나 제나라 왕은 제후의 지위에 있기 때문에 감히 사냥을 즐기는 쾌락과 원유 苑囿의 광대함을 말하지 않는 것입니다. 하물며 선생은 지금 또 제나라의 손님이기 때문에 제나라 왕은 선생의 말에 대답하지 않는 것이지, 어찌 대답할 방법이 없다고 말할 수 있겠습니까!"[84]

무시공이 웃으면서 말했다.

"자허가 말한 초나라의 이야기는 틀렸지만, 오유선생이 말한 제나라의 이야기도 맞지 않습니다. 대체로 천자가 제후에게 공물을 바치게 하는 것은 결코 재물과 예물을 위한 것이 아니라 그들을 제때에 입조시켜 직무에 관한 진술을 듣기 위해서입니다. 제후국을 위해 각자의 경계를 구획하는 것도 침입을 방지하기 위한 것이 아니라 제후국이 제멋대로 다른 나라의 강토를 침략하여 점거하는 것을 방지하기 위한 것입니다. 지금 제나라는 이미 천자의 동쪽 번국藩國이 되었는데, 밖으로 숙신국과 사사로이 왕래하고 본토를 떠나 변경을 넘고 바다 건너 해상의 여러 섬까지 가서 사냥을 즐기는 것은 예의상 허락되지 않는 일입니다. 게다가 자허와 오유 두 선생이 논한 것은 군신 간의 도의를 천명하고 천자에 대한

---

82 "전해지기로, 우임금이 천하 제후들을 회계에 모이게 하고 각 제후들에게 각 지역에서 생산되는 물건을 정鼎에 주조하게 했다. 이 때문에 우임금은 기이하고 특별한 사물을 가장 많이 본 사람으로 여겨진다."(『사기전증』)
83 설계: 일찍이 순임금의 사도司徒였으며 천하의 회계를 주관했으므로, 여기에서는 가장 계산을 잘하는 사람으로 여겼다.
84 이상이 통상적으로 말하는 「자허부子虛賦」의 내용이다.

제후의 예의를 바로잡는 데 힘쓰는 것이 아니라 단지 사냥의 즐거움과 원유의 크기를 서로 과시하는 것으로, 쌍방이 모두 사치로 서로를 압도하려 하고 방탕함으로 상대방을 뛰어넘으려 다투는 것입니다. 이와 같은 논쟁은 자기 국가의 명성을 드날리는 것이 아니라 자기 군주를 폄하하고 국가를 손상시킬 뿐입니다. 게다가 제나라와 초나라의 사냥하는 일이 무슨 자랑할 만한 가치가 있겠습니까! 그대들은 더 웅대하고 아름다운 장면을 보지 못한 것으로, 천자의 상림원을 들어보지 못했습니까?

상림원 동쪽은 창오蒼梧85에 이르고 서쪽은 서극西極86까지 도달하며, 단수丹水가 그 남쪽으로 흐르고,87 자연紫淵88은 그 북쪽을 통과합니다. 패수霸水와 산수滻水89의 시작과 끝이 모두 상림원 안에 있고, 경수涇水와 위수渭水가 모두 상림원 밖에서 흘러들어 다시 상림원에서 흘러나갑니다. 풍수酆水, 호수鄗水, 요수潦水, 휼수潏水90 네 강물이 굽이굽이 흘러 상림원 안에서 돌고 있습니다. 8개 하천이 다투며 흘러가는 것이 기세가 드높고 흐르는 방향이 같지 않으며91 물살

85 　창오蒼梧: 한나라 군으로 치소는 광신廣信(지금의 광시성 우저우)이었다.
86 　서극西極: "곽박이 말하기를 '서극은 빈국邠國이다'라고 했다."(『집해』) 즉 지금의 산시陝西성 빈현彬縣이다. "창오와 빈국은 모두 상림원 구역 안에 있지 않다."(『사기전증』)
87 　"여기서 단수는 상림원 안의 강을 가리키며, 지금의 산시陝西성 상현商縣 서북쪽의 종링산家嶺山에서 발원하여 동쪽으로 허난성 경내로 흘러드는 쥔수이강均水을 가리키는 것은 아니다."(『사기전증』)
88 　자연수紫淵水는 상림원 북부에서 관통해 흘러간다.
89 　패수霸水는 오늘날 파수灞水라고 한다. 산시陝西성 란톈藍田 남쪽에서 발원하여 북쪽으로 흘러 지금의 시안西安 동쪽에 이르러 찬수이강滻水와 합쳐졌다가 다시 북쪽으로 흘러 웨이수이강渭水으로 유입된다. 산수滻水 또한 산시성 란톈 남쪽에서 발원하여 북쪽으로 흘러 바수이강灞水과 서로 합쳐진다. 이 두 강은 당시 모두 상림원의 동부 지역을 경유해 흘렀다.
90 　풍수酆水는 풍수灃水라고도 하며 친링秦嶺에서 발원하여 북쪽으로 흘러 시안 서북쪽에서 웨이수이강에 유입된다. 호수鄗水는 호수鎬水이며 지금의 시안西安성 서쪽의 하오츠鎬池에서 발원하여 북쪽으로 웨이수이강에 유입된다. 요수潦水는 지금의 산시陝西성 후현戶縣 남쪽에서 발원하여 북쪽으로 웨이수이강에 유입된다. 휼수潏水는 친링에서 발원하여 서북쪽으로 두 갈래로 갈라지는데, 한 갈래는 북쪽으로 흘러 웨이수이강에 모이고 다른 한 갈래는 서남쪽으로 흘러 호수鄗水와 합쳐져 웨이수이강에 모인다.
91 　8개 하천은 앞에서 언급한 패수, 산수, 경수, 위수, 풍수, 호수, 요수, 휼수이다. 물의 흐름이 상반되는데, 경수는 서북쪽에서 동남쪽으로 흐르는 반면 패수는 동남쪽에서 서북쪽으로 흐른다.

도 각기 다릅니다. 동서남북으로 왕래하며 흐르는데 산초나무가 자라는 구릉의 터진 틈으로 세차게 흘러나와 모래톱 기슭을 흘러 곧장 계수나무가 무리 지어 자라는 무성한 숲을 통과하여 끝없는 평원으로 흘러갑니다. 흐린 물이 세차게 흘러 높은 언덕을 따라 아래로 흘러 좁은 계곡 입구로 내달립니다. 큰 돌에 부딪치고 모래가 쌓여 생긴 구부러진 기슭을 솟구치게 하고 들끓듯 세차게 출렁이니, 물살이 성대하고 빨라져서 큰 파도를 일으키면서 앞뒤로 서로 부딪칩니다. 빠르게 흐르다 막히면 옆으로 나가면서 소용돌이를 만들고 파도가 미친 듯이 용솟음치며 요란한 소리를 내니, 물살은 곧 하늘 높이 솟았다가 구름처럼 구불구불 펼쳐지면서 빙빙 맴돕니다. 뒷 물결은 앞 물결을 뛰어넘어 움푹 팬 곳으로 흘러가 강바닥 모래를 넘어 기슭을 치고 암석을 때리며 진흙의 막힌 곳을 뚫고 급류가 되어 내달리니, 거침없이 작은 모래톱을 지나 산골짜기로 들어가서는 흐르는 소리가 점차 작아지면서 깊은 계곡으로 떨어집니다. 깊은 물은 큰물이 되어 물결이 출렁이며 다시 소리 내며 용솟음치니 마치 가마솥에서 더운 물이 끓는 듯합니다. 흐르는 물은 급히 내달리며 흰 거품을 일으키다가 급히 방향을 바꿔 맹렬하게 흘러갑니다. 아득히 멀리 길게 흐르면서 적막하면서도 평온하게 유유히 나아갑니다. 그런 다음 끝없이 천천히 흘러가다 물결치며 흰 빛을 내뿜고는 솟아오르더니 동쪽으로 흘러 대호大湖[92]로 들어가고, 호수에 넘쳐 흐르는 물이 다시 주변의 작은 못으로 흘러듭니다. 그리하여 교룡蛟龍, 적리赤螭, 긍몽鯪鰽, 점리螈離,[93] 옹옹鰅, 용서鱅, 건쇄鰬, 탁타魠, 우우禺禺, 허루鱸, 납어魶[94] 등이 모두 지

92 대호大湖: 관중關中의 거대한 못을 가리킨다. 거대한 못에 물이 고여 있는 것을 대호라고 한다.
93 적리赤螭는 붉은 용으로, '리螭'는 전설 속의 뿔 없는 용이다. 긍몽鯪鰽은 드렁허리와 비슷한 물고기로, 어떤 사람은 철갑상어라고도 한다. 점리螈離는 물고기로 생김새는 상세하지 않다.
94 옹옹鰅, 용서鱅, 건쇄鰬, 탁타魠은 모두 물고기 종류다. 옹옹鰅은 피부에 무늬가 있고, 용서鱅은 화련어다. "『한서음의』에서 말하기를 '건쇄鰬는 잉어와 비슷한데 크다'고 했다."(『집해』) 탁타魠은 누런색 볼에 입이 크고 작은 물고기를 잡아먹는다. 우우禺禺는 피부에 털이 있고 누런 바탕에 검은 무늬가 있는 물고기다. 허루鱸는 가자미이고, 납어魶은 큰 도롱뇽으로 메기와 비슷하며 네 다리가 있고 우는 소리가 아이와 같다.

느러미를 세우고 꼬리를 흔들며 비늘을 펴고 날갯짓하며 깊은 동굴 속으로 숨습니다. 물고기와 자라는 떠들썩한 소리를 내고 온갖 생물이 물속에 모여 있습니다. 명월주明月珠[95]와 진주가 강변에 선명하게 빛을 비춥니다. 촉석蜀石, 황연黃硬,[96] 수정석水晶石 등의 종류가 많고 그 빛이 찬란하여 눈부신 광채가 사방을 비추며 수중에 함께 쌓여 있습니다. 홍鴻, 곡鵠, 숙鷫, 보鴇, 가아鴐鵝, 촉옥鸀瑪, 교청鵁鶄, 환목鸛目, 번목煩鷲, 용거鸘鸒, 침자鴱鴜, 교로鵁鸕[97] 등이 수면 위에 무리지어 떠 있는데, 넘실거리는 물 위에서 이리저리 떠돌아다니고 부는 바람을 따라 한가로이 노닐다가 물결이 요동치면 푸른 풀이 가득한 강 모래섬에 모여들어 순무와 수초를 쪼아 먹고 마름과 연근을 씹어 먹습니다.

이곳은 높은 산이 우뚝 솟아 있는데, 산세가 높고 험합니다. 깊은 숲에는 거목이 가득하고 산봉우리는 험준해서 높낮이가 가지런하지 않습니다. 구종산九嵕山은 높고 험준하며,[98] 종남산終南山[99]은 우뚝 솟아 있습니다. 산의 경사는 어떤 것은 시루같이 위는 크고 아래는 작으며, 어떤 것은 가마솥처럼 움푹 들어가 비어 있어 지극히 험준합니다. 시냇물은 산골짜기를 지나고 작은 도랑은 굽이굽이 자유자재로 흘러갑니다. 뚫린 골짜기의 넓게 트여 있는 곳에는 토산과 작은 섬들

95 원문은 '명월明月'로 명월주明月珠를 가리키는데, 또한 야명주夜明珠를 말한다.
96 촉석蜀石은 옥 다음가는 돌이고, 황연黃硬은 옥 다음가는 황색의 미석美石이다.
97 홍鴻은 큰기러기, 곡鵠은 백조, 숙鷫은 숙상肅霜이라 하고 목이 길고 깃털이 푸른 물새다. 보鴇는 기러기와 비슷하지만 더 크다. 가아鴐鵝는 야생 거위다. 촉옥鸀瑪은 "곽박이 말하기를 '오리와 비슷한데 크며, 목이 길고 눈은 붉은색이며 적홍색에 가까운 자색을 띠고 있다. 물독을 피하여 깊은 골짜기의 시냇물에서 새끼를 낳는다'고 했다."(『정의』) 교청鵁鶄은 오리와 비슷한데 높은 다리와 털 볏이 있다. 환목鸛目은 해오라기만 한 몸집에 꼬리가 짧고 홍백색을 띠며 눈이 깊고 눈 주위에 털이 길게 난다. 번목煩鷲은 오리의 일종이다. 용거鸘鸒는 오리와 비슷하며 닭의 다리에 털은 회색빛을 띤다. 침자鴱鴜는 물총새와 비슷하고 검푸른색이다. 교로鵁鸕는 민물가마우지다.
98 원문은 '구종九嵕, 재얼嶻嶭'이다. 구종九嵕은 지금의 산시陝西성 리취안醴泉 북쪽(당시에는 상림원 북쪽)에 있는 산이다. 재얼嶻嶭은 지금의 싼위안三原 서북쪽에 있는 산으로, 구종산의 동북쪽이며 상림원의 북쪽이다. 이 다음 문장이 '남산아아南山峨峨(종남산이 우뚝 솟아 있다)'이기 때문에 '구종, 재얼'은 '구종재얼(구종산은 높고 험준하다)'로 해석하는 것이 타당하다. 『사기전증』에서도 '재얼嶻嶭'은 산 명칭이 아닌 '험준하다'로 해석해야 한다고 했다.
99 종남산終南山: 지금의 산시陝西성 시안西安 남쪽에 있으며, 당시 상림원의 동남쪽이다.

이 자리 잡고 있습니다. 산봉우리는 높고 험준하여 높낮이가 가지런하지 않은 형상으로 길게 펼쳐져 있습니다. 가파른 산세가 점차 평평해지고 계곡에서 물이 천천히 흘러내려 광활한 평야로 흩어집니다. 물가 옆 드넓은 습지는 1000리에 이르고 기슭을 따라 물살에 쓸려 내린 토사가 쌓여 평평하고 탄탄하여 마치 땅을 다져놓은 것 같습니다. 온통 초록색의 혜초蕙草에 꽃다운 향기의 강리江離로 뒤덮여 있고, 그 중간에는 미무蘪蕪와 유이流夷100가 뒤섞여 자라고 있습니다. 결루結縷101가 두루 생장하고 있고 여사戾莎102는 군락을 이루고 있습니다. 걸거揭車,103 두형杜衡, 난초蘭草, 고본藁本,104 야간射干, 자강茈薑, 양하蘘荷, 침등葴橙, 약若, 손蓀, 선지鮮枝, 황력黃礫, 장蔣, 모茅, 청번青蘋105은 큰 못에 가득 차 있고 평원에 두루 퍼져 끝없이 이어져 있으며 바람 따라 이리저리 흔들리면서 맑은 향기를 뿜어내 사방에 그윽한 향기가 넘쳐 납니다. 많은 화초에서 발하는 향기가 충만하여 그 냄새가 짙습니다.

이에 두루 관람하면서 자세히 살피려 해도 경물景物이 너무 많아서 눈을 부릅떠도 구분하기 어렵고, 아름답고 복잡한 색채로 눈이 어지러워서 보고 살피는 데 한도 끝도 없습니다. 새벽녘에 해가 상림원 동쪽 못과 늪에서 올라와 저녁 무렵이면 서쪽 산비탈로 내려갑니다. 상림원 남쪽은 기후가 온화하여 한겨울에도 초목이 자라고 물결이 넘실거리며 얼지 않습니다. 그곳에 사는 짐승은 용牺, 모旄, 맥貘, 이犛, 침우沈牛, 주미麈麋, 적수赤首, 환제圜題, 궁기窮奇, 상象, 서犀106 등이

---

100 유이流夷: 유이留夷와 같은 향초로, 어떤 사람은 작약이라고도 한다.
101 결루結縷: 백모白茅와 비슷한 식물로, 넝쿨로 자란다.
102 여사戾莎: 녹색의 사초莎草. 사莎는 뿌리가 녹색으로 뒤섞여 있는 풀 종류다.
103 걸거揭車: '揭'의 음을 안사고와 서광은 '걸'이라고 했다. 높이가 몇 척에 이르고 잎은 누렇고 꽃은 흰색인 풀이다.
104 고본藁本: 줄기와 잎에 가는 털이 있고 잎은 깃털 모양이며 여름에 흰 꽃을 피우는 향초다.
105 자강茈薑은 생강 싹이고, 양하蘘荷는 다년생 초본으로 뿌리줄기가 담황색이고 매운맛이 나며 약으로 사용된다. 침등葴橙, 약若, 손蓀은 모두 향초 종류다. 선지鮮枝는 붉은색이 섞인 향초이고, 황력黃礫은 황색이 섞여 있다. 장蔣은 줄풀, 모茅는 삼릉초三稜草, 청번青蘋은 사초와 비슷한데 더 크다.
106 용牺은 목덜미에 살이 솟아난 소로 힘이 있고 잘 달린다. 모旄는 야크다. 맥貘은 자이언트 판다

있습니다. 북쪽에는 기후가 한랭하여 한여름에도 추위가 심해 땅이 갈라지고 얼음 위로 강을 건너는데, 그곳의 짐승으로는 기린麒麟, 각단角端, 도도騊駼, 탁타橐駝, 공공蛩蛩, 탄해驒騱, 결제駃騠, 여마驢馬, 나마騾馬107 등이 있습니다.

이곳에는 이궁離宮과 별관別館이 산에 가득하고 잔도棧道와 각도閣道가 산골짜기를 넘습니다. 높디높은 회랑은 사방으로 통하고 서로 이어져 있으며, 2층은 각도가 구불구불 이어져 있습니다. 서까래에는 무늬가 그려져 있고 와당瓦當108은 옥으로 장식되어 있습니다. 수레가 지나다니는 공중 각도는109 한없이 이어져 있고 걸어 다닐 수 있는 회랑은 사방을 빙 둘러싸고 있는데, 회랑은 얼마나 긴지 하루 종일 걸어야 할 정도입니다. 높은 산을 평평하게 깎아 전당이 지어져 있고 산세에 따라 지은 정자와 누각이 겹겹이 있으며 산 밑에 있는 큰길은 잘 보이지 않을 만큼 아득한데 곧장 산 정상의 궁전으로 통합니다. 통로 꼭대기에서 아래를 내려다보면 깊고 거무스레하여 아무것도 보이지 않고, 산꼭대기 정자의 처마 서까래 위로 바라보면 거의 하늘을 만질 수 있을 것만 같습니다. 유성이 산꼭대기 전각의 문을 지나고, 둥근 무지개가 공중 회랑의 난간에 걸립니다. 청규青虯110는 정전正殿의 동쪽 곁채에서 꿈틀거리고, 상여象輿111는 정전 서쪽의

와 비슷하다. 리牦는 야크의 일종으로 체구가 작고 털이 길며 검은색이다. 침우沈牛는 물소이고, 주미麈麋는 뿔이 사슴과 같고 발은 소와 비슷하고 꼬리는 나귀와 비슷한데, 몸통이 낙타와 비슷하므로 사불상四不象이라 불린다. 적수赤首는 전설 속의 짐승으로 형상은 거북이 같고 몸은 하얗고 머리는 붉다. 환제圜題는 기린을 가리킨다. 왕선겸은 '제題'자를 마땅히 '제蹄'로 해야 한다고 했다. 궁기窮奇는 전설 속의 짐승으로 날개 달린 호랑이와 같다. 상象은 코끼리이고, 서犀는 코뿔소다.

107 기린麒麟은 전설 속의 짐승으로 기린과 비슷하지만 뿔이 없다. 각단角端 또한 전설 속의 짐승으로 돼지와 비슷하고 코에 뿔이 있다. 도도騊駼는 털이 푸른색인 북방의 야생마다. 탁타橐駝는 낙타다. 공공蛩蛩은 앞에 나온 공공邛邛으로 말과 비슷하다. 탄해驒騱는 야생마와 같다. 결제駃騠는 좋은 말 이름이고, 여마驢馬는 당나귀이고, 라마騾馬는 나귀 수컷과 암컷 말에서 나온 것이다.

108 원문은 '벽당璧璫'으로, 와당瓦當을 말한다. 고대에는 지붕이 기와로 덮여있는데 처마에 늘어서 있는 기와 막새를 와당이라고 부른다.

109 원문은 '연도輦道'으로, 황제가 타는 수레가 지나다니는 복도를 말한다.

110 청규青虯: 전설 속의 용으로 뿔이 없다. 여기서는 신선이 타는 말을 가리킨다.

111 상여象輿: 코끼리가 끄는 수레로 여기서는 신선이 타는 수레를 가리킨다.

조용한 방에서 편안하게 다니며, 영어靈圉는 고요한 누각에서 휴식을 취하고, 악
전偓佺112 등의 신선은 남쪽 처마 아래에서 햇볕을 쬡니다. 술 향기 나는 샘물이
궁전의 한가하고 고요한 방 안에서 솟아 시내가 되어 안뜰로 흘러 지나갑니다.
못 가에는 커다란 돌들이 쌓여 있는데 경사지거나 우뚝 솟아 있거나 모서리가
날카로워서 도끼로 깎아낸 듯합니다. 매괴玫瑰, 벽림碧琳113의 산호초 같은 형상
의 기이한 돌들이 묻혀 있고, 민옥瑉玉은 거대하고 빈반璘瑉114은 광채가 찬란하
며 붉은색 옥석의 색채는 여러 빛깔이 뒤섞여 있습니다. 수수垂綏, 완염琬琰,115
화씨벽和氏璧이 모두 이곳에서 나옵니다.

이곳에는 여름에 노귤盧橘이 익고, 그 밖에 황감黃柑, 등橙, 주榛,116 비파枇杷,
연燃, 시柿, 정樗, 내柰, 후박厚朴, 영조梬棗, 양매楊梅,117 앵도櫻桃, 포도葡萄, 은부
隱夫, 울체鬱棣, 답답楉樏,118 여지荔枝 등이 후궁과 북쪽 동산에 두루 분포해 있
고, 곧장 구릉과 평원을 향해 펼쳐져 생장합니다. 과일나무의 푸른 잎, 자주색
줄기가 활기차게 생장하고 바람 따라 요동치며, 붉은 꽃을 피우니 울긋불긋한
색채가 광활한 들판을 비춥니다. 사당沙棠, 역櫟, 저櫧, 화華, 범氾, 벽檗, 노櫨, 유
락留落, 서여胥余, 인빈仁頻, 병려并閭, 참단橬檀,119 목란木蘭, 예豫, 장章, 여정女

---

112 영어靈圉와 악전偓佺은 모두 신선 이름이다.
113 매괴玫瑰는 미옥美玉의 한 종류이고, 벽림碧琳은 청록색 옥이다.
114 민옥瑉玉은 옥과 비슷한 미석美石이고, 빈반璘瑉은 미석美石의 한 종류다.
115 수수垂綏는 야광벽夜光璧이고, 완염琬琰은 미옥의 한 종류다.
116 노귤盧橘은 귤의 일종으로 씨가 검은색이다. 황감黃柑은 귤과 비슷하며 둥글고 크며 서리가 내
린 뒤 익기 시작한다. 등橙과 주榛 역시 귤의 한 종류인데, 주는 껍질에 주름이 있다.
117 비파枇杷는 비파나무의 열매, 연燃은 멧대추, 시柿는 감이다. 정樗은 팥배다. 내柰는 나무와 열매
가 능금과 비슷하지만 크다. 백, 적, 청 세 가지 색이 있다. 후박厚朴은 후박나무로, 껍질과 꽃 모두 약
제로 사용된다. 영조梬棗는 검은 대추, 양매楊梅는 소귀나무다.
118 은부隱夫는 산앵두나무고, 울체鬱棣는 과일 맛이 시다. 답답楉樏은 자두나무와 비슷하다.
119 사당沙棠은 형태는 팥배나무와 비슷하지만 황색 꽃과 붉은 과일이며 자두와 비슷하지만 씨가 없
다. 역櫟은 상수리나무다. 저櫧는 교목으로 꽃은 황록색이고 과실은 둥글다. 화華는 자작나무, 범氾은
단풍나무, 벽檗은 은행나무, 로櫨는 낙엽관목으로 초여름에 꽃이 피고 황색 염료로 사용된다. 유락留落
은 석류, 서여胥余는 야자수다. 인빈仁頻은 빈랑나무, 병려并閭는 종려나무, 참단橬檀은 박달나무다.

貞120은 모두 높고 크며 튼실하고 꽃송이가 시원하게 피고 가지가 곧게 펴지며 과실이 크고 나뭇가지와 잎이 무성합니다. 각종 수목이 어떤 것들은 모여 있으면서도 똑바로 서 있고 어떤 것들은 떼 지어 의지하고 있는데, 구부러진 가지와 줄기가 높고 크게 서로 기대고 있습니다. 가지는 무성하게 갈라져 있고 바람에 꽃이 떨어져 날립니다. 초목은 무성하고도 높게 솟아 부드럽게 부는 바람에 따라 흔들립니다. 초목은 바람결에 여러 가지 소리를 내는데 마치 종과 경쇠, 피리와 퉁소 소리와 같습니다. 높고 낮은 나무들은 후궁을 둘러싸고 있고 산비탈과 계곡을 덮을 만큼 무성한 모습이 산비탈을 따라 아래로 이어져 습한 곳까지 이릅니다. 멀리서 보아도 그 시작을 볼 수 없고 끝도 볼 수 없습니다.

이곳에는 현원玄猨, 소자素雌, 유蜼, 확玃, 비류飛鸓, 질蛭, 조蜩, 탁蠗, 유蝚, 점호鰜胡, 혹穀, 궤蜿121들이 모두 숲속에 서식하고 있습니다. 이 동물들은 길게 울부짖으며 그 소리가 애처롭고, 나뭇가지 사이를 날쌔게 뛰어넘거나 가로지르거나 가장귀와 나뭇가지 끝에서 노니는데, 그 동작이 민첩합니다. 다리 없는 골짜기를 뛰어넘고 수풀 사이에서 힘차게 뛰어올라 늘어진 나뭇가지를 잡아당겨 노는데, 나뭇가지가 많지 않은 곳이라도 건너뜁니다. 짐승들은 모였다 흩어지는 것이 일정하지 않고 마음대로 이동합니다.

앞에서 말한 주변의 많은 식물과 동물을 갖춘 이궁 별관이 상림원에는 1000곳에 이릅니다.122 천자는 즐겁게 노니다가 이궁 별관에 기거하는데, 이곳에는 요리사와 음식물을 옮겨올 필요가 없고 비빈들이 도성에서 따를 필요가 없으며, 숱한 관원들이 준비해놓습니다.

---

120 예豫는 침수枕樹, 장章은 녹나무, 여정女貞은 상록수로 여자의 정조를 상징하는 명칭이다.
121 현원玄猨은 검은색의 수컷 원숭이, 소자素雌는 흰색의 암컷 원숭이다. 유蜼는 긴꼬리원숭이, 확玃은 큰 원숭이, 비류飛鸓는 하늘다람쥐다. 질蛭, 조蜩, 탁蠗, 유蝚, 점호鰜胡, 혹穀, 궤蜿는 잘 기어오르는 종류의 기이한 짐승이다.
122 원문은 '수천백처數千百處'이다. "마땅히 수백천처數百千處로 바꿔야 한다. 수백 곳에서 천 곳에 이른다는 말이다."('수정본') 『한서』 또한 '수백천처數百千處'로 기재되어 있다.

그리고 가을이 지나가고 겨울이 오면 천자가 울타리를 치고 사냥을 합니다.[123] 상아를 상감 조각한 수레를 타고 유옥규六玉虬[124]를 모는데, 무지개빛을 그려 넣은 깃발이 드리워져 있으며 곰과 호랑이 그림에 옅게 흐르는 구름 형상의 깃발이 휘날립니다. 앞에서 호랑이 가죽을 덮은 수레가 천자의 수레를 인도하고, 그 뒤로 도거導車와 유거游車가 따릅니다.[125] 손숙孫叔[126]이 고삐를 잡고 수레를 몰고 위공衛公[127]이 수레 오른쪽에 탄 천자의 수레는 사냥터를 마음대로 종횡하며 경호 부대 가운데를 헤치고 나아갑니다. 삼엄한 의장 시위대가 북을 두드려 사냥을 모시는 관병에게 일제히 출동 명령을 내리면 상림원 안의 큰 강을 둘러싸고 막아서 짐승의 울타리로 삼고, 상림원의 높은 산은 짐승을 관찰하고 사냥을 지휘하는 진망대로 삼습니다. 거마가 움직이는 소리는 천둥소리처럼 커서 천지를 진동시키며, 사냥을 모시는 장사들은 사방으로 흩어져 짐승을 쫓습니다. 사냥꾼 수가 지극히 많아 온 산과 들판을 뒤덮고 끝이 없어 위로는 구릉을 가득 채우고 아래로는 소택지를 덮으니, 구름이 하늘을 뒤덮고 비가 대지에 두루 내리는 것과 같습니다.

그리하여 비貔와 표豹[128]를 산 채로 잡고 승냥이와 이리를 때려잡으며 곰과 큰 곰을 손으로 잡으며, 산양山羊을 발로 차서 잡습니다. 할鶡[129]의 꼬리로 장식한

---

123 고대 통치자들은 가을 말 겨울 초엽에 사냥을 했다. 가을은 스산한 계절이기 때문에 무사武事를 거행해야 한다고 여긴 것이다. 원문은 교렵校獵으로, 울타리를 쳐서 짐승을 안으로 몰아넣은 다음 사냥하는 자가 활을 쏘아 잡는다. 교校는 울타리를 의미한다.

124 유옥규六玉虬: 6필의 교룡과 같은 말이 끄는 수레를 말한다.

125 원문은 도유道游으로, '도道'는 '도導'와 같다. 도거導車는 천자의 수레 앞에서 인도하는 수레이고, 유거游車는 천자의 수레를 위해 질서를 유지하고 경호를 담당한다.

126 손숙孫叔: 일설에는 수레를 잘 몰기로 유명한 손양孫陽을 가리킨다고 하는데, 이른바 백락伯樂이다. 일설에는 무제의 태복인 공손하公孫賀를 가리킨다고도 한다.

127 위공衛公: 일설에는 춘추시대 말 황지黃池의 회맹 때 오왕吳王을 위해 참승한 위장공衛莊公을 가리킨다고 한다. 또는 무제 때의 대장군 위청을 가리킨다고도 한다.

128 비貔와 표豹는 호랑이과에 속하는 맹수다.

129 할鶡: 꿩과에 속하는 새로, 성질이 용맹하여 용사들은 이 새의 꼬리로 장식한 관을 썼다.

관을 쓰고 백호白虎를 그려 넣은 바지를 입고, 각종 맹수들을 그려 넣은 홑옷을 걸치고 용맹하고 길들이지 않은 말을 탑니다. 그들은 높고 험준한 산봉우리에 오르고 울퉁불퉁한 산비탈을 내려갑니다. 지름길로 험준한 곳을 지나 산골짜기 개울을 넘어 강을 건넙니다. 비렴蜚廉130을 농락하고 해치解豸131를 희롱하며, 하합瑕蛤132을 쳐서 죽이고 맹씨猛氏133를 창으로 찌르고 요뇨騕褭134를 그물로 잡고 봉시封豕135를 화살로 쏩니다. 짐승의 급소가 아닌 곳은 쏘지 않으며 쏘았다 하면 목을 끊고 머리를 뚫습니다. 활을 함부로 당기지 않으나 당겼다 하면 반드시 시위 소리와 함께 짐승이 쓰러져 죽습니다. 그리하여 천자는 수레의 속도를 늦추게 하고 이리저리 돌며 군중 사이에서 시찰하고 대오의 나아가고 물러남과 장수들의 사냥을 지휘하는 태도를 살펴봅니다. 그런 다음 수레를 빨리 몰아 먼 곳까지 달려가 가볍고 빠른 새를 그물로 잡고 잽싼 짐승을 짓밟고 흰 사슴을 수레로 치고 잘 뛰는 토끼를 민첩하게 잡습니다. 거마가 질주하니 번갯불보다 빠르고, 각종 짐승을 쫓으니 천지 밖으로 뛰어나가는 듯합니다. 번약繁弱136의 활을 당기고 깃털 꽂은 화살137을 메겨 유효游梟138를 쏘아 명중시키고 옆으로는 비거蜚虡139를 칩니다. 살진 짐승을 고른 다음 화살을 쏘는데 먼저 쏠 곳을 분명히 한 다음 쏘아 그대로 명중시키는데, 화살이 현을 벗어나는 순간 시위 소리와 함께 짐승이 쓰러집니다.

---

130 비렴蜚廉: 새의 몸에 사슴 머리를 지닌 짐승이다.
131 해치解豸: 사슴과 비슷하지만 뿔이 하나다. 전설에 따르면 이 짐승은 사람의 시비와 선악을 판별할 수 있어 정직하지 못한 악인을 보면 뿔로 들이받는다고 한다.
132 하합瑕蛤: 맹수에 속하는 짐승으로, 생김새는 상세하지 않다.
133 맹씨猛氏: 곰과 같지만 몸집이 작다.
134 요뇨騕褭: 하루에 만 리를 달린다는 신마神馬다.
135 봉시封豕: 큰 돼지를 말한다.
136 번약繁弱: 전설 속의 훌륭한 활을 일컫는다.
137 원문은 '백우白羽'로, 화살대 꼬리에 새 깃털을 꽂은 화살을 일컫는다.
138 유효游梟: 사람과 비슷하며 혀가 길고 사람을 잡아먹는다고 한다.
139 비거蜚虡: 사슴 머리에 용의 몸을 지닌 야수다.

그런 다음 말채찍을 휘두르면 사냥하는 자들의 심기 또한 충천하면서 세찬 바람을 뚫고 공중으로 올라 천신과 함께 있는 듯하여, 수레바퀴로 현학玄鶴을 쳐서 깔고 곤계昆鷄140의 행렬을 어지럽히며 공작孔雀, 난조鸞鳥, 준의鵕鸃, 예조鷖鳥,141 봉황鳳皇, 원추鵷雛, 초명鷦明142을 잡습니다.

길이 막힌 곳에 이르러 수레를 돌려 돌아옵니다. 한가로이 소요하다 상림원 가장 북쪽 지방에서 멈춥니다. 빠르게 곧장 앞으로 향하다가 갑자기 방향을 바꿉니다. 석관관石關觀에 올라 관람하고 봉만관封巒觀을 지나고, 지작관姼鵲觀을 들르고 노한관露寒觀143을 멀리 바라보고, 당리궁棠梨宮으로 내려와 의춘궁宜春宮에서 휴식을 취하고 서쪽으로 의곡궁宜曲宮144에 달려가며, 우수牛首145의 못에서 물새를 채색한 용주를 저어 용대관龍臺觀에 올라가 세류관細柳觀146에서 쉽니다. 사대부가 부지런하게 포획한 사냥물을 살펴보고 분배합니다. 포획물에는 보졸과 수레바퀴로 쳐 깔린 것과 기병이 짓밟은 것, 백성이 발로 밟아 잡은 것이 있으며, 궁지에 몰리고 극한 피로를 감당하지 못한 채 두려움에 질려 도검에 찔리지 않았는데 죽은 것들이 있습니다. 짐승의 시체가 사방에 뒤섞여 쌓여 있어, 골짜기와 평원과 호수와 못을 메웁니다.

사냥놀이에 싫증이 나면 하늘처럼 높은 누대에 술자리를 벌이고 텅 빈 넓은 곳에서 음악을 연주합니다. 1000석 무게의 큰 종을 치고 1만 석 무게의 종을 거는 대를 세웁니다. 물총새 깃털로 장식한 깃발을 세우고 악어가죽 북을 설치합

140 곤계昆鷄: 학과 비슷한 황백색의 새다.
141 준의鵕鸃는 꿩이고, 예조鷖鳥는 봉황의 한 종류다.
142 원추鵷雛와 초명鷦明 역시 봉황 종류다.
143 석관관石關觀, 봉만관封巒觀, 지작관姼鵲觀, 노한관露寒觀은 모두 무제 건원 6년(기원전 135)에 건설되었고 감천궁 밖에 위치해 있다.
144 당리궁棠梨宮은 감천궁 동남쪽, 의춘궁宜春宮은 장안 남쪽, 의곡궁宜曲宮은 장안 곤명지昆明池 서쪽에 있는 궁이다.
145 우수牛首: 상림원 서쪽 끝에 있는 못이다.
146 용대관龍臺觀은 산시陝西성 풍수豐水(후현戶縣 동남쪽) 서북쪽, 위수渭水에 가깝다. 세류관細柳觀은 곤명지昆明池 남쪽에 있다.

니다. 도당陶唐 때의 무악舞樂147을 연주하고 갈천씨葛天氏148의 노래를 듣습니다. 1000명이 부르면 1만 명이 화답하니 이로 인해 산과 언덕이 진동하고, 이로 인해 냇물과 골짜기의 물결이 요동칩니다. 파유巴楡149의 춤과 송宋·채蔡·회남淮南의 음악, 「우차于遮」의 곡曲, 문성文成과 전顚150의 노래를 일제히 연주하기도 하고 순서대로 연주하기도 합니다. 종과 북소리가 번갈아 낭랑하게 울리면 영혼을 뒤흔들고 귀를 놀라게 합니다. 형荊·오吳·정鄭·위衛의 음악과 「소韶」「호濩」「무武」「상象」151의 악곡, 음탕하고 사치스럽고 제멋대로인 음악, 여러 가지가 뒤섞인 언鄢과 영郢의 무도舞蹈가 있습니다. 또한 「격초激楚」152의 합주, 배우俳優와 난쟁이의 오락, 적제狄鞮153 여인의 가무가 있어서 사람들의 귀와 눈을 즐겁게 하고 마음을 기쁘게 합니다. 앞에는 화려하고 아름다운 가무가 있고 뒤에는 부드럽고 윤기 있는 미녀들이 있습니다.

청금青琴, 복비宓妃154와 같은 사람은 용모가 뭇사람과 같지 않아서 세속에서 볼 수 없을 만큼 아름답고 우아합니다. 짙은 화장을 하고 머리는 가지런하며 자태는 경쾌하고 부드럽고 아름다우며 사랑스럽습니다. 순수한 색 홑옷을 걸치고 긴 치마 하단의 가장자리는 단정하며 경쾌하게 한들한들 춤을 추니 세속과는 다릅니다. 몸에서 발산하는 향기는 그윽하고 짙으며, 이는 희고 광택이 선명하며, 눈썹은 길고 살짝 곁눈질하는 눈빛이 아름다우며, 용모와 기분으로 서로 유혹하니 그녀들이 곁에 있어 사람을 만족스럽고 기쁘게 해줍니다.

147 당요唐堯의 무악舞樂으로 「함지咸池」를 말한다.
148 갈천씨葛天氏: 전설 속의 황제 이름이다.
149 파유巴楡: 무곡舞曲 명칭이다.
150 문성文成은 한나라 때 요서현遼西縣 명칭이고, 전顚은 옛 나라인 전滇(지금의 윈난성 전지滇池 근처)다.
151 「소韶」는 우순虞舜 때의 음악이고, 「호濩」는 상탕商湯의 음악이며, 「무武」는 주 무왕의 음악이고, 「상象」은 주공周公의 음악이다.
152 「격초激楚」: 초나라의 가곡 명이다.
153 적제狄鞮: 지금의 허난성 황하 이북 지역명이다.
154 청금青琴은 옛 신녀神女 이름이고, 복비宓妃는 낙수洛水의 여신이다.

술자리가 무르익고 음악이 한창 연주될 때 천자는 멍하니 생각에 빠져 있다가 무엇을 잃은 것처럼 심란해하며 말합니다.

'아, 지나치게 사치스러운 것이로다! 짐은 정사를 처리하다 한가한 때 자연의 규율에 따라 가을에 사냥 활동을 하면서 항상 여기서 휴식을 취하는구나. 후세 자손들이 사치스럽고 화려함에 빠져 사냥에 연연하며 뒤돌아볼줄 모를까 걱정된다. 이는 공업을 열고 전통을 세워 후세에 전하기에는 좋지 않다.'

이 때문에 주연을 끝내고 사냥을 중지시킨 뒤 담당 관리에게 말합니다.

'상림원의 개간할 수 있는 토지는 모두 농경지로 만들어 백성을 양육하는 자본으로 삼으라. 상림원 사방의 담장을 헐고 도랑을 메워서 각지 백성이 상림원으로 들어올 수 있도록 하라. 저수지에도 물고기를 많이 길러서 백성이 잡아 취하는 것을 금지하지 말고, 이궁과 별관을 폐기하고 다시 건설하지 말라. 창고의 양식을 풀어서 가난한 백성을 구제하고 부족한 사람에게 보충해주도록 하고, 과부와 홀아비들을 구제하고 고아와 의지할 곳 없는 늙은이를 보살피도록 하라. 백성에게 은혜를 베푸는 호령을 발포하여 형벌을 줄이고, 예절 법령을 개혁하며 복색을 바꾸고 역법을 바꾸라. 전국이 일체의 모든 것을 다시 시작하도록 하라.'

그리하여 길일을 택하여 재계를 거행하고 조복을 입고 법가法駕[155]를 타고 채색 깃발을 세우고는 수레의 방울을 울립니다. 육예六藝[156]의 원유苑囿에서 유람하고 인의의 길을 달리고 『춘추春秋』의 숲을 돌아봅니다. 이어서 활쏘기 예를 행할 때 「이수狸首」와 「추우騶虞」를 연주합니다.[157] 현학玄鶴과 간척干戚[158]의 무도

155　법가法駕는 천자가 타는 수레 종류다. 이현은 주석에서 "천자는 지극히 존귀하기에 감히 불손하게 말할 수 없어 승여라 한 것이다. 천자의 수레에는 대가大駕, 법가, 소가小駕가 있다. 대가는 공경들이 인도하는데 1000량의 수레와 1만의 기병을 갖춘다. 법가는 공경들이 의장 행렬에 있지 않고 집금오만 앞에서 인도하고 시중이 참승參乘한다(채옹, 『독단』)"고 했다.

156　육예六藝: 유가의 여섯 경전인 『시경詩經』『서경書經』『예기禮記』『악경樂經』『역경易經』『춘추春秋』다.

157　유가가 숭상하는 대사례大射禮를 가리킨다. 「이수狸首」는 옛 일시逸詩의 편명이고, 「추우騶虞」는 『시경』「소남召南」의 편명이다. 고대 제후들이 활쏘기 예를 행할 때는 「이수」의 시를 연주하고, 천자

舞蹈를 추고 수레에 운한雲罕 깃발을 꽂습니다.159 천자는 출행하면서 어질고 고상한 선비들을 방문하여 찾습니다. 「벌단伐檀」의 시를 읽고 슬퍼하고160 「악서樂胥」의 시를 읽고 즐거워합니다.161 천자는 고대의 예 제도를 따르며 반복해서 『상서』를 연구합니다. 『주역』의 도리를 상세히 해석하고 상림원의 진기한 동물들을 풀어줍니다. 명당明堂에 올라 태묘太廟162에 앉아서 군신들에게 마음 놓고 진언하게 하며 정치의 득실을 진술하게 합니다. 천하의 백성 중 천자의 은택을 입지 않은 자가 없습니다. 이때 천하 사람들이 모두 크게 기뻐하며 천자의 조치에 따라 정령을 들으니 시대의 조류에 따라 교화를 받아들입니다. 성명한 도가 왕성하게 일어나고 백성은 인의로 돌아가니 형벌을 버리고 사용하지 않으며 은덕은 삼황三皇보다 높고 공업은 오제五帝를 뛰어넘습니다. 이와 같으므로 사냥도 기쁜 일이 되는 것입니다.

온종일 밖에서 사냥하느라 말을 달리는 것은 몸과 마음을 피로하게 하고 거마를 고단하게 하는 것이며, 사졸의 정력을 소모시키고 국고를 낭비하는 것이며, 백성에 대한 두터운 덕과 은혜를 베풀지 않고 단지 개인의 향락을 추구하는 것이며, 백성을 돌보지 않고 국가의 정사를 잊은 것이니, 꿩과 토끼의 사냥을 탐

가 활쏘기 예를 행할 때는 「추우」의 시를 연주했다. '추우'란 상서로운 짐승으로 성질이 인자하고 생물을 먹지 않으며 살아 있는 풀을 밟지 않는 것으로 전해진다.
158　현학玄鶴은 옛 음악으로, 현학玄鶴을 추면 상서로왔다고 한다. 간척干戚은 원래 방패와 큰 도끼인데, 무도舞蹈의 일종이다. 순임금은 간척干戚(방패와 큰 도끼)을 잡고 춤을 춰서 반란의 씨를 복종시켰다고 한다. 현학과 무도는 순임금 때의 예악을 표현하고자 한 것이다.
159　원문은 '재운한載雲罕'이다. 운한은 본래 공중에서 새를 잡을 때 사용하는 그물이므로 '재운한載雲罕'을 글자 그대로 읽으면 사냥하는 일이다. 그러나 실제적으로는 천자가 출행할 때 의장대가 세우는 일종의 깃발이다. '재운한'에 대해서 "수레에 하늘의 천필성天畢星(별 이름)이 그려진 기발을 꽂은 것이다."(『사기전증』)
160　「벌단伐檀」은 『시경』 「위풍魏風」의 편명이다. "장읍이 말하기를 '현자가 현명한 군주를 만나지 못하는 것을 풍자했다'고 했다."(『색은』)
161　「악서樂胥」은 『시경』 「소아小雅·상호桑扈」다. 천자가 「악서」를 읽고 조정에 재능과 지혜를 갖춘 선비가 많음을 기뻐하는 것이다. '서胥'는 재지가 출중한 선비를 말한다.
162　태묘太廟: 천자가 선조에게 제사지내고 큰 정치를 의논하는 장소다.

하는 것은 어진 군주의 도리가 아닙니다. 이것으로 보건대 제나라와 초나라의 사냥이 어찌 슬프지 않다고 하겠습니까! 두 나라의 땅은 사방 1000리를 넘지 않는데 원유가 900리를 차지하고 있고, 초목의 들판을 개간하여 재배하지 못해 백성이 먹을 수가 없습니다. 제후의 미약한 지위로 천자의 사치스러운 사냥을 즐기니 백성이 이 때문에 화를 입을까 걱정됩니다."

그러자 자허와 오유선생은 깜짝 놀라 안색을 바꾸더니 물러나며 말했다.
"소인들은 식견이 좁아 스스로를 헤아리지 못하고 감히 범했습니다. 오늘에야 비로소 가르침을 받았으니 바라건대 지도해주십시오."

사마상여가 이 부賦를 올리자, 무제는 그를 낭관으로 임명했다. 「상림부」에서 무시공이 말한 천자의 상림원은 광대하여 높은 산, 깊은 계곡, 흐르는 물, 용솟는 샘물, 만물이 있으며, 자허가 말한 초나라의 운몽에도 많은 것이 있다. 이러한 것들은 모두 과장한 것으로 사실을 뛰어넘은 것일 뿐만 아니라 도리상 제창해서는 안 되는 것들이다. 내가 여기에서 두 편의 작품을 수록했는데, 그것의 취지가 정도에 귀결되는 것이기 때문이다.

사마상여가 낭관이 된 지 몇 년 만에 때마침 당몽唐蒙은 명을 받들어 야랑夜郎과 서북西僰163 등 소수민족 땅으로 통하는 길을 개통했다.164 당시 조정에서는 파군과 촉군에서 관리와 사병 1000명을 동원하려 했으나 당몽은 양식을 운반하기165 위해 두 군에서 1만여 명을 징발했을 뿐만 아니라 긴급 동원법166을

---

163 서북西僰: 북족僰族으로 서부에 거주했기 때문에 서북이라 불렸다. 거주 지역은 지금의 윈난성 전지滇池 주변이다.
164 "장읍張揖이 말하기를 '당몽은 파양현 현령으로, 지금 낭중이 되어 사자로 가서 개통하게 한 것이다'라고 했다."(『색은』)
165 원문은 '전조轉漕'다. 수레를 이용해 운반하는 것을 '전轉'이라 하고, 배를 이용해 운반하는 것을 '조漕'라고 한다.

이용하여 반대하는 이들의 수령을 주살했다. 이에 파와 촉군의 백성이 크게 놀라고 두려워했다. 무제는 이 소식을 들은 뒤 사마상여를 파견하여 당몽을 꾸짖게 하고, 파·촉의 백성에게 황제의 뜻이 아니었음을 알리게 했다. 그리하여 사마상여는 한 편의 격문檄文[167]을 썼는데, 문장은 다음과 같다.

파군과 촉군의 태수에게 알린다. 만이가 복종하지 않고 제멋대로 전횡했지만 조정에서 오랫동안 그들을 토벌하지 않은 탓에 그들은 여러 차례 한나라 변경을 침입하여 변경의 군사와 장령들을 피곤하게 했다. 지금의 황제께서 즉위하신 뒤 천하를 위로하고 중국을 편안하게 했다. 그런 뒤 군대를 일으켜 출병하여 북쪽으로 흉노를 정벌하니, 선우가 놀라고 두려워 두 손을 맞잡고 신하를 칭하고 무릎을 꿇고 화평을 청했다.[168] 강거康居[169]와 서역 나라들은 여러 차례 번역을 거쳐 입조하기를 요청하며 머리를 조아리고 공물을 바쳤다. 우리 군대가 또 명을 받들어 동쪽으로 동구를 지원하자 동구로 진공했던 민월이 즉시 군대를 철수하여 물러났고,[170] 이어서 우리 군대가 또 남월의 반우에 이르자 남월의 태자가 즉시 입조했다.[171] 남이南夷의 각 군주와 서북의 수령들은 제때 공물을 바치기를 게을리 하지 않았다. 그들은 모두 목을 길게 빼고 발꿈치를 들고 물고기

---

166 원문은 '흥법興法'이다. 긴급하게 군사를 동원하는 법이다. 『한서』에서는 '군흥법軍興法'으로 기재하고 있다.

167 격檄: 정부가 명백하게 알리고 성토하는 데 사용하는 문서를 말한다. 이하는 「유파촉격喩巴蜀檄」이다.

168 원광 2년(기원전 133) 왕회 등이 흉노에 대한 매복 공격을 도모한 것을 말한다. 사마상여의 과장된 말로 실제적으로는 헛수고를 하고 아무런 공적이 없었다.

169 강거康居: 고대 소국 명칭으로 도성은 비전卑闐으로 지금의 카자흐스탄 남쪽 지역이다. "사마상여가 격문을 지은 때는 건원 6년(기원전 135)으로 이때 강거는 아직 입조하지 않았었다. 여기서는 과장된 말이다."(『사기통해』)

170 건원 3년(기원전 138)에 민월이 동구(도성은 지금의 원저우)를 공격해 포위한 사건을 말한다. 한나라가 출병하여 동구를 구원하자 민월이 물러났다.

171 건원 6년(기원전 135)에 민월이 남월을 공격한 사건이다. 한나라가 군대를 파견해 민월을 공격하고 남월을 구원하자 남월왕이 감동하여 태자를 입조시켜 숙위를 하게 했다.

떼가 입을 벌린 채 수면 위에 떠 있는 것처럼 조정에 귀순하기를 다투고 한나라의 노복[172]이 되고자 했지만 길이 멀고 산이 높고 물이 깊어 스스로 올 수가 없었다. 조정에 귀순하려 하지 않는 자는 이미 모두 주멸되었고, 좋은 일을 한 자는 조정에서 아직 상을 주지 못했기 때문에 중랑장 당몽을 파견해 그들을 위로하고 받아들이고자 했다. 파와 촉군에서 각기 사졸 500명을 징발해 예물을 받들고 가게 하여 뜻밖의 일이 발생하지 않도록 하고 사자의 안전을 호위하게 했으며, 아울러 군대를 동원하여 전쟁하는 일과 전투의 근심이 없도록 했다. 지금 듣자하니 당몽이 긴급 동원법으로 군사를 동원하여 젊은 자제들을 놀라게 하고 두렵게 하며 노인들을 근심하게 만들었다. 군郡에서는 또 제멋대로 사람들을 동원해 그들을 위한 식량을 운송하게 했다고 하는데, 이런 일들은 모두 황상의 뜻이 아니다. 징발된 자들 중에는 도망치거나 자살한 자도 있다고 하니 이것 또한 신하된 자의 도리가 아니다.

무릇 변방의 사병은 봉화가 타오르는 것을 보면[173] 즉시 활을 움켜쥐고 달려가며 병기를 메고 전장으로 달려가서 땀 흘리는 것을 그치지 않고 오직 뒤처질 것을 두려워한다. 그들은 시퍼런 적의 칼날에 맞서고 적의 화살을 무릅쓰며 전진하며 결코 뒤돌아보지 않으며 발꿈치를 돌리지 않으니, 적에 대한 분노가 충만하여 마치 자신의 원수를 갚는 것처럼 한다. 이들이 어찌 죽는 것을 좋아하고 사는 것을 싫어하며, 그들이 호적에 편입된 일반 백성이 아니며 파와 촉 사람들과 다른 군주에 속한단 말인가? 그들은 깊고 멀리 생각하며 국가의 위난을 가장 긴급한 일로 삼고 신하로서 마땅히 해야 할 의무를 다하기를 바라기 때문이다. 이 때문에 그들은 부절을 쪼개 봉지를 수여받을 수 있고, 규珪[174]를 나누

---

172 원문은 '신첩臣妾'으로, 남자 노예는 '신臣'이라 하고 여자 노예에는 '첩妾'이라 했다.
173 원문은 '봉수烽燧'다. 봉烽은 낮에 연기가 오르는 것을 말하고, 수燧는 야간에 불을 붙이는 것이다.
174 원문은 '석규析珪'다. "여순이 말하기를 '석析은 가운데를 나누는 것으로 백옥白玉은 천자가 가지고 청옥靑玉은 제후가 갖는다'고 했다."(『색은』) 그러나 왕선겸은 말하기를 "석析은 나누어준다는 뜻

어 작위를 받을 수 있으며, 통후通侯의 작위에 오를 수 있고, 동제東第175에 거주하며 죽은 뒤에도 혁혁한 명성을 후대에 전할 수 있고, 영지를 자신의 자손에게 전할 수 있는 것이다. 그들은 일을 처리할 때 지극히 충성스럽고 관리를 할 때는 편안하며, 그들의 명성은 무궁하게 전해지고 그들의 공훈과 업적은 영원히 소멸되지 않는다. 이 때문에 현인과 군자들이 간과 뇌가 중원의 진흙이 되고 피와 살이 들풀을 적셔도 사양하지 않는 것이다. 지금 그대들을 남이로 파견해 예물을 전달하게 했는데 스스로 죽거나 사사로이 도망쳐 죄를 범해 주살당한다면 죽어서도 명성이 없게 될 것이고 가장 어리석은 사람으로 불리게 될 것이며, 그 치욕이 부모에게 미치고 천하 사람들의 웃음거리가 될 것이다. 이런 두 종류 사람의 도량이 어찌 이토록 차이가 크단 말인가! 그러나 이것은 스스로 몸을 손상시키고 도망친 자들의 죄가 아닐 뿐만 아니라 그들의 부형父兄이 이전에 가르치지 못해 자제들이 경솔하고 신중하지 못했기 때문이다. 이것은 염치가 부족하고 풍속이 순박하지 않음을 표명하는 것이다. 이런 사람이 국가의 징벌을 받는 것은 또한 마땅하지 않은가!

폐하께서는 사자와 유관 부서 관리176의 그러한 행동을 걱정하고 너희의 우둔함이 이같이 현명하지 못한 것을 가련하게 여기어, 특별히 다시 사자를 보내 너희에게 국가가 군사를 동원해야 하는 원인을 명확히 설명하는 동시에 조정에 불충하고 사사로이 도망친 자들을 견책하는 것이며, 삼로三老와 효제孝弟177에게는 교화를 관장하는 직책을 다하지 못한 잘못을 꾸짖는 것이다. 지금은 농사로 바쁜 시기라 백성을 번거롭게 하는 것으로, 가까운 몇몇 현의 백성은 내 이

이지 가운데를 나누어 둘로 만든다는 것은 아니다. 여순의 견해는 틀린 것으로 의심된다"고 했다. 석규析珪는 고대 제왕이 작위의 높고 낮음에 따라 수여하는 옥규玉圭를 말한다. "왕후를 분봉할 때 봉해지는 자가 받은 신물로 영원히 서로 신뢰한다는 의미를 표시한다. 규珪는 옥판玉板이다."(『사기전증』)
175 동제東第: 황제가 왕후들을 위해 지은 관저로, 제성帝城의 동쪽에 있으므로 동제라 했다.
176 당몽, 파와 촉의 태수 등을 가리킨다.
177 삼로三老와 효제孝弟는 당시 현과 향에서 교화를 주관하는 관리였다.

미 모두 살폈으나 궁벽한 지역의 계곡과 산과 강의 백성이 이러한 소식을 듣지 못할까 걱정된다. 격문이 도착하면 신속하게 각 현縣과 도道에 보내 모두들 폐하의 뜻을 알게 하고 절대로 태만하고 소홀히 해서는 안 된다.

사마상여가 장안으로 돌아와 무제에게 사신으로 다녀온 경과를 보고했다. 이때 당몽은 이미 야랑을 통하는 길을 열었고 이어서 서남이 지역의 다른 작은 부락의 도로를 개통하고자 파, 촉, 광한廣漢[178] 3개 군에서 사졸과 노역자 수만 명을 징발했다. 2년 동안 길을 닦았으나 완공되지 못했고 많은 사졸이 죽었으며 낭비한 경비 또한 억으로 계산되었다. 촉군의 백성과 한나라 조정의 실권자 대다수가 이 일은 국가에 이로운 점이 없다고 말했다. 이때 공邛과 작筰 일대의 부락 군장들은 남이南夷가 한나라와 교류한 뒤 적지 않은 상을 받았다는 소식을 듣고 그들 또한 한나라의 내신첩內臣妾[179]이 되고자 하여 자기 지역에도 관리를 파견해 남이의 부락처럼 동등하게 대우해달라고 요청했다. 무제가 사마상여에게 묻자, 그가 말했다.

"공邛, 작筰, 염冄, 방駹[180] 등의 부락은 촉군에 가깝고 도로 또한 개통시키기 쉽습니다. 일찍이 진秦나라 때 군현을 설치했는데, 한나라가 건립되고 나서 폐지되었습니다. 지금 다시 그곳을 개통하여 군현을 설치할 수 있다면 남이의 상황보다 훨씬 좋을 것입니다."

무제는 사마상여의 의견을 옳다고 여겨, 이에 그를 중랑장으로 임명한 뒤 부절을 가지고 사자로 가게 했다. 이외에 왕연우王然于, 호충국壺充國, 여월인呂越人이 부사副使가 되어 4필의 말이 끄는 역참의 수레를 타고 가서 파군과 촉군에

---

178 광한廣漢: 한나라 군으로 치소는 지금의 쓰촨성 진탕金堂 남쪽 지역이다.
179 내신첩內臣妾: 내신內臣으로 중국 국내(중원 지구)의 신하.
180 염冄과 방駹은 당시 소수민족 부락으로 대략 지금의 쓰촨성 쑹판松潘 남쪽, 마오현茂縣 북쪽 지역이다.

서 수행원을 선발하고 예물을 준비해 촉군 서쪽의 서이西夷를 매수하게 했다. 사마상여가 촉군에 당도하자 태수와 이하 관원들이 모두 교외로 나와 영접하고 현령은 몸소 사마상여의 활과 화살을 지고 앞에서 길을 안내했다. 촉군 사람들은 사마상여가 이런 대접을 받는 것을 영광으로 여겼다. 이때 탁왕손과 임공현臨邛縣의 원로들이 모두 사마상여의 문하를 통해 소와 술을 바치고 그와 친교를 맺고자 했다. 탁왕손은 비로소 길게 탄식하며 딸을 너무 늦게 사마상여에게 시집보냈다고 여겨 탁문군에게 재물을 두텁게 주어 다른 형제들이 받은 것과 같게 했다. 사마상여가 즉시 서이를 방문하여 위로하자 공, 작, 염, 방, 사유斯榆181 등지의 군장들이 모두 와서 한나라의 신하가 되기를 청했다. 그들은 한나라와의 경계에 있는 요새를 철거했고, 이로 인해 한나라의 국경은 더욱 넓어졌다. 서쪽으로는 말수沫水와 약수若水182에 이르고 남쪽으로는 장가강牂柯江을 경계로 삼고, 영관도零關道183를 개통했으며, 손수孫水184에 교량을 가설해 공도와 연계하게 했다. 사마상여가 장안으로 돌아와 보고하자 무제가 매우 기뻐했다.

사마상여가 사자로 서남이에 갔을 때 촉군의 장로들 대부분은 서남이와 통해봤자 이로울 게 없을 것이라고 말했고, 조정 대신들도 그렇게 여겼다. 이에 사마상여가 간언하고자 했으나 이미 무제에게 건의했기 때문에 감히 말하지 못하고 대신 한 편의 문장을 지었는데, 촉군의 부로父老를 가장하여 문제를 제기하고 자신이 그들을 반박하는 내용이었다. 이러한 방식을 빌려 그는 천자에게 암시하는 동시에 사람들에게 자신이 이번에 사신으로 간 목적을 설명하고 백성에게 황제의 뜻을 전하고자 했다. 문장은 다음과 같다.185

181　사유斯榆: 당시 소수민족 부락으로 지금의 쓰촨성 시창 일대에 있었다.
182　말수沫水는 지금의 다진大金川천이고 약수若水는 지금의 야룽강雅礱江이다.
183　영관도零關道: 무제 때 개통된 도로다. 지금의 쓰촨성 어볜峨邊 경계인 다두허大渡河 남쪽 기슭으로부터 시창 평원을 잇는다.
184　손수孫水: 지금의 안닝허安寧河. 지금의 쓰촨성 몐닝冕寧에서 발원하여 야룽강으로 유입된다.
185　이하 문장은 「난촉부로難蜀父老」다.

한나라가 건국한 지 이미 78년,[186] 6대[187]에 걸쳐 황제의 도덕은 숭고했고, 무공武功은 성대했으며 은혜는 깊고 넓었으며 만물이 모두 은택을 입어 사방 국경 밖까지 충만하게 했다. 그리하여 사자를 서쪽으로 파견해 정세에 따라 개척하니 바람이 풀 위로 부는 것처럼 복종하지 않는 자가 없었다. 이에 염冄을 입조시키고, 방駹을 복종시켰으며, 작笮을 평정하고 공邛을 구제했으며, 사유斯榆를 점령했고, 포만苞滿[188]을 취했다. 수레를 돌려 동쪽으로 돌아가 천자에게 보고하려는 길에 촉군의 도성 성도成都를 지나게 되었다.

현지의 기로耆老,[189] 대부大夫, 천신荐紳,[190] 선생 등 27명이 매우 엄숙한 자세로 사자를 찾았다. 그들은 사자와 인사를 나누고는 말했다.

"우리가 듣자하니 천자의 이적夷狄에 대한 정책 원칙은 소나 말에게 굴레와 고삐를 사용하듯이 다소 우려하면서도 엄하게 관리하지 않고 연계가 끊어지지 않게 하는 것이라고 합니다. 그러나 지금 파, 초, 광한군의 사졸을 동원하여 야랑으로 통하는 도로를 수축하는 데 3년의 시간을 허비하고 완성하지 못해 사졸들은 피로하며 백성은 생활하기 어려울 만큼 먹을 것과 입을 것이 부족합니다. 그런데 지금 또 서이와 잇는 길을 열고자 하니 백성의 기력이 없어 사업을 완성할 수 없을 것이며 사자[191] 개인을 위해서도 이롭지 않을 것이므로 저희는 무척 걱정하고 있습니다. 게다가 공, 작, 서북 등의 지방은 중국과 함께 오래도록 존립했으나 어느 정도인지는 누구도 명확히 말하지 못하고 있습니다. 어진 자도 덕

---

186 "이것에 따르면 사마상여는 원광 6년(기원전 129)에 「난촉부로」를 지었고, 앞의 「유파촉격」을 지은 시기와는 6년의 차이가 있다."(『사기통해』)
187 고조, 혜제, 여후, 문제, 경제, 무제를 가리킨다.
188 포만苞滿: 소수민족 구역으로, 미막靡莫이다. 대략 지금의 윈난성 쿤밍 북쪽, 둥촨東川 남쪽 지역이다. "양옥승의 『사기지의』에서는 '『한서』와 『문선』에서는 포포苞蒲라 했다. 『색은』 또한 포蒲라고 했다. 만滿 자는 잘못이다'라고 했다."('수정본')
189 기로耆老: 노인. 특히 덕망이 높고 존경받는 노인을 일컫는다.
190 천신荐紳: 사대부로 관직이 있는 사람을 일컫는다.
191 사마상여를 가리킨다.

으로써 그들을 회유하지 못했고 패자도 무력으로 정복하지 못한 지방인데 지금 갑자기 그곳을 경영하려는 것은 가능하지 않습니다! 지금 국내의 평민을 희생시켜 이적을 의지하여 따르게 하고 자신의 백성을 고단하게 하여 쓸모없는 이적에게 봉사하게 하니, 저희처럼 궁벽한 변경의 견식이 부족한 사람들은 조정에서 무엇을 하려는지 알 수가 없습니다.”

사자가 말했다.

“어찌 그렇게 말씀하십니까? 여러분이 말씀하신 것과 같다면 촉군은 당초에 고유의 복식을 바꾸지 않았을 것이며, 파군도 중원의 습속을 따르지 않았을 것입니다. 저는 항상 그런 말을 듣는 것을 좋아하지 않습니다. 이 일은 중대하여 일반 사람들이 이해할 수 있는 것이 아닙니다. 저는 급히 돌아가야 하므로 상세하게 여러분에게 그 도리를 말씀드릴 수는 없으니 개략적으로 말씀드리겠습니다.

무릇 한 시대에는 반드시 먼저 비범한 사람이 나온 다음에야 비로소 비범한 일을 할 수 있으며, 비범한 일이 있어야만 비로소 비범한 공적을 세울 수 있습니다. 비범함이란 당연히 일반 사람들이 기괴하게 여기는 것입니다. 그러므로 비범한 일이 시작되면 백성은 두려워하지만 큰 공이 이루어지면 그때서야 천하 사람들이 비로소 태평해집니다.

옛날에 홍수가 크게 일어나면 강물이 넘쳐흘러 백성은 높은 곳으로 이주해야 했으며 동요하며 불안해했습니다. 하후씨夏后氏가 이것을 근심하여 사람들이 홍수를 막는 것을 돕고 강을 소통시키고 깊은 물을 분산시켜 재해를 막으면서 물이 동쪽으로 흘러 큰 바다로 유입되도록 하자 비로소 천하가 영원히 안정되었습니다. 당시 물을 다스리기 시작했을 때 노동으로 고통스러운 사람이 단지 백성뿐이었겠습니까? 하후씨는 각종 문제를 고려했을 뿐만 아니라 몸소 앞장서서 노동을 했기에 손발에는 못이 박이고 피부에 솜털이 자라지 않았습니다. 이와 같았기 때문에 그의 위대한 공적은 만대에 끝없이 드러나고 명성이 지금까지 전해지고 있는 것입니다.

게다가 현명한 군주가 즉위하고서 어찌 옹졸하게 각종 제약과 속박에 매여 그 저 옛것만 지키고 당대의 세속에 영합하겠습니까! 반드시 새로운 학설을 높이 내걸고 큰 도리를 선전하며 설명하고, 새로운 사업을 개창하여 전통을 수립하여 후대 만세의 모범을 삼고자 할 것입니다. 그런 까닭에 추구하는 것에 포용하지 않는 바가 없고 포함되지 않는 것이 없으며, 심지어 하늘처럼 높고 땅처럼 큰 공덕을¹⁹² 건립하고자 애쓰는 것입니다. 『시경』에서 '만천하에 주나라 천자의 땅이 아닌 곳이 없고, 땅 위에서 생활하는 사람 중 주나라 천자의 신민臣民이 아닌 자가 없다'¹⁹³고 하지 않았습니까? 이 때문에 육합六合의 안과 팔방八方¹⁹⁴ 밖의 어느 지방을 막론하고 뭇 생명이 천자의 은택으로 이득을 보지 않음이 없으니, 만일 어느 지방의 한 생명이라도 이득이 없다면 현명한 천자는 부끄럽게 느낄 것입니다. 지금 봉강封疆¹⁹⁵ 안의 관을 쓰고 요대를 찬 모든 사람은 이미 복을 받아서 누락된 사람이 없습니다. 그러나 이적夷狄은 습속이 다른 소국이며 요원하여 중원과 단절된 이당異黨¹⁹⁶의 지방으로, 수레와 배가 통하지 않고 인적이 드물어 아직 천자의 교화를 받지 못하고 중원 풍속의 영향도 받지 못했습니다. 그들을 받아들이면 그들은 예의를 강구하지 않고 우리 변경을 침범할 것이고, 그들을 내치면 그들은 온갖 못된 짓을 하며 군주를 쫓아내거나 시해할 것입니다. 이러한 지역은 군신 관계가 바뀌고 존비의 구분이 없으며 부형父兄은 죄 없이 해를 입고 어린아이와 고아는 약탈당해 노비가 됩니다. 결박당한 사람들이

---

192   원문은 '삼천이지參天貳地'이다. 삼천參天은 천天·지地·인人이고, 이지貳地는 지地·인人을 말한다. 인人은 현군賢君을 가리키는데, 그 공덕이 천지와 나란하다는 뜻이다. 안사고는 말하기를 "자신의 덕을 땅에 비유하므로 이지貳地이고, 땅과 자신은 하늘과 나란히 하므로 셋이 되니 삼천參天이다"라고 했다.

193   원문은 '普天之下, 莫非王土; 率土之濱, 莫非王臣'이며, 출전은 『시경』 「소아小雅·북산北山」이다.

194   육합六合은 천지 상하와 동서남북 사방四方이다. 팔방八方은 사방과 사유四維(동북, 동남, 서남, 서북)를 말한다.

195   봉강封疆: 분봉分封한 경계로, 중국 국경을 말한다.

196   이당異黨: 소수민족에 대한 멸시의 칭호로, 이류異類와 같다.

울부짖으며 눈이 빠지게 중원을 바라보면서 원망하며 말하기를 '듣자하니 중국의 천자는 더할 수 없이 높은 성인이며 인덕은 큰 바다와 같이 깊고 넓으며 은택은 만물에 두루 시행되어 각자 자기 있을 자리에 있게 한다고 하는데, 어찌하여 오직 우리만 버리십니까!'라고 할 것입니다. 그들이 발꿈치를 들고 중원을 바라보는 것은 큰 가뭄의 하늘에서 비가 내리기를 바라는 것과 같습니다. 흉악하고 포악한 사람도 그들을 위해 눈물 짓는데 하물며 성명한 천자가 어떻게 손 놓고 돌보지 않을 수 있겠습니까? 이 때문에 북쪽으로 출병하여 흉노를 토벌하고 남쪽으로는 사자를 파견해 남월을 꾸짖은 것입니다. 사면팔방이 모두 천자의 은덕을 입어 서이와 남이의 군장들은 일제히 물고기가 모여서 머리를 쳐들고 물살을 맞듯이 조정을 앙모하며 귀화하여 작호爵號를 받고자 하는 자가 헤아릴 수 없을 정도로 많습니다. 이 때문에 천자는 말수와 약수까지 요새를 설치하고 경계를 장가강으로 삼았으며, 영산零山[197]을 뚫어 길을 열고 손수에 교량을 가설했으며 이러한 땅에 도덕 교화를 전개하고 인의仁義 전통을 건립했습니다. 이어서 은혜를 널리 베풀어 위로하고 회유하여 아무리 먼 나라도 고립되지 않게 하고 아무리 어둡고 구석진 곳도 광명을 볼 수 있게 함으로써 다시는 전쟁을 치르지 않고 토벌의 고통을 면하게 했습니다. 멀고 가까운 곳을 하나로 연결하고 중앙과 지방을 함께 행복하게 하는 것은 역시 즐거운 일 아니겠습니까? 무릇 백성을 물이 깊고 불같이 뜨거운 속에서 구제하고 천자의 미덕을 받들며 난세의 쇠퇴하는 상황을 바꾸어 주나라의 끊어진 사업을 진흥시키는 것[198]은 천자가 처리해야 할 급선무입니다. 백성이 설사 수고롭더라도 또 어떻게 그만둘 수 있겠습니까?

게다가 제왕이 해야 할 일은 고통과 근면함에서 시작되지 않은 것이 없으나, 끝내는 편안하고 즐겁게 끝납니다. 한나라 천자가 천명의 징조를 받는 것도 바로

---

197 영산零山: 영관도零關道로, 지금의 쓰촨성 어볜峨邊 남쪽 지역이다.
198 한나라는 진나라를 계승한 것이 아니라 주나라를 계승했다는 말이다.

이러한 고생스런 문제에서 표현되는 것입니다. 천자께서 태산 정상에서 하늘에 제사지내고 양보산梁父山199 아래에서 땅에 제사지내며 수레 방울을 울리고200 음악과 찬미를 드높이는 것은 위로 오제의 덕과 함께하고 아래로는 삼왕의 다스림을 뛰어넘으려는 것입니다. 여러분은 눈으로는 주체를 보지 못하고 귀로는 소리를 듣지 못하니, 마치 초명鷦明201이 끝없이 넓은 하늘을 날고 있음에도 그물을 펼쳐 새를 잡으려는 자는 호수와 늪 아래를 보는 것과 같으니, 이것은 얼마나 슬픈 일입니까!"

그러자 대부들은 망연자실하여 자신들이 무엇 때문에 왔는지, 왔으나 사자에게 무슨 말을 해야 하는지 완전히 잊어버렸다. 그들은 모두 탄식하며 말했다.

"한나라의 도덕은 실로 매우 높습니다. 이런 말들이 바로 저희같이 시견이 좁은 사람들이 듣고 싶었던 것입니다. 비록 백성이 고생스러울지라도 저희가 몸소 그들을 이끌어 실천하도록 하겠습니다."

하나둘 넋을 잃고 어찌할 바를 몰라 하며 사과하고 조심스럽게 물러갔다.

그 뒤에 어떤 사람이 글을 올려 사마상여가 사자로 나갔을 때 뇌물을 받았다고 고발했고, 사마상여는 이 때문에 면직되었다. 그러나 1년 넘어서 다시 부름을 받아 낭관이 되었다.

사마상여는 말을 더듬었으나 문장을 잘 지었다. 평소 그는 소갈병을 앓았지만 탁문군과 결혼한 뒤로는 재산이 풍족했다. 그는 관직에 있을 때 공경대신들

---

199 양보산梁父山: 태산泰山 동남쪽에 있는 산이다. 진 시황이 봉선封禪을 거행할 때 태산에서 하늘에 제사를 지내고 양보에서 땅에 제사를 지낸 이후, 무제와 광무제 또한 이러한 봉선 대전大典을 거행했다.
200 원문은 '화란和鸞'으로, 방울의 일종이다. 수레 앞 횡목 위에 걸려 있는 방울을 화라 하고, 수레틀 위에 걸려 있는 것을 란이라 한다.
201 초명鷦明: 봉황과 비슷한 새.

과 국가 대사에 관한 논의에 참여하지 않았고, 항상 병이 있다는 핑계로 집에서 한가하게 지내면서 관직과 작위를 추구하지 않았다. 그는 일찍이 무제를 수행하여 장양궁長楊宮202에 가서 사냥을 했는데, 당시 무제는 직접 곰이나 멧돼지와 격투를 벌이고 말을 달려 들짐승을 좇았다. 사마상여가 상소를 올려 간언했는데, 그 문장은 다음과 같다.203

신이 듣건대, 만물은 같은 유가 있어도 능력은 다르다고 했습니다. 힘으로는 사람들이 오획烏獲을 말하고, 동작이 민첩하기로는 경기慶忌204를 언급하며, 용맹하고 두려움이 없기로는 맹분孟賁과 하육夏育보다 뛰어난 자가 없다고 합니다. 신 어리석으나 가만히 생각해보면 사람에도 이러한 차별이 있듯이 짐승 또한 같다고 생각합니다. 지금 폐하께서는 험준한 곳에 올라 맹수 쏘기를 좋아하시는데, 갑자기 특별히 큰 짐승이라도 마주치게 되어 뜻하지 않은 곳에서 놀라게 되고 돌연 그 짐승이 폐하를 뒤따르는 수레가 일으키는 먼지 속으로 뛰어든다면 수레를 돌려 피할 틈이 없고 사람이 잡을 수도 없게 되니, 비록 오획과 봉몽逢蒙205 같은 활쏘기 기술이 있다 하더라도 재능을 발휘할 수 없게 될 것이며 이런 때 마른 나무와 썩은 그루가 모두 해가 될 것입니다. 이것은 마치 흉노인과 남월인이 돌연 폐하 수레 아래에서 일어나고, 강인羌人과 이인夷人이 수레 뒤에서 바싹 접근하는 것과 같은데, 어찌 위험하지 않겠습니까! 설령 안전이 보장되어 위험이 없을지라도 본래 천자가 접근할 만한 곳은 아닙니다.

202　장양궁長楊宮: 지금의 산시陝西성 저우즈周至 동남쪽에 있는 궁. "『괄지지』에서 이르기를 '진나라 장양궁長楊宮은 옹주雍州 주질현盩厔縣 동남쪽 3리 지점에 있다. 황상이 궁전을 세우고 궁 안에 큰 버드나무를 심었으므로 궁전의 이름으로 삼았다'라고 했다."(『정의』)
203　이하는 「상서간렵上書諫獵」이다.
204　오획烏獲은 전국시대 진나라의 용사이고, 경기慶忌는 춘추시대 말 오왕 요僚의 아들로 말이 따를 수 없을 만큼 빨리 달렸다고 전해진다.
205　봉몽逢蒙은 하나라 때 활을 잘 쏘던 사람으로 후예后羿의 제자다.

게다가 천자가 출행할 때는 먼저 경계하여 행인의 왕래를 금지한 뒤에 문을 나가고 수레가 달릴 수 있는 길의 중앙에서 비로소 달리기 시작합니다. 설사 이같이 한다 해도 어떤 때는 말고삐와 재갈에 문제가 생겨 변고가 발생하기도 하는데, 하물며 사냥할 때 무성한 풀숲을 뚫고 나아가고 잡초가 무성한 구릉을 달려 올라가면서 눈앞의 짐승을 잡는 즐거움에 빠져 신속히 대비할 수 없다면 뜻밖의 상황이 발생했을 때 처리하기 어렵습니다! 무릇 가볍게 수레를 움직여 안전을 고려하지 않으며 만분의 일이라도 위험을 무릅쓰고 쾌락을 추구한다면, 신은 폐하를 위해서 이같이 해서는 안 된다고 생각합니다.

대체로 영명한 사람은 아직 발생하지 않은 일을 미리 볼 수 있고, 지혜로운 사람은 발생하지 않은 위험을 미리 피할 수 있습니다. 본래 화라는 것은 대부분 사람의 주목을 끌지 않는 곳과 사람이 소홀하기 쉬운 곳에 숨어 있습니다.

그러므로 속담에서도 말하기를 "집에 천금이 있는 부자는 절대로 처마 아래에 앉지 않는다"[206]고 합니다. 이 말은 비록 작은 일을 말한 것이지만 큰 도리에 비유할 수 있습니다. 신은 바라건대 폐하께서는 유의해서 살펴주시기 바랍니다.

무제는 그가 말한 것이 옳다고 생각했다. 돌아오는 길에 의춘궁宜春宮[207]을 지날 때 사마상여는 진나라 2세의 과실을 한탄하는 부를 지어 바쳤다. 그 사부辭賦는 다음과 같다.[208]

경사진 긴 비탈을 올라가, 겹겹으로 포개진 높이 솟은 궁전으로 들어갔네. 곡강지曲江池[209] 안의 긴 모래톱을 마주하고 멀리 남쪽의 높고 낮은 산들을 바라보

---

206 원문은 '家累千金, 坐不垂堂'이다. 여기서의 수당垂堂은 처마 밑으로, 만에 하나 기와 조각이 떨어져 상처 입는 일을 피한다는 뜻이다. "(원앙이 말하기를) 천금을 가진 부잣집 자제는 대청의 처마 아래에 앉지 않고, 백금을 가진 보통 집안의 자제는 누각의 난간에 기대어 서지 않는다."(「원앙조조열전」)
207 의춘궁宜春宮: 진나라 궁전으로 지금의 시안西安 동남쪽의 곡강지曲江池 근처에 위치했다.
208 이하는 「애진이세부哀秦二世賦」이다.

네. 높고 험준한 깊은 산, 막힘없는 인적 드문 산골짜기가 광활하고 깊구나. 빠르게 흐르는 시냇물은 한번 흘러가면 돌아오지 않고, 광활하고 끝없는 평원으로 흘러드네. 울창하게 우거진 숲을 감상하고 무성한 죽림도 둘러보네. 동쪽으로 달려가 토산土山을 오르고, 북쪽으로 향해 옷을 걷어 올리고 여울을 건너네. 발길을 멈추고 배회하다가 진 2세의 능원을 조문하네. 그대는 자신을 제멋대로 하여 국가를 패망하게 만들었네. 그대는 참언을 듣고도 깨닫지 못하여 종묘의 향이 끊어지게 만들었네. 아아, 슬프구나! 그대는 품행이 좋지 못한 사람이라, 지금 그대의 무덤은 잡초가 우거져도 돌봐줄 이 없고, 영혼은 돌아가 쉴 곳이 없어 제사를 누리지도 못하네. 가는 길은 아득히 멀고 존경받지 못해 가면 갈수록 알아주는 이 없구나. 그대의 정기는 이미 사방으로 흩어져 날아다녀, 곧장 구천九天[210]으로 올라가서 영원히 돌아오지 못하네. 오호라, 슬프구나!

사마상여는 효문원령孝文園令[211]으로 임명되었다. 무제는 일찍이 그의 「자허부」를 상찬했는데, 상여는 무제가 신선 방술을 좋아하는 것을 보고 말했다.

"상림의 일을 말한 것은 아름답다고 하기에 부족하며, 더 좋은 것이 있습니다. 신은 일찍이 「대인부大人賦」를 지었으나 아직 완성되지 않았으니, 온전히 갖추고 나서 폐하께 바치겠습니다."

사마상여는 세상에 전해지는 신선들은 깊은 산과 큰 못 사이에 살고 있는데 그 용모가 수척하여, 이러한 신선들은 제왕들이 바라는 모습이 아니라고 생각하여 「대인부」를 지었다. 그 문장은 다음과 같다.

209 곡강지曲江池: 의춘궁 동쪽의 의춘원宜春苑 안에 있다.
210 구천九天: "양웅揚雄의 「태현경太玄經」에서 이르기를 '구천九天은 첫 번째는 중천中天, 두 번째는 선천羨天, 세 번째는 종천從天, 네 번째는 경천更天, 다섯 번째는 수천睟天, 여섯 번째는 확천廓天, 일곱 번째는 감천減天, 여덟 번째는 침천沈天, 아홉 번째는 성천成天이다'라고 했다."(『정의』)
211 효문원령孝文園令은 한나라 효문제 능읍陵邑의 행정장관으로, 지위는 현령과 같다. 「백관지」에 이르기를 '능원령陵園令은 600석이고, 순시와 청소를 관장했다'고 했다."(『색은』)

세상에 대인大人이 있는데 중주中州212에 살았다. 거처하는 곳이 만 리에 달했지만 그는 잠시도 머물 만하지 않았다. 속세의 협소함을 슬퍼하여 홀로 날아올라 먼 곳으로 가서 마음껏 노닐었다. 흰 무지개로 장식한 붉은 깃발을 드리우고 구름을 타고 위로 떠오른다. 격택성格澤星213을 깃대로 세우고 빛나는 채색 깃발이 달려 있다. 순시성旬始星214으로 만든 술을 걸고 긴 꼬리의 혜성彗星으로 만든 깃발에 깃털을 드리워 끌고 다닌다. 깃발이 바람 따라 나부끼면서 가벼이 부드럽게 접혔다 펴졌다 하고 또 경쾌하고 유연하게 흔들린다. 천참天欃과 천창天槍215을 모아 깃발로 삼고, 무지개를 둘둘 감아 깃대의 싸개로 삼았다. 붉은색 구름과 무지개는 고요하고 아득히 멀며 어두컴컴하여 빛이 없고, 광풍이 불어 닥치자 엷게 흐르는 구름이 둥둥 떠다닌다. 응룡應龍216과 코끼리가 끄는 수레를 타고 나아가며, 적리赤螭와 청규青虬217를 몰아 꿈틀꿈틀 행진한다. 적리와 청규는 때로는 목을 접었다 폈다 하며 제멋대로 달리고 때로는 돌아서 솟구쳤다가 연이어 휘감는다. 때로는 고개를 흔들며 숙였다가 쳐들기도 하고 때로는 움직이지 않고 제멋대로인데, 그 모양이 말의 이빨처럼 가지런하지 못하다. 갑자기 전진했다가 물러나고, 고개를 흔들고 혀를 내밀면서 급히 갔다가 천천히 가고, 꿈틀꿈틀 가다가 방향을 바꾸기도 하고, 구부리고 달리면서 서로 의지한다. 서로 뒤엉켜 높이 올라갔다가 지면으로 내려가기도 하고, 빠르게 날아올라서는 미친 듯이 질주한다. 서로 뒤쫓으며 빨리 달리는 모습은 마치 화염이 나는 것

212 대인大人은 천자를 비유해 가리키는 것이고, 중주中州는 중원, 중국을 말한다.
213 격택성格澤星: 별의 이름으로, 「천관서」에 따르면 "격택성格澤星은 형태가 맹렬히 타오르는 불 형상으로 황백색이고 땅에서부터 위로 뻗어 올라가고 아랫면은 크고 위로 향하면서 점차 날카로워진다"고 했다.
214 순시성旬始星: 별의 이름으로, 「천관서」에 따르면 "북두 옆에서 출현하는데 형상은 수탉과 같다. 화가 났을 때는 색깔이 청흑靑黑으로 변하는데, 그 형상이 마치 자라와 같다"고 했다.
215 천참天欃과 천창天槍: 별의 이름으로, 「천관서」에 따르면 "천참은 길이가 네 장丈이며, 끝이 날카롭다. 천창은 길이가 여러 장丈인데, 양쪽 끝이 날카로우며 그 형상이 혜성과 비슷하다"고 했다.
216 응룡應龍: 전설 속의 날개 달린 용.
217 적리赤螭와 청규青虬: 전설 속의 뿔 없는 용이다.

같고, 번개가 지나는 것 같으며, 잠깐 사이에 구름이 사라지고 운무가 흩어진다. 비스듬히 동쪽 끝을 건너가서 북쪽 끝에 올라 진인眞人[218]과 교유한다. 구불구불 깊은 곳으로 간 다음 다시 오른쪽으로 돌아가서, 가로로 비천飛泉[219]을 건넌 다음 동쪽으로 달려간다. 모든 영어靈圉를 불러들여 선발하고 요광瑤光[220]에 많은 신선을 배치한다. 오제五帝를 앞에서 길 안내하게 하고 태일太一은 돌려보내며 능양陵陽[221]을 뒤따르게 한다. 왼쪽에는 현명玄冥이 있고 오른쪽에는 함뢰含雷가 있으며,[222] 전면에는 육리陸離가 있고 뒤쪽에는 휼황潏湟[223]이 있다. 선인 정백교征伯僑와 선문羨門[224]을 부리고, 기백岐伯[225]에게 약방을 주관하도록 부탁한다. 축융祝融[226]은 경계를 책임지고 행인의 통행을 금지시키며 거리를 청소하고, 탁하고 나쁜 기운을 제거한 뒤 간다. 나의 수레 만승을 모아 다섯 가지 색채가 뒤섞인 구름으로 만들어진 덮개를 씌우고, 화려한 깃발을 세운다. 구망句芒[227]을 보내 길을 안내하게 하고, 나는 남쪽으로 가서 즐기고자 한다.

숭산崇山[228]을 지나면서 당요唐堯를 찾아보고, 구의九疑[229]로 가서 우순虞舜을

---

218 진인眞人: 득도하여 장생하는 선인을 가리킨다.
219 "장읍張揖이 말하기를 '비천飛泉은 계곡으로, 곤륜산崑崙山 서남쪽에 있다'고 했다."(『정의』)
220 요광瑤光: 별 이름이다. "『한서음의』에서 이르기를 '요광은 북두성의 자루에서 첫 번째 별이다' 라고 했다."(『집해』)
221 태일太一은 천신天神 이름이다. 「천관서」에 따르면 "중궁中宮은 천극성天極星을 중심으로 하는데, 중궁 안은 비교적 밝을 뿐만 아니라 북쪽에서 움직이지 않는 별이 천극성이고 이름을 태일성太一星이라 한다. 태일太一은 천제天帝를 의미한다'라고 했다. 능양陵陽은 신선 능양자명陵陽子明을 가리킨다.
222 현명玄冥은 우사雨師라고 하는데 수신水神이다. 또 북방 천제天帝인 전욱顓頊으로 보좌하는 신이라고도 한다. 함뢰含雷는 "『한서음의』에서 이르기를 '함뢰는 검영黔嬴으로, 천상의 조화신造化神의 이름이다. 수신水神이라고도 한다'고 했다."(『집해』)
223 육리陸離와 휼황潏湟은 모두 신 이름이다. 신령스러운 새를 일컫는다고도 한다.
224 정백교征伯僑와 선문羨門은 모두 신선 이름이다.
225 기백岐伯: 옛 명의로 황제黃帝의 신하로 전해진다.
226 축융祝融: 남방 염제炎帝의 보좌라고 전해진다.
227 구망句芒: 동방 청제青帝의 보좌라고 전해진다.
228 숭산崇山: 요임금의 무덤 소재지로, 지금의 산시山西성 린펀臨汾 서남쪽 지역이다.
229 구의九疑: 순임금의 무덤 소재지로, 지금의 후난성 닝위안寧遠 남쪽 지역이다.

방문한다. 수레 행렬이 번잡하여 뒤섞여 행진하고 무질서하게 함께 앞으로 달려간다. 수레가 서로 부딪쳐 혼란해지니, 성대하고 끝없는 것이 마치 숲의 나무가 번잡하게 많은 듯하다. 식물이 모여 늘어서고 떼 지어 무성하니, 널리 퍼져 가지런하지 못하다. 곧장 깊고 험준한 뇌실雷室230로 진입하고, 들쭉날쭉하고 평평하지 않은 귀곡鬼谷231을 통과해 나간다. 팔굉八紘을 두루 관람하고 멀리 사황四荒을 바라보며,232 구강九江을 건너고 오하五河를 넘는다.233 염화산炎火山에서 왕래하고 약수弱水에 배를 띄우며,234 작은 모래톱을 건너고 유사流沙235를 건넌다. 총극總極236에서 휴식을 취하고 물속에서 즐기며, 영와靈媧로 하여금 비파를 타게 하고 풍이馮夷로 하여금 춤추게 한다.237 하늘빛이 어두워져 흐려지니, 병예屛翳를 불러 풍백風伯을 꾸짖고 우사雨師를 징벌한다.238 서쪽으로 으슥하고 분명하지 않은 곤륜산昆侖山을 바라보고, 곧장 삼위산三危山239으로 달려간다. 창합閶闔을 밀어 열고 천제의 궁궐로 들어가니, 수레에 옥녀玉女를 태우고 함께 돌아온다.240 조용히 낭풍閬風241에 올라 멈추니, 마치 까마귀가 하늘로 날아오른 뒤에 멈추고 날지 않는 것과 같다. 음산陰山242에서 배회하고 빙빙 돌며 날아오

230　뇌실雷室: 뇌연雷淵으로 전설 속의 물 명칭이다.
231　귀곡鬼谷: "『한서음의』에서 이르기를 '귀곡鬼谷은 북신北辰 아래에 있으며, 귀신들이 모이는 곳이다'라고 했다."(『집해』)
232　팔굉八紘은 팔극八極, 즉 팔방으로 지극히 먼 지방이다. 사황四荒은 사방의 아득히 먼 땅을 가리킨다.
233　구강九江은 장강의 많은 지류를 말한다. "장읍이 말하기를 '구강은 여강廬江 심양현尋陽縣 남쪽에 있고, 모두 동쪽으로 합쳐져 대강大江이 된다'고 했다." 오하五河는 안사고가 말하기를 "오색의 강"이라고 했다. "자紫(자주색), 벽碧(청록색), 강絳(진홍색), 청靑, 황黃의 강이다."(『선경仙經』)
234　염화산炎火山은 전설 속의 화염산火焰山이고, 약수弱水는 전설 속 서방의 강이다.
235　유사流沙: 전설 속의 강이다.
236　총극總極: 총령산葱嶺山이다. 파미르 고원, 곤륜산崑崙山, 천산天山 서쪽의 총칭이다.
237　영와靈媧는 고대 신화 속의 여신 여와女媧고, 풍이馮夷는 황하의 수신水神 하백河伯이다.
238　병예屛翳는 천신天神의 사자다. 풍백風伯은 풍신風神이고, 우사雨師는 비를 관장하는 신이다.
239　삼위산三危山: 신화 속의 산이다. 지금의 간쑤성 둔황敦煌 동남쪽에도 삼위산이 있다.
240　창합閶闔은 전설 속 천궁天宮의 남문南門이고, 옥녀玉女는 신녀神女다.
241　낭풍閬風: 곤륜산 정상에 있는 신선이 기거하는 곳으로 전해진다.

르니, 내가 오늘에서야 서왕모西王母243의 하얗게 센 머리를 본다. 그녀는 머리 장식을 쓰고 동굴에서 살고 있으니, 다행히 세 발 달린 까마귀244가 그녀를 위해 일한다. 만약 반드시 그녀처럼 불로장생하여 죽지 않는다면, 만년에 걸쳐 살아도 즐거워하기에는 부족하다.

수레를 돌려 돌아오니, 부주산不周山245에 이르러 길이 끊어지고 통하지 않게 되어, 이에 유도幽都246에서 회식한다. 이슬을 마시고 아침놀을 먹고, 영지 꽃을 씹고 경화瓊華247를 조금 먹는다. 고개 들어 위를 바라보며 점차 높이 올라, 발을 멈춘 뒤 위를 향해 성큼 뛰어오른다. 번개의 거꾸로 선 그림자를 뚫고, 풍융豐隆248이 일으킨 세차게 내리는 빗물을 건넌다. 유거游車와 도거道車249가 높은 곳에서 아래로 달리니, 빠르게 운무를 수레 뒤에 남긴 채 멀리 달려간다. 인간 세상은 대단히 협소하니, 빠른 수레를 늦추어 북부의 끝으로 나간다. 따르던 수레를 현궐玄闕에 머물게 하고 한문寒門에서 앞서간 수레를 앞지른다.250 아래는 깊고 멀어서 땅이 보이지 않고, 위는 넓고 무한하여 하늘이 보이지 않는다. 시야가 모호하여 물체가 보이지 않고, 귀가 분명하지 않아 소리가 들리지 않는다. 허공을 타고서 멀리 올라가니, 속세의 벗을 초월하여 홀로 오래도록 산다.

---

242 음산陰山: 지금의 하투 북쪽, 큰 사막 남쪽의 산들을 일컫는 말이다.

243 서왕모西王母: 전설 속 서방의 여자 신선이다. "장읍이 말하기를 '서왕모는 모습이 사람과 같은데 표범의 꼬리에 호랑이 이빨을 하고 있으며, 쑥 같은 귀밑털에 희고 깨끗한 하얀 머리를 가지고 있다. 돌로 쌓은 성의 황금으로 된 동굴에서 기거한다'고 했다."(『정의』)

244 원문은 '삼족오三足鳥'로, 왕선겸은 '삼청조三靑鳥'의 잘못이라고 했다. 삼청조는 서왕모를 위해 취식했다고 한다.

245 부주산不周山: 전설 속의 산으로, "장읍이 말하기를 '부주산은 곤륜산 동남쪽 2300리 지점에 있다'고 했다."(『한서보주』)

246 유도幽都: 북방의 지명이다.

247 경화瓊華: 경수瓊樹의 꽃술로, 옥 부스러기와 비슷하다.

248 풍융豐隆: 전설 속의 운사雲師로 구름을 움직이고 비 내리는 것을 주관했다.

249 여기서 유거游車와 도거道車는 천자가 놀러 나갈 때 타는 수레다.

250 "『한서음의』에서 말하기를 '현궐玄闕은 북극北極의 산이고, 한문寒門은 하늘의 북문北門이다'라고 했다."(『집해』)

사마상여가 「대인부」를 무제에게 바치자 무제는 매우 기뻐했는데, 구름을 타고서 우쭐거리며 천지간에서 노는 것 같았다. 뒤에 사마상여는 병으로 퇴직하고, 장안성 밖 무릉에서 살았다. 무제가 말했다.

"사마상여의 병이 위중하다니 서둘러 그의 집에 가서 그가 쓴 책을 모두 가져와야겠다. 그러지 않으면 나중에 잃게 될 것이다."

그리하여 소충所忠[251]을 보냈는데, 사마상여는 이미 죽고 그의 집에는 어떠한 책도 없었다. 그의 아내에게 묻자, 대답했다.

"장경長卿은 본래 남긴 책이 없습니다. 그가 비록 때때로 글을 썼지만 사람들이 가져가서 집에는 어떠한 책도 남아 있는 것이 없습니다. 장경이 죽기 전에 마지막으로 한 권의 책을 저술했는데, 만약 사자가 와서 책을 달라고 하면 이것을 바치라고 말했습니다. 이것 외에는 책이 없습니다."

사마상여가 남긴 글은 봉선封禪 대전에 관한 것으로, 그의 아내는 그것을 소충에게 건네줬다. 소충이 가져와 무제에게 바쳤는데, 무제는 이를 보고 매우 놀랍고 기이하게 여겼다. 그의 문장은 다음과 같다.[252]

"상고上古가 처음 시작되었을 때 하늘이 백성을 낳았고, 역대 군주를 거쳐서 진秦나라에 이르렀습니다. 가깝게는 근대 군왕의 유업을 계승하고 멀게는 전대 군왕의 전해지는 말을 들었습니다. 매우 많고 번잡한데, 자취도 없이 묻혀 진술되지 않은 군왕의 사적은 이루 다 셀 수 없습니다. 우순虞舜과 하우夏禹[253]를 계승하여 존호와 찬미의 시호를 숭상하며 찬양할 만한 군주는 72명이 있습니다.[254]

---

251 소충所忠: "장읍이 말하기를 '사자의 성명으로 「식화지」에 보인다'라고 했다."(『색은』) "성은 소所이고 이름이 충忠이다. 『풍속통』 「성씨姓氏」에서 이르기를 '『한서』에서는 간대부諫大夫 소충씨所忠氏라고 했다'고 했다."(『정의』)
252 이하는 「봉선문封禪文」이다.
253 원문은 '소昭, 하夏'다. "소昭는 순임금 때의 음악이고, 하夏는 우임금 때의 음악이다."(『한서보주』) 여기서는 순舜과 우禹를 가리킨다.

선한 일을 행하고 따른 군주 가운데 창성하지 않는 자가 한 사람도 없으니, 반역을 행한 군주 가운데 누가 오래도록 존속할 수 있었겠습니까?

헌원軒轅 이전은 멀어 그 상세한 정황을 이해할 방법이 없습니다. 오제와 삼왕의 사적은 『육경六經』의 전적에 기재된 것이 있어 대체의 정황은 볼 수 있습니다. 『상서尚書』에 말하기를 "원수元首는 영명하구나. 보좌하는 대신들은 현량하구나"[255]라고 했습니다. 이를 근거로 말한다면, 군왕은 당요唐堯보다 위대한 이가 없고, 대신은 후직后稷보다 현량한 이가 없습니다. 후직은 당요 때 공업을 창립했고, 공류公劉는 서융西戎에서 공적을 세우고 명성을 드날렸습니다. 문왕文王이 제도를 개혁하자 주나라가 크게 융성하고 대도大道가 이루어지기 시작했습니다. 그 뒤로 비록 점차 쇠미해지고 미약해졌지만 1000여 년 동안 원망하고 증오하는 소리가 없었던 것은 주나라 덕이 처음부터 끝까지 훌륭했던 것 아니겠습니까? 이러한 것은 다른 데 원인이 있는 게 아니라 주나라 선왕이 창립했을 때 삼가며 규칙을 준수하고 또 신중하게 후세 사람들에게 교훈을 남겼기 때문입니다. 이 때문에 주나라 선왕이 제정한 제도는 평이하고 준수하기 쉬우며, 은택은 깊고 두터워 사람들이 만족하기 쉬우며, 법도는 명백하여 본받기가 쉽고, 대대로 계승하는 황통은 순조롭고 조화로워 계승하기가 쉽습니다. 이로 인해 주나라의 공업은 성왕成王 때 흥성했으나, 공덕은 도리어 문왕과 무왕이 가장 높았습니다.[256] 시작과 멸망을 고찰해보면 탁월한 업적으로 지금 한나라와 비교할 만한 것은 없습니다. 그러나 주나라 사람은 여전히 양보산과 태산에 올라 봉선 대전을 거행하여 혁혁한 명호를 건립하고 존귀한 명칭을 부여했습니다. 대한大漢의 은덕은 원천原泉과 같아서 용솟음쳐 넘치고 거세게 흘러 사방에 이르며, 또

---

254 "관중이 말하기를 '고대에 태산泰山과 양보梁父에 가서 봉선 전례를 거행한 제왕은 72명인데, 내가 말할 수 있는 사람은 단지 12명뿐이다'라고 했다."(『봉선서』)

255 원문은 '元首明哉, 股肱良哉'이고, 출전은 『상서』 「익직益稷」이다.

256 "『한서음의』에서 말하기를 '주공이 성왕을 보좌하여 태평을 이루었지만 공덕이 문왕과 무왕이 으뜸인 것은 법도를 완성했고 쉽게 따를 수 있었기 때문이다'라고 했다."(『집해』)

운무가 흩어지듯이 위로는 구천에 도달하고 아래로는 팔방八方의 끝까지 흘러듭
니다. 생명을 지닌 모든 것은 한나라의 은택을 입어 윤택이 나고, 온화한 기운이
천하에 두루 퍼지며, 군대의 위력은 멀리까지 진동시켜, 가까운 곳은 마치 근원
에서 노는 듯하고 먼 곳은 말단에서 헤엄치는 듯합니다. 악의 수장은 모두 이미
소멸되었고 어리석은 이적夷狄 사람들은 교화되어 광명을 보게 되었으며, 곤충
들도 은택을 입어 머리 돌려 중원을 향하고 있습니다. 이와 같이 한 뒤에 추우騶
虞257 같은 진귀한 짐승을 원유苑囿에서 기르고 형상이 미록麋鹿258과 같은 괴수
를 포획했으며, 주방에서는 한 줄기에 여섯 이삭이 달린 곡식259을 골라 제사에
바치고, 두 뿔의 뿌리가 합쳐져 하나인 짐승260을 제사의 희생물로 삼으며, 주
나라 사람들이 길렀던 거북을 기산岐山에서 얻었고,261 못에서 취황翠黃과 승룡
乘龍을 불렀습니다.262 귀신은 신선 영어靈圉263를 맞이하여 한관閑館에서 빈객
으로 대접합니다. 진기한 물품은 기괴하고 특이하며 탁월하고 평범하지 않아
만물의 변화가 무궁합니다. 한나라 천자는 시종 겸허히 공경하고 삼가야 합니
다. 비록 상서로운 징조가 나타난다 할지라도 여전히 덕이 엷으니 감히 봉선의
문제를 말해서는 안 됩니다. 주 무왕이 황하를 건널 때 흰 물고기가 배로 뛰어

---

257 추우騶虞: 전설 속의 상서로운 짐승으로, 백호에 검은 무늬가 있고 생물을 먹지 않는다고 전해
진다.
258 미록麋鹿: "이른바 미록이라는 것은 그 형상은 미麋(고라니)와 같은 추우다. '미'가 아니라 '미'와
비슷하므로 미록과 같은 괴수라고 말한 것이다."(『한서보주』)
259 한 줄기에 이삭이 6개 달린 것은 가화嘉禾라고 한다.
260 백린白麟을 말한다. "『한서음의』에서 말하기를 '무제가 백린白麟(흰 기린)을 잡았는데, 두 뿔이
뿌리가 하나였으므로 희생물로 삼았다'고 했다."(『집해』)
261 "문영文穎이 말하기를 '주나라가 못에서 기르던 거북을 한나라에 이르러 기산 옆에서 얻었다. 거
북은 오래된 것을 토해내고 새로운 것을 먹을 수 있으며 천 년 동안 죽지 않는다'라고 했다."(『사기전증』)
262 원수 3년(기원전 120)에 물속에서 신마神馬를 부른 사건을 말한다. "『한서음의』에서 말하기를
'취황은 승황乘黃이다. 용의 날개에 말의 몸을 가졌으며 황제가 타고 신선이 되어 올라간다'고 했다."
(『집해』) 승룡乘龍은 네 마리 용이다. 고대에 수레는 일반적으로 네 마리 말을 1승乘이라고 했기 때문
에 승乘은 4에 해당한다. 즉 승룡은 사용四龍이다.
263 영어靈圉는 신선 이름이다.

들자 이를 좋고 상서로운 징조라 여기고 경축하고자 태워서 하늘에 제사지냈습니다.264 징조가 된 것은 매우 자그마한 것인데, 주 무왕은 도리어 이 때문에 태산에 올라 봉선을 거행했으니 또한 부끄럽지 않습니까! 주나라의 진취적인 것과 한나라의 겸양 두 가지의 차이가 어찌 이토록 큽니까?"265

이에 대사마大司馬가 진언했다.266

"폐하께서는 인자하게 천하의 일체 생물을 양육하고, 의로운 군대를 일으켜 복종하지 않는 역적을 토벌하며, 화하華夏 각 제후국267은 기꺼이 공물을 바치고, 만이들은 예물을 가지고 와서 알현합니다. 폐하의 덕행은 오제 삼왕과 같고, 공덕은 비할 만한 자가 없습니다. 아름다운 사업이 조화롭게 융합되고, 상서로운 징조가 많으면서 끊임없이 변화하여 시기에 따라 연이어 발생하므로 유독 처음 나타나는 것이 아닙니다. 생각해보건대 이것은 태산과 양보산에 단장을 설치하고 폐하께서 행차하시기를 바라는 것으로, 존호를 더해주는 것이 전대에 비해 더 영광스러운 것입니다. 상천이 은혜를 내리고 복을 쌓는 것이기에 상천에 예물을 바쳐 성공을 고하는 것인데, 폐하께서는 도리어 겸손하고 사양하며 태산에 올라 봉선을 거행하지 않습니다. 이것은 삼신三神268의 즐거움을 끊고 왕도王道의 예의를 손상시키는 것으로, 군신들은 이를 부끄럽게 여깁니다. 어떤 사람은 말하기를 천도는 정직하고 심오하며 상서로운 징조로써 뜻을 분명히 드

264 "호광胡廣은 말하기를 '무왕이 황하를 건너는데 흰 물고기가 배 안으로 뛰어 들어오자 고개 숙여 주워 불에 태워 하늘에 제사지냈다'고 했다."(『색은』) 원문에 '요燎'라고 한 것은 고대에 희생물을 장작더미에 놓고 불에 태워 하늘에 제사지내는 요제燎祭를 말한다.
265 "주나라는 봉선을 올려서는 안 되는데 봉선을 올렸고, 한나라는 봉선을 올려야 하는데 올리지 않았으니, 나아가는 것과 겸양하는 도가 모두 차이가 난다는 말이다."(『색은』)
266 이 구절 이하는 사마상여가 은총을 받는 관원 대사마를 빌려 무제에게 봉선을 건의하는 것이다. 대사마는 무제 원수 4년(기원전 119)에 장군 위에 설치한 관직으로, 당시의 대사마는 위청衛靑이다.
267 "주나라 때 분봉한 각 제후국을 가리키는데, 여기서는 한나라 때의 각 제후국을 가리킨다."(『사기전증』)
268 삼신三神: 상제, 태산, 양보이다. 일설에는 지기地祇, 천제天帝, 산악山嶽이라고도 한다.

러내기에 사양할 수 없다고 합니다. 이를 사양한다면 태산에서 표창할 방법이 없고 양보산에서 다시는 제사를 지낼 방법이 없을 것입니다. 또한 옛 제왕의 영광이 모두 일시적인 것이고 시간이 한번 지나면 사라지는 것이라면, 말하는 자들은 무엇으로 후손에게 칭송을 전하며 태산에서 봉선을 거행한 군주가 72명이라고 말하겠습니까? 품덕을 수양하고 하늘이 상서로운 징조를 내리면 상서로운 징조를 받들어 봉선의 일을 행하는 것이 진취적인 것으로, 예를 뛰어넘는 것이 아닙니다. 이 때문에 성명한 군왕은 봉선의 일을 폐하지 않고 예의를 익혀 지신地神을 받들고 천신天神을 정성껏 알현하며, 중악中嶽269에서 돌에 공적을 새기고 지존의 지위를 뚜렷하게 드러내어, 융성한 덕행을 선양하고 영광의 칭호를 과시하며 두터운 복록을 받고 상천으로 하여금 백성에게 은택을 내리게 합니다. 이러한 사업은 위대한 것입니다! 이것은 천하의 장관이며 제왕의 대사업이니 줄일 수 없습니다. 원컨대 폐하께서는 이것을 완성하십시오. 그런 다음에 유학자들의 지략과 법술을 종합하여 그들로 하여금 빛나는 해와 달의 남은 불꽃을 얻도록 하여270 그들이 재능을 펼치고 정사에 마음을 다하도록 하며, 하늘로부터 받은 기회를 바르게 하고 사람의 일을 열거하여 봉선의 큰 뜻을 명백히 논술하고 봉선 대전의 문사를 수식하게 하여 『춘추春秋』와 같은 경서를 짓게 하십시오. 그리하여 이 책을 이전의 『육경』과 합쳐서 칠경七經이 되게 하고 끝없이 두루 전하여 만세 이후에도 맑게 흐르는 물을 격동시키고 작은 물결을 일으킬 수 있도록 하며, 영화로운 명성을 드날리고 풍성한 유산을 전하게 하십시오. 이전 시대의 성명한 군왕들이 아름다운 이름을 영원히 보전하고 명망을 드러나게 할 수 있었던 까닭은 바로 여기에 있습니다. 마땅히 장고掌故271에게

---

269 중악中嶽: 태악太嶽, 즉 태산을 가리킨다. 어떤 사람은 중악을 숭산嵩山이라고도 한다.
270 "해와 달은 황제를 가리키며, 군신들로 하여금 황제가 하찮게 여기는 자질구레한 작은 일을 하게 하는 것을 말한다."(『사기전증』)
271 장고掌故: 태상太常의 속관으로 예악 제도 등 방면의 역사 사실을 관장했다.

명하여 봉선의 예의를 전부 아뢰도록 하여 폐하께서 살피시길 바랍니다."

이에 황제가 감동하여 안색을 바꾸면서 말했다.

"좋소. 짐이 시험 삼아 시행해보리다!"

이에 생각을 바꾸어 공경들의 의견을 모아 봉선의 일을 물었으며, 한나라의 은택이 큰 것을 시로 지어 노래 부르게 하여 상서로운 징조가 많음을 널리 알리게 했다. 그리하여 지어진 송송272은 다음과 같다.

"나의 하늘 아래 온 세상에는 구름이 유유히 흘러가네. 감미롭고 때맞춰 내리는 비와 이슬, 그 땅에서 노닐 수 있네. 빗물이 내리니 어떤 생물인들 양육되지 못하겠으며, 가화嘉禾가 한 줄기에 여섯 이삭 나오니, 나의 농작물이 어찌 수확되지 않겠는가.

비가 내릴 뿐만 아니라 대지를 촉촉이 적셔주며, 대지를 촉촉이 적셔줄 뿐만 아니라 널리 퍼지게 하네. 만물이 화목하고 즐거우니, 한나라 천자를 그리워하고 또 사모한다네. 태산의 봉선이 군왕이 오기를 멀리 바라보며, 군왕이여, 군왕이여, 어찌하여 오지 않으십니까!

화려한 색채로 알록달록 빛나는 추우騶虞가 우리 천자의 원유에서 놀고 있네. 흰 바탕에 검은 무늬, 그 용모 감상할 만하며, 온화하고 삼가는 모습은 바로 군자의 풍채 같네. 이전에 그 이름을 들은 적이 있는데, 지금에서야 오는 것을 보게 되네. 그 노정은 종적이 없지만, 이것은 하늘이 내린 상서로운 징조로다. 추우가 순임금 때도 출현했으니, 순임금의 자손이 이 때문에 흥성했네.

살진 백린白麟(흰 기린)이 영치靈畤에서 노닐었네.273 맹동孟冬274 10월에 군왕께서 가서 교사郊祀275를 지냈네. 백린이 우리 군왕 수레 앞으로 달려오니, 이것

---

272 송송頌: 찬미와 칭송을 내용으로 하는 문장 혹은 시가를 말한다.

273 "『한서음의』에서 말하기를 '무제가 오치五畤에서 제사지냈는데, 백린白麟을 잡았으므로 영치靈畤에서 놀았다고 말하는 것이다'라고 했다."(『집해』) 오치五畤는 지금의 산시陝西성 평상鳳翔 남쪽으로 진·한 때 천제에게 제사지내는 곳이었다. 영치靈畤는 당시 천지와 오제에 제사지내는 대의 명칭이다.

274 맹동孟冬: 겨울의 첫 번째 달로 음력 10월이다.

은 천제가 제품祭品을 누리고 복지를 보답으로 주신 것이네. 이러한 상황은 삼대 이전에 들어본 적이 없는 것이로다.

꿈틀거리는 황룡이 지극한 덕의 천자를 만나자 비로소 하늘로 날아올랐네. 그 광채는 눈이 부시고 번쩍이며 밝기가 휘황찬란하네. 정양正陽276에 황룡이 출현하여 만백성을 일깨워줬네. 서전書傳에서 일찍이 기술하기를, 이것은 천명을 받은 천자에게 내리는 수레라고 말하네.277

이것은 천명의 상서로움이 명백하므로 반복해서 깨우쳐줄 필요가 없네. 마땅히 유사한 상황에 기탁하여 군왕에게 태산에서의 봉선을 설명하는 것이네.

유가 경전을 펼쳐 조사해보니 천도天道와 인사人事는 이미 서로 교통하니, 하늘과 사람이 서로 마음을 열고 회답하네. 성명한 군왕의 덕행은 바로 경계하고 삼가고 공경하는 것이라네. 이 때문에 말하기를 '흥성한 때 반드시 쇠퇴를 고려해야 하고, 태평할 때 반드시 위험을 고려해야 한다'고 하네. 그리하여 상탕과 주 무왕은 가장 존귀한 지위에 있으면서도 여전히 공경을 버리지 않았으며, 순임금은 높은 지위에 있을 때 자신의 과실을 반성했으니, 바로 이러한 도리를 이르는 것이네."

사마상여가 죽은 지 5년 뒤 무제는 비로소 후토后土에 제사를 지내기 시작했다.278 8년 뒤에 중악中嶽에서 제사를 지내고,279 이어서 태산 정상에 대를 쌓아

---

275 교사郊祀: 도성 근교에서 천지에 제사를 지내는 것으로 남쪽 근교에서는 하늘에 제사를 지내고 북쪽 근교에서는 땅에 제사를 지냈다. 교郊는 고대에는 도성 100리 지방을 가리켰는데, 일반적으로 성외城外, 야외野外를 가리켰다. 여기서 교郊는 제왕이 천지와 종묘 등에 지내는 가장 성대하고 장중한 제사인 대사大祀를 말하고, 사祀는 대사, 중사中祀 이하의 제사인 군사群祀를 말한다.

276 정양正陽: 하력夏曆 4월을 가리킨다.

277 "여순이 말하기를 '책으로 전하는 기록에 그 비슷한 유형을 헤아리면 한나라는 토덕土德으로 황룡이 응답하여 성기成紀(지금의 간쑤성 징닝靜寧 서남쪽)에서 출현했으므로 천명을 받은 자가 타는 것이다'라고 했다."(『색은』)

278 원정 4년(기원전 113)의 일이다.

279 중악中嶽 숭산嵩山에서 제사지낸 것은 원봉 원년(기원전 110) 3월이다.

하늘에 제사지내고 양보梁父에 이르러 숙연산肅然山 아래 땅에 제사지냈다.[280]

　사마상여의 다른 작품으로는『유평릉후서遺平陵侯書』『여오공자상난與五公子相難』『초목서草木書』 등이 있지만, 여기에서는 모두 수록하지 않고 저서 가운데 특히 공경 사대부들 사이에 잘 알려져 유행한 편만을 기재했다.

　태사공은 말한다.

　"『춘추』는 구체적인 역사적 사실에서 추상적인 도리를 추구했고,『역경』은 정교하고 심오한 도리의 탐구를 통해 명확하고 구체적인 사실을 파악했으며, 「대아大雅」는 왕공대인王公大人의 일을 말함으로써 그들의 덕행을 백성에게 전했고, 「소아小雅」는 개인의 득실을 말하여 위에 충고하는 목적에 도달했다.『춘추』 『역경』「대아」「소아」의 말은 비록 같지 않지만 그 근본적인 성질인 덕에 합치된다는 점에서 동일하다. 사마상여의 글은 허황된 문장과 과장된 설명이 많으나 그 골자는 무제에게 절약과 검소를 권하는 것으로 귀결되니, 이것이『시경』의 풍자나 충고와 무엇이 다르겠는가. 양웅揚雄은 '사마상여의 화려한 사부辭賦는 사치를 북돋우는 언사가 100가지나 절검을 간언하는 언사는 단지 한 가지뿐이라, 이는 정鄭과 위衛의 음악을 연주하고 곡이 끝난 뒤에 비로소 아악雅樂을 연주하는 것과 같아 얻는 것보다 잃은 것이 많은 것이 아닌가?'라고 여겼다.[281] 이 때문에 나는 그의 가치 있는 작품 몇 가지만을 이 열전에 수록했다."

280　양보梁父와 숙연肅然은 모두 태산 부근의 작은 산 명칭으로 양보는 태산 동남쪽 기슭이고, 숙연은 태산 동북쪽 기슭이다. 무제가 태산에서 하늘에 제사지내고 숙연산에서 땅에 지낸 것도 원봉 원년 3월의 일이다.

281　"이 구절은 마땅히 삭제해야 한다."(『사기지의』)

회남형산열전

淮南衡山列傳

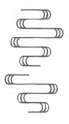

이 편은 오왕 유비를 중심으로 한 제후왕들이 조정에 반기를 들고 일어난 이후 다시 한 번 유씨 제후왕들이 모반을 꾀한 과정을 기술하고 있다. 고조의 막내 아들인 회남왕 유장은 조정의 법령에 따르지 않다가 문제 때 반역을 일으키려 했고, 죄를 얻어 유배지로 가는 도중에 죽었다. 문제는 동생을 죽인 황제라는 소문을 우려하여 회남국 영토를 유장의 세 아들에게 나눠 분봉했다. 유안은 회남왕, 유발은 형산왕(뒤에 제북왕), 유사는 여강왕(뒤에 형산왕)이 되었다. 무제 시기에 이르러 유안과 유사가 손잡고 모반을 일으키려다가 죽음을 맞았다. 이들은 모반으로 주살 당했기에 「세가」에 포함되지 못하고 「열전」으로 떨어졌다. 유장은 강하고 난폭했으며, 유안은 의심이 많고 망설이며 항상 원망했고, 유사는 음란하고 어리석었다. 이러한 제후왕들의 반역은 당시 통치 집단 내부의 권력 다툼을 말해주는 것으로, 유장이 죽은 뒤 민간에서는 "한 척의 베로도 꿰매어 옷을 입을 수 있고, 한 두의 곡식도 찧어 나누어 먹을 수 있는데, 형제 두 사람은 서로 용납하지 못했네"라는 노래가 나돌아 문제를 탄식하게 했다. 반면 모반을 진압한 무제는 줄기는 강하게 하고 나뭇가지와 잎은 약하게 하는 것이 조정의 근본임을 일깨웠다.

사마천은 "회남과 형산 두 국가의 군주는 모두 천자의 골육지간으로 강토가 사방 1000리고 지위는 제후의 반열이다. 그러나 그들은 번신의 직책을 준수하지 않았고, 조정을 보좌하지 않았으며, 오히려 온갖 나쁜 짓을 저지르며 반란을 획책했기 때문에 부자 2대가 두 차례나 나라를 망하게 하여 모두 제 명을 다하지 못했으며 천하 사람들의 웃음거리가 되었다"고 한탄했다. 반면 지금의 조정이 어떠한가를 묻는 무제에게 오피는 "군신간의 예의, 부자간의 친근, 부부간의 구별, 장유의 순서가 모두가 조리가 있고 정연합니다. 황상의 거동도 모두 옛날의 도덕을 준수하고 있고 사회 풍속과 기강에도 결함이 없습니다"라고 대답했다. 이는 다른 각도에서 바라보는 무제 시기의 평가로, 눈여겨볼 만하다.

회남여왕淮南厲王 유장劉長1은 한 고조의 막내아들이다. 그의 모친은 본래 조왕趙王 장오張敖2의 미인美人3이었다. 한 고조 8년(기원전 199)에 고조가 동원東垣에서 돌아오면서 조趙나라를 지나는데,4 조왕이 자신의 미인을 보내 고조를 모시게 한 적이 있었다. 여왕厲王 유장의 모친은 이때 고조의 총애를 받아 임신을 했다. 조왕 장오는 감히 그녀를 자신의 후궁에 들이지 못하고 별도로 왕궁 밖에 집을 지어주고 기거하게 했다. 관고貫高 등이 모반하여 백인柏人에서 고조를 죽이려 한 사건이 발각된 뒤5 조왕도 연루되어 체포되었다. 동시에 조왕의 모친, 형제, 미인도 모두 체포되어 하내군河內郡으로 압송되어 왔으며, 유장의 모친도 그 안에 포함되었다. 이때 유장의 모친은 그들을 지키는 관리에게 말했다.

---

1 "노문초盧文弨가 말하기를 『회남자』에는 무릇 장長 자를 모두 수修 자로 했다'고 했다."(『한서보주』) '여厲'는 시호다. "『시법해諡法解』에 이르기를 '무고한데 살육하는 것을 여厲라 한다'고 했다."(『사기전증』) 회남국淮南國의 도성은 수춘壽春으로 지금의 안후이성 서우현壽縣.

2 조왕趙王 장오張敖는 유방의 공신 장이張耳의 아들이다. 장이는 고조 4년(기원전 203)에 조왕趙王에 봉해졌으나, 그해 사망했다. 그 아들 장오가 왕위를 계승했고 유방의 딸 노원魯元공주를 아내로 삼았다. 조나라의 도성은 한단邯鄲이었는데 지금의 허베이성 한단邯鄲이었다.

3 미인美人은 후궁의 봉호 명칭이다. "한나라가 건립하자 진나라의 후궁제도와 칭호를 답습했는데, 정처正妻를 황후皇后라 하고 첩은 모두 부인夫人이라 불렀다. 그 외에 미인美人, 양인良人, 팔자八子, 칠자七子, 장사長使, 소사少使의 칭호가 있었다."(『한서』 「외척전外戚傳」) 미인에 대한 대우는 2000석에 상응했다.

4 고조 6년(기원전 201) 한왕 신이 흉노에 투항하자 이듬해 유방은 군사를 이끌고 토벌하러 갔다. 고조 8년 유방은 다시 군사를 이끌고 동원東垣(지금의 허베이성 스자좡 동북쪽)에서 한왕 신의 잔여 세력을 토벌하고 경사로 돌아오는 길에 조나라의 도성 한단을 지나갔다.

5 관고貫高: 조나라의 상이었는데, 조왕 장오를 대하는 유방의 오만과 무례함을 보고 조오趙午 등과 함께 백인현柏人縣(지금의 허베이성 룽야오隆堯 서쪽)에서 유방을 습격해 죽이려 했으나 실패했다. 1년 뒤인 고조 9년(기원전 198), 관고와 원한이 있는 사람이 이 음모를 알고 글을 올려 고발했다.

"나는 황상의 총애를 받았고, 지금 황상의 아이를 임신했다.6"

이 말을 들은 관리가 고조에게 보고했으나, 고조는 마침 조왕에 대해 분노하고 있었기 때문에 유장의 모친에 대해 관심을 두지 않았다. 유장 모친의 동생인 조겸趙兼이 벽양후辟陽侯 심이기審食其를 통해 여후呂后에게 이 사실을 전달했으나, 여후는 시기하여 유방에게 부탁하지 않으려 했고7 벽양후도 이 일을 위해 적극적으로 노력하지 않았다. 유장의 모친은 유장을 낳은 뒤 분노하여 자살했다. 지키던 관리가 유장을 안고 고조를 알현하자 고조는 후회하면서 여후에게 유장을 양육하게 하고, 유장의 모친을 진정眞定8에 묻어주었다. 진정은 유장 모친의 고향이며 그녀 조상이 대대로 살던 곳이었다.9

고조 11년(기원전 196) 7월10 회남왕 경포黥布가 반란을 일으키자, 고조는 즉시 자신의 막내아들 유장을 회남왕으로 세우고11 앞서 경포에게 봉했던 4개 군郡12을 모두 유장에게 넘겼다. 이어서 고조는 친히 군대를 이끌고 가서 경포를 멸했고,13 마침내 유장은 회남왕에 즉위했다. 유장은 어려서부터 모친이 없어 항상 여후를 의지하여 자랐기 때문에 효혜제와 여후가 정권을 장악했을 때14

---

6 원문은 '유신有身'이다. 『한서』에서는 '유자有子'로 기재하고 있다.

7 원문은 '불긍백弗肯白'이다. 여기서 '백白'은 지위가 낮은 사람이 지위가 높은 사람에게 알리거나 진술하는 것을 말한다. 즉 여후는 유장 모친의 사정을 알리고 봐달라는 부탁을 유방에게 하지 않으려 한 것이다.

8 진정眞定: 동원東垣으로, 나중에 명칭이 진정으로 바뀌었다.

9 원문은 '부세현父世縣'으로 (유장 모친의) 부친과 조부가 대대로 거주한 현을 말한다. 『한서』에서는 '모가현母家縣'으로 기재하고 있는데, '친정이 거주하는 현'이라는 뜻이다.

10 "원래는 10월이다. 『사기지의』에 따르면 10월을 7월로 고쳐야 한다'고 했다. 「고조본기」 「형연세가」 「오왕비열전」에 따르면 경포가 반란을 일으킨 때는 고조 11년 가을이다. 7월로 고쳤다."('수정본')

11 당시 유장의 나이는 2세였다.

12 네 개 군은 구강군, 여강군廬江郡(치소는 서현舒縣, 지금의 안후이성 루장廬江 서남쪽), 형산군衡山郡(치소는 주현邾縣, 지금의 후베이성 황강黃岡 서북쪽), 예장군豫章郡(치소는 남창현南昌縣, 지금의 장시성 난창南昌)이다.

13 고조 12년(기원전 195) 12월의 일이다. 경포가 난을 일으킨 기간은 6개월이었다.

14 효혜제는 여후의 소생으로 재위 기원전 194~기원전 188년이었다. 효혜제 사후에 여후가 이어서 집정했는데, 재위 기원전 187~기원전 180년이다.

고조의 다른 아들들처럼 화를 당하지 않았다. 그는 마음속으로 줄곧 벽양후 심이기를 원망했지만 감히 손을 쓰지는 못했다.[15] 효문제가 즉위하자 유장은 자신을 황제의 친동생으로 여겨[16] 오만하고 방자해졌으며 여러 차례 법을 준수하지 않았다. 문제는 그가 친형제라는 이유로 그를 관대하게 용서했다. 효문제 3년(기원전 177)에 유장이 입조했는데[17] 태도가 더욱 거만하고 횡포했다. 그는 문제를 수행하여 원유苑囿[18]로 사냥을 갔는데, 문제와 함께 수레를 탔고 항상 문제에게 '큰형'[19]이라고 불렀다. 유장은 키가 크고 힘이 세어 정鼎[20]을 들어 올릴 수 있을 정도였다. 하루는 그가 벽양후 심이기를 찾아갔다. 벽양후가 나와서 영접하려는데 유장이 소매 속에서 철추鐵椎를 꺼내 벽양후를 때려죽였고, 이어서 수행원 위경魏敬을 시켜 그의 목을 자르게 했다. 그러고는 말을 타고 궁문 앞으로 달려가 상의를 벗고 문제에게 죄를 청하며 말했다.

"신의 모친은 당초에 조왕의 역모 사건에 연루되지 않았습니다. 당시 벽양후는 여후를 설득해 신의 모친을 구할 능력이 있었음에도 노력하지 않은 것이 그의 첫 번째 죄상입니다. 조왕 여의와 그의 모친은 죄 없이 모두 여후에게 죽임을 당했는데[21] 당시 벽양후가 이를 말리지 않았으니, 이것이 그의 두 번째 죄상입니다. 여후가 여러 여씨를 왕으로 봉한[22] 목적은 유씨의 강산을 탈취하려는

15 심이기가 여후의 총애를 받았기 때문이다.
16 안사고가 말하기를 "당시 고제의 아들은 두 사람만이 살아 있었다"라고 했다.
17 당시 유장은 21세였다.
18 여기서 원유苑囿는 상림원上林苑을 가리킨다.
19 원문은 '대형大兄'이다. "문제의 항렬이 첫째가 아닌데 '대大'라고 칭한 것은 아마 '대大'가 천자를 말하는 것일 것이다. 지금 사람들이 형제 항렬의 첫째를 '대大'라고 하는 것은 어디서 시작되었는지 알 수 없다."(『사기지의』)
20 정鼎은 고기를 삶고 담는 용기로, 대부분 청동靑銅으로 주조했다. 다리가 세 개인 원형과 네 개인 사각형 종류가 있으며, 뚜껑의 유무에 따라 구분하기도 한다. 나중에는 예기禮器로 바뀌었다.
21 유여의劉如意와 그의 모친인 척부인戚夫人을 가리킨다. 척부인은 유방 말년에 총애를 받았는데, 유방에게 여후의 아들 유영劉盈을 폐하고 자신의 아들 유여의를 세우도록 권했다. 이 때문에 여후는 그녀에게 원한을 품었다. 유방 사후에 여후는 먼저 척부인을 잔혹하게 죽였고 조왕 유여의를 경사로 불러 독살했다.

것인데 벽양후가 이를 만류하지 않았으니, 이것이 그의 세 번째 죄상입니다. 신 삼가 천하를 위해 적신 벽양후를 주살하고 또 모친의 원수를 갚았으니, 궐문 앞에 엎드려 죄를 청합니다."

효문제는 그의 마음을 가엾게 여겼으며 모친에 대한 원수를 갚은 것이므로[23] 그를 처벌하지 않고 사면해줬다.[24] 당시 위로 박태후薄太后, 태자太子[25]로부터 아래로 조정의 대신들이 모두 유장을 두려워했다. 유장은 자신의 봉국으로 돌아온 뒤 갈수록 더욱 교만하고 방자해졌으며 조정의 법령에 복종하지 않았다. 그는 궁정을 출입하면서 황제처럼 길을 청소하고 경계를 엄하게 했으며,[26] 그가 명령을 내리면 황제와 같이 '제制'[27]라 불렸고 회남국에서 법령을 스스로 제정하여 모든 행위를 완전히 황제와 똑같이 했다.

효문제 6년(기원전 174)에 이름이 단但이라는 남자男子[28] 등 70명과 극포후棘蒲侯 시무柴武[29]의 태자 기奇[30]와 모의해 국거輂車[31] 40량을 준비하고 곡구谷口[32]에

---

22 여산呂産을 양왕梁王으로 세우고, 여록呂祿을 조왕趙王으로 세운 것 등을 말한다.

23 원문은 '위친고爲親故'다. 여기서 '친親'은 모친을 가리키는 것으로, 모친의 원수를 갚았다는 뜻이다.

24 "심이기는 여후가 총애하는 신하였고 주발 등이 여러 여씨를 주멸했는데 무슨 이유로 심이기는 운 좋게 모면할 수 있었는지 모르겠다. 지금 유장이 그를 죽였는데 문제가 처벌하지 않은 것은 혹 유장의 일로써 당시 인심을 따르려 한 것인가."(『사기전증』)

25 이후의 경제景帝다.

26 원문은 경필警蹕이다. 고대 제왕이 출입할 때 지나는 도로를 시위侍衛들이 경계하고, 거리를 청소하고 행인의 통행을 금지하는 것을 말한다. 나갈 때를 필蹕이라고 돌아올 때를 경警이라 한다.

27 제制: 황제의 서면 명령을 가리킨다. 진 시황 때부터 천자의 명령을 제制라고 했다.

28 원문은 '남자단男子但'으로, 이름이 '단但'이고 성은 역사에 전해지지 않는다. "양한兩漢 시기에 관작이 있으나 파면된 자를 사오士伍라 했고, 형도刑徒(사형보다 가벼운 중벌을 받은 자)를 대남大南이라 했으며, 일반적으로 작위가 없는 자를 남자男子라고 불렀다."(『사기신증』)

29 극포후棘蒲侯 시무柴武: 유방의 개국공신으로 「고조공신후자연표」에는 '진무陳武'라고 했고, 「한신노관열전」에서는 '시무柴武'로 기재했다. 극포棘蒲는 읍으로, 지금의 허베이성 위안스元氏 동쪽 지역이다.

30 한나라 초에는 각 왕과 후의 적장자를 모두 태자太子라고 불렀다.

31 국거輂車: 말이 끄는 큰 수레다. 『한서』에서는 '연거輂車'로 기재하고 있는데, 연거는 사람이 끄는

서 반란을 일으키게 하고, 동시에 민월과 흉노에 사람을 보내 연계했다. 이 일이 발각되자 조정에서는 사건을 조사했고, 사자를 보내 유장을 장안으로 불러들였다. 유장이 장안에 도착하자 대신들이 글을 올려 말했다.

"승상 장창張倉, 전객典客 풍경馮敬,33 어사대부 직책을 대리하는 종정宗正34 유일劉逸, 정위廷尉 하賀, 도적을 방비하는 중위中尉 복福35이 죽음을 무릅쓰고 상주합니다. 회남왕 유장은 선제先帝께서 제정한 법도를 준수하지 않고, 천자의 명령을 듣지 않으며, 행동거지도 한도를 넘어 황제의 황색 비단 거개車蓋를 친 수레를 타고, 드나들 때의 겉치레는 황제와 같습니다.36 그는 회남에서 자신이 제정한 법령을 시행하며 조정에서 규정한 왕법을 사용하지 않고 있습니다. 그는 자기 마음대로 관리를 배치하여 자신의 낭중郞中인 춘春37을 승상으로 삼았고, 또 함부로 한나라 군현과 제후국 사람들38 그리고 죄를 짓고 도망친 자들을 불러들여 몰래 숨겨주고 그들이 처를 얻어 가정을 꾸리도록 도와주었을 뿐만 아

수레를 말한다.
32   곡구谷口: 한나라 현으로 치소는 지금의 산시陝西성 리취안禮泉 동북쪽 지역이다. 경수涇水가 이곳 산골짜기에서 발원하여 '곡구'라 불리게 되었다.
33   장창張倉의 표기는 '장창張蒼'이 맞다. 장창은 문제 4년(기원전 196)에 처음 승상이 되었다. 전객典客은 소수민족에 관한 일을 관장한 직책으로, 경제 때 관직명이 대행령大行令으로, 무제 때는 대홍려大鴻臚로 바뀌었다. 풍경馮敬은 진나라 장수 풍무택馮無擇의 아들로, 문제 3년에 전객이 되었고 7년에 어사대부가 되었다.
34   종정宗正: 황족을 위한 사무 기관의 장관직으로, 서주 때부터 전국시대까지 이어졌으며 전한 시기에도 설치되었다. 구경 중 하나로 한·위 이후로 황족이 담당했다.
35   중위中尉는 도성 치안을 주관하는 장관이다. 이름이 '복福'이고 성은 역사에 전해지지 않는다. 전대흔의 『고이』에 따르면 "『한서』 「공경표」에 일일(유일劉逸), 하賀, 복福 세 사람은 없다."(『사기전증』) "승상 장창, 전객 및 어사대부 대리 풍경, 종정, 정위"(『한서』 「회남여왕유장전」)
36   『한서』 「오행지 하」에 따르면 "유장은 스스로 동제東帝라 했다"고 했다.
37   원문은 '낭중춘郞中春'로, "풍본·삼본에는 '낭중' 다음에 '령令'자가 있다."(『사기회주고증』) 낭중령郞中令은 제왕의 시종을 통솔하고 궁정 문을 호위하는 장관이었다. 한나라 초의 법령에 따르면 각 제후국의 승상, 태부 등 주요 장관은 모두 조정에서 파견했는데, 유장은 제멋대로 자신의 낭중을 승상에 임명한 것이다.
38   원문은 '한제후인漢諸侯人'으로, "왕선겸이 말하기를 '한나라 군현郡縣과 제후국 사람이다'라고 했다."(『한서보주』) 역자 또한 왕선겸의 견해에 따랐다.

니라 재물, 관작, 논밭, 집을 하사하여 어떤 자는 작위가 관내후에 이르고 2000석의 봉록을 누리고 있습니다. 이런 일들은 그가 해서는 안 되는 것인데도[39] 그렇게 한 데는 다른 마음이 있기 때문입니다.[40] 그의 대부大夫 단但,[41] 사오士五[42] 개장開章 등 70명과 극포후의 태자 시기柴奇가 모반하여 종묘와 사직을 전복시키려 하고 있습니다. 태자 시기는 개장을 은밀히 유장에게 보내어 민월과 흉노의 군사 원조를 요청하기로 도모했습니다. 개장이 회남으로 가서 유장을 만났는데 유장은 여러 차례 그와 함께 대화를 나누고 식사를 했으며, 그에게 처를 얻어주고 가정을 이루게 해주고 2000석의 봉록을 내렸습니다. 이후 개장은 단에게 사람을 보내 자신이 이미 회남왕과 연계했음을 알렸습니다. 이때 유장의 낭중 춘 역시 사자를 보내 단 등에게 보고했습니다. 그러나 그들의 음모는 조정의 관리에게 발각되었고, 이에 조정에서 장안 위尉 기奇[43] 등을 회남에 보내 개장을 체포하려 했습니다. 유장은 이미 개장을 숨겨놓고 넘겨주지 않았습니다. 뒤이어 유장은 전임 중위였던 간기蕑忌[44]와 모의하여 개장을 죽여 비밀이 새지 않게 했습니다. 그런 뒤 관과 곽, 수의와 침구를 구입하여 개장의 시체를 비릉읍肥陵邑[45]

---

39 원문은 '奉以二千石所不當得'이다. "죄를 지은 사람은 관내후와 2000석이 될 수 없다는 것을 말한다."(『색은』) 반면 "(죄 지은 사람에게 2000석에 봉하는 것은) 제후왕이 해서는 안 되는 일이라는 것을 말한다."(『사기회주고증』) 왕념손의 『독서잡지』「사기」에서는 '소부당득所不當得'에서 '不'자가 불필요한 글자라고 했고, 『한서』에서도 '불'자를 생략한 '所當得'이라 기재하고 있다. 즉 "봉록 2000석을 누리고 있다"는 문장이 된다. '수정본'에서는 '불'자를 삭제하는 것이 더 명확하다는 견해를 제시했지만, 나카이 리켄은 '불'자가 반드시 불필요한 글자는 아니라는 견해다. 역자는 원문 그대로 '불'자가 포함된 문장으로 번역했다.

40 "종묘사직을 위태롭게 하고자 함을 말한다."(『사기회주고증』)

41 앞에서는 남자 단이라고 했고, 여기서는 대부大夫 단이라고 한다.

42 사오士五: 사오士伍와 같다. 사병 5명을 '오伍'라고 하는데, 여기서는 일반 사병을 가리킨다. "여순이 말하기를 '율律에 대해 죄를 지어 관작을 잃은 것을 사오士伍라 한다'고 했다."(『집해』) "진직陳直이 말하기를 '관작이 있으나 파면된 자를 사오라고 부른다'고 했다. 그 의미는 여전히 보통 사병으로 발전된 것이다."(『사기전증』) 개장開章은 사람 이름이다.

43 기奇라는 이름의 장안 현위縣尉다. 그의 성은 전해지지 않고 있다.

44 제후국의 중위는 군위에 상당하며 제후국 내 최고 무관이다.

45 비릉읍肥陵邑: 한나라 현으로 지금의 안후이성 루안六安 북쪽 지역이다. "한서에는 '읍邑'자가 없

에 매장했습니다. 그러고는 개장을 체포하러 간 관리를 속여 '개장이 어디에 있는지 모른다'고 말했습니다. 그들은 또 거짓으로 무덤을 만들고 표지를 세워 '개장이 죽어 이곳에 묻히다'라고 적었습니다.[46] 이 밖에도 유장은 직접 죄 없는 사람 한 명을 죽였고, 자신의 관리들로 하여금 죄 없는 6명의 사람에게 죄를 판결해 죽이게 했습니다. 더욱이 기시棄市 형벌에 처해야 할 도망자들의 죄를 없애주기 위해 도망치지 않은 죄 없는 사람들을 잡아들여 이름을 훔쳐 그 숫자를 채웠고,[47] 자기 멋대로 사람에게 죄를 판결했을 뿐만 아니라 사람들이 고소하는 것을 허락하지 않았습니다. 유장에게 체포되어 성단용城旦舂 이상의 죄를 판결받은 사람이 14명이고, 반대로 죽을죄를 저지르고도 사면 받은 자가 18명이었으며, 성단용 이하로 사면 받은 자가 58명이었고, 관내후 이하의 작위를 하사받은 자가 94명이나 됩니다. 이전에 유장이 병에 걸렸을 때, 폐하께서는 그를 걱정하여 사자를 보내 위문의 서신을 보내고 조포棗脯[48]를 하사했습니다. 그러나 유장은 황제의 하사품을 받으려 하지 않고 사자를 접견하려 하지 않았습니다. 여강군廬江郡에 거주하는 남해南海 사람들이 난을 일으켜 유장이 군사들을 보내 진압했을 때[49] 폐하께서는 회남 백성의 고통을 고려하여 유장에게 비단

는데, 반고가 삭제한 듯하다. 전한 시기에 각 현에 식읍이 있을 때는 현 이름 뒤에 '읍'자를 붙이고 식읍이 없을 때는 원래 명칭으로 사용했다."(『사기신증』)

46 "처음에 '개장이 어디에 있는지 모른다'고 말한 것은 체포하러 간 관리가 개장이 어디 있는지를 모르는 것이지 매장된 곳을 모른다는 뜻이 아니다. 이어서 이미 죽었다고 속이고는 그 무덤에 표식을 했다고 했으니 실제로는 죽은 것이 아니다. 관리가 끝나 그 속임수를 알았기에 유장은 감출 수 없음을 알고 이에 간기를 시켜 비릉에서 죽였으니, 그곳에 매장한 것이다. 상황이 이와 같은 것은 결말 문장을 먼저 쓰고 내용을 전개한 것으로, 독자들이 명확히 알기 어려울 따름이다."(『한서보주』)

47 "진작이 말하기를 '도망친 자는 마땅히 기시 형벌에 처해야 하는데, 왕이 그들을 숨겨주고 거짓으로 도망치지 않은 자들을 체포하여 도망친 자로 뒤집어씌워 도망친 자의 죄를 벗겨준 것이다'라고 했다."(『집해』)

48 조포棗脯: 말린 대추를 설탕에 절인 것.

49 여강군은 회남국에 속했기 때문에 남해南海(치소는 지금의 광저우)에서 반란이 발생하자 회남 군사들이 출병한 것이다.

5000필[50]을 보내어 난을 평정하는 데 고생한 사람들에게 하사토록 했습니다. 그러나 유장은 하사품을 받으려 하지 않고 도리어 '수고한 자가 없다'고 말했습니다. 남해군 백성 왕직王織[51]이 황제에게 글을 올려 벽옥을 바치려고 하자 유장의 중위 간기가 멋대로 그 글을 불태워 없애고 보고하지 않았습니다. 당시 조정에서 어떤 관리가 간기를 심문하기 위해 경사로 보낼 것을 요청했으나 유장은 보내지 않고 거짓으로 '간기는 병에 걸렸다'고 했습니다. 당시 그의 낭중 춘이 그에게 입조하여 황제를 알현하고 싶다고 요청하자 유장은 화를 내며 '너는 나를 배신하고 조정에 귀순하려 하는구나'라고 말했습니다. 유장의 이러한 죄행은 기시 형벌에 처해 마땅하니, 신들은 법에 따라 그를 판결하기를 요청합니다.'

황제가 서면으로 명령을 내렸다.

"짐은 차마 회남왕을 법대로 처벌할 수 없으니, 그대들이 열후와 2000석 관리들과 다시 의논하도록 하라.'

"신 창倉, 경敬, 일逸, 복福, 하賀가 죽음을 무릅쓰고 말씀을 올립니다. 신들은 삼가 열후와 2000석 관리 영嬰[52] 등 43명과 함께 유장의 죄행에 대해 신중하게 논의한바 모두 말하기를 '유장이 국가의 법도를 준수하지 않고 천자의 명령에 따르지 않고, 은밀하게 도당과 반란을 모의하는 자들을 모으고, 도망친 자들을 두텁게 대접한 것은 반란을 일으키려 하는 것이다'라고 합니다. 이 때문에 신들은 그를 법에 따라 다스리기로 의견을 정했습니다.'

황제가 다시 서면으로 명령을 내렸다.

50　『한서』에서는 '50필'로 기재하고 있다.

51　원문은 '남해민왕직南海民王織'으로 '남해군의 백성 이름이 왕직王織'이다. 그러나 양옥승은 '민民'자를 불필요한 글자로 여겼고, 『한서』에서도 '민'자를 생략하고 '남해왕직南海王織(남해왕 직織)'이라고 기재했다. "주수창이 말하기를 '직織은 남해왕南海王 이름으로 「고기高紀」에 보인다. 만약 백성이라면 백성이 어찌 글을 올려 벽옥을 바치겠다고 할 수 있겠는가? "민"자가 없는 것이 맞다'라고 했다."(『한서보주』)

52　"제소남이 말하기를 '여음후汝陰侯 하후영夏侯嬰이다. 회남왕이 반란을 일으킨 때는 효문제 6년(기원전 174)이고, 하후영은 당시 여전히 태복으로 있었고 효문제 8년에 사망했다'고 했다."(『한서보주』)

"짐은 차마 회남왕을 법률로 처리할 수 없으니, 그의 죽을죄를 사면하고 그의 왕위를 폐하도록 하라."

"신 창 등은 죽음을 무릅쓰고 폐하께 진언합니다. 유장이 큰 죽을죄를 범했는데도 폐하께서 차마 법대로 그를 죽음에 처하지 않으시고, 사면하여 왕 작위만을 폐하도록 하셨습니다. 신들은 요청드리니 그를 촉군 엄도嚴道의 공우邛郵[53]로 유배 보내고, 그의 자식들과 자식들의 모친들[54]까지 보내어 함께 거주하도록 해주십시오. 엄도현에서 그들에게 집을 내주고 양식, 땔나무, 채소, 소금, 두시豆豉,[55] 취사도구, 식기, 잠자리를 제공하게 하십시오. 청컨대 이것은 신 등이 죽음을 무릅쓰고 요청드리는 것이니, 폐하께서 이 일을 천하에 선포해 모두 알게 해주시기 바랍니다."

이에 황제가 서면으로 명령을 내렸다.

"유장에게 매일 고기 5근과 술 2두를 제공하도록 하고, 그가 총애하던 미인, 재인才人 중 10명을 따라가서 함께 살게 하라.[56] 다른 일은 모두 그대들이 말한 대로 처리하라."

그리하여 조정에서는 모반에 참여한 자들을 모두 주살했다. 그런 다음 회남왕 유장을 유배 보냈는데, 그를 치거輜車[57]에 태우고 통과하는 각 현에서 차례대로 압송을 책임지게 했다. 이때 원앙이 문제에게 간언했다.

"황상께서 평소에 회남왕을 교만하게 만드셨고, 그에게 엄격한 태부와 승상

---

53 엄도嚴道는 현으로 치소는 지금의 쓰촨성 잉징滎經이다. 당시 소수민족이 섞여 사는 현을 '도道'라고 했다. 공우邛郵는 지금의 쓰촨성 잉징현滎經縣 성 서남쪽 지역이다.

54 원문은 '기자모其子母'다. '그의 자식과 자식의 모친'이라는 의미다. 『한서』에서는 '其子, 子母'로 기재하고 있다. 안사고는 말하기를 "자모子母는 아들을 낳은 희첩이다"라고 했다.

55 두시豆豉: 콩을 발효시켜 만든 청국과 같은 식품.

56 안사고는 말하기를 "앞에서 '자모子母'라고 말했으니 자식이 있는 자를 따라가게 한 것이다. 그런데 지금 여기서 미인美人과 재인才人을 언급했으니 자식이 없는 자 또한 그를 따라가게 한 것이다"라고 했다. 미인, 재인才人은 후궁의 명칭이다.

57 치거輜車: 덮개가 있는 큰 수레로, 화물을 싣거나 사람이 누울 수 있는 크기다.

을 두어 지도하지 않았기 때문에 오늘과 같은 지경에 이르게 된 것입니다. 게다가 회남왕은 사람됨이 강직한데 지금 갑자기 그에게 타격을 줬으니, 그가 문득 병들어 죽기라도 하여 폐하께서 동생을 죽인 오명을 들을까 걱정됩니다. 그렇게 되면 어떻게 하시렵니까!"[58]

문제가 말했다.

"짐은 그를 잠시 고생시키려는 것에 불과하고 조만간 다시 돌아오게 할 것이오."

회남왕을 전송하는 각 현들의 관원은 누구도 감히 회남왕 수레의 봉인을 열려는 자가 없었다.[59] 회남왕이 이에 시중드는 자에게 말했다.

"누가 나를 영웅이라고 말하느냐? 내가 어떻게 영웅 소리를 들을 수 있겠는가! 내가 교만했기 때문에 다른 사람들이 말하는 나의 잘못에 귀 기울이지 않아 이 지경에 이르렀다. 사람이 일생을 살면서 어떻게 이렇게 울적하게 살겠는가!"

그러고는 음식을 끊고 굶어 죽었다.[60] 옹현에 당도했을 때 옹현의 현령이 수레에 봉인을 열고서야 비로소 유장이 죽은 것을 발견하고는 서둘러 문제에게 보고했다. 문제는 통곡하며 매우 상심해하면서 원앙에게 말했다.

"내가 당초에 공의 말을 듣지 않아 결국 회남왕을 죽게 했도다."

---

58 "능약언이 말하기를 '황상이 회남왕을 교만하게 만들었을 때 원앙은 어찌하여 말하지 않았는가? 군신들이 회남왕에 대해 의논할 때 원앙은 어찌하여 말하지 않았는가? 원앙의 말에 따르면 무슨 좋은 점이 있는가? 또한 어떻게 해야 좋은지 말하지 않았으니, 원앙은 군주의 뜻에 영합한 데 불과하다'라고 했다."(『사기평림』)

59 "감히 열지 못하는 것은 그의 용맹을 두려워하기 때문이다."(『한서보주』) "조정을 두려워하여 감히 느슨하게 하지 못하고 감히 나와서 활동하지 못하게 한 것으로 이해하는 것이 더욱 마땅할 것 같다."(『사기전증』)

60 『한서』에서는 앞 구절인 "길 따라 회남왕을 전송하는 각 현들의 관원들은 누구도 감히 회남왕의 수레의 봉인을 열려는 자가 없었다"를 이 구절 다음에 배치했다. "태사공이 이 구절을 앞에 배치한 것은 유장이 화가 나서 죽은 원인을 지방 관리의 무정함과 잘못을 저지를까 두려워함을 견책한 것으로, 세태의 따뜻함과 냉정함을 묘사한 것이라 여겨진다. 반고가 이 구절을 뒤에 배치한 것은 단지 지방 관리의 회피만을 서술한 것으로 태사공과는 요지가 다르며 더욱이 도리에도 부합하지 않는다."(『사기전증』)

원앙이 말했다.

"지금은 어찌할 방법이 없습니다. 폐하께서는 스스로 마음을 넓게 가지십시오."

문제가 말했다.

"이 일을 어떻게 하면 좋겠소?"

원앙이 말했다.

"오직 승상과 어사대부를 참수하여 그들의 머리로 천하에 사죄하십시오."[61]

문제는 동의하지 않고, 승상과 어사대부에게 명을 내려 회남왕을 호송하던 각 현의 관리를 체포하여 조사하고 회남왕의 봉인을 열지 않은 자, 음식을 올리시 않은 자, 회남왕을 잘 모시지 못한 자들을 모두 기시의 형벌에 처하게 했다. 그런 다음 열후의 신분으로 유장을 옹현에 안장하고 아울러 민가 30호를 배치하여 무덤을 지키게 했다.[62]

효문제 8년(기원전 172), 황상은 회남왕을 가련하게 여겼다. 당시 회남왕이 낳은 네 명의 아들은 모두 일고여덟 살에 불과했으나 유안劉安을 부릉후阜陵侯, 유발劉勃을 안양후安陽侯, 유사劉賜를 양주후陽周侯, 유양劉良을 동성후東城侯[63]에 각각 봉했다.

효문제 12년(기원전 168), 민간에서 어떤 사람이 지은 회남왕에 대한 노래 한 수가 전해졌다.

"한 척尺의 베로도 꿰매어 옷을 입을 수 있고, 한 두斗의 곡식도 찧어 나누어

---

61 "능약언이 말하기를 '승상과 어사는 법을 집행하는 직분인데 원앙은 그들을 참수시키고자 했다. 다행히 문제는 그것을 채택하지 않았다. 원앙의 흉악하고 사악함이 대체로 이와 같으니 사사로이 원한을 갚는 자는 조조鼂錯 한 사람만이 아니었다.'"(『사기평림』)

62 이 사람들의 직무는 능묘를 지키면서 제사를 지내는 것으로, 정부에는 부세를 납부하지 않는다.

63 부릉후阜陵侯는 봉지인 부릉은 지금의 안후이성 허현和縣이다. 안양후安陽侯의 봉지인 안양은 지금의 허난성 정양正陽 서남쪽 지역이다. 양주후陽周侯의 봉지인 양주는 『사기전증』에 따르면 "양옥 승은 향 명칭으로 여겼고, 지금의 산둥성 쥐현莒縣이다." 동성후東城侯의 봉지인 동성은 지금의 안후이성 딩위안定遠 동남쪽 지역이다.

먹을 수 있는데, 형제 두 사람은 서로 용납하지 못했네."⁶⁴

문제가 이 노래를 듣고는 탄식하며 말했다.

"요堯는 골육인 아들 단주丹朱를, 순舜은 동생 상象을 내쫓았고, 주공周公은 동생 관숙管叔과 채숙蔡叔을 죽였지만 천하 사람들이 여전히 그들을 성인이라고 부르는 것은 무엇 때문인가? 그들은 사사로운 정으로 공적인 이익을 해치지 않았기 때문이다. 지금 천하 사람들은 어찌하여 내가 회남왕의 땅을 탐했다고 여기는가?"⁶⁵

그리하여 성양왕城陽王 유희劉喜⁶⁶를 회남의 옛 땅으로 옮겨 왕으로 삼았고, 동시에 유장에게 회남여왕淮南厲王의 시호를 추증했으며 제후왕의 예의에 따라 능원陵園을 건설하게 했다.

효문제 16년(기원전 164)에 황상은 회남왕 유희를 다시 성양으로 돌아가 성양왕이 되게 했다. 문제는 유장이 한나라 법을 폐하고 법도에 벗어난 행위로 인해 나라를 잃고 일찍 죽은 것을 가련히 여겨 그의 세 아들을 왕으로 세웠다. 부릉후 유안을 회남왕, 안양후 유발을 형산왕,⁶⁷ 양주후 유사를 여강왕⁶⁸에 봉하여

---

64 "『한서음의』에서 말하기를 '한 척의 베와 한 두의 곡식도 버리지 않는데, 하물며 형제가 서로 쫓아낸단 말인가'라고 했다. 찬瓚은 말하기를 '한 척의 베도 꿰매어 함께 옷을 지어 입을 수 있고, 한 두의 곡식으로도 찧어 함께 먹을 수 있는데, 하물며 천하가 넓은데 서로 용납하지 못한단 말인가'라고 했다.(『집해』)『해용집解龍集』에서 논하기를 '유장은 문제 6년에 반란을 일으키고 8년에 그의 네 아들이 후에 봉해졌으며, 또 문제 12년에 민간에서 노래가 퍼지기 시작했다. 문제 16년에 그의 아들 유안이 다시 회남왕으로 세워졌다. 유안은 은밀하게 빈객과 결탁하고 수천 명의 선비를 육성했는데, 이 노래가 어찌 팔공八公의 무리가 거짓으로 지어 민간에 전파하여 천자를 감동시킨 것이 아님을 알겠는가. 역사에서 유안은 봉국으로 취임한 뒤 여러 변사와 제멋대로 요사스러운 말을 지었다고 했으니 그 노래가 거짓임을 알 수 있다'고 했다."(『사기지의』) 회남왕 유안은 문사들을 불러 모았는데, 그중에 재주가 뛰어난 소비蘇飛, 이상李尙, 좌오左吳, 전유田由, 뇌피雷被, 오피伍被, 모피毛被, 진창晉昌을 팔공八公이라고 한다. "전여성田汝成이 말하기를 '황제가 그 동생을 교만하게 만들었다고 말하는 것은 가능하지만, 황제가 그 동생을 용납하지 않았다고 말하는 것은 불가하다'고 했다."(『한서평림』)

65 "그 나라를 멸하고 그 땅을 군현으로 바꾸었다는 것을 가리킨다."(『사기전증』)

66 성양왕城陽王 유희劉喜는 부친인 유장이 여러 여씨를 제거하는 데 공이 있어 성양왕에 봉해졌고 도성은 지금의 산둥성 쥐현이다. 유장 사후에 그의 아들 유희가 왕위를 계승하여 성양왕으로 삼고, 지금 그를 회남왕으로 변경 봉하여 회남왕의 제사를 계승하게 한 것이다.

유장의 옛 땅을 모두 되돌리고, 하나의 국가를 삼등분으로 나누었다.[69] 이때 동성후 유양은 그 전에 죽어 후사가 없었기 때문에 분봉할 수 없었다.

효경제 3년(기원전 154)에 오·초 칠국이 반란을 일으켰다. 오나라의 사자가 회남에 왔을 때 회남왕 유안도 군대를 일으켜 호응하려 했다. 이때 회남국의 상[70]이 말했다.

"대왕께서 반드시 군대를 일으켜 오나라와 호응하려고 하신다면, 신 장군이 되기를 원합니다."

이에 회남왕은 병권을 상에게 넘겼다. 회남국 상은 병권을 쥐게 되자 성을 굳게 지키면서 유안의 지휘를 따르지 않고 한나라의 명령에 따랐다.[71] 이때 조정에서도 곡성후曲城侯 충첩蟲捷[72]을 파견해 군사를 이끌고 가서 회남을 구하도록 했다. 이 때문에 회남국은 손실 없이 나라를 온전히 보전할 수 있었다. 오나라의 사자가 여강에 당도한 뒤 여강왕은 호응하지 않고 도리어 월越나라에 사자를 파견해 긴밀하게 연계했다.[73] 또 오나라의 사자가 형산에 당도했으나 형산왕은 성을 굳게 지키며 한나라에 두마음을 품지 않았다. 효경제 4년(기원전 153)에 오·초의 반란이 평정된 뒤[74] 형산왕이 경사로 들어가 황제를 알현하자, 경제는

---

67 형산왕衡山王의 도성은 주현邾縣(지금의 후베이성 황강黃岡 서북쪽)이다.

68 여강왕廬江王의 도성은 서현舒縣(지금의 안후이성 루장廬江 서남쪽)이었다.

69 원래 회남왕 유장의 옛 땅(4개 군)을 삼등분으로 나누어 세 아들에게 봉한 것이다. "진인석이 말하기를 '회남왕은 구강군을 얻었고, 형산왕은 육안군六安郡을 얻었으며, 여강왕은 여강군廬江郡과 강남 예장군豫章郡을 얻었다'라고 했다."(『사기전증』)

70 "주수창이 말하기를 「장석지열전」에 이르기를 "장석지는 경제 곁에서 1년여 동안 정위를 한 뒤에 회남왕의 상이 되었다'고 했다. 이때는 경제 3년의 일로 병권을 넘긴 상은 장석지로 의심된다'고 했다."(『한서보주』)

71 당시 제후국의 상들은 모두 조정에서 파견했으므로 상들은 조정의 입장에 서 있었다.

72 "서광이 말하기를 '곡성후의 성은 충蟲이고 이름은 첩捷이며, 그 부친의 이름은 봉逢인데 고조의 공신이다'라고 했다."(『집해』)

73 민월閩越, 남월南越과 은밀하게 결탁하는 것을 말한다.

74 "오와 초의 반란은 3개월간 일어난 일로, 경제 3년 정월에 발생하여 3월에 이미 평정되었다. 지금 경제 4년이라고 말하는 것은 경제 4년에 형산왕이 입조했기 때문이다."(『사기전증』)

그가 충정과 신용이 있다고 여겨 그의 노고를 위로하며 말했다.

"그대가 사는 남방은 지대가 낮고 습하다고 하지."

그러고는 형산왕을 표창하기 위해 그의 봉지를 남방에서 제북濟北으로 옮겨 왕으로 삼았다.[75] 유발이 죽었을 때 조정에서는 또 특별히 그에게 정왕貞王[76]이라는 시호를 하사했다. 여강과 월나라는 경계를 접하고 있어 두 나라의 사자가 끊임없이 왕래했는데 조정에서는 이 일을 우려하여 여강왕 유사를 형산왕에 옮겨 봉하고 장강 이북으로 보냈다.[77] 회남왕 유안은 종전과 같았다.

회남왕 유안劉安은 사람됨이 독서와 거문고 타기를 좋아하고, 활사냥이나 개와 말을 타고 질주하는 것을 좋아하지 않았다. 또한 남몰래 덕을 행하고 백성이 원하는 바를 따르며 위로하여 자신의 명성을 천하에 알리고자 했다. 그는 늘 부친인 유장이 화를 입고 죽은 것을 원망하여 반란을 생각했지만 기회를 얻지 못하고 있었다. 건원 2년(기원전 139)에 유안이 입조했다. 유안은 평소에 무안후武安侯 전분田蚡[78]과 친분이 있었는데, 전분은 당시 태위를 담당하고 있었다. 전분이 패상霸上[79]에서 유안을 영접할 때 유안에게 말했다.

"지금 황상에게는 태자가 없습니다. 대왕께서는 고황제의 친손자인데다 또 인

---

75 제북濟北은 원래 제왕 유비劉肥의 아들 유지劉志의 봉국이었다. 칠국의 난 때 치천왕菑川王 유현劉賢이 모반에 가담하여 멸한 후 경제가 제북왕 유지를 치천으로 옮겨 봉했기 때문에 이때 제북왕은 공석이었다. 유발은 경제 4년에 제북왕으로 옮겨 봉해졌다. 도성은 노현盧縣(산둥성 창칭長淸 서남쪽)이다.

76 "『시법해』에서 이르기를 '청렴하고 절개를 지키는 것을 정貞이라 한다'고 했다."(『사기전증』) 유발은 경제 5년(기원전 152)에 사망했다.

77 "여강왕의 영지는 원래 지금의 난창南昌 일대의 예장군을 포괄하고 있었으므로 동쪽으로는 동월·민월과 서로 연결되었고, 남쪽으로는 남월과 서로 경계를 접했다. 현재 유사를 장강 이북의 형산으로 옮겨 봉하고 예장 지구에 군현을 설치하여 여러 월越과의 결탁을 끊은 것이다."(『사기전증』)

78 무안후武安侯 전분田蚡은 무제의 모친인 왕태후王太后의 어미가 같고 아비가 다른 동생이었다. 경제 후원 3년 무안후에 봉해졌다. 무제 즉위에 협조하여 태위에 임명되었고 건원 6년(기원전 135) 두태후 세력을 제거한 뒤 승상에 임명되었다.

79 패상霸上: 패수 서쪽의 고원에 위치해 있어 패상이라고 한다. 당시 장안의 동남쪽으로, 오늘날 시안西安의 동남부 백록원白鹿原 땅을 일컫는다.

의를 행하여 천하 사람들 가운데 모르는 사람이 없습니다. 만약 하루아침에 황
상께서 붕어하신다면 그때 대왕 말고 누가 세워지겠습니까!"[80]

이 말을 들은 유안은 크게 기뻐하며 전분에게 많은 재물을 보냈다. 이에 회남
왕 유안은 돌아온 뒤 은밀하게 빈객들과 친분을 맺고[81] 백성을 위로하여 다스
리면서 반란을 준비했다. 건원 6년(기원전 135) 하늘에서 혜성이 출현하자[82] 유
안은 그것을 기괴하게 여겼다. 이때 누군가 유안에게 말했다.

"이전에 오나라가 군대를 일으켰을 때 출현했던 혜성은 그 길이가 몇 척에 불
과했지만 전쟁으로 인해 흘린 피가 천 리에 달했습니다. 지금의 혜성은 온 하늘
을 가로지르니 천하의 군대가 모두 크게 일어나 전쟁이 발생할 것입니다."

유안은 내심 황상에게는 지금 태자가 없으니 천하에 변란이 발생하면 각국
제후들이 천하를 다툴 것이라 여기고 더욱 적극적으로 전쟁에 쓸 병기와 기구
등을 정비했으며, 돈을 모아 각 군의 군수와 봉국의 제후왕[83]에게 유세하는 선
비와 기이한 재주를 가진 인재들에게 뇌물을 주었다. 모략을 일삼는 변사들이
제멋대로 요사스러운 말을 꾸며대며 회남왕 유안에게 아첨하자 유안은 기뻐하

---

80 "하작何炸이 말하기를 '유안이 입조한 것은 건원 2년 무제가 즉위한 초다. 비록 태자가 없었지만
춘추가 한창이고(당시 18세) 강건하고 질병이 없었다. 전분은 또 외척인데 '대왕 말고 누가 설 수 있겠
습니까'라고 말한 것은 망령스럽고 분별 없는 짓이며 해서는 안 되는 것으로, 전분을 미워하여 그렇게
한 것으로 의심된다'고 했다. 이 일은 또 「위기무안후열전」에도 보이는데, 태사공이 전분을 싫어했으므
로 누차 그렇게 말한 것이다."(『사기전증』)
81 "『회남淮南』「요략要略」에서 이르기를 '유안은 선비 수천을 양성했는데 재주가 뛰어난 사람은
8명으로, 소비蘇飛, 이상李尙, 좌오左吳, 전유田由, 오피伍被, 모주毛周, 뇌피雷被, 진창晉昌으로 팔공八
公이라 불렀다'고 했다."(『색은』) 그러나 "『색은』에서 인용한 『회남』「요략」의 지금 판본에는 이 구절이
없다."(『사기회주고증』)
82 옛사람들은 혜성의 출현을 국가의 큰 변란을 예고하는 나쁜 징조로 여겼기 때문에 역사가들이
혜성의 출현을 기술한 것이다.
83 원문은 '군국제후郡國諸侯'다. 『한서』에서는 '郡國(군과 봉국)'이라 기재하고 있다. "國國은 제후의
경계로 제후諸侯 두 글자는 식견이 짧은 사람이 제멋대로 붙인 것이다. 『한서』에 따라 '제후' 두 글자
는 생략해야 한다."(『광사기보』) "중앙 직속 각 군의 군수와 각 봉국의 제후왕"(『사기전증』) 역자는 '제
후'를 생략하지 않고 『사기전증』에 근거하여 번역했다.

며 그들에게 많은 돈을 하사했다. 이에 모반의 뜻은 더욱 깊어졌다.

회남왕 유안에게는 총명하고 말재주가 좋은 유릉劉陵이라는 딸이 있었다. 유안은 유릉을 무척 아꼈는데, 항상 많은 돈을 보내 그녀로 하여금 장안에 살면서 궁중의 동태를 정탐하고 무제 주변 사람들을 매수하여 사귀게 했다.[84] 원삭 3년(기원전 126),[85] 무제는 유안에게 궤장几杖을 하사하여[86] 직접 경사에 와서 알현하지 않아도 된다고 허락했다.[87] 유안의 왕후는 이름이 도荼인데 유안은 그녀를 매우 총애했다. 왕후는 태자 유천劉遷을 낳았고, 유천은 왕황태후王皇太后[88]의 외손인 수성군修成君의 딸[89]을 비로 삼았다. 유안은 자신이 모반을 위해 준비한 각종 물자와 기구들을 태자비가 알아채어 누설되지 않을까 우려하여 태자인 유천과 상의한 뒤 태자가 그녀를 사랑하지 않는 척하면서 석 달 동안 한 방을 쓰지 말라고 했다. 유안은 또 유천의 이러한 행동에 화를 내는 척하며 유천과 태자비를 석 달 동안 한 방에서 지내게 하고 문을 봉했는데 유천은 끝내 그녀를 가까이하지 않았다. 태자비가 친정으로 돌아가겠다고 요청하자 유안은 이에 왕황태후와 수성군에게 글을 올려 유감을 표하고 태자비를 돌려보냈다.[90] 왕후 도, 태자 유천, 딸 유릉은 회남왕 유안의 총애를 얻어 회남의 권력을

84 "주수창이 말하기를 「공신표」에 안평후安平侯 악천추鄂千秋의 현손玄孫인 단但은 회남왕의 딸 유릉과 내통했으며 또한 회남왕에게 편지를 보내 신하라 일컬으며 힘을 다하겠다고 했으므로 기시 형벌에 처해졌다. 안두후岸頭侯 장차공張次公은 원수 원년에 회남왕의 딸 유릉과 간통하고 재물을 받아 면직되었다'고 했다."(『한서보주』)
85 "3년은 2년의 잘못이다. 『한서』 「기紀」와 「전傳」에 모두 원삭 2년에 궤장을 하사했다고 말했다."(『사기지의』) 원삭 2년은 기원전 127년이다.
86 궤장几杖은 앉을 때 몸을 기대는 탁자인 궤几와 지팡이(장杖)를 일컫는다. 노인을 공경하는 뜻으로 사용된 물건으로, 이후 노인을 가리키는 말로 쓰였다. 문제 8년(기원전 172)에 유안은 7~8세였으므로 원삭 2년에는 겨우 45~46세였다.
87 몸소 경사에 와서 알현하지 않도록 허락하는 것은 웃어른에 대한 존경의 표시다.
88 왕황태후王皇太后는 무제의 생모인 왕태후王太后다.
89 왕태후는 궁궐로 들어오기 전에 전 김왕손金王孫에게 출가하여 아娥라는 딸을 낳았다. 뒤에 무제는 민간에서 배다른 누나를 찾아 수성군修成君에 봉했다.
90 "「고오왕전高五王傳」에 '수성군修成君의 딸 아娥는 제나라 왕에게 출가하고자 했다'고 했는데, 아

제멋대로 휘둘렀으며, 백성의 집과 밭을 마음대로 침탈하고 함부로 사람을 잡아 가두었다.[91]

원삭 5년(기원전 124) 태자 유천은 검술을 배웠는데 스스로 자신에게 비할 자가 없다고 여겼다. 그는 낭중 뇌피雷被가 검술에 정통하다는 소문을 듣고서 그를 불러 겨루었다. 뇌피는 거듭 사양하다가 결국 겨루게 되었고 잘못하여 태자를 찔러 다치게 했다. 태자가 크게 화를 내자 뇌피는 매우 두려워했다. 당시 규정에 군대에 자원하는 자는 스스로 장안에 가서 신청할 수 있었으므로[92] 뇌피는 종군하여 흉노를 격파하는 데 힘쓰고자 했다. 태자 유천은 여러 차례 유안 앞에서 뇌피를 헐뜯었고, 이에 유안은 낭중령에게 뇌피를 파면하게 하고 앞으로 뇌피를 본받아 회남을 떠나 장안으로 가서 종군에 응모하는 일이 없도록 했다. 뇌피는 몰래 장안으로 도망쳤고 무제에게 글을 올려 자신의 처지를 호소했다. 그리하여 무제는 이 사건을 정위廷尉와 하남군河南郡[93] 군수에게 넘겨 함께 조사하여 처리하도록 했다. 하남군 군수가 이 일을 처리하기 위해 유천을 체포하여 낙양으로 데려와 조사하려 했으나 유안과 그의 왕후는 유천을 보내려 하지 않고 군대를 일으켜 반란을 준비했다. 그러나 그들은 망설이며 미루다가 10여 일이 지나도록 결정을 내리지 못했다. 때마침 조정에서 다시 조서가 내려져 회남에 관리를 파견하여 태자를 심문하게 했다. 이때 회남의 상相은 수춘현壽春縣의 현승丞縣[94]이 제때 태자를 체포하여 보내지 않은 데 화를 내며 그를 불경죄로 탄핵했다.[95] 유안은 상에게 현승을 탄핵하지 말고 사정을 헤아려달라고

마도 회남에서 사죄하고 돌아간 뒤일 것이다."(『한서보주』)

91 원문은 '계인繫人(사람을 잡아 가두다)'으로, "서광이 말하기를 '구격毆擊(때리다)이라고 하기도 한다'고 했다."(『집해』)

92 원삭(기원전 128~기원전 123), 원수(기원전 122~기원전 117) 연간은 위청과 곽거병이 대규모로 흉노를 정벌한 시기다.

93 하남군河南郡은 한나라 군으로 본래는 진나라의 삼천군三川郡을 고제高帝 2년(기원전 205)에 개명한 것이다. 치소는 낙양현雒陽縣(지금의 허난성 뤄양洛陽 동북쪽)이었다.

94 수춘현은 회남국의 도성으로, 현승丞縣은 회남왕이 직접 임명한 자다.

부탁했으나 상은 대답하지 않았다. 이에 유안은 사람을 보내 황제에게 글을 올려 자신의 상을 고발했고, 황제는 다시 이 안건을 정위에게 넘겨 처리토록 했다. 추적 조사로 유안까지 연루되자 유안은 장안으로 사람을 보내 이 사건에 대한 조정 공경들의 태도를 탐문하게 했는데, 공경 대신들은 유안을 체포하여 다스릴 것을 요구한 상태였다. 유안이 모반의 정황이 탄로날 것을 두려워하자 태자 유천이 유안에게 계책을 바치며 말했다.

"조정에서 사자를 보내 대왕을 체포하려 하면 대왕께서는 심복들에게 위사衛士의 복장을 입혀 극을 쥐고 뜰에 서 있게 하십시오. 대왕의 신변에 긴급한 상황이 발생하면 먼저 사자를 찔러 죽이십시오. 신 또한 즉시 사람을 보내 회남의 중위를 죽일 것입니다.96 그때 군대를 일으켜도 늦지 않을 것입니다."

이때 조정에서 무제는 공경 대신들의 요청을 허락하지 않고 단지 중위 굉宏97을 회남국 수춘으로 파견해 바로 회남왕 유안을 심문하고 조사하게 했다. 유안은 한나라 조정에서 파견한 사자가 온다는 소식을 듣고 즉시 태자 유천의 계책에 따라 준비했다. 한나라 중위가 도착했는데 부드러운 기색으로 뇌피를 쫓아낸 일에 대해서만 묻자 유안은 별다른 문제가 발생하지 않으리라 여기고 손을 쓰지 않았다. 중위는 조정으로 돌아온 뒤 무제에게 상황을 보고했다. 이 안건의 처리에 참여했던 공경들이 말했다.

"회남왕 유안은 흉노에 반격하기 위해 자원한 뇌피 등을 가로막았으니, 이는 조정이 선포한 조령詔令에 대항하는 것으로 마땅히 기시 형벌에 처해야 합니다."

무제는 조서를 내려 허락하지 않았다. 공경들이 다시 유안의 작위를 폐할 것

---

95 "여순이 말하기를 '현승은 형벌과 죄수를 주관하는데 현승이 회남왕의 뜻에 따라 태자를 보내지 않고 체포하라는 명령에 응하지 않은 것이다'라고 했다."(『집해』)

96 중위中尉는 전한 초에는 제후국이 스스로 설치했는데, 경제 이후에는 조정에서 파견했다. 제후국의 군병을 통솔하고 군리軍吏를 감찰했으며 제후국 내의 치안을 수호하는 위치로, 봉록은 2000석이었다. 여기서 중위는 조정에서 파견된 인물이다.

97 "「공경표」에는 은용殷容이라고 했다. 굉宏은 마땅히 용容이라고 해야 한다."(『사기지의』).

을 요청했지만 무제는 대답하지 않았다. 공경들이 또 회남국 5개 현을 삭감할 것을 요청하자 무제는 결국 조서를 내려 2개 현 삭감에 동의했다. 다시 중위 굉을 파견해 유안의 죄를 사면하고 봉지를 삭감하는 처분만 내리도록 했다. 중위 굉은 회남의 경계 안으로 진입하여 유안의 사면 소식을 전했다. 유안은 처음에 조정의 공경들이 자신을 주살하라고 요청했다는 소식은 들었으나 봉지만 삭감하기로 결정한 사실을 알지 못했기 때문에 한나라 사자가 온다는 소식을 듣고 체포될까 두려워하여 유천과 준비한 대로 사자를 찔러 죽이려 했다. 중위가 도착해서 곧바로 유안에게 축하의 말을 전하자 유안도 손을 쓰지 않았다. 일이 끝난 뒤 그는 상심하며 말했다.

"내가 인의를 시행했다가 생각지도 않게 봉지를 삭감 당했으니 진실로 큰 치욕이로다."

봉지를 삭감당한 뒤 그는 반란 계획을 더욱 단단히 준비했다. 장안에 갔다가 온 사자들은 유언비어를 퍼뜨리곤 했는데, 황상에게 아들이 없어 조정의 정치가 혼란하다는 말을 하면 유안은 기뻐했고, 누군가 조정의 정치가 안정되고 무제에게 아들이 있다고 하면 매우 화를 내면서 허튼소리라고 여겼다.

유안은 밤낮으로 오피伍被,[98] 좌오左吳 등과 함께 여지도輿地圖[99]를 살피며 각 부서의 군대가 어디에서 진공할 것인지 계획했다. 유안이 말했다.

"황상께는 태자가 없으니[100] 하루아침에 붕어하신다면 조정의 대신들은 반드시 교동왕膠東王이나 상산왕常山王[101]을 조정에 불러들여 즉위시킬 것이다. 그

---

98 『한서』에는 '오피伍被' 두 글자가 기재되어 있지 않다. "오피는 초 땅 사람이다. 누군가 그의 선조가 오자서伍子胥의 후대라고 말했다. 오피는 재능이 있어 이름이 알려졌고 회남국의 중랑이 되었다. 이때 회남왕 유안이 학술을 좋아하고 현명한 이를 예의와 겸손으로 대하고 영웅호걸을 100여 명 불러들였는데, 그중에서 오피가 가장 걸출했다."(『한서』「오피전」)

99 여지도輿地圖:「삼왕세기三王世家」의 『색은』에 따르면 "천지에는 모든 것을 덮고 모든 것을 실은 덕이 있는데, 하늘을 개蓋라 하고 땅을 여輿라 한다." 또한 지도를 여도輿圖, 여지도輿地圖라고도 부른다.

100 "원삭 원년에 한 무제의 위황후가 이미 태자 유거劉據를 낳았고, 유안이 반란을 일으킨 때는 원삭 5년 이후로 '황상에게는 태자가 없다'고 한 말은 의심스럽다."(『사기통해』)

때 제후들이 서로 쟁탈을 벌일 것이니 내가 미리 준비하지 않을 수 없다! 게다가 나는 고황제의 친손자이고, 또 인의를 시행한 것[102]은 지금의 폐하가 나를 두텁게 대우했기 때문에 잠시 참은 것이다. 지금의 황상이 붕어한 뒤[103] 내 어찌 북쪽을 향해 서는 신하가 되어 어린애[104]를 섬길 수 있겠는가!"

어느 날 유안이 동궁東宮[105]에 있었는데, 오피를 불러 상의하면서 황제의 말투로 말했다.

"장군將軍은 앞으로 오시오."

오피가 기뻐하지 않으며 말했다.

"황상께서 대왕을 관대하게 용서하셨는데 어떻게 다시 이런 망국의 말씀을 하십니까![106] 신이 듣기로, 오자서가 오왕 부차에게 간언했지만 오왕이 듣지 않자[107] 이르기를 '신은 이미 미록麋鹿[108]이 고소대姑蘇臺[109]에서 뛰어다니는 것을

---

101 당시 교동왕膠東王은 경제의 아들 유기劉寄다. 교동국의 도성은 즉묵(지금의 산둥성 핑두平度 동남쪽 지역)이다. 상산왕常山王은 경제의 아들 유순劉舜이다. 상산국의 도성은 원씨元氏(지금의 허베이성 위안스元氏 서북쪽 지역)이다. 교동왕 유기와 상산왕 유순은 모두 무제의 모친인 왕태후의 여동생 왕아후王兒姁의 소생으로 무제와 가장 가까운 관계다.

102 원문은 '吾高祖孫, 親行仁義'다. "친親자는 마땅히 고조손高祖孫 앞에 와야 한다. 후세 사람이 잘못 적어 거꾸로 된 것이다."(『한서보주』) 즉 '吾親高祖孫, 行仁義(나는 고조 황제의 친손자이고, 인의를 행하다)'가 되어야 한다는 것이다. 역자 또한 『한서보주』의 왕선겸 견해에 따라 번역했다.

103 원문은 '만세지후萬世之後'로, 무제의 죽음을 완곡하게 표현한 것이다. 역자 또한 이러한 견해에 따랐다.

104 원문은 '수자豎子'다. 고대에 나이 어린 노복을 '수자豎子'라 했고, 줄여서 '수豎'라고도 했다.

105 "여순이 말하기를 '왕(회남왕 유안)이 당시에 거처하던 곳이다'라고 했다."(『집해』)

106 "주수창이 말하기를 '한나라 제도에 제후왕국에는 중위만 있어 무관의 직무를 관장했으며 장군은 없었다. 장군은 천자의 관직이다. 회남왕이 본분을 뛰어넘어 오피를 장군이라 불렀으므로 오피가 망국이라고 말한 것이다. 「형산왕전」에서 아들 유효劉孝를 장군이라고 불렀는데, 이는 당시 형산왕에게 반란 계획이 있었던 것이다'라고 했다."(『사기회주고증』) "주수창이 말한 것은 경제가 칠국의 난을 평정한 뒤의 새로운 규정으로, 칠국의 난 이전에 양梁나라에는 장군이 많았고 양나라 왕은 게다가 이광李廣에게 장군의 인장을 하사하기도 했다."(『사기전증』)

107 오자서는 오왕 부차에게 월나라의 화친 요청을 거절하고 제나라 정벌을 중지할 것을 간언했고, 이로 인해 점차 소원해졌다.

108 미록麋鹿: 사슴과에 속하며 사불상四不像이라고도 한다. 모양은 말과 비슷하고 뿔은 사슴과 비슷하며 발굽은 소와 비슷하고 꼬리는 나귀와 비슷하게 때문에 사불상이라고 했다.

본 것과 같습니다'라고 했습니다. 지금 신 또한 회남의 궁전에 가시나무가 가득 차고 잡초의 이슬에 옷이 젖는 것을 본 것과 같습니다."

유안은 화를 내며 오피와 그의 부모를 잡아 가두었다.[110] 석 달이 지나 다시 오피를 불러 말했다.

"장군은 과인의 요청을 승낙하겠는가?"

오피가 말했다.

"안 됩니다. 신은 단지 대왕을 위해 계책을 세우고자 온 것입니다. 신이 듣기로, 귀가 밝은 자는 내지 않은 소리를 헤아려 들을 수 있고 눈이 밝은 자는 사물이 나타나기 전에 볼 수 있다고 합니다. 이 때문에 성인은 만 가지 일을 하면 만 가지를 이룰 수 있는 것입니다. 옛날 주나라 무왕이 한 번 움직인 것으로 인해[111] 그의 공훈은 천세千世에까지 드날렸고 그가 건립한 주나라 왕조는 삼대三代[112] 중의 하나로 열거되었으니, 이는 하늘의 뜻에 따랐기 때문에 해내 사람들이 약속하지 않았는데도 때가 되자 그를 따른 것입니다.[113] 이것은 1000년 전에[114] 모두가 확실하게 본 상황입니다. 게다가 100년 전의 진秦나라 멸망과 근래의 오·초 칠국이 낳은 실패의 교훈에서도 국가의 존망을 볼 수 있습니다. 신은 감히 오자서와 같이 죽음을 피하지 않겠지만 부디 대왕께서는 부차와 같이 간언을 거절하지 마십시오. 옛날 진秦나라는 성인의 인의의 도를 끊어버리고 유생들

109 고소姑蘇(지금의 장쑤성 쑤저우)는 오왕 부차의 도성이다. 고소대姑蘇臺의 옛 터는 지금의 쑤저우 링옌산靈岩山 위에 있다.
110 원문은 '계오피부모繫伍被父母'다. 일부 번역본에서는 "오피의 부모를 감금하다"라고 했으나, "오피와 부모를 모두 감금했다"가 맞다.
111 군대를 일으켜 상商나라를 멸망시킨 것을 말한다. 상나라를 멸망시킨 것은 주 무왕이지 주 문왕이 아니다. "주 무왕이 주紂를 정벌할 때 나무로 만든 주 문왕의 신주를 수레에 실었으므로 주 문왕이 행한 것으로 말했다."(『사기전증』)
112 하·상·주 삼대를 가리키나 실제적으로는 하·상·주 삼대의 개국 군주를 가리킨다.
113 주 무왕이 주紂를 토벌하기 위해 맹진孟津에 당도했을 때 약도하지도 않았는데 800명의 제후가 모인 것을 말한다.
114 주 무왕이 주를 정벌한 때는 기원전 1046년이고, 원삭 5년(기원전 124)까지는 920여 년이다.

을 파묻어 죽였으며,[115] 『시경』과 『서경』을 불태워 예의를 폐기하고 폭력과 거짓을 숭상하면서 가혹한 형벌과 법률을 시행했으며, 동쪽 연해의 곡식을 수탈하여 모두 서하西河로 운송했습니다. 당시 남자들은 힘써 경작해도 술지게미와 겨조차 먹기 어려웠으며 여자들은 베를 짜도 제 몸조차 가리기 어려웠습니다. 몽염을 파견해 수축한 장성은 동쪽에서 서쪽까지 수천 리에 이르렀는데, 추울 때나 더울 때나 비바람을 견뎌야 했던 군사와 백성은 항상 수십만 명에 달했으며, 이로 인해 죽은 시체가 1000리에 달하고 도처에 피가 흘렀으니[116] 그 수를 헤아릴 수 없을 정도였습니다. 백성은 힘이 다해 난을 일으키고자 하는 사람이 열 집 가운데 다섯 집이나 되었습니다. 진 시황은 서복徐福[117]을 시켜 바다로 가서 신선을 찾아 불로장생약을 구하게 했습니다. 서복이 돌아와서는 거짓으로 꾸며서 말했습니다. '신臣이 바다 속 대신大神을 만났는데, 그 해신海神이 신에게 묻기를 '네가 서방 황제가[118] 파견한 사자냐?'라고 하여, 신이 '그렇습니다'라고 대답했습니다. '너는 무엇을 구하느냐?' 묻기에, '목숨을 연장케 하는 약을 원합니다'라고 대답했습니다. 그러자 해신이 말하기를 '네 진나라 왕이 보낸 예물이 너무 적으니, 너는 그 약을 볼 수만 있고 가져갈 수는 없다'고 하더니 신을 데리고 동남쪽에 있는 봉래산蓬萊山[119]으로 갔습니다. 신이 그곳에서 영지靈芝가 자라는 성벽과 궁전을 보았고, 그곳에 구릿빛 얼굴에 용의 형상을 한 사자가 있었는데 그의 몸에서 빛이 뿜어져 하늘까지 비추었습니다. 그래서 신이 두 번 절하고는

---

115 원문은 '살술사殺術士'로, 갱유坑儒를 가리킨다. 술사術士에 대해서는 왕선겸이 말하기를 "도술道術이 있는 선비로 유생儒生을 말한다"고 했다. "진나라 시기 때 말하는 유儒와 후세에 공맹孔孟의 무리만을 가리킨 것과는 차이가 있다."(『사기전증』)

116 원문은 '유혈경묘流血頃畝'다. 100묘를 경이라 하는데, 여기서는 큰 땅덩어리를 가리킨다. 『한서』「오피전」에서는 '유혈천리流血千里'로 기재하고 있다.

117 「진시황본기」에서는 '서불徐市'로 기재하고 있다. 제나라의 방사方士다.

118 원문은 '서황西皇'이다. 서복이 동해로 들어갔으므로 동해의 신이 진 시황을 '서황'이라 부른 것이다.

119 봉래산蓬萊山: 방사들이 꾸며낸 바다 속 선산仙山으로, 신기루 현상에서 발전한 것이다.

'어떤 예물을 바쳐야 합니까?'라고 묻자, 해신이 말하기를 '양가집 사내아이[120]와 계집아이[121] 그리고 각종 장인을 데리고 오면 된다'[122]고 했습니다.' 진 시황은 크게 기뻐하며 사내아이와 계집아이[123] 3000명을 선발하고 오곡의 종자[124]와 각종 장인들을 데리고 가게 했습니다. 서복은 이들을 데리고 떠나서 땅이 평탄하고 넓은 못이 있는 곳을 발견하자 그곳에서 왕이라 칭하고 다시는 돌아오지 않았습니다. 이 일로 백성은 또 비통해하며 가족을 생각하면서 난을 일으키고자 하는 사람이 열 집 가운데 여섯 집이나 되었습니다. 그 뒤에 진 시황은 다시 위타尉佗를 보내 오령五嶺[125]을 넘어 백월百越을 공격하게 했는데, 위타는 당시 중국中國이 극도로 피로해져 있음을 알고, 그곳에 머무르며 왕이라 칭하고 다시 돌아오지 않았습니다.[126] 뿐만 아니라 사람을 시켜 진 시황에게 글을 올려 사졸들의 옷을 수선해야 한다는 명목으로 출가하지 않은 여자 3만 명을 요구했고, 진 시황은 1만 5000명을 보내주었습니다.[127] 이것으로 백성은 더욱 마음이 떠나고 분열되어 난을 일으키고자 하는 사람들이 열 집 가운데 일곱 집이나 되

120 원문은 '영명남자令名男子'다. "영명남자는 강백구가 말하기를 '양가良家의 남자다'라고 했다. 이에 따르면 '영명令名'은 '좋은 명성'을 말한다."(『사기전증』)
121 원문은 '진녀振女'로, 계집아이를 말한다. "진振은 정혈精血이 처음 시작할 때다."(『사기찰기』) 즉 월경을 시작하여 임신할 수 있는 소녀를 말한다. "진振은 진侲(아이)의 잘못이다."(『사기지의』)
122 『한서』에서는 "많은 진귀한 보배와 사내아이와 계집아이 3000명, 오곡의 종자와 각종 장인"이라고 기재하고 있다.
123 원문은 '진남녀振男女'다. 「서경부西京賦」에서 '진자만동振子萬童'이라고 했는데, 설종薛綜은 말하기를 '진자振子는 사내아이와 계집아이다'라고 했다.(『집해』)
124 원문은 '오곡종종五穀種種'이다. 그러나 『한서』에서는 '오종五種'으로 기재하고 있고, 안사고는 "오종五種은 오곡의 종자다"라고 했다. 역자는 『한서』에 근거해 번역했다.
125 오령五嶺: 후난성, 장시성 남부와 광시성, 광둥성 북부 접경지에 있는 월성령越城嶺, 도방령都龐嶺, 맹저령萌渚嶺, 기전령騎田嶺, 대유령大庾嶺의 다섯 개 고개를 말하는데, 통칭 남령南嶺이라고 한다.
126 원문은 '지왕불래止王不來'다. "불래不來 두 글자는 『한서』에 의거해 마땅히 남월南越이라 해야 한다."(『사기지의』) "止王南越(남월에 머물며 왕이라 칭했다)이다."(『한서』「오피전」)
127 「진시황본기」와 「남월열전」에는 이 문장이 없다. 위타는 남해군의 용천龍川 현령으로 임명되었고, 진섭 등이 일어난 뒤에는 임효任囂를 계승하여 남해군의 군위가 되었으며, 초한 전쟁 기간에 비로소 남월왕이라 칭했다. 왕선겸은 말하기를 "변사辯士의 말로 실제라고 보기 어렵다"고 했다.

었습니다. 당시 어떤 빈객이 고황제에게 '때가 되었습니다'라고 하자, 고황제께서는 '기다려라, 성인이 마땅히 동남쪽에서 일어날 것이다'라고 했습니다.[128] 1년도 되지 않아 진승과 오광이 과연 일어났습니다.[129] 이어서 고황제 또한 풍패豐沛에서 군대를 일으켰고,[130] 천하를 향해 호소하며 분발시키니 사전에 약속하지 않았음에도 호응하는 자가 그 수를 헤아릴 수 없었습니다. 이것은 바로 기회를 잘이용한 것으로, 진나라가 멸망하는 추세에 따라 행동한 것이며 큰 가뭄에 비가내리기를 바라는 것과 같이 백성이 옹호했기에 고조는 한낱 보통 사병에서 천자가 된 것입니다. 그 공업은 삼왕三王보다 높고, 인덕은 후세에 영원히 전해졌습니다. 지금 대왕께서는 고황제께서 천하를 얻음에 있어 쉬운 것만 보시는데, 어찌하여 근래 오·초 칠국의 난은 보지 못하십니까? 무릇 오왕 유비는 유씨劉氏를 하사받아 좨주祭酒가 되었고,[131] 입조하여 황제를 알현하지 않아도 되었으며, 4개 군의 백성을 관할하고[132] 땅은 사방 수천 리나 되었습니다. 안으로는 구리광산을 채굴하여 돈을 주조하고,[133] 또 동해 가에서 바닷물을 끓여 소금을 만

<hr />

128 "하걸과 은주가 무도하자 상탕과 주 무왕이 일어났고, 주나라 왕조의 무도함으로 『춘추』가 지어졌으며, 진나라의 무도함은 진섭의 봉기를 일으키게 했다."(「태사공자서」) "유방의 말은 후세 사람이 지어낸 것으로 태사공이 말한 것과는 다르다."(『사기전증』)

129 진 2세 원년(기원전 209) 7월의 일이다.

130 진 2세 원년 9월의 일이다. 패沛는 진나라 현으로 지금의 장쑤성 페이현이고, 풍豊은 당시 패현에 속한 한낱 향읍으로 지금의 장쑤성 평현이다. 패현 풍읍은 유방의 고향으로 건국 후 현으로 승격되었다.

131 유비劉濞는 살아 있는 유씨 황족 가운데 항렬이 가장 높고 나이가 가장 많았지만 진짜 좨주관은 아니었다. 고대에 향연을 베풀 때 술을 땅에 뿌리며 신에게 제사를 주관하는 장자長者를 좨주라 했는데, 후에는 관직으로 발전하여 관서의 우두머리 관원을 가리켰다.

132 "유비를 오왕에 봉하고 그에게 3개 군과 53개 성을 관할하게 했다."(「오왕비열전」) "고제는 유비를 유가의 옛 땅에 봉했는데, 동양東陽, 장郡, 오吳, 회계會稽 4개 군이다. 3개 군이라고 한 것은 오를 회계에 포함시킨 것이다."(『사기지의』) 『한서』 「형연오전荊燕吳傳」에 따르면 "3개의 군과 53개 성"을 관할했다고 했다.

133 원문은 '내주소동이위전內鑄消銅以爲錢'이다. "어순이 매끄럽지 못하다. 진인석은 말하기를 '소消는 마땅히 장郡이라고 해야 하는데, 장군郡郡의 구리를 말한다'고 했다."(『사기전증』) 장군郡郡의 군치는 고장故郡(지금의 저장성 안지安吉 서북쪽)이다.

들었으며, 강릉江陵134의 나무를 벌목하여 배를 건조했는데, 배 한 척에 실을 수 있는 물건이 적어도 중국의 수레 수십 량이었기 때문에 그의 나라는 부유하고 백성도 많았습니다. 그는 대량의 주옥과 황금, 비단을 각국의 제후와 조정의 종실 대신들에게 뇌물로 주고 매수했지만 끝내 두씨寶氏 일족135과는 결탁하지 못했습니다. 이때 유비는 모든 계책이 정해지자 군대를 일으켜 서쪽으로 진격했습니다. 생각지도 않게 대량大梁136에서 패하고 다시 호보狐父137에서 패퇴하여 동쪽으로 달아나 단도丹徒138에 당도했을 때 월越나라 사람들에게 사로잡혀 몸은 죽고 나라는 멸망하여 천하 사람의 웃음거리가 되었습니다. 무릇 오와 월139의 무리가 성공할 수 없었던 것은 무엇 때문이겠습니까? 이것은 진실로 그들이 하늘의 도를 거역하고 시기를 알지 못했기 때문입니다. 지금 대왕의 병력과 무리는 오·초 칠국의 난과 비교했을 때 10분의 1도 되지 않으며 천하는 진나라 때보다 만 배나 더 안정되었으니, 바라건대 대왕께서는 신의 계책을 따르십시오. 대왕께서 신의 계책을 따르지 않는다면 대왕께서는 반드시 성공하지 못할 것이며 계획이 먼저 새어나가게 될 것입니다. 신이 듣기로 미자微子가 자신의 옛 나라를 지나면서 '맥수지가麥秀之歌'140를 지었는데, 이는 은나라 주왕紂王이 왕자 비간比干의 충고를 받아들이지 않은 것을 애통해한 것입니다. 그래서 맹자孟子가

134 강릉江陵은 현으로 치소는 지금의 후베이성 장링江陵이다.
135 두씨寶氏 일족은 경제의 모친인 두태후寶太后, 두장군寶長君, 두광국寶廣國, 두영寶嬰 등을 말한다. 이들은 황제와 가장 가까운 친척이었다.
136 여기서의 대량大梁은 당시 양나라의 도성인 수양睢陽(지금의 허난성 상추商丘 남쪽)으로, 통상적으로 알려진 지금의 허난성 카이펑이 아니다.
137 호보狐父: 옛 읍으로 지금의 안후이성 탕산碭山이다. 하읍下邑에서의 전투를 말한다.
138 단도丹徒: 한나라 현으로 치소는 지금의 장쑤성 전장鎭江 동남쪽 지역이다.
139 원문은 '오월吳越'인데, '오초吳楚'라고 해야 한다. 위아래 문장에서 모두 '오와 초나라'라고 했다. "월越은 초楚의 잘못으로 의심된다."(『찰기』)
140 맥수지가麥秀之歌: 옛 은나라 궁전 터에 밀과 벼가 자라는 것을 매우 비통해하며 지은 노래다. 「송미자세가宋微子世家」에 따르면 '맥수지가'를 지은 사람은 미자가 아닌 기자箕子다. "기자가 은나라 옛 도성을 지나다가 내심 몹시 슬퍼 맥수麥秀의 노래를 지었는데, 주왕이 왕자 비간의 말을 듣지 않은 것을 가슴 아파했다."(『한서』 「오피전」)

말한바 '주왕은 살아 있을 때 비록 존귀한 천자였으나 죽었을 때는 도리어 한낱 필부만도 못했다'[141]고 한 것은 주왕이 일찌감치 스스로 천하 사람을 끊었기 때문이지, 그가 죽었을 때 천하 사람들이 그를 버린 것이 아닙니다. 지금 신 역시 대왕께서 천승의 군주 지위를 버리고 모반을 도모하려 하시니 남몰래 슬퍼하고 있습니다. 대왕께서는 반드시 조정으로부터 스스로 목숨을 끊으라는 명을 받게 될 테니, 대왕께서 회남의 대신들보다 먼저 동궁東宮에서 자진하게 될까 걱정됩니다."[142]

이에 회남왕은 속으로 화가 나고 원망했으나 드러내 반박할 수 없었기에 감정이 격해져 눈물을 한가득 쏟았다. 그는 자리에서 일어나 한 걸음에 한 계단씩 빠른 걸음으로 후궁으로 들어갔다.[143]

회남왕 유안에게는 유불해劉不害라는 서자가 있었는데, 자식 가운데 가장 나이가 많았지만 유안은 그를 사랑하지 않았다. 유안과 유안의 왕후, 유안의 태자 모두 그를 자식이나 형으로 보지 않았다. 유불해에게는 유건劉建이라는 아들이

---

141 원문은 '紂貴爲天子, 死曾不若匹夫'로, 지금의 『맹자』 판본에는 이 구절이 없다. "무왕이 한 사내 주紂를 죽였다는 소리는 들었지만, 무왕이 군주를 죽였다는 말은 듣지 못했다聞誅一夫紂矣, 未聞弑君 也."(『맹자』 「양혜왕 하」)

142 대개의 번역본에서는 오피가 동궁에서 죽는 것으로 번역하고 있다. 그러나 회남왕 유안이 조정으로부터 목숨을 끊으라는 명을 받게 될 테니, 회남국의 동궁에서 유안이 스스로 목숨을 끊게 될 것이라는 뜻이다.

143 이 문장의 전체 원문은 '於是王氣怨結而不揚, 涕滿匡而橫流, 即起, 歷階而去'으로, 해석의 차이가 있다. 우선 앞의 두 구절(於是王氣怨結而不揚, 涕滿匡而橫流)에서 주어인 '王氣'에 대해 '수정본'과 왕념손의 『독서잡지』 「사기」에서는 불필요한 글자이며 '오피'가 되어야 한다고 판단했다. 그러나 『사기회주고증』에서는 '회남왕'이 주어라고 했다. 또한 뒤의 두 구절(即起, 歷階而去)에 대해 『사기회주고증』과 『사기통해』에서는 '오피'가 주어라고 했다. 그러나 『사기전증』에서는 "네 구절은 모두 회남왕이 오피의 말을 듣고 난 다음의 표정이다. 그러므로 '王'자는 절대로 삭제해서는 안 된다"고 했다. 많은 번역본에서는 앞 구절의 주어를 '회남왕 유안'으로, 뒷 구절의 주어를 '오피'로 번역했다. 역자는 이 문장 전체 주어는 '회남왕 유안'이라 판단하고 번역했다. 역계歷階는 한 걸음에 한 계단씩 밟는 것을 말한다. 예법에 따르면 두 다리를 작은 걸음으로 나누어 두 다리가 동시에 한 계단을 밟으면서 천천히 계단을 오르고 내려가야 한다.

있었는데 재능이 뛰어나고 기개가 있었으며 항상 태자가 자신의 부친을 거들떠
보지 않는 것을 원망했다. 또 당시 제후왕들은 모두 토지를 분할하여 아들들에
게 후로 봉했는데,144 회남왕은 아들이 둘밖에 안 되는데도 태자가 부친을 계승
하게 하고 자신의 부친인 유불해는 후에 봉하지 않은 것을 원망했다. 그리하여
유건은 은밀하게 한 무리와 친분을 맺고 태자를 고발해 그르치게 하고 자신의
부친인 유불해가 태자를 대신하게 하려 했다. 태자는 이 사실을 알고 여러 차
례 유건을 잡아다 심문하고 매질했다. 유건은 태자가 한나라의 중위를 죽이려
하는 음모를 알고 있었기에 자신이 가깝게 여기는 수춘 사람 장지莊芷145를 시
켜 원삭 6년(기원전 123)에 무제에게 글을 올려 말했다.

"독한 약은 입에 쓰지만 병에는 이롭고, 충언은 귀에 거슬리지만 행동하는 데
이롭습니다.146 지금 회남왕의 손자인 유건은 재능이 뛰어나지만 회남왕의 왕후
인 도와 그녀의 아들인 태자 유천이 항상 유건을 시기하고 있습니다. 유건의 부
친인 유불해는 본래 죄가 없는데도 여러 차례 제멋대로 잡아 가두고 그를 죽이
려고 했습니다. 지금 유건이 그곳에 있으니 불러 알아보시면 회남국의 은밀한
음모를 전부 알게 되실 겁니다."

무제는 상주문을 읽고는 정위에게 넘겨 처리하게 했고, 정위는 다시 하남군
군수에게 맡겼다. 이때 이전 벽양후 심이기의 손자인 심경審卿과 승상 공손홍은
서로 친했는데, 심경은 예전에 회남왕 유장이 자신의 조부147를 죽인 것을 원망

144　무제는 주보언主父偃의 건의에 따라 '추은령推恩令'을 내려 제후왕들이 자기 아들들에게 분봉하
게 했다. "서광이 말하기를 '원삭 2년(기원전 127)에 제후왕들에게 자제들에게 분봉을 시작하게 했다'
고 했다."(『집해』)
145　『한서』에서는 '장지莊芷'를 '엄정嚴正'으로 기재하고 있다. "주수창이 말하기를 '반고는 명제明帝
휘(유장劉莊)를 피하기 위해 장莊을 엄嚴으로 했다. 정正과 지芷는 글자가 비슷하지만 잘못이다'라고
했다."(『한서보주』)
146　원문은 '毒藥苦於口利於病, 忠言逆於耳利於行'이다. 『공자가어』「육본편六本篇」에는 '良藥苦於口
而利於病, 忠言逆於耳而利於行'이라 했다.
147　원문은 '대부大父'로, '조부祖父'를 말한다. 심경의 아버지는 심평審平이다.

하고 있었다. 이에 공손홍을 만나 회남왕에게 죄를 덮어씌우려고 했고, 공손홍은 회남에서 반란의 음모가 있음을 의심하기 시작하여 이 일을 철저하게 조사했다. 하남군 군수가 유건을 심문하자 유건은 회남 태자와 그 도당을 연루시켰다. 회남왕 유안은 이를 두려워하여 군대를 일으키려는 생각으로 오피에게 물었다.

"지금 조정의 정국은 안정되었는가?"

오피가 말했다.

"천하는 안정되어 있습니다."

유안은 듣고서 기뻐하지 않으며, 다시 오피에게 물었다.

"공은 무슨 근거로 천하가 안정되었다고 말하는가?"

오피가 대답했다.

"제가 가만히 조정의 정치를 살펴보니, 군신간의 예의, 부자간의 친근, 부부간의 구별, 장유의 순서가 모두가 조리가 있고 정연합니다. 황상의 거동도 모두 옛날의 도덕을 준수하고 있고 사회 풍속과 기강에도 결함이 없습니다. 화물을 가득 실은 부유한 상인들이 천하를 두루 돌아다닐 수 있고 도로는 통하지 않는 데가 없어 각지의 화물이 무역 교류를 할 수 있습니다. 남월은 이미 귀순해 조정에 복종하고 있고, 강인羌人과 북인僰人도 입조하여 공물을 바치며,[148] 동구東甌는 이미 투항했고, 국가의 영토가 장유長楡까지[149] 확장되었으며 삭방군朔方郡이 이미 설립되었으니 흉노는 마치 새가 날개가 꺾여 상처를 입은 것처럼 고립무원하여 다시는 날아 떨치지 못하고 있습니다. 현재 비록 상고시대의 태평한 시기에는 미치지 못하지만 정국이 안정되었다고 말할 수 있습니다."

148　당시 강인羌人은 지금의 쓰촨성, 산시陝西성, 간쑤성 경계 지대에 거주했고, 북인僰人은 지금의 쓰촨성 이빈宜賓 서남쪽에 거주했다. 한나라 왕조가 건원 6년(기원전 135) 이빈宜賓에 건위군犍爲郡을 설립했다. 쓰촨성, 산시陝西성, 간쑤성 경계의 무도군武都郡은 원정 6년(기원전 111)에 설립되어 이후의 일이다.

149　북부 변경이 장유長楡까지 확장되었다는 것을 말한다. "장유長楡는 지금의 유목새楡木塞로, 승주勝州 북쪽에 있다."(『정의일문』) 승주勝州는 지금의 네이멍구 둥성東勝이다.

유안이 화를 내자 오피는 죽을죄를 지었다고 사죄했다. 유안은 또 오피에게 말했다.

"만약 누군가 산동山東에서 반란을 일으킨다면 조정에서는 반드시 대장군 위청을 파견해 군사를 이끌고 산동을 제압하려 할 텐데, 공은 대장군 위청을 어떤 사람이라 생각하시오?"

오피가 말했다.

"제게 잘 아는 황의黃義라는 사람이 있는데, 대장군을 수행하여 흉노를 공격한 적이 있습니다. 그가 돌아와 제게 말하기를 '대장군은 군중의 장사들을 예로써 대하고 사병들에게는 은덕을 베풀어 모두 그를 위해 기꺼이 힘을 다하고자 합니다. 그가 말을 타고 산을 오르고 내리는 모습은 마치 날아다니는 것 같고, 재능은 실제로 남들보다 뛰어납니다'라고 했습니다. 제가 생각하기에 재능이 이와 같은데다가 여러 차례 군대를 통솔하여 군사에 익숙하니, 이런 사람은 상대하기가 쉽지 않을 것입니다. 또 알자 조량曹梁[150]이 장안에 사신으로 갔다가 돌아와서는 말하기를 '대장군의 호령은 엄격하고 분명하며 대적해서는 대단히 용맹하며 항상 사졸들 앞에 섭니다. 주둔해 있을 때는 우물을 파고 물이 충분하지 않으면 사졸들이 모두 마신 뒤에 마셨습니다. 군대가 돌아올 때는 사졸들이 모두 황하를 건넌 다음에 비로소 건넜습니다. 황태후가 황금과 비단을 하사했는데 모두 군중의 관리와 사졸들에게 나누어줬습니다. 설사 고대의 명장이라 할지라도 그를 뛰어넘을 수는 없습니다'라고 했습니다."

유안은 아무 말도 하지 않았다.

회남왕 유안은 손자인 유건이 경사로 불려가 심문을 받자 그는 자신의 반란 음모가 발각될 것을 걱정하여 군대를 일으키려 했다. 이때 오피가 또다시 나와

150　조량曹梁은 회남국의 알자로, 이 열전에만 등장할 뿐 사적은 상세하지 않다.

서 만류했고, 유안은 다시 오피에게 물었다.

"공은 오_吳나라가 군대를 일으킨 것이 옳다고 생각하는가, 아니면 틀렸다고 생각하는가?"

오피가 말했다.

"옳지 않다고 여깁니다. 오왕은 당시에 이미 매우 부귀했는데도 군대를 일으켜 반역했으나 결과적으로 성공하지 못했으며, 단도_{丹徒}에서 죽임을 당해 머리와 발이 둘로 나뉘고 자손들은 살아남은 자가 없어 후대가 끊어졌습니다. 신이 듣기로는 오왕은 죽을 때 몹시 후회했다고 합니다. 바라건대 대왕께서는 잘 고려하여 오왕과 같은 후회가 없도록 하십시오."

유안이 말했다.

"대장부는 한마디 말을 위해 죽음을 돌아보지 않을 뿐이오! 게다가 오왕은 어떻게 반란을 일으킬지를 이해하지 못했는데, 당시 조정에서 출병하여 하루에 성고_{成皋}를 지나간 장수가 40여 명이나 되었소.[151] 이제 내가 누완_{樓緩}[152]에게 명령하여 먼저 성고의 입구를 가로막도록 하고, 주피_{周被}는 영천_{潁川}의 군대를 이끌고[153] 환원_{轘轅}과 이궐_{伊闕}[154]의 통로를 통제하게 하고, 진정_{陳定}에게는 남양

---

151 성고_{成皋}는 옛 성 명칭으로 지금의 허난성 싱양_{滎陽} 서북쪽 쓰수이진汜水鎭 서쪽에 위치해 있다. 예부터 황하 이남의 중요한 동서 교통로이자 군사 요새였다. "여순이 말하기를 '오나라가 성고의 입구를 막지 않아 한나라 장수가 나갈 수 있도록 한 것을 말한다'고 했다."(『집해』) 「오왕비열전」에 따르면, 환장군桓將軍은 오왕을 설득하며 "신속하게 서쪽으로 진격하여 낙양의 무기고를 점령하고 오창敖倉(성고에서 멀지 않다)의 양식을 탈취한 다음 산과 강의 험준한 형세에 의지하여 천하를 호령한다면 설사 함곡관으로 진입하지 않더라도 천하는 이미 기본적으로 평정됐다고 할 수 있습니다"라고 했다. 한나라 군대 통수권자인 주아부는 동쪽으로 나가면서 가는 길에 매복이 있을까 걱정했다. 주아부가 말하기를 "지금 우리가 이미 형양을 점거했으니 형양 동쪽의 형세도 걱정할 필요는 없겠다"고 했다. 오왕은 중시하지 않고 한나라 장수가 자유롭게 통행하도록 한 것이 실패의 원인 중 하나다.
152 누완_{樓緩}은 유안의 부장으로 "『한서』에서는 '완緩'이라고만 했지 '누樓'자는 없다. 누완은 바로 육국六國 때의 사람으로 이는 후세 사람이 추가한 것으로 의심된다"고 했다.(『집해』) 그러나 "서부원이 말하기를 '주피周被, 진정陳定은 모두 성명으로 완緩만이 성일 수는 없다. 누완樓緩은 당연히 옛사람의 성명과 같다'고 했다."(『사기회주고증』)
153 주피周被는 유안의 부장이며, 군사를 이끌고 영천을 거쳐 서쪽으로 가는 것을 말한다. 영천은 한나라 군으로 치소는 지금의 허난성 위저우다.

南陽의 군사를 징발하여 무관武關을 지키게 하겠소.155 이와 같이 하면 하남군 태수에게는 고립무원으로 낙양雒陽만 남겨질 테니, 무슨 근심을 하겠는가!156 설사 북쪽에 임진관臨晉關, 하동河東, 상당上黨과 하내河內, 조趙나라157 지역이 있다고는 하지만 사람들이 말하는 '성고의 입구를 막기만 하면 온 천하가 통할 수 없다'고 하는 것이오. 그때 우리는 다시 삼천三川의 험준한 형세에158 의지하면서 산동 지역의 병마159를 불러들이는 것이오. 이같이 일으키는 것에 대해 공은 어떻게 생각하시오?"

오피가 말했다.

"신에게는 화만 보일 뿐 복은 보이지 않습니다."

유안이 말했다.

"좌오左吳, 조현趙賢, 주교여朱驕如는 모두 이렇게 하면 복이 있다고 여겨 십중 팔구 성공한다고 하는데, 공만이 홀로 화만 있고 복이 없다고 여기는 것은 무엇 때문인가?"

오피가 말했다.

"대왕의 친근하고 총애하는 신하들 가운데 평소에 인심을 얻어 부릴 수 있는

---

154 환원轘轅은 지금의 허난성 덩펑登封 서북쪽, 뤄양洛陽 동남쪽 지역의 관문이다. 이궐伊闕은 지금의 뤄양 남쪽 이궐산 위에 있는 관문이다.

155 진정陳定은 유안의 부장이다. 남양南陽은 한나라 군으로 치소는 원현宛縣(지금의 허난성 난양南陽)이다. 무관武關은 지금의 산시陝西성 단평丹鳳 동남쪽, 허난성 난양 서쪽의 관문으로, 허난성 남부에서 산시陝西성으로 진입하는 교통 요지다. 기원전 207년 유방이 이곳을 통해 진秦으로 진입했다.

156 "조정의 하남 태수가 관할하는 곳은 단지 외로운 성 낙양만 남을 것이라는 뜻이다."(『사기전증』) 낙양雒陽은 낙양洛陽과 같다.

157 당시 조趙나라는 경제의 아들이자 무제의 배다른 동생 유팽조劉彭祖의 봉국이었다. 도성은 지금의 허베이성 한단이다. "이곳 북쪽에는 임진관, 하동, 상당이 있어 하내와 조나라 경계로 통하는 몇 갈래 산골짜기 통로가 있다."(『한서』「오피전」)

158 "성고의 관문을 말한다."(『정의』) 한나라 때의 하남군으로, 진나라 때는 삼천군이라 불렸다. 이 지역에 황하, 이수, 낙수가 흘러 삼천이라 했다.

159 『한서』에서는 "천하의 병마"라고 기재하고 있다.

자들은 이미 모두 조옥詔獄에 수감되어 있으며,160 나머지는 쓸 만한 사람이 없습니다."

유안이 말했다.

"진승과 오광은 송곳 꽂을 만한 땅도 없이 1000명의 무리를 이끌고161 대택 향大澤鄉에서 사람들을 향해 호소하며 분발시키자 천하 사람들이 모두 호응했고, 서쪽으로 진격하여 희정戲亭162에 이르렀을 때 군사가 120만 명에 달했소. 지금 우리 회남이 비록 작으나 무기를 들고 종군할 수 있는 자가 10여 만 명에 달하며, 이들은 진섭 등과 같이 귀양 가서 변방의 성을 지키고 큰 낫, 망치, 도끼, 괭이자루, 싸리나무 몽둥이 같은 것을 쥔 자들도 아닌데, 공은 어찌하여 화만 있고 복은 없다고 말하는가?"

오피가 말했다.

"진나라는 잔학하고 무도했기 때문에 천하 백성을 잔인하게 해쳤습니다. 만 승의 수레를 일으켜 흉노를 정벌하고, 아방궁을 건설하고, 백성이 수확한 양식의 대부분을 부세로 징수하고, 마을 어귀 왼쪽에 거주하는 자들163을 징발하여 변방을 지키게 하고, 아비는 자식을 평안하게 돌보지 못하고, 형은 동생을 편하도록 도울 수 없고, 법령은 가혹하고 형벌은 준엄하여 온 천하 백성이 달아올라

160　조옥詔獄: 황제가 직접 관장하는 감옥으로, 구금된 범죄자는 모두 황제가 친히 조서를 내려 죄를 판결한다. 구경, 군수 등 2000석 고관에게 죄가 있을 경우에 해당한다. 호삼성은 말하기를 "한나라 때 좌우도사공左右都司空, 상림중도관上林中都官에 모두 조옥이 있었는데, 조서를 받들어 안건을 심리했기 때문에 조옥이라 한 것이다"라고 했다. "앞 문장에서 회남을 위해 어떤 사람이 조옥에 구금되었는지 없기에, 역사를 읽는 자들은 대부분 오피의 이 말을 믿지 않는다."(『사기전증』)
161　「진섭세가」에 따르면 진섭 등이 어양漁陽(지금의 베이징 미윈密雲 서남쪽)으로 귀양 가서 변경을 수비한 자는 모두 900명이었다.
162　희정戲亭은 지금의 산시陝西성 린퉁臨潼 성 동쪽으로, 당시 함양성의 동남쪽이며 그 아래로 희수戲水가 흘렀다. 「진섭세가」에 따르면 군대를 이끌고 진秦을 공격하여 희정에 이른 자는 진섭의 부장 주문周文이었다.
163　원문은 '여좌閭左'다. 진나라 때 마을 어귀 왼쪽에 빈민이 거주했다. "마을 어귀 왼쪽의 부역을 하지 않은 백성에게 진나라 때 부역을 시켰다."(『정의』)

태워지는 것 같았으며, 백성은 목을 빼고 사방을 바라보며 구원을 갈망하고, 귀 기울여 소식을 들으려 하며, 큰소리로 목 놓아 울며 하늘을 우러르고, 가슴을 두드리고 발을 동동 구르며 진나라 왕조를 원망했기 때문에 진승이 크게 소리 지르자 천하 사람들이 즉시 일어나 호응한 것입니다. 지금은 폐하께서 천하를 통치하고 온 국가가 통일되었으며 백성을 두루 애호하고 덕을 시행하며 은혜를 베푸는 상황입니다. 이 때문에 황제께서 말씀하지 않아도 그 소리는 세찬 천둥 소리처럼 빠르게 사방으로 전파되고, 명령을 내리지 않아도 백성이 그의 감화를 받아들여 마음을 바꾸어 선한 것을 따르는 속도가 마치 천지신명과 같이 빠르며, 그의 마음속에 어떤 생각이 있으면 그 위엄이 즉시 만 리 밖까지 진동하고, 황상을 대하는 백성의 호소는 그림자가 형체를 따르고 소리가 메아리로 돌아오는 것과 같이 신속합니다. 지금 대장군 위청의 재능은 진나라의 장령인 장함章邯, 양웅楊熊에 비길 바가 아닙니다. 이 때문에 대왕께서 진승과 오광으로 자신을 비유하지만, 저는 그것이 적합하지 않다고 생각합니다."

유안이 말했다.

"진실로 공의 말과 같다면, 우리는 요행을 얻을 수 없다는 것인가?"

오피가 말했다.

"제게 어리석은 계책이 있습니다."

유안이 물었다.

"무엇이오?"

오피가 말했다.

"지금 제후들에게는 조정에 대해 다른 마음이 없고 백성도 원망하는 기색이 없습니다. 삭방군은 땅이 광활하고 물과 풀이 풍부하지만 이주한 백성만으로는 땅을 채우기에 부족합니다.[164] 신의 어리석은 계책은 거짓으로 승상과 어사대부

164　『한서』「무제기」에 따르면, 원삭 2년(기원전 127)에 무제는 10만 명의 백성을 삭방군으로 이주시켰다.

가 황제에게 주청하는 글을 지어 바치는 것으로, 전국의 각 군과 제후국의 호걸과 협객 그리고 내죄耐罪[165] 이상의 죄를 저지른 자들을 징발하여 삭방으로 이주하는 자는 그 죄를 사면해주고, 재산이 50만 전 이상인 자들은 그 가족들을 삭방군으로 옮겨 거주하게 하십시오.[166] 그리고 다시 군대를 증파하여 압송하게 하고, 그 기한을 급하게 하는 것입니다. 또 좌우도사공左右都司空[167]과 상림중도관上林中都官[168]의 조옥詔獄 문서를 거짓으로 만들어 제후들의 태자들과 총애하는 신하들을 체포한다고 공언하십시오. 이같이 하면 백성은 원망하게 되고 제후들은 두려워할 것이니, 그 뒤에 우리가 변사辯士[169]를 보내 그들을 부추긴다면 혹여 요행으로 열 가운데 하나는 승리를 거둘 가능성이 있습니다!"[170]

유안이 말했다.

"그 계책이 매우 좋소. 비록 그렇다고 할지라도 나는 그대가 말한 것과 같이 그렇게 어렵지는 않다고 생각하오."

그리하여 유안은 관노들을 궁중으로 보내 그들로 하여금 궁중에서 황제의 옥새와 승상, 어사, 대장군, 군리軍吏, 중2000석,[171] 도관령都官令, 승丞[172] 등의 각

---

165 내耐는 곤髠(두발을 밀어버리는 죄)보다 한 등급 가벼운 형벌로, 수염을 제거하는 벌이다. "응소가 말하기를 '가벼운 죄로, 곤髠까지 이르지 않아 그 구레나룻을 보전하기 때문에 내耏라고 한다'고 했다. 또 소림蘇林이 말하기를 '1년형을 벌작罰作, 2년 이상의 형을 내耐라고 했다. 내는 그 죄를 견딜 수 있는 것이다'라고 했다."(『집해』)

166 삭방으로 강제 이주시키는 자는 세 종류인데, 호걸과 협객, 내죄 이상 그리고 가산이 50만 전 이상인 자다.

167 왕선겸은 말하기를 "좌우도사공左右都司空은 좌우사공과 도사공이다"라고 했다. 좌우사공은 소부少府에 속했으며 도사공都司空은 종정宗正에 속했는데, 모두 범죄를 조사하고 범인을 관리하는 관원이다. 종정은 서주 시기부터 존재해온 관직으로, 전한 시기에는 구경 중 하나였다. 황족이 담당했고 황족을 위한 사무 기관의 장관이었다.

168 상림중도관上林中都官: 상림원 내의 범죄 조사와 범인을 관리하는 관직이다.

169 원문은 '변무辯武'다. "서광이 말하기를 '회남에서는 사람 이름 사士를 무武라고 한다'고 했다." (『집해』) 『한서』에서는 '변사辯士'로 기재하고 있다. 역자는 '변사辯士'로 번역했음을 밝혀둔다.

170 "오피는 이전에 여러 차례 단호하게 유안의 모반을 반대했는데, 이번에는 주동적으로 계책을 세우고 있다. 앞뒤가 전혀 다른 사람 같으니 의심이 가는 부분이다."(『사기전증』)

171 중中2000석: 가득 채운 2000석의 직급으로, 그 아래는 2000석, 비2000석이다. 월 봉록이

종 직무의 인장印章을 제조하게 했다. 동시에 회남국 주변 각 군의 태수와 도위의 인장을 본떠 새기게 했고, 조정의 사자가 가지고 다니는 부절과 어사가 쓰는 법관法冠[173]을 사사로이 만들게 하여 오피의 계획대로 준비했다. 또 사람을 시켜 죄를 지은 것으로 위장하여 경사의 대장군과 승상의 부중府中으로 도망쳐 일하게 했는데, 그 목적은 회남에서 군대가 일어나면 그들이 대장군 위청을 찔러 죽이고 승상[174]을 유안에게 투항하도록 설득하려는 것이다. 이렇게 하면 물건을 덮은 천을 벗기는 것처럼 힘들이지 않고 쉬울 것이라 여겼다.

유안은 나라 안 군대를 일으키려 했지만 상相과 2000석 관원들이 자신의 지시에 따르지 않을 것을 두려워했다.[175] 그리하여 유안은 오피와 상의하여 먼저 상과 2000석 관원들을 죽이기로 했다. 이에 거짓으로 궁중에 불을 지르고 상과 2000석 관원들이 불을 끄기 위해 오면 그들을 죽이기로 계획했다. 이 계획은 최종적으로 결정되지 못했고, 다시 사람을 시켜 구도求盜[176]의 복장으로 우격羽檄[177]을 지니고 동쪽에서 달려와 "남월의 군사들이 국경을 침입했습니다"라고 크게 소리치게 하여 이를 빌미로 군대를 일으켜 모반하려 했다. 이에 사람을

180곡의 관원으로 태상, 낭중령, 위위, 태복, 정위, 대행령, 종정, 대농령, 소부, 중위를 말한다. 2000석은 4등급으로 나뉘는데 중2000석, 진眞2000석, 2000석, 비比2000석이다. 조정의 경卿은 가장 높은 중2000석의 품급이다.

172 도관령都官令, 승丞은 도성 장안 각 관부의 정正, 부副 장관이다. 도관都官은 중도관中都官이다. 령令은 여러 관부의 수장이고, 승丞은 여러 관부 장관의 조수다.

173 안사고는 말하기를 "법관法冠은 어사관御史冠이다. 본래는 초나라 왕관이었는데, 진나라가 초나라를 멸망시키고 그 군주의 관을 어사에게 하사했다"고 했다.

174 당시의 승상은 공손홍이다.

175 "왕명성王鳴盛이 말하기를 '제후 왕국의 병권은 상, 내사, 중위가 함께 관장하면서 서로 견제했는데 세 사람 가운데 한 사람이 반대하면 군대를 일으킬 수 없다'고 했다."(『사기전증』) 제후국의 중위, 내사, 낭중 등이 모두 2000석 등급에 속했다.

176 구도求盜: 정장亭長 수하의 하급 관리로 도적 체포를 주관했다.

177 우격羽檄: 안사고는 말하기를 "우격은 군사를 징발하는 문서다"라고 했다. 새의 깃털을 꽂아 긴급함을 표시했고, 반드시 신속하게 전달해야 했다. 한나라 시기의 간책簡冊 제도에서 관부의 문서에서 사용하는 간簡(글자를 적는 납작하게 깎은 죽편이나 목편)의 길이는 2척이고 격檄이라 했다.

여강廬江[178]과 회계로 보내 구도를 가장하게 했지만 출발시키지 않았다. 유안이 오피에게 물었다.

"내가 출병하여 서쪽으로 진격하면 제후들은 반드시 호응할 것이오. 그런데 호응하지 않는다면 어떻게 하면 좋겠소?"

오피가 말했다.

"먼저 남쪽으로는 형산의 군대를 거두고[179] 그다음에 여강을 공격하고, 심양尋陽[180]의 전선들을 탈취하고 하치현下雉縣[181]의 성을 통제하고, 구강의 어귀를 점거하고,[182] 예장豫章의 통로를 끊고,[183] 다시 강한 궁노로 장강을 지키게 하여 남군南郡[184] 일대의 군사들이 강을 따라 내려오는 것을 막으십시오. 그다음에 동쪽으로 가서 강도江都[185]와 회계를 탈취하고, 남쪽으로 가서 강대한 남월과 연합한다면 우리는 강회 사이에서 완강하게 지키면서 일정 기간 유지할 수 있습니다."

유안이 말했다.

"좋소. 이보다 좋은 계책은 없소. 상황이 위급해지면 남쪽의 월나라로 달아나면 그만이오."

이때 정위는 회남왕의 손자 유건의 말에 따라 회남왕의 태자 유천이 연관된 상황을 무제에게 보고했다. 무제는 즉시 정위감廷尉監[186]을 파견해 회남의 중위

---

178 "이전의 여강국廬江國으로 이때 이미 조정의 군郡郡이 되었다"고 했다.
179 동생인 형산왕衡山王 유사劉賜의 병력과 합치는 것을 말한다.
180 심양尋陽: 한나라 현으로 치소는 지금의 후베이성 황메이黃梅 서남쪽 지역이다.
181 하치현下雉縣: 한나라 현으로 치소는 지금의 후베이성 양신陽新 동쪽 지역이다.
182 병력을 구강九江 일대의 강변에 집결시키는 것을 말한다. 구강은 즉 앞에서 말한 심양 일대다.
183 예장豫章(군치는 지금의 장시성 난창) 북쪽에서 장강으로 들어가는 항구로, 지금의 지우지앙九江의 후커우湖口다.
184 남군南郡: 한나라 군으로 군치는 지금의 후베이성 징저우荊州 북쪽 지난성紀南城이다.
185 강도江都: 제후국 중 하나로, 당시 강도왕江都王은 무제의 조카 유건劉建이며 도성은 광릉廣陵(지금의 장쑤성 양저우 서북쪽)이다.
186 정위감廷尉監: 정위廷尉의 속관으로 봉록은 1000석이다.

와 함께[187] 태자 유천을 체포하게 했다. 그들이 회남에 당도하자 유안은 소식을 듣고는 즉시 태자와 상의하여 조정에서 회남으로 파견한 상과 2000석 신하들을 불러들여 그들을 죽이고 군대를 일으키려 했다. 상을 부르자 상은 왔지만 내사는 마침 일이 있어 외출 중이라 오지 않았다. 중위가 말했다.

"저는 황제의 조서를 접수했기 때문에 대왕을 만나 뵐 수가 없습니다."

유안은 속으로 상을 죽여도 내사와 중위를 죽이지 않으면 도움이 되지 않는다고 생각하여 곧 상을 돌려보냈다. 유안은 이때 망설이며 결정을 내리지 못했다. 태자는 속으로 자신의 죄명은 조정에서 파견한 중위를 죽이려 한 것에 불과한데 자신과 함께 모의한 사람들은 이미 모두 죽었으니 자백도 증거도 없다고 여겨 유안에게 말했다.

"여러 신하 가운데 쓸 수 있는 자들은 모두 체포되어 이미 우리와 거사를 함께할 사람이 없습니다. 만약 대왕께서 군대를 일으키는 시기가 적합하지 않아 성공하기 어렵다면, 신이 잡혀가게 해주십시오."

유안은 모반을 그만두려던 차였기에 유천의 요청을 허락했다. 태자 유천은 즉시 스스로 목을 베었으나 죽지는 않았다. 이때 오피는 자수했고 유안의 모반 상황을 처음부터 끝까지 사실대로 털어놨다.

조사를 맡은 관리는 이로 인해 유천과 유안의 왕후를 즉각 체포하고 유안의 왕궁을 포위했다. 그들은 회남왕의 모반에 참여한 빈객들을 모조리 체포하고 모반에 쓰려던 물자와 기구 등 증거물을 찾아내 무제에게 보고했다. 무제는 이 안건을 공경들에게 넘겨 심리하게 했고 유안의 모반에 연루된 각지의 열후, 2000석 관리들, 호걸 수천 명을 찾아내 죄의 경중에 상응하는 처벌을 내렸다.[188] 형산왕 유사劉賜는 회남왕 유안의 동생이니 마땅히 연좌되어 함께 체포되

---

187 원문은 '인배因拜'다. 『사기전증』에서는 '회동會同'의 뜻이라고 했다. 『한서』에서는 '여與(함께)'로 기재되어 있어 그 의미가 더 분명하다. 역자는 『한서』에 따라 번역했다.
188 원문은 '수주受誅'로, 여기서 '주誅'는 죽임이 아닌 처벌의 뜻으로, 모두 죽임을 당한 것은 아니다.

어야 했기에 담당 관원들이 그의 체포를 요청했다. 그러자 무제가 말했다.

"제후는 각기 자신의 국가를 근본으로 삼으니 서로 연좌시키는 것은 마땅하지 않다. 이 문제는 그대들이 제후왕, 열후, 승상과 함께 다시 의논하도록 하라."[189]

이에 조왕趙王 유팽조劉彭祖[190]와 열후 양讓[191] 등 43명이 논의했는데, 모두 말했다.

"회남왕 유안은 대역무도하고 모반의 죄가 명백하니 마땅히 그를 죽음에 처해야 합니다."

교서왕膠西王 유단劉端[192]이 상의하며 말했다.

"회남왕 유안은 조정의 법령을 준수하지 않고 사악한 행위를 저질렀으며 속이는 마음을 품고 천하를 어지럽히고 백성을 미혹시켰으며 종묘를 배반하고 요사스러운 말을 지어냈습니다. 『춘추』에서 이르기를 '신하된 자는 군사를 불러

---

189 원문은 '여제후왕열후회이승상제후의與諸侯王列侯會肆丞相諸侯議'다. 이 구절은 복잡하고 어순도 매끄럽지 못하다. '회이會肆'는 '함께'라는 의미다. "'여與'를 '령令'으로 읽고, '승상丞相' 다음의 '제후諸侯'를 생략하면 그 의미가 대체로 통한다."(『사기전증』) 즉 "그대들과 제후왕, 열후들은 승상과 함께 다시 의논하도록 하라"는 뜻이 된다. 『한서』에서는 '여제후왕열후의與諸侯王列侯議'로 기재하고 있고, 주어는 '유사有司(유관 부서)'다. 즉 "유관 부서는 제후왕, 열후와 함께 이 문제를 의논하도록 하라"가 된다. 역자가 보기에 이 구절을 글자 그대로 번역하기에는 무리가 있으므로 문맥상 "그대들이(유관 부서 관원) 제후왕, 열후, 승상과 함께 다시 의논하도록 하라"라고 번역했음을 밝혀둔다.

190 조왕趙王 유팽조劉彭祖: 무제의 배다른 형제로 경제 5년에 광천왕廣川王에서 조왕으로 옮겨 봉해졌다. 당시 재위한 지 30여 년이다.

191 원문은 '열후신양列侯臣讓'이다. 「공신」 「은택후표恩澤侯表」에 따르면 원삭 연간에 열후 가운데 이름이 양讓인 사람은 없으니, 양讓을 양襄이라 해야 할 것이다. 양襄은 평양후 조참의 현손으로 원광 5년(기원전 130)에 계승하여 16년에 사망했다. 원삭 6년(기원전 123)에 후를 계승했을 때 『사기』와 『한서』 표에 따르면 공신의 지위는 평양平陽이 두 번째이고 소하蕭何가 첫 번째였다. 소하의 증손인 소승蕭勝은 원삭 원년에 단정하지 않아 수염을 미는 내耐 형벌을 받아 예신隸臣(죄를 짓거나 포로가 되거나 혹은 친속이 연좌되어 관노비가 된 자)이 되었다. 그러므로 이때 열후와 상의했을 때 조양曹襄이 마땅히 우두머리가 되어야 한다. 양讓과 양襄 두 글자는 옛날에 대부분 서로 혼용되었다."(『한서보주』) 여러 자료에 따르면 본문에서의 '양讓'은 '조양曹襄'을 말한다.

192 교서왕膠西王 유단劉端: 무제의 배다른 동생으로 경제 3년에 교서왕에 봉해졌는데, 당시 재위 33년이었다. 교서국膠西國의 도성은 고밀高密로, 지금의 산둥성 가오미高密 서남쪽 지역이다.

모을 수 없고, 군사를 불러 모으는 자는 누구든 죽인다'[193]고 했습니다. 유안의 죄는 군사를 불러 모은 것보다 무거운 것으로, 그는 분명히 모반하려 했습니다. 신 유단이 그의 서신, 부절, 인장, 지도와 기타 각종 대역무도한 증거를 살펴보 았는데, 모든 증거가 명백하니 실로 대역무도[194]로서 마땅히 법에 따라 죽음에 처해야 합니다. 회남국에서 봉록이 비200석 이상인 관리,[195] 종실, 가까이 총애 받는 신하 등은 설사 모반에 참여하지 않았다 해도 평소 유안에게 권고하고 지 도하지 않은 책임이 있으므로 이들 모두 관직을 빼앗고 작위를 삭탈하여 평민 으로 떨어뜨린 후 앞으로 관리가 되지 못하게 해야 합니다. 관리 아닌 자들[196] 에 대한 징벌로는 벌금 황금 2근 8냥을 내고 속죄하도록 해야 합니다. 유안의 죄를 세상에 드러내 신하의 도리를 알게 히고 이후로 감히 사악하게 모반할 생 각을 갖지 못하게 해야 합니다.'

승상 공손홍, 정위 장탕張湯[197] 등이 토론한 결과를 무제에게 보고하니, 무제 는 종정宗正[198]에게 부절을 가지고 가서 회남왕 유안을 심문하도록 했다. 종정이 당도하기도 전에 회남왕 유안은 스스로 목을 베어 죽었다. 왕후 도, 태자 유천, 기타 모반에 참여한 자들은 모두 멸족에 처했다. 무제는 오피가 자백한 문사가 올바르고 유안과 나눈 대화 중에 여러 차례 조정에 대해 좋은 말을 했기에 그 를 죽이지는 않으려 했다. 그러자 정위 장탕이 말했다.

"오피는 먼저 회남왕을 위해 모반의 계책을 냈으니, 그의 죄를 절대로 용서해

193 "君親無將, 將而誅焉."(『춘추공양전春秋公羊傳』 장공 32년, 소공 원년)
194 "'대역무도'가 거듭 나오는데 적당하지 않다. 불필요한 글자로 의심된다. 『한서』에도 없다."(『광사 기정보』)
195 원문은 '이백석이상급비자二百石以上及比者'이다. 진眞200석과 봉록이 비比200석 이상을 말한 다. 진200석은 매달 봉록이 곡물 30곡斛이고 비200석은 매달 27곡이다.
196 원문은 '기비리其非吏'로, 안사고는 말하기를 "친근하며 총애를 받는 자로, 관리가 아닌 자를 말 한다"고 했다. 작위와 봉록을 삭탈할 수 없으므로 벌금을 내게 하는 것이다.
197 장탕張湯은 당시 유명한 혹리酷吏로 원삭 3년(기원전 126)에 정위가 되었고, 당시 이미 재직한 지 5년이 되었다.
198 『한서』「백관표」에 따르면 당시 종정宗正은 유기劉棄였다. 유기질劉棄疾이라고도 한다.

서는 안 됩니다."

결국 오피도 죽임을 당했다. 회남국의 봉국은 폐지되고 그곳에 구강군을 설치했다.[199]

형산왕 유사劉賜는 왕후 승서乘舒 사이에 자녀 셋을 두었는데, 장남은 유상劉爽으로 태자가 되었고, 둘째 아들은 유효劉孝, 셋째는 딸 유무채劉無采였다. 그 외에 희첩인 서래徐來가 4명의 자녀를 낳았고, 미인 궐희闕姬는 2명의 아들을 낳았다. 형산왕 유사와 회남왕 유안은 형제였지만 서로 예절 문제로 질책하는 관계로, 사이가 멀었으며 마음이 맞지 않았다. 유사는 유안이 모반에 사용할 기구를 만들고 있다는 소식에 빈객들과 교분을 맺고 유안의 침입에 방비하려 했는데,[200] 자신의 국가가 유안에게 합병되는 것을 두려워했기 때문이다.

원광 6년(기원전 129) 형산왕이 입조했을 때 그의 알자인 위경衛慶은 자신이 방술에 능하다며 천자를 섬길 수 있게 해달라는 글을 올리려 했다. [이를 알게 된] 유사는 화를 내며 일부러 위경에게 죽을죄가 있다고 탄핵하고 그를 매질하여 죄를 인정하게 했다. 형산국의 내사는 그 일을 옳다고 여기지 않아 위경의 안건을 받아들이지 않았다.[201] 그러자 유사는 다시 사람을 시켜 상서를 올려 내사를 고발했다. 내사는 심문을 받으면서 유사의 행위가 부당하다고 말했다. 또한 유사가 여러 차례 백성의 밭을 빼앗았고 남의 무덤을 파헤쳐 밭으로 만들었다고 했다. 조정의 담당 관리는 형산왕 유사를 체포하여 심문하게 해줄 것을 황

---

199 이 사건은 무제 원수 원년(기원전 122) 11월의 일이다.
200 원문은 '이응지以應之'다. 일부 번역본에 '호응하려 했다'고 번역한 경우가 있는데, 옳지 않다. 여기서는 유안의 침입을 방비하는 것이지 결코 호응하여 한패가 되려는 것이 아니다. "「오피전伍被傳」에 회남왕이 말한, '내가 거병하여 서쪽으로 향한다면 반드시 호응하는 자가 있을 텐데, 호응하지 않을 자는 아마도 형산일 것이다'라는 말이 기재되어 있다. 형산왕은 아마도 회남왕의 모반을 구체적으로 알고 있었을 것이다."(『한서보주』)
201 형산국의 내사內史는 조정에서 파견된 자다.

제에게 청했다. 황제는 허락하지 않고 다만 200석 이상의 관리 임명권을 거둬들였다.202 유사는 이 때문에 분노하여 해자奚慈, 장광창張廣昌과 함께 비밀 모의를 했으며, 병법을 연구하고 천문과 기상 관측에 능한 자를 찾도록 했다. 이들은 밤낮으로 유사에게 모반할 것을 종용했다.

오래지 않아 왕후인 승서가 죽자 서래가 왕후로 세워졌다. 궐희도 함께 총애를 받았는데, 두 사람은 서로 시기했다. 궐희가 태자 면전에서 왕후 서래를 모함하며 말했다.

"서래가 하녀를 시켜 무고巫蠱203를 써서 태자의 모친을 죽였습니다."

태자는 이 말을 듣고는 속으로 서래를 원망했다. 어느 날 서래의 오빠가 형산에 왔는데 태자는 그와 함께 술을 마시다가 기회를 틈타 그를 칼로 찔러 상처입혔다. 서래는 원망과 분노를 품고 여러 차례 유사에게 태자를 헐뜯었다. 태자의 여동생인 유무채는 시집을 갔으나 남편에게 버림받고 돌아왔는데 집안 노복과 간통했고 또 빈객과도 간통했다. 태자가 여러 차례 유무채를 꾸짖자 그녀는 화가 나서 태자와 왕래하지 않았다. 왕후는 이 사실을 듣고 유무채를 특별히 잘 대해주었다. 유무채와 둘째 오빠인 유효는 어려서 어머니를 여의었으므로 줄곧 왕후 서래에게 의지했는데, 지금 서래가 짐짓 그들에게 애정을 드러내자 함께 태자를 비방했다. 이로 인해 태자는 여러 차례 자신의 부친인 유사로부터 매질을 당했다. 원삭 4년(기원전 125) 누군가 왕후인 서래의 계모204를 찔러 다치게 하자, 유사는 태자가 사람을 시켜 한 짓으로 의심하고 태자를 매질했다. 뒤에 유

202　"여순이 말하기를 '『한의주漢儀注』에서 400석 이하의 관리는 나라 안에서 스스로 파견하고 제수했다. 지금 왕이 흉악하므로 천자가 모두 설치한 것이다'라고 했다."(『집해』) 한나라 초기에 제후국의 상과 태부는 조정에서 파견하고 2000석 관리는 제후가 임명했는데, 오초칠국의 난 이후 제후국의 2000석 이상인 관리는 조정에서 파견했다.
203　원문은 고도蠱道인데 '무고巫蠱'를 말한다. 요사스러운 술수로 사람을 저주하여 병들어 죽음에 이르게 하는 것을 말한다.
204　원문은 '가모假母'다. 안사고는 말하기를 "계모繼母다. 부친의 방처旁妻(첩)라고도 한다"고 했다. "『한서음의』에서 말하기를 '부모傳母(보모, 유모)에 속한다'고 했다."(『집해』)

사가 병들자 태자도 병이 있다고 핑계를 대고는 시중을 들지 않았다. 이때 유효, 서래, 유무채 세 사람은 함께 태자를 헐뜯으며 말했다.

"태자는 실제로 병이 든 것이 아니고, 그가 병이 있다고 말했을 때 얼굴에는 도리어 기뻐하는 기색이 있었습니다."

이 말을 들은 유사는 크게 노하여 태자를 폐하고 그의 동생인 유효를 태자로 세우려고 했다. 왕후인 서래는 유사가 태자를 폐하기로 결심한 것을 알고는 유효도 함께 폐하고 자신이 낳은 아들을 세우려고 했다. 서래에게는 춤을 잘 추는 시녀가 있었는데, 유사의 총애를 받고 있었다. 서래는 그 시녀로 하여금 유효를 유혹해 사통하게 하여 그의 행실을 더럽힌 다음 두 형제를 함께 폐위시키고 자신의 아들인 유광劉廣을 태자로 세우려 했다. 태자 유상은 서래의 음모를 알자 자신에 대한 비방이 끊이지 않을 것이라 생각하여 그녀와 간통하여 입을 막으려고 했다. 하루는 서래가 술을 마시고 있는데 태자가 술을 권한 뒤 그녀의 넓적다리에 앉아 동침하기를 요청했다. 서래는 크게 노하여 이 일을 유사에게 말했다. 그러자 유사는 태자 유상을 불러 결박하고 매질하려 했다. 태자는 유사가 자신을 폐하고 동생인 유효를 세우려 하는 것을 알고 있었기 때문에 유사에게 말했다.

"유효는 대왕의 시녀205와 간통을 하고, 무채는 노복과 간통했습니다. 대왕께서는 보양에 노력하시고, 저는 황제께 글을 올려 그들을 고발하고자 합니다."

말을 마치고는 고개를 돌려 성큼 나갔다. 유사는 사람을 시켜 그를 제지하려 했으나 막을 수 있는 자가 없어 직접 수레를 타고 뒤를 쫓아가 태자를 붙잡았다. 태자 유상이 심하게 욕설을 퍼붓자 유사는 도리 없이 칼을 씌우고 족쇄를 채워 궁중에 가두었다. 유효는 더욱 유사에게 총애를 받았다. 유사는 유효의 재능을 특별하게 여겨 그에게 왕의 인장을 차게 하고 장군206이라 불렀으며, 궁전

---

205 원문은 '어자御者'로, 시녀를 말한다. '어御'는 '시侍'의 의미다.
206 "앞에서 회남왕이 오피를 장군이라 부르자 오피에게 '망국의 말'이라는 소리를 들었는데, 이때

밖에 거주하게 하면서 많은 돈을 주어 빈객을 불러 모으게 했다. 빈객으로 오는 자들은 모두 회남왕 유안과 형산왕 유사에게 모반의 계획이 있음을 암암리에 알았기에 밤낮으로 그들에게 모반을 권유했다. 유사는 유효가 불러온 강도江都 사람 구혁救赫207과 진희陳喜에게 전차와 날카로운 화살208을 제조하게 하고, 천자가 사용하는 옥새와 장군 및 승상과 군리軍吏들이 사용하는 인장을 새기게 했다. 유사는 밤낮을 가리지 않고 주구周丘209 같은 장사들을 구했고, 항상 오·초 칠국이 모반했을 당시의 계획을 이야기하면서 자신의 인마를 조직했다.

 '형산왕은 회남왕과 같이 황제가 되려는 것이 아니고 다만 형산국이 회남왕에게 병합되는 것을 걱정했다. 그는 회남왕이 군대를 이끌고 서쪽으로 장안을 취하는 것을 기다렸다가 출병하여 강회江淮 일대를 점거하려 했으니, 그가 바라는 것은 이와 같았다.'210

 원삭 5년(기원전 124) 가을 형산왕 유사가 경사로 입조하러 갈 때 회남국을 지나게 되었는데,211 회남왕 유안은 형제간에 우호적인 담화를 하면서 이전의 서먹함을 떨치고 모반에 필요한 물자와 기구를 함께 제작하기로 약속했다. 유사는 황제에게 글을 올려 병이 있다는 핑계를 댔고, 황제도 입조하지 않아도 된다고 허락하는 글을 내렸다.

제후국에는 '장군'이 없었음을 알 수 있다."(『사기전증』)
207 구혁救赫은 성이 구救이고 이름이 혁赫이다. 『한서』에서는 '매혁枚赫'으로 기재하고 있다. 강도江都는 현으로 지금의 장쑤성 양저우揚州 서남쪽 지역이다.
208 원문은 '팽거족시輣車鏃矢'로, 팽거는 전차를 말하고 족시는 화살촉을 쇠로 제작하여 날카롭고 빠른 화살이다.
209 주구周丘는 오왕 유비劉濞의 부하로, 오·초의 난 당시 유비를 위해 하비현을 탈취하고 성양국의 군대를 패퇴시켰다.
210 "이 구절은 형산왕이 주어로, 혹은 그가 친근해하고 신임하는 신하가 형산왕의 뜻을 전달한 것이다."(『사기전증』)
211 『한서』에서는 본문과 다르게 "원삭 5년 가을 형산왕 유사가 경사로 입조하러 갔고, 원삭 6년에 지나는 길에 회남국을 들렀다"라고 기재하고 있어, 문장 중간에 '원삭 6년'이 첨가되어 있다.

원삭 6년(기원전 123)[212] 유사가 사람을 시켜 태자 유상을 폐하고 유효를 태자로 세우기를 요청하는 글을 상서했다. 태자 유상은 이 소식을 듣자 즉시 자신이 신임하는 백영白嬴을 장안으로 보내, 유효가 전차와 날카로운 화살을 제조하고 있으며 유사의 시녀와 간통한 상황을 고발하는 글을 올려 유효를 쓰러뜨리려 했다. 백영은 장안에 당도했으나 상서를 올리기도 전에 회남왕 모반 사건에 연루되어 관리에게 체포당했다.[213] 형산왕 유사는 태자 유상이 백영을 장안으로 보내 상서를 올리게 했다는 소식을 듣고 형산국 내 음모가 발각될까 두려워 태자 유상이 대역무도한 죄를 저질렀으므로 마땅히 기시 형벌에 처해야 한다는 상서를 올렸다. 황제는 이 사건을 패군沛郡[214] 태수에게 넘겨 심리하도록 했다. 원삭 7년(기원전 122) 겨울[215] 유관 부서와 공경대신들이 패군 태수에게 명을 내려 형산국에 가서 회남왕 유안의 모반에 참여한 사람들을 체포하게 했으나 잡지 못했다. 그런데 뜻하지 않게 유사의 아들 유효의 집에서 유상이 고발한 진희를 잡았다. 담당 관리는 유효가 진희를 숨겨줬다고 탄핵했다. 유효는 유사와 함께 반역을 모의한 진희가 자백할까 두려워했는데, 또한 법률 규정에 따라 먼저 자수하는 사람은 죄를 면할 수 있다는 말을 들었다. 게다가 유효는 태자 유상이 백영을 통해 그들의 음모를 고발하는 상서를 올린 것으로 생각하고, 자수하

212　"『한서』「형산왕전」에는 이 구절이 없다. 양옥승의 『사기지의』에서는 '이 구절은 불필요한 글자다. 앞에서 이미 원삭 6년을 서술했다'(앞 주석 참조)고 했다."('수정본')
213　당시는 마침 회남왕 모반 사건을 심리 중이었고, 형산왕과 회남왕은 친형제이기에 형산에서 온 사람이므로 구금된 것이다.
214　패군沛郡의 군치는 상현相縣으로 지금의 안후이성 쑤이시濉溪 서북쪽 지역이다. 지리적으로 회남국, 형산국과 가깝다.
215　원수 원년(기원전 122) 겨울로 당시는 여전히 10월을 세수로 삼았다. "어찌 원삭에 7년이 있는가? 원수 원년의 잘못이다."(『사기지의』) 『한서』에서도 '원수 원년'으로 기재하고 있다. "「한흥이래제후왕연표」에 회남왕이 모반하고 자살할 때 또한 원수 원년으로 기재하고 있다."('수정본') "황본黃本과 여러 본에는 모두 '원삭 7년 겨울'로 기재하고 있는데, 실제 의미는 상통한다. 태사공이 기초로 한 원시 재료 서적에는 '원삭 7년 겨울'로 기재하고 있는데, 연초에 아직 개원하지 않았기 때문이다. 몇 개월 뒤에 마침내 이해를 원수 원년으로 변경했는데, 태사공은 통일시키지 않았으므로 '원삭 7년'의 말이 출현하게 된 것이다."(『사기전증』)

여 함께 모반을 음모한 구혁과 진희 등을 고발했다. 정위가 조사를 마친 뒤 공경들은 형산왕을 체포해 법으로 다스릴 것을 요청했다. 그러나 황제는 말했다.

"체포하지 말라."

그러고는 중위 사마안司馬安과 대행大行 이식李息을 형산으로 보내 유사를 심문하도록 했고, 형산왕 유사는 실제 정황에 따라 대답했다. 이에 관리들은 유사의 왕궁을 포위하고 지켰다. 사마안과 이식은 장안으로 돌아온 뒤 황제에게 보고했고, 공경들은 황제에게 종정과 대행 그리고 패군 태수를 보내 함께 유사를 심문할 것을 요청했다. 형산왕 유사는 이 소식을 듣고는 즉시 스스로 목을 베어 죽었다. 유효는 먼저 스스로 모반을 고발했기에 모반죄는 사면되었으나 부친의 시녀와 간통한 죄로 기시 형벌에 처해졌다. 유사의 왕후 서래도 무고를 사용하여 전왕후였던 승서를 해친 죄가 있었고, 태자 유상은 부친에게 불효로 고발되었기에 모두 기시 형벌에 처해졌다. 기타 유사의 모반에 참여한 자들도 모두 멸족을 당했다. 이때부터 형산국은 폐지되었고, 별도로 형산군衡山郡이 설치되었다.[216]

태사공은 말한다.

"『시경』에서 '융적戎狄에게는 공격만이 있고, 형서荊舒에 대해서는 진격만이 있다'[217]고 말한 것은 확실히 틀린 말이 아니다. 회남과 형산 두 국가의 군주는 모두 천자의 골육지간으로 강토가 사방 1000리고 지위는 제후의 반열이다. 그러나 그들은 번신의 직책을 준수하지 않았고, 조정을 보좌하지 않았으며, 오히

---

216 이 사건과 회남국의 멸망은 동시에 일어났는데, 모두 원수 원년(기원전 122) 11월의 일이다. "원수 원년 11월에 회남왕 유안과 형산왕 유사가 모반하여 주살 당했고, 그들의 도당과 죽은 자가 수만 명이었다."(『한서』 「무제기」)

217 원문은 '戎狄是膺, 荊舒是懲'으로, 출전은 『시경』 「노송魯頌·비궁閟宮」이다. 융적戎狄은 북방의 소수민족이고, 형서荊舒는 남방의 소수민족이다. 형荊은 즉 초楚를 말하고, 서舒는 주나라 시기의 여러 서舒로 서용舒庸, 서구舒鳩, 서료舒蓼 등을 포괄하며 지금의 안후이성 수청舒城, 루장廬江 일대였다. "이 구절의 의미는 성이 같지 않은 민족은 단지 매서운 타격만이 있다는 뜻이다."(『사기전증』)

려 온갖 나쁜 짓을 저지르며 반란을 획책했기 때문에 부자 2대가 두 차례나 나라를 망하게 하여 모두 제 명을 다하지 못했으며 천하 사람들의 웃음거리가 되었다. 이는 왕이 된 자의 잘못만이 아니라 그곳의 풍속이 좋지 않고 신하들도 점차 영향을 끼쳐 그렇게 변하게 한 것이다. 무릇 형초荊楚 일대의 사람들은 날쌔고 용맹하고 소동을 일으키기를 좋아했는데, 이는 예로부터 기록된 것이다."

59

순리열전

循 吏 列 傳

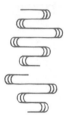

'순리'란 청렴하고 법을 엄격하게 집행하고 백성을 위할 줄 아는 선량한 관리를 의미한다. 이 편에 기재된 순리들은 모두 한나라 이전의 인물들로, 순리와 반대되는 인물을 기술한 「혹리열전」은 모두 한나라 때 인물들이기에 서로 극명한 대조를 이룬다.

이 편은 서술이 비교적 간략하지만 사마천이 이상적으로 생각하는 정치관을 담고 있는데, 특히 첫머리에 밝힌 문장에 명백하게 나타나 있다. "법령은 백성을 바른길로 인도하는 데 사용되고, 형벌은 사람들의 나쁜 짓을 금지시키는 데 사용된다. 국가의 정령과 형벌이 갖추어져 있지 않은데도 선량한 백성이 두려워하고 조심하면서 자신의 행동을 단속할 수 있는 것은 관리들이 법도를 준수하고 어지럽히지 않기 때문이다. 관리가 직분을 다하고 법률 조문에 따라 처리하면 잘 다스려질 수 있는데 어찌 가혹한 형벌과 준엄한 법을 사용할 필요가 있는가?" 이와 관련하여 조항趙恒은 말했다. "법령은 문文이고 형벌은 무武다. '봉직순리奉職循吏(명령을 받들어 직분을 수행하는 선량한 관리)' 네 글자는 태사공의 순리에 대한 본지本旨다."(『사기평림』) 『사기통해』에서는 무제 당시 혹리가 득세한 정치 상황을 다음과 같이 분석했다. "순리는 직분을 수행하며 법을 준수하는 관리다. 혹리는 냉혹하고 엄격한 관리다. 「순리열전」에서는 춘추시대 사람 5명을 서술하면서 한나라 때 사람은 언급하지 않고 있다. 「혹리열전」에는 한나라 때의 12명을 서술하면서 한나라 이전 사람은 한 사람도 없다. 결코 춘추시대에는 혹리가 없고 한나라 때는 순리가 없다고 말하는 것이 아니다. 사마천이 이렇게 결연하게 분리한 이유는 사회 풍조의 변화, 즉 법이 갈수록 엄밀해져서 형벌로 다스리는 일이 가혹해졌다는 데 의미를 둔 것이다. 한나라 무제는 중앙 집권을 강화하면서 법을 가혹하게 사용했기에 혹리 12명 가운데 10명이 무제 시기의 사람이다."

태사공이 말한다.

"법령은 백성을 바른길로 인도하는 데 사용되고, 형벌은 사람들의 나쁜 짓을 금지시키는 데 사용된다. 국가의 정령과 형벌[1]이 갖추어져 있지 않은데도 선량한 백성이 두려워하고 조심하면서 자신의 행동을 단속할 수 있는 것은 관리들이 법도를 준수하고 어지럽히지 않기 때문이다. 관리가 직분을 다하고 법률 조문에 따라 처리하면 잘 다스려질 수 있는데 어찌 가혹한 형벌과 준엄한 법을 사용할 필요가 있는가?"

손숙오孫叔敖[2]는 초나라[3]의 처사處士였다. 우구虞丘 사람이 상相이었을 때[4] 초나라 장왕莊王에게 그를 천거하여 자신의 직위를 대신하게 했다. 손숙오는 석 달 동안 초나라의 상을 지냈는데, 백성에게 교육을 진행하며 인도하여 초나라의 위아래가 화목해지고 풍속이 양호해졌으며, 다스림이 느슨했으나 금지하는

---

1   원문은 '문무文武'로, "문文은 법령을 가리키고, 무武는 형벌을 가리킨다."(『사기통해』) "통치자의 문치文治와 무공武功을 가리킨다."(『사기전증』)
2   「한손숙오비漢孫叔敖碑」에 휘諱가 요요饒이고 자가 숙오叔敖라고 적었다."(『사기신증』)
3   여기서 초나라는 춘추시대 초나라를 가리킨다. 도성은 영郢으로 지금의 후베이성 징저우荊州의 장링江陵 서북쪽 지역이다.
4   원문은 '우구상虞丘相'으로, 일부 번역본에서 '우구'를 사람 이름으로 번역하고 있으나 지명이다. "어떤 사람은 '우구'가 지금의 안후이성 린취안臨泉 일대의 구릉이라고도 한다. 이 사람의 성씨는 상세하지 않다."(『사기전증』) "『좌전』에서는 '우구상'이라 언급된 것이 없고, 『묵자』 「소염所染」과 『설원說苑』 「염언染言」에는 '심윤沈尹'이라 했고, 『한시외전』에서는 '심영윤沈令尹'이라 했다. 심윤에 가까운 것으로 의심된다."(『사기지의』) 심윤은 성이 심沈인 영윤令尹을 말하며, 그 이름은 상세하지 않다. 초나라의 영윤은 다른 제후국의 상에 해당된다.

것이 잘 지켜졌으며, 관리들 가운데 간사한 자가 없고 민간에는 도적이 없었다. 가을과 겨울에 백성에게 벌목을 격려하여 봄과 여름에 물이 불어났을 때를 이용해 벌목한 목재를 물길로 운반하게 했다.[5] 사람들이 각자 편리한 방식에 따라 생업에 종사하게 되자 모두가 만족해했다.

당시 초나라 장왕은 초나라 화폐의 액면가가 너무 낮은 것을 싫어하여 작은 것을 큰 것으로 바꾸었는데,[6] 백성은 이를 불편하게 여겼으며 많은 사람이 직업을 버렸다.[7] 시장을 관리하는 시령市令이 손숙오에게 말했다.

"시장이 이미 혼란해져 백성이 자신의 생업에 안심하지 못하고 기존의 질서[8]가 불안정하게 되어 유지할 수 없습니다."

손숙오가 말했다.

"이런 상황이 얼마나 되었는가?"

시령이 대답했다.

"대략 석 달 정도 되었습니다."

손숙오가 말했다.

5 원문은 '춘하이수春夏以水'다. "서광이 말하기를 '물이 많을 때를 이용하여 목재와 대나무를 운반하는 것이다'라고 했다."(『집해』) "'이수以水'는 앞 문장의 '산채山採(산에서 벌목)'의 상대적인 말로 아마도 사냥과 물고기 잡이일 것이다. 따라서 아래 문장에 '사람들이 모두 각자 편리한 방식에 따라 생산 활동을 하게 했다'고 한 것이다. 서광의 말은 적합하지 않다."(『광사기정보』) "리리李笠의 의견은 옳지 않다."(『사기회주고증』) 역자는 서광의 견해에 따라 번역했다.
6 원문은 '莊王以爲幣輕, 更以小爲大'다. 일부 번역본에는 '화폐가 너무 가볍기 때문에 크기가 큰 것으로 바꾸었다'고 번역하는데, 화폐의 크기와 분량이 바뀐 것이 아니라 화폐가치를 올린 것으로 판단하여 역자는 액면가로 번역했다.
7 원문은 '皆去其業(많은 사람이 자신의 직업을 버렸다)'이다. 화폐의 크기를 바꾸었다고 번역했을 때는 이 문장이 "많은 사람이 생업에 사용하지 않았다"로 번역되어 있다. 여기서의 생업은 수공업자와 상업에 종사하는 사람들을 말하는데, 화폐의 크기가 바뀌어서 시장에서 사용하지 않게 되었다는 내용은 다소 어색하다. 이보다는 화폐의 액면가가 갑자기 오르게 되어 시장이 불안정해지자 수공업자나 상업에 종사하는 사람들이 혼란에 빠졌다고 이해하는 쪽이 타당하다고 판단한다.
8 원문은 '차행次行'으로, 『사기회주고증』에서는 "상점 배열"이라고 했다. "점포 앞 상품 진열 장소의 배열, 순서를 말한다."(『사기전증』)

"돌아가거라. 내가 빠르게 이를 원래 상태로 회복시키겠다."

닷새 뒤 손숙오는 조정에서 장왕에게 말했다.

"일전에 화폐를 바꾼 것은 옛 화폐의 액면가가 너무 낮아서입니다. 지금 시령이 와서 말하기를 '시장이 혼란해져서 사람들이 모두 종사하는 일에 안심하지 못하고 있고, 기존의 질서가 불안정해져서 유지할 수 없다'고 합니다. 신 청컨대 원래대로 회복시켜주시기 바랍니다."

장왕은 허락하고 즉시 명령을 하달하자 사흘 만에 시장의 질서가 예전처럼 회복되었다.

초나라 사람들은 낮은 수레를 타기를 좋아하는 습속이 있었다. 그러나 초나라 왕은 낮은 수레는 말이 끌기에 불편하다고 여겨 명령을 내려 수레를 높이려했다. 그러자 손숙오가 말했다.

"명령이 자주 내려지면 백성은 어느 것을 따라야 할지 몰라 잘 시행되지 않습니다. 대왕께서 반드시 수레를 높이려 하신다면 신 청컨대 각 마을 문9의 문턱을 높이도록 하십시오. 수레를 타는 사람은 모두 군자君子10이기 때문에 빈번하게 수레에서 내릴 수 없습니다."

초나라 왕은 허락했다. 반년이 지나자 백성은 모두 저절로 수레를 높이게 되었다.

이것이 바로 명령으로 이끌지 않아도 백성이 자연스럽게 따르고 변하는 것이다. 주변 사람은 직접 보고 배우고 멀리 떨어진 사람은 주변을 보면서 모방하게 되는 것이다. 손숙오는 세 차례 상에 임명되었을 때11 그다지 기뻐하지 않았는

---

9 원문은 '여리閭里'다. '리里'는 기초 행정단위로 다섯 집을 린鄰이라 하고, 다섯 린을 리里라고 한다. 리는 담장으로 둘러싸여 있으며 주민들은 출입할 때 반드시 이문里門을 통과해야 했다.

10 군자君子는 지위와 신분이 높은 사람을 말한다.

11 "영윤令尹인 자문子文이 세 차례나 영윤이 되었어도 기뻐하는 낯이 없었고, 세 차례나 그 직위를 그만두었어도 성내는 기색이 없었다."(『논어』「공야장」) 세 차례 초나라 상이 된 자가 자문子文인지 손숙오인지는 확실하게 고찰하기 어렵다.

데, 자신이 능력이 있어 상의 지위를 얻었음을 알았기 때문이다. 또 세 차례 상에서 면직되었을 때도 후회하지 않았는데, 자신의 잘못이 아님을 알았기 때문이다.

자산子産[12]은 정鄭나라 열대부列大夫[13]다. 정 소군鄭昭君[14]이 재위했을 때 그가 총애하는 서지徐摯를 상으로 삼았는데,[15] 나라가 혼란해지고 위아래가 단결되지 않았으며 부자지간이 서로 화목하지 않게 되었다. 이때 대궁자기大宮子期가 자산을 정소군에게 소개하자 자산을 정나라 상으로 삼았다.[16] 자산이 상이 된 지 1년 만에 교활한 소인배들은 남을 희롱하거나 경박한 짓을 저지르지 못했고, 반백의 노인들은 길에서 무거운 짐을 들지 않아도 되었으며, 아이들은 밭을 갈 때 땅의 경계를 침범하지 않는 예를 알게 되었다.[17] 2년째가 되자 시장에서는 거짓으로 물건 값을 올려 받지 않았다.[18] 3년째가 되자 사람들은 밤에 문을 닫아걸

12　자산子産: 정 성공鄭成公(재위 기원전 584~기원전 571)의 작은아들이다. 이름은 교僑이고 춘추시대 후기 정나라의 명신名臣이다.

13　열대부列大夫: 여러 대부 가운데 한 명이다. 춘추시대에 가장 높은 관직은 경卿이고, 그 다음으로 대부大夫, 사士였다.

14　춘추시대에 정 소군鄭昭君은 없었고 정 소공鄭昭公(재위 기원전 696~기원전 695)은 있었으나 이 편에서 설명하는 시대와 부합하지 않는다. 태사공의 착오다.

15　"자산은 소군을 섬기지 않았으며 또한 서지가 상을 했던 일도 없다. 아마도 출처가 다른 것으로, 태사공의 기록이 다를 뿐이다."(『색은』) 자산이 상이 된 때는 정 간공鄭簡公 23년(기원전 543)으로 소공이 재위한 때와는 100년 이상 차이가 있다.

16　"『좌전』에 대궁자기大宮子期라는 사람은 없다. 『좌전』 양공襄公 10년(기원전 563)에 정나라에 내란이 일어나 집정자였던 자사子駟, 자국子國, 자이子耳 등이 반란군에게 살해당했고 자산은 반란을 평정하는 데 공이 있었기에, 뒤에 자공子孔을 섬기며 집정한다. 양공 19년(기원전 554)에 정나라에 다시 정변이 발생하여 자전子展 등이 자공을 살해하고 정권을 잡았고 자산은 경卿으로 세워진다. 양공 30년(기원전 543)에 자산은 자피子皮에게 천거되어 정나라 재상에 임명된다. 당시 정나라의 국군은 정 간공이다. 본문의 서술은 모두 『좌전』과 부합되지 않는다."(『사기전증』)

17　"어떤 사람은 성년이 되지 않은 아이들은 노동할 필요가 없다고 해석하는데, 취할 수 없다."(『사기전증』)

18　"임시로 비싼 것과 싼 것을 평가하여 미리 가격을 정하지 않음을 말한다."(『색은』) "방포方苞가 말하기를 '부르는 값이 일정하여 망설이게 하는 거짓말이 없음을 말한다'고 했다."(『사기회주고증』)

필요가 없었고, 길에 물건이 떨어져 있어도 줍는 사람이 없었다. 4년째가 되자 밭에서 쓰는 농기구를 집에 가져가지 않아도 잃어버리지 않았다. 5년째가 되자 국가는 성년이 된 남자들에게 징병과 부역을 위한 등기를 하지 않았고, 가족 중에 죽은 사람이 있으면 단속하지 않아도 사람들이 모두 복상 기간을 지켜 상례를 치렀다. 자산은 정나라를 26년 동안[19] 다스렸고 그가 죽었을 때 장정들이 모두 대성통곡했으며, 심지어는 노인들까지 어린아이처럼 울면서 말했다.

"자산이 우리를 떠났구나! 백성은 장차 누구에게 의지한단 말인가?"[20]

공의휴公儀休는 노魯나라의 박사博士였다. 그는 직무 성적이 우수하여[21] 노나라의 상이 되었다.[22] 그는 법령을 준수하고 도리에 따라 일을 처리했으며 옛 규정을 멋대로 바꾸는 일이 없었기 때문에 모든 관리가 올바르게 처신했다. 공의휴는 봉록을 받는 관리들이 백성과 이익을 다투지 못하게 했으며, 큰 이익을 얻은 자는 탐욕스럽게 작은 이익을 재차 취하지 못하게 했다.[23]

한번은 어떤 빈객이 공의휴에게 생선을 보냈는데, 그는 받지 않았다. 그 빈객이 말했다.

"상께서 생선을 좋아하신다고 하여 보내드린 것인데, 어찌하여 받지 않으십니까?"

---

19 "『좌전』에 따르면 자산은 노양魯襄 19년에 경이 되었고, 30년에 상이 되었으며 소공 20년에 죽었다. 지금 경이 된 해부터 계산하면 33년이고, 상이 된 해부터 계산하면 22년이다. 이 문장은 잘못이다. 「연표」와 「정세가鄭世家」에서는 자산이 정공定公 14년에 죽은 것으로 잘못 기재했다."(『사기전증』)
20 "『황람皇覽』에서 말하기를 '자산의 무덤은 하남河南 신정新鄭에 있는데, 바로 성 밖의 큰 무덤이다'라고 했다."(『집해』)
21 원문은 '고제高第'로, 심사 결과 성적이 우수하여 이름이 선두에 있는 자를 말한다.
22 "『맹자』 「고자告子 하」에서 '노 목공魯穆公 때 공의휴가 국정을 장악했다'고 했고, 『염철론鹽鐵論』 「상자相刺」에서는 '노 목공 때 공의휴는 상이 되었다'고 했다."(『사기회주고증』) 노 목공(재위 기원전 408~기원전 375)은 전국시대 전기의 노나라 국군이다.
23 큰 이익이란 국가의 봉록을 받는 것이고 작은 이익이란 봉록 외에 다른 일을 통해 수입을 다투는 것을 말한다.

공의휴가 말했다.

"내가 생선을 좋아하기 때문에 받을 수 없습니다. 지금 나는 노나라의 상이므로 생선을 살 능력이 있습니다. 만약 생선을 뇌물로 받았다가 면직되면 누가 다시 나에게 생선을 보내겠습니까? 이 때문에 나는 받을 수 없습니다."

공의휴가 채소24를 맛있게 먹었는데 자신의 집안에서 심은 것을 알자 밭의 채소를 모두 뽑아버렸다. 또 자신의 집에서 짠 베의 품질이 좋은 것을 보고는 즉시 아내를 내보내고25 그녀의 베틀을 불태워버렸다. 그러고는 말했다.

"관리 집안의 채소와 베가 이처럼 좋으면 농민과 수공업자들이 심고 짠 물품을 누구에게 팔 수 있단 말인가?"

석사石奢는 초 소왕楚昭王의 상相이었다.26 그는 사람됨이 강직하고 청렴하여 일을 처리하는 데 공평무사했으며 회피하는 일이 없었다. 한번은 현縣을 시찰하다가 길에서 살인 사건이 벌어져 살인범을 뒤쫓게 했는데, 잡고 보니 자신의 부친이었다. 그는 자신의 부친을 풀어주고 돌아와 자신이 감옥에 들어갔다. 그런 다음 사람을 보내 소왕에게 보고하게 했다.

"살인범은 신의 부친입니다. 부친을 징벌하여 국가의 정령을 유지시키면 이것은 불효가 되고, 법을 어기고 죄 지은 자를 도망치게 하면 불충이기 때문에 신의 죄는 죽음이 마땅합니다."

24 원문은 '여茹'로, 채소의 통칭이다. 일반적으로 '채소菜蔬'라는 단어의 '채菜'는 먹을 수 있는 야생풀, 즉 야채野菜를 가리킨다. '소蔬'는 재배한 식용 채소를 말한다. 또한 '채색菜色'이란 말이 있는데, 흉년이 들었을 때 사람들이 야채로 주린 배를 채워 영양이 결핍되어 낯빛이 누런 것을 말한다.
25 원문은 '질출기가부疾出其家婦'다. "풍본, 삼본에서는 '질疾'을 '축逐(쫓아내다)'이라 했다."(『사기회주고증』) 역자 또한 '축逐'의 뜻으로 번역했다.
26 "초나라 상은 즉 영윤으로, 소왕 때 자서子西가 그 직무를 맡았고 석사石奢가 상이었다는 내용은 볼 수 없다. 『여람呂覽』 「고의편高義篇」에 '소왕이 석저石渚에게 집정하도록 했다'고 했는데, '저渚'는 '사奢'의 잘못이다. 『사기』는 아마도 『여람』을 근본으로 하여 '상相'이라 잘못 적은 것 같다. 『한시외전韓詩外傳』과 『신서新序』 「절사節士」에서도 '소왕에게 선비가 있었는데, 석사라 했고 그에게 다스리게 했다'고 했다."(『사기지의』)

소왕이 말했다.

"범인을 추격했으나 잡지 못했으니 추격한 사람을 죄로 다스릴 수 없다. 그대는 계속해서 상의 직무에 힘쓰도록 하라."

석사가 말했다.

"법에 의거해 자신의 부친을 처벌하는 것은 효자가 아니며, 국가의 법령을 집행하지 않는 것은 충신이 아닙니다. 대왕께서 신의 죄를 사면하신 것은 대왕의 은혜이고, 신이 사형 집행을 받는 것은 신하의 본분입니다."

결국 석사는 초 소왕의 명에 따르지 않고 스스로 목을 베어 죽었다.

이리李離는 진 문공晉文公의 법관이었다. 그는 잘못된 말을 믿고 죽지 말아야 할 사람을 죽이게 되자 스스로를 가두고 죽을죄를 판결했다. 그러자 진 문공이 말했다.

"관직에는 높고 낮음이 있고 형벌에는 무겁고 가벼움이 있소. 사람을 잘못 죽인 것은 하급 관리들의 잘못이지 그대의 죄가 아니오."

이리가 이렇게 말했다.

"신은 장관으로 임명되어 그들에게 자리를 양보하지 않았고, 많은 봉록을 받았으나 그들에게 나누어주지 않았습니다. 지금 신이 잘못 판단하여 사람을 죽였는데 그 죄를 하급 관리에게 미루는 일은 일찍이 들어보지 못했습니다."

그러고는 진 문공의 명령을 단호히 받아들이지 않았다. 진 문공이 말했다.

"그대가 자신에게 죄가 있다고 여긴다면 과인에게도 죄가 있다는 것이 아니오?"

이리가 대답했다.

"법관은 마땅히 법에 따라 처리해야 합니다. 형벌을 잘못 사용하면 스스로 형벌을 받아야 하고, 잘못하여 사람을 죽이면 자신도 마땅히 죽어야 합니다. 대왕께서는 신이 자세하게 살피고 분석할 수 있으며 의심스러운 일을 판단할 수 있다고 여겼기에 신을 법관으로 삼으셨습니다. 지금 신이 잘못하여 사람을 죽였으니 죄에 따라 마땅히 죽음에 처해야 합니다."

그러고는 결국 진 문공의 만류에도 스스로 검으로 자살했다.

태사공은 말한다.

"손숙오는 한마디의 말로 도성 영郢의 시장 질서를 처음과 같이 회복시켰다. 자산이 병으로 죽자 정나라 백성은 통곡했다. 공의휴는 집안에서 좋은 베를 짜는 것을 알고 아내를 내쫓았다. 석사는 죄를 지은 자신의 부친을 도망치게 하고 자결함으로써 초 소왕의 명성을 세워줬다. 이리는 잘못된 판결로 사람을 죽게 한 죄를 인정하고 자결함으로써 진 문공의 국법을 공평무사하게 만들었다."

급정열전

汲 鄭 列 傳

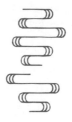

이 편은 무제 때 명신名臣이었던 급암과 정당시의 합전이다. 급암은 직언으로 간언하기로 유명했고, 정당시는 천하의 장자長者와 친교를 맺었으며 어진 인재를 추천했다. 사마천은 자신이 이상적으로 생각하는 신하의 표상이라 할 수 있는 급암의 사적을 중심으로 기재하고 있다.

급암은 황로 학설을 배워 청정무위淸靜無爲를 통치의 원칙으로 여겼다. 일을 처리하는 데 중대한 것만 파악하여 결정할 뿐 번잡한 법령 조문에 구애받지 않았다. 그는 유협을 좋아하고 절조가 있었으며 자기 수양을 게을리 하지 않고 직언을 서슴지 않았기 때문에 무제의 기분을 상하게 했다. 그는 무제에게 흉노와 화친할 것을 권유했고, 무제가 유가 학설을 좋아하여 공손홍 등의 유생을 등용하는 데 반대했다. 특히 황제의 뜻에 영합하여 법령 조문을 모함에 악용하는 장탕 같은 혹리를 임용하는 데 반대했다. 정당시는 급암과 마찬가지로 황로 학설을 배웠으며 의협을 행하는 것을 좋아했고 명망 있는 인사들과 교제했다. 또한 어진 이를 예로 대접하고 현능한 인재를 추천하기를 좋아하여, 부하 관리들을 추천할 때는 항상 자신보다 능력이 뛰어나다고 했다.

사마천은 두 인물을 예로 들어 당시의 냉담한 세태를 다음과 같이 한탄했다. "급암과 정당시 같은 품덕과 능력을 가진 자들도 득세했을 때는 빈객들이 열 배로 늘어났으나 권세를 잃었을 때는 빈객들이 사방으로 흩어졌으니, 일반 사람들은 말할 필요가 있겠는가! '한 번 죽고 한 번 살아나니 비로소 사귀는 정을 알게 되었고, 한 번 가난해지고 한 번 부자가 되니 비로소 사귀는 태도를 알게 되었으며, 한 번 귀해지고 한 번 천해지니 비로소 사귀는 정이 드러나게 되었다.' 급암과 정당시 또한 이와 같았음을 보니, 세상은 참으로 슬픈 것이로다!" 이는 고초를 겪은 자기 처지에 대한 유감을 표명한 것이기도 하다.

급암汲黯은 자가 장유長孺이고 복양濮陽1 사람이다. 그의 선조는 전국시대 때 위衛나라 군주2에게 총애를 받은 신하로, 그때부터 급암까지 7대3를 내려오면서 대대로 관직이 공경대부에 이르렀다. 급암은 효경제 때 부친이 조정의 관리로 있었기 때문에 부친의 보증으로4 태자선마太子洗馬5가 되었다. 그는 태도가 임숙하여 모두 그를 경외했다. 경제가 죽은 뒤 태자 유철劉徹이 즉위하자 급암을 알자로 삼았다. 오래지 않아 동월東越 사람들이 서로 공격하자6 무제는 급암을 파견해 상황을 살펴보게 했다. 급암은 오吳7까지만 갔다가 도중에 돌아와 무제에게 보고했다.

"두 동월이 서로 공격하는 것은 본래 그들의 습속으로 항상 있었던 일이기

---

1 복양濮陽: 한나라 현으로 치소는 지금의 허난성 푸양濮陽 서남쪽. 당시 동군東郡의 군치 소재지였다.
2 "문영文穎이 말하기를 '육국六國 때 위衛나라는 단지 군君으로 일컬어졌다'고 했다."(『집해』) 위衛나라는 춘추시대 중기에 이미 상당히 약화되었고 전국시대에 들어와서는 위魏나라의 속국이 되었다. 기원전 320년에 군君으로 강등되었고 복양 땅만 소유하게 되었다. 기원전 241년 진나라는 위나라 군주를 야왕野王(지금의 허난성 친양沁陽)으로 옮기고 속국으로 삼았다. 진 2세 원년(기원전 209)에 진나라가 위나라 군주를 폐하고 서인庶人으로 만들었으며 위나라는 멸망했다.
3 『한서』에서는 '10대'로 기재하고 있다.
4 원문은 '이부임以父任'으로, 일부 번역본에는 '부친의 추천'이라고 번역하고 있다. '임任'은 '보증'의 의미로 '부친의 보증으로 임명된 것'을 말한다. 한나라 때 관리는 자신의 아들이나 혹은 형제를 보증하여 관리가 되게 하는 제도가 있었다.
5 태자선마太子洗馬: 태자가 출행할 때 선두에 서는 관직으로, 인원은 16명이며 태자태부太子太傅 소속이다. '洗'의 음은 '선先'이다.
6 무제 건원 3년(기원전 138)의 일이다. 동월東越은 당시 동구에 도읍을 세운 동해왕과 동야에 도읍을 세운 민월왕을 가리킨다.
7 오吳는 한나라 현으로 치소는 지금의 장쑤성 쑤저우다. 당시에는 회계군의 군치 소재지이기도 했다.

때문에 천자의 사자를 수고롭게 할 필요가 없습니다."8

그 뒤 하내군에서 화재가 발생했는데 불기운이 널리 퍼져 민가 1000여 채 이상이 소실되자 무제는 급암을 파견해 시찰하게 했다. 급암이 돌아와서 보고했다. "백성 집에서 화재가 발생했고 이웃집으로 퍼진 것이므로 조정에서 우려할 필요가 없습니다. 그러나 신이 하남군을 지날 때 그곳 1만여 가구가 수해와 한해를 입어 굶주림으로 아비와 자식이 서로 잡아먹는 지경이었습니다. 신은 사전 지시를 거치지 않고 임시 조치로써 부절을 가지고 하남군의 양식 창고를 열어 재해 빈민들을 구제했습니다. 신이 사자로 나가면서 소지했던 부절을 돌려드리니, 황제의 지시라고 허위 전달한 죄를 징벌해주십시오."

무제는 급암이 한 일을 옳다고 여겨 책망하지 않고 형양滎陽 현령으로 전임시켰다. 급암은 현령을 맡게 된 것을 치욕으로 여겨 병을 핑계로 임명을 받아들이지 않고 집으로 돌아갔다. 무제는 이 소식을 듣자 다시 그를 불러들여 중대부에 임명했다. 급암은 여러 차례 직언으로 간언했기 때문에 조정에 오래 머물지 못하고 동해군 태수로 좌천되었다. 급암은 황로의 학설을 배워 관리와 백성을 다스리는 원칙을 청정무위清靜無爲로 삼아 몇 명의 능력 있는 승사丞史9를 선발하여 그들이 알아서 처리하도록 했다. 급암은 일을 처리하는 데 대체적인 것만 신경 쓰고 사소한 일에는 관여하지 않았다. 그는 몸이 허약하여 병이 많았기에 항상 방 안에 누워 있으면서 문 밖 출입을 하지 않았다. 1년이 지나자 동해군은 잘 다스려졌고, 현지 사람들로부터 칭송을 받았다. 이 소식을 들은 무제는 다시

---

8 "종성鍾惺이 말하기를 '이 말은 암암리에 무제의 변경 강토를 개척하려는 근본을 끊는 것이다'라고 했다. 요저전姚苧田이 말하기를 '사자로 갔다가 도중에 명령을 어기고 돌아왔으니 비록 대체적인 것을 파악하고 돌아왔다고 하더라도 한나라의 법이 너그럽고 후한 것을 볼 수 있는데, 후세에는 할 수 있는 바가 아니다'라고 했다."(『사기전증』)

9 승사丞史: 군승郡丞과 군 안의 기타 관리를 말한다. 승丞은 군수를 보좌하여 각종 사무를 담당하는 관리로, 한나라 때 공부公府에 속했다. 연掾, 속屬이 있었고 군현에는 연掾과 사史를 설치했다. 대체로 직무별로 조련曹掾, 조사曹史라는 칭호가 붙었으며 범칭으로 연掾, 사史, 연사掾史라 했다. 연掾은 정正이고 사史는 부副로 한 부서의 일을 총괄했다.

그를 불러들여 주작도위로 임명하니 구경의 대우를 받았다. 급암은 조정에서도 청정무위를 원칙으로 삼아 일을 처리하는 데 중대한 것만 파악하고 처리할 뿐 [10] 번잡한 법령 조문에 구애받지 않았다.

급암의 성정은 거만하고 예절을 중시하지 않았으며, 항상 면전에서 남의 의견을 반박하고 남의 과실을 용인하지 않았다. 자신의 뜻에 맞는 사람에게는 잘 대해줬지만 자신과 부합되지 않는 사람은 만나려고도 하지 않았기 때문에 동료 관리들 또한 그를 가까이하지 않았다. 그러나 그는 유협游俠을 좋아하고[11] 절조가 있었으며, 안으로 수양을 잊지 않아 고상했고, 직언하기를 좋아하여 여러 차례 무제의 기분을 상하게 했다. 그는 항상 직간하기로 유명한 부백傳柏과 원앙袁盎을 경모했고,[12] 관부灌夫, 정당시鄭當時와 종정宗正이었던 유기劉棄[13]와 사이가 좋았다. 그 또한 자주 직언으로 간언했기 때문에 주작도위 관직에 오래 머물 수 없었다.

당시 태후의 동생인 무안후 전분이 승상이 되었는데, 그는 중2000석의 고관이 배알拜謁[14]해도 예로써 대하지 않았다. 급암은 전분을 만났을 때 절을 올리

---

10 원문은 '홍대체弘大體'로, 『한서』는 '인대체引大體'로 기재하고 있다. '홍弘'은 '크다, 넓다'는 뜻이고 '인引'은 '파악, 장악'의 뜻이다. 『사기지의』에서는 『한서』가 옳다는 견해를 제시했다.

11 원문은 '호학 유협好學, 游俠'이다. "호평생胡平生의 『전주전역사기全注全譯史記』에서 말하기를 '『한서』에서는 "호유협好游俠"이라고 기재하고 있다. 급암에게는 "호학好學"의 사적이 없다. 아래 문장에서 무제가 또 "사람은 확실히 학식이 없으면 안 된다. 급암이 하는 말을 보니 그야말로 갈수록 더욱 심해지는구나"라고 평가했으므로 마땅히 『한서』에 따라 "호유협"이라 해야 한다'고 했다."(『사기전증』) 역자 또한 『한서』와 『사기전증』의 견해에 따랐다.

12 "응소가 말하기를 '부백傳柏은 양梁나라 사람으로 효왕孝王의 장수였으며 평소 강직했다'고 했다.(『집해』) 『한서』에서는 '부백傳伯'으로 기재하고 있다. 그에 대한 사적은 상세하지 않다. "부백의 사적은 들어본 적이 없어 의론할 것이 없다. 원앙은 조조를 중상모략하여 죽었기에 지극히 악독한 자로, '강직'이라는 헛된 명성이 있는데 어찌하여 경모할 만한가? 여기서 또한 급암의 가벼움을 볼 수 있다." (『사기전증』)

13 유기劉棄에 대한 사적은 상세하지 않고 마땅히 유씨 황족으로 『사기』에서 단 한 차례 여기에서만 보인다. 『한서』에서는 '유기질劉棄疾'로 기재하고 있다. "본명은 기질棄疾인데, 줄여서 기棄라 한 것으로 두 글자 이름을 한 글자로 줄인 예다."(『광사기정보』)

14 배알拜謁: '배拜'는 공경을 표하는 인사 예절로, 무릎을 꿇고 고개를 숙이고 허리를 평평하게 하

지 않고 항상 읍揖15만 했다. 무제가 마침 유가 학술을 공부하는 유생들을 모아 놓고 "나는 이것 이것을 하고 싶고……"라고 하자 급암이 이어서 말했다.16

"폐하께서는 내심 만족할 줄 모르면서 겉으로는 인의를 실행하려 하는데, 어찌 당요와 우순의 다스리는 법을 본받을 수 있겠습니까!"

무제는 말이 없었으나 분노로 안색이 변하여 조회를 끝냈다. 공경들은 모두 급암을 대신해 두려워했다. 무제가 조정을 나간 뒤 좌우 사람들에게 말했다.

"심하구나, 급암은 우직하구나!"

군신들 가운데 한 사람이 급암을 꾸짖으며 그렇게 해서는 안 된다고 설득하자 급암이 말했다.

"황상께서 삼경과 구경 등 보좌하는 신하들을 두셨는데 어찌 아부하고 뜻을 받들기만 하여 황제를 옳지 않은 길로 빠져들게 하겠는가? 또한 자신은 높은 지위에 있으면서 제 목숨만 아낄 뿐 어찌 제 직분을 다하지 않고 조정을 욕되게 한단 말인가!"

급암은 항상 병을 앓았는데, 그가 석 달이나 앓게 되자 규정에 따라 면직되어야 했음에도 무제는 여러 차례 휴가를 주어 요양하게 했는데 그의 병은 끝내 쾌유되지 않았다.17 그가 마지막으로 중병을 앓았을 때, 장조莊助가 급암을 대신해 휴가를 청하러 왔다.18 무제가 장조에게 물었다.

며 양 손은 땅을 짚는다. '알謁'은 존귀한 자 혹은 장자를 만나는 것을 가리킨다.
15 읍揖: 인사 예법으로, 두 손을 맞잡고 얼굴 높이로 들어 올려 허리를 구부렸다가 편다. 급암은 봉록이 2000석의 주작도위로, 중2000석을 받는 전분보다 낮은 관직이다.
16 무제가 유가가 제창하는 어떤 사업을 일으키고 싶다고 말하는데, 말을 마치기도 전에 급암이 정면으로 말을 끊은 것이다. 순열荀悅의 『한기漢紀』에서는 "황제가 급암에게 '나는 정치를 일으키고 요순을 본받고 싶은데, 어떠한가?'라고 물었다"라고 했다.
17 "나카이 리켄이 말하기를 '한나라 법에 병으로 석 달을 채우게 되면 마땅히 면직되어야 하는데, 휴가를 주어 면직되지 않고 병을 치료하게 한 것이다'라고 했다."(『사기회주고증』)
18 원문은 '最後病, 莊助爲請告'이다. 『한서』에서는 '最後, 嚴助(莊助)爲請告(마지막으로 엄조[장조]가 급암을 대신해 휴가를 청하러 왔다)'라고 하여 '병病'자가 없는데, 『한서』가 타당하다고 생각된다. 그리고 『한서』에서는 '장조莊助'를 '엄조嚴助'로 표기하고 있는데, 후한 명제明帝의 이름 유장劉莊을 피하기

"그대가 보기에 급암은 어떤 사람이오?"

장조가 말했다.

"급암에게 일반적인 상황에서 관직을 맡기면 남들보다 어떠한 것도 뛰어나지 않습니다. 그러나 그에게 나이 어린 군주를 보좌하게 한다면 그는 반드시 선제先帝가 획득한 성취를 굳게 지키면서[19] 어린 군주를 옹호할 것이며, 어떠한 역량으로도 그를 동요시킬 수 없습니다. 비록 맹분孟賁과 하육夏育 같은 용감한 자일지라도 그의 뜻을 바꾸게 할 수는 없습니다."

무제가 말했다.

"옳은 말이오. 고대에 국가와 함께 생존하고 죽을 수 있는 사직신社稷臣을 말했는데,[20] 내가 보기에 급암과 같은 사람이 그들에 가까울 것이오."

대장군 위청이 궁중에서 무제를 모실 때 무제는 측간에 앉아 있으면서도[21] 그를 불러 만났다. 승상 공손홍이 평소에 무제를 알현할 때[22] 무제는 종종 관을 쓰지 않았다. 그러나 급암이 알현할 때 무제는 관을 쓰지 않고 만난 적이 없었다. 한번은 무제가 병기를 배치해놓은 장막[23] 안에 앉아 있었는데, 멀리 급암이

위해 '엄조'라 기재한 것이다. 장조莊助는 무제 때 현량대책賢良對策으로 발탁되어 중대부에 임명되었다. 남월에 사신으로 갔고 회계 태수를 역임했다. 나중에 회남왕 유안의 모반 사건에 연루되어 죽임을 당했다.

19   원문은 '수성심견守城深堅'으로, 『한서』에서는 '성城'을 '성成'으로 기재하고 있다. 역자 또한 '수성守成'으로 표기함이 타당하다고 본다.

20   "원앙이 말하기를 '사직신은 마땅히 군주가 살아 있을 때는 같이 살고 군주가 죽었을 때는 함께 죽어야 한다社稷臣, 主在與在, 主亡與亡'고 했다."(『사기』 「원앙조조열전」)

21   원문은 '거측踞廁'으로, "여순이 말하기를 '측廁의 음은 측側이다. 침상의 가장자리를 말하며 침상에 걸터앉아 만나는 것이다. 또한 혼측溷廁(변소)이라고도 한다'고 했다."(『집해』) 일부 번역본에서는 '침상'으로 번역한 경우가 많은데, 『사기전증』을 비롯한 많은 자료에서 '측간'이 옳다는 견해를 피력하고 있다. 역자 또한 '측간'으로 번역했다.

22   원문은 '연견燕見'으로, 평상시에 입궁하여 만나는 것으로 조회朝會의 상대적인 말이다.

23   원문은 '무장武帳'이다. "응소가 말하기를 '무장武帳은 무사의 형상으로 짜서 만든 것이다'라고 했고, 맹강은 말하기를 '지금의 어무장御武帳으로 장막 안에 병란兵闌(병기를 설치하는 횡목)과 오병五兵을 둔 것이다'라고 했다."(『집해』) 오병五兵은 다섯 가지 병기로 『곡량전』에 따르면 모矛, 극戟, 월鉞(도끼), 순楯(방패), 궁시弓矢(활과 화살)다.

들어오는 것을 보았다. 당시 무제는 관을 쓰지 않고 있었으므로 급히 장막 뒤로 피하고 사람을 시켜 황상이 그의 의견에 동의한다는 말을 전하게 했다. 급암이 무제의 존경을 받은 정도가 이와 같았다.

당시 장탕張湯이 정위를 맡고 있었고 마침 국가의 법률 조문을 새롭게 제정하고 있었는데, 급암은 여러 차례 무제의 면전에서 장탕을 질책하며 말했다.

"공公은 정경正卿[24]이 되어 위로는 선제의 공업을 발양시키지 못했고, 아래로는 천하의 사악한 마음을 억제시키지[25] 못했소. 나라를 안정시키고 백성을 부유하게 하는 것과 범죄를 저지르는 자가 없어 감옥을 텅 비게 하는 것 두 가지 중에서 한 가지도 성취하지 못했소. 그런데 공은 제멋대로 가혹한 일을 저지르고 마음대로 옛 제도를 파괴하면서 개인의 공적을 성취하려 하니,[26] 어찌 고황제께서 당초에 제정한 좋은 법령[27]을 어지럽게 뜯어고치려 하오? 공은 아마도 이 때문에 멸족을 당하게 될 것이오."

급암이 장탕과 논쟁을 벌일 때 장탕은 항상 세세한 법조문으로 끊임없이 변론했고 급암은 큰 문제에서 원칙을 견지했기 때문에 말로는 장탕을 굴복시킬 수 없자 화를 내며 욕을 했다.

"도필리가 공경을 맡으면 안 된다고 천하 사람들이 말하더니, 과연 그렇도다.

24　공公은 상대방에 대한 존칭이다. 정경正卿은 품급이 중2000석의 경卿 직분을 가리킨다. 「백관공경표」에 따르면 봉상奉常(경제 이후의 태상太常), 낭중령郎中令(무제 이후의 광록훈光祿勳), 위위衛尉, 태복太僕, 정위廷尉, 전객典客(무제 이후의 대홍려大鴻臚), 종정宗正, 치속내사治粟內史(무제 이후의 대사농大司農), 소부少府, 중위中尉(무제 이후의 집금오執金吾) 등 10가지 직분이다. 중2000석 아래 품급은 2000석인데 때로는 관직에 임명될 때 '경'이라고도 부른다. 이 때문에 구별을 두기 위해 중2000석의 직분에 임명된 경을 정경正卿이라고 한다.
25　원문은 '억抑'이다. 『한서』에서는 '화化(변화, 개조)'로 표기하고 있다.
26　원문은 '非苦就行, 放析就功'으로, 『한서』에는 이 구절이 없다. 『사기전증』에서는 "착오가 있는 듯하다"고 했다. "'비고非苦'는 가혹함을 가리키고 '방석放析'은 파괴를 말한다."(『사기통해』)
27　'약법삼장約法三章'을 가리킨다. 사람을 죽인 자는 죽음에 처하고, 사람을 상하게 하고 도적질한 자는 상응하는 벌을 받게 한다는 내용의 조목이다.

모든 사정이 장탕의 주장대로 처리된다면 천하 사람들은 두려워 감히 똑바로 서서 걷지 못할 것이고, 곁눈질로 보면서 감히 똑바로 쳐다보지 못할 것이다!"

당시 한나라 조정에서는 흉노를 정벌하고 사방의 다른 소수민족 국가들을 회유하고 있었다.[28] 급암은 나랏일을 줄이기 위해 힘쓰면서 무제에게 한가한 틈을 얻어 흉노와 화친하고 군사를 일으키지 말 것을 권유했다.[29] 무제는 당시에 유가 학설을 좋아하여 공손홍과 같은 유생을 중용했다.[30] 그리하여 나랏일이 많아질수록 관리와 백성은 교묘한 방법으로 정책을 농간하려 했다. 그리하여 무제는 법치를 강조하고 법 기강을 엄격히 하여 억누르고자 했고, 장탕 등은 그 기회를 이용해 무제가 의심나는 안건을 판단하도록 보좌하면서 무제의 총애를 받았다.[31] 급암은 항상 유학을 헐뜯었는데, 공손홍 등의 무리가 속으로 간사한 마음을 품으면서 겉으로는 지혜 있는 척하면서 교활한 수단으로 황제에게 아부한다고 대놓고 질책했고, 장탕 같은 도필리들은 전문적인 법령 조문을 사용하여 죄명을 씌우고 교묘한 말로 모함하여 사람을 법망에 빠뜨려 진상을 회복할 수 없게 만들어놓고 자신의 공로로 삼는다고 비난했다.[32] 그러나 무제는 갈수록 공손홍과 장탕을 중용했고, 공손홍과 장탕은 내심 급암을 원망하고 있었기에 무제가 갈수록 그를 좋아하지 않게 되자 구실을 찾아 급암을 죽이려 했다. 이때

28 실제로는 모두 무력으로 정복했다.
29 "유방과 문제, 경제의 흉노에 대한 방법을 바꾸지 않는 것이다."(『사기전증』)
30 "가장 먼저 무제에게 '백가百家를 배척하고 유가를 존중'하는 의견을 제출한 사람은 동중서이고, 한 무제의 '존유尊儒(유가 존중)' 과정 중에 가장 큰 이익을 얻은 사람은 공손홍이다. 공손홍과 장탕 두 사람은 한 무제가 '밖으로는 유가, 안으로는 법치'로 한나라 왕조를 통치하도록 한패가 되어 나쁜 짓을 한 자들이었다. 증국번曾國藩이 말하기를 '곳곳에 공손홍과 장탕이 서로 의론을 제기하는데, 여기에 태사공이 평생 동안 좋아하고 싫어했던 것이 있다'라고 했다."(『사기전증』)
31 "장탕의 이러한 방법은 무제에게 난제를 제시하지 않는 것으로, 그와 공손홍은 결정해야 할 안건을 보고할 때 몇 가지 의견을 덧붙였기 때문에 황제는 단지 그 가운데서 한 가지를 결정하여 시행하기만 했다."(『사기전증』)
32 "방포方苞가 말하기를 '백성에게 승리하는 것을 공로로 여긴다'고 했다. 이 단락은 무제 시기의 유학과 혹리에 대한 급암의 시각이고, 또한 사마천 본인의 견해다."(『사기전증』)

공손홍이 승상에 오르자, 무제에게 말했다.

"우내사右內史[33] 관할 구역에는 많은 고관과 귀인, 종실들이 거주하고 있어서 관리하기가 어렵습니다. 자격이 되고 명망 있는 대신이 가서 담당하지 않으면 감당할 수 없으니 청컨대 급암을 우내사로 파견하십시오."

급암은 우내사가 되어 몇 년간 일하면서 각종 사무가 잘 처리되게 했다.[34]

당시 대장군 위청은 지위가 매우 높아졌을 뿐만 아니라 그의 누이 또한 황후가 되었는데,[35] 급암은 여전히 위청을 만날 때 대등한 예로써 대했다. 어떤 사람이 급암에게 권하며 말했다.

"황상께서는 군신 백관들이 대장군을 존중하기를 바라시고 대장군의 지위도 갈수록 존귀해지고 있으니, 그대도 그를 만날 때 절[36]을 하지 않으면 안 됩니다."

급암이 말했다.

"대장군을 만났을 때 읍을 하고 절하지 않는 손님이 있다는 것이 그의 신분을 깎아내리는 것이란 말인가?"

대장군은 이 말을 듣고 급암의 사람됨이 현명하다고 여겼고, 이때부터 국가와 조정에 중대하고 어려운 문제가 발생하면 급암에게 가서 가르침을 청했으며 급암을 이전보다 잘 대우했다.

뒤에 회남왕 유안이 반란을 도모했을 때 유안은 그 누구보다 급암을 두려워했다. 유안이 말했다.

"급암은 직간하기를 좋아하고 절개를 지키며 의를 위해서라면 죽을지언정 굽

---

33 우내사右內史: 내사內史는 경사를 다스리는 행정장관으로 경제 2년(기원전 155) 때 좌내사와 우내사로 나누어 경사를 다스렸고, 주작중위와 합쳐서 '삼보三輔'라 불렸다. 무제 태초 원년(기원전 104)에 주작도위는 우부풍扶風, 우내사는 경조윤京兆尹, 좌내사는 좌풍익左馮翊으로 명칭이 변경되었다.

34 『한서』「백관공경표」에 따르면 급암이 우내사로 재직한 기간은 기원전 124년~기원전 120년까지였다.

35 위청의 누나는 위자부衛子夫로 원삭 원년(기원전 128)에 황후가 되었다.

36 원문은 '배拜'다. 무릎을 꿇고 두 손을 맞잡고 손 있는 데까지 고개를 숙이고 마음을 평온하게 하는 자세를 일컫는다.

히지 않아 누구도 미혹시킬 수 없다. 그러나 승상 공손홍을 설득하는 것은 한 겹 덮개를 열거나 낙엽을 흔들어 떨어뜨리는 것37처럼 쉬울 따름이다."38

무제는 이미 여러 차례 흉노를 토벌하여 연승을 거두었기 때문에 흉노에 대한 급암의 의견은 더욱 쓸모없게 되었다.

급암이 구경의 대우를 받았을 때 공손홍과 장탕은 모두 하급 관리에 불과했다.39 그 뒤에 공손홍과 장탕의 지위가 점차 높아져 급암과 동급이 되었을 때도 급암은 항상 그들을 비평하고 질책했다. 얼마 지나지 않아 공손홍은 승상 지위에 오르고 후에 봉해졌으며,40 장탕도 어사대부가 되었다.41 급암이 주작도위였을 때 옛 부하 관리였던 승丞과 사史42들도 모두 급암과 동급의 지위가 되었고, 어떤 이는 급암보다 높았다. 급암은 마음이 편협하고 성정이 급했기 때문에 불만이 생기지 않을 수 없었으므로 무제를 만났을 때 나아가 말했다.

"폐하께서 신하들을 임용하는 방법은 마치 땔나무를 쌓는 듯하여, 뒤에 들어온 자가 윗자리에 있습니다."

그 말을 들은 무제는 아무 말이 없었다. 잠시 뒤 급암이 나가자 말했다.

"사람은 확실히 학식이 없으면 안 된다. 급암이 하는 말이 그야말로 갈수록 더욱 심해지는구나."43

---

37 원문은 '발몽진락發蒙振落'으로, 일이 쉬움을 비유한 표현이다. "몽蒙은 물질이 처음 태어나는 것이므로 초목이 처음 싹트는 것 또한 몽蒙이라 한다."(『사기전증』)
38 "태사공은 여기서 또 공손홍과 급암을 대조하고 있는데, 공손홍을 비꼬는 기회를 절대로 놓치지 않는다."(『사기전증』)
39 당시 공손홍은 입조하여 대책對策으로 박사가 되었고, 장탕은 승상사丞相史였다.
40 무제 원삭 원년(기원전 124)에 공손홍은 어사대부에서 승상으로 임명되었고 평진후平津侯에 봉해졌다.
41 무제 원수 3년(기원전 120)의 일이다.
42 원문은 '승상사丞相史'으로, '상相'자는 불필요한 글자다. 『한서』에서도 '승사丞史'로 기재하고 있다.
43 "주수창이 말하기를 '그의 우둔함이 날로 심해진다는 말이다. 아래 문장에서 무제가 "내가 오랫동안 급암의 말을 듣지 못했는데, 오늘 또 그의 허튼소리를 듣게 되었네"라고 했으니, 이 말은 함부로 뱉은 것임을 알 수 있다. 앞에 문장에서 "무제는 유가 학설을 좋아하여 공손홍과 같은 유생을 중용했다"고 했고, "급암은 항상 유학을 헐뜯으며 무제 면전에서 공손홍 등을 질책했다"고 했으므로 무제가

오래지 않아 흉노의 혼야왕이 무리를 거느리고 한나라로 투항하자 한나라 조정에서는 그들을 영접하기 위해 2만 량의 수레를 징발하여 준비했다.[44] 현관縣官[45]에서는 수레를 끌 말도 없고 사들일 돈도 없어 장안 근처의 백성에게서 말을 빌리려 했다. 백성 중에는 말을 빌려주지 않으려고 말을 숨겼기 때문에 2만 량의 수레를 끌 말을 채우지 못했다.[46] 무제는 크게 노하여 장안 현령[47]을 참수하려고 했다. 그러자 급암이 말했다.

"장안 현령은 죄가 없으니 저 급암 한 명만 죽이면[48] 백성이 말을 내놓을 것입니다. 게다가 흉노인들은 자신의 군주를 배반하고 투항하러 오는 것이니, 오는 길에 들르는 현에게 역참의 수레를 제공하게 하고 천천히 오게 하면 됩니다. 어찌하여 전국을 소란스럽고 불안하게 하며 중원 지역을 소비시켜 이적夷狄의 사람들을 모십니까!"

무제는 아무 말도 하지 못했다. 혼야왕이 장안에 당도한 뒤 장안의 상인들이 흉노인들과 물건을 거래하다가 500여 명이 사형을 판결 받았다.[49] 급암이 무제에게 개별 접견을 요청하자 무제는 틈을 내어 미앙궁의 고문전高門殿[50]에서 급암을 접견했다. 급암이 말했다.

"대저 흉노가 먼저 한나라 경계 도로에 설치한 요새로 진공하여 화친 관계를

무학無學으로 급암을 조롱한 것이다'라고 했다."(『한서보주』)
44 "혼야왕이 수만 명의 부하를 이끌고 투항해오자 한나라는 3만 량의 수레를 보내 그들을 영접했다."(『한서』「식화지」)
45 현관縣官은 국가, 조정을 가리킨다.
46 네 마리의 말이 끄는 수레를 승乘이라 하므로 2만 승에 동원되는 말은 8만 필이다.
47 당시 장안성은 장안현 경내에 있었고, 장안 현령은 도성 주위의 농촌을 관할했으며 우내사 속관이었다.
48 당시 급암은 우내사로, 장안 현령이 자신의 속관이기에 아랫사람을 대신해 책임을 지기 위해 이렇게 말한 것이다.
49 「위장군표기열전」에 따르면 흉노 4만 명이 한나라에 투항한 뒤 장안에 거주하기 시작했으므로 장안 상인들과 교역을 한 일을 말한다.
50 "여순은 말하기를 '『삼보황도三輔黃圖』에서는 미앙궁 안에 고문전高門殿이 있다고 했다'고 했다."(『집해』)

파기했고,[51] 우리도 군대를 일으켜 그들을 토벌하게 되었습니다. 이로 인해 죽거나 다친 사람이 헤아릴 수 없이 많고 소비된 자금 또한 수백 억[52]에 달합니다. 신은 어리석게도 폐하께서 흉노인을 포로로 잡으면 그들을 노예로 만들어 반드시 전선에서 죽은 장사의 집에 상으로 하사하고 노획한 재물도 그들에게 나눠주어 천하 사람들이 치른 고통의 대가를 보상함으로써 조금이나마 백성의 마음을 어루만질 것이라 생각했습니다.[53] 설사 이같이 할 수는 없을지언정 창고의 재물을 내어 혼야왕이 데려온 수만의 투항 병사들에게 상으로 하사하고 우리 선량한 백성에게 그들을 섬기게 하는 것은 버릇없는 아들을 공양하는 것과 같습니다. 무지한 백성이 장안성 안에서 흉노인과 거래를 한 것인데, 어떻게 법을 집행하는 관리들은 허가 없이 국외로 재물을 몰래 반출했다는[54] 죄명으로 처벌할 수 있습니까? 폐하께서 지금 노획한 흉노의 재물을 천하 백성에게 나눠주지 않으시고 가혹한 법률 조문을 빌려 무지한 500명을 죽이려 하는 것은, 바로 사람들이 항상 말하는 '나뭇잎을 보호하기 위해 가지를 손상시키는 것'입니다. 신 삼가 이 같은 조치는 폐하께서 취해선 안 된다고 생각합니다."

황제는 묵묵히 말이 없다가 급암의 의견에 동의하지 않고, 나중에 다른 사람에게 말했다.

"내가 오랫동안 급암의 말을 듣지 못했는데, 오늘 또 그의 허튼소리를 듣게 되었네."

---

51 고조 이래로 수십 년 동안 이어져온 화친 정책을 파괴한 것을 말한다.
52 원문은 '거만백수巨萬百數'다. '몇 백억'을 말하는 것으로, 동전 단위다. '거만巨萬'은 '만만萬萬', 즉 '억億'을 말한다.
53 "급암의 이런 의론은 지극히 터무니없는 것이다. 흉노인이 한나라에 투항했는데 한나라 왕조가 그들을 노예로 만들어 한나라 군의 사병 집에 상으로 하사한다면, 어찌 흉노와 한나라 왕조의 원한이 더욱 깊어지지 않겠는가? 이후 다시 한나라에 투항하려는 사람이 있겠는가?"(『사기전증』)
54 원문은 '난출재물闌出財物'이다. "응소가 말하기를 '난은 함부로, 제멋대로라는 뜻이다. 법에 흉노와의 교역에서 관리와 백성은 병기를 소지하고 관문을 나갈 수 없다. 비록 경사에서의 교역이라 할지라도 그 법은 마찬가지이다'라고 했다."(『집해』)

몇 달 지난 뒤 급암은 사소한 법을 범했는데, 마침 대사면령이 발포되어 급암은 면직되었다.[55] 이에 급암은 고향으로 돌아가 전원에 은거했다.

몇 년 뒤 무제는 유통되던 화폐를 바꾸어 오수전五銖錢을 사용했는데,[56] 당시 민간에서 몰래 주조하는 자들이 많았으며 특히 초楚 땅[57] 일대에서 심각했다. 무제는 회양군을 초 땅의 교통 요지[58]로 여겼기에 급암을 불러들여 회양군 태수로 임명하려 했다. 급암은 바닥에 엎드려 사양하며 태수의 인장을 받지 않으려 했으나, 무제가 여러 차례 조서를 내려 강권하자 급암은 하는 수 없이 명을 받들었다. 무제가 급암을 불러들이자 급암이 알현하면서 눈물을 흘리며 말했다.

"신 죽어서 산골짜기에 묻히기 전까지 다시는 폐하를 뵙지 못할 것이라 생각했는데, 뜻하지 않게 폐하께서 신을 다시 기용하셨습니다. 그러나 신은 항상 질병[59]을 앓고 있어 군 태수의 일을 감당할 힘이 없습니다. 바라건대 신을 한낱 중랑으로 임명하여 궁문을 출입하며 폐하의 신변에서 수시로 과실을 바로잡고 결점을 보완할 수 있게 해주십시오. 이것이 신이 바라는 바입니다."

무제가 말했다.

"그대는 회양 태수의 직위가 낮다고 싫어하는 것이오? 짐이 조속히 그대를 조

---

55 급암이 우내사에서 면직된 것은 원수 3년(기원전 120)이다.
56 무제 원수 5년(기원전 118)의 사건으로, 원래 유통되던 반량전半兩錢을 오수전五銖錢으로 바꾼 것이다. 수銖는 무게 명칭으로 1량兩의 24분의 1로, 1수는 전한 시기에 0.65그램이었다. "유관 부서에서 삼수전三銖錢은 무게가 너무 가벼워 위조하기 쉽다고 말하고는 각 군국이 오수전으로 바꾸어 동전의 바깥 둥근 고리가 돌출되어 나온 가장자리를 갈아서 구리 가루를 취하지 못하도록 요청했다."(『사기』「평준서平準書」)
57 초楚 땅은 지금의 쉬저우 일대의 장쑤성 서북부와 허난성 동부 등의 땅으로, 전한 때 조정에서 이 땅에 초나라를 봉했다.
58 원문은 '초지지교楚地之郊'으로, "양梁과 초楚의 교통 요충지를 말한다"고 했다. '교郊'에 대해서 안사고는 말하기를 "교통 요충지를 말한다."(『사기전증』)
59 원문은 '구마병狗馬病'으로 자신의 질병을 겸손하게 일컫는 표현이다. '개와 말과 같은'을 붙여 자신을 낮추는 것이다. 그러나 『한서』에서는 '구마지심狗馬之心, 금병今病'이라 하여 다르게 기재하고 있다. 해석하면 "(신 항상)개와 말이 주인에게 충성을 다하듯이 황상에게 충성을 다하는 마음을 갖고 있으나 지금 병이 있다"가 된다.

정으로 불러들이겠소. 지금 회양의 관원들과 그곳 백성이 화목하지 않기에 짐은 그대의 명성을 빌리려는 것인데, 그대가 가면 설사 침상에 누워 움직이지 않는다 해도 그곳의 사정이 좋아질 것이오."

급암은 무제에게 작별 인사를 한 뒤에 대행 이식을 방문하여 말했다.

"이 급암은 회양군으로 쫓겨나 조정의 일에 참여할 수 없게 되었소. 그런데 어사대부 장탕은 지략이 많아 어떠한 정당한 비평도 반박할 수 있고 속임수로 과실을 덮어 감출 수 있소. 이런 사람은 말주변이 뛰어나 교묘하고 듣기 좋으며 설득력도 있지만 나라와 백성을 위해서는 한마디도 하지 않고 오로지 황상의 뜻에만 영합할 뿐이오. 황상이 동의하지 않는 일은 그도 있는 힘을 다해 비방하고, 황상이 하고자 하는 일은 힘을 다해 칭찬하오.60 장탕은 말썽을 일으키기 좋아하고 법률 조문을 왜곡하여 사람을 함정에 빠뜨리며 해치고 있소. 그는 내심 교활하며 오로지 황상의 뜻에만 영합하고 겉으로는 음험하고 악독한 혹리들을 거느리며 자신의 위풍을 드높이고 있소. 지금 공께서 구경의 대우를 누리면서 일찌감치 황상께 이러한 문제를 분명하게 말씀드리고 탄핵하지 않으면 장차 공은 그와 함께 형벌을 받게 될 것이오."

그러나 이식은 장탕을 두려워하여 끝내 감히 황제에게 말하지 못했다. 급암이 회양군에 당도한 뒤 과거에 일을 처리할 때 사용하던 방식으로 다스리자 회양군의 정치는 청명해졌다.61 뒤에 장탕은 과연 실패했고,62 무제는 급암이 이식에게 했던 말을 듣고는 이식의 죄를 판결했다.63 아울러 급암에게 제후국의 상에 해당하는 녹봉으로 회양군 태수를 지속하게 했다.64 그로부터 7년 뒤에 급

---

60 "이 두 마디는 예나 지금이나 간신의 태도를 모두 말한 것으로 족하다."(『사기평림』)
61 "『논형論衡』 「자연自然」에서 이르기를 '회양군에서 가짜 돈을 주조했는데 관리들이 금지시킬 수가 없었다. 급암이 태수가 되자 용광로 한 개도 부수지 않고 형벌에 처한 사람은 한 명도 없이 베개를 높이 하고 편안하게 누워 있자 회양군의 정치가 맑아졌다'고 했다."(『한서규관』)
62 무제 원정 2년(기원전 115)의 일이다.
63 이식이 어떤 죄에 저촉되었는지 역사에 기록된 것이 없다.

암은 사망했다.[65]

급암이 죽은 뒤, 무제는 급암을 표창하여 급암의 동생인 급인汲仁을 구경의 지위에까지 오르게 하고, 아들 급언汲偃도 제후국의 상으로 삼았다.[66] 급암의 고모 아들[67]인 사마안司馬安도 급암처럼 젊어서 태자선마가 되었다. 사마안은 법률 조문을 잘 놀리는 혹리로, 관직에 오르는 데 능해 네 차례나 구경에 올랐다. 나중에 하남 태수로 재직하다가 죽었다. 사마안의 형제들은 사마안의 추천으로 2000석 관직에 오른 자가 10명이나 되었다. 급암과 동향인 복양濮陽 사람 단굉段宏은 처음에 개후蓋侯 왕신王信[68]을 모셨고, 왕신이 단굉을 보증 천거하여 그 또한 두 차례나 관직이 구경에 이르렀다. 그러나 위衛나라[69] 땅에서 와서 관리가 된 사람들은 모두 급암을 경외했고 누구도 그를 뛰어넘지는 못했다.

정당시鄭當時는 자字가 장莊이고, 진현陳縣[70] 사람이다. 그의 선조인 정군鄭君[71]

64 "여순이 말하기를 '제후왕의 상은 군수 위에 있으며 봉록이 진2000석이다. 법률에 진2000석의 녹봉은 월 2만(돈)이며 2000석은 월 1만 6000(돈)이다'라고 했다."(『집해』) 그런데 "여순이 말하기를 '법률에, 진2000석은 월 150곡斛을 받고, 2000석은 월 120곡을 받는다'고 했다. 또 심흠한이 말하기를 '『신서新書』「등제等齊」편에서는 제후의 상은 다른 등급보다 높다. 봉록이 2000석보다 많다'고 했다."(『한서보주』) "『집해』의 견해가 틀렸다. 제후 상과 군수는 모두 2000석이고, 단지 제후 상이 군수보다 약간 높을 뿐이다."(『사기전증』)
65 무제 원정 5년(기원전 112)의 일이다. 『한서』에서는 "회양군에서 태수를 10년 동안 담당하고 죽었다"라고 기재하고 있다.
66 급인汲仁과 급언汲偃의 사적은 역사에 보이지 않는다.
67 『한서』에서는 '누나 아들'로 기재하고 있는데, 누구인지는 알 수 없다.
68 왕신王信은 무제 왕태후王太后의 오빠로 무제의 외삼촌이다. 봉지인 개현蓋縣은 지금의 산둥성 이위안沂源 동남쪽 지역이다.
69 복양濮陽은 위衛나라에 속했으므로 여기서 위 땅 사람들을 복양 사람이라 부른 것이다.
70 진현陳縣: 한나라 현으로 치소는 지금의 허난성 화이양淮陽이다. 당시 회양군淮陽郡의 군치 소재지였다. 회양군을 어떤 시기에는 회양국淮陽國으로 변경되기도 했다.
71 정군鄭君은 성이 정鄭이고 이름이 군君이다. "『한서음의』에서 이르기를 '정군은 정당시의 부친이다'라고 했다."(『집해』) "서부원이 말하기를 '경제 때 정장(정당시)은 아직 나이가 어렸다. 정군은 정장의 부친이 아니라 아마 조부일 것이다'라고 했다."(『사기지의』) "『원화성찬元和姓纂』과 『신당서新唐書』「재상세계표宰相世系表」에서는 정군의 이름이 영榮이라 했다."(『한서보주』)

은 일찍이 항적項籍의 수하 장수로, 항적이 죽은 뒤 한나라에 귀순했다. 당시 고조는 부하였던 자들에게 반드시 항적을 이름으로 부르게 했는데[72] 정군만은 명령에 따르지 않았다.[73] 고조는 항적의 이름을 부른 자들을 모두 대부에 봉했고 명령에 따르지 않은 정군은 쫓아냈다. 정군은 효문제 재위 때 죽었다.

정장鄭莊은 의협을 행하기를 좋아했는데, 장우張羽를 곤경에서 벗어나게 도운 일[74]로 양梁과 초楚[75] 일대에서 이름이 널리 알려졌다. 효경제 때 정장은 태자사인太子舍人을 역임했다. 닷새마다 돌아오는 쉬는 날이면 항상 장안 교외[76]에 잘 갖춰놓은 역마驛馬[77]에서 말을 타고 사방 교외로 나가 옛 친구들을 만나거나 빈객을 초대하여 이튿날 아침까지 밤낮없이 접대했는데 항상 자신이 두루 살피지 못함을 걱정했다. 정장은 황로의 학설을 좋아했고, 장자長者와 친교를 맺기를 원했으며 그들을 만나지 못할까 두려워했다. 나이가 젊고 직위도 낮았지만 교제하고 방문하는 사람들은 모두 그의 조부 연배의 천하 명사들이었다. 무제가 즉위한[78] 뒤 정장은 점차 승진해 노나라[79]의 중위, 제남군濟南郡[80]의 태수, 강도국江都國[81]

72 "고염무顧炎武의 『일지록日知錄』에서 이르기를 '진나라의 일에서 황왕項王을 언급할 때 반드시 그의 이름인 항적項籍으로 부르게 했다'고 했다."(『사기전증』)
73 "여전히 항왕이라 부르거나 혹은 존칭하여 그의 자인 항우라 했으니, 옛 군신의 예를 잊지 않은 것이다."(『사기전증』)
74 장우張羽는 양효왕梁孝王의 장수로 칠국을 평정할 때 큰 공을 세웠다. 장우가 어떤 곤란한 지경에서 정장에 의해 벗어날 수 있었는지 역사에는 보이지 않는다. "호본湖本에서는 우羽를 우禹라고 했는데, 또한 통용되며 가차한 글자다."(『사기지의』)
75 양梁과 초楚는 대략 지금의 허난성 동부와 장쑤성, 안후이성의 북부다. 당시 양나라의 도성은 수양睢陽(지금의 허난성 상추商丘 남쪽)이고, 초나라의 도성은 팽성彭城(지금의 장쑤성 쉬저우)이다.
76 안사고는 말하기를 "장안성 밖의 교郊를 말한 것뿐이다. 읍邑 밖을 교라 하고, 근교는 20리다"라고 했다.
77 "개인적으로 역참을 설치한 것으로 말을 준비해놓고 사용할 수 있도록 한 것이다."(『사기전증』)
78 "마땅히 '태자로 세워진 뒤'라고 해야 한다."(『사기지의』)
79 노魯는 당시의 제후국으로 도성은 지금의 산둥성 취푸다. 무제 초기의 노나라 제후는 노공왕魯共王 유여劉餘로 경제의 아들이다.
80 제남군濟南郡의 치소는 동평릉현東平陵縣(지금의 산둥성 장추章丘 서쪽)이다.
81 강도국江都國의 도성은 광릉廣陵(지금의 장쑤성 양저우 서북쪽)이었다. 무제 초기의 강도왕은 역왕易王 유비劉非로, 경제의 아들이었다.

의 상을 역임했고 나중에 구경이 되어 우내사82에 이르렀다. 무안후 전분과 위기후 두영이 조정에서 논쟁을 벌일 때 정장은 감히 의견을 발표하지 못하여83 첨사詹事84로 강등되었다가 뒤에 다시 대농령大農令으로 승진했다.85

정장이 내사內史86가 되자 그는 항상 문을 지키는 자들에게 경계했다.

"손님이 방문하면 귀천을 가리지 말고 즉시 통보하고 문 앞에서 기다리게 해서는 안 된다."

그는 손님에게 깍듯이 예의를 갖추고 자신을 낮추어 공경했다. 정장은 청렴하여 재산을 늘리는 다른 업을 만들지 않았으며, 봉록과 하사받은 상을 전부 빈객들에게 나눠줬다. 그는 부유하지 않았기에 그가 남에게 예물로 보내는 것은 대나무 그릇87에 담긴 음식이 전부였다. 조회 때마다 정장은 무제가 한가한 때를 이용해 천하에 너그럽고 어질기로 이름난 사람을 칭찬하지 않은 적이 없었다. 그가 사대부와 승丞, 사史 등의 부하 관리들을 추천할 때 말하는 내용은 매우 감동적이었으며 항상 그들의 능력이 자신보다 뛰어나다고 했다. 정장은 자

82 『한서』「백관공경표」에 따르면 정당시는 무제 건원 4년(기원전 137)부터 원광 4년(기원전 131)까지 우내사로 있었다. 내사內史는 진정한 구경은 아니었고 단지 구경의 대우를 받았을 뿐이었다.
83 "내사 정당시(정장)는 두영의 말이 옳다고 했다가 나중에는 자신의 의견을 견지하지 못했다. 그밖의 나머지 사람들은 모두 감히 발언하지 못했다. 무제는 화를 내며 정당시에게 '그대는 평소에 여러 차례 위기후와 무안후의 장단점을 말했는데 오늘 조정에서 의론을 발표하라고 했더니, 수레 끌채 아래에서 수레를 끄는 망아지처럼 두려워하며 움츠리고 감히 직언을 하지 못하고 있다. 내 너희를 모두 죽이겠다'고 말했다."(「위기무안후열전」) 이 사건은 무제 원광 4년(기원전 131)의 일이다.
84 첨사詹事는 황후와 태자 집의 사무를 관장하는 관직이다.
85 『한서』「백관공경표」에 따르면 정당시는 원광 5년(기원전 130)에 대농령으로 임명되었다.
86 원문은 '태사太史'다. "태사太史는 내사內史의 잘못으로 의심된다. 『한서』에서는 대리大吏(대신大臣, 대관大官을 말한다)로 기재하고 있다."(「찰기」) '수정본'에서도 장문호의 견해가 옳다고 했다. 내사나 대리는 가능하지만 태사는 불가능하다. 태사는 태상太常의 속관으로 지위가 그다지 높지 않다. 당시 정당시는 태사를 담당하지 않았고 태사 또한 대리가 아니다. 역자 또한 '내사'로 번역했다.
87 원문은 '산기식算器食'이다. "서광이 말하기를 '산算은 죽기竹器다'라고 했다."(「집해」) "구리 그릇이나 옻칠한 그릇이 없음을 말한다."(「색은」) "나카이 리켄이 말하기를 '산기식은 지금의 상자에 음식을 담아 서로 증정하는 것으로 음식물이 경미함을 말하는 것이지 그릇의 좋고 나쁨을 말한 것이 아니다'라고 했다."(『사기회주고증』)

신의 아랫사람을 대할 때 그들의 이름을 부르지 않았고, 신중하고 소홀함이 없었으며 그들의 마음이 상하지 않을까 걱정했다. 남에게 좋은 건의를 듣게 되면 즉시 황상에게 보고했고 시간을 허비할까 두려워했다. 이 때문에 산동 지역의 재능 있는 선비들이 진심으로 존경하며 모두 정장을 칭찬했다.

정장이 황하가 범람한 상황을 시찰하기 위해 파견되었는데,[88] 그는 무제에게 닷새 동안 짐을 꾸리는 준비 기간을 달라고 요청했다. 이때 무제가 말했다.

"짐이 듣기로는 '정장은 문을 나갈 때 천리 길이라도 마른 식량을 지니지 않는다'[89]고 하던데, 지금은 무엇 때문에 행장을 수습할 기간을 요청하는가?"[90]

그러나 정장은 조정에 있을 때 항상 황제의 의견에 순종하고 따랐으며 감히 자신의 의견을 명확히 드러내어 옳고 그름을 따지지 않았다. 정장이 만년이 되었을 때 한나라는 여러 차례 출병하여 흉노를 정벌했고 사방 소수민족의 작은 나라들을 받아들여 국가의 소비가 거대해지면서 국가 재정이 갈수록 곤란해졌다. 이때 정장이 추천하고 보증한[91] 빈객이 대사농의 고용인으로 운송을 맡게 되었는데 백성의 품삯을 연체하여 지급하지 않았다. 회양 태수 사마안이 이 사건을 적발하여 보고했고, 정장은 이 일로 하옥되었다가 돈을 내고 속죄되어 평민이 되었다. 얼마 뒤 무제는 다시 그를 승상부로 들어가 장사長史를 대리하게 했다. 뒤에 무제는 이런 일을 하기에는 그의 나이가 많다고 여겨 다시 여남汝南[92] 태수로 파견했다. 몇 년 뒤 정장은 여남 태수 지위로 죽음을 맞았다.

정장과 급암은 모두 구경의 대우를 받았을 때 청렴했고 자신의 품행과 수양

88 『한서』 「무제기」에 따르면 원광 3년 여름 5월에 황하가 복양에서 범람하여 16개 군이 범람했다고 했다. 정장은 당시 대사농을 맡고 있었는데, 홍수를 다스리는 것도 그의 직무였다.
89 "당시에 정장이 사람들과 인연이 좋고 널리 교제하여 문을 나서면 양식을 가져갈 필요가 없고, 도처에 초대하는 사람이 있음을 말한 것이다."(『사기전증』)
90 이 다음에 어떤 문장이 빠진 것으로 보인다.
91 원문은 '임인任人'으로, "찬瓚은 말하기를 '임인은 추천하고 보증한 사람이 천거된 것을 말한다'고 했다."(『집해』)
92 여남汝南: 한나라 군으로 치소는 상채上蔡(지금의 허난성 상차이 서남쪽)이다.

을 중시했다. 이 두 사람이 중도에 파직되었을 때는 집이 가난했기 때문에 빈객들이 떠났다. 나중에 다시 임명되어 바깥 군郡으로 나갔는데 죽은 뒤 집안에는 남겨놓은 재산이 없었다. 그러나 정장의 형제와 그의 자손들은 정장의 연고로 인해 2000석의 관리가 된 자가 예닐곱 명이나 되었다.[93]

태사공은 말한다.

"급암과 정당시 같은 품덕과 능력을 가진 자들도 득세했을 때는 빈객이 열 배로 늘었다가 권세를 잃었을 때는 사방으로 흩어졌으니, 일반 사람들은 말할 필요가 있겠는가! 하규下邽[94] 사람 적공翟公[95]이 내게 말한 적이 있는데, 처음에 그가 정위가 되었을 때는 빈객들이 문 앞에 가득하더니 파직하자 대문 밖에는 그물을 쳐서 새를 잡을 정도였다. 뒤에 그가 다시 기용되어 정위가 되자 빈객들이 다시 돌아오려고 했지만 그는 자신의 문에 다음과 같은 글을 써 붙였다. '한 번 죽고 한 번 살아나니 비로소 사귀는 정을 알게 되었고, 한 번 가난해지고 한 번 부자가 되니 비로소 사귀는 태도를 알게 되었으며, 한 번 귀해지고 한 번 천해지니 비로소 사귀는 정이 드러나게 되었다.'[96] 급암과 정당시 또한 이와 같았으니, 세상은 참으로 슬픈 것이로다!"

---

93 "무제는 급암과 정장 두 사람을 동궁東宮에서 입은 옛 은혜 때문에 두텁게 대우했다."(『한서보주』) "무제가 옛 관리를 이렇게 대접했다고 하지만 이전에 급암이 공손홍 등을 시기하고 비방하자 구실을 찾아 그를 죽이려고 했는데, 무엇을 말하는 것인가? 태사공의 과장된 말로 믿을 수 없다!"(『사기전증』)

94 하규下邽: 한나라 현으로 치소는 지금의 산시陝西성 웨이난渭南 동북쪽 지역이다.

95 적공翟公: 성이 적翟이고 그 이름은 전해지지 않는다. '翟'의 원래 음은 '적狄'이다. 국명國名을 씨氏로 삼았는데, 성씨로 읽을 때 북방에 거주하는 자는 'di(적)'으로 읽고, 남방으로 옮겨 거주하는 자는 'zhai(책)'으로 읽는다고 한다. 역자는 '적'이라 했다.

96 원문은 '一死一生, 乃知交情. 一貧一富, 乃知交態. 一貴一賤, 交情乃見'이다.

유림열전

儒林列傳

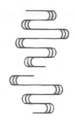

『사기』 가운데 선진 시기의 유학을 서술한 편장으로는 「공자세가」 「중니제자
열전」 「맹자순경열전」이 있는데, 이 편에서는 공자 이후에 유학이 어떻게 전
개되었으며 각 유학자들의 학문은 어떻게 전승되었는지를 중점적으로 서술하
고 있다. 또한 무제 시기에 이르러 백가百家의 학설을 배척하고 유학만 존중되
어 특정 유생들이 군주에 아부하고 공명을 추구한 세태에 대한 혐오와 비판
을 드러내고 있다.

'유儒'는 일반적으로 학식이 있는 학자의 통칭이자 남을 가르칠 수 있는 사람을
가리키는 표현이었는데, 이후로는 학파의 명칭으로 굳어졌다. 이 편에서 사마
천은 유가 학파를 창시한 공자에 대해 무한한 존경을 표하고 있다. 그 예로 「공
자세가」에서 사마천은 다음과 같이 칭송하고 있다. "자고이래로 훌륭한 군주
와 현인은 많았다! 그러나 그들 대다수는 살아 있을 때 영광을 누렸지만 죽은
다음에는 그것으로 그쳤다. 오직 공자만이 살아 있을 때 한낱 평민 백성이었으
나 죽은 지 10대가 지나도록 학자들은 그를 받들어 종사宗師로 삼고 있다. 지금
위로 천자 왕후부터 중국에서 육예를 강술하는 사람들은 모두 공자의 언론을
일체의 표준으로 삼고 있으니, 진실로 더할 수 없이 높은 성인이라 할 수 있다!"
이 편에서는 한나라 초기에 황로 사상을 숭상하던 통치자들이 유학 존중으로
옮겨가는 과정을 서술하고 있다. 무제는 황로 학술을 숭상하는 두태후 세력으
로부터 권력을 쟁취한 뒤 유학 사상에 기초한 정책을 펼쳤다. 이에 유가의 사회
적 지위가 제고되면서 유생들이 속속 관리로 진출하기 시작했으나, 그와 동시
에 유학의 본의에서 멀어지거나 자질이 못 미치는 유생들이 득세했다. 특히 공
손홍과 예관 같은 이들은 무제의 뜻에 영합하면서 관직을 유지하는 데 급급했
기에 무제의 정치적 장식물로 전락하고 말았다. 이 때문에 사마천은 "내가 학
관을 심사하고 선발하는 법령을 읽다가 학관을 확대 장려하는 방법을 읽을 때
면 매번 책 읽기를 중단하고 탄식하지 않은 적이 없었다"며 반감을 드러냈다.

태사공이 말하기를

"내가 학관學官을 심사하고 선발하는 법령¹을 읽다가 학관을 확대 장려시키는 방법을 읽을 때면 매번 책 읽기를 중단하고 탄식하지 않은 적이 없었다.² 그리고 말하기를 아 슬프다! 주나라 왕실이 쇠퇴해지기 시작하자 「관저關雎」 같은 시편이 출현했고,³ 주나라의 유왕幽王과 여왕厲王⁴이 쇠미해지자 국가의 예약이 모두 붕괴되었고, 이때부터 제후들은 제멋대로 행동하고 정령은 강한 제후국에서 나오게 되었다.⁵ 공자는 이 때문에 왕도가 무너지고 사도邪道가 일어나는 데 상심하여 『시詩』와 『서書』를 편찬하고 예약을 수정하고 제창한 것이다.⁶ 공자는

1 원문은 '공령功令'으로, "학자의 공적 심사를 법령으로 드러낸 것으로 바로 지금의 학령學令이다." (『색은』) 안사고는 말하기를 "지금의 선거령選擧令이다"라고 했다. "여기서는 국가 정부가 반포한 교육 발전과 인재를 심사하고 선발하는 법령을 가리킨다."(『사기전증』) 학관學官은 태학太學 안의 교관으로 당시의 박사博士를 말한다. "원삭 5년(기원전 124)에 공손홍이 박사에 제자를 설치하기를 요청했고, 마침내 박사가 학관이 되었다."(『사기통해』)
2 "유학의 발전이 한나라에 이르러 이같이 정치와 연계된 장식물이 된 것을 슬퍼하며 개탄한 것이다."(『사기전증』)
3 「관저關雎」: 『시경詩經』 「주남周南」의 첫 번째 편으로, 주나라 왕조의 정치가 쇠퇴해지자 시인들이 「관저」를 지어 주나라 정치를 풍자한 것이다. "『모전毛傳』에서는 「관저」를 '후비后妃의 덕'을 노래한 것이라 했는데, 태사공이 여기에서 표현한 「관저」에 대한 이해는 『모전』의 해석과 다르다."(『사기전증』)
4 유왕幽王(재위 기원전 875~기원전 841년)은 이름이 호胡로, 잔인하고 포악하여 노예 폭동으로 쫓겨났다. 여왕厲王(재위 기원전 781~기원전 771년)의 이름은 궁생宮涅으로, 황음무도하여 견융犬戎에게 살해당했다.
5 당시 제齊와 진晉 등 대국의 패주들은 천자를 끼고 제후를 호령했다.
6 『공자세가孔子世家』에 따르면 「시」는 3000여 편이었는데 공자가 305편으로 줄였고, 『상서위尚書緯』에 따르면 공자 때는 「서」가 3330편이었는데 공자가 100편으로 줄였다고 전해진다. 그러나 지금 학술계에서는 이 학설을 채택하지 않는다. "예禮와 악樂은 공자가 개설한 과정 명칭이나 교재는 전해 내려오지 않고 한나라 때 사람이 정리한 『의례儀禮』는 공자와 전승 관계가 있다고 하지만 쓰인 시기가

제나라에 갔을 때 「소韶」라는 음악을 듣고는 석 달 동안 고기 맛을 잊을 정도로 도취되었다.[7] 공자는 위衛나라에서 노나라로 돌아온 뒤[8] 음악을 새롭게 수정했는데, 이때부터 비로소 「아雅」와 「송頌」 음악이 각기 적당한 위치로 돌아가게 되었다.[9] 당시 정치가 혼탁했기에 공자는 기용되지 못했고, 일생 동안 70여 개국의 군주를 방문했으나[10] 한 사람도 그를 마음에 들어 하지 않았다. 공자가 일찍이 말하기를 '진실로 나를 임용하는 군주가 있다면 1년 안에[11] 효과를 보게 할 수 있는데'라고 했다.[12] 뒤에 노나라 애공이 노나라 서쪽에서 한 마리의 기린麒麟을 잡았을 때[13] 공자가 탄식하며 '나의 이상을 실현시킬 수 없다'고 했다. 그리하여 공자는 노나라 사관史官의 기록에 근거하여 『춘추春秋』를 지었고 왕의 법전으로 삼으려 했다.[14] 이 때문에 『춘추』의 문자는 많지 않으나 내포된 뜻이 깊고 넓어 후대 학자들이 모두 전수받아 익히며 베껴 쓰게 되었다.

공자가 사망한 뒤 그의 70여 명 제자들은[15] 사방 각국으로 흩어져 제후에게

비교적 늦고, 악은 완전히 소실되어 전해지지 않고 있다."(『사기전증』)

7 출전은 『논어』 「술이述而」이다. 「소韶」는 순임금 때의 악곡 명칭으로 전해진다. 고기 맛을 잊을 정도라는 것은 고기의 맛을 느끼지 못할 정도로 음악을 배우는 데 몰입했음을 뜻한다.

8 「노세가魯世家」에 따르면 공자는 노 정공定公 12년(기원전 498) 54세에 나라 밖으로 나가 15년 동안 두루 돌아다니다가 노 애공魯哀公 11년(기원전 484) 68세에 노나라로 돌아왔다. 공자가 방문한 나라를 살펴보면, 먼저 위衛나라를 시작으로 진陳, 조曹, 정鄭, 송宋, 채蔡, 초楚나라를 거쳐 다시 위衛나라를 거쳤다가 노나라로 돌아왔다.

9 "악보를 정리한 것을 말하는 것으로 『시경』의 문자를 정리한 것을 가리키는 것은 아니다."(『사기전증』)

10 "나중에 기록한 자가 실언한 것이다. 작은 나라까지 들렀다 하더라도 70여 개 나라가 되지는 않는다."(『색은』)

11 원문은 '기월期月'로, 12개월을 한 바퀴 도는 것으로 1주년을 말한다.

12 출전은 『논어』 「자로子路」이다.

13 노 애공 14년(기원전 481), 노 애공이 성 서쪽에서 사냥을 하다가 아무도 알지 못하는 짐승을 잡고, 공자에게 사람을 보내 이 사실을 전했다. 공자는 사람이 이것은 태평성세에 출현해야 하는 기린으로, 이러한 난세에 출현한 것을 매우 슬퍼했다.

14 "이것은 한나라 시기 공양가公羊家의 설법으로, 그들은 공자가 저술한 『춘추春秋』를 후에 한나라 왕조 창립 건국의 대강으로 삼았기 때문에 공자를 소왕素王이라 불렀다."(『사기전증』)

15 『사기』 「중니제자열전」에 따르면 수업을 받은 자가 77명이라고 했다. "『공자가어孔子家語』에서도 77인이라고 했는데, 오로지 문옹文翁의 『공묘도孔廟圖』에만 72인이라 했다."(『색은』)

유세했는데, 성취가 큰 자는 왕후의 사부와 국가의 경상卿相이 되었고,[16] 성취가 작은 자는 사대부의 스승으로 삼을 만한 벗이 되었고, 어떤 이는 은둔을 좋아하여 자신을 드러내지 않았다. 당시 자로子路는 위衛나라에 있었고,[17] 자장子張은 진陳나라에 있었으며, 담대자우澹臺子羽는 초나라에 있었고, 자하子夏는 서하西河[18]에 거주했으며, 자공子貢은 끝내 제나라에서 생을 마감했다. 전자방田子方, 단간목段干木,[19] 오기吳起, 금활리禽滑釐[20] 같은 사람들은 모두 자하 등의 문하에서 교육을 받고 이후 왕들의 스승이 되었다.[21] 당시 제후들 가운데 유독 위魏나라 문후文侯가 유가 사상을 애호했다.[22] 그 뒤로는 갈수록 쇠락하여 진 시황에 이르러 천하는 군웅들이 서로 다투며 전쟁을 벌였기 때문에 유가 학설은 중시되지 못했다. 그러나 제나라와 노나라 일대에서는 유가 학설이 전수되어 학자가

16 "자하子夏는 위 문후魏文侯의 스승이 되었다. 자공子貢은 제나라와 노나라를 위해 오와 월나라를 방문했으니 아마도 관직이 경卿이었을 것이다. 재여宰予 또한 제나라에서 벼슬하여 경이 되었다. 나머지 사람들은 알려진 것이 없다."(『색은』)
17 "「중니제자열전」에 따르면 자로는 위衛나라에서 죽었고, 당시 공자는 생존해 있었다."(『집해』) 『한서』에는 이 문장이 삭제되어 있다. "반고가 이 구절을 삭제한 것은 옳다."(『사기회주고증』) "자로는 노 애공 5년(기원전 480)에 사망했고, 공자보다 2년 앞서 죽었다. 이 때문에 『한서』「유림전」에서 '子路居衛(자로는 위나라에 있었다)' 네 글자를 삭제한 것이다."(『사기전증』)
18 서하西河: 지금의 산시陝西성 한청韓城에서 화인華陰 일대에 이르는 황하 서쪽 연안으로, 당시 위魏나라에 속했다.
19 전자방田子方과 단간목段干木은 전국시대 초기 위魏나라의 명사로, 전자방은 자공에게 배웠고 단간목은 자하에게 배웠다.
20 오기吳起는 위衛나라 사람으로, 증자曾子에게 배웠다. 금활리禽滑釐는 "묵적墨翟의 제자인데 유가 문하에서 수업을 받았다는 것을 듣지 못했다."(『사기전증』)
21 "복자하卜子夏, 전자방田子方, 단간목段干木 이 세 사람은 현자로 모두 군주가 존경하여 스승으로 삼았다."(「위세가」)
22 위 문후魏文侯(재위 기원전 445~기원전 396)는 이름이 사斯이고(도都라고도 한다) 전국시대 초기 위나라 군주였다. "위 문후는 일찍이 공자의 제자인 자하로부터 유가 경전을 학습했는데, 귀한 손님의 예절로 단간목을 대접했고, 단간목이 사는 골목 문을 지날 때마다 손으로 수레 앞의 횡목을 짚고 경의를 표시했다. 진秦나라가 위나라를 정벌하려 했는데, 누군가 진나라 왕에게 간언하며 말하기를 '위나라의 군주는 어진 이를 예의와 겸손으로 대하여 나라 안 사람들이 모두 그를 어진 군주라 칭송합니다. 위나라는 위아래가 화목하고 한마음으로 단결하고 있어 쉽게 도모할 수 없습니다.' 위 문후는 이로 인해 제후들 가운데 매우 높은 명예를 누렸다."(「위세가」)

끊이지 않았다. 제나라 위왕威王과 선왕宣王23 시대에 맹자孟子와 순경荀卿 등과 같은 사람들이 모두 공자24의 학설을 따르며 더욱 발전시켜 자신의 학문을 당대에 드러냈다.

진秦나라 말기에 이르러 『시』와 『서』를 불태우고25 유생들을 생매장했는데,26 유가의 육예六藝가 이때부터 온전히 갖추어지지 못했다. 진섭이 왕이라 칭한 뒤 노나라의 여러 유생은 공씨孔氏들이 보관하여 전하던 예기禮器27를 가지고 가서 진왕陳王에게 귀순했다. 그 가운데 공갑孔甲28은 진섭의 박사博士29가 되었다가 끝내 진섭과 함께 죽었다.30 진섭은 한낱 평민 출신으로 유배당해 변경을 수비하러 가던 오합지졸을 이끌고 한 달도 되지 않는 기간에 장 초왕張楚王을 칭했으나, 반년도 되지 않아 멸망했다. 그가 이룬 일은 보잘것없는 것이었는데 유생들이31 공자가 남긴 예기를 지고 가서 그에게 투항하고 신하라 칭했으니, 이것은 무엇 때문인가? 이는 진나라가 그들의 사업을 괴멸시켰기 때문에 진섭을 따름으로써 진나라에 쌓인 원한을 갚으려던 것이었다.

23　제 위왕齊威王(재위 기원전 356~기원전 320)은 이름이 인제因齊이고 전국시대 중기 제나라 군주였다. 제 선왕齊宣王(재위 기원전 319~기원전 301)은 이름이 벽강辟疆으로 위왕의 아들이다. 이 두 사람은 모두 도성에 학궁學宮을 설립하고 천하의 학자들을 초빙했는데, 당시의 학술의 중심이었다.
24　원문은 '부자夫子'로, 원래 학자와 스승에 대한 존칭이었으나 나중에는 오로지 공자를 가리켰다.
25　진 시황 34년(기원전 213)의 일이다.
26　진 시황 35년(기원전 212)의 일이다. 생매장 당한 자들은 방사方士들이며 유생들은 아니었다.
27　예기禮器는 제사 용구를 말한다. 유가는 조상에 대한 제사를 중시했는데, 공씨가 대대로 전하는 예기는 유가의 정통성을 상징한다.
28　"서광이 말하기를 '공자의 8세손으로 이름은 부鮒이고 자는 갑甲이었다'고 했다."(『집해』) "이름은 부鮒이고 자는 자어子魚다. '갑甲'이라 한 것은 반고(『한서』에서도 공갑孔甲으로 표기했다)가 그 이름을 놓쳐 갑甲자로 대신한 것이다."(『한서규관』)
29　여기서의 박사博士는 제왕 신변의 고문 관원으로, 한나라 때 태학에서 오경五經을 강의하는 박사와는 다르다.
30　진 2세 2년(기원전 208) 12월의 일이다. "자신子慎이 부鮒를 낳았고 7세에 진왕 진섭의 박사가 되었으나 진섭 문하에서 죽었다."(『공자세가』)
31　원문은 '진신선생지도縉紳先生之徒(홀을 허리띠에 꽂은 선생의 무리)'다. '진縉'은 '삽揷(꽂다)'는 뜻이고, '신紳'은 허리에 묶는 큰 허리띠다. 고대에 사대부들은 조정에서 홀笏을 허리띠에 꽂았기 때문에 진신은 사대부를 뜻하며, 여기서는 유생을 가리킨다.

한나라 고조가 항적을 죽인 뒤 군대를 파견해 노나라를 포위했을 때 노나라의 유생들은 여전히 유가 경전을 읽고 예악을 익히며 악기를 연주하고 노래 부르는 소리가 끊이지 않았으니, 어찌 성인의 교화가 남긴 예악의 국가가 아니겠는가? 이 때문에 당시 진陳나라에 머물던 공자가 말하기를 '돌아가자, 돌아가자! 내 고향의 제자들은 뜻은 높지만 일을 행함에 소홀하고 문장은 화려하고 아름다워 성취가 있으나 마름질하여 바르게 할 줄은 모르는구나'라고 했다.[32] 제와 노 사람들이 예부터 유가 경전을 애호한 것은 진실로 천성이라고 할 수 있다. 이 때문에 한나라가 건립되자 유생들은 즉시 예전의 일을 다시 시작하여 대사례大射禮와 향음주례鄕飮酒禮[33] 등의 각종 예의를 강술하고 연습했다. 숙손통叔孫通은 한나라를 위해 예의를 제정했고 그로 인해 태상에 봉해졌으며, 그를 따라 예의 제정에 참가한 제자들도 모두 우선적으로 선발되어 관직에 임명되었다.[34] 이에 사람들은 모두 유학이 끝내 당시 왕성하게 일어나는 것에 감개했다. 그러나 당시에는 여전히 전쟁[35]이 있었고 천하를 안정시키기에 바빴기 때문에[36] 학교[37]를 세울 겨를이 없었다. 효혜제와 여후 시대에 공경들은 모두 군대 출신

32 출전은 『논어』 「공야장公冶長」이다.
33 대사례大射禮는 제사를 지내고 선비를 선택하여 거행하는 활쏘기 예의를 말한다. 향음주례鄕飮酒禮는 고대 가례嘉禮 중의 하나로, 주연을 베풀어 술을 마시던 풍속이다. 현자가 천거되면 향대부鄕大夫가 주인이 되어 주연을 베풀어 전송했다. 나중에는 지방관이 연회를 열어 과거에 응시하는 선비를 초대했는데, 이 연회를 향음주鄕飮酒라 했다. "향음주례의 의의는 주인이 향학鄕學 문 밖에서 빈객을 맞이하고 문으로 들어간 이후에 빈객과 주인이 서로 세 차례 읍한 다음 계단 아래에 도착하여 다시 서로 세 차례 읍하고 계단에 오르는데, 이것이 주인과 빈객이 서로 존중과 겸양을 표시하는 것이다. 60세 이상의 사람은 앉고 50세 내외의 사람은 서서 시중들며 정무의 파견을 듣는데 이것은 연장자에 대한 존중을 나타내는 것이다. 향사鄕射의 예(빈객들에게 주연을 벌여 맘껏 즐기고 아울러 활쏘기를 거행하는 예절)를 거행할 때 향음주례 중에 연장자의 존중과 노인 봉양의 예를 가르쳐야 하는데, 부모를 효로 공경하고 연장자를 존중하며 섬기는 덕행이 건립될 수 있다."(『예기』 「향음주의鄕飮酒義」)
34 『사기』 「유경숙손통열전」에 따르면 고조는 숙손통과 함께 예의 제정에 참여했던 숙손통의 제자들을 모두 낭관으로 임명했다.
35 원문은 '간과干戈'로, '전쟁'을 가리킨다. 본래 '간干'은 방어용 병기이고 '과戈'는 공격용 병기다.
36 "안사고가 말하기를 '진희陳豨, 노관盧綰, 한신韓信, 경포黥布의 무리가 서로 차례로 반란을 일으켜 토벌했다'고 했다."(『정의』)

으로 공적을 세운 신하들이었다. 효문제 시대에 와서 비로소 약간의 유생들이 부름을 받아 등용되었지만, 효문제는 근본적으로 형명刑名의 학설을 좋아했다.[38] 효경제 시기에 이르러서도 유생들은 임용되지 못했고, 효경제의 모친인 두태후는 황로의 학설을 좋아했기 때문에 유학 출신의 박사관은 머릿수를 채우는 데 불과했고 자문을 기다릴 뿐이었으며, 한 사람도 발탁되지 못했다.

지금의 황상이 즉위한 뒤 조관趙綰과 왕장王臧 등이 모두 유학을 고취했고,[39] 황상 또한 이러한 일파에 찬성하여 현량賢良과 방정方正 등 각 과의 유가학자[40]를 선발하도록 명을 내렸다. 이때부터 시작하여 『시경』을 강론하는 사람으로 노나라의 신배공申培公,[41] 제나라의 원고생轅固生,[42] 연나라의 한태부韓太傅[43]가 있었고, 『상서尙書』를 강론한 최초의 인물로 제남濟南의 복생伏生[44]이 있었다. 『예禮』를 강론한 사람으로는 노나라의 고당생高堂生[45]이 있었고, 『역경易經』을 강론

---

37 원문은 '상서庠序'로, 학교를 가리킨다. 은殷나라 시기의 학교를 '상庠'이라 했고, 주周나라 시기의 학교를 '서序'라 했다.

38 "태사공은 효문제가 형명을 좋아했다고 했는데, 이해할 수 없다."(『사기지의』)

39 무제武帝가 즉위했을 때 조관趙綰은 어사대부, 왕장王臧은 낭중령이었다. 두 사람은 '존유尊儒'를 주장하여 명당 설립을 의론했고, 노나라 대유大儒인 신공申公을 불러들였다가 황로를 존중하는 두태후의 반대에 부딪쳐 결국 감옥에서 죽었다.

40 원문은 '방정현량문학지사方正賢良文學之士'다. 방정方正과 현량賢良은 한나라 인재 선발에 사용된 과목 명칭으로, 이러한 인재 선발 방식은 문제 2년(기원전 178)에 시작되었다. 이후 이러한 방식으로 선발된 유생을 '문학사文學士'라고 했으므로 그 과목을 '방정현량문학사'라 했고, 줄여서 '현량문학賢良文學' 또는 '현량賢良' 혹은 '문학文學'이라 불렀다. 현량은 재능과 덕행이 훌륭한 것이고, 방정은 정직한 것을 말한다. 추천을 받은 자는 정치 득실에 대해 직언을 간언했고 표현이 특별히 우수하면 관직을 수여했다.

41 신배공申培公: 성이 신申이고 이름이 배培이며 공公은 사람에 대한 존칭이다. 신배申培가 전수한 『시경』은 후세 사람들에 의해 '노시魯詩'로 불린다.

42 원고생轅固生: 성이 원轅이고 이름이 고固다. '생生'은 '선생'의 뜻이다. 원고轅固가 전수한 『시경』은 후세 사람들에 의해 '제시齊詩'로 불린다.

43 한태부韓太傅: 연나라 왕 유정국劉定國의 태부太傅로, 이름은 영嬰이고 연나라 사람이다. 한영韓嬰이 전수한 『시경』은 후세 사람들에 의해 '한시韓詩'로 불리며, 지금 여전히 『한시외전韓詩外傳』이 존재한다.

44 복생伏生: "장화張華는 이름이 승勝이라 했고, 『한기漢紀』에서는 자가 자천子賤이라 했다."(『색은』)

45 "사승謝承이 말하기를 '진나라 말년에 노나라 사람 고당백高堂伯이 있었다'고 했는데, '백伯'은 그

한 최초의 사람은 치천菑川의 전생田生46이었다.『춘추』를 강론한 사람으로는 제와 노의 호무생胡母生47이 있었고 조趙나라에서는 동중서가 있었다. 두태후가 사망한 뒤 무안후 전분이 승상이 되었는데, 그는 황로와 형명 등 백가百家의 학설을 배척하고 경학에 정통한 유학자 수백 명을 초빙했는데,48 그 가운데 공손홍은 단지『춘추』에 정통했다고 하여 한낱 평민 백성에서 천자를 보좌하는 삼공三公의 높은 지위에까지 오르고 평진후에 봉해졌다.49 이때부터 천하의 독서인들이 전부 부는 바람에 풀이 쓰러지듯이 유학 서적을 읽었다."

공손홍은 학관을 담당하게 되었는데,50 오랫동안 유학의 도道가 폐기된 것을 마음 아파하며 황제에게 글을 올려 요청했다.51

"승상과 어사가 황상께 상주하자, 황상께서는 조서를 내려 말씀하시기를,52

의 자다. '생生'이라고 말한 것은 한나라 이래로 유학자들을 모두 '생'이라 불렀고, 또한 '선생先生'을 줄여서 부른 것뿐이다."(『색은』)
46 치천菑川: 제후국 명칭으로 한나라 문제 때 설치되었고, 도성은 극현劇縣(지금의 산둥성 창러昌樂 서북쪽)이었다. 전생田生의 이름은 역사에 알려지지 않고 있다.
47 호무생胡母生: "호무胡毋는 성이고 자는 자도子都다."(『색은』) "노魯자는 불필요한 글자다. 호무생은 제나라 사람이다.『한서』에도 노魯자는 없다."(『사기지의』)
48 원광 원년(기원전 134) 5월, 무제는 조서를 내려 각 군국의 유학자들을 불러들였는데, 동중서와 공손홍 등이 대책對策 때 두각을 나타냈다.
49 "한나라가 건국한 이래로 승상이 된 자는 모두 열후였는데, 유방의 개국을 보좌하여 열후에 봉해진 공신으로는 소하, 조참, 진평 등이 있고, 어떤 사람은 부친의 작위를 계승하여 열후에 봉해졌는데 유사劉舍, 도청陶靑 등이 있다. 또 어떤 사람은 내란을 평정하여 후에 봉해졌는데 두영이 있고, 황제의 친척으로 후에 봉해진 자로는 전분이 있다. 결론적으로 모두 먼저 후작侯爵이 있은 다음에 승상에 임명되었다. 오직 공손홍만이 후작이 없는데 승상을 담당하게 되었다. 이러한 난처한 상황을 해결하기 위해 무제는 특별히 승상에 앉힌 다음에 그를 평진후에 봉했다. 이것이 선례가 되어 이후 승상에 임명된 자는 일률적으로 후에 봉했는데, 공손홍은 이러한 선례의 첫 번째였다."(『사기전증』)
50 공손홍이 박사를 지냈음을 뜻한다. 공손홍은 원광 원년(기원전 134)부터 원광 5년(기원전 130)까지 박사였는데, 이때의 박사는 유학 경전의 전문가이면서 태학의 교수를 말한다.
51 『한서』「무제기」에 따르면 공손홍이 무제에게 상서를 올린 때는 원삭 5년(기원전 124)으로 당시 공손홍은 이미 승상에 임명된 뒤였다.
52 "이하 무제의 조서를 인용했는데, 이것은 원삭 5년(기원전 124) 6월의 조서다."(『사기전증』)

'듣자하니 백성을 인도함에 예의禮儀를 사용해야 하고 백성을 교화함에 음악을 사용해야 한다고 했다. 혼인은 한 가정에서 가장 중요한 윤리관계다. 지금 국가 안에 예악이 무너져 짐의 가슴이 매우 아프다. 이 때문에 전국의 품행이 단정하고 학식이 넓은 사람53을 불러들여 그들을 선발하여 조정에 임용했다. 예를 주관하는 관리들은 사람들에게 학습을 권장하고 유가 학술을 토론하며 널리 지식을 구하고 예의를 중시하게 하여 천하 백성의 모범이 되도록 해야 한다. 태상太常도 박사에게 제자를 설치하는 문제를 상의해야 하고 향리의 교화를 전개시켜 더욱 많은 인재를 배양해야 한다'고 했습니다. 그리하여 태상 공장孔藏과 박사 평平54 등이 상의하여 말하기를 '하·은·주 삼대의 교육 제도와 방법에 근거하여 향리鄕里마다 하나씩 교육 장소를 두었으니, 하나라 때는 교校,55 은나라 때는 서序,56 주나라 때는 상庠이라 불렀습니다.57 그때 좋은 일을 한 사람은 표창하기 위해 조정에 추천했고 나쁜 짓을 한 사람은 징계하기 위해 형벌에 처했습니다. 그래서 교화를 시행하려면 도성부터 시작하여 점차 온 천하로 확대시켜야 한다'고 했습니다. 지금 폐하께서 지극히 높은 도덕을 드러내고 위대한 광명을 선양하기 위해서는 천지간의 자연 이치와 인간의 본성에 근거하여 학문 탐구를 장려하고 예악을 일으키며 교화를 제고하고 현인을 격려함으로써 천하를

---

53 앞에서 언급한 '방정현량문학지사方正賢良文學之士'이다.
54 공장孔藏은 공안국孔安國의 사촌 형으로 공자의 12대 후손이며 무제 원삭 2년(기원전 127)에 태상이 되었다가 나중에 죄를 지어 면직되었다. 박사 평平은 이름이 평이고 성은 역사에 전해지지 않고 있다.
55 "교校는 교敎(가르치다)다. 도예道藝를 가르치는 것이다."(『정의』)
56 "서序는 서舒(펼치다)다. 예교禮敎 펼치는 것을 말한다."(『정의』)
57 "상庠은 상詳(상세히 하다)이다. 경전을 상세히 살피는 것을 말한다."(『정의』) "상庠, 서序, 학學, 교校를 설립하여 젊은이들을 가르쳤다. 상庠이란 기른다는 양養의 뜻이고, 교校란 가르친다는 교敎의 뜻이며, 서序란 사례射禮를 가르친다는 사射의 뜻이다. 지방 학교를 하나라 시대에는 교校, 은나라 시대에는 서序, 주나라 시대에는 상庠이라 했고, 중앙의 학교는 모두 학學이라 했는데, 이 명칭은 세 왕조가 공통으로 사용했다."(『맹자』 「등문공滕文公 상」) 『한서』 「유림전」에서는 본문과 달리 "은나라 때는 상庠, 주나라 때는 서序라 했다"고 했다.

교화시키고 천하를 태평하게 하십시오. 옛날의 정치와 교육은 완비되지 않아 많은 예의제도가 갖추어지지 않았으니, 청컨대 지금 기존의 학관을 기본으로 하여 확대하고 완비해야 합니다. 박사관博士官에 제자 50명을 배치하고,[58] 그들의 부세와 노역을 면제해주십시오. 태상은 민간에서 18세 이상으로 용모가 단정한 사람들을 선택하여 박사 제자로 채워주십시오.[59] 각 군국郡國의 현, 도, 읍 중에서 유학을 좋아하고 어른을 존경하며 국가의 법령을 엄격하게 준수하고 이웃과 화목하게 지내며 언행이 유학 서적에서 배운 도리에 위배되지 않는 자가 있으면 현령, 후상侯相, 현장縣長, 현승縣丞[60]은 그들의 이름을 자신들이 소속된 2000석인 군수 혹은 제후국 상[61]에게 보고하고 군수와 왕상은 심사하여, 합격한 자는 계리計吏를 따라 경사로 보내 태상에게 보고한 뒤 박사 제자와 동등하게 배우고 대접받게 하십시오. 매년 한 차례 시험을 진행하여 유가 경전인 오경五經 가운데 한 가지 경전에 정통하게 되면 문학장고文學掌故[62]로 충당할 수 있도록 하고, 성적이 우수한 자는 선발하여 낭관에 임명하고 태상이 명부를 제출하여 상주하도록 하십시오. 특별히 출중한 자가 있으면 태상이 마땅히 수시로 그 이름을 조정에 보고해야 하며, 학습에 전념하지 않거나 자질이 떨어지거나 한 가지 경전에도 능통하지 못한 자는 즉시 학습 자격을 취소하고 그를 추천한 지방 관리 또한 함께 벌을 받게 해야 합니다. 신이 삼가 황상께서 반포한 각종 조서와 율령을 살펴보니 하늘과 사람의 감응 관계를 분명히 밝히셨고, 고금 변화

---

58 "이것은 원삭 5년(기원전 124) 초에 박사 제자의 정원에 대한 것으로 경전마다 10명 오경五經으로 모두 50명이다. 그 뒤에 박사 제자는 끊임없이 증가하여 전한 말에는 3000명에 이르렀고 후한 말에는 더욱 많아져 3만 명에 이르렀다."(『사기통해』)

59 "박사 제자 50명은 태상이 선발하여 배치했다."(『사기찰기』)

60 원문은 '영상장승令相長丞'이다. 모두 현 급의 행정장관이다. 당시 1만 호 이상인 큰 현의 장관을 현령이라 했고, 1만 호 이하인 작은 현의 장관은 현장이라 했다. 현령과 현장의 조수를 현승이라 했다. 열후의 봉읍은 현 급에 해당되었는데, 그 장관을 상相이라 했다.

61 당시 군수와 제후왕 상相은 모두 2000석 등급에 속했다.

62 문학장고文學掌故: 유가 경전 가운데 옛 장정, 옛 관례 즉 고사故事에 정통한 태상 소속의 관직이다.

의 규율을 꿰뚫었으며, 문사가 순수하고 함축된 뜻이 심원하며 세상에 베푼 은덕이 대단히 아름다웠습니다. 그러나 하급 관리들은 견식이 천박하여 국가와 황상의 각종 조서와 율령의 뜻을 이해하지 못해 투철하게 전달하지 못한 탓에 하급 관리와 백성이 명확히 이해할 수 없습니다. 뿐만 아니라 치례治禮와 장고掌故 두 부류의 인원63은 모두 유학의 예의 같은 업무를 관리하고 책임지는데 승진이 적체되어 지장을 받고 있습니다. 청컨대 봉록이 비200석 이상64에서 100석을 받는 관리 가운데 한 가지 경전에 능통한 자를 선발하여 좌우내사, 대행의 졸사卒史65로 충당하고, 비100석 이하66는 군태수의 졸사로 충당하되, 내지의 군에는 각각 2명씩 두고 변경의 군에는 1명을 두게 하십시오. 먼저 유학 경전을 많이 읽은 자를 선발하여 임용하되, 인원이 충분하지 않으면 장고掌故67를 선발해 중2000석의 속관으로 충당하고 문학장고 중에서 선발하여 군수의 속관68으로 충당하여 정원을 채우도록 하십시오.69 청컨대 이를 관리 선발의 법

63　원문은 '치례차치장고治禮次治掌故'으로, 문장의 뜻을 알기가 어렵다. "나카이 리켄이 말하기를 '차치次治 두 글자는 불필요한 글자다. 치례治禮와 장고掌故는 관직명으로, 치례와 장고 두 관직은 문학(유학)과 예의를 직무로 삼는데 승진이 항상 지체됨을 말한 것이다. 그중에서 선택하여 좌우내사, 대행과 군수의 졸사卒史로 선택한다면 선발하여 임용하는 길을 열지 않아도 군국의 하급 관리에게 조서와 율령을 철저하게 이해시킬 수 있다'고 했다."(『사기회주고증』) 『한서』에서는 '차치次治' 두 글자가 표기되어 있지 않다.

64　봉록이 비200석 이상인 치례와 장고를 가리킨다. 한나라 때 200석은 월 봉록이 30곡斛이고 비200석은 월 봉록이 27곡이다.

65　졸사卒史는 사무를 처리하는 하급 관리로, 구경과 좌우내사의 졸사는 봉록이 200석이다.

66　비100석 이하의 치례와 장고를 가리킨다.

67　장고掌故: 궁정 안의 가장 낮은 관리로, 궁정의 옛일을 기재하는 일을 담당했다. "응소가 말하기를 '장고掌故는 봉록이 100석인 관리로 고사故事를 주관했다'고 했다."(『집해』) "장고掌故는 아래 문장의 문학장고文學掌故와 상대적인 말이다. 전자는 일반적으로 옛 일을 많이 아는 것을 가리키고, 후자는 특별히 유가의 옛 일을 많이 알고 있는 것을 가리킨다."(『사기전증』)

68　원문은 '군속郡屬'이다. 각 군국의 군수와 상相의 속관을 말한다. 당시 규정에 따르면 2000석은 중2000석, 2000, 비2000석으로 나뉘었는데 구경은 모두 중2000석이고, 군국의 군수와 상은 2000석이었다.

69　"문학장고는 일반 장고보다 우월한데, 공손홍이 일부러 그들을 비교적 등급이 낮은 군국으로 파견하는 것은 지방에 유가 학설을 이해하는 사람이 더욱 필요했기 때문이다."(『사기전증』)

령70에 기재하시고, 나머지는 모두 옛 조문에 따라 처리하도록 하십시오."

황상이 비준하며 "좋다"고 했다. 이때부터 위로 공경대부에서부터 아래로 하급 관리까지 우아하면서도 질박하며 경전에 통달한 선비가 갈수록 많아졌다.

신공申公71은 노나라 사람이다. 고조가 노나라를 지날 때72 신공은 스승을 수행하는 제자 신분으로 노나라 남궁南宮에서 고조를 알현했다.73 여태후가 집정하는 시기에 신공은 장안으로 유학을 와서 유영劉郢과 함께 부구백浮丘伯에게 수업을 받았다.74 뒤에 유영이 초왕楚王이 되자 신공에게 자신의 아들인 유무劉戊를 가르치게 했다. 그러나 유무는 학문을 좋아하지 않아 스승인 신공을 미워했다. 유영이 죽은 뒤 유무가 초왕이 되자75 신공을 밧줄로 묶어 노역을 시켰다.76 신공은 치욕스럽게 여겨 사직하고 노나라로 돌아와 집안에서 제자들을 가르쳤으며 다시는 문을 나서지 않기로 결심했다. 그는 방문하는 빈객들을 사절했고 단지 노왕魯王77이 요청할 때만 나가서 만났다. 당시 멀리서 배우고자 찾아온 제자가 100여 명78이었다. 신공은 오로지 『시경詩經』의 글자 뜻을 해설하고

---

70 원문은 '공령攻令'으로, 교육과 인재 선발에 관련된 법령이다.
71 앞에서 언급한 신배申培를 일컫는다.
72 고조 5년(기원전 202) 노나라 땅을 평정할 때를 말한다.
73 "신공은 젊었을 때 초나라 원왕元王 유교劉交와 함께 제나라 사람 부구백浮丘伯을 스승으로 모시고 『시경』을 배웠다. 한나라가 건립하고 고조 유방이 노나라를 지나갔다. 신공은 제자의 신분으로 스승을 수행하여 노나라 왕성 남궁에서 고조를 알현했다."(『한서』)
74 부구백浮丘伯은 진나라 때 유생으로 순자荀子의 제자다. 유영劉郢은 유교劉交의 아들이며 유방의 조카로, 유영객劉郢客이라고도 한다. 부친의 뒤를 이어 초왕楚王(재위 기원전 178~기원전 175년)이 되었다. "여태후 때 부구백은 장안에 거주했고 초원왕은 아들 유영을 보내 신공과 함께 학업을 마치게 했다."(『한서』)
75 문제文帝 5년(기원전 175)의 일이다. 유무의 원년은 기원전 174년이다.
76 원문은 '서미胥靡'다. "고대에 노예를 밧줄로 묶어 노동을 시키는 것이다. 한나라 때에는 힘든 노동을 하는 죄수를 가리킨다. 초왕 유무가 신공을 학대한 것이다."(『사기통해』)
77 노 공왕魯恭王이다. 경제의 아들이며 무제의 동생인 유여劉餘다.
78 『한서』에서는 "1000여 명"으로 기재하고 있다.

가르쳤으며[79] 경서의 큰 뜻에 관해서는 말하지 않았고[80] 자신이 이해하지 못하는 부분은 비워둔 채 허튼소리를 하지 않았다.

난릉蘭陵[81]의 왕장王臧은 신공에게 『시』를 배운 뒤 효경제를 섬겨 태자소부가 되었으나 뒤에 면직되었다. 지금의 황상이 즉위하자[82] 왕장은 상서를 올려 황상의 숙위가 되겠다고 했고, 연이어 승진되어 1년 만에 낭중령이 되었다. 그리고 대군代郡의 조관趙綰도 일찍이 신공으로부터 『시』를 배워 나중에 어사대부가 되었다. 조관과 왕장은 무제에게 명당明堂[83]을 세워 제후들의 알현을 받도록 권했으나 절차를 잘 알지 못해 자신들의 스승인 신공을 무제에게 천거했다. 이에 무제는 사신을 파견해 속백束帛과 옥벽玉璧[84]을 가지고 가고, 네 마리 말이 끄는 안거安車를 보냈으며 제자인 조관과 왕장 두 사람도 역참의 수레를[85] 타고 함께 가서 신공을 모셔오도록 했다.

신공이 경사에 도착한 뒤 황상을 알현했다. 황상은 그에게 국가를 잘 다스려 태평하게 만드는 방법을 자문했는데, 신공은 당시 여든이 넘어 연로했지만 이렇게 대답했다.

"국가를 다스리는 것은 어떤 것을 많이 제창하는 데 있지 않고 얼마나 힘써

---

79 신공이 전한 것은 후대에서 말하는 '노시魯詩'다.

80 원문은 '무전無傳'이다. "『한시외전韓詩外傳』『모전毛傳』 등과 같이 고사를 설명하고 좋은 점을 칭찬하고 나쁜 점을 풍자하지 않았음을 말한다."(『사기전증』) "『시경』의 주석을 만들지 않고 다만 가르쳤으며 의심스러운 부분은 논하지 않았다는 말이다."(『색은』).

81 난릉蘭陵: 한나라 현으로 치소는 지금의 산둥성 창산蒼山 서남쪽의 란닝진蘭陵鎮이었다.

82 무제 건원 원년(기원전 140)이다.

83 명당明堂: 고대 제왕이 건축한 가장 성대한 건축물로 제후를 조회하고 제사, 정령 발포, 포상, 인재 선발 등 대규모 예법을 거행했고, 제왕의 제사활동의 중요 장소였다. 이후 궁실의 제도가 완비되자 별도로 근교 동남쪽에 명당을 건축하여 옛 제도를 보존했다. 한대에 이르러 그 형상과 구조가 전해지지 않았는데, 유학자들은 명당을 회복시켜 삼대의 왕도 정치를 본받으려 했다.

84 속백束帛과 옥벽玉璧: 고대 제왕이 현사를 초빙할 때 내리는 고귀한 예물이다. 속백은 5필의 비단을 묶은 것이다.

85 원문은 '요전輻傳'으로, 역참에서 사자에게 제공하는 수레를 말한다. 말 1~2필이 끌었으며 가볍고 작으면서 화려했다.

실천하는지에 달려 있습니다."

당시 무제는 유생들의 아첨하며 영합하는 말을 좋아했는데 신공의 말을 듣고는 아무 말이 없었다. 그러나 이미 그를 초빙했기 때문에 태중대부에 봉하고 노나라 왕이 거주하는 도성의 관저에 머물면서 명당을 건립하는 일을 상의하도록 했다.[86] 이때 태황두태후太皇竇太后[87]는 노자老子의 학설을 좋아하고 유학 사상을 좋아하지 않았기 때문에 조관과 왕장의 과실을 트집 잡아 무제를 질책했고,[88] 무제는 잠시 명당을 세우는 일을 중지하고 조관과 왕장을 옥에 가두었는데, 나중에 둘 다 자살했다.[89] 신공 또한 병으로 자리에서 물러나 집으로 돌아갔고 몇 년 뒤 사망했다.

신공의 제자들 가운데 박사가 된 사람들이 10여 명이 있었는데, 공안국孔安國은 임회臨淮[90] 태수에 이르렀고, 주패周霸는 교서 내사에 이르렀으며, 하관夏寬은 성양 내사, 탕碭[91] 사람인 노사魯賜는 동해 태수, 난릉 출신의 무생繆生[92]은 장사 내사, 서언徐偃은 교서 중위, 추鄒[93] 사람인 궐문경기闕門慶忌는 교동 내사에 이르렀다. 그들은 관리가 되어 백성을 다스리면서 모두 청렴하고 절개를 드러내

---

86 이상은 건원 원년(기원전 139)의 일이다.
87 『사기고이史記考異』에서 이르기를 '마땅히 두태황태후竇太皇太后라고 해야 한다'고 했다."(『사기지의』) 황제의 모친은 태후太后라 하고 황제의 조모는 태황태후太皇太后라 한다.
88 두태후가 무제의 권력을 빼앗은 것이다.
89 이것은 건원 2년(기원전 139)의 일이다. "두태후는 황제와 노자의 학설을 좋아했는데 두영, 전분, 조관, 왕장 등은 유가 학술을 극력 고취시키고 도가 학파를 배척했기 때문에 두태후는 두영 등을 갈수록 좋아하지 않게 되었다. 두태후는 크게 노하여 즉시 조관, 왕장 등을 파면하고 내쫓았으며 두영과 전분을 승상과 태위 직무에서 면직시켰다."(『사기』「위기무안후열전」) "두영, 전분, 조관은 국가의 '삼공'인데, 낭중령 왕장까지 더하면 조정의 책임자 네 사람이 일제히 파면된 것이다. 게다가 조관과 왕장이 하옥되어 자살했으니 이것은 조야를 몹시 놀라게 한 대정변으로, 한 무제는 '존유尊儒'를 명분으로 삼았지만 실제로는 두태후에 대한 권력 탈취의 첫 번째 투쟁에서 실패한 것이다."(『사기전증』)
90 임회臨淮: 한나라 군으로 무제 때 설치되었다. 치소는 서현徐縣(지금의 장쑤성 쓰훙泗洪 남쪽)이다.
91 탕현碭縣의 치소는 지금의 안후이성 탕산碭山 남쪽 지역이다.
92 무생繆生: 성이 무繆이고 그 이름은 역사에 전해지지 않는다.
93 추鄒는 한나라 현으로 치소는 지금의 산둥성 쩌우청鄒城 동남쪽 지역이다.

명성을 얻었고 사람들은 그들이 학문을 좋아한다고 칭찬했다. 학관學官으로 배출된 제자들은 행위가 비록 완전무결하다고는 말할 수 없지만, 나중에 대부, 낭중, 장고를 담당한 자가 100여 명에 달했다. 『시경』을 강의한 사람들이 비록 해석이 각기 상통하지는 않았지만, 대부분은 신공에서 비롯된 것이다.[94]

청하왕清河王 유승劉承[95]의 태부太傅 원고생轅固生[96]은 제나라 사람이다. 『시경』을 연구하여 경제 때 박사가 되었다. 한번은 그가 경제 앞에서 황생黃生[97]과 논쟁을 벌인 적이 있다. 황생이 말했다.

"상탕과 주 무왕은 모두 천명을 받아 왕이 된 것이 아니라 군주를 시해하고 왕위를 빼앗은 것입니다."

원고생이 말했다.

"그렇지 않습니다. 하나라의 걸왕과 은나라의 주왕은 포학하고 방탕하여 천하의 인심이 모두 상탕과 주 무왕에게 귀순한 것이며, 상탕과 주 무왕은 천하 사람들의 바람에 순응하여 군대를 일으켜 걸왕과 주왕을 토벌한 것입니다. 걸왕과 주왕의 백성은 모두 그들의 부림을 받는 것을 원치 않았기에 탕왕과 무왕에게 귀순했습니다. 탕왕과 무왕은 어쩔 수 없이 왕위에 오른 것으로, 이것이 천명을 받은 것이 아니라면 무엇이란 말입니까?

황생이 말했다.

"관은 비록 낡아 해져도 머리 위에 쓰는 것이고, 신은 비록 새것이라도 반드시 발아래에 신을 수밖에 없습니다. 왜 그러겠습니까? 이것은 상하의 구분이 있기 때문입니다. 걸왕과 주왕이 비록 무도했지만 그들은 필경 군주였습니다. 탕왕

---

94 무제 때 『시경』 강의 중에서 신공의 문파가 가장 저명했음을 의미한다.
95 유승劉承: 경제의 아들이며 무제의 동생이다. 청하국清河國의 도성은 청양清陽(지금의 허베이성 청허清河 동남쪽)이다.
96 원고생轅固生은 성이 원轅이고 이름이 고固다.
97 황생黃生: 성이 황黃이고 이름은 역사에 전해지지 않는다. 황로학파 학자다.

과 무왕이 비록 현명할지라도 그들은 신하였습니다. 무릇 군주의 행동에 잘못이 있으면 신하된 자가 직언으로 군주의 잘못을 바로잡아 존중해야 하는데, 그러지 않고 오히려 군주의 잘못을 기회 삼아 죽이고 자신이 대신하여 왕의 자리에 올라 남쪽을 향해 앉았으니, 이것이 군주를 시해한 것이 아니고 또 무엇이겠습니까?"

원고생이 말했다.

"그대의 말대로라면 고황제께서 진나라를 대신해 스스로 천자의 자리에 오른 것도 잘못된 것입니까?"

이 말을 들은 경제는 제지하며 말했다.

"고기를 먹는 사람이 설사 말의 간을 먹지 않았다고 하여[98] 고기 먹는 것을 좋아하지 않는다고 할 수 없고, 학술을 토론하는 사람이 설사 탕왕과 무왕이 천명을 받아 왕이 되었다고 논하지 않더라도 무지하다고 말할 수는 없는 것이오."

두 사람은 비로소 논쟁을 그쳤다. 그 뒤로 학자들은 감히 탕왕과 무왕이 천명을 받은 것인지 군주를 시해한 것인지에 대해 논하지 않았다.

두태후는 『노자』[99]의 학설을 좋아했는데, 한번은 원고생을 불러 『노자』의 책에 대해 물었다. 원고생이 말했다.

"이것은 평민 백성의 말에 불과할 따름입니다."

태후가 화를 내며 말했다.

"어찌 사공司空의 성단서城旦書겠느냐?"[100]

---

98 안사고는 말하기를 "말의 간에는 독이 있다"고 했다.
99 『노자』는 내용을 '도편道篇'과 '덕편德篇'으로 나누었기 때문에 『도덕경道德經』이라고도 부른다.
100 사공司空의 성단서城旦書: '사공'은 형법을 관장하는 장관이고, '성단'은 진·한 당시의 형벌로 밤에는 성을 건설하고 낮에는 외적을 방비하는 노역이다. 즉 '성단서'는 죄를 지은 자들을 처벌하는 문서인데, 여기서는 진 시황이 불태우라고 한 유가 경전을 가리킨다. "진 시황은 명령을 하달하여 30일 이내에 책을 불태우지 않으면 경형黥刑과 성단城旦에 처하겠다."(『진시황본기』) "당초에 두태후는 양가자良家子(양민의 자녀를 가리키는 말로, 양천良賤을 구별하는 경계선이다) 출신으로 입궁했는데, 원고생이 '가인家人(평민 백성)'으로 천시하여 무의식중에 그녀에게 상처를 입힌 것이다."(『사기전증』)

그러고는 원고생에게 짐승 우리로 들어가 돼지를 찔러 죽이게 했다. 경제는 태후가 격노한 것을 알았으나 원고생이 직언한 것에는 죄가 없다고 여겨 원고생에게 날카로운 병기를 빌려줬다. 원고생이 우리로 들어가 돼지 심장을 찌르자 돼지는 그 자리에서 쓰러져 죽었다. 두태후는 말이 없었고 다시 그를 처벌할 수 없어 그만두었다. 얼마 뒤 경제는 원고생을 청렴하고 정직하게 여겨 그를 청하왕淸河王 유승劉乘[101]의 태부로 임명했다. 오랜 뒤 원고생은 병으로 물러났다.

지금의 황상이 즉위한 뒤, 현량賢良 명의로 다시 원고생을 조정으로 불러들였다. 아첨하는 여러 유생이 원고생을 질시하여 비방했다.

"원고생은 너무 늙었습니다."

황상은 하는 수 없이 원고생을 파면하고 고향으로 돌려보냈다. 이때 원고생의 나이는 이미 90여 세였다. 원고생을 경사로 불러들일 때 설현薛縣의 공손홍도 부름의 대열에 있었는데, 그는 원고생을 두려워하여 감히 정면으로 쳐다보지 못하고 곁눈질만 했다. 이에 원고생이 말했다.

"공손홍 선생, 유가의 뜻을 정확하게 이해하고 의견을 발표해야지 유가의 원뜻을 왜곡하여 세속에 영합해서는 안 되오!"

이때부터 제나라에서 『시경』을 강론하는 자들은 모두 원고생의 견해를 채택했고, 제나라에서 『시경』을 강독하여 지위가 높고 귀하게 된 자들은 모두 원고생의 제자들이었다.

한생韓生[102]은 연나라 사람이다. 그는 문제 때 박사가 되었고, 경제 때 상산왕常山王 유순劉舜[103]의 태부가 되었다. 한생은 『시』의 원래 뜻을 기초로 부연하여

---

101 유승劉乘이 청하왕淸河王에 봉해진 것은 경제 중원 2년(기원전 148)의 일이다.
102 한생韓生: 이름이 영嬰이고 『시경』으로 명성을 날렸고 『역경』에 통달했다.
103 상산왕常山王 유순劉舜은 경제의 아들이며 무제의 동생이다. 상산국常山國의 도성은 원씨元氏(지금의 허베이성 위안스元氏 서북쪽)였다. 유순이 상산왕에 봉해진 것은 경제 중원 5년(기원전 145)이었다.

수만 자의 『내전內傳』과 『외전外傳』을 지었는데,[104] 그의 견해는 제와 노의 설법과는 적지 않은 차이가 있었으나[105] 그 근본 사상은 일치했다. 회남淮南의 비생賁生[106]이 한생으로부터 『시』를 전수받았다. 이때부터 연나라와 조나라 일대에서 『시』를 강론하는 자들은 모두 한생의 견해를 근거로 삼았다. 한생의 손자인 한상韓商은 지금 황상의 박사가 되었다.

복생伏生[107]은 제남濟南 사람이다. 과거에 진秦나라 조정의 박사였다.[108] 문제가 즉위한 뒤에 『상서尚書』를 강론할 수 있는 자를 찾고자 했으나 천하에 아무도 없었다. 뒤에 비로소 복생이 『상서』를 강론할 수 있다는 소식을 듣고 그를 경사로 불러들이려 했다. 이때 복생은 이미 90세가 넘은 나이로 연로하여 거동이 불편하자, 이에 문제는 태상에게 조서를 내려 장고掌故인 조조朝錯[109]를 복생의 집으로 보내 배우도록 했다. 당초 진나라가 서적을 불태웠을 때 복생은 『상서』를 벽 사이에 감추었다. 그 뒤 천하가 크게 혼란스러워지자 복생은 도처를 떠돌아다니다가 한나라가 천하를 평정한 뒤에 숨겨놓은 『상서』를 찾았으나, 수십 편이 소실되고 단지 29편만 남아 있었다.[110] 그는 이 29편의 『상서』를 가지고 제와 노 일대에서 학생들을 가르쳤다. 이후로 학자들은 『상서』를 강론할 수

104 『한서』「예문지」에 『한고韓故』 36권, 『한내전韓內傳』 4권, 『한외전韓外傳』 6권, 『한시설韓詩說』 41권이 기재되어 있다. 지금 전해지는 것은 『한시외전韓詩外傳』 10권이다.
105 『제시齊詩』 『노시魯詩』의 해석과는 같지 않음을 말한다.
106 『색은』과 『사기전증』에서는 '賁'의 음이 '분'이 아니라 'fei(비)'라고 했다. 회남국의 비선생의 이름과 사적은 역사에 상세하지 않다. 당시 회남왕은 유안劉安이었다.
107 "장안이 말하기를 '복생伏生의 이름은 승勝이라고 복씨伏氏의 비석에서 말했다'고 했다."(『집해』) "전대소가 말하기를 '『후한서』「복담전伏湛傳」에 이르기를, "9대조 승勝은 자가 자천子賤이고, 이른바 제남의 복생이라 일컬어지는 자다"라고 했다'고 했다."(『한서보주』)
108 "이것으로 보건대 진나라 때 결코 유생을 배척하지 않았음을 알 수 있고, 숙손통도 그 가운데 한 사람이다. 단지 중용되지 않았을 따름이다."(『사기전증』)
109 여기서 말하는 조조朝錯는 경제 때 어사대부에 임명된 조조鼂錯다.
110 공자 때 전해진 『상서』는 모두 100여 편이었으나 진나라 말기 전란을 거치면서 복생이 벽 사이에 감춰두어 보존한 것이 모두 29편이었다. 『한서』「예문지」에서는 '29권'이라 기재하고 있다.

있게 되었고, 산동山東의 대유학자들 가운데 학생들을 가르칠 때『상서』를 강론하지 않는 사람이 없었다.

복생은 제남 사람인 장생張生과 구양생歐陽生[111]을 가르쳤고, 구양생은 천승千乘 사람인 예관兒寬[112]을 가르쳤다. 예관은『상서』에 정통한 뒤 문학文學 명의로 군수의 추천을 받아[113] 박사인 공안국孔安國으로부터 수업을 받았다. 예관은 집안이 가난해 돈이 없어 항상 동학들에게 밥을 지어주고 어떤 때는 남몰래 날품팔이를 하여 먹고 입는 것을 해결했다. 그는 어디를 가든 항상『상서』를 지니고 다녔고 쉬는 시간이면 책을 꺼내 읽으며 익혔다. 그 뒤 예관은 시험 성적의 석차에 의해 순서대로 정위廷尉의 사史로 보충되었다.[114] 이때 정위였던 장탕은 유학을 좋아하며 중시하여 예관을 황제에게 올리는 공문서를 정리하는 주언연奏讞掾[115]으로 삼았는데, 예관이 고대의 규정에 근거하여 의심나는 안건을 판결하자 특별히 총애했다. 예관은 사람됨이 온화하고 선량하며 청렴한 지조와 총명한 지혜가 있으며 자신에게 엄격했을 뿐만 아니라 형법 분야의 논조와 황제에게 올리는 자료를 작성하는 데 뛰어났는데 문사가 매우 민첩했으나 말로는 잘 설명하지 못했다. 장탕은 그를 관대한 사람으로 여기고 항상 칭찬했다. 장탕이 어사대부가 되자 예관을 자신을 보좌하는 연掾으로 삼고 천자에게 천거했다. 무

---

111 구양생의 이름은 역사에 전해지지 않는다. "『한서』에서 이르기를 자는 화백和伯이고 천승千乘 (군으로 산동성 가오칭 동북쪽) 사람이라고 했다"고 했다.(『집해』) 「수지隋志」에서는 '복생이 장생을 가르치고, 장생이 구양생을 가르쳤다'고 하여 여기 내용과 다르다.(『사기지의』)

112 예관兒寬: 성이 예兒이고 이름이 관寬이다. 예관倪寬이라고도 한다. 뒤에 관직이 어사대부에 이르렀다.

113 현량문학賢良文學의 신분으로 천승군의 추천을 받아 조정에 들어간 것이다.

114 "그는 사책射策 시험을 통과하여 장고掌故를 담당하게 되었고, 또 공적 심사에 따라 순서대로 정위 속관 가운데 문학졸사文學卒史로 보충되었다."(『한서』) 사책射策은 한나라 때 시험 방법 가운데 하나로, 갑을甲乙 과로 나누어 문제가 제시되면 그에 대한 답을 제출하는 것으로, 난이도에 따라 우열을 나눈다. 내용이 전문적인 경우는 대책對策이라 하고, 일반적인 논술은 사책射策이라 한다.

115 주언연奏讞掾: 각 군국郡國의 의심나는 안건을 심리하여 그 결과를 황제에게 보고하는 정위의 속관이다.

제는 예관을 불러 사법 분야에 관한 일들을 물어본 후 매우 만족해하며 기뻐했다. 장탕이 죽은 지 6년 뒤[116] 예관은 어사대부가 되었다. 9년 동안[117] 어사대부로 재직하다가 죽었다. 예관은 비록 관직이 삼공三公에 이르렀지만 그는 단지 온화하고 선량하며 황상의 뜻에 영합했기 때문에 오래도록 관직을 유지할 수 있었다. 그는 어떠한 원칙을 견지하거나 의견을 제기하지 않았으므로 관직에 있을 때 그의 부하 관원들은 그를 경멸했고 그를 위해 열심히 일하지 않았다. 장생張生 또한 박사가 되었다. 복생의 손자도 『상서』를 연구하여 조정의 부름을 받았으나 그는 『상서』를 제대로 알지 못했다.

그 뒤로 노나라의 주패周霸와 공안국孔安國, 낙양雒陽의 가가賈嘉[118] 등이 『상서』를 강론할 수 있었다. 공씨孔氏에게는 집에서 전해 내려온 고문古文 『상서』[119]가 있었는데, 공안국이 금문今文[120]을 사용해 비교 대조하여 그것을 읽을 수 있었고, 이로부터 다시 고문 『상서』 학파가 일어났다. 그 뒤에 또 산실되었던 『상서』 10여 편을 얻었는데,[121] 이것이 바로 이전에 유행했던 『상서』보다 증가된 것이다.

『예경禮經』을 연구하고 강론한 학자가 많았는데, 그 가운데 노나라의 고당생高堂生[122]이 가장 앞섰다. 『예경』은 공자 시대부터 그 내용이 제대로 갖추어지지 않았고, 다시 진 시황이 서적을 불태운 사건을 거쳐 『예경』의 산실된 편이 더욱

116　무제 원봉 원년(기원전 110)이다. 장탕은 원정 2년(기원전 115) 주매신朱買臣 등 세 사람의 모함을 받아 죽었다.
117　9년이 아니라 8년이 맞다. 즉 무제 태초 2년(기원전 103)이다. 예관은 원봉 원년에 어사대부로 임명되었고, 태초 2년 어사대부 재직 중에 죽었으니 앞뒤로 8년이다. 『사기지의』에서도 '8년'이라고 했다.
118　가가賈嘉: 안사고는 말하기를 "가의賈誼의 손자다"라고 했다.
119　고문古文 『상서』는 선진先秦 동방 육국六國의 문자로 쓰인 『상서』다. 고문 『상서』는 비교적 늦게 출현했고, 금문今文 학파는 이 책을 진짜로 인정하지 않았기 때문에 두 학파는 격렬한 논쟁을 벌였다.
120　금문今文: 한대에 유행한 예서隸書로, 전국시대 문자와는 상대적이었으므로 금문이라 부른다.
121　『한서』「예문지」의 안사고 주석에서는 "벽 속에 책이 많았는데, 세상에서 볼 수 있는 29편 이외에 16편을 더 얻었다"라고 했다.
122　고당생高堂生: 성이 고당高堂이고 그 이름은 역사에 전해지지 않는다.

많아졌다. 지금에는 오직 『사례士禮』[123]만이 남았는데, 이 책에 관한 강론으로 고당생이 가장 뛰어났다.

노나라의 서생徐生은 각종 예의에 해박했다. 이에 문제 때 서생은 예관대부禮官大夫[124]로 임명되었다. 그의 지식은 아들에게 전수되었고 손자인 서연徐延과 서양徐襄에게 전수되었다. 서양은 천성적으로 예의를 표현하는 재능은 좋았으나 『예경』을 강론하지는 못했고, 서연은 『예경』을 이해는 했으나 잘하지는 못했다. 서양은 예의 표현을 잘했기 때문에 조정[125]의 예관대부가 되었고, 나중에 광릉내사廣陵內史[126]에까지 이르렀다. 서연과 서씨의 제자인 공호만의公戶滿意, 환생桓生, 선차單次[127]는 모두 조정의 예관대부가 되었고, 하구瑕丘의 소분蕭奮[128]도 『예경』을 강론하여 회양淮陽 태수가 되었다. 이후로 『예경』 강론과 예의 표현은 모두 서씨로부터 전해졌다.

노나라 상구商瞿[129]는 최초로 공자로부터 『역경』을 배웠는데, 공자가 세상을 떠난 뒤에도 이어서 『역경』을 전수하여 여섯 세대를 거쳐 제나라의 전하田何에까지 전수되었다.[130] 전하는 자가 자장子莊[131]이며, 이때 한나라가 이미 건국되었

---

123 『사례士禮』는 사인士人이 사용하는 예절로, 지금의 『의례儀禮』 가운데 「사관례士冠禮」 「사혼례士婚禮」 「사상견례士相見禮」 「사상례士喪禮」 등 여러 편이 있다.

124 예관대부禮官大夫는 예관禮官의 속관이다. 예관은 종묘 예의를 관장하는 태상을 가리킨다.

125 원문은 '한漢'으로, 한나라가 아닌 조정을 가리킨다. 즉 제후국의 상대적인 표현이다.

126 광릉廣陵: 제후국으로 도성은 지금의 장쑤성 양저우揚州 서북쪽 지역이다. 무제 원수 6년(기원전 117)에 자신의 아들 유서劉胥를 광릉왕廣陵王으로 봉했다.

127 공호만의公戶滿意은 성이 공호公戶이고 이름이 만의滿意다. 환생桓生의 이름은 상세하지 않다. 선차單次는 "성이 선單이고 차次가 이름이다."(『색은』)

128 하구瑕丘는 한나라 현으로 치소는 지금의 산둥성 옌저우兗州 북쪽이다. 소분蕭奮은 성이 소蕭이고 이름이 분奮이다.

129 상구商瞿: 공자의 제자로 자는 자목子木이다.

130 "공자는 『역경』을 상구에게 전수했고, 상구는 그것을 초나라 사람 한비자홍馯臂子弘에게 전수했으며, 한비자홍은 강동江東 사람인 교자용자矯子庸疵에게 전수했고, 교자용자는 연燕나라 사람 주자가수周子家堅에게 전수했으며, 주자가수는 순우淳于 사람 광자승우光子乘羽에게 전수했고, 광자승우는

다. 전하는 또 자가 자중子仲인 동무東武132 사람 왕동王同에게 전수했고, 왕동은 또 치천菑川133 사람 양하楊何134에게 전수했다. 양하는 『역경』의 강론을 잘했기 때문에 무제 원광 원년(기원전 134)에 조정으로 초빙되어 관직이 중대부中大夫135 에 이르렀다. 제나라 사람인 즉묵성卽墨成136은 『역경』 강론으로 성양국城陽國의 상이 되었다. 광천국廣川國137 사람인 맹단孟但도 『역경』 강론으로 태자문대부太 子門大夫138가 되었다. 노나라 사람인 주패, 거현의 형호衡胡,139 임치의 주보언은 모두 『역경』 강론으로 관직이 2000석에 이르렀다. 그러나 『역경』을 강론한 사람 들은 그 내용이 모두 양하楊何로부터140 전해 내려온 것이었다.

　동중서董仲舒는 광천국廣川國 사람이다. 『춘추』를 연구하여 경제 때 박사가 되 었다. 그는 집안에서 장막을 드리우고 강독했는데,141 제자들은 수업을 받은 시

제나라 사람 전자장하田子莊何에게 전수했으며, 전자장하는 동무東武 사람 왕자중동王子仲同에게 전수 했고, 왕자중동은 치천菑川 사람 양하楊何에게 전수했다."(「중니제자열전」) "상구는 『역경』을 공자로부터 전수받아 노나라 교비자용橋庇子庸에게 전수했고, 교비자용은 강동 사람 한비자궁馯臂子弓에게 전수했 으며, 한비자궁은 연나라 사람 주추자가周醜子家에게 전수했고, 주추자가는 동무 사람 손우자승孫虞子 乘에게 전수했으며, 손우자승은 제나라 사람 전하자장田何子莊에게 전수했다."(『한서』 「유림전」)
131　『한서』에서는 '자장子裝'으로 기재하고 있다. 명제明帝의 휘를(명제의 이름은 유장劉莊) 피하기 위 해 '장裝'이라 한 것이다.
132　동무東武: 한나라 현으로 치소는 지금의 산둥성 주청諸城이다. 당시 낭야군琅邪郡의 군치다.
133　치천菑川: 제후국으로 도성은 극현劇縣(지금의 산둥성 창러昌樂 서북쪽)이다.
134　양하楊何: 자가 숙원叔元으로 사마염司馬炎에게 『역경』을 가르쳤다.
135　『한서』에서는 '태중대부太中大夫'로 기재하고 있다.
136　즉묵성卽墨成: 즉묵卽墨 사람으로 이름이 성成이다. 그의 성은 역사에 전해지지 않는다. 혹은 성 이 즉묵卽墨이고 이름이 성成이다.
137　광천국廣川國: 제후국으로 도성은 지금의 허베이성 짜오창枣强 동북쪽 지역이다. 당시 광천왕廣 川王은 무제의 조카이며 경제의 아들인 유월劉越의 아들 유제劉齊였다.
138　태자문대부太子門大夫: 태자의 속관으로 봉록은 600석이다. 광천왕의 태자를 위해 궁정 문을 관장했다.
139　형호衡胡: 성이 형衡이고 이름이 호胡인데, 사적은 상세하지 않다.
140　"『한서』에 의거해 전하田何라고 해야 한다."(『사기지의』) "전하라고 한다면, 전하는 한나라 초에 『역경』을 전수한 사람이고, 양하는 그 후학이다."(『사기전증』)
141　바깥일에 관심을 끊고 독서와 제자 양성에만 전념하겠다는 뜻이다.

간의 길고 짧음으로 순서를 정해 오래된 제자가 새로운 제자에게 학업을 전수했으므로 어떤 제자는 동중서의 얼굴을 볼 수 없었다. 동중서는 3년 동안 자신의 정원에 간 적이 없을 정도로 전심전력으로 몰두하여 이와 같은 경지에 도달했다. 그는 행동거지가 모두 예의에 부합되었기에 당시의 학자들이 모두 그를 존중하고 본받았다. 현재의 황상이 즉위한 뒤에 그를 강도국江都國의 상에 임명했다.[142] 그는 『춘추』의 자연재해와 특이한 현상에 대한 기재에 근거하여 현실 자연계의 음양陰陽 변화가 정상적이지 않은 원인을 추측했다. 그는 비가 내리기를 빌 때는 남문을 닫고 북문을 개방하는 등 양陽의 성질을 가진 모든 사물을 감추고 음陰의 성질을 가진 모든 사물을 충분히 드러내는 방식을 사용했고, 비가 그치기를 빌 때는 상반된 방법을 사용했다. 이러한 방법을 강도국에 사용하여 한 차례도 원하는 바를 이루지 못한 적이 없었다. 나중에 좌천되어 중대부로 강등되었으나,[143] 그는 집에 있으면서 『재이지기災異之記』[144]를 저술했다. 이때 마침 요동군遼東郡에 있던 한 고조高祖 사당에서 화재가 발생했는데, 주보언은 평상시에 동중서를 시기했기에 『재이지기』를 훔쳐 무제에게 바쳤다.[145] 무제는 조정의 유생들을 소집하여 이 책을 살펴보게 했는데, 그 안에 현실 정치를 풍자한 내용이 있었다. 이때 동중서의 제자인 여보서呂步舒 또한 이 유생 무리 가운데 있었는데, 자기 스승의 저작인 줄 모르고 우매한 사람의 허튼소리라고 말했다. 그리하여 무제는 동중서를 법관에게 넘겨 심리하도록 했고 사형 판결을 받았으나, 황상은 그를 사면했다. 그 이후로 동중서는 죽을 때까지 감히 자연재해와

---

142 강도왕江都王은 경제의 아들이며 무제의 형인 유비劉非다. 경제 4년(기원전 153) 강도왕에 봉해졌으며 도성은 광릉廣陵이다.
143 제후국의 상은 봉록이 2000석이고 중대부는 1000석이다.
144 『재이지기災異之記』는 전문적으로 자연재해 변화를 강술하고 자연현상과 인류 사회를 억지로 연관 지은 책이다.
145 "요동군 고조 사당과 장릉 고제 능원 전당에 화재가 발생했다. 동중서는 집에서 이러한 재해의 의미를 규명하고 해설했는데, 초고를 지었지만 상주하지는 않았다. 주보언이 동중서를 방문했고 사사로이 초고를 보고 동중서를 시기했기에 그의 초고를 절취하여 황제에게 상주했다."(『한서』)

특이한 현상의 변화를 말하지 않았다.

동중서는 사람됨이 청렴하고 정직했다. 당시 무제는 사방의 만이를 토벌하는 데 열중하고 있었는데, 공손홍의 『춘추』 연구는 동중서보다 못했지만 세속에 영합하여 권력을 장악하고 결국 공경의 지위에 이르렀다. 동중서는 공손홍을 황상에 아부하는 소인으로 여겼다. 공손홍도 동중서를 질시하여 황상에게 이렇게 말했다.

"오직 동중서만이 교서왕膠西王146의 상이 될 수 있습니다."

뜻하지 않게 교서왕은 평소에 동중서의 품덕이 고상하다는 것을 듣고는 그를 존중하며 잘 대해주었다. 그러나 동중서는 시간이 길어지면 화를 입게 될까 두려워 병을 핑계로 사직하고 집으로 돌아왔다. 동중서는 줄곧 죽을 때까지 산업을 경영하지 않고 오로지 학문 연구에 전념하고 글로써 자신의 학설을 세웠다. 이 때문에 한나라 건국 이후 무제가 재위할 때까지 5대의 천자147를 거쳤지만 동중서만이 『춘추』 연구의 전문가라고 말할 수 있고, 그가 전수한 것은 공양씨公羊氏148 일파였다.

호무생胡毋生149은 제나라 사람이다. 경제 때 박사가 되었고, 뒤에 연로하여 고향에 돌아와 학생을 가르쳤다. 제나라에서 『춘추』를 강론하는 자들 대부분이 호무생의 제자였고, 공손홍도 그에게 가르침을 받았다.

하구瑕丘 출신의 강생江生150은 『곡량춘추穀梁春秋』를 연구했다. 그는 공손홍

146　교서왕膠西王: 경제의 아들이며 무제의 형인 유단劉端이다. 잔인하고 포학하여 조정에서 교서로 파견한 관리 대부분이 살해되었다.
147　고조, 혜제, 문제, 경제, 무제 5대를 가리킨다.
148　공양씨公羊氏는 『춘추공양전春秋公羊傳』을 말한다. 『곡량전穀梁傳』 『좌전左傳』과 함께 『춘추春秋』 삼전三傳이라 불린다.
149　호무생胡毋生: 성이 호무胡毋이고 자는 자도子都다.
150　강생江生: 성이 강江이고 이름은 역사에 전해지지 않는다.

이 조정에서 중용된 뒤부터 공양公羊과 곡량穀梁 양가의 학설을 집중적으로 비교했는데, 최후에는 동중서가 강술한 공양학을 받아들였다.

　동중서의 제자로서 성취를 이른 사람으로는 난릉蘭陵의 저대褚大,151 광천廣川의 은충殷忠152, 온현溫縣153의 여보서呂步舒가 있다. 저대는 양梁나라 상相에까지 이르렀다. 여보서는 장사長史154에 이르렀는데, 그가 부절을 지니고 회남왕 유안의 반란 사건을 심리하러 갔을 때 제후왕에 대해 독단적으로 전횡하고 황상에게 보고하지 않았다. 그는 『춘추』의 법에 근거하여155 탄핵을 진행했다고 했고 무제는 그가 정확하다고 여겼다. 여보서의 제자들 가운데 입신출세한 자는 대부大夫에까지 이르렀고, 이 밖에 낭관, 알자, 장고에 이른 자는 100여 명이나 되었다. 동중서의 아들과 손자도 유학에 정통하여 고관이 되었다.

151　『한서』「유림전」에 따르면 '난릉蘭陵의 저대褚大' 다음에 '동평東平의 영공嬴公'이 기재되어 있다.
152　"서광徐光은 은殷을 단段으로 하기도 한다고 했는데, 이것이 맞다."(『사기지의』)
153　온현溫縣: 한나라 현으로 지금의 허난성 원현溫縣 서남쪽 지역이다.
154　여보서는 승상 공손홍의 장사였다.
155　"『춘추春秋』에서 이르기를 '신하된 자는 군사를 불러 모을 수 없고, 군사를 불러 모으는 자는 누구든 죽인다'고 했다."(『사기』「회남형산열전」)

혹리열전

酷吏列傳

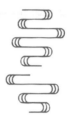

이 편은 질도·영성·주양유·조우·장탕 등 10명의 혹리들을 소개하고 있는데, 경제 때 사람인 질도를 제외한 나머지 9명이 무제 때 인물이다. 따라서 이들을 통해 무제 시기의 정치와 법 집행이 어떠했는지 알 수 있는데, 그 내용을 종합해보면 무제는 유학을 존중하는 한편 혹리를 앞세워 준엄하고 가혹한 법을 실행했다. 이는 덕치德治를 숭상한 사마천이 「혹리열전」을 서술한 배경이기도 하다.

사마천은 많은 사람을 죽음으로 몰아넣었던 혹리의 엄정한 법 집행에 불만을 표하면서도 "비록 법 집행이 잔혹했을지라도 모두 직무를 담당할 만한 사람들이라 할 수 있다"고 했다. 이는 혹리를 개인의 문제가 아닌 시대의 문제로 판단한 것이다. 또한 혹리들은 법 집행의 냉혹한 면에서 서로 비슷하지만 도덕과 인격적인 면에서는 차이가 있음을 밝히고 있다. 예컨대 "질도는 사람됨이 용감하고 기백이 있었으며, 공정하고 청렴했다. 누구든 자신에게 보낸 사사로운 서신은 뜯어보지도 않았고, 누가 보냈든 위로의 예물을 받지 않았으며 어떠한 청탁도 받아들이지 않았다"고 했고, 조우 역시 청렴한 성품으로 문하에 식객을 양성하지 않았고 친구와 빈객들의 청탁을 받지 않았으며 모든 일처리는 자신의 의지대로 처리했다고 평했다.

사마천은 "덕으로 인도하고 예로써 규제하면 백성이 부끄러움을 알게 될 뿐만 아니라 또 올바르게 된다"는 공자의 말을 인용하여 무제 시기의 엄격한 법치를 비판하면서도 당시 만연했던 귀족들의 전횡과 지방 세력의 모반, 토호 세력의 불법 행위에 대해서는 엄격한 법을 적용할 수밖에 없었음을 인정하고 있다. 「태사공자서」에서 "사람들이 순박한 본성을 저버리고 매우 간교하게 변했으며 관리들은 사사로운 인정에 얽매여 불법을 저질러 선한 사람도 교화되지 않으니 오직 단호하게 엄격한 제재로 다스리려 했다"는 설명이 사마천의 현실 인식을 대변한다.

공자가 말하기를 "정치 법령으로 인도하고 형벌로 규제하면, 백성은 형벌을 면하려고만 들고 부끄러움을 알지 못하게 된다. 덕으로 인도하고 예로써 규제하면, 백성이 부끄러움을 알게 될 뿐만 아니라 또 올바르게 된다"[1]고 했다. 노자老子가 말하기를 "지극히 높은 덕을 지닌 자는 덕을 의식하지 않기 때문에 덕을 지니게 된다. 낮은 덕을 지닌 자는 덕을 잃지 않으려 하기 때문에 덕을 지닐 수 없게 된다"[2]고 했고, 또 말하기를 "법령이 번잡해질수록 도적은 더욱 많아진다"[3]고 했다.

태사공은 말한다.

"이런 말들은 진실로 맞는 말이다! 법령은 단지 국가를 다스리는 조치이지 태평을 실현시키고 혼탁한 세상을 맑게 변화시키는 근본적인 방법이 아니다. 옛날에 진나라의 법망은 매우 엄밀했다고 할 수 있지만[4] 간사하고 속이는 일이 도리어 자생되었는데, 이런 상황이 극에 달하게 되자 위부터 아래까지 모두가 서로 속이고 피하게 되어 구제할 수 없는 지경이 되었다. 당시 관리들이 다스리는

---

1 '道之以政, 齊之以刑, 民免而無恥. 道之以德, 齊之以禮, 有恥且格.'(『논어』 「위정爲政」) '격格'에 대해 『집해』에서 하안何晏은 '정正(바르게 되다)'으로 해석했고, 정현은 '래來(선善으로 돌아오다)'는 뜻으로 해석했고, 안사고는 '지至'의 뜻으로 보아 정현과 같은 의미로 해석했다. '격格'에 대한 해석은 '올바르게 되다' 혹은 '선善에 이르게 되다'로 해석할 수 있는데, 어느 것이 틀리고 맞는지 단정할 수 없다.
2 '上德不德, 是以有德; 下德不失德, 是以無德.'(『노자』 38장)
3 '法令滋章, 盜賊多有.'(『노자』 57장)
4 "『염철론』에서 이르기를 '진나라의 법은 응고된 기름보다 조밀했다'고 했다."(『색은』)

정경은 마치 끓는 물을 퍼냈다 다시 부어 끓는 것을 막는 것과 같으니, 강경하고 냉혹한 수단을 쓰지 않고 어떻게 임무를 감당하고 마음을 놓을 수 있었겠는가! 도덕으로 다스리기를 주장한 사람들도 당시에는 감당할 방법이 없었을 것이다. 그래서 공자는 말하기를 '송사를 처리하는 일이라면 나도 남들처럼 할 수 있으나, 반드시 사람들로 하여금 송사가 없도록 하겠다'[5]고 했고, 노자는 또 말하기를 '견식이 천박한 선비는 도를 들으면 크게 비웃는다'[6]고 했는데, 이것은 모두 헛된 말이 아니다. 한나라는 흥기한 뒤 모난 귀퉁이를 둥글게 만들었으며 조각하여 꾸민 것을 질박하고 화려하지 않게 만들었는데,[7] 당시에 법망은 배를 삼킬 만한 큰 물고기도 빠져나갈 정도로 관대했다. 그리고 관리의 다스림은 지극히 순박하고 관대했으며 간사한 행위를 하지 않았으며 백성은 평안하고 무사했다. 이로 보건대 관건은 도덕을 강구하는 데 있지 엄한 형벌을 사용하는 데 있지 않다."

고후高后가 집정했을 때 혹리酷吏로는 후봉侯封 한 사람뿐이었는데, 그는 잔혹하게 유씨 종실을 짓밟고 공신들을 욕보였다. 그러나 여씨 일족이 실패하자 후봉도 멸족되었다.[8] 효경제가 재위했을 때 조조鼂錯는 법 집행을 가혹하게 하는 것 외에 법가의 통치술을 강구하고 그 재능을 발휘해 제후 왕국을 약화시켰다. 조조에 대한 분노가 칠국七國의 반란을 불러왔고 조조는 결국 죽임을 당했다. 그 뒤에 냉혹하기로 유명한 질도郅都와 영성寧成 같은 무리가 출현했다.

5　'聽訟, 吾猶人也, 必也使無訟乎.'(『논어』 「안연顏淵」)
6　'下士聞道大笑之.'(『노자』 41장)
7　"한나라는 건국 이래로 진나라의 엄한 형벌과 가혹한 법령을 폐지하고 황로 학설을 실행했는데 '무위이치無爲以治(하는 것 없이 다스리는 것)'다(『사기전증』)
8　원문은 '금금'이다. "금금은 마땅히 이이라 해야 한다."(『사기지의』) 『한서』에서도 '이夷'로 기재하고 있는데, 안사고는 '이夷'는 '주살, 제거'의 뜻이라고 했다. "금禽 또한 주살의 의미가 있다."('수정본')

질도는 양현楊縣9 사람인데 낭관 신분으로 효문제를 섬겼다. 효경제 재위 때 질도는 중랑장이 되어 직언으로 간언했고 조정에서 대신들을 꾸짖기도 했다. 한 번은 경제를 수행하고 상림원에 행차한 적이 있었는데, 경제의 가희賈姬10가 측간에 갔을 때 돌연 멧돼지 한 마리가 측간으로 돌진하려 했다. 경제가 질도에게 가희를 구하라는 눈짓을 보냈으나 질도는 꿈쩍도 하지 않았다. 이에 경제가 병기를 잡아들고 친히 구하려 하자, 질도가 경제 앞에서 몸을 엎드려 가로막으며 말했다.

"첩 하나를 잃으면 다시 다른 첩 하나를 들이면 되는 것이니, 천하에 설마 가희 같은 여인이 부족하겠습니까? 폐하께서 자신의 안위를 돌보지 않아 잘못되면 장차 종묘와 태후는 어찌되겠습니까!"

경제는 바로 돌아섰고 멧돼지 또한 도망가버렸다. 이 사건을 전해들은 태후는 질도에게 황금 100근을 상으로 하사했고, 이때부터 질도를 더욱 중시하게 되었다.

제남군濟南郡의 한瞯씨는 300여 가구를 거느린 대족大族으로, 횡포하고 교활하며 법률 따위는 아랑곳하지 않아 2000석 신분의 태수도 그들을 통제하지 못하자 경제는 질도를 제남 태수로 임명했다.11 질도는 제남군에 부임하자마자 한씨의 가장 악독한 수장의 가족을 죽였다. 그러자 나머지 사람들이 놀라 모두 두 다리를 부들부들 떨었다. 1년 남짓밖에 지나지 않았는데, 제남군에서는 길에 물건이 떨어져도 줍는 사람이 없게 되었다. 인근 10여 개 군의 태수들은 모두 질도를 마치 자신의 상급 장관12 대하듯이 경외하게 되었다.

---

9 양현楊縣: 한나라 현으로 치소는 지금의 산시山西성 홍동洪洞 동남쪽 지역이다.
10 가희賈姬: 경제가 총애하던 첩으로 조왕趙王 유팽조劉彭祖와 중산왕中山王 유승劉勝의 모친이다.
11 『사기고이』에서 이르기를 「한표漢表」에 따르면 질도는 제남 태수에서 중위로 승진되었는데, 경제 전원 7년이다.' 군수의 명칭이 태수로 변경된 것은 중원 2년으로, 그렇다면 이때는 태수라 부르지 않았다."(『사기지의』)
12 원문은 '대부大府'로, 승상, 태위, 어사대부의 관부를 가리킨다. 당시 군과 각 제후국은 모두 직접

질도는 사람됨이 용감하고 기백이 있었으며, 공정하고 청렴했다. 누구든 그에게 보낸 사사로운 서신은 뜯어보지도 않았고, 누가 보내든 위로의 예물도 받지 않았으며 어떠한 청탁도 받아들이지 않았다. 그는 항상 스스로에게 말했다.

"내 이미 부모 곁을 떠나 관리가 되었으니 마땅히 직무에 충실하고 절개를 지켜 순직할 것이다. 어떠한 것을 막론하고 처자식조차 돌아보지 않겠다."

뒤에 질도가 도성의 치안을 관장하는 중위로 승진했을 때 조정에서 지위가 가장 높고 가장 오만한 자는 승상 조후 주아부였다. 그러나 질도는 그를 만나면 두 손을 맞잡고 읍만 할 뿐이었다. 당시 백성은 소박하여 모두 죄를 범할까 두려워하며 자신들의 명성을 중시했는데 질도는 도리어 앞장서서 엄한 형벌과 혹독한 법을 시행했다. 그가 법을 집행할 때는 권세 있고 지위가 높은 사람을 피하지 않았기에 제후왕과 황가 종실들은 그를 꺼려하여 정면으로 쳐다보지 못했고, 그를 '창응蒼鷹(참매)'이라고 불렀다.

경제의 아들 임강왕臨江王 유영劉榮[13]이 중위부에 불려와 심문을 받을 때[14] 임강왕은 필기구[15]를 빌려 황상에게 서신으로 상황을 설명하려 했으나, 질도는 필기구를 제공하지 못하게 했다. 그런데 위기후 두영이 은밀히 사람을 보내 필기구를 임강왕에게 전해줬다.[16] 임강왕은 황제에게 글을 올려 상황을 설명한 뒤 바로 자살했다. 두태후는 이 소식을 듣고 매우 화를 내며 가혹한 죄명을 꾸며 질도를 중상 모략했고 질도는 파직되어 집으로 돌아갔다. 경제는 즉시 사자에

적으로 중앙이 관할했으므로 승상, 태위 등은 직속 장관이었다.

13 임강왕臨江王 유영劉榮은 원래 경제의 태자로 율희栗姬 소생이었다. 율희는 질투가 심해 왕부인王夫人(무제의 모친)과 장공주長公主(무제의 고모)가 비방하다가 자살했다. 유영 또한 이에 연루되어 폐위되고 임강왕이 되었다.

14 "종묘의 안쪽 담과 바깥 작은 담장 사이의 빈 터를 침범하여 자신의 궁실을 건축한 죄를 지었고 황상은 유영을 경사로 불러들였다."(「오종세가五宗世家」)

15 원문은 '도필刀筆'이다. 글씨를 쓰는 도구로, 고대에는 죽간이나 목간에 붓으로 글씨를 적었는데 오류가 생기면 칼로 긁어내어 다시 적었다.

16 두영은 태자 시절 유영의 스승으로, 유영이 폐위됐을 때 힘써 옹호했다. 지금 유영이 모함을 당하자 두영은 그를 구원하려 한 것이다.

게 부절을 주어 질도의 집으로 보내 안문雁門[17] 태수로 임명했고, 집에서 바로 부임하도록 했다. 아울러 미리 보고할 필요 없이 실제 상황에 따라 문제를 처리하도록 특권을 부여했다. 흉노인들은 평소 질도의 지조에 대해 알고 있었기에 그가 부임해오자 스스로 군대를 변경에서 철수시켰고, 질도가 죽을 때까지 안문군에 접근하지 않았다. 흉노인들은 심지어 질도 형상의 나무 인형을 만들어 기병들로 하여금 말을 달리면서 형상에 활을 쏘게 했는데 아무도 명중시키지 못했으니, 질도를 두려워함이 이와 같았다. 흉노는 질도를 우환거리로 여겼다. 두태후는 끝내 법률을 끌어다 질도를 모함했다. 경제는 "질도는 충신입니다"라고 말하면서 석방하려고 했다. 그러자 두태후가 말했다.

"임강왕은 충신이 아니란 말입니까?"

결국 질도는 참수 되었다.

영성寧成은 양현穰縣[18] 사람이다. 그는 앞뒤로 낭관과 알자의 신분으로 경제를 섬겼다. 그는 남을 이기기를 좋아했고, 남의 수하 하급관리[19]를 지낼 때는 반드시 자신의 장리長吏[20]를 업신여겼고, 그가 남의 상관이 되면 부하들을 젖은 장작을 묶듯이[21] 고분고분해지도록 통제했다. 그는 교활하고 악독했으며 제멋대로 위세를 부렸다. 그가 점차 승진하여 제남 도위가 되었을 때 마침 질도가 제남군 태수였다. 영성 이전의 도위였던 몇몇 사람은 태수의 관저에 들어갈 때 걸어 들

---

17 안문雁門: 한나라 군으로 치소는 선무善無(지금의 산시山西성 쭤윈左雲 서쪽)다.
18 양현穰縣: 한나라 현으로 치소는 지금의 허난성 덩저우鄧州다.
19 원문은 '소리小吏'로, "마땅히 소리少吏(하급관리)로 해야 한다."(『사기찰기』)『한서』에서도 '소리少吏'로 기재하고 있다.(아래 주석 참조.)
20 "『한서』「백관공경표」에 현령과 현장 봉록은 100~300석이고, 승丞과 위尉는 봉록이 400~200석으로 장리長吏다. 100석 이하로는 두식斗食(월 봉록 11곡), 좌사佐史(월 봉록 8곡)의 봉록이 있는데 소리少吏다. 장리와 소리는 한나라 때의 통칭이다."(『사기찰기』)
21 원문은 '속습신薪濕薪(젖은 땔나무를 묶다'이다. 그러나 『한서』에서는 '속습束濕(젖은 것을 묶다)'이라고만 했다. 안사고는 말하기를 "매우 급해 젖은 물건을 묶는 것을 말한다"라고 했다.

어가서 태수의 속관인 현령들처럼 관저 관리의 인도에 따라 질도를 만났는데, 그들이 질도를 두려워함이 이와 같았다. 그러나 영성은 질도를 만날 때 기세등 등하게 질도를 압도했다. 질도는 평소 영성의 명성을 들었기에 그를 잘 대접했고, 그와 우호 관계를 맺었다. 세월이 흘러 질도가 죽고 나서 장안 일대[22]의 종실 귀척들이 횡포를 저지르거나 법을 어기는 일이 많아지자 경제는 영성을 불러들여 중위로 삼았다. 영성이 장안을 다스리는 방법은 질도와 같았고, 질도만큼 청렴하지는 못했으나 종실 귀척과 호걸豪桀[23]들은 모두 영성을 두려워했다.

무제가 즉위한 뒤[24] 영성은 내사로 옮겨졌다. 일부 외척들이 영성의 단점을 들어 비방하자 영성은 곤겸髡鉗[25]의 처벌을 판결 받아 머리를 깎고 목에 쇠고리를 차게 되었다. 당시 구경의 지위에 이른 대신들은 대개 죽을죄로 판결을 받으면 곧바로 자살했기 때문에 실제로 형벌을 받는 자가 드물었다. 그러나 영성은 자살하지 않고 각종 형벌을 받았고[26] 자신이 다시는 기용될 수 없음을 깨닫자 형구를 제거하고 관關[27]을 나갈 수 있는 통행증[28]을 위조하여 도망쳐 고향으로 돌아갔다. 그는 큰소리치며 말했다.

"관리가 되어 2000석이 되지 못하고 장사를 하여 천만 전을 벌지 못하면, 어

---

22 원문은 '장안좌우長安左右'다. 한나라 때 장안성 안은 미앙궁을 경계로 삼아 동서로 구분되었는데, 습관적으로 '장안좌우'라 불렀다.

23 호걸豪桀은 한 지역의 악질 토호세력으로 그 세력은 고위 관직이나 귀척에서 오는 것이 아니다.

24 기원전 141년으로, 이듬해 개원하여 건원 원년(기원전 140)이라고 했다. "여기와 주양유周陽由 열전의 무제武帝는 마땅히 금상今上이라고 해야 한다."(『사기지의』)

25 곤겸髡鉗: 고대의 형벌로 곤髡은 머리카락을 깎는 것이고 겸鉗은 쇠고리로 목을 묶는 형벌이다.

26 "전대소의 『한서변의漢書辨疑』에서 말하기를 '문제는 가의賈誼의 말을 깊이 받아들여 신하를 양성하는 데 절개가 있어야 했기에 이후에 대신들은 죄가 있으면 모두 자살했다. 무제 때에 이르러서는 점차 다시 형벌을 받았는데, 영성에서 시작되었다'고 했다."(『사기전증』) 영성의 직위는 내사內史로 구경이 아니었으나 구경의 반열로 대접받았다.

27 여기서의 관關은 함곡관函谷關 혹은 무관武關을 가리킨다. 함곡관은 지금의 허난성 링바오 동북쪽에 있고, 무관은 지금의 산시陝西성 단펑 동남쪽에 있었다.

28 원문은 '전傳'이다. "한대에 검문소를 통과하는 데 사용되는 신표로 전傳, 부符, 과소過所, 수繻네 종류의 명칭이 있었다."(『사기신증』)

찌 사람들 앞에서 시비를 논할 수 있겠는가!"

이에 그는 남에게 돈을 빌려 1000여 경頃의 좋은 논29을 구입한 뒤 가난한 사람들에게 임대하여 경작하게 했는데, 그가 부리는 소작농이 수천 가구에 달했다. 몇 년 뒤 사면령이 내려져 사면 받았다. 이때 그의 가산은 이미 수천 금30에 달했다. 영성은 의협을 행하는 것을 자신의 소임으로 여겨 지방 관리들의 허다한 약점을 쥐었고, 문을 나설 때는 수십 명의 말을 탄 시종이 그를 수행했다. 그가 백성에게 명령을 내려 시행하는 위세는 태수보다 더했다.

주양유周陽由의 부친은 조겸趙兼인데, 회남왕 유장의 외숙으로 주양후周陽侯31에 봉해졌기에 성을 주양周陽으로 바꿨다.32 주양유는 종가宗家33 신분에 의지해 낭관에 임명되었고 앞뒤로 문제와 경제를 섬겼다. 경제가 재위했을 때 주양유는 이미 군수가 되었다. 무제가 즉위한 뒤 관리들은 법을 신중히 하여 판결함을 숭상했는데 2000석 등급의 관리 가운데 주양후가 가장 잔혹하고 교만했다. 그는 자신이 좋아하는 사람은 온갖 방법으로 법을 왜곡하여 목숨을 살려줬고, 그가 증오하는 사람은 법률을 곡해하여 죽음에 처하게 했다.34 그가 군에 재임할 때는 반드시 토호 세력들을 소멸시켰다. 그가 태수로 재임할 때는 함께 일하는 도위를 속관인 현령처럼 대했고, 그가 도위가 되었을 때는 반드시 태수를 업신여

---

29   원문은 '피전陂田'으로, 저수지를 끼고 있어 관개할 수 있는 좋은 논을 가리킨다.
30   진나라 때 황금 '1일鎰(24냥, 379그램)'을 '일금一金'이라고 했고, 한나라 때는 황금 '1근斤(248 그램)'을 '일금一金'이라고 했다. 일금은 동전 1만 개와 바꿀 수 있었다. 『한서』에서는 '수천 만'으로 기재하고 있다. 앞에서 "장사를 하여 천만 전을 벌지 못하면"의 문장과 상응하기에 '수천 만'이 맞는 것 같다.
31   주양周陽은 지금의 산시山西성 원시聞喜 동북쪽, 장현絳縣 서남쪽 지역이다.
32   원문은 '성주양씨姓周陽氏'다. '성姓'과 '씨氏'는 본래 다르다. 조상이 같은 후손은 '성姓'이 같고, 같은 성 안에서 여러 원인으로 갈라져 분가된 경우를 '씨氏'라고 한다. 『사기』에서는 항상 '성'과 '씨'를 혼동하여 사용하고 있다.
33   종가宗家는 여기서 외척 신분을 가리킨다. "국가와 외척 인척이기에 종실로 간주되었으므로 종가라 한 것이다."(『색은』)
34   "이것은 악리惡吏이지 혹리酷吏의 본래 뜻이 아니다."(『사기전증』)

기고 태수의 권한을 빼앗았다. 그는 급암처럼 박정하고 냉혹했고 사마안처럼 법률 조문을 농락하여 사람을 해쳤다. 이들 세 사람은 당시에 모두 2000석이었지만 같은 수레에 함께 앉을 때는 급암과 사마안이 감히 동등한 자격으로 주양유를 대하지 못했다.

주양유가 뒤에 하동군河東郡[35] 도위가 되었을 때 그곳 태수인 승도공勝屠公[36]과 항상 권력을 다투어 서로 고발하며 공격했다.[37] 승도공은 죄가 있다는 판결을 받자 으레 형벌의 치욕을 거부하여 자살했고, 주양유는 자살하지 않고 기시 형벌을 당했다.

영성과 주양유 이후에 국가의 각종 소송 안건과 범인을 처벌하는 일이 점점 더 많아졌고, 사람들도 갈수록 교활한 방법으로 형법을 피했으며 관리들의 판결도 대개 영성과 주양유 등과 같았다.

조우趙禹는 태현斄縣[38] 사람이다. 지방의 좌사佐史[39]로 있다가 뒤에 중도관中都官[40]으로 보임되었다. 그는 일을 처리하는 데 청렴하여 영사令史[41]가 되었고 태위 주아부를 섬겼다. 나중에 주아부가 승상이 되자[42] 조우는 승상의 사史가 되었다. 승상부의 사람들은 모두 그가 청렴하고 공평하다고 칭찬했지만 주아부만

---

35 하동군河東郡: 한나라 군으로 군치는 안읍安邑(지금의 산시山西성 샤현夏縣 서북쪽)이다.
36 승도공勝屠公: 성이 승도勝屠이고 이름은 역사에 전해지지 않으므로 '공公'이라 불렀다.
37 원문은 '상고언죄相告言罪(서로 상대방에게 죄가 있다고 고발하다)'인데, 『한서』에서는 '죄罪'자가 없다. '수정본'에서도 '죄'자가 없는 것이 당시의 일상적인 말이라고 했다. 역자 또한 '죄'자를 생략하고 번역했다.
38 태현斄縣: 한나라 현으로 지금의 산시陝西성 우궁武功 서남쪽 지역이다.
39 좌사佐史: 가장 낮은 직급의 하급 관리다. "100석 이하로는 두식斗食, 좌사佐史의 봉록이 있는데 소리少吏다."(『한서』「백관공경표」)
40 중도관中都官: "경사의 여러 관부의 관리를 말한다."(『색은』)
41 영사令史: 한나라 때 삼공부三公府의 속리로 연속掾屬의 아래 직급이며 문서를 관리하는 하급관리였다. 봉록은 100석 혹은 그 이하였다.
42 경제 7년(기원전 150)의 일이다.

은 마음에 들어 하지 않았다. 주아부가 말했다.

"나는 조우가 비할 데 없는 재능을 지녔음[43]을 잘 알고 있다. 그러나 이런 사람은 법 집행이 지나치게 가혹해 승상부 안에서 큰일을 주관할 수 없다."

무제가 즉위한 뒤 한낱 도필리였던 조우는 공로를 쌓아가면서 승진하여 어사가 되었다. 무제는 그가 능력 있다고 여겨 그를 태중대부로 승진시켰다. 조우는 장탕과 함께 상의하여 각종 법령을 제정했으며[44] 견지법見知法[45]을 만들어 관리들이 서로 감시하고 고발하게 했다. 국가의 법령이 가혹해진 것은 아마도 이때부터 시작된 것 같다.

장탕張湯은 두현杜縣[46] 사람이다. 그의 부친은 장안의 현승縣丞이었다. 장탕이 어렸을 때 하루는 그의 부친이 외출하면서 장탕에게 집[47]을 보게 했다. 집으로 돌아온 부친은 쥐가 집안의 고기를 훔쳐간 것을 발견하자 크게 화내며 장탕을 몽둥이로 때렸다. 그러자 장탕은 쥐구멍을 파헤쳐 고기를 훔친 쥐와 남은 고기를 찾아내더니 쥐를 기소하고 고문하며 때렸으며, 범인인 쥐의 진술을 문서에 기록하고 심문과 판결을 진행했다. 아울러 쥐를 감금하고 먹다 남은 고기를 압수하여 판결을 정한 뒤 고기를 훔친 쥐를 대청 앞에서 갈기갈기 찢어 죽였다.

---

43 원문은 '무해無害'다. "문무해文無害라고도 한다. 법령에 능통하고 여러 일을 처리하는 데 망설임 없이 결단을 내리는 것을 말한다."(『사기전증』)
44 "『진서晉書』「형법지」에 장탕의 월궁률越宮律 27편, 조우의 조율朝律 6편이 있다."(『한서규관』)
45 관리가 다른 사람의 범죄를 알고도 검거하지 않으면 같은 죄로 처벌하는 것을 말한다. 『한서』「형법지」에 따르면 장탕과 조우 등이 법령을 제정했는데, '견지고종見知故縱'이라는 규정이 있어 '다른 사람이 법을 어긴 것을 알면서도 검거하여 기소하지 않고 고의로 범죄를 판정 처리하여 용인하는 것'을 말한다.
46 "『한서』 본전 찬贊에서 이르기를 '풍상馮商은 장탕의 선조이며 유후留侯와 같은 조상이다'라고 했다. 어찌 장탕을 두릉杜陵에 거주했다고 하여 두현 사람이라고 할 수 있겠는가?"(『사기지의』) 두현杜縣의 치소는 지금의 산시陝西성 시안西安 동남쪽 지역으로, 나중에 선제宣帝가 이곳에 능묘를 축조하여 두릉이라 불렀다.
47 원문은 '사舍'로, 관리가 거주하는 관사를 말한다.

이러한 광경을 본 부친이 다시 아들이 작성한 문서를 읽어보니 노련한 옥리가 쓴 것과 같았기에 크게 놀라 장탕에게 사건을 처리하는 일을 학습하게 했다. 부친이 죽은 뒤 장탕은 장안현에서 관리가 되어 매우 오래 근무했다.

주양후周陽侯 전승田勝[48]이 구경의 지위에 올랐을 때[49] 죄를 짓고 장안의 감옥에 구금된 적이 있었다. 당시 장탕은 온 힘을 다해 그를 구원했다. 전승이 감옥을 벗어난 뒤 후侯에 봉해지자 장탕과 교분을 맺고 장탕을 조정의 귀인들에게 소개해줬다. 뒤에 장탕이 내사內史 부서에서 재직할 때 영성을 수행하며 수하 관리가 되었는데, 영성은 법률에 정통하고 일처리가 뛰어난 장탕을 다시 승상에게 추천했다. 그리하여 장탕은 무릉茂陵의 위尉로 전임되었고[50] 무제가 건설하고 있는 능묘의 공정을 관장했다.[51]

무안후 전분이 승상이 되자 장탕을 불러 장사長史로 삼았고, 때때로 장탕을 무제에게 추천하여 보결로 어사를 삼았으며 그로 하여금 안건을 처리하게 했다. 그는 진황후陳皇后의 무고巫蠱 사건[52]을 처리할 때 철저히 도당을 조사하여

---

48 주양후周陽侯 전승田勝: 경제의 왕황후王皇后와 어미가 같고 아비가 다른 동생으로, 친족 관계로 경제 후원 3년(기원전 141)에 주양후에 봉해졌다. "서광이 말하기를 '전승이다. 무제의 모친인 왕태후王太后와 어미가 같은 동생이다. 무제가 막 즉위했을 때 그를 주양후로 봉했다'고 했다."(『집해』) "『집해』의 견해는 아마도 틀렸을 것이다."(『사기전증』) "주양 이전에 조겸趙兼을 봉했는데 봉국이 취소되었다. 지금 전승에게 봉한 것이다."(『정의』)

49 "왕계원王啓原이 말하기를 '전승이 경卿이 된 것이 「백관표」에는 빠져 있는데, 아마도 경제 후원 말기일 것이다'라고 했다."(『사기회주고증』)

50 "여순이 말하기를 '무릉위茂陵尉는 능의 건설을 주관하는 위尉'라고 했다."(『집해』) 무릉茂陵은 현, 능묘 명칭으로 전한 제도에 황제 능묘 소재지마다 현을 설치했으므로 무제 건안建安 2년(기원전 139)에 무제의 능묘를 지키는 인가와 부근에 무릉현을 설치했다. 치소는 지금의 산시陝西성 싱핑興平 동북쪽이다. 무제는 사후에 이곳에 묻혔다.

51 원문은 '치방중治方中'이다. "『한서음의』에서 이르기를 '방중方中은 능 위에 흙을 바르게 하는 것이다. 장탕이 그것을 주관한 것이다'라고 했다."(『집해』) 그러나 안사고는 말하기를 "옛날에 땅을 파서 구덩이를 만드는 것을 방方이라 했다"고 했다.

52 원문은 '고옥蠱獄'으로, 『한서』에서는 '무고옥巫蠱獄'로 기재하고 있다. '무고巫蠱 안건'을 말한다. 진황후陳皇后는 무제 고모인 대장공주大長公主의 딸로, 무제의 황후가 되어 10여 년 동안 총애를 얻었다. 뒤에 위자부衛子夫가 무제의 총애를 입자 진황후는 그녀를 시기해 무고巫蠱(땅속에 나무 인형을 묻어 저주하는 무술巫術로 남에게 해를 입히는 것)를 한 죄로 폐위되었다. "그녀는 또 여인이 남자를 미혹시

무제로부터 재능을 인정받았고 점차 승진하여 태중대부에 이르렀다. 그는 조우와 함께 각종 법령을 제정했는데, 가혹하고 엄격한 법률 조문으로 각 직무에 충실한 관리들을 속박하는 데 힘썼다. 뒤에 조우는 중위로 승진되었고, 또 구경 가운데 하나인 소부少府[53]로 전임되었다. 장탕은 이때 정위를 담당했는데, 두 사람은 교분이 매우 깊었고 장탕은 조우를 마치 형과 같이 대접했다. 조우는 사람됨이 청렴했으나 오만했고 관리가 된 뒤로 문하에 식객을 양성하지 않았다. 공경들이 잇달아 부서를 방문해도 조우는 시종 답방하지 않았고, 친구와 빈객들의 어떠한 청탁도 끊었으며, 모든 일을 자기 뜻대로 처리했다. 그는 심리 내용이 법률 조문과 부합하면 안건을 결정했고 재조사를 진행하지 않았으며, 부하 관리들의 은밀한 죄행을 조사했다. 장탕은 사람됨이 교활하고 항상 정당하지 않은 잔꾀에 의지해 남들을 제어했다. 그는 처음에 하급 관리가 되어 남들이 중시하지 않았을 때[54] 장안의 큰 상인 전갑田甲,[55] 어옹숙魚翁叔 등과 사사로이 왕래를 했다. 뒤에 구경의 지위에 올랐을 때 천하의 저명한 사대부들과 교제하면서 마

키는 무술을 사용했는데, 무제가 알아챘다. 원광 5년(기원전 130), 무제는 철저하게 이 사건을 조사했고 여자 무당 초복楚服 등이 황후를 위해 무고巫蠱의 술수를 사용하여 남에게 화를 입히도록 귀신에게 빈 죄를 저질렀는데, 대역무도에 해당되었다. 연루되어 죽음에 처해진 자가 300여 명이었고 초복은 시장에 효수梟首되었다."(『한서』「외척전」)
53　소부少府: 전국시대에 설치된 관직으로 산·바다·육지·호수의 수입과 황실의 수공업 제조 및 궁중의 어의御衣, 진귀한 물품, 진귀한 음식 등을 관장했는데 황제의 사부私府였다. 봉록은 중2000석이었다.
54　원문은 '간몰乾沒'이다. '乾'의 음은 'gan(간)'이다. '간몰'에 대한 해석이 일치하지 않는다. "서광이 말하기를 '형세에 따라 부침浮沈하는 것이다'라고 했다."(『집해』) "여순이 말하기를 '이익을 얻는 것을 간乾이라 하고, 이익을 잃는 것을 몰沒이라 한다'고 했다."(『색은』) 고염무가 말하기를 "간몰은 대저 요행으로 이익을 취한다는 뜻이다"라고 했다. "전종서錢鍾書의 「관추편管錐篇」에서는 '간몰'을 '육침陸沈'으로 해석했는데, 즉 '매몰埋沒(드러나지 않음)'을 말한다."(『사기전증』) 각 견해들을 정리하면, 직권을 이용해 상인들과 결탁하여 이익을 취한다는 뜻과 하급 관리로 매몰되어 드러나지 않은 때의 뜻으로 나뉜다. 『사기통해』에서는 전자의 의견을 채택했고, 『사기전증』에서는 본문의 "고관에 이르렀지만 안으로 품행을 수양했다"와 "장탕이 죽은 뒤에 그의 집안 재산 가치는 500금에 불과했는데, 모두 그가 받은 봉록과 하사받은 상으로 다른 수입은 없었다"는 내용을 근거로 장탕은 가혹했지만 재물을 탐하지는 않았다는 의견을 제시했다. 역자 또한 후자의 견해에 따랐다.
55　전갑田甲: 성이 전田이고 이름은 역사에 전해지지 않아 갑甲이라 한 것이다.

음이 맞지 않는 사람이라도 겉으로는 그를 경모하는 척 행동했다.

당시에 무제가 유가 학설을 숭상했으므로 장탕은 중대한 안건을 심리하고 판결할 때마다 고대 경전의 조문을 인용해 꾸미고자 『상서』와 『춘추』를 연구하는 박사 제자들을 초빙해 정위의 사史를 담당하게 하고 그들로 하여금 의심스러운 안건을 판단하게 했다.[56] 의심스런 안건을 보고할 때는 반드시 미리 황상에게 정황의 본말을 설명했고, 황상이 옳다고 여기는 것을 공문서로 작성하여 정위에게 넘겨 판결을 선고하게 하고, 판례로 기재하여[57] 황제의 영명함을 드러내도록 했다. 보고한 안건을 황제가 책망할 경우 장탕은 즉시 사죄하고 황제의 견해에 따르면서 부하 관원인 정위정廷尉正, 정위감廷尉監[58] 혹은 연사掾史들 가운데 현명한 속리를 언급하며 말했다.

"그들이 본래는 신에게 제기했는데 황상께서 신을 비평한 것과 같았습니다. 신이 받아들이지 못해 이런 잘못에 이르게 되었습니다."

이런 식으로 죄가 있어도 항상 용서받았다. 간혹 황제에게 어떤 일을 보고하여 황제의 칭찬을 받으면 그는 이렇게 말했다.

"신은 당초에 이렇게 처리하려 하지 않았는데, 신의 속관인 아무개 정위정, 정위감 또는 아무개 연사가 이렇게 하도록 가르쳐준 것입니다."

그가 부하 관리를 추천하고 남의 좋은 점을 드높여 자신의 잘못을 감추는 것이 이와 같았다. 그가 심리한 안건에 대해 황상이 죄를 주고자 할 때는 냉혹한 부하 관원에게 넘겨 처리하게 하고, 그가 심리한 안건에 대해 황상이 석방하

---

56 "장탕이 태학 안에서 『상서』와 『춘추』의 성적이 좋은 학생들을 선발하여 정위 부서의 서리로 임명한 목적은 심리 내용을 고대 경전의 조문을 인용해 꾸미고 사법 계통에서 하달하는 문건의 유학 수준을 높이려는 것이다."(『사기전증』)

57 원문은 '결령結令'이다. "율령을 말한다. 옛날에 목판에 적었다. 군주가 옳다고 여기는 것을 안건을 바르게 했다고 하여 정위에게 넘겨 법령으로 공평하게 판결한 것으로 삼아 군주의 영명함을 드날리는 것이다."(『정의』) 『한서』에서는 '설령挈(qie)令'으로 기재하고 있는데, 이는 『사기신증』에 따르면 목판에 새긴 글을 말한다.

58 정위정廷尉正, 정위감廷尉監은 정위 수하의 관원으로 봉록은 1000석이었다.

고자 할 때는 관대하고 인자한 관리에게 넘겨 처리하게 했다. 심리한 안건이 호족세력이면 죄명을 엮어 엄격히 판결하여 무거운 벌을 내렸고, 심리한 안건이 일반 평민 약자들이면 황제 앞에서 말로써 설명했는데, 명확한 조문으로 판결하지 않을 수 없을지라도 자신은 의견만 내고 황상이 판결하도록 했다. 이에 황상도 종종 장탕이 말한 것에 따라 죄인을 석방하기도 했다. 장탕은 비록 정위라는 고관에 이르렀지만 안으로 품행을 수양했다. 그가 먹는 음식은 문하의 빈객과 같았고, 자신의 부하 관리가 된 옛 친구의 자제와 본가의 빈궁한 형제들을 우대하며 돌봐줬다. 각 공경대신을 방문할 때는 춥고 더운 때를 가리지 않았다. 이 때문에 장탕은 비록 법 집행이 엄격하고 가혹하고 불공평했으나 좋은 명성을 얻었다. 기혹하고 엄격한 관리는 대부분 그의 수하로 중용되었으며 모두 유가 학설을 따르는 선비들이었다.[59] 이 때문에 승상 공손홍은 자주 장탕을 칭찬했다. 장탕은 회남왕 유안, 형산왕 유사, 강도왕 유건의 모반 안건을 심리하게 되었을 때 모두 철저히 파헤쳤다. 유안의 도당인 엄조와 오피를 무제가 풀어주려 하자 장탕이 간언했다.

"오피는 본래 모반을 계획한 주요 인물이고, 엄조는 폐하의 총애를 받으며 궁문을 출입하던 시종인데 감히 바깥의 제후와 결탁했으니, 주살에 처하지 않는다면 다른 일도 판결할 수 없습니다."

그리하여 무제는 결국 장탕의 의견에 따랐다. 장탕은 안건을 판결할 때 항상 다른 대신들의 의견을 배제하고 자신의 의견대로 실행했는데, 그가 일을 처리할 때 대부분 이와 같았다. 장탕은 이로 인해 더욱 총애와 신임을 받았고 빠르게 어사대부로 승진되었다.[60]

마침 흉노의 혼야왕이 군대를 이끌고 와서 투항했고, 조정에서는 크게 군대

---

59 "한나라 시대에 혹리와 유가 학설이 서로 결합된 국면은 먼저 장탕에서 형성되었다."(『사기전증』)
60 장탕이 어사대부에 임명된 것은 원수 2년(기원전 121)으로, 당시 승상 공손홍이 죽자 어사대부 이채가 승상에 오르고 정위인 장탕이 어사대부에 임명된 것이다.

를 일으켜 흉노를 토벌했다.[61] 산동 지방의 각 군현에는 홍수와 가뭄 피해가 겹쳐[62] 빈곤한 백성이 도처로 이주했는데[63] 이들은 모두 국가의 공급에 의지했기에 국고[64]가 텅 비게 되었다. 그리하여 장탕은 무제의 뜻에 영합하여 백금白金과 오수전五銖錢[65]의 주조를 청했고, 동시에 전국의 소금과 철의 생산과 판매를 독점하게 했다. 대상인들을 배척하고 타격을 주기 위해 고민령告緡令[66]을 반포하여 자산을 충실히 신고하지 않는 사람을 고발하도록 장려했고, 각지의 호족과 대부호를 소멸시키기 위해 장탕은 법조문을 왜곡하고 부족한 법령을 보충하여 온갖 방법으로 모함했다. 장탕이 매번 조정에서 보고하면서 국가가 어떻게 재정을 계획하고 지출해야 할지 강술할 때면 밤늦도록 이어졌으며, 황제는 식사도 잊을

61　원광 6년(기원전 129)에 위청 등이 흉노를 토벌했고, 원삭 2년(기원전 127), 5년(기원전 124)에 위청이 토벌했으며, 원삭 6년(기원전 123)에 위청이 두 차례 토벌을 진행했고, 원수 2년(기원전 121)에 곽거병이 두 차례 토벌했으며, 원수 4년(기원전 119)에 위청, 곽거병이 두 갈래 길로 흉노를 토벌했다.
62　『한서』「무제기」에 따르면 한나라가 흉노를 대대적으로 정벌하는 시기에 동쪽 지역에 자연재해가 발생했다. 원광 3년(기원전 132)에는 황하가 범람하여 16개 군이 침수되었고, 원광 5년에는 명충(명나방과의 곤충) 떼가 출몰하고, 원광 6년에는 가뭄과 누리(풀무치) 떼 출몰하고, 원삭 5년에 가뭄 등이 발생했다.
63　원수 4년(기원전 119) 겨울에 산동의 빈민 72만5000가구를 농서, 북지, 서하, 상군, 회계 등지로 이주시킨 것을 가리킨다.
64　원문은 '현관縣官'으로, 한나라 때는 국가(정부)를 가리켰고 때로는 황제를 상징하기도 한다. 여기서는 국고를 뜻한다.
65　백금白金은 원수 4년(기원전 119)에 주조되었다. "은과 주석을 제련하여 백금을 주조했다. 새로 제조한 백금은 세 등급으로 나누었다. 첫 번째 종류는 무게가 8냥이고 원형이며, 도안은 용이고 백선白選이라 불렀는데, 한 개의 가치는 동전 3000개다. 두 번째 종류는 무게가 약간 가볍고 사각형이며 도안은 말이고 한 개의 가치는 동전 500개다. 세 번째 종류는 더욱 작고 타원형으로 도안은 거북이고 한 개의 가치는 동전 300개다."(『평준서平準書』) 오수전五銖錢은 원수 5년(기원전 118)에 발행한 화폐로, 이에 앞서 무제 건원 원년(기원전 140)에 삼수전三銖錢을 발행하고 건원 5년에 반량전半兩錢을 발행한 바 있다.
66　원문은 '출고민령出告緡令'이다. "여기서는 '산민령算緡令'이라 해야 할 것이다. 산민령은 원수 4년에 반포되었다. '고민령告緡令'은 원정 3년(기원전 114)에 반포된 것으로 당시 장탕이 죽은 지 1년이 지났으니 아무 관계가 없다."(『사기전증』) '산민'에 대해서 안사고는 말하기를 "돈을 축적한 자에게 돈을 꿴 끈에 따라 계산하여 세금을 징수하는 것"이라고 했다. 즉 상인에게 재산세를 징수하는 것이다. '민緡'은 돈을 꿸 때 사용하는 노끈을 말한다. 이후에 다시 '고민'을 반포했는데, 실제 자산을 보고하지 않은 자에 대한 고발을 장려한 것이다. 법령에 따르면 고발한 자는 관청에서 얻은 것의 절반을 받았다.

정도였다. 승상은 자리만 지키고 있을 뿐[67] 천하 대사는 모두 장탕에 의해 결정
되었다. 백성은 생활이 불안정하여 항상 소동을 일으켰고, 국가가 실행한 새로
운 경제 정책들은 실효를 거두지 못했고, 허다한 탐관오리들이 기회를 틈타 공
금을 제멋대로 착복하고 백성을 착취했다. 그러자 장탕은 다시 잔혹한 형법으
로 호되게 그들을 징벌했다. 그리하여 위로 공경으로부터 아래로 평민 백성에
이르기까지 모두 떠들썩하게 장탕을 질책했다. 장탕이 병에 걸렸을 때 황제가
친히 문병을 갔으니, 장탕이 어느 정도 총애를 받았는지 알 수 있다.

흉노가 사자를 보내 한나라와 화친을 요청하자[68] 군신들은 무제 앞에서 이
문제를 의론했다. 박사 적산狄山이 말했다.

"화친하는 것이 유리합니다."

무제가 그에게 어떤 이로움이 있는지 묻자, 적산이 대답했다.

"병기는 흉기라 빈번하게 마음대로 사용할 수 있는 것이 아닙니다. 고황제께서
흉노를 토벌하러 갔을 때 평성에서 포위되어 결국 흉노와 화친 조약을 체결했습
니다.[69] 효혜제와 고황후가 재위했을 때는 전쟁이 없어 천하가 편안하게 되었습니
다. 그 뒤에 효문제는 흉노를 토벌하려다가 북방 변경에 소동이 일어났고[70] 전쟁
의 고통을 받았습니다.[71] 효경제가 재위했을 때 오, 초 등 칠국의 반란이 발생했

---

67   "서광이 말하기를 '당시 이채와 장청적이 승상이었다'고 했다."(『집해』) 이채는 원수 2년에 승상이
되었고, 5년에 죄를 지어 자살했다. 그 뒤 장청적이 승상에 임명되었다.
68   원수 5년의 일이다. "한나라 장군 2명이 대대적으로 출병하여 선우를 포위하고 참살하고 포로로
잡은 흉노인이 8~9만 명이나 되었지만 한나라 사졸도 수만 명이 전사하고 전마도 10여만 마리나 죽
었다. 흉노는 비록 크게 상처를 입어 멀리 사막 북쪽으로 달아났지만 한나라 군대도 전마가 부족해 다
시 출격할 힘이 없었다. 이때 흉노선우는 조신趙信의 계책을 채택하여 한나라로 사자를 보내 좋은 말
로 화친을 요청했다."(『사기』「흉노열전」)
69   고조 7년(기원전 200) 유방이 흉노와 결탁한 한왕 신을 토벌하러 갔다가 평성에서 흉노에게 포위
당해 어쩔 수 없이 화친을 맺은 일을 말한다.
70   원문은 '소연蕭然'으로, 안사고는 말하기를 "소연蕭然은 소연騷然으로 소동이 일어나는 모양이다"
라고 했다.
71   "문제 때 흉노가 계속 침입했지만 한나라 조정에서는 소극적인 방어만 했다. 문제는 주동적으로
진공한 일이 없었으므로 여기서 '흉노를 토벌하려 했다'고 한 것은 사실에 부합되지 않는다. 만일 '북

는데 경제께서는 미앙궁과 장락궁 사이를 끊임없이 오가면서 모후인 두태후와 대책을 상의하느라 몇 개월 동안 매우 고통스러웠습니다.[72] 오·초 칠국의 반란 군이 격파된 뒤 경제께서는 다시는 전쟁에 관한 말씀을 꺼내지 않았고 천하는 부유하고 넉넉해졌습니다. 지금 폐하께서 다시 군대를 일으켜 흉노를 토벌한 이 래로[73] 국가 내부는 텅 비게 되고 변경 지역의 백성은 매우 빈곤해졌습니다. 이 로 보건대 전쟁은 화친보다 이로운 것이 없습니다."

무제가 장탕에게 의견을 묻자, 장탕이 말했다.

"이자는 어리석은 유생으로, 아는 것이 하나도 없습니다."

그러자 적산이 말했다.

"신은 비록 우매하지만 진심으로 충성을 다할 뿐 어사대부 장탕과 같이 거짓 으로 충성하지 않습니다. 장탕은 회남왕과 강도왕의 모반 사건 안건을 심리할 때 온갖 방법으로 법률 조문을 왜곡하여 죄명을 씌워 폐하의 골육 관계를 이간 시키고 제후왕들[74]을 두려워하고 불안하게 만들었습니다. 이 때문에 신은 장탕 의 충성이 거짓이라고 말하는 것입니다."[75]

무제가 듣고는 안색이 변하며 적산에게 물었다.

"짐이 선생을 한낱 군의 태수로 보내면, 적의 침입을 제지할 수 있겠소?"

방 변경에 소동이 일어났다'는 원인을 문제에게 돌린다면 더욱 이치에 어긋나는 것이다."(『사기전증』)

72 미앙궁은 당시 장안성 서쪽에 있었고 황제가 거주했다. 장락궁은 장안성의 동쪽에 위치했고 태 후가 거주했다. 오, 초 등 칠국은 모두 유씨 종실들로 모반이 일어나자 경제는 많은 일을 태후에게 보 고해야 했기 때문에 두 궁 사이를 왕래했다.

73 한나라와 흉노의 첫 전쟁은 무제 원광 2년(기원전 133)에 마읍馬邑에 매복하여 흉노를 습격한 일 로, 당시 비밀이 누설되어 성과를 거두지 못했지만 이후 군사력으로 대응하기 시작하여 원광 6년(기원 전 129)에 위청 등이 마침내 대규모 북벌을 단행했다.

74 원문은 '번신藩臣'으로, 제후왕들을 가리킨다. 고대에 제후는 중앙 왕실의 안전을 수호하는 임무 를 지녔으므로 천자의 울타리 또는 병풍이라 불렸다. '번藩'은 '번藩'과 같다.

75 "한나라는 문제, 경제 이래로 골육을 꺼리는 경우가 많았는데, 무제도 그것을 계승하여 더욱 법 으로 속박했다. 장탕이 모반의 안건을 처리할 때 근본적으로 황상의 뜻을 따랐기 때문이다. 적산이 이 것을 근거로 삼아 장탕을 공격하니 진실로 어리석다."(『사기찰기』)

적산이 대답했다.

"할 수 없습니다."

무제가 말했다.

"한낱 현으로 보내면 지킬 수 있겠소?"

적산이 대답했다.

"또한 할 수 없습니다."

무제가 다시 말했다.

"한낱 변경의 성보城堡76로 보내면 어떻겠소?"

적산이 속으로 생각하니, 다시 할 수 없다고 말하면 법관에게 넘겨져 처벌될 것으로 여기고 이내 말했다.

"할 수 있습니다."

그리하여 무제는 적산을 한 변경 성보로 파견해 지키게 했다. 그리고 한 달 남짓 지나서 흉노는 성보로 침입하여 적산의 머리를 베어 돌아갔다. 이 뒤로 군신들은 모두 두려워하며 다시는 전쟁에 반대하는 의견을 제기하지 못했다.

장탕의 빈객 가운데 전갑이란 자가 있었는데, 비록 상인이었지만 좋은 품덕을 지니고 있었다. 장탕이 하급관리였을 때 전갑은 장탕과 금전 거래를 하면서 왕래했다. 장탕이 고관이 되었어도 전갑은 장탕의 행위에 과실이 있으면 대놓고 질책했는데, 그 역시 열사烈士의 풍도가 있었다.

장탕은 어사대부로 재직한 지 7년 만에 무너졌다.77

하동河東 사람 이문李文은 일찍이 장탕에게 원한이 있었는데, 뒤에 이문이 장탕의 부하인 어사중승御史中丞78이 되자 분노하는 심정으로 여러 차례 정위 부

76　원문은 '장장'이다. "장障은 변경 요새의 중요하고 험준한 곳에 별도로 성을 쌓아 관리와 사병을 배치하고 군사를 두어 지키게 하여 도적을 막는 것을 말한다."(『정의』) 양콴의 『전국사』에 따르면 "장障은 규모가 비교적 큰 성보를 말한다"고 했다.

77　「장상명신연표」에 따르면 장탕은 원수 2년(기원전 121)에 정위가 되었고, 원정 2년(기원전 115)에 자살했으니, 앞뒤로 7년이다.

중의 내부 문서 가운데 장탕에게 해가 될 만한 것을 찾았으나 조금도 여지를 남기지 않아 찾아낼 수가 없었다.

장탕이 총애하는 하급관리 사史 가운데 노알거魯謁居라는 자가 있었는데,[79] 그는 장탕이 이문에게 불만이 있는 것을 알고 사람을 시켜 익명으로 황제에게 글을 올려 이문이 모반을 기도했다고 고발했다. 이 안건이 마침 장탕에게 넘겨져 심리를 하게 되자 장탕은 이문에게 죽을죄를 판결하여 죽였다. 장탕은 내심 노알거가 꾸민 일이라는 사실을 알고 있었다. 무제가 장탕에게 물었다.

"이문의 모반 사건은 어떻게 드러난 것이오?"

이에 장탕은 놀란 척하며 말했다.

"아마도 이문의 옛 친구가 그에게 원한을 품은 것 같습니다."

나중에 노알거가 병에 걸려 임대한 평민 집 안에 누워 있자 장탕은 친히 문병을 가서 노알거의 다리를 주물러줬다.

조趙나라[80]는 철을 제련하는 산업이 발달했는데, 조나라 왕은 여러 차례 조정에서 파견한 철을 주관하는 관리를 고발했다.[81] 장탕은 이런 분규를 처리할 때마다 항상 조나라 왕을 배척했다.[82] 이 때문에 조나라 왕은 장탕의 은밀한 일

---

78 어사중승御史中丞: "어사대부御史大夫는 진秦나라의 관직으로, 두 승丞이 있었는데 봉록이 1000석이었다. 그중 한 승이 어사중승인데 궁전의 난대蘭臺(궁내에 도서 전적, 기밀 서적과 문건을 보관해 둔 곳)에서 도서 전적, 기밀 서적과 문건을 관장했으며 대외적으로는 각 부자사部刺史(조정에서 지방에 파견한 감찰관, 무제 때 전국을 13부주部州로 구분하고 주州마다 자사 한 명씩 설치했다)를 감독하고 대내적으로는 시어사侍御史 15명을 통솔하고 공경 대신들의 상주문을 접수하고 법령, 제도에 따라 법을 위반한 관리를 검거 탄핵했다."(『한서』「백관공경표」)
79 "아래 문장에 따르면 장탕이 발을 주물러줬다고 말했는데, 노알거는 장탕의 남총男寵(노리개 역할을 하는 남자)인 것 같다. 한나라 때 군신들은 대부분 이런 일이 있었다."(『사기전증』)
80 당시 경제의 아들 유팽조劉彭祖의 봉국이다.
81 "원수 4년 이전에는 소금과 철을 사사로이 경영하여 조왕은 철을 제련하는 것을 사업으로 삼았고 자신의 이익으로 돌렸다. 원수 4년 이후에는 소금과 철 생산이 모두 국가 경영으로 귀속되어 조왕은 철을 제련하는 이익을 잃게 되자 불만을 품었다. 그래서 항상 조정에서 조나라에 파견된 철 제련 담당 관원의 결점을 들추어내어 트집을 잡아 고발했다."(『사기전증』)
82 "무제가 조왕의 고발을 군신들에게 넘겨 토론하게 했을 때 장탕은 항상 철 제련을 관장하는 관원

을 찾고 있었다. 노알거도 하필이면 조나라 왕을 조사한 적이 있기에 조나라 왕은 그를 원망하여 상서를 올려 함께 고발했다.

"장탕은 조정의 대신인데 자신의 수하 하급관리인 노알거가 병에 걸리자 장탕이 직접 방문해 그의 다리를 주물러줬습니다. 신은 이 두 사람 사이에 중대한 음모가 있다고 의심이 듭니다."

이 안건은 정위[83]에게 넘겨져 심리하게 되었는데, 노알거가 병으로 죽었고 노알거의 동생도 연루되자 도관導官[84] 관서에 구금되었다. 장탕이 도관 관서로 가서 다른 범인을 심리하다가 노알거의 동생을 발견하고는 속으로 그를 구원해주려고 생각하면서 겉으로는 도리어 모르는 척했다. 노알거의 동생은 그의 의도를 알아채지 못하고 장탕이 자신을 구해주지 않은 것을 원망하고는 다른 사람을 시켜 상서를 올려 장탕이 일찍이 노알거와 공모하고 그들이 함께 상의하여 이문을 무고한 것이라고 폭로했다. 무제는 이 사건을 감선減宣[85]에게 맡겨 심리하게 했다. 감선은 일찍이 장탕과 거리를 두고 있었기에 사건을 맡자 샅샅이 추적하여 조사했으나 무제에게 보고하지 않고 있었다. 마침 이때 누군가 효문제의 능원[86] 안에 순장된 돈[87]을 도굴하는 사건이 발생했다. 이에 승상 장청적莊靑翟[88]

을 비호하고 조왕의 말을 부정한 것을 말한다."(『사기전증』)

83 『한서』 「백관공경표」에 따르면 당시 정위의 이름은 패패다. 그의 성은 역사에 전해지지 않는다.

84 도관導官은 소부少府의 속관이다. 안사고는 말하기를 "도導는 택택이다. 쌀을 선택하는 것을 주관하므로 도관이라 한다. 때로는 여러 감옥이 모두 차게 되면 임시로 이 관서에 구금했는데, 본래는 감옥이 아니다"라고 했다. "『한구의漢舊儀』에서 이르기를 '중도관中都官에는 감옥이 36곳인데, 오직 도관에만 감옥이 없다'고 했다. 본 열전과 기재가 다르다."(『한서신증』)

85 감선減宣: 당시의 유명한 혹리로, 당시 어사중승이었으며 장탕의 속관이었다.

86 문제의 능원인 패릉霸陵을 말한다.

87 원문은 '예전瘞錢'이다. 능 구역 안에 순장한 동전을 말한다. "심흠한이 말하기를 '한나라 이래로 장례에는 돈을 순장하는 의식이 있어 무덤의 네 모퉁이에 파묻었다. 도굴했다는 것은 네 모퉁이에 매장된 돈을 훔친 것으로, 무덤 한가운데에 묻힌 것은 아니다'라고 했다."(『한서보주』) "한나라 사람은 순장할 때 돈을 사용했는데, 귀족은 진짜 돈을 사용하고 일반 사람은 도자기로 만든 것을 사용했다. 문제의 능원은 마땅히 진짜 돈을 사용했기에 누군가 도적질한 것이다."(『사기신증』)

88 장청적莊靑翟은 원수 5년(기원전 118)에 이채가 자살하자 뒤를 이어 승상이 되었다. 이때는 원정 2년(기원전 115)으로 그가 승상을 맡은 지 4년째 되던 해다. 정치적인 재능이 없었고 나중에 장탕의 일

은 장탕과 함께 입조하여 무제에게 사죄하기로 약속했다. 무제 면전에 이르자 장탕은 규정에 따라 승상이 매년 사계절마다 능원을 순시해야 하는 책임이 있으니 잘못한 승상이 사죄해야 하며 자신은 무관하다는 생각에 마음을 바꿔 사죄하지 않았다. 승상이 잘못을 인정하고 사죄한 뒤 무제는 어사대부 장탕에게 이 일을 심리하게 했다. 장탕이 승상에게 견지고종見知故縱[89]의 죄명을 적용하려 하자 승상은 매우 두려워했다. 승상의 수하 중 3명의 장사長史[90]가 있었는데, 이들은 모두 장탕을 증오하여 기회를 틈타 장탕을 모함하려 했다.

장사長史 주매신朱買臣은 회계 사람으로 『춘추』[91] 읽기를 좋아했다. 장조莊助가 사람을 시켜 무제에게 주매신을 추천하게 했고,[92] 주매신은 『초사楚辭』에도 정통하여 장조와 함께 무제의 총애를 받으며 무제를 가까이 섬기다가 태중대부에 임명되어 업무를 주관했기에 권력을 갖게 되었다. 당시 장탕은 아직 하급 관리로, 주매신 등을 보면 무릎 꿇고 엎드려 절한 뒤 지시를 받았다. 얼마 뒤 장탕이 정위가 되어 회남왕의 모반 사건을 심리할 때 장조를 배척하자[93] 주매신은

로 하옥되고 자살했다.

89 원문은 '견지見知'로, 견지고종見知故縱을 말한다. 견지고종은 다른 사람의 범죄를 알면서도 보고 하지 않고 일부러 죄를 저지른 자를 도망치게 한 것을 말한다. "장안이 말하기를 '견지고종'의 죄에 따라 처벌하는 것을 말한다."(『집해』)

90 세 명의 장사長史는 주매신朱買臣, 왕조王朝, 변통邊通을 말한다. '장사'는 승상장사丞相長史를 줄인 표현이다. 여기서 세 명이라고 말했는데, 안사고에 따르면 "「백관표」에 승상에게는 두 명의 장사가 있다. 여기서 세 명이라고 하는 것은 아마도 대리일 것이고 정식 인원은 아닐 것이다"라고 했다.

91 여기서는 『춘추공양전春秋公羊傳』을 가리킨다.

92 "주매신은 회계군 상계리上計吏의 심부름꾼을 따라 장안으로 갔고 황궁에서 상서를 올렸으나 오랫동안 조정의 회신을 받지 못했다. 마침 그와 동향인 엄조嚴助는 이때 조정에서 존귀해져 득세했는데, 주매신을 무제에게 천거했다. 무제는 그를 만나보고 그가 『춘추』를 말하고 『초사』를 담론하자 매우 기뻐하여 주매신을 중대부로 임명하고 엄조와 함께 시중이 되도록 했다."(『한서』 「주매신전」) "여기서 '사람을 시켜 무제에게 주매신을 추천했다'는 말은 이해할 수 없다. 마땅히 '장조가 주매신을 추천했다'고 말해야 한다."(『사기찰기』)

93 "장조를 죽음에 이르게 하려 한 것을 말한다."(『사기전증』)

장탕에게 원한을 품게 되었다. 뒤에 장탕이 어사대부가 되어 삼공의 반열에 올랐을 때 주매신은 막 회계군 태수에서 주작도위가 되어 구경의 대우를 받았다.[94] 몇 년 뒤 주매신은 법을 어겨 주작도위에서 면직되었고 승상부에서 장사를 잠시 대리하게[95] 되었다. 그가 장탕을 만날 때마다 장탕은 침상에 앉은 채 마치 수하의 승사丞史[96] 대하듯이 하여 예를 차리지 않았다. 주매신은 초楚 땅[97]의 명사로서 장탕에 대한 원한이 깊어져 항상 장탕을 죽이고자 했다.

장사 왕조王朝는 제齊 땅 사람으로 학술[98]에 정통하여 우내사가 되었다. 장사 변통邊通은 종횡가의 학설[99]을 익혔고 억세고 난폭한 사람으로 일찍이 두 차례나 제남국齊南國[100] 상相을 역임했다. 이들 세 사람의 옛 직위는 장탕보다 높았지만 뒤에 관직을 잃었기 때문에 승상부의 장사를 대리하게 되었으므로 장탕 앞

94　주매신은 처음에 중대부가 되었는데, 무제는 동월을 정벌하고자 했고 주매신이 동월 땅을 잘 알고 있었기에 회계 태수로 임명했다. 나중에 동월을 정벌한 공적으로 주작도위에 임명되었다.
95　원문은 '수장사守長史'다. '수守'는 시수試守', '시용試用'을 말한다. 즉 잠시 직무를 대리하는 것으로 대개 1년 정도 시험적으로 임용한 다음 직무를 맡길 만하면 '진眞(정식 임명)'으로 전환된다. 직무에 적합하지 못한 자는 원래의 직무로 돌아가거나 다른 직무로 전환 혹은 강등된다. 그 밖에 '수守'는 겸직과 대리를 의미하기도 한다.
96　여기서 말하는 승사丞史는 어사대부의 속관인 어사중승御史中丞과 일반 어사御史 등을 말한다.
97　원문은 '초사楚士'로, 『한서』 「지리지」에 따르면 오와 월 땅 사람들은 '경사이발輕死易發(생사를 경시하고 쉽게 반란을 일으켰다)'이라고 했다. 주매신이 장탕에게 원한을 품고 죽이려 했기에 그를 '초사'라고 강조한 것이다. "주매신은 회계 사람으로 회계는 춘추시대 때 오吳에 속했고, 전국시대 초기에 오와 월 땅은 모두 초에 편입되었으므로 오와 월 땅을 모두 초라 불렀다. 『사기』 「오왕비열전」에 따르면 '오군과 회계군 사람들은 날래고 용맹하다'고 했고, 또 '오나라 태자의 사부들은 모두 초 땅 사람들로서 경박하고 성정이 거칠다'고 했다. 오와 초는 다른 지역이 아니라 실제로는 하나다."(『사기전증』)
98　원문은 '술術'로, 유가 학술과 기타 제자백가의 학설을 가리킨다.
99　원문은 '장단長短'이다. 『한서음의』에서 말하기를 '장단술長短術은 육국六國 때 일어났다. 장점은 행하고 단점은 감추어 잘못을 숨기고 서로 격노하게 했다'고 했다.(『집해』) "장안이 말하기를 '소진蘇秦과 장의張儀의 모략은 저쪽을 흥미롭게 하여 단점을 만들고 이쪽에는 장점이 되게 하는 것으로 『전국책』에서는 장단술長短術이라고 했다'고 했다."(『한서보주』)
100　제남국齊南國: "여기서 '남南'자는 오류로 의심된다. 무제 때 제북국, 제동국은 있었으나 제남국은 없었다. 제남국은 경제 때 오와 초의 반란으로 폐지되었고 제남군으로 변경·설치되었다. 군치는 동평릉東平陵(지금의 산둥성 장추시章丘市 서쪽)이었다."(『사기전증』) 『사기지의』에 따르면 "경제 3년에 제남은 이미 없어지고 군이 되었다. 변통이 어떻게 상이 될 수 있겠는가? 오류다."(『사기지의』)

에서 몸을 굽혀야 했다. 장탕은 일찍이 여러 차례 승상의 직무를 대리했는데, 이 3명의 장사가 자신보다 존귀했음을 잘 알면서도 항상 그들을 업신여기고 굴복시키려 했다. 이 때문에 장사 세 사람은 함께 상의하며 말했다.

"당초에 장탕이 우리 승상[101]과 함께 황상에게 사죄하기로 약속해놓고 나중에 우리 승상을 배신하여 우롱하더니, 지금 또 능원 도굴 사건으로 우리 승상을 탄핵하려 한다. 이것은 분명 승상 장청적의 자리를 대신하려는 것이다. 우리는 장탕의 은밀한 일을 알고 있다."

이에 사람을 파견해 장탕의 유죄를 증명할 수 있는 전신田信[102] 등을 체포하여 심문했다. 그들은 다음과 같이 진술했다.

"장탕이 매번 조정에서 어떤 일을 주청할 때 전신이 먼저 알고 매점하여 재물을 축적한 뒤 장탕과 이익을 나누었으며, 이외에 다른 간사한 일도 있습니다."

이러한 진술이 무제의 귀에 들어가게 되었다. 무제가 장탕에게 물었다.

"내가 추진하려는 일을 어떤 상인이 미리 알고 대량으로 물건을 매입했으니, 누군가 우리 계획을 그들에게 먼저 알려준 것 같소."

장탕은 잘못을 인정하지 않고 놀란 척하며 말했다.

"보아하니 참으로 누군가 비밀을 누설한 것 같습니다."

이때 어사중승 감선도 무제에게 장탕과 노알거가 모의하여 이문을 모함한 일을 보고했다. 그리하여 무제는 장탕이 간사한 마음을 품고 대놓고 자신을 속였다고 여기고, 8명의 사자를 파견해 문서에 기록된 죄상에 따라 장탕의 죄행을 조목조목 상세히 조사하고 문책하게 했다. 장탕은 그런 일이 없다고 구체적으로

---

101 원문은 '군君'이다. "당시 하급관리는 자신의 본관本官(본 부문의 주관 관원)을 군君이라고 불렀다. 여기서는 승상 장청적을 가리킨다."(『사기전증』)

102 원문은 '탕좌전신湯左田信'이다. "『한서음의』에서 말하기를 '좌는 증좌證佐이다'라고 했다."(『집해』) "전신은 상인으로 아마도 전갑田甲의 종족일 것이다. 아래 문장에서 '買人輒先知之(상인 전신이 항상 먼저 알다)'라고 했다. 『통감』에서는 '가인賈人 전신田信'이라 했다."(『사기회주고증』) '좌左'는 '증좌, 증인'를 뜻한다.

진술하여 죄를 받아들이지 않았다. 이에 무제는 다시 조우趙禹[103]를 파견하여 장탕을 문책하게 했다. 조우가 장탕을 꾸짖으며 말했다.

"그대는 자신이 어떻게 해야 하는지 모르고 있소. 그대의 판결로 죽고 멸족당한 사람들이 얼마나 되는지 아시오? 지금 다른 사람이 당신을 고발한 것에는 모두 근거가 있소. 황상께서는 차마 하옥시키기 어려워 그대가 자살하도록 한 것인데, 그대는 어찌하여 이처럼 여러 말을 하시오?"

장탕은 비로소 황제에게 사죄 편지를 쓰고는 말했다.

"이 장탕은 어떠한 작은 공로도 없는 단지 한낱 도필리에 불과한데 운 좋게 폐하께서 삼공의 지위에까지 오르게 하셨으나, 신 황상께서 주신 책임을 완성하지 못했습니다. 그러나 서로 모의하며 이 장탕을 모함한 자들은 승상부에 있는 저 세 명의 장사들입니다."

그러고는 결국 자살하고 말았다.[104]

장탕이 죽은 뒤 그의 집안 재산이라곤 500금에 불과했는데, 모두 그가 받은 봉록과 하사받은 상이었을 뿐 다른 수입은 없었다. 장탕의 형제와 아들들이 후하게 장례를 치르려 하자 장탕의 모친이 말했다.

"장탕은 천자의 대신으로서 다른 사람의 모함을 받아 억울하게 죽었는데 어찌 장중한 장례를 치를 수 있단 말이냐!"

이에 소달구지에 장탕의 관을 실었는데, 관棺만 있고 곽槨은 없었다. 무제는 이 소식을 듣고는 말했다.

"이같이 대단한 모친이 아니고서야 이 같은 아들을 낳을 수 없도다!"

이에 3명의 장사를 일제히 하옥시키고 죽음에 처했다. 승상 장청적도 압박을

---

103   당시 조우趙禹는 태중대부였고 황제를 가까이 모시는 신하였다.
104   "왕명성王鳴盛이 말하기를 '공손홍은 유학으로 재상의 지위에 이르렀고 후侯에 봉해졌으며 주보언과 같은 열전이다. 장탕과 두주杜周는 모두 삼공의 지위였는데, 「혹리전酷吏傳」에 편입되었으니 사마천이 이 세 사람을 미워한 것이 특히 심하므로 그 위치가 이와 같은 것이다'라고 했다."(『사기전증』)

받아 자살했다. 전신은 석방되었다. 무제는 장탕의 죽음을 애석하게 여겨 그의 아들 장안세張安世를 발탁하여 점차 승진시켰다.[105]

장탕과 함께 법령을 제정했던 조우는 도중에 면직되었으나 뒤에 다시 정위가 되었다.[106] 당초에 조후 주아부는 조우가 가혹하고 악독하다고 여겨 그를 중용하지 않았다. 뒤에 조우는 다시 소부少府가 되었고[107] 구경의 지위에 올랐다.[108] 조우는 본래 가혹하고 또 성격이 급했으나, 만년에 안건이 갈수록 많아지면서 각급 관리들은 법률을 엄준하게 실행했으나 조우는 도리어 상대적으로 관대하여 판결이 공평하기로 명성을 얻었다. 왕온서王溫舒 등은 나중 사람들로, 판결이 조우보다 가혹했다. 조우는 연로해지자 연나라 상으로 전임되었다.[109] 몇 년 뒤 정신이 혼미해져 죄를 범하고 면직되어 고향으로 돌아갔다. 장탕이 죽은 지 10년 뒤에 조우는 천명을 다하고 집에서 죽었다.[110]

의종義縱은 하동河東 사람이다. 소년이었을 때 일찍이 장차공張次公[111]과 함께 강도짓을 하는 도적떼가 되었다. 의종의 누나는 의후義姁[112]인데, 의술이 뛰어나

---

105 장안세張安世는 선제宣帝 때 위장군衛將軍이 되었고 부평후富平侯에 봉해져 존귀함이 비할 데 없었다. 『한서』에 그의 열전이 있다. "장탕에게 아들 앙卬이 있는데, 한중군 태수였다. 「구혁지溝洫志」에 보인다."(『한서규관』)
106 조우가 정위가 된 것은 원수 3년(기원전 120), 4년(기원전 119)이다.
107 조우가 소부가 된 구체적인 시기는 역사에 명확하게 기재되지 않았는데, 대략 원수 5년(기원전 118)에서 원정 3년(기원전 114)년 사이다.
108 원문은 '비구경比九卿'으로 '구경에 비견되었다'는 뜻이다. "소부는 본래 구경 가운데 하나로 여기서의 '비比'자는 타당하지 않다. 그러므로 호삼성은 '비구경' 다음 문장인 '우혹급禹酷急(조우는 본래 가혹하고 성격이 급했다)'를 이어 읽어서, '당시 구경과 같은 반열에 있던 자들에 비해 조우는 가혹하고 성격이 급했다'로 말했다. 비교해보면 호삼성의 견해가 조금 더 좋다."(『사기전증』)
109 연자왕燕刺王 유단劉旦의 상이 된 것이다. 유단은 무제의 아들이며 원수 6년(기원전 117)에 연왕에 봉해졌다.
110 대략 원봉 6년(기원전 105) 혹은 태초 원년(기원전 104)이다.
111 장차공張次公은 나중에 위청의 부하 장수가 되었고, 흉노 정벌의 공적으로 안두후岸頭侯에 봉해졌다.
112 "姁는 안락하고 온화한 모양으로, 여기서는 사람의 이름으로 사용되었다. 여후呂后의 이름도

왕태후[113]의 총애를 받았다. 왕태후가 의후에게 물었다.

"네게 관리를 할 만한 아들이나 형제가 있느냐?"

그녀가 대답했다.

"동생이 있는데, 행실이 단정하지 못해 관리가 될 만한 인물은 아닙니다."

왕태후는 무제에게 알려서 의후의 동생인 의종을 중랑으로 임명했는데, 나중에 상당군 어느 현[114]의 현령으로 보충 임명되었다. 의종은 엄한 법으로 다스렸고 관용을 베풀지 않았으며 현 안에서 단 한 건도 누락되거나 지연되어 처리하지 못한 일이 없었기 때문에 상당군에 소속된 각 현에서 일등으로 천거되었다. 뒤에 그는 다시 장릉과 장안 현령으로 승진되었는데 엄격하게 법에 따라 처리했으며 황제의 인척일지라도 피하지 않았다. 뒤에 왕태후의 외손이며 수성군修成君의 아들인 중仲을 체포하여 심판했는데,[115] 무제는 그를 유능하게 여겨 하내군의 도위로 승진시켰다. 의종은 부임하자마자 현지의 호족인 양씨穰氏 일가를 멸족시켰고, 하내군을 다스리자 길에 떨어진 물건을 함부로 줍는 자가 없게 되었다. 장차공도 뒤에 낭관이 되었는데, 적과의 작전 중에 용감하게 적진 깊숙이 들어가는 것을 두려워하지 않고 전공을 세워 안두후岸頭侯에 봉해졌다.[116]

영성寧成이 집에서 한가하게 지내고 있을 때 무제는 그를 군의 태수로 기용하려 했다. 그러자 어사대부 공손홍이 말했다.

"신이 산동에서 하급관리였을 때[117] 영성은 제남군의 도위였는데, 그가 백성

아후娥姁인데, 아마도 이 글자일 것이다."(『사기전증』)

113　왕태후王太后: 무제의 모친을 말한다.

114　"상당군 안 어느 현령으로 보임된 것인데, 역사에서 그 현의 이름을 빠뜨렸다."(『색은』)

115　수성군에게는 중仲이라는 아들이 있었는데 사람됨이 거만하고 횡포를 부렸다. "진자룡이 말하기를 '의종은 태후 때문에 관리가 되었으나 태후의 사가 친속을 체포하여 심판했으니, 공정함을 보임으로써 군주와 결합한 것이다'라고 했다."(『사기회주고증』) 『한서』에서는 '중仲'이 아닌 '중中'으로 기재하고 있다.

116　원삭 3년(기원전 127)의 일이다. 안두후의 봉지는 피지皮氏(지금의 산시山西성 허진河津 서쪽)였다.

117　"공손홍은 젊었을 때 설현에서 옥리를 담당했다."(『사기』 「평진후주보열전」)

을 다스리는 것이 흉악한 이리가 양떼를 모는 것과 같았습니다. 이런 사람에게 백성을 다스리는 일을 맡겨서는 안 됩니다."

무제는 이에 영성을 관도위關都尉[118]로 임명했다. 1년이 지난 뒤 관동의 각 군국에 소속되어 항상 무관武關을 출입하는 관리들 사이에 오가는 말이 있었다.

"새끼 호랑이를 젖먹이는 어미 호랑이를 만날지언정 영성의 노여움을 만나고 싶지 않다."

의종이 하내군에서 남양 태수로 전임되어 갈 때 영성의 집이 남양에 있다는 말을 들었다.[119] 의종이 무관에 당도하자 영성이 길옆에서 몸을 굽혀 공손히 영접했으나 의종은 의기양양해하며 답례를 하지 않았다.[120] 의종은 남양군에 당도하자마자 즉시 영씨 일족을 체포하여 심문했는데, 그의 집안을 산산조각 냈다. 영성 본인도 연루되어 죄를 얻게 되자 공씨孔氏, 포씨暴氏[121] 등의 무리와 함께 도망쳤다. 남양군의 관리와 백성은 모두 두려워하며 감히 움직이지 못했다.[122] 평씨현平氏縣[123]의 주강朱彊과 두연현杜衍縣[124]의 두주杜周는 의종의 발톱과 어금니 같은 심복이었는데, 임용되어 모두 정위의 사史[125]로 승진되었다. 당

118 관도위關都尉: 요새를 지키는 무관직으로, 함곡관과 무관에서 화물세를 거두고 왕래하는 여객을 조사하는 업무를 맡았다.
119 영성은 양현穰縣(지금의 허난성 덩저우鄧州) 사람이며, 양현은 남양군에 속했다. 남양군의 군치는 원현宛縣(지금의 허난성 난양南陽)이다.
120 "영성은 남에게 말할 수 없을 정도로 흉악한데, 의종에게 굽히는 것이 이와 같으니 의종의 흉악함이 영성보다 훨씬 더했음을 볼 수 있다."(『사기전증』)
121 공씨孔氏와 포씨暴氏는 남양군의 두 호족 성씨다. "서광이 말하기를 '공씨와 포씨 두 성은 대족大族이다'라고 했다."(『집해』)
122 원문은 '중족일적重足一迹'이다. "발을 모으고 서 있기에 선 자리에 하나의 족적만 있는 것으로, 지극히 두려워하며 감히 움직이지 못하는 상태를 말한다. 어떤 사람은 말하기를 사람들이 죄를 범할까 두려워하여 행동이 일치한 것으로 길을 걸을 때의 족적이 서로 겹치는 것과 같다고 했다."(『사기전증』)
123 평씨현平氏縣: 치소는 지금의 허난성 탕허唐河 동남쪽 지역이며 당시 남양군에 속했다. '氏'의 음은 'shi(씨)'이다.
124 두연현杜衍縣: 한나라 현으로 치소는 지금의 난양 서남쪽 지역이다.
125 원문은 '정사廷史'로, '정위사廷尉史'를 말한다. 『한서』에서는 '정위사廷尉史'로 기재되어 있다. '위尉'자가 빠져 있는 것이다."(『사기지의』)

시 한나라 군대가 여러 차례 정양군定襄郡[126]에서 출병하여 흉노를 정벌했는데, 정양군의 관리와 백성이 질서가 혼란스러워지고 법이 준수되지 않아서 조정에서는 다시 의종을 장양군 태수로 파견했다. 의종은 부임하자마자 중범죄자인데 가벼운 판결을 받고 정양군 감옥에 갇혀 있는 자[127] 200여 명과 사사로이 감옥에 들어와 그들을 돌보던 형제와 빈객 200여 명을 모조리 잡아들였다. 의종은 그들을 전부 잡아와 심문하고는 말했다.

"사형수를 위해 사사로이 형구刑具를 풀어줬다."[128]

그러고는 그날로 보고를 올리고 400여 명을 죽음에 처하게 했다.[129] 그 뒤로 정양군에서는 위아래가 놀라 춥지 않은데도 떨었고, 도리어 교활한 자들이 관부를 도와 지방의 치안을 유지했다.

이때 조우와 장탕은 모두 법 집행이 가혹했고 관직이 구경에 올랐으나 그들의 일처리는 오히려 관대했는데 이는 법률에 의거해 집행했기 때문이다. 그러나 의종의 사건 처리는 매가 공격하고 범이 뭇 짐승을 후려치듯이[130] 극악무도했

---

126 정양군定襄郡: 군치는 성락成樂(지금의 네이멍구 허린거얼和林格爾 서북쪽 투청즈土城子)이다. 한나라는 흉노를 정벌하면서 여러 차례 정양군에서 출정했는데, 원삭 6년(기원전 123), 원수 4년(기원전 119)에 위청의 두 차례 출병도 이곳에서 출발했다.

127 "중죄를 저지른 죄수인데 가벼운 죄수처럼 임시로 구금되었으니 아마도 옥리가 뇌물을 받고 법을 어겼을 것이다."(『사기전증』)

128 "『한서음의』에서 이르기를 '법률에 따르면 죄수들이 사사로이 질곡桎梏(고대의 형구로 발에 차는 것을 질, 손에 차는 것을 곡이라 했다. 현대의 수갑과 유사하다)과 칼을 벗어버리면 죄가 한 등급 더해지고, 남을 위해 형구들을 벗겨주면 같은 죄가 된다'고 했다."(『집해』)

129 원문은 '보살報殺'이다. 사형을 판결하고 즉시 참형에 처하는 것이다. 안사고는 말하기를 "보고한 다음 회답을 받고 사형을 선고하는 것이다"라고 했다. "『설문說文』에 '보報는 마땅히 죄인을 판결하는 것이다'라고 했다. 진인석은 이 구절을 '이날 모두 보고하고 400여 명을 죽인 것이다'라고 했다."(『사기전증』)

130 원문은 '응격모지鷹擊毛摯'다. 안사고는 말하기를 "매가 공격하듯이 깃털을 펼치며 나는 새를 잡는 것과 같음을 말한 것이다"라고 했다. 그러나 "나카이 리켄이 말하기를 '모毛는 짐승으로 범과 표범 종류를 가리키는데, 다른 짐승을 후려쳐서 죽이는 것을 말한다'고 했다."(『사기회주고증』) 역자는 나카이 리켄의 견해가 더 타당하다고 판단했다. "장탕과 조우에 비하여 의종의 흉악함은 더 심하여 법률을 돌아보지 않고 제멋대로 사람을 죽이는 것을 말한다."(『사기전증』)

다. 그 뒤로 오수전과 백금이 사용되자 민간에서는 위조하는 일이 발생했는데,[131] 도성 장안에서 더욱 심했다. 그리하여 무제는 의종을 우내사에 임명하고 왕온서王溫舒를 중위로 임명했다. 왕온서는 지극히 흉악했는데 어떤 일을 하려 할 때 의종에게 미리 알리지 않았으며, 이에 의종은 그를 업신여기고 그 공적을 훼손시켰다.[132] 의종이 일을 처리하면서 의지한 것은 많은 사람을 죽인 것이고, 결과적으로 일시적인 안정만 성취했을 뿐 실제로는 나쁜 짓을 하여 법을 어기는 자가 갈수록 많아졌다. 그리하여 조정에서는 직지直指[133]라는 사자를 각지에 파견하기 시작했고, 이들로 하여금 도적을 잡도록 했다. 당시 관리들은 법을 어기는 사람을 참살하고 구속하는 처벌에 힘썼는데, 염봉閻奉은 흉포한 수단을 사용하여 중용되었다. 의종은 사람됨이 청렴했고 그가 다스리는 방법은 질도를 본받았다. 한번은 무제가 정호鼎湖로 행차했다가 그곳에서 오랫동안 앓았다.[134] 병이 갑자기 완쾌되어 감천궁으로 행차하는데 도로가 대부분 정비되지 않은 것을 보고는 화를 내며 말했다.

---

131 "사사로이 돈을 주조하여 마땅히 사형에 처해져야 할 자들이 수십만 명에 이르렀고, 발각되지 않은 실제로 죽을죄를 범한 사람은 셀 수 없이 많았다. 자수하여 죄를 사면 받은 자가 대략 100여 만 명인데, 이러한 수치는 실제 죄를 저지른 자의 절반에 불과했을 만큼 천하에 많은 사람이 사사로이 돈을 주조했다."(「평준서」)

132 "조정에서 의종을 우내사로 삼은 것은 도성의 행정을 주관하게 함이고, 왕온서를 중위로 삼은 것은 도성의 치안을 주관하게 함이다. 이같이 한 목적은 두 사람이 협조하여 장안의 질서를 다스리게 한 것인데, 의종이 고의로 트집을 잡아 싸우니 두 혹리의 내부 충돌이 일어난 것이다."(『사기전증』)

133 직지直指: 조정에서 임시로 파견한 어사대부 소속의 시찰 인원으로, 간사하고 교활한 죄를 다스리고 큰 사건을 판결했으며 사치 등을 감찰했다. 관리 등급은 높지 않으나 권력은 대단히 컸다. '수의직지繡衣直指'라고도 하는데, '직지'란 사사로운 인정에 사로잡히지 않고 있는 그대로 일을 처리한다는 뜻이다. "어사대부 장탕이 총애를 받아 권력을 장악하자 감선減宣, 두주 등이 어사중승으로 임명되었고 의종, 윤제尹齊, 왕온서 등은 법 집행을 잔혹하게 하여 구경의 지위에 올랐으며, 이에 수의직지 하란夏蘭 같은 사람도 조정에서 파견되었다."(「평준서」)

134 원수 5년(기원전 118)의 일이다. 정호鼎湖는 지금의 허난성 링바오靈寶 서쪽 지역이다. "황제黃帝가 일찍이 이곳에서 구리를 채굴하여 정鼎을 주조했는데, 정이 완성되자 용이 하늘로부터 내려왔고, 황제가 용을 타고 떠났다고 전해진다."(『사기전증』)

"의종은 내가 다시는 이 길을 가지 못할 것이라 생각했단 말인가?"135

이때부터 무제는 내심 괘씸하게 여겼다. 이해 겨울이 되자 마침 자산 신고를 성실하게 하지 않은 자를 고발하는 고민告緡136 제도를 실행했는데 양가楊可가 그 일을 주관하고 있었다. 의종은 이러한 제도는 백성을 혼란스럽게 만드는 것으로 여겼기 때문에 관리를 파견해 양가를 위해 힘쓴 자들을 체포했다.137 무제는 이 일을 보고받자 두식杜式을 파견하여 의종을 심문하게 했으며, 황제의 명령을 거역하고 정부가 시행한 정책을 파괴한 죄명으로 의종을 기시 형벌에 처했다. 1년 뒤에 장탕도 죽었다.138

왕온서王溫舒는 양릉陽陵139 사람이다. 젊었을 때 그는 사람을 몽둥이로 때려 죽이고 매장하는140 나쁜 짓을 저질렀다. 그 뒤에 현의 정장亭長을 맡았지만 중

135   당시 의종은 우내사였고 감천산甘泉山은 그의 관할 구역이었는데 도로가 정비되지 않았으므로 무제가 그를 원망한 것이다.
136   고민告緡: 관리와 백성이 상공업자의 실제적인 자산 신고를 하지 않는 것에 대한 고발을 장려한 제도다. 원정 3년(기원전 114)에 처음 시행되었는데, 여기서는 이후의 일이므로 마땅히 '산민算緡'이라고 해야 한다. 즉 상공업자의 자산에 따른 세금 부과를 말한다. 무제 원수 4년(기원전 119) 정부는 상공업자들에게 명령하여 보유하고 있는 동산과 부동산을 추산하도록 명령했는데, 민전緡錢이라고 부른다. '민緡'은 돈을 꿸 때 사용하는 노끈을 말한다. 상인들은 민전 2000문마다 민세緡稅 1산算(120문)을 징수했고, 수공업자는 민전 4000문마다 1산을 징수했다. 재산을 민전으로 환산하지 않거나 적게 추산하면 민전을 몰수하고 1년 동안 변경의 노역을 내렸다. 이것이 곧 산민算緡으로, 고발하는 자에게는 민전의 절반을 상으로 하사했다. 그러나 은밀하게 재산을 감추는 사람들이 많았기에 원정 3년(기원전 114)에 무제는 양가楊可를 시켜 '고민'을 주관하게 했다.
137   "하작何焯이 말하기를 '양가를 위해 일하는 자들을 체포한 것은 그를 업신여기고 그의 공적을 훼손시키는 것으로, 백성을 위한 것이 아니다'라고 했다."(『사기회주고증』) "여기서는 원수 5년의 겨울인데, 『한서』 「무제기」에서는 원정 3년 11월에 백성에게 명을 내려 상인들이 실제적인 자산 신고를 하지 않는 것을 고발하게 한 것은 무엇 때문인가?"(『사기지의』) "태사공은 이 부분에 대한 기록을 잘못 확인한 것으로 보인다."(『사기전증』)
138   "1년은 마땅히 2년이라고 해야 한다. 「공경표」에 따르면 의종은 원수 5년(기원전 118)에 기시 형벌에 처해졌고, 장탕은 원정 2년(기원전 115)에 죽었다."(『사기지의』)
139   양릉陽陵: 한나라 현으로 치소는 지금의 시안西安 동북쪽 지역이다. 경제의 능묘 소재지로 현이 설치된 것이다.
140   원문은 '추매椎埋'로, 두 가지 해석이 있다. "서광이 말하기를 '사람을 몽둥이로 때려죽이고 매장

간에 여러 차례 파면되었다. 그 뒤 법을 집행하는 하급관리가 되었는데 판결을 잘해서 정사廷史[141]가 되었다. 장탕 밑에서 일하다가 다시 어사로 승진되었다. 이 기간에 그는 도적을 체포하는 일을 감독했는데 많은 사람을 죽이고 다치게 했으며, 점차 승진해 광평군廣平郡[142] 도위에 이르렀다. 그는 부임한 뒤 광평군 안에서 10여 명의 담대하고 용감한 자들을 자신의 종으로 뽑아 자신의 어금니와 발톱 같은 심복으로 삼았다. 그는 이들이 죄를 저지른 약점을 쥐고서 그들을 파견해 다른 도적들을 잡게 했는데, 그가 잡고 싶은 자는 누구든 잡아들일 수 있었다. 그가 부리는 어금니와 발톱 같은 심복들은 설사 100여 가지의 죄상이 있어도 처벌받지 않았지만, 그들 중 꺼리는 자가 있으면 왕온서는 핑계거리를 찾아내 당사자와 가족을 몰살시켰다. 이러한 방법 때문에 제齊와 조趙 사이의 교통 요충지[143]에서 활약하는 도적들은 감히 광평군에 접근하지 못했고, 그리하여 광평군에서는 길에 물건이 떨어져도 줍는 사람이 없을 정도였다. 무제는 이 소식을 듣고는 왕온서를 하내 태수로 승진시켰다.

왕온서는 광평군에 재직하고 있을 때 이미 하내군에서 어느 집안이 횡포하며 사악한지 알고 있었다. 왕온서는 9월에 하내군에 부임했는데, 오자마자 하내군 안에 50필의 말을 갖추어 하내에서 장안으로 가는 큰길에 약간의 역참을 개설했다.[144] 그리고 부서와 관리는 광평군에 있을 때와 같은 방식으로 운용하여 군 내의 횡포하고 교활한 무리를 잡아들였는데, 연루되어 죄를 지은 자가 1000여 가구나 되었다. 그는 황상에게 상서를 올려, 죄가 무거운 자는 멸족시키

한 것이다. 혹자는 무덤을 파헤친 것이라 했다'고 했다."(『집해』) 안사고는 "사람을 몽둥이로 때려죽이고 매장했다"고 했다. 역자 또한 안사고의 견해에 따랐다.

141　앞에서와 마찬가지로 정사廷史는 '정위廷尉의 사史'를 말한다.

142　광평군廣平郡: 군치는 광평현廣平縣(지금의 허베이성 지쩌雞澤 동남쪽)이다.

143　원문은 '교郊'로, "안사고는 말하기를 '교통의 요충지'라고 했다. 광평군의 서남쪽은 조나라와 가까웠고, 그 동쪽은 제 땅의 여러 군국과 이웃하고 있다."(『사기전증』)

144　한나라 제도에서는 30리마다 역참을 설치했다.

고 가벼운 자는 본인만 죽음에 처하며 가산을 모두 몰수하여 약탈하고 강점한 돈을 변상하게 해야 한다고 했다. 그가 매번 보고한 공문은 2~3일 안에 비준되어 범죄자를 처결했는데, 그들이 흘린 핏물이 10여 리에 달했다. 하내군의 사람들은 그가 보고한 것마다 비준되는 것이 어찌 이토록 신속한지 괴이하게 여겼다.[145] 12월 말이 되자[146] 군 안은 쥐 죽은 듯 조용했고 누구도 감히 밤에 돌아다니지 않았으며, 사방 향촌에는 개를 짖게 하는 좀도둑도 사라졌다. 인근 군현과 제후국으로 달아나 체포하지 못한 범죄자들도 기다렸다가 잡아오곤 했는데, 형벌을 중지하는 봄이 되자 왕온서는 발을 동동 구르며 탄식했다.

"아, 겨울을 한 달만 더 연장한다면 나의 일을 완수할 수 있을 텐데!"[147]

그는 이같이 살생을 좋아하고 위세를 부렸으며 사람의 목숨을 아깝게 여기지 않았다. 그러나 무제는 이 소식을 들은 뒤 그를 유능하게 여겨 중위로 승진시켰다.[148] 도성에 당도한 왕온서는 하내군에서 하던 방식으로 다스리면서 간사하고 악독한 관리를 구해 자신의 일처리를 돕게 했는데, 하내군에서 데리고 온 양개楊皆와 마무麻戊가 있었고 관중에서 새로 기용한 양공楊贛과 성신成信 등이 있었다. 의종이 내사였을 때 왕온서는 그를 두려워했기 때문에 감히 마음대로 처결하지 못했다. 의종이 죽임을 당하고 장탕이 무너진 뒤 왕온서가 정위로 승진했고 윤제尹齊가 이어서 중위가 되었다.[149]

윤제尹齊는 동군東郡 치평茌平[150] 사람이다. 그는 문서를 관장하는 한낱 도필

---

145 "그가 역참을 준비해둔 역로驛路(관리들의 왕래를 위해 개설한 도로)가 있으므로 이처럼 신속한 것이었다."(『사기전증』)
146 "왕온서가 9월에 하내군에 부임하여 12월에 되었다는 것은 불과 4개월밖에 지나지 않았다는 것으로, 그 효과가 빠름을 말한 것이다."(『한서규관』)
147 한나라는 유가 존중했고, 유가에서 봄은 만물이 생장하는 계절이라 사형범의 처결은 모두 가을 이후에 시행되었다. 봄이 오면 잠시 중지했다가 가을이 오기를 기다렸다가 다시 처결했다.
148 원수 4년(기원전 119)의 일이다.
149 왕온서가 정위가 되고 윤제가 중위가 된 것은 모두 원정 3년(기원전 114)의 일이다.

리였으나 점차 승진하여 어사가 되었다. 그는 일찍이 장탕 밑에서 일했는데, 장탕은 여러 차례 그의 청렴함과 과감함을 칭찬하여 도적 잡는 일을 감독하게 했다. 그는 황제의 인척일지라도 참살하기를 주저하지 않았다. 뒤에 관도위關都尉[151]로 승진했을 때 가혹한 명성은 영성보다 더 심했다. 무제는 그를 유능하다고 여겨 중위로 승진시켰고, 이때부터 관중에서 관리와 백성의 생활은 갈수록 빈곤하고 고단했다. 윤제는 융통성이 없고 겉치레를 못했기 때문에 흉악하고 교활한 관리들도 모두 몸을 사렸으며, 선량한 관리들은 일을 해도 이룰 수 없었기 때문에 허다한 일들을 그르쳤다. 이에 윤제도 벌을 받았다. 무제는 다시 왕온서를 중위로 전임시켰고,[152] 일처리가 가혹한 양복楊僕이 주작도위가 되었다.

양복은 의양宜陽[153] 사람이다. 그는 천부千夫[154] 작위가 있었기 때문에 선발되어 관리가 되었다. 하남 태수가 그를 유능하게 여겨 추천했고, 자리를 옮겨 어사에 오르자 조정에서는 그를 관동으로 파견해 도적 잡는 것을 감찰하도록 했다. 양복은 윤제를 본받아서 다스리는 방식이 과감하여 맹금이 후려치듯 처리했다.

---

150 동군東郡의 군치는 복양濮陽(지금의 허난성 푸양濮陽 서남쪽)이다. 치평茌平은 한나라 현으로 치소는 지금의 산둥성 츠핑茌平 서남쪽 지역이다.
151 원문은 '관내도위關內都尉'로 되어 있다. 그러나 『한서』에서는 '관도위關都尉'로 기재하고 있고, 『사기회주고증』에서도 '내內'자는 불필요한 글자라 했다. 함곡관 혹은 무관의 도위를 말한다. 역자 또한 『한서』의 견해에 따라 번역했다.
152 윤제가 중위에서 파직당하고 왕온서가 다시 중위가 된 것은 모두 원정 4년(기원전 113)의 일이다.
153 의양宜陽: 한나라 현으로 치소는 지금의 허난성 이양宜陽 서북쪽 지역이다. 하남군에 속했다.
154 천부千夫: 무공武功 작위명이다. "무공작武功爵의 일곱 번째 등급인 천부千夫는 진나라의 오대부五大夫(진나라 20등급 가운데 아홉 번째 등급) 등급과 동등한 대우를 누린다. 작위를 살 수 있는 최고 등급은 최고 여덟 번째 등급인 악경樂卿까지다."(「평준서」) "신찬臣瓚이 이르기를 『무릉중서茂陵中書』에 무공작이 있는데, 첫 번째 등급은 조사造士, 그 다음은 한여위閑輿衛, 양사良士, 원융사元戎士, 관수官首, 병탁秉鐸, 천부千夫, 악경樂卿, 집융執戎, 좌서장左庶長, 마지막 열한 번째 등급은 군위軍衛다. 이것은 무제가 제정한 것으로 무공을 총애하는 것이다'라고 했다."(『집해』) 이 작위가 있는 자는 군대 복역이 면제되었다. 무공 작위는 당시 군사비용이 부족했기 때문에 돈과 곡식을 내고 살 수 있는 작위였으므로 부유한 평민은 대부분 이 작위를 갖고 있었다.

그는 점차 승진하여 주작도위가 되었고 구경의 대우를 받았다. 무제 또한 그를 유능하다고 여겨 남월이 반란을 일으켰을 때 누선장군으로 임명했는데, 토벌의 공적이 있어 장량후將梁侯에 봉해졌다. 그 뒤 좌장군 순체와 함께 조선 정벌에 나섰다가 좌장군에게 포박되었다.[155] 몇 년 뒤에 병으로 죽었다.[156]

왕온서는 다시 중위가 되었다. 그는 글 쓰는 재능이 부족하여 다른 직무를 담당했을 때는[157] 흐릿하고 일처리를 제대로 하지 못하다가 중위가 되어서는 마음을 펼 수 있게 되었다. 그는 도적을 체포하는 일을 감찰했는데, 관중의 풍속에 익숙하고 그 지역의 흉포하고 교활한 관리들을 알고 있었기에 흉악한 관리들은 그를 위해 힘껏 일했으며 계책을 바쳤다. 이 관리들은 가혹하고 악독했는데 그들은 익명으로 투서하여 고발하는 상자를 설치하고 사람들에게 고발을 장려했으며, 또 맥락장伯格長[158]을 설치하여 그들로 하여금 나쁜 짓을 하며 법을 어기는 자들을 감독하게 했다. 왕온서는 사람됨이 아첨에 능해 권세가들에게는 힘껏 비위를 맞추어 섬겼고 권세가 없는 사람에게는 노예 대하듯 했다. 권세 있는 집안은 비록 죄악이 산처럼 쌓여 있어도 절대로 범하지 않았고 권세 없는 집안은 비록 황제의 인척일지라도 반드시 모욕을 주었다. 그는 법률 조문을 왜곡하여 교활한 하층민을 다스리면서 권세를 믿고 횡포 부리는 큰 세력에게 경고

---

155 이 문장에는 누락된 문장이 있다. 『사기』 「조선열전」에 따르면 원봉 2년(기원전 109)에 조선이 요동 도위를 공격해 죽이자 한나라는 좌장군 순체와 누선장군 양복으로 하여금 두 갈래 길로 나누어 조선을 남북으로 협공하게 했다. 두 장수는 공을 다투다 순체가 양복을 포박했다. 그 뒤 무제는 순체를 주살했고 양복은 속죄금을 내고 평민이 되었다.

156 원문은 '居久之, 病死'이다. 그러나 『한서』에서는 '還, 免爲庶人, 病死(조선에서 돌아온 뒤 면직되어 평민이 되었고, 병으로 죽었다)'라고 기재하고 있다.

157 원문은 '거정居廷'이다. 『한서』에서는 '거타居它(다른 관직에 있다)'로 기재하고 있는데, 안사고는 말하기를 "다른 관직에 있으면 마음이 답답하고 직무를 제대로 처리하지 못하는 것을 말한다"고 했다. 장문호의 『찰기札記』에서도 "『사기』의 오류로 의심 된다"고 했다. 역자 또한 '거정居廷'은 오류로 판단하여 『한서』의 기재에 따랐다.

158 맥락장伯格長: 마을 사람을 감독하는 하급관리다. "伯의 음은 천맥阡陌이고 格의 음은 촌락村落이다. 천맥과 촌락에 모두 장을 설치한 것을 말한다."(『색은』) 『한서』에서는 '맥락장伯落長'으로 기재하고 있다. 역자는 '伯格'의 음을 『색은』에 따랐다.

하며 위협했다.159 그가 중위로 있을 때 일을 처리하는 방법이 모두 이와 같았다. 간교한 무리에 대해 그는 철저하게 다스렸는데 잡혀 들어가면 대부분 살이 찢기고 터지도록 두들겨 맞아 감옥 안에서 죽었기 때문에 판결을 받고 살아서 나온 자가 없었다. 그의 어금니와 발톱 같은 무리들은 모두 마치 관을 쓴 호랑이와 같았다.160 그리하여 중위가 관할하는 범위에서 중등 이하의 악인들은 모두 온순해졌고 권세 있는 자들은 그의 명성을 퍼뜨리면서 잘 다스린다고 칭찬했다. 몇 년이 지나자 그의 부하 관리 대부분은 권력을 이용해 부유해졌다.

왕온서가 동월을 토벌하고161 돌아온 뒤 무제의 뜻에 맞지 않는 의론을 내자 사소한 법을 어긴 죄로 면직되었다. 이때 무제는 마침 통천대通天臺162를 건설하려 했으나 인력이 부족했다. 그러자 왕온서는 중위가 관할하는 영역 안에 노역을 피해 도망친 자들을 조사하게 해달라고 청하여 수만 명을 색출했다. 무제는 매우 기뻐하며 왕온서를 다시 소부로 임명했다. 뒤에 다시 우내사로 전임되었는데, 그는 여전히 과거에 했던 방법을 사용하되 나쁜 짓을 저지르는 자들을 조금만 잡아들였다. 그 뒤에 그는 또 다시 법을 어겨 면직되었다. 오래지 않아 다시 우보右輔163가 되었고 중위의 직권을 대리했는데, 일을 처리하는 방법은 종전과 같았다.

1년이 지났을 무렵 대원大宛을 정벌하고자 무제는 사납고 과실 있는 관리들을 불러들여 대오에 편입시키도록 명령을 내렸는데, 왕온서는 수하였던 화성華

---

159 원문은 '이훈대호以燻大豪'다. 훈燻은 훈熏(연기를 피우다)과 같다. "동빈이 말하기를 '훈은 크게 연기를 피워 압박하는 것을 말한다. 지금 사람들이 쥐구멍에서 쥐를 잡을 때 불로 공격하듯이 왕온서는 세력 있는 집안을 잡을 수 없으므로 하층민을 교묘한 말로 모함하면서 연기를 피워 횡포를 부리는 큰 세력을 압박함으로써 그들을 두려움에 떨게 할 뿐이다'라고 했다."(『사기평림』)

160 안사고는 말하기를 "매우 잔인하고 포악하여 인정이 없음을 말한다"라고 했다.

161 원정 6년(기원전 111)의 일이다.

162 통천대通天臺: 감천산에 있으며 원봉 3년(기원전 108)에 건설되었다. "감천궁에 통천경대通天莖臺를 건설하고 대 아래에 제사에 사용하는 예기를 벌여놓고 신령을 부르려 시도했다."(『봉선서』)

163 우보右輔: 우내사右內史를 말하며 우부풍右扶風이라고도 한다. 다스리는 구역은 도성 교외 지역의 서부다.

成을 숨겨주었다. 나중에 어떤 사람이 왕온서가 기병으로 징집될 자에게 뇌물을 받고 종군을 면제해줬으며 불법적으로 이익을 꾀했다고 고발했는데, 그 죄가 멸족에 이르는 것이었기에 왕온서는 자살을 택했다.[164] 그때 왕온서의 두 동생과 두 제수의 친정 또한 다른 죄로 멸족되었다. 이에 광록훈 서자위徐自爲[165]가 말했다.

"슬프도다, 예로부터 삼족을 멸하는 죄가 있었지만 왕온서는 동시에 오족五族[166]이 멸하게 되었다!"

왕온서가 죽었을 때 그의 재산은 천금이나 되었다.[167] 몇 년 뒤 윤제 또한 회양淮陽 도위로 재직 중에 병으로 죽었는데, 그의 재산은 50금도 되지 않았다. 그러나 그는 회양에서 많은 사람을 죽였기 때문에 그가 죽었을 때 원한을 품은 집안에서 그의 시체를 불태우려 하자, 윤제의 집안사람들은 남몰래 시신을 그의 고향으로 옮겨 장사지냈다.[168]

왕온서 등이 흉악하고 악독한 수단으로 치안을 유지한 이래로 군 태수, 도위와 제후국의 2000석 등급의 관료들은[169] 정치적 업적을 높이려 했고, 대체로

---

164 왕온서는 태초 원년(기원전 104)에 자살했다.

165 서자위徐自爲: 무제의 장령으로 일찍이 흉노 정벌과 강인羌人에 대한 작전에 참여했고, 명을 받아 북방 변경에 성을 축조했다.

166 안사고는 말하기를 "왕온서는 동생과 함께 삼족인데, 두 처가가 각기 1족이므로 오족이다"라고 했다.

167 "질도와 장탕 등은 비록 가혹했지만 탐하지는 않았는데, 왕온서에 이르러서는 가혹한데다 탐하기까지 했다."(『사기전증』)

168 원문은 '시망거귀장尸亡去歸葬'이다. "서광이 말하기를 '윤제가 죽어 아직 염을 하지 않았는데, 원수의 집안에서 시체를 불태울까 두려워 시신 또한 나는 듯이 도망쳤다'고 했다."(『집해』) "집안사람은 원수가 그의 시신을 불태우려 하자 남몰래 시신을 가지고 도망쳤을 따름이다."(『논형』 「사위편死僞篇」) "태사공의 문자가 착오가 있어 내포된 뜻이 분명하지 않아 후세 사람이 추리해서 말한 것이다."(『사기전증』) "그의 처가 그의 시신을 가지고 도망쳐 고향에 안장시켰다."(『한서』) 비교적 『한서』의 문장이 매끄럽다.

169 제후국의 부傅와 상相을 가리킨다. 부와 상은 각각 제후왕의 훈도를 맡고 제후국의 정무를 주관했다.

왕온서의 방법을 모방했다. 그러나 관리와 백성의 범법 행위는 갈수록 많아졌고 도적 또한 더 늘었다. 남양에는 매면梅免과 백정白政이 있었고, 초 땅에는 은중殷中과 두소杜少가 있었으며, 제 땅에는 서발徐勃이 있었고, 연과 조 땅에는 견로堅盧와 범생范生 등의 무리가 있었다.[170] 그들 가운데 세력이 큰 무리는 수천 명에 달했는데, 제멋대로 왕이라 칭하고 성읍을 공격해 무기고의 병기를 탈취해 갔다. 감옥에 있는 사형수를 석방하고 태수와 도위를 결박해 모욕했으며 2000석 관원을 살해했을 뿐만 아니라 격문을 발포해 각 현의 관리들에게 양식을 준비해놓으라고 명령했다. 수백 명의 소규모 도적떼가 각 향촌에서 약탈하는 경우는 수를 셀 수 없을 정도로 많았다. 이에 무제는 어사중승과 승상장사 등을 파견해 도적 체포를 독촉하게 했지만 근절하지 못했다.[171] 그러자 무제는 다시 광록대부光祿大夫[172] 범곤范昆과 삼보도위三輔都尉[173] 및 일찍이 구경의 지위에 있었던 장덕張德 등에게 특별히 제작한 비단옷을 입히고 손에 부절과 호부虎符를 지니고 군대를 징발하여 공격하게 했다. 규모가 큰 군에서 도적을 진압한 경우 1만 명 이상을 참살했고, 법에 따라 도적에게 음식물을 제공한 자들도 처결했다. 적지 않은 군현이 이에 연루되었는데, 때로는 한꺼번에 수천 명이 죽임을 당하기도 했다. 몇 년 뒤에야 비로소 그들의 수령을 체포할 수 있었다. 그러나 흩어졌던 졸개들은 험준한 산천으로 들어가 다시 도처에서 무리를 결성했는데,

---

170 "무제 말기 각 지역의 농민 기의起義 인명이다. 『사기』 『한서』 『염철론』 「대론편大論篇」 세 곳이 모두 각기 다르다. 백정白政을 『염철론』에서는 백정伯正이라 했다. 단중段中을 『사기』에서는 은중殷中이라 했다. 두소杜少는 『사기』와 『한서』는 같은데, 『염철론』에서는 응소應少라 했다. 서발徐勃도 『사기』와 『한서』는 같은데, 『염철론』에서는 서곡徐穀이라 했다. 견로堅盧도 『사기』와 『한서』는 같은데, 『염철론』에서는 곤로昆盧라 했다. 범주范主를 『사기』에서는 범생范生이라 했다."(『한서신증』)

171 어사중승은 어사대부 소속이고 승상장사는 승상 수하의 고위 관원으로, 두 부서에서 관리를 파견하여 각지 정부에 도적 소탕을 독촉하게 했으니 당시 사태가 급박했음을 알 수 있다.

172 광록대부光祿大夫: 전국시대의 중대부가 한 무제 때 광록대부로 변경된 것이다. 고문顧問과 의론을 관장했으며 광록훈에 속했다.

173 삼보도위三輔都尉는 무제 원정 4년에 설치되었다. 좌보도위左輔都尉, 우보도위右輔都尉, 경보도위京輔都尉로 모두 중위 관할에 속했다.

관부에서는 다스릴 수 없었다. 이에 '침명법沈命法'[174]을 제정하여 다음과 같이 규정했다.

무리를 이룬 도적떼가 출현했을 때 적발하지 못하거나 보고하지 않고, 혹은 적발하고 보고한 뒤 일정 수의 도적을 체포하지 못하면 위로는 2000석에서부터 아래로 하급관리까지 모두 죽음에 처하겠다.

이때부터 하급 관원들은 죽음이 두려워 도적이 있어도 감히 보고하지 못했다. 또 보고를 받아도 잡지 못할까 두려워했고, 자신이 조사를 받게 되면 상급인 군부郡府에까지 연루되었기에 상급 군부는 하급관리에게 말하지 못하게 했다. 그리하여 도적떼는 갈수록 많아졌고 상하 관리들이 서로 속이면서 모두 허위 문서를 만들어 법률의 책임을 피했다.[175]

감선減宣은 양현楊縣 사람이다. 그는 현에서 좌사佐史로 일하면서 능력을 발휘하여 하동군 태수의 관아에 발탁되어 일하게 되었다. 대장군 위청이 하동에 말을 사러 왔다가 감선의 일처리를 보고는 무제에게 추천했고, 이에 대구승大廐丞[176]에 임명되었다. 감선은 또 일처리를 잘해 점차 승진하여 어사와 어사중승까지 이르렀다.[177] 무제가 그를 파견해 주보언과 회남왕의 모반 사건[178]을 심리하게 하자, 그는 세세한 법조문을 이용해 깊이 파헤치고 중형을 판결하여 많은 사

---

174 침명법沈命法: "응소가 말하기를 '침沈은 몰沒이다. 감히 도적을 은닉하는 자는 그 목숨을 거두는 것을 말한다'고 했다. 심흠한은 말하기를 '서로 연루시켜 함께 죽이는 것을 말한다'고 했다."(『사기회주고증』)

175 "서광이 말하기를 '거짓으로 허위문서를 만들어 도적이 없다고 말한 것이다'라고 했다."(『집해』)

176 대구승大廐丞: 태구령太廐令의 부관으로 태복太僕에 속했으며 황제를 위해 말을 관리했다.

177 "감선이 어사중승이 된 것은 마땅히 원삭 2년(기원전 127) 이전이다."(『사기전증』)

178 주보언의 안건을 조사한 것은 원삭 2년(기원전 127)의 일이고, 회남왕의 모반 사건을 다스린 것은 원수 원년(기원전 122)의 일이다.

람을 사형에 처했는데 의심스런 사건을 과감히 잘 처리한다는 칭찬을 들었다. 이 뒤로 몇 차례 파직되었다가 재차 기용되어 어사와 어사중승으로 일한 기간이 거의 20년에 달했다.[179] 왕온서가 중위에서 면직되었을 때 감선은 좌내사에 임명되었다.[180] 그는 정무를 처리할 때 쌀, 소금 따위를 다루는 자질구레한 업무는 물론 크고 작은 모든 일을 자기 손으로 처리했다. 심지어 자신의 관할인 각 현의 관원과 물자도 직접 관장했는데 내사부의 관리와 좌내사 소속의 현령과 현승은 그가 규정한 것을 마음대로 바꿀 수 없었으며, 이를 어기면 무겁게 처벌했다. 그가 일한 몇 년 동안 다른 군에서는 단지 작은 성과만 있었지만 감선만이 작은 힘으로 큰 성과를 이루어냈다.[181] 이러한 방법은 보편적으로 추진하기 어려운 것이었다. 뒤에 감선은 파직되었으나 다시 기용되어 우부풍右扶風이 되었다.[182] 뒤에 그는 성신成信[183]과 원한이 있었는데, 성신이 상림원으로 도망쳐 숨자 감선은 즉시 미현郿縣[184]의 현령을 파견하여 성신을 죽이게 했다. 관리들이 성신을 죽이려 화살을 쏘았는데 화살이 상림원의 문에 명중했다. 이로 인해 감선은 하옥되었으며 대역부도의 죄를 판결 받아 멸족을 당하게 되자 감선은 스스로 목숨을 끊었다.[185] 이에 두주杜周가 중용되었다.

179 「두주전杜周傳」에 이르기를 '두주와 감선은 서로 돌아가며 10여 년간 어사중승을 담당했다'고 했다.(『한서규관』)
180 「공경표」에 따르면 왕온서가 중위에서 면직된 것은 원정 6년(마땅히 5년이라고 해야 한다)이고, 감선이 좌내사가 된 것은 원봉 원년이다.(『한서보주』) "원봉 6년(기원전 105)에 왕온서는 다시 중위에 임명되었고 당시 감선은 여전히 좌내사로 있었으니 두 명의 혹리는 일정 시간 동안 공동으로 장안성을 다스린 것이다."(『사기전증』)
181 "도적을 체포하고 치안을 유지하는 방면에서 작은 힘만 쓰고도 큰 효과를 이룬 것을 가리킨다." (『사기전증』)
182 감선이 우부풍이 된 것은 태초 원년(기원전 104)이었다.
183 "성신成信은 일찍이 왕온서를 섬겼고 그의 어금니와 발톱 같은 수하였다."(『사기전증』) 그러나 『한서』에서는 '기리성신其吏成信'으로 기재하여 '감선 자신의 관리'라 했다.
184 미현郿縣: 한나라 현으로 치소는 지금의 산시陝西성 메이현郿縣 동북쪽 지역이다. 당시에 우부풍에 속했다.
185 감선이 자살한 때는 태초 3년(기원전 102)이었다.

두주杜周는 남양南陽 두연杜衍 사람이다. 의종이 남양 태수로 있을 때, 두주는 의종의 어금니와 발톱 같은 심복이었다. 뒤에 정위사로 천거되어 장탕을 위해 일하자 장탕은 여러 차례 무제에게 그의 유능함을 칭찬했다. 그리하여 어사가 되었다. 무제는 두주를 파견해 변경 군현에서 적의 침략으로 손실된 병력과 물자를 조사하게 했는데,[186] 그의 판결로 죽임을 당한 사람이 매우 많았다. 그가 보고한 내용이 무제의 뜻에 부합되어 중용되었고, 그와 감선은 서로 돌아가며 10여 년간 어사중승을 담당했다.[187]

두주의 일처리는 감선과 서로 비슷했지만, 두주는 비교적 민첩하지 못했고[188] 표면상으로는 관대했지만 안으로는 뼛속 깊이 잔혹했다. 감선이 좌내사였을 때 두주는 정위가 되었다.[189] 두주의 일처리 방식은 대체적으로 장탕을 본받았으며 무제의 의도를 잘 살피고 예측했다. 무제가 누군가를 내치고자 하면 죄명을 조작하여 모함했고, 무제가 누군가를 관대하게 풀어주고자 하면 그는 고의로 일을 처리하지 않고 있다가 무제가 물었을 때 당사자의 억울한 정황을 드러냈다. 빈객 가운데 어떤 자가 두주를 책망하며 말했다.

"그대는 황제를 위해 사리의 옳고 그름을 판결해야 하는데, 삼척법三尺法[190]을 따르지 않고 오로지 황상의 안색만 살펴 일을 처리하니, 판결을 어찌 이와 같이 하시오?"

두주가 말했다.

"삼척법은 어떻게 제정된 것인가? 전대의 군주가 옳다고 하여 기록한 것이 율

---

186 "변경 군현이 만일 방어를 제대로 하지 못해 흉노의 공격을 받았을 때 병사와 재물을 많이 잃으면 군현 장관이 마땅히 처벌을 받아야 했다."(『사기전증』)
187 두주가 어사중승이 된 것은 원봉 원년 이전이다.
188 원문은 '중지重遲'다. 안사고는 말하기를 "지지遲遲는 성정이 민첩하지 않음을 말한다"라고 했다. 『한서』에서는 '소언중지少言重遲(말수가 적고 민첩하지 못하다)'로 기재하고 있다.
189 두주는 원봉 3년(기원전 109)에 정위가 되었다.
190 삼척법三尺法은 율령을 말한다. "『한서음의』에서 이르기를 '삼척三尺의 죽간에 법률을 적은 것이다'라고 했다."(『집해』)

律이고 후대의 군주가 옳다고 한 것이 령令이오. 당시에 옳다고 하는 것이 옳은 것이거늘 어찌하여 옛 법만 따라야 한단 말이오?"

두주가 정위가 되었을 때 조옥詔獄 또한 더욱 많아졌다. 2000석의 고관으로 하옥된 자들은 이전에 갇힌 자들이 나가지 못하고 새로운 자들이 또 들어와 100여 명에 달했다. 각 군국郡國과 승상부에서 정위에게 넘긴 심리 안건이 1년 동안 1000여 건에 이르렀다. 안건이 큰 경우에 연루되어 체포된 자가 수백 명이고 안건이 작은 경우도 수십 명에 달했는데, 멀리는 수천 리 떨어진 곳에서 도성으로 압송되었고 가까이는 수백 리 떨어진 곳에서 끌려왔다. 심판할 때는 법관이 핍박하여 범인이 죄명에 따라 죄를 인정하게 했고, 불복하면 엄하게 고문하여 인정할 때까지 그치지 않았다. 이 때문에 누구든 체포된다는 소식을 들으면 즉시 도망쳐 숨었다. 어떤 안건은 질질 끌다가 중간에 몇 차례 대사면을 거쳤는데도 10여 년 뒤에 고발을 당하면 대부분은 끝내 대역부도로 판결하고 황상에게 보고했다. 정위와 중도관中都官[191] 두 곳의 감옥에 구금된 범인은 6~7만 명에 달했고, 하급관리에 의해 체포된 자만 해도 10만여 명이었다.

두주는 중도에 파면되었다가 뒤에 다시 집금오執金吾를 담당하며 도적의 체포를 책임졌다.[192] 상홍양桑弘羊과 위황후衛皇后의 형제 자식들을 체포하여 심리할 때 냉혹하게 집행했는데, 무제는 두주가 전심전력으로 직무를 수행하며 사심이 없다고 여겨 어사대부로 승진시켰다.[193] 두주에게는 두 아들이 있었는데,[194] 하남과 하내 두 군의 태수로 임명했다.[195] 그들은 일처리가 포학하고 잔혹하여

---

191 안사고는 말하기를 "중도관中都官은 경사의 여러 관부"라고 했다. "중中은 중위中尉를 말하고, 도都는 도위都尉를 말한다. 모두 조서를 받아 체포할 권한이 있다."(『사기찰기』)
192 『한서』「백관공경표」에 따르면 두주는 천한天漢 2년(기원전 99)에 집금오執金吾가 되었다. 집금오는 진·한 때 금군禁軍을 인솔하여 경사와 궁성을 호위하던 관원으로, 삼보三輔 지역의 치안을 감독했다. 본래 명칭은 중위인데 무제 때 집금오로 바뀌었다. 금오金吾는 양 끝이 금으로 칠해진 구리 몽둥이로, 이것을 쥐고 있는 모습으로 권위를 보였다.
193 두주가 어사대가 된 때는 천한 3년(기원전 98)의 일이다.
194 두주의 두 아들은 두연수杜延壽와 두연고杜延考다.

왕온서 등보다 더했다. 두주가 처음 정위의 사史로 임명되었을 때는 말 한 필만 있었으며 안장과 고삐조차 제대로 갖추지 못했다. 그 뒤로 오랫동안 관리를 지내면서 삼공의 지위에 올랐고 자손들도 고관이 되어 집안에 쌓인 재산이 수억 전에 이르렀다.

태사공은 말한다.

"질도에서 두주까지 10명196은 모두 잔혹하고 포학하기로 유명했다. 그러나 질도는 강직했으며 그가 논쟁을 벌인 시비는 모두 국가 대계에 관련된 것이었다. 장탕은 황제의 마음을 잘 살피고 황제의 뜻에 따라 견해를 밝혔으나197 때로는 정사에서 마땅히 해야 할 것과 그렇지 않은 깃을 여러 치례 설명하여 국가의 이익을 도모했다. 조우는 때때로 법에 의거해 일을 처리했고 공정함을 견지했다.198 두주는 아첨하고 순종했으나 말수를 적게 하여 진중함을 지켰다. 장탕이 죽은 뒤로 법망은 갈수록 엄밀해졌고 비방과 무고의 정황이 많아졌으며 국가가 추진하는 각종 사업도 점차 추진하기 어려워졌다. 구경의 지위에 있는 대신들은 평범하고 포부가 없었으며 단지 관직과 목숨을 보전하는 데 연연하여 모든 역량을 과실을 저지르지 않는 데만 쏟았으니, 어찌 감히 법률을 벗어나 특별하고 창조적인 일을 할 수 있었겠는가! 그러나 이 10명 가운데 어떤 자는 청

195 하내군(지금의 허난성 북부로 황하의 북부에 위치)과 하남군(지금의 허난성 서부로 황하 남쪽에 위치)은 황하를 끼고 마주하고 있다. 이 때문에 두씨의 두 아들을 '협하위수夾河爲守(황하를 끼고 태수가 되다)'라고 불렀다.
196 본 열전에서는 실제로 질도, 영성, 주양유, 조우, 장탕, 의종, 왕온서, 윤제, 양복, 감선, 두주 11명을 서술했다.
197 원문은 '張湯以知陰陽, 人主與俱上下'이다. 일부 번역본은 '지음양知陰陽'을 '음양술을 잘 알았다'로 번역했는데 잘못된 번역이다. "『정의일문』에서 이르기를 '군주 뜻의 경중을 아는 것을 말한다'라고 했다."(『사기전증』) "음양陰陽은 마치 향배向背와 같다. 장탕은 군주의 지향하는 바를 살펴 대응하는 것이다."(『광사기정보』) 『한서』에서는 '음양'을 '아읍阿邑'으로 기재하고 있는데, 안사고는 "아첨을 말한다"고 했다. 즉 장탕은 군주 안색의 변화를 관찰하여 군주 뜻에 순응한다는 말이다.
198 "조우의 열전에서는 이러한 사례를 서술하지 않고 이곳에 서술했다."(『사기전증』)

렴하여 사람들의 모범이 될 만하고, 어떤 자는 뇌물을 받아먹고 법을 어겼으니 경계로 삼을 만하다. 그들이 간사한 도적을 체포하여 다스리는 방법과 백성을 가르쳐 이끄는 지시 그리고 간교하고 사악함을 금지한 것은 모두 예법과 결합되었으므로 사리에 들어맞는다. 비록 법 집행이 잔혹했을지라도 직무를 담당할 만한 사람들이라 할 수 있다. 촉군蜀郡 태수 풍당馮當은 포학하게 백성을 때렸고, 광한군廣漢郡 태수 이정李貞은 제멋대로 사람의 사지를 찢었으며, 동군東郡 태수 미복彌僕은 톱으로 사람의 목을 잘랐고, 천수군天水郡 태수 낙벽駱璧은 몽둥이질로 판결을 내렸으며,199 하동군河東郡 태수 저광褚廣은 무고한 사람을 함부로 죽였고, 경조윤京兆尹 무기無忌와 좌풍익左馮翊 은주殷周는 독사와 매같이 악독했으며, 수형도위水衡都尉200 염봉閻奉은 범인을 몽둥이로 때리면서 뇌물을 요구했으니, 이런 혹리들을 일일이 언급할 가치가 있겠는가! 어찌 일일이 모두 언급할 가치가 있겠는가!"

---

199 원문은 '추함推咸'으로, '수정본'과 왕념손의 『독서잡지』 「사기」에서는 '추성椎成'이라 해야 한다고 했다. "몽둥이로 때려 옥사獄事를 이루는 것이다."(『색은』)

200 수형도위水衡都尉: 황실의 사냥터인 상림원을 주관하는 장관으로, 봉록은 2000석이었다.

63

대원열전

大宛列傳

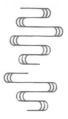

이 편은 무제 시기 한나라와 서역의 외교를 논할 때 가장 중요한 두 인물, 장건과 이광리를 중심으로 서술하고 있다. 전반에는 두 차례에 걸쳐 사신으로 서역길에 나선 장건의 행적과 그곳 20여 개 국가에 관한 정황을 소개하고, 후반에는 이광리의 대원 정벌 과정을 소개하고 있다.

장건은 20여 년에 걸쳐 서역에 두 번 다녀왔으며 그때마다 흉노에게 붙잡혔으나 자신의 사명을 잊지 않고 임무를 완수했다. 그의 활약은 중원의 왕조와 서역 여러 나라의 관계 변화에 결정적인 기여를 했다. 특히 무제에게 서남쪽으로 통하는 도로를 개척할 것을 건의하여 서남 변경에 대한 적극적인 태도를 이끌어냈다. 더불어 장건이 관찰하고 이해한 서역의 정황은 오늘날 서역의 고대문명을 연구하는 데 귀한 사료가 되었다. 그러나 한나라와 서역의 관계는 안정적으로 추진되지 못했고 결국은 대원 정벌을 촉발했다. 이광리는 무제의 총애를 받는 이부인의 오빠로, 대원 정벌의 주장主將이 되어 두 번째 출정에서 대원을 격파했다. 이후 한나라는 대원 서쪽의 여러 나라에 사신들을 보내 진기한 물건을 가져오게 하면서 동시에 대원을 정벌한 한나라의 위세와 덕정을 선전하게 했다.

이 편에서 사마천은 무제의 끝없는 영토 확장의 욕망 그리고 서역의 한혈마를 얻기 위해 백성을 희생하고 재정을 낭비한 대원 정벌을 의롭지 못하고 불필요한 전쟁으로 평가하고 있다. 그러나 대원 정벌을 통해 서역과 흉노의 연결고리를 끊고 흉노 침략을 봉쇄할 수 있었다는 면에서는 무익하다고 볼 수 없다.

반고는 『한서』에서 장건과 이광리를 합친 「장건이광리전」으로 구성하고, 별도로 「서역전」을 편성하여 서역 50여 개 국가의 구체적인 정황과 한나라와 관계된 면면을 상세히 소개함으로써 『사기』의 부족한 부분을 보충하고 있다.

대원大宛1의 사적은 장건張騫에 의해 가장 먼저 알려졌다. 장건은 한중군漢中郡2 사람으로 무제 건원 연간에 낭관이 되었다. 이 당시 무제가 투항해온 흉노인들에게 물었을 때 모두 말하기를, 흉노가 월지국月氏國3을 격파했을 때 월지왕의 두개골을 마시는 그릇4으로 사용했으며, 월지인들은 다른 곳으로 도망친 뒤 흉노에 대한 원한을 품고 살았으나 흉노에 반격할 동맹을 찾지 못했다고 했다. 한나라는 이때 마침 흉노를 멸하고자 했기에 무제는 이 말을 듣고 사람을 보내 월지와 연락하고자 했다. 그러나 한나라에서 월지로 가려면 반드시 흉노 경내를 지나야 했기 때문에5 무제는 월지에 사신으로 갈 사람을 공개적으로 모집했다.

1 대원大宛: 고대의 서역국으로, 지금의 우즈베키스탄 경내 페르가나 분지를 일컫는다. 도성은 귀산 성貴山城(지금의 타슈켄트 동남쪽 카사이산卡賽散)이다. 이곳에서 좋은 말이 많이 길러진 것으로 알려졌는데, 이곳의 말은 어깨 근처에서 붉은색 땀을 흘린다고 하여 한혈마汗血馬라고도 했다. 이현의 주석에 따르면 "무제 때 이광리李廣利가 대원왕大宛王을 참수하고 한혈마를 보냈다"고 했다.
2 한중군漢中郡: 한나라 군으로 군치는 서성西城(지금의 산시陝西성 안캉安康 서북쪽)이다. 장건은 한중군 내 성고成固(지금의 청구城固 동북쪽) 사람이다.
3 월지국月氏國: 월지국月支國이라고도 한다. 지금의 간쑤성 우웨이武威, 둔황敦煌, 장예張掖 일대에서 활동했고 남쪽 치롄산을 의지했다. 나중에 흉노의 공격으로 서쪽(지금의 신장 이리허伊犁河강 유역)으로 옮겼고, 또 흉노와 오손烏孫에게 쫓기나 서쪽으로 지금의 아프가니스탄 북부의 판지강 유역으로 옮겼는데, 당시 대원의 서남쪽 지역이다. 서쪽으로 옮긴 월지인을 대월지大月氏라 했고, 소수의 월지인은 남산南山(지금의 치롄산) 일대로 들어가 서강족西羌族과 섞였는데 그들을 소월지小月氏라 한다. 후한 이후에는 점차 강족羌族, 한족漢族과 융합되었다.
4 원문은 '음기飮器'다. 술이나 물을 마시는 도구라는 견해가 있고, '호자虎子'라 하여 소변보는 용기라는 견해도 있다. "『한서』 「흉노전」에서 이르기를 '원제元帝가 거기도위 한창韓昌과 광록대부 장맹張猛을 파견해 흉노와 맹약을 맺도록 했는데, 노상 선우老上單于에게 격파당한 월지왕의 두개골로 만든 술 마시는 용구로 함께 마시며 맹약을 체결했다'고 했다."(『정의』)
5 "무제 초기에는 흉노가 강대하여 하서주랑을 점거하고 있었기에 장안에서 서역으로 가려면 반드시 흉노를 거쳐야 했다."(『사기전증』)

장건은 낭관의 신분으로 응모했고 월지에 사신으로 가게 되었다. 그는 당읍현堂邑縣[6]의 어느 부잣집 흉노 노예인 감보甘父[7]라는 자와 함께 농서隴西에서 출발했다.[8] 그들이 흉노 땅을 지나다가 흉노인들에게 잡혀 선우單于[9]가 있는 곳으로 압송되었다. 선우는 그들을 붙잡아놓고 말했다.

"월지는 우리 북방에 있는데,[10] 한나라가 어찌하여 그곳으로 사신을 보내느냐? 내가 월越나라로 사신을 보내고자 한다면 한나라가 동의하겠느냐?"

그리하여 장건은 10여 년 동안 억류되었다. 이 기간에 그들은 장건에게 아내를 얻어주어 자식까지 낳았다. 그러나 장건은 줄곧 한나라가 그에게 수여한 부절을 간직한 채 잃어버리지 않았다.

오랜 시간이 흘러 흉노인들의 감시가 점차 느슨해지자 장건은 기회를 틈타 부하들을 데리고 함께 월지국 쪽으로 달아났다. 서쪽으로 수십 일 동안 나아가자 대원국에 당도했다. 대원왕은 이전부터 한나라에 물산이 풍부하다는 말을 듣고 통상 사절을 보내고자 해도 방법을 찾지 못하던 차에 장건을 만나자 기뻐하면서 말했다.

"그대는 어느 지방으로 가려는 것이오?"

장건이 말했다.

"저는 한나라에서 월지국에 파견된 사신인데 오는 길에 흉노에 의해 가로막혔습니다. 도망쳐 이곳으로 왔는데, 왕께서 사람을 시켜 길을 인도하게 해주십시오. 제가 월지에 당도하여 다시 한나라로 돌아간다면, 한나라는 왕께 이루 헤

---

6 당읍현堂邑縣: 치소는 지금의 장쑤성 류허六合 서북쪽 지역이다.

7 감보甘父: 당읍씨堂邑氏의 노예로, 이름이 감보다. 뒷 문장에 나오는 '당읍보堂邑父'는 주인의 성을 따고 이름을 줄인 것이다.

8 "아래 문장에 따르면 장건은 군신 선우가 죽은 해에 돌아왔으니 원삭 3년(기원전 126)으로 떠난 지 13년 만이다. 그렇다면 그가 사신으로 간 때는 건원 3년(기원전 138)이다."(『한서보주』)

9 이 당시 선우의 이름은 군신軍臣(재위 기원전 161~기원전 126)이다.

10 실제로는 "월지는 우리 서쪽에 있다"고 해야 한다.

아릴 수 없이 많은 재물을 보낼 것입니다."

대원왕은 이 말에 일리가 있다고 여겨 장건을 출발시키면서 길 안내와 통역자를 붙여주었다. 장건 일행은 먼저 강거康居[11]에 도착했고, 강거 사람들이 다시 그들을 대월지大月氏로 보내줬다. 당시 대월지 사람들은 왕이 흉노에게 죽음을 당했기에 태자를 왕으로 세웠다.[12] 그들은 이미 대하大夏를 정복하여 그 땅에 살고 있었는데,[13] 토양이 비옥하고 물산이 풍부하며 외부의 침략을 받지 않아 안락하게 지내고 있었다. 게다가 그들은 한나라가 너무 멀리 떨어져 있다고 여겨 흉노에게 복수하려는 뜻을 포기했다. 그리하여 장건은 월지에서 대하로 갔으나 끝내 월지인의 확고한 의지를 얻지 못했다.

장건은 월지에서 1년 남짓 머물다가 돌아갈 준비를 했는데, 이번에는 남산南山[14]을 따라 동쪽으로 가다가 강인羌人이 거주하는 곳[15]을 거쳐 장안으로 돌아갈 계획이었으나 뜻하지 않게 또다시 흉노에게 사로잡혀 1년 남짓 억류되었다. 억류되어 있을 때 선우가 죽자 좌녹려왕이 흉노의 태자를 쫓아내고 스스로 선우가 되었는데,[16] 흉노 내부가 혼란스러워지자 장건은 흉노에서 얻은 아내와 당

11 강거康居: 대원의 서북쪽 대월지 북쪽에 위치한 서역국이다. 지금의 카자흐스탄 남부다. 도성은 비전성卑闐城(지금의 타슈켄트 혹은 쉼켄트奇姆肯特 등의 지역)이다.
12 "서광이 말하기를 '부인을 왕으로 세웠다고 하기도 하는데, 이적夷狄에서는 여자가 군주가 되기도 한다'고 했다."(『집해』) 또한 『한서』에서도 대월지 왕의 부인을 왕으로 세웠다고 기재했다. "제소남이 말하기를 '외국에서는 때로 여왕이 있으나, 아래 문장으로 추론해보면 『사기』가 맞는 것 같다'고 했다." (『한서보주』)
13 원문은 '신대하이거臣大夏而居'로, 『한서』에서는 '신대하이군지臣大夏而君之(대하를 정복하고 그들의 군주가 되었다)'로 기재하고 있다. 안사고는 말하기를 "대하를 신하로 삼고 그들의 군주가 되었다"고 했다.
14 남산南山은 쿤룬산崑崙山, 얼진산阿爾金山, 치롄산祁連山을 가리킨다. 지금의 신장 타림 분지 남쪽의 쿤룬산에서 다시 동쪽으로 가면 아얼진산阿爾金山이고, 다시 동쪽으로 가면 간쑤성 남쪽의 치롄산이다.
15 원문은 '강중羌中'으로, 강인이 거주하는 땅이다. 지금의 신장 동남부의 아얼진산과 남산 북쪽 산기슭에 거주하는 강족羌族 부락을 말한다.
16 군신 선우가 원삭 3년(기원전 126)에 죽자 좌녹려왕인 군신 선우의 동생 이치사伊稚斜가 선우가 되었다. 재위한 기간은 기원전 126~기원전 114년이다.

읍보堂邑父와 함께 한나라로 돌아왔다. 한나라에서는 장건을 태중대부로 임명하고 당읍보를 봉사군奉使君[17]에 봉했다.

장건은 사람됨이 의연하고 용감하며 남에게 관대하고 신뢰를 주었기에 만이蠻夷들도 모두 그를 좋아했다. 당읍보는 본래 흉노 사람이라 활쏘기에 능해서 여정 중에 먹을거리가 없어 곤궁할 때는 새와 짐승을 잡아 끼니를 해결했다. 처음 장건이 사신으로 떠났을 때는 100여 명을 데리고 갔으나 13년 후에는 두 사람만이 살아서 돌아왔다.

장건이 직접 가본 곳은 대원, 대월지, 대하, 강거 등이었으나 그 주변에 5, 6개의 대국이 있다는 말을 전해 들었기에 이런 국가들에 대해 무제에게 보고했다.[18] 그는 말했다.

"대원은 흉노의 서남쪽, 한나라의 정서正西 방향에 있는데, 한나라와는 대략 1만 리쯤 떨어져 있습니다. 그곳 사람들의 습속은 한곳에 정착하여 밭을 일구며 살고 있는데 농작물로는 벼와 보리입니다. 그들은 포도주를 양조하기도 합니다. 그곳에는 좋은 말이 많은데[19] 말이 피와 같이 붉은색 땀을 흘리는데[20] 이런 말들을 천마天馬의 새끼라고 합니다.[21] 그곳에는 성곽과 가옥이 있고, 관할 구역에는 크고 작은 70여 개 성이 있으며 인구는 대략 수십만 명입니다. 그들이 사용하는 병기는 활과 모矛이고 말을 타고 활을 쏩니다. 대원의 북쪽에는 강거, 서

---

17 봉사군奉使君: 특별히 하사한 경우로, 봉호와 일정한 봉록은 있으나 실제적인 일을 관장하지는 않는다.
18 『사기』「서남이열전」에 따르면 장건이 무제에게 서역에 관련된 새로운 소식을 보고한 때는 원수 원년(기원전 122)이었다.
19 "『외국전外國傳』에서 이르기를 '외국에서는 천하에 많은 것이 세 가지 있다고 말하는데, 중국에는 사람이 많고, 대진大秦에는 보물이 많으며, 월지月氏에는 말이 많다'고 했다."(『색은』)
20 "피가 앞 어깨 작은 구멍에서 흘러나오는 말이다."(『후한서後漢書』「동평헌왕東平憲王 유창전劉蒼傳」)
21 안사고는 말하기를 "대원국은 높은 산이 있는데 산 위에 말이 있어 잡을 수가 없다. 그래서 오색의 암말을 그 아래에 두면 교배하여 좋은 말을 낳는데 모두 피 같은 땀을 흘렸기 때문에 천마의 새끼라고 했다"고 했다.

쪽에는 대월지, 서남쪽에는 대하, 동북쪽에는 오손烏孫,22 동쪽에는 우미扞罙23와 우전于寘24이 있습니다. 우전에서 서쪽으로 흐르는 강은 모두 동쪽에서 서쪽으로 흘러 서해西海로 유입되고,25 우전 동쪽의 강은 모두 서쪽에서 동쪽으로 흘러 염택鹽澤26으로 유입됩니다. 염택에는 한 갈래 지하 물길이 있어 남쪽으로 흐르는데, 남쪽은 바로 황하가 발원하는 곳입니다.27 그곳에는 옥석玉石이 많이 생산되고 황하는 중원 지역으로 흘러갑니다.28 그곳에는 누란樓蘭29과 고사姑師30 두 나라가 있는데, 그들의 성읍에는 성곽이 있고 염택과 가까이 있습니다.31 염택은 장안에서 대략 5000리쯤 떨어져 있습니다. 흉노 오른쪽 부락은 염택의 동쪽에 거주하고,32 동쪽으로는 곧장 농서의 장성長城에 이르며 남쪽으로는 강족

22 오손烏孫: 대략 지금의 신장 서북부, 타지크 동남부, 키르기스스탄 동부 지역의 서역국으로, 도성은 적곡성赤谷城이다. 지금의 키르기스스탄 경내의 이식쿨호伊塞克湖 동남쪽 지역이다.
23 우미扞罙: 서역의 소국으로 도성은 지금의 위톈于田 서북쪽 지역이다.
24 우전于寘: 서역의 소국으로 우전于闐이라고도 한다. 지금의 신장 남부 허톈和田 일대며, 도성은 허톈 서남쪽의 서성西城이다.
25 "우전은 남산 아래에 있으며, 우전에서 발원한 강이 북쪽으로 흘러 총령하葱嶺河와 합쳐지고 동쪽으로 꺾어 포창해蒲昌海(로브노르羅布泊)로 유입된다."(『한서』) "우전과 그 서쪽의 포리蒲犁, 서북쪽의 사차莎車, 소륵疏勒의 강은 모두 동북쪽으로 흘러가고 대월지, 대원, 강거 일대에 이르러서야 비로소 서쪽으로 흐른다."(『사기전증』)
26 염택鹽澤: 신장 동부의 로브노르羅布泊를 말한다.
27 "황하는 두 곳의 발원지가 있는데, 하나는 총령葱嶺(파미르고원과 쿤룬산崑崙山, 카라코람산맥 서부 산의 총칭)이고 다른 하나는 우전于寘이다."(『한서』)
28 "당시 사람들은 황하의 발원이 쿤룬산이고 물이 밝아졌다 어두워졌다 하며 흘러 로브노르를 거쳐 다시 동쪽으로 지스산積石山(지금의 간쑤성 린샤臨夏 서북쪽)을 거쳐 중원으로 흘러 들어온다고 여겼다."(『사기전증』)
29 누란樓蘭: 서역의 성곽국城郭國으로 도읍은 누란성樓蘭城(지금의 신장 로브노르 북쪽 연안)이다. 후한 때 선선鄯善으로 명칭을 변경하고 타니성扞泥城(지금의 신장 뤄창若羌 부근)으로 천도했다.
30 고사姑師: 서역의 성곽국으로 거사車師라고도 하며, 도호都護에 속했다. 전한 원제元帝 때 전후前後 2부로 나뉘었다. 전부前部의 치소는 교하성交河城(유적지는 지금의 신장新疆 투루판吐魯番 서쪽)이고 후부後部의 치소는 무도곡務塗谷(지금의 신장 지무싸얼吉木薩爾 남쪽)이었다. 동남쪽으로 둔황, 남쪽으로는 누란(선선), 서쪽으로는 옌치焉耆, 서북쪽으로는 오손, 동북쪽으로는 흉노와 연결되어 비단길을 지키는 요충지였다. 인도 유럽 인종에 속했다.
31 사실 누란은 로브노르와 인접해 있지만 고사는 로브노르와 상당한 거리가 있다.
32 흉노 우현왕右賢王의 관할이다. "흉노 땅은 남쪽으로 염택에 미칠 수 없다. 아마도 당시 서역의 여

과 접하고 있어 한나라와 서역 여러 나라를 잇는 통로를 가로막고 있습니다.

오손은 대원에서 동북쪽 2000리쯤 떨어진 곳에 있는데, 유목국가로 가축을 치며 옮겨 다니고 흉노와 생활 습관이 같습니다. 활을 쏘는 군사가 수만 명이고 싸움을 잘합니다. 과거에 흉노의 통치를 받았으나 나중에 강성해져 형식적으로 흉노에게 복종했을 뿐[33] 흉노왕을 알현하지 않습니다.

강거는 대원의 서북쪽 2000리쯤 떨어진 곳에 있는데, 역시 유목국가로 월지와 생활 습관이 대체로 같습니다. 활을 쏘는 군사가 8~9만 명이며, 대원과는 이웃으로 지내고 있습니다. 국가가 비교적 작아서 남쪽은 사실상 월지에 복속되어 있고 동쪽은 사실상 흉노에 복속되어 있습니다.

엄채奄蔡[34]는 강거 서북쪽으로 2000리쯤 떨어진 곳에 있는데, 유목국가로 강거와 생활 습관이 대체로 같습니다. 활을 쏘는 군사는 10여만 명입니다. 매우 큰 호수가 가까이 있는데, 끝없이 넓어서 그곳을 북해北海[35]라고 부르는 듯합니다.

대월지大月氏는 대원 서쪽으로[36] 대략 2000~3000리쯤 떨어진 곳에 있으며, 규수嬀水[37] 북쪽에 거주하고 있습니다. 그 남쪽은 대하, 서쪽은 안식安息,[38] 북쪽은 강거입니다. 유목국가로 가축을 치며 옮겨 다니고 흉노와 생활 습관이 같습니다. 활을 쏘는 군사가 10~20만 명 정도 됩니다. 과거 강성했을 때는 흉노를

러 소국들 대부분이 흉노에 신하로 예속되었을 것이다."(『사기찰기』)

33 원문은 '기속羈屬'이다. "회유하는 성질의 귀속으로, 느슨히 말로만 복종하여 신하로 칭하는 것이다."(『사기전증』)

34 엄채奄蔡: 합소閤蘇라고도 하며, 지금의 러시아 내의 아랄해, 카스피해 일대다.

35 북해北海: 지금의 카자흐스탄과 우즈베키스탄 경계의 아랄해 그리고 카자흐스탄과 러시아, 아제르바이잔, 이란 경계의 카스피해를 가리킨다. 『한서』 「소무전蘇武傳」에서 말한 '북해北海'는 바이칼호로, 여기서 말하는 북해와는 다르다.

36 정확하게는 대원의 서남쪽이다.

37 규수嬀水: 지금의 우즈베키스탄과 투르크메니스탄 경계를 흐르다가 아랄해의 아무다리야강으로 유입된다.

38 안식安息: 세계 역사에서 말하는 파르티아 왕조를 말한다. 지금의 이란 내 지역으로, 도성은 번두성番兜城(지금의 테헤란 동부의 담간)이었다.

업신여겼는데,39 흉노의 묵돌이 선우가 된 뒤 대월지를 격파했고40 노상 선우 때 이르러서는 대월지 왕을 죽이고 그의 두개골을 마시는 그릇으로 사용했습니다.41 본래 월지인들은 돈황敦煌과 기련산祁連山 사이에 거주했는데, 흉노에게 패한 뒤 서쪽으로 멀리 떠나 대원을 지나서 서쪽으로 대하를 공격해 그들을 굴복시키고, 마침내 규수 북쪽에 도성을 건립하고 왕정王庭으로 삼았습니다.42 남아 있던 일부 소부락은 함께 서쪽으로 가지 못하고 남산南山43으로 가서 강족에 의탁하여 합쳐졌는데, 소월지小月氏라고 부릅니다.

안식安息은 대월지의 서쪽으로 대략 수천 리 떨어진 곳에 있습니다. 그들은 한곳에 정착해서 농사를 짓는데, 작물은 벼와 보리이며 포도주를 생산합니다. 성읍은 대원과 같은데, 관할하는 크고 작은 성이 수백 개인데다 토지가 사방 수 천리나 되어 일대에서 가장 큰 나라입니다. 가까이 규수가 흐르고 시장이 형성되어 있어 장사하는 백성은 수레와 배를 이용해 화물을 운송하며 때때로 수천 리 떨어진 다른 나라에도 갑니다. 그들은 은으로 동전을 주조하는데, 동전의 정면은 그 나라 왕의 얼굴 형상이며44 왕이 죽으면 곧 동전을 다시 바꾸어 새 국왕의 얼굴 형상으로 주조합니다. 그들은 가죽에 글을 기록하는데 가로 방향으로 적습니다. 안식의 서쪽에는 조지條枝45가 있고, 북쪽에는 엄채奄蔡와 여건黎

39　『사기』「흉노열전」에 따르면 전국시대 말기에서 진나라 당시에 "동호東胡는 매우 강대했고 월지 또한 매우 강성했다"고 한다. 당시 흉노의 두만선우가 일찍이 태자인 묵돌을 서쪽에 이웃한 월지국에 인질로 보냈다. 당시의 월지국은 지금의 간쑤성 하서주랑에 거주했다.
40　묵돌 33년(기원전 177)에 우현왕에게 서쪽 월지를 공격하게 하자 월지인은 서쪽(지금의 신장 이리 허강 유역)과 기련산으로 흩어졌다.
41　"구체적인 연월은 상세하지 않지만 이때 월지인들은 치명적인 타격을 입어 서쪽으로 달아나 총령 蔥嶺을 넘어 지금의 아무다리야강 유역에 이르렀다."(『사기전증』)
42　지역은 지금의 우즈베키스탄의 테르메스 일대다. 왕정王庭은 유목민족 군장의 대본영으로, 군영 앞이 광활하여 모두 모일 수 있어서 왕정이라 했다.
43　남산南山은 기련산을 말한다.
44　"은으로 화폐를 주조하는데 문자가 있는 정면은 국왕의 얼굴 형상이고 문자가 없는 뒷면은 국왕 부인의 얼굴 형상이다."(『한서』「서역전」)
45　조지條枝: 조지條支라고도 하며, 지금의 이라크 경내에 위치한 서역국이다.

軒[46]이 있습니다.

조지條枝는 안식의 서쪽으로 수천 리 떨어진 곳에 있고, 서해에 인접해 있습니다.[47] 기후는 덥고 습하며, 농사를 지으며 벼를 심습니다. 그곳에 큰 새가 있는데, 알 크기가 항아리 만합니다.[48] 인구가 매우 많으며 거주지마다 소군장小君長이 있고, 안식이 이들을 복속시켜 경계 밖 부속국으로 삼고 있습니다. 그곳 사람들은 마술을 잘합니다. 안식의 장로長老들이 말하기를 조지에는 한 갈래 약수弱水가 있고 또 서왕모西王母[49]가 있다는데, 그것을 본 사람은 아무도 없습니다.

대하는 대원의 서남쪽 2000여 리 떨어진 규수 남쪽에 있습니다. 그곳 사람들은 정착 생활을 하기 때문에 성과 집이 있고 대원과 생활 습관이 같습니다. 대군장大君長이 없고[50] 성읍마다 자신들의 소군장을 두고 있습니다. 그곳의 군사는 나약하여 싸움을 두려워합니다. 그러나 장사를 잘합니다. 대월지가 서쪽으로 옮겨갔을 때[51] 그들을 공격해 물리치고 모든 대하 사람들을 노예로 다루었습니다. 대하의 인구는 대략 100여만 명으로 매우 많습니다. 그들의 도성을 남시성藍市城[52]이라 부르는데, 성 안에 여러 가지 물건을 파는 시장이 있습니다. 대

---

46 엄채奄蔡는 카스피해와 아랄해 사이에 위치한 서역국으로, 대부분 지금의 카자흐스탄 경내에 거주했다. 남부는 나뉘어서 투르크메니스탄과 우즈베키스탄 경내에 있었다. 여건黎軒에 대해서는 견해가 일치하지 않는다. 지금의 터키 경내로 보는 견해에 따르면 여건은 안식의 서북쪽에 자리한다. 한편 고대 이집트, 로마 제국이라는 견해도 있다. 역시 안식의 북쪽이 아니다. '軒'의 음을 『정의』에서는 '건'이라 했다. 역자 또한 '건'으로 표기했다. 『한서』에서는 '여간黎軒'으로 기재하고 있다.
47 "조지가 이라크 경내에 있다면 이라크는 서해에 가까이 있지 않고 매우 일부의 모서리만 페르시아만에 인접해 있어, 어떤 사람은 조지가 시리아에 있었다고 말하기도 한다."(『사기전증』)
48 타조 알을 말한다.
49 약수弱水와 서왕모西王母는 신화에 등장하는 강과 신선이다. "이것은 무제가 신선과 장생의 술수를 구했기 때문에 비위를 맞춘 것이다."(『사기찰기』)
50 큰 부락이 없음을 뜻한다.
51 월지인이 이리허강 유역에서 흉노에게 격퇴되고 그 왕이 노상 선우에게 살해당하자 나머지 부락들이 서쪽 총령을 넘어 대하로 이동한 때를 가리킨다.
52 남시성藍市城: 지금의 아프가니스탄 북부의 발흐 지역이다. 『한서』 「서역전」에서는 '감씨성監氏城'이라 했고, 『후한서』 「서역전」에서는 '남씨성藍氏城'이라 기재하고 있다.

하의 동남쪽에 건독국身毒國53이 있습니다."

장건은 또 말했다.

"신이 대하에 있을 때 공도邛都에서 만든 대나무 지팡이54와 촉군에서 짠 베를 보았습니다. 그래서 신이 그들에게 '어디에서 이런 물건을 가지고 왔는가?'라고 물었더니, 대하 사람들이 말하기를 '이곳에 있는 상인들이 건독국에서 사온 것이오. 건독국은 대하 동남쪽으로 대략 수천 리 떨어져 있는데, 그곳 사람들 역시 모두 정착 생활을 하며 대체로 대하와 같소. 다만 지세가 낮고 습하여 기후가 덥소. 그곳 사람들은 모두 코끼리를 타고 싸움을 하오. 그 국가는 큰 바다를 접하고 있소'55라고 대답했습니다. 신 장건이 추측하건대 대하는 한나라와 1만 2000리 떨어져 있고 한나라 서남쪽에 위치해 있습니다. 건독 또한 대하국 동남쪽 수천 리 떨어진 곳에 있는데, 그곳에 촉 땅에서 생산된 물품이 있으니 이는 건독이 촉에서 그리 멀리 떨어져 있지 않다는 것을 말해줍니다. 지금 대하로 사신을 보낸다면 강족이 사는 지역을 지나야 하는데56 길이 험준한데다 강족 사람들이 매우 싫어할 것입니다. 또한 북쪽으로 조금 치우쳐 간다면 흉노인에게 사로잡힐 것입니다.57 그러나 촉 땅에서 출발한다면 길도 가까울 뿐만 아니라 도적도 없을 것입니다."

무제는 장건의 말을 듣고 생각했다.

'대원·대하·안식 등은 모두 모두 대국으로, 진기한 물건이 많고 정착해서 살

---

53 건독국身毒國: 인더스강 유역의 옛 국 명칭으로 천축天竺이라고도 한다. 지금의 인도와 파키스탄 경내에 있었다. '身'의 음은 'yuan(연)', 'juan(견)', 'shen(신)'이 있는데, 『사기지의』에서는 '건乾'이라고 했다. 역자는 이 견해에 따랐다.
54 "공도邛都 공산邛山에서 이 대나무가 나오는데 공죽邛竹이라고 한다."(『정의』) 공산邛山은 공도현 경내에 있다. 그러나 『한서보주』에서는 공邛이 엄도嚴道의 공협산邛峽山(지금의 쓰촨성 잉징榮經 서남쪽)이라고 했다.
55 지금의 인도양 인근을 말한다.
56 "지금의 간쑤성과 칭하이성 경계와 신장 동남부, 남부의 강족 지역을 거치는 노선으로, 당시에 말하는 '남로南路'다."(『사기전증』)
57 "당시에 말하는 '북로北路'를 경유하는 것이다."(『사기전증』)

고 있어 중국과 종사하는 사업이 상통할 뿐만 아니라 그들의 병력은 비교적 약

하고 한나라의 산물을 귀하게 여기고 있다. 그들 북쪽의 대월지와 강거는 병력

은 강대하지만 물질로 그들을 유혹해 알현하도록 할 수 있을 뿐만 아니라 적당

한 수단으로 매수하여 한나라에 귀속시키면 한나라의 영토를 만 리나 확장시

킬 수 있다. 먼 지방은 여러 차례 통역을 거쳐야 하지만 생활 습관이 다른 사람

들이 모두 와서 알현하면 한나라의 위엄과 덕정을 사해에 전파시킬 수 있을 것

이다.'

무제는 매우 기뻐했으며, 장건의 말이 옳다고 여겨 즉시 장건으로 하여금 촉

군과 건위군에서 밀사를 파견해 네 갈래 길로 나누어 동시에 출발하도록 했

다.58 그들은 각기 방駹, 염冄, 사徙 공邛과 북僰59에서 출발했다. 각자 모두

1000~2000리 나아갔을 때 북쪽 길은 저氐와 작筰60에게 가로막히고, 남쪽 길

은 수雟와 곤명昆明(모두 강족 계통)에게 저지당했다. 곤명 일대의 소수민족은 군

장이 없기 때문에 도둑질에 익숙했고 여러 차례 한나라 사신들을 죽이고 약탈

---

58 "무제는 즉시 왕연우王然于, 백시창柏始昌, 여월인呂越人 등에게 은밀하게 지름길을 찾아 촉군 서
쪽 소수민족 지역을 나가 건독국을 찾도록 했다."(『사기』, 「서남이열전」) 장건에 대한 언급은 없는데, 만약
장건을 추가한다면 네 갈래 길이 된다.

59 "방駹은 성도成都 서북부의 소수민족 부락으로 그 지역은 대략 지금의 쓰촨성 마오현茂縣이었다.
염冄은 성도 서북부의 소수민족 부락으로 그 지역은 대략 지금의 쓰촨성 쑹판松潘 남쪽 지역이다. 방
駹과 염冄 두 부락의 거주 구역은 이웃해 있고 모두 강족 계통에 속했기 때문에 어떤 때는 염방冄駹이
라 붙여서 부른다."(『사기전증』) 사徙는 성도 서남부의 소수민족 부락으로, 그 지역은 지금의 쓰촨성 톈
취안天全 일대로 강족 계통에 속했다. "공邛과 북僰은 공도를 가리키며 지금의 쓰촨성 시창이다. 공과
북은 이 일대에 거주하던 두 소수민족 부락으로, 공족은 강족 계통에 속했고 북족은 월족越族 계통에
속했다. 북족이 주로 거주한 지역은 북도僰道(지금의 쓰촨성 이빈宜賓)이고 공도 일대에는 대개 공족이
거주했지만 북인僰人도 있었으므로 '공북邛僰'이라 부른다. 공도는 네 갈래 길로 출발한 지점 가운데
하나로, 공도와 북도를 합쳐서 한 갈래 길의 출발점으로 보는 것은 불가능하다."(『사기전증』)

60 "저氐와 작筰은 여기서 작도筰都를 가리키는데 지금의 쓰촨성 한위안漢源 일대다. 작筰은 소수민
족 부락으로 강족 계통에 속했고 집중 거주지가 작다. 저氐는 소수민족으로 강족과 비교적 가까운
관계였기에 '저강氐羌'이라 불렸다. 저족의 집중 거주지는 지금의 간쑤성 동남부, 산시陝西성 서남부와
쓰촨성 서북부 세 성의 경계 지점으로, 여기서는 작족과 섞여 거주하는 저족 부락을 가리킨다."(『사기
전증』)

했기에 끝내 이 길은 통할 수 없었다.[61] 그러나 서쪽으로 1000리쯤 떨어진 곳에 코끼리를 타고 다니는 나라가 있다는 말을 들었는데, 나라 이름은 전월滇越[62]이며 촉군의 상인들이 몰래 그곳에 들어가 물건을 팔기도 한다고 했다. 그래서 한나라는 대하로 통하는 길을 찾기 위해 전국滇國[63]과 왕래를 시작했다. 본래 한나라는 서남이로 통하는 길을 개통하려고 했으나 비용 부담이 너무 커서 길을 열지 못하고 중단한 적이 있었다. 이번에 장건이 대하로 통할 수 있다고 말했기에 서남이로 통하는 길을 다시 열고자 했다.[64]

나중에 장건은 교위 신분으로 대장군 위청을 수행하여 흉노를 토벌했는데, 그는 수초水草가 자라는 곳을 잘 알고 있었기 때문에 군대 보급에 곤란함이 발생하지 않았고, 그 공으로 장건은 박망후에 봉해졌다. 이해는 무제 원삭 6년(기원전 123)이었다. 그 이듬해[65] 장건은 다시 위위 신분으로 이광 장군과 함께 우북평을 나가 흉노를 토벌했다.[66] 이광의 군대는 흉노에게 포위당했고 많은 군사를 잃어 손실이 컸고, 장건은 제때 당도하지 못해 참수에 해당하는 죄를 지었으나 돈을 내고 속죄받아 평민이 되었다.[67] 또한 이해에 한나라는 표기장군 곽거병을 파견해 흉노 서부 지역의 수만 명을 대파하고 곧장 기련산까지 추격했다.[68]

61　"한나라 사자들이 전滇에 이르렀을 때 전왕滇王 상강嘗羌은 그들을 머물러 있게 하고 수하의 10여 무리를 파견하여 한나라 사자 대신 서쪽으로 가서 길을 찾게 했다. 1년여 시간이 지나도록 그들은 모두 곤명에서 막혀 건독국을 찾을 수 없었다."(『사기』 「서남이열전」)

62　전월滇越: 소수민족 부락으로, 근거지는 지금의 윈난성 서부의 룽링龍陵, 텅충騰衝 일대다.

63　전국滇國: 소수민족 정권으로, 민족은 월족越族 계통이다. 도성은 지금의 윈난성 전지滇池 동남쪽의 진닝晉寧 동북쪽이다. 사마천은 전국의 왕이 전국시대 초나라 장군 장교莊蹻의 후손이라고 했다.

64　앞서 원수 원년(기원전 122)에 무제가 장건을 파견해 네 갈래 길로 가게 한 것을 말한다.

65　"그 이듬해其明年는 『한서』 「장건전」에 의거하여 '2년 뒤'로 해야 한다."(『사기지의』) 「이장군 열전」에서도 '2년 뒤', 즉 원수 2년(기원전 121)이라고 했다.

66　당시 이광은 4000명의 군사를 이끌고 장건과 함께 우북평을 나가 길을 나누어 북쪽으로 흉노를 공격했다. 우북평은 한나라 군으로 군치는 평강현平剛縣(지금의 네이멍구 자치구 닝청寧城 서남쪽)이다.

67　"박망후 장건이 행동이 느려 제때에 도착하지 않았기에 사형 판결을 내렸지만 장건은 돈을 납부하고 속죄하여 일반 평민이 되었다. 이광은 공적과 실패의 죄가 엇비슷했기 때문에 어떠한 상도 하사받지 못했다."(『사기』 「이장군열전」)

그 이듬해에 혼야왕이 자신의 부하들을 이끌고 한나라에 투항했고, 이때부터 금성金城[69], 하서河西 서쪽에서 남산을 따라 곧장 염택에 이르기까지 흉노의 군대가 머물지 않았다.[70] 흉노의 정찰 기병이 간혹 출현했으나 매우 드물었다. 다시 2년 뒤(기원전 119)에 한나라는 선우[71]를 공격하여 사막 북쪽까지 추격했다.

그 뒤로 무제는 여러 차례 장건에게 대하 등 몇몇 나라에 대해서 물었다. 이때 장건은 후 작위를 잃었기에 이 기회를 틈타 말했다.

"신이 흉노에 있을 때 오손의 왕 이름이 곤모昆莫라고 들었습니다. 곤모의 부친은 흉노 서쪽 변경의 작은 나라 군주였는데, 흉노가 오손을 공격해 곤모의 부친을 죽였습니다.[72] 곤모는 태어나자마자 황량한 들판에 버려졌는데, 이때 까마귀 떼가 고기를 물고 그의 주변을 빙빙 돌았고 암컷 이리가 그에게 젖을 먹였습니다. 기괴하다고 느낀 흉노 선우[73]는 그를 신으로 여기고 거두어 길렀습니다.[74] 곤모가 장성하자 선우는 그에게 군사를 통솔하게 했는데, 여러 차례 공을 세우

---

68 "언지산焉支山을 넘어 1000여 리를 나가 적과 짧은 병기로 접전을 벌여 절란왕折蘭王을 죽이고 또 노호왕盧胡王을 참수했다. 완전무장한 적을 소멸시키고, 혼야왕渾邪王의 아들과 상국, 도위 8000여 명을 참수하고 사로잡았으며, 휴도왕休屠王이 하늘에 제사 지낼 때 사용하는 금인金人까지 노획해 왔다."(『사기』「위장군표기열전」)

69 금성金城은 한나라 군으로 군치는 윤오현允吾縣(지금의 간쑤성 융징永靖 서북쪽)이었다.

70 "문제 3년(기원전 177)에 흉노인이 월지를 쫓아내고 하서주랑을 점령한 뒤 줄곧 한나라와 서역의 교통이 단절되었다. 원수 2년 곽거병이 흉노를 하서에서 대파하고 혼야왕이 그 이듬해에 한나라에 투항한 이후로 이 일대는 정식으로 한 왕조의 세력 범위에 들었고, 한 왕조는 이곳에 무위武威, 주천酒泉 두 군을 설립했다."(『사기전증』)

71 당시의 선우는 이치사다.

72 곤모의 부친은 흉노가 아닌 대월지의 공격으로 죽었다. "곤모의 부친인 난두미难兜靡는 본래 대월지와 함께 기련산과 돈황 사이의 작은 나라를 다스렸다. 대월지가 오손을 공격하여 난두미를 죽이고 그의 땅을 빼앗자 그의 부족은 달아나 흉노로 들어갔다."(『한서』「장건전」)

73 당시의 선우는 묵돌이다.

74 오손왕이 월지인에게 죽임을 당하고, 월지인은 또 흉노에게 쫓겨났으므로 곤모는 흉노인에게 의해 양육된 것이다. "곤모가 막 태어났는데 곤모의 사부인 포취흡후布就翕侯(오손 대신의 관호官號)가 그를 안고 도망쳤다. 곤모를 수풀 속에 놓고 그를 위해 먹을 것을 찾다가 돌아오자 이리가 그에게 젖을 먹이는 것을 보았다. 또한 까마귀가 고기를 물고 그의 부근에서 선회했기에 그를 신이라 여겼다. 이에 그를 안고 흉노에 투항했는데, 선우는 곤모를 매우 좋아하여 직접 양육했다."(『한서』「장건전」)

자 선우는 다시 그 부친의 백성을 곤모에게 주고 그들을 데려가서 흉노의 서쪽 변방을 오랫동안 지키게 했습니다. 곤모는 오손의 백성을 거둔 뒤 그들을 이끌고 부근의 소읍들을 공격했으며, 활을 쏘는 군사가 수만 명에 이르자 곤모는 전투 능력을 길러주었습니다. 흉노의 선우가 죽자[75] 곤모는 자신의 무리를 이끌고 먼 서쪽으로 옮겨가 각국 사이에서 중립을 유지했으며 흉노를 알현하지 않았습니다. 그러자 흉노는 기습부대를 보내 습격했으나 승리하지 못하자 곤모를 신이라 여기며 그들과 거리를 두었을 뿐 더 이상 대대적인 공격을 하지 않고 있습니다. 지금 선우는 한나라에 패배하여 곤경에 처해 있고,[76] 또 과거 혼야왕에 소속된 땅은 텅 비어 사람이 살지 않고 있습니다. 만이들은 한나라의 재물을 탐내는 풍속이 있으니 지금 이러한 때를 이용해 예물을 후하게 베풀어 오손과 관계를 맺고, 그들을 점차 동쪽으로 불러들여 혼야왕이 거주하던 옛 땅에 살게 하면서[77] 한나라와 형제 관계를 맺는다면 현재의 형세로 보아 그들은 우리의 요구에 따를 것입니다. 그들이 우리의 말에 따른다면 흉노의 오른팔을 잘라내는 것입니다. 일단 오손과 연합하고 나면 오손 서쪽의 대하 등의 나라를 모두 끌어들여 한나라의 속국으로 만들 수 있을 것입니다."

무제는 장건의 말이 옳다고 여겨 그를 중랑장에 임명하여 300명을 이끌도록 했고, 병사마다 2필의 말[78]을 내주고 수만 마리의 소와 양 그리고 수천억 전 가치의 금은과 비단을 가져가게 했다. 더욱이 부절을 지닌 더 많은 부사副使를 파견해 도중에 때맞춰 그들을 다른 나라에 파견할 수 있도록 했다.[79]

---

75 묵돌 선우가 죽은 때는 문제 6년(기원전 174)이다.
76 이치사 선우가 원수 4년에 위청과 곽거병 등에게 심한 타격을 입은 것을 말한다.
77 "한나라 때 흉노 혼야왕의 땅은 남쪽으로 돈황에 이르렀고, 오손의 동쪽은 거사車師, 포류蒲類 등 여러 나라가 둘러싸고 있는데, 어찌 동쪽으로 혼야왕의 옛 땅으로 올 수 있겠는가? 이 또한 장건이 근거 없이 영합하여 한 말이다."(『사기찰기』)
78 "가다가 말을 바꿔 타게 한 것인 동시에 한나라에 말이 많다는 것을 오손에게 뽐내는 것이다." (『사기전증』)
79 원문은 '道可使使遣之他旁國'이다. "'사사使使'는 '편便'의 잘못으로 의심되며 '유遣'는 마땅히 '견

장건이 오손에 도착하자, 오손왕 곤모는 흉노의 선우 사자와 같은 예로써 한나라 사자를 접견했다.[80] 장건은 이를 매우 치욕스럽게 여겼으나 만이가 한나라의 재물을 탐내고 있다는 것을 알기에 이렇게 말했다.

"천자께서 내리는 예물이니 왕께서 머리를 조아려 절하지 않는다면 다시 가지고 돌아가겠습니다."

그러자 곤모는 비로소 일어나 절을 올리고 예물을 받았지만 다른 경우의 예절은 오만했다. 장건은 이번에 사신으로 오게 된 목적을 말했다.

"오손이 동쪽 혼야왕의 옛 땅으로 옮겨와 거주한다면 한나라는 옹주翁主[81]를 보내 곤모왕의 부인으로 삼게 할 것입니다."

그러나 오손은 나라가 분열되었고 왕은 늙었다. 게다가 그들은 한나라와 멀리 떨어져 있었기에 한나라가 얼마나 큰지 알지 못했다. 반면 그들은 오랫동안 흉노에 복속되어 있었고 흉노와 가까웠기 때문에 대신들은 모두 흉노를 두려워하여 동쪽으로 옮기기를 꺼려했다. 이 때문에 곤모왕 자신도 독단적으로 결정할 수 없었기 때문에 장건은 확실한 대답을 얻지 못했다. 곤모왕에게는 10여 명의 아들이 있었는데, 그중 가운데 아들인 대록大祿은 사람됨이 사납고 병사들을 이끌 수 있어 1만여 명의 기병을 거느리고 단독으로 한 지방에 주둔하고 있었다. 대록의 형이 태자였고 태자에게는 잠취岑娶[82]라는 아들이 있었다. 태자가 일찍 죽었는데, 그는 죽기 전에 부친 곤모에게 이렇게 말했다.

"반드시 잠취를 태자로 삼아주시고, 다른 사람이 대신하지 못하게 해주십시오."

遣'이라 해야 한다. 『한서』「장건전」에서는 '道可便遣之他旁國'으로 기재하고 있다."('수정본') 역자는 '수정본'과 『한서』의 기재에 따랐다.

80　참고로 "흉노의 규정에 따르면 한나라 사신이 흉노에 당도한 뒤에 부절을 내려놓고 얼굴에 먹물을 바르지 않으면 선우의 막사 안으로 들어갈 수 없었다."(「흉노열전」)

81　"옛날에 황제의 딸이 출가하면 공작公爵이 주례를 했으므로 '공주公主'라 하고, 제후의 딸이 출가하면 부친이 주례를 했으므로 '옹주翁主'라 한다고 했다. 여기서 말하는 옹주는 나중에 한나라에서 파견한 유세군劉細君으로, 바로 공주의 신분으로 온 것이다."(『사기전증』)

82　『한서』「서역전」에서는 '잠추岑陬'로 기재하고 있다.

곤모는 아들을 가련하게 여겼기 때문에 그의 요청을 들어주고 잠취를 태자로 세웠다. 대록은 자신이 태자가 되지 못한 데 분노하여 다른 형제들을 모조리 체포했고[83] 그들의 부하를 이끌고 잠취와 곤모를 공격할 계획을 세웠다. 곤모는 연로했는데 대록이 잠취를 살해할까 걱정스러워 잠취에게 1만여 명의 기병을 내주고 다른 곳에서 살게 하고 자신도 1만여 명의 기병을 거느리고 대비했다. 이렇게 하여 오손국 세력은 세 갈래로 나누어졌으나 각 부락은 대체로 곤모의 지배 아래 있었다. 이러한 형세로 인해 곤모 역시 감히 장건과 조약을 체결하지 못했다.

이에 장건은 부사副使들을 나누어 대원, 강거, 대월지, 대하, 안식, 건독, 우전, 우미 그리고 가까운 다른 나라에 사신으로 보냈다. 오손은 한나라로 돌아가는 장건에게 안내인과 통역원을 붙여 보냈다. 장건은 오손이 파견한 사신 10여 명과 한나라에 대한 답례로 보내는 수십 필의 말을 이끌고 출발했다. 오손이 이렇게 많은 사신을 파견한 목적은 한나라의 허실을 잘 살피고 한나라가 얼마나 큰 나라인지 알아보기 위해서였다.

장건은 돌아온 뒤 대행에 임명되어 구경의 반열에 올랐다. 1년여 뒤에 장건은 죽었다.[84]

오손의 사신들은 한나라의 인구가 많고 물산이 풍부한 것을 보고 본국에 돌아가 국왕에게 보고했으며, 이때부터 오손은 한나라를 더욱 존중하기 시작했다. 1년여 지나서 장건이 대하 등에 파견했던 부사들이 모두 사신을 데리고 한나라로 돌아왔는데, 이때부터 서북방 각 국가들과 한나라가 왕래하기 시작했다. 이 길은 장건이 개척한 것이므로 이후 그들 국가로 가는 사자들은 모두 '박망후'라

---

83 원문은 '수기제곤제收其諸昆弟'로, 일부 번역본에는 '형제들을 모으다, 연합하다'라고 했다. 여기서 '수收'는 '체포하다'의 뜻이다.
84 『한서』 「백관공경표」에 따르면 장건은 원정 2년(기원전 115)에 대행령에 임명되었고, 3년(기원전 114)에 사망했다.

고 칭함으로써 외국의 신임을 얻고자 했으며, 외국인들도 확실히 이러한 이유로 한나라 사신들을 신임했다.

박망후 장건이 죽은 뒤, 흉노는 한나라와 오손이 친교를 맺어 왕래한다는 소식에 크게 분노하여 오손을 공격하려 했다. 한나라 조정에서는 오손에 사신을 보냄과 동시에 남쪽 대원과 대월지 등에도 연속하여 사신을 보냈다.[85] 오손은 두려움을 느껴 사람을 보내 한나라에 말을 바치고 옹주[86]를 처로 맞이해서 한나라와 형제 관계를 맺기를 청했다. 무제가 군신들에게 의견을 물어보니 모두 말했다.

"마땅히 그들이 먼저 예물을 보낸 다음에 그때 옹주를 보내야 합니다."

이전에 무제가 『역경易經』을 보았는데 "신마神馬가 서북쪽에서 오리라"고 했다.[87] 그 뒤에 오손이 보낸 좋은 말을 얻고는 '천마天馬'라고 불렀다. 뒤에 다시 대원의 한혈마를 얻었는데, 이 말이 더욱 건장했기에 오손의 말 이름을 '서극西極'이라 바꾸고, 대원의 말을 '천마'라고 불렀다. 이어서 한나라는 영거令居[88] 서쪽 땅을 개척하여 성을 쌓고, 새로 주천군酒泉郡을 설치하여 서북쪽 국가들과 소통했다. 이때부터 안식, 엄채, 여건, 조지, 건독 등의 나라로 파견되는 사자가 더욱 늘었다. 또한 황제가 대원의 말을 좋아했기 때문에 대원으로 파견되는 사신이 끊이지 않았다.[89] 외국으로 파견된 사신단은 많을 때는 수백 명이고 적을

---

85 원문은 '若出其南, 抵大宛, 大月氏相屬'이다. "서광이 말하기를 '『한서』에서는 약若자가 급及자로 기재되어 있는데, 약若의 뜻 역시 급及이다'라고 했다."(『집해』) "약若자는 고의로 멀리 지원함으로써 오손을 두렵고 놀라게 하려는 뜻이다. 흉노는 북쪽으로 오손과 떨어져 있고, 한나라가 그 남쪽을 차단하고 서쪽으로 대원과 월지에 이르면 그 세력은 압박하기에 충분하기에 오손이 두려워하는 것이다."(『사기찰기』)

86 "여기서의 '옹주'는 마땅히 '공주'라고 해야 한다."(『사기전증』)

87 "『한서음의』에서 이르기를 '『역경』을 펼쳐 점을 쳤다'고 했다."(『집해』) "지금의 『주역』에는 이 말이 없다. 당시 사람이 무제에게 영합하기 위해서 날조한 것이다."(『사기전증』)

88 영거令居: 한나라 현으로 치소는 지금의 간쑤성 융덩永登 서북쪽 지역이다.

89 "연락을 끊지 않고 대원으로 보내 천마를 구매한 것을 말한다."(『사기전증』)

때는 100여 명에 달했으며, 사신단이 가지고 간 물건은 대체로 박망후 장건 때와 비슷했다.[90] 그 뒤로 상황이 익숙해지자 사신단 인원과 가져가는 물건도 점차 적어졌다. 한나라는 1년 동안 많으면 10여 차례, 적으면 5~6차례 정도 사신을 파견했다. 이런 이들 가운데 멀리 가는 사람은 8~9년, 가까운 곳으로 가는 사람도 몇 년이 지나서야 돌아왔다.

이때 한나라는 이미 월나라를 멸했기 때문에[91] 촉 땅과 서남이들은 모두 두려워하며 한나라 군현을 설치하여 관리를 파견하고 황제를 알현할 수 있게 해달라고 요청했다. 이에 한나라 조정에서는 익주益州, 월수越嶲, 장가牂柯, 침려沈黎, 민산汶山[92] 등의 군을 설치하고, 이들 지방에서부터 밖으로 확대시켜 대하와 접근이 편리하도록 했다.[93] 그러고는 백시창柏始昌과 여월인呂越人 등과 같은 사람을 한 해에 10여 차례 사신으로 파견했다. 이들은 새로 설치한 군에서 출발하여 대하로 갔는데, 모두 곤명 지역에 가로막혀 죽임을 당하거나 재물을 빼앗기곤 하여 아무도 대하에 도달하지 못했다. 이에 한나라는 삼보三輔 지역의 죄인들을 징발하고 파와 촉의 군사 수만 명을 보태어[94] 곽창과 위광 두 장군에게 군대를 이끌고 곤명으로 가서 한나라 사자를 가로막는 자들을 토벌하게 했다. 이들은 수만 명의 머리를 베거나 사로잡아 돌아왔다.[95] 그러나 그 뒤에 한나라

90 앞서 언급한 "소와 양 수만 마리, 그리고 수천억 전의 가치가 나가는 금은과 비단"이다.
91 남월을 멸망시킨 때는 원정 6년(기원전 111)이다.
92 익주益州의 군치는 전지滇池(지금의 윈난성 진닝晉寧 동북쪽)다. 월수越嶲 군치는 공도邛都(지금의 쓰촨성 시창 동남쪽)이다. 장가牂柯의 군치는 지금의 구이저우성 황핑黃平 서남쪽 지역이다. 침려沈黎의 군치는 지금의 쓰촨성 한위안漢源 동북쪽 지역이다. 민산汶山의 군치는 지금의 쓰촨성 마오현茂縣 북쪽 지역이다. 월수·장가·침려·민산을 설치한 때는 원정 6년(기원전 111)이고, 익주를 설치한 때는 원봉 2년(기원전 109)이다.
93 "이기李奇가 말하기를 '경계를 서로 접하게 하여 대하에 이를 수 있도록 한 것이다'라고 했다."(『집해』)
94 가까운 곳에 있는 군사를 징발한 것이다.
95 "장군 곽창과 중랑장 위광을 파견해 파와 촉의 군사를 징발하여 서남이 가운데 아직 항복하지 않은 부락을 평정하게 했고, 아울러 그곳에 익주군을 설치했다."(『한서』「무제기」) 원봉 2년(기원전 109)의 일이다.

에서 사신을 파견하자 곤명은 여전히 가로막고 도적질을 했기 때문에 결국 순탄하게 통행할 수 없었다. 그러나 이때 북쪽 길로 주천을 거쳐 대하로 가는 사신들이 갈수록 많아지자 외국에서는 점차 한나라의 예물에 싫증을 냈으며 귀하게 여기지 않았다.

박망후 장건이 외국과 연계하는 길을 열어 존귀한 지위를 얻은 뒤로, 그를 수행하여 사신을 나갔던 관리와 병사들도 앞 다투어 글을 올려 외국의 진기한 이야기와 이해득실을 말하며 사신으로 가기를 요청했다. 무제는 이 나라들이 모두 머나먼 곳이라 사람들이 기꺼이 가려 하지 않을 것이라 생각하여 그들의 요구를 들어주면서 부절을 내주었고, 출신과 이력을 따지지 않고 모집하여 일정한 수행원을 안배하여 떠나게 했다. 그 목적은 서역으로 통하는 길을 개척하고 더욱 넓히려는 것이었다. 그러나 사신들이 왕래하는 과정에서 적지 않은 자들이 재물을 탐내어 도둑질하거나 사신의 임무를 완수하지 못했다. 무제는 그들이 서역 사정에 익숙한 점[96]을 고려하여 조사와 심문을 거쳐 법률에 따라 중죄로 판결하되 그들을 자극하여 속죄금을 내게 한 다음, 그들이 계속 사신으로 가게 해달라고 요청하게 만들었다. 사신으로 가야 하는 이유가 갈수록 무궁무진해지자[97] 법을 어기는 일도 사라졌다. 그들을 수행하는 관리와 사졸들도 외국에 있는 물품을 과장하면서 사신으로 나가게 해달라고 요청했고, 말주변이 좋은 사람은 부절을 수여받아 정사正使가 되었고 말주변이 부족한 사람도 부사副使를 담당할 수 있었기 때문에 허튼소리를 잘 늘어놓는 무리들이 그들의 행위를 모방했다. 사신으로 가는 자들은 모두 빈곤한 자제들이었는데,[98] 서역 각

---

96 원문은 '습지習之'로, 일부 번역본에는 사신으로 간 자들이 재물을 탐내어 도둑질 하는 것이 관습이 되었다거나 상습적이었다는 내용으로 해석했는데, 여기서 '습지習之'의 의미는 '서역 사정에 익숙하다'는 뜻이다.

97 원문은 '使端無窮'이다. 일부 번역본들은 '사신을 보내야 할 일이 끝이 없었다'는 뜻으로 번역하고 있다. 그러나 이 구절은 '사신으로 가야 하는 이유가 무궁무진해졌다'는 뜻이다.

국에 보내는 예물 일부를 사사로이 싼 가격에 팔아 이익을 취했다.[99] 외국에서
는 한나라에서 파견된 사신들의 말이 제각기 다른 것을 싫어하게 되었다.[100] 그
들은 또 한나라의 군대가 멀리 떨어져 있으니 그곳까지 올 수 없다는 생각에 한
나라 사신에게 제공하는 음식을 끊어 사신들을 괴롭혔다. 음식을 제공받지 못
한 한나라 사신들은 원한이 쌓여 서로 공격하는 지경에 이르렀다.[101] 누란과 고
사는 비록 작은 나라였지만 동서 방향으로 왕래하는 교통 요지였으므로[102] 한
나라의 사신 왕회王恢[103] 등을 더욱 심하게 공격하고 약탈했다. 이 밖에도 흉노
의 기습 부대가 항상 서역으로 가는 한나라 사신들을 가로막고 약탈했다. 사신
으로 다녀온 자들은 앞을 다퉈 외국에서 발생한 피해를 말하면서, 그곳에는 모
두 성읍이 있기는 해도 병력이 악소해 격파하기 쉽다고 했다. 그리하여 무제는
전 종표후從驃侯 조파노趙破奴를 파견해[104] 한나라에 귀속된 소수민족[105] 기병과

98 원문은 '빈인자貧人子(빈곤한 집안 자제)'로, 『한서』에는 이 세 글자가 없다.
99 원문은 '사기리외국私其利外國(사사로이 외국에서 이익을 취하다)'다. 『한서』에는 '외국外國' 두 글자
가 없다. 『사기각증』과 『사기회주고증』에서는 불필요한 글자로 의심된다고 했다. 역자 또한 '외국外國'
두 글자를 생략하고 번역했다.
100 "복건이 말하기를 '한나라 사신이 외국에서 말하는 것이 사람마다 경중의 차이가 있고 실제에
부합하지 않은 것을 말한다'라고 했다."(『집해』)
101 일부 번역본에서는 한나라 사신끼리 서로 공격한 것으로 해석하고 있는데, 잘못된 번역이다. 한
나라 사신과 서역 각국 사이에 분규가 발생하여 서로 공격하는 지경에 이르렀음을 말한다.
102 원문은 '공도空道'로, '공도孔道(교통의 요지)'를 말한다. 당시 한나라에서 서역으로 통하는 길은
두 길이 있었는데, 남쪽 길은 누란을 거치고 북쪽 길은 고사를 거쳐야 했다. 두 길 모두 한나라의 사신
이 서역으로 가는 요충지였다.
103 왕회王恢는 무제 때 중랑장에 임명되었고 원봉 3년(기원전 108)에 조파노를 도와 누란을 공격한
공적이 있고 거사왕車師王을 사로잡아 호후浩侯에 봉해졌다. 마읍馬邑에서 복병을 두고 흉노를 유인해
공격하자고 건의한 왕회와는 다른 사람이다.
104 원문은 '이고견종표후파노以故遣從驃侯破奴'다. 『한서』에는 '이고以故' 두 글자가 없다. "주수창
이 말하기를 '당시 종표후 조파노는 이미 작위를 잃었으므로 여기서는 마땅히 "고종표후故從驃侯"로
해야 한다'고 했다. 주수창의 의견에 따르면 여기서 '견遣'자를 삭제해야 한다."(『사기전증』) 역자 또한
주수창의 의견을 받아들여 '전 종표후'로 번역했다.
105 원문은 '속국屬國'이다. "기타 민족이 한나라에 투항했고, 한나라 조정에서는 원래 부락을 그 일
대 군현에 안배했으므로 속국이라 한 것이다. 안사고는 말하기를 '국호는 존재했으나 한나라에 귀속되
었으므로 속국이라고 한 것이다'라고 했다. 원수 2년에 흉노 혼야왕이 4만 명을 이끌고 한나라에 투항

각 군에서 징발한 군사 수만 명을 거느리고 출정케 했다. 군대는 곧장 흉하수匈河水106까지 이르렀으나 흉노인들은 일찌감치 달아난 뒤였다. 그 이듬해107 다시 고사로 진격한 조파노는 가볍게 무장한 기병 700여 명을 이끌고 앞서 당도하여 누란왕을 포로로 잡고 고사를 대파했다.108 이어서 승세를 몰아 군대의 위력으로 오손과 대원 등을 고통스럽게 했다. 조파노는 돌아온 뒤 착야후浞野侯에 봉해졌다.109 왕회는 여러 차례 사신으로 나갔다가 누란으로부터 해를 입었기 때문에 그 사실을 무제에게 보고했고, 무제는 왕회에게 군사를 이끌고 조파노를 도와 누란을 격파하게 했다.110 이로 인해 왕회는 호후浩侯에 봉해졌다.111 이때부터 한나라의 정장亭鄣이 주천군에서 옥문관玉門關까지 늘어서게 되었다.112

했고, 한나라는 5개의 속국을 그곳에 설치했다. 조파노가 이끈 속국의 기병은 바로 이러한 흉노인들이다.”(『사기전증』) 역자는 ‘귀속된 소수민족’이라고 번역했다.

106 흉하수匈河水는 지금의 간쑤성 융덩永登 북쪽으로 수천 리 떨어져 있다. “여기서는 옥문관 밖 거연해居延海의 하류로 의심된다.”(『사기찰기』) 이번 조파노의 흉노 정벌은 원정 6년(기원전 111)의 일이다.

107 원봉元封 원년(기원전 110)이다.

108 원정 시기에 대한 의견이 세 가지로 나뉜다. 『사기』 「위장군표기열전」에서는 원봉 2년(기원전 109)으로 기재하고 있고, 「건원이래후자 연표」에서는 조파노가 누란왕을 포로로 잡은 때를 원봉 3년(기원전 108)으로 기재하고 있고, 여기서는 원봉 원년(기원전 110)으로 기재하고 있다. “양옥승이 말하기를 ‘조파노가 흉하장군이 되어 흉노를 공격한 것은 원정 6년이고, 「대원전」에서는 누란을 포로로 잡은 때가 흉노를 공격한 이듬해로 말하고 있는데, 바로 원봉 원년으로 『한서』의 열전과 합치된다. 조파노가 흉노로 깊숙이 들어갔다가 한 사람도 볼 수 없어 군대를 돌려 서역을 공격한 것으로 보인다. 『대사기大事記』에서는 원봉 원년으로 기재하고 있는데 매우 확실하다’라고 했다.”(『사기전증』)

109 “「건원이래후자 연표」에 따르면 이 사건을 원봉 3년의 일로 기재하고 있어, 조파노가 누란을 격파한 때는 원봉 3년이다. 양옥승의 의견과는 같지 않다.”(『사기전증』)

110 “서광이 말하기를 ‘중랑장이 되었다’고 했다.”(『집해』) 즉 왕회가 중랑장의 신분으로 조파노를 보좌하여 누란을 격파한 것을 말한다.

111 “「건원이래후자 연표」에서는 왕회가 전 중랑장 신분으로 군사를 이끌고 가서 거사왕을 체포한 공적이 있어 후에 봉해졌는데, 원봉 4년(기원전 107)이라고 했다. 이 문장에서 바로 조파노를 도와 누란을 공격해 후에 봉해졌다고 한 것은 아마도 사건과 시간이 모두 잘못된 것 같다.”(『사기전증』)

112 한나라의 서북 최전방에서 더 서쪽으로 밀고나갔다는 뜻이다. 정장亭鄣은 전망대와 보루를 가리키는데, 변경 요새에 건설한 군사시설로 적의 동정을 관찰하고 적의 침입을 방지했다. “안진화이安金槐의 『중국고고中國考古』에서 말하기를 ‘장새鄣塞는 변경 성에 파견된 장위鄣尉의 주둔지로 그 군사 성질은 후대의 변방 초소와 같다’고 했다.”(『사기전증』) 옥문관玉門關은 지금의 둔황 서북쪽으로, 서역 사람들이 여기서 중원으로 옥석을 수입했기 때문에 옥문관이라 했다.

오손왕은 한나라 여자를 아내로 얻으려 1000필의 말을 예물로 주었고, 한나라에서는 종실인 강도왕의 딸을 오손왕에게 시집보냈다.[113] 오손왕 곤모는 그녀를 우부인右夫人에 봉했다. 뒤에 흉노 또한 곤모에게 흉노 여자를 보내 처로 삼게 했는데, 곤모는 그녀를 좌부인左夫人으로 봉했다. 곤모가 말했다.

"나는 이미 늙었다."[114]

그러고는 손자인 잠취에게 강도왕의 딸을 아내로 삼게 했다. 오손국에는 말이 많아서 부유한 사람들 중에 4000~5000필의 말을 기르는 자도 있었다.

처음에 한나라 사신이 안식에 도착했을 때 안식왕[115]은 장군을 보내 2만 명의 기병을 이끌고 동쪽 변경에서 영접하게 했다. 동쪽 경계는 안식의 도성에서 수천 리 떨어져 있는 곳으로, 동쪽 경계에서 도성까지 수십 개의 성을 거쳤으며 길가에 인가가 끊이지 않을 만큼 많았다. 한나라 사신이 돌아갈 때 안식에서도 사신을 보내 한나라의 광대함을 살펴보게 했으며, 그곳 큰 새의 알과 여건黎軒의 마술사를 한나라에 바쳤다. 뒤이어 대원 서쪽의 작은 나라인 환잠驩潜,[116] 대익大益[117]과 대원의 동쪽 나라인 고사, 우미扜罙, 소해蘇薤[118] 등의 나라도 모두

113　"강도왕江都王 유건劉建의 딸 세군細君을 공주로 삼고 오손왕 곤모에게 시집보냈다."(『한서』「서역전」) 강도국의 도성은 광릉廣陵으로 지금의 장쑤성 양저우揚州 서북쪽 지역이다. 유건은 경제의 아들인 유비劉非의 아들로 무제의 조카이며 원수 2년(기원전 121)에 죄를 지어 자살했다. 세군은 오손에 있으면서 「황곡가黃鵠歌」를 지었는데, 다음과 같다. "친정이 나를 서쪽 한 지방으로 시집보내니, 먼 이국에 와서 오손왕에 의탁하게 되었네. 둥근 오두막을 집으로 삼고 담요를 담장으로 삼으며, 고기를 먹고 짐승의 젖을 마시네. 이곳에 살면서 항상 고향 땅 생각하니 마음이 슬프도다. 황곡黃鵠이 되어 고향으로 날아가고프다."(『한서』「서역전」) "무제는 이 노래를 듣고 가련한 마음이 생겨 격년으로 사자를 보내 초원생활에 필요한 비단 장막을 선물해 그녀를 살피게 했다."(『한서』「서역전」)

114　곤모는 묵돌 말년에 태어났고, 묵돌은 기원전 174년에 죽었다. 무제 원봉 연간(기원전 110~기원전 105)에 곤모의 나이는 60여 세였다.

115　파르티아 국왕 미트리다테스(Mithridates)를 말한다.

116　환잠驩潜: 대략 지금의 아무다리야강 하류, 아랄해 가까운 곳에 있는 서역의 소국이다. 지금의 우즈베키스탄에 속해 있다.

117　대익大益: 대략 지금의 아무다리야강 하류에 있는 서역의 소국이다.

한나라 사신을 따라와 물품을 바치고 황제를 알현하자 황제가 매우 기뻐했다.

한나라 사신들은 황하의 원류를 찾아 거슬러 올라갔는데, 황하의 원류는 우전于寘이었고[119] 그곳 산에는 옥석玉石이 많았기 때문에 사신들이 채취하여 돌아왔다.[120] 황제는 옛 도서[121]에 근거하여 황하가 발원하는 그 산을 곤륜산昆侖山이라 이름 지었다.[122]

이 당시 무제는 바닷가 일대를 자주 순수巡狩하면서 외국에서 온 손님들을 모두 따르게 했는데, 사람이 많은 도시를 지날 때면 일부러 돈과 비단을 풀어 그곳 백성과 신하들에게 하사했고 물건들을 풍족하게 갖추게 하여 나누어주면서 한나라의 부유함을 과시하고자 했다. 그리고 매번 가는 곳마다 대규모 씨름 대회를 성대히 거행하고 각종 잡기雜技를 연출케 하고 진기하고 기괴한 동물들을 전시하여 많은 사람이 관람하게 하고는 상을 하사했다. 은나라 주왕과 같이 술을 못으로 삼고 고기를 숲처럼 하여 환대했고, 외국 손님들에게 각지의 창고倉庫와 부장府藏[123]에 쌓여 있는 것을 참관시켜 한나라의 광대함과 부유함을 드러내어 그들을 경탄하게 만들었다. 이때부터 마술의 기교는 갈수록 높아졌고 씨름과 잡기의 기술도 해마다 변화되어 더욱 흥성해지기 시작했다.

서북쪽 각국에서 한나라로 오는 사신들의 왕래가 빈번해지면서 끊이지 않게

---

118 소해蘇薤: 서역의 소국으로 "천중몐岑仲勉은 지금의 우즈베키스탄의 사마르칸트 일대로 여겼다" 고 했다.

119 장건이 서역과 통하기 전에 옛사람들은 모두 황하가 곤륜산에서 발원한다고 말했다. 장건이 서역과 개통한 뒤에야 비로소 황하의 발원이 우전于寘(지금의 신장 남부의 허톈和田 일대)에 있다고 말했다.

120 "찬瓚에서 말하기를 '한나라 사신이 채취하여 그것을 가지고 한나라로 돌아온 것이다'라고 했다."(『집해』)

121 "『산해경』『목천자전穆天子傳』『우공禹貢』 같은 것을 말한다."(『사기전증』)

122 "우전于寘의 황하 원류를 곤륜昆侖이라고 한 것은 무제 때 시작된 것이다."(『사기회주고증』) "우전의 옆 산을 곤륜산이라고 하지만, 황하의 실제 원류는 이곳에 있지 않고 지금의 칭하이성 바옌카라산 북쪽 기슭이다."(『사기전증』)

123 창고倉庫는 양식을 저장하는 창倉과 병갑·전차를 보관하는 고庫를 합친 말로, 일반적으로 큰 물품을 보관하는 건축물이나 장소를 일컫는다. 부장府藏은 국가의 문서와 재물을 보관하는 곳이다.

되었다. 그러나 대원 서쪽의 나라들은 모두 한나라와 멀리 떨어져 있다고 여겨 태도가 오만했는데, 한나라는 어떠한 예절을 요구할 수도 없었기에 구슬리며 통제하는 수밖에 없었다. 오손 서쪽에서 안식에 이르기까지는 흉노에 더 가깝고 흉노도 일찍이 월지를 다스린 적이 있었기에[124] 흉노의 사신이 선우의 신물을 가지고 있기만 하면 각 국가는 음식을 제공했으며 감히 사신을 붙잡아두고 괴롭히지 못했다. 그러나 한나라 사신은 돈과 비단을 내놓지 않으면 먹을 것을 얻지 못했고 가축도 사지 않으면 탈 수 없었다. 그들이 이처럼 대하는 까닭은 한나라가 멀리 떨어져 있으며 한나라 사신이 가지고 온 물건이 많았기 때문이다. 이로 인해 한나라 사신은 돈을 써야만 필요한 물건을 얻을 수 있었는데, 이는 그들이 한나라 사신보다 흉노인을 더 두려워했기 때문이다. 대원과 주변 나라들은 포도로 술을 잘 빚었는데, 부잣집은 지하실에 저장한 양이 1만 석石[125]에 이르렀고 오래된 것은 수십 년에 달하는데도 맛이 변하지 않았다. 그곳 사람들은 모두 술 마시기를 좋아했고, 말은 목숙苜蓿[126]을 좋아했다. 한나라 사신이 그곳에서 종자를 가져오자 무제는 명령을 내려 목숙과 포도를 토질이 비옥한 지방에 심도록 했다. 뒤에 천마가 갈수록 많아지고 외국에서 온 사신들도 더욱 많아졌을 때는 각 이궁과 별관 주변에 포도와 목숙이 드넓게 심어져 있었다. 대원의 서쪽에서 안식에 이르는 나라들은 각기 언어가 같지 않았지만 풍속과 습관은 대체적으로 상통하여 서로의 말을 이해할 수 있었다. 그곳 사람들은 모두 눈이 움푹 들어가 있고 대부분 구레나룻[127]을 길렀으며, 장사에 능해 돈에 대해서는 아주 적은 돈에도 시시콜콜 다투었다.[128] 그곳 여자들은 지위가 높아서 여인

---

124 묵돌 선우와 노상 선우가 대월지를 대패시킨 두 차례 사건을 말한다.
125 전한 시기에 1석은 29.76킬로그램이다.
126 목숙苜蓿: 콩과 식물인 자주개자리로, 노새와 말 사료로 사용되었다.
127 원문은 '수염鬚髥'이다. 입 아래에 나는 털을 수鬚라 하고 양 볼에 나는 털을 염髥이라고 한다.
128 원문은 '쟁분수爭分銖'다. 분分과 수銖는 매우 작은 중량 단위로, 1냥兩의 24분의 1을 수銖라 하고 1냥의 100분의 1을 분分이라고 한다. 전한 시기에 1냥은 15.5그램이고, 1수는 0.65그램이었다.

이 말하는 대로 남자가 따랐다. 그곳에는 명주와 칠기漆器가 없었고 돈과 공구를 주조할 줄 몰랐다. 한나라 사신을 수행하다가 도망쳐 그들에게 투항한 자들이 서역에 없는 다른 병기를 주조하는 법을 그들에게 가르쳐주었다. 그들은 한나라의 황금과 백은을 얻으면 기물을 제조하는 데 쓰고 화폐를 주조하는 데는 사용하지 않았다.

한나라에서 사자로 나가는 자가 많아지자 어려서부터 사신을 따라다닌 자들 가운데[129] 어떤 이들은 무제를 알현하는 데 익숙했는데, 무제에게 말했다.

"대원국의 이사성貳師城[130] 안에 좋은 말이 있는데, 그들이 감추어두고 한나라 사신에게는 보여주려 하지 않습니다."

무제는 대원의 말을 좋아했기 때문에 이 말을 듣자 매우 갈망하여, 장사壯士 거령車令[131] 등을 시켜 천금과 황금으로 주조한 한 필의 말을 대원왕에게 가져다주고 이사성 안에 있는 말을 청하게 했다. 대원은 이미 한나라의 물건을 매우 많이 가지고 있었으므로 상의하며 말했다.

"한나라는 우리와 멀리 떨어져 있어 도중에 염수鹽水를 지나다 죽는 일이 잦다.[132] 그들이 북쪽 길로 가면 흉노인들에게 도적질을 당하고 그 남쪽으로 나가면 물과 풀이 없는 지역이다. 게다가 도중에 성도 없고 인가도 없어 음식을 구하지 못하는 경우도 많다. 한나라 사신들은 수백 명이 무리 지어 오는데 항상 먹을 것이 없어서 절반이 사망한다. 이런 길을 대군이 어떻게 올 수 있는가? 그들은 우리를 어떻게 할 수 없다. 이사성 안의 말은 우리 대원국의 보마寶馬다."

129 원문은 '소종少從'이다. 안사고는 말하기를 "한나라 때 사자를 수행하여 외국으로 나간 자를 소종이라 한다. 어려서부터 사자를 수행했다는 말이다"라고 했다.
130 이사성貳師城: 대원의 도성으로, 귀산성貴山城의 동남쪽(지금의 키르기스스탄 안디잔 정남 방향)에 있다.
131 장사壯士 거령車令은 성은 거車이고 이름이 령令이다.
132 염수鹽水: 로브노르를 말한다. 로브노르를 지나다가 종종 악천후를 만나 죽는 것을 가리킨다.

그리하여 말을 한나라에 주지 않기로 결정했다. 한나라 사신은 매우 화가 나서 한바탕 욕설을 퍼붓고 가져온 황금 말을 때려 부순 뒤 분개하며 떠났다. 대원의 귀족들도 화를 내며 말했다.

"한나라의 사신이 결국은 우리를 무시하는구나!"

그들은 겉으로는 한나라 사신을 돌아가도록 했으나 은밀히 동부 변경의 욱성郁成[133] 사람을 시켜 한나라 사신이 가는 길을 가로막고 공격해 죽인 뒤 재물을 약탈하게 했다. 무제는 이 소식을 듣고 크게 노했다. 일찍이 대원에 갔던 요정한姚定漢 등이 대원의 병력은 매우 약하니 한나라가 병사를 파견하면 3000명을 넘을 필요가 없고, 강한 쇠뇌를 가지고 가서 쏜다면 모조리 포로로 잡고 대원을 격파할 수 있다고 말했다. 무제는 이전에 착야후浞野侯 조파노가 누란을 공격할 때 700명의 기병을 거느리고 먼저 가서 누란왕을 사로잡은 일이 있었기 때문에 요정한 등의 말이 옳다고 믿었다. 또한 총애하던 첩 이씨李氏의 가족을 후에 봉하고자 하여 이광리를 이사장군貳師將軍으로 임명하고 한나라에 귀순한 소수민족 기병 6000명과 각 군국에서 품행이 좋지 않은 불량소년[134] 수만 명을 징발하여 대원을 토벌하게 했다. 이사성에 가서 좋은 말을 탈취하는 것이 목적이었기 때문에 이광리를 '이사장군'이라 했다. 조시성趙始成을 군정軍正으로 삼아 군법을 관장하게 하고, 이전 호후浩侯[135]인 왕회에게 군대를 인도하게 했으며, 이차李哆를 교위로 임명하여 군중의 각종 사무를 관장하게 했다.[136] 이해는 무

---

133 욱성郁成: 대원에 있는 성으로, 대원국 도성인 귀산성의 동남쪽, 이사성의 동북쪽(지금의 키르기스스탄 안디잔의 정동향)에 있다. 『한서』에서는 '욱성왕郁成王'으로 기재하고 있다.
134 원문은 '악소년惡少年'이다. 안사고는 말하기를 "무행의자無行義者(품행이 나쁜 자)를 말한다"고 했다. 비록 품행이 나쁜 무뢰한 자제를 말하지만 '죄인'은 아니다.
135 "왕회는 원봉 4년(기원전 107)에 호후浩侯에 봉해졌으나 오래지 않아 주천에 사신으로 나갔다가 황제의 명령을 사칭하여 폐해졌으므로 여기서 '이전 호후'라고 한 것이다."(『사기전증』)
136 "나카이 리켄이 말하기를 '세 사람의 직분을 구체적으로 말하고 있고, 더욱이 교위에 대해서는 제군사制軍事(군중의 각종 사무를 관장)라고 한 것은 장군이 관장하는 것이 없음을 볼 수 있다. 오직 함께 갔다가 돌아와서 후에 봉해졌을 따름이다'라고 했다."(『사기회주고증』)

제 태초 원년(기원전 104)이었다.[137] 또한 이해에는 관동에 메뚜기 떼가 크게 일어나 서쪽으로 곧장 돈황敦煌[138] 일대까지 침범했다.[139]

이사장군의 군대가 서쪽을 향해 염수를 지나는데 길 주변의 작은 나라들은 두려워하여 각기 성을 굳게 지킨 채 한나라 군대에 식량을 제공하지 않으려 했다. 성을 공격해도 쉽게 함락되지 않았다. 함락시키면 식량을 구할 수 있었으나 함락시키지 못하면 며칠간 공격하다가 서둘러 떠나야만 했다. 욱성에 도착했을 때 남은 병사는 수천 명에 지나지 않았으며 모두 굶주리고 지친 상태였다. 욱성을 공격했으나 도리어 크게 패하여 사상자가 매우 많았다. 이광리는 이차, 조시성 등과 함께 상의하며 말했다.

"우리가 욱성조차 점령하지 못하는데 하물며 어떻게 그들의 왕도王都를 손에 넣을 수 있겠는가?"

그리하여 군사를 거두어 돌아왔는데, 가고 오는 데 2년의 시간이 걸렸다. 그들이 돈황으로 돌아왔을 때 남은 사병은 10분의 1이나 2에 불과했다. 이광리는 사자를 파견해 황제에게 상서를 올려 말했다.

"가는 길이 너무 멀었고 도중에 식량이 떨어졌습니다. 사병들은 싸우는 것을 두려워한 것이 아니라 굶주림을 두려워했습니다. 출정할 군사가 너무 적어 대원을 점령하기에는 부족합니다. 바라건대 잠시 전쟁을 그만두고 부대를 증강시킨 뒤에 다시 갈 수 있도록 해주십시오."

137　"이광리가 대원을 정벌한 해를 태사공이 각별히 표기한 것은 이 정벌이 백성을 수고롭게 하고 재물을 축낸 것을 깨닫게 하기 위한 것으로, 탄식하게 만든다."(『사기전증』)

138　돈황敦煌: 한나라 군으로 군치는 지금의 간쑤성 둔황 서쪽 지역이다. 원수 2년(기원전 121)에 곽거병이 흉노를 격파하고 하서주랑을 취한 뒤 같은 해에 하서주랑에 무위武威와 주천酒泉 두 군을 설치했다. 원정 6년(기원전 111)에 한나라는 다시 무위와 주천을 분할하여 장액張掖과 돈황敦煌 두 군을 증설했다. 무제가 주천군을 나누어 설치했다.

139　"관동에 대규모의 메뚜기 재해가 발생하여 서쪽 돈황까지 이르렀으니 전국에 재해를 입지 않은 곳이 거의 없다. 이러한 전국적 대재해가 일어난 해에 대원에 대해 '백성을 수고롭게 하고 재물을 축내는' 전쟁을 발동했으니, 써내려가는 태사공의 마음속에는 깊은 감개가 있다."(『사기전증』)

상소문을 본 무제는 크게 노하여 즉시 사자를 옥문관으로 보내 가로막고는 말했다.

"너희 중에 누구라도 관으로 들어오려는 자는 즉시 참수하겠노라!"

이광리는 두려워하며 하는 수 없이 군대를 돈황에 주둔시켰다.

그해 여름[140] 한나라는 또 흉노와의 전쟁에서 착야후 조파노가 거느린 군사 2만여 명을 잃었다.[141] 공경들과 공무를 논의하는 관원들은 모두 대원 공격을 중단하고 흉노 공격에 역량을 집중시키기를 희망했다. 그러나 무제는 대원을 정벌하는 전쟁은 이미 시작되었으며, 대원 같은 소국을 점령하지 못하면 대하 같은 나라가 한나라를 경시할 것이라 생각했다. 또 이후로 대원의 말을 얻을 수 없으며 오손·윤두侖頭[142] 같은 나라 또한 한나라 사자를 경시하고 괴롭힐 것이니, 그렇게 되면 외국의 웃음거리가 되리라 여겼다. 그리하여 대원 토벌이 불리하다고 말한 등광鄧光 등을 처벌하고 이어서 감옥의 죄수와 재관材官[143] 가운데 죄 지은 자를 사면하고 각 지역의 불량소년과 변경에 주둔하고 있는 기병을 더욱 많이 징발했다. 그렇게 1년 동안 돈황에서 출발하여 서쪽으로 진격한 자가 모두 6만여 명이었는데, 스스로 안장과 말, 의복, 식량을 준비해 행장을 지고 자원한 자들은 포함하지 않은 수치다. 끌고 간 가축은 10만 두의 소, 3만여 필의 말, 나귀·노새·낙타가 수만 마리였다. 이번에는 양식을 대량으로 준비하고 각종 궁노와 병기를 갖추느라 온 천하가 들썩들썩했고, 전국의 원근에서 대원을 토벌하는 전선으로 물자를 운송하기 위해 50여 명의 교위가 이광리 부대에 편입되어 복무했다. 대원의 도성 안에는 우물이 없기 때문에 성 밖의 작은 하천에서

---

140 태초 2년(기원전 103) 여름이다.
141 "태초 2년에, 조파노는 준계장군浚稽將軍의 신분으로 기병 2만 명을 이끌고 흉노 좌현왕을 공격했다. 좌현왕은 조파노와 교전을 벌였고 기병 8만 명으로 조파노를 포위했다. 조파노의 군사는 전멸했고 자신 또한 흉노에게 사로잡혔다."(『사기』 「위장군표기열전」)
142 윤두侖頭: 서역의 소국으로, 오손烏孫의 동쪽(지금의 신장 룬타이輪臺 동남쪽) 지역이다.
143 재관材官: 힘이 세어 활을 잘 쏘는 특수병을 말한다.

물을 길어다 사용하고 있었는데, 이광리는 성 안 사람들이 물을 마시지 못하도록 치수 공사에 종사하는 인부를 보내 성 밖의 하천 물길을 바꾸게 했다. 이때 무제는 또 변경에서 수비하는 갑옷 입은 군사 18만 명을 징발하여 주천과 장액 북쪽에 거연居延과 휴도休屠 두 개의 도위를 설치하여 주천군을 호위하게 했다.144 또 전국 각지에서 일곱 종류의 죄를 지은 자들을145 징발하여 말린 양식을 운송하여 이광리에게 공급하도록 했다.146 양식을 실은 수레와 사람들의 왕래가 돈황에서부터 대원에 이르는 전선까지 끊임없이 이어졌다. 무제는 또 말을 잘 기르는 사람 두 명을 선발하여 집마교위執馬校尉, 구마교위驅馬校尉로 임명해 대원을 무너뜨렸을 때 그곳의 좋은 말을 고르도록 대기시켰다.

그리하여 이광리는 다시 출정하게 되었는데,147 그가 이끄는 병력이 많았기 때문에 지나는 길목의 소국들 가운데 성을 나와서 환영하지 않는 나라가 없었고, 모두들 양식을 가져와 군대에 제공했다. 윤두에 당도했을 때 윤두는 견고하게 지키며 항복하지 않았다. 이에 한나라 군대는 며칠 동안 공격하여 점령한 뒤

---

144 거연도위居延都尉의 주둔지는 지금의 네이멍구 어지나기 동남쪽이고, 휴도도위休屠都尉의 주둔지는 지금의 우웨이武威 북쪽 지역이다. 도위의 등급은 군위郡尉에 상당했으며 새로 개척한 지역에서 군사를 통솔하며 방어했다. "『한서』 「무제기」에 태초 3년 가을에 흉노가 장액과 주천을 기습하여 도위를 죽이자 다시 두 개의 도위를 설치하고 이같이 많은 병마를 파견한 것은 한편으로는 장액과 주천을 방어하고 다른 한편으로는 한나라의 대원 정벌군을 흉노가 측면에서 공격하지 못하도록 방어하기 위한 것이다."(『사기전증』)

145 원문은 '칠과적七科適'이다. "장안은 말하기를 '관리로 죄를 지은 자가 첫 번째이고, 도망친 자가 두 번째, 데릴사위가 세 번째, 장사꾼이 네 번째, 이전에 장사꾼 호적에 올랐던 자가 다섯 번째, 부모가 장사꾼의 호적에 오른 자가 여섯 번째, 조부모가 장사꾼의 호적에 오른 자가 일곱 번째이니 무릇 일곱 가지의 죄다. 무제 천한天漢 4년(기원전 97) 천하의 일곱 가지 죄를 지은 자를 징발하여 삭방朔方으로 유배보냈다'고 했다."(『정의』)

146 원문은 '發天下七科適, 及載糒給貳師'이다. 칠과적을 징발하여 그들로 하여금 이사장군 이광리의 서쪽을 정벌하는 대군에게 말린 양식을 운송하게 한 것이지, 칠과적 외에 또 다른 양식을 운송하는 인력이 있음을 말하는 것은 아니다. 여기서 '급及(와, 과)' 자는 삭제해야 한다. '급' 자를 삭제하지 않으면 칠과적과 또 다른 양식을 운송하는 전문 인력이 있다는 뜻이 된다. 역자는 '급' 자를 삭제한 문장으로 번역했다.

147 이사장군 이광리가 두 번째로 출정한 때는 태초 3년(기원전 102)이다.

성 안의 사람들을 모조리 도륙했다. 이로부터 서쪽으로 가면서 막힘없이 대원의 도성에 당도했고, 한나라 군사는 3만 명이 남아 있었다. 대원은 출병하여 한나라 군대에 맞서 싸웠으나 한나라 군사가 어지러이 화살을 쏘아 패퇴시키자 대원의 군사들은 성 안으로 물러난 뒤 성에 올라 굳게 지켰다. 이광리의 군대는 본래 지나는 길에 욱성을 먼저 공격하고 싶었지만 시간이 지체되어 대원성이 다른 간사한 계책을 낼까 염려하여 먼저 대원성을 공격하기로 하고 대원성의 수원水源을 끊었다. 대원성 아래 작은 하천의 물길 방향을 바꾸자 대원성 안의 사람들은 곤경에 처했다. 이광리는 이어서 성을 포위해 40여 일 동안 공격해 외성外城을 격파하고 대원의 귀족 중 용장勇將인 전미煎靡를 포로로 사로잡았다. 대원 사람들은 크게 두려워하며 물러나 중성中城으로 들어갔다. 이때 대원의 귀족들이 서로 상의하며 말했다.

"한나라가 파병하여 우리 대원을 공격하는 것은 바로 국왕인 무과毋寡가 좋은 말을 감추어두고 한나라 사신을 죽였기 때문이다. 지금 우리가 무과를 죽이고 좋은 말을 바치면, 한나라 군대는 아마도 포위를 풀고 철수할 것이다. 한나라 군대가 그때도 공격을 멈추지 않으면 그때 목숨을 걸고 싸워도 늦지 않을 것이다."

대원의 귀족들은 모두 옳다고 여겨 함께 국왕인 무과를 죽인 뒤, 귀족 한 명이 무과의 머리를 들고 이광리를 찾아가서 약속하며 말했다.

"한나라 군대가 우리를 다시 공격하지 않으면 좋은 말을 모두 바칠 것이니 마음대로 고르십시오. 뿐만 아니라 한나라 군대에 군량을 제공하겠습니다. 이를 받아들이지 않는다면 좋은 말을 모조리 죽여버릴 것이고, 강거康居에서 구원병이 당도할 것입니다. 구원병이 도착하는 대로 우리는 성 안에서, 강거의 구원병은 밖에서 포위하여 안팎으로 호응하여 한나라 군대와 결전을 벌일 것입니다. 청컨대 한나라 군대는 깊이 고려하시오. 어찌 하겠습니까?"

이때 마침 강거의 구원군이 한나라 군대의 동태를 살피고 있었는데, 한나라 병력이 많고 왕성하여 감히 진격하여 대원을 구하지 못하고 있었다. 이광리와 조시성, 이차 등이 상의하며 말했다.

"듣자하니 대원성 안에서 최근에 한나라 사람[148]을 찾아냈는데, 그가 어떻게 우물을 파는지 알고 있다고 하는데다 성 안에 양식이 아직 많다고 하오. 우리가 이곳에 온 목적은 수괴인 무과를 주살하기 위함이오. 무과의 머리는 이미 보내왔고 이런 상황에서 우리가 군사를 물리지 않는다면 그들은 반드시 굳게 지킬 것이오. 우리가 지칠 때를 기다렸다가 강거의 구원군이 대원을 구원하러 오면 우리는 반드시 패하게 될 것이오."

군리軍吏들이 모두 동의하자 이에 대원의 요청을 받아들였다. 대원은 좋은 말을 바쳐 한나라 사람들에게 직접 고르게 했으며, 또 많은 음식을 가져와서 한나라 군사들에게 제공했다. 한나라 군대는 좋은 말 수십 필과 중등 이하의 암수 3000여 필을 골랐고, 그런 다음 귀족 가운데 한나라 사신을 호의적으로 대했던 말살昧蔡[149]을 대원왕으로 세우고 그와 함께 맹약을 체결함으로써 전쟁을 중단했다. 결국 한나라 군대는 대원의 중성中城에 진입하지 못한 채 전쟁을 멈추고 철군하여 돌아왔다.[150]

처음에 이광리는 돈황에서 서쪽으로 출발할 때 인마가 너무 많아 지나는 길목의 나라들이 음식을 제공하지 못할 것을 걱정하여 군대를 몇 개로 나눈 뒤 남쪽과 북쪽 두 길로[151] 전진하게 했다. 교위 왕신생王申生과 이전에 홍려鴻臚[152]를

148　원문은 '진인秦人'이다. "이민족들은 중국을 칭하면서 진秦과 한漢은 하나다."(『한서보주』)『한서』에서는 '한인漢人'으로 기재하고 있다. 본문의 시기는 한나라 당시이므로 역자 또한 '한나라 사람'으로 번역했다.

149　'昧蔡'의 음에 대해서『색은』에서는 '말살'이라고 했다. '매채' 또는 '말채'라고 하는 사람도 있다. 역자는『색은』의 견해에 따랐다.

150　"사이史珥가 말하기를 '수만 명의 백성 목숨을 몇 마리의 말과 바꾸었으니 진실로 우맹優孟이 말한 백성을 천시하고 말을 귀하게 여기는 것이다'라고 했다."(『사기전증』)

151　남쪽 길은 누란 옆 남산(아얼진산, 곤륜산) 북쪽 기슭에서 서쪽으로 가서 총령을 넘거나, 서남쪽으로 계빈罽賓, 건독身毒에 이르거나, 서쪽으로 가서 대월지, 안식에 이르러 다시 서쪽으로 조지, 여건 등의 나라에 이르는 것이다. 북쪽 길은 거사車師 이전 왕정 옆 북산(천산天山) 남쪽 기슭에서 서쪽으로 가서 총령을 넘어 대원, 강거에 이르러 다시 서남쪽으로 안식을 지나 서쪽 여건에 이르는 길이다.

지냈던 호충국壺充國 등 1000여 명을 파견해 단독으로 곧장 욱성으로 달려가게 했다. 욱성 사람들은 성에 올라 굳게 지키면서 한나라 군대에게 음식을 제공하지 않았다. 이때 왕신생은 대부대로부터 200리 떨어져 있었는데, 한나라 군대의 위세에 의지하여 적들을 경시하고 욱성 사람들에게 양식을 요구했으나 욱성 사람들은 제공하지 않았다. 욱성에서는 왕신생의 인마가 날마다 줄어드는 것을 알아채고 어느 날 새벽 3000명의 군사로 기습 공격하여 왕신생 등을 죽이고 군대를 전멸시켰다. 간신히 몇 명만 탈출하여 이광리가 있는 곳으로 달려갔다. 이광리는 수속도위搜粟都尉[153] 상관걸上官桀에게 욱성을 공격해 격파하도록 명령했다. 욱성왕郁成王[154]은 강거로 도망쳤고 상관걸은 다시 강거까지 추격했다. 강거는 한나라가 대원을 격파했다는 소식을 듣고 욱성왕을 잡아서 상관걸에게 넘겨줬고, 상관걸은 네 명의 기사騎士[155]에게 욱성왕을 대장군[156] 이광리에게 압송하도록 했다. 네 명의 기사가 서로 상의하며 말했다.

"욱성왕은 한나라에서 몹시 증오하는 사람인데, 지금 우리가 산 채로 압송하다가 도중에 그가 달아나기라도 한다면 큰일을 망칠 수도 있다."

이에 그를 죽이고자 했으나 아무도 먼저 나서지 못했다. 그들 가운데 상규上邽에서 온 조제趙弟[157]라는 기사는 가장 나이가 어렸는데 검을 뽑아들어 욱성

152　홍려鴻臚: 대홍려大鴻臚를 말한다. 구경 중 하나로 소수민족 접대와 왕래, 입조하는 제후왕의 마중과 전송, 조회와 작위 수여 등의 예식에 관한 사무를 관장하는 관원으로, 봉록은 중2000석이다.
153　수속도위搜粟都尉: 군량과 말먹이 조달을 관장하는 군관이다. 유방이 한왕이 되었을 때 있었던 치속도위治粟都尉와 같다.
154　『사기찰기』에 따르면 욱성은 대원에 소속된 성으로 또한 왕이라 칭하며, 『한서』 「대원전」에서 이르기를 '부왕副王, 보국왕輔國王이 있다'고 했는데, 흉노의 좌우현왕이 있는 것과 같다.("『사기전증』)
155　기사騎士: 기병騎兵을 말한다. 전한 시기에는 지방의 특성에 따라 여러 종류의 병사를 양성했는데, 서북쪽에서는 말이 많은데다 사람들은 말을 달리면서 활을 쏘는 데 능했으므로 각 군에 기사를 설치했다.
156　"여순이 말하기를 '당시 별장別將이 많았으므로 이사장군을 대장군이라 한 것이다'라고 했다." (『집해』) "대장군은 당시 특정한 관직명으로, 이전에 위청이 있었고 이후에 곽광이 모두 이 직분을 담당했다. 그러나 이광리는 이 직책을 맡지 않았으므로 여기서 말하는 '대장군'은 총지휘관과 같다.("『사기전증』)

왕을 죽이더니 그의 머리를 들고는 상관걸 등과 함께 이광리의 대군을 뒤쫓아 갔다.

이광리가 두 번째 출병을 시작했을 때 무제는 오손에 사자를 보내 많은 병력을 동원하여 대원을 함께 공격하자고 요청했다. 오손은 단지 2000명의 기병만을 파견했을 뿐만 아니라 대원에 와서도 양쪽을 관망하며 출격하려 하지 않았다. 이광리가 군사를 이끌고 동쪽으로 귀환할 때 지나는 길의 각 소국들은 대원이 한나라 군에게 격파되었다는 소식에 자제들을 한나라 군대와 함께 보내 예물을 바치고 황제를 알현한 뒤 한나라에 인질로 머물게 했다. 이광리가 이번에 대원을 토벌할 때 군정軍正 조시성은 힘을 다해 작전을 벌여 공로가 가장 많았고, 상관걸은 용감하게 적진 깊숙이 들어갔으며, 이차는 계책을 세우는 데 공을 세웠다. 이광리의 군대가 옥문관에 도착했을 때는 군사 1만여 명과 1000여 필의 군마만 남아 있었다. 이광리의 두 번째 대원 토벌에서는 군중에 양식이 부족하지도 않았고 전장에서 희생된 사람도 많지 않았으나 각급 장리들이 탐욕스러웠고 대다수가 사졸들을 아끼지 않았으며, 사병들의 급료를 가로챘으므로 희생된 자가 많았다. 무제는 그들이 모두 만 리 밖에서 작전을 벌여 대원을 정벌했기에 이광리의 지난번 과실을 따지지 않고 해서후海西侯에 봉했다. 또 직접 욱성왕을 죽인 기사 조제를 신치후新時侯[158]에 봉하고, 군정 조시성을 광록대부 상관걸을 소부少府,[159] 이차를 상당上黨 태수로 임명했다. 나머지 군중의 대소 관리들 가운데 구경에 오른 자는 3명이었고,[160] 제후의 상相과 군수, 2000석[161]에

157 상규현上邽縣 출신의 기사로 성은 조趙이고 이름이 제弟. 상규현은 지금의 간쑤성 톈수이天水다.

158 신치新時라는 명칭의 봉지는 상세하지 않다. 『한서』「공신표」에서는 제나라 땅에 있다고 했다.

159 소부少府: 전국시대에 시작된 관직명으로 구경에 속했다. 산, 바다, 육지, 호수의 수입과 황실의 수공업 제조 및 궁중의 어의御衣, 진귀한 물품과 음식 등을 관장했으며, 황제의 사부私府였다. 봉록은 중2000석이다.

160 "앞 문장에서 서술한 바에 따르면 상관걸 한 명뿐으로, 조시성과 이차는 구경에 미치지 못하므로 나머지는 누구인지 알 수 없다."(『사기전증』)

161 "한나라 때 제후 왕국은 조정에서 파견된 상相이 정사를 주관하므로 제후국 상의 권력은 중앙

오른 자는 100여 명이었으며, 1000석[162] 이하의 각종 관직에 오른 자는 1000여 명에 달했다. 스스로 용기를 내어 따라갔던 사람들은 예상한 것 이상으로 관직과 상을 하사받았고, 죄를 짓고 종군한 자들은 모두 사면되었으나 상을 받지는 않았다.[163] 사졸들에게 상으로 하사한 금액은 모두 4만 금이었다.[164] 두 차례에 걸친 대원 정벌은 앞뒤로 모두 4년 남짓 만에 비로소 종결되었다.[165]

한나라는 대원을 정벌한 뒤 말살을 대원왕에 세우고 철군했다. 그로부터 1년 뒤, 대원의 귀족들은 말살이 한나라의 비위를 잘 맞추어 대원이 도륙되었다고 여겨 서로 모의하여 말살을 죽였다. 그런 뒤 무과의 동생인 선봉蟬封을 옹립하여 대원왕으로 삼고, 선봉의 아들을 한나라에 인질로 보냈다. 한나라에서는 사자를 파견해 그들에게 예물을 주고 위로했다.[166]

그 뒤 한나라는 다시 사신 10여 무리를 대원 서쪽의 여러 나라에 보내 진기한 물건들을 구해오게 했고, 그 기회에 대원을 정벌한 한나라의 위세와 덕정을 그들에게 선전하도록 했다. 동시에 돈황에 주천도위酒泉都尉를 설치하고[167], 돈황에서 곧장 서쪽으로 염수까지 곳곳에 초소를 세웠다. 한나라는 윤두에 주둔하

각 군의 태수와 상통하며 등급이 모두 2000석이다. 이외에 조정과 군대 안에 2000석 등급의 관원이 있는데 전속국典屬國, 내사內史, 주작도위主爵都尉 등이다."(『사기전증』)

162 승상장사丞相長史, 태중대부太中大夫, 어사중승御史中丞 등이 모두 1000석이었다.

163 안사고는 말하기를 "죄를 짓고 유배되어 간 자는 그 죄를 사면 받는 것이고 그 공로를 서술하지 않는다"고 했다. 공을 세워 속죄했기에 사면되어 평민이 됐다는 뜻이다.

164 『한서』에서는 '4만 전'으로 기재하고 있다. "곽숭도가 이르기를 '『한서』「식화지」에서 황금 1근斤의 가치는 돈 1만이라 했고, 『사기』「평준서」에서는 진나라 때는 1일鎰이 1금金이었고, 한나라 때는 1근斤을 1금金이라 했다. 옥문관으로 들어온 자들이 1만 여 명이고 군리가 1000여 명이면 상을 하사 받은 사졸들이 대략 1만 명 정도다. 『사기』에서 4만 금이라 했으니 동전 4억 전의 가치다. 『한서』에서는 4만 전이라 했으니 사졸 1명이 상으로 하사 받은 것을 말한다. 한나라 법에 상으로는 비단, 황금, 돈을 하사한다. 4만 전의 가치는 황금과 돈의 수를 합쳐서 계산한 것이다'라고 했다."(『한서보주』)

165 『한서』「무제기」에 따르면 태초 원년(기원전 104) 8월에 이광리가 먼저 대원을 정벌했고, 태초 2년 봄에 패하여 돌아왔다. 태초 3년에 두 번째로 이광리가 대원 정벌에 나서고 태초 4년(기원전 101) 봄에 군사를 이끌고 돌아왔으니 전후로 4년이다.

166 실제로는 간섭할 방법이 없어 어쩔 수 없이 새 왕을 승인한 것이다.

167 양옥승은 서광의 견해를 인용하며 "돈황과 주천에 도위를 설치했다고 해야 맞다"고 했다.

면서 둔전하는 수백 명의 사병을 두고 한 명의 사자를 설치하여[168] 전지田地와 양식 저장을 관리하면서 서쪽으로 가는 한나라 사신들에게 제공하게 했다.

태사공은 말한다.

"『우본기禹本紀』[169]에 '황하는 곤륜산에서 발원한다. 곤륜산은 높이가 2500여 리이며, 그곳에서 해와 달은 이것이 나오면 저것이 들어가는 식으로 교대로 빛을 낸다. 산 위에는 예천醴泉과 요지瑤池[170]가 있다'고 말한다. 장건이 대하에 사신으로 가는 길에 황하의 원류를 찾았는데, 그곳에 『우본기』에서 말한 곤륜산이 있었단 말인가?[171] 구주九州 산천에 관련된 기재는 『상서』에서 말한 것이 비교적 사실에 가깝다. 『우본기』와 『산해경』에서 말한 기이하고 황당한 이야기에 대해 나는 감히 인용하지 않겠다."

---

168 나중에는 이곳에 윤대도위輪臺都尉를 설치했다.

169 『우본기禹本紀』: "왕응린王應麟과 양옥승 등은 『삼례의종三禮義宗』에서 인용한 『우수지기禹受地記』와 왕일王逸의 『이소주離騷注』, 곽박郭璞의 『산해경주山海經注』에서 인용한 『우대전禹大傳』으로 여기는데, 고대의 신화 성질을 띤 책이다."(『사기전증』)

170 예천醴泉은 샘물이 술과 같은 것이다. 요지瑤池는 전설 속의 신선이 사는 곳으로 못가와 바닥이 모두 투명하고 반짝여 옥과 같다고 한다.

171 "태사공의 이 말에 따르면 곤륜산의 존재를 부정한 듯하다. 신화 전설 속의 곤륜산은 당연히 존재하지 않는 것인데, 후세 사람이 고대 신화에 근거하여 장건 등이 발견한 서부의 큰 산을 곤륜산이라 이름 붙인 것이다. 이에 실제 존재하는 산이 되었으나 현재의 곤륜산에는 신화 전설 속에서 말하는 진기한 물건들이 없다."(『사기전증』)

유협열전

游 俠 列 傳

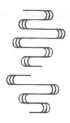

유협은 중국 고대의 특수한 집단으로, 진과 한 사이 천하가 혼란스러웠을 때 유협이 크게 흥성했으며 그 수가 많지는 않았으나 끼친 영향은 적지 않았다. 유협이 활약하게 된 역사적 배경은 그때그때 달랐으며 사람들의 인식과 평가도 차이가 있으나, 대체로 상층과 하층으로 구분할 수 있다. 상층을 대표하는 인물로는 신릉군·평원군·맹상군·춘신군이고 하층 유협을 대표하는 인물로는 주가·곽해 등이 있다. 이에 대해 사마천은 "평민 출신의 유협은 신중하게 주고받고 다른 사람과의 약속을 중시하기 때문에 천 리 밖 사람들도 모두 그들의 의기를 칭찬한다. 사람들은 궁지에 빠졌을 때 그들에게 의탁하며 도움을 요청하니, 이 어찌 사람들이 찬양하는 현자이며 호걸이 아니겠는가?"라며 유협을 열전으로 구성한 취지를 밝히고 있다. 그런가 하면 공명만 좇으며 군주에게 영합하는 유생에 빗대어 유협을 다음과 같이 평가했다. "유협을 살펴보면 그 행위가 비록 예법과 도덕에 맞아떨어지지는 않을지라도 그 말은 반드시 믿을 만하고 그 행동은 반드시 결과가 있으며, 사람들에게 승낙한 일은 반드시 실행하고, 자신의 희생을 애석하게 여기지 않고 남을 곤경에서 벗어나도록 도우며, 죽음에 임박한 사람을 새롭게 태어나게 하고, 세력에 의지해 남을 해치는 자를 징벌하면서 자기의 재능을 과시하지 않고, 자기의 공덕을 과장해서 말하지 않으니 이 또한 칭찬할 만하다." 이는 무제의 전제 통치와 잔혹한 법 집행에 대한 비판이기도 하다.

반고는 유협에 대해 사마천과는 상반된 견해를 보이고 있는데, 빈객을 모으고 널리 교제하여 세력을 형성하는 자들을 유협이라 정의하면서, 국가의 이익에 위배되고 붕당에 사력을 다하는 의론을 형성한다고 질책했다. 더불어 유협은 직무를 준수하고 윗사람에게 순응하는 관리의 법도를 해쳤다고 비판했다. 『사기』와 『한서』 모두 편명은 「유협전」이라 했으나 그들에 대한 견해와 평가는 같지 않았다.

한비자韓非子는 말하기를 "유생들은 붓끝을 놀려 국가의 법도를 어지럽히고 유협游俠은 무력을 사용하여 국가의 금령을 위반한다"[1]고 했다. 한비자는 이 두 종류의 사람들을 모두 비판했는데, 유가 학자들은 종종 세상 사람들에게 칭찬을 받는다. 유가 학술로 재상과 경대부의 지위를 얻고,[2] 군주를 보좌하여 『춘추春秋』에 공명이 기록된 경우는 구태여 말할 필요가 없다. 계차季次와 원헌原憲[3] 같은 사람은 골목에 사는 평민으로, 독서하고 절개를 지키며 절대로 세속에 물들지 않았으나 많은 사람의 비웃음을 샀다.[4] 그들은 한평생 사립짝문의 누추한 집에서 거친 베옷을 입고 변변치 못한 음식을 먹었지만 싫어하지 않았다. 그들이 죽은 지 이미 400년이 지났으나 제자들은 지금도 변함없이 그리워한다.

유협을 살펴보면 그 행위가 비록 예법과 도덕에 맞아떨어지지는 않을지라도 그 말은 반드시 믿을 만하고 그 행동은 반드시 결과가 있으며, 사람들에게 승낙한 일은 반드시 실행하고, 자신의 희생을 애석하게 여기지 않고 남을 곤경에서 벗어나도록 도우며, 죽음에 임박한 사람을 새롭게 태어나게 하고, 세력에 의지

---

1 출전은 『한비자』, 「오두五蠹」이다.
2 "공손홍과 장탕 같은 사람을 가리킨다. 공손홍은 유가 학술로 무제의 승상이 되었고 장탕은 먼저 정위가 되었다가 뒤에 또 어사대부가 되었다. 이들 모두 군주에 아첨하고 당대에 명성을 얻었으니 사마천이 매우 만족하지 못하는 것이다."(『사기전증』)
3 계차季次와 원헌原憲은 모두 공자의 학생이다. 계차는 이름이 공석애公晳哀이고 자가 계차季次다. 평생 벼슬길에 나가지 않았다. 원헌은 자가 자사子思로 가난을 부끄럽게 여기지 않았다.
4 "공자가 죽은 뒤 원헌은 황량한 들판의 풀숲에 숨어 살았다. 어느 날 위衛나라 상국이 된 자공子貢이 네 필의 말이 끄는 수레를 타고 그를 따르는 많은 무리가 명아주 잎과 콩잎을 밀치며 뒷골목으로 들어와 원헌을 방문했다. 원헌은 해져서 너덜너덜한 의관을 정돈하고 자공을 맞이했다. 자공은 그를 부끄럽게 여기며 '선생께서는 어쩌다가 병이 들었습니까?'라고 말했다."(『사기』, 「중니제자열전」)

해 남을 해치는 자를 징벌하면서 자기의 재능을 과시하지 않고, 자기의 공덕을 과장해서 말하지 않으니 이 또한 칭찬할 만하다.

게다가 긴급한 상황은 사람들이 수시로 직면할 수 있는 것이다.

태사공이 말하기를[5]

"옛날 우순虞舜은 우물을 파고 창고를 수리할 때 곤경에 빠졌고,[6] 이윤伊尹은 몰락하여 솥과 도마를 짊어지고 다니며 밥 짓는 일을 했으며,[7] 부열傅說은 부험傅險에서 숨어 지냈고,[8] 여상呂尙은 극진棘津[9]에서 곤궁하게 살았으며, 관중管仲은 포로가 되어 족쇄와 수갑을 찬 적이 있고,[10] 백리해百里奚는 소를 방목하기도 했으며,[11] 공자는 광匡에서 생명의 위험을 겪었고,[12] 또 진陳·채蔡에서 굶주린 적이 있었다.[13] 이들은 모두 유생들이 칭찬하는 숭고한 인의 도덕을 지닌 사람들

5　"'太史公曰(태사공왈)'은 불필요한 글자로, 다른 곳에 옮겨야 한다."(『사기전증』)
6　「고제본기」에 따르면 우순의 부친인 고수瞽叟와 동생인 상象은 항상 순을 죽이려 했다. 순이 창고 위에 올랐을 때 고수는 아래에서 불을 질러 창고를 태워버렸고, 또 순에게 우물을 파게 한 뒤 흙으로 우물을 메워버렸다. 다행히 순은 모두 피해 달아났다.
7　이윤伊尹은 탕湯을 만나기 위해 탕의 처인 유신씨有莘氏가 시집갈 때 데려가는 노복의 신분으로 솥과 도마를 짊어지고 탕에게 갔다. 음식의 도리로써 정사에 대한 견해를 암시하여 결국 탕에게 중용되었다.
8　부열傅說은 무정武丁을 만나기 전에 부험傅險(지금의 산시山西성 핑루平陸 동쪽)에서 노역을 하다가 무정에게 발견되어 정사를 주관하게 되었다.
9　극진棘津은 옛 하천 명칭으로 제진濟津이라고도 한다. 지금의 허난성 옌진延津 동북쪽 지역에 있었으나 오래전에 매몰되었다.
10　원문은 '이오夷吾'로, 관중의 자다. 관중은 공자 규糾를 섬기면서 제 환공과 군주의 지위를 놓고 다투다가 패해 구금되었다.
11　백리해百里奚는 춘추시대 진 목공의 신하로, 그의 출신에 관한 사적은 일치하지 않는다. 「진본기」에는 그가 소를 방목했다는 내용이 보이지 않는다.
12　「공자세가」에 따르면 공자가 위衛나라에서 진陳나라로 향할 때 광읍匡邑(위衛나라의 읍으로 지금의 허난성 창위안長垣 서쪽)을 지나는데, 그곳 사람들은 잔학한 노나라의 양호陽虎가 다시 온 것으로 오인하여 공자를 포위했다.
13　「공자세가」에 따르면 공자가 초楚나라로 가려 하자 진陳과 채蔡 사람들은 공자가 초나라로 가면 자신들에게 이롭지 못할 것을 두려워하여 공자를 포위했다. 양식이 떨어져 공자 일행은 일어설 수조차 없게 되었는데, 초나라 군대가 와서 영접하여 곤경에서 벗어날 수 있었다.

인데도 이 같은 재난을 만났으니, 하물며 평범한 재주로 난세 가운데 가장 쇠퇴한 때를 살아가는 사람들은 어떻겠는가? 그들이 겪는 재난을 또 어찌 다 말할 수 있겠는가!

평민들 사이에서 말하기를 '인의든 인의가 아니든 상관없이 누구든 내게 이로우면 그를 좋은 사람이라고 말한다'고 했다. 이 때문에 백이伯夷가 주周나라를 경시하여 수양산에서 굶어 죽었어도 주 문왕과 주 무왕의 명예는 떨어지지 않았다. 도척盜跖과 장교莊蹻[14]는 흉포하고 잔인했으나 그 무리는 오래도록 그들의 의로움을 전하며 칭송했다. 이렇게 본다면 '허리띠 갈고리를 훔친 자는 죽임을 당하고, 나라를 훔친 자는 후侯에 봉해지며, 왕후의 집안에도 인의가 있다'[15]는 말은 허튼소리가 아니다.

지금의 편협한 학자는 좁고 한정된 도의를 고수하면서 세상에서 고단하고 곤궁한 생활을 하는데, 어찌 격조 없이 시대 조류에 따르면서 공명과 부귀를 취하는 것보다 못하단 말인가![16] 평민 출신의 유협은 신중하게 주고받고 다른 사람과의 약속을 중시하기 때문에 천 리 밖 사람들이 모두 그 의기를 칭찬한다. 그들은 남의 어려움을 급하게 여기고 희생을 두려워하지 않으며 세상이 어떻게 의론하든 돌아보지 않으니, 이 또한 그들의 장점으로 어떤 사람이라도 개의치 않고 할 수 있는 것은 아니다. 이 때문에 사람들은 궁지에 빠졌을 때 그들에게

14 도척盜跖과 장교莊蹻는 고대 전설에 등장하는 큰 도둑으로, 도척은 『장자』 「도척盜跖」에 보이고 장교는 『사기』 「서남이열전」에 보인다.
15 '竊鉤者誅, 竊國者侯, 侯之門仁義存.'(『장자』 「거협胠篋」) "방포方苞가 말하기를 '허리띠 갈고리를 훔친 자가 죽임을 당하는 것은 협객이 법률을 지키는 것의 비유고, 나라를 훔친 자가 후에 봉해지는 것은 공손홍과 장탕이 모함하여 백성을 잔혹하게 해치면서 높은 지위를 훔치는 것의 비유며, 왕후의 집안에도 인의가 있다고 한 것은 세상 사람이 공손홍과 장탕의 추악함을 알지 못하고 그들을 찬미하는 것을 조롱한 것이다'라고 했다. 장문호는 말하기를 '왕후의 집안에도 인의가 있다고 한 것은 사람들이 인의로 그들을 칭찬하여 이익을 얻기 때문이라는 것을 말한 것이다'라고 했다."(『사기회주고증』)
16 "태사공의 본래 뜻을 말하자면, 그는 계차, 원헌을 대단히 숭배하거나 공경할 만하다고 여기지는 않지만 그들을 나쁘게 생각하지 않는다. 여기서 그는 반어법을 사용하여 공손홍과 장탕 같은 부류에 대한 증오와 유협의 비참한 처지에 대한 분개와 불평을 표현해낸 것이다."(『사기전증』)

의탁하며 도움을 요청하니, 이 어찌 현자이며 호걸이 아니겠는가?[17] 이러한 평민 유협을 계차나 원헌의 권위와 역량과 비교한다면 사회에 끼친 공헌을 함께 논할 수 없다.[18] 그러나 보여준 공적이나 약속을 이행한 것으로 요약하자면 유협의 의기 또한 어찌 경시하겠는가!

옛날의 평민 유협에 대한 사적을 들은 바가 없다. 근대의 연릉延陵,[19] 맹상孟嘗, 춘신春申, 평원平原, 신릉信陵 같은 사람들은 모두 군주의 친족들로[20] 봉지의 수입과 경상 지위의 부유함에 기대어 천하의 현인賢人들을 불러들여 제후들 사이에서 명성을 드날렸으니, 그들이 현명하고 재능 있는 사람이 아니라고 말할 수는 없다. 비유하자면 바람 부는 방향으로 외치는 것과 같아서, 그 소리가 강해지지는 않지만 소리를 멀리 전하게 하는 것으로, 이것은 바람의 힘이 조성하는 것이다.[21] 평민 유협들은 자신의 품덕을 수양하고 명예와 절조를 길러 천하에 이름을 드날렸으며 그들을 칭찬하지 않는 이가 없으니, 이것은 쉽지 않은 것이다. 그러나 유가와 묵가의 저작에서는 그들을 배척하고 그들의 사적을 기재하지 않았다. 진秦나라 이전 평민 유협의 사적은 모두 매몰되고 소실되었으니 진

17 원문은 '현호간자賢豪間者'로, "나카이 리켄이 말하기를 '간間자는 불필요한 글자다'라고 했다." (『사기회주고증』) 그러나 "왕보상의 『사기선史記選』에서 말하기를 '간자間者는 걸출한 인재다. 옛날에 보통이 아니며 특출난 사람을 간기소종間氣所鍾이라 불렀다'고 했다."(『사기전증』)

18 유협은 계차와 원헌에 미칠 수 없음을 가리킨다.

19 연릉延陵: 오나라 공자 계찰季札로, 봉지가 연릉이어서 '연릉계자延陵季子'라 불렸다. "연릉계자는 유협이 아니며, 게다가 근세 사람이라고 말할 수도 없다. 네 공자公子와 비교할 수도 없다. 연릉 두 글자는 불필요한 글자다. 『한서』에도 없다."(『사기지의』) "각국의 공자 가운데 예를 들면 위魏나라의 신릉군, 조나라의 평원군, 제나라의 맹상군, 초나라의 춘신군은 모두가 왕공王公의 권세에 의지해 경쟁적으로 유협을 불러 모았는데, 닭 울음소리를 내고 개처럼 좀도둑질하는 보잘것없는 재능을 가진 무리들도 모두 빈객의 예로 상대했다"(『한서』 「유협전」) 역자도 '연릉'은 삭제되어야 한다고 판단한다.

20 맹상군은 제 위왕의 손자이자 제 선왕의 조카다. 평원군은 조나라 무영왕의 아들이자 혜문왕의 동생이다. 신릉군은 위 소왕의 아들이자 안희왕의 이복동생이다. "춘신군과 초왕은 어떤 관계인지 『사기』에서는 상세한 언급이 없지만 첸무와 양콴 등의 고찰에 따르면 춘신군은 초 회왕의 아들이며 경양왕의 동생이다."(『사기전증』)

21 "바람 따라 소리 지르면 소리가 더 강해지는 것은 아니지만 분명하게 들린다順風而呼, 聲非加疾也, 而聞者彰"(『순자荀子』 「권학勸學」)

실로 유감스럽다. 내가 듣기로 한나라 이래로 주가朱家, 전중田仲, 왕공王公, 극맹劇孟, 곽해郭解 등이 있었다. 이들은 비록 국가의 법률을 어기기도 했지만 도덕 신의와 청렴하고 겸양하는 인품은 모두 칭찬할 만하다. 그들의 명성은 헛되이 세워진 것이 아니며, 사람들이 그들에게 의지한 것 또한 이유가 없는 것이 아니다. 관료들이 붕당을 짓고 호족이 되어 서로 결탁하고 재산에 의지해 가난한 사람들을 부리면서 외롭고 약한 사람들을 포학하게 괴롭히고 거리낌 없이 방자하게 구는 행동에 대해 진정한 유협은 경멸했다. 나는 상술한 두 종류의 사람을 세상 사람들이 구별하지 못하는 것을 한탄하며, 주가나 곽해와 같은 이들을 흉포하고 횡포를 부리는 무리와 혼동하는 것을 비웃는다."

노나라의 주가朱家는 한 고조 때 사람이다. 노나라 사람들이 모두 유가 학술을 배울 때 주가는 의협을 행하는 사람으로 명성을 날렸다. 그가 숨겨주거나 목숨을 구해준 호걸이 수백 명으로 나머지 일반 사람들의 경우는 헤아릴 수 없이 많았다. 그러나 그는 자신의 능력을 자랑하지 않았고 남에게 덕을 베푸는 것을 기뻐하지 않았으며 자신에게 도움 받은 사람을 다시 만나려 하지 않았다. 넉넉하지 못한 사람을 구제할 때는 가난하고 천한 사람을 우선으로 했다. 그의 집에는 여분의 돈이 없었고, 의복은 온전한 무늬를 볼 수 없을 만큼 낡고 오래되었으며, 밥을 먹을 때는 두 가지 이상 반찬이 놓인 적이 없었고, 밖으로 나갈 때는 소달구지를 탔다. 그러나 남이 위급하면 빠르게 달려갔으며 자기 일보다 중요하게 생각했다. 그는 일찍이 곤경에 빠진 계포季布 장군을 은밀히 구해줬는데,[22] 계포의 지위가 존귀해진 뒤에도 죽을 때까지 계포를 만나지 않았다. 이 때문에 함곡관 동쪽 사람들 가운데 목을 길게 빼어 그를 앙모하지 않은 사람이 없었고 그와 친해지기를 바라지 않는 사람이 없었다.

---

22 주가는 여음후 하후영을 통해 유방을 설득하여 계포가 사면되도록 도왔다. 이후 계포는 중랑장, 하동 태수에 이르렀다.

초나라의 전중田仲은 의협을 행하기로 유명했는데, 검술을 좋아했으며 주가를 자기 아버지처럼 모시면서 자신은 주가에 미치지 못한다고 여겼다. 전중이 죽은 뒤 낙양洛陽에는 극맹劇孟이라는 사람이 있었다. 주周나라 사람들은[23] 본래 상업을 생업으로 삼았지만 극맹은 제후들[24] 사이에서 의협을 행하는 인물로 잘 알려졌다. 오와 초가 반란을 일으켰을 때 조후 주아부는 태위였는데, 역참의 수레를 타고 하남으로 가다가 도중에 극맹을 만나자 기뻐하면서 말했다.

"오와 초가 반란을 일으키면서 극맹을 찾지 않았다니, 나는 그들이 큰 성과도 거둘 수 없다고 단정할 수 있다."[25]

이것은 천하가 혼란스러울 때 재상[26]이 극맹을 얻은 것은 세력과 힘이 대등한 적국을 하나 얻은 것과 같다는 말이다. 극맹의 행위는 주가와 매우 비슷했으나, 그는 도박[27]을 좋아했는데 대부분 청년의 놀이였다. 극맹의 어머니가 죽었을 때면 지방에서 문상하러 온 수레가 대략 1000여 승에 이르렀다. 극맹이 죽었을 때는 집에 남은 재산은 10금도 되지 않았다. 당시 부리符離[28] 사람 왕맹王孟도 있었는데, 장강長江과 회수淮水 일대에서[29] 의협을 행하는 사람으로 알려져 있었다.

당시 제남濟南의 한씨瞷氏[30]와 진陳의 주용周庸[31] 또한 호탕한 의협심으로 유

23 　낙양 일대 사람들을 가리킨다. 춘추전국시대에 주나라는 낙양에 도읍을 건설했으므로 후대에 낙양 사람을 '주나라 사람'이라고 칭했다. "주나라 사람의 습속에 따르면 산업을 경영하고 상공업에 힘써서 10분의 2의 이득을 취하는 것이 정당한 의무다."(『사기』 「소진열전」)

24 　『한서』에는 '제후諸侯' 두 글자가 기재되어 있지 않다. 여기서는 각 군郡과 국國이라 해야 더 맞다.

25 　『통감고이』에서 이르길 '극맹은 한 사람의 유협일 따름이다. 그를 얻는다 한들 주아부에게 중요할 게 무엇이겠는가? 극맹의 명성을 중시하고자 하여 터무니없이 이 말을 선택한 것으로 믿을 수 없다'고 했다."(『사기회주고증』)

26 　『한서』에서는 '대장군大將軍'으로 기재하고 있다. 주아부를 가리킨다.

27 　원문은 '박博'으로, 육박六博을 말한다. 일종의 바둑 놀이로 흑백의 막대기 6개씩 던져서 승부를 내는 놀이. 나중에는 일반적으로 도박의 뜻으로 발전했다.

28 　부리符離: 한나라 현으로 치소는 지금의 안후이성 쑤저우宿州 동북쪽 지역이다.

29 　장강長江과 회수淮水 일대는 대체로 지금의 안후이성과 장쑤성 중부 지역이다.

30 　'瞷'의 음을 안사고와 『사기전증』에서 'xian(한)'이라고 했다. 역자 또한 '한'으로 표기했다.

31 　『한서』 「유협전」에서는 '주부周膚'로 기재하고 있다.

명했는데, 경제가 이를 듣고는 사람을 파견해 그들을 모두 죽였다.[32] 그 뒤 대군代郡의 백씨白氏 몇 명,[33] 양국梁國의 한무벽韓無辟, 양적陽翟의 설황薛兄,[34] 섬현[35]의 한유韓孺[36] 등이 잇따라 출현했다.

곽해郭解는 지현軹縣[37] 사람으로 자가 옹백翁伯이며 유명한 관상가인 허부許負[38]의 외손자였다. 곽해의 부친은 의협심을 발휘하다가 효문제 때 죽임을 당했다. 곽해는 왜소했으나 총명하고 매우 용맹했으며 술을 마시지 않았다. 젊었을 때는 잔인하고 악독하여, 조금이라도 뜻대로 되지 않으면 사람을 죽이는 일이 매우 많았다. 그는 목숨을 걸고 친구를 위해 복수하거나 도망친 무리를 숨겨주었으며, 법을 어기고 강탈하거나 사사로이 돈을 주조하고 무덤을 파헤치는 행위가 이루 헤아릴 수 없었다. 매번 하늘이 도와 위급한 상황에서 벗어날 수 있었고, 뜻하지 않게 조정의 사면을 받기도 했다. 나이 들어서는 품성이 신중하고 법을 준수하는 사람으로 변했는데, 덕으로 원한을 갚고 남을 위해 좋은 일을 많

---

32 "제남군의 한삐씨는 300여 가구를 소유한 대족으로 횡포하고 교활하며 법률 따위는 아랑곳하지 않아 2000석인 태수도 그들을 통제할 방법이 없자 경제는 질도를 제남 태수로 임명했다. 질도는 제남군에 부임하자마자 한씨의 가장 악독한 수령의 가족을 죽였다. 그러자 나머지 사람들이 놀라 모두 두 다리를 부들부들 떨었다."(『사기』 「혹리열전」)
33 원문은 '제백諸白'이다. 안사고는 말하기를 "대군代郡의 성이 백白인 자들로 한 가족이 아니다. 그래서 '제諸'라 한 것이다"라고 했다.
34 양적陽翟은 한나라 현으로 치소는 지금의 허난성 워저우禹州였다. '翟'의 음은 '적'이다. 『색은』에서도 '음은 적狄'이라고 했다. 다른 자료들 또한 발음을 'di'라고 하여 '적'으로 표기했다. 역자 또한 이에 따랐다. '설황'의 '兄'은 음이 '황況'과 같다.
35 섬현은 "서광은 말하기를 '섬현은 마땅히 겹郟자가 되어야 할 것이다. 영천潁川에 겹현郟縣이 있다. 『사기』 「남월열전」에 "겹현郟縣의 장사 한천추韓千秋"라는 말이 있다'고 했다."(『집해』) "섬은 마땅히 겹자가 되어야 한다."(『색은』) "겹현은 양적 동남쪽으로 영천군에 속했다. 섬현은 지금의 허난성 싼먼샤三門峽 서쪽으로 한나라 때 홍농군弘農郡에 속했다. 섬현이라 하는 것은 오류다."(『사기전증』)
36 『한서』에서는 '한유寒孺'로 기재하고 있다.
37 지현軹縣: 한나라 현으로 치소는 지금의 허난성 지위안濟源 동남쪽 지역이다.
38 허부許負: 전한 초기의 관상가로, 일찍이 문제의 모친인 박태후薄太后와 조후 주아부 등의 관상을 봤다.

이 했으나 자신에 대한 보답을 바라지 않았다. 의협을 행하면서 의를 숭상하는 본성은 더욱 강렬해져서 남의 목숨을 구해주고도 자신의 공로를 자랑하지 않았다. 그러나 그의 잔인함은 마음 깊숙이 감추어져 있어 때로는 사소한 일에도 돌연 폭발하여 눈을 부릅뜨곤 했다. 많은 젊은이가 그의 행동거지를 앙모하여 그를 위해 원수를 갚은 뒤 곽해가 알지 못하게 했다. 곽해 누이의 아들이 곽해의 위세에 의지해 누군가와 술을 마셨는데 상대가 술을 마시지 않자 곽해 누이의 아들이 그에게 억지로 술을 따르며 강권했다. 이에 상대는 화를 내며 칼을 뽑아 곽해 누이의 아들을 찔러죽이고 달아났다. 곽해 누이가 화를 내며 말했다.

"옹백이 의롭다 한들 남이 내 아들을 죽였는데, 살인범을 잡지 못하는구나."

그녀는 아들의 시체를 길에 버리고 장례를 치르지 않았는데, 이는 곽해에게 모욕을 주려는 것이다. 곽해는 은밀하게 사람을 시켜 살인범이 숨은 곳을 알아보게 하자 살인범은 달아날 수 없음을 깨닫고 스스로 찾아와 곽해에게 사실을 털어놓았다. 그러자 곽해가 말했다.

"그대가 조카를 죽인 것은 당연했소. 우리 집 아이가 도리에 어긋났구나."

그는 살인범을 풀어주고 자신의 누이 아들에게 죄를 돌린 뒤 그의 시체를 거두어 장사 지냈다. 이 일이 알려지자 사람들은 모두 곽해의 의기를 칭찬했고, 그를 따르는 사람이 더욱 많아졌다. 곽해가 문을 드나들 때면 사람들이 모두 그에게 길을 양보하며 존경을 표했는데, 유독 한 사람만이 오만하게 양 다리를 벌리고 앉아서 곽해를 똑바로 쳐다보며 길을 비켜주지 않았다. 곽해가 사람을 시켜 그의 이름을 물어보게 하자, 빈객이 그를 죽이려 했다. 곽해가 말했다.

"한 골목에서 함께 살면서 남의 존경을 받지 못하는 것은 내가 덕행을 수양하지 못한 탓이지, 그에게 무슨 죄가 있겠는가!"

그러고는 남몰래 위사尉史[39]에게 부탁했다.

---

39 위사尉史: 현위縣尉 수하의 하급관리로 요역·징발에 관한 일을 했다.

"내가 관심을 두는 사람이니 요역에 나갈 차례가 되었을 때[40] 면제해주시오."

그가 몇 차례 요역에 복무할 순서가 되었는데도 주관하는 관리가 그를 찾지 않았다. 그는 기괴하게 여기고 무슨 이유인지 물었더니 곽해의 요청으로 자신의 요역이 면제된 것을 알게 되었다. 그리하여 이 사람은 옷소매를 벗어 어깨를 드러내고 곽해에게 사죄했다. 청년들은 이 일을 듣고 곽해를 더욱 경모하게 되었다.

낙양에 서로 원수지간이 된 두 집안이 있었는데, 현지의 현인과 호걸 10여 명이 중간에서 그들을 조정하여 화해시키려 했지만 끝내 이루어지지 않았다. 어떤 사람이 곽해에게 이 일을 조정해줄 것을 청했다. 곽해가 밤중에 두 집을 찾아가 이야기하자 두 집안은 곽해의 얼굴을 보아 마지못해 뜻을 굽히고 조정을 받아들였다. 곽해는 두 집안에게 말했다.

"낙양의 여러 현인과 호걸이 나서서 당신들을 화해시키고자 했으나 모두 들으려 하지 않았다고 하더군요. 지금 그대들이 화해하시겠다니 감사하지만 제가 어떻게 다른 현에서 와서 이곳 현인들의 권리를 침탈할 수 있겠습니까!"

그러고는 다른 사람이 알게 되는 것을 원치 않는다고 말한 뒤 떠났다.

"잠시 제 말에 따라 화해하지 마시고, 제가 떠난 뒤 낙양의 현인과 호걸들이 다시 화해를 조정했을 때 그들 말에 따르십시오."

곽해는 공경하는 태도를 지켜 감히 수레를 타고 관아 앞마당에 들어가는 일이 없었다. 다른 군국郡國에 가서 남을 위해 일할 때도 자신이 해결할 수 있는 사정이면 온전히 처리했고 해결할 수 없는 일일지라도 사람들을 어느 정도 만족스럽게 한 다음에 비로소 안심하고 밥을 먹었다. 이런 까닭에 모두가 그를 더

---

40 원문은 천경踐更으로, 여순이 말하기를 "경更에는 삼품三品이 있는데, 졸경卒更, 천경踐更, 과경過更이 있다. 옛날에는 정졸正卒로 정해진 사람이 없어 모두 돌아가며 복무해야 했는데, 한 달에 한 번 바꾸는 것을 졸경卒更이라 했다. 가난한 자들은 돈으로 바꾸려는 자들에게 고용되고자 하고 차례가 된 자들은 돈을 내고 그들을 고용하고자 했으며 월 2000전이었는데, 이것을 천경이라 한다. 천하 사람들은 모두 사흘간 변경을 지켜야 했는데, 1년에 한 번이었고 가지 않으려 하는 자는 관청에 300전을 내면 관청에서는 다른 사람을 고용하여 대신 보냈는데, 과경이라고 한다"고 했다.

욱 존중했고 곽해를 위해 힘썼다. 밤중이면 현읍의 젊은이와 이웃 현에서도 그를 찾아오곤 했는데 항상 수레 10대가 넘었다. 이는 곽해가 숨겨준 자들을 자기 집으로 데려가 공양함으로써 그의 부담을 덜어주기 위해서였다.

무제가 명을 내려 각지의 권세와 재력 있는 자들을 무릉茂陵으로 이주시킬 때 곽해의 집은 가난해 그에 해당되지 않았으나[41] 관리는 두려워 감히 이주시키지 않을 수 없었다. 대장군 위청이 곽해를 위해 사정하며 말했다.

"곽해의 집은 가난하여 이주 조건에 해당되지 않습니다."

"한낱 평민인데 이리 말하는 것을 보니, 절대 가난하지 않은 모양이오."

그리하여 곽해는 결국 강제로 이주하게 되었다. 그가 출발할 때 사람들이 내어준 돈이 1000만 전이 넘었다. 지현軹縣 사람 양계주楊季主의 아들이 현의 관리 연掾이었는데, 그는 곽해를 이주시키도록 거론한 자였다. 곽해 형의 아들이 이 양가의 목을 베었고, 이때부터 양씨와 곽씨는 원수지간이 되었다.

곽해가 함곡관 서쪽 무릉으로 옮겨가자 관중의 현인과 호걸들은 곽해를 알든 모르든 그 명성을 듣고 앞 다투며 교제하려 했다. 곽해는 체구가 왜소했고 술을 마시지 않았으며 외출할 때 수레나 말을 탄 적이 없었다.[42] 얼마 뒤에 누군가 또 양계주를 죽였는데, 양계주 집안사람이 글을 올려 곽해를 고발하려 하자 누군가 또 궁궐 대문 밖에서 글을 올린 자를 죽였다. 황상이 이를 듣고는 관리에게 명령을 내려 곽해를 체포하게 했다. 곽해는 몰래 도망쳐 모친과 집안 식구들을 하양夏陽[43]에 두고 자신은 홀로 임진臨晉[44]으로 갔다. 임진을 지키던 적소

---

41 당시 규정에 따르면 집 재산이 300만 전 이상인 자는 무릉으로 이주해야 했다.
42 "이 구절은 다시 언급된 구절로 불필요한 글자다."(『사기지의』) "나카이 리켄이 말하기를 '곽해는 체구가 왜소했고 술을 마시지 않았다'는 구절은 다시 반복되어 나온 구절로 잘못 서술한 것뿐이다. '외출할 때도 수레나 말을 탄 적이 없었다'는 구절은 앞서 '곽해는 공경하는 태도를 지켜 감히 수레를 타고 현 관아 앞마당에 들어가는 일이 없었다'는 구절 앞으로 가야 한다."(『사기회주고증』)
43 하양夏陽: 한나라 현으로 치소는 지금의 산시陝西성 한청韓城 서남쪽 지역이다.
44 임진臨晉: 한나라 현으로 치소는 지금의 산시陝西성 다리大荔 동쪽이었는데, 임진관臨晉關이 있어 관중에서 하동河東으로 들어가는 중요 나루터였다.

공적소공籍少公[45]은 평소 곽해를 알지 못했지만 서로 의기투합했고[46] 곽해는 자신의 진상을 말하고는 임진관을 나갈 수 있도록 요청했다. 적소공은 곽해가 임진관을 나가도록 놓아주었고 곽해는 방향을 돌려 태원太原[47]에 이르렀는데, 그는 들르는 집마다 자신의 상황을 집 주인에게 알렸다. 관리들이 곽해를 추적하다가 그 행적이 적소공이 있는 곳까지 이르렀다. 적소공이 자살하여 자백이 끊어지자 더 이상 조사할 방법이 없게 되었다. 오랜 시일이 지나 관부에서는 비로소 곽해를 체포했다. 그들은 곽해의 죄행을 철저하게 조사했으나 곽해가 살인을 저지른 일들은 모두 대사면 이전에 발생한 사건이었다. 이때 지현의 한 유생이 곽해의 죄행을 조사한 조정의 사자를 모시고 한가로운 시간을 보내는데 좌중의 누군가 곽해를 칭찬하자 말했다.

"나쁜 짓을 하여 법을 어겼는데, 어떻게 좋은 사람이라고 말할 수 있소!"

곽해의 빈객이 이 말을 듣고는 그 유생을 죽였을 뿐만 아니라 혀를 잘라냈다. 법을 집행하는 관리가 이 사건으로 곽해를 질책했지만 곽해는 실제 살인자가 누구인지 알지 못했다. 살인자도 종적을 감추어 누구인지 알아낼 수 없었다. 법관은 하는 수 없이 무죄로 보고했다. 이때 어사대부 공손홍[48]이 말했다.

"곽해는 한낱 평민으로 의협을 행하면서 해선 안 되는 권력을 행사하고 사소한 일로 살인을 저질렀습니다. 이번에도 살인자를 모른다고 했으나 그 죄는 스스로 저지른 것보다 더 중요하니, 마땅히 대역무도로 판결해야 합니다."

결국 곽해 옹백翁伯[49]은 멸족을 당했다.

45　적소공籍少公: 성이 적籍이고 이름이 소공少公이다. 『한서』엔 '적소옹籍少翁'으로 기재했다.
46　원문은 '모冒'인데, '의기투합'을 뜻한다. 일부 번역본에는 '곽해가 가명을 사용하다'로 번역하고 있다. "어떤 사람은 타인의 이름을 가장하는 것으로 해석하는데, 이것은 크게 잘못된 해석으로 위아래 문장 뜻과도 완전히 부합되지 않는다."(『사기전증』)
47　태원太原: 한나라 군으로 군치는 진양晉陽(지금의 산시山西성 타이위안太原 서남쪽)이다.
48　공손홍은 무제 원삭 3년(기원전 126)부터 원삭 5년(기원전 124) 초까지 어사대부였다.
49　"왕효렴이 말하기를 '옹백 두 글자는 불필요한 글자다. 여기에 무엇 때문에 다시 그의 자를 표기하는가?'라고 했다."(『사기지의』) "왕위王韋가 말하기를 '반드시 그의 자를 표기하여 그를 애석하게 여

이후로 의협을 행하는 자들이 지극히 많았지만 모두가 오만하여[50] 말할 만한 가치가 없다. 그러나 관중 장안長安의 번중자樊仲子, 괴리槐里[51]의 조왕손趙王孫, 장릉長陵의 고공자高公子, 서하西河[52]의 곽공중郭公仲[53], 태원太原의 노공유鹵公孺,[54] 임회臨淮[55]의 예장경兒長卿, 동양東陽[56]의 전군유田君孺가 유협이었고 겸허하고 양보하는 군자의 풍모를 지니고 있었다. 반면에 북부 지역의 요씨姚氏, 서부 지역의 여러 두씨杜氏, 남부 지역의 구경仇景, 동부 지역의 조타趙他와 우공자羽公子,[57] 남양南陽의 조조趙調 등의 무리는 민간에 숨어 있는 도척과 같은 자들로, 말할 가치가 있겠는가! 이들은 모두 이전에 주가가 부끄럽게 여겼던 자들이다.

태사공은 말한다.

"나는 곽해를 본 적이 있는데, 용모는 보통 사람에 미치지 못했고 말하는 것 또한 사람의 주의를 끌지 못했다. 그러나 현명하든 불초하든, 곽해를 알든 모르든 모두가 그 명성을 앙모했고, 유협은 모두 곽해를 표방하며 자신의 명성을 제고시켰다. 속담에 '명성과 명예로 자신의 용모를 삼고자 하는데, 어찌 영원토록 존재할 수 있겠는가!'[58]라고 했으니, 오호라, 애석하게도 이런 결말에 이르렀구나!"

긴 것이다'라고 했다."(『사기평림』)

50 『한서』에서는 '오傲(오만하다)'자가 기재되어 있지 않다.

51 괴리槐里: 한나라 현으로 치소는 지금의 산시陝西성 싱핑興平 동남쪽 지역이다.

52 서하西河: 한나라 군으로 무제 원삭 4년(기원전 125)에 설치되었고 치소는 평정平定(지금의 네이멍구 준가얼치準噶爾旗 서남쪽)이다.

53 곽공중郭公仲: 『한서』에서는 '곽옹중郭翁仲'으로 기재하고 있다.

54 노공유鹵公孺: 『한서』에서는 '노공유魯公孺'로 기재하고 있다.

55 임회臨淮: 한나라 군으로 치소는 서현徐縣(지금의 장쑤성 쓰훙泗洪 남쪽)이다.

56 동양東陽: 한나라 현으로 치소는 지금의 안후이성 톈창天長 서북쪽 지역다.

57 조타趙他와 우공자羽公子: "옛 해석에는 조타와 우공자를 두 사람이라고 했다. 지금 살펴보건대 성이 조趙이고 이름이 타우他羽이며 자가 공자公子다."(『색은』) "조타와 우공자는 두 사람이다."(『한서규관』) 역자는 '수정본' 원문 그대로 두 사람으로 번역했다.

58 사람의 용모가 좋고 나쁜 것은 사람의 도덕과 명성이 높고 낮음과는 직접적인 연관이 없음을 말한 것이다.

65

영행열전

佞幸列傳

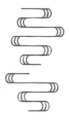

영佞은 감언이설로 아첨하는 사람을 말하고, 행幸은 황제의 총애를 받는 신하를 말한다. 한나라 때까지 영행佞幸은 군주를 모시면서 군주의 눈과 귀를 기쁘게 하고 즐거움을 선사하는 남총男寵(노리개 역할을 하는 남자)을 가리켰다. 이들은 어떠한 공적도 없고 존경할 만한 품행도 지니지 않았으나 항상 황제 곁에서 안색을 살피고 비위를 맞추면서 즐겁게 하여 신임을 얻었고, 심지어는 정사에 관여하는 권세를 누리기도 했기에 열전으로 구성한 것이다.

한나라 전반기의 황제들은 남총을 좋아했다는 점에서 공통점을 지닌다. 이 편에서는 고조 때의 적유, 혜제 때의 굉유, 문제 때의 등통, 무제 시기에는 한언과 이연년 등의 남총을 기술하고 있다. 이들은 황제의 총애를 얻게 되자 자신의 본분을 잊고 제멋대로 굴다가 결국 세력을 잃고 신세를 망치는데, 이를 통해 황제의 음탕하고 부패한 측면을 엿볼 수 있을 뿐만 아니라 전제정치 구조가 빚어낸 또 다른 병폐를 확인할 수 있다. 공자는 말하기를 "오직 시녀와 하인은 다루기가 어렵다. 가까이 해주면 공손하지 않고 멀리하면 원망한다"라고 했는데, 한나라 황제의 남총들은 전국적인 위세를 떨치거나 조정을 독점하지는 않았지만 군주의 지지에 힘입어 권력을 누렸다. 예컨대 이들은 황제와 함께 자고 일어났기에 공경들은 처리해야 할 일이 있으면 그들을 통해 전달했다. 무제 시기의 한언은 관직이 상대부에 이르렀고 총애를 믿고 안하무인으로 횡포를 부리다가 결국 죽음을 맞았다. 『한서』의 「영행전」 역시 미색으로 군주를 섬기는 남총들의 사적을 기술하면서 정사를 어지럽히고 나라를 망친 폐해를 폭로하고 있다.

속담에 말하기를 "힘써 밭을 가는 것이 풍년을 만나는 것만 못하고, 노력해서 관리가 되는 것이 자신을 알아주는 상사를 만나는 것만 못하다"라고 했는데, 이 말은 조금도 헛된 말이 아니다. 여자만이 미색으로 남의 환심을 사는 것이 아니라 사인士人과 환관宦官도 이러한 경우가 있다.

고대에는 미색으로 군왕의 총애를 받은 자가 많았다.[1] 한나라가 건립된 이후에 한 고조는 성정이 난폭하고 사나우며 강직했으나 성이 적籍인 사내아이가 감언이설로 총애를 받았고[2], 효혜제 때는 성이 굉閎인 사내아이가 이와 같았다.[3] 이들 두 사람에게 어떤 재능이 있었던 것이 아니라 유순하고 아첨하여 황제의 총애를 받은 것이다. 그들은 황제와 함께 자고 일어났기에 공경들은 처리해야 할 일이 있으면 그들을 통해 전달했다. 효혜제 때의 낭관과 시중들은 모두 준의駿鸃라는 새 깃털을 꽂은 관을 쓰고 조개껍질로 장식한 요대를 차고 얼굴에 분을 발랐는데, 이것은 적과 굉의 영향을 받은 것이다. 이렇듯 총애를 받았기 때문에 이후 두 사람은 효혜제의 능묘인 안릉安陵[4] 부근으로 집을 옮겼다.

---

1 춘추시대에 진 헌공의 총애를 받은 양오梁五, 동관폐오東關嬖五, 위 영공의 총애를 받은 미자하彌子瑕, 전국시대에 초 양왕의 총애를 받은 언릉군鄢陵君과 수릉군壽陵君 등이 있다.
2 원문은 '영행侫幸'이다. 미색과 아첨으로 총애를 얻는 것을 말한다.
3 원문은 '적유籍孺', '굉유閎孺'로, 여러 견해가 있다. "적籍과 굉閎은 모두 이름이다. 유孺는 나이가 어린 것이다."(『정의』) "왕준관王駿觀의 『사기구주평의史記舊注平議』에서 이르기를 '적과 굉은 모두 성이고 유는 그 이름이다'라고 했고, 양신楊愼이 말하기를 '굉유, 적유에서 모두 유孺라 부르는 것은 이름이 아니고 아첨하는 자를 칭하는 것으로 짐작된다'고 했다. 적과 굉은 아첨하는 자들의 성이고 유는 어린아이를 말한다."(『사기전증』) 역자는 『사기전증』에 근거하여 번역했다.
4 안릉安陵: 혜제 유영劉盈의 능묘로 지금의 산시陝西성 셴양 웨이청구 백묘촌白廟村에 있다.

효문제 때 궁중에서 총애를 받은 신하로는 사인土人 등통鄧通이 있고, 환관 신분의 조동趙同5과 북궁백자北宮伯子6가 있었다. 북궁백자는 인자한 장자長子였고 조동은 천문 기상 관측을 잘해서 총애를 받았기에 항상 효문제를 모시고 함께 수레를 탔다.7 그러나 등통은 어떠한 재능도 없었다. 등통은 촉군 남안南安8 사람이다. 배를 잘 저었기 때문에 황두랑黃頭郎9이 되었다. 하루는 효문제가 꿈속에서 하늘에 오르려 하다가 오르지 못했는데 이때 한 황두랑이 뒤에서 밀어 하늘에 올랐다. 효문제가 뒤돌아보니 그의 윗옷 뒤쪽의 요대 아래 꿰맨 부분이 터져 있었다. 잠에서 깬 뒤 문제는 점대漸臺10로 가서 꿈속에서 자신을 밀어 하늘에 오르게 한 황두랑을 몰래 찾아보았는데, 등통의 윗옷 뒤쪽이 터진 것이 꿈속에서 본 사람과 같았다. 그를 불러 성과 이름을 물었더니 성은 등鄧이고 이름은 통通이라 했다. 문제는 매우 기뻐하며 이때부터 날이 갈수록 그를 총애하게 되었다. 등통은 성실하고 신중했으며 바깥사람과 왕래하는 것을 좋아하지 않아 문제가 휴가를 내줘도 나가려 하지 않았다. 이 때문에 문제가 그에게 10여 차례 상으로 내린 돈이 억에 달했고 관직은 상대부11에 이르렀다. 문제는 때때

---

5   조동趙同: 원래는 조담趙談인데 사마천이 자신의 부친 휘를 피하기 위해 '담談'자를 '동同'이라 했다. 『한서』에서는 '담談'으로 기재하고 있다.

6   안사고는 말하기를 "성이 북궁北宮이고 이름이 백자伯子다"라고 했다. "환자宦者 두 글자 아래에 조동, 백자 두 사람이 나오는데 조동을 남북궁南北宮이라 하지 않고 어찌하여 백자伯子만 북궁北宮이라 하는가? 안사고의 견해대로 성이 북궁인 것이 맞다."(『광사기정보』)

7   원문은 '참승參乘'으로, 수레를 탈 때 경호를 담당하는 사람이 수레 오른쪽에 앉는 것을 말한다. 여기서는 황제를 모시고 함께 수레를 타는 것을 말한다. "어느 날 효문제가 외출하는데 조동이 황제의 수레에 함께 탔다."(『사기』「원앙조조열전」)

8   남안南安: 현으로 치소는 지금의 쓰촨성 러산樂山이다. 전대흔의 『고이』에 따르면 "『지리지』에 따르면 남안은 건위군犍爲郡에 속한 지역으로 촉군에 있지 않다. 건위는 무제가 설치했고 한나라 초기에는 아마도 촉에 속했을 것이다."(『한서보주』)

9   황두랑黃頭郎: 머리에 누런 모자를 쓰고 문제를 위해 배 젓는 것을 주관한 낭관을 말한다. 일설에는 뱃머리에 야크 꼬리로 장식한 황색 깃발이라고도 한다.

10   점대漸臺: 안사고는 말하기를 "미앙전 서남쪽에 창지蒼池가 있는데, 못 안에 점대가 있다"고 했다.

11   "이 당시 태중대부 등통이 문제의 총애를 받아 상으로 하사받은 재물이 수억 전이나 쌓여 있었다."(『사기』「장승상열전」) 상대부의 지위는 경卿 다음이다.

로 등통의 집에 가서 놀았다.[12] 그러나 등통에게는 별다른 재능이 없었고 조정에 인재를 추천하지 못했으며, 오직 몸을 삼가며 황상의 비위를 맞출 따름이었다. 한번은 문제가 관상을 잘 보는 사람에게 등통의 관상을 보게 했다.

"그는 나중에 가난 때문에 굶어 죽을 것입니다."

"등통을 부귀하게 할 수 있는 사람이 나인데, 어찌 그가 가난해지겠는가!"

그러고는 등통에게 촉군 엄도嚴道의 구리 광산[13]을 하사해 돈을 주조하게 하니 '등씨전鄧氏錢'이 천하에 유통되었다.[14] 등통 집안의 부가 이 정도에 이르렀다.

문제가 일찍이 종기를 앓았는데 등통이 항상 황제를 위해서 종기의 고름을 입으로 빨아냈다. 문제는 마음이 즐겁지 않아 일부러 등통에게 물었다.

"지금 천하에서 누가 가장 나를 사랑하느냐?"

"마땅히 태자만큼 폐하를 사랑하는 사람은 없습니다."

태자가 문제에게 병세를 묻자 문제는 태자에게 고름을 빨게 했다. 태자는 고름을 빨기는 했으나 난처해하는 기색이었다. 나중에 등통이 항상 문제를 위해서 고름을 빨아낸다는 말을 듣고 태자는 황제에 대한 진심이 등통보다 못한 것을 부끄러워했지만, 이로 인해 등통을 원망하기 시작했다. 문제가 죽고 경제가 즉위하자 등통은 즉시 파면되어, 집으로 돌아와 살게 되었다. 얼마 지나지 않아 누군가가 등통이 주조한 돈을 몰래 국경 밖에서 유통시킨다고 고발했다.[15] 경제

---

12 "심지어 문제는 등통의 집으로 가서 연회를 열어 마시고 즐겼으니, 그가 받는 총애가 어느 정도였는지 알 수 있다."(『사기』 「장승상열전」)

13 "『괄지지』에서 말하기를 '아주雅州 영경현滎經縣 북쪽 3리 지점에 구리 광산이 있는데, 등통이 구리 광산을 하사받아 돈을 주조하던 곳이다'라고 했다."(『정의』)

14 한나라 초기에는 개인이 돈을 주조하는 것을 허락했으나, 무제 때 이르러 모두 국가에 귀속되었다. "등통은 한낱 대부大夫에 불과했지만 돈을 주조하여 재산이 당시의 제후왕보다 더 부유했다. 당시 오왕吳王과 등통의 돈이 천하에 두루 퍼졌다."(「평준서」)

15 원문은 '도출요외주전盜出徼外鑄錢'이다. '요외徼外'는 변경선 밖으로. 요徼는 목책을 세워 경계를 삼는다는 말이다. "당시 쓰촨성 남부와 윈난성, 구이저우성 일대는 여전히 한나라에 귀속되지 않았기 때문에 국경선이 등통의 고향인 남안南安과 멀지 않았다. '도출요외주전'은 두 가지로 해석이 가능한데, 하나는 등통이 몰래 변경선 밖에서 화폐를 주조하는 것을 가리키고, 다른 하나는 곽숭도가 말한

는 그를 체포하여 심문했고, 그런 사실을 파악했다. 이어서 철저하게 조사해 등통의 재산을 모조리 몰수했는데, 등통은 국가에 몇 억 전을 빚지게 되었다.[16] 경제의 누나인 장공주長公主[17]가 등통에게 재물을 하사했으나 곧바로 관리들에게 몰수당했기 때문에 등통은 머리에 꽂을 비녀[18] 하나조차 남지 않았다. 장공주는 방법이 없자 그에게 빌려주는 방식으로 의복과 음식을 주었다. 결국 등통은 자기 명의의 재산이라고는 한 푼도 없이 남의 집에 얹혀살다가 죽었다.

효경제 때 궁중에는 총애를 받는 신하가 없었다. 단지 낭중령인 주인周仁[19]이 있었는데 주인이 받은 총애는 일반 사람보다 월등했으나 그리 두텁지는 않았다.

지금 천자 궁중의 총애하는 신하로는 사인士人 출신의 한왕 신의 증손자[20] 한언韓嫣이 있고, 환관 신분인 이연년李延年[21]이 있다. 한언은 궁고후弓高侯 한퇴당韓頹當[22]의 서출 손자다. 지금의 황상이 교동왕膠東王이었을 때[23] 한언은 황상과 함께 공부했고 서로를 아꼈다. 황상이 태자가 되어서는 한언과 더욱 친해졌다. 한언은 말을 달리며 활을 쏘는 데 능했고 아첨도 잘했다. 황상이 즉위하여 흉노를 정벌하고자 했는데 한언은 일찌감치 흉노 군대의 상황을 잘 알고 있었으므로 더욱 존귀해져서 관직이 상대부에 이르렀으며, 하사받은 상이 등통에

'등통이 돈을 주조하여 사사로이 몰래 변경선 밖으로 유통시켰다'는 의미다."(『사기전증』) 역자는 후자가 더 타당하다고 생각되어 이에 따라 번역했다.

16 안사고는 말하기를 "전후로 죄 지은 것이 누적되어 그 합계가 관청에서 몰수한 것보다 많은 것으로, 현재의 재물을 제하고도 오히려 관청에 수억 전을 빚지게 된 것이다"라고 했다.

17 장공주는 문제의 딸이자 경제의 누나이며, 무제 진황후의 모친이다.

18 귀족들은 항상 금은 혹은 옥으로 만든 비녀로 머리를 묶었다.

19 원문은 '주문인周文仁'이다. "『한서』에서는 '주인周仁'이라 했고, 주인周仁의 자는 문文이다."(『색은』) "문文자는 불필요한 글자다."(『사기회주고증』) 역자 또한 '주인周仁'으로 번역했다.

20 원문은 '왕손王孫'으로, 증조부인 한신韓信이 왕에 봉해졌으므로 한언을 왕손이라 한 것이다.

21 이연년: 무제가 총애한 이부인李夫人의 오빠다.

22 궁고후弓高侯: 한퇴당의 봉지 궁고현. 오·초 칠국의 난 평정에 공적이 있어 봉해졌다.

23 지금의 황상은 무제武帝로, 즉위 전의 교동왕 유철劉徹이다.

견줄 만했다. 당시 한언은 항상 황제와 함께 자고 일어났다. 한번은 강도왕24이 입조하여 황제를 알현했는데, 무제는 그에게 상림원으로 함께 사냥을 가기로 했다. 천자가 행차하기 전에 미리 길을 청소해놓고 경계를 엄하게 했으며, 한언에게 수레가 출발하기 전 먼저 부거副車를 타고 100여 명의 기병을 이끌고 가서 사냥할 짐승들을 살펴보라고 했다. 강도왕은 멀리서 보고 황제가 도착한 줄로만 알고 서둘러 시종들을 물리고 길가에 엎드려 알현했다. 한언의 수레는 빠르게 스쳐 지나갔으며 강도왕을 쳐다보지도 않았다. 한언이 지나간 뒤 강도왕은 속은 것을 알고는 화가 나서 황태후25에게 울면서 말했다.

"강도왕을 사직하고 한언처럼 황제의 시위를 담당하고자 합니다."

황태후는 이때부터 한언에게 원한을 품었다. 한언은 황상을 모시면서 궁중의 영항永巷26을 출입하며 어떠한 제한도 받지 않았고, 비빈·궁녀들과 간통을 일삼았다. 황태후는 노하여 사람을 보내 한언에게 죽음을 내렸다. 황상은 사죄했지만 황태후는 끝내 대답하지 않았고, 한언은 결국 죽음에 처해졌다. 안도후案道侯 한열韓說27은 한언의 동생으로, 그 또한 아첨하여 황제의 총애를 받았다.

이연년李延年은 중산中山28 사람이다. 그의 집안은 모두 노래 부르는 예능인이었다. 이연년은 법을 어겨 궁형을 받고 궁 안에서 개를 키우는 부서29의 하인으

---

24 강도왕은 유비劉非로 경제의 아들이며 무제의 이복동생이다. 건원 4년(기원전 137)에 입조했다.
25 황태후는 왕태후王太后로 무제의 생모다.
26 영항永巷: 본래의 의미는 장항長巷(긴 골목)으로, 한나라 시기 궁중의 장항은 비빈 혹은 궁녀를 유폐시키는 곳이었다. 또한 일반적으로 황궁의 비빈이 거주하는 곳을 가리키는 것으로 후궁을 말한다. 여기서는 비빈, 궁녀들이 거주하고 출입하는 곳을 가리킨다. 한 무제 때 영항을 액정掖庭으로 변경했다. 이현 주석에 따르면 "영항 궁인宮人은 즉 관비官婢를 말한다"고 했다.
27 한열韓說은 동월東越 정벌에 공적이 있어 안도후案道侯에 봉해졌다. 뒤에 무고巫蠱 사건으로 태자 유거劉據에게 죽임을 당한다.
28 중산中山: 한나라 때 제후국 무제 전기의 중산왕은 유승劉勝이었는데, 경제의 아들이며 무제와는 이복형제로 경제 3년(기원전 154)에서 무제 원정 4년(기원전 113)까지 재위했다.
29 원문은 '구중狗中'으로, "서광은 말하기를 '사냥개를 주관하는 것이다'라고 했다."(『집해』)

로 일했다. 한번은 평양공주가 무제에게 이연년의 여동생이 춤을 잘 춘다고 말하자, 무제는 그녀를 불러들여 보고는 좋아했다. 이부인李夫人[30]이 궁궐로 들어온 뒤 무제는 이연년도 불러들여 귀하게 만들었다. 그는 노래를 잘해서 무제를 위해 새로운 곡을 만들었다. 당시 무제는 천지에 제사지내는 사당을 각지에 건설했는데, 악부의 새로운 가사를 창작하고 작곡하여 공연을 제작하고자 했다. 이연년은 무제의 뜻에 잘 영합하여 새로 제작한 곡을 연주했다. 여동생도 총애를 받아 사내아이를 낳았다.[31] 이연년은 2000석의 인장을 찼고, 협성률協聲律에 봉해졌다.[32] 그는 항상 황상과 함께 자고 일어났다. 오랜 시간이 지난 뒤 점차 일반 비빈, 궁녀들과 음란한 짓을 일삼았고[33] 궁궐을 출입하면서 거동 또한 교만하고 방자해졌다. 이부인이 죽은 뒤 그에 대한 무제의 총애도 점차 줄어들다가 나중에 그와 동생이 체포되어 죽임을 당했다. 이후로 궁중과 조정에서 총애를 받은 신하들은 대부분 외척 집안이라 언급할 만한 가치는 없다. 위청과 곽거병도 외척으로서 황제의 총애를 받고 귀해졌지만 그들은 어느 정도 재능이 있었다.

태사공은 말한다.

"제왕이 어느 한 사람을 사랑하고 증오할 때 태도는 참으로 상반되는구나! 춘추시대 때 위衛나라 미자하의 행적은 후세 사람에게 아첨하는 사람의 말로를 미루어 판단하게 한다. 다시 백대가 지나도 영원히 이와 같을 것이다."

---

30 평양공주는 첫 번째로 무제에게 위자부衛子夫를 천거하여 위자부가 황후가 되었고, 두 번째로 또 이부인李夫人을 천거했다.
31 이부인은 창읍왕昌邑王 유하劉賀를 낳았고 유하는 소제昭帝가 죽은 뒤 잠시 황제가 되었으나 곽광霍光에게 폐위되었다. "위자부의 미색이 쇠하고 이부인이 진출한 때는 원정(기원전 116~기원전 111), 원봉(기원전 110~기원전 105) 연간 사이이다."(『사기탐원』)
32 『한서』「영행전佞幸傳」에서는 "협률도위協律都尉가 되었다"고 기재하고 있다.「백관표」에 따르면 모든 도위는 봉록이 비2000석이다.
33 이연년은 이미 궁형을 받았기 때문에 궁인들과 음란한 짓을 할 수 없다. 따라서 "서광이 말하기를 '일설에는 동생인 계季가 궁중 사람과 음란한 짓을 벌인 데 연루된 것이다'라고 했다."(『집해』)『한서』에서도 이연년의 동생 계라고 기재하고 있다.

골계열전

滑稽列傳

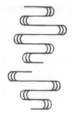

이 편은 순우곤, 우맹, 우전 세 사람의 사상 그리고 당시 그들의 사회적 영향력에 대해 서술하고 있다. '골계滑稽'란 원래 술이 가득 차 끊임없이 흘러넘치는 그릇을 말하는 것으로, 말주변이 뛰어나고 임기응변이 뛰어난 사람을 비유한다. 그런가 하면 "추탄鄒誕이 해석하기를 '말을 잘하고 사고가 민첩한 사람을 말하는데, 틀린 것을 맞는 것처럼 말하고 맞는 것을 틀린 것처럼 말하며 같고 다름을 어지럽힐 수 있음을 말한다'고 했다"(『사기색은』)는 견해도 있고, "지모와 발언하는 것이 샘과 같이 끝없이 흘러나오는 것을 말한다"(『사기정의』)는 견해도 있다.

순우곤은 데릴사위 출신이고 우맹은 악공이었으며 우전은 난쟁이 배우였으니 모두들 미천한 출신이라 할 수 있다. 사마천은 이들에 대해 "세속에 휩쓸리지 않고 권세와 이익을 다투지 않으며 위아래 어디와도 마찰을 일으키지 않는다. 대도에 의거하여 삼가니 어느 누구에게도 해를 끼치지 않는다"라고 평가했다. 이것이 이들을 열전으로 구성한 이유로, 세속의 편견을 거부하고 바람직한 품행과 지혜와 용기를 보인 면모를 밝히고 있다. 또한 사마천은 이들을 통해 한나라 상류 사회의 방탕함을 교묘하게 풍자하고 있으며, 비록 지위 낮은 하층민이라도 좋은 품성을 지니고 국가를 위해 충분히 일할 수 있음을 강조하고 있다.

또한 후반에 저소손이 몇 명의 인물을 추가하여 소개했는데, 그 가운데 서문표가 업현의 현령이 되어 처녀를 강에 바치는 제의를 주관하던 무당과 관리를 처벌하고 치수 사업을 벌여 백성의 고충을 해소한 내용은 수준 높은 골계의 표현이라 할 수 있으며, 문장 표현 또한 사마천 못지않은 수준을 보이고 있다.

공자가 말하기를 "『육예六藝』는 나라를 다스리는 데 모두 유용한 것으로, 길은 다르지만 그 효과는 같다. 『예禮』는 사람의 언행을 절제시키고, 『악樂』은 서로간의 융합과 화합을 촉진시키며, 『서書』는 역사 사적을 기재하여 사람에게 귀감을 제공하고, 『시詩』는 성현들의 감정과 뜻을 전달해주며, 『역易』은 사물의 신비로운 변화를 표현하고, 『춘추春秋』는 사람들에게 어떤 것을 해야 하고 해서는 안 되는지를 알려 준다"고 했다.

　태사공은 말한다.

　"천도天道는 넓고 끝이 없으니 얼마나 위대한가! 웃으며 이야기하는데 함축 미묘하여 이치에 이르니, 또한 문제를 해결할 수 있다."

　순우곤淳于髡은 제나라의 한낱 데릴사위였다.[2] 그는 키가 7척尺[3]이 못 되었으나 익살스럽고 말재주가 있어 여러 차례 제후국에 사신으로 나갔어도 굴욕을 당하지 않았다. 제 위왕齊威王은 수수께끼를 좋아했으며, 주색에 빠져 국가 정사

1　원문은 '춘추이의春秋以義'이다. "경우본, 능본, 전본에 따르면 '이以'자 다음에 '도道'자가 있는데 여기서 빠진 것 같다. 「태사공자서」에 따르면 '『예』는 사람의 행동을 절제시키고, 『악』은 사람의 화목한 기운을 발양시키며, 『서』는 정사를 지도하고, 『시』는 시인의 사상 감정을 표현하며, 『역』은 변화를 말하고, 『춘추』는 사람이 어떻게 해야 적합한지를 알려 준다'고 했다. 『한서』 「사마천전」에도 '춘추이도의春秋以道義'로 기재하고 있다. 안사고는 주석에서 '도道는 언言이다'라고 했다."('수정본')
2　원문은 '췌서贅婿'로, 데릴사위다. "여자의 남편으로 자식에 비하면 마치 사람의 혹처럼 여분의 존재다."('색은') "췌서는 선진先秦 때부터 한대에 이르기까지 사회적 지위가 낮을 뿐만 아니라 공개적으로 모욕을 받기에 죄를 짓는 것과 유사하다."(『사기전증』)
3　전국시대 때 1척尺은 23.1센티미터이므로 7척은 대략 161센티미터다.

를 모두 경대부에게 맡겨 관장하게 했다. 그러자 백관은 제멋대로 나쁜 짓을 했고 그 틈을 노린 제후 각국의 침략으로 국가의 멸망이 조석에 달려 있는데[4] 좌우 신하들 가운데 감히 간언하는 자가 없었다. 이때 순우곤이 수수께끼를 이용해 제 위왕에게 말했다.

"나라 안에 큰 새가 있어 왕의 대청 앞뜰에 머물렀는데 3년이 되도록 날지도 울지도 않으니, 대왕께서는 이 새가 어떤 새인지 아십니까?"

제 위왕이 말했다.

"이 새는 날지 않으면 그만이지만 한번 날면 하늘 높이 오르고, 울지 않으면 그만이지만 한번 울면 사람을 놀라게 할 것이다."

그러고는 즉시 제나라 경내의 현령, 현장 72명[5]을 모두 소집하고 한 사람에게는 상을 주고 한 사람을 죽인 다음[6] 군대를 분발시켜 출병하니, 각 제후국은 몹시 놀라 침략한 제나라 땅을 모두 돌려주었다. 이때부터 제 위왕은 36년 동안[7] 위세를 떨쳤는데, 상세한 내용은 「전경중완세가田敬仲完世家」에 기록되어 있다.[8]

제 위왕 8년,[9] 초나라가 크게 군대를 동원하여 제나라를 공격했다.[10] 제 위왕

---

4 "제나라는 전화田和가 강씨姜氏 정권을 찬탈한 이래로 줄곧 동방의 대국이었다. 제 위왕이 즉위한 초기에는 비록 가장 강대했던 위魏나라만 못했지만 결코 '제후 각국의 침략으로 국가의 멸망이 조석에 달려 있는' 상태는 아니었다."(『사기전증』)
5 "대체적으로 말한 것뿐이다. 전국시대와 진·한 당시에 사람들은 제나라의 크기를 '70여 개 성'이라 불렀다."(『사기전증』)
6 「전경중완세가」에 따르면 상을 받은 사람은 즉묵대부卽墨大夫로, 현을 잘 다스렸으나 제 위왕 좌우 사람들을 받들지 않아 평판이 좋지 않았다. 죽인 사람은 아대부阿大夫로, 현을 잘 다스리지 못했으나 제 위왕 좌우 사람들에게 뇌물을 주어 평판이 좋았다. 여기서 '대부大夫'는 현령, 현장 직분을 말한다.
7 제 위왕의 재위 기간은 모두 37년이었다.
8 「전경중완세가」에 이 내용은 보이지 않는다. 다만 "제 위왕이 즉위한 이래로 자신이 정사를 돌보지 않고 모두 경대부들에게 넘겨 처리하게 했다. 9년 사이에 각국이 모두 침범해 왔고 백성들은 편안할 수 없었다"고 기재하고 있다.
9 초 선왕楚宣王 21년(기원전 349)에 해당된다.
10 "「세가」와 「표」에 따르면 이해에 제와 초나라가 전쟁을 한 일이 없었다. 이 열전에서 말한 것을 대부분 믿을 수 없다."(『고이』) "제 위왕의 36년 재위 기간에 일찍이 초나라와 관련된 것을 들어본 적이 없다. 제 위왕 8년에 다른 나라가 공격한 적이 없는데 어찌 초나라 군대가 제나라를 공격하고, 조왕趙

이 순우곤을 조나라에 파견해 구원병을 요청하게 했는데, 그에게 황동 100근[11]과 거마 10대를 예물로 가지고 가게 했다. 순우곤이 이를 보고는 고개를 쳐들고 크게 웃는 바람에 관의 끈이 모두 끊어졌다. 제 위왕이 말했다.

"선생은 예물이 적어서 그러는 것이오?"

순우곤이 말했다.

"어찌 감히 그러겠습니까!"

제 위왕이 말했다.

"그렇다면 그대는 무엇 때문에 웃으시오?"

순우곤이 말했다.

"지금 신이 동쪽에서 오는데 길가에서 한 농부가 제사지내면서 농사에 재해가 없기를 기원하는 것을 보았습니다. 그가 한 손에 돼지 발 하나를 잡고 다른 손에는 술잔을 잡고 빌기를 '나의 험한 산비탈에서는 광주리 가득 거두고 움푹 패어 있는 땅에서는 수레 가득 거두도록 보우하시고, 오곡이 풍성하고 양식이 창고 가득하도록 해주십시오'라고 했습니다. 신이 보건대 그의 손에 들려 있는 제물은 적으면서 바라는 것이 많아서 신이 웃은 것입니다."

이에 제 위왕은 황금 1000일溢, 백옥 10쌍, 거마 100대를 더해줬다. 순우곤은 제 위왕과 작별 인사를 하고 떠나 조나라에 당도했다. 조왕이 순우곤에게 정예 병사 10만 명과 혁거革車[12] 1000승을 주었다. 초나라는 이 소식을 듣고 밤중

王이 제나라를 구원하는 일이 있었겠는가? 『설원說苑』의 「복은復恩」,「존현尊賢」편에 이 사건을 말하고 있는데, 하나는 '초나라와 위魏나라가 진양晉陽에서 회합하고 제나라를 공격하려 하자 제나라 왕이 근심했다'고 했고, 또 하나는 '제후들이 군대를 일으켜 제나라를 공격하자 제나라 왕이 두려워했다'고 했다. 후자가 가깝다."(『사기지의』)

11 원문은 '금백근金百斤'이다. 그런데 아래 문장에서는 '황금천일黃金千溢'이라 기재하고 있다. "여기서는 '금'이라 하고 아래 문장에서는 특별히 '황금'이라고 지칭했으니, '금백근'의 '금'은 '황동黃銅'을 가리킨다."(『사기전증』) 역자 또한 이 견해를 받아들여 '황동 100근'으로 번역하고 아래 문장에서는 '황금 1000일鎰'로 번역했다. 1일鎰은 24냥兩이다.

12 혁거革車는 전차를 말한다. "용병의 법칙에는 가벼운 전차 1000대와 혁거革車(무거운 전차) 1000대, 무장한 병사 10만을 준비해야 한다."(『손자』, 「작전作戰」) 혁거革車의 혁革은 바퀴통을 가죽으

에 군대를 물리고 돌아갔다.

제 위왕이 크게 기뻐하며 후궁에서 주연을 열고 순우곤을 청해 술을 마셨다. 제 위왕이 순우곤에게 말했다.

"선생은 어느 정도 술을 마셔야 취하시오?"

순우곤이 대답했다.

"신은 한 두斗를 마셔도 취하고 한 석石[13]을 마셔도 취합니다."

제 위왕이 말했다.

"선생이 한 두를 마시면 취한다고 하면서, 어떻게 한 석을 마실 수 있다는 것이오! 그 도리를 들려줄 수 있겠소?"

순우곤이 말했다.

"신으로 하여금 대왕 면전에서 술을 마시게 하면, 법을 집행하는 관리가 옆에서 감시하고 규찰을 책임지는 어사는 뒤에서 바라보기에 신은 두려워하며 바닥에 엎드려 마셔야 하니, 이런 상황이면 한 두도 마시지 못해 취하게 됩니다. 만일 부친께 존귀하고 장엄한 손님이 와서 신이 소매를 말아 올리고 허리를 굽혀 무릎을 꿇고 공손히 손님에게 술을 따르면서 접대하고, 이따금 신에게 따라준 술을 조금 마시면서 장수를 기원하기 위해 술잔을 들고 여러 차례 자리에서 일어난다면 2두도 마시지 못해 취할 것입니다. 그러나 사귀어온 친구를 오랫동안 보지 못하다가 갑자기 만나 기쁘게 지난 일들을 이야기하면서 속마음을 토로한다면 대략 5~6두는 마실 수 있을 것입니다. 마을에[14] 예의 법도에 구속되지

로 봉제한 것이다. "송宋대 섭대경葉大慶의 『고고질의考古質疑』에서 말하기를 '고대의 수레는 공격과 수비를 겸했는데, 합쳐서 말하기를 혁거革車라 했다. 분리해서 말하면 경거輕車, 중거重車라고 말했다'고 했다."(『사기전증』)

13 전한 시대에 1두斗는 용량 단위로 2000밀리리터이고, 1석石은 무게 단위로 29.76킬로그램이다.
14 원문은 '주여州閭'로, 고대의 가장 낮은 편제 단위다. 주리州里, 여리閭里, 린리鄰里와 같은 말이다. 2500집을 주州라 하고, 다섯 집을 린鄰이라고 하며, 다섯 린鄰을 리里라 한다. "다섯 집을 비比라 하고 다섯 비를 여閭라 한다."(『주례』) '비比'는 '린鄰'과 같고, '여閭'는 '리里'와 같다. 통상적으로 민간, 향리를 뜻한다.

않는 술자리가 있어 남녀가 함께 앉아 시간의 제약 없이 술자리에서 육박六博과 투호投壺 등의 각종 놀이를 즐기고, 서로 짝을 삼아 손을 잡아도 괜찮고, 똑바로 쳐다보아도 금하지 않고, 앞에는 여인이 떨어뜨린 귀걸이가 있고 뒤에는 남자가 흘린 비녀가 있다면, 신은 이러한 것을 좋아하니 8두를 마신다 해도 2~3할밖에 취하지 않을 것입니다. 날이 저물어 술자리가 파하게 되면 남은 술과 안주를 모아 한 탁자에 펼치고 자리를 뜨지 않은 남녀가 함께 앉아 신발이 뒤섞이고15 술잔이 흩어지는데, 대청 위의 촛불이 꺼지면 주인은 나가서 손님들을 전송하고 신 홀로 남아 자리에 기대고 있을 때 여인의 상의가 풀어지면서 은은한 피부의 향기가 퍼지니, 이때는 신의 마음이 가장 즐거워져 한 석도 마실 수 있습니다. 이 때문에 '술을 너무 많이 마시면 어지러워지고, 환락이 극에 달하면 비애로 바뀐다'고 말하는 것으로, 만사가 이와 같습니다. 이것이 바로 무엇이든 극에 도달해서는 안 되고 극에 도달하면 무너질 수 있다는 말입니다."

순우곤이 술을 빗대어 제 위왕에게 간언했다. 제 위왕이 말했다.

"좋은 말이오!"

이에 밤새 술 마시는 습관을 버리고 순우곤에게 각국에서 오는 사절들을 접대하게 했다. 뿐만 아니라 명령을 내려 이후로 제나라에서는 어느 종실이 술자리를 마련해도 순우곤이 곁에서 감독하게 되었다.

순우곤 이후 100여 년 뒤에 초나라에서 우맹優孟이 나왔다.16

우맹은 옛 초나라17의 악공樂工이었다. 키가 8척에 말재주가 좋아 항상 우스

15　원문은 '이석교착履舃交錯'이다. 이履는 신발이고 석舃은 바닥이 나무로 된 신발이다. 대청에 오를 때 신발을 벗는데 남녀가 서로 가까이 앉을 때 신발이 뒤섞이는 것이다.
16　"유지기劉知幾의 『사통史通』에서 말하기를 '우맹優孟은 초 장왕 때 사람으로 순우곤보다 200여 년 이전 사람인데, 이 열전에서는 순우곤 이후 100여 년 사람이라고 말하고 있으니 무엇 때문인가?'라고 했다. 유지기의 말이 맞다. 아래 문장에서 초 장왕이라고 말한 것은 초 경양왕을 가리킨다. 제 위왕이 즉위하고(기원전 356) 초경양왕이 즉위하기(기원전 298)까지의 차이는 50여 년이다."(『사기전증』)

갯소리로 초왕에게 풍자했다. 초 장왕楚莊王[18] 때 왕이 아끼는 말이 하나 있었다. 말에게 무늬 있는 비단옷을 입히고 화려한 집에서 길렀으며, 다리 밑에 장막 없는 큰 침상을 놓아주고 꿀에 절인 말린 대추를 먹였다. 말은 너무 잘 먹인 탓에 살이 쪄 죽고 말았다. 초 장왕은 대신들에게 이 말의 장례를 치르게 했는데, 관棺과 곽槨을 사용하고 대부大夫의 예를 갖추도록 했다. 좌우 대신들이 모두 말리며 그렇게 해서는 안 된다고 했다. 초왕이 명령을 내려 말했다.

"말의 장례 문제에 대해 누구든 감히 간언하는 자가 있다면 죽을죄로 처벌하겠다!"

우맹은 이 말을 듣고 즉시 궁궐문 안으로 들어가 하늘을 우러러 크게 곡을 했다. 초왕이 놀라 그 까닭을 묻자 우맹이 말했다.

"이 말은 대왕께서 가장 사랑하신 말입니다. 우리의 당당한 초나라가 구해서 얻지 못할 것이 무엇이 있겠습니까? 대부의 예로 장례를 치르는 것은 가련하니, 신 청컨대 국왕의 예로써 장례를 치르기를 원합니다."

초왕이 물었다.

"어떤 규격으로 장례를 치르면 좋겠소?"

우맹이 대답했다.

"신 청컨대 옥석을 조각하여 관을 만들고, 무늬가 섬세한 가래나무로 곽을 만들고, 편楩나무[19]·단풍나무·녹나무 등의 고급 목재로 관 밖의 사방을 담장처럼 쌓아 관곽을 보호하고,[20] 사병을 징발하여 무덤을 파고 노약자들에게 흙

---

17   원문은 '고초故楚'로, 춘추전국시대 때의 초나라를 말한다. 한나라 시대의 제후왕국인 초의 상대적인 말이다.

18   여기서 말하는 '초 장왕'은 전국시대 후기의 초 경양왕(재위 기원전 298~기원전 263)을 가리키는데, 이름은 횡橫이고 회왕의 아들이다. "초 경양왕 또한 초 장왕이라 불렸는데, 사마천은 두 명의 초 장왕을 확실하게 인식하지 못했다. 사마천은 첫 번째 초 장왕 시대의 인물인 손숙오를 말하면서 여기 열전의 고사인 두 번째 초 장왕 연대에 덧붙였다."(『사기전증』)

19   편楩나무는 남방에서 나는 녹나무 비슷한 교목이다.

20   원문은 '제주題湊'다. "소림蘇林이 말하기를 '관 밖을 나무로 쌓는데, 나무가 모두 안으로 향하므

을 지고 봉분을 쌓게 하며, 제나라와 조나라의 사절을 앞에 모셔 세우고 한韓나라와 위魏나라의 사절을 뒤에서 호위하게 하며,[21] 사당을 세우고 태뢰太牢[22]로 제사 지내고, 다시 1만 호의 봉읍으로 받들게 하십시오. 각국으로 하여금 대왕께서 얼마나 백성을 천시하고 말을 사랑하는지 알도록 하십시오."

초왕이 말했다.

"과인의 과실이 이 정도로 엄중한 지경이란 말인가! 그렇다면 어떻게 처리해야 하오?"

우맹이 말했다.

"신 청컨대 육축六畜[23]의 방법으로 그 말을 매장하십시오. 흙 부뚜막으로 곽을 삼고 구리 솥으로 관을 삼으십시오. 생강과 대추를 조미료로 하고 또 약간의 목란을 넣고 멥쌀을 제품祭品으로 하고 활활 타는 불로 화려한 옷을 입힌 다음 마지막으로 사람의 배 속에다 매장시키십시오."

이에 초왕은 즉시 사람을 보내 죽은 말을 태관太官에 넘기고 이 일을 천하에 알리지 못하게 했다.

초나라 상 손숙오는 우맹의 현명함을 알아보고 그를 잘 대해주었다. 뒤에 손숙오가 병이 들어 죽게 되자 아들에게 당부하며 말했다.

"내가 죽으면 너는 분명 빈곤해질 것이다. 그때 너는 우맹을 찾아가서 손숙오의 아들이라고 말하거라."

몇 년 뒤 손숙오의 아들은 과연 곤궁해졌다. 하루는 그가 땔나무를 지고 가는 길에 우맹을 만났다. 그가 우맹에게 말했다.

"제가 손숙오의 아들입니다. 아버지께서 돌아가시기 전에 제게 당부하시기를,

로 제주題湊라고 말한다'고 했다."(『집해』)

21 여기서의 제, 조, 한, 위나라는 모두 전국시대의 제후국이다. "초 장왕 때 조나라, 한韓나라, 위魏나라는 없었다"고 했다.(『집해』) "이것은 변설하는 자들의 말로 후세 사람이 덧붙여 꾸민 것이다."(『색은』)

22 태뢰太牢: 옛사람들이 제사 혹은 연회 때 소, 양, 돼지 세 가지 희생물을 사용하는 것을 말한다.

23 육축六畜: 말, 소, 양, 돼지, 개, 닭 여섯 종류의 가축을 가리킨다.

빈곤해지면 우맹을 찾아가라고 하셨습니다."

우맹이 말했다.

"너는 집 안에 있고, 멀리 가서는 안 된다."[24]

우맹은 돌아와서 손숙오의 옷을 입고 관을 쓰고는 손숙오가 말할 때의 손짓과 소리를 흉내 내려 노력했다. 1년 남짓 지나자 손숙오와 매우 비슷해져 초왕과 좌우 대신들도[25] 구분할 수 없었다. 하루는 초 장왕이 주연을 베풀었을 때 우맹이 나아가 잔을 올리며 장수를 축원했다. 초왕이 보더니 크게 놀라 손숙오가 다시 살아난 것으로 여겨 그를 초나라 상으로 삼으려 했다.[26] 우맹이 말했다.

"청컨대 집으로 돌아가 아내와 상의한 뒤 사흘 뒤에 와서 상이 될지 말지 알려드리겠습니다."

초왕이 허락했다. 사흘 뒤 우맹이 다시 오자 초왕이 그에게 물었다.

"아내가 뭐라고 말하던가?"

우맹이 대답했다.

"아내가 절대로 하지 말라면서 초나라 상은 할 만한 것이 못 된다고 말했습니다. 손숙오 같은 초나라 상은 충성을 다하고 청렴하게 초나라를 다스렸고 초

---

24 "우맹이 손숙오의 아들에게 말하기를 '너는 멀리 가지 말거라. 다른 곳으로 가게 되면 아마도 왕이 나중에 너를 찾아내지 못할 것이다'라고 말한 것이다."(『색은』)

25 원문은 '초왕급좌우楚王及左右(초왕과 좌우 대신)'이다. "황본黃本에 의거해 '급及'자를 마땅히 삭제해야 한다.(삭제하면 '초왕 좌우 대신'으로 해석) 아래 문장에서 초왕이 우맹을 보더니 크게 놀라 손숙오가 다시 살아난 것으로 여겨 그를 초나라 상으로 임명하려고 했다고 했으니, 초왕은 우맹이 손숙오로 가장한 것을 알아보지 못했음을 알 수 있다."(『사기전증』)

26 "유지기가 말하기를 '손숙오가 죽은 지 시일이 오래되었는데 어찌 한 번 보고 의심하지 않고 영예를 더해주고 다시 봉록과 작위를 주려 하겠는가?'라고 했고, 나카이 리켄은 '초왕 또한 그의 용모가 닮은 것을 좋아한 것뿐으로 진짜 손숙오라고 여겨 의심하지 않은 것은 아니다'라고 했다."(『사기회주고증』) "초나라 상의 아들이 어찌하여 장작을 지는가? 초 장왕은 현명한데 우맹의 말을 듣고 손숙오의 아들을 봉하겠는가? 우맹이 그저 의관으로 손숙오처럼 꾸민 것을 보고 상으로 삼으려 했다니, 만약 왕으로 꾸민다면 나라를 양도하겠는가?"(『사기탐원』) "「골계전」은 한 편의 역사적 서술에 문예성을 강조한 것이다. 태사공은 당시 민간의 전설과 고사를 채취하여 서술한 것으로, 백성의 바라는 바를 반영한 것이므로 합리성을 탐구할 필요는 없다."(『광사기보』)

왕을 보좌하여 패주가 되게 했습니다. 그가 죽은 뒤 그의 아들은 송곳 꽂을 만한 땅도 없이 빈곤해져서 스스로 땔나무를 베며 살아가고 있습니다. 신이 보기에 손숙오처럼 되느니 차라리 자살하는 것이 낫습니다.”

그러고는 노래를 불렀다.

산속에 사는 사람은 밭 갈며 고생해도 생계를 도모하기 쉽지 않네.
관리가 되어 탐욕스럽게 뇌물을 받으니 재산은 날로 많아지나,
치욕을 돌아보지 않네.
목숨을 내건다면 부유해질 수 있는데,
또 재물을 탐내고 뇌물 받으면서,
법을 어겨 큰 죄를 저질러 자신은 죽고 멸족 당할 것을 걱정하니,
탐관오리를 어떻게 할 수 있는가!
청렴한 관리가 되어 법을 준수하며 직무를 다하고,
평생토록 나쁜 짓은 조금도 하지 않네.
청렴한 관리 또한 어떻게 감당할 수 있겠는가!
초나라 상 손숙오는 죽을 때까지 청렴했건만,
그의 처자식들은 곤궁하여 땔나무로 먹고사네.
청렴한 관리 또한 할 만한 것이 못 되도다!

초 장왕은 즉시 우맹의 깨우침에 감사를 표하고 손숙오의 아들을 찾아오게 한 뒤 그를 침구寢丘[27]의 땅 400호에 봉하여 조상의 제사에 필요한 것을 공급하게 하니, 이때부터 10대에 이르도록 제사가 끊어지지 않았다.[28] 우맹의 이러한

---

27 침구寢丘: 초나라 읍으로 지금의 허난성 선추沈丘 동남쪽 지역이다.
28 『여씨춘추』에서 이르기를 '초나라의 손숙오는 나라에 공적이 있었는데 병에 걸려 죽음이 임박하자 자신의 아들에게 경계하며 말했다. "왕이 여러 차례 나를 봉하고자 했으나 내가 사양하고 받지

지혜는 때를 잘 잡았다고 할 수 있다.

우맹 이후 200여 년 뒤에 진秦나라에 또 우전優旃이 출현했다.[29]

우전은 진나라의 배우이며 난쟁이였다. 그는 우스갯소리를 잘했을 뿐만 아니라 말한 바가 도리에 부합되었다. 한번은 진 시황이 연회를 열었는데 비가 내려 계단 아래에서 무기를 들고 서 있는 무사들이 모두 추위에 몸을 떨고 있었다. 우전은 그들을 가련하게 여겨 물었다.

"너희는 쉬고 싶지 않느냐?"

무사들이 말했다.

"그럴 수만 있다면 정말 다행이겠습니다!"

우전이 말했다.

"내가 너희를 부르면 즉시 '예'라고 대답하도록 해라."

잠시 뒤 전당 위에서 대신들이 진 시황에게 술을 올리며 장수를 축원하며 크게 만세를 불렀다. 이때 우전이 난간 위에서 아래로 크게 소리 질렀다.

"위병들아!"

서 있던 무사들이 즉시 대답했다.

"예!"

우전이 말했다.

않았다. 내가 죽으면 반드시 너를 봉할 것이다. 너는 절대로 비옥하고 풍요로운 토지를 받지 말거라. 형초荊楚 사이에 침구寢丘라고 불리는 곳이 있는데, 이곳의 토지는 지극히 척박할 뿐만 아니라 앞에는 투곡妬谷(시기하는 골짜기)이 있고 뒤에는 여구戾丘(어그러진 언덕)가 있어 지명이 내포한 뜻 또한 상서롭지 못하니 오랫동안 점유할 수 있는 토지는 아마도 이곳밖에 없구나." 손숙오가 죽은 뒤 초왕은 과연 비옥한 토지를 그 아들에게 하사하려 했다. 그의 아들은 사양하며 받지 않고 침구의 땅을 내려달라고 청했다. 초나라는 공적이 있는 신하를 봉할 때 2대까지만 유지하고 다시 거두어들였는데, 침구만은 빼앗지 않았다'고 했다.(『정의』) 출전은 『여씨춘추』 「이보異寶」다.
29 "우전優旃은 진 시황 때 사람이고 한나라 초에 사망했고, 초 장왕이 즉위하고 진나라가 멸망하기까지 400여 년인데 어찌 200여 년에 그치겠는가?"(『사기지의』) "초나라 경양왕이 즉위(기원전 298)한 때부터 진 시황이 육국을 통일하고 황제라 칭할 때까지(기원전 221) 중간의 격차는 77년이다."(『사기전증』)

"너희는 비록 키가 크지만 무슨 소용이 있단 말인가. 빗속에 서 있구나.[30] 나는 비록 왜소하지만 다행히도 전당에서 쉬고 있다."

이 말을 들은 진 시황은 즉시 무사들에게 절반은 서 있고 나머지 절반은 쉬면서 서로 교대하게 했다.

한번은 진 시황이 대신들과 논의하여 원유苑囿[31]를 동쪽으로는 함곡관까지, 서쪽으로는 옹雍과 진창陳倉[32]까지 확장하려 했다. 이때 우전이 말했다.

"좋습니다. 그 안에 금수를 많이 길러서 적이 동쪽에서 쳐들어오면 고라니와 사슴을 시켜 뿔로 받아서 막게 하면 충분할 것입니다."

진 시황은 이 말을 듣고 확대하려는 계획을 중지시켰다.

진 2세가 즉위한 뒤 함양의 성벽에 옻칠을 하려고 했다. 그러자 우전이 말했다.

"좋습니다. 폐하께서 제기하지 않았어도 신이 진실로 청하고자 했습니다. 성벽에 옻칠을 한다면 백성의 재산이 낭비되겠지만 이렇게 하면 확실히 좋습니다! 옻칠한 성벽이 광대하고 번들거리면 적군이 와도 기어오르지 못할 것입니다. 그러나 이 일을 할 때 칠을 하기는 쉬우나 음실蔭室[33]을 세우기가 어렵습니다."

이에 진 2세가 웃었고, 성벽에 옻칠하려는 계획을 그만두었다. 오래지 않아 진 2세는 살해당했고, 우전은 한나라에 귀순했다가 몇 년 뒤에 죽었다.

태사공은 말한다.

"순우곤이 고개를 쳐들고 크게 웃자 제 위왕이 제후들 가운데 패자를 칭하

---

30 원문은 '행우립幸雨立'이다. "'행우립幸雨立'은 본래 '우중립雨中立(빗속에 서 있다)'이다. 『초학기初學記』「인부人部」, 『어람御覽』「인사부人事部」, 「악부樂部」에서도 '우중립雨中立'이라고 했다."(『독서잡지』「사기」) 역자 또한 왕념손의 견해에 따랐다.
31 원유苑囿: 상림원을 가리킨다. 고대에 금수를 기르고 제왕에게 오락 활동을 제공한 원림園林이다.
32 옹雍은 춘추시대 때 진秦나라 도읍이었고 한나라 때 옹현이 설치되었다. 지금의 산시陝西성 평상鳳翔 남쪽이다. 진창陳倉은 현으로 진秦 시기에 설치되었다. 치소는 지금의 산시陝西성 바오지寶雞 동쪽 지역이다. 관중關中과 한중漢中 사이의 교통 요충지이자 역사적 요지였다.
33 음실蔭室: 태양을 차단하고 옻칠한 것을 그늘에 말리는 건조실을 말한다.

게 되었고, 우맹이 머리를 흔들며 노래 부르자 땔나무를 지던 사람이 봉읍을
얻게 되었으며, 우전이 난간에서 크게 소리 지르자 서 있던 무사들이 교대로 쉬
게 되었네. 세 사람은 모두 기이하고 위대한 이들 아니겠는가!"

저선생褚先生34은 말하기를

"저는 다행히 유가 경전을 읽어 낭관이 되었으나 외가外家의 서적35 읽기도
좋아합니다. 제가 겸손하게 사양하지 않고 다시 골계滑稽에 관한 고사 여섯 장
을 지어 아래에 배열했으니 후대 호사가들의 견문을 넓히고 눈과 마음을 즐겁
게 할 수 있습니다. 아울러 앞에서 태사공이 적은 세 장의 골계 문장을 보충하
겠습니다."

무제 때 총애를 얻은 배우로 곽사인郭舍人36이라는 사람이 있었다. 그는 비록
말하는 것이 이치에 부합되지는 않았지만 황제를 즐겁게 해줬다. 무제가 어렸을
때 동무후東武侯 곽타郭他37의 모친이 젖을 먹여 길렀는데, 무제가 장성하여 곽
타의 모친을 '대유모大乳母'라고 불렀다. 대유모는 거의 한 달에 두 차례 정도 입

---

34 저선생褚先生: 이름은 소손少孫이고 전한 원제元帝, 성제成帝 때 박사였다. 일찍이 왕식王式에게
배웠고, 『노시魯詩』 가운데 저씨褚氏의 학문이 있다. 저소손褚少孫은 『사기』에 내용을 보충하여 편찬
한 사람들 가운데 한 명이다. 오늘날의 『사기』 판본에서 '저선생이 말하기를'이라고 명확하게 표기된
부분은 모두 여덟 군데다.
35 원문은 '외가전어外家傳語'로, 사마천의 『사기』를 가리킨다. "동방삭 또한 외가外家의 말을 두루
살펴보았으나 외가는 정경正經이 아니며 사전史傳의 잡설雜說에 관련된 서적이다."(『색은』) "고염무가
말하기를 '저소손은 전기 잡설을 외가로 여겼는데, 아마도 육경을 내內로 여긴 것 같다'고 했고, 후대
의 유종원柳宗元 또한 『사기』를 외가서外家書라 했다."(『사기전증』) "한나라 사람은 제자백가의 말을 외
가外家로 여겼다."(『사기신증』)
36 곽사인郭舍人: 성이 곽郭이고 직무가 사인舍人이며 이름은 상세하지 않다. 전국시대부터 한나라
초까지 왕공 고관의 시종 빈객, 신임하는 측근을 모두 사인舍人이라 했다. 이후에 관직명이 되었는데,
예를 들면 태자사인太子舍人, 중서사인中書舍人 같은 경우다.
37 동무후東武侯: 유방의 공신 곽몽郭蒙의 봉호다. 문제 5년(기원전 175) 곽몽이 죽자 그의 아들 곽타
郭他가 부친의 작위를 계승하여 동무후가 되었다.

조하여 황제를 알현했는데, 매번 그녀가 접견을 요청하는 명첩을 전달하면 무제는 총애하는 신하 마유경馬游卿[38]을 시켜 비단 50필을 그녀에게 하사하고 술과 말린 밥을 보내 봉양하게 했다. 한번은 대유모가 글을 올려 말했다.

"어느 곳에 공전公田이 있는데, 청컨대 빌려주셨으면 합니다."

무제가 말했다.

"유모가 그것을 갖고 싶어 하는가?"

그러고는 그 땅을 그녀에게 주었다. 대유모가 무엇을 말하든지 무제는 들어주지 않는 것이 없었고, 그녀가 수레를 타고 황제가 다니는 큰길[39]을 달릴 수 있게 하라고 명령을 내리기도 했다. 이 당시 공경 대신들은 모두 대유모를 공경하고 존중했다. 대유모의 집 자손과 노복들이 장안에서 횡포를 부렸는데, 큰길에서 다른 사람의 거마를 막아 세우고 남의 의복을 벗겨가기도 했다. 이런 소식이 무제의 귀에도 전해졌으나 무제는 차마 법대로 다스리지 못했다. 유관 부서의 관리가 대유모의 가족을 변경으로 옮겨 거주하도록 요청하자 무제가 동의했다. 대유모가 궁중으로 들어가 무제를 만나 작별하기에 앞서 먼저 곽사인을 만났고 눈물을 흘렸다. 곽사인이 말했다.

"황제를 뵙고 작별한 뒤에 빠른 걸음으로 밖으로 나오면서 계속해서 뒤를 돌아보십시오."

대유모가 곽사인의 당부대로 무제에게 작별 인사를 한 뒤에 빠른 걸음으로 나오면서 자꾸 뒤를 돌아보았다. 이때 곽사인이 빠르게 질책하며 말했다.

"어허, 이 늙은이가 어찌하여 빨리 나가지 않는가! 황상께서 이미 장성하셨는데, 지금도 그대 젖을 먹어야 사신단 말인가? 그대는 어찌 돌아보는가!"

이에 무제는 그녀를 가련하게 여겨 조서를 내려 이주하는 것을 중지시키고,

---

38 마유경馬游卿에 대한 사적은 상세하지 않다. 『사기』에서 여기에만 한 번 등장한다.
39 원문은 '치도馳道'로, "『정의일문』에 이르기를 '어도御道를 말한다'고 했다."(『사기전증』) 즉 황제의 거마가 다니는 큰길을 말한다.

대유모의 이주를 건의한 관원을 처벌했다.

무제 때 제나라에 성이 동방東方인 선생이 있었는데, 이름은 삭朔이었다. 그는 고대의 역사서 읽기를 좋아하고 유가 학술에 정통하기로 유명했으며, 또한 외가外家 서적을 두루 읽었다. 동방삭이 처음 장안으로 들어왔을 때 공거公車의 문에 와서 황제에게 글을 올렸는데, 글의 길이가 목판40 3000여 개에 달했다. 공거령公車令이 두 사람을 시켜 목판을 지게 하여 겨우 옮길 수 있었다. 무제가 옥좌에 앉아41 그의 상서를 읽었는데, 휴식을 취할 때마다 표시해두면서 두 달 만에 겨우 다 읽을 수 있었다.42 그리하여 그를 불러 낭관으로 임명하고 항상 곁에서 시중들게 했다. 무제는 여러 차례 동방삭을 불러 마주하고 이야기를 나누었는데 한 번도 즐거워하지 않은 적이 없었다. 한번은 무제가 면전에서 동방삭에게 먹을 것을 하사했는데, 동방삭이 먹고 남은 고기를 모두 안고 나가다가 고깃기름으로 옷이 더러워지기도 했다. 무제는 여러 차례 그에게 비단을 하사했는데, 그는 모두 어깨에 메고 나갔다. 동방삭은 하사받은 돈과 비단으로 장안성의 미녀를 아내로 맞아들이고 1년쯤 지나면 내보낸 뒤 다른 여자를 얻느라 하사받은 돈을 다 써버렸다. 무제 신변의 낭관들은 대부분 그를 '광인狂人(미치광이)'이라고 불렀다. 무제는 이를 듣고는 그들에게 말했다.

"동방삭이 관리로 있으면서 이런 결점이 없다면, 너희 가운데 누가 그와 비길

---

40 원문은 '주독奏牘'으로, 황제에게 글을 올릴 때 사용하는 목판이다. 당시에는 종이가 없었기에 죽간이나 목판에 글을 적었으며, 이러한 목판을 '독牘'이라 한다. "목간木簡을 예로 들면 목간에 평균 30자를 적을 수 있는데, 3000여 개라고 했으니 대략 10만 자 정도다."(『사기신증』)

41 원문은 '상방上方'으로, "어떤 사람은 상방上方을 '상방서尙方署'로 해석하여, 무제가 상방서에 가서 동방삭의 상서를 읽었다고 말하는데 이치에 부합되지 않는다."(『사기전증』) 상방서尙方署는 황실에서 사용하는 기물 제조를 관장하는 관서다.

42 "진자룡의 『사기측의史記測義』에서 이르기를 '동방삭의 상서가 비록 많지만 지금의 10여 권에 불과하다. 무제가 두 달 만에 모두 읽었다는 것은 군주가 그의 상서를 중시했기 때문이며, 많아서가 아니라 어려웠던 것이다'라고 했다."(『사기전증』)

수 있겠는가!"

동방삭은 자신이 보증하여 아들을 낭관이 되게 했고 이후에 다시 시알자侍謁者[43]를 담당하게 되었는데, 항상 부절을 지니고 사신으로 나갔다. 동방삭이 궁전 안에서 걸어가고 있는데, 어떤 낭관이 그에게 말했다.

"사람들이 모두 선생을 미치광이라고 합니다."

동방삭이 말했다.

"나 같은 사람은 말하자면 조정 안에 은거하여 세상을 피하는 사람이고, 옛 은사들은 깊은 산속에 숨어서 세상을 피했지."

한번은 연회에서 거나하게 취해 흥이 나자 땅바닥에 엎드려 노래를 불렀다.

나는 세속에 빠져,

금마문金馬門[44]에서 세상을 피한다네.

궁전 안에서도 세상을 피해 몸을 보전할 수 있거늘,

무엇하러 깊은 산속으로 들어가 초가집에서 살겠는가!

금마문은 궁정 안에서 환관을 관리하는 사무 기구로, 문 앞에 구리로 만든 말이 있어 금마문이라 불렀다.

한번은 궁정의 박사와 여러 선생이 모여 동방삭과 논쟁을 벌였는데, 모두 동방삭에게 질문을 했다.

---

43 시알자侍謁者는 즉 알자謁者를 말한다. 황제를 위해 찬례贊禮와 문서 등의 전달과 접수를 관장했다. 낭중령에 속했다.

44 금마문金馬門: 미앙궁 안의 관서다. 『삼보황도三輔黃圖』에서 이르기를 '금마문은 환관 관서로 미앙궁 안에 있다. 무제가 대원大宛의 말을 얻고서 구리로 그 형상을 주조하여 관서 문에 세웠으므로 금마문이라 이름 지었다. 동방삭, 주보언, 엄안嚴安, 서락徐樂이 모두 금마문에서 황제의 명령을 기다렸다'고 했다."(『사기회주고증』)

"소진과 장의는 만승의 군주[45]를 한 번 만나 경상卿相의 자리를 얻었고 그 은택이 후대에까지 이르렀습니다.[46] 지금 선생께서는[47] 선왕의 치국의 도를 배웠고 성인의 언행을 앙모하며 『시』와 『서』 그리고 백가의 저작을 적지 않게 읽었습니다. 그리고 많은 문장을 지어 스스로 천하제일이라 자부하고 있으니, 학문은 넓고 웅변과 재지가 출중하다고 말할 수 있습니다. 그러나 힘을 다해 충성스럽게 황상을 수십 년 동안 섬기면서도 헛되이 시일을 보내기만 하고, 관직은 겨우 시랑侍郎에 불과하며, 하는 일은 극戟을 잡고 당직이나 서고 있으니 품행에 어떤 결함이나 잘못이 있는 것은 아닙니까? 그렇지 않다면 어떻게 이와 같을 수 있습니까?"[48]

동방삭이 말했다.

"이것은 본래 그대들이 완전히 이해할 수 있는 것이 아니오. 그것은 그때의 일이고 이것은 이때의 일로, 시대 환경이 같지 않은데 어찌 서로 나란히 거론할 수 있겠소! 소진과 장의가 살았던 시대는 주 왕조가 크게 무너져 떨치지 못했고 제후들은 아무도 입조하지 않았으며, 그들은 모두 무력으로 정권을 잡고 패도를 실행했으며 서로 공격하여 복속시켰기에 12개 나라[49]가 형성되었으나 자웅이 결정되지 않았소. 이러한 때 누구든 인재를 얻는 자는 강성해지고 인재를 잃은 자는 멸망했기 때문에 그런 사람들의 학설이 받아들여진 것으로, 이루어지면 즉시 높은 지위에 오르고 은택이 후대에까지 이어져 자손들까지도 복을

---

45 만승萬乘의 군주는 전국시대 7개 대국의 국왕을 가리킨다.
46 장의는 진·위·초나라의 상이었고, 소진은 연·제·조나라의 상이었다.
47 원문은 '자대부子大夫'로, '선생'을 뜻한다. 자子는 남자에 대한 존칭이고 대부大夫는 관직을 나타내는데, 한나라 때는 일반 관원에 대한 통칭이 되었다.
48 원문은 '其故何也'다. 『한서』와 『문선』에 모두 '其故何也' 네 글자가 없다.'(『광사기정보』)
49 전국시대의 12개 국가를 안사고는 진秦, 초楚, 제齊, 연燕, 한韓, 조趙, 위魏, 송宋, 위衛, 중산中山, 노魯, 정鄭이라고 했다. 앞에 7개 나라는 통상적으로 말하는 '전국칠웅戰國七雄'이고, 뒤의 5개 나라는 점차 몰락하여 칠국의 속국이 되었다. 유향劉向의 『전국책戰國策』에는 '노魯'와 '정鄭'이 없고, '동주東周'와 '서주西周'가 있다.

누렸던 것이오. 그러나 지금의 형세는 전국시대와 같지 않아서 영명한 황제가 천하를 통일하여 국내의 제후왕들이 모두 복종할 뿐만 아니라 한나라에 복종하지 않던 사방의 소국들도 하나같이 평정되었소. 현재의 형세는 사해 밖까지 큰 자리를 깔아놓은 것처럼 이어져 있고, 큰 바리를 지면에 뒤집어놓은 것처럼 안정되어 있소. 천하가 고르게 평정되어 마치 한집안과 같으니 무슨 일을 처리해도 순조롭게 진행되는 것이 작은 물건을 손바닥에 올려놓고 노는 것과 같소. 생활이 이러한 시대에 능력이 있는 신하와 없는 신하를 어떻게 구분해낼 수 있겠소? 지금 천하는 이토록 크고 인구는 많아서 힘을 다해 조정에 자신의 재주와 말솜씨를 드러내려는 사람들이 수레의 바큇살이 바퀴통에 모이는 것과 같아서 그 수를 헤아릴 수 없을 정도요. 그리고 석지 않은 사람들이 힘껏 의로움을 숭상했으나 먹고 입는 것이 부족하고 그중에는 몸을 들일 문조차 찾지 못하고 있소. 소진과 장의가 지금 세상에 나와 같이 살아 있다면 그들은 작은 장고掌故 같은 관직도 담당하지 못할 것이니, 어떻게 감히 나처럼 매일 황제를 모시는 시랑侍郎[50]과 비교할 수 있겠소? 고서에서[51] 말하기를 '천하에 재해가 없다면 설사 성인이라 해도 그 재주를 펼칠 곳이 없고, 위아래가 생각이 같아 실천이 조화로우면 현명하고 능력 있는 사람이라도 공을 세울 수 없다'[52]고 했소. 이것이 바로 시대가 다르면 사정도 같지 않은 것이오.[53] 그러나 이와 같다 한들 어찌 신분 있는 사람이 자신을 수양하는 데 힘쓰지 않겠소? 『시경』에 '종을 집에

50　원문은 '상시시랑常侍侍郎'으로, 『한서』에서는 '상시랑常侍郎'으로 기재하고 있다. 항상 궁전 내에서 황제를 모시는 낭관을 말한다. 앞의 '시侍'자는 삭제해야 한다.

51　원문은 '전傳'이다. 한나라 때는 '육경六經' 외에 전대의 저작을 가리킬 때 '전傳'이라 했다. 여기서는 『회남자淮南子』를 가리킨다.

52　"세상에 재해가 없다면 설사 신이라 할지라도 백성에게 은덕을 베풀 방법이 없고, 위아래가 화목하고 협조한다면 설사 현인이라 할지라도 공업을 건립할 방법이 없다世無灾害, 雖神無所施其德; 上下和輯, 雖賢無所立其功."(『회남자』 「본경훈本經訓」)

53　"世異則事異."(『한비자』 「오두五蠹」)

서 두드리니 소리가 밖에서도 들리는구나'54라고 했고, 또 '학이 구고九皐에서 우니 그 소리가 높은 하늘까지 들리는구나'55라고 했소. 진실로 자신을 수양할 수 있다면 어찌 이후에 영화롭지 못할까 근심하겠소! 강태공은 72세까지 몸소 인의를 행하다 주 문왕을 만나 공업을 이루고 제나라에 봉해져 700년 동안 끊어지지 않았소.56 이것이 바로 선비들이 밤낮으로 부지런히 학문을 닦고 도를 행하며 감히 스스로 느슨해지지 않게 하는 까닭이오. 지금의 처사들은 설사 임용되지 않더라도 여전히 바위가 우뚝 솟은 듯 홀로 서고 땅이 편안하게 누운 듯이 홀로 처하여, 위로는 허유許由를 보고 아래로는 접여接輿를 살피며,57 범려 范蠡와 같은 계책과 오자서伍子胥와 같은 충심이 있어도 천하가 태평하여 표현해 낼 길이 없으니, 그들이 단지 의를 행하고 몸을 수양하며 묵묵히 홀로 있는 것이 본디 자연스러운 것이오. 그대들은 어찌 나를 의심한단 말이오!"

이에 여러 선생은 묵묵히 입을 다물고 아무런 말도 못했다.

건장궁建章宮58 후문 이중 난간59에 어떤 동물이 출현했는데 고라니와 비슷했다. 보고를 받은 무제가 가서 본 뒤, 경학에 정통한 신하들에게 무엇인지 물었으

---

54 "鼓鍾于宮, 聲聞于外."(『시경』「소아小雅·백화白華」)
55 "鶴鳴九皐, 聲聞于天."(『시경』「소아·학명鶴鳴」) 구고九皐는 깊고 먼 소택지를 말한다.
56 태공이 제나라에 봉해지고 전화田和가 제나라를 찬탈하기까지 640여 년이고, 제 강공의 죽음까지 계산하면 대략 660여 년이다.
57 허유許由는 요임금 때의 은사로, 일찍이 요임금이 그에게 양위하려고 하자 도망쳤고 자신의 귀가 더러워졌다고 생각했다. 접여接輿는 춘추시대 때 초나라 은사로, 일찍이 「봉혜가鳳兮歌」를 부르며 공자가 도처를 돌아다니며 도를 행하는 것을 비웃었다.
58 건장궁建章宮은 장안성 서쪽 담장 밖에 건설되었고 담장을 사이에 두고 성안의 미앙궁과 마주했다. 무제 태초 연간(기원전 104~기원전 101)에 건설되었는데, 『사기』「위장군표기열전」에 위청이 건원 연간(기원전 140~기원전 135)에 '건장궁에서 일을 했다'고 한 것으로 보아 간장궁은 태초 원년에 건설된 것이 아닌 듯하다.
59 원문은 '중력重櫟'이다. "서개徐鍇의 『설문해자계전說文解字繫傳』에서는 저소손褚少孫의 『사기』「동박삭전」을 인용하며 '중로重櫓'라고 했다. 이것이 옳은 것으로 보인다. '로櫓'는 '연椽(서까래)'이다."(『수정본』) 역자는 원문 그대로 번역했다.

나 아무도 알지 못했다. 동방삭에게 살펴보게 하자 동방삭이 말했다.

"신이 알고 있습니다. 신에게 먼저 맛좋은 술과 쌀밥을 하사해주십시오. 배부르게 먹게 해주시면 신이 말씀드리겠습니다."

무제가 말했다.

"좋다."

동방삭이 배부르게 먹고 난 다음에 또 말했다.

"어느 곳에 양어장과 갈대가 있는 공전公田 몇 경頃이 있는데, 폐하께서 그것을 신에게 하사해주시면 신이 바로 말씀드리겠습니다."

무제가 또 말했다.

"좋다."

이에 동방삭이 말했다.

"이것은 통상적으로 말하는 추아騶牙60라는 짐승입니다. 먼 지방 사람이 귀순하면 추아가 먼저 징조로 출현합니다. 이 동물의 이빨은 앞뒤가 똑같아서 어금니와 송곳니로 구분되지 않고, 그 배열이 지극히 가지런하여 추아라고 부릅니다."

1년 뒤 과연 흉노의 혼야왕이 10만의 무리를 이끌고 와서 한나라에 투항했다. 이에 무제는 다시 동방삭에게 많은 돈을 하사했다.

동방삭이 연로하여 죽음을 앞두고 무제에게 간언하며 말했다.

"『시경』에서 이르기를 '파리가 어지러이 앵앵거리며 울타리에 앉네. 화목하고 온화한 제왕이여, 절대로 소인의 참언을 믿지 말라. 소인의 참언은 끝이 없어 주변 국가와의 전란을 일으키네'61라고 했습니다. 바라건대 폐하께서는 소인을 멀리하시고, 양쪽을 부추겨 시비를 만들고 이간하는 말을 들어서는 안 됩니다."62

---

60 『시경』 「추우騶虞」의 모전毛傳에 따르면, 추우는 살아 있는 동물을 먹지 않는 의로운 짐승이다.
61 원문은 '營營靑蠅, 止于蕃. 愷悌君子, 無信讒言. 讒言罔極, 交亂四國'으로, 출전은 『시경』 「소아小雅 · 청승靑蠅」이다.

무제가 말했다.

"동방삭이 요즘 왜 이런 엄숙한 말을 많이 하는가!"

기괴하게 생각했다. 며칠 지나지 않아 동방삭이 병으로 죽었다. 고서에서 말하기를 "새가 죽으려 할 때 그 울음소리가 슬프고, 사람이 죽으려 할 때는 그 말이 착하다"[63]고 했는데, 아마도 동방삭을 말한 것이다.

무제 때 대장군 위청은 위후衛后[64]의 오빠로 장평후에 봉해졌다. 그는 군사를 이끌고 흉노를 공격하여[65] 가장 멀리 여오수余吾水[66]에까지 이르렀다가 돌아왔다. 이번 출정으로 참수하고 포로로 잡은 적들이 많아 공을 세우고 돌아오자 무제는 상으로 황금 1000근을 하사했다. 위청이 대궐 문을 나서는데, 공거문에서 황제의 부름을 기다리던 방사方士 신분의 제나라 사람 동곽東郭[67] 선생이 나타나 위청의 수레를 막아서더니 예를 표하고 말했다.

"장군께 드릴 말씀이 있습니다."

위청이 수레를 멈추고 동곽 선생을 앞으로 오라고 하자, 동곽 선생이 수레 가까이 다가와서 위청에게 말했다.

"왕부인王夫人[68]이 새로이 황상의 총애를 받고 있으나 집안이 매우 가난합니다. 지금 장군께서 황금 1000근을 하사받으셨으니 그 절반을 왕부인의 부모에

---

62 "서부원이 말하기를 '무제 말년에 무고의 화가 있었는데, 동방삭이 말한 것은 아마도 이것을 가리킨 것일 것이다'라고 했다.(『사기회주고증』)

63 원문은 '鳥之將死, 其鳴也哀; 人之將死, 其言也善'으로, 출전은 『논어』「태백泰伯」이다.

64 위후衛后는 위자부衛子夫로 원삭 원년(기원전 128)에 황후로 세워졌다.

65 원문은 '종군격흉노從軍擊匈奴(종군하여 흉노를 공격하다)'으로, 이 문장은 당연히 '솔군격흉노率軍擊匈奴(군사를 이끌고 흉노를 공격하다)'로 바꿔야 한다. 위청이 원수 4년(기원전 119)에 막북漠北에서 흉노를 대파한 사건이다.

66 여오수余吾水: 지금의 몽골 울란바토르(당시 선우의 왕정) 서쪽에 흐르는 강이다.

67 성이 동곽東郭이고 이름은 상세하지 않다.

68 "위후의 미색이 쇠하자 조나라의 왕부인이 총애를 받고 아들을 낳았는데, 제왕齊王에 봉해졌다. 왕부인은 일찍 죽었다."(「외척세가」)

게 보내신다면 황상께서 이를 듣고 반드시 기뻐하실 것입니다. 이것이 이른바 절묘하고도 이로운 계책입니다."

위청이 감사를 표하고 말했다.

"선생께서 다행히 좋은 계책을 알려주셨습니다. 내 반드시 선생의 가르침대로 처리하겠습니다."

이에 위청은 황금 500근을 왕부인의 부모에게 예물로 보냈다. 왕부인은 이일을 알고 무제에게 알렸다. 그러자 무제가 말했다.

"대장군은 이런 방법을 고안할 줄 모른다."

그러고는 위청에게 누구로부터 얻은 계책인지 물었다. 위청이 대답했다.

"황제의 부름을 기다리고 있던 동곽 선생에게서 얻은 계책입니다."

이에 무제는 동곽 선생을 불러들여 군 도위로 임명했다. 동곽 선생은 공거에서 황제의 부름을 기다린 지 너무 오래되어 매우 빈곤해져서 굶주림과 추위에 떨었으며 옷과 신이 모두 해져서 온전치 못했다. 신발을 신고 눈 위를 걸어가면 발등 위로는 신발을 신은 것 같으나 발가락은 모두 눈 위를 밟았다. 길 가던 사람들이 이를 보고는 모두 웃었다. 동곽 선생이 스스로 변명하며 말했다.

"그 누가 눈밭을 걸으면서 위에는 신발을 신은 것처럼 보이는데 바닥에는 발가락 자국을 남길 수 있겠는가?"

그는 2000석의 고관에 임명되어 푸른색 인수를 차고[69] 궁문을 나가서 자신이 묵었던 집주인에게 작별을 고했다. 이전에 같이 공거문에서 황제의 부름을 기다리던 자들이 모두 모여 도성 문 밖에서 조도祖道[70]를 거행하고 송별하니 양쪽 도로에서 사람들의 흠모를 받아 동곽 선생은 이름을 알렸다. 이것이 이른바

---

69 "관리의 봉록이 비2000석 이상인 경우에는 모두 은 인장에 푸른색 인끈이었다."(『한서』 「백관공경표」)
70 조도祖道: 고대에 외지로 나가는 자를 위해 노신路神에게 제사를 지내고 주연을 베풀어 전송하는 의식이다. 지금의 송별연과 같다.

거친 베옷을 입고 보배를 품은 사람[71]이라 할 수 있다. 그가 빈곤했을 때는 처다보지도 않던 사람들이 그가 현귀해지자 즉시 달려와 다투어 아첨했다. 속담에 이르기를 "말馬을 감정할 때는 종종 여윈 모습 때문에 좋은 말을 소홀히 하고, 사람을 볼 때는 종종 가난 때문에 재능을 등한시한다"고 하더니, 아마도 이를 두고 한 말이 아니겠는가?

왕부인의 병이 위중했을 때 무제가 친히 가서 문병했다. 무제가 왕부인에게 물었다.

"그대의 아들을 왕으로 봉하려 하는데, 어디에 봉해졌으면 좋겠는가?"

왕부인이 대답했다.

"낙양에 봉해지길 바랍니다."

무제가 말했다.

"그건 불가하오. 낙양에는 국가의 무기고와 식량 창고인 오창敖倉이 있고 서쪽으로 함곡관과 마주하고 있어 천하의 목구멍과 같아 선제 때부터 몇 대를 거치면서 왕을 두지 않았던 것이오.[72] 그러나 함곡관 동쪽의 제후국 가운데 제나라가 가장 크니 그대의 아들을 제왕齊王에 봉하리다."

왕부인은 손으로 자신의 머리를 두드리며 감사했다.

"정말 다행입니다."

이 때문에 왕부인이 죽었을 때 "제나라 왕태후王太后께서 훙薨[73]하셨다"고 존칭한 것이다.[74]

---

71 "나를 알아주는 이가 드문 것은 곧 내가 존귀한 것이다. 이 때문에 성인은 겉으로는 베옷을 입고 있지만 속으로는 옥을 품고 있는 것이다知我者希, 則我者貴. 是以聖人被褐懷玉."(『노자』 70장)
72 진나라가 멸망한 뒤에 항우는 천하를 분봉했는데, 부장인 신양申陽을 하남왕河南王으로 봉하고 도읍은 낙양洛陽이었다. 한나라 2년(기원전 205) 유방이 동쪽으로 항우를 정벌하자 신양은 한나라에 투항했고, 이때부터 유방은 하남河南에 군을 설치하고 다시는 다른 사람에게 봉하지 않았다.
73 훙薨: 고위 관직의 죽음을 일컫는 말로, 시대에 따라 그 대상이 다르다. 주周나라 때에는 제후가 죽었을 때, 후한 때는 후작侯爵 이상인 자가 죽었을 때, 당나라 이후로는 이품二品 이상의 대신이 죽었을 때 사용되었다. 졸卒은 제후와 대부가 죽은 경우를 일컫는다.

옛날에 제나라 왕[75]이 순우곤에게 고니 한 마리를 초나라 왕[76]께 바치게 했는데, 제나라 도성 문을 나서자 뜻하지 않게 고니가 날아가버리고 말았다. 이에 순우곤은 빈 새장을 든 채 초왕을 만나 변명을 했다.

"제왕께서 신을 파견해 고니를 바치게 하셨습니다. 물가를 지나는데 고니가 목말라하는 모습을 차마 볼 수 없어 새장에서 꺼내서 물을 마시게 했더니 그만 날아가버리고 말았습니다. 당시 배를 찌르고 목을 매어 죽을까 생각했으나, 대왕께서[77] 한 마리 고니 때문에 선비를 자살하게 만들었다고 사람들이 말할까 두려웠습니다. 고니는 털이 있는 동물로 비슷한 것들이 매우 많아 다른 것으로 대신할까 했으나 그렇게 하는 것은 신의信義 없는 짓으로 우리 대왕을 속이는 일입니다. 다른 나라로 달아나려고도 생각했지만 이번에 두 대왕께서 사신 왕래의 기회를 잃게 될까 마음이 아팠습니다. 이 때문에 초나라에 와서 대왕께 과실을 인정하고 머리를 조아리며 대왕의 처벌을 받고자 한 것입니다."

초왕이 말했다.

"좋구나, 제왕에게 이같이 신의를 지키는 선비가 있구나!"

이에 순우곤에게 두텁게 상을 하사했는데, 고니를 바치고 얻을 수 있는 상의 곱절이었다.

무제 때 북해北海[78] 태수를 불러 행재소行在所[79]로 오게 했다. 당시 북해군의

74 왕부인의 소생 유굉劉閎이 제왕齊王이 된 때는 무제 원수 년(기원전 118) 월이다. "진인석이 말하기를 '동곽 선생 편의 말미에 왕부인에 관한 단락이 있는데, 앞 문장과 이어지지 않는다. 어찌 후세 사람이 베껴서 삽입한 것이 아니겠는가?'라고 했다."(『사기회주고증』)

75 앞 문장에 따르면 당시 제나라 왕은 제 위왕齊威王(재위 기원전 356~기원전 320)으로 이름이 인제因齊다.

76 제 위왕과 동시대인 초나라 왕은 초 선왕楚宣王(재위 기원전 369~기원전 340), 초 위왕楚威王(재위 기원전 339~기원전 329), 초 회왕楚懷王(재위 기원전 328~기원전 299)이다.

77 원문은 '오왕吾王'으로, 여기서는 제나라 왕을 가리키는 것이 아니라 초나라 왕을 말한다. "오왕吾王은 '우리들의 대왕이신 당신'으로 상대방을 공경하여 칭하는 것이다."(『사기전증』)

78 북해北海: 한나라 군으로 군치는 영릉營陵(지금의 산둥성 웨이팡濰坊 서남쪽)이다.

문학졸사文學卒史[80]로 있던 왕선생王先生이라는 자가 북해 태수에게 함께 가기를 요청하며 말했다.

"제가 태수님과 함께 가면 좋은 점이 있을 겁니다."

태수[81]가 허락했다. 여러 부연府掾과 공조功曹[82]들이 말했다.

"왕선생은 술을 좋아하고 말이 많고 실속이 없으니 그를 데려가서는 안 됩니다."

태수가 말했다.

"선생이 가고자 하니 나도 그의 뜻을 거스를 수 없다."

결국 함께 갔다. 궁에 당도하여 궁부宮府[83] 밖에서 황제의 부름을 기다렸다. 왕선생은 돈으로 술을 사서 위졸복야衛卒僕射[84]를 찾아가 마시면서 날마다 크게 취해 태수를 살피지 않았다. 태수가 궁으로 들어가 황제께 인사를 드리려 하는데 왕선생이 호랑戶郞[85]에게 말했다.

"나를 위해 우리 태수를 불러주어 문 사이에서 몇 마디 말하게 해주시오."

호랑이 북해 태수를 부르자 태수가 나왔고 왕선생을 만났다. 왕선생이 말했다.

"황상께서 어떻게 북해를 다스렸기에 도적이 없는가라고 물으시면, 어떻게 대

---

79 행재소行在所: 고대에는 제왕이 거주하는 곳이었으나 후에는 황제가 순행하는 곳을 가리켰다. 채옹蔡邕의 『독단獨斷』에 따르면 "천자는 사해를 집으로 삼기 때문에 기거하는 곳을 행재소라 한다"고 했다.

80 문학졸사文學卒史: 문서를 관장하는 군의 하급 관리다. 졸사는 한나라 때 하급 관리로 봉록은 100석이다.

81 원문은 '군君'이다. 한나라 때는 하급 관리가 자신의 본관本官(본 부문의 주관 관원)을 군君이라고 불렀다.

82 부연府掾은 태수 부중府中의 관리다. 연掾은 한나라 때 공부公俯의 속리로 연掾, 속屬이 있었고 군현에는 연掾과 사史를 설치했다. 정正을 연이라 하고 부副를 속이라 한다. 공조功曹는 공조사功曹史의 줄임말로 한나라 때 설치되었고 군수의 속리로 인사人事를 관리하고 시찰과 공로의 기록을 책임졌으며 정무에 참여했다.

83 앞서 언급한 '금마문金馬門' 혹은 '공거문公車門'으로 황제의 부름을 기다리는 곳이다.

84 위졸복야衛卒僕射: 궁문을 지키는 위병의 우두머리다.

85 호랑戶郞: 궁문을 지키는 낭관이다.

답하실 겁니까?"

태수가 말했다.

"현명하고 능력 있는 사람을 선발하여 그들 저마다의 재능에 따라 일들을 분배했고, 그 가운데 뛰어난 자에게는 상을 내려 장려하고 그렇지 않은 자들은 처벌했다고 말할 것이오."

왕선생이 말했다.

"그렇게 대답하시면 자신의 공로를 과시하는 것이니 안 됩니다. 원컨대 태수께서는 '이것은 신의 재능이 아니라 모두 폐하의 신령과 위무에 의지하여 변화된 것입니다'라고 대답하십시오."

태수가 말했다.

"좋소."

태수가 불려 들어가 내전에 이르자 무제가 그에게 물었다.

"북해를 어떻게 다스렸기에 도적이 일어나지 않게 되었소?"

태수는 머리를 조아리며 대답했다.

"이것은 신의 능력이 아니라 모두 폐하의 신령과 위무에 의지해 변화된 것입니다."

무제가 크게 웃으면서 말했다.

"아아! 어디서 이런 장자長者의 말을 배웠기에 그렇게 말하시오! 누구한테 가르침을 받은 것이오?"

태수가 대답했다.

"신의 문학졸사가 가르쳐준 것입니다."

무제가 말했다.

"그는 지금 어디에 있소?"

태수가 대답했다.

"지금 궁문 밖에 있습니다."

이에 무제는 조서를 내려 왕선생을 수형승水衡丞으로 삼고, 북해태수는 수형도위水衡都尉[86]로 임명했다. 고서에서 말하기를 "듣기 좋은 말은 이익을 줄 수 있고 고상한 행동은 다른 사람에게 영향을 줄 수 있다"[87]고 했고, 또 말하기를 "군자는 사람에게 재치 있는 말을 보내고, 소인은 사람에게 돈을 보내는 것에 밝다"[88]고 했다.

위 문후魏文侯[89] 때 서문표西門豹가 업현鄴縣[90]의 현령으로 임명되었다. 서문표는 업현에 당도하자 현 안의 장로長老들을 불러 모아 백성이 가장 고통스럽게 느끼는 것이 무엇인지 물었다. 장로들이 말했다.

"가장 고통스러운 것은 하백河伯[91]에게 처녀를 바치는 것으로, 이 때문에 백성이 모두 곤궁합니다."

서문표가 그 원인을 묻자 노인들이 말했다.

"업현의 삼로三老[92]와 현의 관리들이 해마다 백성의 돈 수백만 전을 거두어

---

86 수형水衡은 못과 원림을 관장하는 관리다.('형'은 산림을 뜻한다.) 수형도위水衡都尉의 봉록은 2000석이었다. 수형승水衡丞은 수형도위의 부하 관리다.

87 원문은 '美言可以市, 尊行可以加人'으로, 출전은 『노자』 62장이다.

88 원문은 '君子相送以言, 小人相送以財'이다. 『안자춘추晏子春秋』 「내편잡內篇雜 상」과 『순자』 「대략편大略篇」의 문자와는 조금 다르다.(『사기전증』)

89 위 문후魏文侯(재위 기원전 445~기원전 395)는 전국시대 초기 위魏나라 군주로, 이름이 사斯다. 당시의 위나라 도읍은 안읍安邑(지금의 산시山西성 샤현夏縣 서북쪽)이다.

90 업현鄴縣은 업성鄴城이라고도 한다. 춘추시대 때 제齊나라 읍이었다. 제 환공이 업성을 축조하여 제후국의 공격에 방어했기 때문에 이때부터 업鄴이라 했다. 전국시대 때 위 문후가 이곳에 현을 설치하고 도읍으로 정했다. 지금의 허베이성 린장臨漳 서남쪽 지역이다.

91 하백河伯: 장하漳河의 신을 가리킨다. 당시 장하는 업현을 거쳐 동북쪽으로 흘러 황하에 유입되었다. "하백은 화음華陰 동향潼鄉 사람이다. 성은 풍씨馮氏이고 이름은 이夷다. 황하에서 목욕을 하다가 익사하여 결국 하백이 되었다."(『정의』) "여기서 말한 것은 황하 수신水神에 관한 전설인데, 업현은 황하와 매우 멀고 피해를 입은 강은 장하漳河이므로 이곳의 하백 또한 황하의 수신을 끌어다가 말할 필요는 없다."(『사기전증』)

92 삼로三老: 고대에 교화를 관장하던 향관鄉官이다. 전국시대 위魏나라에는 삼로三老를 두었고, 진 시기에는 향삼로鄉三老, 한나라 때는 현삼로縣三老가 추가되었다. 전한 고제 초에 향마다 한 명의 삼로를 두었는데 백성 가운데 나이 50세 이상이며 덕행과 위신이 있고 백성을 이끌 만한 자가 맡았다.

갑니다. 그 가운데 20~30만 전을 하백에게 처녀를 바치는 데 쓰고 그 나머지 돈은 귀신에게 제사 지내는 무당과 사사로이 나누어 가집니다. 그때가 되면 무당이 도처를 다니면서 가난한 집안의 아름다운 여자를 발견하면 '이 처녀가 하백의 아내가 되어야 한다'고 말하고 예물을 주고 데려갑니다.[93] 그들은 이 처녀를 목욕시키고 무늬 있는 얇은 비단옷을 새로 지어 입히고 홀로 기거하게 하여 재계齋戒를 시킵니다. 그들은 물가에 재계하는 집을 짓고 안에는 각종 채색의 휘장을 걸고 이 처녀를 들여놓은 뒤 쇠고기와 술과 밥을 준비하여 먹입니다. 10여 일 뒤 이 처녀를 단장시키고 출가하는 여자에게 해주듯이 베개와 자리를 마련해 처녀를 그 위에 앉히고는 강물에 띄워 보냅니다. 처음에는 물 위에 떠 있으나 수십 리 뒤에는 물에 잠기게 됩니다. 예쁜 여자아이를 둔 집에서는 모두 무당의 눈에 띄어 하백에게 바쳐질 것이 두려워 딸을 데리고 멀리 도망쳤습니다. 이 때문에 성 안의 거주민은 갈수록 적어지게 되었고 남은 사람들도 갈수록 가난해진 것입니다. 이런 풍속이 생긴 지 이미 오래되었으니, 사람들이 서로 전하여 말하기를 '하백에게 처녀를 바치지 않으면 큰물이 집과 가산을 빠뜨리고 사람들을 익사시킬 것이다'라고 합니다."

서문표가 말했다.

"하백에게 처녀를 바치는 날 삼로와 무당 그리고 부로父老[94]들이 강변에 가서 처녀를 물에 띄워 보내려 할 때 내게 알려주기 바라오. 처녀를 보낼 때 나도 가 보겠소."

모두 말했다.

이후 현, 군, 국에 균등히 설치되었고 교화를 관장했다. 삼로는 국가의 정식 관리가 아니어서 봉록은 없었지만 지위가 존숭되었고 요역이 면제되었으며 상이 내려졌다. 또한 황제에게 직접 상서를 올릴 수 있었다. 후한 이후 다시 군삼로郡三老, 국삼로國三老를 설치했다.

93 원문은 '빙취娉取'다. 빙娉은 통상 남자 집에서 여자 집에 보내는 재물로 약혼을 표시하며, 취取는 아내를 얻는 것을 일컫는다.

94 부로父老: 마을의 명망 있는 노인이다.

"알겠습니다."

그날이 되자 서문표는 강변으로 갔고 이들을 만났다. 이때 삼로와 관리, 유지들과 마을의 부로들이 모두 왔고, 구경하러 온 백성이 모두 2000~3000명이나되었다. 무당은 70여 세의 노파였다. 그녀에게는 10여 명의 여제자가 있었는데비단으로 만든 홑옷을 입고 무당 뒤에 서 있었다. 서문표가 말했다.

"하백의 신부를 데려와라. 예쁜지 추한지 봐야겠다."

사람들이 그 처녀를 장막에서 데리고 나와 서문표 앞에 이르렀다. 서문표가한 번 보더니 삼로와 무당 그리고 부로들을 돌아보며 말했다.

"이 처녀는 그다지 예쁘지 않으니 수고스럽겠지만 늙은 무당이 물속으로 들어가서 하백에게 '더 예쁜 처녀를 구해서 뒷날 보내주겠다'고 전해주시오."

사병들에게 늙은 무당을 들어 올려 물속에 던지게 했다. 서문표가 잠시 기다리더니 말했다.

"무당이 어찌하여 이렇게 오래도록 돌아오지 않는가? 제자 한 명을 보내 재촉하도록 하라!"

말을 마치더니 다시 제자 한 명을 물속에 던지게 했다. 또 조금 있다가 서문표가 말했다.

"이 제자도 어찌하여 오래도록 돌아오지 않는가! 다시 한 명을 더 보내 재촉하도록 하라!"

이에 또 제자 한 명을 물속에 던졌다. 이렇게 모두 세 명의 제자를 던졌다. 서문표가 말했다.

"무당과 제자들이 모두 여자라 사정을 말씀 드리지 못하는 것 같으니, 수고롭겠지만 삼로가 들어가서 말씀드리시오."

이에 다시 삼로를 물속에 던졌다. 서문표는 깃털로 장식한 비녀를 꽂아 단정하게 관을 쓰고 물속을 향해 경쇠같이 허리를 굽혀 공경하며[95] 한참을 서서 기다렸다. 이때 장로와 관리 그리고 옆에서 구경하던 사람들이 모두 놀라며 두려워했다. 서문표가 고개 돌려 그들을 보면서 말했다.

"늙은 무당과 삼로가 모두 돌아오지 않는다. 이를 어떻게 한단 말인가?"

그는 다시 현 관리와 유지들에게 한 사람씩 물속으로 들여보내 재촉하게 하려 했다. 그러자 모두 머리를 조아렸는데, 머리를 쩧어 바닥에 피가 흐르고 얼굴은 잿빛으로 변했다. 서문표가 말했다.

"좋다, 잠시 더 기다려보자."

잠시 기다리고는 서문표가 말했다.

"관리들은 일어나라. 보아하니 하백이 그들을 오래 머물게 하는 것 같다. 너희는 돌아가도록 하라."

입현의 관리와 백성은 크게 놀라며 두려워했고, 이때부터 감히 하백에게 처녀를 바쳐야 하는 일을 제기하는 자가 없었다.

서문표는 이어서 백성을 동원해 12개의 도랑을 파서 강물을 끌어다 백성의 논에 연결하자 모든 논에 물이 흘러들었다. 처음 도랑을 파게 했을 때 백성은 약간의 노고도 번거롭게 여겨 모두 하지 않으려 했다. 서문표가 말했다.

"백성이란 일을 이룬 뒤에 그들과 함께 성과를 누릴 수는 있어도 사전에 그들과 상의할 수는 없다.[96] 지금 부로와 자제들이 나를 원망하지만 100년 뒤에 반드시 그들은 나를 생각하게 될 것이다."

지금까지도 업현에서는 서문표가 물을 다스린 이점을 누리고 있고, 백성의 생활 또한 그때부터 부유해지기 시작했다. 서문표가 건설한 12개의 도랑은 모

---

95 원문은 '잠필경절簪笔磬折'이다. "잠필簪笔은 깃털로 비녀의 끝을 장식한 것으로, 길이는 5촌이며 관 앞에 꽂는다. 이것을 붓이라 하는데, 붓을 꽂아 예를 갖추었음을 말하는 것이다. 경절磬折은 몸을 굽혀 읍하는 모습이 석경石磬과 같다는 것이다. 경磬은 한 판의 흑석黑石인데 모두 12개의 판으로 기둥나무 틀에 세우고 두드린다. 그 형상은 모두 가운데가 굽어 있고 양 끝이 아래로 드리워져 있어 사람이 허리를 기울인 것과 비슷함을 말한 것이다."(『정의』)

96 원문은 '民可以樂成, 不可與慮始'이다. "두 마디의 말 또한 『상군서商君書』「경법更法」에 보인다. 서문표는 상앙商鞅 이전 사람으로, 이것은 후세 사람이 상군의 말로 서문표의 사적을 형용한 것으로 짐작된다."(『사기전증』)

두 훗날 진 시황 때 건설한 치도馳道를 가로지르고 있었다.[97] 한나라가 건국되자 지방 관리들은 12개 도랑의 배열이 너무 가까워 그 위로 많은 다리를 건설하는 것을 번거롭게 여겼다. 이에 도랑의 물이 흘러 치도에 도달하는 지점에서 12개의 도랑을 4개의 도랑으로 만들고 4개의 다리를 건설하고자 했다. 그러자 업현의 부로들이 동의하지 않았는데, 그들은 서문표가 건설한 것이니 고대의 현명한 사람이 남긴 방법을 후세 사람이 변경해서는 안 된다고 여겼다. 지방 관원들도 결국 그들의 의견에 동의하여 그대로 두었다. 서문표는 업현의 현령이 되어 천하에 명성을 날리고 그 은혜는 자손에까지 미치고 영원히 쇠퇴하지 않았으니, 어찌 큰 현인이라 하지 않을 수 있겠는가!

고서에서 이르기를 "자산子産이 정나라를 다스리자 누구도 그를 속이지 않았고,[98] 자천子賤이 선보현單父縣을 다스리자[99] 누구도 차마 그를 속이지 못했으며, 서문표가 업현을 다스리자 누구도 감히 그를 속이지 못했다"고 했다. 세 사람의 재능 가운데 누구의 재능이 가장 높은가? 사리에 밝은 사람은 이를 분별할 수 있을 것이다.

---

97 "서문표가 도랑을 건설한 것이 이전이고 진 시황이 치도를 건설한 것이 이후라면, 진 시황이 치도를 건설할 때 여전히 12개의 도랑을 원래대로 보존하면서 고치지 않은 것이다."(『사기전증』)

98 "자산이 상이 된 지 1년 만에 교활한 소인배들은 남을 희롱하거나 경박한 짓을 저지르지 못했고, 반백의 노인들은 길에서 무거운 짐을 들지 않아도 되었으며, 아이들은 밭을 갈 때 땅의 경계를 침범하지 않는 예를 알게 되었다. 2년째가 되자 시장에서는 거짓으로 물건 값을 올려 받지 않았다. 3년째가 되자 사람들은 밤에 문을 닫아걸 필요가 없었고, 길에 물건이 떨어져 있어도 줍는 사람이 없었다. 4년째가 되자 밭에서 쓰는 농기구를 집에 가져가지 않아도 잃어버리지 않았다. 5년째가 되자 국가는 성년이 된 남자들에게 징병과 부역을 위한 등기를 하지 않았고, 가족 중에 죽은 사람이 있으면 단속하지 않아도 사람들이 모두 복상 기간을 지켜 상례를 치렀다."(『사기』 「순리열전」)

99 자천子賤: 성이 복宓이고 이름은 부제不齊이며 자가 자천子賤으로, 공자의 학생이었다. "자천이 선보單父의 재宰가 되자 공자에게 보고하며, '이 지방에 저보다 현능한 사람이 다섯 분이나 있는데, 그분들이 제게 다스리는 방법을 가르쳐 주셨습니다'라고 말했다."(『사기』 「중니제자열전」)

일자열전

日者列傳*

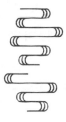

* "묵자가 북쪽 제나라로 가다가 우연히 일자日者를 만났다. 일자가 말하기를 '상제께서 오늘
북쪽에서 흑룡黑龍을 죽이시는데, 선생의 안색이 검으니 북쪽은 가시면 안 됩니다'라고 했다. 묵
자는 그 말을 듣지 않고 마침내 북쪽으로 가서 치수淄水에 이르렀다. 그러나 묵자는 뜻을 이루
지 못하고 되돌아왔다. 일자가 말하기를 '제가 선생께 북쪽으로 가면 안 된다고 말씀드렸습니다'
라고 했다."(『묵자墨子』「귀의貴義」) "옛사람들은 점후占候(기후현상의 변화를 살펴 인간사의 길흉을
예언하는 것)와 복서卜筮(거북점과 시초점)를 통틀어 일자日者라고 했다."(『집해』)

'일자日者'란 기후현상의 변화를 살펴 인간의 일에 적용하여 길흉을 예언하고 거북점과 시초점인 복서卜筮를 주관하는 자를 말한다. 고대에는 점을 관장하는 태복이라는 관직이 있었고, 군왕을 비롯해 많은 사람이 중요한 결정을 할 때 점을 쳤다. 저소손이 추가한 내용 중에 무제가 오행가에게 의견을 물어 며느리를 맞이하기 좋은 날을 택한 사실만 봐도 당시 점술이 유행했음을 알 수 있다. 따라서 「일자열전」은 거북 껍데기와 시초로 점을 치는 내용을 자세히 소개한 「귀책열전」과 연결되어 있다.

이 편은 장안의 점쟁이인 사마계주가 관료 신분인 송충과 가의에게 일침을 가하는 형식으로 당시 조정과 상류층을 신랄하게 비판하고 관료 사회의 부패와 추악함을 고발하고 있다. 이에 사마계주의 입을 빌려 "지금 공들이 말하는 현자란 모두 부끄러워해야 할 사람들입니다. 그들은 높은 곳으로 올라가기 위해 비굴하게 남에게 아첨하는 것을 애석해하지 않으며, 권세로써 서로 이끌고 사사로운 이익을 위해 서로 결탁하며, 한패가 되어 정직한 사람을 배척하고 좋은 명성을 추구하고 더욱 많은 봉록을 가져갑니다. 그들은 사사로운 이익을 꾀하기 위해 국가의 법령을 파괴하고 가난한 농민을 약탈하며, 관직과 그들이 장악하고 있는 법의 권한에 의지해 위풍을 드러내고 온갖 나쁜 짓을 하는데, 이것은 칼을 들고 남을 겁박하는 것과 다를 바 없습니다"라고 폭로하고 있다. 송충과 가의는 점쟁이를 소인으로 여기는 자신들을 꾸짖는 사마계주의 말을 듣고는 "점쟁이의 점이 맞지 않아도 복채를 돌려주는 일은 없으나 군주를 위해 계책을 잘못 내면 몸을 의탁할 곳이 없게 된다. 이 두 가지의 차이는 너무 커서 마치 머리에 쓰는 관과 발에 신는 신발과 같다"는 깨우침을 얻는다.

자고이래로 천명을 받아 왕이 된 자는 그들이 흥기했을 때 점을 쳐[1] 천명을 예측하지 않은 사람이 없었다! 이러한 수단은 주나라 때 가장 많이 사용했고, 진나라에 이르러서는 항상 볼 수 있게 되었다. 대왕代王이 장안에 들어와 황위를 계승했을 때도 먼저 점쟁이의 의견을 들었다.[2] 태복太卜 관직의 설치는 한나라가 흥기한 때부터 시작되었다.[3]

사마계주司馬季主[4]는 초나라 사람으로 장안長安의 동시東市[5]에 점집을 열었다.

1 　원문은 '복서卜筮'다. 거북 껍데기를 불로 태워 갈라진 균열을 보고 길흉을 판단하는 것을 '복卜'이라 하고, 시초蓍草를 배열하여 드러난 상황에 근거하여 길흉을 판단하는 것을 '서筮'라고 한다. 역자는 '복'과 '서'를 상세히 구분하지 않고 '점'으로 기재하기도 했다.

2 　대왕代王은 유방의 아들 유항劉恒으로 고조 11년(기원전 196)에 대왕에 봉해졌다. 도성은 중도中都(지금의 산시山西성 평야오平遙 서남쪽)다. 여후 8년(기원전 180)에 주발과 진평 등이 여러 여씨를 소멸시키고 사람을 보내 유항을 경사로 오게 하여 황제로 삼았다. 유항이 출발하기 전 이 일에 대해 점을 치자 큼직한 가로로 찢어진 균열이 나타났다. 점쟁이는 그에게 모든 일이 순조로울 것이고 경사로 들어가 황제가 될 것이라고 했다. "거북 껍데기로 점을 치자 큼직한 가로로 찢어진 균열이 나타났다. 점괘에 이르기를 '큼직한 가로로 찢어진 균열이 선명하니, 나는 장차 천왕天王이 될 것이고, 하우夏禹의 아들 하계夏啓처럼 선제의 사업을 광대하게 발양시킬 것이다'라고 했다."(「효문본기」)

3 　태복太卜: 구경 가운데 하나인 태상太常 소속의 관리로, 점치는 일을 주관했다. "『주례周禮』에 태복이라는 관직명이 있다. 여기서 한나라가 흥기한 이래라고 말한 것은 한나라 문제가 점을 쳐 큼직한 가로로 찢어진 균열이 나타난 뒤에 복관卜官이 다시 흥성했음을 말한 것이다."(『색은』) "장조張照가 말하기를 '한나라가 흥성한 이래에도 그 관직이 있었음을 말한다. 한나라가 흥성하고 태복 관직이 있었고 문제로 인해서 더욱 흥성한 것은 아니다'라고 했다."(『사기회주고증』) "무제 태초 원년에 처음으로 태복을 설치했다."(『한서』, 「백관공경표」) 어느 것이 맞는지 알 수 없다.

4 　사마계주司馬季主: 성이 사마司馬고 이름이 계주季主다. 여기에 한 번 등장하는 인물로, 전적은 기재되어 있지 않다.

5 　"『삼보황도三輔黃圖』에 따르면 당시 장안에는 구시九市가 있었고, 육시六市는 남북 큰길의 서쪽에 있었고, 삼시三市는 남북 큰길의 동쪽에 있었다. 동시는 규모가 큰 곳이었고, 나중에 조조鼂錯가 이곳에서 죽임을 당했다."(『사기전증』)

송충宋忠6은 중대부였고 가의賈誼는 박사였는데, 같은 날 휴가를 얻어 함께 궁궐 문을 나섰다. 그들은 걸으면서 논의했는데, 선왕先王과 성인聖人의 다스림과 천하를 태평하게 하는 법술에 대해 토론하고7 현 사회의 인정人情 세태와 연계시키자 서로 마주보며 탄식했다. 가의가 말했다.

"제가 듣자하니 고대의 성인은 조정의 관직에 있지 않으면 반드시 점쟁이나 의원8 중에 있다고 합니다. 저는 지금 조정의 삼공, 구경과 사대부들을 관찰하여 그들에 대해 알고 있습니다. 그러니 시험 삼아 점집에 가서 그 풍채를 살펴봅시다."

이에 두 사람은 함께 수레를 타고 장안의 동시로 가서 어느 점집에 들어갔다. 이때 마침 하늘에서 비가 내려 길에는 사람이 많지 않았다. 사마계주가 그곳에 한가롭게 앉아 있었고, 제자 서너 명이 곁에서 모시고 있었다. 그들은 마침 천지의 형성과 해와 달의 운행, 음양의 기운과 길흉의 유래에 대해 분석하며 담론하고 있었다. 송충과 가의가 사마계주에게 인사를 드렸다. 사마계주는 두 사람의 용모를 보더니 학식 있는 사람임을 알아차리고 즉시 예를 표한 뒤 제자들에게 자리를 안내하도록 했다. 손님과 주인이 자리에 앉자 사마계주는 앞서 나누던 화제에 이어 천지의 처음과 끝, 해와 달, 별의 운행 규율을 분석하고 인의 도덕이 나라를 다스리는 데 미치는 작용과 허다한 길흉화복의 징조를 열거했는데, 수천 마디의 말이 이치에 부합되지 않는 것이 없었다.

송충과 가의는 문득 깨달은 바가 있어 관의 끈을 매고 옷섶을 가다듬고 몸

---

6 송충宋忠에 대해서는 상세하지 않고, 『사기』 다른 편에도 보이지 않는다.
7 원문은 '송역선왕성인지도술誦易先王聖人之道術'이다. "장문호가 말하기를 '『어람御覽』에서는 송역誦易을 강습講習이라 했는데, 지금 판본이 오류임이 의심된다'고 했다. '송역誦易'을 어떤 사람은 '송이誦肄' 즉 '송습誦習'이라 하기도 하고, 어떤 사람은 '송역'을 '송독誦讀 『주역』'이라 해석하기도 하는데, 위아래 문장과 심히 부합되지 않는다. 도술道術은 치국평천하의 법술을 가리킨다."(『사기전증』) 역자는 『사기전증』 견해에 근거하여 번역했다.
8 점쟁이와 의원은 당시 지위가 낮은 사람으로, 여기서는 일반적으로 사회 하층을 가리킨다.

을 곧추세우고는 말했다.

"우리가 선생의 풍채를 보았고 선생께서 방금 하신 말씀을 들었습니다. 우리가 가만히 현재 세상을 보건대 선생 같은 분을 만나본 적이 없습니다. 그런데 어찌하여 이런 비천한 곳에서 천한 일을 하십니까?"

이 말을 들은 사마계주는 배를 끌어안고 크게 웃으면서 말했다.

"보아하니 학문이 있는 대부들 같은데, 하시는 말씀이 어찌 이토록 비천하고 경솔하십니까? 그대들이 말하는 현자는 어떤 사람을 가리킵니까? 그대들이 말하는 고귀한 사람은 또 어떤 사람입니까? 지금 어찌하여 당신들은 장자長者[9]를 비천하고 추하다 하십니까?"

두 사람이 말했다.

"높은 관직과 두터운 봉록은 세상 사람들이 높게 보는 것이므로 어질고 재능 있는 자가 그런 지위에 있는 것입니다. 그러나 당신은 그런 지위에 있지 못하기 때문에 보잘것없다고 말하는 것입니다. 점쟁이는 거짓말을 지어내어 남을 속이고 어떠한 영험도 없으면서 정당하지 못한 수단으로 남의 돈을 편취하므로 추하다고 말하는 것입니다. 점쟁이는 세속에서 지위가 비천하고 수법이 천박하다고 여겨집니다. 사람들이 말하기를 '점쟁이는 과장과 거짓말로 남의 신임을 얻는데 그들 가운데 혹자는 고관이 되고 장수한다고 하여 남을 기쁘게 하고, 혹자는 재앙이 임박했다고 멋대로 말해 남의 마음을 상하게 하고, 혹자는 귀신이 어떤 사람에게 재앙을 내린다는 말로 금전을 갈취하고, 사람들의 두터운 사례를 바라면서 자신의 사욕을 채우려 한다'고 합니다. 이러한 것들은 우리가 부끄럽게 생각하는 수단이기 때문에 당신의 직업이 비천하고 추하다고 말하는 것입니다."

사마계주가 말했다.

---

9 여기서 장자長者는 사마계주 자신을 가리킨다.

"공들은 잠시 앉아서 내 말을 들어보시오. 공들은 저 머리를 풀어헤친 아이[10]가 보입니까? 날이 밝으면 그들은 나가서 활동하고 날이 어두워지면 집으로 돌아와 잠을 자는데, 그들에게 일식이나 월식이 어떤 길흉을 주관하는지 묻는다면 그들은 이치를 답하지 못할 것입니다. 이로 보건대 진정 현자와 그렇지 못한 자를 구별하는 사람은 지극히 드뭅니다.

현자의 행동[11]은 정도正道를 견지하며 군주에게 간언하는 것으로, 세 차례 간언해도 듣지 않으면 스스로 관직을 사직하고 물러납니다. 그들은 남을 칭찬할 때 보답을 바라지 않고, 남을 비평할 때에는 그로 인해 초래될 원한을 두려워하지 않으며, 단지 국가의 편리와 백성의 이익이 되는 것에만 힘씁니다. 그렇기 때문에 자신이 감당할 수 없는 관직은 맡지 않고, 공을 세우지 못하면 녹봉을 받지 않습니다. 행위가 바르지 못하면 비록 그의 지위가 고귀하더라도 존경하지 않습니다. 품덕이 아주 나쁘면 비록 그가 존귀한 지위에 있다 해도 굴복하지 않습니다. 관직을 얻었을 때 기뻐하지 않고 면직되었을 때도 유감스러워하지 않습니다. 자신의 잘못이 아니라면 설사 하옥되어 치욕을 당할지라도 부끄럽게 여기지 않습니다.

지금 공들이 말하는 현자란 모두 부끄러워해야 할 사람들입니다. 그들은 높은 곳으로 올라가기 위해 비굴하게 남에게 아첨하는 것을 애석해하지 않으며, 권세로써 서로 이끌고 사사로운 이익을 위해 서로 결탁하며, 한패가 되어 정직한 사람을 배척하고 좋은 명성을 추구하고 더욱 많은 봉록을 가져갑니다. 그들은 사사로운 이익을 꾀하기 위해 국가의 법령을 파괴하고 가난한 농민을 약탈하며, 관직과 그들이 장악하고 있는 법의 권한에 의지해 위풍을 드러내고 온갖

---

10 원문은 '피발동자被髮童子'다. 고대에 어린아이들은 머리를 풀어헤쳤고, 소년이 되면 빗질하여 두 가닥 뿔 형태로 묶고, 20세가 되면 묶은 머리 위에 관을 쓰는 의식을 치렀다.
11 원문은 '현지행야賢之行也'다. "풍산본에 따르면 '현賢'자 다음에 '자者'자가 있다."(『사기회주고증』) 역자 또한 '현'을 '현자'로 번역했다.

나쁜 짓을 하는데, 이것은 칼을 들고 남을 겁박하는 것과 다를 바 없습니다. 처음 관리로 임용되었을 때 교묘하게 속이고 공적을 곱절로 보고하며, 거짓말로 군주의 신임을 얻어 자신의 지위를 갈수록 높게 합니다. 처음 관리로 임용되었을 때 현자를 발견하고도 지위를 양보하지 않고 남의 공로를 사실대로 진술하지 않을 뿐만 아니라 거짓을 진실처럼 말하고, 없는 것을 있다고 말하며 적은 것을 많다고 말하니, 이러한 수단으로 더욱 높은 지위와 권세를 취합니다. 그들은 먹고 마시며 즐기고 음탕한 생활을 하면서도 자신의 나쁜 짓이 집안 어른을 고민하게 만드는 것을 돌아보지 않고, 법을 어기고 백성을 해치며 국가의 재산을 낭비하니, 이는 창과 활을 지니지 않고 훔치는 것이고 칼과 활을 쓰지 않고 남을 공격하는 것이며, 부모를 속이고도 처벌을 받지 않고 군주를 시해하고 난을 일으켜도 토벌되지 않습니다. 이런 사람들을 어떻게 품덕이 고상하고 재능이 출중한 사람이라 할 수 있습니까? 그들은 도적이 일어나도 막지 못하고, 사방의 소수민족[12]이 반란을 일으켜도 제어하지 못하며, 간사한 자들이 세력을 얻어도 그 근원을 막을 수 없고, 관리가 부패해도 그 근본을 다스릴 수 없으며, 사계절의 절기가 조화롭지 못해도 질서를 회복시키지 못하고, 수확이 좋지 않은 때를 조절하지 못합니다.[13] 그들에게 재능이 있는데도 하지 않는다면 불충이고, 근본적으로 재능이 없으면서 관직을 차지하고 봉록을 탐하며 재능 있는 사람의 진출을 방해한다면 지위를 도적질하는 것입니다. 배경이 있는 사람이 승진되고 뇌물을 먹인 사람이 중용된다면 사람을 속이는 것입니다. 그대들은 올빼미가 봉황과 함께 하늘을 나는 것을 보지 못했습니까?[14] 난지蘭芷와 궁궁芎藭[15] 같은 향

---

12 원문은 '이맥夷貊'이다. 이夷는 동방과 서방의 소수민족을 지칭하고, 맥貊은 동북 지역의 소수민족을 지칭한다.
13 "사계절이 조화롭지 못하고 수확이 좋지 못한 책임은 재상에게 있었다. 이것은 당시 통치자가 고취한 '천인감응天人感應'으로 한나라 때 천재지변이 발생하면 종종 승상이 면직당하거나 심지어는 죽음에 처해지기도 했다."(『사기전증』)
14 소인과 군자가 같이 뒤섞여 있는 것으로 선악을 구분하지 못하는 것을 가리킨다. 옛날에는 올빼

초는 넓은 들판에 버려져 있고 호蒿와 소蕭 같은 잡초는 도리어 숲처럼 무성하게 자라고 있습니다.[16] 군자들이 핍박받아 물러나 은거하게 하는 자는 공들 같은 사람들입니다.

옛 성현을 명백하게 밝힐 뿐 새로이 창작하지 않는 것이 군자의 방식입니다.[17] 지금 점쟁이는 점을 볼 때마다 반드시 위로는 천지를 법칙으로 삼고 아래로는 사계절의 절기를 모방하며, 다시 인의仁義의 도와 결합하여 책策을 분석하고 괘卦의 상을 결정하며 식式 판을 돌리고 기棋를 조정한 다음에[18] 비로소 남에게 천지의 이해와 상황의 성패를 말할 수 있습니다. 옛날 선왕께서 나라를 건국할 때는 반드시 먼저 거북 껍데기와 작은 막대기로 점을 치고 길일을 택한 다음 비로소 궁으로 들어가 감히 옛 왕조를 대신했으며,[19] 길일과 시진時辰을 선택한 다음에 도성과 궁전으로 들어갔습니다. 집에서 자식을 낳게 되면 먼저 길흉을 점치고[20] 그 아이를 길렀습니다. 복희씨伏羲氏[21]가 팔괘八卦를 만들고, 주 문왕이

미를 나쁜 새의 대표로 보았다.

15 난지蘭芷와 궁궁芎藭: 향초香草 종류로, 여기서는 덕이 높고 재능 있는 사람을 비유한다.

16 호蒿와 소蕭: 썩은 내를 풍기는 식물로, 악인이 요직에 앉고 관리 사회를 채우는 것을 비유한다.

17 원문은 '述而不作, 君子義也'다. "나는 옛것을 전할 뿐 창작은 하지 않으며 옛것을 믿고 또 좋아하니, 속으로 스스로를 노팽老彭에게 견주노라述而不作, 信而好古, 竊比於我老彭."(『논어』 「술이述而」) 노팽은 상나라의 현대부賢大夫다. "여기에서 사마계주는 이 말을 빌려 자신의 점술은 모두 『주역』에 근거한 것으로, 함부로 말하지 않음을 설명한 것이다."(『사기전증』)

18 원문은 '分策定卦, 旋式正棋'으로, 점을 치는 과정을 설명한 것이다. "식式은 곧 식栻이다. 선旋은 돌리는 것이다. 식의 형태는 위쪽은 둥글어 하늘을 형상하고 아래는 네모져서 땅을 모방했으며, 그것을 사용하면 하늘을 돌려 땅의 시간에 덧붙이므로 선식旋式이라 하는 것이다. 기棋는 서筮의 형상이다. 정기正棋는 점을 쳐서 괘를 정하는 것을 말한 것이다."(『색은』) 책策은 서산筮算이라고도 하며 점을 칠 때 사용하는 작은 대나무 막대기로 어떤 때는 시초蓍草 대를 사용하기도 했다.

19 원문은 '대代(대신하다)'다. "풍산본에서는 '대代'를 '벌伐'이라 했다. 의미가 비교적 더 좋다."(『사기회주고증』) '대'를 '벌'로 바꾸면 "폭군을 토벌하다"의 뜻이 된다.

20 '수정본'에서는 '乃後入家; 産子必先占吉凶'으로 되어 있다. 이에 따르면 "집으로 진입했고, 자식을 낳게 되면 반드시 먼저 길흉을 점치고"가 된다. 그러나 역자는 수정본과 달리 '乃後入, 家産子必先占吉凶'으로 하는 것이 더 타당하다고 판단하여 『사기회주고증』과 『사기전증』을 참조하여 번역했다.

21 복희씨伏羲氏는 전설 속의 제왕으로 사마정司馬貞은 '삼황三皇' 가운데 한 사람이라 했다.

다시 그것을 384효爻로 발전시키자[22] 천하가 크게 다스려졌습니다.[23] 뒤에 월왕 구천은 주 문왕의 팔괘를 본받아 결국 적국을 격파하고 패업을 성취했습니다. 이로 보건대 점치는 것에 어떤 부족함이 있습니까!

뿐만 아니라 점쟁이는 점을 치기 전에 반드시 집을 깨끗하게 쓸고 자리를 늘어놓고 의관을 바로한 뒤에 비로소 길흉화복을 담론하기 시작하니, 이것은 예의가 있는 것입니다. 점쟁이가 점을 치러 온 사람에게 도리를 말한 다음에는 제사를 지내줘야 할 귀신이 제사를 받게 되고, 신하들은 더욱 군주를 보좌하며 충성을 다하고, 자식은 더욱 효성스럽게 양친을 봉양하게 되며, 부모는 자식을 더욱 자애롭게 양육하게 되니, 이것은 덕이 있는 것입니다. 점을 치러 온 사람들은 보통의 인정에 따라 동전 수십 개 또는 100문文 가까이 주지만 그들이 얻은 것은 병을 앓는 사람이 쾌유되고, 곧 죽어야 할 사람이 살아나며, 어려움을 만난 사람이 다행히 면하게 되고, 처리하기 어려운 일이 잘 처리되며, 딸을 시집보내고 며느리를 들이거나 혹은 아이를 낳고 기르는 것이 모두 순리대로 진행되니, 이 같은 덕을 어찌 동전 수십 개나 100문 동전에 비할 수 있겠습니까! 이것이 바로 노자老子가 말한 '가장 덕이 높은 사람은 덕이 없는 것처럼 보이니, 이것이 진정 덕이 있는 것이다'[24]입니다. 지금 점쟁이들이 사람들에게 준 이익은 크지만 요구하는 보수는 적으니, 노자가 말한 것과 무엇이 다르겠습니까?

장자莊子가 말하기를 '군자가 안으로 굶주리거나 추위에 떠는 근심이 없고 밖으로 빼앗기는 근심이 없으며, 높은 자리에 있을 때는 자신의 아랫사람을 존중하고 낮은 자리에 있을 때는 윗사람에게 위협이 되지 않으니, 이것이 군자의 도

---

22 「주본기」에 따르면 주 문왕이 유리羑里에 갇혔을 때 "아마도 『주역』의 팔괘를 64괘로 늘렸을 것이다"라고 했다.

23 "후대의 제왕들은 점 치는 것을 나라를 다스리는 수단으로 삼았는데, 국가의 큰 정치 활동과 군사 활동 전에 모두 점을 쳤다. 「주본기」에 주공이 정사를 처리하기 전에 점을 쳤다고 기재하고 있다."(『사기전증』)

24 원전은 '上德不德, 是以有德'(『노자』 38장)이다.

다'25라고 했습니다. 지금 점쟁이는 돈을 모아도 얼마 되지 않고, 물건을 저장하려 해도 창고를 사용하지 않으며, 이사를 가더라도 큰 수레가 필요 없고, 등에 짐을 져도 무거운 것이 없으며, 어느 곳에 가든 발길을 멈춰 일할 수 있고, 점칠 때 사용하는 공구 또한 쉽게 닳아 없어지지 않습니다. 이런 쉽게 닳아 없어지지 않는 물건을 가지고 무궁무진 세상에서 노니는데 설사 장자의 생활이라 할지라도 우리에 비해 나아 보이지 않습니다. 그대들은 어찌하여 점치는 것을 하지 못할 일이라 말씀하십니까? 하늘은 서북쪽이 무너져 내렸기 때문에 별들이 서북쪽으로 달려가고, 땅은 동남쪽이 꺼져 있기 때문에 동남쪽이 모두 바다가 되었습니다. 해는 정오가 되면 아래로 이동하고 달은 차면 반드시 이지러지기 시작합니다. 선왕의 도 역시 때로는 실행되기도 하고 실행되지 않기도 하는데, 공들은 우리의 말 한 마디 한 마디가 모두 실행되어야 한다고 요구하니, 이것은 매우 황당하지 않습니까!

공들은 저 말 잘하는 변사들을 보았습니까? 군주를 도와 방책을 세우고 결정하는 것은 틀림없이 그들입니다. 그러나 그들은 한 마디 말로 군주를 기쁘게 할 수 없기 때문에 말할 때마다 선왕이 어떻고 고대가 어떻고 말하는 것입니다. 그들은 일을 판단하고 계획을 정할 때 선왕의 성공을 과장되게 말하거나 실패를 크게 떠벌려, 군주를 두렵게 해서 못하게 만들거나 기쁘게 해서 하게 만들어서 자신들이 바라는 목적을 실현하는 것입니다. 말이 많고 터무니없이 과장하는 것으로 말하자면 이들보다 더한 사람이 없습니다. 그러나 진정 국가를 강성하게 하고 공업을 이루도록 군주에게 충성하기 위해서는 이와 같지 않으면 할 수 없습니다. 지금 점쟁이는 방향을 잃은 사람을 인도하고 우매한 사람을 가르칩니다. 우매하여 길을 잃은 사람을 어찌 한 마디 말로 깨닫게 할 수 있습니까? 이 때문에 말이 많은 것을 싫어하지 않습니다.

---

25 원문은 '君子內無飢寒之患, 外無劫奪之憂, 居上而敬, 居下不爲害, 君子之道也'으로, 현재의 『장자』에는 이 구절이 없다.

천리마는 피로한 당나귀와 함께 네 마리 말이 끄는 수레의 짝을 이룰 수 없고, 봉황은 제비나 참새와 한 무리에 섞일 수 없는 것이니, 진정한 현자 또한 변변치 못한 사람과 함께 나란히 할 수 없는 것입니다. 이 때문에 군자들은 항상 보잘것없는 곳에 있으면서 세상 사람을 피하기를 원하고 굳이 숨어서 일반 사람들과 함께하지 않으나 간혹 도덕과 재능을 드러내어 세상 사람을 돕고 이익을 일으키고 해로움을 제거하니, 천성이 선행을 돕는 것이라는 게 이를 말하는 것입니다. 실제적으로 그들은 군주를 도와 백성을 양육합니다. 그들의 공헌은 매우 많지만 어떤 숭고한 명예를 추구하지 않습니다. 공들처럼 부화뇌동하며 시끄럽게 떠들어대는 사람들이 어떻게 장자의 하는 바를 알 수 있단 말입니까?"

송중과 가의는 넋을 잃은 듯 얼굴이 하얗게 질린 채 입을 다물었을 뿐 아무 말도 하지 못했다. 서둘러 옷매무새를 바로하고 일어나 두 번 절하고 나왔으나 멍하니 어디로 가야 할지 몰랐다. 간신히 수레에 올랐으나 수레 앞의 횡목에 고개를 숙이고는 한동안 숨을 돌릴 수 없었다.

사흘 뒤 송충은 궁궐문 밖에서 가의를 만났고 두 사람은 구석진 곳으로 가서 조용히 서로 탄식하며 말했다.

"도덕은 높을수록 안전하지만 권세는 높을수록 위험하다. 한 사람이 거대한 권세가 있다면 죽을 날도 멀지 않다. 점쟁이의 점이 맞지 않아도 복채를 돌려주는 일은 없으나 군주를 위해 계책을 잘못 내면 몸을 의탁할 곳이 없게 된다. 이 두 가지의 차이는 너무 커서 마치 머리에 쓰는 관과 발에 신는 신발과 같다. 이것이 노자가 말한 '이름 없는 것이 바로 만물 생장의 시작이다'[26]라는 것이다. 하늘과 땅은 광대하고 만물은 번잡하여 안전하기도 하고 위험하기도 하여 어디에 있어야 좋을지 모르겠다. 나와 그대가 어떻게 사마계주와 같을 수 있겠는가!

---

26 원문은 '無名者萬物之始'이고, 원전은 "이름이 없는 것은 천지의 시작이고, 이름이 있는 것은 만물의 어머니와 같은 것이다無名, 天地始; 有名, 萬物母"이다.(『노자』 1장)

그가 종사하는 직업은 시간이 갈수록 평안해질 것이니, 증씨曾氏27의 경계도 그와 다를 것이 없다."

오랜 뒤 송충은 흉노에 사신으로 파견되었다가 임무를 완수하지 못하고 도중에 돌아와 죄를 판정받았다.28 가의는 양회왕梁懷王의 태부가 되었을 때 양회왕이 말에서 떨어져 죽자 자신이 책임을 다하지 못한 것을 뉘우치며 음식을 먹지 않고 지내다가 결국 한을 품고 죽었다. 두 사람은 모두 공명에 몰두하다가 결국 목숨을 잃은 것이다.29

태사공은 말한다.

"고대의 점쟁이들을 내가 기록하지 않은 이유는 그들과 관련된 자료를 볼 수 없었기 때문이다. 근래에 사마계주가 있었기에 내가 그를 기록한 것이다."

저선생褚先生이 말하기를

"내가 낭관이 되었을 때30 장안을 유람하다가 점을 치는 현인들을 보았는데, 그들의 행위를 주의 깊게 관찰하니 그들은 설사 시골 사람을 대면할지라도 옷깃을 바로하고 단정하게 앉았으며 군자의 기풍이 있었다. 성정이 온화하고 사리를 아는 부녀자가 점을 치러 오면 점쟁이는 안색이 장중해졌으며 이를 드러내어 웃지 않았다. 자고이래로 현자가 관리 사회를 떠나 어떤 이는 초야에 은거하고 어떤 이는 민간에 은거하면서 입을 닫고 말하지 않으며, 또한 점쟁이들 사이에 은거하며 몸을 보전하는 자도 있었다. 사마계주는 원래 초 땅의 현대부賢大夫로 장안에서 유학했는데, 『주역』에 정통하고 황제黃帝와 노자老子를 강술하며

---

27 "서광이 말하기를 '증曾을 장莊으로 쓰기도 한다'고 했다. 마땅히 장자莊子라 해야 한다."(『집해』)
28 이에 관한 기재가 없어 정확한 일은 알 수 없다.
29 "송충과 가의는 모두 꽃을 피우려다 죽게 되었으니 이는 그 뿌리를 끊은 것이다."(『색은』)
30 저선생褚先生(저소손)이 낭관이 된 때는 선제宣帝(재위 기원전 73~기원전 49) 후기와 원제元帝(재위 기원전 48~기원전 33) 연간이다.

식견이 넓고 박식하다고 하겠다. 그가 가의와 송충과 담화를 나누는 것을 보면 고대의 성명한 군왕과 성인의 도를 말하는 것이 명백하여 견문이 좁고 작은 지략으로는 실로 따라잡을 수 없는 것이다. 점치는 일로 천 리에 명성을 날린 자가 각 지역마다 있다. 고서에 이르기를 '부富가 첫째이고, 귀貴가 둘째인데, 귀하게 된 이후에는 한 가지 재주를 배워 자신을 세워야 한다'고 했다. 황직黃直은 남편이고, 진군부陳君夫는 그 부인이었는데, 이들은 말의 관상을 잘 보아 천하에 이름을 날렸다. 제나라의 장중張仲과 곡성후曲成侯[31]는 검술에 뛰어나 천하에 명성을 떨쳤다. 유장유留長孺[32]는 돼지의 관상을 보는 것으로 유명했고, 형양滎陽의 저씨褚氏는 소 관상을 보는 것으로 이름을 날렸다. 한 가지 재주로 이름을 날린 사람이 매우 많은데, 모두 일반 사람들의 풍도를 뛰어넘었으니 어찌 말로 다할 수 있겠는가! 이 때문에 속담에 이르기를 '토양이 적합하지 않으면 어떤 것을 심어도 자라지 않고, 배우고자 하는 바가 없으면 스승이 가르쳐도 소용이 없다'고 한 것이니, 가장이 자손을 가르치려 한다면 먼저 아이가 어떤 것을 좋아하는지 봐야 한다. 아이가 좋아하는 것이 생계를 도모하는 도이니 순리에 따라 아이가 성공하도록 도와줘야 한다. 이 때문에 속담에서 이르기를 '한 사람이 집안을 관리하고 자식을 가르치는 것을 통해 그의 재능을 볼 수 있다. 자신의 아이를 사회에 있게 한다면, 이런 가장은 현명한 사람이라 할 수 있다'라고 했다. 내가 낭관이 되었을 때 태복으로 황제의 부름을 기다리고 있는 어느 낭관과

---

31 "무제 때 두 명의 곡성후曲成侯가 있었다. 한 명은 「건원이래왕자후자연표」에 따르면 경제의 아들 중산정왕中山靖王 유승劉勝의 아들 유만세劉萬世로, 부친이 제후왕이 되었기에 무제 원삭 5년(기원전 124)에 곡성후에 봉해졌고 원정 5년(기원전 112)에 죄를 지어 봉국이 취소되었다. 다른 한 명은 유방의 개국공신인 고봉蠱逢(또는 고달達達)의 손자 고고유蠱皐柔(또는 고황유蠱皇柔)로 건원 2년(기원전 139)에 곡성후에 봉해졌고, 원정 3년(기원전 114)에 죄를 지어 봉국이 취소되었다. 여기서 '검술에 뛰어났다는 자'가 누구를 말하는지 알 수 없다. 또 후가 되었다가 검술로 알려졌다면 반드시 후 작위를 상실하고 서민이 되었을 때의 일이다."(『사기전증』)

32 유장유留長孺: 유현留縣 사람으로 이름이 장유長孺고 성은 알려지지 않았다. 유현留縣은 한나라 현으로 치소는 지금의 장쑤성 페이현沛縣 동남쪽 지역이다.

같은 관서에서 일했는데, 그가 말하기를 '무제 때 각종 점치는 자들을 소집해놓고 "아무 날 며느리를 맞이하기 좋은가?"라고 물었는데, 이때 오행가五行家는 괜찮다고 하고, 감여가堪輿家33는 안 된다고 했으며, 건제가建除家34는 불길하다고 했고, 총진가叢辰家35는 매우 흉하다고 했으며, 역가曆家36는 조금 흉하다고 했고, 천인가天人家37는 조금 길하다고 했으며, 태일가太一家38는 크게 길하다고 말했습니다. 논쟁이 벌어져 결정이 되지 않았습니다. 사람들이 무제에게 논쟁의 상황을 보고하자 무제가 명령을 내려 "생사에 미치는 크게 금기하는 것을 모두 피하려면 오행가의 견해를 주로 해야 한다"고 했습니다.' 그리하여 황제는 오행가의 의견을 받아들였다."

---

33 감여가堪輿家: 방위와 시일을 관측하여 집과 묘의 상을 보는 풍수가를 말한다.
34 건제가建除家: 시일을 택하여 길흉을 점치는 자를 말한다. 이들은 건建, 제除, 만滿, 평平, 정定, 집執, 파破, 위危, 성成, 수收, 개開, 폐閉의 12신을 섬겼다.
35 총진가叢辰家: 길흉을 점치고 시일을 택하는 사람으로 12진辰과 금·목·수·화·토를 서로 배합하고 각종 선과 악의 신을 조합하여 가치 있는 날과 꺼리는 날을 결정한다.
36 역가曆家: 해와 달, 별의 운행을 관측하여 사람의 길흉을 예측하는 사람이다.
37 천인가天人家: 천인감응天人感應을 연구하는 사람이다.
38 태일가太一家: 태을가太乙家라고도 하며, 특별히 제작한 원판을 이용해 길흉을 점치는 사람이다.

귀책열전

龜策列傳*

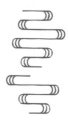

* "『사기』는 원제元帝, 성제成帝 연간까지 10편에 대한 기록은 있으나 글이 없었고, 저소손이
「경제기景帝紀」「무제기武帝紀」「장상연표將相年表」「예서禮書」「악서樂書」「율서律書」「삼왕세
가三王世家」「괴성후열전」「일자연전」「귀책열전」을 보충했다. 「일자연전」과 「귀책열전」은 언사
가 가장 비루한데, 태사공의 본래 뜻이 아니다."(『정의』) 그러나 저소손이 보충한 게 아니라는 견
해도 있다. 이정李楨은 말하기를 "저선생이 보충한 것은 아니다. 감정을 기탁한 것과 미묘함을
살펴볼 때 어찌 저소손이 할 수 있겠는가?"라고 했다.

「귀책열전」은 거북껍데기를 이용해 점을 치는 내용을 소개한 것으로, 점치는 사람을 소개한 「일자열전」과 서로 연결되는 편이라 할 수 있다.

이 편에서는 복서ㅏ筮의 발전 과정을 서술하면서 시대와 지역, 민족에 따라 각기 다른 방식을 사용하고 있음을 설명하고 있다. 시초와 거북껍데기의 크기나 순서의 운용에는 각기 숭상하는 방식이 있었으나 궁극적인 목적은 모두 상통한다고 했다. 복서 활동이 발생하게 된 배경은 의심스럽고 어려운 문제를 해결하거나 전쟁에서 승리하고자 하는 욕망, 미래에 일어날 일을 알고자 하는 바람에 기인한 것이다. 한 무제 시기에는 점술을 더욱 중시하게 되었는데, "구자명 같은 사람은 부귀함이 지극하고 존귀해졌으며 총애를 얻어 조정 대신들보다도 높아졌다. 점을 쳐서 누가 무고를 이용하여 황상을 해칠 것인지 예측하기에 이르렀고 어떤 때는 매우 정확하게 그것을 행한 자를 알아맞히기도 했다"고 했다. 그러다보니 점을 주관하는 복관의 횡포가 심해지면서 복관에게 사소한 원한만 사도 관부의 명의로 살해되거나 가문이 멸하고 일가가 멸족당하는 일이 셀 수 없이 벌어졌다.

사마천은 점술로써 길흉을 예측하고 행동 여부를 판별하는 것이 대부분 실정에 부합했으며 나름의 영험한 효과가 있으므로 경시할 수는 없다고 하면서도 다음과 같은 말로 사람의 도를 더 중시해야 함을 강조했다. "점을 경시하고 천지신명을 믿지 않는 것은 어리석지만, 사람의 도를 거스르고 상서로운 징조만 중시한다면 귀신도 정상적인 제사를 누릴 수 없다." 또한 무제 당시에 복서와 무고로 인해 죄 없이 희생되거나 멸족을 당한 사람이 적지 않았던 사실을 통렬히 비판하고 있다.

태사공은 말하기를

"예로부터 성명한 군왕이 국가를 건립하고 천명을 받아 사업을 일으키려 할 때 어찌하여 점치는 것을 이용하여 좋은 일을 조성하는 것을 중시하지 않았겠는가! 당요·우순 이전의 일은 기술할 수 없다. 하·상·주 삼대가 흥기한 이래로 각자 상서로운 징조에 의거했는데, 우임금은 도산씨塗山氏[1]의 딸을 아내로 맞아들이는 징조가 길하여 하계夏啓가 왕위를 계승했고, 간적簡狄이 제비의 알을 먹은 징조가 길하여 은나라가 크게 흥성했으며,[2] 기棄는 온갖 종류의 곡식을 심는 것을 좋아했는데 징조가 길하여 주나라가 천하에 왕을 칭하게 되었다.[3] 군왕은 각종 의심나는 문제를 결정할 때 점을 쳐서 참조했는데 시초와 거북껍데기로 판단했으며, 이는 바꿀 수 없는 도리였다.

만蠻, 이夷, 저氐, 강羌 각 민족은 비록 군신 상하의 등급 질서는 없었으나 의심스럽고 어려운 문제를 해결할 때는 그들 또한 점을 사용했다. 쇠와 돌을 사용하기도 하고 풀과 나무를 사용하기도 했는데, 그 풍속이 나라마다 서로 달랐다. 그러나 모두 점을 쳐서 정벌과 공격을 결정하고 진군하여 승리를 거두고자 했다. 각자 자기들의 신을 신봉했고 점을 통해 장차 닥칠 상황을 이해했다.

대략적으로 들은 바에 따르면, 하나라와 은나라 때 사람들은 점을 칠 때 시

1 도산씨塗山氏: 상고시대 전설 속의 부족으로, 우임금이 도산씨의 여자를 아내로 맞아들인 것으로 전해진다.
2 간적簡狄이 제비 알을 먹고 설契을 낳았는데, 훗날 설은 상商나라의 시조가 되었다.
3 기棄는 어려서부터 삼과 콩 심기를 좋아했고 성장해서는 농경을 잘했는데, 요임금에게 발탁되어 농사農師가 되었고, 주나라의 시조가 되었다.

초나 거북껍데기를 사용했고, 점을 치고 난 뒤에는 그것들을 버렸는데, 거북껍데기를 간직하면 영험이 없고 시초는 사용한 지 오래되면 신통함을 잃는다고 여겼기 때문이다. 주나라에 이르러서는 복관卜官이 항상 시초와 거북껍데기를 소중히 간직했다. 또한 시초와 거북껍데기의 크기나 순서[4]를 운용하는 데도 각기 숭상하는 방법이 있었으나 그 목적은 모두 같았다. 어떤 사람은 성명한 왕에게 닥치는 상황은 운명으로 정해져 있지 않은 것이 없고, 의문을 결단할 때는 먼저 징조가 출현하지 않는 적이 없다고 여겼다. 이 때문에 그들은 신령에게 머리를 조아리고 절하며 미래를 묻는 방법을 설치하게 되었는데, 이것은 후대가 쇠미해져 우둔한 자가 지혜로운 자에게 배우지 않고 사람들은 저마다 안락을 추구하고 분화되어 백가百家를 이루며 다양해졌고 대도大道가 흩어져 한계가 없게 되었기 때문으로, 사정을 가장 정교하고 오묘한 곳까지 추구하고 사물의 깊고 정밀한 곳까지 관측하고 정리하고자 한 것이다. 또 어떤 사람은 거북의 장점은 성인도 그와 다툴 수 없다고 여겼다. 거북은 길흉을 예측하고 가부를 판별하는 점에서 대체로 사람들의 실정에 부합했기 때문이다. 한나라 고조 때 진秦나라 제도를 답습하여 태복관太卜官을 설치했다. 당시 천하는 막 평정되었으나 전쟁이 아직 가라앉지 않았다. 효혜제에 이르러서는 재위 기간이 짧았고 여후는 여군주였다. 효문제와 효경제는 옛 제도를 답습했고 새로운 방법을 연구하고 시행하지 않았는데, 비록 부자父子가 천문 역산을 주관하는 주관疇官[5]이 되어 대대로 전승하더라도 점술의 심오하고 신묘한 작용을 잃어버린 것이 많았다. 그러나 지금의 황상이 즉위한 뒤로는 기예와 재능으로 진출할 수 있는 길을 널리 열었고 모든 백가의 학문을 도입하여 한 가지 재능에 정통한 사람이 자신의 특기를 발휘할 수 있게 했으며, 재지가 뛰어난 인재는 존귀한 지위에 올랐고 사사로

---

4 "『좌전』에서는 '시초는 짧고 거북은 길다'고 했는데, 즉 '대소大小'를 의미하는 것이다. 『예기』에서는 '먼저 거북 뒤에 시초'라고 했는데, 즉 '선후先後'를 의미하는 것이다."(『사기찰기』)
5 주관疇官: 천문과 역법과 산술, 귀신에 제사지내는 일을 관장하는 관리다.

이 치우치는 일이 없었다. 그리하여 몇 년 사이에 태복 관서에서 많은 인재를 불러 모았다. 때마침 황상은 흉노를 공격하고 서쪽으로 대원을 토벌하고 남쪽으로는 백월을 취하고자 했는데, 점술이 승패의 징조를 정확하게 예견했기에 미리 유리한 방법을 선택했다. 맹장들이 직접 적의 예리한 기세를 무너뜨리고 진군과 퇴각을 통제하여 승리를 거두었을 때도 시초와 거북점으로 시일을 예측했기에 승리를 이끌 수 있었다. 그리하여 황상은 이를 더욱 중시하게 되었고, 때로는 복관卜官에게 수천만 전에 이르는 상을 하사하기도 했다. 구자명丘子明 같은 사람은 매우 크게 부유해지고 총애를 얻어 존귀해짐이 조정 대신들보다 높아졌다. 점을 쳐서 누가 무고巫蠱를 이용하여 황상을 해칠 것인지 예측하기에 이르렀고[6] 때로는 매우 정확하게 그것을 행한 자를 알아맞히기도 했다. 복관은 평소 사소하게라도 불쾌한 원한이 있으면 관부의 명의를 이용해 살해하기도 하고 임의로 해치기도 했기 때문에 가문이 멸족되는 일이 셀 수 없이 많았다. 그리하여 백관들은 두려워하고 불안해하면서 모두 '거북껍데기와 시초가 말을 할 수 있다'고 했다. 그 뒤로 복관이 남을 해치는 일이 발각되거나 간사한 음모가 폭로되면 삼족을 멸하게 되었다.

양손으로 시초를 나누어 잡고 시초의 음양 수에 근거하여 길흉을 점치고[7] 거북껍데기를 불태워 생기는 균열로 징조를 관찰했는데, 그 결과와 변화가 무궁무진했기 때문에 현인을 골라 점을 치게 했으니, 성인이 중요시한 일이라고 말할 수 있는 것이다! 주공周公이 세 개의 거북점을 치자 무왕武王의 병이 쾌유되었다.[8] 은나라 주왕은 잔혹하고 포학했는데, 큰 거북으로 점을 쳤으나 길조를

---

6 원문은 '사고도射蠱道'이다. '사射'는 추측하는 것이고, '고蠱'는 무술巫術을 이용해 원한 있는 자들을 해치는 무고巫蠱를 말한다.

7 원문은 '봉책정수捧策定數'다. "봉捧은 양손으로 시초를 잡고 나누어 손가락 사이에 끼우는 것이므로 봉책捧策이라고 했다."(『색은』) '책策'은 점치는 데 사용하는 시초를 말하고, '수數'는 정해진 운명, 즉 길흉을 가리킨다.

8 『상서』「주서周書·금등金縢」에 따르면 주 무왕은 상나라를 멸한 이듬해 중병을 앓았다. 주공은 단

얻지 못했다.9 진晉 문공은 주 양왕의 왕위를 회복시키기 위해 미리 점을 쳤는데 '황제黃帝가 판천阪泉에서 싸운다'는 길조를 얻었고, 끝내 주나라 천자가 하사하는 동궁彤弓10을 얻었다. 진 헌공은 여희의 미색을 탐하여 점을 쳤는데, 입모양의 징조를 얻어 결국 그 화가 5대까지 전해졌다.11 초 영왕은 주나라 왕실을 배반하기 위해 점을 친 뒤 불길한 징조를12 얻어 결국 건계乾谿에서 패망하

을 쌓아 태왕太王, 왕계王季, 문왕文王에게 빌면서 무왕을 대신하여 죽겠다고 했다. 주공은 삼왕의 제단 앞에 각기 거북이 한 마리를 두고 점을 쳤는데, 세 점이 모두 길조였고 그 이튿날 무왕의 병이 좋아졌다.

9 "서백西伯(주 문왕)이 여黎나라를 쳐서 승리하자 조이祖伊(상나라 신하)는 매우 두려워하며 달려와 주왕紂王에게 보고하기를 '천자시여! 상천이 우리 은나라의 명을 끊으려 하십니다. 점치는 자가 큰 거북으로 점을 쳐도 끝내 길한 징조를 얻지 못했습니다'라고 했다."(『상서』「서백감려西伯戡黎」) 원문에는 큰 거북을 '원귀元龜'라 했는데, 옛 사람들은 거북 크기가 클수록 점괘가 영험하다고 여겼다.

10 『좌전』에 따르면 노 희공 24년(기원전 636)에 주 왕실에 내란이 일어나고 왕자대王子帶가 적인狄人을 끌어들여 왕성을 공격해 진입하자 주 양왕은 정鄭나라로 달아났다. 노 희공 25년, 진 문공이 출병하여 주 양왕을 구하고 복위시켰는데, 그에 앞서 복언卜偃에게 점을 치게 했다. 복언이 말하기를 "크게 길합니다. 황제가 판천에서 작전을 했던 것과 같은 징조를 얻었습니다"라고 했다. 전설에 따르면 판천 전쟁에서 황제가 치우를 죽이고 천하를 안정시켰다. 징조가 크게 길하자 진 문공은 출병하여 양왕을 영접했다. 노 희공 28년 성복城濮(지금의 산동성 쥐안청鄄城 서남쪽) 전쟁에서 진 문공이 초나라에 승리를 거두자 주 양왕은 진 문공을 후백侯伯으로 삼고 동궁彤弓(주홍색 활)을 하사했다. 천자가 제후에게 동궁을 하사하는 것은 정벌의 권한을 부여함을 상징한다.

11 "진 헌공이 여융驪戎(서융西戎의 한 종족)을 정벌하고자 점을 치게 했는데, 사소史蘇(점을 관장하는 사관史官 소蘇)가 점을 치고는 '승리를 거두지만 불길합니다'라고 했다. 헌공이 '무슨 의미냐?'라고 묻자, 사소가 말하기를 '징조의 형상을 보니 징조 가운데 교차선이 있는 것이 마치 사람이 입에 뼈 한 조각을 머금고 있는 것 같고, 징조의 형상에 위아래로 갈라진 주름이 나타났는데 마치 사람의 치아와 같으니 여융과 우리나라가 충돌할 것입니다. 서로 부딪히게 되면 승리를 거둘 것이나, 머금은 뼈와 치아가 모두 입 안에 있어 징조가 구설口舌에 있기에 백성을 이간하고 나라 사람이 이 때문에 반목하게 될까 두렵습니다'라고 했다."(『국어國語』「진어晉語 1」) 즉 진晉나라의 화가 구설에 있을 것이라 예측한 것이다. 진 헌공은 과연 승리를 거두었고 여융의 군주 딸 여희驪姬를 얻어 매우 총애했다. 여희는 자신의 아들 해제奚齊를 군주로 세우고자 헌공 면전에서 태자 신생申生과 여러 공자들을 헐뜯었고, 태자 신생은 핍박받아 자살하고 여러 공자들은 도망쳤다. 진 헌공 사후에 진나라는 혼란에 빠졌고, 해제·도자悼子·이오夷吾·회공懷公·중이重耳 다섯 군주를 거친 다음에야 비로소 안정되었다.

12 원문은 '귀역龜逆'으로, 거북점이 불길한 것을 말한다. "초 영왕楚靈王이 점을 치며 말하기를 '나는 천하를 얻고 싶다!'고 했으나, 결과는 불길했다. 영왕은 거북껍데기를 땅바닥에 내던지며 상천을 욕했다. '이 작은 천하도 모두 내게 주지 않는데, 내 반드시 스스로 탈취하겠다'고 했다. 초나라 백성들은 영왕의 욕망이 영원히 만족되지 못할 것을 우려했으므로 동란에 참여하기를 마치 집으로 돌아가 듯이 했다."(『좌전』「소공昭公 13년」)

고 말았다.[13] 이로 보건대 징조는 확실하게 내부에서 진실로 반응했고 당시 사람들은 외부로부터 사리를 관찰했으니, 두 가지가 완전히 부합되지 않는다고 말할 수 있겠는가! 군자는 말하기를 '점을 경시하고 천지신명을 믿지 않는 것은 어리석지만, 사람의 도를 거스르고 상서로운 징조만 중시한다면 귀신도 정상적인 제사를 누릴 수 없다'고 했다. 이 때문에 『상서』 「홍범洪範」에 따르면 의심나는 일을 고찰하고자 할 때[14] 다섯 가지를 살피는데 그 가운데 거북점, 시초점 두 가지가 차지하는 것이다.[15] 다섯 사람이 점을 쳐서 많은 사람의 의견을 따랐는데, 이는 비록 점을 치되 전적으로 따르지 않음을 밝힌 것이다.[16]

13 「초세가」에 따르면 초 영왕 12년(기원전 529)에 왕은 건계乾谿에서 즐기며 돌아가기를 원치 않았다. 초나라 백성이 노역으로 고통스러워하자 공자 비比, 공자 기질弃疾, 공자 자석子晳 등이 기회를 틈타 초나라 도성을 공격하고 영왕의 태자 녹祿을 죽이고 공자 비를 왕으로 세웠으며, 공자 자석을 영윤슈尹, 공자 기질을 사마司馬로 삼았다. 영왕은 홀로 산속을 방황하다가 굶어 죽을 뻔했는데, 신해申亥가 굶주린 영왕을 발견하여 집으로 데려왔으나 끝내 신해의 집에서 죽었다. 건계乾谿는 초나라 읍으로 지금의 안후이성 하오셴亳縣 동남쪽 지역이다.

14 원문은 '계의稽疑'다. 『상서』 「홍범」에 따르면 주 무왕이 기자箕子에게 치국의 도를 자문했을 때 기자가 알려준 아홉 가지의 대책 가운데 일곱 번째가 '계의稽疑'다. '계의'는 의혹을 고찰한다는 뜻이다.

15 "그대에게 큰 의문이 있으면 먼저 자신 마음속으로 헤아려보고, 그런 다음 경사卿士들과 상의하고, 백성들과 상의하고, 그런 다음 비로소 거북점과 시초점을 치십시오汝則有大疑, 謀及乃心, 謀及卿士, 謀及庶人, 謀及卜筮"(『상서』 「홍범洪範」)

16 점치는 것을 버리는 것은 아니지만 점치는 것에 사로잡히지 않는다는 말이다. "홍범에서 말한 '계의'에 대해서 말하면, 거북과 시초점 의견이 일치하지 않으면 다섯 가지 점 가운데 많은 것을 따르고, 거북과 시초점이 일제히 반대하면 왕, 경사, 백성이 모두 동의해도 불길하다. 거북과 시초점이 가장 권위가 있는 결정 역량임을 볼 수 있다."(『사기통해』) 계의 방법을 표로 나열하면 다음과 같다.

一		二		三		四		五		六	
대동大同 (대길大吉)		길吉		길吉		길吉		내사內事가 길吉 외사外事가 흉凶		행동 않는 것이 길吉 행동하는 것이 흉凶	
찬성	반대	찬성	반대	찬성	반대	찬성	반대	찬성	반대	찬성	반대
왕 거북 시초 경사 백성		왕 거북 시초	경사 백성	거북 시초 경사	왕 백성	거북 시초 백성	왕 경사	왕 거북	시초 경사 백성	왕 경사 백성	거북 시초

내가 강남江南 지역에 가서 사람들이 일을 처리하는 방식을 관찰했는데, 그곳 장로들에게 물어보니 '거북은 1000년을 살아야 비로소 연꽃 잎 위에서 놀고 시초는 한 뿌리에 100개의 줄기가 자라야 한다'고 했다.[17] 또 말하기를 '그것들이 생장하는 곳에는 호랑이와 이리 같은 맹수들이 없고, 풀숲에 독초가 없다'고 했다. 장강 주변의 사람들은 항상 거북을 길러 그 피를 마시고 고기를 먹는데, 거북은 근육을 풀고 혈액 순환을 좋게 하며 원기를 얻게 하고 노쇠한 사람을 돕고 양생하는 데 매우 좋다고 여겼다. 이 말을 진실로 믿지 않을 수 있겠는가!"

저선생은 말하기를

"저는 유가 경학에 통달하고 박사博士에게 수업을 받고 『춘추』를 연구하여 우수한 성적을 얻어 낭관에 임명되었습니다. 다행히 궁궐에서 숙위宿衛하게 되었고 궁궐을 출입한 지 10여 년이 되었습니다. 저는 사사로이 『태사공전太史公傳』을 좋아합니다. 태사공의 「전傳」[18]에서 말하기를 '삼왕三王은 각기 다른 거북점의 방법이 있고 사방 소수민족 또한 각기 다른 거북점과 시초점이 있지만, 각자의 거북점과 시초점을 사용하여 길흉을 판단했다. 나는 대체적으로 그것들의 요점을 이해하기 때문에 「귀책열전龜策列傳」을 지었다'고 했습니다. 제가 장안성에서 왕래할 때 「귀책열전」을 찾았으나 얻지 못했습니다.[19] 이 때문에 대복관大卜官[20]을 찾아가 중요한 일을 잘 아는 장고掌故, 문학文學[21], 장로들에게 가르침을

---

17 "서광이 말하기를 '유향劉向은 거북이 1000년을 살아야 영험해지고, 시초는 100년을 자라야 한 뿌리에 백 개의 줄기가 나온다고 했다'고 했다."(『집해』)
18 앞의 『태사공전太史公傳』은 『태사공서太史公書』, 즉 『사기』를 말한다. 반면 여기서 「전傳」은 「귀책열전」을 말한다.
19 "위자시余嘉錫는 이것을 근거로 지금의 「귀책열전」은 사마천의 저작이 아니라고 여겼다."(『사기전증』)
20 대복大卜은 즉 태복太卜을 말한다.
21 문학文學: 문학연文學掾, 문학사文學史라고도 한다. 한나라 때 주군州郡과 왕국에 설치한 문학 기관의 관리, 생도 교육, 군국郡國의 예의와 교화를 담당했다.

청했고, 거북과 시초를 이용하여 점치는 상황을 베껴 쓰고 아래와 같이 기록했습니다."

　듣자하니 오제五帝와 삼왕三王이 큰일을 하려고 할 때 반드시 앞서 시초와 거북껍데기로 점을 쳐서 결단을 내렸다고 한다. 책22에 적기를 "아래에 복령伏靈23이 있으면 위에 토사免絲24가 있고, 위에 시초가 조밀하면 아래에 신귀神龜가 있다"고 했다. 복령이라는 것은 토사 밑에서 자라며 형상이 마치 나는 새와 같다. 첫 비가 내리고 난 뒤 하늘이 조용하고 바람이 없을 때 야간에 토사를 베어내고 등롱으로 복령을 비춘다. 등롱이 꺼지면 즉시 그 땅에 표시를 하고 4장 길이의 새 천으로 땅을 둘러싸고 날이 밝은 다음에 가서 복령을 피내는데, 4척에서 7척까지 땅을 파면 얻을 수 있지만 7척이 넘으면 얻을 수가 없다. 복령은 천년 묵은 소나무 뿌리25로 사람들이 그것을 먹으면 불로장생할 수 있다. 듣자하니 100개의 줄기가 나는 시초 아래에는 반드시 신귀가 지키고 있고 그 위에는 푸른 구름이 덮여 있다고 했다. 책에서 기재하기를 "천하가 태평하고 왕도가 실현되면 줄기 길이가 한 장인 시초가 자라고 한 뿌리에서 100개나 되는 줄기가 자랄 수 있다"고 했다. 지금 시초를 얻고자 하는 사람은 일 처리가 고대의 방법에 부합되지 않기에 줄기가 100개에 길이가 한 장에 달하는 시초는 얻을 수 없고, 줄기가 80개 이상이고 길이가 8척인 시초도 얻기가 어렵다. 점치기를 좋아하는 백성은 줄기가 60개 이상이고 길이가 6척인 시초를 얻어도 사용할 수가 있다. 또 기재하기를 "명귀名龜를 얻은 사람은 재물이 그에게 모여들어 집안이 반드시 부유해지고 돈이 천만 전에 이르게 된다"고 했다. 명귀에는 첫 번째 북두귀北斗

22　원문은 '전傳'이다. "이 전은 곧 태복이 옛 거북점으로 얻은 설이다."(『색은』)
23　복령伏靈: 소나무 뿌리에 기생하는 버섯류로, 약재로 사용된다.
24　토사免絲: 새삼을 일컫는다. 줄기가 가늘고 길게 자라는 덩굴식물로, 씨가 약으로 쓰인다.
25　원문은 '송근松根'이다. "복령伏靈은 지금의 복령茯苓으로 송진이며, 소나무 뿌리가 아니다. 근根을 지脂라고 해야 한다."(『독서잡지』 「사기」)

龜, 두 번째 남진귀南辰龜, 세 번째 오성귀五星龜, 네 번째 팔풍귀八風龜, 다섯 번째 이십팔수귀二十八宿龜, 여섯 번째 일월귀日月龜, 일곱 번째 구주귀九州龜, 여덟 번째 옥귀玉龜 등 모두 여덟 가지가 있다. 책에 그려진 명귀의 그림에는 각기 거북 배 아래에 문자가 적혀 있는데, 어떤 종류의 명귀인지 분명하게 적혀 있다. 나는 그것들의 대체적인 의미만 기술하고 그림은 묘사하지 않겠다. 이러한 거북을 잡으려면 반드시 길이가 1척 2촌이 되지 않아도 되는데, 백성은 7~8촌 길이의 거북을 잡아도 보물로 여긴다. 지금의 주옥과 보기寶器는 설사 깊이 감춘다 하더라도 빛을 드러내고 신령스러움을 나타내니, 대개 이러한 의미를 말하는 것이 아니겠는가! 이 때문에 미옥美玉이 산중에 있으면 산 위의 수목이 윤이 나고, 깊은 못에 진주가 자라고 있으면 물가가 말라 갈라지지 않으니, 그것은 윤택이 더해진 작용의 결과다. 달처럼 밝은 진주는 강과 바다에서 나는데 조개 속에 몸을 감추고 있고 결룡蚨龍[26]이 그 위에 엎드려 있다. 군왕이 이것을 얻으면 오래도록 천하를 소유할 수 있고, 사방 소수민족이 신하를 칭하며 복종할 것이다. 만약 100개의 줄기가 있는 시초를 얻고 또 그 아래의 거북까지 얻어 점을 친다면 그가 말한 것은 모두 다 영험이 있고 길흉을 결정할 수 있다.

신귀神龜는 장강長江 물속에서 나오기에 여강군廬江郡에서는 매년 때맞춰 길이가 1척 2촌인 거북 20마리를 잡아 산 채로 태복관에게 넘기고, 태복관은 길일을 골라 그 배를 갈라 껍데기를 취한다. 거북은 1000년을 살아야 길이가 비로소 1척 2촌이 된다. 군왕이 병사를 징발하고 장수를 파견할 때는 반드시 묘당廟堂에서 거북 껍데기를 뚫어 점을 쳐서 길흉을 판단한다. 지금 고묘高廟 안에는 귀실龜室이 있어 거북껍데기를 보관해두고 있는데, 신성한 보물로 여긴다.

고대 점서占書에서 말하기를 "거북의 앞발 뼈를 취해 뚫은 다음 몸에 차고 거북을 집안 서북쪽 구석에 매달아두면 깊은 산이나 큰 숲속에 들어가도 방향을

---

26 결룡蚨龍: 교룡蛟龍을 말한다. 결蚨은 교蛟와 통한다.

잃지 않는다"고 했다. 내가 낭관을 담당했을 때 『만필萬畢』 「석주방石朱方」[27]을 읽은 적이 있는데, 그 책에서 말하기를 "강남의 가림嘉林에 신귀가 살고 있다. 가림 안에는 호랑이와 이리 같은 맹수가 없고 부엉이나 올빼미 같은 나쁜 새도 없으며, 풀 속에는 독초가 없고 들불도 미치지 않으며 도끼도 닿지 않는 곳으로, 이를 가림이라 한다. 거북은 가림 안에 살며 항상 향기로운 연꽃 위에 둥지를 짓는다. 신귀의 왼쪽 옆구리에는 '갑자년甲子年에 햇무리 현상이 출현하는 날에 나를 잡을 수 있는데, 일반 백성이 얻으면 통치자가 되어 봉지封地를 소유한 장관[28]이 될 것이다. 제후가 나를 얻으면 제왕이 될 것이다'라는 문자가 쓰여 있다. 흰 뱀이 도사리고 있는 울창한 숲에서 거북을 찾는 사람들은[29] 먼저 재계한 뒤 조용히 기다리는데, 그 태도는 어떤 사람이 와서 거북에 관한 소식을 알려주기를 기다리는 것처럼 공손하고 경건하며 정성스러워야 한다. 그리고 땅에 술을 뿌리고 머리를 풀어헤치고 3일 밤낮으로 간절히 원해야 비로소 거북을 잡을 수 있다"고 했다. 이로 보건대 어찌 위대하지 않을 수 있겠는가! 어찌 거북을 존경하지 않을 수 있겠는가?

남방에 있는 어떤 노인이 거북을 침상의 다리처럼 밑에 받쳐두었는데, 20여 년이 지나 노인이 죽고 침상을 옮겼으나 거북이 죽지 않고 살아 있었다. 거북은 막힌 기를 토해내는 방법으로 양생했기 때문이다. 어떤 사람이 물었다.

"거북이 이처럼 신령스러운데 태복관은 살아 있는 거북을 얻은 뒤에 어찌하여 거북을 쉽게 죽이고 그 껍데기를 취하는가?"

근래에 장강 변에 살고 있는 어떤 사람이 명귀名龜를 얻어 길렀는데 그 집이 크게 부유해졌다. 주인은 다른 사람과 의논하여 그 거북을 보내주려고 했다. 그

---

27 "『만필술萬畢術』 안에 「석주방石朱方」이 있다."(『색은』) 즉 만필萬畢이라는 방사가 『만필술』이라는 책을 지었으며 「석주방」은 그중의 한 편이다.
28 원문은 '토정土正'으로, 봉지를 소유한 장관을 말한다. '정正'은 '장長'의 뜻이다.
29 원문은 '구지어백사반오림중求之於白蛇蟠杅林中者'다. "숲 이름이 백사반오림白蛇蟠杅林으로 거북이 숲속에 숨어 있다. '杅'의 음은 '오'다. 백사가 일찍이 이 숲속에 서려 있었다는 것을 말한다."(『색은』)

사람은 거북을 죽이고 풀어주지 말라고 일러주면서, 거북을 풀어주면 집안이 망한다고 했다. 그러자 거북이 꿈에 나타나 그에게 말했다.

"나를 물속으로 돌려보내주시오. 나를 죽이지 마시오."

그러나 그는 끝내 거북을 죽이고 말았다. 거북을 죽인 뒤 주인은 죽었고 그 집안도 순조롭지 못했다. 백성과 군왕은 처세하는 도리가 다르다. 대체로 백성이 명귀를 얻으면 죽여서는 안 될 듯하다. 옛 고사에 따르면 고대의 성명한 왕과 군주는 모두 거북을 죽여서 이용했다.

송宋나라 원왕元王30 때 거북 한 마리를 얻었는데 죽여서 이용했다. 내가 이 일을 아래에31 기록하여 호사가들이 보고 배우고 택하도록 하고자 한다.

송나라 원왕 2년, 장강長江의 신이 신귀를 황하의 신에게 사자로 보냈다. 신귀가 천양泉陽32에 이르렀을 때 예저豫且33라는 어부가 그물을 쳐서 신귀를 잡아 대바구니 속에 넣었다. 그날 밤 거북이 송나라 원왕의 꿈속에 나타나 부탁했다.

"제가 장강의 신을 위해 황하에 사신으로 가다가 도중에 어망에 걸렸습니다. 천양 사람 예저가 저를 잡아두어 갈 수가 없습니다. 제가 곤경에 처했는데 하소연할 사람이 없습니다. 대왕께서는 덕과 의로움이 있으시니 찾아와 호소합니다."

원왕은 깜짝 놀라 잠에서 깨었고, 박사 위평衛平34을 불러 물었다.

"지금 과인이 꿈속에서 한 남자를 만났는데 목을 내밀고 긴 머리에 검은색

---

30 『장자』 「외물편外物篇」에 '송원군宋元君'으로 기재하고 있는데, 즉 송원공이다. 따라서 송원왕은 마땅히 송원공(재위 기원전 531~기원전 517)이라 해야 한다. 이름은 좌佐다. 송나라가 왕이라 칭하기 시작한 것은 언偃 때부터로, 어떤 학자는 송원왕이 '송나라 왕 언偃'이라고 여긴다. 그러나 『전국책』 『묵자』 『여씨춘추』에서는 송강왕宋康王을 언偃으로 칭하고 있다.

31 원문은 '좌방左方'으로, '하방下方'을 뜻한다. 옛날에는 오른쪽에서 왼쪽 방향으로 글을 적었으므로 '좌방'이라 한 것이다.

32 천양泉陽: 구체적으로 어느 지역인지 상세하지 않다.

33 예저豫且: 『장자』 「외물편外物篇」과 『수경주』에서는 '여저余且'로 기재하고 있다.

34 "박사는 전국시대에 설치되기 시작했고 위평衛平은 춘추시대 사람이므로 마땅히 이 직분에 임명되지 않았다. 아마도 민간 고사 속의 인물일 것이다."(『사기전증』)

수놓은 옷차림으로 수레를35 타고 와서는 과인에게 부탁하기를 '저는 장강의 신을 위해 사신이 되어 황하에 사신으로 가다가 어망에 걸렸습니다. 천양 사람 예저가 저를 잡아두어 갈 수가 없습니다. 제가 곤경에 처해 있는데 하소연할 사람이 없습니다. 대왕께서는 덕과 의로움이 있으시니 찾아와 호소합니다'라고 했소. 이는 어떤 인물이오?"

위평이 식式36을 가지고 와서 일어나더니 하늘을 우러러 달빛을 관찰하고 북두성이 가리키는 방향을 살피고37 태양이 향하는 위치를 확정했다. 규規와 구矩38를 보조 도구로 삼고 권權과 형衡39을 더했다. 동남·동북·서남·서북 네 구석 방향을 확정하고, 건乾·곤坤·진震·손巽·감坎·이離·간艮·태兌 팔괘八卦의 위치를 잡았다. 그 길흉을 살펴보니 거북 형상이 먼저 나타났다. 이에 원왕에게 말했다.

"어젯밤은 임자壬子일40로 태양이 우수牛宿41의 위치까지 운행했습니다. 황하물이 크게 모이고 귀신들이 서로 계획을 의논합니다. 은하수가 남북 방향으로

35 원문은 '치거輜車'로, 덮개가 있는 큰 수레 종류다. 수레에 화물을 실을 수 있고 안에 누울 수도 있다.

36 식式은 시일을 점치는 기구로 후대에는 성반星盤(별 원반)이라 불렸다. "식式은 곧 식栻이다. 선旋은 돌리는 것이다. 식의 형태는 위쪽은 둥글어 하늘을 형상하고 아래는 네모나서 땅을 모방했으며, 그것을 사용하면 하늘을 돌려 땅의 시간에 덧붙이므로 선식旋式이라고 하는 것이다."(『색은』)

37 옛 사람들은 북두칠성 두병斗柄(북두칠성 가운데 다섯 번째에서 일곱 번째까지의 별로, 술 뜨는 도구의 자루와 같다고 하여 두병이라 함)의 운전에 근거하여 계절과 월을 추정했다.

38 규規는 컴퍼스이고 구矩는 곱자다.

39 권權은 저울추이고 형衡은 저울대다. "동방의 신 태호太昊는 진괘震卦에 의지해 규規를 잡고 봄을 주관하고, 남방의 신 염제炎帝는 이괘離卦에 의지해 형衡을 잡고 여름을 주관하며, 서방의 신 소호少昊는 태괘兌卦에 의지해 구矩를 잡고 가을을 주관하고, 북방의 신 전욱顓頊은 감괘坎卦에 의지해 권權을 잡고 겨울을 주관하며, 중앙의 신 황제黃帝는 곤괘坤卦와 간괘艮卦에 의지해 승繩(먹줄)을 잡고 대지를 주관한다."(『한서』「위상전魏相傳」)

40 원문은 '금석임자今昔壬子'다. "금석今昔은 작야昨夜와 같다. '오늘今日'을 기준으로 말한 것으로, '어젯밤昨夜'을 금석이라고 말한 것이다."(『색은』)

41 우수牛宿: 옛 사람들은 태양이 지나는 항성을 동서남북 4개 조로 나누고 각조마다 7개의 별로 구성하여 모두 28수二十八宿를 이룬다. 우수(견우牽牛)는 북방 7수에 있다.

형성되었고 장강의 신이 황하의 신과 약속이 있었는데 남풍이 막 불어 장강 신의 사자가 먼저 도착한 것입니다. 흰 구름이 은하수를 막고 있어 만물이 모두 머물러 있습니다. 북두성의 손잡이가 태양을 가리키고 있어 장강 신의 사자가 갇히게 된 것입니다. 검은색 옷을 입고 수레를 탄 자는 거북으로, 대왕께서는 서둘러 사람을 보내 조사하여 그 거북을 찾으십시오."

원왕이 말했다.

"좋소."

그리하여 원왕은 사람을 보내 급히 달려가서 천양 현령에게 묻게 했다.

"어민은 모두 몇 집인가? 예저라는 어부가 누구인가? 예저가 거북 한 마리를 잡았는데, 거북이 꿈속에서 군왕에게 부탁했기 때문에 군왕께서 나를 파견해 거북을 찾도록 한 것이다."

천양 현령이 관리를 시켜 호적부와 지도를 조사했더니 강가의 어민은 모두 55가구이며 상류의 오두막집이 예저의 집이라는 사실을 알아냈다. 천양 현령이 말했다.

"찾았습니다."

이에 사자와 함께 달려가 예저에게 물었다.

"어젯밤 너는 어떤 물고기를 잡았느냐?"

예저가 대답했다.

"한밤중에 그물을 쳐 거북 한 마리를 잡았습니다."

사자가 물었다.

"지금 거북은 어디에 있느냐?"

예저가 대답했다.

"대바구니 속에 있습니다."

사자가 말했다.

"군왕께선 네가 거북 한 마리를 잡은 사실을 아시고 나를 파견해 그것을 찾아오라고 하셨다."

예저가 말했다.

"알겠습니다."

그러고는 바구니 안에서 거북을 꺼내 묶고는 사자에게 바쳤다.

사자가 거북을 싣고 천양의 성문을 나왔다. 대낮인데도 아무것도 보이지 않았고 비바람이 몰아치며 온 하늘과 땅이 컴컴했다. 구름이 수레를 덮자 오색찬란한 빛이 나타나고, 뇌우가 더해지며 바람이 불어왔다. 사자는 단문端門[42]으로 들어가 동쪽 궁전으로 가서 원왕을 알현하고 거북을 보였다. 거북의 몸뚱이가 흐르는 물처럼 윤택이 있고 광채가 났다. 거북이 원왕을 바라보면서 목을 길게 늘어뜨리고 앞으로 세 걸음 다가오더니 멈추었다가 목을 움츠리고 다시 뒤로 물러나 원래의 자리로 돌아갔다. 원왕은 거북의 이러한 거동을 보고 이상히 여겨 위평에게 물었다.

"거북이 과인을 보고 목을 길게 늘어뜨리고 앞으로 다가왔는데 무엇을 바라는 것이오? 그리고 다시 목을 움츠리고 원래 자리로 돌아갔는데, 이것은 무엇을 나타내는 것이오?"

위평이 대답했다.

"거북은 고난 속에서 지난밤 갇혀 있었는데 덕과 의로움을 지닌 군왕께서 사람을 보내 살려주셨습니다. 지금 목을 길게 늘어뜨리고 앞으로 다가온 것은 대왕께 감사를 표한 것이고, 목을 움츠리고 원래 자리로 물러난 것은 빨리 돌아가고 싶다는 것입니다."

원왕이 말했다.

"알았소! 거북의 신령스러움이 이 정도이니 오래 머물게 할 수 없소. 서둘러 수레로 거북을 보내주어 약속된 기한을 어기지 않도록 해주시오."

---

42 단문端門: 궁전 남쪽의 정문을 말한다.

위평이 대답했다.

"거북은 천하의 보물입니다. 먼저 이 거북을 얻는 사람이 천자가 될 뿐만 아니라 열 번 물어보면 열 번 모두 알아맞히고 열 번 싸우면 열 번 모두 승리를 거둘 수 있습니다. 거북은 깊은 못에서 태어나 황토에서 성장합니다. 상천의 규율을 이해하고 상고시대의 역사에 대해서도 밝습니다. 3000년을 노닐면서도 생활하던 영역을 벗어나지 않습니다. 침착하고 조용하며 치우치지 않고 움직이면서도 힘을 쓰지 않습니다. 수명은 천지보다 길어 그 끝을 아는 사람이 없습니다. 거북은 만물과 함께 변화하여 사계절에 따라 색깔이 바뀝니다. 거북은 평상시에 숨어 있으면서 엎드린 채 아무것도 먹지 않습니다. 봄에는 푸른색, 여름에는 누런색, 가을에는 흰색, 겨울에는 검은색을 드러냅니다. 음양을 명백하게 알고 형덕刑德을 이해하며[43] 이로움과 해로움을 미리 알고 화와 복을 분명히 관찰하기에 거북을 사용하여 점을 치면 틀림이 없고 전쟁을 하면 반드시 승리할 수 있습니다. 대왕께서는 거북을 죽여 껍데기를 취해 점치는 용도로 사용하면 제후들이 모두 와서 복종할 것입니다. 대왕께서는 거북을 보내지 마시고 사직을 안정시키는 데 사용하시기 바랍니다."

원왕이 말했다.

"이 거북은 매우 신령스러워서 하늘에서 내려와 깊은 못으로 떨어졌소. 환난 속에서 과인을 현인이라 여기고, 후덕하고 충성스러우며 신의 있는 사람으로 여겼기 때문에 꿈으로 과인에게 알린 것이오. 과인이 거북을 보내지 않으면 그 어부와 다름이 없을 것이오. 어부는 거북의 고기로 이익을 얻고자 하고 과인은 거북의 신기한 힘을 탐한다면 아래에 있는 사람은 어질지 못하게 되고 위에 있는 사람은 덕이 없게 될 것이오. 군주와 신하 모두 예가 없다면 어디에서 복을 얻을 수 있겠소? 과인은 차마 할 수 없으니, 어찌 거북을 보내지 않을 수 있겠소!"

---

43 형덕刑德은 형벌과 덕화로, 사회를 다스리는 대립적인 통치방식이다. 형덕을 이해한다는 것은 언제 형벌을 사용하고 언제 덕을 사용해야 하는지를 안다는 말이다.

위평이 대답했다.

"그렇지 않습니다. 신이 듣건대 큰 은덕은 보답하지 않아도 되고 매우 귀중한 물건을 맡기면 돌려주지 않아도 되며,[44] 상천이 준 것을 받지 않으면 상천은 그 보물을 다시 빼앗아 간다고 합니다.[45] 지금 이 거북은 천하를 두루 돌아다니다가 자신이 거할 곳으로 돌아간 것으로, 위로는 푸른 하늘에 이르렀고 아래로는 진흙에 이르렀습니다. 구주九州를 돌아다녔지만 욕보인 적 없고 어디에서도 갇힌 적이 없습니다. 그런데 지금 천양에 이르러 어부에게 치욕을 당해 갇히게 되었습니다. 대왕께서 설사 보내준다 하더라도 장강과 황하의 신은 틀림없이 분노하여 원한을 갚으려 애쓸 것입니다. 거북 스스로도 침입하여 귀신들과 함께 대왕께 대응하려 계획할 것입니다. 큰비가 끊임없이 내려 날이 개지 않으면 수해를 다스릴 수 없을 것입니다. 가뭄이 들어 바람이 불고 먼지가 날리며 돌연 메뚜기 떼가 빠르게 침식하여 백성은 농사짓는 때를 놓칠 것입니다. 대왕께서 설사 인의를 베풀지라도 그러한 처벌은 필연적으로 닥칠 것입니다. 이것은 다른 까닭이 있어서가 아니라 화의 근원이 바로 거북이기 때문입니다. 대왕께서 나중에 후회하신다 한들 어찌 되돌릴 수 있겠습니까! 대왕께서는 거북을 돌려보내지 마십시오."

원왕이 탄식하며 말했다.

"무릇 남의 사자를 가로막고 남의 계획[46]을 망치게 하는 것은 잔인하고 포학한 짓 아니겠소? 남의 물건을 빼앗아 자신의 보물로 삼는 것은 강탈이 아니겠소? 과인이 듣기로는 잔학한 수단으로 얻은 물건은 반드시 남에게 잔학한 수단에 의해 빼앗기고, 강제로 취한 물건은 나중에 반드시 효과가 없게 된다고 했

---

44 상대방에게 베푼 은덕이 너무 크면 보답할 방법이 없기 때문에 보답하지 않아도 되고, 남을 위해 보관하던 물건이 너무 귀중한 것이라면 차라리 발뺌하며 돌려주지 않아도 된다는 말이다.

45 상천이 보물을 내렸는데 필요하지 않은 것이라면 상천이 도로 회수해갈 것이라는 말이다.

46 장강과 황하 두 신이 보낸 통상 사절을 말한다.

소. 하나라 걸왕과 은나라 주왕은 포학하고 횡포를 부리다가 끝내 자신은 죽고 나라는 멸망하고 말았소. 지금 과인이 그대의 말을 듣는다면 인의라는 명예로운 이름을 잃고 도리어 포학하고 횡포를 부리는 행위만 갖추게 될 것이오. 그러면 장강의 신과 황하의 신은 탕왕과 무왕과 같은 성명한 군주가 되고, 과인은 걸왕과 주왕 같은 폭군이 될 것이오. 신귀의 이로운 점은 얻지 못하고 재앙만 입게 될까 두렵소. 과인은 의혹이 많아 결정을 내리지 못하는데 어디에 이 보물을 쓰겠소. 서둘러 수레로 거북을 돌려보내고 여기에 오래도록 머물게 하지 마시오."

위평이 대답했다.

"그렇지 않습니다. 대왕께서는 걱정하지 마십시오. 하늘과 땅 사이에 돌이 쌓여 산이 되었습니다. 산은 높아도 무너지지 않고 대지는 의연하게 안정되어 있습니다. 그러므로 사물 가운데 위험해 보여도 실제로는 안전한 경우가 있고, 어떤 것은 가벼워 보이지만 실제로 옮길 수 없는 경우가 있습니다. 어떤 사람은 충실하고 믿을 만하지만 허황되어 속이는 이만 못한 경우가 있고, 어떤 사람은 추악하지만 높은 관직에 적합한 사람이 있으며, 어떤 사람은 용모가 아름답지만 사람들에게 해가 되기도 합니다. 신성한 사람이 아니고서는 그 도리를 완전히 말할 수 없습니다. 봄, 여름, 가을, 겨울 사계절의 기후는 어떤 때는 덥기도 하고 춥기도 합니다. 추위와 더위가 조화롭지 않으면 사악한 기운이 침입하게 됩니다. 1년은 서로 다른 계절이 있는데, 절기가 이러한 현상을 일으키는 것입니다. 이 때문에 봄에는 만물이 나고 여름에는 자라며 가을에는 거두고 겨울에는 저장하는 것입니다. 어떤 사람은 인의를 행하고 어떤 사람은 포학하고 횡포를 부립니다. 포학하고 횡포를 부리는 데도 일정한 대상이 있고, 인의를 실행하는 데는 시기가 있습니다. 만물은 모두 그러하니 완전히 다스릴 수는 없습니다. 대왕께서 신의 의견을 듣고 싶으시다면 신 청컨대 상세하게 말씀드리겠습니다. 상천은 오색을 나타내어 흑백을 구별하고, 대지는 오곡을 자라게 하여 선악을 이해합니다. 사람들이 그것을 분별하지 못하면 금수와 같아져서 산골짜기나 동굴에 거주하며 농사를 지을 줄 모르게 됩니다. 천하가 재난으로 어지러워지고 음양이 뒤바뀌게 됩니다. 사람들은 다급해지고 남녀간의 성교도 택하지 않게 됩니다. 기괴한 일이 자주 출현하고 대를 잇는 능력이 약해집니다. 그리하여 성인은 그들을 다른 장소에 살게 하면서 그들이 서로 사로잡지 못하도록 했습니다. 금수에게는 암컷과 수컷을 구분 지어 산과 들판에 살도록 하고, 새에게도 자웅을 구분 지어 숲과 못에 서식하게 했으며, 껍데기가 있는 곤충은 계곡에 살도록 했습니다. 성인은 백성을 관리하고 그들을 위해 성곽을 건설하여 내부에는 길과 마을을 설치하고 외부에는 도로를 건설했습니다.[47] 부부 남녀에게는 논밭과 집을 주고 집의 위치를 안배해줬습니다. 그들을 위해 호적부를 만들고 성명과 가족을 구별했습니다. 관리를 설치하고 작위와 녹봉으로 그들을 장려하고 그들에게 뽕나무와 삼으로 만든 옷을 입히고 오곡을 먹도록 했습니다. 이에 땅을 갈아 씨앗을 덮고 호미로 김을 매게 하여, 입은 맛있는 것을 먹고 눈은 아름다운 것을 보며 몸은 그 이익을 누리도록 했습니다. 이로 보건대 강하지 않으면 목적을 이룰 수 없습니다. 농민이 강하지 못하면 창고[48]가 풍성해질 수 없고, 상인이 강하지 못하면 이익을 얻을 수 없으며, 부녀자가 강하지 못하면 정교하고 아름다운 직물을 짤 수 없고, 권력을 쥔 관리가 강하지 못하면 권위와 권세를 부릴 수 없으며, 대장이 강하지 못하면 사졸들이 명령에 복종하지 않고, 왕후가 강하지 못하면 끝내 이름을 날릴 수 없게 된다고 했습니다.[49] 강하다는 것은 사물의

47 　원문은 '內經閭術, 外爲阡陌'이다. '여閭'는 거주민 등록제에서 거주민 구역을 구획하는 기본단위다. 술術은 거리, 도로를 말한다. 천맥阡陌은 농지 사이의 작은 길로 남북으로 난 길을 천이라 하고, 동서로 난 길을 맥이라 한다. "강백구가 말하기를 '100가구를 리里라 하고 10리를 술術이라 한다. 천맥阡陌은 전田을 말한다. 백성은 겨울에 여술에 있고 농사 시기에는 전려田廬에 있다'고 했다."(『사기회주고증』)

48 　원문은 '균창囷倉'으로, 양식 창고를 말한다. 원형으로 된 것을 균囷이라 하고 네모난 것을 창倉이라 한다.

49 　"농사짓는 사람이 노력하지 않으면 창고가 가득차지 않게 되고, 관부의 거마를 모는 사람이 자신

시작이고 명분을 확정하는 도리이며 각종 사물의 기강입니다. 강함으로써 구하고자 한다면 실현하지 못할 것이 없습니다. 그러나 대왕께서는 이와 같지 않다고 여기십니다. 대왕께서는 옥독玉櫝의 척치隻稚50는 곤륜산에서 나오고 명월주明月珠는 사해에서 나오는데, 산의 돌을 캐서 옥을 취하고 바다 조개를 깨서 진주를 취하여 시장에 내다 파는 것을 들어보지 못하셨습니까? 성인은 그것들을 얻으면 진귀한 보물로 여기고, 진귀한 보물을 얻은 사람이어야 천자가 됩니다. 지금 대왕께서는 거북을 붙들어두는 것을 흉포하다고 여기시나 바다에서 조개를 쪼개 진주를 취하는 것보다 못한 것이며, 또한 거북을 붙들어두는 것을 횡포로 여기시나 곤륜산에서 돌을 파내 옥을 취하는 것보다 못한 것입니다. 보물을 취해 얻는 사람이 죄가 없듯이 보물을 소유한 사람에게 화가 될 수 없습니다. 지금 거북이 사신으로 가다가 그물에 걸려 어부에게 잡혔고 꿈속에서 대왕에게 부탁하여 자신의 처지를 말한 것은 국가의 보물이오니, 대왕께서는 무엇을 걱정하십니까."

원왕이 말했다.

"그렇지 않소. 과인이 듣자하니 간언하는 사람은 군왕의 복이고 아첨하는 사람은 군왕의 해로움이라고 했소. 군주가 아첨하는 말을 듣는 것은 우매하고 현혹된 것이오. 비록 이와 같을지라도 화는 함부로 오지 않고 복 또한 까닭 없이 오는 것이 아니오. 하늘과 땅의 원기가 합해져서 모든 재물이 탄생하는 것이오. 음과 양이 구별이 있어 사계절이 이어지는 것이오. 일 년 열두 달은 날들이 채워져 주기를 이루는 것이오. 성인은 이 도리를 명백하게 알기에 자신에게 재해가 없는 것이고, 명철한 왕은 이러한 도리를 운용하기에 감히 속이는 사람이 없

의 기예를 연마하지 않으면 그의 마음이 한결같지 않게 되며, 장군과 재상이 노력하지 않으면 공업을 건립하지 못하고, 제후와 제왕이 태만하고 게으르면 후세에 명성을 날리지 못하게 된다田者不强, 困倉不盈 ; 官御不厲, 心意不精 ; 將相不强, 功烈不成 ; 侯王懈惰, 後世無名."(『회남자』「수무훈脩務訓」)

50 옥독玉櫝의 척치隻稚: 옥독玉櫝은 함을 장식하는 데 쓰이는 옥이고, 척치隻稚는 꿩을 말한다. 즉 옥으로 장식한 함 속의 꿩을 말한다.

는 것이오. 이 때문에 복이 오는 것은 사람들이 스스로 만들어낸 것이고, 재해가 오는 것은 사람들이 스스로 조성한 것이라고 말하는 것이오. 화와 복은 함께 있는 것이고, 형벌과 덕은 서로 연결되는 것이오. 성인은 이를 통찰하기에 길흉을 알 수 있는 것이오. 걸왕과 주왕 때는 상천과 공을 다투고 사람과 귀신의 소통을 단절시켰소. 이것은 본래 포학하고 무도한 것인데, 하물며 많은 아첨하는 신하들은 어떻겠소. 걸왕에게는 조량趙梁이라는 아첨하는 신하가 있었소. 그는 걸왕으로 하여금 잔인하고 포악해지도록 가르쳤고 탐욕스러운 이리처럼 행동하도록 권장했소. 탕왕을 하대夏臺에 구금시키고 관룡봉關龍逢을 살해했소.[51] 그의 좌우 신하들은 죄를 지어 죽임을 당할까 두려워 곁에서 구차하게 아첨하며 받들었소. 국가는 이미 달걀을 쌓아놓은 듯 위태로워졌지만 사람들은 오히려 해로울 게 없다고 말했소. 즐거움이 만 년 동안 지속될 것이라 주장했고 어떤 사람은 국운이 영원히 쇠퇴하지 않을 것이라고 했소. 걸왕의 눈과 귀를 가리고 그와 함께 간사하게 미친 듯이 날뛰었소. 탕왕이 끝내 걸왕을 토벌하여 몸은 죽고 나라는 멸망하는 지경에 떨어졌소. 그가 아첨하는 신하의 말을 듣고 믿었기에 재앙을 만나게 된 것이오.『춘추』에 이 일이 기록되어 있어 사람들은 지금까지 잊지 않고 있소. 은나라의 주왕에게도 좌강左彊이라는 아첨하는 신하가 있었소. 그는 큰소리치며 표준에 따르지 않고 눈짐작의 기교로 궁전을 지었는데, 주왕에게 복도를 상아로 장식한 궁전을 짓도록 했소. 궁전의 높이는 하늘에 닿을 것 같았으며 또한 옥으로 된 침상을 제작했소. 주왕에게 코뿔소 뿔과 옥석으로 조각한 기물을 사용하게 했고 상아로 만든 젓가락으로 밥을 먹었소.[52] 성인 비간比干은 심장이 갈라졌고[53] 장사들은 종아리가 잘렸소.[54] 기자箕子는

51 하대夏臺는 지금의 허난성 우현禹縣 남쪽 지역으로, 걸왕이 이곳에 탕왕을 구금했다고 전해진다. 관룡봉關龍逢은 걸왕 때의 대신으로 걸왕에게 직언했다가 살해되었다.

52 원문은 '갱羹'으로, 일부 번역본에서는 '탕, 국'으로 해석하여 '젓가락으로 국을 먹다'라고 번역했다. 여기서 '갱羹'은 명사가 아닌 동사로 사용되어 '밥을 먹다'의 뜻이다.

53 은 주왕이 비간을 죽일 때 "듣자하니 사람의 심장에는 아홉 개의 구멍이 있다고 하던데, 너의 심

죽임을 당할까 두려워 머리를 풀어헤치고 미친 척했소. 주나라 태자 역歷을 죽이고[55] 주 문왕 희창姬昌을 구금했소. 그를 석실石室에 들여보내고 밤새도록 가두려고 했소. 주나라 대부 음긍陰兢이 문왕을 구출하여 함께 달아나 주나라 땅에 들어가서 태공망太公望 강상姜尙을 얻었소. 문왕이 사졸을 일으키고 병사를 모아 주왕과 교전을 벌였소. 문왕이 병으로 죽자 주나라 사람이 그의 신주를 싣고 전진했소. 태자 희발姬發이 주 문왕을 대신하여 군대를 통솔하고 묘호를 무왕武王이라 했소. 주왕과 목야牧野에서 전투를 벌였고 화산華山[56] 남쪽에서[57] 주왕을 격퇴시켰소. 주왕은 승리를 거두지 못하고 패하자 달아나 돌아왔으나 상아로 복도를 장식한 궁전에 포위당했소. 선실宣室[58]에서 자살했으나 죽은 몸은 매장되지 못했소. 머리는 수레 횡목 위에 매달려 네 필이 끄는 수레에 끌려 갔소. 과인이 걸왕과 주왕의 이 같은 일을 생각하면 창자가 끓는 물처럼 부글부글 끓어오르는 것 같소. 걸왕와 주왕은 비록 천하의 부를 소유하고 천자의 존귀한 지위에 있었지만 지나치게 오만했소. 욕망했으나 만족하는 때가 없었으며

장을 갈라서 봐야겠다"고 했다.

54 장사들이 겨울 아침에 강을 건너는데 추위를 두려워하자 주왕은 사람을 시켜 장사들의 종아리를 절단하게 했다.

55 "주왕에 의해 살해된 주나라 태자는 전적에 기록된 바로는 문왕의 태자 백읍고伯邑考만 있다. 여기서는 오류로 의심된다."(『사기전증』) "'주나라 태자 역歷을 죽였다'는 문장이 '주 문왕 희창을 구금했다'는 문장 앞에 있으면 계력季歷에 가깝다. 계력은 주왕에게 주살당하지 않으니, 그 말은 터무니없는 말에 가깝고 주나라에 이름이 역歷인 다른 태자가 있다는 것도 용인할 수 없다."(『색은』) "『여씨춘추』「수시首時」에서는 계력이 곤경에 처해 죽었다고 말하고, 『죽서竹書』와 『진서晉書』「속석束晳」에서는 문정文丁이 계력을 죽였다고 말하고 있다. 계력을 천자라 불러서는 안 된다. 만약 태자가 백읍고라면 또 이름이 '역'이어서는 안 된다. 『색은』 또한 의심스럽다."(『사기지의』)

56 목야牧野는 지금의 허난성 치현淇縣 서남쪽 지역이다. 화산華山은 지금의 산시陝西성 화인華陰의 화산이 아니며 앞 문장의 목야와 연계해야 하므로 당시 목야 부근에 있는 산이었다.

57 원문은 '양陽'으로, 산 남쪽은 양陽이라 하고 북쪽은 음陰이라고 했다.

58 선실宣室: "서광이 말하기를 '천자가 기거하는 곳을 선실이라 한다'고 했다."(『집해』) "『회남자』「범론편氾論篇」에서는 '주왕을 선실에 구금했다'고 했고, 「본경편本經篇」에서는 '무왕의 갑옷 입은 사졸 3000명이 목야에서 주왕을 격파하고 그를 선실에서 죽였다'고 했다. 고유高誘는 주석에서 '선실은 은나라 궁전이다. 일설에는 선실을 감옥이라 했다'고 했다. 여기서 '선실에서 자살했다'는 말은 무왕이 핍박하여 자살하게 한 것일 뿐이다."(『사기각증』)

일을 일으켜서는 높은 곳만 바라보았으며, 탐욕스럽고 악독하고 교만했소. 충성스럽고 신의 있는 신하는 임용하지 않고 아첨하는 신하의 말만 들었기 때문에 천하 사람의 웃음거리가 되었소. 지금 과인의 나라는 각 제후국 사이에 있어 가을에 짐승의 가는 털만도 못하오. 일을 일으켜 마땅하지 않으면 또 어디로 도망할 수 있단 말이오!"

위평이 대답했다.

"그렇지 않습니다. 황하가 비록 신령스럽고 현명하더라도 곤륜산만 못하고 장강의 원류는 사해만 못한데 사람들은 여전히 황하와 장강의 보물을 탈취하니, 각 제후국이 그것들을 위해 다투기 때문에 전쟁이 일어나는 것입니다. 작은 나라는 멸망하고 큰 나라의 형세는 위태로워지며, 남의 아버지와 형을 죽이고 남의 처자식을 포로로 잡으며, 남의 국토를 파괴하고 종묘를 훼손하면서 보물을 빼앗고자 다툽니다. 전쟁을 벌여 쟁탈하니 이것이 바로 포학하게 횡포를 부리는 것입니다. 이 때문에 포학하고 횡포한 수단으로 탈취하지만 정령과 교화로 다스리고 사계절을 위반하지 않고 현사를 가까이하며, 음양의 변화에 따라 변화하며 귀신을 사자로 삼아 천지와 왕래하고 그들과 친구가 되어야 합니다. 그러면 제후들은 귀순하여 신하라 칭하고, 백성은 풍족해져 기뻐할 것입니다. 나라는 안정되고 시대와 함께 옛것은 제거되고 새롭게 시작될 것입니다. 탕왕과 무왕은 이러한 방법을 시행했기 때문에 천자의 지위를 차지했고, 『춘추』에서는 이를 기록하여 준칙으로 삼았습니다. 그런데 대왕께서는 스스로를 탕왕과 무왕에 견주지 않고 걸왕과 주왕에 비교하려 하십니다. 걸왕과 주왕은 포학하고 횡포한 일을 시행하기를 본래부터 일상적인 것으로 여겼습니다. 걸왕은 기와지붕의 궁전을 지었고[59] 주왕은 상아로 복도를 장식한 궁전을 지었습니다. 백성으로부터 징수한 고치실을 장작 대신 태워 백성의 재산을 소비하는 데 힘썼습니다. 부세의

---

59   원문은 '와실瓦室'로, 기와로 지붕을 얹은 궁전을 말한다. 은나라 주왕 때 기와는 사치스런 물건이었다.

징수는 한도가 없었고 사람을 살육하되 도리를 강구하지 않았습니다. 백성의 육축六畜을 도살하여 무두질한 가죽으로 자루를 만들었습니다. 그 가죽 자루 안에 육축의 피를 담아 매달아놓고 사람들과 함께 활을 쏘아 천제天帝와 강함을 다투었습니다.[60] 사계절의 질서를 어지럽혀 선조에게 제사지내기 전에 각 계절의 신선함을 맛보았습니다. 간언하는 자는 죽임을 당했고 아첨하며 받드는 자는 도리어 곁에 두었습니다. 성인은 숨어 살았고 백성은 감히 임의대로 행동할 수 없었습니다. 기후가 자주 건조해져 가뭄이 들고 나라에는 괴이한 징조가 많이 발생했습니다. 해마다 병충이 발생하여 오곡을 수확하지 못했습니다. 백성은 편안하게 살지 못했고 귀신들은 제품祭品을 누리지 못했습니다. 날마다 거센 바람이 불어오고 대낮인데도 천지가 어두워졌습니다. 일식과 월식이 함께 일어나 해와 달이 모두 가려져 어둡고 빛이 없어졌습니다. 별들이 어지럽게 운행하며 모두 정상적인 궤도를 벗어났습니다.[61] 이것으로 보건대 걸왕과 주왕의 통치가 어떻게 장구할 수 있겠습니까! 설사 탕왕과 무왕이 없었을지라도 멸망의 시기를 맞은 것입니다. 이 때문에 탕왕은 걸왕을 정벌하고 무왕은 주왕을 공격해 승리를 거두었으니, 이것은 당시의 형세가 그렇게 만든 것입니다. 탕왕과 무왕은 천자가 되었고 후대 자손이 계승하게 되었으며, 종신토록 잘못이 없었기에 후대가 현재까지 그들에 대한 칭송을 멈추지 않는 것입니다. 이런 사람들은 모두 형세에 맞춰 행동하고 상황을 보고 힘을 다했기에 비로소 제왕이 될 수 있었던 것입니다. 지금 이 거북은 진귀한 보물로 성인을 위해 사자로 나갔다가 대왕의 수중으로 보내진 것입니다. 거북은 손발을 사용하지 않아도 천둥과 번개가 도와주고 바람과 비가 보내주며 흐르는 물이 실어 보내주었습니다. 후왕侯王은 덕

---

60 "제무을帝武乙은 무도하여 나무 인형을 만들어놓고 '천신天神'이라 불렀다. 무을은 이 천신과 도박을 하면서 다른 사람으로 하여금 천신을 대신해 도박을 하게 했고, 천신이 지면 모욕을 줬다. 무을은 가죽으로 자루를 만들어 그 속에 피를 가득 채우고 높은 곳에 매달은 뒤 밑에서 위쪽으로 활을 쏘고는 이것을 '사천射天'이라고 불렀다."(「은본기」)
61 "혜성이 하늘에서 가로 세로로 지나다니는 것을 가리킨다."(『사기전증』)

행이 있어야 비로소 거북을 받을 수 있습니다. 지금 대왕께서 덕행이 있었기에 이 보물을 얻은 것인데 두려워하며 받지 않으시니, 대왕께서 거북을 보내시면 송나라에 반드시 재해가 발생할 것입니다. 나중에 설사 후회를 할지라도 어쩔 수 없을 것입니다."

원왕은 대단히 기뻐했다. 그리하여 원왕은 태양을 향해 상천에게 감사드리고 두 번 절한 뒤에 거북을 받았다. 길일을 선택해 재계했는데, 갑과 을 양일이 가장 길한 날이었다. 흰 꿩과 검은 양을 잡고 제단의 중앙에서 그 피를 거북에 부었다. 칼로 거북 껍데기를 발라냈는데, 거북의 몸은 조금도 상해를 입지 않았고, 또 육포와 술을 거북의 몸에 놓고 거북에 대해 경건함을 표시한 다음 배와 창자를 갈라냈다. 가시나무의 가지로 거북 껍데기를 태워 점을 치면 반드시 거북 껍데기에 균열이 나타난다. 거북 몸에 결이 나타나는데 종횡으로 교차된다. 태복관에게 점을 치게 했더니 하는 말마다 모두 적중했다. 송나라는 귀중한 보물을 간직하게 되었고 그 명성은 이웃나라에까지 전해졌다. 또 소를 죽인 뒤 그 가죽을 벗겨 정鄭나라에서 생산된 오동나무를 덮었다.[62] 풀과 나무가 모두 나뉘어져 병기가 되었다.[63] 전쟁을 하면 승리를 거두고 공격하면 성과 땅을 취하니 원왕에 비할 만한 사람이 없었다. 원왕 시기에 위평은 송나라 상相을 담당했고, 송나라가 가장 강성하게 되었으니 이런 공적은 마땅히 신귀의 역량에 의한 것이었다.

이 때문에 말하기를, 거북은 지극히 신기한 능력이 있어 꿈속에서 원왕에게 부탁할 수 있었으나 스스로 어부의 바구니를 벗어나지는 못했고, 그 몸은 열 번 말해서 모두 맞혔어도 황하의 신에게 가서 소식을 전달하고 장강의 신에게 돌아와 보고할 수 없었으며, 현능하여 사람으로 하여금 전쟁에 승리하게 하고

62 "서광이 말하기를 '쇠가죽을 오동나무에 씌워 북을 만든 것이다'"라고 했다.(『집해』) 오동나무는 가볍고 단단하고 질겨 병기와 상자 등을 제작하는 데 적합했다.
63 "송나라가 군비를 확대하고 전쟁을 발동한 것을 가리킨다."(『사기전증』)

공격하여 성과 땅을 얻을 수 있게 했지만, 자신은 칼날의 예리함에서 탈출해 등껍데기가 발려 죽임을 당하는 환난을 면할 수는 없었으며, 성명하여 미래를 예견할 수는 있었으나 위평으로 하여금 말하지 못하도록 할 수는 없었다. 다른 사람의 사정을 예언하여 말하는 것마다 모두 적중시켰으나 자기 몸은 잡히는 데 이르렀으니, 맞닥뜨린 때가 이롭지 못하거늘 어찌 그 재능을 발휘할 수 있겠는가! 현자에게도 평범한 시기가 있고 선비도 멍청함을 면하지 못할 때가 있다. 이 때문에 시력이 아무리 좋아도 보이지 않는 것이 있고, 청력이 아무리 좋아도 들리지 않는 소리가 있으며, 설사 현인이라도 왼손으로 네모를 그리는 동시에 오른손으로 동그라미를 그릴 수 없으며, 해와 달이 비록 밝더라도 어떤 때는 뜬구름에 가려진다고 말하는 것이다. 예羿는 활을 잘 쏘기로 유명했지만 그 기예는 도리어 웅거雄渠와 봉문蠭門[64]보다 못했고, 우임금은 언변이 뛰어나고 기지로 명성을 날렸지만 귀신을 이기지는 못했다. 천지를 지탱하는 기둥이 부러지고[65] 하늘에는 본래 서까래가 없는데, 어떻게 사람에게 완전하라고 질책할 수 있겠는가? 공자가 신귀神龜의 일을 들은 뒤에 말했다.

　"신귀는 길흉을 알지만 그 뼈 중간은 비어 있고 말랐다.[66] 해는 덕을 두루 펼쳐 천하를 통치하지만 도리어 세 발 까마귀에게 모욕을 당한다.[67] 달은 형벌을 실시하여 해를 보좌하지만[68] 도리어 두꺼비에게 먹힌다.[69] 고슴도치는 까치에게

64　웅거雄渠는 웅거자雄渠子라고도 하는데, 춘추시대 초나라의 활을 잘 쏘는 전설 속 인물이다. 『신서新序』에서 이르기를 '초나라 웅거자가 밤길을 가다가 엎드려 있는 돌이 길을 가로 막고 있는 것을 보고 호랑이라 여겨 활을 쏘았는데 시위 소리와 함께 깃털 부분까지 박혔다'고 했다.(『집해』) 봉문 蠭門도 전설 속 인물로, 예羿에게 활쏘기를 배웠는데 나중에 스승을 뛰어넘었다고 한다.

65　"옛날에 공공共工과 전욱顓頊이 서로 다투며 제帝라 칭했는데, 공공이 노하여 머리로 불주산不周山을 들이받자 하늘을 떠받치던 큰 기둥이 부러졌고, 땅의 뿔을 붙들어 맸던 밧줄이 당겨져 끊어졌다. 하늘의 서북방이 높아졌기 때문에 해와 달과 별이 위치를 이동하게 되었으며, 땅의 동남방이 낮아져 빗물과 티끌이 모두 동남쪽으로 돌아갔다."(『회남자』 「천문天文」)

66　"무릇 거북은 뼈가 비어 있고 말랐다."(『정의』)

67　"고대 전설에 따르면 태양 안에 세 발 까마귀가 있으므로 해 가운데 흑점이 있다."(『사기전증』)

68　한나라 때 오행가五行家들은 해는 양으로 덕을 주관하고, 달은 음으로 형벌을 주관한다고 여겼다.

모욕을 당하고,[70] 등사騰蛇는 신통하기는 하지만 지네에게 해를 입는다.[71] 대나무 겉은 마디와 결이 있으나 속은 텅 비어 있으며, 소나무와 잣나무는 모든 나무의 으뜸이지만 마을을 수호하는 대문으로 사용된다. 일진日辰이 완전하지 못하기 때문에 고孤와 허虛한 날이 생긴다.[72] 황금에도 흠이 생기고 백옥에도 티가 생길 수 있다. 일에는 급히 해야 할 것과 느리게 해야 할 것이 있다. 만물에는 각기 구속시키는 단점이 있고 또한 의지하는 장점이 있다. 그물에는 조밀한 곳이 있고 또한 성긴 곳이 있다. 사람은 다른 동물에 비해 고귀하지만, 때로는 동물보다 못한 경우도 있다. 어떻게 해야 가장 합당한 것인가? 사물도 어찌 완전하여 결함이 없을 수 있겠는가? 상천도 완전하지는 못하기에 세상 사람이 집을 지을 때 기와 석 장을 부족하게 하여 완전하지 못한 하늘에 대응하는 것이다.[73] 천하 사물에는 등급과 차별이 있고 만물은 완전무결하지 않아야 비로소 생존할 수 있는 것이다."

저褚선생이 말하기를

"어부가 그물을 올려 잡았고 신귀가 스스로 꿈속에서 송나라 원왕에게 부탁

69 월식月蝕을 말한다. "달빛은 천하를 비출 수 있지만 도리어 두꺼비에게 먹힌다."(『회남자』「설림說林」)
70 "곽박이 말하기를 '고슴도치는 호랑이를 제압할 수 있지만 까치를 보면 땅에서 머리를 쳐든다'고 했다."(『집해』)
71 "곽박이 말하기를 '등사騰蛇는 용에 속한다. 즉저蝍蛆는 황충蝗蟲과 비슷하며 배가 크고 뱀의 뇌를 먹는다'고 했다."(『집해』) 등사騰蛇는 전설 속에 안개를 타고 날 수 있는 뱀을 말한다.
72 "천간天干을 일日이라 하고, 지지地支를 진辰이라 한다. 12천간과 12지지가 이러한 조합에 따라 60개 단위를 조성하는데, 매 한 단위가 하루를 대표한다. 10일을 순旬이라 하고 모두 6순이다. 갑자순은 갑자에서 시작하여 계유에서 결속된다. 12지지 가운데 술戌과 해亥는 다음 일순一旬으로 이동하기에 즉 갑술순甲戌旬이 되어 술과 해를 고孤라 한다. 무진戊辰, 기사己巳 양일은 갑자순에서 상대되는 날이 부족하므로 허虛라 한다. 기타 각 순의 고와 허는 이 유추에 의거한다."(『사기전증』)
73 "서광이 말하기를 '어떤 사람은 말하기를 집을 짓는 데 기와 석 장을 부족하게 하여 마룻대로 삼는다'고 했다."(『집해』) "집을 짓는 데 완성하지 않고 기와 석 장을 부족하게 하여 하늘에 대응하게 하는데, 늘어놓고서 사는 것과 같음을 말한 것이다."(『정의』)

했으며, 이에 원왕은 박사 위평을 불러 꿈에 본 거북의 정황을 위평에게 알려주었다. 위평은 점을 보는 기구를 운용하여 해와 달의 위치를 추정하고 나누어 측정하여 길흉을 살폈는데, 점에서 신귀가 원왕 꿈속의 거북과 색깔이 같음을 알았다. 위평은 원왕에게 신귀를 붙들어두고 그것을 국가의 보물로 삼도록 간언했는데, 이것은 훌륭한 일이다. 옛사람들이 점을 칠 때 반드시 거북을 말한 것은 거북에게 명예스러운 이름이 있기 때문으로, 이러한 풍조는 그 유래가 오래되었다. 나는 그것을 기술하여 이 편의 전기를 적는다."

3월, 2월, 정월,[74] 12월, 11월에는 가운데는 닫히고 안은 높으며 밖은 낮다. 4월에는 거북이 머리를 쳐들고 다리를 벌리고 발을 오므리고 펴기도 한다.[75] 머리를 숙여서 비교적 커지는 것은 5월이다. 가로지는 금이 생겨 길하고 거북이 머리를 숙여서 비교적 커지는 것은 6월, 7월, 8월, 9월, 10월이다.

점을 칠 때의 금기사항은 아래와 같다.

자시子時, 해시亥時, 술시戌時에는 점을 치거나 거북을 죽여서는 안 된다. 대낮에 일식이 있으면 점치는 일을 그쳐야 한다. 해질녘에는 거북이 모호하고 분명하지가 않아[76] 점을 쳐서는 안 된다. 경일庚日과 신일辛日에는 거북을 죽여도 좋고 거북의 껍데기를 뚫어도 된다. 통상적으로 매월 초하루에 제사를 지내 거북의 상서롭지 못한 것을 제거하는데, 먼저 맑은 물로 씻어내고 달걀로 거북을 문질러 재앙을 없애고 복을 빈 다음에야 비로소 거북 껍데기를 이용해 점을 칠

---

74 "정월과 2월, 3월에 오른쪽으로 돌려서 12월로 끝내는 것은 일월日月의 거북이 배 아래 12개의 흑점을 12월로 삼는 것으로, 28수의 거북과 같음을 말한 것이다."(『정의』) "일월日月 거북의 배 아래에 있는 12개의 흑점은 12개월을 상징하고 점을 칠 때 검은색 부근의 징조 균열로 길흉을 판정한다."(『사기전증』)

75 원문은 '금개胎開(오므리고 펴다)'으로, 『찰기』 "금개胎開는 마땅히 족금足胎(다리를 오므리다)이라 해야 한다"고 했다.

76 "얽혀서 분명하지 않음을 말한다."(『색은』)

수 있는데, 앞서 말한 순서를 통상적인 방법으로 삼아야 한다. 사람들이 점을 친 뒤에 영험하지 않으면 달걀로 문지르고 거북에게 복을 구하고 동쪽을 향해서서 가시나무 가지나 단단한 나무로 거북 껍데기를 태운다. 만일 점이 영험하지 않으면 흙으로 달걀 형상을 만들어 거북을 세 차례 가리킨 다음에 세 차례 돌아 상서롭지 못한 것을 제거하고 축원하며 말한다.

"오늘은 길일입니다. 삼가 쌀, 달걀, 가시나무 가지, 누런 비단을 사용하여[77] 신귀의 상서롭지 못한 것을 제거합니다."

옥령玉靈[78]은 성심성의하고 만사의 정황을 이해하고 있으며 거북 균열로 판별될 수 있으니, 이 같은 거북은 모두 점칠 때 사용할 수 있다. 만일 옥령이 성심성의하지 않으면 태워서 그 재를 버리고 다음 거북 껍데기에 경고한 다음에 점치는 신귀를 사용한다. 점을 칠 때 점을 치는 자는 반드시 북쪽을 향해야 하고 거북 껍데기의 길이는 반드시 1척 2촌이어야 한다.

점을 칠 때는 먼저 가시나무를 태운 곳에서 거북 껍데기를 굽고 구멍을 뚫고, 거북 껍데기 가운데에 구멍을 뚫은 다음에 다시 거북의 머리 부분을 굽는데, 구멍 뚫고 굽기를 각각 세 차례 진행한다. 이어서 다시 정신正身, 정수正首, 정족正足을 굽는데, 거북 껍데기의 중간 부위에 구멍이 뚫린 곳을 정신이라 하고, 구워진 거북 머리 부분을 정수, 다리 부분을 정족이라 한다.[79] 가시나무로 거북 껍데기를 세 바퀴 둘둘 감은 다음 기원한다.

---

77 원문은 '양란제황梁卵梯黃'이다. "양梁은 쌀이다. 난卵은 달걀이다. 제梯는 거북을 지지는 나무다. 가시나무 가지를 태워 번갈아 지지기 때문에 제梯라는 이름이 붙었다. 또한 음을 제梯라고도 하는데, 조금씩 지지기 때문에 계단과 사다리 같다는 뜻이다. 황黃은 황견黃絹으로 쌀과 달걀을 싸서 거북에게 복을 기원하는 것이다. 반드시 황이라 하는 것은 중간색이고 토土를 주관하고 믿음이 있기에 닭을 사용하는 것이다."(『색은』)
78 옥령玉靈은 거북에 대한 경칭이다.
79 원문은 '작수왈정족灼首曰正足(머리를 구운 것을 정족이라 한다)'으로, 『찰기』에서는 "'작수灼首' 다음에 '왈정수작족曰正首灼足' 다섯 글자가 빠져 있다"고 했다. 역자는 장문호의 견해에 따라 다섯 글자를 보충하여 번역했다.

"옥령부자玉靈夫子의 신통력을 빌리려고 합니다. 옥령이시여, 우리가 가시나무로 당신의 가슴을 구웠으니 앞일을 미리 알게 해주십시오. 그대는 위로는 푸른 하늘까지 오르고 아래로는 깊은 못까지 이릅니다. 각종 신령스러운 시초점도 당신의 영험함에는 비할 수 없습니다. 오늘은 길일이니 우리에게 한 차례 좋은 점을 주십시오. 아무개가 아무 일로 점치려 하는데, 점괘가 좋으면 기뻐할 것이고 점괘가 나쁘면 뉘우칠 것입니다. 점이 길조이면 우리를 향해 길고 큰 징조의 몸을 드러내시고, 머리와 다리는 오므려 대칭이 되도록 하고 균열을 위로 펼치게 하십시오. 길조를 얻을 수 없다면 구부러진 몸을 드러내고 안팎의 균열이 서로 상응할 수 없도록 하고 머리와 다리의 균열을 없애주십시오."

신령스런 거북80으로 점을 칠 때는 이렇게 기원한다.

"신령스런 거북의 신통력을 빌리고자 합니다. 오무五巫와 오령五靈81의 신령함도 사람의 생사를 미리 아는 데는 신귀의 영험에 미치지 못합니다. 아무개가 직접 점을 치고 아무개가 어떤 물건을 얻고자 합니다. 만약 얻을 수 있다면 머리와 발을 드러내고 징조의 형상을 안팎으로 대칭되게 하고, 얻을 수 없다면 머리를 쳐들고 발을 오므리며 징조의 형상 안팎이 자연스럽게 내려가게 해주십시오. 그러면 점의 결과를 얻을 수 있습니다.82"

환자를 점칠 때는 다음과 같이 기원한다.

"지금 아무개가 질병으로 고통스러워하고 있습니다. 만약 병으로 죽는다면 머리를 위로 향해 펴고, 징조의 균열이 안팎으로 교차하며 몸의 주름선을 구부러지게 하십시오. 병으로 죽지 않는다면 머리를 쳐들고 발을 오므리십시오."

환자를 위해 점을 치면서 귀신의 방해가 없는지 알고자 할 때는 다음과 같이

---

80 원문은 '영귀靈龜'다. "'영귀靈龜' 두 글자는 불필요한 글자다."(『찰기』)
81 오무五巫와 오령五靈은 많은 시초점과 많은 영물靈物로 상술한 "각종 신령스러운 시초점"의 의미와 상통한다. 오무五巫의 '무巫'는 마땅히 '서筮'라고 해야 한다.
82 원문은 '가득점可得占'으로, "이 세 글자는 불필요한 글자다."(『사기전증』)

기원한다.

"지금 환자 집안에 요괴의 방해가 있다면 징조의 형상을 드러내지 마시고, 요괴의 방해가 없다면 드러내십시오. 집안에 요괴가 있어 해가 된다면 징조의 형상을 안에서 드러내시고 집 밖에 요괴가 있어 해가 된다면 징조의 형상을 밖에서 드러내십시오."

감옥에 갇힌 사람이 감옥에서 나올 수 있는지 없는지 점칠 수 있다. 감옥에서 나올 수 없으면 징조의 형상이 횡길안橫吉安[83]이 되고, 감옥에서 나올 수 있으면 다리를 펴고 머리를 쳐들어 징조의 형상이 밖에 있다.

재물을 구하는 사람은 얻을 수 있는지 점칠 수 있다. 재물을 얻을 수 있으면 머리를 쳐들고 다리를 펴서 징조의 형상이 안팎으로 상응하며, 재물을 얻을 수 없으면 징조의 형상이 머리를 쳐들고 다리를 오므리는 형상을 드러낸다.

노비나 말과 소를 매매하는 일이 순조로운지 아닌지 점칠 수 있다. 매매가 순조로우면 머리를 쳐들고 다리를 펴는 형상을 드러내어 징조의 형상이 안팎으로 상응하고, 매매가 순조롭지 못하면 머리를 쳐들고 다리를 오므리는 형상을 드러내는데 징조의 형상이 횡길안의 형상과 같다.

도적이 몇 명 모여 있는 곳을 공격하는 일을 점칠 수 있다. 몇 명을 인솔하여 도적들을 공격하러 갈 때 승리를 거둘 수 있으면 징조의 형상은 머리를 쳐들고 다리를 펴며 몸을 바르게 하고, 안쪽의 주름선이 자연스럽게 높게 일어나고 밖은 낮아진다. 승리를 거둘 수 없으면 징조의 형상이 다리를 오므리고 머리를 쳐들며, 거북의 머리 균열이 안은 낮아지고 밖은 높아진다.

가야 할지 말아야 할지 점칠 수 있다. 가야 한다면 징조의 형상이 머리와 다리를 펴고, 가지 말아야 한다면 징조의 형상이 다리를 오므리고 머리를 쳐들어 횡길안과 같은 징조가 나타나므로 가서는 안 된다.

---

83 횡길안橫吉安은 징조 형상 중 하나로, 횡길은 옆으로 금이 가는 것을 말한다.

도적을 공격하기 위해 갈 때 도적을 만날지 못 만날지 점칠 수 있는데, 도적을 만날 수 있으면 징조의 형상이 머리를 쳐들고 다리를 오므리며 균열이 밖에 나타나고, 만나지 못하면 징조의 형상이 다리를 펴고 머리를 쳐든다.

도적을 정찰하러 갈 때 도적을 발견할 수 있는지 없는지 점칠 수 있다. 도적을 발견할 수 있으면 징조의 형상이 머리를 쳐들고 다리를 오므리며 균열이 밖으로 드러나고,[84] 발견할 수 없으면 징조의 형상이 다리를 펴고 머리를 쳐든다.

도적이 쳐들어온다는 소문이 있을 때 도적이 올지 오지 않을지 점칠 수 있다. 쳐들어온다면 징조의 형상이 밖은 높고 안은 낮으며 다리를 오므리고 머리를 쳐든다. 쳐들어오지 않는다면 징조의 형상이 다리를 펴고 머리를 쳐들어 횡길 안과 같은 형상으로, 도적들이 예상한 날짜보다 늦게 쳐들어온다.

직무를 옮길 때 관직을 떠나게 될지 떠나지 않게 될지 점칠 수 있다. 관직을 떠나게 된다면 징조의 형상이 다리를 펴고 균열이 밖에 있으며 머리를 쳐들고,[85] 관직을 떠나지 않는다면[86] 징조의 형상이 다리를 오므리고 횡길안과 같은 형상이 나타난다.

관직을 맡는 것이 길한지 아닌지 점칠 수 있다. 길하다면 징조의 형상이 몸을 바르게 한 횡길안과 같은 형상이며, 길하지 않으면 징조의 형상이 몸의 주름선이 구부러지고 머리를 쳐들고 다리는 편다.

집에 있는 것이 좋은지 안 좋은지 점칠 수 있다. 길하면 드러나는 징조의 형상이 몸을 바르게 한 횡길안의 형상과 같고, 길하지 않으면 징조의 형상이 몸의 주름선이 구부러지고 머리를 쳐들며 다리를 편다.

---

84 원문은 '首仰足胗, 胗勝有外'다. "금승胗勝의 '금'은 불필요한 글자이며 '승' 또한 금胗자의 잘못으로, 불필요한 글자다."(『찰기』) 역자는 '금승' 두 글자를 생략하고 번역했다.

85 원문은 '족개유금외수앙足開有胗外首仰'이다. "금胗은 불필요한 글자다."(『찰기』) 역자 또한 '금'자를 생략하고 번역했다.

86 원문은 '불거不去, 자거自去(관직을 잃지 않거나 스스로 떠나면)'다. "자거自去는 불필요한 글자다." (『찰기』) 역자 또한 '자거自去' 두 글자를 삭제한 상태에서 번역했음을 밝혀둔다.

금년의 농작물이 풍년인지 흉년인지 점칠 수 있다. 풍년이면 징조의 형상이 머리를 쳐들고 다리를 펴며 안쪽의 주름선이 높아지고 밖은 낮아진다. 풍년이 아니라면 징조의 형상이 다리를 오므리고 머리를 쳐들며 균열이 밖으로 나타나게 된다.

금년에 민간에서 전염병이 발생할지 발생하지 않을지 점칠 수 있다. 전염병이 발생하면 징조의 형상이 머리를 쳐들고 다리를 오므리며 몸의 주름선이 밖으로 강하게 드러나며, 전염병이 없으면 징조의 형상이 몸을 바르게 하고 머리를 쳐들고 다리를 펴게 된다.

금년에 전쟁이 일어날지 안 일어날지 점칠 수 있다. 전쟁이 없으면 징조의 형상이 횡길안의 형상과 같으며, 전쟁이 일어난다면 징조의 형상이 머리를 쳐들고 다리를 펴며 몸이 밖으로 강해지는 정황이다.[87]

귀인을 만나 길할지 길하지 않을지 점칠 수 있다. 길하다면 징조의 형상이 다리는 펴고 머리는 쳐들며 몸을 바르게 하고 안쪽의 주름선이 높아지며, 길하지 않으면 징조의 형상이 머리는 쳐들고 몸의 주름선이 구부러지고 다리는 오므리며 균열은 밖에 있고 내부가 비어 아무것도 없는 상태와 같이 된다.[88]

남에게 부탁하여 얻을 수 있을지 없을지 점칠 수 있다. 얻을 수 있으면 징조의 형상이 머리는 쳐들고 다리는 펴며 안의 주름선이 높아진다. 얻는 것이 없으면 징조의 형상이 머리를 쳐들고 다리를 오므리는데 균열이 밖에 있다.

도망친 사람을 추격하여 체포할 수 있을지 없을지 점칠 수 있다. 성공한다면 징조의 형상이 머리를 쳐들고 다리를 오므리며 균열이 안팎으로 서로 상응한다. 성공하지 못하면 징조의 형상이 머리는 쳐들고 다리는 펴며 횡길안의 형상

---

87 "탈자와 오자가 있다."(『찰기』)
88 원문은 '약무어若無漁'다. "밖이 일어나고 중간이 꺼지면서 텅 비어 아무것도 없으므로 무어無漁 라고 말한 것이다. 어漁는 그물을 들어 올려 물고기를 잡는 것으로, 침입하여 취하는 것을 어漁라고 말한다."(『사기찰기』)

과 같다.

고기잡이나 사냥을 하여 수확이 있을지 점칠 수 있다. 수확이 있으면 징조의 형상이 머리를 쳐들고 다리를 펴며 균열이 안팎으로 서로 상응한다. 수확이 없으면 징조의 형상이 다리를 오므리고 머리를 쳐들어 횡길안의 형상과 같다.

길을 가다가 강도를 만날지 만나지 않을지 점칠 수 있다. 강도를 만난다면 징조의 형상은 머리를 쳐들고 다리를 펴며 몸의 주름선이 구부러지고 균열이 밖은 높아지고 안은 낮아진다. 강도를 만나지 않는다면 징조의 형상은 정조呈兆[89]가 된다.

하늘에서 비가 내릴지 내리지 않을지 점칠 수 있다. 비가 내리면 징조의 형상은 머리는 쳐들고 균열이 밖에 있으며 바깥 균열은 높아지고 안은 낮아진다. 비가 내리지 않으면 징조의 형상은 머리를 쳐들고 다리를 펴서 횡길안의 형상과 같다.

내리는 비가 갤지 개지 않을지 점칠 수 있다. 갠다면 징조의 형상은 다리를 펴고 머리를 쳐들며, 개지 않으면 징조의 형상은 횡길橫吉[90]이 된다.

징조의 형상을 '횡길안橫吉安'으로 이름 짓는다. 점을 쳐서 이러한 징조를 얻으면 병이 위중한 사람이 하루 안에 죽지 않으며, 병이 위중하지 않은 사람은 점친 당일에 쾌유되어 죽지 않는다. 감옥에 있는 사람 가운데 큰 죄를 지은 사람은 풀려나지 못하고, 가벼운 죄를 지은 사람은 즉시 석방된다. 하루가 지나도 풀려나지 못하면 설사 오랫동안 갇혀 있어도 상해를 당하지 않는다. 재물을 구하거나 노비와 말과 소를 사는 일은 그날 안으로 빠르게 얻을 수 있지만, 하루를 넘기면 조금도 얻지 못한다. 길을 떠나고 싶은 사람은 떠나서는 안 된다. 오려고 하는 사람은 매우 빠르게 오게 되고, 밥 먹을 시간이 지나도 오지 않는다

---

89 정조呈兆는 징조 형상의 한 종류다.
90 횡길橫吉: 횡길안橫吉安이다.

면 오지 않을 것이다. 도적을 추격하려는 사람은 가서는 안 되는데, 설사 가더라도 도적과 만나지 못하고, 도적이 쳐들어온다는 소식이 있어도 오지 않을 것이다. 관직이 옮겨질지 아닐지 점을 치는 경우는 옮겨지지 않을 것이다. 관직과 집에 있는 것 모두 길하다. 금년의 농작물은 풍년이 되지 않는다. 민간에는 전염병이 돌지 않는다. 금년에는 전쟁이 발발하지 않는다. 다른 사람을 만나고자 한다면 가야 하고 가지 않으면 기쁜 일이 없다. 다른 사람을 방문해야 하며 가지 않으면 얻는 바가 없다. 도망친 사람을 추격하여 체포해야 하고 고기잡이와 사냥을 나가면 얻는 것이 없다. 길을 떠나도 강도를 만나지 않는다. 비가 내릴지를 묻는 경우에는 비가 내리지 않는다. 하늘이 갤지를 묻는 경우에는 개지 않는다.

징조의 형상을 '정조呈兆'로 이름 짓는다. 점을 쳤을 때 이러한 징조를 얻으면 병이 생긴 사람은 죽지 않는다. 감옥에 구금된 사람은 나올 수 있다. 길을 떠나고자 하는 사람은 가도 된다. 오려는 사람은 오게 된다. 시장에서 물건을 사려는 사람은 사도 된다. 도망친 사람을 추격하면 원하는 대로 이루어지지만, 하루가 지나면 추격해서는 안 된다. 길을 떠나는 사람은 도달하지 못한다.

징조의 형상을 '주철柱徹'로 이름 짓는다. 점을 쳐서 이러한 징조를 얻으면 환자는 죽지 않는다. 감옥에 갇힌 사람은 풀려날 수 있다. 길을 떠나고자 하는 사람은 떠나도 되고, 오고자 하는 사람은 오게 된다. 시장에서 물건을 사서는 안 된다. 근심거리가 있는 사람은 근심이 사라진다. 도망친 사람을 쫓는 사람은 이루지 못한다.

징조의 형상을 '머리를 쳐들고 다리를 오므리며 균열이 안에는 있고 밖에는 없다'로 이름 짓는다. 점을 쳐서 이러한 징조를 얻으면 병의 상태가 엄중하지만 죽지 않는다. 감옥에 갇힌 사람은 풀려날 수 있다. 재물을 구하거나 노비와 말과 소를 사는 일은 수확이 없다. 길을 떠나고자 하는 사람이 어떤 소식을 듣게 되면 떠나서는 안 된다. 오고자 하는 사람은 오지 못한다. 도적이 온다는 말을 들어도 도적이 오지 않는다. 어떤 사람이 오고자 한다는 말을 들었으나 오지 않는다. 관직을 옮긴다는 소식을 듣지만 옮겨가지 않는다. 관직을 맡으면 근심이 생긴다. 집에 있으면 재앙이 많아진다. 금년의 농작물은 중간 정도로 거두어들인다. 백성에게 전염병이 돌고 병이 많아진다. 연내에 전쟁이 발발하는데 이 땅에는 전쟁 소식이 들려도 발생하지 않는다. 귀인을 만나면 크게 길해진다. 다른 사람을 방문하려 하면 가지 말아야 하고, 간다 해도 좋은 말을 듣지 못한다. 도망친 사람을 추격해 체포하려 해도 잡지 못한다. 고기잡이나 사냥을 해도 수확이 없다. 길을 떠나도 도적을 만나지 않는다. 하늘에서 비가 내릴지 물은 경우 내리지 않는다. 날이 갤지 물은 경우 개지 않는다. 징조의 균열 형상이 모두 '수비首備' 글자의 형태다. 복관에게 물어보니, '비備'는 '우러러보다'인 '앙仰'의 의미라고 말하기 때문에 '앙仰'자로 결정했다. 이러한 내용은 내가 사사로이 기록한 것이다.

징조의 형상을 '머리를 쳐들고 다리를 오므리며 균열이 안에는 있고 밖에는 없다'[91]로 이름 짓는다. 점을 쳐서 이 징조를 얻으면 병이 엄중해도 죽지 않는다. 감옥에 갇힌 사람은 풀려나지 못한다. 재물을 구하거나 혹은 노비와 말과 소를 사는 일은 수확이 없다. 길을 떠나고자 하는 사람은 떠나서는 안 된다. 오려는 사람은 오지 못한다. 도적을 추격하지만 만나지 못한다. 도적이 온다는 말을 듣고서 내심 놀라고 불안하지만 도적은 오지 않는다. 관직을 옮기고 싶지만 옮겨지지 않는다. 관직에 있거나 집에 있거나 모두 크게 길하다. 금년의 농작물은 풍년이 아니다. 민간에 전염병이 돌고 병 상태가 엄중하다. 연내에 전쟁은 발발하지 않는다. 귀인을 만나면 크게 길하다. 다른 사람을 만나거나 혹은 도망친 사람을 추격하여 잡는 일이 원하는 대로 되지 않는다. 재물을 잃으면 되찾지 못한다. 물고기를 잡고 사냥을 나가도 얻는 것이 없다. 길을 떠나도 강도를 만나지

---

91 "우수핑吳樹平, 펑샤오린馮曉林이 말하기를 '이 징조의 명칭은 상술한 것과 완전히 상통한다. 그러나 점을 쳐서 얻은 결과는 분명히 같지 않다. 이것으로 추정하건대 이 징조의 명칭은 오류가 있는 것 같다'고 했다.'(『사기전증』)

않는다. 하늘에서 비가 내릴지 묻는 경우 비가 내리지 않는다. 날이 갤지 묻는 경우 개지 않는다. 흉하다.

징조의 형상을 '정조呈兆이고 머리를 쳐들고 다리를 오므린다'로 이름 짓는다. 점을 쳐서 이러한 징조를 얻으면 환자가 죽지 않는다. 감옥에 갇힌 사람은 풀려나지 못한다. 재물을 구하거나 노비와 말과 소를 사는 일은 수확이 없다. 길을 떠나고자 하는 사람은 떠나서는 안 된다. 오려는 사람은 오지 않는다. 도적을 추격하지만 도적을 만나지 못한다. 도적이 온다는 소식을 들었지만 오지 않는다. 관직을 옮기고 싶지만 옮기지 않는다. 관직에 있는 시간이 오래되면 많은 근심이 생긴다. 집에 한가하게 있으면 길하지 못하다. 금년의 농작물은 풍년이 아니다. 민간에는 전염병이 돈다. 연내에는 전쟁이 발발하지 않는다. 귀인을 만나는 것은 길하지 않다. 다른 사람을 만나고자 하지만 수확이 없다. 물고기를 잡고 사냥을 해도 얻는 것이 매우 적다. 길을 나서도 강도를 만나지 않는다. 하늘에서 비가 내릴지 묻는 경우 비가 내리지 않는다. 날이 갤지 묻는 경우 개지 않는다. 불길하다.

징조의 형상을 '정조이고 머리를 쳐들고 다리를 편다'로 이름 짓는다. 점을 쳐서 이러한 징조를 얻으면 환자는 병이 엄중해져서 죽는다. 감옥에 갇힌 사람은 풀려나게 된다. 재물을 구하거나 노비와 말과 소를 사는 일은 소득이 없다. 길을 떠나고자 하는 사람은 떠나도 되지만 와야 할 사람은 오지 않는다. 도적을 추격하지만 도적을 만나지 못한다. 도적이 온다는 소식을 들었지만 도적은 오지 않는다. 관직을 옮기려 하면 옮기게 된다. 관직에 오래 있지 못한다. 집에 한가하게 있으면 길하지 못하다. 금년의 농작물은 풍년이 아니다. 민간에는 전염병이 돌지만 그리 많지는 않다. 연내에는 전쟁이 발발하지 않는다. 귀인을 만나려 하지만 만나지 않는 게 길하다. 다른 사람을 방문하는 것, 도망친 사람을 추격해 체포하는 것, 물고기를 잡고 사냥을 하는 것은 이득이 없다. 길을 나서면 강도를 만나게 된다. 하늘에서 비가 내릴지 묻는 경우 비가 내리지 않는다. 날이 개며 약

간 길하다.[92]

　징조의 형상을 '머리를 쳐들고 다리를 오므린다'로 이름 짓는다. 점을 쳐서 이 징조를 얻으면 환자가 죽지 않는다. 감옥에 간힌 사람은 오랜 동안 간혀 있게 되지만 상해를 입지 않는다. 재물을 구하거나 혹은 노비와 말과 소를 사는 일은 수확이 없다. 길을 떠나고자 하는 사람은 떠나서는 안 된다. 도적을 추격하려는 사람은 해서는 안 된다. 오려는 사람이 오지 않는다. 도적이 온다는 소식을 들으면 도적이 온다. 관직을 옮기게 된다는 소식을 듣지만 옮기지 않는다. 한가하게 집에 있으면 길하지 못하다. 금년의 농작물은 풍년이 아니다. 민간에는 전염병이 적게 돈다. 연내에는 전쟁이 발발하지 않는다. 귀인을 만나고자 하면 만나게 된다. 다른 사람을 만나고자 하는 것, 도망친 사람을 추격해 체포하려는 것, 물고기를 잡고 사냥을 하는 것은 이득이 없다. 길을 나서면 강도를 만나게 된다. 하늘에서 비가 내릴지 묻는 경우 비가 내리지 않는다. 날이 갤지 묻는 경우 개지 않는다. 길하다.

　징조의 형상을 '머리를 쳐들고 다리를 펴며 균열이 안에 있다'로 이름 짓는다. 점을 쳐서 이 징조를 얻으면 환자가 죽게 된다. 감옥에 간힌 사람은 풀려나게 된다. 재물을 구하거나 혹은 노비와 말과 소를 사는 일은 수확이 없다. 길을 떠나고자 하는 사람은 가도 되고 오려는 사람이 온다. 도적을 추격하지만 도적을 만나지 못한다. 도적이 온다는 소식을 들었지만 오지 않는다. 관직을 옮기려하면 원하는 대로 된다. 관직에 오래 있지 못한다. 한가하게 집에 있으면 길하지 못하다. 금년의 농작물은 풍년이다. 민간에는 전염병이 돌지만 매우 적다. 연내에는 전쟁이 발발하지 않는다. 귀인을 만나도 길하지 않다. 다른 사람을 만나는 것, 도망친 자를 추격해 체포하는 것, 물고기를 잡고 사냥을 하는 것은 이득이 없다. 길을 나서도 강도를 만나지 않는다. 비가 오다가 날씨가 갠다. 비가 개면

92　원문은 '제소길齊小吉'이다. "제齊 다음에 문장이 빠진 것으로 의심된다."(『찰기』)

조금 길하고, 비가 개지 않으면 길하다.

징조의 형상을 '횡길橫吉이면서 징조의 균열이 안팎으로 자연스럽게 높게 일어난다'로 이름 짓는다. 이런 징조를 얻으면 환자가 당일 치료하지 않으면 죽게 된다.[93] 감옥에 갇힌 자는 무죄 판결을 받고 풀려난다. 재물을 구하고 노비와 소와 말을 사는 일 모두 수확이 있다. 길을 떠나고자 하면 가도 된다. 오려는 사람은 오게 된다. 도적을 추격하면 맞붙어 싸우게 되고 쌍방의 세력이 대등하여 승부를 내지 못한다. 도적이 온다는 소식을 들으면 오게 된다. 관직을 옮긴다는 소식을 들으면 옮긴다. 집에 한가하게 있으면 길하다. 금년의 농작물은 풍년이다. 백성에게 전염병이 돌지 않는다.[94] 연내에 전쟁이 발발하지 않는다. 다른 사람을 만나거나 도망친 자를 추격하여 체포하거나 혹은 물고기를 잡고 사냥을 하는데 모두 수확이 있다. 길을 나서면 강도를 만난다. 하늘에서 비가 내릴지 아닐지, 날이 갤지 묻는 경우 비가 내리고 날이 개며 크게 길하다.[95]

징조의 형상을 '횡길橫吉이면서 안팎으로 저절로 길하다'[96]로 이름 짓는다. 이런 징조를 얻으면 환자는 죽는다. 감옥에 갇힌 사람은 풀려나지 못한다. 재물을 구하고 노비와 말과 소를 사고 혹은 도망친 자를 뒤쫓고 체포하며, 혹은 물고기를 잡고 사냥하는 일이 모두 수확이 없다. 길을 떠나려는 사람은 가서는 안 된다. 도적을 추격하지만 도리어 도적을 만나지 못한다. 도적이 온다는 소식을 들었지만 도리어 도적은 오지 않는다. 관직을 옮기려하면 전근된다. 관직을 담당하는 사람은 근심이 있다. 한가롭게 집에 거주하고, 귀인을 만나고, 다른 사람을

93　원문은 '이점병 복일무추사以占病, 卜日毋瘳死'다. "'복일卜日' 두 글자는 '자者'자를 잘못 쓴 글자다."(『사기회주고증』)
94　원문은 '민역무질民疫無疾'이다. "역疫자는 불필요한 글자다. 혹은 무無자 다음에 있어야 한다."(『찰기』)
95　원문은 '우제雨霽, 우제대길雨霽大吉'이다. "당연히 '우우雨雨, 제제霽霽'로 해야 한다."(『찰기』) 역자는 장문호의 견해에 따라 번역했음을 밝힌다.
96　원문은 '내외자길內外自吉'이다. "길吉자는 오류로 의심된다."(『찰기』)

만나는 것이 모두 길하지 못하다. 금년의 농작물은 풍년이 아니다. 민간에는 전염병이 돈다. 연내에는 전쟁이 발발하지 않는다. 길을 나서는 사람은 강도를 만나지 않는다. 하늘에서 비가 내릴지 묻는 경우 비가 내리지 않는다. 날이 갤지 묻는 경우 개지 않는다. 불길하다.

징조의 형상을 '어인漁人'으로 이름 짓는다. 이런 징조를 얻으면 환자의 병은 더욱 엄중해지지만 도리어 죽지는 않는다. 감옥에 갇힌 사람은 석방될 수 있다. 재물을 구하고 노비와 말과 소를 사고, 도적을 추격하고, 다른 사람을 만나고, 도망친 사람을 추격하고, 물고기를 잡고 사냥하는 일은 모두 수확이 있다. 길을 떠나고자 하는 사람은 가도 된다.[97]

도적이 온다는 소식을 듣지만 도리어 오지 않는다. 관직을 옮기고자 하지만 도리어 옮기지 않는다. 한가롭게 집에 있으면 길하다. 금년의 농작물은 풍년이 아니다. 민간에 전염병이 돈다. 연내에는 전쟁이 발발하지 않는다. 귀인을 만나면 길하다. 길을 나서도 강도를 만나지 않는다. 하늘에서 비가 내릴지 묻는 경우 비가 내리지 않는다. 날이 갤지 묻는 경우 개지 않는다. 길하다.

징조의 형상을 '머리를 쳐들고 다리를 오므리고 균열이 안은 높아지고 밖은 낮아진다'로 이름 짓는다. 이런 징조를 얻으면 환자의 병은 더욱 엄중해지지만 도리어 죽지는 않는다. 감옥에 갇힌 사람은 풀려나지 못한다. 재물을 구하고 노비와 말과 소를 사고, 도망친 사람을 추격해 체포하고, 물고기를 잡고 사냥하는 일은 모두 수확이 있다. 길을 떠나야 할 사람은 가서는 안 된다. 오려는 사람은 오게 된다. 도적을 공격하면 승리를 거둔다. 관직을 옮기고자 하지만 도리어 옮기지 않는다. 관직을 담당하는 사람은 근심이 있지만 상해를 입지는 않는다. 한

97　원문은 '행자행래行者行來'이다. "행자행行者行 다음의 '래來'자는 불필요한 글자다."(『사기찰기』) "'래來'자 다음에 '자래者來' 두 글자가 빠진 것으로 의심된다."(『사기회주고증』) 즉 '행자행래자래行者行來者來'가 되어 '떠나고자 하는 사람은 가도 되고, 오려는 사람은 오게 된다'는 의미가 된다. 역자는 곽숭도의 『사기찰기』의 견해에 따라 번역했음을 밝힌다.

가하게 집에 있는 사람은 근심과 질병이 많아진다. 금년의 농작물은 풍년이다. 민간에는 전염병이 돈다. 연내에는 전쟁이 발발하지만 재앙이 미치지는 않는다. 귀인을 만나고, 다른 사람을 만나는 것은 불길하다. 길을 나서면 강도를 만나게 된다. 하늘에서 비가 내릴지 묻는 경우 비가 내리지 않는다. 날이 갤지 묻는 경우 개지 않는다. 길하다.

징조의 형상을 '횡길로서 위에는 앙仰이 있고, 아래에는 주柱가 있다'고 이름 짓는다. 이런 징조를 얻으면 환자는 병이 오래 지속되지만 도리어 죽지는 않는다. 감옥에 갇힌 사람은 감옥을 나오지 못한다. 재물을 구하고 노비와 말과 소를 사고, 도망자를 추격하고, 물고기를 잡고 사냥을 하는 일은 모두 수확이 없다. 길을 떠나고자 하는 사람은 가서는 안 된다. 오려는 사람은 오지 않는다. 도적을 공격하는 일은 나가서는 안 되고, 설사 나간다 하더라도 도적을 만나지 못한다. 도적이 온다는 소식을 듣지만 도리어 도적은 오지 않는다. 관직을 옮기려고 하지만 옮기지 않는다. 한가하게 집에 있거나, 귀인을 만나거나 하는 일은 길하다. 금년의 농작물은 큰 풍년이 든다. 민간에 전염병이 돈다. 연내에 전쟁은 발발하지 않는다. 길을 나서도 강도를 만나지 않는다. 하늘에서 비가 내릴지 묻는다면 비가 내리지 않는다. 날이 갤지 묻는 경우 개지 않는다. 크게 길하다.

징조의 형상을 '횡길이면서 유앙楡仰'이라고 이름 짓는다. 이런 징조를 얻으면 환자는 죽지 않는다. 감옥에 갇힌 사람은 풀려나지 못한다. 재물을 구하고 노비와 말과 소를 사는 일은 모두 소득이 없다.[98] 떠나고자 하는 사람은 가서는 안 된다. 오고자 하는 사람은 오지 않는다. 도적을 공격하는 사람은 나가서는 안 되고, 간다 해도 도적을 만나지 못한다. 도적이 온다는 소식이 있어도 도적이 오지 않는다. 관직을 옮기려 해도 옮기지 않는다. 관직을 담당하고 한가하게 집에 있고, 귀인을 만나는 일은 길하다. 금년의 농작물은 풍년이다. 연내에 민간에 전

---

[98] 원문은 '求財物, 買臣妾馬牛至不得'이다. "'至不得'에서 '지至'자는 불필요한 글자로 의심된다. 아래 문장의 '어렵지부득漁獵至不得' 또한 같다."(『사기찰기』) 역자 또한 '지'자를 생략하고 번역했다.

염병이 돈다. 전쟁은 없다. 다른 사람을 만나거나 혹은 도망친 자를 추격하여 체포하는 일은 모두 소득이 없다. 물고기를 잡고 사냥하는 일은 소득이 없다. 길을 나서고자 하는 사람은 강도를 만나지 않는다.[99] 하늘에서 비가 내릴지 아닐지, 날이 갤지 묻는 경우 개지 않는다. 조금 길하다.

징조의 형상을 '횡길로서 아래에 주柱가 있다'고 이름 짓는다. 이런 징조를 얻으면 환자는 병이 엄중해지고 빨리 쾌유되지 않지만 죽지는 않는다. 감옥에 갇힌 사람은 풀려난다. 재물을 구하거나 노비와 말과 소를 사는 것, 다른 사람을 만나는 것, 도망친 사람을 추격하여 체포하는 것, 물고기를 잡고 사냥을 하는 것은 모두 소득이 없다. 길을 떠나고자 하는 사람은 가서는 안 되고, 오고자 하는 사람도 오지 않는다.[100] 도적을 추격해도 교전이 발생하지 않는다. 도적이 온다는 소식을 들어도 도적은 오지 않는다. 관직을 옮기거나 관직을 담당하는 일은 모두 길하지만 오래 있지는 못한다. 한가하게 집에 있으면 불길하다. 금년의 농작물은 풍년이 아니다. 민간에는 전염병이 없다. 연내에 전쟁이 발발하지 않는다. 귀인을 만나고 길하다. 길을 나서는 사람은 강도를 만나지 않는다. 하늘에서 비가 내릴지 묻는 경우 비가 내리지 않는다. 날이 갠다. 조금 길하다.

징조의 형상을 '재소載所'라고 이름 짓는다. 이런 징조를 얻으면 환자는 매우 빠르게 쾌유되고 죽지 않는다. 감옥에 갇힌 사람은 감옥에서 나올 수 있다. 재물을 구하고 노비와 말과 소를 사는 것, 다른 사람을 만나는 것, 도망친 사람을 추격해 체포하는 것, 물고기를 잡고 사냥을 하는 것은 모두 수확이 있다. 길을 떠나고자 하는 사람은 가도 된다. 오려는 사람은 오게 된다. 도적을 추격하여 만나게 되지만 교전은 없게 된다. 도적이 온다는 소식을 듣지만 도적은 오지 않는

---

99 원문은 '行不得, 行不遇盜'다. "앞의 '행부득'은 의미가 연결되는 것이 없다. 불필요한 글자로 의심된다."(『사기찰기』) 역자 또한 앞의 '행부득' 세 글자를 생략하고 번역했다.

100 원문은 '行來不來'다. "마땅히 '行不行, 來不來'로 해야 한다."(『사기찰기』) 역자 또한 곽숭도의 견해에 따라 번역했다.

다. 관직을 옮기려 하면 옮겨간다. 한가하게 집에 있으면 우환이 생긴다. 귀인을 만나면 길하다. 연내에 농작물은 풍년이다. 민간에는 전염병이 돌지 않는다. 연내에 전쟁은 발발하지 않는다. 길을 나서도 강도를 만나지 않는다. 하늘에서 비가 내릴지 묻는 경우 비가 내리지 않는다. 날이 갤지 묻는 경우 갠다. 길하다.

징조의 형상을 '근격根格'이라고 이름 짓는다. 이런 징조를 얻으면 환자는 죽지 않는다. 감옥에 갇힌 사람은 비록 오래 갇혀 있게 되지만 상해를 입지 않는다. 재물을 구하고 노비와 소를 사는 것, 다른 사람을 만나는 것, 도망친 자를 추격하여 체포하는 것, 물고기를 잡고 사냥을 하는 것은 모두 수확이 없다. 길을 떠나고자 하는 사람은 가서는 안 된다. 오려는 사람은 오지 않는다. 도적을 추격하지만 도적이 떠나고 도적과 교전이 벌어지지 않는다. 도적이 온다는 소식을 듣지만 도리어 오지 않는다. 관직을 옮기려 하지만 도리어 옮기지 않는다. 한가하게 집에 있으면 길하다. 금년의 농작물은 중등의 수확을 거둔다. 민간에 전염병이 돌지만 죽는 사람이 없다. 귀인을 만나려 하지만 만나지 못한다. 길을 나서도 강도를 만나지 않는다. 하늘에서 비가 내릴지 묻는 경우 비가 내리지 않는다. 크게 길하다.

징조의 형상을 '머리를 쳐들고 다리는 오므리고, 균열이 밖은 높고 안은 낮아진다'로 이름 짓는다. 이런 징조를 얻으면 우환이 생기지만 도리어 상해는 발생하지 않는다. 길을 떠난 사람은 돌아오지 않는다. 병이 매우 오래된 사람이 죽게 된다. 재물을 구하려 해도 얻지 못한다. 귀인을 만나면 길하다.

징조의 형상을 '균열이 밖은 높고 안은 낮아진다'로 이름 짓는다. 이런 징조를 얻으면 환자는 죽지 않지만 요괴의 방해가 있다. 시장에서 물건을 사지 못한다. 관직을 담당하거나 한가하게 집에 있으면 불길하다. 길을 떠나고자 하는 사람은 가서는 안 된다. 오려는 사람은 오지 않는다. 감옥에 갇힌 사람은 오랜 시간 구금되지만 도리어 상해를 입지 않는다. 길하다.

징조의 형상을 '머리를 내밀고 다리를 열고, 균열의 안과 밖이 상응한다'고 이름 짓는다. 이런 징조를 얻으면 환자가 쾌유된다. 감옥에 갇힌 사람은 감옥에서 풀려난다. 길을 떠나고자 하는 사람은 가도 된다. 오고자 하는 사람은 오게 된다. 재물을 구하고자 하면 얻을 수 있다. 길하다.

징조의 형상을 '정조이면서 머리를 쳐들고 다리를 편다'로 이름 짓는다. 이런 징조를 얻으면 환자가 병이 엄중해지고 죽게 된다. 감옥에 갇힌 사람은 풀려날 수 있으나 우환이 있게 된다. 재물을 구하고 노비와 말과 소를 사는 것, 다른 사람을 만나는 것, 도망친 자를 추격해 체포하는 것, 물고기를 잡고 사냥을 하는 일들은 모두 소득이 없다. 길을 떠나고자 하는 사람은 가서는 안 된다. 오려는 사람은 오지 않는다. 도적을 추격하지만 도리어 도적과 교전이 없다. 도적이 온다는 소식을 듣고 도적이 오게 된다. 관직을 옮기는 것, 관직을 담당하는 것, 한가하게 집에 있는 것은 모두 불길하다. 금년의 수확이 매우 좋지 않다. 민간에 전염병이 돌지만 범위가 매우 작다. 연내에 전쟁이 발발하지 않는다. 귀인을 만나면 불길하다. 길을 나서지만 강도를 만나지 않는다. 하늘에서 비가 내릴지 묻는 경우 비가 내리지 않는다. 날이 갠다. 불길하다.

징조의 형상을 '정조이면서 머리를 쳐들고 다리를 펴고, 균열이 밖은 높아지고 안은 낮아진다'로 이름 짓는다. 이 징조를 얻으면 환자는 죽지 않지만 요괴의 방해가 있다. 감옥에 갇힌 사람은 풀려날 수 있지만 우환이 생긴다. 재물을 구하고 노비와 말과 소를 사는 일은 기회가 있지만 성공하지 못한다. 길을 떠나고자 하는 사람은 가도 된다. 어떤 사람이 오고자 한다는 소식을 듣지만 오지 않는다. 도적을 추격하여 승리를 거둔다. 도적이 온다는 소식을 들었지만 오지 않는다. 관직을 옮기는 것, 관직을 담당하는 것, 한가하게 집에 있는 것, 귀인을 만나는 일이 모두 불길하다. 금년의 농작물은 중등으로 수확한다. 민간에 전염병이 도는데다 또 전쟁이 일어난다. 다른 사람을 만나는 것, 도망친 자를 추격하는 것, 물고기를 잡고 사냥을 하는 것은 모두 소득이 없다. 도적이 있다는 소식을 들으면 도적을 만나게 된다. 하늘에서 비가 내릴지 묻는 경우 비가 내리지 않는다. 날이 갤지 묻는 경우 날이 갠다. 흉하다.

징조의 형상을 '머리를 쳐들고 다리를 오므리고 몸의 주름선이 구부러지고 균열이 안팎으로 상응한다'고 이름 짓는다. 이런 징조를 얻으면 환자는 병 상태가 엄중해지지만 사망에 이르지는 않는다. 감옥에 갇힌 사람은 매우 오랫동안 구금되며 풀려나지 못한다. 재물을 구하고 노비와 말과 소를 사는 것, 물고기를 잡고 사냥을 하는 것들은 모두 소득이 없다. 길을 떠나고자 하는 사람은 가서는 안 된다. 오려는 사람은 오지 않는다. 도적을 공격하여 승리를 거둔다. 도적이 온다는 소식을 듣고 도적이 온다. 관직을 옮기려 하지만 옮기지 않는다. 관직을 담당하고 한가하게 집에 있는 것이 모두 불길하다. 금년의 농작물은 풍년이 아니다. 민간에 전염병이 돈다. 농작물은 중등으로 거둔다. 전쟁이 발생하지만 도리어 재앙은 미치지 않는다. 귀인을 만나고 크게 기뻐한다. 다른 사람을 만나고 도망친 자를 추격해 체포하는 일들이 모두 수확이 없다. 강도를 만나고, 흉하다.

징조의 형상을 '내격외수內格外垂'로 이름 짓는다. 떠나고자 하는 사람은 가서는 안 된다. 오려는 사람은 오지 않는다. 환자는 죽게 된다. 감옥에 갇힌 사람은 풀려나지 못한다. 재물을 구하지만 얻지 못한다. 다른 사람을 만나고자 하지만 만나지 못한다. 크게 길하다.

징조의 형상을 '횡길로서 균열이 안과 밖이 상응하고 주름선이 저절로 높아지고, 유앙상주楡仰上柱로 다리를 오므린다'고 이름 짓는다. 이런 징조를 얻으면 환자는 병이 엄중해지지만 죽음에 이르지는 않는다. 매우 오랫동안 감옥에 구금되지만 죄를 지어 상응하는 벌을 받지는 않는다. 재물을 구하고 노비와 말과 소를 사는 것, 다른 사람을 만나는 것, 도망친 자를 추격해 체포하는 것, 물고기를 잡고 사냥을 하는 것은 모두 수확이 없다. 길을 떠나고자 하는 사람은 가서는 안 된다. 오려는 사람은 오지 않는다. 관직을 담당하고 한가하게 집에 있는 것, 귀인을 만나는 것은 길하다. 관직을 옮기려 하지만 옮기지 않는다. 금년의 수확은 매우 좋지 않다. 민간에는 전염병이 돌고 전쟁이 발생한다. 그러나 이 땅에는 전쟁이 발생하지 않는다. 길을 떠나는 사람은 강도를 만난다. 도적이 온다는 소식을 듣지만 오지 않는다. 하늘에서 비가 내릴지 묻는 경우 비가 내리지 않는다. 날이 갤지 묻는 경우 갠다. 크게 길하다.

징조의 형상을 '머리를 쳐들고 다리를 오므리고 균열의 안과 밖이 자연스럽게 드리워진다'고 이름 짓는다. 이런 징조를 얻으면 환자는 근심으로 병이 생기고 비록 병 상태가 엄중하지만 사망에 이르지는 않는다. 관직을 담당하고자 하지만 관직을 얻지 못한다. 길을 떠나고자 하는 사람은 가도 된다. 오려는 사람은 오지 않는다. 재물을 구하고자 하지만 얻지 못한다. 사람을 구해 일을 처리하고자 하지만 성공하지 못한다. 길하다.

징조의 형상을 '횡길로서 아래에 주柱가 있다'고 이름 짓는다. 이런 징조를 얻으면 오려는 사람이 오게 된다. 점친 당일에 오지 않으면 오지 않는다. 환자를 위해 점을 쳐서 환자가 하루가 지나도 호전되지 않으면 사망에 이르게 된다. 길을 떠나고자 하는 사람은 가서는 안 된다. 재물을 구해도 얻지 못한다. 감옥에 갇힌 사람이 감옥에서 나올 수 있다.

징조의 형상을 '횡길로서 균열이 안과 밖으로 저절로 들리게 된다'고 이름 짓는다. 이런 징조를 얻으면 환자는 오랫동안 병이 생기지만 죽지는 않는다. 감옥에 갇힌 사람은 장시간 구금되고 풀려나지 못한다. 재물을 구하여 조금 얻을 수 있으나 매우 적다. 길을 떠나고자 하는 사람은 가서는 안 된다. 오려는 사람은 오지 않는다. 귀인을 만나려 하는데 만날 수 있다. 길하다.

징조의 형상을 '균열이 안이 높고 밖이 낮으며 빠르고 쉽게 다리가 벌어진다'고 이름 짓는다. 재물을 구하려 하지만 얻지 못한다. 길을 떠나려는 사람은 가도 된다. 환자는 쾌유된다. 감옥에 갇힌 사람은 풀려나지 못한다. 오려는 사람은 온다. 귀인을 만나려 하지만 만나지 못한다. 길하다.

징조의 형상을 '외격外格'이라 이름 짓는다. 재물을 구하려 해도 얻지 못한다.

길을 떠나고자 하는 사람은 가서는 안 된다. 오려는 사람은 오지 않는다. 감옥에 갇힌 사람은 풀려나지 못한다. 불길하다. 환자는 죽는다. 재물을 구하려 하나 얻지 못한다. 귀인을 만나려 하면 만난다. 길하다.

징조의 형상을 '균열이 안이 저절로 들리고 밖에서 오는 것이 바르고 다리가 벌어진다'고 이름 짓는다. 이런 징조의 형상은 떠나고자 하는 사람은 가도 된다. 오려는 사람은 오게 된다. 재물을 구하려 하면 얻게 된다. 환자는 병이 오랫동안 지속되지만 죽지 않는다. 감옥에 갇힌 사람은 풀려나지 못한다. 귀인을 만나고자 하면 만나게 된다. 길하다.

이 징조의 형상은 '횡길로 상주上拄 안팎이 저절로 들리고 다리가 오무린다'이다. 이런 징조를 얻으면 취하고자 하는 것을 얻게 된다. 환자는 죽지 않는다. 감옥에 갇힌 사람은 상해를 입지는 않지만 풀려나지 못한다. 길을 떠나고자 하는 사람은 가서는 안 된다. 오려는 사람은 오지 않는다. 만나고자 하는 사람은 만나지 못한다. 모든 일이 길하다.

이 징조의 형상은 '횡길로 상주上拄 안팎이 저절로 들리고 주족拄足이 만들어진다[101]'이다. 이런 징조를 얻으면 얻고자 하는 것을 얻는다. 병이 엄중하여 빨리 죽을 것 같은 사람이 빠르게 쾌유된다. 감옥에 갇힌 사람은 상해를 입지 않고 매우 빠르게 감옥에서 나오게 된다. 길을 떠나고자 하는 사람은 가서는 안 된다. 오려는 사람은 오지 않는다. 만나고자 하는 사람을 만나게 된다. 모든 일이 길하다. 군대를 일으켜도 괜찮다.

이 징조의 형상은 '정사挺詐로 균열이 밖에 있다'이다. 이런 징조를 얻으면 구하고자 하지만 얻지 못한다. 환자는 죽지 않고 여러 차례 호전된다. 감옥에 갇힌 사람이 화 때문에 죄에 이른다. 좋지 않은 소식을 듣지만 상해를 입지 않는다. 길을 떠나고자 하는 사람은 가서는 안 된다. 오려는 사람은 오지 않는다.

101　원문은 '주족이작拄足以作'이다. "작作은 사詐의 잘못으로 의심된다"(『찰기』)고 했다.

이 징조의 형상은 '정사挺詐로 균열이 안에 있다'이다. 이런 징조를 얻으면 구하려 하지만 얻지 못한다. 환자는 죽지 않고 여러 차례 호전된다. 감옥에 갇힌 사람은 화가 있어 장차 죄를 지어 상응하는 벌을 받게 되지만 도리어 상해를 입지 않고 감옥을 나갈 수 있다. 길을 떠나고자 하는 사람은 가서는 안 된다. 오려는 사람은 오지 않는다. 만나고자 하는 사람을 도리어 만나지 못한다.

이 징조의 형상은 '정사로 안팎으로 균열이 저절로 들린다'이다. 이 징조를 얻으면 구하려 하는 사람은 얻을 수 있다. 환자는 죽지 않는다. 감옥에 갇힌 사람은 죄를 판결 받지 않는다. 길을 떠나고자 하는 사람은 가도 된다. 오려는 사람은 오게 된다. 농사, 장사, 물고기 잡이와 사냥에 모두 기쁜 일이 있다.

이 징조의 형상은 '호학狐貉'이다. 이 징조를 얻으면 구하고자 하는 것을 도리어 얻지 못하게 된다. 환자는 병으로 죽게 되고 호전되기 어렵다. 감옥에 갇힌 사람은 감옥에 있게 되고 죄를 판결 받지는 않지만 감옥에서 나오기가 어렵다. 집에서 거주해도 된다. 아내를 얻고 딸을 시집보내도 좋다. 길을 떠나고자 하는 사람은 가서는 안 된다. 오려고 하는 사람은 오지 않는다. 사람을 만나려 해도 만나지 못한다. 근심스러운 일이 있으나 근심할 만한 가치가 없다.

이 징조는 '호철狐徹'이다. 이 징조를 얻으면 구하려 해도 얻지 못한다. 환자는 죽게 된다. 감옥에 갇힌 사람은 감옥에 있게 되고 죄를 지어 상응하는 벌을 받게 된다. 길을 떠나려는 사람은 가서는 안 된다. 오려는 사람은 오지 않는다. 만나고자 하는 사람을 만나지 못하게 된다. 토론하는 사정이 확정된다. 모든 일들이 불길하다.

이 징조는 '머리를 숙이고 다리를 오므리며 몸의 주름선이 구부러진다'이다. 이 징조를 얻으면 구하고자 하는 것을 얻지 못한다. 환자는 죽게 된다. 감옥에 갇힌 사람은 감옥에 있게 되고 죄를 판결 받는다. 떠난 사람이 오기를 바라지만 오지 않는다. 떠나고자 하는 사람은 가도 된다. 오고자 하는 사람은 오지 않는다. 만나고자 하는 사람을 만나지 못한다.

이 징조는 '정挺의 안과 밖 균열이 저절로 드리워진다'이다. 이 징조를 얻으면 구하고자 하는 일이 애매해지고 분명하지 않게 된다.[102] 환자는 죽지 않지만 쾌유되기 어렵다. 감옥에 갇힌 사람은 죄를 판결 받지는 않지만 풀려나기 어렵다. 떠나고자 하는 사람은 가서는 안 된다. 오려는 사람은 오지 않는다. 만나고 싶은 사람을 만나지 못한다. 불길하다.

이 징조는 '횡길이며 유앙이고 머리를 숙인다'이다. 이 징조를 얻으면 취하려는 것을 얻기가 매우 어렵다. 환자는 매우 쾌유되기 어렵지만 죽지는 않는다. 감옥에 갇힌 사람은 풀려나기 어렵지만 상해를 입지는 않는다. 집에 있어도 되고 아내를 얻고 딸을 시집보내도 좋다.

이 징조는 '횡길이고 상주上柱는 바르고 몸의 주름선이 구부러지고 균열의 안팎이 저절로 들린 것이다'이다. 이 징조를 얻으면 환자는 점친 당일 죽지 않지만 하루를 넘기고 죽게 된다.

이 징조는 '횡길이고 상주이며 다리가 오므라들고 균열이 안으로는 저절로 들리고 밖으로는 저절로 숙이다'이다. 이 징조를 얻으면 환자는 점치는 당일 죽지는 않지만 하루가 지나서 죽게 된다.

이 징조는 '머리를 숙이고 다리는 감추며 균열이 밖에는 있고 안에는 없다'이다. 이 징조를 얻으면 거북 껍데기로 치는 점을 끝마치기 전에 환자가 급하게 죽게 된다. 점으로 묻는 것이 비록 작은 일일지라도 큰 손실이 있다. 하루 이내에 죽지는 않는다.

이 징조는 '머리를 쳐들고 다리를 오므리는 것이다'이다. 이 징조를 얻으면 구하고자 해도 얻지 못한다. 감옥에 갇힌 사람이 죄를 판결 받지 않는다. 다른 사람의 언론이 그를 두렵게 하지만 상해를 입지 않는다. 길을 떠나고자 하는 사람은 가서는 안 된다. 만나고자 하는 사람을 만나지 못한다.

---

102   원문은 '유구불회有求不晦'다. "회晦(분명하지 않다)자는 오류로 의심된다."(『찰기』)

총론은 아래와 같다.

"외外는 다른 사람이고 내內는 자신을 가리킨다. 혹은 외外는 여인이고 내內는 남자다. 머리를 숙인 것은 우환이다. 대大는 몸통을 가리키고, 소小는 균열의 가지를 가리킨다. 균열을 판별하는 대체적인 방법으로, 병든 자는 점쳐서 나타난 징조의 형상이 다리가 오므라들면 살게 되고, 다리가 펴지면 죽는다. 가고자 하는 자는 점쳐서 나타난 징조의 형상이 다리가 펴지면 목적지에 도달할 수 있고, 징조의 형상이 다리가 오므라들면 도달할 수 없다. 가야 할지 말아야 할지 점쳐서 나타난 징조의 형상이 다리가 오므라들면 가지 말아야 하고, 다리가 펴지면 가도 된다. 결과를 얻고자 할 때 점쳐서 나타난 징조의 형상이 다리가 펴지면 수확이 있고, 다리가 오므라들면 수확이 없다. 감옥에 간힌 자가 점쳐서 나타난 징조의 형상이 다리가 오므라들면 풀려나지 못하고, 다리가 펴지만 감옥에서 나올 수 있다. 환자가 점쳐서 나타난 징조의 형상이 다리가 펴지면 환자는 죽게 되는데, 그 까닭을 연구해보면 동시에 균열이 안이 높아지고 바깥이 낮아지는 징조의 형상이 출현했기 때문이다.

69

화식열전

貨殖列傳

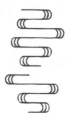

『사기』에서 경제 분야의 일을 중점적으로 다룬 것으로는 「평준서」와 「화식열전」이 있다. 「평준서」는 역대 경제 정책의 변천을 기술하면서 무제 때 경제 정책의 득실을 좀더 비중 있게 다루었다. 이에 비해 「화식열전」은 역대 상공업 분야에서 경제 활동으로 재산을 축적한 인물들의 사적을 서술하고 있다.

편명인 '화식'은 재산을 증식하는 것을 의미하는데, 『논어』 「선진先進」 편에 "사賜(자공)는 천명을 받으려 하지 않고 재물을 불렸으나, 예측하면 자주 적중하는구나賜不受命, 而貨殖焉, 億則屢中"라는 문장에서 가져온 표현이다. 이 편에서는 춘추시대 말기부터 한나라 초기에 이르기까지 상업 활동으로 부를 축적한 상공업자들이 어떠한 활동을 전개했는지를 기술하고 있다. 사마천은 이들의 재능을 칭송하면서 그들의 상업 활동이 큰 성과를 거둔 이유를 분석하고, 그들의 활동이 결과적으로 경제를 발전시키고 국가를 부강하게 하고 백성을 이롭게 했다는 의의를 밝히고 있다.

『상군서商君書』 「군신君臣」에 따르면 "백성의 이익에 대한 추구는 마치 물이 낮은 곳으로 흐르는 것과 같아 동서남북을 가리지 않는다民之於利也, 若水於下也, 四旁無擇也"고 했다. 사마천은 "천하 사람들이 떠들썩하게 모여들고 떠나는 것은 모두 이익을 위해 왕래하기 때문이다"라며 물질적 이익을 추구하고 재물을 축적하는 것을 인간의 본성으로 여겼다. 또한 그는 "호적에 편입된 평민 백성은 다른 사람의 부가 자신보다 10배면 그 사람을 열등하다고 보고, 100배면 두려워하며, 1000배면 부림을 당하고, 1만 배면 노복이 된다. 이것은 자연의 도리다"라며, 재물의 많고 적음이 지위와 계급을 결정하는 중요한 요소라는 인식을 드러냈는데, 이는 부귀는 하늘에 달려 있다는 천명 사상에 위배되는 것이다. 사마천은 진나라 이래 통치자들이 농업을 중시하고 상공업을 억제해온 정책 노선에 반대하면서 상공업자들이 사회 발전에 기여한 공헌을 표창하고 있다. 이것은 동시에 무제가 추진한 관청 주도의 상공업 제도를 비판한 것이다.

『노자』가 말하기를 "지극히 잘 다스려지는 때는 이웃한 국가를 서로 바라보고 닭과 개 짖는 소리를 서로 들을 수 있어도 백성은 각자 자신의 음식을 달게 먹고 입는 옷을 아름답게 여기며 자신의 풍속 습관에 편안해하고 자신이 하는 일을 즐거워할 뿐 죽을 때까지 서로 왕래하지 않는다"[1]라고 했다. 반드시 이러한 말로 추구하는 목표를 삼는다면, 후대 통치자들이 국가를 다스리면서 백성의 눈과 귀를 막고자 해도 거의 통하지 않게 될 것이다.

　태사공은 말한다.

　대개 신농씨神農氏[2] 이전의 상황은 내가 설명할 방법이 없다. 『시詩』와 『서書』에서 말하는 우순과 하우 이래 사람들은 귀로는 가장 좋은 음악을 듣고 눈으로는 가장 좋은 색을 보려 하며, 입으로는 가장 좋은 맛을 보려 하고, 몸은 가장 안락한 것을 누리려 하며, 마음으로는 가장 큰 권세와 명령을 내려 시행하는 영광을 추구하려 했다. 이러한 풍속이 백성에게 스며든 지 이미 오래되어 집집마다 『노자』의 미묘한 이론을 이야기해도 끝내 바꿀 수 없다. 이 때문에 국가를

1　원문은 '至治之極, 隣國相望, 鷄狗之聲相聞, 民各甘其食, 美其服, 安其俗, 樂其業, 至老死不相往來'다. 출전은 『노자』 80장인데 본문과는 사뭇 다르다. 『노자』 원문에서는 맨 처음의 '지치지극至治之極' 네 글자가 없다. 『노자』 원문은 다음과 같다. "백성이 음식을 달게 먹고, 옷을 아름답게 여기며, 사는 곳을 편안히 여기고, 풍속을 즐거워하게 해야 한다. 이웃나라가 서로 바라보고 닭과 개 우는 소리를 서로 들을 수 있지만 백성은 도리어 죽을 때까지 서로 왕래하는 일이 없어야 한다甘其食, 美其服, 安其居, 樂其俗, 隣國相望, 鷄狗之聲相聞, 民至老死, 不相往來."
2　신농씨神農氏: 전설 속의 고대 제왕. 사람들에게 농사를 가르쳐 '신농씨'라 했다. 후세 사람은 삼황三皇 가운데 한 사람으로 여겼다.

다스리는 가장 좋은 방법은 자연의 변화에 순응하는 것이고 그다음은 유리한 형세로 인도하는 것이며 그다음은 가르쳐 깨우치게 하는 것이며,[3] 그다음은 법률로 강제하는 것이고, 가장 나쁜 방법은 백성과 이익을 다투는 것이다.[4]

산서山西[5] 지역에서는 목재, 대나무, 닥나무,[6] 모시,[7] 장식한 깃발,[8] 옥석이 풍부하게 생산되고, 산동山東 지역에서는 물고기, 소금, 옻, 명주실과 노래 부르고 춤추는 미녀[9]가 많다. 강남江南[10] 지역에서는 녹나무, 가래나무, 생강, 계수나무, 금, 주석, 납, 주사朱砂, 무소뿔,[11] 대모瑇瑁,[12] 진주, 상아와 무소 가죽 등이 많이 난다. 용문龍門과 갈석碣石[13]의 북쪽에는 말, 소, 양, 모포, 짐승의 힘줄과 뿔[14]이 많이 난다. 구리와 철이 생산되는 광산은 천리 사이에 바둑돌처럼 널렸다.[15] 이는 대략적인 형세를 말한 것이다. 이런 물건들은 모두 중원 사람들이 좋아하는 것으로, 일상생활에서 산 사람을 봉양하고 죽은 자를 장례 치르는 데 쓰이는

3 "사욕의 추구를 절제하도록 백성을 인도하는 것으로, 즉 유가의 인의를 제창하는 것을 가리킨다." (『사기통해』)
4 상공업을 공영화하고 평준平準, 균수均輸 등으로 상인들에게 타격을 주는 경제정책의 시행을 가리킨다.
5 산서山西: 효산崤山(샤오산, 지금의 허난성 뤄닝洛寧 북쪽에 위치한 산) 혹은 화산華山(지금의 산시陝西성 화인華陰 남쪽)의 서쪽으로, 대략 관중關中을 말한다.
6 원문은 '곡穀'으로, "곡穀은 나무 이름으로 껍질로 종이를 만들 수 있다."(『색은』)
7 원문은 '노纑'로, "산속의 모시이며 베를 짤 수 있다."(『색은』)
8 원문은 '정旌'으로, 야크 꼬리털로 장식한 깃발을 말한다.
9 원문은 '성색聲色'으로 "진자룡이 말하기를 '성색聲色은 미녀를 가리킨다'고 했다." (『사기전증』)
10 강남江南: 지금의 후난성, 장시성, 안후이성, 장쑤성 남부 지역 등을 가리킨다.
11 원문은 '서犀'다. "『어람御覽』 권807에서 『사기』를 인용하며 '서상犀象(무소뿔과 상아)'이라 했고, 『통전通典』 권11도 같다."('수정본')
12 대모瑇瑁: 거북에 속하는 동물로, 등껍데기를 장식물로 사용한다.
13 용문龍門은 산 이름으로, 지금의 산시陝西성 한청韓城과 산시山西성 허진河津 중간에 위치해 있다. 황하가 산 사이를 흘러 급류를 형성하는데, 전설에 따르면 물고기가 이 급류를 거슬러 올라 용이 되었다고 하여 용문이라 불린다. 갈석碣石은 산 이름으로, 지금의 허베이성 창리昌黎 북쪽에 위치해 있다. 산 정상에 거대한 돌이 있는데 윗부분이 둥근 형태의 돌비석과 같다 하여 갈석이라 했다.
14 힘줄은 활을 만드는 데 쓰이고 뿔은 장식으로 쓰인다.
15 "『관자』에서 이르기를 '천하의 명산이 5270개인데, 그 가운데 구리가 나는 산은 467개이고 철이 나는 산은 3609개다'라고 했다."(『정의』)

물건들이다. 그러므로 농민이 먹을 것을 경작하고 우인虞人[16]이 생산하고 장인이 만들고 상인이 유통시키기를 기다려야 한다. 이런 활동들이 어찌 정령을 발포하고 징발하고 규정된 시간에 맞춰 모이게 만든 것이겠는가? 사람들이 각자의 재능을 발휘하고 제 역량을 다하여 원하는 것을 얻는 것이다. 그러므로 물건 값이 지나치게 싸면 오를 징조이고, 비싸면 낮아질 징조이며 사람들이 각자 자기의 일에 힘쓰고 그 일을 즐거워한다면 마치 물이 낮은 곳으로 흐르는 것이 낮밤으로 쉼 없이 이어지는 것과 같아서,[17] 부르지 않아도 자연히 오고 요구하지 않아도 내어놓는다. 이것이 어찌 규율에 부합되는 일이 아니며, 자연 법칙에 합치되는 증명이 아니겠는가?

『주서周書』[18]에서 말하기를 "농부가 농사를 짓지 않으면 먹을 것이 부족해지고, 장인이 생산하지 않으면 제품이 부족해지고, 상인이 장사를 하지 않으면 삼보三寶[19]의 유통이 단절되며, 우인虞人이 산과 호수를 개발하지 않으면 물자가 모자라게 된다"[20]고 했다. 물자가 부족하게 되면 산과 호수 또한 개발할 수 없

16 우인虞人: 우虞는 원래 산림과 호수와 늪을 관리하는 관리를 가리키는데 여기서는 산림과 호수와 늪을 경영하고 개발하는 사람을 말한다.
17 "백성의 이익에 대한 추구는 마치 물이 낮은 곳으로 흐르는 것과 같아 동서남북을 가리지 않는다 民之於利也, 若水於下也, 四旁無擇也"(『상군서商君書』「군신君臣」)
18 『주서周書』: 『일주서逸周書』를 가리킨다. 모두 71편으로 주나라 위로는 문왕·무왕과 아래로는 영왕靈王·경왕景王 때의 일을 기재하고 있다.
19 삼보三寶: 농민이 생산하는 '식食(양식)', 장인이 만들어내는 '사事', 우인이 개발하는 '재財(재료, 화물)'를 말한다.
20 "이 문장의 순서가 분명하지 않다. 앞에서 맨 처음 '농農(농민)'을 말한 다음에 '공工(장인)'을 말했으니, 여기서는 마땅히 이어서 '우虞(우인)'를 말하고 나서 '상불축즉삼보절商不出則三寶絶(상인이 장사를 하지 않으면 삼보의 유통이 단절되게 된다)'을 말해야 한다. 이 세 가지는 모두 상인에 의해 유통되고 교환되므로 아래 문장에서 '이 네 종류 직업은 백성이 입고 먹는 것의 원천이다'라고 한 것이다. 지금 '상商(상인)'을 '우虞(우인)'의 앞에 서술하면 '삼보'가 어떤 물건인지 알 수가 없게 된다. 이 네 구절은 지금의 『일주서』에 없다. 또 어떤 사람은 『주서周書』를 『상서』에서 주나라 사적을 서술한 여러 편을 가리킨다고 여기는데, 지금 판본의 『상서』에도 이 문장은 없다. '삼보'에 대한 해석으로 『육도六韜』에서는 대농大農·대공大工·대상大商이라고 했고, 『맹자』에서는 토지土地·이민人民·정사政事라고 하여 모두 여기 문장과는 합치되지 않는다."(『사기전증』) "나카이 리켄이 말하기를 '아마도 식食, 사事, 재財가 삼보일 것이다. 그렇다면 삼보 두 구절은 마땅히 문장 끝에 와야 한다'고 했다."(『사기회주고증』)

다.²¹ 이 네 종류의 직업은 백성이 입고 먹는 것의 원천이다. 원천이 크면 풍요로워지고 원천이 작으면 부족해진다. 원천이 크면 위로는 나라가 부유해지고 아래로는 집이 부유해진다. 빈부란 결코 누가 바꿀 수 있는 것이 아니며, 총명하여 경영을 잘하는 사람은 부유해지고 우둔하여 경영을 잘하지 못하는 사람은 빈곤해진다. 옛날 태공망太公望이 영구營丘²²에 봉해졌는데, 그곳 토지는 염분이 많아 척박했고 거주민도 적었다. 이 때문에 태공망은 부녀자들에게 방직을 장려하여 그 기술을 발전시키고 물고기와 소금을 유통했는데, 각국 사람들이 사방에서 몰려드는 것이 동전을 꿰고 바퀴통에 바큇살이 모이는 것과 같았다. 그리하여 제齊나라에서 제조한 관·허리띠·의복·신발이 천하 각국에 판매되었고, 북해北海(발해渤海)·동해東海·태산泰山 사이의 각 소국 제후들이 모두 옷소매를 가지런히 하고 제나라로 가서 알현했다. 그 뒤²³ 제나라가 쇠약해졌지만 관중管仲이 다스리면서 경중구부輕重九府²⁴를 설치하여 허다한 새로운 경제 정책을 실행하고 제 환공을 보좌하여 패자가 되게 했다. 제나라는 여러 차례²⁵ 제후들을 회맹에 소집하여 천하를 바로잡았다. 관중 또한 삼귀三歸²⁶를 누렸는데 지위는

---

21 "이 구절은 간단하게 '우虞(우인)'의 작용을 말한 것으로 앞의 네 구절과 아래 문장과 연계가 되지 않는데, 그 까닭은 무엇인가? 곽숭도는 말하기를 '농農, 공工, 상商, 우虞 네 직업이 중요한데, 우인을 통한 산과 호수의 이익이 더욱 중요한 것을 말한 것이다'라고 했다."(『사기전증』)

22 영구營丘: 옛 읍 명칭으로 나중에 임치臨淄로 변경되었다.

23 서주西周 시대 후기를 말한다.

24 경중구부輕重九府는 금융과 화폐를 주관하는 관부다. 『관자』에서 이르기를 경중輕重을 돈이라고 했다. 무릇 백성을 다스리는 데 경중의 법이 있었는데, 주나라에는 태부大府, 옥부玉府, 내부內府, 외부外府, 천부泉府, 천부天府, 직내職內, 직금職金, 직폐職幣가 있었는데 모두 금전을 관장하던 관부였으므로 구부九府라고 했다."(『정의』)

25 원문은 '구九'다. 일부 번역본에는 '아홉 차례'라고 번역하고 있는데, 여기서는 '여러 차례'를 뜻한다. 『좌전』에 따르면 제 환공이 회맹에 제후를 소집한 횟수는 11차례였다.

26 삼귀三歸에 대한 해석은 일치하지 않는다. 세 곳의 주택이라고도 하고, 전국 세수稅收의 10분의 3을 관중이 가져가는 것이라고도 한다. 안사고는 말하기를 "삼귀는 세 개 성의 여인을 취하는 것이다. 부인이 출가하는 것을 귀歸라고 한다"고 했다. "경공景公이 말하기를 '늙은 다음에 관중에게 세 곳의 주택을 하사하여 은택이 그의 자손에게까지 미치도록 했다'고 했다."(『안자춘추』「내편內篇」) "관중은 삼귀의 대臺를 건축하고 자신을 채찍질하며 백성을 위해 일했다."(『설원說苑』「선설善說」)

제후의 대부였으나 다른 제후국의 군주보다 부유했다. 이로 인해 제나라는 제 위왕齊威王, 제 선왕齊宣王27 때까지 줄곧 부강했다.

그러므로 말하기를 "창고가 가득하여 국가가 부유해지면 백성이 예절을 알고 의식衣食이 풍족해지면 백성이 영광과 치욕을 이해할 수 있게 된다"28고 했다. 예절은 부유할 때 생겨나고 빈곤해지면 없어진다. 이 때문에 군자가 부유해지면 덕을 즐거이 행하고, 소인이 부유해지면 제멋대로 위세를 부린다. 연못은 깊을수록 물고기가 많고 산은 깊을수록 짐승이 많듯이 사람은 부유해지면 인의仁義가 따르게 된다. 부유한 사람은 갈수록 세력이 커지고 명성도 갈수록 높아지지만, 세력을 잃은 사람은 문 앞의 손님이 없어지고 즐겁지 않게 된다. 중원 지역이 이와 같은데 이적夷狄은 더욱 심하다.29 속담에서 말하기를 "천금을 가진 집 자식은 절대로 저잣거리에서 죽지 않는다"30고 했는데, 이 말은 빈말이 아니다. 그래서 "천하 사람들이 떠들썩하게 모여들고 떠나는 것은 모두 이익을 위해 왕래하기 때문이다"라고 하는 것이다. 1000승의 전차를 보유한 국왕, 1만 호의 영지를 소유한 제후,31 100가家의 영지를 소유한 봉군封君32도 모두 가난해지는 것을 두려워하는데, 하물며 호적에 편입된 일반 평민 백성이야 어떻겠는가!

---

27 제 환공부터 제 선왕에 이르는 동안 정권이 바뀌었다. 제 환공은 성이 강姜이고 제 위왕은 성이 전田이다.

28 원문은 '倉廩實而知禮節; 衣食足而知榮辱'이다. 원전은 '倉廩實, 則知禮節; 衣食足, 則知榮辱.'(『관자』 「목민牧民」)

29 원문은 '以而不樂, 夷狄益甚'이다. "나카이 리켄이 말하기를 '이 구절에는 누락된 내용이 있는 것 같다'고 했다."(『사기회주고증』)

30 원문은 '千金之子, 不死於市'이다. "하작何焯이 말하기를 '저잣거리에서 죽지 않는 것은 영예와 치욕을 아는 것으로, 법을 어기는 것을 부끄러워하는 것이다'라고 했다."(『사기전증』)

31 원문은 '만가지후萬家之侯'로, '만호후萬戶侯'와 같다. 대체로 1개 현縣의 식읍을 누리는 것을 말한다.

32 원문은 '백실지군百室之君'이다. 100가구의 읍을 다스리는 지위를 말한다. 봉군封君은 작위와 봉지를 소유한 사람을 일컫는다. 전국시대에 한 국國의 군장을 왕王이라 하고 봉지를 소유한 공신과 귀족들은 군君이라 했다. 상군商君, 평원군平原君 등과 같다.

옛날 월왕 구천이 회계산에서 포위되어 곤궁해졌을 때, 그는 범려范蠡와 계연 計然[33]의 계책을 채용했다. 계연이 말했다.

"전투를 이해하는 사람은 평상시에 준비를 잘하고 때가 되었을 때 편리하게 사용하려면 평상시에 기물의 성능을 이해해야 합니다. 이러한 두 가지 도리를 명백하게 해야 각종 사물의 정황과 규율을 분명하게 볼 수 있습니다. 세성歲星이 서방으로 운행했을 때 풍년이 들고, 세성이 북방으로 운행했을 때 흉년이 들고, 세성이 동방으로 운행했을 때는 굶주리고, 세성이 남방으로 운행했을 때는 큰 가뭄이 듭니다.[34] 가뭄이 든 해에는 미리 배를 준비해야 하고, 수해가 난 해에는 미리 수레를 준비해두는 것[35]이 세상의 도리입니다. 6년마다 풍년이 들고 6년마다 가뭄이 들며 12년마다 한 차례 큰 기근이 닥칩니다. 무릇 양식 가격이 20문으로 내려가면 농부가 고통스럽고, 90문까지 오르면 상인이 힘들어집니다.[36] 상인이 힘들어지면 돈을 쓰는 상업 활동에 종사하지 않고, 농민이 고통스러워지면 황무지를 개간하는 사람이 없게 됩니다. 이 때문에 양식 가격이 가장 비싸도 80문을 넘지 않고 가장 싸도 30문 이하로 내려가지 않아야 농부와 상인 모두에게 이익이 됩니다. 물가를 조정하여 안정시키고 시장에 물건이 부족하지 않

---

33 "서광이 말하기를 '계연은 범려의 스승으로 이름이 연研이다'라고 했고, 『범자范子』에서 말하기를 '계연은 규구葵丘 복상濮上 사람으로 성은 신씨辛氏이고 자는 문자文子이며, 그 선조는 진晉나라의 공자다. 일찍이 남쪽 월나라를 유람했는데, 범려가 그를 스승으로 섬겼다'고 했다."(『집해』) 『오월춘추』에서는 '계예計倪'라고 했다. 또한 계연計研이라고도 한다.

34 원문은 '故歲在金, 穰; 水, 毁; 木, 饑; 火, 旱'이다. '세歲'는 '세성歲星'으로 목성木星을 말한다. 오행 五行의 금金, 수水, 목木, 화火는 각각 서방, 북방, 동방, 남방을 말한다.

35 "『국어國語』에서 대부 문종文種이 말하기를 '상인들은 가뭄이 들면 배를 준비하고 수해가 들면 수레를 준비하여 기다린다'고 했다."(『색은』) "대부 문종이 말하기를 '상인은 여름에 가죽 제품을 저장하고 겨울에 가는 갈포를 서상하며, 가물면 배를 준비하고 비가 내리는 계절에는 거마를 준비하여 물건이 부족했을 때 판매한다'고 했다."(『국어』 「월어越語 상」)

36 원문은 '二十病農, 九十病末'이다. "쌀 가격이 내려가면 농부가 고통스러워한다는 말이다. 쌀 1두의 가격이 90문이면 상인이 힘들어 하므로 '병말病末'이라고 말한 것이다."(『색은』) '병病'은 '상해를 입다'라는 뜻이고, '말末'은 '말업末業'으로 상업을 가리키는데 여기서는 상인을 말한다. 20, 90은 동전을 소비하는 금액으로 단위는 '문文'이다.

게 하는 것이 나라를 다스리는 도리입니다. 상인이 상품을 저장하는 이치는 좋은 상품을 저장하고 질 낮은 상품을 저장하지 않는 것입니다. 물품을 교역할 때는 변질된 물건은 마땅히 버려야 하고 가격이 오르기를 바라면서 손 안에 쥐고 있어서는 안 됩니다. 시장에서 어떤 물건이 남아돌고 부족한지 분명히 알면 어떤 물건의 가격이 오르고 내릴지를 미리 알 수 있습니다. 어떤 상품의 가격이 올라 정점에 도달하면 도리어 싸지고, 가격이 극도로 내려가면 도리어 비싸집니다. 가격이 올랐을 때는 아까워하지 말고 더러운 흙을 버리듯 팔아야 하고, 가격이 싸졌을 때는 진귀한 주옥을 보듯이 제때 사들여야 합니다. 화폐는 마치 흐르는 물처럼 유통해야 합니다."

이렇게 월왕이 10년 동안 실행하자 나라는 부유해졌고 후한 상으로 사병들을 장려하자 사병들은 마치 목이 말라 물을 찾듯 화살과 돌을 무릅쓰고 용감하게 돌진했다. 그리하여 오나라를 멸하고[37] 중원 국가들을 향해 무력을 과시하니 오패五霸라 불리게 되었다.[38]

범려는 구천을 도와 회계에서의 치욕을 씻어낸 뒤 탄식하며 말했다.

"계연이 건의한 일곱 계책 가운데 월왕은 다섯 가지만 쓰고도 패주를 성취했다.[39] 그가 이미 나라를 다스리는 데 사용했으니 나는 그것을 집안을 다스리는 데 사용해보고 싶다."

---

37 월왕 구천 24년(기원전 473)의 일이다.

38 "구천은 오나라를 평정한 뒤 이어서 군대를 이끌고 북쪽으로 회하를 건너, 제나라와 진晉나라의 제후들과 서주徐州에서 회맹하고 주나라 천자에게 공물을 보냈다. 주 원왕도 사람을 보내 구천에게 제사 고기를 보내고 방백方伯으로 봉했는데, 바로 제후의 맹주였다. 이때 월나라 군대는 장강 및 화하 동쪽의 강대한 무적이었으므로 각국의 제후들이 모두 축하하며 구천을 패왕霸王이라 불렀다."(「구천월왕세가」)

39 "『오월춘추』와 『월절越絶』에는 모두 '아홉 가지 술책'이라고 했다. '일곱 가지'와 『한서』의 '열 가지'라고 한 것은 함께 잘못된 것이다."(『사기지의』) 어떤 사람은 계연이 문종文種이라고도 여긴다. "구천은 사람을 보내 문종에게 한 자루 검을 보내면서 말하기를 '그대는 과인에게 오나라를 정벌할 수 있는 일곱 가지 묘책을 가르쳐주었다. 그러나 과인은 그 가운데 세 가지만을 써서 오나라를 패배시켰다'라고 했다."(「구천월왕세가」) 이것이 그 증거로, '일곱 가지 계책'에 대해서는 상세하게 열거하지 않았다.

그러고는 작은 배[40]를 타고 강호를 유람했고 이름과 성도 바꾸었다.[41] 그는 제나라에 가서는 이름을 '치이자피鴟夷子皮'[42]라고 바꾸었고, 송나라 도읍陶邑[43]에 가서는 주공朱公[44]이라고 했다. 주공은 도읍이 천하의 중심으로 사방 각 제후국과 통하여 무역에 종사하기에 좋은 장소라고 여겼다. 이에 그는 이곳에서 물건을 구매하여 저장한 뒤 판매할 때를 기다렸는데, 이는 남을 속이거나 함정에 빠뜨리려는 것이 아니었다. 그러므로 장사를 잘하는 사람의 관건은 사람이 아니라 시기를 파악하는 것이다.[45] 범려는 19년 동안 세 차례나 1000금 이상 재산을 늘렸고 두 번은 가난한 친구들과 먼 친척들에게 나누어주었는데, 이것이 바로 사람들이 말하는 '부자는 즐겁게 덕을 행한다'는 것이다. 그 뒤 범려는 나이가 들어 자손들에게 일하게 했으며, 자손들은 사업을 이어받아서 발전시켰는데 가산이 억만 금[46]에 이르렀다. 그래서 사람들이 부자를 거론하면 먼저 도주공陶朱公을 꼽는 것이다.

자공子贛은 일찍이 중니仲尼에게서 공부를 마친 다음, 돌아가 위衛나라에서 관리를 지냈다. 그는 물건을 쌓아두고 조曹나라와 노魯나라를 오가며 장사를 했

40 원문은 '편주扁舟'로, '편扁'은 '소小'와 같은 뜻으로 '작은 배'를 말한다. "『한서음의』에서 이르기를 '특주特舟다'라고 했다."(『집해』) '특주'는 '외로이 떠다니는 배'를 말한다.
41 『국어』 「월어越語 하」에 따르면 월나라가 오나라를 멸망시킨 뒤 범려가 "작은 배를 타고 오호五湖를 유람했는데, 그가 끝내 어디로 갔는지 아는 사람이 없었다"고 한 것을 말한다.
42 치이자피鴟夷子皮: 치이鴟夷는 소가죽으로 만든 큰 자루인데, 형태가 새매와 비슷하다. 안사고는 말하기를 "치이로 술을 담는다면 많이 담을 수 있고, 또한 말아서 품을 수가 있어 수시로 늘였다 줄였다 할 수 있다. 치이鴟夷는 가죽으로 만들었으므로 자피子皮라 한 것이다"라고 했다. "태사공의 이 말은 의심스럽다. 제나라에 당시 권세가였던 전상田常 문하에 '치이자피鴟夷子皮'라 불리는 자가 있었는데, 범려가 어찌 그와 함께 칭할 수 있겠는가"(『사기전증』)
43 도읍陶邑: 지금의 산둥성 딩타오定陶 서북쪽 지역이다.
44 주공朱公: 성이 주朱인 사람을 말한다.
45 원문은 '택인이임시擇人而任時'다. 대부분의 경우 '택인擇人'을 '사람을 고르다'로 번역하고 있다. 그러나 '시기를 파악하는 것이지 사람에게 책임을 맡기는 것이 아니다. 택擇은 마땅히 석釋이라고 해야 한다."(『사기회주고증』)
46 원문은 '거만巨萬'으로, 이는 만만萬萬, 즉 억億이다. 동전 단위 금액이며 황금 1만 일에 해당된다. 1일鎰은 1금金이라 하고 1금은 대략 1만 개의 동전이다.

는데, 공자의 제자 70여 명 가운데 가장 부유했다.[47] 원헌原憲은 술지게미나 쌀겨조차 배불리 먹지 못하고 외진 골목 안에 숨어 살았다. 그러나 자공은 네 마리의 말이 끄는 수레를 타고 앞뒤로 허다한 기병이 따랐으며 사신의 예물[48]을 준비하여 각국의 제후들을 만났는데,[49] 가는 곳마다 군주들 가운데 그를 대등한 예로 받들지 않는 자가 없었다.[50] 공자가 천하에 명성을 날릴 수 있었던 것은 자공이 활동한 결과라고 하겠다.[51] 이것이 바로 사람들이 말하는 '세력이 커질수록 명성은 더욱 드러나게 된다'가 아니겠는가?

백규白圭는 주周나라[52] 사람이다. 위 문후魏文侯 시기에 이극李克[53]은 토지를 충분히 활용하는 농업 발전을 제창했는데, 백규는 시장의 시세 변화를 잘 관찰하여 남이 내다팔 때 대량으로 사들이고 남에게 부족할 때 대량으로 팔았다. 풍년이 든 해에는 곡물을 사들이고 실과 옻은 내다팔았고, 누에고치가 풍년일 때는 비단과 솜을 사들이고 양식을 팔았다. 세성歲星(목성)이 묘卯 해에 위치했을 때 오곡이 풍성해지면 그 이듬해는 반드시 흉년이 들고, 세성이 오午 해에 위

47 "공자가 말하기를 '사賜는 천명을 받으려 하지 않고 재물을 불렸으나, 재물을 예측하면 자주 적중하는구나賜不受命, 而貨殖焉, 億則屢中'라고 했다."(『논어』, 「선진先進」)
48 원문은 '속백지폐束帛之幣'다. 고대의 귀족들이 서로 방문할 때 사용하던 예물이다. 속백束帛은 한 묶음이 다섯 필인 비단 다발로 고대에 국가 간에 사자를 파견할 때 증정하는 예물로 사용했다. 폐幣 역시 예물의 한 종류로 옥, 말, 가죽, 규珪, 벽璧, 비단 등을 폐라고 칭했다.
49 원문은 '빙향제후聘享諸侯'다. 자신의 신분에 의지해 각국을 주유하며 군주를 방문하는 것을 의미한다. 제후들 사이에 평등하게 사람을 파견해 친분을 맺는 것을 '빙聘'이라 하고, 제후가 천자에게 혹은 소국이 대국에게 공물을 바치는 것을 '향享'이라 한다.
50 원문은 '분정여지항례分庭與之抗禮'다. '항抗'은 '대등하다'는 뜻이다. 안사고가 말하기를 "손님과 주인의 예를 행하는 것"이라고 했다. "고대에는 일반적으로 신분이 동등한 손님이 방문하면 주인은 정원으로 나와 한가운데에서 손님과 주인이 대등한 예를 행했다."(『사기전증』)
51 "자공을 「화식열전」에 열거하는 것은 잘못이다. 「중니제자열전」에서 언급해야 한다."(『사기지의』)
52 "주나라 천자의 왕기王畿 소재지를 가리킨다. 전국시대 초기에 주나라의 강역은 매우 축소되어 도성 주위의 몇 개의 현만 남아 있었다."(『사기전증』) '왕기王畿'는 고대에 왕성 주위 1000리 내 지역으로, 주나라 왕이 직접 통치하는 직할 구역을 가리켰다. 서주 시기에는 호鎬(지금의 시안西安 서남쪽과 그 주변)였다.
53 이극李克: 이회李悝라고 해야 한다. 『한서』 「예문지」에 따르면 '이회 32편이 있다'고 했다. 법가에 속했다. 위 문후 때 이극李克이라는 사람이 있었지만 경제를 강구하지 않았다.

치했을 때 가물면 그 이듬해는 풍년이 들며, 세성이 유酉 해에 위치했을 때 풍년이면 그 이듬해는 반드시 흉년이 들고, 세성이 자子 해에 위치했을 때 가물면 그 이듬해는 반드시 좋아지고 비가 많이 내리게 된다. 세성이 묘 해에 위치했을 때 물건을 쌓아뒀다가 다시 팔아 이윤을 배로 늘렸다. 돈을 벌려면 하등의 곡식을 쌓아두고, 생산량을 높이려면 상등의 종자를 사들였다.[54] 그는 변변치 않은 음식을 먹었고 기호와 욕망을 참았으며 입는 의복 비용을 절약했고 집안의 노복들과 동고동락했다. 그는 가격이 내려가는 시기가 되면 맹수와 맹금처럼 즉시 뛰어들었다. 그래서 그는 말하기를 "나는 장사를 하며 이익을 꾀하는 데 이윤伊尹과 여상呂尙처럼 지략을 짜고, 손무孫武와 오기吳起 같이 결단을 내리고, 상앙商鞅이 법을 집행하듯 말한 바를 반드시 실행했다.[55] 이 때문에 그 지혜가 임기응변에 부족하고, 그 용기가 결단을 내리는 데 부족하고, 인애로움이 적합한 취사 결정을 내리기에 부족하고,[56] 강직하게 원칙을 견지할 수 없는 사람이라면, 설사 나에게 배우고자 해도 나는 가르쳐주지 않겠다"고 했다. 대개 천하 사람들이 장사에 있어서는 백규를 시조로 삼는다. 백규가 말한 것은 실천과 검증을 거친 것으로, 검증에서 얻은 장점이지 절대로 마음대로 말한 것이 아니다.

의돈猗頓은 소금으로 집안을 일으켰고,[57] 한단邯鄲의 곽종郭縱은 제련으로 집

---

54 종자를 사용해 생산량을 늘리려면 가격이 오르지 않을 때 상등의 곡물을 사들이는 것을 의미한다.

55 "백규는 위 문후魏文侯 때 사람이며 상앙이 진 효공을 보좌했다. 효공이 즉위하고 위 문후가 사망까지는 25년의 차이가 있다. 『사기』에서 말한 바와 같지 않다."(『통감고이』)

56 원문은 '仁不能以取予'이다. 이 말의 의미는 "자애로움을 베푸는 것을 의미하는 것은 아니다."(『사기전증』) "천하 사람들이 모두 다른 사람의 물건을 가져가는 것을 취하는 것이라 아는데, 남에게 물건을 주는 것 또한 취하는 것임을 알지 못한다天下皆知取之爲取, 而莫知与之爲取"(『후한서』 「환담전桓譚傳」) 이현은 주석에서 "먼저 풍족하게 준 다음에야 그것을 취할 수 있다는 말"이라고 했다. "장차 그것을 폐기하고자 한다면 반드시 먼저 그것을 흥기시켜야 하고, 장차 그것을 빼앗고자 한다면 반드시 먼저 그것을 줘야 한다將欲廢之, 必固擧之; 將欲奪之, 必固興之"(『노자』 제36장)

57 원문은 '고염鹽鹽'이다. '고염은 당시 사람들이 사용한 지금 산시山西성 서남부에서 나오는 일종의 지염池鹽(호수에서 채취한 소금)이다. 또는 물이 짠 호수 이름으로, 지금의 산시山西성 린이臨猗남쪽을 말한다."(『사기전증』) 『공총자孔叢子』에서 이르기를 '의돈은 노나라의 가난한 선비였다. 농사를 지으면 항상 굶주렸고 양잠을 하면 늘 추위에 떨었다. 주공朱公이 부자라는 말을 듣고 가서 그에게 부자

안을 일으켰는데 그들의 부는 군왕과 겨룰 정도였다. 오지烏氏의 나倮[58]는 목축을 업으로 삼았는데 가축이 많이 번식하면 팔아서 각종 견직물을 구매하여 몰래 경계 밖으로 가져가 융왕戎王[59]에게 바쳤다. 융왕은 그에게 열 배로 보상하여 가축을 주었는데, 그가 받은 소와 말의 수는 산골짜기 단위로 헤아릴 정도였다. 진 시황은 나倮에게 봉군封君과 동등한 대우를 누리게 했고, 절기에 따라 다른 대신들과 나란히 알현하게[60] 했다. 파군에는 청淸이라는 과부가 있었는데,[61] 그녀의 선조가 단혈丹穴[62]을 발견하여 그때부터 그녀의 집안은 몇 대까지 이익을 누렸고 재산이 헤아릴 수 없을 정도로 많아졌다. 그녀는 과부였지만 자신의 가업을 지키면서 돈으로 자신을 보호하여 남으로부터 모욕을 받지 않았다. 진 시황은 절개 있는 여자로 여겨 손님의 예로 상대했으며 그녀를 위해 여회청대女懷淸臺[63]를 건축했다. 오지의 나는 변경 지역에서 한낱 목축을 하는 두령이었고 과부 청은 산골 마을의 과부였는데 천자가 그들을 손님의 예로 대하고 천하에 이름을 날렸으니, 어찌 그들이 부유했기 때문이 아니겠는가?[64]

가 되는 방법을 물었다. 주공이 그에게 알려주기를 '그대가 빨리 부자가 되려면 암소 다섯 마리를 기르시오'라고 했다. 이에 서하로 가서 의지猗氏 남쪽에서 소와 양을 크게 길렀는데 10년 사이에 헤아릴 수 없을 정도로 많아져 부유함이 왕공에 비할 정도로 천하에 이름을 떨쳤다. 의지에서 부를 일으켰으므로 의돈猗頓이라고 한다'고 했다." (『집해』)

58 오지烏氏는 진나라 현으로 지금의 간쑤성 평량平涼 서북쪽 지역이다. 나倮는 오지 사람의 이름으로, 성은 전해지지 않고 있다.

59 융왕戎王: 진나라 때 서북 경계 밖의 소수민족 군장으로, 당시에는 의거義渠에 거주했다. 지금의 간쑤성 닝현寧縣 서북쪽 지역이다.

60 원문은 '조청朝請'으로, 황제를 만나는 것을 가리킨다. 봄에 만나는 것을 조朝라 하고, 가을에 만나는 것을 청請이라 한다.

61 안사고는 말하기를 "행실이 청렴하여 청淸이라 불렀다"고 했다. "청은 마땅히 과부의 이름이다." (『한서신증』)

62 단혈丹穴: 단사광丹砂礦으로 주사硃砂 광산을 말한다.

63 "회懷는 여자의 성씨인 듯하다."(『사기회주고증』)

64 "모곤이 말하기를 '태사공은 돈이 없어 속죄를 못하고 결국 잠실蠶室에 갇혔으므로, 이것은 많은 비애를 느끼는 말이다'라고 했다."(『사기전증』)

한漢나라가 건국된 뒤 천하가 통일되자 국내 지역 간의 왕래를 제한했던 것을 취소하고 사람들이 산림과 호수, 바다의 자원을 자유롭게 개발할 수 있도록 허락했다. 그리하여 거상들이 천하를 두루 돌아다니며 활동하니 각지의 물품들이 유통되지 않는 것이 없었고, 그들은 큰돈을 벌어들였다. 이때 호걸과 각 제후국에 흩어져 있던 세가 대족들을 경사인 장안 부근으로 이주시켰다.65

관중 지역은 서쪽 견현汧縣과 옹현雍縣66에서 시작해 동쪽으로 황하, 화산華山67에 이르기까지 기름진 평야가 1000리로 우순과 하우 이래 줄곧 중앙에 공물을 바치는 상등의 토지였고, 뒤에 주나라의 선조인 공류公劉가 빈邠68으로 이주했으며, 이어서 태왕太王과 왕계王季69도 기산岐山으로 옮겼고 주 문왕 때에 와서는 풍豐에 도읍을 건설했고, 주 무왕 때는 다시 호鎬70로 옮겼다. 이 때문에 주나라 백성은 줄곧 조상의 전통을 유지하여 농사를 즐겨 지었는데 오곡을 심고 토지를 소중히 여겼으며, 나쁜 짓을 잘 저지르지 않았다. 진 문공秦文公, 진 덕공秦德公, 진 목공秦繆公 시대에 와서 그들은 옹雍71에 도읍을 건설했는데, 옹은 농隴과 촉蜀72 사이의 화물 집산지였고, 상인이 매우 많았다. 진 헌공秦獻公 때 도읍을 약읍櫟邑73으로 옮겼는데, 약읍 북쪽은 융적과 통하고 동쪽으로는

65　"한편으로는 경사 지역의 번영에 유리했고 다른 한편으로는 이러한 사람들을 감독하여 각지에서 모반하고 소란을 일으키는 것을 방지했다."(『사기전증』)

66　견현汧縣과 옹현雍縣: 진나라 현으로, 견현의 치소는 지금의 산시陝西성 룽현隴縣 남쪽 지역이다. 견수汧水가 있어 견현이라 했다. 옹현의 치소는 지금의 산시陝西성 평상鳳翔 남쪽 지역이다.

67　황하, 화산華山은 모두 지금의 산시陝西성 동부에 있다.

68　공류公劉: 주나라 민족의 선조로 후직后稷의 증손자로 전해진다. 빈邠은 옛 읍으로 지금의 산시陝西성 빈현彬縣 동북쪽 지역이다.

69　태왕太王은 문왕文王의 조부인 고공단보古公亶父로, 훗날 '태왕'이라 높였다. 왕계王季는 문왕의 부친인 계력季歷으로, 훗날 '왕계'라 높였다.

70　풍豐과 호鎬는 서주 시기의 도읍으로 풍은 지금의 산시陝西성 후현戶縣 동쪽이며, 문왕 때 이곳을 도읍으로 삼았다. 호鎬는 호鄗라 하기도 하고, 무왕이 상을 멸한 뒤 도읍을 풍에서 이곳으로 옮겼다. 지금의 산시陝西성 시안西安 서남쪽, 옛 평수이灃水 동쪽 연안이다.

71　옹雍: 지금의 산시陝西성 평상鳳翔 남쪽 지역이다.

72　농隴: 농판隴坂 서쪽으로 지금의 간쑤성 일대다. 촉蜀은 지금의 청두成都 일대다.

삼진三晉74과 이어져 있었으며 또한 거상이 매우 많았다. 진 효공秦孝公과 진 소공秦昭公 때는 함양咸陽75에 도읍을 건설했고, 그 뒤에 한나라도 이 일대에 도읍을 건설했기 때문에 장안과 주변의 황제 능묘가 위치한 현들에 사방에서 바큇살이 바퀴통에 모이듯이 몰려들었다. 이 일대는 땅이 적고 사람은 많았기에 이곳 백성은 갈수록 수단과 요령을 늘려 상업 활동에 종사했다.76 관중 남쪽은 바로 파촉巴蜀인데, 파촉도 비옥한 토지77라 치자나무, 생강, 주사, 돌, 구리, 쇠, 대나무와 나무로 제조한 기구가 생산되었다. 파촉 남쪽으로는 전국滇國, 북도僰道78와 이어져 있는데 북 땅의 사람들은 약탈당해 팔려온 노비가 많았다. 파촉은 또 서쪽으로 공도邛都, 작도筰都79와 이어져 있는데, 작도에서는 말과 야크가 난다. 파촉은 사면이 모두 병풍과 같은 요새지만 1000리에 걸쳐 잔도가 있어 통하지 않는 곳이 없고 포야褒斜80는 파촉에서 북방으로 통하는 입구를 빈틈없이 통제하고 있어 파촉 사람들은 항상 이 도로를 통해 남는 물건을 판매하고 필요한 물건을 사들였다. 천수天水, 농서隴西, 북지北地, 상군上郡 일대는 관중과 풍속이 같다. 서쪽으로는 강중羌中81과 거래하는 이익이 있고 북쪽으로는 융적

---

73 약읍櫟邑: 약양櫟陽이라고도 하며 지금의 시안西安 옌량구閻良區다. '櫟'의 음은 'yue(약)'이다. 진 헌공 2년에 도성을 옹현에서 이곳으로 동천했다.
74 삼진三晉: 전국시대의 한韓, 조趙, 위魏 삼국으로 모두 진晉나라에서 나뉘어졌다. 지역은 지금의 산시山西성과 허난성 북부, 허베이성 남부 일대다.
75 함양咸陽: 지금의 산시陝西성 셴양咸陽 동북쪽으로, 효공 12년에 약양에서 이곳으로 천도했다.
76 "관중의 풍속은 진나라에 이르러 변했다."(『사기찰기』)
77 "여기서는 촉군과 파군을 가리키는데, 비옥한 토지라 말하기 어렵다."(『사기전증』)
78 전국滇國은 전국시대의 소국으로 무제 때 한나라에 귀속되어 익주군益州郡을 설치했다. 군치는 전지滇池(지금의 윈난성 진닝晉寧 동북쪽)였다. 북도僰道는 옛 읍으로 지금의 쓰촨성 이빈宜賓 서남쪽 지역이다. 당시 건위군犍爲郡의 군치 소재지였다.
79 공도邛都는 당시 월수군越嶲郡의 군치 소재지로 지금의 쓰촨성 시창西昌 동남쪽 지역이다. 작도筰都는 지금의 쓰촨성 한위안漢源 동북쪽 지역이다.
80 포야褒斜: 고대에 파촉에서 남정南鄭을 거쳐 관중으로 통하는 요충 도로 가운데 하나다. 포褒와 야斜의 두 강이 흐르는 통로다. 두 강은 친링산맥 타이바이산太白山에서 발원하여 포수는 남쪽으로 흘러 한수漢水로 유입되고 야수는 북쪽으로 향해 위하渭河로 유입된다. 斜의 음은 'xie(사)'와 'ye(야)'가 있는데, 『정의』에서는 '야'라고 했다. 역자 또한 '야'로 표기했다.

의 가축을 사들이는 이익이 있다. 이곳의 가축은 전국에서 가장 풍요롭지만 토지가 척박하고 장안이 동방과 남방으로 통하는 도로를 통제하고 있다. 총괄적으로 관중 지역은 지반이 전국의 3분의 1일을 점유하고 있고 인구는 10분의 3에 불과하지만, 이곳에 집중된 부는 전국의 10분의 6을 차지한다.

옛날 당요는 하동 지역에 도읍을 건설했고, 은나라 사람들은 하내 지역에 도읍을 건설했으며, 주나라 사람들은 하남 지역에 도읍을 건설했다.[82] 대개 이 삼하三河 지역은 천하의 중심에 세발솥을 세운 것과 같고 역대 제왕들이 돌아가며 도읍을 세운 곳으로 각 왕조가 모두 수백 년에서 1000년 가까이 존재했었다.[83] 이곳의 토지는 협소하고 인구는 많지만 역대 왕조가 도읍을 건설하고 허다한 제후들이 건국[84]했기 때문에 그 풍속이 검소하고 경영을 잘했다. 이 지역은 양현楊縣[85]과 평양현平陽縣[86]을 통과하여 서쪽의 진秦, 적적翟[87]과 교역을 하고, 북쪽으로는 종種,[88] 대代[89]와 교역을 했다. 종과 대는 모두 석읍현石邑縣[90] 북쪽

---

81 강중羌中: 지금의 칭하이성과 간쑤성 중부 서쪽 지역이다. 강羌은 지금의 칭하이성과 간쑤성 일대에 거주하던 소수민족을 말한다.

82 하동河東은 지금의 산시山西성 서남부를 하동이라 했고 당唐 이후에는 산시山西성 전체를 가리켰다. 황하가 이곳을 경유하여 북에서 남으로 흐르고 이 구역이 황하 동쪽에 위치해 있으므로 하동이란 명칭을 얻었다. 요堯의 도읍은 평양(지금의 산시山西성 린펀 서남쪽)이었고, 하동에 속했다. 하내河内는 전국시대 때 황하 이북을 하내라 했는데 대략 지금의 허난성 황하 이북 지역에 해당된다. 황하 이남은 하외河外라 했는데 지금의 허난성 황하 남쪽 지역에 해당된다. 상 왕조의 도읍은 앞뒤로 형邢(지금의 허난성 원현 동북쪽), 은殷(지금의 허난성 안양 서쪽), 조가朝歌(지금의 허난성 치현)였는데, 모두 하내에 속했다. 하남河南은 허난성 서부의 황하 남쪽 지역을 가리킨다. 동주의 도읍인 낙읍洛邑은 하남에 속했다.

83 하나라는 400여 년, 상나라는 600여 년, 주나라는 800여 년이었다.

84 서주 시기에서 춘추시대까지 이 일대에 건립된 제후국은 진晉, 위衛, 정鄭, 우虞, 괵虢, 활滑 등이 있었고, 전국시대에 이 일대에 건국한 제후국은 한韓, 조趙, 위魏가 있다.

85 양현楊縣: 한나라 현으로 치소는 지금의 산시山西성 훙퉁洪洞 동남쪽 지역이다.

86 '수정본'에서는 '평양진平陽陳'으로 기재하고 있다. "신陳은 불필요한 글자다."(『색은』) 평양현은 한나라 현으로 치소는 지금의 산시山西성 린펀臨汾 서남쪽 지역이다.

87 "진秦은 관내關內다. 적적翟은 습隰과 석石 등 주州의 부락이 머무르는 곳이다. 연延과 수綏, 은銀의 3개 주는 모두 백적白翟이 거주하는 곳이다."(『정의』) "습과 석 두 주는 지금의 산시山西성 서북부에 위치해 있었고, 연, 수, 은 3개 주는 지금의 산시陝西성 북부와 닝샤 후이족 자치구 인추완銀川 일대에 있었다. 적은 서북부 지역의 소수민족이며 적적赤翟과 백적白翟 두 갈래가 있었다."(『사기전증』)

으로 흉노와 이웃하고 있어 자주 흉노의 침략을 받았다. 이 때문에 이곳 백성은 강직하고 지려고 하지 않았으며 제멋대로였고, 의협심이 강하고 법령을 돌아보지 않았으며 농업과 상업에 종사하지 않았다. 그러나 북이北夷와 가까워 항상 이곳에 군대가 주둔하고 있었고 중국에서 물자가 운송되었을 때는 어느 정도 쓰고 남는 것이 있었다. 이곳 사람들은 거칠고 고집이 세어서 진晉나라 전성기91에 다른 나라들은 그들의 용맹과 흉악함을 두려워했고 전국시대 조趙나라 무영왕武靈王 때에는 더욱 심해졌으며 지금까지도 당시 조나라의 풍속이 남아 있다. 이에 양현과 평양현 사람들은 이러한 형세에 의지해 이익을 꾀했고 항상 하고자 하는 목적을 쉽게 달성했다. 온현溫縣과 지현軹縣92은 서쪽으로 상당上黨과 교역을 하고 북쪽으로는 조趙, 중산中山93과 거래를 했다. 중산 일대는 인구가 많고 땅이 척박한데, 은나라 주왕이 이곳에 사구대沙丘臺94를 지어 먹고 마시며 향락을 추구하던 풍조가 지금까지 남아 있어 이곳 사람들은 성질이 급하고 투기로 이익을 꾀한다. 남자들은 의기투합하여 놀고, 격앙되어 슬픈 노래를 부르고, 떨쳐 일어나면 사람을 때려죽이고 물건을 빼앗으며, 쉴 때는 무덤을 파헤치고 혹은 가짜 공예품을 제작하기도 한다. 잘생긴 남자들은95 배우가 되기를 좋아

88 종種: "종은 항주恒州 석읍현石邑縣 북쪽에 있는데 아마 울주蔚州(지금의 산시山西성 링추靈丘 서남쪽)일 것이다."(『정의』)
89 대代: 한나라 현으로 치소는 지금의 허베이성 위현蔚縣 동북쪽 지역이다. 당시에도 대군代郡의 군치 소재지였다.
90 석읍현石邑縣: 한나라 현으로 치소는 지금의 허베이성 스자좡 서남쪽으로, 당시에는 상산군常山郡에 속했다.
91 춘추 중기와 중후기의 진晉나라로, 당시 종과 대 땅은 진晉나라에 속했다.
92 온현溫縣의 치소는 지금의 허난성 원현溫縣 서남쪽에 있고, 지현軹縣의 치소는 지금의 허난성 지위안濟源 동남쪽 지역이다.
93 중산中山: 춘추시대 말기 선우족鮮虞族이 지금의 허베이성 중남부에 건립한 소국으로, 전기의 도읍은 고顧(지금의 딩현定縣)였고 위 문후에 의해 멸망했다. 뒤에 다시 나라를 세웠으나 조 혜문왕에 의해 멸망했다.
94 사구대沙丘臺: 지금의 허베이성 광쭝廣宗 서북쪽에 있으며 주왕이 이곳에서 많은 금수를 길렀다고 전해진다.

하고, 여인들은 거문고와 비파를 타고 신발을 질질 끌며 귀족 부호들의 환심을 사기에 각 국가 왕후의 후궁으로 두루 퍼져 있다.

한단邯鄲은 장수漳水[96]와 황하 사이의 중요한 도시로 북쪽으로는 연燕, 탁군涿郡[97]과 통하고, 남쪽으로는 정鄭과 위衛 두 나라와 인접해 있다. 정, 위 두 나라의 풍속은 조나라와 비슷하다. 그러나 양梁과 노魯 두 나라와 가깝기 때문에 이곳 사람들은 비교적 진중하고 절개와 의리가 높다. 진나라 군대가 위魏나라를 정벌하자 속국이었던 위원군衛元君은 복양濮陽에서 야왕野王으로 옮겨졌고,[98] 야왕 일대의 사람들 또한 절개를 강구하고 의협심을 중시했으니, 바로 위衛나라의 풍조가 스며든 결과다.

연燕의 도성은 발해와 갈석 사이의 중요한 도시로, 남쪽으로는 제·조나라와 통하고, 동북쪽으로는 흉노와 경계를 접하고 있다. 서쪽 상곡上谷에서 동쪽 요동遼東[99]에 이르는 지역은 광활하고 인구가 희박하며 항상 흉노인의 침입을 당했으며 대체적으로 조·대나라의 풍속과 비슷하다. 이곳 사람들은 용맹하지만 일을 처리하는 데 사고력이 부족하고, 물고기·소금·대추·밤이 많이 난다. 북쪽으로는 오환烏桓, 부여夫餘와 이웃해 있고, 동쪽으로는 예맥穢貉, 조선朝鮮, 진번眞番과 장사를 하여 이익을 얻고 있다.

낙양洛陽은 동쪽으로 제·노 두 나라와 교역을 하고, 남쪽으로는 양梁·초楚

---

95 원문은 '미물美物'이다. "서광이 말하기를 '미美는 농롱이라고도 한다'고 했다."(『집해』) 양옥승은 마땅히 '농롱'으로 해야 한다고 했다. '농물弄物'은 남총男寵, 즉 남창을 말한다.

96 장수漳水: 낙수洛水라고도 하며 지금의 산시山西성 동남부에서 발원한다. 당시 한단 북쪽을 경유하여 동북쪽으로 흘러 황하에 유입되었다.

97 탁군涿郡: 한나라 군으로 군치는 탁현涿縣(지금의 허베이성 줘저우涿州)이었다.

98 진왕 정 6년(기원전 241)의 일이다. 당시 진나라 군대가 위魏나라를 정벌하여 20개 성을 함락시키고, 복양을 점령한 뒤 동군東郡을 설치했다. 야왕野王은 지금의 허난성 친양沁陽이다. 원문은 '복상지읍濮上之邑'으로, 일부 번역본에는 '복상의 읍'으로 번역하고 있다. '복상지읍'은 복양(지금의 허난성 푸양 서남쪽)을 가리킨다. 원래는 위원군의 거주지였는데, 뒤에 진나라 동군의 군치 소재지가 되었다.

99 상곡上谷은 연, 진·한나라에 모두 상곡군이 있었고 군치는 지금의 허베이성 화이라이懷來 동남쪽 지역이다. 요동遼東도 연, 진·한나라의 군으로 군치는 양평襄平(지금의 랴오닝성 랴오양遼陽)이었다.

두 나라와 장사를 한다. 태산 남쪽은 노나라이고 북쪽은 제나라다. 제나라는 산과 바다로 둘러싸여 있고[100] 중간에 비옥한 땅이 1000리에 이르는데 뽕나무와 삼 재배에 적합하고, 이곳 백성은 채색 직물과 물고기, 소금이 부족하지 않다. 임치臨菑는 대해大海와 태산 사이[101]의 중요한 도시다. 이곳 사람들은 관대하고 활달하며 지혜가 있고 담론을 좋아하며[102] 토지를 중시하여 쉽게 고향을 떠나 활동하지 않는다. 전쟁터에서 싸우는 것을 겁내지만 찌르고 죽이는 데 용감하기 때문에 길에서 강탈하는 자들이 적지 않은데, 모두 춘추전국시대부터 이어진 풍조다. 임치 성 안에는 사士, 농農, 공工, 상商, 고賈의 오민五民[103]이 모두 거주하고 있다.

추鄒[104]와 노는 수수洙水와 사수泗水[105]에 인접해 있고, 지금까지 여전히 주공周公의 유풍이 남아 있다. 이곳 사람들은 유가를 좋아하고 예절을 잘 갖추어 행위가 조심스럽다. 이곳에는 뽕나무와 삼이 비교적 많이 생산되고 산림과 못의 이익은 부족하며, 땅은 적고 인구가 많다. 사람들은 검소하고 인색하며 범죄를 두려워하여 사악함을 멀리한다. 나중에 쇠퇴하자 장사와 돈을 좋아하게 되어 주나라 사람[106]보다 더 지독해졌다.

---

100 남쪽에는 태산泰山이 있고 북쪽 옆에는 북해北海(지금의 발해)가 있으며, 남쪽에는 황해가 있음을 가리킨다.
101 원문은 '해대海岱'로, 대해大海와 태산泰山을 말한다. '대岱'는 '대종岱宗'으로 태산의 또 다른 이름이다.
102 『사기』「맹자순경열전」에 따르면 전국시대에 제나라는 천하의 학사들을 임치로 불러들였는데, 이른바 '직하稷下 선생'이라고 했다.
103 오민五民: 일설에 다섯 방면의 사람을 가리킨다고 한다. "여순이 말하기를 '나그네들이 그 풍속을 즐겨 다시는 돌아가지 않으므로 다섯 방면의 백성이 있게 되었다'고 했다."(『집해』)
104 추鄒: 한나라 현으로 지금의 산둥성 추현 동남쪽 지역이며, 맹자의 고향이다.
105 수수洙水는 지금의 취푸 동쪽으로 흘러 사수에 유입되고, 사수는 취푸 북쪽과 추현 남쪽을 거쳐 동남쪽으로 흘러 회수淮水에 유입된다.
106 원문은 '주인周人'으로 낙양 일대의 사람을 가리키며 장사를 잘하기로 유명했다. "주나라 사람의 습속에 따르면 산업을 경영하고 상공업에 힘써서 10분의 2의 이득을 취하는 것이 정당한 의무다."(『사기』「소진열전」)

홍구鴻溝107의 동쪽 망芒과 탕碭108 북쪽에서부터 곧장 거야巨野109까지는 양梁과 송宋의 땅이었다. 도陶110와 수양睢陽 또한 이 일대 지역의 중요한 도시다. 옛날 요임금은 이곳 성양成陽111에서 도기를 제조했고, 순임금은 뇌택雷澤112에서 물고기를 잡았으며, 탕임금은 박亳113에 거주했다. 이 일대는 지금까지도 고대 선왕의 유풍이 남아 있고, 사람들은 중후하고 군자가 많으며 농업을 좋아한다. 비록 산과 하천에서 나오는 것이 풍요롭지는 못하지만 그들은 입고 먹는 것을 아껴서 저축한다.

월越과 초楚의 풍속은 세 지역으로 구분할 수 있다.114 회수 북쪽의 패군沛郡, 진陳, 여남군汝南郡과 남군南郡115 일대는 서초西楚에 속한 지역이다. 이곳 습속은 용맹하고 날렵하며 화를 잘 내고 토지는 척박하고 집에는 쌓아놓은 재산이 적다. 강릉江陵은 옛날 초나라의 영도郢都인데,116 그 서쪽은 무巫와 파巴117로 통하

---

107 홍구鴻溝: 옛 운하의 이름으로, 서쪽으로 지금의 허난성 싱양滎陽 북쪽에서부터 황하를 끌어 동쪽으로 카이펑에 이르고 남쪽으로 화이양을 거쳐 선추沈丘에 이르러 잉수이강潁水으로 유입된다.

108 망芒과 탕碭: 한나라 현으로 망현의 치소는 지금의 허난성 융청永城 서북쪽이고, 탕현의 치소는 지금의 허난성 샤이夏邑 동남쪽 지역이다.

109 거야巨野: 옛 호수와 늪으로 지금의 산둥성 쥐예巨野, 량산梁山, 윈청鄆城 남쪽 지역이다.

110 도陶: 정도定陶를 말하며 지금의 산둥성 딩타오定陶 서북쪽 지역이다. 한나라 때 양梁나라 도성이었고, 이후 제음군濟陰郡의 군치 소재지였다.

111 성양城陽: 한나라 현으로 치소는 지금의 산둥성 허쩌菏澤 동북쪽이며, 정도에서 멀지 않다.

112 뇌택雷澤: 옛 호수와 늪 이름으로 지금의 산둥성 허쩌 북쪽이며, 성양이 이곳 옆에 있다.

113 박亳: 옛 읍으로 지금의 산둥성 차오현曹縣 동남쪽 지역이다. 어떤 사람은 남박南亳을 가리킨다고도 말하는데, 지금의 허난성 상추 동남쪽 지역이다.

114 "월나라가 오나라를 멸망시키고 강회江淮 이북 지역을 차지했고, 초나라는 월나라를 멸망시키고 오와 월의 땅을 겸병했으므로 '월초越楚'라고 말한 것이다."(『정의』). 대략 장강 중하류와 지금의 허난성 남부와 안후이성, 장쑤성의 회하 북쪽 지역에 해당된다.

115 패군沛郡은 한나라 군으로 군치는 상현相縣(지금의 안후이성 쑤이시濉溪 서북쪽)이다. 진陳은 한나라 현으로 치소는 지금의 허난성 화이양이다. 당시 회양국淮陽國의 도성이었다. 여남군汝南郡은 한나라 군으로 군치는 상채上蔡(지금의 허난성 상차이 서남쪽)다. 남군南郡은 한나라 군으로 군치는 지금의 후베이성 징저우荊州 북쪽 지난성紀南城이다.

116 강릉江陵: 춘추시대부터 전국시대 전기까지 초나라 도성으로, 그 이름은 영郢이었다. 초 경양왕 때 진나라 장수 백기白起에 의해 점령당해 진陳으로 동천했다.

117 무巫는 무협巫峽으로 지금의 쓰촨성 우산巫山 동쪽에 있다. 파巴는 한나라 군으로 군치는 강주

고, 동쪽은 운몽雲夢118의 풍요로움이 있다. 진陳은 초나라와 하夏의 접경 지역에 있는데,119 이곳은 물고기와 소금의 집산지로 상업에 종사하는 사람이 많다. 서현徐縣, 동현僮縣, 취려현取慮縣120 일대 사람들은 청렴하고 모질며 말을 했으면 반드시 지킨다.

팽성彭城121 동쪽 지역은 동해東海, 오吳, 광릉廣陵122까지, 이 일대를 동초東楚 라고 한다. 이곳의 풍속은 서현徐縣, 동현僮縣과 비슷하다. 구현朐縣과 증현繒縣123 이북의 습속은 제나라와 가까우며 절강浙江 남쪽은 월나라와 가깝다.124 오吳는 당시 오나라의 합려, 초나라의 춘신군, 이후의 오왕 유비 세 사람이 각지의 교유 하기 좋아하는 유세가와 유협들을 불러들인 곳이다. 동쪽으로는 바닷소금의 이 익을 얻을 수 있고, 경내의 장산章山125에서는 구리가 나고, 삼강三江126과 오호

118　운몽雲夢: 수초가 무성한 소택지와 호수의 이름이다. "운몽택雲夢澤은 화용현華容縣(지금의 후베 이성 젠리監利 서북쪽) 남쪽에 위치해 있다."(『후한서』「군국지」) 지금의 후베이성 안루安陸 남쪽이다. 두 개의 호수지만 위치가 가까워 운몽이라 불렀다는 설도 있고, 장강 북쪽을 운이라 하고 남쪽을 몽이라 한다는 설도 있다.

119　"하夏나라의 도성 양성陽城이다. 진陳 남쪽은 초나라이고 서쪽과 북쪽은 하나라이므로 '초楚나 라와 하夏의 접경 지역'이라고 말한 것이다."(『정의』) "『정의』에서 말한 양성陽城은 지금의 허난성 덩펑 登封 동남쪽으로 진현陳縣의 서북쪽이다. 또 '하夏'는 중원 지역을 가리키며 춘추시대의 진陳나라는 초나라와 중원 여러 나라의 중간에 위치해 있었다."(『사기전증』)

120　서현徐縣, 동현僮縣, 취려현取慮縣은 모두 한나라 현으로 당시에 사수군泗水郡에 속했다. 서현 의 치소는 지금의 장쑤성 쓰훙泗洪 남쪽 지역이고, 동현의 치소는 안후이성 쓰현泗縣 동북쪽 지역이 고, 취려현의 치소는 지금의 안후이성 링비靈璧 동북쪽 지역이다.

121　팽성彭城은 지금의 장쑤성 쉬저우徐州 지역이다.

122　동해東海는 한나라 군으로 군치는 담현郯縣(지금의 산둥성 탄청郯城 서북쪽)이고, 오吳는 한나라 현으로 치소는 지금의 장쑤성 쑤저우고, 광릉廣陵은 지금의 장쑤성 양저우 서북쪽으로 전한 때 오吳 와 광릉국廣陵國의 도성이었다.

123　구현朐縣과 증현繒縣은 모두 한나라 현으로 당시에 동해군東海郡에 속했다. 구현의 치소는 지금 의 장쑤성 롄윈강連雲港 서남쪽이고, 증현의 치소는 지금의 산둥성 짜오좡枣莊 동북쪽 지역이다.

124　"전당강錢塘江 남쪽은 월나라 사람의 풍속이다. 절강浙江은 지금의 쳰탕지앙강錢塘江을 말한다." (『사기전증』)

125　장산章山: '장章'은 '장鄣'이라고 해야 한다. 진나라 현으로 치소는 지금의 저장성 안지安吉 서북 쪽 지역이다. 한나라 때 명칭이 고장故鄣으로 변경되었다. 앞서는 오나라에 속했으나 뒤에는 단양군丹 陽郡에 속했다.

五湖[127]의 자원을 소유하여 강동江東[128] 지역의 중요한 도시였다.

형산衡山, 구강九江[129]과 강남江南의 예장豫章, 장사長沙[130]는 남초南楚로 이곳의 풍속은 대체로 서초西楚와 비슷하다. 초나라 도읍인 영郢은 나중에 수춘壽春으로 옮겼고,[131] 수춘은 이 일대의 중요한 도시다. 합비合肥[132]는 남북 수로로 인해 화물을 교류하는 중심으로[133] 가죽, 건어물, 목재의 집산지다. 남초는 민중閩中,[134] 간월干越[135]의 풍속과 섞여 있기 때문에 이곳 사람들은 과장되게 말하는

126 삼강三江: "『한서』 「지리지」에 따르면 장강, 우쑹강吳淞江과 우후蕪湖와 이싱宜興 사이의 한 갈래 장강을 타이후太湖까지 이르게 하는 강물을 이끄는 강을 가리킨다. 당시에는 이 삼수三水를 북강北江, 남강南江, 중강中江이라 칭했다. 『오월춘추』에서는 절강浙江, 포강浦江, 염강剡江(지금의 차오어장강曹娥江)을 삼강三江이라 했다."(『사기전증』)

127 오호五湖는 일반적으로 타이후太湖 일대의 호수를 말한다. 일설에는 타이후太湖라고도 한다.

128 강동江東: 지구 명칭. 장강은 서쪽에서 동쪽으로 흘러 지금의 안후이성 경계에 이르면 북쪽으로 기울어 흐르다가 장쑤성 전장鎭江에 이르러서는 다시 동쪽으로 흘러가기 때문에 옛날에는 이러한 강 항로의 동쪽 지역을 강동(즉 지금의 장쑤성 창장 이남, 저장성과 안후이성 창장 이남 지구)이라 했고 서쪽 지역을 강서江西(즉 지금의 안후이성 창장 이북과 화이淮河 하류 일대)라 했다.

129 형산衡山은 한나라 초기 제후국 명칭으로 주邾(지금의 후베이성 황강黃岡 서북쪽)에 도읍을 정했다. 구강九江은 한나라 군으로 군치는 수춘壽春(지금의 안후이성 서우현壽縣)이었다.

130 "이 말은 대강大江의 남쪽 예장豫章과 장사長沙 두 군은 남초南楚의 땅일 따름이라는 말이다."(『정의』) "이 말이 맞다. 당시의 형산衡山, 구강九江 두 군은 모두 강북江北에 있었는데, '예장豫章, 장사長沙' 앞의 '강남江南' 두 글자는 그 방위가 장강 남쪽에 있다는 것을 표명한 것이다. 『집해』에서 말한 '강남은 단양丹陽이다'라고 한 것은 심히 잘못이다."(『사기전증』) 예장豫章은 한나라 군으로 군치는 남창南昌(지금의 장시성 난창南昌)이었다. 장사長沙는 한 대에는 제후국 명칭이었다. 도읍은 임상臨湘(지금의 후난성 창사長沙)이었다.

131 "전국시대 후기에 초나라는 진나라의 공격을 받아 경양왕頃襄王 때 강릉江陵에서 진陳으로 천도했고, 고열왕考烈王 때 다시 진에서 수춘壽春으로 천도했다. 지명은 모두 영郢이라 했지만 실제적으로는 이미 세 지방으로 바뀌었다."(『사기전증』)

132 합비合肥는 한나라 현으로 치소는 지금의 안후이성 허페이合肥였다.

133 "장강과 회수淮水의 조수가 남북에서 모두 여주廬州(합비合肥를 말한다)에 이른다는 말이다."(『정의』) "이곳은 실제적으로 남쪽 장강 유역의 화물과 북쪽 회하淮河 유역의 화물이 모두 수로로 합비로 운송할 수 있는 것을 가리킨다."(『사기전증』)

134 민중閩中은 진나라 군 명칭이며 한나라 초기의 민월閩越 소국 지구다. 군치는 동야東冶다. "동야東冶는 옛 학설에는 지금의 푸젠성 푸저우福州라고 했는데, 근래에 우이산武夷山에서 옛 성 유적이 발견되어 고고학자들은 이곳이 민월의 도성으로 여기고 있다. 무제는 민월을 멸망시키고 회계군會稽郡에 소속시켰다"고 했다.

135 간월干越: "오월吳越을 말한다. 대략 지금의 장쑤성 남부, 저장성 북부 일대 지구에 해당된다."

것을 좋아하고 감언이설을 하므로 믿음이 부족하다. 강남 지역은 지대가 낮고 습하여 남자들이 일찍 죽으며 대나무가 비교적 많이 난다.[136] 예장에서는 황금이 나오고 장사에서는 납과 주석이 나지만 매장량이 많지 않아 채굴 비용도 되지 않는다. 구의산九疑山과 창오군蒼梧郡[137] 남쪽으로 담이儋耳[138]까지, 이 일대 지역의 풍속은 강남 지역과 대체로 상통하지만 양월楊越[139]의 풍속이 더 많다. 반우番禺[140]도 이 일대 지역의 중요한 도시로 진주, 무소뿔, 대모玳瑁, 과일, 삼베의 집산지다.

영천潁川, 남양南陽[141] 일대는 옛날 하나라 사람들이 거주하던 곳이다.[142] 하나라 사람은 충실함과 소박함을 숭상했는데 이 일대는 하나라의 유풍을 보존하고 있다. 영천 사람들은 관대하다. 진秦나라 말기에 죄를 저지른 자들이 남양으로 옮겨갔다. 남양은 서쪽으로 무관武關, 운관郧關[143]과 통하고 동남쪽으로 한수漢水, 장강, 회수淮水와 연결된다. 원성宛城은 이 일대 지역의 중요한 도시다. 이곳 사람들의 풍속은 활동하기를 좋아하여 장사꾼이 많다. 의협을 행하기 좋아

(『사기전증』)

136 "일반적으로 강남 여러 군郡의 공통점을 가리키는 것으로 강남을 하나의 군으로 이해해서는 안 된다."(『사기전증』)

137 구의산九疑山은 산 명칭으로 지금의 후난성 다오현道縣, 란산藍山 서남쪽. 창오군蒼梧郡은 한나라 군으로 군치는 광신현廣信縣(지금의 광시성 우저우梧州)이었다.

138 담이儋耳는 군으로 무제 원봉 원년(기원전 110)에 설치되었다. 군치는 지금의 하이난성 단저우儋州 서북쪽 지역이다.

139 양월楊越은 월越을 말한다. "'양楊'은 '양揚'이라고 해야 한다. 고대의 월越 땅은 『우공禹貢』의 양주揚州이므로 월을 '양월揚越'이라고 했다. 대략 지금의 광동성, 광시성 일대 지구에 해당된다."(『사기전증』)

140 반우番禺: 지금의 광저우廣州로 당시 남해군南海郡의 군치 소재지였다.

141 남양南陽은 한나라 군으로 군치는 원현宛縣(지금의 허난성 난양南陽)이었다. 후한 시기에 광무제光武帝 유수劉秀가 남양에서 군사를 일으켰기 때문에 남양을 '제향帝鄕'이라 불렀다.

142 "영천과 남양은 모두 하나라 땅이다."(『정의』) 하우夏禹는 양성陽城에 도읍을 세웠고, 양성은 즉 우현禹縣 서북쪽이다.

143 무관武關은 관문 명칭으로 지금의 산시陝西성 단평丹鳳 동남쪽. 전국시대 때 진秦의 남쪽 관문이다. 동쪽 관문인 함곡관과 서로 호응하여 진秦으로 들어가는 문호였다. 운관郧關은 지금의 후베이성 원현鄖縣 동북쪽으로 한수漢水 상류이며 남양 일대에서 한중漢中 지구로 통하는 중요한 도로다.

하여 영천 사람과 종종 무리를 짓는다. 이 일대 사람들은 지금까지도 '하나라 사람'이라 불린다.

무릇 천하의 물산은 어느 곳은 적기도 하고 많기도 하고, 각지 백성의 생활 풍속도 다르다. 예를 들면 산동 지역은 바닷소금을 먹지만 산서山西 지역은 못에서 나는 소금을 먹고,[144] 영남領南[145]과 사북沙北[146]도 각자 소금을 생산하는데, 대체적인 상황은 앞에서 말한 것과 같다.

종합해서 살펴보면 초월楚越 지역은 땅은 넓은데 사람은 적으며, 이곳에서 먹는 것은 쌀밥과 생선국이고, 화전을 일구고 물을 대어 풀을 제거하기도 하고, 과일과 조개류가 많아 돈 주고 살 필요 없을 만큼 풍족하다. 이곳은 먹을 것이 많아 굶주림[147]을 걱정하지 않기 때문에 게으르고 구차하게 살며 집안에 쌓아둔 것이 없고 비교적 가난하다. 이 때문에 장강과 회수 이남은 굶주리거나 얼어 죽는 자는 없지만 천금을 쌓아둔 부잣집도 없다. 기수沂水와 사수泗水[148] 북쪽은 오곡, 뽕, 삼, 육축六畜을 기르기에 적합하며, 그곳은 땅이 작고 인구가 많으며 항상 수해와 한해가 발생하기 때문에 백성이 저축하기를 좋아하는 습관을 가지고 있다. 이 때문에 진秦·하·양·노나라 일대의 통치자들도 모두 농업을 애호하고 백성을 중시한다. 삼하三河 지역, 원성, 진陳 또한 대체적으로 이와 같으며 장사

---

144 "지금의 산시山西성 윈청運城의 지염池鹽 같은 것을 말한다."(『사기전증』)
145 영남領南은 오령五嶺 이남 지역을 가리키는 것으로 대략 지금의 광둥성, 광시성과 베트남 북부 일대에 해당된다. '영령'은 '영嶺'이라고 해야 한다.
146 사북沙北: "사북沙北은 지池와 한漢의 북쪽이다."(『정의』) "池와 漢의 북쪽이 무엇을 가리키는지, 또 어떤 지방을 가리키는지 분명하지 않다."(『사기전증』)
147 원문은 '기근飢饉'이다. "한 가지 곡물이 풍작이 아니면 겸歉(歉)이라 하고, 두 종류의 곡물이 풍작이 아니면 기飢라 하고, 세 종류의 곡물이 풍작이 아니면 근饉이라 하고, 네 종류의 곡물이 풍작이 아니면 황荒이라 하고, 다섯 종류의 곡물이 풍작이 아니면 대침大侵이라 한다."(『한시외전韓詩外傳』)
148 기수沂水는 지금의 산둥성 이이완沂源에서 발원하여 남쪽으로 린이臨沂를 경유하여 장쑤성으로 들어가 옛 사수泗水로 유입된다. 사수는 청수清水, 청사清泗라고도 한다. 지금의 산둥성 쓰수이泗水 배미산陪尾山에서 발원하는데 4개의 원천이 합쳐져 하나의 강이 되어 사수라 했다. 남쪽으로 흘러 회하에 유입된 후 동쪽으로 흘러 바다로 유입된다.

를 주로 한다. 제·조 땅 사람들은 지혜롭고 요령이 있으며 투기로 이익을 취한다. 연·대 땅 사람들은 밭을 갈고 방목하며 양잠을 업으로 삼는다.

이로 보건대 재능 있고 덕 있는 현인들이 낭묘廊廟[149]에서 깊고 세밀한 계획을 세우며 조정에서 국가대사를 논의하고, 죽음으로 절개를 지키는 은사들이 깊은 산속에 은거하면서 이름을 드높이고자 하는 까닭은 무엇인가? 결국은 모두 부귀를 위한 것이다. 이에 청렴한 관리가 오래도록 그 지위에 있으면 청렴할지라도 부유해질 수 있고, 탐욕스럽지 않은 상인은 이익이 많아져 부자가 될 수 있다. 부는 인간의 본성이므로 배우지 않아도 추구하게 된다. 그러므로 사병들이 전장에서 성을 공격하러 먼저 올라가 석진을 함락시켜 직을 물리치며, 적장을 베고 적의 깃발을 빼앗고, 화살과 돌을 무릅쓰며 전진하고, 끓는 물과 타는 불의 위험을 피하지 않는 것은 두터운 상이 그렇게 만든 것이다.[150] 평민의 자제들이 행인을 공격하여 재물을 빼앗고 죽여서 묻으며, 강탈하고 나쁜 짓을 저지르고, 남의 무덤을 파헤치며, 사사로이 돈을 주조하고, 무력으로 다른 사람의 재산을 삼키며, 친구의 원수를 갚기 위해 자기의 안전은 돌아보지 않고, 아무도 없는 곳에서 재물을 빼앗고 법을 어기는 것을 피하지 않으며, 말이 달리듯이 죽을 곳으로 뛰어드는 것은 사실 모두가 재물을 위한 것일 따름이다. 지금 조趙와 정鄭 땅의 미녀들이 화장을 하고 거문고를 뜯으며, 긴 옷소매를 나부끼고, 춤추는 신발을 신고 추파를 던지며 유혹하는데, 천리를 멀다 하지 않고 나가서 노소를

---

149 낭묘廊廟: 조당朝堂과 태묘太廟다. 낭廊은 대전 양쪽의 복도로, 여기서는 정사를 의논하는 대청을 가리킨다. 이현 주석에 따르면 "낭廊은 궁전 아래 집이고 묘廟는 태묘太廟다. 국사는 반드시 먼저 낭묘에서 계획한다"고 했다.
150 "사마자司馬子(사마천)가 말하기를 '천하 사람들은 분주하게 모두가 이익을 위해 달려간다'고 했다. 조趙 땅의 여자는 좋고 나쁨을 가리지 않고, 정鄭 땅의 여자는 멀고 가까움을 가리지 않으며, 상인은 치욕과 부끄러움을 위하지 않고, 전사들은 목숨을 걸고 작전을 벌이는 것을 애석해하지 않으며, 사인士人은 친속에 관심을 두지 않고 군주를 섬기면서 재난을 피하지 않으니, 모두가 이익과 작록을 위한 것이다."(『염철론』「훼학毁學」)

가리지 않는 것은 재물을 좇는 것이다. 할 일 없는 귀족 자제들이 관을 쓰고 검을 차고는 높고 큰 거마로 줄지어 도처를 달리는 것은 자신의 부귀를 드러내는 것이다. 주살로 물고기를 잡고 화살로 사냥하기를 이른 아침부터 밤까지 하고, 서리와 눈을 무릅쓰고 골짜기의 높고 낮음을 가리지 않고 달리면서 맹수에 물려 다치는 것도 피하지 않는 것은 먹고 싶은 것을 얻고자 함이다. 도박, 경마, 닭싸움, 개 달리기에 귀와 얼굴을 붉혀가며 자신을 과시하고 상대방을 압도하며 반드시 이기려고 다투는 것은 돈을 잃는 것을 두려워하기 때문이다. 의생과 방사 등 각종 기술을 업으로 삼는 사람들이 신경을 집중해 재능을 발휘하는 것은 두터운 재물을 위한 것이다. 관리가 붓끝을 놀려 법을 우롱하고 가짜 도장을 새기고 문서를 위조하면서 형벌의 주살을 피하지 않는 것은 뇌물의 유혹에 빠져 있기 때문이다. 농민, 공인, 상인들이 물건을 축적하는 것은 재산을 더욱 늘려 부유해지고자 함이다. 이런 사람들이 모두 힘써 지혜와 능력을 발휘하는 것은 온 힘을 쓰지 않아 재산이 남에게 넘어가는 일이 없도록 하기 위함이다.

속담에 말하기를 '백리 밖으로 나가 땔나무를 팔지 말고, 천리 밖으로 나가 양식을 팔지 말라'고 했다. 어느 곳에서 1년을 살고자 한다면 곡식을 심고, 10년을 살고자 한다면 나무를 심고, 100년을 살고자 한다면 덕으로 사람을 끌어당겨야 한다.[151] 덕이란 실제로 사람에게 재물이 있는 것을 말한다. 어떤 사람이 비록 관직과 봉록, 작위와 봉지가 없는데도 작위와 봉록이 있는 사람처럼 부귀의 쾌락을 누릴 수 있는 것을 통상적으로 '소봉素封'이라고 말한다.[152] '봉封'이란 작위가 있는 사람들이 영지의 조세로 먹고사는 것인데, 매년 1호당 대략 200문

---

151 원문은 '居之一歲, 種之以穀; 十歲, 樹之以木; 百歲, 來之以德'이다. "1년의 계획으로 곡식을 심는 것보다 중요한 것이 없고, 10년의 계획으로 과일나무를 심는 것보다 중요한 것이 없으며, 일생의 계획으로 인재를 배양하는 것보다 중요한 것이 없다一年之計; 莫如樹穀; 十年之計, 莫如樹木; 終身之計, 莫如樹人."(『관자』, 「권수權修」)

152 "관직에 나가지 않은 사람이 재배할 경작지가 있어 먹고살 수 있음을 말한다. 그 이익이 봉군封君(작위와 봉지를 소유한 사람)에 비견될 수 있으므로 '소봉素封'이라고 말한다."(『정의』)

의 동전을 거둔다. 1000호를 누리는 봉군은 20만 문의 동전을 거두는데, 그들이 경사로 가서 알현하고 서로 방문하며 접대하는[153] 비용이 모두 여기에서 나온다. 평민 백성 가운데 농민, 공인, 상인에게 1만 전이 있다면 대체로 매년 2000문의 이자를 거둘 수 있다. 그러므로 100만 전이 있는 가정은 1년에 20만 전의 이자 수입을 거둘 수 있는데, 여기서 노역과 조세의 비용을 납부할 수 있고 먹고 입는 욕망을 모두 만족시킬 수 있다. 이 때문에 땅에서는 50필의 말[154], 100두의 소[155], 250마리의 양[156]을 기를 수 있고, 소택지에서는 돼지 250마리를 기를 수 있으며, 저수지에서는 1000석石의 물고기를 기를 수 있고, 산에는 1000그루의 과실수[157]를 심을 수 있어야 한다고 말한다. 안읍安邑 지역의 대추나무 1000그루, 연燕과 진秦 지역의 밤나무 1000그루, 촉·한漢[158]·강릉 지역의 귤나무 1000그루, 회북과 상산 이남 및 황하와 제수 사이[159]의 가래나무

---

153 원문은 '빙향聘享'이다. 제후들 사이의 예절로 방문하는 것을 빙聘이라 하고, 방문자를 초대하여 연회를 베푸는 것을 향享이라 한다. 여기서는 각국 제후들이 서로 왕래하는 데 필요한 비용을 가리킨다.

154 원문은 '마이백제馬二百蹄'로, 말 한 마리는 발굽(蹄)이 4개이므로, 50필의 말을 말한다.

155 원문은 '우제각천牛蹄角千'으로, 두 가지 견해가 있다. 먼저 소는 4개의 발굽과 2개의 뿔을 가지고 있으므로 1,000÷6(발굽 4개와 뿔 2개)=167두다. 『한서음의』에서 말하기를 '167두이다. 말은 귀하고 소는 저렴하기에 이렇게 헤아렸다'고 했다.(『집해』) 안사고는 말하기를 "167두라면 발굽과 뿔이 1,002개여야 한다. 1000을 말한 것은 우수리 없는 정수를 말한 것이다"라고 했다. 『사기통해』도 안사고의 견해에 따라 우수리에 구애받을 필요는 없다고 했다. 또 다른 견해로 『사기전증』에서는 소는 8쪽의 발굽(소의 발굽이 2쪽으로 갈라진 것)과 2개의 뿔을 가지고 있기에 100두의 소를 가리킨다는 견해다. 즉 소의 발굽은 두 쪽으로 나뉘어져 있으니 4개의 발굽은 모두 8개가 되고 뿔이 두 개니까 1,000÷10=100두가 된다. 본문에서 50필의 말, 돼지와 양이 250마리라고 했으니, 167두의 소라고 한다면 너무 구체적인 수치라서 균형이 맞지 않고, 『한서음의』에서 '말은 귀하고 소는 저렴하다'고 했으니, 소의 수가 말의 2배수로 보는 것이 문맥이 매끄럽다. 이런 이유로 역자는 '100두의 소'라는 견해를 채택했다.

156 원문은 '천족양千足羊'으로, 양은 발이 4개이므로 250마리다.

157 원문은 '천장지재千章之材'인데, "나카이 리켄이 말하기를 '목재의 한 뿌리를 장章이라 한다'고 했다."(『사기회주고증』) 안사고는 말하기를 "큰 목재를 장章이라 한다"고 했다. 『한서』에서는 '천장지추千章之萩'로 기재하고 있는데, '추萩'는 높고 큰 낙엽 교목을 가리킨다.

158 한漢: 한중군漢中郡으로 군치는 서성西城(지금의 산시陝西성 안캉安康 서북쪽)이었다. 익주益州에 속했다.

1000그루, 진陳과 하夏 일대의 옻나무 밭 1000묘, 제·노 지역의 뽕나무와 삼밭 1000묘, 위수 유역의 대나무 1000묘, 그리고 1만 호의 백성이 거주하는 유명한 도성 교외 지역의 묘당 1종鍾160을 수확할 수 있는 밭 1000묘, 혹은 염료로 사용되는 치자나무와 꼭두서니를 심을 수 있는 1000묘, 생강과 부추 1000뙈기의 수입이 있는 사람은 1000호를 소유한 후侯와 같다. 이런 종류의 소득은 부의 근원이라, 이런 사람들은 직접 시장에 나가 분주하게 뛰어다니거나 다른 고장에 갈 필요 없이 앉아서 수입을 기다리고 은사의 명성을 누리며, 또한 집안도 부유하다. 어떤 사람이 집은 가난하고 양친은 연로하며 처자식은 연약하여, 명절에 조상을 위해 제사지내고 집안이 모여 식사할 비용도 없으며, 평소에 먹고 입는 것도 해결하지 못하는데 스스로 부끄러워할 줄 모른다면, 진실로 함께 논할 수 없다. 돈이 없는 사람은 고되게 힘을 쓰고, 돈이 조금 있는 사람은 지혜를 사용하고 돈이 많은 사람은 시장 가격을 예측하여 구매하고 판매하니, 이것이 기본 규율이다. 상업 활동을 하면서 위험한 방법을 사용하지 않고 생활을 부유하게 하는 것이 현명한 사람의 노력이다. 이 때문에 농업으로 부자가 되는 것이 으뜸이고 상업으로 부유해지는 것이 그다음이며, 간교한 방법으로 부자가 되는 것이 가장 낮은 것이다.161 산속에 은거하는 선비의 절개 있는 처신도 없으면서, 오래도록 빈곤하게 살며 입만 열면 인의를 말하는 사람은 부끄러운 것이다.162

159 대략 지금의 허난성 동북부와 산둥성 서북부 일대 지역을 말한다.
160 1종鍾은 6곡斛 4두斗다. 한나라 때 1곡은 20리터이고, 1두는 2리터였다.
161 원문은 '본부本富' '말부末富' '간부奸富'다. '본부'는 농업을 경영하여 부자가 되는 것이고, '말부'는 상공업을 경영하여 부자가 되는 것이며, '간부'는 정당하지 못한 수단으로 부자가 되는 것을 말한다. "강백구가 말하기를 '본부는 경작하여 부자가 되고 앉아서 수입을 기다리는 자다. 말부는 장사를 하여 부자가 된 자이며, 간부는 간교하게 지혜를 다투어 부자가 된 자다'라고 했다."(『사기회주고증』)
162 "나카이 리켄이 말하기를 '진실로 깊은 산속에 은거하는 선비의 행위가 있으면, 비록 오래도록 빈천하더라도 부끄러움이 없다. 태사공은 진실로 이것을 말하지 않는다'라고 했다."(『사기회주고증』) "반고班固 부자는 사마천을 질책하면서 「화식전」에서 형세와 이익을 숭상하면서 빈천을 부끄럽다고 서술하고 있다'고 했다."(『사기전증』)

호적에 편입된 평민 백성은 다른 사람의 부가 자신보다 10배라면 그 사람을 열등하게 여기고, 100배라면 두려워하며, 1000배라면 부림을 당하고, 1만 배라면 노복이 된다. 이것은 자연의 도리다. 빈곤한 처지에서 부유해지고자 하면 농민은 공인이 되는 것만 못하고, 공인은 상인이 되는 것만 못하며, 수를 놓는 것이 시장에 나가 장사하는 것만 못하다. 이 때문에 상업이 빈곤 상황을 변화시키는 가장 좋은 수단이라고 말하는 것이다. 교통이 좋은 도시라면 술을 1000항아리 빚고,163 식초 1000강缸,164 순한 술 1000담甔,165 소·양·돼지를 1000마리 도축하여 팔고, 혹은 양곡 1000종鍾, 땔감 1000수레, 1000장丈 길이의 배,166 목재 1000장章, 대나무 장대 1만 개个,167 가볍고 작은 수레168 100승, 소가 끄는 수레 1000량, 목제 칠기 1000개, 구리그릇 1000균鈞,169 나무와 철제 그릇 혹은 치자나무와 꼭두서니 1000석石,170 말 200필171, 소 250두, 양, 돼지 각 2000마리, 노복172 100명, 짐승 힘줄과 뿔, 단사 1000근, 비단과 솜, 가는 베 1000균, 수놓은 채색 비단 1000필匹,173 거친 베와 피혁 1000석, 옻 1000두斗, 누룩과 메주 각 1000답쬺,174 복어와 갈치 각 1000근, 잡어 1000석,175 소금에

---

163 원문은 '일세천양一歲千釀'으로, 문장이 매끄럽지 못하다. "양천옹釀千瓮(1000개의 항아리를 빚다)이다."(『정의』) 안사고는 말하기를 "1000개의 항아리로 술을 빚다"라고 했다.
164 강缸: 도자기로 만든 병으로 10승升을 담을 수 있다. 한나라 때 1승은 200밀리리터다.
165 담甔: 도자기로 제작한 용구로 10두斗를 담을 수 있다.
166 1년 동안 판매한 배의 총 길이를 말한다.
167 개个: '과棵(그루)'를 말한다. 『석명釋名』에 이르기를 '대나무를 개个라 하고, 나무를 매枚라 했다'고 했다."(『사기전증』)
168 원문은 '요거軺車'로, 가볍고 작은 수레를 말한다. "양한兩漢 때 요거軺車 1승은 1만 전의 가치였고, 우거牛車(소가 끄는 수레)는 2000전이었다."(『사기신증』)
169 1균鈞은 전한 시기에 7.44킬로그램이었다.
170 1석石은 전한 시기에 29.76킬로그램이었다.
171 원문은 '마제효천馬蹄蹾千'이다. '蹾'의 음은 'qiao(효)'로 '항문'을 말한다. 즉 말은 4개의 발굽과 1개의 항문이니 1,000÷5=200필이다.
172 "전한 초기에 노복의 가치는 나이 어린 남자 노복 두 명의 가치가 3만 전이었고, 어른 여자 노복 1명이 2만 전이었는데, 대략적인 가치였다"고 했다.
173 필匹: 방직물을 세는 단위로 4장丈(924센티미터)을 1필이라 한다.

절여 말린 생선 1000균, 대추와 밤 각 3000석,[176] 여우와 담비 갖옷 각 1000장, 새끼 양 갖옷 각 1000석, 담요 1000장, 기타 과일과 야채 각 1000종鍾[177]을 팔거나 혹은 대출하여 얻은 이자가 1000관貫이다. 시장에서 중개인으로 탐욕스러운 상인은 3분의 1을 취하나 솔직한 상인은 5분의 1의 수수료를 취한다. 이러한 수입은 모두 1000승의 전차를 소유한 집안과 비슷한데, 이것이 대체적인 정황이다. 이 밖의 기타 직업은 10분의 2의 이윤도 얻지 못하기에 경영해서는 안 되는 항목이다.

당대의 1000리 안에서 현명하고 능력 있는 자들이 부자가 된 정황을 아래에 간략하게 설명하여 후세 사람들이 살펴 선택하도록 한다.

촉군蜀郡 탁씨卓氏의 선조[178]는 본래 조나라 사람으로 철을 제련하여 부자가 되었다. 진秦나라는 조나라를 멸망시킨 뒤 탁씨를 강제로 이주시켰다. 탁씨는 재산을 빼앗기자 부부가 수레를 밀면서 유배지로 갔다. 당시 길에서 재산을 빼앗기고 이주된 다른 사람들 가운데 재산이 조금 남은 사람들은 압송하는 관리에게 앞 다투어 뇌물을 주고 가까운 곳으로 가게 해달라고 부탁하여 가맹葭萌[179] 일대에 안치되었다. 그러나 유독 탁씨만 이렇게 말했다.

---

174   답畓: 마땅히 '태쯈'라고 해야 한다. 토기를 뜻하는 '이瓵'로, 1두 6승을 담을 수 있다.

175   "『한서』에서는 '천석千石' 두 글자가 생략되어 있는데, 이것이 맞다."(『사기지의』)

176   원문은 '천석자삼지千石者三之'로, 1000석의 3배인 3000석을 말한다.

177   원문은 '타과채천종佗果菜千鍾'으로, "종鍾은 종種의 잘못이다."(『사기지의』) 『한서』에서는 '종鍾'을 '종種'으로 기재하고 있는데, 종류가 많다는 뜻이다.

178   탁씨卓氏: 『사기』 「사마상여열전」에 따르면 탁문군卓文君의 가족을 말한다. "『화양국지華陽國志·촉군임공현蜀郡臨邛縣』에서 이르기를 '한 문제 때 철과 구리를 등통에게 하사했고, 백성 탁왕손卓王孫에게 빌려줘 매년 1000필을 취했으므로 탁왕손은 막대한 돈을 축적했고, 등통이 주조한 돈 또한 천하에 두루 퍼졌다'고 했다. 탁왕손의 부는 등통에 의한 것임을 증명하고 있고, 전한 초기에는 소금과 철이 도급제였음을 고찰할 수 있다."(『사기신증』)

179   가맹葭萌: 한나라 현으로 치소는 지금의 쓰촨성 젠거劍閣 동북쪽 지역이다.

"이 지방은 협소하고 척박하다. 내 듣자하니 남방의 민산汶山[180] 아래 기름진 들이 있어 토란이 많이 난다 하니 굶어 죽지는 않을 것이다. 뿐만 아니라 그곳 백성은 장사를 잘하니 상공업이 발전하기 쉽다."

그러고는 먼 곳으로 가게 해달라고 요청했다. 압송하는 관리가 그를 임공臨邛[181]으로 보내자 탁씨는 크게 기뻐하며 그곳 철산 아래에서 철을 제련하고 모략을 펼쳐 전滇과 촉蜀[182]의 사람들을 자신에게 끌어들여 집안에 노복이 1000명이나 되었다. 전원과 연못에서 사냥하는 즐거움이 영지를 소유한 봉군封君에 견줄 만했다.

정정程鄭은 산동 지역에서 강제 이주된 사람으로, 그 또한 철 제련을 잘해 마치 송곳처럼 정수리에 상투머리를 한 현지 소수민족과 장사를 하여 그 부유한 정도가 탁씨와 견줄 만했고 임공에서 거주했다.

원현宛縣의 공씨孔氏[183] 선조는 양나라 사람으로 철 제련을 업으로 삼았다. 진나라가 위魏나라를 정벌한 뒤 공씨 가족을 남양南陽으로 이주시켰다. 공씨는 남양에 와서 제련을 대규모로 발전시키고 제방과 저수지를 건설하여 이윤을 얻었으며, 수레에 앉아 앞에서 소리쳐 길을 열고 뒤를 호위하며 각국 제후들을 주유하며 장사하여 돈을 벌었는데, 여유롭고 부귀한 공자처럼 시원시원하게 돈을 쓰고 상을 내리는 데 인색하지 않다는 명성을 얻었다. 그러나 그가 얻는 이익은 인색한 상인보다 많았기에 집안 재산이 수천 금에 이르렀다. 이 때문에 남양 일

---

180 민산: 민산岷山으로 지금의 쓰촨성 쑹판松潘 북쪽이다.
181 임공臨邛: 한나라 현으로 치소는 지금의 쓰촨성 충라이邛崍였다.
182 전滇과 촉蜀: 윈난성 북부와 쓰촨성 남부 일대 지역을 가리킨다. 당시에 전지滇池 부근에 옛 전국滇國이 있었으므로 사람들은 습관적으로 운남雲南을 전滇이라 불렀다. "탁왕손은 집에 노복이 800여 명이나 되었다."(『사기』 「사마상여열전」)
183 공씨孔氏의 이름은 상세하지 않다.

대의 장사꾼들은 장사를 할 때 모두 공씨의 고상함과 우아함을 배웠다.

노나라 사람의 습속은 검소하고 인색했는데, 조병씨曹邴氏[184]는 더욱 심했다. 그는 철 제련으로 집안을 일으켜 재산이 억에 이르렀다. 그러나 그의 부자 형제들은 한 가지 규정을 준수하는데, 허리를 굽히면 무엇이든 줍고 고개를 들면 무엇이든지 취하는 것이다.[185] 그의 집안의 대부업은 노나라에 두루 퍼졌다. 추鄒와 노魯 일대의 많은 사람이 독서를 버리고 이윤을 추구하게 된 원인은 모두 병씨 가족 때문이었다.

제나라의 풍속은 노복을 천시했으나 조한刁閒만큼은 노복을 아끼고 귀하게 여겼다. 교활한 노복은 주인을 근심하게 만들기 마련인데 조한은 이런 자들을 거두어들이고 물고기와 소금 장사를 시켜 이익을 보게 했다. 그들 중 일부는 호화로운 수레를 타고 태수와 제후국의 상相과 교류를 했기에, 조한은 갈수록 그들을 신임하게 되었다. 결국 그는 이런 사람들의 역량에 의지하여 수천만 전의 부를 일구었다. 이 때문에 현지 어떤 사람이 말했다.

"차라리 벼슬길에 나아가지 않을지언정 꼭 조한 집안의 노복이 되겠다."[186]

사납고 교활한 노복들이 스스로 역량을 발휘하게 하여 그 자신이 부유해졌다는 말이다.

---

184 조병씨曹邴氏: 『한서』에는 '조曹'자가 없다. '병邴'은 성이고 역사에 그의 이름은 전해지지 않고 있다.

185 이익이 없는 활동에는 종사하지 않고, 움직이면 반드시 소득이 있게 한다는 말이다.

186 원문은 '영작무조寧爵毋刁'로, 해석이 일치하지 않는다. "노복들이 서로 말하기를 '차라리 노복에서 면하여 관작이나 구할까?'라고 했다. 말하기를 '무조毋刁'라고 했다. 무조는 서로 그만두자는 말이다. 떠나지 말고 조씨의 노복이 되는 것으로 그친다는 말이다."(『색은』) "오여륜吳汝綸은 말하기를 '차라리 작위가 있는 사람을 만날지언정 조씨의 노복은 만나지 않겠다'고 했다. 조씨의 노복이 관부에 비해 건드리기 어렵다는 말이다."(『사기전증』)

주周 지역 사람들은 인색했지만 사사師史[187]라는 자는 더욱 심했다. 그의 집안에는 수백 대의 수레가 있었고 각 군과 국을 돌아다니며 장사했는데 그가 이르지 않는 곳이 없었다. 낙양은 제齊, 진秦, 초楚, 조趙의 중심에 위치해 있는데, 가난한 사람은 부자 상인에게 배우고 누가 바깥에서 돌아다닌 시간이 더 많은지를 비교했고 여러 차례 낙양을 지나가면서도 자기 집에 들르지 않았다. 이런 가난한 사람들에게 직분을 나누어 맡겨 사사가 벌어들인 재산이 7000만 전에 이르렀다.

선곡宣曲[188] 임씨任氏의 선조는 본래 독도督道[189]의 창고를 관리하는 벼슬아치였다. 진秦나라가 패망했을 때 호걸들은 모두 관부로 달려가 금과 옥을 강탈했으나 임씨만은 땅굴을 파서 양식을 저장해뒀다. 초와 한이 형양에서 대치하고 있을 때 농사지을 사람이 없어 쌀 1석石의 가격이 1만 전까지 오르자 호걸들에게 빼앗긴 금과 옥이 모조리 임씨 집으로 돌아오게 되었고, 이때부터 임씨는 큰 부자가 되었다. 부자들이 다투어 사치를 부릴 때 임씨는 도리어 자기를 낮추고 절약을 견지하면서 농사와 목축에 힘썼다. 농사와 목축에 종사하는 이들은[190] 일반적으로 값이 싼 것을 구매하려고 다투었지만 임씨는 가격이 비싸고 품종이 좋은 것을 구매했다. 이렇게 해서 임씨 가족은 줄곧 몇 대에 걸쳐 부귀했다. 임공任公[191]의 집안에는 규정이 있었는데 '집에서 경작하고 방목하여 생산된 것이

187 사사師史: 성이 사師이고 이름이 사史다.
188 선곡宣曲은 지명인데 구체적인 방위는 상세하지 않다. 대략 장안의 곤명지昆明池 서쪽이다.
189 독도督道: "유봉세劉奉世가 말하기를 '독도督道는 창고 소재지 명칭일 따름이다'라고 했다."(『한서보주』) 독도의 구체적인 방위는 상세하지 않다. "위소가 말하기를 '독도는 진秦나라 때 변경의 현縣이다'라고 했다."(『집해』)
190 원문은 '전축인田畜人'이다. "'전축田畜' 두 글자는 불필요한 글자로 보인다"(『광사기정보』) 『한서』에도 기재되어 있지 않다. 역자 또한 불필요한 글자로 판단한다.
191 임공任公: 안사고는 "임씨의 부친이다"라고 했고, "임공은 즉 임씨로, 안사고의 견해가 틀린 것 같다."(『사기신증』)

아닌 것은 먹지도 입지도 않으며,[192] 공사公事[193]가 완전히 끝나지 않으면 절대로 술과 고기를 먹지 않는다'였다. 그들은 이 때문에 향리鄕里에서 모범이 되었고, 그들 자신의 부로써 주상主上[194]의 존중을 받을 수 있었다.

한나라가 변경의 강역을 개척하기 위해 군사를 부릴 때 오직 교요橋姚[195]는 장사로 재산을 늘렸는데, 말 1000필, 소 2000두, 양 1만 마리, 곡식 1만 종鍾에 이르렀다. 오·초 칠국이 반란을 일으켰을 때 장안에 거주하던 열후와 봉군封君[196]들이 군대를 따르면서 돈을 빌려 휴대할 물품을 구입하려 했으나 대부업 자들은 그들에게 빌려주려 하지 않았다. 그들의 봉읍과 봉국이 관동關東에 있으며 관동의 승패 형세가 확실하지 않았기 때문이다. 이때 오직 무염씨無鹽氏[197]만 그들에게 천금을 빌려줬는데 그 이자가 10배였다. 석 달 뒤 오와 초의 난이 평정되었다.[198] 그리하여 1년도 안 되어 무염씨는 10배의 이자를 받아 그의 재산은 관중의 부와 견주게 되었다.[199]

관중 지역의 대상인은 대부분 전씨田氏 가족으로 전색田嗇,[200] 전란田蘭 등이

---

192 자급자족하여 남의 것을 구입하지 않는다는 것, 즉 지극히 검소한 생활을 강조한 것이다.

193 "공사公事는 관부에 납부하는 조세 등의 일을 말한다."(『사기전증』)

194 주상主上은 한나라 황제를 가리킨다.

195 교요橋姚: 성이 교橋이고 이름이 요姚다. 교요는 무제가 대외적으로 군사를 부릴 때 말, 소, 양 과 농업을 발전시켜 부를 얻었다.

196 열후列侯와 봉군封君: 당시 열후들은 대부분 공주를 아내로 맞아들였는데, 공주들은 경사를 떠나려 하지 않았으므로 열후 또한 경사에 머물고 있었다. 열후는 봉지가 있는 후작侯爵이고, 봉군封君은 열후 이외의 토지가 있고 군君에 봉해진 자들이다.

197 무염씨無鹽氏: 성이 무염無鹽이고 이름은 전해지지 않는다.

198 오와 초 등이 반란을 일으킨 때는 경제 3년 정월이고, 3월에 오와 초의 주력군은 실패하고 오왕 유비는 죽임을 당했다.

199 원문은 '부랄관중富埒關中'이다. "강백구가 말하기를 '한 사람이 관중의 부와 대적하게 되었다'고 했다."(『사기회주고증』) "이 말은 지나치게 과장된 것이다. 마땅히 관중에서 가장 부자인 자와 견줄 만하다로 이해해야 한다."(『사기전증』) 『한서』에서는 '랄埒(동등하다)' 자가 없다.

다. 그 밖에 위가韋家201 지역의 율씨栗氏, 안릉安陵과 두杜202의 두씨杜氏 또한 재산이 모두 억이었다. 이상 언급한 사람들은 모두 특히 두드러진 사람들로 모두 작위와 봉록에 의존하지 않았고 법을 악용한 간악한 짓으로 부자가 된 것도 아니다. 그들은 모두 사물의 이치를 추측하고203 시기를 관망하며 시세에 맞춰 행동하면서 이윤을 얻었고 상업으로 돈을 모은 뒤 다시 농업 방면으로 전환했다.204 그들은 마치 무력으로 천하를 탈취하고 난 뒤 덕으로 나라를 지키며 다스리는 것과 같았고,205 그들은 변화에 원칙과 법도를 잃지 않았으므로 말할 만한 가치가 있는 것이다. 대체로 농업과 목축업에 의존했고 산림·호수·바다를 개발했으며, 관리를 하면서 권세에 의지해 유리한 형세를 타고 부를 획득했는데, 크게는 군 전체를 뒤흔들었고, 중간으로는 현 전체, 작게는 향리를 뒤흔들었으니, 이런 사람들은 그 수를 헤아릴 수 없다.

무릇 검소하면서 고생을 견뎌내고 힘을 다하는 것이 집안을 일으키는 바른 길이지만 부라는 것은 반드시 남이 생각하지 못한 방법을 사용해야 한다. 농사는 우둔한 직업이지만 진양秦揚206은 농사로 한 주州에서 제일가는 부자가 되었

---

200 『한서』에서는 전색田嗇을 '전장田牆'으로 기재하고 있다. "'색은嗇'은 '색穡'을 줄인 글자다. 『한서』에서 '전장田牆'이라 했는데, '장牆'은 '색穡'의 잘못된 글자다. 전한 때 '전장'이라는 사람은 없다."(『사기신증』)

201 위가韋家: 한나라 읍으로 그 위치는 상세하지 않다.

202 안릉安陵과 두杜: "서광이 말하기를 '안릉安陵과 두杜는 두 현의 명칭이며, 각기 두杜 성이 있다. 선제宣帝는 두를 두릉杜陵이라 했다'고 했다."(『집해』) 안릉현의 치소는 지금의 산시陝西성 셴양咸陽 동북쪽 지역이고, 두현의 치소는 지금의 산시陝西성 시안西安 동남쪽 지역이다.

203 '수정본'에서는 '추매推埋'라고 했다. 고염무는 말하기를 "추이推移의 잘못이다"라고 했다. "추매推埋'는 추리推理의 잘못된 문장이다. 사물의 이치를 추측하는 것을 말한다."(『사기지의』) 나카이 리켄도 마땅히 '추리推理'로 해야 한다고 했다. 역자 또한 양옥승의 견해에 따랐다.

204 "이로 보건대 사마천은 여전히 농업을 매우 중시했다."(『사기전증』)

205 원문은 '以武一切, 用文持之'이다. "일체一切는 임시변통의 계책이다. 즉 모험과 투기 등 임시변통으로 일시의 성과를 얻고서는 법을 준수하며 일반적인 규정에 부합된 방법으로 오랫동안 유지했다는 뜻이다."(『사기전증』)

206 진양秦揚: 성이 진秦이고 이름은 양揚으로 사적은 상세하지 않다.

다. 무덤을 파헤쳐 훔치는 것은 나쁜 일이지만 전숙田叔[207]은 이것으로 집안을 일으켰다. 도박은 나쁜 직업이지만 환발桓發[208]은 이것으로 부자가 되었다. 거리 행상은 남자로서 천한 직업이지만 옹낙성雍樂成[209]은 그것으로 부자가 되었다. 연지臙脂를 파는 일은 부끄럽지만 옹백雍伯[210]은 이것으로 천금을 벌었다. 장醬[211]을 파는 일은 보잘것없지만 장씨張氏는 이것으로 천만 전을 벌었다. 칼 가는 일은 별 볼일 없는 기술이지만 질씨郅氏[212]는 이것으로 돈을 벌어 세발솥을 늘어놓고 밥을 먹었다. 양의 위장을 삶아 말린 것을 파는 것은 단순하고 하찮은 일이지만 탁씨濁氏는 말 탄 수행원들을 거느리고 다녔다. 말을 치료하는 것은 작은 방술이지만 장리張里는 식사할 때 종을 두드리며 연주했다.[213] 이런 사람들은 모두가 온 마음을 기울여 노력하여 성공한 것이다.

이로 보건대 어떤 직업도 부자가 될 수 있으며 재화 또한 정해진 주인이 있는 것은 아니다. 능력이 있으면 돈이 바퀴통에 바큇살 모이듯 하고, 능력이 없으면 기와가 부서지듯이 붕괴된다. 천금을 가진 집은 한 도성의 봉군과 비교되고, 억의 재산을 가진 자는 군왕과 같은 향락을 누렸다. 이것이 사람들이 말하는 '소봉素封' 아니겠는가? 그렇지 않겠는가?

207　전숙田叔에 대해서는 상세하지 않다. 한나라 초기에 조나라의 전숙田叔과는 무관하다. 『한서』에서는 '곡숙曲叔'으로 기재하고 있다.
208　『한서』에서는 환발桓發을 '계발稽發'로 기재하고 있다.
209　옹낙성雍樂成: 옹현雍縣 사람으로 성은 낙樂이고 이름은 성成이다. 그의 사적은 상세하지 않다.
210　옹백雍伯: 성이 옹雍이고 이름이 백伯이며 사적은 상세하지 않다. 『한서』에서는 '옹백翁伯'으로 기재하고 있다.
211　원문은 '장漿'으로, 『한서』에서는 '장醬'으로 기재하고 있다. "풍본, 삼본에는 '장醬'으로 기재하고 있다."(『사기회주고증』) 역자는 '장醬'이 타당하다 판단되어 '장醬'으로 번역했다.
212　『한서』에서는 질씨郅氏를 '질씨質氏'로 기재하고 있다.
213　고대에 귀족이 식사할 때 종을 두드리며 음악을 연주했다.

태사공자서

太史公自序

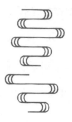

이 편은『사기』저술에 관한 개괄적인 서술로,『사기』의 원래 제목이『태사공서太史公書』이므로「태사공자서太史公自序」라 한 것이다. 사마천은 여기서 자신의 가계와『사기』를 저술하게 된 동기 그리고『사기』의 체계와 기본 내용을 서술하고 있다. 반고는「사마천전司馬遷傳」을 쓸 때「태사공자서」와「보임안서報任安書」를 합쳐 글을 구성했다.

서두에 사마천의 부친인 사마담이 육가六家의 요지를 논술한「논육가요지」가 수록되어 있는데, 사마담의 사상과 학술 그리고 도가 학설의 영향을 받았음을 헤아릴 수 있다. 뿐만 아니라 대체적인 육가의 핵심과 선진 시기부터 한나라 초기까지 각 학파의 발전 추세를 이해할 수 있도록 했다.

이 편에서는 특히 호수와의 대화를 통해『사기』를 저술한 목적과 사마천 자신의『사기』에 대한 평가가 기술되어 있다. 사마천은 공자가『춘추』를 저술한 것은 "무도한 천자를 비평하고 예법을 준수하지 않는 제후를 배척하며 대항하여 반역을 꾀하는 대부를 성토하여 자신의 왕도 이상을 표현해내려 했을 따름이다"라고 하면서『사기』가『춘추』보다 낫다고 스스로를 높게 평가하고 있다. 또한 각 편마다 저술 의도를 서술하여 독자들의 이해를 도왔다.

사마천은 천하를 두루 돌아다니며 산실된 역사 문헌을 수집하고 역대 제왕들의 사업이 어떻게 흥성했는지 고찰했으며 각각의 왕조가 어떻게 개국하고 멸망했는지를 탐색한바, 모든 결론은 자신의 실제적인 고찰을 통해 얻은 것이다. 사마천은 말하기를 "내가 기술한 역사 과정은 위로는 황제黃帝부터 아래로는 지금의 황제 태초 연간에 이르기까지 모두 130편이다"라고 정리하면서,『사기』를 저술한 목적은 "천도天道와 인사人事의 관계를 탐구하고 고금의 역사 변화를 연구하여 일가一家의 학설을 성취하기 위한 것"이라고 천명했다.

옛날에 전욱顓頊[1]은 중重을 남정南正[2]에 임명하여 천문 관측을 관장하게 하고, 여黎를 북정北正[3]으로 삼아 지리를 관장하게 했다. 당요와 우순 시대에 와서도 중과 여의 후손들에게 이 두 가지 사무를 전담하도록 임명했고, 하夏·상商 왕조까지[4] 이어졌기 때문에 중과 여 두 가족은 대대로 천문과 지리를 주관하게 되었다. 주周나라에 이르러 정백程伯 휴보休甫도 그들의 후손이었다.[5] 주 선왕周宣王[6] 때 이르러 정백 휴보의 후손들은 비로소 천문과 지리를 관장하던 일을 중지

1 　전욱顓頊: 고대 전설속의 제왕으로, 사마천은 오제五帝 가운데 한 사람으로 여겼다. 황제黃帝의 손자이고 창의昌意의 아들로, 전욱은 제호帝號다.
2 　중重은 사람 이름이고 남정南正은 관직 이름이다. "전욱顓頊이 하늘의 명을 받아 천하를 소유하게 된 뒤에 남정南正 중重에게 명하여 하늘을 주관하게 하여 신들을 모으게 했고, 화정火正 여黎에게 땅을 주관하게 하여 인간을 모으게 했다."(『국어國語』「초어楚語 하」)
3 　여黎는 사람 이름이고 북정北正은 관직 이름이다. "지금 판본의 『국어國語』와 『경소經疏』에서 인용한 것은 모두 '화정火正'이라 했고, 『한서』「사마천전」도 같다."(『사기지의』)
4 　「하상주夏商周 연표」에 따르면 하 왕조의 기간은 대략 기원전 2,070~기원전 1600년이고, 상 왕조의 기간은 대략 기원전 1600~기원전 106년이다.
5 　정程은 봉국 이름이고, 백伯은 주나라 때 세 번째 등급에 해당하는 작위 이름이다. 휴보休甫는 사람 이름이다. "중重이 천문을 관장하고 여黎가 지리를 관장한다고 하여, 대대로 천문과 지리를 관장한 것이다. 『좌씨左氏』에 따르면 중은 소호少昊의 아들이고 여는 바로 전욱의 후손이니 두 씨가 두 정正으로 나온 것이 각기 달랐는데 사마천은 두 씨를 하나로 합치고자 했으므로 총칭하여 '주나라에 이르러 정백程伯 휴보休甫도 그 후손이다'라고 했는데, 이것은 틀렸다. 정백 휴보를 '중'과 '여'의 후손으로 총칭하는 것은 지리를 말하는 일이 곧 천문을 제시하는 일이므로 '여'는 '중'을 겸하는 것이라 할 수 있다. 이것은 상대적인 문장이지만 사실은 두 관직은 서로 통하는 직무다. 그러나 휴보는 '여'의 후손이다. 또한 태사공이 역사를 자신의 소임으로 생각하여 선대가 천관天官이라 말했기 때문에 '중'이라고 겸해서 칭했을 따름이다."(『색은』)「초세가」에 따르면 "초楚의 선조는 전욱 고양高陽의 후대이다. 고양은 칭稱을 낳았고 칭은 권장券章을 낳았으며 권장은 중려重黎를 낳았다"고 하여 '중려'를 한 사람으로 말하고 있어 본문과 모순된다.
6 　주 선왕周宣王(재위 기원전 827~기원전 782)은 서주의 두 번째 제왕으로 이름은 정정靜이다.

하고 군사를 주관하게 되었으며, 성姓이 사마司馬7가 되었다. 이후 사마씨는 대대로 주나라에서 역사를 주관하게 되었다.8 주 혜왕周惠王, 주 양왕周襄王9 때에 이르러 사마씨는 주나라를 떠나 진晉나라로 갔다.10 진나라의 중군中軍11인 수회隨會가 진秦나라로 달아나자12 사마씨도 이때 진秦나라의 소량少梁13으로 도망쳤다.

사마씨가 주나라를 떠나 진晉나라로 도망친 뒤 이들 일족이 뿔뿔이 흩어졌는데, 어떤 사람은 위衛나라로 가고 어떤 사람은 조趙나라로 갔으며 어떤 사람은 진秦나라로 갔다. 위衛나라로 간 일족 중 어떤 사람은 나중에 중산中山의 상相이 되었다.14 조나라로 간 사람 중에는 나중에 검술 이론을 전수하여 명성을

---

7 사마司馬는 군사를 주관하는 관직명이다. 소호少昊가 설치했다고 전해지며 주나라 때 육경 가운데 하나였다.

8 "대대로 주나라에서 역사를 주관하게 되었다고 했는데, 무슨 근거인지 모르겠다"고 했다. 나카이 리켄은 말하기를 "사마가 되었기 때문에 씨氏가 되었는데, 그 후손이 대대로 반드시 사마를 한 것은 아니다"라고 했다.(『사기회주고증』)

9 주 혜왕周惠王(재위 기원전 676~기원전 652)의 이름은 낭閬이고, 주 양왕周襄王(재위 기원전 651~기원전 619)의 이름은 정鄭으로, 동주東周의 5, 6대 군주다.

10 "장안은 말하기를 '주나라의 혜왕과 양왕은 자퇴子穨와 숙대叔帶의 난이 있었으므로 사마씨가 진晉나라로 달아난 것이다'라고 했다."(『집해』) "자퇴는 혜왕의 숙부로, 혜왕 2년에 연燕·위衛의 군대를 불러들여 주나라를 정벌하자 혜왕이 온溫으로 달아났고 반란은 4년이 되어서야 평정되기 시작됐다. 숙대는 혜왕의 막내아들이고 양왕의 동생으로, 양왕 16년에 적翟의 병사를 이끌고 주나라를 정벌하자 양왕이 정鄭으로 달아났고 반란은 그 이듬해에 진 문공의 도움으로 평정되었다."(『사기전증』)

11 중군中軍: '중군원수中軍元帥'의 줄임말이다. 최고 군사 장관이다.

12 수회隨會: 진晉나라의 대신으로, 사회士會라고도 한다. 『한서』에서는 '위魏나라로 달아났다'고 기재하고 있다. 『한서고증漢書考證』에서는 수회가 진나라로 달아났을 때 중군장이 되지 못했고 『사기』에서는 이후에 관직이 가장 높았을 때의 명칭을 사용했다."(『사기지의』)

13 소량少梁: 옛 양국梁國으로 기원전 641년 진秦나라에 의해 멸망하고 이름이 '소량'으로 바뀌었다. 4년 뒤인 기원전 617년, 진晉나라가 진秦나라를 정벌하여 소량을 취했고, 세 집안이 진晉을 나누었는데 위魏에 속하게 되었다. 지금의 산시陝西성 한청韓城 남쪽 지역이다. 나중에 다시 하양夏陽으로 바뀌었다.

14 사마희司馬喜를 가리킨다. 『전국책』「중산책中山策」에 '司馬憙三相中山(사마희가 세 차례 중산의 상相이 되다)'이 있는데, 구체적인 사적은 상세하지 않다. 중산은 전국시대 중기에 선우인鮮虞人이 건립한 제후국 명칭으로 처음에 도읍은 고顧(지금의 허베이성 딩저우)였다.

얻은 사람도 있었는데[15] 괴외刪瞶[16]가 바로 그들의 후손이다. 진秦나라로 간 일족 가운데 사마착司馬錯[17]이라는 사람은 촉을 정벌하는 문제로 장의張儀와 논쟁을 벌였고[18] 진나라 혜왕은 사마착의 의견을 지지하여 그로 하여금 군사를 이끌고 촉을 정벌하게 했으며,[19] 촉 땅을 공격해 점령한 뒤에는 그곳에 머물러 지키게 되었다. 사마착의 손자 사마근司馬靳[20]은 무안군武安君 백기白起를 섬겼다. 이때 소량은 이미 하양夏陽으로 명칭이 바뀌었다.[21] 사마근과 백기는 장평長平에서 조나라 군대를 생매장하고[22] 돌아왔으나 뒤에 두 사람은 함께 두우杜郵에서 죽임을 당했고 화지華池[23]에 매장되었다. 사마근의 손자 사마창司馬昌은 진나라의 철을 주관하는 관리를 지냈는데, 이때는 진 시황이 집정하던 시기였다.[24] 괴외의 현손인 사마앙司馬卬[25]은 무신군武信君 무신武臣[26]을 위해 군사를 이끌고 순

15 사마씨 일족이 흩어졌을 때 조나라는 아직 건립되지 않았으므로 여기서는 후대의 사람을 말한다. "하법성何法盛의 『진서晉書』와 『사마씨계본司馬氏系本』에 모두 이름을 개凱라 했다."(『색은』)
16 괴외刪瞶: "여순은 말하기를 「자객전」의 괴외刪瞶이다'라고 했다."(『정의』) "장문호가 말하기를 '「자객전」에는 형가荊軻가 떠돌아다니며 유차楡次(지금의 산시山西성 위츠楡次)를 지나면서 갑섭蓋聶과 검술에 대해 토론을 벌였다고 했는데, 갑섭은 괴외의 잘못으로 생각된다'고 했다."(『사기회주고증』)
17 사마착司馬錯: 『색은』에서는 '錯'의 음에 대해 "'착(cuo)'과 '조(cu)' 두 음이 있다"고 했다. 여러 자료에서 'cuo'로 표기했기에 역자는 '착'으로 표기했다.
18 「장의열전」에 따르면 당시 장의는 먼저 한韓나라를 정벌할 것을 주장했고 사마착은 촉을 먼저 정벌할 것을 주장했는데 진 혜왕은 사마착의 의견을 받아들였다.
19 진 혜왕 후원 9년(기원전 316)의 일이다. 진나라의 군주는 혜문왕 때부터 왕王이라 칭하기 시작했다.
20 『한서』 「사마천전」에서는 사마근司馬靳의 '근靳'을 '기蘄'로 표기하고 있다.
21 진 혜문왕 전원 11년(기원전 327)의 일이다. 사마착이 촉을 정벌(기원전 316)하기 전이다.
22 진 소왕 47년(기원전 260)의 일이다.
23 화지華池: 지금의 산시陝西성 한청韓城 서남쪽에 있는 촌락으로, 아직도 사마근의 묘가 있다.
24 "마땅히 진 시황이 죽을 때라고 해야 한다. 기원전 209년 진나라 말기 농민기의 때를 가리킨다. 전한 사람들은 진나라의 멸망은 그 화가 시황제에서 비롯되었으므로 '진 시황 때'라고 여겼다."(『사기통해』) "진 2세 2년 이후의 사건을 진 시황 때라고 말한 것은 태사공이 본래 2세 본기를 세우지 않고 진 시황에 통합했기 때문이다."(『사기찰기』)
25 "진晉나라 초국譙國의 사마무기司馬無忌는 『사마씨계본司馬氏系本』을 지었는데, 괴외는 소예昭豫를 낳고, 소예는 헌憲을 낳았으며, 헌은 앙卬을 낳았다고 했다."(『색은』)
26 무신군武信君 무신武臣: 진섭陳涉의 부장으로 진섭에 의해 파견되어 조나라 땅을 경영했는데 한

행하며 조가朝歌를 공략했다.27 뒤에 항우가 제후들에게 분봉했을 때 사마앙은 은왕殷王에 봉해졌다.28 한나라가 동쪽으로 초를 정벌했을 때 사마앙은 한나라에 귀순했고, 그의 지반에는 하내군河內郡이 설치되었다.29 사마창은 무택無澤30을 낳았고, 무택은 한나라의 시장市長31을 담당했다. 무택이 희喜를 낳았고, 희는 관직이 오대부五大夫32에 이르렀다. 사마창, 사마무택, 사마희가 죽은 뒤 3대가 모두 고문高門33에 매장되었다. 사마희가 사마담司馬談을 낳았는데, 그는 무제武帝 때 태사령太史令34을 담당했다.

단에 당도한 뒤 스스로 조나라 왕이 되었다. 뒤에 이량李良에게 죽임을 당한다.

27 군사를 이끌고 한단에서 남하한 뒤 지금의 허난성 북부 지역을 개척한 것을 말한다. 조가朝歌는 옛 상나라와 그 뒤 위衛나라의 도성이었다. 지금의 허난성 치현淇縣이다.

28 진나라가 멸망한 뒤 한나라 원년(기원전 206) 1월에서 3월까지 항우는 부장과 제후들을 분봉했다. 사마앙은 일찍이 조나라 군사를 이끌고 지금 허난성의 황하 북부(진나라 때의 하내군)를 평정했으며 항우를 수행하여 함곡관으로 진입했기 때문에 은왕에 봉해졌다. 도성은 조가朝歌였다.

29 "3월(기원전 205), 하내를 공격해 점령하고 항우가 봉한 은왕 사마앙을 포로로 잡았고, 그곳에 하내군을 설치했다."(『고조 본기』) "모곤이 말하기를 '태사공은 이미 스스로를 사마착의 후손이라 했기에 괴외 이후를 대략적으로 서술했다. 다시 사마앙을 삽입한 것은 그것을 드러내어 빠뜨리고 싶지 않은 것이다'라고 했다."(『사기전증』)

30 『한서』에서는 무택無澤의 '무無'를 '무毋'로 기재하고 있다. '무毋'와 '무無'의 옛 글자는 서로 통한다.

31 시장市長: 한나라 도성인 장안의 시장을 주관하는 관원이다. "「백관표」에 장안에는 사시四市가 있었고 사장四長이 있었다."(『한서보주』) "시장 관직은 비록 높지는 않지만 상업을 관리했는데, 나중에 사마천이 상업 활동과 상인의 능력을 중시하는 사상을 형성하는 것과 긴밀한 관계가 있다."(『사기전증』) "한 고조 6년(기원전 201)에 함양咸陽을 장안으로 변경하고 네 명의 시장과 네 명의 시승市丞을 설치하여 상업 운수를 관리하게 했다."(『사기통해』)

32 오대부五大夫: 진·한 시기의 작위명으로 20등급 작위 중 9번째 등급이다. 오대부보다 높은 작위는 5, 6, 7번째 등급의 대부大夫, 관내후官大夫, 공대부公大夫로 '대부지존大夫之尊'이라 한다. 한 문제 12년(기원전 168)에 작위를 매매하기 시작했는데 오대부의 가격은 곡식 4000석이었다. 『한서』 「식화지」에 따르면 식구 5명의 가구가 100묘를 경작하면 1년 평균 수입이 100석이므로, 4000석은 40호가 1년간 농사를 지은 수입에 해당된다. 사마희가 공로를 세워 오대부가 되었는지, 작위를 사들인 것인지는 상세하지 않다.

33 고문高門: 지금의 산시陝省 한청韓城 서남쪽에 있던 촌락이다. 앞서 소개한 화지華池와 가깝다.

34 원문은 '태사공太史公'이다. '태사공'이라고 표기한 것은 당시 태사령에 대한 관습적인 칭호다. 『한서』 「백관공경표」에 따르면, 태사령은 태사부太史府의 장관으로 봉록이 600석이다. "이자명李慈銘이 말하기를 '태사공은 당시 관부의 통칭으로, 관직명이 아니며 또한 존중하여 붙인 것도 아니다. 후대에 태사씨太史氏라 부른 것이 관직명이 아닌 것 같다. 일반적인 풍습이 이어져 진晉나라 때의 중서

사마담35은 일찍이 당도唐都36에게서 천문天文37을 배웠고, 양하楊何38로부터 『역』의 이론을 전수받았으며, 황자黃子39로부터 도가의 학설을 배웠다. 사마담은 건원 연간에 태사령이 되어 원봉40 연간까지 담당했다. 그는 당시 많은 학자가 자신들 학파의 기본 사상을 제대로 알지 못하고 잘못 배우는 것을 우려하여 육가六家의 요지를 다음과 같이 논술했다.

『역대전易大傳』41에서 이르기를 "천하에 사람들의 생각은 일치하나 생각하는 방법은 각양각색이고, 도달하려는 목표는 같으나 선택하는 길은 같지 않다"42

<hr/>

령中書令을 영군令君이라 부르고, 당나라 때 어사御史를 단공端公이라 불렀는데, 반드시 그 관직을 존중해서 그런 것은 아니다'라고 했다. 이자명의 견해가 매우 정확하다. 옛날에 '태사공의 지위는 승상 위에 있었다'는 설, '태사공'은 사마천이 표현한 부친에 대한 존칭이라는 설, 양운楊惲의 사마천에 대한 존칭이라는 설은 모두 사실에 부합하지 않는다."(『사기전증』) "『사기』 전체에서 태사공은 152차례 보이는데, 사마담과 사마천 부자를 공동으로 말하는 것이다."(『사기통해』) 역자는 이 문장에서 '태사공太史公'을 '태사령太史令'으로 번역했다.

35 원문은 '태사공太史公'으로, 여기서는 '사마담'을 일컫는다.

36 당도唐都: 한나라 때의 천문학자로, 사마천과 함께 무제 때 태초력을 제정했다.

37 원문은 '천관天官'으로, 천문天文을 말한다. 옛 사람들은 하늘의 별자리도 인간과 같이 관리의 등급과 차례, 존비, 귀천의 구분이 있다고 여겼기 때문에 천관이라 표현했다.

38 양하楊何: 자가 숙원叔元으로, 무제 때 『주역』에 통달하여 원광 원년(기원전 134)에 부름을 받아 관직이 태중대부에 이르렀다.

39 황자黃子: 「유림열전」에서는 황생黃生이라 했고 이름은 역사에 전해지지 않고 있다. 「유림열전」에 따르면 경제景帝 앞에서 상탕과 주 무왕이 천명을 받아 왕이 된 일에 대해 원고轅固와 논쟁을 벌였다.

40 건원과 원봉은 모두 무제의 연호로 건원(기원전 140~기원전 135) 원년부터 원봉(기원전 110~기원 전 105) 6년까지로 그 기간은 모두 31년이다.

41 『역대전易大傳』: 『주역』 「계사繫辭」를 말한다. 『주역』을 해석한 중요 저작 가운데 하나다. 공자의 저작으로 전해지지만 신빙성은 크지 않다. '전傳'이란 '경經'을 해석한 저작으로 『좌전左傳』, 『공양전公 羊傳』, 『모전毛傳』 등과 같은 것이다.

42 원문은 '天下一致而百慮, 同歸而殊塗'이다. 원전은 '天下同歸而殊塗, 一致而百慮.'(『주역』 「계사繫辭· 하下」)으로, "천하의 만사 만물은 각종 다른 길로 가지만 동일한 곳으로 귀결되고, 각종 각양의 다른 사상 또한 자연스럽게 일치하게 된다"는 내용이다. "사마담은 이 두 구절을 빌려 정치를 말하면서 은근 히 '치治'자를 내포하고 있다. 백가百家의 학설이 비록 주장하는 것은 다르지만 모두가 천하를 다스리 기 위함이다. 이 때문에 사마담의 입장은 육가의 학설을 평가하면서 천하를 다스리는 이로움과 폐단 에서 시작한다."(『사기통해』)

고 했듯이, 음양가陰陽家, 유가儒家, 묵가墨家, 명가名家, 법가法家, 도덕가道德家들은 모두 국가의 다스림에 힘쓰지만 각자 따르는 논리는 길이 달라서 잘 이해하기도 하고 잘 이해하지 못하기도 할 따름이다.[43] 내가 음양가의 학설[44]을 고찰한 적이 있는데, 상서로운 징조와 자연재해와 특이한 자연현상에 대한 설명이 과도하고 금기하는 규정[45]이 지나치게 많아 사람을 속박하고 두려워하게 하는 경우가 종종 있다. 그러나 그들이 강구한 춘하추동의 변화 규율과 계절마다 마땅히 해야 하는 농사에 관한 것은 소홀히 볼 수 없는 것이다. 유가[46]는 실제적이지 않은 것이 너무 넓고 많아 요점을 얻기 어렵고 많은 힘을 낭비하며 효과가 적기 때문에 모두 따를 도리가 없다. 그러나 그들이 강구한 군신·부자 사이의 예절, 부부·장유 사이의 구별 규정은 바꿀 수 없는 것이다. 묵가[47]는 지나치게 근검절약을 강구하여 따르기가 어렵기 때문에 그들의 주장을 널리 시행할 수 없으나, 생산을 강화하고 지출을 줄여야 한다는 주장은 버릴 수 없다. 법가[48]는 엄격하고 각박하며 은혜가 적지만, 군신과 상하의 등급과 본분을 명확하게 구분하는 것은 바꿀 수 없다. 명가[49]는 명분과 실제가 어울리도록 강구함으로써

---

43 원문은 '有省不省耳'이다. 여기서 '省'자의 견해가 일치하지 않는다. "어떤 사람은 '省'을 'xing(성)'으로 읽는데, 이해 또는 명백함이다. 의미는 각 학파의 궁극적 목적은 완전히 상통하지만 각자의 의견이 일치하지 않기 때문에 어떤 사람은 잘 이해하고 어떤 사람은 잘 이해하지 못하는 차이가 발생한다. 또한 '省'을 'sheng(생)'으로도 읽는데, '간략'의 의미다. 양수다楊樹達는 '省不省은 즉 善不善(잘하다, 잘하지 못하다)이다'라고 했다."(『사기전증』)

44 선진 시기의 대표적인 음양가는 추연鄒衍으로, 음양오행설을 제창했다. "진자룡이 말하기를 '태사공의 직분이 천관이므로 음양가의 순서를 유가와 묵가 앞에 뒀다'고 했다."(『사기전증』)

45 원문은 '기휘忌諱'이다. 고대에는 죽음을 직접 말하지 않고 '기忌'라 했고, 존자尊者, 친자親子, 장자長子에게는 직접적으로 그 이름을 부르지 않고 '휘諱'라 했다. 후대에는 피할 일이나 직접 말하기 불편한 것을 통칭하여 '기휘'라고 했다. 여기서는 음양가들의 길흉의 징조를 강구하는 금기禁忌를 가리킨다.

46 선진 시기를 대표하는 유가 인물은 공자와 맹자다.

47 선진 시기를 대표하는 묵가는 묵적墨翟이다.

48 선진 시기를 대표하는 법가는 상앙商鞅, 신도慎到, 신불해申不害, 한비韓非다.

49 선진 시기를 대표하는 명가는 등석鄧析, 윤문尹文, 공송룡公孫龍이다.

사람을 명분과 예절에 구속시켜 진실함을 잃게 하지만, 그러한 명실상부를 바로 잡은 것은 살펴보지 않을 수 없다. 도가[50]는 사람의 정신을 한결같게 하고 사람의 모든 활동을 객관적 규율과 법칙에 부합시키며 만물을 만족시킨다. 그 학설은 음양가의 사계절 변화의 규율을 흡수하고 유가와 묵가 학설의 정수를 받아들이며 명가와 법가의 장점을 섭취하니, 시대의 변화에 따라 바뀌고 객관적 사물의 변화에 따라 달라지며 풍속에 순응하며 조치를 취하기 때문에 인의에 부합하지 않는 것이 없다. 그 도리는 간단하여 파악하기가 쉽고, 이에 따라 일하면 힘이 적게 들면서 큰 효과를 거둘 수 있다. 유가는 이와 같지 않다. 그들은 군주를 천하의 모범이라 여기기 때문에 군주가 제창하면 신하는 함께하고, 군주가 앞서서 이끌면 신하는 따라야 한다.[51] 이와 같으면 군주는 매우 피로하고 아래의 신하는 한가하다. 도가의 경우 학설의 기본 원칙은 강한 것과 탐욕스러움을 버리고[52] 자신의 눈과 귀를 지나치게 좋게 해서는 안 되며,[53] 모든 인위적인 것을 버리고 객관적 형세에 순응하는 것이다. 무릇 정신을 과도하게 쓰면 고갈되고 육체도 지나치게 피로하면 병이 생긴다. 정신과 육체를 소진하고 천지와 같이 오래 살면서 죽지 않으려 하는 것은 들어본 적이 없다.

　무릇 음양가는 사계절, 8위八位,[54] 12도十二度,[55] 24절기마다 금기하는 각종 규정을 만들어놓고 이러한 금기를 지키면 번창하고 어기면 죽거나 망한다고 한다. 그러나 사실 반드시 이와 같지 않기 때문에 "사람을 속박하고 두려워하게

50　선진 시기를 대표하는 도가는 노자와 장자다.
51　"그 몸이 바르면 명령하지 않아도 행하게 되고, 그 몸이 바르지 않으면 명령을 내린다 하더라도 따르지 않는다其身正, 不令而行 ; 其不正, 雖令不從."(『논어』 「자로子路」)
52　"성인은 지나친 것을 없애고, 사치스러운 것을 제거하며, 극단적인 것을 없애는 것이다聖人去甚, 去奢, 去泰."(『노자』 「29장」)
53　"현인을 숭상하지 않아야 백성들이 다투지 않게 된다不尙賢, 不使民爭."(『노자』 「3장」) "성스러움을 끊어버리고 지혜를 버리면 백성들의 이익이 백배로 늘어나게 된다絶聖棄智, 民利百倍."(『노자』 「19장」)
54　8위八位: 팔괘八卦의 방위를 말한다. 팔방八方을 가리킨다.
55　12도十二度: 해, 달, 행성의 위치와 운동을 헤아려 황도黃道를 12개 부분으로 나눈 것을 12도 혹은 12차十二次라고 한다.

하는 경우가 많다"고 한 것이다. 봄에 싹트고 여름에 자라고 가을에 수확하고 겨울에 저장하는 것은 자연계의 큰 법칙이므로 따르지 않으면 천하의 일체가 순서를 잃고 혼란해질 것이다. 그런 이유로 "사계절의 순서에 따라 마땅히 해야 할 것은 소홀히 할 수 없다"고 한 것이다.

유가는 『육예六藝』를 법도로 삼는다. 그러나 『육예』 경전의 원문과 해석의 저작이 수천만 자이므로 몇 대가 되어도 그 학문에 통달하지 못하고, 늙을 때까지 배워도 그 번잡한 예절을 다 익힐 수 없다. 이 때문에 "실제적이지 않은 것이 너무 넓고 많아 요점을 얻기 어렵고 많은 힘을 낭비하며 효과가 적다"고 한 것이다. 군신·부자간의 예절, 부부·장유간의 구별은 어느 일가와 학파라도 바꿀 수 없는 것이다.

묵가도 요순의 도덕을 숭상했는데, 그들은 요순의 덕행을 말하면서 "대청의 지반은 높이가 3척에 불과하고,56 흙으로 쌓아 만든 섬돌 계단은 3층이며, 풀로 만든 덮개의 지붕 띠는 다듬지 않았고, 서까래는 모두 깎지 않았다. 질그릇에 밥을 담아 먹고 질그릇 잔에 물을 마셨으며, 거친 잡곡밥과 명아주 잎과 콩잎으로 끓인 국을 먹었다.57 여름에는 갈포 옷을 입고 겨울에는 사슴 가죽 옷을 입었다"고 했다. 죽은 자를 떠나보낼 때 오동나무 관의 두께는 3촌이고, 장례를 주관하는 자는 곡소리를 거두게 하여 슬픔을 절제하게 한다. 백성에게 장례를 가르치면서 이와 같은 방식을 만민의 표준으로 삼고자 한다. 천하 사람들로 하여금 이와 같이 장례를 치르게 한다면 존비와 귀천의 구별이 없게 될 것이다. 세상이 달라지고 시대가 흐르면 옛 방법 그대로 할 수 없기 때문에 "지나치게 근검절약을 강구하는 것은 따르기 어렵다"고 한 것이다. 그러나 생산을 강화하

---

56 "어떤 사람은 요순의 대청과 방 높이가 3척이라고 주석을 달았는데, 옛날의 3척은 지금의 2척에 해당하는데, 2척 높이의 방에 사람이 들어갈 수 있는가? 이치에 부합되지 않는다."(『사기전증』) 한나라 때 1척은 23.1센티미터이고 지금의 1척은 33.3센티미터이다.
57 "요堯가 제왕이 되었을 때 거친 현미밥에 명아주 잎과 콩잎으로 끓인 국을 마셨다."(「이사 열전」)

고 지출을 줄이는 것은 확실히 모든 사람과 집안이 부유해지는 가장 좋은 방법이다. 이것은 묵가의 장점으로, 어느 일가도 폐기해서는 안 된다.

법가는 사람의 가깝고 먼 관계를 구별하지 않으며 사람의 귀하고 천한 신분을 구분하지 않고 한결같이 법으로 결단하기 때문에 친한 사람을 친근하게 대하고 존귀한 사람을 존중하는[58] 미덕이 단절된다. 한때의 계책으로 취할 수는 있지만 오래도록 안전하게 유지할 수 없기 때문에 "일을 처리하는 데 엄격하여 은혜가 적다"고 말하는 것이다. 그러나 군주의 권한을 높이고 신하를 낮추며, 등급과 직책을 명확하게 구분하여 서로 뛰어넘지 못하게 한 것은 어떤 일가도 바꿀 수 없다.

명가는 지나치게 뒤얽혀 번거로우며 전체를 인식하지 못해 사람으로 하여금 자신의 본성으로 돌아가지 못하게 하고, 오직 명분으로 결정하여 사람의 진정성을 왜곡한다. 그런 이유로 "사람됨을 지나치게 속박하고 사람의 진실함을 잃게 한다"고 한 것이다. 그러나 명실상부함을 말하며 뒤섞인 것을 비교해 잃지 않게 한 것을 살피지 않을 수 없다.

도가는 '하지 않음'의 무위無爲를 주장하면서 또한 '하지 않음이 없는' 무불위無不爲를 말한다.[59] 실제로 하는 것은 쉬우나 말하는 도리는 이해하기 어렵다. 도가의 학설은 기본적으로 허무를 근본으로 삼되 구체적인 방법은 형세에 순응하는 것이다. 변하지 않는 세태나 형상은 없기 때문에 만물에 순응할 수 있다. 어떤 사정이라도 만물에 앞서지 않고 뒤처지지 않으며 만물에 순응하기 때문에 만물을 주재할 수 있는 것이다. 법칙이 있으나 이에 속박 받지 않고 시세에 순응하여 공업을 성취하며, 법도가 있으나 이에 구속되지 않고 만물의 변화에 따라 바뀐다.[60] 그러므로 "성인은 교묘한 수단을 사용하지 않기 때문에[61] 시세

---

58 원문은 '친친존존親親尊尊'으로, "예에 따라 친한 사람을 친근해 하는 것은 어버이가 으뜸이고, 존귀한 사람을 존중하는 것은 군주를 으뜸으로 삼는다."(『색은』)
59 "무위無爲는 청정淸靜을 지키는 것이고, 무불위無不爲는 만물을 생육시키는 것이다."(『정의』)

에 따른 변화를 파악할 수 있다. 허무는 도의 근본이며, 순응은 군주의 치국 강령이다"라고 말하는 것이다. 군주는 군신들을 소집하여 그들 각자의 능력을 드러내게 하고 군주는 그것을 판별할 수 있다. 행동과 말이 일치하는 것을 '바르다'는 뜻으로 '단端'이라 하고, 행동과 말이 일치하지 않는 것을 '비어 있다'는 뜻으로 '관窾'[62]이라 한다. 군주가 빈말을 듣지 않으면 간사한 자가 생겨나지 않고, 어진 자와 불초한 자가 저절로 나누어지며, 흑과 백이 분명해진다. 그때 현명한 자를 선택하여 임용하면 어떤 일인들 이루지 못하겠는가? 이와 같으면 대도에 부합하게 되고 원기가 풍부하고 충만해져 천하를 두루 비출 수 있게 되지만 끝내는 무명無名의 경계로 돌아가게 된다.[63] 무릇 사람이 살 수 있는 것은 정신이 있기 때문이고, 정신이 의지하는 것은 인간의 육체다. 사람이 정신을 지나치게 쓰면 고갈되고, 육체를 지나치게 쓰면 무너지며, 정신과 신체가 분리되면 죽는다. 사람이 죽으면 다시 살아날 수 없고 정신이 육체에서 분리되면 다시 돌아올 수 없기 때문에 성인이 특별히 양생에 주의하는 것이다. 이로 보건대 정신은 생명의 근본이고 육체는 생명의 기초다. 먼저 자기의 정신을 보양하지 못하면서 "내가 천하를 통치하고자 한다"고 하는 것은 무엇에 근거한 말인가?

60 원문은 '인물여합因物與合'으로, 『한서』에서는 '인물흥사因物興舍'로 기재하고 있다. "만물의 변화에 따라 흥성과 쇠퇴가 결정된다"는 의미다.

61 원문은 '성인불후聖人不朽'다. 『한서』에서는 '후朽'를 '교巧'로 기재하고 있다. 왕념손의 『독서잡지』「사기」에서는 마땅히 '교'라 해야 한다고 했다. 안사고는 말하기를 "교묘한 마음이 없고 다만 시세에 순응하는 것이다"라고 했다. 그러나 『한서』가 글자를 고친 것으로 의심하는 견해도 있다. 『색은』과 『정의』에서도 '후'라고 표기했다. 원문대로 '후'자로 했을 경우 "성인은 영원히 존재하기 때문에 시세에 따른 변화를 파악할 수 있다"로 번역된다. 역자는 '교'자로 수정하여 번역했다.

62 『한서』에서는 '관窾'을 '관款'으로 기재하고 있다. '관款'은 '공空'의 뜻이다.

63 노자는 천지가 형성되지 않았을 때 명名은 존재하지 않았다고 여겼다. 명名은 천지만물이 생겨난 이후에 사람이 제정한 것으로, 도道는 무명無名 무허無虛이다. 노자는 무명을 주장하여 모든 인위적인 예악, 인의 등을 반대함으로써 유가의 정명正名과 대립된다. "명名은 구체적인 사물로 형상이 있는 것을 가리킨다. 도道는 형상이 없는 것이기 때문에 무명無名이라 한다. 도는 천지만물을 생성시키기에 유명有名이지만, 그것은 순환되어 마지막에는 다시 무명無名이 된다."(『사기통해』)

사마담이 태사령으로서 천문을 관장했으나 백성을 돌보는 일은 하지 않았다. 그에게는 천遷이라는 아들이 있었다.[64]

사마천은 용문산龍門山[65]에서 태어났고 용문산 남쪽에서[66] 농사를 짓고 가축을 키웠다. 10세 때 고문古文[67]을 배우기 시작했다. 20세에는 남쪽으로 두루 돌아다니며 강회江淮[68] 일대를 유람했고 회계산[69]에 올라 우혈禹穴[70]을 탐방했으며, 또 구의산九疑山[71]에서 순임금의 묘를 참배했고, 배를 타고 원수沅水와 상수湘水[72] 유역에 도달했다. 이어서 또 북쪽으로 문수汶水와 사수泗水[73]에 도달했고,

64 "사마천의 자는 자장子長으로, 『자서自序』와 『한서』 본전에는 기재하지 않았고 생졸 연대도 기재한 것이 없다. 사마천의 자는 양웅揚雄의 『법언法言』과 왕충王充의 『논형論衡』에 보인다."(『시기통혜』)

65 용문龍門: 지금의 산시陝西성 한청韓城 동북쪽, 산시山西성 허진河津 성 서북쪽 12킬로미터의 황하 협곡 중간에 위치한 산이다. 황하가 산 사이를 흘러 급류를 형성하는데 이곳에서 물고기가 역류하여 올라가 용이 되었다는 전설이 있다.

66 원문은 '하산지양河山之陽'이다. "황하 북쪽, 용문산의 남쪽에 있다."(『정의』) "황하는 북쪽에서 흘러와 한청 동쪽을 거쳐서 남쪽으로 흐른다. 강의 흐름은 북쪽에서 남쪽으로 흐르지만 용문산 남쪽에서 동북쪽으로부터 서남쪽으로 향하는 경사도가 있는데, 사마천의 고향인 하양夏陽(지금의 한청)은 황하 서북쪽 연안에 있으므로 '하지양河之陽'이라고 부르는 것이다."(『사기전증』)

67 "선진 시기부터 전해 내려온 고문古文을 사용해 쓴 육국 서적, 예를 들면 『좌전』 『국어』 등과 같은 책을 가리키는 것으로, 진나라 통일 이후 사회에서 유행한 소전小篆이나 예서隸書로 쓴 서적과는 구별된다. 진나라 통일 이전에 동방 육국에서 사용한 문자를 '고문古文'이라 하고, 진나라가 사용한 문자는 '주문籕文' 혹은 '대전大篆'이라 한다. 진나라 통일 이후 동방의 '고문'은 폐기하고 진나라의 '대전'에 기초하여 간략히 만든 '소전'은 관청 문서에 사용되었고, 민간에서는 '예서'를 사용했다."(『사기전증』)

68 강회江淮: 장강과 회하 유역을 합쳐 부르는 말이다. 대체적으로 지금의 허난성 동남쪽, 후베이성 동북쪽, 안후이성 대부분 지역과 장쑤성의 일부 지역에 해당된다.

69 회계산會稽山: 지금의 저장성 중부 사오싱紹興 북부 평원 남부에 있는 산으로, 주봉은 성저우嵊州 서북쪽에 있다. 진 시황이 이곳에 올라 남해를 바라봤다고 하여 진망산秦望山이라고도 한다. "장발張勃의 『오록吳錄』에서 이르기를 '본명은 묘산苗山이고 일명 복부覆釜라고도 하는데, 우임금이 제후들을 모아 공로를 계산하여 회계會稽라 바꿔 불렀다'고 했다."(『색은』)

70 우혈禹穴: 회계산 위에 있는 동굴이다. 우임금이 순수하다가 회계산에 이르러 죽음을 맞았고 이곳에 매장되었다고 전해진다. 우임금이 산 위에 동굴로 들어갔기 때문에 '우혈禹穴'이라 불리고 있다. "우혈에 관한 내용은 믿기 어렵다."(『사기지의』)

71 구의산九疑山: 지금의 후난성 다오현道縣 동남쪽에 있는 산으로. 아홉 개의 봉우리가 모두 비슷하여 '구의九疑'라 불리게 되었다. 순임금이 순수하다가 이곳에서 죽음을 맞아 묻혔다고 전해지는데, 후대에 덧붙인 이야기로 보인다.

72 원수沅水는 후난성 서부에서 흘러와 동쪽으로 동정호洞庭湖로 유입된다. 상수湘水는 후난성 남

제와 노의 옛 도읍 임치와 곡부에서 유가의 학업을 강습하면서 공자의 유풍을 깨닫고, 추현의 역산嶧山[74]에서 그곳의 향사鄕射[75] 활동에 참여했다. 뒤에 파현, 설현, 팽성을 지나갈 때는 곤경에 처했고,[76] 결국 양나라와 초나라를 거쳐[77] 집으로 돌아왔다. 오래지 않아 사마천은 낭중이 되어[78] 명을 받들어 파·촉 이남으로 사신이 되어 나갔고,[79] 공도와 작도 그리고 곤명 일대까지 간 다음에 돌아와 황제에게 시찰 결과를 보고했다.

이해[80]에 무제가 처음으로 동쪽으로 순행을 나가 태산으로 가서 처음으로 봉선封禪 대전을 거행했다. 사마담은 병 때문에 주남周南[81]에 머물러 있었는데

부에서 흘러와 북쪽으로 동정호로 유입된다.

73   옛 문수汶水는 지금의 산둥성 경내에서 지금의 라이우萊蕪 북쪽, 타이안泰安 남쪽을 거쳐 량산梁山 남쪽에 이르러 제수濟水로 유입되었다. 옛 사수泗水는 지금의 산둥성 쓰수이泗水, 취푸曲阜를 경유하여 남쪽으로 장쑤성에 들어가 모여서 회수淮水로 유입되었다.

74   당시 추현鄒縣의 치소는 지금의 산둥성 추현의 동남쪽에 있었으며, 역산嶧山은 성 북쪽에 있었으므로 옛날에는 추역산鄒嶧山 혹은 주역산邾嶧山이라고 했다.

75   향사鄕射: 매년 봄과 가을에 각 향의 행정장관인 향대부鄕大夫가 현지의 경·대부·선비·학자를 향학에 초청하여 벌이는 활쏘기 예절의식으로, 선진先秦 시기에 성행했다. 사마천이 공자의 고향인 곡부와 맹자의 고향인 추현에서 유가의 학업을 강습하고 향사에 참가한 것은 두 성인에 대한 존경을 표현한 것이다.

76   사마천이 어떤 곤경에 처했는지는 역사에 분명하게 기재한 것이 없다. 『한서』에서는 '파鄱'를 '번蕃'으로 기재하고 있는데, 『사기전증』에서는 같은 글자라고 했고 『사기지의』에서는 '번'의 잘못이라고 했다.

77   "앞에서 이미 팽성을 언급했는데, 팽성은 초나라로 여기서 다시 '양나라와 초나라를 거치다'고 말했는데, 양나라 다음에 다시 초나라가 나와서는 안 된다. 근래에 '초'는 진섭이 장 초왕이 되었을 때의 도성인 진현陳縣, 즉 지금의 허난성 화이양을 가리킨다는 견해가 있는데, 일리 있다."(『사기전증』)

78   부친의 관직으로 낭중에 임명된 것이다. "다행히 주상께서 부친과의 관계로 나의 하찮은 재주를 발휘하도록 했고 궁중을 출입하며 황상 주변에서 복무하게 되었다."(「보임안서報任安書」)

79   무제 원정 6년(기원전 111)의 일이다. 이해에 무제는 서남이를 평정하고 지금의 윈난, 구이저우와 쓰촨성 남부 일대에 새로이 무도武都, 장가牂柯, 월수越嶲, 침려沈黎, 민산汶山 5개 군을 설치했으므로 사마천을 파견해 조사하게 했는데, 구체적인 내용은 상세하지 않다. 파, 촉은 파군과 촉군이다.

80   무제 원봉 원년(기원전 110)을 말한다.

81   주남周南: "서광이 말하기를 '옛 주남은 지금의 낙양洛陽이다'라고 했다."(『집해』) 서주 성왕成王 때 주공과 소공이 섬陝(지금의 허난성 산현陝縣)을 나누어 다스렸는데, 섬의 서쪽을 '소남召南'이라 하고 섬의 동쪽을 '주남周南'이라 했다. 낙양은 섬현 동쪽이므로 '주남'이라고 부른 것이다.

봉선 대전에 참가하지 못한 데 화가 치밀어 마침내 죽을 지경에 이르게 되었다.[82] 이때 그의 아들 사마천은 사신으로 갔다가 돌아와 황하와 낙수洛水 사이에서[83] 두 부자가 만났다. 사마담은 사마천의 손을 잡아당기고 눈물을 흘리며 말했다.

"우리 선조는 주나라의 태사太史를 지냈다. 그 윗대는 우순, 하우시대에 혁혁한 공적이 있어 천문을 주관했다. 후세로 내려오면서 쇠락하게 되었는데, 내게서 끊어지고 만단 말인가? 이후로 네가 다시 태사령을 맡을 수 있다면 우리 조상의 사업을 이어받을 수 있을 것이다. 지금 황제께서 1000년 동안 단절되었던 대전을 잇고자[84] 태산에서 봉선 대전을 거행하는데 내가 수행하지 못하게 되었으니, 이는 운명이 아니겠는가! 운명이 아니겠는가! 내가 죽으면 반드시 너는 태사령이 되거라. 네가 태사령이 되면 내가 논하여 저술하고자 한 것을 절대 잊지 말거라.[85] 가장 낮은 효는 부모를 섬기는 것이고 중간은 군주를 섬기는 것이며 가장 높은 효는 공명을 건립하는 것이니, 자신의 이름을 후세에 떨쳐 부모의 광영을 드러내는 것이 가장 큰 효도다.[86] 예로부터 천하 사람들이 주공周公을 찬양하는 것은 그가 문왕과 무왕의 공덕을 노래하고,[87] 자신과 소공召公의 풍속과

82 "여기와 아래 서술한 사마담의 말은 실언이라 할 수 있다. 봉선에 관한 날조는 군자가 비웃는 일로 「봉선서」 또한 조롱하고 있는데, 그의 부친이 참여하지 못한 일로 한스러워하겠는가?"(『사기지의』)
83 여기서는 낙양을 가리킨다. 낙양은 낙수洛水 북쪽 황하 남쪽에 위치해 있다.
84 「봉선서」에 따르면 서주 초기 성왕이 태산에 올라 봉선제를 거행하고 뒤에 진 시황도 태산에서 봉선제를 거행했다. 그러나 한나라 사람들은 진나라에 대한 편견에 갇혀 진나라를 왕조로 간주하지 않고 한나라는 주나라를 계승했다고 말한다. 주 성왕(기원전 11세기)부터 한 무제 원봉 원년까지는 900여 년으로, 여기서 말한 '천 년'은 대략 수치가 맞는다.(『사기전증』)
85 『사기』를 쓰는 것을 가리킨다.
86 "사람의 몸통과 사지, 모발과 피부는 모두 부모로부터 받은 것으로 마땅히 신중히 하고 아껴야 하며 감히 훼손하고 상처를 입히지 않는 것이 효도를 실천하는 시작이다. 자립하여 정도를 실행하고 명성을 후세에 드날리는 것은 부모를 영광스럽게 하는 것으로, 효도를 실천하는 최종 목적이다身體髮膚, 受之父母, 不敢毁傷, 孝之始也 ; 立身行道, 揚名於後世, 以顯父母, 孝之終也."(『효경孝經』)
87 『시경』의 「문왕文王」「대명大明」「문왕유성文王有聲」과 『상서』의 「목서牧誓」 등이 문왕과 무왕의 공업을 칭송한 작품으로, 모두 주공이 지었다고 전해진다.

교화를 천하에 널리 행하고,[88] 태왕太王과 왕계王季의 사상을 발휘하고, 위로는 공유公劉까지 거슬러 올라가 그들의 시조인 후직后稷을 존중했기 때문이다. 유왕幽王과 여왕厲王[89] 이래로 왕도가 번창하지 못하고 예악이 붕괴되었는데, 공자가 나타나 옛 문헌을 정리하고 폐기되었던 예악을 진흥시켰으며, 『시』와 『서』를 강술하고 『춘추』를 편찬하니[90] 지금까지도 학자들이 그것을 준칙으로 삼고 있다.[91] 획린獲麟[92] 이래로 지금까지 400년[93] 넘는 동안 각국 제후들의 겸병 전란으로 당시 역사서는 모두 산실되어 단절되었다. 지금 한나라가 건국되고 해내가 통일되었으며 명주明主, 현군賢君, 충신과 의사義士의 사적이 매우 많으니, 사관이 된 우리가 그들을 논술하고 기재하지 않으면 역사 문헌의 황폐함을 조성하게 될 것이다. 이는 매우 두려운 일이니 너는 반드시 이 일을 기억하도록 해라!"

사마천은 고개를 숙이고 눈물을 흘리며 말했다.

"소자가 비록 총명하지는 못하지만, 반드시 아버님께서 수집하고 정리한 자료를 완성하여 절대로 빠뜨리는 일이 없도록 하겠습니다."[94]

---

88 원문은 '선주소지풍宣周邵之風'으로, 여기서 '소邵'는 '소召'와 같다. 즉 소공召公을 말한다. 이름은 석奭이고 주공의 동생이다. 성왕成王이 어렸을 때 소공과 주공이 함께 성왕을 보좌했다.

89 유왕幽王과 여왕厲王: 모두 주나라의 아둔한 군주였다. 여왕厲王(재위 기원전 878~기원전 842)은 이름이 호胡이고, 잔학하고 무도하여 사람들에게 축출되었다. 유왕幽王(재위 기원전 781~기원전 771)은 서주의 마지막 군주로, 이름이 궁녈宮湦이다. 황음무도하여 견융犬戎에게 죽임을 당했다. '유왕과 여왕 이후'는 동주東周 시대를 가리킨다.

90 "사마천은 맹자와 한나라 때의 공양학가公羊學家의 견해를 채용하고 『춘추』를 공자의 저작이라 여겼을 뿐만 아니라 춘추의 사상이 지극히 심오하다고 말했다. 그러나 공자 자신은 『춘추』를 저작했다고 말한 적이 없으며, 줄곧 '술이부작述而不作(전인의 학설을 서술하고 밝히지만 창작하지는 않음)'을 말했다."(『사기전증』)

91 사마천은 『사기』를 저술하면서 매우 많은 부분에서 공자를 준칙으로 삼았다.

92 획린獲麟: 노나라 애공 14년(기원전 481) 사냥으로 기린을 잡은 일을 말한다. 공자는 이에 대해 상심하고 개탄하여 이때부터 『춘추』의 저술을 중단했다고 한다.

93 "노 애공 14년(기원전 481) 획린부터 한나라 원봉 원년(기원전 110) 태산에서의 봉선제까지 372년이다."(『사기지의』)

94 "이에 근거하면 당시 사마담은 부분적으로 초고를 집필하고 있었거나 최소한 많은 자료들을 배열했음을 알 수 있다. 그래서 사마천이 이렇게 말한 것이다."(『사기전증』)

사마담이 사망한 지 3년 뒤[95] 사마천은 태사령이 되었고[96] 그는 석실石室과 금궤金匱[97]에 보관된 도서 자료들을 읽기 시작했다. 또 5년 뒤인 태초 원년,[98] 이 해의 11월 초하루 갑자일 이른 새벽 동지冬至에 새로운 역법을 반포하고[99] 명당明堂에서 전례를 거행했으며 각지의 제후들은 모두 이를 받들어 실행했다.[100]

사마천이[101] 말했다.

"나의 부친께서 말하기를[102] '주공이 죽은 뒤 500년 만에 공자가 나왔고, 공자가 죽은 뒤 현재까지 또 500년이 지났다.[103] 누가 고대 성인의 사업을 계승하

95 부제 원봉 2년(기원전 108)이다.
96 "『박물지』에서 말하기를 '태사령 무릉茂陵 현무리顯武里의 대부 사마천은 나이 28세로 3년 6월 을묘일에 600석을 제수받다'고 했다."(『색은』) "이것에 근거하여 사마천의 장안 주택은 무릉 현무리에 있었으며, 사마천은 기원전 135년, 즉 무제 건원 6년에 태어났음을 유추할 수 있다. 이것이 사마천이 기원전 135년에 태어났다는 설의 주된 근거다."(『사기전증』)
97 석실石室은 고대에 국가가 도서를 보관한 곳이다. 금궤金匱는 구리로 제작한 궤짝으로, 옛날에는 문헌 혹은 문물을 보관하는 데 사용했다.
98 사마천이 태사령에 임명된 지 5년째 되는 해로, 기원전 104년이다. "사마천의 나이 42세였다."(『정의』) "원봉 3년부터 태초 원년까지 중간은 4년인데, 원봉 원년에 사마천이 정말 '28세'였다면 태초 원년에 사마천은 마땅히 '32세'가 되어야 하므로 '42세'가 아니다. 반대로 사마천이 태초 원년에 정말 '42세'였다면 원봉 원년에는 마땅히 '38세'여야 하므로 '28세'가 아니다. 반드시 하나는 잘못이다. 만약 사마천이 태초 원년에 '42세'였다면 경제 중원 5년(기원전 145)에 태어난 것이다. 이것은 사마천이 기원전 145년에 태어났다는 설의 주된 근거다. 일본 '남화본南化本' 『사기』의 앞 문장 『색인』에서 인용한 '38세'에 따르면, '기원전 145년 설'이 매우 유력하다. 그러나 이것은 불충분한 증거로 사람을 설득시키기에 부족하다."(『사기전증』)
99 이날부터 새로운 역법의 사용이 시작된 것으로 '태초력'을 말한다. 진나라는 '전욱력顓頊曆'을 사용하여 하력夏曆 10월을 세수로 삼았고, 한나라 초에는 이를 답습하여 변경하지 않았다. 태초 원년에 이르러 무제는 '태초력'을 만들었는데, 하력 정월을 세수로 삼았다.
100 원문은 '제신수기諸神受紀'다. "우희虞喜의 『지림志林』에서 말하기를 '명당에서 역법을 고쳐서 제후들에게 반포한 것이다. 제후는 모든 신들의 주인이므로 '제신수기'라고 말한 것이다'라고 했다."(『색은』) 수기受紀는 제후들이 새로운 역법을 받았다는 뜻이다. 역자는 '제신수기'에 대해 '모든 신들에게 제사지내고 새로운 역법을 받았다'고 번역하지 않았음을 밝힌다.
101 원문은 '태사공太史公'으로, 사마천 자신을 가리킨다. 역자는 '사마천'으로 번역했다.
102 사마담이 죽기 전에 남긴 유언을 말한다.
103 "『맹자』에서는 요순에서 탕왕까지 500여 년이고, 탕왕에서 문왕에 이르기까지 500년이며, 문왕에서 공자에 이르기까지 500여 년이라고 했다."(『색은』) "주공에서 공자에 이르기까지 몇 년인지는

여 발양하고 『역전易傳』을 수정하며 공자의 『춘추』를 잇고, 『시』『서』『예』『악』의 본질적인 뜻에 의거하여 새로운 저작을 쓸 수 있을까?'104라고 했다. 바로 그 뜻이 내게 있구나! 그 뜻이 내게 있구나! 내 어찌 감히 사양할 수 있겠는가?"

상대부上大夫 호수壺遂105가 말했다.

"예전에 공자께서는 무엇 때문에 『춘추』를 지었습니까?"

사마천이 말했다.

"내가 듣기로 동중서 선생이 이렇게 말했습니다. '당시 주나라의 왕도가 쇠미해지자 공자가 노나라의 사구司寇106를 담당하게 되었다. 그러나 다른 나라 제후들은 모두 그를 미워했는데 노나라가 강대해져 자신들이 불리해지는 것을 두려워했기 때문이며,107 노나라 국내의 대부들도 온갖 방법으로 그를 방해했다. 공자는 자신의 말이 받아들여지지 않고 주장이 실행되지 못함을 알고 242년에 걸친 각국 대사大事의 옳고 그름을 평가함으로써108 천하의 일을 헤아리는 본보기로 삼았다. 그는 무도한 천자를 비평하고109 예법을 준수하지 않은 제후를 배

알 수 없으나, 아마도 500년에 그치지는 않을 것이다. 공자가 죽고 나서 한나라 태초 원년까지 375년인데, 어찌하여 500년이라고 말하는가! 이 말은 『맹자』에서 대략적으로 취한 것으로, 사실이 아니다." (『사기지의』)

104 원문은 '본시서예약제本詩書禮樂之際?'이다. "어순이 순조롭지 못하다. 유가의 몇 주요 경전의 정신을 이어받아 저술한다는 뜻이다."(『사기전증』)

105 "호수壺遂는 첨사詹事로 봉록이 2000석이므로 상대부이다."(『색은』) 주나라와 각 제후국은 사士 위에 대부大夫를 설치했고, 대부는 또 상·중·하 세 등급으로 나뉘었다. 상대부는 집정인 경卿이다. 한나라 때도 답습하여 2000석과 비2000석 관리를 가리킨다. 호수壺遂는 무제 당시에 활동한 천문학자로 사마천과 함께 태초력 제정에 참여했다.

106 사구司寇: 도적 채포와 치안 유지를 담당하는 관직명이다.

107 「공자세가」에 따르면 공자가 사구가 된 뒤로 노나라는 크게 다스려졌다. 이에 제나라는 노나라가 강대해지면 제나라를 겸병할까 우려하여 공자와 노나라 군주의 관계를 이간했고, 공자는 결국 노나라를 떠났다.

108 『춘추』의 기록은 위로는 노 은공魯隱公 원년(기원전 722)에서부터 아래로는 노 애공 14년(기원전 481)까지 앞뒤로 모두 242년이다.

109 원문은 '폄천자貶天子'로, 『한서』에는 이 세 글자가 기재되어 있지 않다. "'폄천자' 세 글자는 불필요한 글자다. 공자가 『춘추』를 저작한 목적은 군주를 도와 신하를 제어함으로써 상하의 구분을 명확히 하는 자신의 이상을 표현하려 한 것으로, 무도한 천자를 비평하려는 의도가 아니다."(『광사기정보』)

척하고 반역을 꾀한 대부를 성토함으로써 자신의 왕도 이상을 표현해내려 했을 따름이다.' 공자께서 말씀하시기를 '나는 본래 추상적인 이론을 싣고자 했으나[110] 구체적인 역사의 사실을 명백하고 분명하게 보여주는 것만 못하다'고 했습니다.[111] 『춘추』라는 책은 위로는 삼왕三王의 왕도를 분명히 밝히고, 아래로는 사람과 사람간의 윤리 강령을 구분하여 의심스러운 것을 해소하고, 시비를 명확히 구분하게 하여 망설이며 결정하지 못하는 것을 결정하게 하고, 선함을 찬미하고 추악함을 배척하여 좋은 사람을 칭송하고 악한 사람을 견책하게 하고, 장차 멸망할 국가를 다시금 진흥시키고 단절되는 세대를 재차 이어주고,[112] 모자란 것을 보충하고 쇠퇴한 것을 일으켜주는 것으로, 이러한 것이 모두 왕도의 중대함입니다. 『역』은 천지음양天地陰陽과 사시오행四時五行을 기재한 것이므로 변화를 설명하는 특징이 있습니다.[113] 『예』는 사람과 사람간의 관계를 조정하는 것이므로 사람을 대하는 행동을 가르쳐줍니다. 『서』는 선왕의 사적을 기재한 것이므로 다스리는 법을 가르쳐줍니다. 『시』는 산천과 계곡, 금수와 초목, 빈모牝牡와 자웅雌雄[114]에 관한 내용을 담고 있으므로 완곡한 충고를 전합니다.[115] 『악』

110 원문은 '재지공언載之空言'으로, '공언空言'은 구체적인 내용 없는 언론과 주장을 말한다. 즉 추상적인 이론과 문장을 사용한 평론을 가리킨다.

111 "추상적인 내용과 이치로 남을 가르치는 것은 제후와 대부들이 본분을 뛰어 넘어 반역을 꾀한 일을 덧붙여 보여줌으로써 경계를 더욱 깊게 하는 것만 못함을 말한 것이다."(『한서보주』) "『춘추』는 노나라 은공부터 애공까지 12대 군주에 이르는 기간 동안 각국의 역사를 기재한 것으로, 주 왕실이 쇠락하는 시기의 정사에 속했기 때문에 공자 문인들의 회의를 불러 일으켰다. 공자가 말하기를 '나는 이 기간의 역사에 근거하여 왕이 마땅히 지녀야 할 인애하는 마음으로써 지난 일 가운데 시비와 득실을 평가했다. 자칫 내용 없는 설교로 흐를 수 있기 때문에 이 기간 각국의 군주와 신료들에 대한 분석과 평가를 통하여 더욱 넓으면서도 선명하게 요지를 깊이 파고드는 것만 못하다'라고 했다."(『춘추번로春秋繁露』「유서俞序」)

112 "멸망한 나라를 부흥케 하고, 끊어진 세대를 이어주며, 숨어 있던 인재를 등용하니, 천하 백성의 마음이 그에게 돌아갔다興滅國, 繼絶世, 擧逸民, 天下之民歸心焉"(『논어』「요왈堯曰」)

113 안사고는 말하기를 "변화의 도를 장점으로 삼는다"라고 했다. "나카이 리켄이 말하기를 '『역』은 오행을 진술하지 않았는데 지금 그렇다고 말하고 있으니, 어찌 위서緯書(미신을 유가 경전에 억지로 갖다 붙인 종류의 서적)의 착오에서 나온 것이 아니겠는가?'라고 했다."(『사기회주고증』)

114 빈모牝牡와 자웅雌雄은 모두 암컷과 수컷을 말한다. 빈모는 길짐승을 구분하는 데 사용하고 자

은 사람의 마음을 유쾌하게 하는 내용을 기재하고 있으므로 사람의 관계를 화목하게 합니다.116 『춘추』는 옳고 그름을 판명하는 것이므로 어떻게 사람을 관리해야 하는지 가르쳐줍니다.117 이에 『예』는 사람의 행동을 절제하게 하고, 『악』은 화목한 기운을 불러일으키고, 『서』는 정사를 지도하고, 『시』는 시인의 사상과 감정을 표현하고, 『역』은 변화를 말하고, 『춘추』는 의로움을 알려줍니다.118 그래서 어지러운 세상을 바로잡고 정상으로 회복시키는 데 『춘추』만한 것이 없습니다. 『춘추』에 담긴 글자는 수만 자이지만 도리도 수천 가지나 있습니다.119 만사만물의 성공과 실패, 흥망과 성쇠가 모두 『춘추』 안에 포함되어 있습니다. 『춘추』에서 군주를 시해한 사건이 36건이고 멸망한 국가가 52개이며, 사직을 보존하지 못하고 도망친 제후들은 수를 헤아릴 수 없을 정도입니다.120 그

웅은 날짐승을 구분하는 데 사용된다.

115 "『시경』 가운데 「국풍國風」을 가리키는 말이다. 「국풍」은 각 지역의 가요로 편마다 허다한 풀, 나무, 곤충, 물고기 등을 인용했는데, 서술한 목적은 완곡하게 충고하는 데 있다."(『사기전증』)

116 원문은 '樂樂所以立, 故長於和'다. "『악』은 사람으로 하여금 현재 있는 그대로를 즐겁게 여기며 질투심도 없고 욕심도 없는 가운데 즐기게 하는 것으로 해석할 수 있다."(『사기전증』)

117 "『시』는 지향하는 바를 토로하는 데 사용하여 품덕을 길러주는 장점이 있고, 『예』는 행동을 절제하는 데 사용하여 언행이 규범에 부합하도록 하는 장점이 있다. 『악』은 성왕의 미덕을 칭송하는 데 사용하여 백성을 교화시키고 풍속을 바꾸는 장점이 있다. 『서』는 선왕의 공업을 저술하는 데 사용하여 정사에 유익한 장점이 있다. 『역』은 천지, 음양, 사계절, 오행의 변화에 근거하므로 만사만물의 이치에 통달하고 미래의 변화를 예측하는 장점이 있다. 『춘추』는 역사의 옳고 그름을 판명하기에 백성을 다스리는 장점이 있다."(『춘추번로』 「옥배玉杯」)

118 "『예』『악』『서』『시』『역』『춘추』는 육경의 순서로, 고문가古文家는 시대에 따라 배열하여 『역』 『서』『시』『예』『악』『춘추』로 했고, 금문가今文家는 내용의 깊고 얕음에 따라 배열하여 『시』『서』 『예』『악』『역』『춘추』로 했다. 여기서의 사마천 배열은 금문가나 고문가의 그것과 다른데, 이는 그가 어느 한쪽을 고수하지 않음을 표명한 것이며 스스로 요지와 격식을 세운 것이다."(『사기통해』)

119 "장안이 말하기를 '『춘추』는 1만8000자인데 여기서는 수만 자라고 했으니, 잘못 기재한 것이다' 라고 했다."(『색은』) "왕관국王觀國이 말하기를 '지금 세상에 전해지는 『춘추』는 1만6500여 자다. 장안은 1만8000자라고 했는데, 아니다'라고 했다. 나카이 리켄은 말하기를 '수만'은 많다는 뜻을 나타낸 것이다'고 했다."(『사기회주고증』) "『춘추』는 원래 1만8000자다. 지금 판본의 『춘추』는 1만6512자로, 사건을 기록한 것은 1850가지다. 『공양춘추公羊春秋』와 합치면 4만4000여 자다."(『사기통해』)

120 "『좌씨춘추경左氏春秋經』에서 '시弑(시해)'를 기록한 것이 25건이고, 『좌전』을 통틀어 헤아리면 마땅히 37건이다. '망국亡國' 또한 『좌씨춘추경』과 『좌전』을 합치면 실제로는 41건에 그치며 52건이 아니다."(『사기지의』) "『춘추번로春秋繁露』 「멸국편滅國篇·상」에는 '시해 당한 군주가 36건, 나라가 멸

원인을 살펴보면 모두 치국의 근본을 잃었기 때문입니다. 그래서 『역』에서는 '털 끝만 한 작은 실수가 천 리만큼 커다란 착오를 만든다'[121]고 했고, 또 말하기를 '신하가 군주를 죽이고 아들이 아비를 죽이는 일은 하루아침에 조성된 것이 아니라 오랫동안 누적된 결과다'[122]라고 했습니다. 이 때문에 국가를 소유한 군주는 『춘추』를 읽지 않으면 안 되는데, 『춘추』를 모르면 코앞에 아첨하는 소인이 있어도 보지 못하고 등 뒤에 음흉한 간신이 있어도 알지 못할 것입니다. 신하들 또한 『춘추』를 읽지 않으면 안 되는데, 『춘추』를 모르면 일반적인 일이라도 적절히 처리하는 방법을 알지 못하고 긴급한 일이 발생했을 때는 임기응변을 취할 줄 모르게 됩니다. 군주나 아비가 되어 『춘추』의 대의를 이해하지 못하면 반드시 나쁜 우두머리라는 이름을 얻게 되고, 대신이나 자식이 되어 춘추를 이해하지 못하면 반드시 나라를 찬탈하고 군주를 시해하는 죽을죄에 빠져들 것입니다.[123] 그들 스스로는 옳은 일이라고 생각하겠지만, 어떻게 해야 도의에 부합되는지를 모르기 때문에 여론의 질책을 받았을 때 감히 반박하지 못하게 됩니다. 예의禮義의 중요한 가르침을 이해하지 못하면 군주는 군주답지 못하게 되고, 신하는 신하답지 못하며, 아비는 아비답지 못하고, 자식은 자식답지 못하게 됩니다. 군주가 군주답지 못하면 신하의 침범을 받게 되고, 신하가 신하답지 못하면 주살당하며, 아비가 아비답지 못하면 덕행이 없게 되고, 자식이 자식답지 못하면 불효자가 됩니다. 이 네 가지 행위는 천하의 큰 죄입니다. 천하의 큰 죄로 여

망한 것이 52건'이라고 했고, 「멸국편·하」에는 '시해 당한 군주가 36건, 나라가 멸망한 것이 52건'이라고 했다. 아마도 태사공은 동중서 선생에 의거한 것 같다."(『사기회주고증』)

121 원문은 '失之豪釐, 差以千里'이나, 『한서』에서는 '差之豪氂, 謬以千里'로 기재하고 있다. 안사고는 말하기를 "지금의 『역경』과 「단彖」 「상象」 「계사繫辭」에는 이 말이 없고 『역위易緯』라 불리는 것에 있다"고 했다. "심흠한이 말하기를 '『문선文選』 주석 60에서 인용한 『건착도乾鑿度』와 지금의 『통괘험通卦驗』에는 있다'고 했다."(『한서보주』)

122 원문은 '臣弒君, 子弒父, 非一旦一夕之故也, 其漸久矣'이다. 출전은 『주역』 「곤괘坤卦·문언文言」이다.

123 원문은 '必陷篡弒之誅, 死罪之名'으로, 『한서』에서는 두 구절을 합쳐 '必陷篡弒誅死之罪(나라를 찬탈하고 군주를 시해한 죽을죄에 빠지게 될 것이다)'라고 기재하고 있다.

긴다 한들 받아들일 뿐 감히 변명하지 못하게 됩니다. 이 때문에 『춘추』는 예의를 강술한 근본입니다. 예의란 나쁜 일이 일어나기 전에 방지하는 것이고, 법률은 이미 범죄가 실행된 뒤에 다스리는 것입니다. 법률의 작용은 사람들이 쉽게 볼 수 있는 것이나 범죄를 방지시키는 예의 효용은 사람들이 쉽게 중시하지 않습니다."

호수가 말했다.

"공자 시대에는 위로는 영명한 군주가 없고 아래로는 재능 있는 인재가 임용되지 못했습니다. 이 때문에 공자는 『춘추』를 지어 예의로써 다스리는 사상을 세상 사람들에게 널리 알리고 성왕聖王의 법전으로 만들고자 한 것입니다.[124] 그대는 지금 살면서 위로는 성명한 천자를 만났고, 그대 또한 관직에 있으며, 천하는 만사가 갖춰져 있어 저마다 있을 자리에 있는데, 그대가 쓰고자 하는 책은 무엇을 밝히고자 하는 것입니까?"

사마천이 말했다.

"아아, 아니지요, 그런 것이 아닙니다. 저는 부친으로부터 다음과 같은 말을 들었습니다. '복희伏羲 시대는 가장 순박했지만 『역경』의 8괘八卦[125]를 만들었다. 요순의 미덕은 『상서』에 기재되어 있고[126] 예악이 여기에서 일어났다.[127] 탕왕과 무왕의 융성한 공업은 시인들의 칭송을 받는다.[128] 『춘추』는 선을 장려하고 악을 배척하며, 삼대의 도덕을 추앙하고 주나라 왕실을 표창하지만 결코 풍자만

---

124   "공양『춘추』 학파는 공자가 비록 왕은 아니었지만 그의 『춘추』는 사실상 세상 사람들에게 치국평천하의 큰 법을 제정해준 것이기 때문에 그들은 공자를 '소왕素王'이라 칭했다."(『사기전증』)
125   8괘八卦: 건乾, 감坎, 간艮, 진震, 손巽, 리離, 곤坤, 태兌.
126   지금 『상서』에는 「요전堯典」과 「순전舜典」이 있어 요순 시대의 정치적 업적과 선양禪讓의 성대한 일이 기재되어 있다.
127   「오제 본기」에 따르면 순임금 때 백이伯夷에게 예를 제정하게 하고 기夔에게 음악을 만들도록 했다.
128   지금의 『시경』에는 상탕의 개국을 칭송하는 작품 「장발長發」 「은무殷武」가 있고, 무왕의 공업을 칭송하는 작품 「무武」 「작酌」 「환桓」 등이 있다.

한 것은 아니다.' 한나라는 건립 이래 지금의 영명한 천자[129]에 이르러 많은 상서로운 징조를 얻었고[130] 봉선대전을 거행했으며 새로운 역법을 반포하여 실행했고[131] 거마와 복식의 색깔을 바꾸었으며[132] 황상은 상천의 명을 받아 그 은덕이 끝없이 퍼져나가 해외의 풍속이 다른 국가와 민족들이 여러 차례 통역을 거쳐 변경에 와서는[133] 공물을 바치고 알현하는 자가 수를 셀 수 없을 정도입니다. 조정의 백관은 황상의 공덕을 칭송하고 있지만 자신의 뜻을 충분히 표현해내지 못하고 있습니다. 게다가 현명하고 재능이 있어도 임용되지 못하는 것은 군주의 치욕이며, 주상이 성명한데도 그 덕이 널리 전파되지 못한다면 그것은 주관하는 관원의 과실입니다. 하물며 제가 사관의 직무를 맡아보면서 성명한 천자의 이러한 성덕을 폐기하여 기재하지 않고 공신·세가·현대부賢大夫들의 사적을 없애고 논술하지 않아 제 부친의 당부를 저버린다면, 이보다 더 큰 죄는 없을 것입니다. 제가 여기서 말하는 것은 오직 지나간 역사적 사건을 명백하게 기술하고 그들 대대로의 전기를 정리한 것일 뿐 결코 공자와 같은 창작을 하는 것이 아닙니다. 그대가 나의 책을 『춘추』에 비교하는 것은 옳지 않습니다."[134]

129 원문은 '명천자明天子'로, 당대 황제에 대한 경칭이다. 여기서는 한 무제를 가리킨다.
130 원문은 '부서符瑞'로, 한나라 때 유생들이 천인감응天人感應을 고취하기 위해 억지로 갖다 붙인 물건으로, 상천이 내리는 상서로운 징조를 상징한다. 반대로 '재이災異'는 상천이 내리는 재난을 상징한다. "원광 원년에 '장성張星'이 출현하고, 원수 원년에 '백린白麟'을 잡고, 원정 원년에 '보정寶鼎'을 얻은 것이 모두 이것이다."(『사기전증』)
131 원문은 '개정삭改正朔'으로, 역법을 개정하는 것을 말한다. 정正은 1년의 시작이고, 삭朔은 1월의 시작을 말한다. 즉 '정삭正朔'은 정월 초하루를 말한다. 하나라는 정월을 정으로 삼았고, 은나라는 12월을 정으로 삼았으며, 주나라는 11월을 정으로 삼았고, 진나라는 10월을 정으로 삼았다. 기원전 104년 한 무제는 '태초력'을 반포하고 '태초'로 개원했으며 정월을 정으로 삼았다.
132 '오덕종시五德終始' 설에 근거하면 각 왕조의 제왕이 받는 '덕德'이 다르므로 숭상하는 복색도 같지 않다. 하나라는 흑색을 숭상했고, 은나라는 백색을 숭상했으며, 주나라는 적색을 숭상했고, 진나라는 흑색을 숭상했으며, 한나라 때는 처음에 적색을 숭상하다가 나중에 황색을 숭상했다.
133 원문은 '관새款塞'다. "응소가 말하기를 '관款은 두드린다는 뜻이다. 모두가 변경의 문을 두드리며 와서 복종하는 것이다'라고 했다."(『잡해』)
134 "태사공은 앞에서 공자가 쓴 『춘추』를 계승하는 것을 자임했는데, 지금 다시 『춘추』와 비교해서는 안 된다고 꾸짖으니 앞뒤가 서로 모순된다. 본심에 어긋나는 그의 심정을 볼 수 있다."(『사기전증』)

그리하여 사마천은 사료를 순서에 따라 배열하고 논평을 진행하며 문장을 쓰기 시작했다. 7년 뒤[135] 사마천은 이릉李陵 사건으로 화를 입어 감옥에 수감되었다.[136] 이에 상심하여 탄식하며 말했다.

"이것이 나의 죄란 말인가! 이것이 나의 죄란 말인가! 몸이 훼손되어 다시는 일을 이룰 수 없겠구나."

그러나 다시 한 번 깊이 생각하고는 또 말했다.

"『시』와 『서』가 함축적인 것은 작자의 사상을 표현하고자 했기 때문이다. 당초에 주 문왕이 유리羑里에 구금되었을 때 『주역』을 부연했고,[137] 공자는 진陳과 채蔡나라에서 곤경에 처했을 때 『춘추』를 지었으며,[138] 굴원屈原은 유배당하고도 『이소離騷』를 썼고, 좌구명左丘明은 실명失明하고도 『국어國語』를 썼으며,[139] 손빈孫臏은 두발이 잘리고도 『병법』을 세상에 전했으며, 여불위呂不韋는 촉으로 유배 가서 『여람呂覽』을 지었고, 한비韓非는 진秦나라에 하옥되고도 「세난說難」과 「고분孤憤」 편을 지었으며, 『시경』 300편도 대부분 성현들이 분발하여 지은 것들이다.[140] 이들은 모두 포부가 있었으나 펼치지 못했기 때문에 지난 일을 서

135 천한天漢 3년(기원전 98)을 가리킨다. 사마천은 태초 원년(기원전 104)에 『사기』를 저술하기 시작했으니 천한 3년까지는 총 7년이다. 『한서』에서는 '10년'이라고 기재하고 있는데, 잘못이다.
136 천한 2년(기원전 99)에 이릉은 흉노를 정벌하러 갔다가 패하고 포로로 잡혔다. 사마천은 이릉 사건을 의론하다가 하옥되었고 천한 3년에 궁형 형벌을 받았다. "주일신朱一新이 말하기를 '이릉은 천한 2년 겨울에 항복했는데 태사공이 형벌을 받은 때가 3년 봄이란 말인가?'라고 했다."(『한서보주』)
137 "사마천은 주 문왕이 은 주왕에 의해 유리羑里(지금의 허난성 탕인湯陰 북쪽)에 구금되었을 때 『주역』의 8괘를 부연하여 64괘를 완성했다고 한다. 후세 사람은 대부분 이에 대해 회의를 품고 있다."(『사기전증』)
138 "공자의 인생 역정에는 진陳과 채蔡나라에서 곤경에 처한 일과 『춘추』를 지은 일이 있었는데, 태사공은 반드시 두 일을 연계하여 인과 관계를 설명한다."(『사기전증』)
139 "『국어國語』의 작자에 대해 옛 학설은 좌구명左丘明이라 여기지만, 태사공이 '좌구명은 실명하고도 『국어』를 썼다'고 한 것은 무슨 근거인지 알 수가 없다."(『사기전증』)
140 "「자서自序」는 문왕, 공자를 비롯한 이하 일곱 가지 사건이다. 공자가 『춘추』를 지은 것은 진과 채나라에 있을 때가 아니다. 『이소』『병법』『여람』「세난」은 모두 본 열전과는 상이하다. 그러므로 여기서 말한 사실도 믿을 수 없다."(『사기회주고증』) "동빈이 말하기를 '『여씨춘추』는 여불위가 국정을 담당했을 때 저술한 것인데 촉으로 유배를 가서 지었다고 했다. 한비의 「세난」은 진나라로 들어가지 않

술한 것으로, 후세에 누군가 자신의 사상과 뜻을 이해하기를 바란 것이다."

그리하여 위로는 당요에서 시작하여[141] 아래로는 한 무제의 획린에 이르기까지 긴 역사를 서술하는데,[142] 첫 번째 편은 황제黃帝로부터 시작된다.

옛날 황제黃帝는 하늘과 땅을 법칙으로 삼았고, 뒤에 일어난 사성四聖[143]은 황제의 질서를 준수함으로써 각자 자신의 법도를 설립했다. 당요가 우순에게 양위했으나 우순은 근신하며 두려워했다. 순은 요의 공업을 광대하게 발양시켰고 요순의 사적은 만고에 소멸되지 않았으므로 「오제본기」를 첫 번째로 지었다.

우禹의 공적으로 구주九州가 다스려지고 안정되었으며 당우唐虞 시대를 찬란하게 빛냈고 덕이 후손에게 이르렀다. 하나라 걸桀은 음란하고 교만하여 명조鳴條[144]로 쫓겨났다. 「하夏본기」를 두 번째로 지었다.

설契은 상商나라의 시조이고 성탕成湯에 이르러 상나라를 건립하게 되었다. 태갑太甲은 동동桐[145]으로 쫓겨나 반성했고, 아형阿衡 이윤伊尹의 미덕과 융성함을 드러냈다.[146] 무정武丁은 부열傅說을 찾아 얻음으로써 고종高宗[147]이라 불렸다. 제

앉을 때 지은 것인데 진나라에 하옥되었을 때라고 했다'고 했다."(『사기평림』)

141　원문은 '도당陶唐'으로, '당요唐堯'를 말한다. "『사기』는 황제黃帝를 첫머리로 했는데 '도당을 서술한 것'이라 한 것은 「오제본기」 찬贊에 따르면 '오제의 시대는 멀고 오래되어 『상서』에서도 요 이후의 일만 기재하고 있다. 각 학파가 황제의 사정을 적지 않게 강술하지만 내용은 황당하고 이치에 맞지 않는다'고 했으므로 황제에 대한 기술을 본기의 첫 머리로 삼았는데, 『상서』를 모범으로 삼았기 때문에 '도당에서 시작되었다'고 한 것이다."(『색은』)

142　"장안이 말하기를 '무제가 기린을 잡자 사마천은 그 일을 저술의 실마리로 삼아 위로는 황제를 기록하고 아래로는 기린에 이르러 그쳤는데, 이는 『춘추』가 기린을 잡은 데서 그친 것과 같다'고 했다." (『집해』) 무제가 기린을 잡은 때는 원수 원년(기원전 122)이다.

143　사성四聖: 전욱顓頊, 제곡帝嚳, 요堯, 순舜을 말한다.

144　명조鳴條: 하나라 읍이다. 지금의 산시山西성 윈청運城 안읍진安邑鎭 북쪽이라고도 하고, 허난성 펑추 동쪽이라고도 하고, 카이펑 동남쪽이라고도 한다.

145　동동桐: 상나라 읍이다. 우읍虞邑 동남쪽(지금의 허난성 위청虞城 동북쪽)이라고도 하고, 지금의 옌스偃師 근처라고도 한다.

146　이윤이 태갑을 동으로 쫓아낸 뒤 상나라 정사를 대신 살피면서 태갑이 뉘우치자 다시 정권을 돌려준 일을 가리킨다. 아형阿衡은 관직명으로 후대의 재상이다. 이윤은 상나라에서 첫 번째로 아형에

신帝辛[148]은 주색에 빠져 천하 제후들이 다시는 상나라를 떠받들어 모시지 않았다. 「은殷본기」를 세 번째로 지었다.

기棄는 농업을 창시하여 후직后稷이 되었고, 서백西伯인 문왕 때 덕이 융성했으며, 무왕이 목야牧野에서 승리하여 주나라가 천하를 통치하게 되었다. 유왕幽王과 여왕厲王이 혼란하여 풍酆과 호鎬 땅을 잃었다. 이후 점차 쇠미해져 난왕赧王[149]에 이르러 낙읍洛邑의 제사가 끊어졌다. 이에 「주周본기」를 네 번째로 지었다.

진秦나라의 선조 백예伯翳[150]는 대우大禹를 보좌했다. 목공穆公은 깊이 뉘우치며 효산崤山에서 전사한 진나라의 장사들을 애도했다.[151] 목공이 죽자 산 사람을 함께 묻었는데, 『시』의 「황조黃鳥」가 이것을 풍자한 것이다.[152] 소양왕昭襄王[153]은 이후 진나라가 통일하여 제帝를 칭하게 되는 대업의 기초를 다졌다. 이에 「진秦본기」를 다섯 번째로 지었다.

시황始皇이 즉위하여 육국을 합병했다. 이후에 다시는 전쟁이 없도록 병기를 녹여 없애고 종과 종을 거는 틀을 주조했다. 황제라 높여 부르고 줄곧 무력에만 의지할 뿐 덕치를 강구하지 않았다. 2세가 계승하여 황제가 되었으나 자영子嬰은 투항하여 포로가 되었다. 「진시황秦始皇본기」를 여섯 번째로 지었다.

진나라가 정도를 상실하자 영웅호걸들이 봉기하여 일어났다. 항량이 창업했

임명되었다.
147 고종高宗: 무정武丁의 묘호로, 상나라를 부흥시켰기 때문에 '고종'이라 불렀다.
148 제신帝辛: 주왕紂王으로, 상나라 마지막 제왕이다.
149 난왕赧王: 동주東周의 마지막 군주다.
150 백예伯翳: 백예柏翳, 백익伯益, 대비大費라고도 한다. 순임금 때의 대신으로 대우大禹의 치수를 보좌했고, 순임금을 위해 목축업을 관장했다. 진나라의 선조다.
151 기원전 627년, 진목공이 군대를 일으켜 정鄭을 기습했으나 효산에서 진晉나라 군대의 매복 공격을 받아 전군이 전멸했다.
152 기원전 621년 진 목공이 죽자 170명을 순장했는데, 이 가운데 '자여씨子輿氏' 세 사람이 있었다. '자거씨子車氏'라고도 하는데 여輿와 거車는 의미가 상통한다. 「황조黃鳥」는 『시경』 「진풍秦風」의 한 편으로, 세 자여씨에 대한 비애와 동정을 표현한 작품이다.
153 소양왕昭襄王(재위 기원전 306~기원전 251)은 진 소왕秦昭王을 일컫는다. 기원전 255년에 주나라의 구정九鼎을 취했다는 것은 진나라가 제업帝業을 다졌음을 뜻한다.

고 항우가 그 뒤를 이어 일어났는데, 송의宋義를 죽이고 그의 병권을 빼앗아 조趙나라 거록鉅鹿을 구원하니[154] 제후들이 그를 맹주로 세웠다. 뒤에 항우가 자영을 죽이고 회왕懷王을 저버리자 천하가 그를 견책했다.[155] 「항우項羽본기」를 일곱 번째로 지었다.

항우는 잔인하고 포학했으나, 한왕 유방은[156] 공덕을 베풀었다. 한왕은 분발하여 촉한蜀漢에서 군대를 일으켜 돌아와 삼진三秦을 평정했다. 항우를 주살하고 제업帝業을 완성하자 천하가 태평해졌으며 제도를 개혁하고 풍속을 바꾸었다. 이에 「고조高祖본기」를 여덟 번째로 지었다.

혜제가 일찍 병으로 사망하고 나서 여씨 일족은 환영받지 못했다.[157] 여록呂祿과 여산呂産의 권력이 커지자 유씨 제후들이 이를 매우 우려했다. 여후呂后가 조왕趙王 여의如意를 살해하고[158] 황제의 아들 유우劉友를 감금하자 대신들이 두려워하며 의심을 품었고, 결국 여씨는 멸족의 화를 당했다. 「여태후呂太后본기」[159]를 아홉 번째로 지었다.

유씨가 부흥했으나 혜제의 후계자가 분명하지 않았다.[160] 대왕代王을 영접하여 황제로 세우니 이때부터 천하의 인심이 돌아왔다. 육형肉刑의 폐지를 선포하고, 전국의 관문과 나루터와 교량의 소통을 원활하게 했다. 은택과 교화를 널리 베풀어 사람들이 태종太宗이라 불렀다.[161] 이에 「효문孝文본기」를 열 번째로 지었다.

---

154 원문은 '殺慶救趙'이다. 항우가 송의를 따라 북쪽으로 조나라를 구원하러 갔는데, 도중에 송의를 죽이고 그의 병권을 빼앗은 사건을 가리킨다. '경경'은 '경경'을 가차한 글자로 송의를 가리킨다. 당시 송의는 '경자장군경子將軍'이라 불렸다.

155 항우는 먼저 함곡관으로 진입하는 자가 왕이 된다는 맹약을 저버리고 스스로 서초패왕西楚霸王이라 칭했으며 회왕을 죽여 인심을 잃었다.

156 원문은 '한漢'으로, 한왕漢王 유방劉邦을 가리킨다.

157 "실제로는 유씨 종실과 유방의 원로 공신들이 기뻐하지 않은 것을 말한다."(『사기전증』)

158 원문은 '살은殺隱'으로, '은隱'은 조왕 여의의 시호다.

159 "태太자는 불필요한 글자다. 『한서』 「사마천전」에서는 '여후'라 했다."(『사기지의』)

160 혜제가 낳은 아들이 친아들인지 모두 의심했음을 가리킨다.

161 묘호廟號가 태종太宗이다. "당시 예법에 근거하여 도덕과 공업이 후대에 모범이 될 만한 제왕이

제후들이 교만하고 제멋대로 행동할 때 오왕吳王이 수괴가 되어 반란을 일으켰다. 조정에서 토벌에 나서 주살하고 칠국이 모두 굴복하고 죄를 인정하자 천하가 화합하여 크게 안정되었으며 풍요로워졌다. 「효경孝景본기」를 열한 번째로 지었다.

한나라가 건국되고 나서 5대 황제인 건원 연간[162]에 이르자 융성했다. 밖으로는 이적夷狄을 공격해 정벌하고 안으로는 법률 제도를 정비했다. 봉선대전을 거행하고, 역법을 개정했으며 복식을 바꾸었다. 「금상今上본기」[163]를 열두 번째로 지었다.

하, 상, 주 삼대는 연대가 너무 오래되어 연월을 조사하여 밝힐 수 없다. 보첩譜牒[164]과 구설에 근거하여 순서를 대략적으로 추산했다. 이에 「삼대세표三代世表」[165]를 첫 번째로 지었다.

주나라 유왕幽王과 여왕厲王 이후[166]에 주 왕실이 점차 쇠미해졌다. 제후들이 각자 정치를 했는데도 『춘추』에는 기재된 바가 없다.[167] 보첩에는 단지 대강만 있고 오패五霸가 앞뒤로 번성했다가 쇠퇴했으므로, 주나라의 대체적인 정황을

어야 태종이라 칭할 수 있었다."(『사기전증』)

162 한 무제 시기를 말한다. "실제로는 고조, 혜제, 여후, 문제를 거쳐 경제가 5대이고, 무제는 마땅히 6대가 되어야 한다. 그러나 사마천은 혜제의 실권이 여후에게서 나왔으므로 여후를 포함하고 혜제는 포함하지 않았다. 후세 사람이 혜제를 헤아리고 여후를 헤아리지 않은 것은 사마천의 원래 뜻에 부합되지 않는다."(『사기전증』)

163 금상今上은 지금의 황제를 말하는 것으로, 「금상今上본기」는 일찍 산실되었고 지금 판본의 『사기』에서는 「효무孝武본기」로 기재하고 있다.

164 보첩譜牒: "진국시대에 유행한 세습, 연보 같은 책으로 『제왕세기帝王世紀』, 『죽서기년竹書紀年』, 『제계성帝系姓』 등과 같은 것이다."(『사기전증』)

165 "「세표世表」는 「본기」에 의거하여 오제부터 삼왕까지이고, 「표表」 중간에 또한 명백하게 「제왕세帝王世」라고 표기했으니, 제목을 마땅히 「제왕세표」라고 해야 하는데 「삼대」라고만 한 것은 무엇 때문인가?"(『사기지의』)

166 "실제로는 유왕 이후를 가리키는데, 바로 평왕에서 시작되는 동주 시대다."(『사기전증』)

167 공자가 저술한 것으로 알려진 『춘추』는 지나치게 간략하여 많은 일들이 생략되어 있다.

똑바로 보기 위해 「십이제후연표」[168]를 두 번째로 지었다.

춘추시대 이후 배신陪臣들이 정권을 장악했고[169] 강한 나라들이 서로 왕이라 칭했다.[170] 진秦나라에 이르러 마침내 제하諸夏[171]를 합병하고 각국의 봉지를 소멸시키고 황제皇帝라 높여 부르기 시작했다.[172] 이에 「육국六國연표」[173]를 세 번째로 지었다.

진나라 정치가 포학하자 초나라 사람들이 먼저 봉기했고, 항우가 전횡하자 한왕이 정의를 좇아 토벌했다. 8년 동안 천하의 정권이 세 차례 바뀌었고,[174] 복잡한 일과 변화가 많았으므로 「진초지제월표秦楚之際月表」[175]를 네 번째로 지었다.

한나라가 흥기하여 태초 연간까지 100년 동안[176] 제후들이 폐립되고 여러 나라로 나뉘는 가운데 영지가 줄었는데 보첩의 서술이 분명하지 않아 이러한 일을 담당하는 관리들이 이어서 기록할 도리가 없었다. 단지 강해지고 약해진 원

---

168 「십이제후연표」는 서주 공화共和 원년에서 시작하여 공자가 죽은 뒤 2년(기원전 841~기원전 477)까지 13 제후를 나열하고 있다. 노魯, 제齊, 진晉, 진秦, 초楚, 송宋, 위衛, 진陳, 채蔡, 조曹, 정鄭, 연燕, 오吳이다. "명칭은 '십이제후'인데 사실은 천하의 공주共主인 주나라와 춘추시대 말기에 흥기한 '오吳'가 있다."(『사기전증』)

169 배신陪臣은 각 제후국의 대부를 가리키며, 이들은 정권을 탈취했다. 예를 들면 한·조·위가 진晉을 나누고, 전씨田氏가 제나라의 정권을 손에 넣은 것 등을 말한다. 제후들은 주나라 천자에게 '신臣'이라 칭했고, 제후국의 대부들은 주나라 천자에게 '배신陪臣'이라 칭했다.

170 "춘추 이전에는 주나라 천자만이 왕이라 칭하고 각 제후국의 군주는 '공公'이나 '후侯'로 칭할 수 있었다. 초나라는 '왕'이라 칭했는데, 그 지역은 남쪽의 황량한 곳이라 왕화王化에 복종하지 않았기 때문이다. 전국시대에 들어 주나라 천자는 더욱 괴뢰傀儡가 되었고, 각 대국은 점차 모두 왕이라 바꿔 부르기 시작했는데, 가장 먼저 제齊와 위魏 두 나라가 서주徐州에서 서로 왕이라 높였다."(『사기전증』).

171 제하諸夏: 화하華夏 제국으로 한韓, 조趙, 위魏, 제齊, 초楚, 연燕 등이다.

172 진나라 왕은 스스로를 '황제'라 칭했고 다시는 '왕王'과 '후侯'를 봉하지 않았다.

173 「육국六國 연표」라고 했지만 육국을 합병한 진秦과 천하의 공주共主인 주나라가 있어 실제적으로 '8국'의 역사다.

174 정권을 장악한 첫 번째 인물은 진승이고, 두 번째는 항우, 세 번째는 유방이다.

175 "사실 진에서 초와 한으로 이어지는데 '진한秦漢'이라 하지 않고 '진초秦楚'라고 한 데서 사마천이 항씨項氏를 중시했음을 볼 수 있다."(『사기전증』)

176 유방이 한나라를 건립한 기원전 206년부터 무제 태초 원년(기원전 104)까지는 모두 102년이다.

인만 서술했을 따름이다. 이에 「한흥이래제후연표漢興已來諸侯年表」[177]를 다섯 번째로 지었다.

고조高祖의 개국 공신은 모두 팔다리 같은 심복 대신으로 부부剖符[178]로 신용을 삼고 작위를 받아 은택이 후대에 영속되기를 희망했다. 그러나 후대가 질서를 혼란케 하거나[179] 죽고 봉국을 잃은 자도 있었다. 이에 「고조공신후자연표」[180]를 여섯 번째로 지었다.

혜제와 경제 사이에[181] 많은 공신의 종실들에게 추가로 작위와 봉읍을 하사했다. 이에 「혜경간후자연표惠景間侯者年表」[182]를 일곱 번째로 지었다.

북쪽으로 흉노를 토벌하고 남쪽으로 남월을 정벌했다. 이만夷蠻에 대한 정벌을 수행하여 많은 사람이 무공武功을 세웠으므로 「건원이래후자연표建元以來侯

177 "「사마천열전」에는 '흥이래興已來' 세 글자가 없는데, 이것이 맞다. 이것은 후세 사람이 붙인 것이다."(『사기지의』)

178 부부剖符: 이현 주석에서는 "문제 초기에 군수에게 동호부銅虎符, 죽사부竹使符를 수여하기 시작했는데 나누어 그 하나를 소지하여 증빙으로 삼았다"고 했다. 부부는 '부죽剖竹'이라고도 한다. 건국 후 제왕이 공적이 있는 제후와 장사들에게 관작을 봉하고 상을 하사할 때 부절을 둘로 나누어 각 군신들이 하나씩 가졌는데, 이는 약속을 준수하는 증빙이다. 동호부는 명령을 전달하거나 혹은 군대를 이동시키고 장수를 파견할 때 사용한 증빙이고 군대를 출병시키는 것 이외에는 죽사부를 사용했다.

179 원문은 '망기소목忘其昭穆'이다. 분봉 제후국의 가족이 혼란스러워지는 것을 가리킨다. 계승 관계가 명확하지 않거나 정치가 무질서한 것을 말한다. 소목昭穆은 종법 제도에서 종묘 혹은 묘지에서 배열의 규칙과 순서를 말한다. 시조를 가운데 두고 이하 자손을 나누어 좌우에 배열시키는데, 소昭는 2세·4세·6세를 시조의 왼쪽에 배치하는 것이고, 목穆은 3세·5세·7세를 시조의 오른쪽에 배치하는 것이다. 매장하는 묘지의 위치도 좌우 순서로 나누었다. 제사 때 자손 또한 이 규정에 따라 순서를 배열하여 종족 내부의 항렬을 구분했다.

180 "앞에서 「한흥이래제후연표」에 기재된 사람 가운데는 몇몇 개국공신이 있는데, 이 「표」와 다른 것이 있다. 「한흥이래제후연표」에 기재된 인물은 모두 왕에 봉해진 자들로 어떤 사람은 공적이 커서 왕에 봉해졌고 어떤 사람은 유방의 친속으로 왕에 봉해졌다. 그러나 「고조공신후자연표」에 기재된 사람들은 모두 공적에 의해 후侯에 봉해진 개국공신들이다."(『사기전증』) "고조高祖는 마땅히 고제高帝라고 해야 한다."(『사기지의』)

181 혜제, 여후, 문제, 경제를 포함한다.

182 "이 「표」에서 열거한 인물은 공적으로 봉해지거나 친속 관계로 봉해지거나 또 각종 이유에 의해서 봉해지기도 했으므로 양옥승은 마땅히 앞의 예에 의거해 '공신功臣' 두 글자를 더해야 한다고 여겼지만, 그렇지 않다."(『사기전증』)

者年表」[183]를 여덟 번째로 지었다.

제후들이[184] 지나치게 강력해져 칠국이 연합하여 반란을 일으켰다. 제후의 자제가 많아지자 서자들은 작록과 봉읍을 받지 못하게 되었다. 은혜를 베풀어 분봉을 시행하여[185] 제후의 세력을 약화하고 제후 서자들은 모두 황제의 은덕에 감사했다. 이에 「왕자후자연표王子侯者年表」를 아홉 번째로 지었다.

국가의 유능한 상相과 뛰어난 장수들은 백성의 귀감이다. 한나라가 흥성한 이래로 장수와 상, 이름난 신하들의 사적을 고찰하여 능력 있는 자는 그 치적을 기록하고 그렇지 못한 자는 악업을 폭로했다. 이에 「한흥이래장상명신연표漢興以來將相名臣年表」를 열 번째로 지었다.

하, 은, 주 삼대의 예禮는 늘어나거나 줄어드는 것이 있어 서로 상통하지 않았다.[186] 그러나 요지는 인정에 가깝고 또 왕도에 부합되어야 했다. 예라는 것은 생활의 실제에 근거하여 규범을 부여하고 고금의 변화에 부합해야 한다. 이에 「예서禮書」를 첫 번째로 지었다.

음악의 제정과 시행은 풍속을 바꾸는 데 사용되는 것이다. 「아雅」와 「송頌」이 흥성한 시대에는 사람들이 정鄭과 위衛의 음악을 좋아했다.[187] 그래서 정과 위의 음악이 오랫동안 영향을 끼쳤다. 음악은 사람의 마음을 감동케 하여 먼 지방에 사는 풍속이 다른 사람도 덕을 품게 할 수 있다. 「악서樂書」를 엮어 음악의 흥함과 쇠함의 변화를 기재하고자 하여[188] 「악서」를 두 번째로 지었다.

183 「건원이래후자연표」: "이 「표」에 열거된 자들은 모두 무제 시기에 사이四夷를 상대로 군사를 부리는 과정에서 공을 세워 후에 봉해진 사람들이다."(『사기전증』)
184 여기서 말한 제후들은 모두 유씨 자제로 왕이 된 자들을 말한다.
185 "무제가 주보언의 견해를 받아들여 '추은법推恩法'을 시행하여 각 제후왕에게 토지를 자식들에게 나누어주고 후侯로 삼도록 한 것을 가리킨다."(『사기전증』)
186 원문은 '所損益各殊務'이다. "어순이 매끄럽지 못한데, 대체적인 의미는 다른 문제를 해결하기 위해 적당히 늘리고 줄여야 했다는 것을 말한다."(『사기전증』)
187 『시경』 「국풍國風」에서 정鄭과 위衛의 음악은 대체로 속된 음악을 대표한다.

군사가 없으면 국가가 강대해질 수 없고 덕이 없으면 국가가 번창할 수 없다. 황제, 상탕, 주 무왕은 모두 군사에 의지해 흥성했고[189] 하걸, 은주, 진 2세는 무력 쓰기를 좋아하여 멸망한 것이다. 용병에 대해 어떻게 신중하지 않을 수 있겠는가? 『사마법司馬法』[190]은 오래전부터 전해졌는데 강태공, 손무孫武, 오기吳起, 왕자王子 성보成甫[191]는 모두 『사마법』의 정신을 계승하고 발휘했을 뿐만 아니라 사회에 합당하고 인정 변화에 부합되었다. 이에 「율서律書」[192]를 세 번째로 지었다.

음률은 음陰에 있으면서 양陽을 다스리고, 역법은 양에 있으면서 음을 다스린다. 음률과 역법이 서로 배합하므로 털끝만큼의 착오도 용납되지 않는다.[193] 오가五家의 역법[194]은 서로 상통하지는 않은데, 오직 「태초력」만이 가장 타당하다. 이에 「역서曆書」를 네 번째로 지었다.

점성占星과 망기望氣[195]의 책은 길흉화복이 섞여 있어 허황되고 올바르지 못하다. 그 설법을 헤아려보고 그것의 효과를 살펴보면 종종 정확하게 부합되기도 한다. 이러한 천문에 관련된 사람들의 활동을 수집 배열하고 해와 달, 별들의 운

---

188 「악서樂書」를 비교하여 예로부터 전해 내려온 음악의 흥함과 쇠함을 서술한 것을 말한다.(『색은』)
189 "황제黃帝는 판천阪泉의 군사가 있었고, 탕과 무는 명조鳴條와 목야牧野의 전쟁에서 걸桀과 주紂를 이겼다."(『색은』)
190 『사마법司馬法』은 고대의 병서로, 『한서』 「예문지」에 『사마법』 150편이 기재되어 있다. "『사마법』은 대략 전국시대 사람이 지은 것인데, 사마천은 세상에 전해진 지 오래되었다고 잘못 여기고 있다." (『사기전증』)
191 원문에는 '성보成甫'가 없고 단지 '왕자王子'로 기재되어 있다. "서광이 말하기를 '왕자王子 성보成甫'라고 했다."(『집해』) 이 인물에 대해서는 상세한 기록이 없다.
192 "이 「율서律書」의 찬贊에서 '군사가 없으면 강해지지 못한다'고 했으니, 이 '율서'는 곧 병서다."(『색은』) "태사공은 「율서」의 원문이 산실되었고, 후세 사람이 「역서曆書」에서 음률 부분을 적출하여 「율서」 편으로 옮겼으니, 지금의 「율서」 문장은 여기서 태사공이 말한 것과 부합되지 않는다."(『사기전증』)
193 원문은 '律居陰而治陽, 曆居陽而治陰, 律曆更相治, 間不容翻忽'이다. "이 네 구절은 『대대기大戴記』 「증자천원편曾子天圓篇」에 보이는데, 개별 글자는 다르지만 의미는 같다."(『사기전증』) "옛사람들은 우주의 생존과 만물 변화를 해석할 때 음양 두 기운으로 설명했다. 음률과 역법을 배합하여 사용하여 사람이 계절 기후의 변화를 장악하는 데 터럭만큼의 착오도 없게 한다."(『사기통해』)
194 "오가五家는 황제黃帝, 전욱顓頊, 하夏, 은殷, 주周의 역법을 말한다."(『정의』)
195 망기望氣: 구름의 색채, 형상, 변화에 근거하여 길흉화복을 예측하는 일종의 방술이다. 한대에 태사太史 소속으로 망기를 전담하는 관원을 두었다.

행 궤도와 규칙에 관한 고찰을 취하여 기록했다. 이에 「천관서天官書」를 다섯 번째로 지었다.

상천의 명령을 받아 제왕이 된 자는 많지만, 봉선封禪 전례를 거행한 경우는 매우 적었다. 봉선을 거행하게 되면 모든 귀신과 정령들이 제사를 받을 수 있게 된다. 역대의 천지, 귀신, 명산, 대천에 제사를 지낸 예절의 근본을 고찰하여 「봉선서」를 여섯 번째로 지었다.

대우大禹가 하천의 막힌 물을 터서 통하게 하자 구주九州가 편안해졌다. 무제에 이르러 터진 곳을 막아 선방궁宣防宮을 짓고,[196] 수많은 수로와 물을 대기 위한 도랑을 팠다. 이에 「하거서河渠書」를 일곱 번째로 지었다.

화폐의 유통은 농업과 상업의 발전을 편리하게 했다. 그 폐단은 투기로 교묘하게 취하고 서로 빼앗으며 서로 얕은꾀와 수단으로 다투다가 농업을 버리고 상업을 경영하는 것이다. 이에 「평준서平準書」[197]를 여덟 번째로 지어 그 형세의 발전 변화를 연구했다.

태백太伯은 국가를 계력季歷에게 양위하고 머나먼 장강 이남의 미개하고 황량한 땅으로 도망쳤다. 문왕과 무왕이 흥기하여 고공단보古公亶父 때 왕이라 칭할 조짐을 드러냈다. 합려闔廬는 오왕 요僚를 시해하고 스스로 왕이 되어서는 형초荊楚[198]를 패배시켜 신하로 복종시켰다. 부차夫差는 제나라를 물리치고 자살한

196　선방궁宣防宮: 한 무제가 황하의 호자瓠子(지금의 허난성 푸양濮陽 서남쪽)에서 터진 둑을 막은 뒤에 선방궁을 건설했다. "강백구가 말하기를 '선방宣防은 선통宣通(통하게 하다) 혹은 제방堤坊이다'라고 했다."(『사기회주고증』)
197　"평준平準과 균수均輸는 원래 무제가 시행한 두 가지 항목의 상업 제도로, '평준'은 국가가 각지의 물가를 균형 있게 하는 것이고, '균수'는 국가가 물자를 동원하여 각지에 없는 것이 없도록 하여 물가를 안정시키는 것이다. 이 때문에 이 두 가지 항목은 당시 공상업 정책의 중요한 조치이므로 태사공이 경제 전문의 편명으로 삼은 것이다."(『사기전증』)『한서』에서는 「식화지食貨志」로 명칭을 변경했다.
198　형초荊楚: 형荊은 고대 초나라의 별칭으로, 처음에 형산荊山 일대에 도읍을 건설하여 초나라를 형초라 불렀다.

오자서伍子胥의 시체를 가죽 자루에 넣어 강에 던졌다. 부차는 간신 백비伯嚭를 신임하여 월나라와 친근하게 지내더니 결국 오나라는 멸망했다. 태백이 나라를 양보한 것을 찬미하여 「오세가吳世家」를 첫 번째로 지었다.[199]

신申, 여呂[200] 두 나라가 쇠약해지자 상보尙父[201] 강태공姜太公의 출신이 매우 미천했다. 늙어서 서백西伯을 만나 문왕과 무왕의 스승이 되었다. 은밀하게 계획하여 상나라를 멸망시켰고 그 공적이 으뜸이었다. 머리카락이 황백색으로 변한 나이에 제齊에 봉해져 영구營丘에 도읍을 건설했다. 환공桓公은 가柯[202]에서 맺은 맹약을 후회하지 않았기에 번창하여 패주가 되었고, 여러 차례 제후들을 회맹에 소집하여 패업을 현저하게 드러냈다. 전상田常과 감지闞止가 서로 권력을 다투었고,[203] 강씨姜氏 사직은 해체되었다.[204] 상보가 주나라를 보좌하여 상나라를 멸한 모략을 찬미하여 「제태공齊太公세가」를 두 번째로 지었다.

무왕이 죽고 성왕成王이 나이가 어리자 주공周公이 집정했다. 어떤 제후는 주공을 따랐으나 어떤 제후는 거역하고 난을 일으켰는데, 주공이 그들을 모두 평정하고 안정시켰다. 힘써 예악으로 교화를 시행하자[205] 천하가 태평해졌다. 나이 어린 성왕을 보좌하자 제후들은 주나라를 종주宗主로 받들었다. 은공隱公과 환

---

199 "태사공은 오태백이 나라를 양보한 것을 칭찬하여 '세가'의 첫 번째로 삼았고, 요·순을 칭찬하여 「오제본기」를 '본기'의 첫 번째로 삼았으며, 백이伯夷를 칭찬하여 「백이열전」을 '열전'의 첫 번째로 삼았으니, 그 취지에 상통하는 것이 있다."(『사기전증』) "세가는 각기 한 가지 일을 뽑아서 『사기』를 저술했는데, 그렇게 했다 한들 어찌 한 가지 일을 칭찬하여 지었겠는가?"(『사기지의』)

200 신申과 여呂: 순임금 때의 제후국으로, 강태공의 조상이 봉해진 땅이며 모두 지금의 허난성 난양南陽 부근에 있었다. 여呂는 태공 선조의 씨氏로, 후에 '성'과 '씨'가 뒤섞였으므로 태공의 성을 강姜이라고도 하고 여呂라고도 한다.

201 상보尙父: 강상姜尙이다. 나이가 많고 공적이 컸으므로 무왕이 그를 '상보'라고 높여 불렀다.

202 가柯는 지금의 산둥성 양구陽谷 동북쪽 지역이다.

203 감지闞止가 제 간공齊簡公의 총애를 받자 불안해진 전상이 군대를 일으켜 감지를 죽이고 간공을 시해했으며 평공平公을 세웠다. 이때부터 강씨姜氏 정권은 전상田常 수중에 떨어지게 되었다.

204 강성姜姓의 제나라는 평공平公 때부터 전씨田氏의 괴뢰가 되었고, 전상의 증손자인 전화田和에 이르러 정식으로 제후 반열에 오르자 강성의 제나라는 막을 내렸다.

205 원문은 '문덕文德'으로, 예악禮樂을 교화와 통치 수단으로 삼는 것을 가리킨다.

공桓公 시기에 이르러 어찌 그토록 혼란스러워졌는가?206 삼환三桓이 다투며 노나라 정사를 나누어 관리하자 노나라는 번창할 수 없게 되었다.207 주공 단旦의 「금등金縢」 고사를 찬미하여 「주공세가」를 세 번째로 지었다.208

무왕은 주왕을 멸했으나 천하가 안정되기 전에 죽고 말았다. 성왕의 나이가 어리자 관숙管叔과 채숙蔡叔이 주공을 의심했고 회이淮夷와 결탁하여 반란을 일으켜 주나라 왕실이 위급했다.209 소공召公이 앞장서 덕의를 따라 주공에 협조하여 왕실을 편안하게 하자 동방의 반란도 평정되고 안정되었다.210 연왕燕王 쾌噲가 자지子之에게 양위하여 나라가 크게 어지러워지고 멸망에 이르렀다.211 「감당甘棠」212을 찬미하며 「연燕세가」를 네 번째로 지었다.

관숙과 채숙에게 무경武庚을 감시하게 하고 옛 상나라의 유민을 관리하게 했다.213 주공 단이 임시로 섭정하자 관숙과 채숙은 복종하지 않았다. 주공은 관

---

206 은공隱公은 혜공惠公의 서장자庶長子로, 혜공이 죽었을 때 적자인 환공桓公이 어렸으므로 은공이 잠시 즉위했다. 은공은 원래 환공이 장성하면 정권을 돌려주려 했는데 환공은 그의 본심을 의심하여 정변을 일으키고 은공을 죽였다.

207 삼환三桓은 환공桓公의 아들들이 형성한 맹손씨孟孫氏, 숙손씨叔孫氏, 계손씨季孫氏 일족이다. 이 세 집안은 장공莊公 때부터 대대로 노나라 정권을 장악하여 노나라 군주는 점차 세 집안의 괴뢰가 되었다.

208 「금등金縢」은 『상서』의 편명으로 무왕에 대한 주공의 충심을 찬미한 것이다. 무왕이 병을 앓았을 때 주공이 조상과 상제에 기도하며 무왕을 대신해 자신이 죽게 해달라는 내용이다.

209 관숙管叔과 채숙蔡叔은 무왕의 동생으로, 나이 어린 성왕을 대신해 주공이 섭정하자 주공이 왕위를 찬탈할 것을 의심하고 상나라의 후손과 결탁하여 난을 일으켰으나 주공에 의해 평정되었다. 회이淮夷는 당시 지금의 회하 하류 일대에 거주하던 소수민족으로 '서이徐夷' 또는 '구이九夷'라고도 한다.

210 소공召公은 무왕의 동생으로 연나라에 봉해진 첫 군주다. 관숙과 채숙이 반란을 일으킨 뒤 소공도 주공을 의심했으나 주공의 말을 듣고 의심을 풀고 주공을 도와 반란을 평정했다.

211 연왕燕王 쾌噲는 전국시대 중기의 연나라 군주로 상相인 자지子之에게 속아 양위하여 나라가 크게 어지러워지고 멸망에 이르렀다. 뒤에 연 소왕의 노력을 거쳐 비로소 나라가 다시 안정되었다.

212 「감당甘棠」: 『시경』의 편명으로, 소공이 성왕을 보좌할 때 서쪽으로 순행을 나갔다가 팥배나무 아래에서 어떤 일을 판결했는데, 후세 사람들이 이 팥배나무를 기리게 되었다는 내용이다.

213 무왕은 상나라를 멸한 뒤 다시 주왕紂王의 아들 무경武庚을 상나라 도성 조가朝歌에 봉해 상나라의 옛 백성을 관리하게 했다. 무경이 난을 일으킬 것을 걱정하여 관숙과 채숙을 파견해 무경을 감독하게 했다.

숙을 죽이고 채숙을 유배 보내고는 다시 분봉하여 왕실에 충성을 맹약했다.[214] 대임大任이 10명의 아들을 낳아 주나라 왕실은 공고해졌다.[215] 채중蔡仲이 잘못을 뉘우치고 새사람이 된 것을 찬미하여 「관채管蔡세가」를 다섯 번째로 지었다.[216]

덕 있는 제왕은 제사가 끊어지지 않으니 하늘에 있는 순과 우의 혼령이 후대 계승자가 있음을 기뻐할 것이다. 그들의 성덕은 훌륭하여 자손이 은택을 입도록 했다. 100대 이후에도 여전히 제사를 누렸고 그들의 자손이 주나라에서 진陳과 기杞 두 나라에 봉해졌다.[217] 진은 수백 년 뒤에 비로소 초나라에 멸망당했지만 그의 자손인 전씨田氏가 다시 제나라에서 발흥했다. 순임금은 얼마나 위대한가? 이에 「진기陳杞세가」를 여섯 번째로 지었다.

주공은 은나라 유민들을 거두고 강숙康叔을 봉하여 위衛나라를 건국했고, 더욱이 「주고酒誥」와 「자재梓材」를 지어 강숙에게 은나라가 멸망한 교훈을 깨우치고 명심하게 했다.[218] 삭朔이 태어난 뒤로 위나라는 쇠락하여 안정되지 못했다.[219] 남자南子가 괴외蒯聵를 미워하여 부자간에 명분을 다투는 혼란이 발생했

---

214 원문은 '주공위맹周公爲盟'이다. "소위 '위맹爲盟'은 주공이 난을 평정한 뒤에 상나라 유민을 두 부류로 나누어 강숙康叔과 미자微子에게 봉한 일로 짐작된다."(『사기전증』)
215 대임大任은 마땅히 '태사太姒'라고 해야 한다. 문왕의 왕비이며 무왕의 모친이다. 그녀는 10명의 아들을 낳았다. "왕준도가 말하기를 '대임은 문왕의 모친이고 계력季歷의 비妃다. 문왕의 비는 태사太姒라 하고 10명의 아들을 낳았다. 지금 대임이라고 한 것은 아마도 태사의 잘못일 것이다'라고 했다." (『사기전증』)
216 채숙이 반란으로 유배당한 뒤 회개하자 주공은 그의 아들인 채중蔡仲을 채국蔡國에 봉했다.
217 주나라는 진陳과 기杞 두 국가를 봉하여 건설했다. 무왕은 상나라를 멸망시킨 뒤 순임금의 후손인 규만嬀滿을 진陳(지금의 허난성 화이양)에 봉했고, 우 임금의 후손인 동루공東樓公을 기杞(지금의 허난성 치현杞縣)에 봉했다.
218 『상서』의 「주고酒誥」와 「자재梓材」편은 주공이 강숙을 봉하면서 경계로 삼은 것이다. 주색에 빠지고 백성을 해쳐 멸망에 이르게 된 은나라를 경계로 삼아 술을 경계하고 백성을 사랑하라는 교훈이 담겨 있다.
219 삭朔은 춘추시대 전기 위衛나라 군주 혜공惠公의 이름이다. 부친인 선공宣公을 선동하여 태자인 급伋을 죽인 뒤 태자가 되었다. 혜공이 즉위한 뒤 나라 사람들이 복종하지 않아 변란이 발생하고 혼란스러웠다. "이것은 위衛나라의 위태로움은 혜공 삭 때문이라는 말이다."(『사기지의』)

다.[220] 주나라의 덕이 쇠미해지자 전국 칠웅이 강대해졌다. 위衛나라는 약소해졌으나 뜻밖에도 홀로 유지하다가 각角을 마지막으로 멸망했다.[221] 저 「강고康誥」를 찬미하여 「위衛세가」를 일곱 번째로 지었다.[222]

아, 기자箕子여! 아, 기자여! 기자의 바른말이 받아들여지지 않자 화를 피하기 위해 미친 척하며 노예가 되었구나. 무경武庚이 반란을 일으켜 죽게 되자 주나라는 미자微子를 송宋나라에 봉했다.[223] 양공襄公이 홍泓에서의 전투에서 부상을 입었지만 군자라는 칭송을 얻기도 했다.[224] 경공景公에게 겸양의 미덕이 있자 화성이 물러나 운행했다.[225] 척성剔成이 포학하여 송나라는 결국 멸망했다.[226] 미자微子가 태사太師에게 가르침을 청한 것[227]을 찬미하여 「송宋세가」를 여덟 번

220 남자南子는 춘추시대 말기 위 영공의 부인으로, 태자인 괴외蒯聵를 쫓아냈다. 위 영공이 죽은 뒤 괴외의 아들 첩輒이 즉위했는데 그가 바로 출공出公이다. 괴외는 12년 뒤 외국 세력을 빌려 아들을 축출하고 군주가 되었으니 바로 장공莊公이다. 3년 뒤 위나라가 어지러워지고 장공이 축출되자, 출공이 다시 돌아와 즉위했다. 원문은 '자부역명子父易名'으로, '역명易名'은 부자, 군신의 명분이 뒤바뀐 것을 말한다. 즉 '명名'은 명분으로 군주의 지위를 가리킨다. 아들이 아버지의 지위를 빼앗았으니 명분을 어지럽힌 것이고, 다시 아버지가 아들의 지위를 빼앗은 것은 신하가 군주를 찬탈한 것이니 모두 예의가 아니다.
221 전국시대에 들어선 뒤 위衛나라는 쇠약해져 위魏나라의 속국이 되기 전에는 복양성濮陽城 하나만 다스리고 있었다. 진秦나라가 위魏나라를 멸한 뒤 위원군衛元君은 야왕현野王縣으로 옮겨졌다. 진나라가 육국을 멸망시킨 뒤 진 2세 때 최후의 군주였던 각角이 폐위되어 서인이 되었다.
222 "고誥는 서책인데, 무엇을 찬미한단 말인가?"(『사기지의』) "그 의미는 아마도 강숙이 「강고」의 가르침으로 주공을 따랐기에 위衛나라가 일어났으므로 사마천이 이를 찬미했을 것이다."(『사기전증』)
223 미자微子는 주왕紂王의 서형庶兄으로, 주공이 무경과 관숙, 채숙의 반란을 평정하고 나서 상나라 유민을 둘로 나누어 강숙에게 다스리게 했으며, 나머지 절반인 송宋을 미자에게 봉했다.
224 송 양공宋襄公은 초나라 성왕成王과 홍泓에서 전투를 벌일 때 인의를 보여 초나라 병사가 황하를 건넜을 때나 초나라 병사가 포진하지 않았을 때 공격하지 않았다. 결국은 싸움에 패배하여 그는 부상을 입었다.
225 춘추시대 말기 송 경공宋景公이 재위에 있을 때 화성이 심수心宿의 위치로 운행했는데, 옛 사람들은 이것은 군주에게 불길한 징조로 여기고 재난을 다른 사람에게 옮기려 했다. 송 경공은 이에 동의하지 않고 자신이 감수했고, 상천을 감동시켜 화성이 심수 옆으로 스쳐 지나갔다.
226 "서광徐光은 '언偃'이라고 했는데 맞다. 포학하여 멸망한 자는 '왕언王偃'이지 '척성군'이 아니다. '척성'은 '왕언'의 잘못으로 의심된다."(『사기지의』) 척성의 동생인 '언'이 군주를 쫓아내고 스스로 왕이 되었는데, 어질지 않고 포학하여 제후들이 그를 '걸송桀宋'이라 불렀다. 결국 제, 위魏, 초 삼국에 의해 멸망했다.

째로 지었다.

무왕이 죽은 뒤에 숙우叔虞는 당읍唐邑에 나라를 세웠다.[228] 군자들은 진晉나라 군주의 이름이 적당하지 않음을 일찌감치 알았고, 과연 뒤에 곡옥曲沃 무공武公에게 멸망당했다.[229] 여희驪姬가 헌공獻公의 총애를 받자 5대가 혼란스러워졌다.[230] 중이重耳가 처음에는 뜻을 얻지 못했으나 뒤에 패주가 되었다.[231] 육경六卿이 권력을 독점하자 진晉나라는 결국 세 집안에 의해 갈라졌다.[232] 문공文公이 주나라 천자로부터 옥벽과 신에게 제사 지낼 때 사용하는 향기 나는 술을 하사받은 것[233]을 찬미하여 「진晉세가」를 아홉 번째로 지었다.

중려重黎가 창업하고 오회吳回가 또 이어받았다.[234] 은나라 말년에 육자鬻子[235]

227 미자微子의 이름은 계啓로, 한나라 사람은 경제의 휘를 피하기 위해 '개開'라 했다. 미자는 주왕紂王의 서형庶兄으로, 주왕의 포학함을 보고 태사太師와 소사少師의 조언에 따라 상나라를 떠났다.
228 숙우叔虞는 무왕의 아들이고 성왕成王의 동생이다. 성왕 때 당읍唐邑(지금의 산시山西성 이청翼城 서쪽)에 봉해졌고 진晉나라의 시조가 되었다.
229 서주 후기에 진 목공은 첫아들의 이름을 '구仇'라 했고, 둘째아들 이름을 '성사成師'라고 지었다. 어떤 사람은 장자長子에게 불리한 이름이라고 여겼다. 뒤에 장자가 즉위했는데, 바로 문후文侯다. 성사는 곡옥曲沃에 봉해졌고 사람들은 곡옥 환숙桓淑이라 불렀다. 춘추시대 전기에 이르러 곡옥 환숙의 후대인 곡옥 무공이 문후의 후대를 소멸시키고 진晉나라를 찬탈했다.
230 무공武公의 아들 헌공獻公이 만년에 여희驪姬를 총애하여 태자 신생申生을 죽이자 진晉나라는 5대에 걸쳐 혼란스러웠다. 5대는 해제奚齊, 탁자卓子, 혜공惠公, 자어子圉, 문공文公으로, 문공에 이르러 진나라가 안정되기 시작했다.
231 중이重耳는 헌공獻公의 아들이며 신생申生의 동생이다. 태자 신생이 죽자 중이는 나라 밖으로 달아났고, 앞뒤로 19년 동안 국내는 권력 쟁탈이 그치지 않았다. 자어가 즉위하자 중이는 진秦나라 세력에 의지해 진晉나라로 돌아와 권력을 빼앗았고, 이후 패주인 진 문공晉文公이 되었다.
232 육경六卿은 춘추시대 후기 진晉나라의 여섯 집안으로 범씨范氏, 중항씨中行氏, 지씨智氏, 한씨韓氏, 조씨趙氏, 위씨魏氏다. 여섯 집안이 분열되어 싸우다가 한씨, 조씨, 위씨만 남아 진나라가 이들에 의해 나뉘었다.
233 진 문공이 초나라를 물리치고 제후들을 모으자 주나라 천자가 상을 하사하여 패자가 되게 한 일이다.
234 중려重黎는 전욱顓頊의 후대로 전해지며 제곡帝嚳 때 화정火正(제사와 화성火星 관찰을 관장하는 관직)이었는데, 초나라의 기초를 다졌다. 오회吳回는 중려의 동생으로, 중려가 공업을 이루지 못하고 죽임을 당하자 그를 대신해 화정이 된 것을 말한다. 오회吳回는 초나라의 시조다.
235 육자鬻子: 육웅鬻熊으로 상나라 말기 사람이며 주 문왕을 섬겼다.

가 족보를 기록하기 시작했다. 주나라 성왕成王이 웅역熊繹236을 임용했고 웅거熊渠237에 이르러 다시 새롭게 발전시켰다. 장왕莊王은 현명한 패주로 진陳나라를 중건했고 정백鄭伯을 사면했으며 화원華元을 위해 군사를 물리고 돌아갔다.238 회왕懷王은 진秦나라에서 객사했는데 자란子蘭은 도리어 굴원屈原을 박해했다.239 회왕은 아첨을 좋아하여 끝내 진秦나라에 합병되었다.240 장왕의 인의를 찬미하여 「초楚세가」를 열 번째로 지었다.

소강少康의 아들 무여無餘241는 남쪽 해변에 봉해졌는데,242 몸에 문신을 새기고 머리를 짧게 잘랐으며, 큰 자라와 장어 등과 함께 살았다. 그들은 대대로 봉산封山과 우산禹山243을 지키면서 우임금의 제사를 받들었다.244 구천句踐은 회

---

236 웅역熊繹: 육웅의 증손자로 주나라 성왕 때 초만楚蠻(남방의 미개하고 황량한 땅)에 봉해졌고 자남子男의 작위를 수여받았다.

237 웅거熊渠: 주나라 이왕夷王과 여왕厲王 때 인물로 스스로 왕이라 칭했다.

238 초 장왕楚莊王(재위 기원전 613~기원전 591)은 기원전 598년 진陳나라를 평정했고, 이후 진나라를 부흥시켰다. 기원전 597년 정백鄭伯(정 양공鄭襄公)이 진晉나라에 의존하자 초 장왕이 정鄭나라를 공격한 결과 정백은 죄를 청했다. 초 장왕은 정백의 화친을 받아들였다. 기원전 594년 송나라에 보낸 초나라 사자가 피살되자 송나라에서는 자반子反이 군사를 이끌고 와서 송나라를 포위했다. 5개월 뒤 양측의 화살과 양식이 떨어지자 송나라 장수 화원華元이 자반을 만나 진심을 전했고, 장왕은 그들의 신의를 칭찬하여 군대를 돌렸다.

239 전국시대 후기에 진 소왕은 초 회왕에게 진나라로 들어와 회담하자고 했다. 굴원은 회왕에게 속임수에 빠져서는 안 된다고 만류했으나 회왕의 아들 자란子蘭은 회담에 갈 것을 종용했다. 결국 초 회왕은 진나라에 갔다가 구금되었고 그곳에서 죽고 말았다. 자란은 이 일에 대해 자책하지 않았으며 도리어 굴원을 박해했다.

240 초나라 말기에 초 유왕楚幽王이 이원李園을 신임하여 춘신군春申君을 죽였고 결국 진나라에게 멸망당한 것을 가리킨다.

241 소강少康의 서자 무여無餘는 월왕 구천의 선조다.

242 원문은 '실빈남해實賓南海'이다. "장문호가 말하기를 '빈賓은 마땅히 빈擯(버리다)으로 읽어야 한다'고 했고, 강백구는 말하기를 '멀고 궁벽한 곳에 봉하여 버린 것과 같으므로 빈賓이라 한 것이다'라고 했다."(『사기회주고증』) 『사기통해』에서도 '빈賓'은 배척의 의미라고 했다. 그러나 『사기전증』에서는 "소강의 아들이 죄가 없는데 무엇 때문에 버리겠는가? 빈賓은 마땅히 빈濱으로 읽어야 한다. 물가 인근을 말한다"라고 했다. 역자 또한 물가에 인접한 의미로 번역했다.

243 봉산封山과 우산禹山: 지금의 저장성 더칭德淸 경내에 있는 산으로, 서로 거리가 멀지 않다.

244 우 임금은 지금의 사오싱紹興 남쪽의 회계산에 매장되었다고 전해지며, 하나라는 자신의 친속을 이곳에 봉하여 우 임금의 제사를 주관하게 했다.

계에서 곤경에 처한 뒤에 문종文種과 범려范蠡를 중용했다. 구천은 한낱 이만夷蠻이었지만 덕을 수양하고 강한 오나라를 멸하고 주나라 왕실을 존숭한 것[245]을 찬미하여 「월왕구천越王句踐세가」를 열한 번째로 지었다.

정 환공鄭桓公이 동쪽으로 천도한 것은 주나라 태사太史의 건의에 따른 것이다.[246] 장공莊公이 주나라 천자의 곡식을 침탈하자 주나라 사람의 비난을 받았다.[247] 채중祭仲이 핍박을 받아 맹약을 접수하고 정나라는 여러 대 동안 안정되지 못했다.[248] 자산子産의 인의 정치는 여러 대에 걸쳐 어질다는 칭찬을 받았다.[249] 삼진三晉이 침략하자 정나라는 한韓나라에 의해 소멸되었다.[250] 정 여공鄭厲公이 혜왕惠王을 도와 왕위로 돌아갈 수 있게 한 것[251]을 찬미하여 「정鄭세가」를 열두 번째로 지었다.

기驥와 녹이騄耳를 잘 훈련시켜 조보造父가 이름을 날리게 되었다.[252] 조숙趙

---

245 구천은 오나라를 멸망시킨 뒤 서주徐州에서 제후들을 소집하고 주나라에 공물을 바쳤다. 주 원왕周元王은 구천에게 제사 고기를 내리면서 명령을 내려 그를 '백백'으로 삼았다.
246 정 환공鄭桓公은 주 선왕의 막내아들로, 원래 지금의 산시陝西성 화현華縣(당시에는 정鄭이라 불렸다)에 봉해졌다. 주 유왕 때 정치가 혼란스러워지자 정 환공은 태사의 건의를 받아들여 지금의 허난성 신정新鄭으로 천도했다. 뒤에 주 유왕은 견융犬戎에게 멸망당했고 주 평왕은 서방에서 일어설 수 없어 도읍을 낙양으로 옮겼는데, 이 기간에 정나라의 원조를 많이 받았다.
247 주 평왕이 동천한 뒤 정나라를 신임하여 여러 해 정나라 제후를 주나라 정사에 참여시켰다. 환왕桓王 때 이르러 다른 사람을 믿어 정나라와 소원해지자 정 장공이 주나라의 곡식을 거두어들이면서 양국 관계가 긴장되었다.
248 채중祭仲은 정 장공이 총애하는 신하로, 장공이 죽은 뒤 장자인 소공昭公이 왕위를 계승했는데 송나라는 채중을 잡아들인 뒤 소공을 쫓아내고 송나라 여인이 낳은 정 장공의 막내아들 돌突을 세우도록 핍박했다. 이에 여공厲公이 옹립되었다. 이로 인해 정나라는 오랫동안 혼란스럽고 안정되지 못했다.
249 자산子産은 정나라의 간공簡公, 정공定公, 성공聲公을 섬긴 신하로, 공자로부터 '인인仁人'이라는 찬사를 받았다.
250 여기서는 전국시대 초기에 한韓나라가 진晉나라를 침략한 일을 가리킨다. 삼진三晉은 통상 한韓, 조趙, 위魏를 가리키지만 여기서는 한나라를 말한다.
251 정 여공鄭厲公이 재위에 있을 때 주나라의 혜왕惠王은 동생인 왕자퇴王子頹에게 쫓겨나 정나라에 구원을 요청했다. 정 여공은 출병하여 왕자퇴를 죽이고 혜왕을 복위시켜 주었다.
252 조보造父는 조趙나라의 시조로, 말을 훈련시키고 수레를 모는 능력이 탁월하기로 유명했다. 조보는 주 목왕의 마부가 되어 목왕의 수레를 몰며 천하를 주유했다. 기驥와 녹이騄耳는 명마 이름이다.

夙은 진 헌공晉獻公을 모셨고, 아들 조최趙衰는 부친을 계승하여 진 문공晉文公을 모셨다. 조최는 진문공이 패주가 되도록 보좌하여 진나라의 팔다리 같은 대신이 되었다. 조양자趙襄子는 지백智伯에게 곤욕을 치른 뒤 지백을 멸망시켰다.253 주보主父 무영왕武靈王은 사구궁沙丘宮에 갇혀254 참새 알로 배고픔을 채우다 굶어 죽었다. 조왕趙王 천遷은 사악하고 음탕했으며 훌륭한 장수를 죽였다.255 조앙趙鞅이 주나라의 난을 토벌한 것256을 찬미하여 「조趙세가」를 열세 번째로 지었다.

필만畢萬이 위魏에 봉해졌는데,257 점쟁이는 위씨魏氏가 흥성할 것을 알고 있었다.258 위강魏絳은 양간羊干을 처벌하여 법을 공정하게 집행했으며, 진晉나라가 융적戎翟과 강화를 맺도록 했다.259 위 문후魏文侯는 인을 행하고 의를 앙모했으며 유생인 자하子夏를 높여 스승으로 모셨다.260 위 혜왕魏惠王은 교만하고 자만했기 때문에 연이어 제齊와 진秦에게 패했다.261 신릉군信陵君이 위왕魏王에게 의

253 당시 세력이 가장 강했던 진晉나라의 지백智伯이 한韓, 위魏와 손잡고 조나라를 포위하여 형세가 급박해지자 조양자는 한과 위를 책동하여 진나라를 배신하게 한 뒤 세 나라가 함께 지백을 물리치고 진 땅을 나누었다.
254 원문은 '생박生縛(생포하다)'인데, 사실에 부합되지 않는다. 여기서는 곤경에 처한 것을 가리킨다.
255 조왕趙王 천遷은 조나라 마지막 군주로 곽개郭開의 참언에 빠져 장수 이목李牧을 죽였다. 결국 조나라는 진秦나라에게 멸망당했다.
256 조앙趙鞅은 춘추시대 말기 진晉나라의 육경六卿 중 한 명인 조간자趙簡子로, 주나라에 내란이 일어났을 때 군대를 이끌고 왕자 개丐를 세웠는데, 바로 경왕敬王이다. 왕자 조朝가 경왕을 쫓아냈으나 진나라는 끝내 경왕의 왕위를 회복시켰으며 조나라를 안정시켰다.
257 필만畢萬은 진 헌공의 대신으로, 군공이 있어 위魏에 봉해졌다.
258 이름이 '만萬'인 사람이 위魏에 봉해지고 그 후대가 번창할 것을 예언한 것이다.
259 위강魏絳은 춘추시대 후기 진 도공晉悼公의 대신으로, 군사를 훈련시킬 때 도공의 동생인 양간羊干이 수레를 타고 군진을 어지럽히자 그의 마부를 주살하여 엄격함을 보였다. 이후 융적과 우호 관계를 맺어 진晉나라 서부와 북부 변경을 안정시켰다.
260 위 문후魏文侯는 전국 초기의 위나라 군주로, 그가 50년 재위하는 기간 위나라는 가장 강력했다. 위 문후는 예의와 유가 학술을 좋아하여 자하에게서 배웠으며 단간목段干木과 전자방田子方 등을 예로 존중했다.
261 위 혜왕魏惠王은 위 문후의 손자로, 제나라와 진나라에게 여러 차례 패했다. 계릉桂陵 전투와 마릉馬陵 전투에서 제나라에 패했고, 진나라와 싸울 때는 공자앙公子卬, 용가龍賈 등의 활약으로 패배

심을 받자 제후들이 다시는 위나라를 돕지 않았다.[262] 끝내 대량大梁은 멸망하고 위왕魏王 가假는 포로로 잡혀 노복이 되었다. 위무자魏武子가 진 문공의 패업을 성취하도록 도운 것을 찬미하여 「위魏세가」를 열네 번째로 지었다.

한궐韓厥의 은밀한 협조로 조무趙武가 비로소 다시 일어날 수 있었다.[263] 그가 끊어진 조씨 가문을 계승하게 하자 진晉나라 사람들은 그를 존중했다. 한 소후韓昭侯가 신불해申不害를 중용하여 각국에 명성을 드날렸다.[264] 한왕韓王이 한비韓非를 의심하여 임용하지 않았고 결국 진秦나라에 멸망당했다. 한궐이 진晉나라를 돕고 주나라 왕실을 원조한 것을[265] 찬미하여 「한韓세가」를 열다섯 번째로 지었다.

전완田完이 난을 피해 제齊나라로 가서 구원을 요청했다.[266] 그의 5대손인 전걸田乞이 은밀하게 백성에게 은혜를 베풀자 제나라 사람들이 칭송했다. 전상田常 때부터 제나라 정권을 독점하기 시작하여 전화田和 때에 이르러 제후가 되었다.[267] 제왕齊王 건建이 간신의 말을 듣고 진秦나라에 투항하여 공共 땅으로 옮겨졌다.[268] 제 위왕齊威王과 제 선왕齊宣王이 혼탁한 시대에도 주나라를 존중한

했다. 이때부터 위나라의 세력이 크게 약화됐다.

262 신릉군이 동방 제후국과 연합하여 함곡관에서 진秦나라 군대를 격파했는데, 안희왕安釐王이 참언을 듣고 신릉군의 직무를 면직시키자 연맹이 와해되었다.

263 한궐韓厥은 춘추시대 중기 진晉나라의 대부로, 진나라 권신 도안고屠岸賈가 조삭趙朔을 죽이고 그 가문을 멸했는데 한궐은 은밀히 정영程嬰 등에게 협조하여 조씨趙氏의 고아인 조무趙武를 구출한 뒤 재기시켜 조씨 가족을 다시 떨치게 했다.

264 한 소후韓昭侯는 전국시대 중기의 한나라 군주로, 신불해를 임용하고 그의 변법變法으로 한나라를 강성하게 만들었다.

265 "여러 편을 두루 조사했으나 여기서 말하는 것이 무슨 일인지 알 수 없으며, 여러 학자들도 이에 대한 주석을 붙이지 않았다."(『사기전증』)

266 원문은 '완자完子'로, 전완田完에 대한 경칭이다. 전완은 진 여공의 아들로, 동생이 지위를 계승하자 화를 입을까 두려워 제나라로 도망친 뒤 성을 전씨田氏로 바꾸었으며 제나라로부터 우대를 받았다.

267 원문은 '성자成子'로, 전상田常의 시호다. 전상은 춘추시대 말기 제나라 대부로 간공簡公을 시해하고 평공平公을 세워 제나라 정권을 독점하기 시작했다. 전화田和는 전국시대 초기 전씨 가족의 수령으로 정식으로 제후가 되었다.

268 제왕齊王 건建은 전씨 제나라의 마지막 군주다. 공共은 지금의 허난성 후이셴현輝縣이다.

것[269]을 찬미하여 「전경중완田敬仲完세가」[270]를 열여섯 번째로 지었다.

주 왕실이 쇠락하자 제후들이 제멋대로 행동했다. 예악이 무너지는 것을 슬퍼한 공자는 고대 전적을 연구하고 왕도를 선전하고 나라의 어지러운 세태를 바로잡고자 자신의 사상을 문장으로 드러냈다. 그가 천하를 위한 예의 규범을 만들고자 육경을 교재로 정하여 후세에 전했으므로 「공자孔子세가」[271]를 열일곱 번째로 지었다.

하걸과 은주의 무도함이 상탕과 주 무왕의 혁명을 이끌어냈고, 주 왕조의 무도함이 공자의 『춘추』를 이끌어냈으며, 진나라의 무도함이 진섭을 들고일어나게 했다. 진섭이 먼저 봉기하고 다른 제후들도 난을 일으키자 바람과 구름이 닥치듯 진나라를 멸망시켰다. 천하를 움직이게 한 실마리는 진섭의 난에서 비롯되었으니, 「진섭陳涉세가」[272]를 열여덟 번째로 지었다.

박씨薄氏는 하남궁河南宮 성고대成皐臺에서 번창의 기초를 다졌다.[273] 두씨는 마지못해 대代나라로 가서 두황후竇皇后가 되었고, 형제들은 출세하여 후侯에 봉해지고 귀하게 되었다.[274] 율희栗姬는 존귀함에 의지하여 방종했고 왕부인王夫人은 음모로 뜻을 얻었다.[275] 진황후陳皇后[276]는 지나치게 교만하여 끝내 위자부

---

269 제 위왕齊威王(재위 기원전 378~기원전 343)과 제 선왕齊宣王(재위 기원전 342~기원전 324) 부자는 전국시대 중기 제나라가 강성하던 시기의 군주로, 당시 주나라 천자는 이름만 있을 뿐이었는데 두 군주는 주나라 천자를 공경했다.

270 경중敬仲은 전완田完의 시호다. 이 편명은 시호와 이름을 함께 열거했다.

271 "태사공은 공자를 「세가」에 서술하면서 존중의 뜻을 표했는데, 땅을 소유한 자는 국國으로 가문을 전하는데 공자는 덕으로 가문을 전했다는 뜻을 드러낸 것 같다."(『사기지의』)

272 "강백구는 말하기를 '삼대(하, 은, 주) 이래로 필부가 군대를 일으킨 것은 진섭이 처음이다. 태사공은 탕왕, 무왕, 『춘추』와 비교하면서 비록 동등하지는 않으나 시작은 같은 것이라 했다'고 했다."(『사기회주고증』)

273 박씨薄氏는 문제文帝의 모친인 박태후薄太后를 말한다. 성고대에서 유방을 만나 희첩이 되었으나 총애를 받지는 못했다.

274 문제文帝의 황후 두씨竇氏는 원래 여후呂后의 궁녀였다. 여후는 몇 명의 궁녀를 제후왕들에게 나누어 보냈는데, 두씨는 조나라로 가기를 청했으나 관리의 실수로 대代나라로 보내졌다. 두씨는 매우 억울해했지만 뜻하지 않게 대나라에서 문제의 총애를 받아 나중에 황후가 되었다.

衛子夫가 총애를 얻었다.277 한나라 황후들의 이 같은 덕을 찬미하여278 「외척外戚세가」279를 열아홉 번째로 지었다.

고조는 속임수를 써서 진군陳郡에서 초왕楚王 한신韓信을 사로잡았다. 월형越荊280 일대 사람들은 사납기 때문에 고조는 동생 유교劉交를 초왕으로 삼고 팽성에 도읍을 정했는데, 이것은 회수와 사수 일대의 감독을 강화하기 위한 것으로 한나라의 안전을 수호하는 울타리가 되었다. 유무劉戊가 사악함에 빠졌으나 유예劉禮를 발탁하여 유교의 왕위를 계승하게 했다.281 유교가 고조를 보좌하여 천하를 안정시킨 것을 찬미하여 「초원왕楚元王세가」를 스무 번째로 지었다.

고조가 군사를 일으켰을 때 유가劉賈가 참여했다. 뒤에 경포黥布의 습격을 받아 유가는 패하여 죽었고 형荊과 오吳의 봉지를 잃었다.282 영릉후營陵侯 유택劉

---

275 율희栗姬는 경제景帝의 비로, 아들 유영劉榮이 태자로 세워졌다. 율희의 시기로 인해 다른 희첩들이 원망을 샀다. 경제의 누나가 자신의 딸을 태자에게 출가시키려 했으나 율희가 따르지 않자 다른 희첩인 왕부인王夫人과 함께 음모를 꾸며 율희와 태자를 폐위시켰다. 왕부인(무제의 모친)은 마침내 황후가 되었다.

276 진황후陳皇后는 경제의 누나 대장공주大長公主의 딸로, 이름은 아교阿嬌다. 대장공주가 왕부인과 함께 율희를 내쫓은 뒤 무제가 태자를 거쳐 왕위에 오르자 아교는 황후가 되었다.

277 위자부衛子夫는 원래 평양공주平陽公主 집안의 가녀歌女로, 무제의 총애를 받았다. 당시 진황후에게 자식이 없어 무제는 위자부를 황후로 세웠다.

278 "범역范曄이 말하기를 '한나라 다섯 황제의 후비에게 칭찬할 덕이 있다는 것을 듣지 못했다. 덕을 칭찬한다고 했는데 누구를 칭찬한다는 말인가?'라고 했다."(『사기지의』)

279 "범역이 말하기를 '후비는 마땅히 「열전」에 있어야 한다. 살아 있을 때 봉작이 있고 「세가」에 두는 것이 방해가 되지 않는다고 말한다면 또한 「후비后妃세가」라고 불러야 한다. 제목을 외척이라 하는 것은 적당하지 않다'고 했다."(『사기지의』)

280 월형越荊: 초월楚越이다. 지금의 장쑤성 북부와 중부 지역을 가리킨다. 원래 항우가 소유한 땅이었으나 나중에 한신이 차지했다. '형荊'은 '초楚'의 다른 이름이다.

281 유교劉交의 손자 유무劉戊는 경제 때 오왕 유비와 함께 반란을 일으켰다가 군대는 패하고 자살했다. 이에 조정에서는 유교의 아들 유예劉禮를 초왕으로 세워 유교의 제사를 잇도록 했다.

282 유방이 한신을 제압하고 그의 봉지를 둘로 나누었는데, 서쪽 땅은 유교에게 봉하여 여전히 '초楚'라 불렀고, 동쪽 땅은 유가에게 봉하여 국호를 '형荊'이라 하고 오吳(지금의 쑤저우)에 도읍을 정했다. 오래지 않아 경포가 회남淮南(지금의 안후이성 류안六安)에서 반란을 일으키고 동쪽으로 형 땅을 공격하고 유가를 죽였다.

澤이 여태후의 비위를 맞추어 낭야왕琅邪王에 봉해졌다.283 그는 축오祝午284의 속임수를 믿고 제나라로 갔다가 구금되었다. 뒤에 계책을 세워 탈출하여 서쪽 장안으로 진입했고,285 효문제를 옹립하는 데 참여하여 연왕燕王에 봉해졌다. 한나라 초 천하가 아직 안정되지 않았을 때 유가와 유택은 고조의 동족으로 왕에 봉해져 한나라의 울타리가 되었으므로 「형연荊燕세가」286를 스물한 번째로 지었다.

천하가 이미 평정되었으나 고조의 친속들은 많지 않았는데, 도혜왕悼惠王 유비劉肥가 연장자였으므로 먼저 동쪽 땅 제나라 왕에 봉해졌다.287 뒤에 애왕哀王이 군대를 일으켜288 여씨 일족을 토벌했으나 포악한 외삼촌 사균駟鈞 때문에 황제에 옹립되지 못했다.289 여왕厲王은 누이와 간통한 일로 주보언主父偃에게 조사를 받고 자살했다. 한나라의 손과 발이었던 유비를 찬미하며 「제도혜왕齊悼惠王세가」를 스물두 번째로 지었다.

항우가 형양滎陽에서 한왕을 포위하여 초와 한이 3년 동안 대치했다. 소하蕭何는 산서山西290를 지키면서 호적에 따라 선발하여 전선에 병력을 보급하고 양

283　유택劉澤은 유방의 동족으로 군공을 세워 영릉후營陵侯에 봉해졌다. 유방이 죽은 뒤 여후가 권력을 장악하자 유택은 여씨들을 왕으로 봉할 것을 권유했고, 자신 또한 낭야왕에 봉해졌다.

284　원문은 '출오怵午'로, '축오祝午'를 말한다. '출怵'은 '축祝'을 가차한 글자다.

285　여후가 죽은 뒤 제왕齊王 유양劉襄은 군대를 일으켜 여씨들을 토벌하고 장군 축오祝午를 유택에게 보내 맹주로 추대하겠다고 했다. 유택은 이 말을 믿었으나 결국 제왕 유양에 의해 구금되었다. 유택은 자신이 여러 신하들을 설득하여 유양을 제위에 올리겠다고 속여 마침내 서쪽 장안으로 들어왔다.

286　"『한서』「사마천전」에서는 '형연왕荊燕王'이라 했는데, 이것이 맞다."(『사기지의』)

287　도혜왕悼惠王 유비劉肥는 유방이 젊었을 때 사사로이 낳은 아들로 유방의 아들 가운데 나이가 가장 많다. 유방이 황제를 칭한 뒤에 유비는 제왕에 봉해졌다.

288　애왕哀王은 유비劉肥의 아들 유양劉襄으로, 여후 사후에 솔선하여 군대를 일으켜 여씨들을 토벌해 공적이 가장 크다. 원문은 '애왕천흥哀王擅興'으로, 유양이 군대를 일으킬 때 경사의 대신들과 공모하지 않았으므로 '천흥擅興(제멋대로 군사를 일으키다)'이라 표기했다.

289　사균駟鈞은 애왕의 외삼촌으로, 여씨들을 토벌한 뒤 황제로 세우는 일을 논의할 때 유양을 옹립하자는 제안이 있었다. 유택과 주발 등은 유양의 영민하고 용맹스러움을 두려워하여 유양의 외삼촌 사균의 포악함을 핑계로 옹립에 반대했다. 원문은 '경사불허京師弗許'로, 유양이 아닌 대왕代王 유항劉恒을 황제로 세웠으므로 유양의 제나라 군사를 멈추게 했기에 '경사불허'라 기재한 것이다.

식 운송이 끊이지 않게 했다. 또한 백성이 항우를 몹시 미워하며 한마음으로 한나라를 위하게 했다. 이에 「소상국蕭相國세가」를 스물세 번째로 지었다.

조참曹參은 한신韓信을 수행하여 위魏나라를 평정하고 조趙나라를 격파했으며, 제齊나라를 함락시켜 항우의 세력을 약화시켰다. 뒤에 소하를 이어 상국相國에 임명되었으나 제도를 바꾸거나 개혁하지 않아 백성이 편안했다. 조참이 자신의 공훈을 과시하지 않고 재능을 자랑하지 않았음을 찬미하여[291] 「조상국曹相國세가」를 스물네 번째로 지었다.

장막 안에서 계책을 강구하여 사람도 모르고 귀신도 알아채지 못하게 승리를 거두었으니, 이것은 장량張良의 뛰어난 장기다. 자방子房[292]은 계책을 꾸미는데 명성을 날릴 만한 일도 하지 않았고 용감한 공훈도 없었지만 어지러워지기 전에 해결하고 큰일이 벌어지기 전에 방지했다. 이에 「유후留侯세가」를 스물다섯 번째로 지었다.

여섯 가지 기이한 계책을 사용하니 제후들[293]이 모두 신하로 복종했다. 여씨들을 주멸하는 것은 진평陳平이 주모한 일로, 끝내 유씨의 종묘사직을 안정시켰다. 이에 「진승상陳丞相세가」를 스물여섯 번째로 지었다.

여씨들이 결탁하여 유씨 정권을 약화시키려는 음모를 꾸몄으나 주발이 이례적인 임기응변으로 큰일에 대처했다. 오와 초가 난을 일으켰을 때 주아부周亞夫는 창읍昌邑에 군사를 주둔시켜 제나라와 조나라의 회합을 저지했으며, 양梁나라를 구원하지 않음으로써 오와 초의 힘을 낭비하게 했다.[294] 이에 「강후絳侯세

---

290 산서山西는 효산崤山 혹은 화산華山 서쪽으로 당시에는 관중關中 지역을 가리키는 말로 쓰였다.
291 당시 백성들이 다음과 같이 찬미했다. "소하가 법도를 제정하니 분명하고 명확하네. 조참이 계승하여 상국에 임명되어 삼가 따르며 바꾸는 것이 없네. 국가는 청정하고 우환이 없으니 백성은 편안하네."(「조상국세가」)
292 자방子房: 장량의 자로, 유후留侯에 봉해졌다.
293 유방의 공신들을 가리킨다.
294 "여기서 주아부가 창읍에 군사를 주둔시켜 제와 조를 저지했다고 말하는데, 「강후세가」에서는 주아부가 이렇게 한 것은 양나라의 힘을 소모시켜 일석이조의 이로움을 거둔 일이라고 했다. 또 이른

가」를 스물일곱 번째로 지었다.

　오와 초 칠국이 반란을 일으켰을 때 울타리가 되어 경사를 호위한 나라는 양나라뿐이었다. 이후에 양왕梁王은 총애에 의지하고 공적을 과시하다가 주멸의 화를 당할 뻔했다.295 양효왕梁孝王이 오와 초에 대항하여 공격한 일을 찬미하여 「양효왕梁孝王세가」를 스물여덟 번째로 지었다.

　다섯 후비의 자식들은 모두 왕에 봉해지고 관계가 화목하고 융합했으며 크고 작은 제후들이 모두 조정의 울타리가 되어 각기 직분을 다했다. 이때부터 분수 넘치는 행세가 잦아들었으니, 이에 「오종五宗세가」296를 스물아홉 번째로 지었다.

　황제가 세 아들을 왕으로 책봉하고297 그에 관해 신하들이 올린 문사가 모두 볼만하다. 이에 「삼왕三王세가」를 서른 번째로 지었다.

　말세末世298에 사람들은 이익을 다투었지만 오직 백이伯夷만은 의를 지켰다. 왕위를 양보하고 또 굶어 죽었으니 천하가 이를 칭송했다. 이에 「백이열전」을 첫 번째로 지었다.299

바 '제조齊趙'의 '제'는 '제나라'를 가리키는 것이 아니다. '제나라'는 당시에 모반하지 않았기 때문에 제 땅의 교동膠東, 교서膠西, 제남濟南, 치천菑川을 가리키는 것이다.(『사기전증』)

295　양효왕梁孝王은 경제의 친동생으로, 모친인 두태후의 총애를 받았으며 오와 초 칠국을 격파하는 데 공적이 있어 교만 방자하게 굴어 목숨을 잃을 뻔했다.

296　오종五宗: 경제의 다섯 후비의 아들로 모두 13명이 기재되어 있다. 같은 어미에서 태어난 아들을 일종一宗이라 하는데, 경제의 아들들은 다섯 후비의 소생이므로 오종이다.

297　무제가 세 아들을 왕에 봉한 것을 가리킨다. 유굉劉閎은 제왕齊王에 봉해졌고, 유단劉旦은 연왕燕王에 봉해졌으며, 유서劉胥는 광릉왕廣陵王에 봉해졌다. 한 무제는 아들이 여섯이었는데, 막내아들 유불릉劉弗陵이 제위를 계승하여 소제昭帝가 되었으므로 『한서』에서는 유불릉을 제외하고 「무오자전武五子傳」을 지었다. 사마천이 『사기』를 저술할 때 여태자戾太子 유거劉據는 생존해 있었으므로 「세가」에 포함시키지 않았다. 창읍왕昌邑王 유박劉髆은 태초 연간(기원전 104~기원전 101) 이후인 천한 4년(기원전 97) 6월에 왕에 봉해졌으므로 또한 「세가」에 포함되지 않았다. 그래서 사마천은 「삼왕세가」를 지은 것이다.

298　말세末世란 은나라 말기를 가리킨다.

안자晏子는 검소했고 관중管仲은 사치스러웠다. 관중은 환공桓公을 보좌하여 패주가 되게 했고, 안영晏嬰은 경공景公을 보좌하여 나라를 잘 다스렸다. 이에 「관안열전」300을 두 번째로 지었다.

노자老子는 통치자가 무위無爲를 한다면 천하가 저절로 태평해질 것이고, 통치자가 담백하고 욕심이 없으면 백성이 저절로 단정해질 것이라 여겼다. 한비는 사물의 실제 정황을 헤아려 그에 상응하는 조치를 취해야 한다고 주장했다. 이에 「노자한비열전」을 세 번째로 지었다.301

옛날 제왕들 때부터 『사마법司馬法』302이 있었는데, 양저穰苴가 이를 더욱 광대하게 발전시켰다. 이에 「사마양저열전」303을 네 번째로 지었다.

신의와 청렴, 어짊과 용기 없이는 병법을 전수하고 검술을 논술할 수 없다. 이것은 인간 세상의 기본 규율과 완전히 일치하는 것이다. 이러한 도리는 안으로는 자신을 수양하고 밖으로는 변화에 대응할 수 있다. 군자는 이것으로 한 사람의 도덕의 높고 낮음을 평가했다.304 이에 「손자오기열전」305을 다섯 번째로 지었다.

태자 건建이 참언으로 해를 입자 그 화가 오사伍奢에게까지 미쳤다. 오상伍尙은 돌아가 부친을 구원하려다 함께 죽임을 당했고, 오원伍員306은 오나라로 달

---

299 "사마천이 백이를 「열전」의 앞에 두고, 「본기」에서는 요와 순, 「세가」에서는 오태백을 앞에 둔 뜻이 상통하는데, 모두 '양讓(양보)'을 칭송하고 후세의 '쟁爭(다툼)'을 비판한 것이다."(『사기전증』)

300 "관중과 안영 두 사람은 함께 제나라의 현명한 상相이었다. 한 사람은 검소하고 한 사람은 사치스러워 대비가 강렬하기 때문에 두 사람을 하나의 열전으로 한 것이다."(『사기통해』)

301 편명은 '노자한비老子韓非'지만 실제로는 장주莊周, 신불해申不害 등도 포함되었다.

302 『사마법司馬法』은 고대에 전해 내려오는 병서로 삼왕三王 때의 것으로 전해진다.

303 "춘추시대 말기 제 경공의 장수이며 대사마를 지냈으므로 사마천은 사마양저라 부른 것이다. 성은 전田이다."(『사기전증』)

304 "군자는 군사가가 '병법을 전수하고 검술을 논술'하는 운용 수준에 근거하여 도덕의 높고 낮음을 측정할 수 있다는 것을 말한다."(『사기전증』)

305 손자孫子는 손무孫武와 손빈孫臏을 아울러 가리키는데, 전자는 춘추시대 말기 오나라의 군사가로 『손자병법』 13편이 있고, 후자는 전국시대 중기 제나라의 군사가로 『손빈병법』이 있다.

306 오원伍員은 이름이 원員이고 자는 자서子胥다.

아났다. 이에 「오자서열전」을 여섯 번째로 지었다.

공자가 전대 문헌의 사상과 뜻을 밝히니 제자들이 그 업을 크게 일으켰다. 제자들은 각자 인의를 숭상하여 모범이 되었다. 이에 「중니제자열전」을 일곱 번째로 지었다.

상앙商鞅이 위衛307를 떠나 진秦으로 가서 법가의 학술을 발휘하고 운용하자 효공孝公은 마침내 패자가 되었고, 후대는 그 법도를 따랐다. 이에 「상군열전」을 여덟 번째로 지었다

천하308가 강대한 진나라의 끝없는 욕심을 두려워하자 소진蘇秦이 살길을 강구하여 합종을 맺어 강한 진나라를 억제했다. 이에 「소진열전」을 아홉 번째로 지었다.

육국이 합종을 맺자 장의張儀는 연횡을 시행하여 다시 제후들을 흩어놓았다. 이에 「장의열전」을 열 번째로 지었다.

진나라가 동방으로 확장하고 제후들을 제압할 수 있었던 것은 저리樗里와 감무甘茂의 계책 때문이었다. 이에 「저리자감무열전」을 열한 번째로 지었다.

황하와 화산華山 일대309를 망라하여 취하고 위魏나라 도성 대량大梁을 포위하여 동방 제후들로 하여금 두 손을 맞잡고 진나라의 신하로 복종시킨 것은 양후穰侯 위염魏冉의 공로였다. 이에 「양후열전」을 열두 번째로 지었다.

남쪽으로 초나라의 언鄢과 영郢을 점령하고, 북쪽으로 조나라 군대를 장평長平에서 격파한 다음 진격하여 한단邯鄲을 포위한 것은 진나라 장수 무안군武安君이 통솔한 것이다.310 마침내 초나라를 격파하고 조나라를 멸망시킨 것은 왕전

---

307 위衛는 춘추시대 제후국 명칭으로 전국시대 때는 이미 위나라 국내의 한낱 작은 봉군封君으로 몰락했다.
308 제齊, 초楚, 연燕, 한韓, 조趙, 위魏 등의 동방 국가들을 가리킨다.
309 지금의 산시陝西성, 산시山西성, 허난성 경계의 황하, 화산華山 부근의 넓은 지역을 가리킨다.
310 무안군武安君은 백기白起의 봉호다. "무안군은 한단을 공격하려 하지 않았기에 두우杜郵(지금의 셴양 동북쪽)에서 검을 하사받고 자살했다. 어찌하여 '무안군이 통솔했다'고 말하는 것인가?"(『사기지

王翦의 계책이었다. 이에 「백기왕전열전」을 열세 번째로 지었다.

유가와 묵가의 저작들을 섭렵하고,311 예禮의 학설 체계를 연구하여 밝히고,312 양혜왕의 이익을 탐하는 마음을 단념시키고,313 자고이래로 국가 흥망성쇠의 교훈을 총괄했기에314 「맹자순경열전」을 열네 번째로 지었다.

맹상군孟嘗君이 빈객을 좋아하자 빈객들이 설薛 땅으로 몰려들어315 제나라를 위해 초와 위魏나라를 막아냈다. 이에 「맹상군열전」을 열다섯 번째로 지었다.

풍정馮亭을 받아들이기를 견지하다 진나라의 공격을 받자 초나라에 구원을 요청해 한단의 포위를 풀었으며, 자신의 군주를 다시 제후로 칭하게 했다. 이에 「평원군우경열전」을 열여섯 번째로 지었다.

부유하고 귀하면서도 가난하고 천한 사람들에게 굽히고, 현명하고 재능이 있으면서도 현명하지 못한 사람에게 굽혔으니316 오직 신릉군信陵君만이 할 수 있

의』) "북쪽으로 장평에서 무찌르고 한단을 포위한 것은 무안군이 장평에서 조나라 군대를 격파하여 진나라가 한단을 포위할 수 있는 조건을 만든 것이지, 백기가 통솔하여 한단을 포위했다는 것은 아니라는 말이다."(『사기전증』)

311 이 구절은 맹가孟軻(맹자)를 가리키는 말이다. "맹가는 일생 동안 유학을 천명하며 선전했고, 다른 이단異端과 사설邪說을 공격하고 반박하는 것을 자신의 소임으로 삼았다."(『사기전증』)

312 이 구절은 순황荀況(순자)을 가리키는 말이다. 원문은 '예의禮義'라고 했는데, "'의義' 자는 연계된 말이다. 순황의 저작에는 『예론禮論』이 있는데, '예'를 강구하는 것이 순황 학설의 중요한 부분이다."(『사기전증』)

313 "양혜왕이 맹가에게 '어떻게 해야 국가를 이롭게 하는가'라고 가르침을 청하자 맹가는 '인의'를 행해야 한다고 말하면서 '이利(이익)'를 생각해서는 안 된다고 했다. '이利'를 생각하면 나라가 혼란스러워진다고 했다."(『사기전증』)

314 이 구절은 순경荀卿(순자)을 가리키는 말이다. 『순자』 가운데에 「왕제王制」 「의병議兵」 「강국強國」 등의 편이 있는데, 모두가 역사 교훈을 총괄한 것이다. 양옥승은 다른 견해를 제시했는데, 앞의 두 구절은 순자를 가리키고 뒤의 두 구절은 맹자를 가리킨다고 했다. 이 또한 참고할 만한 견해다.

315 설읍薛邑은 제나라의 서남부에 위치해 있어 초와 위魏나라가 제나라를 공격하려면 반드시 설읍을 지나야 했으므로 설읍은 제나라의 병풍 같은 역할을 했다. "「맹상군열전」에 맹상군은 위魏나라 상이 되어 위魏, 진秦 등과 결탁하여 연燕을 따라 제齊를 정벌한 일이 있는데, '제나라를 위해 초와 위나라를 막아냈다'는 내용은 어디에 있는가? 말과 본심이 다른 것 같다."(『사기전증』)

316 "진인석이 말하기를 '신릉군이 현명하지 못한 사람에게 굽혔다는 것을 보지 못했는데, 지나치게 진술한 것이다'라고 했다."(『사기전증』) 신릉군信陵君은 위공자魏公子 무기無忌의 봉호다.

는 것이었다. 이에 「위공자열전」을 열일곱 번째로 지었다.

군주를 위해 자신을 돌아보지 않고 초나라 태자를 강한 진나라에서 벗어나게 했으며, 말주변이 좋은 인사들을 불러들여 초나라로 오게 한 것은 황헐黃歇[317]의 의로움 때문이다. 이에 「춘신군열전」을 열여덟 번째로 지었다.

범저范雎는 위魏나라와 제나라에서 당한 치욕을 견뎌내고 강한 진나라에서 위세를 떨쳤다. 현명한 인재인 채택蔡澤에게 자리를 양보했으니, 범저와 채택은 시기를 잃지 않았다. 이에 「범저채택열전」을 열아홉 번째로 지었다.

지략을 실행하여 다섯 나라[318]의 군대를 연합해 약한 연나라로 강한 제나라를 패배시켰으니, 연나라 선군先君의 원수를 갚고 원한을 씻었다.[319] 이에 「악의열전」을 스무 번째로 지었다.

강한 진나라에게 자신의 의지를 행사하고, 염파廉頗에게는 자신의 신분을 낮추었다. 국가의 이익을 위해 개인의 은혜와 원한을 헤아리지 않았으니 두 사람 모두 각국 제후의 칭찬을 들었다. 이에 「염파인상여열전」을 스물한 번째로 지었다.

제나라 민왕湣王이 도성 임치를 잃고 거莒로 달아났지만, 전단田單만은 즉묵卽墨을 지키면서 기겁騎劫을 격파하고 제나라의 사직을 보존했다. 이에 「전단열전」을 스물두 번째로 지었다.

기지와 오묘한 말로 한단의 포위를 풀었고 작위와 녹봉을 가벼이 여기며 자유롭게 뜻대로 사는 것을 즐겼다. 이에 「노중련추양열전」을 스물세 번째로 지었다.[320]

---

317 황헐黃歇은 춘신군의 봉호다.
318 다섯 나라는 조趙, 한韓, 위魏, 진秦, 연燕을 가리킨다.
319 선군先君은 연왕燕王 쾌噲를 가리킨다. 연왕 쾌는 재위했을 때 상相인 자지子之에게 양위하여 국가를 크게 어지럽게 했는데, 제 선왕이 이 기회를 틈타 연나라를 정벌해 연왕 쾌를 죽이고 연나라는 멸망될 뻔했다.
320 "추양鄒陽은 옥중에서 「상양왕서上梁王書」를 지어 억울한 사정을 진술하여 석방되었다. 추양과

문사로 풍자하고 연속된 비유로써 뜻을 표명하니, 이것이 바로 「이소離騷」의 전형적인 특징이다. 이에 「굴원가생열전」을 스물네 번째로 지었다.

자초子楚와 친분을 맺어 많은 제후가 앞 다투어 진나라를 섬기게 만들었다. 이에 「여불위열전」을 스물다섯 번째로 지었다.[321]

조말曹沫은 회맹에서 제 환공齊桓公을 비수로 위협해 노나라가 상실했던 토지를 일거에 되찾았고, 제 환공은 그 약속을 분명히 했다. 예양豫讓은 지백智伯을 위해 조양자趙襄子를 찌르고 두마음을 품지 않았다. 이에 「자객열전」을 스물여섯 번째로 지었다.[322]

자신의 책략을 시행하여 시기를 잃지 않고 진 시황을 보좌하여 천하를 통일시키는 뜻을 이루게 했으니 공로로 말하자면 의심의 여지없이 이사李斯가 으뜸이다. 이에 「이사열전」을 스물일곱 번째로 지었다.

진나라를 위해 강토를 넓히고 인구를 증가시켰으며 북쪽으로 흉노를 축출하고 황하를 따라 장성을 수축했다. 산의 형세에 따라 방어 요새를 건설하고 유중楡中[323]에 군현을 설치했다. 이에 「몽염열전」을 스물여덟 번째로 지었다.

조나라를 안정시키고 상산常山에 주둔하여 지키며 나아가 하내河內까지 확장했다. 항우의 세력을 약화시키고 천하에 한왕의 신의를 드날렸다. 이에 「장이진여열전」을 스물아홉 번째로 지었다.

위표魏豹는 서하西河와 상당上黨의 군대를 인솔하여 한왕을 수행하여 동쪽으로 팽성彭城에까지 이르렀다. 팽월彭越은 양梁 땅에서 유격전을 벌여 항우의 후

노중련魯仲連은 시대 차이가 현저하며 사건 또한 다른 종류인데 사마천은 특별히 옥중에서 글을 올린 문사를 좋아하여 부전附傳으로 채택한 것이다."(『사기전증』)

321 "「여불위열전」에서는 진나라 발전에 어떤 적극적인 공헌이 있었는지 밝히지 않았는데 여기서 한 구절로 말한다."(『사기전증』)

322 「자객열전」에서는 조말曹沫, 전제專諸, 예양豫讓, 섭정聶政, 형가荊軻 다섯 사람을 서술하고 있다.

323 유중楡中: 대략 지금의 산시陝西성과 네이멍구 근처의 선무神木·둥성東勝 일대로, 이 지방은 과거에 흉노가 점유하고 있었다.

방을 괴롭혔다. 이에 「위표팽월열전」을 서른 번째로 지었다.

회남淮南에서 초나라를 배반하고 한나라에 귀의했다. 또 대사마大司馬 주은周殷을 책동해 배반하게 만들고 마침내 해하垓下에서 항우를 대파했다. 이에 「경포열전」을 서른한 번째로 지었다.

초나라가 경京과 삭索을 공격할 때 한신韓信은 북쪽으로 위魏나라와 조나라를 멸하고 연나라와 제나라를 평정하여 한왕이 천하의 3분의 2를 차지하게 했고, 항적을 멸했다. 이에 「회음후열전」을 서른두 번째로 지었다.

초와 한이 공鞏과 낙洛에서 대치하고 있을 때 한왕韓王 신信은 영천潁川을 점거했고, 노관盧綰은 항우 후방의 군량 수송로를 끊었다. 이에 「한신노관열전」324을 서른세 번째로 지었다.

제후들이 모두 항우를 배반했고 제왕齊王 전영田榮은 성양城陽에서 항우를 견제했다. 한왕이 그 틈에 팽성을 공격해 진입할 수 있었다. 이에 「전담열전」325을 서른네 번째로 지었다.

성을 공략하고 들판에서 싸워 공을 세우는 데 번쾌樊噲와 역상酈商이 능력을 발휘했다. 하후영夏侯嬰은 한왕을 위해 수레를 몰았을 뿐만 아니라 여러 차례 곤경에 처했을 때 한왕과 함께 벗어났다. 이에 「번역열전」326을 서른다섯 번째로 지었다.

한나라가 안정되기 시작했지만 국가의 전장제도가 가지런하지 못했다. 장창張蒼이 재정을 주관하여 도량형을 통일시켰을 뿐만 아니라 역법과 음률을 수정했다. 이에 「장승상열전」327을 서른여섯 번째로 지었다.

---

324 "이 열전의 제목을 '한신韓信 노관盧綰'이라 했는데, 사실은 진희陳豨를 서술하고 있다. 진희는 한왕 신에게서 도망쳐 흉노로 들어간 뒤 유방에 의해 대代의 상相으로 임명되고 대와 조趙의 변경 군대를 이끌었다. 뒤에 유방의 의심을 받아 군대를 일으켜 한나라를 배반했다가 평정되었다."(『사기전증』)
325 제목을 '전담田儋'이라고 했지만 사실은 전담, 전영, 전횡 세 형제의 활동을 서술하고 있다.
326 「번역열전」은 번쾌, 역상, 하후영, 관영灌嬰 4명에 대해 서술했다. "'번역' 다음에 '등관滕灌' 두 글자가 빠져 있다."(『사기지의』)

사신으로 나가 제후들을 설득하고 소통하여 제후들로 하여금 한나라와 친선을 맺고 귀순하여 한나라의 울타리가 되도록 했다. 이에 「역생육가열전」[328]을 서른일곱 번째로 지었다.

진과 초가 다투는 상세한 정황[329]을 명백하게 하고자 한다면 항상 곁에서 고조를 모시면서 제후들을 평정한 주설周緤이 있다.[330] 이에 「부근괴성열전」[331]을 서른여덟 번째로 지었다.

유경劉敬은 각지의 호족 세력을 도성 근처로 이주시키고 관중에 도읍을 정하고[332] 흉노와 화친을 맺도록 고조에게 권했다. 숙손통叔孫通은 조정을 위해 예의와 종묘 제례의 장정을 제정했다. 이에 「유경숙손통열전」을 서른아홉 번째로 지었다.

계포季布는 강한 성격을 억누르고 유순하게 만들어 마침내 한나라의 대신이 되었다. 난포欒布는 강권에 굴복하지 않고 죽은 옛 주인인 팽월을 배신하지 않았다. 이에 「계포난포열전」을 마흔 번째로 지었다.

원앙袁盎은 황제가 화내는 것을 두려워하지 않고 황제의 언행이 도의에 부합되도록 했으며,[333] 조조鼂錯는 자신의 안위를 돌아보지 않고 국가를 위해 장구하게 안전한 계책을 제출했다. 이에 「원앙조조열전」을 마흔한 번째로 지었다.

---

327 "이 열전에는 장창, 주창周昌, 임오任敖, 신도가 4명에 대해 서술하고, 그밖에 상相이 된 몇 명을 언급했으니 '한나라 흥기 이래의 승상전丞相傳'이라고 말할 수 있다."(『사기전증』)

328 "이 열전의 제목은 '역생육가열전'이지만 실제로는 평원군平原君 주건朱建을 서술했는데, 그의 사적은 비루하여 역생에게는 부족하다."(『사기전증』)

329 정확히 말하자면 유방이 진나라를 거쳐 초나라를 격파하는 과정을 말한다.

330 "문장이 순조롭지 못하니 빠지고 잘못된 부분이 있는 것 같다."(『사기전증』)

331 부관傅寬, 주설周緤, 근흡靳歙은 모두 유방의 개국을 도운 장수로, 부관은 양릉후陽陵侯에 봉해졌고, 근흡은 신무후信武侯에 봉해졌으며, 주설은 괴성후蒯成侯에 봉해졌다.

332 유방은 황제로 칭한 뒤에 낙양에 도읍을 건설했으나 뒤에 장안으로 옮겨가기 시작했다.

333 원문은 '이달주의以達主義'이다. "구절이 어색하다. 어떤 사람은 '군주의 행위를 도의에 부합되게 했다'로 해석하고, 혹은 '자신을 정의의 사상에 합치되게 하여 황제에게 표현했다'로 해석하기도 한다."(『사기전증』)역자는 전자를 채택했음을 밝힌다.

법에 따라 안건을 판결하여 대리大理334의 직분을 잃지 않았다. 사람을 임용하는 옛 현인의 도를 강술하고 황제를 더욱 영명하게 했다. 이에 「장석지풍당열전」을 마흔두 번째로 지었다.

돈후하고 인자하며 효성스러웠다. 말은 느리지만 행동은 민첩했다.335 어디서든 조심하며 예절을 준수하니 군자이며 장자로다.336 이에 「만석장숙열전」337을 마흔세 번째로 지었다.

절개가 있고 진리를 견지했으며 청렴결백하고 또 인의가 있었다. 행위는 고상하여 현자를 격려했고, 권력을 잡았으나 공평한 태도로 행동했으며, 무례한 수단으로는 그를 굴복시킬 수 없었다. 이에 「전숙열전」을 마흔네 번째로 지었다.

편작扁鵲은 의술로 병을 치료했는데, 의학 분야의 조상이다. 그의 의술은 정밀하고 고명하여 후세에도 그 전통을 계승하여 바꿀 수 없었다. 그 뒤에 나타난 창공倉公이 그에 가깝다 할 수 있다. 이에 「편작창공열전」을 마흔다섯 번째로 지었다.

유중劉仲은 작위가 강등되었으나 아들 유비劉濞가 오나라 왕이 되었다. 한나라 초기에 장강과 회수 일대를 안정시켰다. 이에 「오왕비열전」을 마흔여섯 번째로 지었다.

오와 초가 반란을 일으켰을 때 종실과 외척들 가운데 오직 두영竇嬰이 현능한 선비를 좋아했으며 선비들도 그를 따르며 칭송했다. 그는 군사를 이끌고 형양滎陽에 주둔하면서 동방의 난을 일으킨 칠국에 대항했다. 이에 「위기무안열

---

334 대리大理: 고대 최고 사법관으로 한나라 때의 정위廷尉와 같다.
335 원문은 '訥於言, 敏於行'이다. 원전은 '君子欲訥於言而敏於行(군자는 마땅히 말에는 어눌해야 하고 행동에는 민첩해야 한다)'(『논어』 「이인里仁」)
336 이 구절은 5명의 만석군萬石君 부자를 가리킨다. 이들의 관직은 모두 2000석에 이르렀으므로 사람들이 석분石奮을 만석군이라 불렀다.
337 이 편의 제목은 '만석장숙萬石張叔'이지만 실제로는 위관衛綰, 직불의直不疑, 주문周文을 서술했다. "이 편의 전후 여러 사람은 태사공이 비록 '근량謹良(신중하고 선량함)'으로 삼았지만 실제 그들의 사적은 모두 '영행佞幸(미색과 아첨으로 총애를 얻음)'에 가깝다."(『사기전증』)

전」을 마흔일곱 번째로 지었다.

지혜는 최근의 변화에 대응하기에 충분했고, 관대함은 사람들의 호감을 얻기에 충분했다. 이에 「한장유열전」을 마흔여덟 번째로 지었다.

용맹은 적을 이기기에 충분했으며 인의로 사병들을 애호했다. 호령이 번거롭지 않아 사졸들이 충심으로 따르고 칭송했다. 이에 「이장군열전」을 마흔아홉 번째로 지었다.

삼대三代부터 지금까지 흉노는 항상 중원 지역의 근심과 재난이었다.[338] 흉노의 강하고 약한 때를 알고 한나라가 흉노 문제를 어떻게 해결해야 하는지를 위해 「흉노열전」을 쉰 번째로 지었다.

위장군衛將軍은 변경 요새를 직통으로 잇고 황하 이남의 넓은 땅을 개척했다. 곽거병霍去病은 기련산祁連山에서 흉노를 대파하고 서역길을 통하게 하여 북방의 적들이 떨치지 못하게 되었다. 이에 「위장군표기열전」을 쉰한 번째로 지었다.

대신과 종실들이 서로 사치를 다툴 때 승상 공손홍公孫弘은 먹고 입는 것을 절약하여 백관의 모범이 되었다.[339] 이에 「평진후열전」[340]을 쉰두 번째로 지었다.

한나라가 중원 지역을 평정하자 조타趙佗는 양월楊越[341]을 위로하여 한나라 남방의 울타리가 되게 하고 한나라 조정에 공물을 바치는 것을 끊이지 않게 했다. 이에 「남월열전」을 쉰세 번째로 지었다.

오나라가 난을 일으켰을 때 동구東甌 사람들이 오왕 유비劉濞를 죽이고 봉산封山과 우산禺山을 지키면서 한나라에 신하라 칭했다.[342] 이에 「동월열전」을 쉰

---

338 "사마천은 요순 시대의 산융山戎과 험윤玁狁, 주나라 때의 융戎과 적翟을 모두 흉노의 선조로 여겼으므로 '흉노는 항상 중원 지역의 근심과 재난이었다'고 말한 것이다."(『사기전증』)

339 "공손홍은 사람됨이 아첨에 능해 사마천이 가장 싫어하는 공경 가운데 한 사람이다. 여기서는 그의 절약을 장려한 것일 뿐 칭찬할 뜻은 아니다."(『사기전증』)

340 "『색은』 본에는 '평진후주보平津侯主父' 열전이라 했고, 「사마천전」 또한 평진 주보平津主父'라 고 하여 '후侯'자만 빠졌을 뿐인데, 여기서는 '주보' 두 글자가 빠져 있다."(『사기지의』)

341 양월楊越은 양월揚越이라고도 적는다. 고대의 양주揚州 경내의 월족越族 거주 지역을 말한다.

342 "동구東甌가 월나라의 공격을 받자 봉산封山과 우산禺山을 보호했다는 말이다."(『색은』) "무제

네 번째로 지었다.

연나라 태자 단丹의 빈객과 부속들이 요동 일대로 흩어지자 위만衛滿은 망명자들을 거두어 바다 동쪽에서 건국하고, 진번眞番 등을 위로하면서 자신의 경계를 지키며 한나라의 외신外臣이 되었다. 이에 「조선열전」을 쉰다섯 번째로 지었다.

당몽唐蒙이 사신으로 나가 야랑夜郎과 통하게 하자 공邛과 작筰의 군주가 내신內臣이 되고자 했고 조정에서 관리를 파견해주기를 요청했다. 이에 「서남이열전」343을 쉰여섯 번째로 지었다.

「자허부子虛賦」와 「대인부大人賦」 같은 작품은 대부분 화려하고 과장된 데가 많지만 그 요지는 황제에 대한 간언으로, 다시는 사냥하면서 선인을 구하느라 자신을 상하게 하고 백성을 수고롭게 하지 말라는 권고다. 이에 「사마상여열전」을 쉰일곱 번째로 지었다.

경포黥布가 반란을 일으키고 죽자 유장劉長이 화남에 봉해져 장강과 회수 남쪽 일대를 지키면서 사납고 용맹한 초 땅 백성을 위로했다. 이에 「회남형산344열전」을 쉰여덟 번째로 지었다.

법도를 받들고 이치를 따르는 관리는 자신의 공로와 능력을 과시하지 않는다. 백성이 그를 칭찬하지 않는다 해도 절대 잘못을 저지르지 않는다. 이에 「순리열전」을 쉰아홉 번째로 지었다.

의관을 단정히 하고 조정에 서면 군신들이 감히 터무니없는 말을 꺼내지 못

때 민월閩越이 동구를 공격하자 동구 사람들이 봉산과 우산에 의지해 한나라를 위해 영토를 지켰음을 가리킨다. 이 사건은 「동월열전」에 보이지 않는데, 『색은』에서는 무엇에 근거한 것인지 모르겠다.'(『사기전증』)

343 당시 중원에서는 지금의 윈난성과 쓰촨성 서부의 소수민족을 '서이西夷'라고 불렀고, 지금의 구이저우성 일대의 소수민족을 '남이南夷'라고 불렀다.

344 회남淮南 형산衡山은 한나라 초기에 제후국이었다. 유장이 유방에 의해 회남왕에 봉해졌으나 문제 때 모반으로 유배되어 가는 길에 죽었다. 뒤에 문제가 다시 유장의 아들 유안劉安을 회남왕, 유사劉賜를 형산왕에 봉했다. 그러나 무제 때 그들 모두 모반으로 죽임을 당했다.

했는데, 급암汲黯이 바로 이러한 정직과 엄숙함으로 명성을 날렸다. 정당시鄭當時는 현능한 자를 천거하기를 좋아하여 '장자張子'라 불렸는데, 지조 있는 훌륭한 관원이었다.345 이에 「급정열전」을 예순 번째로 지었다.

공자가 사망한 이래로 통치자들은 오랫동안 학교 교육346을 중시하지 않았다. 단지 건원, 원수 연간 사이에 위아래로 주고받는 문서의 문체가 아름다워졌다. 이에 「유림열전」을 예순한 번째로 지었다.

사람들이 순박한 본성을 저버리고 매우 간교하게 변했으며 관리들은 사사로운 인정에 얽매여 불법을 저질러 선한 사람도 교화되지 않으니 오직 단호하게 엄격한 제재로 다스리려 했다. 이에 「혹리열전」347을 예순두 번째로 지었다.

장건張騫이 대하大夏를 소통하게 한 후로 서방의 나라들이 모두 목을 길게 빼고 한나라를 바라보게 되었다. 이에 「대원열전」348을 예순세 번째로 지었다.

곤경에 빠진 사람을 구하고 곤궁한 사람을 구제하는 것이 어진 사람이 취하는 바다. 신용을 잃지 않고 자신의 약속을 저버리지 않는 것이 의로운 사람이 취하는 바다. 이에 「유협열전」을 예순네 번째로 지었다.

군주를 모시면서 군주의 눈과 귀를 기쁘게 하고 유쾌하게 만들어 친애와 총애를 얻어냈는데, 용모의 아름다움만으로 총애를 얻은 것이 아니라 각각의 장점이 있었기 때문이다. 이에 「영행349열전」을 예순다섯 번째로 지었다.

세속에 휩쓸리지 않고 권세와 이익을 다투지 않으며 위아래와 마찰을 일으

---

345 정당시鄭當時의 자는 장莊이다. 원문은 '장유개壯有漑'인데 '장壯'은 마땅히 '장莊'으로 기재해야 하고, '개漑'는 '개槪'와 같다.
346 원문은 '상서庠序'인데, 학교를 가리킨다. 은殷나라 시기에는 학교를 '상序'이라 했고, 주周나라 때는 '서序'라 했다. 여기서는 경사의 태학太學을 가리킨다.
347 「혹리열전」에는 한나라 때 '혹리' 10명을 기재했는데, 그 가운데 9명이 무제 때 사람이다.
348 편명은 「대원열전」이지만 실제로는 장건이 서역으로 가는 길을 개통한 과정과 서역 여러 나라의 개황, 이광리李廣利의 대원 정벌 과정을 기재하고 있다.
349 영행佞幸은 원래 감언이설로 총애를 얻음을 의미하는데, 이 열전에서는 모두 황제의 남총男寵을 서술한 것이다.

키지 않았다. 대도에 의거하여 삼가니 어느 누구도 해를 끼치지 않았다. 이에 「골계열전」을 예순여섯 번째로 지었다.

제, 초, 진, 조 각지의 길흉을 점치는 자들은 각자 자신의 풍속과 점치는 방식이 있는데, 그들의 주요 원칙을 두루 살펴보기 위해 「일자열전」을 예순일곱 번째로 지었다.

거북껍데기를 이용해 점치는 방법은 삼대가 각기 달랐으며, 사방 소수민족들도 점치는 방법이 서로 달랐지만 모두가 길흉을 결정했다. 대체적인 요지를 살펴보기 위해 「귀책열전」을 예순여덟 번째로 지었다.

한낱 평민으로 법률을 어기지 않고 백성에게도 피해를 입히지 않으면서 시세를 예측하여 물건을 사고팔아 재산을 증식시킨 사람들이 있는데, 과거의 지혜로운 자도 이러한 활동에 종사한 바가 있다. 이에 「화식열전」을 예순아홉 번째로 지었다.

우리 한나라는 위로는 오제五帝의 후대를 계승하고350 중단된 삼대三代의 업을 이어받았다.351 주 왕조의 도는 쇠락하게 되었고, 진나라는 고문古文352을 폐지하고 『시』와 『서』 고대 전적을 불태웠다. 이 때문에 명당明堂, 석실石室과 금궤金匱 속 옥판玉板353의 중요한 전적이 산실되고 거의 없어지게 되었다. 한나라가 건국한 이래 소하蕭何가 법률 조문을 수정 정리하고,354 한신韓信이 병법을 명백

---

350 원문은 '繼五帝末流'이다. "사마천은 계통에 따른 배열에 근거하여 하·상·주는 황제黃帝의 후대이므로 여기서 말하는 '말류末流'는 주나라의 말대다."(『사기전증』)
351 "전한 초기에 공식 여론은 '진秦'을 왕조로 여기지 않았기에 한나라가 주나라를 계승했다는 입장인데, 사마천은 이러한 관점에 찬성하지 않았으므로 진 시황을 「본기」에 편입시켰다. 아울러 「육국연표」에서 이러한 방법을 '이식耳食(귀를 사용해 밥을 먹는 것으로, 시비를 구분하고 성찰하지 못하는 것을 비유한 표현)'이라고 비판했다. 그러나 여기서는 또 세속의 견해를 사용하고 있다."(『사기전증』)
352 고문古文은 한나라 때 통행하던 예서隸書인 금문今文의 상대적인 말로, 통상적으로 선진先秦 시기 동방 육국에서 사용하던 문자를 가리킨다.
353 "여순이 말하기를 '옥판玉板에다 문자를 새긴 것이다'라고 했다."(『집해』)
354 "한나라가 흥기하여 고조가 관중으로 들어갔을 때 법 삼장三章을 약속했는데, '살인자는 사형

하게 논술했으며,[355] 장창張蒼은 율력 분야의 장정을 초안하고,[356] 숙손통叔孫通이 의례를 제정하니, 이때부터 문화가 빛나기 시작했고 민간에 흩어졌던 『시』와 『서』가 점차 다시 나타나게 되었다. 조참曹參은 갑공蓋公[357]을 추천하여 황로黃老 학설을 제창하고,[358] 가의賈誼와 조조鼂錯는 신불해申不害와 상앙商鞅의 학설을 널리 알렸으며,[359] 공손홍公孫弘은 유가 학설을 받들어 이름을 날렸다. 이때 한 나라는 건국한 지 100여 년[360]으로 천하의 각종 고문서가 모두 태사공太史公[361]에게 수집되었다. 부자父子 2대가 태사령太史令[362]의 직무를 맡았다. 일찍이 말씀하셨다.

"오호라! 우리의 선조는 당요, 우순 시대에 사관을 담당했고 명성이 있었다.

에 처하고, 사람을 다치게 하거나 도적질을 한 자는 죄의 경중에 따라 상응하는 처벌을 한다'고 했다. 진나라의 번잡하고 가혹한 정령과 형법을 폐지하고 경감하자 백성이 크게 기뻐했다. 이후 사방의 소수민족이 귀순하지 않고 전쟁이 그치지 않자 삼장의 법으로는 간악함을 방지하기에 부족했다. 그리하여 상국 소하가 진나라 법률을 채용하여 그 가운데 당시 수요에 적합한 것들을 선택하여 구장九章의 법률을 제정했다."(『한서』 「형법지」) 구장九章은 전국시대 때 위魏나라 이회李悝가 지은 『법경法經』 6편(「도법盜法」 「적법賊法」 「수법囚法」 「포법捕法」 「잡법雜法」 「구법具法」)에 기초하고 있다. 이후 상앙商鞅이 진나라에서 법률을 개정했고, 전한 초기에 소하가 '육율六律'을 채취하고 「호율戶律」 「흥율興律」 「구율廐律」 3편을 더했는데, 이것이 『구장율九章律』이다.

355 『한서』 「예문지」에 병가兵家 권모權謀 종류에 『한신韓信』 3편이 기재되어 있다. "한나라가 흥기하고 장량, 한신이 병법을 순서에 따라 배열했는데, 모두 182가家였다."(「예문지」)

356 "율관律管으로 음계를 바로잡고 음률과 성조에 사용하도록 하고, 아울러 이를 기초로 관련 법령과 제도를 제정했다. 또한 모든 장인이 사용하는 도량형 단위를 확정하고 천하가 모두 이를 표준으로 삼도록 했다."(「장승상열전」) 여기서 말하는 장정章程은 역법, 음률과 도량형 등 방면의 제도를 말한다.

357 '蓋'의 음을 『색은』과 안사고 모두 '갑'이라 했다.

358 조참曹參은 유방의 개국공신으로 제나라 승상이 되었을 때 황로학파의 학자인 갑공蓋公을 존경하여 스승으로 삼았다. 뒤에 입조하여 소하를 계승해 상국이 되자 전국에 황로 학설을 시행했다.

359 사마천이 '가의는 신불해와 상앙의 학설을 널리 알렸다'고 말했는데, 조조와 함께 언급하는 것은 적당하지 않다."(『사기의』) 『한서』 「예문지」에 따르면 법가에 『조조』 31편이 기재되어 있어 법가에 속한다. 그러나 가의는 조조를 유가에 나열하면서 "제자백가에 정통한 자"라고 했다. 또한 『사기』에서는 '신불해와 상앙'이라고 기재하고 있지만, 『한서』에서는 '신불해와 한비자'로 기재하고 있다.

360 한나라가 건국한 때(기원전 206)로부터 사마천이 태사령이 된 때(기원전 108)까지는 98년이다.

361 "풍본, 삼본에는 '공公'자가 없다. '공'자가 없는 것이 더 좋다."(『사기회주고증』) 또한 『한서』에서는 '태사공' 세 글자가 없다. '공'자를 삭제할 경우에는 "태사太史 부중府中으로 수집되었다"가 된다.

362 원문은 '태사공太史公'으로 기재되어 있으나 역자는 '태사령'으로 번역했다.

뒤에 주나라 왕조에서도 사관을 담당했다. 우리 사마씨司馬氏 가족은 대대로 천관天官을 주관했다.363 이 직무가 우리에게 이르게 되었으니, 공경하며 기억해야 한다! 공경하며 기억해야 한다!"

그리하여 힘을 다해 천하의 산실된 일체의 역사 문헌을 수집하여 역대 제왕들의 사업이 어떻게 흥성했는지 고찰하고 한 왕조가 어떻게 개국하고 멸망했는지를 탐색하며 흥성하는 가운데 잠복해 있는 앞날의 쇠퇴를 예견했는데, 모든 결론은 역사 과정의 실제적인 고찰을 통하여 얻은 것이다. 이 책은 하·상·주 삼대 및 그 이전 시대에 대한 기술은 비교적 간략하고, 진·한 이래의 역사 서술은 비교적 상세하다. 위로는 황제黃帝 헌원軒轅으로부터 시작해 아래로는 지금364에 이르고 있다. 12편의 「본기」는 각 시기에 해당하는 대강의 큰일을 기재했다. 수많은 일이 있었던 시간의 선후가 분명하지 않기 때문에 10편의 「표」를 배열시켰다. 역대 예악 제도의 개정과 변경,365 율력律曆 사용의 발전 변화,366 각종 군사 전술과 모략,367 산천의 형세,368 귀신 제사,369 하늘과 사람의 관계,370 각종 사물의 변화 발전을 탐구하고자371 8편의 「서」를 지었다. 28수宿의 별자리가 북극성을 돌고 30개의 바큇살이 하나의 수레 바퀴통에 모여 끊임없이 회전하듯이 천자를 보좌하는 대신들도 모두 이처럼 충성스럽고 신의를 지키며 조정을 호위했

---

363 "여기서의 천관天官은 천체 현상과 천문 역법의 일을 아는 것을 말한다. 게다가 사마천은 실제로 '여黎'의 후손인데 여씨黎氏의 후손 또한 '중려重黎'라 총칭한다. '중重'은 본래 하늘을 주관했으므로 태사공이 천관을 대신 관장했는데, 아마도 천관이 태사太史의 직무를 통괄한 것 같다."(『색은』)
364 무제 태초 연간을 말한다.
365 「예서禮書」와 「악서樂書」를 말한다.
366 「역서曆書」를 말한다.
367 「율서律書」를 말한다.
368 「하거서河渠書」를 말한다. "사기에 하거河渠는 있는데, 지리地理는 없다. 「하거서」로 어찌 산천을 모두 충족시킬 수 있겠는가?"(『사기지의』)
369 천지와 귀신에 제사지내는 일을 강술한 「봉선서」를 가리킨다.
370 천문을 강술한 「천관서天官書」를 가리키는 것으로, 한나라 사람들은 '천인감응天人感應'을 믿었으므로 천문에 관한 학문을 '하늘과 사람의 관계'를 연구하는 것으로 삼았다.
371 「평준서平準書」를 말한다.

기 때문에 30편의 「세가」를 지었다. 정의를 좇아 행동하고 작은 일에 얽매이지 않으면서 시기를 잃지 않고 천하에 공을 세워 이름을 알린 사람들을 위해 70편의 「열전」을 지었다. 전체가 130편에 52만6500자로 『태사공서太史公書』라고 이름 지었다.[372] 자서를 지으면서 저술의 요지를 개략적으로 밝히고 흩어진 문서를 수집하여 부족한 『육예』를 보충하고 일가一家의 말을 이루었다. 『육경』의 각종 같지 않은 해석을 절충하고 아울러 제자백가 가운데 다른 학설을 채취하여 정본正本은 명산에 감추어두고 부본副本을 경사에 남겨두어 후대의 성인군자들이 참고하고 비평하며 판단하게 했다. 이에 열전의 일흔 번째 편인 「태사공자서」를 지었다.

태사공은 말한다.

"내가 기술한 역사 과정은 위로는 황제黃帝부터 아래로는 지금의 황제 태초 연간에 이르기까지 모두 130편이다."

---

372 "『한서』 「오행지五行志」에 '史記秦二世元年, 無无雲而雷(사서는 진2세 원년에 하늘에는 구름이 없고 천둥이 쳤다고 기재하고 있다)'고 했고, 또, '史記夏后氏之衰, 有二龍止於夏廷(사서는 하후씨의 쇠망을 기재하면서 당시에 두 마리 용이 하나라 조정에 머물렀다고 했다)'고 했다. '사기史記' 두 글자는 아마도 책 이름이 아닐 것이다. 『후한서』 「반표전班彪傳」에 '사마천이 『사기』를 지었다'고 한 말은 범엽范曄의 말로, 반드시 한나라 때 사람의 말이 아니다. 『사기』가 사마천이 지은 저작의 고유명사가 된 것은 후한 후기부터였다."(『사기전증』)

보임안서

報任安書

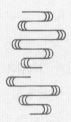

당신의 노복 같은¹ 태사령² 사마천이 공경하며 답장을 드립니다.

소경少卿³ 족하足下

이전에 그대가 내게 보낸 편지를 받았는데 사람과 교제하는 데 신중해야 하고 현사를 추천하는 것을 자신의 주요 임무로 삼으라고 내게 가르쳐주셨소. 그대의 언사가 매우 간절했는데, 마치 내가⁴ 그대의 말을 따르지 않고 세속의 떠도는 말만 듣는다고 원망하는 것 같으나, 나는 그렇지 않소. 내가 비록 우둔하고 재능이 낮지만 덕망이 높은 사람의 가르침을 옆에서 들은 적이 있소. 내 이미 궁형을 받아 이처럼 비천한 지위에 처해 있는데다, 움직이기만 하면 책망이 있으니 좋은 일을 하려 생각해도 도리어 나쁜 일이 될 따름이오. 이 때문에 묵묵히 고통을 참아내면서 어떤 사람과도 말하지 않는 것이오. 속담에서 말하기를 "무엇을 할 수 있겠는가! 또, 무슨 말을 할 수 있겠는가!"라고 했소. 종자기鍾子期가 죽자 백아伯牙는 평생 다시는 거문고를 타지 않았소.⁵ 무엇 때문이겠소? 이것이 바로 선비는 자기를 알아주는 사람을 위해 힘을 다하고 여자는 자기를

---

1 원문은 '우마주牛馬走'이다. 상대에 대한 겸손한 자칭으로 '말을 부리며 앞에서 뛰어가는 당신의 노복'이라는 의미다.
2 원문은 '태사공太史公'인데, 사마천 자신의 관직에 대한 자칭이다. 역자는 '태사령太史令'으로 번역했다.
3 소경少卿은 임안任安의 자다.
4 원문은 '복僕'인데, 자신에 대한 옛사람들의 겸칭이다.
5 『여씨춘추呂氏春秋』「본미本味」에 따르면 종자기鍾子期와 백아伯牙는 춘추시대 초나라 사람으로 백아는 거문고를 잘 탔고 종자기는 음을 알아 두 사람은 절친한 친구가 되었다. 종자기가 죽자 백아는 거문고를 부수고 다시는 타지 않았다.

사랑하는 사람을 위해 치장하는 것이오. 나 같이 이미 신체가 갖춰지지 않은 사람은 설사 수후주隨侯珠[6]와 화씨벽和氏璧[7] 같은 뛰어난 재능이 있고, 허유許由[8]와 백이伯夷 같은 품행이 있을지라도 어떠한 영광도 없을 것이고 도리어 사람들의 웃음거리만 되고 모욕만 더해질 따름이오.

그대의 서신에 일찍 회답했어야 했는데 마침 황상을 수행하여 동쪽으로 순수했다가 경사로 돌아왔고,[9] 또 잡다한 사무를 처리하느라 바빴으며 그대와 만날 수 있는 기회가 적은데다 온종일 분주하여 잠시의 한가한 시간도 없어 나의 뜻을 그대에게 표현하지 못했소. 지금 그대가 큰 화를 당한 지 한 달이 지났고 형을 집행하는 섣달이 다가오고 있소.[10] 나는 다시 또 황상을 수행하여 옹雍[11]

6 수후주隨侯珠: 수隨는 춘추시대 때 소국 명칭으로 지금의 후베이성 쑤이저우隨州 경내에 있었다. 수후隨侯가 상처를 입은 큰 뱀을 살려주자 이 뱀이 강 속에서 큰 진주를 물고 와서 보답했다고 전해해진다. 후세 사람이 이것을 수후주라고 불렀다.

7 화和는 초나라 사람 변화卞和를 말한다. 『한비자』 「화씨和氏」에 다음과 같은 내용이 있다. "초나라 사람 화씨和氏가 옥돌을 초산楚山에서 손에 넣어 여왕厲王에게 바쳤다. 여왕은 옥을 다듬는 장인에게 감정하도록 했다. 옥을 다듬는 장인이 말했다. '이것은 돌입니다.' 여왕은 화씨가 자신을 속였다고 여기고는 그의 왼쪽 발을 절단했다. 여왕이 죽고 무왕武王이 즉위하자 화씨는 다시 그 옥돌을 무왕에게 바쳤다. 무왕은 옥을 다듬는 장인에게 그것을 감정하게 했는데, 그 장인은 또 '돌입니다'라고 했다. 무왕 또한 화씨가 자신을 속이려 한다고 여기고는 그의 오른쪽 발을 절단시켰다. 무왕이 죽고 문왕文王이 즉위하자 화씨는 그 옥돌을 끌어안고 초산 아래에서 사흘 밤낮을 울었다. (…) 문왕은 옥을 다듬는 장인에게 그 옥돌을 다듬게 했고 아름다운 보배를 얻었다."

8 『장자莊子』 「양왕讓王」에 따르면 "요堯임금이 천하를 허유에게 물려주려 했지만 허유는 받지 않았다"고 했다. 진晉나라 사람 황보밀皇甫謐은 『고사전高士傳』에서 이 일을 부연하여 설명했는데, 요임금이 천하를 허유에게 양도하려 하자 허유는 영수潁水 북쪽, 기산箕山 아래로 도망쳤다. 요임금이 다시 불러 구주의 장관으로 삼으려 하자 허유는 치욕으로 여기고 결국은 영수가로 달려가 귀를 씻었다고 한다.

9 여기서의 황상은 '무제武帝'를 가리킨다. 『사기전증』에 따르면 "왕궈웨이王國維는 사마천의 「보임안서報任安書」가 태시太始 4년(기원전 93)에 지어졌다고 여겼다"고 했다.

10 한나라는 유교 존중을 강구했고 유가에서 봄은 만물이 생장하는 계절이라 사형범의 처결은 모두 가을 이후에 시행되어 연말에 일단락되었다. 봄이 오면 잠시 중지했다가 가을이 오기를 기다렸다가 다시 처결했다. 「혹리酷吏열전」에 따르면 "형벌을 중지하는 봄이 되었기에 왕온서王溫舒는 발을 동동 구르며 탄식하기를 '아, 겨울을 한 달만 더 연장한다면 나의 일을 완수할 수 있을 텐데!'라고 했다."

11 옹雍은 한나라 현 명칭으로 지금의 산시陝西성 평샹鳳翔 남쪽이었다. 한나라 때 황제는 항상 이곳에 가서 상제上帝에게 제사를 지냈다. 『한서』에서는 '상옹上雍'으로 표기하고 있는데, '옹현雍縣'의 지세가 비교적 높았으므로 '상上'이라 했고, 또한 '상上'을 '도到'로 해석하여 '옹현으로 가다'로 해석할

땅으로 갈 날이 임박했기에 준비를 해야 하는데 그대에게 갑자기 어떤 일이 발생될까 걱정하고 있소.[12] 그렇게 되면 나는 평생 그대에게[13] 내 마음속의 분함을 토로하지 못할 것이고 그대 또한 나의 답장을 받지 못하게 되어 지하에서 그대의 혼백도 영원히 나를 원망하게 될 것이오. 청컨대 내 지금 서둘러 틈을 내어 나의 변변치 못한 견해를 그대에게 말하겠소. 오래도록 답장하지 못한 것을 용서해주시오.

내가 항상 듣기로는, 자신을 수양할 수 있는 것은 지혜의 증명이고, 널리 사랑하고 베풀 수 있는 것은 인仁의 시작이며, 무엇을 받아야 할지 받지 말아야 할지를 적절히 할 수 있는 것은 의義의 표현이며, 치욕을 당하고 부끄러워할 수 있는 것은 용기를 내는 결단이고, 후세에 이름을 날릴 수 있는 것은 품행의 극치라고 했소. 선비는 이 다섯 가지 조건을 구비한 다음에야 비로소 세상에 설 수 있고 군자의 대열에 진입할 수 있소. 이 때문에 선비에게 가장 침통한 화는 남을 위해 좋은 일을 하려다 도리어 징벌을 받는 것보다 큰 것이 없고, 가장 비애스러운 것은 마음에 상처를 입는 것보다 큰 아픔이 없으며, 가장 추악한 행위는 자신의 선조가 모욕을 당하는 것보다 큰 욕됨이 없으며 가장 치욕스러운 것은 자신이 궁형宮刑을 당하는 것보다 큰 것이 없소. 궁형을 받은 사람은 누구도 그를 가까이 하기를 원치 않으니, 이것은 한 시대의 일이 아니며 오래전부터 이와 같았소. 당초에 위 영공衛靈公이 환관 옹거雍渠와 함께 수레를 타자 공자가 위衛나라를 떠나 진陳나라로 갔고,[14] 상앙商鞅은 환관 경감景監의 소개로 진 효

수도 있다.
12 　원문은 '불가위휘不可爲諱'인데, 임안이 죽임을 당하는 것을 가리킨다.
13 　원문은 '좌우左右'인데, 임안任安을 가리킨다. 상대방을 직접 칭하지 않는 것으로 존경을 표시하는 것이다. '각하閣下'와 같은 종류다.
14 　위영공衛靈公은 춘추시대 위衛나라 군주로 기원전 534~기원전 493년 재위했다. 「공자세가」에 따르면 "어느 날 위영공이 외출했는데, 그는 부인인 남자南子와 함께 수레를 타고 환관 옹거를 옆에 태우고 모시게 했으며, 공자를 두 번째 수레에 태우고는 모두들 함께 무리지어 과시하면서 큰 거리를 지나갔다. 공자는 이를 부끄럽게 여기며 말하기를 '나는 진실로 도덕을 애호하는 것을 여색을 애호하는 것

공秦孝公을 만났기에 조량趙良은 실망하여 마음이 아팠으며,15 문제文帝는 환관 조담趙談을 자신의 수레에 태웠기 때문에 원앙袁盎이 안색을 바꾸었으니,16 이것은 모두 예로부터 사람들이 환관과 접촉하는 것을 치욕으로 여긴 것이 아니겠소. 중등 수준의 자질인 사람도 환관과 관련이 있기만 해도 기분이 상하지 않는 경우가 없는데, 하물며 강개하고 격앙된 뜻 있는 선비들은 어떻겠소! 지금 조정에 비록 인재가 적다 하지만 어떻게 일개 궁형을 받은 자에게 천하의 영웅호걸을 추천하라고 하겠소!

나는 부친의 유업에 의지해17 관리가 되어18 황상 주위에서 모시며 복무한 지 20여 넌이나19 되었소. 나는 스스로 생각하기에, 위로는 충성과 신의를 다하고 기묘한 계책과 출중한 재능이 있다는 칭찬을 누리면서 현명한 군주의 환심을 사지 못하고 있고, 다음으로는 또 황제를 위해 과실을 바로잡고 결점을 보완

처럼 하는 사람을 본 적이 없다'고 했다." 남자南子는 영공의 총애하는 여인이고, 옹거雍渠는 영공의 남총男寵이므로 모두 색色으로 사람을 모시는 자들이므로 공자가 개탄한 것이다. 그리고 공자는 위나라를 떠나 진陳나라로 가지 않고 조曹나라로 갔다고 했다. 조曹는 서주 초기에 건립된 제후국 명칭으로 도성은 도구陶丘(지금의 산둥성 딩타오定陶 서북쪽)였다.

15 경감景監은 진 효공秦孝公의 환관으로 상앙商鞅은 진나라로 들어간 뒤 경감을 통해 효공을 만날 수 있었다. 뒤에 진나라 현자인 조량趙良은 상앙에게 관직에서 물러나기를 권했으나 상앙은 끝내 듣지 않다가 결국 죽임을 당한다. 「상군열전」에 따르면 조량은 상앙에게 말하기를, "효공을 만난 것은 효공의 총애를 받는 경감의 추천을 통한 것이니, 명예로운 사람은 이와 같이 하지 않습니다'라고 했다.

16 원문은 '동자同子'인데, 한나라 문제 때의 환관인 조담趙談을 말한다. 사마천이 자신의 부친의 휘를 피하기 위해 '담談'을 '동同'으로 바꾼 것이다. 「원앙조조열전」에 따르면 "어느 날 효문제가 외출하는데 조동趙同(조담趙談)이 황제의 수레에 함께 타자, 원앙이 수레 앞에 엎드려 말하기를 '신이 듣건대 천자의 육척 수레를 함께 탈 수 있는 자격이 있는 사람은 모두 천하의 영웅호걸이라고 합니다. 지금 한나라 조정에 인물이 없다고는 하지만, 폐하께서는 어찌하여 궁형을 받은 자와 함께 수레를 타십니까!'라고 했다."

17 부친을 계승하여 태사령太史令에 임명되었음을 말한다. 한나라 때는 관료의 자식이나 동생이 관리가 되는 제도가 있었는데, 사마천은 먼저 부친으로 인해 낭에 임명되었다가 뒤에 태사령이 되었다.

18 원문은 '대죄待罪'다. 고대에 관리가 직무를 맡는 것에 대한 겸칭이다. 그 직분을 감당하지 못해 장차 죄를 짓게 될 것이라는 의미다.

19 사마천은 원봉元封 원년(36세) 이전에 낭중이 되었고 정화征和 2년(55세)에 이르기까지 앞뒤로 20여 넌이다.

하며 현사를 추천하고 산림에 은거하는 선비를 표창할 수 없으며, 밖으로는 군대에 참가하여 성을 공격하고 들판에서 싸우며 적장을 참살하고 적의 깃발을 빼앗는 공로를 세울 수 없고, 마지막으로는 오랜 세월의 노고로 존귀한 관직과 두터운 봉록을 취하고 종족과 친구들이 영광을 누리도록 하지 못했소. 이 네 가지 가운데 한 가지도 성공하지 못하고 구차하게 군주의 비위를 맞추면서 환심을 사며 의탁하고 있고 조금의 칭찬할 만한 장점도 없으니, 이것으로 이미 내가 어떠한 일도 이룰 수 없다는 것을 설명하는 것이오. 과거에 나는 하대부下大夫[20]의 대열에 있으면서 외정外廷[21]에서 의론을 발표한 적이 있었는데, 그때 국가의 전장 법도에 근거하여 시비를 논술하지 못했고 마음을 다해 국가 대사를 생각하지도 않았소. 지금에 와서 궁형을 받아 이미 궁중에서 청소나 하는 노예가 되었고 미천한 지위에 처해 있는데, 그대는 내게 눈썹을 치켜뜨고 울분을 토해내며 시비를 의론하라고 요구하니, 이것은 그대가 조정을 가볍게 보고 당대의 선비를 모욕하는 것이 아니겠소? 아아! 나 같은 사람이 무슨 말을 하겠소, 무슨 말을 말이오!

게다가 사정의 경위를 남에게 명백하게 설명하는 것은 매우 어려운 일이오. 나는 어려서부터 어떤 출중한 행위를 드러낸 적도 없었고[22] 장성한 뒤에도 고향에서 어떠한 칭찬도 들은 적이 없소. 다행히 주상께서 부친과의 관계로 나의 하찮은 재능을 발휘하도록 했고 궁중을 출입하며 황상 주변에서 복무하게 되었

---

20 하대부下大夫는 태사령을 가리킨다. 태사령의 봉록은 600석으로 지위가 하대부와 같다. 『사기통해』에 따르면 "왕궈웨이가 말하기를 '한나라 때 관리 봉록을 옛날과 구별하면, 승상, 태위 어사대부는 옛날 삼공에 해당되고, 중2000석中二千石, 2000석二千石, 비2000석比二千石은 옛날의 상上, 중中, 하삼경下三卿에 해당되며, 1000석, 800석, 600석은 상上, 중中, 하대부下大夫에 해당되고, 500석 이하에서 200석까지는 상上, 중中, 하사下士에 해당된다'고 했다."
21 외정外廷은 외조外朝를 말한다. 한나라 때 대사마, 시중 등이 공무를 논의한 곳을 중조中朝라 하고, 승상 등이 공무를 논의한 곳을 외조外朝라고 불렀다.
22 원문은 '소부불기少負不羈'다. 안사고는 말하기를 "불기不羈는 자질이 높고 심원하여 고삐로 속박할 수 없음을 말한다. 부負는 또한 이런 일이 없음을 말하는 것이다"라고 했다. 결국 '어려서부터 뛰어난 재능이 없었고 그러한 행위를 드러낸 적이 없었다'는 것을 말한다.

소. 나는 당시 머리에 대야를 이고 있어 하늘을 쳐다볼 수 없는 것과 같이 조심하며[23] 친구들과의 왕래를 일체 단절하고 가정의 사사로운 일들을 던져버리고는 밤낮으로 일체의 역량을 다하고 전심으로 직무를 담당하여 황상의 환심을 얻었소. 그러나 생각지도 않게 상황이 이렇게 틀어지게 되었소!

나는 이릉李陵과 함께 황궁에서 복무했지만[24] 평상시에 어떤 좋은 관계는 없었소. 서로 지향하는 바가 달랐고 함께 술을 마시는 정분도 없었으나 내가 곁에서 그의 사람됨을 관찰하니 확실히 그는 지조 있는 평범하지 않은 사람이었소. 그는 부모를 모시며 효도하고 친구에게 신용이 있으며 금전에 대해 청렴하고 남과 물건을 주고받으면서 의를 중시하며, 장유와 존비에 있어서 예절이 있고, 공경하고 겸손하여 기꺼이 남의 밑에 있어도 신경 쓰지 않으며 항상 자신을 돌아보지 않고 국가의 위급함을 구원하는 것을 생각하고 있소. 그의 이러한 평소의 수양과 소질로 본다면 온 나라에서 재능이 가장 출중한 사람의 풍모가 있다고 생각하오. 일개 신하가 되어 만 번 죽는 위험 속으로 들어가 개인의 안위를 돌아보지 않고 국가의 위급함으로 달려가는 것은 매우 기특한 것이오. 그러나 지금 그가 사정이 있어 일 처리를 잘하지 못하자, 단지 자신과 처자식을 보전하는 것만 아는 신하들이 집단으로 모함하며 그의 죄명을 과장하는 것을 보면 내 마음이 대단히 아프오! 게다가 이릉이 출정할 때 인솔한 군사는 단지 보병 5000명이었고, 그는 이 인원으로 북방 지구로 깊숙이 쳐들어가 족적이 흉노 선우의 왕정王庭[25]에까지 이르렀으며, 마치 쩍 벌린 호랑이 아가리에 미끼를 들이

23 원문은 '대분하이망천戴盆何以望天'이다. 『사기통해』에 따르면 "대야를 머리에 이고 하늘을 쳐다보는 두 가지를 겸할 수 없다. 개인의 사사로운 일을 버리고 직무에만 전심전력하는 것을 비유한 것이다"라고 했다.
24 원문은 '구거문하俱居門下(함께 문하에 있었다)'다. 여기서의 '문하門下'는 궁문 안을 말하는 것으로 당시 이릉은 시중, 건장궁감建章宮監이었고, 사마천은 태사령이었기에 모두 궁문 안에서 직무를 담당했다.
25 왕정王庭은 흉노 선우가 거주하던 장소로 흉노의 대본영을 말한다.

대듯 용감하게 강대한 흉노에게 도전했고 수십만 대군의 적에게 대항하여 흉노 선우와 10여 일을 싸워 살상한 적이 우리의 손실보다 많았소.[26] 죽음에 처한 자를 구하고 부상자를 돌보지 못하자 흉노의 군장은 모두 놀라 두려워했고, 이에 좌우 현왕賢王의 군대를 동원하고 전국의 활을 당길 수 있는 자를 전부 징발하여 전국의 역량을 이용하여 이릉을 공격하고 포위했소. 이릉은 1000여 리를 싸우면서 물러났는데 화살은 떨어지고 양식은 바닥났으며 갈 길이 없을 때 구원병은 오지 않았으니, 이때 죽고 다친 우리 사병이 산더미처럼 쌓였소. 이러한 상황에서 이릉이 큰소리로 호소하며 격려하니 사병들이 떨쳐 일어나지 않는 자가 없었고 허리 굽혀 눈물을 흘리는데 온 얼굴에 피가 흐르고 눈에는 눈물이 가득했으며 화살 없는 궁노를 펼치고 시퍼런 칼날을 무릅쓰고는 몸을 돌려 흉노와 죽기를 각오하고 싸웠소. 이릉이 실패하기 전에 사자를 조정에 파견해 전황을 보고했을 때 조정의 공경과 왕후들은 술잔을 들고 황상에게 축하를 했소.[27] 며칠 뒤에 이릉이 실패했다는 소식이 전해지자 황상은 이 때문에 먹어도 단 맛을 느끼지 못하고 조정에서 정사를 들어도 즐거워하지 않자 대신들도 모두 걱정하고 두려워하면서 어떻게 해야 좋을지 몰라 했소. 이때 나는 지위가 비천한 것을 헤아리지 않고 황상께서 매우 고통스러워하며 상심하고 있다고 여기고 이에 진심으로 황상께 나의 어리석은 견해를 말씀드리고자 했소. 내가 생각하기에 이릉은 평소에 장사들과 함께 있을 때 좋은 것이 있으면 자신이 가져가지 않고 많지 않은 물건도 다른 사람에게 나누어주었기에 사람들이 그를 위해

---

26 원문은 '소살과반당所殺過半當'이다. 이릉의 군대가 죽인 적의 숫자가 이릉이 이끈 군사 숫자의 절반을 넘었다는 말이다. 『한서』 「사마천전」에서는 "소살과당所殺過當"으로 기재하여 '죽인 적의 숫자가 자신의 희생된 군사 숫자보다 많았다'고 했다. 역자는 『한서』의 의미가 더 타당하다고 판단되어 『한서』에 따라 번역했음을 밝혀둔다.
27 『한서』 「이릉전」에 따르면 "이릉은 보병 5000명을 이끌고 준계산浚稽山에 이르러 군영을 꾸리고 산천의 지형을 모두 그려 지도를 만들어 부하 기병인 진보락陳步樂을 파견해 조정에 보고했다. 진보락은 무제의 부름을 받았고 이릉이 군대를 이끌면서 깊이 전사들의 추대를 받아 죽음을 무릅쓰고 힘을 다한다고 보고하자 황상이 크게 기뻐했다"고 했다.

사력을 다한 것이오. 이 점은 설사 고대의 명장일지라도 그를 뛰어넘을 수 없을 것이오. 지금 그가 비록 일시적으로 실패하여 적에게 포로가 되었지만 그 뜻을 살펴보면, 적당한 기회를 찾아 다시 실패에 상응하는 공로를 세워 조정에 보답하려 할 것이오. 상황이 이미 수습할 방법은 없지만 그가 이전에 적진 깊숙이 들어가 흉노를 쳐부수고 살상한 전공으로도 천하에 이름을 날릴 만하다고 여기오. 나는 이런 생각을 품고도 진술할 기회가 없었소. 마침 이때 황상께서 나를 불러들여 이 일을 묻기에 이릉의 공로를 말씀드리고 황상께서 마음을 넓게 가지도록 하고 동시에 이릉과 사소한 원한이 있어 이릉을 모함하려는 자들의 언사를 막으려 했소. 그러나 나의 의사를 황상께 분명하게 들려드리지 못했고, 황상께서는 깊이 이해하지 못하고 내가 이사장군貳師將軍 이광리李廣利를 비방하고 이릉이 죄에서 벗어나도록 유세하는 것으로 여기고는 나를 법관에게[28] 넘겨 심리하도록 했소. 이때부터는 나의 충성과 성의를 다시 표명할 방법이 없어 황상을 기만한 죄명으로 판결되었고 황상은 끝내 법관의 판결에 동의했소. 나는 당시 집이 가난하여 충분한 돈을 내고 속죄하지 못했고 친구들 가운데 한 사람도 나를 구하려들지 않았으며 황상 주위의 친근한 신하들도 나를 위해 말 한마디 해주지 않았소. 사람은 나무와 돌이 아니기에 생각과 감정이 있는데, 나 혼자 법관과 짝이 되게 하고 나를 깊은 감옥 속으로 보냈으니, 누구에게 하소연하겠소! 이것은 소경 그대가 직접 목격한 것인데, 나의 사정이 설마 이와 같지 않다고 하겠소? 이릉은 이미 적들에게 투항하여 그 집안의 명성은 실추되었고, 나 또한 궁형에 처해 잠실蠶室[29]에 있게 되어 천하 사람들의 비웃음을 받았소.

---

28 원문은 '이理'다. 『사기통해』에 따르면 "이理는 대리大理로 법관으로 구경 가운데 하나다. 진나라 때는 정위廷尉라 했고 한나라 경제 때 대리로 명칭을 변경했다가 무제 때 다시 정위로 변경했다. 여기서는 옛 명칭을 사용한 것이다"라고 했다.
29 잠실蠶室은 감옥 명칭으로 궁형宮刑을 받은 자가 기거하는 곳이다. 이현李賢 주석에 따르면 거세당하는 궁형을 받은 후에는 바람을 피하고 밀폐된 따뜻한 곳에 기거해야 하는데, 양잠하는 방과 같아 잠실이라 했다. 궁형은 남자 생식기를 거세하고, 여자 생식기를 훼손하는 것을 말한다. 남자에 대한 궁

슬프도다! 슬프도다! 어떤 사정은 세상 사람들에게 일일이 분명하게 설명하기 매우 어렵소.

　나의 선조는 부부剖符와 단서丹書30를 하사받는 공적을 세운 적이 없었고 나 또한 태사령의 직분으로 천문 역법 방면의 일만 했을 뿐이며 지위는 일개 복관 卜官과 축관祝官31에 가깝고 본래는 황상의 놀이 대상으로 길러진 악사, 배우와 같아 세상에서 경시받는 존재요. 당시 내가 사형을 집행 받아 주살되었을지라 도, 그것이 몸에 난 수많은 털 가운데 하나를 제거하는 것이나 땅강아지와 개미 가 밟혀 죽는 것과 무슨 구별이 있겠소. 세상 사람들 누구도 내가 지조를 위해 죽었다고 여기지 않을 것이고 단지 지혜가 다하고 죄가 극악하여 죄를 면할 방 법이 없어 끝내 죽임을 당했다고 여길 것이오. 무엇 때문이겠소? 이는 사람들이 내 평소의 지위와 했던 행위로 이렇게 본 것이오. 사람은 반드시 죽게 되는데 어 떤 사람은 죽어서 그 가치가 태산보다 무겁고 어떤 사람은 죽어서 기러기 털보 다 가벼운데, 이것은 그가 무엇 때문에 죽었는지를 보는 것이오. 사람에게 가장 중요한 것은 자신의 조상을 욕되게 하지 않는 것이고, 그다음은 자신의 신체를 손상시키지 않는 것이며, 다시 그다음은 체면을 잃는 모욕을 당하지 않는 것이 고, 또 그다음은 언사로 모욕을 당하지 않는 것이오. [그 이하 조상을 욕되게 하는 것은] 굽실거리며 잘못을 사죄하는 모욕을 당하는 것이고, 그다음은 죄수 복을 입고 모욕을 당하는 것이며, 그다음은 칼을 쓰고 쇠사슬에 묶이고 몽둥이

형은 부형腐刑이라고도 하고 여자에 대한 궁형은 유폐幽閉라고도 한다.
30　부부剖符는 이현 주석에 따르면 "문제文帝 초기에 군수郡守에게 동호부銅虎符, 죽사부竹使符를 수여하기 시작했는데 나누어 그 하나를 소지하여 증빙으로 삼았다"고 했다. 부부는 '부죽剖竹'이라고 도 한다. 제왕이 건국 후에 공적이 있는 제후, 장사들에게 관작을 봉하고 상을 하사할 때 부절符節을 두 부분으로 나누어 군신들이 각기 한 부분을 가졌는데 약속을 준수하는 증빙으로 삼았다. 동호부는 명령을 전달하거나 혹은 군대를 이동시키고 장수를 파견할 때 사용한 증빙이고 군대를 출병시키는 것 이외에는 죽사부를 사용했다. 단서丹書는 황제가 공신들에게 하사하여 그 후손들을 우대하거나 면죄 를 보증하는 증서로 주사朱砂를 사용해 쓰였으므로 단서라고 불렀다.
31　복관卜官과 축관祝官은 점과 제사를 관장하는 관원을 말한다. 복축卜祝과 태사령은 모두 태상太常에 속했고 봉록은 600석이었다.

로 맞는 모욕을 당하는 것이고, 그다음은 머리카락을 깎이고 목에 쇠고리를 차는 모욕을 당하는 것이며, 그다음은 얼굴에 글자를 새기고, 발이 잘리는 모욕을 당하는 것이고, 가장 엄중한 것은 궁형을 받는 것으로 이것은 인생 최대의 모욕이오.32 『예기』에서 말하기를 "형벌은 대부大夫 이상 되는 사람에게는 사용하지 않는다"33고 했소. 이렇게 하는 목적은 선비들이 자신의 지조를 지키도록 격려하는 것이오. 맹호가 깊은 산중에 있을 때는 모든 짐승이 두려워하지만 하루아침에 함정이나 우리에 떨어졌을 때는 머리와 꼬리를 흔들며 사람에게 먹을 것을 달라고 애걸하게 되니, 이것은 장기간 위력에 굴복하는 습성이 쌓여서 생긴 것이오. 그대가 땅바닥에 테두리를 그려 감방처럼 만들면 사대부 중 그 누구도 들어가려 하지 않을 것이고, 그대가 나무를 깎아 인형으로 법관을 만들면 그어떤 사대부도 그것과 말하려 하지 않을 것이니 사람들은 이러한 곳에 가거나이런 사람을 보려 하지 않기 때문이오. 그러나 하루아침에 포박되어 칼을 쓰고옷이 벗겨지고 몽둥이질을 당하고 감옥에 들어가게 되면 그때는 법관을 보기만해도 놀라 머리를 조아리고 옥졸만 보아도 놀라 겁이 나서 숨을 헐떡거리게 될것이오. 무엇 때문이겠소? 이것도 오래도록 위력의 제약을 받아 조성된 것이오. 사람이 이러한 지경에 이르고도 지조를 견지하며 모욕을 받지 않는다고 말한다면 그것은 낯짝이 두꺼워 부끄러움을 모르는 것으로 무슨 칭찬할만한 가치가있겠소! 게다가 서백西伯 희창姬昌은 제후였으나 유리羑里에서 감금되었고, 이사李斯는 진秦나라의 상相이었지만 오형五刑의 형벌을 받았으며, 회음후淮陰侯 한신韓信은 초왕楚王이었으나 진현陳縣에서 체포되었고, 팽월彭越과 장오張敖는 남쪽

---

32 『사기전증』에 따르면 "'가장 중요한 것' '그다음' '그다음'이라고 하면서 연속해서 이어지는데, 굴욕의 정도는 응당 가벼운 것에서 무거운 것으로 순서에 따라 배열되어야 한다. 지금 앞의 네 구절은 '불욕不辱(욕되지 않게 하다)'으로 무거운 것에서 가벼운 것이고, 뒤의 여섯 구절은 '수욕受辱(모욕을 당하다)'으로 또 가벼운 것에서 무거운 것이니 통일됨이 부족한 듯하다"라고 했다. 번역은 지문을 넣어 이해하기 쉽게 했다.
33 출전은 『예기』 「곡례曲禮 상」으로 '刑不上大夫'다.

을 향해 고孤34라 칭하는 제후왕이었지만 뒤에 모두 감옥에 수감되어 죄를 받았으며, 강후絳侯 주발周勃은 여씨呂氏의 난을 평정하여 권세가 오패五霸보다 컸지만 뒤에 청실請室35에 구금되었고, 위기후魏其侯 두영竇嬰은 대장을 지냈지만 뒤에 죄수복을 입고 칼을 쓰고 쇠고랑을 찼으며36, 계포季布도 머리카락을 깎고 쇠고리로 목을 채운 채 주가朱家에게 팔려간 노예였고 관부灌夫도 거실居室37에 감금되어 모욕을 당했소. 이 사람들은 지위가 왕후王侯 장상將相에 이르렀고 명성이 이웃 나라에까지 전해졌지만 하루아침에 죄를 짓고 판결을 받았을 때도 모두 즉시 자살하지 않았고 또한 깨끗하지 않은 곳에 구금되었소. 고금을 보아도 모두 이와 같은데, 어디에 지조를 견지하며 모욕을 당하지 않는 사람이 있소? 이것으로 보건대 개인의 용감함과 나약함, 강대함과 약소함은 모두 객관적 형세에 의해 결정되는 것이며, 이것이 명백한 도리인데 어떤 기괴한 것이 있겠소! 사람이 체포되기 전에 형벌을 면하고자 즉시 결단 내려 자살하지 못하고 이미 하옥되어 매질을 당한 뒤에 비로소 어떤 지조를 견지하고자 자살하려 생각하는 것은38 또한 너무 늦은 것이 아니겠소! 고대에 사대부들에게 직접적으로

34　고孤는 고대 제후 군왕의 자칭이다.

35　청실請室은 죄를 지은 관리를 구금하는 곳이다. 일설에는 '청請'이 '청淸'과 통하여 죄를 씻는다는 의미라고 하고, 일설에는 지시를 바라는 '청시請示'의 '청請'이라고도 한다.

36　원문은 '삼목三木'인데, 안사고는 말하기를 "목과 수족에 차는 것을 말한다"라고 했다. 즉, 가枷, 질桎, 곡梏을 말한다. 가枷는 칼로 죄수의 목에 씌우는 형구이고, 질桎은 발에 차는 형구이고, 곡梏은 손에 차는 형구를 말한다.

37　거실居室: 후대에 보관保官이라고도 불렀으며 죄를 지은 관원을 구금시키는 장소로 소부小府에 속했다.

38　『사기전증』에 따르면 "당시에 사마천이 자살하지 않은 것을 질책하는 사람이 매우 많았음을 가리킨다"고 했다. 『염철론鹽鐵論』 「주진周秦」에 따르면 "지금 품행이 단정하지 못한 사람은 재물의 이익을 탐하다 감옥에 갇히는 재앙에 이르러 형벌의 치욕을 받고 예의를 내버리고도 구차하게 살아남는다. 왜 이렇게 하는 것인가? 이것은 그들이 궁형을 받고 잠실로 들어간 뒤에 상처가 낫지도 않았는데도 황궁에 가서 당직을 서며 군주를 숙위하고 궁전을 출입하면서 조정의 봉록을 받을 수 있고 황제가 하사한 음식을 먹으며 생활이 편안하고 부유하며 지위가 존귀하고 영화롭고 처자식들이 부유한 생활을 할 수 있기 때문이다. 어떤 사람은 경상卿相의 지위에 있으면서 형벌을 받고도 상심하는 모습이 보이지 않는다"고 했다.

형벌을 쉽게 시행하지 않은 것은 아마도 이러한 원인 때문일 것이오.

인정으로 말하자면 삶을 탐하고 죽음을 두려워하지 않으며 부모를 생각하지 않고 처자식을 그리워하지 않는 사람은 없소. 도의와 이상으로 끓어오르는 사람은 이와 같지 않은데, 그들은 숭고한 목적을 위해서 하는 수 없이 일체를 버린 것이오. 지금 나는 매우 불행하여 부모를 일찍 잃고 형제도 없으며 의지할 곳 없는 홀몸인데, 소경 그대는 처자식을 대하는 나의 태도를 보았소? 게다가 진정으로 용감한 사람은 반드시 명예와 절조를 위해 죽지 않고, 반대로 겁이 많고 나약한 사람이 좋은 명성을 얻기 위해 쉽게 목숨을 버리는 것도 적지 않소.[39] 내가 비록 겁이 많고 나약하며 구차하게 살고자 하지만 어느 때 죽어야 하고 어느 때 살아야 하는지에 대한 도리는 분명하오. 내가 어찌 감옥에 앉아서 모욕을 당하는 것을 진심으로 원하겠소? 일개 노예와 비첩도 어떤 때는 자살하는데, 하물며 나같이 어쩔 수 없는 상황에 처한 사람은 어떻겠소? 울분을 참아가며 더러운 감옥에 있으면서도 아무 말도 하지 않는 것은 나의 바라는 바가 아직 실현되지 않았고 나는 절대로 문장으로 후세에 전하지 않고는 스스로 일찍 죽을 수가 없었소. 그렇지 않으면 장차 여한이 될 것이고, 이것이 내가 치욕으로 여기는 것이오.

옛날에 살아 있을 때 부귀했는데도 죽고 나서 명성이 사라진 사람은 자고이래로 지극히 많았는데, 오직 뛰어난 사람의 재능만이 후세 사람들의 칭송을 들

---

39 「계포난포열전」에 따르면 "계포는 확실히 용감함으로 초나라 군중에서 명성을 날렸다. 그는 여러 차례 적군을 전멸시키고 적 깃발을 빼앗았으니, 장사라고 할 만하다. 그러나 그는 머리카락을 깎고 목이 쇠고리로 채워졌을 때, 도리어 치욕을 참아내며 남의 노예가 되어서도 목숨을 끊지 않았으니, 얼마나 자신을 낮춘 것인가! 그는 틀림없이 자신의 재능에 대한 자신감이 있었기 때문에 모욕을 당해도 부끄럽게 생각하지 않고 아직 발휘하지 못한 재능을 발휘할 기회를 기다렸으며, 끝내 한나라의 명장이 되었다. 현명하고 능력 있는 사람은 진실로 자신의 죽음을 중시한다. 저 비첩婢妾이나 천한 사람이 충동적으로 스스로 목숨을 끊는 것은 용감한 것이라 할 수 없고, 단지 그들은 표명할 수 있는 다른 방법이 없었을 뿐이다"라고 했다.

었소. 주 문왕周文王은 구금되었을 때 『주역』을 발전시켰고[40], 공자는 곤궁했을 때 『춘추』를 지었으며, 굴원屈原은 유배 중에 「이소離騷」를 썼고, 좌구左丘는 실명한 다음에 『국어國語』를 저작했으며,[41] 손자孫子[42]는 두 다리가 잘린[43] 다음에 병서를 편찬했고, 여불위呂不韋는 촉蜀 땅으로 유배된 뒤에 그의 『여람呂覽』이 세상에 전해졌으며,[44] 한비韓非는 진나라에서 구금된 뒤에 「세난說難」과 「고분孤憤」을 지었고,[45] 『시경』 300편은 대부분이 성인과 현인이 분노를 토로하며 지은 것이오. 이 사람들은 모두 마음속에 맺힌 말하지 못하는 번뇌가 있고 자신의 이상을 실현시킬 방법이 없었기 때문에 지난 일의 기술을 통해서 후세 사람들이 자신의 뜻을 알아주기를 바란 것이오. 이 때문에 좌구명은 실명하고 손빈은 다리가 절단된 뒤에 그들은 자신이 다른 일을 할 수 없음을 알았기에 물러나 집에서 책을 저술하여 분노의 감정을 토로한 것이고, 아울러 이러한 문장을 통해 자신의 사상을 후세에 전한 것이오. 나 또한 스스로의 역량을 가늠하지 못하고 나의 사상을 이러한 문장 속에 표현해냈소. 나는 광범위하게 이미 산실된 문헌

40　주 문왕周文王이 유리羑里에 구금되었을 때 복희씨伏羲氏가 그린 팔괘八卦를 육십사괘六十四卦로 추론 연역하여 지금의 『주역』이 이루어졌다고 전해진다.
41　원문은 '좌구실명左丘失明'인데, 『사기전증』에 따르면 "『국어國語』와 『좌전』의 작자는 성이 좌구左丘이고 이름이 명明이라고 전해진다. 지금 태사공이 '좌구실명左丘失明'이라고 말했는데, 무슨 근거인지 모르겠다'고 했다. 좌구명은 노나라 사람으로 노나라 태사太史를 역임했다고 전해진다. 노나라 국사國史인 『춘추』를 지었는데, 『춘추좌씨전春秋左氏傳』이라 부르며 또는 줄여서 『좌씨춘추左氏春秋』 『좌전左傳』이라고도 부른다. 『국어國語』는 『춘추외전春秋外傳』이라고도 부르며 춘추시대 주周, 노魯, 제齊, 진晉, 정鄭, 초楚, 오吳, 월越 8개 나라의 국사를 기술했다.
42　손자孫子는 전국시대의 군사가인 손빈孫臏을 말한다.
43　원문은 '빈각臏脚'인데, '빈臏'은 슬개골이다. 『사기전증』에 따르면 "옛 견해에는 일종의 슬개골을 파내는 혹형이라고 했다. 근래에 어떤 사람이 고증하기를 '빈각臏脚'은 즉 두 다리를 썰어내는 월형刖刑을 말한다고 했다."
44　『사기전증』에 따르면 "여불위는 진나라 재상이었을 때, 문하의 빈객들을 불러 모아 『여씨춘추呂氏春秋』를 저술했다. 지금 태사공이 '여불위가 촉 땅으로 유배된 뒤에 그의 『여람』이 세상에 전해졌다'고 말한 것은 사실에 부합되지 않는다. 『여람』은 『여씨춘추』를 가리킨다. 『여씨춘추』 가운데 팔람八覽, 육론六論, 십이기十二紀가 있으므로 여기서 줄여 말한 것이다'라고 했다.
45　『사기전증』에 따르면 "태사공이 말한 '한비가 진나라에서 구금된 뒤에 「세난」과 「고분」을 지었다'고 말한 것은 사실에 부합되지 않는다'라고 했다.

자료를 수집하고 역사 사실을 고찰하고 역사 사건의 과정을 연구하여 역대 왕조의 성패와 흥함과 쇠함의 실마리를 찾아냈는데, 이 책은 헌원軒轅부터 쓰기 시작하여 현재까지로, 그중에는 10편의 「표表」, 12편의 「본기本紀」, 8편의 「서書」, 30편의 「세가世家」, 70편의 「열전列傳」이 포함되어 모두 130편이오. 나의 목적은 이것으로 천도天道와 인사人事의 관계를 탐구하고 고금의 역사 변화를 연구하여 일가一家의 학설을 성취하는 것이오. 초고도 아직 완성하지 못했는데 이런 큰 화를 입었으나, 이 작업을 중도에 중단하지 않기 위해 궁형을 받았을지언정 애석해하지 않는 것이오. 내가 진실로 이 책을 완성하게 되면 정본正本은 명산名山에 보관해두고 부본副本은 지향하는 바가 같은 사람에게 전해 큰 도시에 널리 전해지도록 하여 내가 과거에 모욕을 참아내며 빚진 것을 보상받으려 하오. 그 때가 되면 설사 1만 번을 죽게 된다 하더라도 나는 절대로 어떠한 후회도 없을 것이오! 그러나 이런 말은 식견이 있는 사람에게나 할 수 있지 일반 사람에게 분명하게 말하기는 어려운 것이오.

게다가 모욕의 명성을 짊어졌기에 처세하기란 쉽지 않고 비천한 지위 또한 항상 많은 비방을 받고 있소. 내가 의론을 발표하여 이러한 재난을 초래했고 고향 친구들의 비웃음을 받게 되었으며 내 조상까지도 치욕을 당하게 했으니, 지금 무슨 면목으로 부모에게 성묘할 수 있겠소? 이러한 치욕은 설사 백 대가 지난다 하더라도 경감되지 않고 도리어 더 엄중해질 것이오! 이 때문에 나는 매일 간장을 끊어내듯이 이 사건을 생각하오. 어떤 때는 집에 있으면서 흐리멍덩해져 내가 어디에 있는지 알지 못하고, 어떤 때는 문을 나가 길을 걸으면서 어디로 가야 하는지 모르기도 하오. 매번 이 치욕을 생각할 때마다 식은땀으로 등 뒤의 옷이 젖지 않은 적이 없소. 그러나 지금 중서령中書令으로 궁정 안에서 하찮은 관직을 담당하고 있는데,[46] 또 어떻게 세상을 떠나 산림 속에 깊이 숨을 수

46　원문은 '규합지신閨閤之臣'인데, 중서령中書令을 가리키는 말이다. 규합閨閤은 모두 궁정의 작은 문을 가리킨다. 규閨는 궁중과 관청의 작은 문을 말하고, 합閤은 대문 옆의 작은 문을 말한다.

있겠소? 그러므로 잠시 나는 시대 조류에 따라 되는대로 살아가며[47] 남이 말하는 대로 말할 따름이오. 그런데 소경 그대는 도리어 내게 현사를 천거하라고 하니, 이것은 내 처지와 마음속의 생각과는 완전히 상반되는 것이 아니겠소? 내가 지금 설사 좋은 말을 하고 자신을 미화시키려 해도 이로운 것이 없고 세상 사람들을 믿게 할 수 없으며 단지 나 자신에게 더욱 큰 치욕만 불러올 따름이오. 내가 죽은 다음에야 비로소 누가 옳고 누가 그르다는 정론이 확정될 것이오. 편지로 상세하게 모두 적을 수 없고, 이렇게 대략적으로 나의 천박한 견해를 진술했소. 다시 한 번 그대에게 삼가 문후를 드리는 바이오.

---

47 원문은 '여시부앙與時俯仰'이다. '굽어보는 것이 이로울 때면 굽어보고, 고개 들어 쳐다보는 것이 이로울 때면 쳐다본다'는 뜻이다.

ⓒ 송도진

초판인쇄 2023년 11월 13일
초판발행 2023년 11월 29일

지은이 사마천
옮긴이 송도진
펴낸이 강성민
편집장 이은혜
마케팅 정민호 박치우 한민아 이민경 박진희 정경주 정유선 김수인
브랜딩 함유지 함근아 박민재 김희숙 고보미 정승민
제작 강신은 김동욱 이순호

펴낸곳 (주)글항아리 | 출판등록 2009년 1월 19일 제406-2009-000002호

주소 10881 경기도 파주시 심학산로 10 3층
전자우편 bookpot@hanmail.net
전화번호 031) 955-8869(마케팅) 031) 941-5162(편집부)
팩스 031) 941-5163

ISBN 979-11-6909-154-1 93910

www.geulhangari.com